Collins *gem*

Collins

BESTSELLING BILINGUAL DICTIONARIES

Italian Dictionary

HarperCollins Publishers
Westerhill Road
Bishopbriggs
Glasgow
G64 2QT
Great Britain

Eighth Edition 2009

Reprint 10 9 8 7 6 5 4 3 2 1

ISBN 978-0-00-728450-4

Collins Gem® is a registered trademark of HarperCollins Publishers Limited

www.collinslanguage.com

A catalogue record for this book is available from the British Library

Typeset by Davidson Pre-Press, Glasgow

Printed in Italy by LEGO Spa, Lavis (Trento)

Acknowledgements
We would like to thank those authors and publishers who kindly gave permission for copyright material to be used in the Collins Word Web. We would also like to thank Times Newspapers Ltd for providing valuable data.

PUBLISHING DIRECTOR
Catherine Love

MANAGING EDITOR
Gaëlle Amiot-Cadey

EDITOR
Maggie Seaton

CONTRIBUTORS
Gabriella Bacchelli
Michela Clari

BASED ON THE FIRST EDITION BY
Catherine E. Love, P.L. Rossi, D.M. Chaplin, F. Villa, E. Bilucaglia

SERIES EDITOR
Rob Scriven

INDICE		CONTENTS
Introduzione italiana	iv	Italian introduction
Introduzione inglese	vi	English introduction
Abbreviazioni	viii	Abbreviations
Trascrizione fonetica	xii	Phonetic transcription
La pronuncia dell'italiano	xiv	Italian pronunciation
Verbi	xv	Verb tables
I numeri	xix	Numbers
L'ora	xxii	Time
La data	xxiii	Date
ITALIANO-INGLESE	1-282	ITALIAN-ENGLISH
Frasi utili per chi viaggia	i-xxviii	Phrasefinder
Nel menu	xxix	Menu reader
INGLESE-ITALIANO	285-582	ENGLISH-ITALIAN

INTRODUZIONE

Vi ringraziamo di aver scelto il Dizionario inglese Collins Gem e ci auguriamo che esso si riveli uno strumento utile e piacevole da usare nello studio, in vacanza e sul lavoro.

In questa introduzione troverete alcuni suggerimenti per aiutarvi a trarre il massimo beneficio dal vostro nuovo dizionario, ricco non solo per il suo ampio lemmario ma anche per il gran numero di informazioni contenute in ciascuna voce.

All'inizio del dizionario troverete l'elenco delle abbreviazioni usate nel testo e una guida alla pronuncia. Troverete inoltre un utile elenco delle forme dei verbi irregolari inglesi e italiani, seguito da una sezione finale con i numeri, l'ora e la data.

Come usare il dizionario Collins Gem

Per imparare ad usare in modo efficace il dizionario è importante comprendere la funzione delle differenziazioni tipografiche, dei simboli e delle abbreviazioni usati nel testo. Vi forniamo pertanto qui di seguito alcuni chiarimenti in merito a tali convenzioni.

I lemmi

Sono le parole in **neretto** elencate in ordine alfabetico. Il primo e l'ultimo lemma di ciascuna pagina appaiono al margine superiore.

Dove opportuno, informazioni sull'ambito d'uso o il livello di formalità di certe parole vengono fornite tra parentesi in corsivo e spesso in forma abbreviata dopo l'indicazione della categoria grammaticale (es. (*Comm*), (*inf*)).

In certi casi più parole con radice comune sono raggruppate sotto lo stesso lemma. Tali parole appaiono in neretto ma in un carattere leggermente ridotto (es. **acceptance**).

Esempi d'uso del lemma sono a loro volta in neretto ma in un carattere diverso dal lemma (es. **to be cold**).

La trascrizione fonetica

La trascrizione fonetica che illustra la corretta pronuncia del lemma è tra parentesi quadre e segue immediatamente il lemma (es. **knee** [ni:]). L'elenco dei simboli fonetici è alle pagine xii-xiii.

Le traduzioni

Le traduzioni sono in carattere tondo e, quando il lemma ha più di un significato,le traduzioni sono separate da un punto e virgola. Spesso diverse traduzioni di un lemma sono introdotte da una o più parole in corsivo tra parentesi tonde: la loro funzione è di chiarire a quale significato del lemma si riferisce la traduzione. Possono essere sinonimi, indicazioni di ambito d'uso o di registro del lemma (es. **party** *(Pol), (team), (celebration)*; **laid back** *(inf)* ecc.).

Le 'parole chiave'

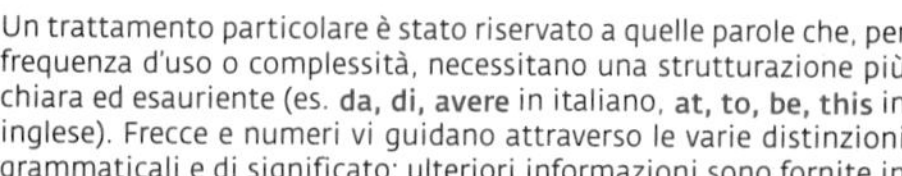

Un trattamento particolare è stato riservato a quelle parole che, per frequenza d'uso o complessità, necessitano una strutturazione più chiara ed esauriente (es. **da, di, avere** in italiano, **at, to, be, this** in inglese). Frecce e numeri vi guidano attraverso le varie distinzioni grammaticali e di significato; ulteriori informazioni sono fornite in corsivo tra parentesi.

Informazioni grammaticali

Le parti del discorso (noun, adjective ecc.) sono espresse da abbreviazioni convenzionali in corsivo (*n, adj* ecc.) e seguono la trascrizione fonetica del lemma.

Eventuali ulteriori informazioni grammaticali, come ad esempio le forme di un verbo irregolare o il plurale irregolare di un sostantivo, precedono tra parentesi la parte del discorso (es. **give** (*pt* **gave**, *pp* **given**) *vt*; **man** [...] (*pl* **men**) *n*).

INTRODUCTION

We are delighted that you have decided to buy the Collins Gem Italian Dictionary and hope you will enjoy and benefit from using it at school, at home, on holiday or at work.

This introduction gives you a few tips on how to get the most out of your dictionary – not simply from its comprehensive wordlist but also from the information provided in each entry. This will help you to read and understand modern Italian, as well as communicate and express yourself in the language.

The dictionary begins by listing the abbreviations used in the text and illustrating the sounds shown by the phonetic symbols. You will also find Italian and English verb tables, followed by a section on numbers and time expressions.

Using your Collins Gem dictionary

A wealth of information is presented in the dictionary, using various typefaces, sizes of type, symbols, abbreviations and brackets. The various conventions and symbols used are explained in the following sections.

Headwords

The words you look up in a dictionary – "headwords" – are listed alphabetically. They are printed in **bold type** for rapid identification. The two headwords appearing at the top of each page indicate the first and last word dealt with on the page in question.

Information about the usage or form of certain headwords is given in brackets after the part of speech. This usually appears in abbreviated form and in italics (e.g. (*fam*), (*Comm*)).

Where appropriate, words related to headwords are grouped in the same entry (e.g. **illustrare, illustrazione**) in a slightly smaller bold type than the headword.

Common expressions in which the headword appears are shown in a different bold roman type (e.g. **aver freddo**).

Phonetic spellings

Where the phonetic spelling of headwords (indicating their pronunciation) is given, it will appear in square brackets immediately after the headword (e.g. **calza** ['kaltsa]). A list of these symbols is given on pages xii-xiii.

Translations

Headword translations are given in ordinary type and, where more than one meaning or usage exists, these are separated by a semi-colon. You will often find other words in italics in brackets before the translations. These offer suggested contexts in which the headword might appear (e.g. **duro** (*pietra*) or (*lavoro*)) or provide synonyms (e.g. **duro** (*ostinato*)).

"Key" words O

Special status is given to certain Italian and English words which are considered as "key" words in each language. They may, for example, occur very frequently or have several types of usage (e.g. **da**, **di**, **avere** in Italian, **at**, **to**, **be**, **this** in English). A combination of arrows and numbers helps you to distinguish different parts of speech and different meanings. Further helpful information is provided in brackets and italics.

Grammatical information

Parts of speech are given in abbreviated form in italics after the phonetic spellings of headwords (e.g. *vt*, *av*, *cong*).

Genders of Italian nouns are indicated as follows: *sm* for a masculine and *sf* for a feminine noun. Feminine and irregular plural forms of nouns are also shown (e.g. **uovo**, (*pl(f)* **uova**); **dottore**, **essa**).

Feminine adjective endings are given, as are plural forms (e.g. **opaco**, **a**, **chi**, **che**).

ABBREVIAZIONI		ABBREVIATIONS
abbreviazione	*abbr*	abbreviation
aggettivo	*adj*	adjective
amministrazione	*Admin*	administration
avverbio	*adv*	adverb
aeronautica, viaggi aerei	*Aer*	flying, air travel
aggettivo	*ag*	adjective
agricoltura	*Agr*	agriculture
amministrazione	*Amm*	administration
anatomia	*Anat*	anatomy
architettura	*Archit*	architecture
articolo determinativo	*art def*	definite article
articolo indeterminativo	*art indef*	indefinite article
attributivo	*attrib*	attributive
ausiliare	*aus, aux*	auxiliary
automobile	*Aut*	motor car and motoring
avverbio	*av*	adverb
aeronautica, viaggi aerei	*Aviat*	flying, air travel
biologia	*Biol*	biology
botanica	*Bot*	botany
inglese britannico	*BRIT*	British English
consonante	*C*	consonant
chimica	*Chim, Chem*	chemistry
commercio, finanza	*Comm*	commerce, finance
comparativo	*compar*	comparative
informatica	*Comput*	computing
congiunzione	*cong, conj*	conjunction
edilizia	*Constr*	building
sostantivo usato come aggettivo, ma mai con funzione predicativa	*cpd*	compound element: noun used as adjective and which cannot follow the noun it qualifies
cucina	*Cuc, Culin*	cookery
davanti a	*dav*	before

ABBREVIAZIONI		ABBREVIATIONS
articolo determinativo	*def art*	definite article
determinativo; articolo, aggettivo dimostrativo o indefinito ecc	*det*	determiner: article, demonstrative etc
diminutivo	*dimin*	diminutive
diritto	*Dir*	law
economia	*Econ*	economics
edilizia	*Edil*	building
elettricità, elettronica	*Elettr, Elec*	electricity, electronics
esclamazione	*escl, excl*	exclamation
femminile	*f*	feminine
familiare (! da evitare)	*fam(!)*	colloquial usage (! particularly offensive)
ferrovia	*Ferr*	railways
senso figurato	*fig*	figurative use
fisiologia	*Fisiol*	physiology
fotografia	*Fot*	photography
verbo inglese la cui particella è inseparabile dal verbo	*fus*	(phrasal verb) where the particle cannot be separated from the main verb
nella maggior parte dei sensi; generalmente	*gen*	in most or all senses; generally
geografia, geologia	*Geo*	geography, geology
geometria	*Geom*	geometry
storia, storico	*Hist*	history, historical
impersonale	*impers*	impersonal
articolo indeterminativo	*indef art*	indefinite article
familiare (! da evitare)	*inf(!)*	colloquial usage (! particularly offensive)
infinito	*infin*	infinitive
informatica	*Inform*	computing

ABBREVIAZIONI		ABBREVIATIONS
insegnamento, sistema scolastico e universitario	*Ins*	schooling, schools and universities
invariabile	*inv*	invariable
irregolare	*irreg*	irregular
grammatica, linguistica	*Ling*	grammar, linguistics
maschile	*m*	masculine
matematica	*Mat(h)*	mathematics
termine medico, medicina	*Med*	medical term, medicine
il tempo, meteorologia	*Meteor*	the weather, meteorology
maschile o femminile	*m/f*	masculine or feminine
esercito, linguaggio militare	*Mil*	military matters
musica	*Mus*	music
sostantivo	*n*	noun
nautica	*Naut*	sailing, navigation
numerale (aggettivo, sostantivo)	*num*	numeral adjective or noun
	o.s.	oneself
peggiorativo	*peg, pej*	derogatory, pejorative
fotografia	*Phot*	photography
fisiologia	*Physiol*	physiology
plurale	*pl*	plural
politica	*Pol*	politics
participio passato	*pp*	past participle
preposizione	*prep*	preposition
pronome	*pron*	pronoun
psicologia, psichiatria	*Psic, Psych*	psychology, psychiatry
tempo passato	*pt*	past tense
qualcosa	*qc*	
qualcuno	*qn*	
religione, liturgia	*Rel*	religions, church service
sostantivo	*s*	noun
	sb	somebody

ABBREVIAZIONI		ABBREVIATIONS
insegnamento, sistema scolastico e universitario	*Scol*	schooling, schools and universities
singolare	*sg*	singular
soggetto (grammaticale)	*sog*	(grammatical) subject
	sth	something
congiuntivo	*sub*	subjunctive
soggetto (grammaticale)	*subj*	(grammatical) subject
superlativo	*superl*	superlative
termine tecnico, tecnologia	*Tecn, Tech*	technical term, technology
telecomunicazioni	*Tel*	telecommunications
tipografia	*Tip*	typography, printing
televisione	*TV*	television
tipografia	*Typ*	typography, printing
università	*Univ*	university
inglese americano	*US*	American English
vocale	*V*	vowel
verbo	*vb*	verb
verbo o gruppo verbale con funzione intransitiva	*vi*	verb or phrasal verb used intransitively
verbo pronominale o riflessivo	*vpr*	pronominal or reflexive verb
verbo o gruppo verbale con funzione transitiva	*vt*	verb or phrasal verb used transitively
zoologia	*Zool*	zoology
marchio registrato	®	registered trademark
introduce un'equivalenza culturale	≈	introduces a cultural equivalent

TRASCRIZIONE FONETICA

Consonanti		Consonants
NB **p, b, t, d, k, g** sono seguite da un'aspirazione in inglese.		NB **p, b, t, d, k, g** are not aspirated in Italian.
padre	p	**p**u**pp**y
bam**b**ino	b	**b**a**b**y
tu**tt**o	t	**t**en**t**
da**d**o	d	**d**a**dd**y
cane **ch**e	k	**c**or**k** **k**iss **ch**ord
gola **gh**iro	g	**g**a**g** **g**uess
sano	s	**s**o ri**c**e ki**ss**
svago e**s**ame	z	cou**s**in bu**zz**
scena	ʃ	**sh**eep **s**ugar
	ʒ	plea**s**ure bei**ge**
pe**c**e lan**ci**are	tʃ	**ch**ur**ch**
giro **gi**oco	dʒ	**j**u**dge** **g**eneral
a**f**a **f**aro	f	**f**arm ra**ff**le
vero bra**v**o	v	**v**ery re**v**
	θ	**th**in ma**th**s
	ð	**th**at o**th**er
letto a**l**a	l	**l**itt**l**e ba**ll**
gli	ʎ	mi**ll**ion
rete a**r**co	r	**r**at **r**a**r**e
ra**m**o **m**adre	m	**m**u**mm**y co**m**b
no fuma**n**te	n	**n**o ra**n**
gnomo	ɲ	ca**n**yon
	ŋ	si**ng**i**ng** ba**n**k
	h	**h**at re**h**eat
bu**i**o p**i**acere	j	**y**et
uomo g**u**aio	w	**w**all be**w**ail
	x	lo**ch**

Varie		Miscellaneous
per l'inglese: la "r" finale viene pronunciata se seguita da una vocale	ʳ	
precede la sillaba accentata	ˈ	precedes the stressed syllable

PHONETIC TRANSCRIPTION

Vocali		Vowels
NB La messa in equivalenza di certi suoni indica solo una rassomiglianza approssimativa.		NB The pairing of some vowel sounds only indicates approximate equivalence.
vino idea	i iː	heel bead
	ɪ	hit pity
stella edera	e	
epoca eccetto	ɛ	set tent
mamma amore	a æ	bat apple
	ɑː	after car calm
	ɑ̃	fiancé
	ʌ	fun cousin
müsli	y	
	ə	over above
	əː	urn fern work
rosa occhio	ɔ	wash pot
	ɔː	born cork
ponte ognuno	o	
föhn	ø	
utile zucca	u	full soot
	uː	boon lewd

Dittonghi		Diphthongs
	ɪə	beer tier
	ɛə	tear fair there
	eɪ	date plaice day
	aɪ	life buy cry
	au	owl foul now
	əu	low no
	ɔɪ	boil boy oily
	uə	poor tour

ITALIAN PRONUNCIATION

Vowels

Where the vowel **e** or the vowel **o** appears in a stressed syllable it can be either open [ɛ], [ɔ] or closed [e], [o]. As the open or closed pronunciation of these vowels is subject to regional variation, the distinction is of little importance to the user of this dictionary. Phonetic transcription for headwords containing these vowels will therefore only appear where other pronunciation difficulties are present.

Consonants

c before "e" or "i" is pronounced like the *"tch"* in match.
ch is pronounced like the "*k*" in "kit".
g before "e" or "i" is pronounced like the "*j*" in "jet".
gh is pronounced like the "*g*" in "get".
gl before "e" or "i" is normally pronounced like the "*lli*" in "million", and in a few cases only like the "*gl*" in "glove".
gn is pronounced like the "*ny*" in "canyon"
sc before "e" or "i" is pronounced "*sh*".
z is pronounced like the "*ts*" in "stetson", or like the "*d's*" in "bird's-eye".

Headwords containing the above consonants and consonantal groups have been given full phonetic transcription in this dictionary.

NB All double written consonants in Italian are fully sounded: e.g. the *tt* in "tutto" is pronounced as in "hat trick".

ITALIAN VERB FORMS

1 Gerundio **2** Participio passato **3** Presente **4** Imperfetto **5** Passato remoto **6** Futuro **7** Condizionale **8** Congiuntivo presente **9** Congiuntivo passato **10** Imperativo

andare **3** vado, vai, va, andiamo, andate, vanno **6** andrò *ecc.* **8** vada **10** va'!, vada!, andate!, vadano!

apparire **2** apparso **3** appaio, appari *o* apparisci, appare *o* apparisce, appaiono *o* appariscono **5** apparvi *o* apparsi, apparisti, apparve *o* apparì *o* apparse, apparvero *o* apparirono *o* apparsero **8** appaia *o* apparisca

aprire **2** aperto **3** apro **5** aprii, apristi **8** apra

AVERE **3** ho, hai, ha, abbiamo, avete, hanno **5** ebbi, avesti, ebbe, avemmo, aveste, ebbero **6** avrò *ecc.* **8** abbia *ecc.* **10** abbi!, abbia!, abbiate!, abbiano!

bere **1** bevendo **2** bevuto **3** bevo *ecc.* **4** bevevo *ecc.* **5** bevvi *o* bevetti, bevesti **6** berrò *ecc.* **8** beva *ecc.* **9** bevessi *ecc.*

cadere **5** caddi, cadesti **6** cadrò *ecc.*

cogliere **2** colto **3** colgo, colgono **5** colsi, cogliesti **8** colga

correre **2** corso **5** corsi, corresti

cuocere **2** cotto **3** cuocio, cociamo, cuociono **5** cossi, cocesti

dare **3** do, dai, dà, diamo, date, danno **5** diedi *o* detti, desti **6** darò *ecc.* **8** dia *ecc.* **9** dessi *ecc.* **10** da'!, dai!, date!, diano!

dire **1** dicendo **2** detto **3** dico, dici, dice, diciamo, dite, dicono **4** dicevo *ecc.* **5** dissi, dicesti **6** dirò *ecc.* **8** dica, diciamo, diciate, dicano **9** dicessi *ecc.* **10** di'!, dica!, dite!, dicano!

dolere **3** dolgo, duoli, duole, dolgono **5** dolsi, dolesti **6** dorrò *ecc.* **8** dolga

dovere **3** devo *o* debbo, devi, deve, dobbiamo, dovete, devono *o* debbono **6** dovrò *ecc.* **8** debba, dobbiamo, dobbiate, devano *o* debbano

ESSERE **2** stato **3** sono, sei, è, siamo, siete, sono **4** ero, eri, era, eravamo, eravate, erano **5** fui, fosti, fu, fummo, foste, furono **6** sarò *ecc.* **8** sia *ecc.* **9** fossi, fossi, fosse, fossimo, foste, fossero **10** sii!, sia!, siate!, siano!

fare **1** facendo **2** fatto **3** faccio, fai, fa, facciamo, fate, fanno **4** facevo *ecc.* **5** feci, facesti **6** farò *ecc.* **8** faccia *ecc.* **9** facessi *ecc.* **10** fa'!, faccia!, fate!, facciano!

FINIRE **1** finendo **2** finito **3** finisco, finisci, finisce, finiamo, finite, finiscono **4** finivo, finivi, finiva, finivamo, finivate, finivano **5** finii, finisti, finì, finimmo, fineste, finirono **6** finirò, finirai, finirà, finiremo, finirete, finiranno **7** finirei, finiresti, finirebbe, finiremmo, finireste, finirebbero **8** finisca, finisca, finisca, finiamo, finiate, finiscano **9** finissi, finissi, finisse, finissimo, finiste, finissero **10** finisci!, finisca!, finite!, finiscano!

giungere **2** giunto **5** giunsi, giungesti

leggere **2** letto **5** lessi, leggesti

mettere **2** messo **5** misi, mettesti

morire **2** morto **3** muoio, muori, muore, moriamo, morite, muoiono **6** morirò *o* morrò *ecc.* **8** muoia

muovere **2** mosso **5** mossi, movesti

nascere **2** nato **5** nacqui, nascesti

nuocere **2** nociuto **3** nuoccio, nuoci, nuoce, nociamo *o* nuociamo, nuocete, nuocciono **4** nuocevo *ecc.* **5** nocqui, nuocesti **6** nuocerò *ecc.* **7** nuoccia

offrire **2** offerto **3** offro **5** offersi *o* offrii, offristi **8** offra

parere **2** parso **3** paio, paiamo, paiono **5** parvi *o* parsi, paresti **6** parrò *ecc.* **8** paia, paiamo, paiate, paiano

PARLARE **1** parlando **2** parlato **3** parlo, parli, parla, parliamo, parlate, parlano **4** parlavo, parlavi, parlava, parlavamo, parlavate, parlavano **5** parlai, parlasti, parlò, parlammo, parlaste, parlarono **6** parlerò, parlerai, parlerà, parleremo, parlerete, parleranno **7** parlerei, parleresti, parlerebbe, parleremmo, parlereste, parlerebbero **8** parli, parli, parli, parliamo, parliate, parlino **9** parlassi, parlassi, parlasse, parlassimo, parlaste, parlassero **10** parla!, parli!, parlate!, parlino!

piacere **2** piaciuto **3** piaccio, piacciamo, piacciono **5** piacqui, piacesti **8** piacci *ecc.*

porre **1** ponendo **2** posto **3** pongo, poni, pone, poniamo, ponete, pongono **4** ponevo *ecc.* **5** posi, ponesti **6** porrò *ecc.* **8** ponga, poniamo, poniate, pongano **9** ponessi *ecc.*

potere **3** posso, puoi, può, possiamo, potete, possono **6** potrò *ecc.* **8** possa, possiamo, possiate, possano

prendere **2** preso **5** presi, prendesti

ridurre **1** riducendo **2** ridotto **3** riduco *ecc.* **4** riducevo *ecc.* **5** ridussi, riducesti **6** ridurrò *ecc.* **8** riduca *ecc.* **9** riducessi *ecc.*

riempire **1** riempiendo **3** riempio, riempi, riempie, riempiono

rimanere **2** rimasto **3** rimango, rimangono **5** rimasi, rimanesti **6** rimarrò *ecc.* **8** rimanga

rispondere **2** risposto **5** risposi, rispondesti

salire **3** salgo, sali, salgono **8** salga

sapere **3** so, sai, sa, sappiamo, sapete, sanno **5** seppi, sapesti **6** saprò *ecc.* **8** sappia *ecc.* **10** sappi!, sappia!, sappiate!, sappiano!

scrivere **2** scritto **5** scrissi, scrivesti

sedere **3** siedo, siedi, siede, siedono **8** sieda

spegnere **2** spento **3** spengo, spengono **5** spensi, spegnesti **8** spenga

stare **2** stato **3** sto, stai, sta, stiamo, state, stanno **5** stetti, stesti **6** starò *ecc.* **8** stia *ecc.* **9** stessi *ecc.* **10** sta'!, stia!, state!, stiano!

tacere **2** taciuto **3** taccio, tacciono **5** tacqui, tacesti **8** taccia

tenere **3** tengo, tieni, tiene, tengono **5** tenni, tenesti **6** terrò *ecc.* **8** tenga

trarre **1** traendo **2** tratto **3** traggo, trai, trae, traiamo, traete, traggono **4** traevo *ecc.* **5** trassi, traesti **6** trarrò *ecc.* **8** tragga **9** traessi *ecc.*

udire **3** odo, odi, ode, odono **8** oda

uscire **3** esco, esci, esce, escono **8** esca

valere **2** valso **3** valgo, valgono **5** valsi, valesti **6** varrò *ecc.* **8** valga

vedere **2** visto *o* veduto **5** vidi, vedesti **6** vedrò *ecc.*

VENDERE **1** vendendo **2** venduto **3** vendo, vendi, vende, vendiamo, vendete, vendono **4** vendevo, vendevi, vendeva, vendevamo, vendevate, vendevano **5** vendei *o* vendetti, vendesti, vendé *o* vendette, vendemmo, vendeste, venderono *o* vendettero **6** venderò, venderai, venderà, venderemo, venderete, venderanno **7** venderei, venderesti, venderebbe, venderemmo, vendereste, venderebbero **8** venda, venda, venda, vendiamo, vendiate, vendano **9** vendessi, vendessi, vendesse, vendessimo, vendeste, vendessero **10** vendi!, venda!, vendete!, vendano!

venire **2** venuto **3** vengo, vieni, viene, vengono **5** venni, venisti **6** verrò *ecc.* **8** venga

vivere **2** vissuto **5** vissi, vivesti

volere **3** voglio, vuoi, vuole, vogliamo, volete, vogliono **5** volli, volesti **6** vorrò *ecc.* **8** voglia *ecc.* **10** vogli!, voglia!, vogliate!, vogliano!

ENGLISH VERB FORMS

present	pt	pp
arise	arose	arisen
awake	awoke	awoken
be (am, is, are; being)	was, were	been
bear	bore	born(e)
beat	beat	beaten
become	became	become
begin	began	begun
bend	bent	bent
bet	bet, betted	bet, betted
bid (*at auction, cards*)	bid	bid
bid (*say*)	bade	bidden
bind	bound	bound
bite	bit	bitten
bleed	bled	bled
blow	blew	blown
break	broke	broken
breed	bred	bred
bring	brought	brought
build	built	built
burn	burnt, burned	burnt, burned
burst	burst	burst
buy	bought	bought
can	could	(been able)
cast	cast	cast
catch	caught	caught
choose	chose	chosen
cling	clung	clung
come	came	come
cost	cost	cost
cost (*work out price of*)	costed	costed
creep	crept	crept
cut	cut	cut
deal	dealt	dealt
dig	dug	dug
do (does)	did	done
draw	drew	drawn
dream	dreamed, dreamt	dreamed, dreamt
drink	drank	drunk
drive	drove	driven
dwell	dwelt	dwelt
eat	ate	eaten
fall	fell	fallen
feed	fed	fed
feel	felt	felt
fight	fought	fought
find	found	found
flee	fled	fled
fling	flung	flung
fly	flew	flown
forbid	forbade	forbidden
forecast	forecast	forecast
forget	forgot	forgotten
forgive	forgave	forgiven
forsake	forsook	forsaken
freeze	froze	frozen
get	got	got, (US) gotten
give	gave	given
go (goes)	went	gone
grind	ground	ground
grow	grew	grown
hang	hung	hung
hang (*execute*)	hanged	hanged
have (has; having)	had	had
hear	heard	heard
hide	hid	hidden
hit	hit	hit
hold	held	held
hurt	hurt	hurt
keep	kept	kept
kneel	knelt, kneeled	knelt, kneeled
know	knew	known
lay	laid	laid
lead	led	led
lean	leant, leaned	leant, leaned
leap	leapt, leaped	leapt, leaped
learn	learnt, learned	learnt, learned
leave	left	left
lend	lent	lent
let	let	let
lie (lying)	lay	lain
light	lit, lighted	lit, lighted
lose	lost	lost
make	made	made

present	pt	pp
may	might	—
mean	meant	meant
meet	met	met
mistake	mistook	mistaken
mow	mowed	mown, mowed
must	(had to)	(had to)
pay	paid	paid
put	put	put
quit	quit, quitted	quit, quitted
read	read	read
rid	rid	rid
ride	rode	ridden
ring	rang	rung
rise	rose	risen
run	ran	run
saw	sawed	sawed, sawn
say	said	said
see	saw	seen
seek	sought	sought
sell	sold	sold
send	sent	sent
set	set	set
sew	sewed	sewn
shake	shook	shaken
shear	sheared	shorn, sheared
shed	shed	shed
shine	shone	shone
shoot	shot	shot
show	showed	shown
shrink	shrank	shrunk
shut	shut	shut
sing	sang	sung
sink	sank	sunk
sit	sat	sat
slay	slew	slain
sleep	slept	slept
slide	slid	slid
sling	slung	slung
slit	slit	slit
smell	smelt, smelled	smelt, smelled
sow	sowed	sown, sowed
speak	spoke	spoken
speed	sped, speeded	sped, speeded

present	pt	pp
spell	spelt, spelled	spelt, spelled
spend	spent	spent
spill	spilt, spilled	spilt, spilled
spin	spun	spun
spit	spat	spat
split	split	split
spoil	spoiled, spoilt	spoiled, spoilt
spread	spread	spread
spring	sprang	sprung
stand	stood	stood
steal	stole	stolen
stick	stuck	stuck
sting	stung	stung
stink	stank	stunk
stride	strode	stridden
strike	struck	struck, stricken
strive	strove	striven
swear	swore	sworn
sweep	swept	swept
swell	swelled	swollen, swelled
swim	swam	swum
swing	swung	swung
take	took	taken
teach	taught	taught
tear	tore	torn
tell	told	told
think	thought	thought
throw	threw	thrown
thrust	thrust	thrust
tread	trod	trodden
wake	woke, waked	woken, waked
wear	wore	worn
weave	wove, weaved	woven, weaved
wed	wedded, wed	wedded, wed
weep	wept	wept
win	won	won
wind	wound	wound
wring	wrung	wrung
write	wrote	written

I NUMERI		NUMBERS
uno(a)	1	one
due	2	two
tre	3	three
quattro	4	four
cinque	5	five
sei	6	six
sette	7	seven
otto	8	eight
nove	9	nine
dieci	10	ten
undici	11	eleven
dodici	12	twelve
tredici	13	thirteen
quattordici	14	fourteen
quindici	15	fifteen
sedici	16	sixteen
diciassette	17	seventeen
diciotto	18	eighteen
diciannove	19	nineteen
venti	20	twenty
ventuno	21	twenty-one
ventidue	22	twenty-two
ventitré	23	twenty-three
ventotto	28	twenty-eight
trenta	30	thirty
quaranta	40	forty
cinquanta	50	fifty
sessanta	60	sixty
settanta	70	seventy
ottanta	80	eighty
novanta	90	ninety
cento	100	a hundred
cento uno	101	a hundred and one
duecento	200	two hundred
mille	1000	a thousand
milleduecentodue	1202	one thousand two hundred and two
cinquemila	5000	five thousand
un milione	1000 000	a million

I NUMERI	NUMBERS
primo(a)	first, 1st
secondo(a)	second, 2nd
terzo(a)	third, 3rd
quarto(a)	fourth, 4th
quinto(a)	fifth, 5th
sesto(a)	sixth, 6th
settimo(a)	seventh
ottavo(a)	eighth
nono(a)	ninth
decimo(a)	tenth
undicesimo(a)	eleventh
dodicesimo(a)	twelfth
tredicesimo(a)	thirteenth
quattordicesimo(a)	fourteenth
quindicesimo(a)	fifteenth
sedicesimo(a)	sixteenth
diciassettesimo(a)	seventeenth
diciottesimo(a)	eighteenth
diciannovesimo(a)	nineteenth
ventesimo(a)	twentieth
ventunesimo(a)	twenty-first
ventiduesimo(a)	twenty-second
ventitreesimo(a)	twenty-third
ventottesimo(a)	twenty-eighth
trentesimo(a)	thirtieth
centesimo(a)	hundredth
centunesimo(a)	hundred-and-first
millesimo(a)	thousandth
milionesimo(a)	millionth

Frazioni	Fractions
mezzo	half
terzo	third
due terzi	two thirds
quarto	quarter
quinto	fifth
zero virgola cinque, 0,5	(nought) point five, 0.5
tre virgola quattro, 3,4	three point four, 3.4
dieci per cento	ten per cent
cento per cento	a hundred per cent

Esempi	Examples
abita al numero dieci	he lives at number 10
si trova nel capitolo sette, a pagina sette	it's in chapter 7, on page 7
abita al terzo piano	he lives on the 3rd floor
arrivò quarto	he came in 4th
scala uno a venticinquemila	scale 1:25,000

L'ORA	THE TIME
che ora è?, che ore sono?	*what time is it?*
è …, sono …	*it's …*
mezzanotte	midnight
l'una (di notte)	one o'clock (in the morning), one (a.m.)
le tre del mattino	three o'clock (in the morning), three (a.m.)
l'una e cinque	five past one
l'una e dieci	ten past one
l'una e un quarto, l'una e quindici	a quarter past one, one fifteen
l'una e venticinque	twenty-five past one, one twenty-five
l'una e mezzo *or* mezza, l'una e trenta	half past one, one thirty
le due meno venticinque, l'una e trentacinque	twenty-five to two, one thirty-five
le due meno venti, l'una e quaranta	twenty to two, one forty
le due meno un quarto, l'una e tre quarti	a quarter to two, one forty-five
le due meno dieci, l'una e cinquanta	ten to two, one fifty
le dodici, mezzogiorno	twelve o'clock, midday, noon
l'una, le tredici	one o'clock (in the afternoon), one (p.m.)
le sette (di sera), le diciannove	seven o'clock (in the evening), seven (p.m.)
a che ora?	*at what time?*
a mezzanotte	at midnight
all'una, alle tredici	at one o'clock
fra venti minuti	in twenty minutes
venti minuti fa	twenty minutes ago

LA DATA	DATES
oggi	today
ogni giorno, tutti i giorni	every day
ieri	yesterday
stamattina	this morning
domani notte; domani sera	tomorrow night
l'altroieri notte; l'altroieri sera	the night before last
l'altroieri	the day before yesterday
ieri notte; ieri sera	last night
due giorni/sei anni fa	two days/six years ago
domani pomeriggio	tomorrow afternoon
dopodomani	the day after tomorrow
tutti i giovedì, di *or* il giovedì	every Thursday, on Thursdays
ci va di *or* il venerdì	he goes on Fridays
"chiuso il mercoledì"	"closed on Wednesdays"
dal lunedì al venerdì	from Monday to Friday
per giovedì, entro giovedì	by Thursday
un sabato di marzo	one Saturday in March
tra una settimana	in a week's time
martedì a otto	a week next *or* on Tuesday
questa/la prossima/la scorsa settimana	this/next/last week
tra due settimane, tra quindici giorni	in two weeks *or* a fortnight
lunedì a quindici	two weeks on Monday
il primo/l'ultimo venerdì del mese	the first/last Friday of the month
il mese prossimo	next month
l'anno scorso	last year
il primo giugno	the 1st of June, June first
il due ottobre	the 2nd of October *or* October 2nd
sono nato nel 1987	I was born in 1987
il suo compleano è il 5 giugno	his birthday is on June 5th (*BRIT*) *or* 5th June (*US*)
il 18 agosto	on 18th August (*BRIT*) *or* August 18 (*US*)
nel '96	in '96
nella primavera del '94	in the Spring of '94
dal 19 al 3	from the 19th to the 3rd
quanti ne abbiamo oggi?	what's the date? *or* what date is it today?

oggi è il 15	today's date is the 15th *or* today is the 15th
1988 - millenovecentottantotto	1988 - nineteen eighty-eight
2005 - duemilacinque	2005 - two thousand and five
10 anni esatti	10 years to the day
alla fine del mese	at the end of the month
la settimana del 30/7	week ending 30/7
giornalmente *or* al giorno	daily
settimanalmente *or* alla settimana	weekly
mensilmente, al mese	monthly
annualmente *or* all'anno	annually
due volte alla settimana/al mese/all'anno	twice a week/month/year
bimestralmente	bi-monthly
nel 4 a.C.	in 4 B.C. *or* B.C. 4
nel 79 d.C.	in 79 A.D *or* A.D. 79
nel tredicesimo secolo	in the 13th century
negli anni '80	in *or* during the 80s
nel 1990 e rotti	in 1990 something
La data nelle lettere	**Headings of letters**
9 ottobre 2004	9th October 2004 *or* 9 October 2004

ITALIANO - INGLESE

ITALIAN - ENGLISH

a

A *abbr* (= *autostrada*) ≈ M (*motorway*)

a

(*a* + *il* = **al**, *a* + *lo* = **allo**, *a* + *l'* = **all'**, *a* + *la* = **alla**, *a* + *i* = **ai**, *a* + *gli* = **agli**, *a* + *le* = **alle**) *prep*

1 (*stato in luogo*) at; (: *in*) in; **essere alla stazione** to be at the station; **essere a casa/a scuola/a Roma** to be at home/at school/in Rome; **è a 10 km da qui** it's 10 km from here, it's 10 km away

2 (*moto a luogo*) to; **andare a casa/a scuola** to go home/to school

3 (*tempo*) at; (*epoca, stagione*) in; **alle cinque** at five (o'clock); **a mezzanotte/Natale** at midnight/Christmas; **al mattino** in the morning; **a maggio/primavera** in May/spring; **a cinquant'anni** at fifty (years of age); **a domani!** see you tomorrow!

4 (*complemento di termine*) to; **dare qc a qn** to give sth to sb

5 (*mezzo, modo*) with, by; **a piedi/cavallo** on foot/horseback; **fatto a mano** made by hand, handmade; **una barca a motore** a motorboat; **a uno a uno** one by one; **all'italiana** the Italian way, in the Italian fashion

6 (*rapporto*) a, per; (: *con prezzi*) at; **prendo 850 euro al mese** I get 850 euros a *o* per month; **pagato a ore** paid by the hour; **vendere qc a 2 euro il chilo** to sell sth at 2 euros a *o* per kilo

abbagli'ante [abbaʎ'ʎante] *ag* dazzling; **abbaglianti** *smpl* (*Aut*): **accendere gli abbaglianti** to put one's headlights on full (*BRIT*) *o* high (*US*) beam

abbagli'are [abbaʎ'ʎare] *vt* to dazzle; (*illudere*) to delude

abbai'are *vi* to bark

abbando'nare *vt* to leave, abandon, desert; (*trascurare*) to neglect; (*rinunciare a*) to abandon, give up; **abbandonarsi** *vpr* to let o.s. go; **abbandonarsi a** (*ricordi, vizio*) to give o.s. up to

abbas'sare *vt* to lower; (*radio*) to turn down; **abbassarsi** *vpr* (*chinarsi*) to stoop; (*livello, sole*) to go down; (*fig: umiliarsi*) to demean o.s.; **~ i fari** (*Aut*) to dip *o* dim (*US*) one's lights

ab'basso *escl* **~ il re!** down with the king!

abbas'tanza [abbas'tantsa] *av* (*a sufficienza*) enough; (*alquanto*) quite, rather, fairly; **non è ~ furbo** he's not shrewd enough; **un vino ~ dolce** quite a sweet wine; **averne ~ di qn/qc** to have had enough of sb/sth

ab'battere *vt* (*muro, casa*) to pull down; (*ostacolo*) to knock down; (*albero*) to fell; (: *vento*) to bring down; (*bestie da macello*) to slaughter; (*cane, cavallo*) to destroy, put down; (*selvaggina, aereo*) to shoot down; (*fig: malattia, disgrazia*) to lay low; **abbattersi** *vpr* (*avvilirsi*) to lose heart;

abbat'tuto, -a *ag* (*fig*) depressed

abba'zia [abbat'tsia] *sf* abbey

'abbia *vb vedi* **avere**

abbi'ente *ag* well-to-do, well-off; **abbienti** *smpl* **gli abbienti** the well-to-do

abbiglia'mento [abbiʎʎa'mento] *sm* dress *no pl*; (*indumenti*) clothes *pl*; (*industria*) clothing industry

abbi'nare *vt* **~ (a)** to combine (with)

abboc'care *vi* (*pesce*) to bite; (*tubi*) to join; **~ (all'amo)** (*fig*) to swallow

the bait
abbona'mento *sm* subscription; (*alle ferrovie ecc*) season ticket; **fare l'~** to take out a subscription (*o* season ticket)
abbo'narsi *vpr* **~ a un giornale** to take out a subscription to a newspaper; **~ al teatro/alle ferrovie** to take out a season ticket for the theatre/the train
abbon'dante *ag* abundant, plentiful; (*giacca*) roomy
abbon'danza [abbon'dantsa] *sf* abundance; plenty
abbor'dabile *ag* (*persona*) approachable; (*prezzo*) reasonable
abbotto'nare *vt* to button up, do up
abbracci'are [abbrat'tʃare] *vt* to embrace; (*persona*) to hug, embrace; (*professione*) to take up; (*contenere*) to include; **abbracciarsi** *vpr* to hug *o* embrace (one another); **ab'braccio** *sm* hug, embrace
abbrevi'are *vt* to shorten; (*parola*) to abbreviate
abbreviazi'one [abbrevjat'tsjone] *sf* abbreviation
abbron'zante [abbron'dzante] *ag* tanning, sun *cpd*
abbronzarsi *vpr* to tan, get a tan
abbron'zato, -a [abbron'dzato] *ag* (sun)tanned
abbrusto'lire *vt* (*pane*) to toast; (*caffè*) to roast; **abbrustolirsi** *vpr* to toast; (*fig: al sole*) to soak up the sun
abbuf'farsi *vpr* (*fam*): **~ (di qc)** to stuff o.s. (with sth)
abdi'care *vi* to abdicate; **~ a** to give up, renounce
a'bete *sm* fir (tree); **abete rosso** spruce
'abile *ag* (*idoneo*): **~ (a qc/a fare qc)** fit (for sth/to do sth); (*capace*) able; (*astuto*) clever; (*accorto*) skilful; **~ al servizio militare** fit for military service; **abilità** *sf inv* ability; cleverness; skill
a'bisso *sm* abyss, gulf
abi'tante *sm/f* inhabitant
abi'tare *vt* to live in, dwell in ▸ *vi* **~ in campagna/a Roma** to live in the country/in Rome; **dove abita?** where do you live?; **abitazi'one** *sf* residence; house
'abito *sm* dress *no pl*; (*da uomo*) suit; (*da donna*) dress; (*abitudine, disposizione, Rel*) habit; **abiti** *smpl* (*vestiti*) clothes; **in ~ da sera** in evening dress
abitu'ale *ag* usual, habitual; (*cliente*) regular
abitual'mente *av* usually, normally
abitu'are *vt* **~ qn a** to get sb used *o* accustomed to; **abituarsi a** to get used to, accustom o.s. to
abitudi'nario, -a *ag* of fixed habits ▸ *sm/f* regular customer
abi'tudine *sf* habit; **aver l'~ di fare qc** to be in the habit of doing sth; **d'~** usually; **per ~** from *o* out of habit
abo'lire *vt* to abolish; (*Dir*) to repeal
abor'tire *vi* (*Med*) to miscarry, have a miscarriage; (*: deliberatamente*) to have an abortion; (*fig*) to miscarry, fail; **a'borto** *sm* miscarriage; abortion
ABS [abɪɛse] *sigla m* (= *Anti-Blockier System*) ABS
'abside *sf* apse
abu'sare *vi* **~ di** to abuse, misuse; (*alcool*) to take to excess; (*approfittare, violare*) to take advantage of
abu'sivo, -a *ag* unauthorized, unlawful; **(occupante) ~** (*di una casa*) squatter

> Attenzione! In inglese esiste la parola *abusive* che però vuol dire *ingiurioso*.

a.C. *av abbr* (= *avanti Cristo*) B.C.
a'cacia, -cie [a'katʃa] *sf* (*Bot*) acacia
ac'cadde *vb vedi* **accadere**

acca'demia *sf* (*società*) learned society; (*scuola: d'arte, militare*) academy
acca'dere *vb impers* to happen, occur
accal'dato *ag* hot
accalo'rarsi *vpr* (*fig*) to get excited
accampa'mento *sm* camp
accamparsi *vpr* to camp
acca'nirsi *vpr* (*infierire*) to rage; (*ostinarsi*) to persist; **acca'nito, -a** *ag* (*odio, gelosia*) fierce, bitter; (*lavoratore*) assiduous, dogged; (*fumatore*) inveterate
ac'canto *av* near, nearby; **~ a** *prep* near, beside, close to
accanto'nare *vt* (*problema*) to shelve; (*somma*) to set aside
accappa'toio *sm* bathrobe
accarez'zare [akkaret'tsare] *vt* to caress, stroke, fondle; (*fig*) to toy with
acca'sarsi *vpr* to set up house; to get married
accasci'arsi [akkaʃ'ʃarsi] *vpr* to collapse; (*fig*) to lose heart
accat'tone, -a *sm/f* beggar
accaval'lare *vt* (*gambe*) to cross
acce'care [attʃe'kare] *vt* to blind ▸ *vi* to go blind
ac'cedere [at'tʃedere] *vi* **~ a** to enter; (*richiesta*) to grant, accede to
accele'rare [attʃele'rare] *vt* to speed up ▸ *vi* (*Aut*) to accelerate; **~ il passo** to quicken one's pace; **accelera'tore** *sm* (*Aut*) accelerator
ac'cendere [at'tʃɛndere] *vt* (*fuoco, sigaretta*) to light; (*luce, televisione*) to put on, switch on, turn on; (*Aut: motore*) to switch on; (*Comm: conto*) to open; (*fig: suscitare*) to inflame, stir up; **ha da ~?** have you got a light?; **non riesco ad ~ il riscaldamento** I can't turn the heating on; **accen'dino, accendi'sigaro** *sm* (cigarette) lighter
accen'nare [attʃen'nare] *vt* (*Mus*) to pick out the notes of; to hum ▸ *vi* **~ a** (*fig: alludere a*) to hint at; (*: far atto di*) to make as if; **~ un saluto** (*con la mano*) to make as if to wave; (*col capo*) to half nod; **accenna a piovere** it looks as if it's going to rain
ac'cenno [at'tʃenno] *sm* (*cenno*) sign; nod; (*allusione*) hint
accensi'one [attʃen'sjone] *sf* (*vedi verbo*) lighting; switching on; opening; (*Aut*) ignition
ac'cento [at'tʃɛnto] *sm* accent; (*Fonetica, fig*) stress; (*inflessione*) tone (of voice)
accentu'are [attʃentu'are] *vt* to stress, emphasize; **accentuarsi** *vpr* to become more noticeable
accerchi'are [attʃer'kjare] *vt* to surround, encircle
accerta'mento [attʃerta'mento] *sm* check; assessment
accer'tare [attʃer'tare] *vt* to ascertain; (*verificare*) to check; (*reddito*) to assess; **accertarsi** *vpr* **accertarsi (di)** to make sure (of)
ac'ceso, -a [at'tʃeso] *pp di* **accendere** ▸ *ag* lit; on; open; (*colore*) bright
acces'sibile [attʃes'sibile] *ag* (*luogo*) accessible; (*persona*) approachable; (*prezzo*) reasonable
ac'cesso [at'tʃɛsso] *sm* (*anche Inform*) access; (*Med*) attack, fit; (*impulso violento*) fit, outburst
accessori *smpl* accessories
ac'cetta [at'tʃetta] *sf* hatchet
accet'tabile [attʃet'tabile] *ag* acceptable
accet'tare [attʃet'tare] *vt* to accept; **accettate carte di credito?** do you accept credit cards?; **~ di fare qc** to agree to do sth; **accettazi'one** *sf* acceptance; (*locale di servizio pubblico*) reception; **accettazione bagagli** (*Aer*) check-in (desk)
acchiap'pare [akkjap'pare] *vt* to catch

acciaie'ria [attʃaje'ria] *sf* steelworks *sg*
acci'aio [at'tʃajo] *sm* steel
acciden'tato, -a [attʃiden'tato] *ag* (*terreno ecc*) uneven
accigli'ato, -a [attʃiʎ'ʎato] *ag* frowning
ac'cingersi [at'tʃindʒersi] *vpr* **~ a fare qc** to be about to do sth
acciuf'fare [attʃuf'fare] *vt* to seize, catch
acci'uga, -ghe [at'tʃuga] *sf* anchovy
ac'cludere *vt* to enclose
accocco'larsi *vpr* to crouch
accogli'ente [akkoʎ'ʎɛnte] *ag* welcoming, friendly
ac'cogliere [ak'kɔʎʎere] *vt* (*ricevere*) to receive; (*dare il benvenuto*) to welcome; (*approvare*) to agree to, accept; (*contenere*) to hold, accommodate
ac'colgo *ecc vb vedi* **accogliere**
ac'colsi *ecc vb vedi* **accogliere**
accoltel'lare *vt* to knife, stab
accomoda'mento *sm* agreement, settlement
accomo'dante *ag* accommodating
accomodarsi *vpr* (*sedersi*) to sit down; (*entrare*) to come in; **s'accomodi!** (*venga avanti*) come in!; (*si sieda*) take a seat!
accompagna'mento [akkompaɲɲa'mento] *sm* (*Mus*) accompaniment
accompa'gnare [akkompaɲ'ɲare] *vt* to accompany, come *o* go with; (*Mus*) to accompany; (*unire*) to couple; **~ la porta** to close the door gently
accompagna'tore, -trice *sm/f* companion; **~ turistico** courier
acconcia'tura [akkontʃa'tura] *sf* hairstyle
accondiscen'dente [akkondiʃʃen'dɛnte] *ag* affable
acconsen'tire *vi* **~ (a)** to agree *o* consent (to)
acconten'tare *vt* to satisfy; **accontentarsi** *vpr* **accontentarsi di** to be satisfied with, content o.s. with
ac'conto *sm* part payment; **pagare una somma in ~** to pay a sum of money as a deposit
acco'rato, -a *ag* heartfelt
accorci'are [akkor'tʃare] *vt* to shorten; **accorciarsi** *vpr* to become shorter
accor'dare *vt* to reconcile; (*colori*) to match; (*Mus*) to tune; (*Ling*): **~ qc con qc** to make sth agree with sth; (*Dir*) to grant; **accordarsi** *vpr* to agree, come to an agreement; (*colori*) to match
ac'cordo *sm* agreement; (*armonia*) harmony; (*Mus*) chord; **essere d'~** to agree; **andare d'~** to get on well together; **d'~!** all right!, agreed!; **accordo commerciale** trade agreement
ac'corgersi [ak'kɔrdʒersi] *vpr* **~ di** to notice; (*fig*) to realize
ac'correre *vi* to run up
ac'corto, -a *pp di* **accorgersi** ▸ *ag* shrewd; **stare ~** to be on one's guard
accos'tare *vt* (*avvicinare*): **~ qc a** to bring sth near to, put sth near to; (*avvicinarsi a*) to approach; (*socchiudere*: *imposte*) to half-close; (: *porta*) to leave ajar ▸ *vi* (*Naut*) to come alongside; **accostarsi** *vpr* **accostarsi a** to draw near, approach; (*fig*) to support
accredi'tare *vt* (*notizia*) to confirm the truth of; (*Comm*) to credit; (*diplomatico*) to accredit
ac'credito *sm* (*Comm*: *atto*) crediting; (: *effetto*) credit
accucci'arsi [akkut'tʃarsi] *vpr* (*cane*) to lie down
accu'dire *vt* (*anche*: *vi* **~ a**) to attend to
accumu'lare *vt* to accumulate; **accumularsi** *vpr* to accumulate; (*Finanza*) to accrue

accu'rato, -a *ag* (*diligente*) careful; (*preciso*) accurate
ac'cusa *sf* accusation; (*Dir*) charge; **la pubblica ~** the prosecution
accu'sare *vt* **~ qn di qc** to accuse sb of sth; (*Dir*) to charge sb with sth; **~ ricevuta di** (*Comm*) to acknowledge receipt of
accusa'tore, -'trice *sm/f* accuser ▸ *sm* (*Dir*) prosecutor
a'cerbo, -a [a'tʃɛrbo] *ag* bitter; (*frutta*) sour, unripe; (*persona*) immature
'acero ['atʃero] *sm* maple
a'cerrimo, -a [a'tʃɛrrimo] *ag* very fierce
a'ceto [a'tʃeto] *sm* vinegar
ace'tone [atʃe'tone] *sm* nail varnish remover
A.C.I. ['atʃi] *sigla m* = **Automobile Club d'Italia**
'acido, -a ['atʃido] *ag* (*sapore*) acid, sour; (*Chim*) acid ▸ *sm* (*Chim*) acid
'acino ['atʃino] *sm* berry; **acino d'uva** grape
'acne *sf* acne
'acqua *sf* water; (*pioggia*) rain; **acque** *sfpl* (*di mare, fiume ecc*) waters; **fare ~** (*Naut*) to leak, take in water; **~ in bocca!** mum's the word!; **acqua corrente** running water; **acqua dolce/salata** fresh/salt water; **acqua minerale/potabile/tonica** mineral/drinking/tonic water; **acque termali** thermal waters
a'cquaio *sm* sink
acqua'ragia [akkwa'radʒa] *sf* turpentine
a'cquario *sm* aquarium; (*dello zodiaco*): **A~** Aquarius
acquascooter [akkwas'kuter] *sm inv* Jet Ski®
ac'quatico, -a, -ci, -che *ag* aquatic; (*Sport, Scienza*) water *cpd*
acqua'vite *sf* brandy
acquaz'zone [akkwat'tsone] *sm* cloudburst, heavy shower
acque'dotto *sm* aqueduct; waterworks *pl*, water system
acque'rello *sm* watercolour
acqui'rente *sm/f* purchaser, buyer
acquis'tare *vt* to purchase, buy; (*fig*) to gain; **a'cquisto** *sm* purchase; **fare acquisti** to go shopping
acquo'lina *sf* **far venire l'~ in bocca a qn** to make sb's mouth water
a'crobata, -i, -e *sm/f* acrobat
a'culeo *sm* (*Zool*) sting; (*Bot*) prickle
a'cume *sm* acumen, perspicacity
a'custico, -a, ci, che *ag* acoustic ▸ *sf* (*scienza*) acoustics *sg*; (*di una sala*) acoustics *pl*; **cornetto ~** ear trumpet; **apparecchio ~** hearing aid
a'cuto, -a *ag* (*appuntito*) sharp, pointed; (*suono, voce*) shrill, piercing; (*Mat, Ling, Med*) acute; (*Mus*) high-pitched; (*fig: dolore, desiderio*) intense; (*: perspicace*) acute, keen
a'dagio [a'dadʒo] *av* slowly ▸ *sm* (*Mus*) adagio; (*proverbio*) adage, saying
adatta'mento *sm* adaptation
adat'tare *vt* to adapt; (*sistemare*) to fit; **adattarsi** *vpr* **adattarsi (a)** (*ambiente, tempi*) to adapt (to); (*essere adatto*) to be suitable (for)
a'datto, -a *ag* **~ (a)** suitable (for), right (for)
addebi'tare *vt* **~ qc a qn** to debit sb with sth
ad'debito *sm* (*Comm*) debit
adden'tare *vt* to bite into
adden'trarsi *vpr* **~ in** to penetrate, go into
addestra'mento *sm* training
addes'trare *vt* to train
ad'detto, -a *ag* **~ a** (*persona*) assigned to; (*oggetto*) intended for ▸ *sm* employee; (*funzionario*) attaché; **gli addetti ai lavori** authorized personnel; (*fig*) those in the know; **addetto commerciale** commercial

attaché; **addetto stampa** press attaché

ad'dio *sm, escl* goodbye, farewell

addirit'tura *av* (*veramente*) really, absolutely; (*perfino*) even; (*direttamente*) directly, right away

addi'tare *vt* to point out; (*fig*) to expose

addi'tivo *sm* additive

addizi'one *sf* addition

addob'bare *vt* to decorate; **ad'dobbo** *sm* decoration

addolo'rare *vt* to pain, grieve; **addolorarsi (per)** to be distressed (by)

addolo'rato, -a *ag* distressed, upset; **l'Addolorata** (*Rel*) Our Lady of Sorrows

ad'dome *sm* abdomen

addomesti'care *vt* to tame

addomi'nale *ag* abdominal; **(muscoli** *mpl***) addominali** stomach muscles

addormen'tare *vt* to put to sleep; **addormentarsi** *vpr* to fall asleep

ad'dosso *av* on; **mettersi ~ il cappotto** to put one's coat on; **~ a** (*sopra*) on; (*molto vicino*) right next to; **stare ~ a qn** (*fig*) to breathe down sb's neck; **dare ~ a qn** (*fig*) to attack sb

adeguarsi *vpr* to adapt

adegu'ato, -a *ag* adequate; (*conveniente*) suitable; (*equo*) fair

a'dempiere *vt* to fulfil, carry out

ade'rente *ag* adhesive; (*vestito*) close-fitting ▶ *sm/f* follower

ade'rire *vi* (*stare attaccato*) to adhere, stick; **~ a** to adhere to, stick to; (*fig: società, partito*) to join; (*: opinione*) to support; (*richiesta*) to agree to

adesi'one *sf* adhesion; (*fig*) agreement, acceptance; **ade'sivo, -a** *ag, sm* adhesive

a'desso *av* (*ora*) now; (*or ora, poco fa*) just now; (*tra poco*) any moment now

adia'cente [adja'tʃɛnte] *ag* adjacent

adi'bire *vt* (*usare*): **~ qc a** to turn sth into

adole'scente [adoleʃ'ʃɛnte] *ag, sm/f* adolescent

adope'rare *vt* to use

ado'rare *vt* to adore; (*Rel*) to worship

adot'tare *vt* to adopt; (*decisione, provvedimenti*) to pass; **adot'tivo, -a** *ag* (*genitori*) adoptive; (*figlio, patria*) adopted; **adozi'one** *sf* adoption; **adozione a distanza** child sponsorship

adri'atico, -a, -ci, -che *ag* Adriatic ▶ *sm* **l'A~, il mare A~** the Adriatic, the Adriatic Sea

ADSL *sigla m* ADSL (*asymmetric digital subscriber line*)

adu'lare *vt* to adulate, flatter

a'dultero, -a *ag* adulterous ▶ *sm/f* adulterer (adulteress)

a'dulto, -a *ag* adult; (*fig*) mature ▶ *sm* adult, grown-up

a'ereo, -a *ag* air *cpd*; (*radice*) aerial ▶ *sm* aerial; (*aeroplano*) plane; **aereo da caccia** fighter (plane); **aereo di linea** airliner; **aereo a reazione** jet (plane); **ae'robica** *sf* aerobics *sg*; **aero'nautica** *sf* (*scienza*) aeronautics *sg*; **aeronautica militare** air force

aero'porto *sm* airport; **all'~ per favore** to the airport, please

aero'sol *sm inv* aerosol

'afa *sf* sultriness

af'fabile *ag* affable

affaccen'dato, -a [affattʃen'dato] *ag* (*persona*) busy

affacci'arsi [affat'tʃarsi] *vpr* **~ (a)** to appear (at)

affa'mato, -a *ag* starving; (*fig*): **~ (di)** eager (for)

affan'noso, -a *ag* (*respiro*) difficult; (*fig*) troubled, anxious

af'fare *sm* (*faccenda*) matter, affair; (*Comm*) piece of business, (business) deal; (*occasione*) bargain; (*Dir*) case;

(*fam: cosa*) thing; **affari** *smpl* (*Comm*) business *sg*; **Ministro degli Affari esteri** Foreign Secretary (*BRIT*), Secretary of State (*US*)
affasci'nante [affaʃʃi'nante] *ag* fascinating
affasci'nare [affaʃʃi'nare] *vt* to bewitch; (*fig*) to charm, fascinate
affati'care *vt* to tire; **affaticarsi** *vpr* (*durar fatica*) to tire o.s. out; **affati'cato, -a** *ag* tired
af'fatto *av* completely; **non ... ~** not ... at all; **niente ~** not at all
affer'mare *vt* (*dichiarare*) to maintain, affirm; **affermarsi** *vpr* to assert o.s., make one's name known; **affer'mato, -a** *ag* established, well-known; **affermazi'one** *sf* affirmation, assertion; (*successo*) achievement
affer'rare *vt* to seize, grasp; (*fig: idea*) to grasp; **afferrarsi** *vpr* **afferrarsi a** to cling to
affet'tare *vt* (*tagliare a fette*) to slice; (*ostentare*) to affect
affetta'trice [affetta'tritʃe] *sf* meat slicer
affet'tivo, -a *ag* emotional, affective
af'fetto *sm* affection; **affettu'oso, -a** *ag* affectionate
affezio'narsi [affettsjo'narsi] *vpr* **~ a** to grow fond of
affezio'nato, -a [affettsjo'nato] *ag* **~ a qn/qc** fond of sb/sth; (*attaccato*) attached to sb/sth
affia'tato, -a *ag* **essere molto affiatati** to get on very well
affibbi'are *vt* (*fig: dare*) to give
affi'dabile *ag* reliable
affida'mento *sm* (*Dir: di bambino*) custody; (*fiducia*): **fare ~ su qn** to rely on sb; **non dà nessun ~** he's not to be trusted
affi'dare *vt* **~ qc** *o* **qn a qn** to entrust sth *o* sb to sb; **affidarsi** *vpr* **affidarsi a** to place one's trust in
affi'lare *vt* to sharpen
affi'lato, -a *ag* (*gen*) sharp; (*volto, naso*) thin
affinché [affin'ke] *cong* in order that, so that
affit'tare *vt* (*dare in affitto*) to let, rent (out); (*prendere in affitto*) to rent; **af'fitto** *sm* rent; (*contratto*) lease
af'fliggere [af'fliddʒere] *vt* to torment; **affliggersi** *vpr* to grieve
af'flissi *ecc vb vedi* **affliggere**
afflosci'arsi [affloʃ'ʃarsi] *vpr* to go limp
afflu'ente *sm* tributary
affo'gare *vt, vi* to drown
affol'lare *vt* to crowd; **affollarsi** *vpr* to crowd; **affol'lato, -a** *ag* crowded
affon'dare *vt* to sink
affran'care *vt* to free, liberate; (*Amm*) to redeem; (*lettera*) to stamp; (*: meccanicamente*) to frank (*BRIT*), meter (*US*)
af'fresco, -schi *sm* fresco
affrettarsi *vpr* to hurry; **~ a fare qc** to hurry *o* hasten to do sth
affret'tato, -a *ag* (*veloce: passo, ritmo*) quick, fast; (*frettoloso: decisione*) hurried, hasty; (*: lavoro*) rushed
affron'tare *vt* (*pericolo ecc*) to face; (*nemico*) to confront; **affrontarsi** *vpr* (*reciproco*) to come to blows
affumi'cato, -a *ag* (*prosciutto, aringa ecc*) smoked
affuso'lato, -a *ag* tapering
Af'ganistan *sm* **l'~** Afghanistan
a'foso, -a *ag* sultry, close
'Africa *sf* **l'~** Africa; **afri'cano, -a** *ag, sm/f* African
a'genda [a'dʒɛnda] *sf* diary

Attenzione! In inglese esiste la parola *agenda* che però vuol dire *ordine del giorno*.

a'gente [a'dʒɛnte] *sm* agent; **agente di cambio** stockbroker; **agente**

di polizia police officer; **agente segreto** secret agent; **agen'zia** *sf* agency; (*succursale*) branch; **agenzia immobiliare** estate agent's (office) (*BRIT*), real estate office (*US*); **agenzia di collocamento/stampa** employment/press agency; **agenzia viaggi** travel agency

agevo'lare [adʒevo'lare] *vt* to facilitate, make easy

agevolazi'one [adʒevolat'tsjone] *sf* (*facilitazione economica*) facility; **agevolazione di pagamento** payment on easy terms; **agevolazioni creditizie** credit facilities; **agevolazioni fiscali** tax concessions

a'gevole [a'dʒevole] *ag* easy; (*strada*) smooth

agganci'are [aggan'tʃare] *vt* to hook up; (*Ferr*) to couple

ag'geggio [ad'dʒeddʒo] *sm* gadget, contraption

agget'tivo [addʒet'tivo] *sm* adjective

agghiacci'ante [aggjat'tʃante] *ag* chilling

aggior'nare [addʒor'nare] *vt* (*opera, manuale*) to bring up-to-date; (*seduta ecc*) to postpone; **aggiornarsi** *vpr* to bring (*o* keep) o.s. up-to-date; **aggior'nato, -a** *ag* up-to-date

aggi'rare [addʒi'rare] *vt* to go round; (*fig: ingannare*) to trick; **aggirarsi** *vpr* to wander about; **il prezzo s'aggira sul milione** the price is around the million mark

aggi'ungere [ad'dʒundʒere] *vt* to add

aggi'unsi *ecc* [ad'dʒunsi] *vb vedi* **aggiungere**

aggius'tare [addʒus'tare] *vt* (*accomodare*) to mend, repair; (*riassettare*) to adjust; (*fig: lite*) to settle

aggrap'parsi *vpr* **~ a** to cling to

aggra'vare *vt* (*aumentare*) to increase; (*appesantire: anche fig*) to weigh down, make heavy; (*pena*) to make worse; **aggravarsi** *vpr* to worsen, become worse

aggre'dire *vt* to attack, assault

aggressi'one *sf* aggression; (*atto*) attack, assault

aggres'sivo, -a *ag* aggressive

aggres'sore *sm* aggressor, attacker

aggrot'tare *vt* **~ le sopracciglia** to frown

aggrovigliarsi *vpr* (*fig*) to become complicated

aggu'ato *sm* trap; (*imboscata*) ambush; **tendere un ~ a qn** to set a trap for sb

agguer'rito, -a *ag* fierce

agi'ato, -a [a'dʒato] *ag* (*vita*) easy; (*persona*) well-off, well-to-do

'agile ['adʒile] *ag* agile, nimble

'agio ['adʒo] *sm* ease, comfort; **mettersi a proprio ~** to make o.s. at home *o* comfortable; **agi** *smpl* comforts; **mettersi a proprio ~** to make o.s. at home *o* comfortable; **dare ~ a qn di fare qc** to give sb the chance of doing sth

a'gire [a'dʒire] *vi* to act; (*esercitare un'azione*) to take effect; (*Tecn*) to work, function; **~ contro qn** (*Dir*) to take action against sb

agi'tare [adʒi'tare] *vt* (*bottiglia*) to shake; (*mano, fazzoletto*) to wave; (*fig: turbare*) to disturb; (*: incitare*) to stir (up); (*: dibattere*) to discuss; **agitarsi** *vpr* (*mare*) to be rough; (*malato, dormitore*) to toss and turn; (*bambino*) to fidget; (*emozionarsi*) to get upset; (*Pol*) to agitate; **agi'tato, -a** *ag* rough; restless; fidgety; upset, perturbed

'aglio ['aʎʎo] *sm* garlic

a'gnello [aɲ'ɲɛllo] *sm* lamb

'ago (*pl* **'aghi**) *sm* needle

ago'nistico, -a, -ci, -che *ag* athletic; (*fig*) competitive

agopun'tura *sf* acupuncture
a'gosto *sm* August
a'grario, -a *ag* agrarian, agricultural; (*riforma*) land *cpd*
a'gricolo, -a *ag* agricultural, farm *cpd*; **agricol'tore** *sm* farmer; **agricol'tura** *sf* agriculture, farming
agri'foglio [agri'fɔʎʎo] *sm* holly
agritu'rismo *sm* farm holidays *pl*
agrodolce *ag* bittersweet; (*salsa*) sweet and sour
a'grume *sm* (*spesso al pl*: *pianta*) citrus; (*: frutto*) citrus fruit
a'guzzo, -a [a'guttso] *ag* sharp
'ahi *escl* (*dolore*) ouch!
'Aia *sf* **l'~** the Hague
'aids *abbr m o f* Aids
airbag *sm inv* air bag
ai'rone *sm* heron
aiu'ola *sf* flower bed
aiu'tante *sm/f* assistant ▸ *sm* (*Mil*) adjutant; (*Naut*) master-at-arms; **aiutante di campo** aide-de-camp
aiu'tare *vt* to help; **~ qn (a fare)** to help sb (to do); **aiutarsi** *vpr* to help each other; **~ qn in qc/a fare qc** to help sb with sth/to do sth; **può aiutarmi?** can you help me?
ai'uto *sm* help, assistance, aid; (*aiutante*) assistant; **venire in ~ di qn** to come to sb's aid; **aiuto chirurgo** assistant surgeon
'ala (*pl* **'ali**) *sf* wing; **fare ~** to fall back, make way; **ala destra/sinistra** (*Sport*) right/left wing
ala'bastro *sm* alabaster
a'lano *sm* Great Dane
'alba *sf* dawn
alba'nese *ag, sm/f, sm* Albanian
Alba'nia *sf* **l'~** Albania
albe'rato, -a *ag* (*viale, piazza*) lined with trees, tree-lined
al'bergo, -ghi *sm* hotel; **albergo della gioventù** youth hostel
'albero *sm* tree; (*Naut*) mast; (*Tecn*) shaft; **albero genealogico** family tree; **albero a gomiti** crankshaft; **albero maestro** mainmast; **albero di Natale** Christmas tree; **albero di trasmissione** transmission shaft
albi'cocca, -che *sf* apricot
'album *sm* album; **album da disegno** sketch book
al'bume *sm* albumen
'alce ['altʃe] *sm* elk
'alcol *sm inv* = **alcool**
al'colico, -a, -ci, -che *ag* alcoholic ▸ *sm* alcoholic drink
alcoliz'zato, -a [alcolid'dzato] *sm/f* alcoholic
'alcool *sm inv* alcohol
al'cuno, -a (*det: dav sm*: **alcun** + *C, V*, **alcuno** + *s impura, gn, pn, ps, x, z*; *dav sf*: **alcuna** + *C*, **alcun'** + *V*) *det* (*nessuno*): **non ... ~** no, not any; **alcuni, e** *det pl* some, a few; **non c'è alcuna fretta** there's no hurry, there isn't any hurry; **senza alcun riguardo** without any consideration ▸ *pron pl* **alcuni, e** some, a few
alfa'betico, -a, ci, che *ag* alphabetical
alfa'beto *sm* alphabet
'alga, -ghe *sf* seaweed *no pl*, alga
'algebra ['aldʒebra] *sf* algebra
Alge'ria [aldʒe'ria] *sf* **l'~** Algeria
alge'rino, -a [aldʒe'rino] *ag, sm/f* Algerian
ali'ante *sm* (*Aer*) glider
'alibi *sm inv* alibi
a'lice [a'litʃe] *sf* anchovy
ali'eno, -a *ag* (*avverso*): **~ (da)** opposed (to), averse (to) ▸ *sm/f* alien
alimen'tare *vt* to feed; (*Tecn*) to feed; to supply; (*fig*) to sustain ▸ *ag* food *cpd*; **alimentari** *smpl* foodstuffs; (*anche*: **negozio di alimentari**) grocer's shop; **alimentazi'one** *sf* feeding; supplying; sustaining; (*gli alimenti*) diet

a'liquota *sf* share; (*d'imposta*) rate; **aliquota d'imposta** tax rate
alis'cafo *sm* hydrofoil
'alito *sm* breath
all. *abbr* (= *allegato*) encl.
allaccia'mento [allattʃa'mento] *sm* (*Tecn*) connection
allacci'are [allat'tʃare] *vt* (*scarpe*) to tie, lace (up); (*cintura*) to do up, fasten; (*luce, gas*) to connect; (*amicizia*) to form
allaccia'tura [allattʃa'tura] *sf* fastening
alla'gare *vt* to flood; **allagarsi** *vpr* to flood
allar'gare *vt* to widen; (*vestito*) to let out; (*aprire*) to open; (*fig*: *dilatare*) to extend; **allargarsi** *vpr* (*gen*) to widen; (*scarpe, pantaloni*) to stretch; (*fig*: *problema, fenomeno*) to spread
allar'mare *vt* to alarm
al'larme *sm* alarm; **allarme aereo** air-raid warning
allat'tare *vt* to feed
alle'anza [alle'antsa] *sf* alliance
alle'arsi *vpr* to form an alliance; **alle'ato, -a** *ag* allied ▸ *sm/f* ally
alle'gare *vt* (*accludere*) to enclose; (*Dir*: *citare*) to cite, adduce; (*denti*) to set on edge; **alle'gato, -a** *ag* enclosed ▸ *sm* enclosure; (*di e-mail*) attachment; **in allegato** enclosed
allegge'rire [alleddʒe'rire] *vt* to lighten, make lighter; (*fig*: *lavoro, tasse*) to reduce
alle'gria *sf* gaiety, cheerfulness
al'legro, -a *ag* cheerful, merry; (*un po' brillo*) merry, tipsy; (*vivace*: *colore*) bright ▸ *sm* (*Mus*) allegro
allena'mento *sm* training
alle'nare *vt* to train; **allenarsi** *vpr* to train; **allena'tore** *sm* (*Sport*) trainer, coach
allen'tare *vt* to slacken; (*disciplina*) to relax; **allentarsi** *vpr* to become slack; (*ingranaggio*) to work loose
aller'gia, -'gie [aller'dʒia] *sf* allergy; **al'lergico, -a, -ci, -che** *ag* allergic; **sono allergico alla penicillina** I'm allergic to penicillin
alles'tire *vt* (*cena*) to prepare; (*esercito, nave*) to equip, fit out; (*spettacolo*) to stage
allet'tante *ag* attractive, alluring
alle'vare *vt* (*animale*) to breed, rear; (*bambino*) to bring up
allevi'are *vt* to alleviate
alli'bito, -a *ag* astounded
alli'evo *sm* pupil; (*apprendista*) apprentice; (*Mil*) cadet
alliga'tore *sm* alligator
alline'are *vt* (*persone, cose*) to line up; (*Tip*) to align; (*fig*: *economia, salari*) to adjust, align; **allinearsi** *vpr* to line up; (*fig*: *a idee*): **allinearsi a** to come into line with
al'lodola *sf* (sky)lark
alloggi'are [allod'dʒare] *vt* to accommodate ▸ *vi* to live; **al'loggio** *sm* lodging, accommodation (*BRIT*), accommodations (*US*)
allonta'nare *vt* to send away, send off; (*impiegato*) to dismiss; (*pericolo*) to avert, remove; (*estraniare*) to alienate; **allontanarsi** *vpr* **allontanarsi (da)** to go away (from); (*estraniarsi*) to become estranged (from)
al'lora *av* (*in quel momento*) then ▸ *cong* (*in questo caso*) well then; (*dunque*) well then, so; **la gente d'~** people then *o* in those days; **da ~ in poi** from then on
al'loro *sm* laurel
'alluce ['allutʃe] *sm* big toe
alluci'nante [allutʃi'nante] *ag* awful; (*fam*) amazing
allucinazi'one [allutʃinat'tsjone] *sf* hallucination
al'ludere *vi* **~ a** to allude to, hint at
allu'minio *sm* aluminium (*BRIT*), aluminum (*US*)

allun'gare *vt* to lengthen; (*distendere*) to prolong, extend; (*diluire*) to water down; **allungarsi** *vpr* to lengthen; (*ragazzo*) to stretch, grow taller; (*sdraiarsi*) to lie down, stretch out
al'lusi *ecc vb vedi* **alludere**
allusi'one *sf* hint, allusion
alluvi'one *sf* flood
al'meno *av* at least ▸ *cong* **(se) ~** if only; **(se) ~ piovesse!** if only it would rain!
a'logeno, -a [a'lɔdʒeno] *ag* **lampada alogena** halogen lamp
a'lone *sm* halo
'Alpi *sfpl* **le ~** the Alps
alpi'nismo *sm* mountaineering, climbing; **alpi'nista, -i, -e** *sm/f* mountaineer, climber
al'pino, -a *ag* Alpine; mountain *cpd*; **alpini** *smpl* (*Mil*) Italian Alpine troops
alt *escl* halt!, stop!
alta'lena *sf* (*a funi*) swing; (*in bilico*) seesaw
al'tare *sm* altar
alter'nare *vt* to alternate; **alternarsi** *vpr* to alternate; **alterna'tiva** *sf* alternative; **alterna'tivo, -a** *ag* alternative
al'terno, -a *ag* alternate; **a giorni alterni** on alternate days, every other day
al'tero, -a *ag* proud
al'tezza [al'tettsa] *sf* height; width, breadth; depth; pitch; (*Geo*) latitude; (*titolo*) highness; (*fig: nobiltà*) greatness; **essere all'~ di** to be on a level with; (*fig*) to be up to *o* equal to
al'ticcio, -a, -ci, -ce [al'tittʃo] *ag* tipsy
alti'tudine *sf* altitude
'alto, -a *ag* high; (*persona*) tall; (*tessuto*) wide, broad; (*sonno, acque*) deep; (*suono*) high(-pitched); (*Geo*) upper; (*settentrionale*) northern ▸ *sm* top (part) ▸ *av* high; (*parlare*) aloud, loudly; **il palazzo è ~ 20 metri** the building is 20 metres high; **ad alta voce** aloud; **a notte alta** in the dead of night; **in ~** up, upwards; at the top; **dall'~ in** *o* **al basso** up and down; **degli alti e bassi** (*fig*) ups and downs; **alta fedeltà** high fidelity, hi-fi; **alta finanza/società** high finance/ society; **alta moda** haute couture
altopar'lante *sm* loudspeaker
altopi'ano (*pl* **altipi'ani**) *sm* plateau, upland plain
altret'tanto, -a *ag, pron* as much; (*pl*) as many ▸ *av* equally; **tanti auguri! —grazie, ~** all the best! — thank you, the same to you
altri'menti *av* otherwise

'altro, -a
det

1 (*diverso*) other, different; **questa è un'altra cosa** that's another *o* a different thing

2 (*supplementare*) other; **prendi un altro cioccolatino** have another chocolate; **hai avuto altre notizie?** have you had any more *o* any other news?

3 (*nel tempo*): **l'altro giorno** the other day; **l'altr'anno** last year; **l'altro ieri** the day before yesterday; **domani l'altro** the day after tomorrow; **quest'altro mese** next month

4: **d'altra parte** on the other hand

▸*pron*

1 (*persona, cosa diversa o supplementare*): **un altro, un'altra** another (one); **lo farà un altro** someone else will do it; **altri, e** others; **gli altri** (*la gente*) others, other people; **l'uno e l'altro** both (of them); **aiutarsi l'un l'altro** to help one another; **da un giorno all'altro** from day to day; (*nel giro di 24 ore*) from one day to the next; (*da un momento all'altro*) any day now

2 (*sostantivato: solo maschile*) something else; (*: in espressioni*

interrogative) anything else; **non ho altro da dire** I have nothing else *o* I don't have anything else to say; **più che altro** above all; **se non altro** at least; **tra l'altro** among other things; **ci mancherebbe altro!** that's all we need!; **non faccio altro che lavorare** I do nothing but work; **contento? — altro che!** are you pleased? — and how!; *vedi* **senza**; **noialtri**; **voialtri**; **tutto**

al'trove *av* elsewhere, somewhere else

altru'ista, -i, -e *ag* altruistic

a'lunno, -a *sm/f* pupil

alve'are *sm* hive

al'zare [al'tsare] *vt* to raise, lift; (*issare*) to hoist; (*costruire*) to build, erect; **alzarsi** *vpr* to rise; (*dal letto*) to get up; (*crescere*) to grow tall (*o* taller); **~ le spalle** to shrug one's shoulders; **alzarsi in piedi** to stand up, get to one's feet

a'maca, -che *sf* hammock

amalga'mare *vt* to amalgamate; **amalgamarsi** *vpr* to amalgamate

a'mante *ag* **~ di** (*musica ecc*) fond of ▸ *sm/f* lover/mistress

a'mare *vt* to love; (*amico, musica, sport*) to like; **amarsi** *vpr* to love each other

amareggi'ato, -a [amared'dʒato] *ag* upset, saddened

ama'rena *sf* sour black cherry

ama'rezza [ama'rettsa] *sf* bitterness

a'maro, -a *ag* bitter ▸ *sm* bitterness; (*liquore*) bitters *pl*

amaz'zonico, -a, ci, che [amad'dzɔniko] *ag* Amazonian; Amazon *cpd*

ambasci'ata [ambaʃ'ʃata] *sf* embassy; (*messaggio*) message; **ambascia'tore, -'trice** *sm/f* ambassador/ambassadress

ambe'due *ag inv* **~ i ragazzi** both boys ▸ *pron inv* both

ambienta'lista, -i, e *ag* environmental ▸ *sm/f* environmentalist

ambien'tare *vt* to acclimatize; (*romanzo, film*) to set; **ambientarsi** *vpr* to get used to one's surroundings

ambi'ente *sm* environment; (*fig: insieme di persone*) milieu; (*stanza*) room

am'biguo, -a *ag* ambiguous

ambizi'one [ambit'tsjone] *sf* ambition; **ambizi'oso, -a** *ag* ambitious

'ambo *ag inv* both ▸ *sm* (*al gioco*) double

'ambra *sf* amber; **ambra grigia** ambergris

ambu'lante *ag* itinerant ▸ *sm* peddler

ambu'lanza [ambu'lantsa] *sf* ambulance; **chiamate un ~** call an ambulance

ambula'torio *sm* (*studio medico*) surgery

A'merica *sf* **l'~** America; **l'~ latina** Latin America; **ameri'cano, -a** *ag, sm/f* American

ami'anto *sm* asbestos

ami'chevole [ami'kevole] *ag* friendly

ami'cizia [ami'tʃittsja] *sf* friendship; **amicizie** *sfpl* (*amici*) friends

a'mico, -a, -ci, -che *sm/f* friend; (*fidanzato*) boyfriend/girlfriend; **amico del cuore** bosom friend

'amido *sm* starch

ammac'care *vt* (*pentola*) to dent; (*persona*) to bruise

ammacca'tura *sf* dent; bruise

ammaes'trare *vt* (*animale*) to train

ammai'nare *vt* to lower, haul down

amma'larsi *vpr* to fall ill; **amma'lato, -a** *ag* ill, sick ▸ *sm/f* sick person; (*paziente*) patient

ammanet'tare *vt* to handcuff

ammas'sare *vt* (*ammucchiare*) to amass; (*raccogliere*) to gather

together; **ammassarsi** *vpr* to pile up; to gather
ammat'tire *vi* to go mad
ammaz'zare [ammat'tsare] *vt* to kill; **ammazzarsi** *vpr* (*uccidersi*) to kill o.s.; (*rimanere ucciso*) to be killed; **ammazzarsi di lavoro** to work o.s. to death
am'mettere *vt* to admit; (*riconoscere: fatto*) to acknowledge, admit; (*permettere*) to allow, accept; (*supporre*) to suppose
amminis'trare *vt* to run, manage; (*Rel, Dir*) to administer; **amministra'tore** *sm* administrator; (*di condominio*) flats manager; **amministratore delegato** managing director; **amministrazi'one** *sf* management; administration
ammi'raglio [ammi'raʎʎo] *sm* admiral
ammi'rare *vt* to admire; **ammirazi'one** *sf* admiration
am'misi *ecc vb vedi* **ammettere**
ammobili'ato, -a *ag* furnished
am'mollo *sm* **lasciare in ~** to leave to soak
ammo'niaca *sf* ammonia
ammo'nire *vt* (*avvertire*) to warn; (*rimproverare*) to admonish; (*Dir*) to caution
ammonizi'one [ammonit'tsjone] *sf* (*monito: anche Sport*) warning; (*rimprovero*) reprimand; (*Dir*) caution
ammon'tare *vi* **~ a** to amount to ▸ *sm* (total) amount
ammorbi'dente *sm* fabric conditioner
ammorbi'dire *vt* to soften
ammortizza'tore *sm* (*Aut, Tecn*) shock-absorber
ammucchi'are [ammuk'kjare] *vt* to pile up, accumulate
ammuf'fire *vi* to go mouldy (*BRIT*) *o* moldy (*US*)
ammuto'lire *vi* to be struck dumb
amne'sia *sf* amnesia
amnis'tia *sf* amnesty
'amo *sm* (*Pesca*) hook; (*fig*) bait
a'more *sm* love; **amori** *smpl* love affairs; **il tuo bambino è un ~** your baby's a darling; **fare l'~** *o* **all'~** to make love; **per ~ o per forza** by hook or by crook; **amor proprio** self-esteem, pride
amo'roso, -a *ag* (*affettuoso*) loving, affectionate; (*d'amore: sguardo*) amorous; (*: poesia, relazione*) love *cpd*
'ampio, -a *ag* wide, broad; (*spazioso*) spacious; (*abbondante: vestito*) loose; (*: gonna*) full; (*: spiegazione*) ample, full
am'plesso *sm* intercourse
ampli'are *vt* (*ingrandire*) to enlarge; (*allargare*) to widen; **ampliarsi** *vpr* to grow, increase
amplifica'tore *sm* (*Tecn, Mus*) amplifier
ampu'tare *vt* (*Med*) to amputate
A.N. *sigla f* (*= Alleanza Nazionale*) *Italian right-wing party*
anabbagli'anti *smpl* dipped (*BRIT*) *o* dimmed (*US*) headlights
anaboliz'zante *ag* anabolic ▸ *sm* anabolic steroid
anal'colico, -a, -ci, -che *ag* non-alcoholic ▸ *sm* soft drink
analfa'beta, -i, -e *ag, sm/f* illiterate
anal'gesico, -a, -ci, -che [anal'dʒɛziko] *ag, sm* analgesic
a'nalisi *sf inv* analysis; (*Med: esame*) test; **analisi del sangue** blood test *sg*
analiz'zare [analid'dzare] *vt* to analyse; (*Med*) to test
a'nalogo, -a, -ghi, -ghe *ag* analogous
'ananas *sm inv* pineapple
anar'chia [anar'kia] *sf* anarchy; **a'narchico, -a, -ci, -che** *ag* anarchic(al) ▸ *sm/f* anarchist

anarco-insurreziona'lista *ag* anarcho-revolutionary
'A.N.A.S. *sigla f (= Azienda Nazionale Autonoma delle Strade)* national roads department
anato'mia *sf* anatomy
'anatra *sf* duck
'anca, -che *sf (Anat)* hip
'anche ['anke] *cong (inoltre, pure)* also, too; *(perfino)* even; **vengo anch'io** I'm coming too; **~ se** even if
an'cora *av* still; *(di nuovo)* again; *(di più)* some more; *(persino)*: **~ più forte** even stronger; **non ~** not yet; **~ una volta** once more, once again; **~ un po'** a little more; *(di tempo)* a little longer
an'dare *sm* **a lungo ~** in the long run ▶ *vi* to go; *(essere adatto)*: **~ a** to suit; *(piacere)*: **il suo comportamento non mi va** I don't like the way he behaves; **ti va di ~ al cinema?** do you feel like going to the cinema?; **andarsene** to go away; **questa camicia va lavata** this shirt needs a wash *o* should be washed; **~ a cavallo** to ride; **~ in macchina/aereo** to go by car/plane; **~ a fare qc** to go and do sth; **~ a pescare/sciare** to go fishing/skiing; **~ a male** to go bad; **come va?** *(lavoro, progetto)* how are things?; **come va? — bene, grazie!** how are you? — fine, thanks!; **va fatto entro oggi** it's got to be done today; **ne va della nostra vita** our lives are at stake; **an'data** *sf* going; *(viaggio)* outward journey; **biglietto di sola andata** single *(BRIT) o* one-way ticket; **biglietto di andata e ritorno** return *(BRIT) o* round-trip *(US)* ticket
andrò *ecc vb vedi* **andare**
a'neddoto *sm* anecdote
a'nello *sm* ring; *(di catena)* link; **anelli** *smpl (Ginnastica)* rings
a'nemico, -a, -ci, -che *ag* anaemic
aneste'sia *sf* anaesthesia
anfeta'mina *sf* amphetamine
'angelo ['andʒelo] *sm* angel; **angelo custode** guardian angel
anghe'ria [ange'ria] *sf* vexation
angli'cano, -a *ag* Anglican
anglo'sassone *ag* Anglo-Saxon
'angolo *sm* corner; *(Mat)* angle; **angolo cottura** *(di appartamento ecc)* cooking area
an'goscia, -sce [an'gɔʃʃa] *sf* deep anxiety, anguish *no pl*
angu'illa *sf* eel
an'guria *sf* watermelon
'anice ['anitʃe] *sm (Cuc)* aniseed; *(Bot)* anise
'anima *sf* soul; *(abitante)* inhabitant; **non c'era ~ viva** there wasn't a living soul; **anima gemella** soul mate
ani'male *sm, ag* animal; **animale domestico** pet
anna'cquare *vt* to water down
annaffi'are *vt* to water; **annaffia'toio** *sm* watering can
an'nata *sf* year; *(importo annuo)* annual amount; **vino d'~** vintage wine
anne'gare *vt, vi* to drown
anne'rire *vt* to blacken ▶ *vi* to become black
annien'tare *vt* to annihilate, destroy
anniver'sario *sm* anniversary; **anniversario di matrimonio** wedding anniversary
'anno *sm* year; **ha 8 anni** he's 8 (years old)
anno'dare *vt* to knot, tie; *(fig: rapporto)* to form
annoi'are *vt* to bore; **annoiarsi** *vpr* to be bored

> Attenzione! In inglese esiste il verbo *to annoy* che però vuol dire *dare fastidio a*.

anno'tare *vt (registrare)* to note, note down; *(commentare)* to annotate
annu'ale *ag* annual

annu'ire *vi* to nod; (*acconsentire*) to agree

annul'lare *vt* to annihilate, destroy; (*contratto, francobollo*) to cancel; (*matrimonio*) to annul; (*sentenza*) to quash; (*risultati*) to declare void

annunci'are [annun'tʃare] *vt* to announce; (*dai segni rivelatori*) to herald

an'nuncio [an'nuntʃo] *sm* announcement; (*fig*) sign; **annunci economici** classified advertisements, small ads; **annunci mortuari** (*colonna*) obituary column; **annuncio pubblicitario** advertisement

'annuo, -a *ag* annual, yearly

annu'sare *vt* to sniff, smell; **~ tabacco** to take snuff

a'nomalo, -a *ag* anomalous

a'nonimo, -a *ag* anonymous ▸ *sm* (*autore*) anonymous writer (*o* painter *ecc*); **società anonima** (*Comm*) joint stock company

anores'sia *sf* anorexia

ano'ressico, -a, ci, che *ag* anorexic

anor'male *ag* abnormal ▸ *sm/f* subnormal person

ANSA *sigla f* (= *Agenzia Nazionale Stampa Associata*) *press agency*

'ansia *sf* anxiety

ansi'mare *vi* to pant

ansi'oso, -a *ag* anxious

'anta *sf* (*di finestra*) shutter; (*di armadio*) door

An'tartide *sf* **l'~** Antarctica

an'tenna *sf* (*Radio, TV*) aerial; (*Zool*) antenna, feeler; (*Naut*) yard; **antenna parabolica** satellite dish

ante'prima *sf* preview; **anteprima di stampa** (*Inform*) print preview

anteri'ore *ag* (*ruota, zampa*) front; (*fatti*) previous, preceding

antiade'rente *ag* non-stick

antibi'otico, -a, -ci, -che *ag, sm* antibiotic

anti'camera *sf* anteroom; **fare ~** to wait (for an audience)

antici'pare [antitʃi'pare] *vt* (*consegna, visita*) to bring forward, anticipate; (*somma di denaro*) to pay in advance; (*notizia*) to disclose ▸ *vi* to be ahead of time; **an'ticipo** *sm* anticipation; (*di denaro*) advance; **in anticipo** early, in advance; **occorre che prenoti in anticipo?** do I need to book in advance?

an'tico, -a, -chi, -che *ag* (*quadro, mobili*) antique; (*dell'antichità*) ancient; **all'antica** old-fashioned

anticoncezio'nale [antikontʃettsjo'nale] *sm* contraceptive

anticonfor'mista, -i, -e *ag, sm/f* nonconformist

anti'corpo *sm* antibody

antidolo'rifico, -ci *sm* painkiller

anti'doping *sm* drug testing ▸ *ag inv* **test ~** drugs (*BRIT*) *o* drug (*US*) test

an'tifona *sf* (*Mus, Rel*) antiphon; **capire l'~** (*fig*) to take the hint

anti'forfora *ag inv* anti-dandruff

anti'furto *sm* anti-theft device

anti'gelo [anti'dʒɛlo] *ag inv* **(liquido) ~** (*per motore*) antifreeze; (*per cristalli*) de-icer

antiglobalizzazione [antiglobalidd zat'tsjone] *ag inv* **movimento ~** anti-globalization movement

An'tille *sfpl* **le ~** the West Indies

antin'cendio [antin'tʃɛndjo] *ag inv* fire *cpd*

anti'nebbia *sm inv* (*anche*: **faro ~**: *Aut*) fog lamp

antinfiamma'torio, -a *ag, sm* anti-inflammatory

antio'rario [antio'rarjo] *ag* **in senso ~** anticlockwise

anti'pasto *sm* hors d'œuvre

antipa'tia *sf* antipathy, dislike; **anti'patico, -a, -ci, -che** *ag* unpleasant, disagreeable

antiproi'ettile *ag inv* bulletproof
antiquari'ato *sm* antique trade; **un oggetto d'~** an antique
anti'quario *sm* antique dealer
anti'quato, -a *ag* antiquated, old-fashioned
anti'rughe *ag inv* (*crema, prodotto*) anti-wrinkle
antitraspi'rante *ag* antiperspirant
anti'vipera *ag inv* **siero ~** remedy for snake bites
antivirus [anti'virus] *sm inv* antivirus software *no pl* ▸ *ag inv* antivirus
antolo'gia, -'gie [antolo'dʒia] *sf* anthology
anu'lare *ag* ring *cpd* ▸ *sm* third finger
'anzi ['antsi] *av* (*invece*) on the contrary; (*o meglio*) or rather, or better still
anzi'ano, -a [an'tsjano] *ag* old; (*Amm*) senior ▸ *sm/f* old person; senior member
anziché [antsi'ke] *cong* rather than
a'patico, -a, -ci, -che *ag* apathetic
'ape *sf* bee
aperi'tivo *sm* apéritif
aperta'mente *av* openly
a'perto, -a *pp di* **aprire** ▸ *ag* open; **all'~** in the open (air); **è ~ al pubblico?** is it open to the public?; **quando è ~ il museo?** when is the museum open?
aper'tura *sf* opening; (*ampiezza*) width; (*Fot*) aperture; **apertura alare** wing span; **apertura mentale** open-mindedness
ap'nea *sf* **immergersi in ~** to dive without breathing apparatus
a'postrofo *sm* apostrophe
ap'paio *ecc vb vedi* **apparire**
ap'palto *sm* (*Comm*) contract; **dare/prendere in ~ un lavoro** to let out/undertake a job on contract
appannarsi *vpr* to mist over; to grow dim
apparecchi'are [apparek'kjare] *vt* to prepare; (*tavola*) to set ▸ *vi* to set the table
appa'recchio [appa'rekkjo] *sm* piece of apparatus, device; (*aeroplano*) aircraft *inv*; **apparecchio acustico** hearing aid; **apparecchio telefonico** telephone; **apparecchio televisivo** television set
appa'rente *ag* apparent
appa'rire *vi* to appear; (*sembrare*) to seem, appear
apparta'mento *sm* flat (*BRIT*), apartment (*US*)
appar'tarsi *vpr* to withdraw
apparte'nere *vi* **~ a** to belong to
ap'parvi *ecc vb vedi* **apparire**
appassio'nare *vt* to thrill; (*commuovere*) to move; **appassionarsi** *vpr* **appassionarsi a qc** to take a great interest in sth; **appassio'nato, -a** *ag* passionate; (*entusiasta*): **appassionato (di)** keen (on)
appas'sire *vi* to wither
appas'sito, -a *ag* dead
ap'pello *sm* roll-call; (*implorazione, Dir*) appeal; **fare ~ a** to appeal to
ap'pena *av* (*a stento*) hardly, scarcely; (*solamente, da poco*) just ▸ *cong* as soon as; **(non) ~ furono arrivati ...** as soon as they had arrived ...; **~ ... che** *o* **quando** no sooner ... than
ap'pendere *vt* to hang (up)
appen'dice [appen'ditʃe] *sf* appendix; **romanzo d'~** popular serial
appendi'cite [appendi'tʃite] *sf* appendicitis
Appen'nini *smpl* **gli ~** the Apennines
appesan'tire *vt* to make heavy; **appesantirsi** *vpr* to grow stout
appe'tito *sm* appetite
appic'care *vt* **~ il fuoco a** to set fire to, set on fire
appicci'care [appittʃi'kare] *vt* to stick; **appiccicarsi** *vpr* to stick; (*fig: persona*) to cling

appiso'larsi *vpr* to doze off
applau'dire *vt, vi* to applaud;
ap'plauso *sm* applause
appli'care *vt* to apply; (*regolamento*) to enforce; **applicarsi** *vpr* to apply o.s.
appoggi'are [appod'dʒare] *vt* (*mettere contro*): **~ qc a qc** to lean *o* rest sth against sth; (*fig: sostenere*) to support; **appoggiarsi** *vpr* **appoggiarsi a** to lean against; (*fig*) to rely upon; **ap'poggio** *sm* support
apposita'mente *av* specially; (*apposta*) on purpose
ap'posito, -a *ag* appropriate
ap'posta *av* on purpose, deliberately
appos'tarsi *vpr* to lie in wait
ap'prendere *vt* (*imparare*) to learn
appren'dista, -i, -e *sm/f* apprentice
apprensi'one *sf* apprehension
apprez'zare [appret'tsare] *vt* to appreciate
appro'dare *vi* (*Naut*) to land; (*fig*): **non ~ a nulla** to come to nothing
approfit'tare *vi* **~ di** to make the most of; (*peg*) to take advantage of
approfon'dire *vt* to deepen; (*fig*) to study in depth
appropri'ato, -a *ag* appropriate
approssima'tivo, -a *ag* approximate, rough; (*impreciso*) inexact, imprecise
appro'vare *vt* (*condotta, azione*) to approve of; (*candidato*) to pass; (*progetto di legge*) to approve
appunta'mento *sm* appointment; (*amoroso*) date; **darsi ~** to arrange to meet (one another); **ho un ~ con...** I have an appointment with ...; **vorrei prendere un ~** I'd like to make an appointment
ap'punto *sm* note; (*rimprovero*) reproach ▸ *av* (*proprio*) exactly, just; **per l'~!, ~!** exactly!
apribot'tiglie [apribot'tiʎʎe] *sm inv* bottle opener

a'prile *sm* April
a'prire *vt* to open; (*via, cadavere*) to open up; (*gas, luce, acqua*) to turn on ▸ *vi* to open; **aprirsi** *vpr* to open; **aprirsi a qn** to confide in sb, open one's heart to sb; **a che ora aprite?** what time do you open?
apris'catole *sm inv* tin (*BRIT*) *o* can opener
APT *sigla f* (= *Azienda di Promozione*) ≈ tourist board
aquagym [akkwa'dʒim] *sf* aquaerobics
'aquila *sf* (*Zool*) eagle; (*fig*) genius
aqui'lone *sm* (*giocattolo*) kite; (*vento*) North wind
A/R *abbr* = **andata e ritorno** (*biglietto*) return ticket (*BRIT*), round-trip ticket (*US*)
A'rabia Sau'dita *sf* **l'~** Saudi Arabia
'arabo, -a *ag, sm/f* Arab ▸ *sm* (*Ling*) Arabic
a'rachide [a'rakide] *sf* peanut
ara'gosta *sf* crayfish; lobster
a'rancia, -ce [a'rantʃa] *sf* orange; **aranci'ata** *sf* orangeade; **aranci'one** *ag inv* **(color) arancione** bright orange
a'rare *vt* to plough (*BRIT*), plow (*US*)
a'ratro *sm* plough (*BRIT*), plow (*US*)
a'razzo [a'rattso] *sm* tapestry
arbi'trare *vt* (*Sport*) to referee; to umpire; (*Dir*) to arbitrate
arbi'trario, -a *ag* arbitrary
'arbitro *sm* arbiter, judge; (*Dir*) arbitrator; (*Sport*) referee; (*: Tennis, Cricket*) umpire
ar'busto *sm* shrub
archeolo'gia [arkeolo'dʒia] *sf* arch(a)eology; **arche'ologo, -a, -gi, -ghe** *sm/f* arch(a)eologist
architet'tare [arkitet'tare] *vt* (*fig: ideare*) to devise; (*: macchinare*) to plan, concoct
archi'tetto [arki'tetto] *sm* architect; **architet'tura** *sf* architecture

ar'chivio [ar'kivjo] *sm* archives *pl*; (*Inform*) file
'arco *sm* (*arma*, *Mus*) bow; (*Archit*) arch; (*Mat*) arc
arcoba'leno *sm* rainbow
arcu'ato, -a *ag* curved, bent
'ardere *vt, vi* to burn
ar'desia *sf* slate
'area *sf* area; (*Edil*) land, ground; **area di rigore** (*Sport*) penalty area; **area di servizio** (*Aut*) service area
a'rena *sf* arena; (*per corride*) bullring; (*sabbia*) sand
are'narsi *vpr* to run aground
argente'ria [ardʒente'ria] *sf* silverware, silver
Argen'tina [ardʒen'tina] *sf* **l'~** Argentina; **argen'tino, -a** *ag, sm/f* Argentinian
ar'gento [ar'dʒɛnto] *sm* silver; **argento vivo** quicksilver
ar'gilla [ar'dʒilla] *sf* clay
'argine ['ardʒine] *sm* embankment, bank; (*diga*) dyke, dike
argo'mento *sm* argument; (*motivo*) motive; (*materia, tema*) subject
'aria *sf* air; (*espressione, aspetto*) air, look; (*Mus: melodia*) tune; (*di opera*) aria; **mandare all'~ qc** to ruin *o* upset sth; **all'~ aperta** in the open (air)
'arido, -a *ag* arid
arieggi'are [arjed'dʒare] *vt* (*cambiare aria*) to air; (*imitare*) to imitate
ari'ete *sm* ram; (*Mil*) battering ram; (*dello zodiaco*): **A~** Aries
a'ringa, -ghe *sf* herring *inv*
arit'metica *sf* arithmetic
'arma, -i *sf* weapon, arm; (*parte dell'esercito*) arm; **chiamare alle armi** to call up (*BRIT*), draft (*US*); **sotto le armi** in the army (*o* forces); **alle armi!** to arms!; **arma atomica/nucleare** atomic/nuclear weapon; **arma da fuoco** firearm; **armi di distruzione di massa** weapons of mass destruction
arma'dietto *sm* (*di medicinali*) medicine cabinet; (*in palestra ecc*) locker; (*in cucina*) (kitchen) cupboard
ar'madio *sm* cupboard; (*per abiti*) wardrobe; **armadio a muro** built-in cupboard
ar'mato, -a *ag* **~ (di)** (*anche fig*) armed (with) ▸ *sf* (*Mil*) army; (*Naut*) fleet; **rapina a mano armata** armed robbery
arma'tura *sf* (*struttura di sostegno*) framework; (*impalcatura*) scaffolding; (*Storia*) armour *no pl*, suit of armour
armis'tizio [armis'tittsjo] *sm* armistice
armo'nia *sf* harmony
ar'nese *sm* tool, implement; (*oggetto indeterminato*) thing, contraption; **male in ~** (*malvestito*) badly dressed; (*di salute malferma*) in poor health; (*povero*) down-at-heel
'arnia *sf* hive
a'roma, -i *sm* aroma; fragrance; **aromi** *smpl* (*Cuc*) herbs and spices; **aromatera'pia** *sf* aromatherapy
'arpa *sf* (*Mus*) harp
arrabbi'are *vi* (*cane*) to be affected with rabies; **arrabbiarsi** *vpr* (*essere preso dall'ira*) to get angry, fly into a rage; **arrabbi'ato, -a** *ag* rabid, with rabies; furious, angry
arrampi'carsi *vpr* to climb (up)
arrangiarsi *vpr* to manage, do the best one can
arreda'mento *sm* (*studio*) interior design; (*mobili ecc*) furnishings *pl*
arre'dare *vt* to furnish
ar'rendersi *vpr* to surrender
arres'tare *vt* (*fermare*) to stop, halt; (*catturare*) to arrest; **arrestarsi** *vpr* (*fermarsi*) to stop; **ar'resto** *sm* (*cessazione*) stopping; (*fermata*) stop; (*cattura*, *Med*) arrest; **subire un arresto** to come to a stop *o* standstill; **mettere agli arresti** to place under

arrest; **arresti domiciliari** house arrest *sg*

arre'trare *vt, vi* to withdraw; **arre'trato, -a** *ag* (*lavoro*) behind schedule; (*paese, bambino*) backward; (*numero di giornale*) back *cpd*; **arretrati** *smpl* arrears

arric'chire [arrik'kire] *vt* to enrich; **arricchirsi** *vpr* to become rich

arri'vare *vi* to arrive; (*accadere*) to happen, occur; **~ a** (*livello, grado ecc*) to reach; **a che ora arriva il treno da Londra?** what time does the train from London arrive?; **non ci arrivo** I can't reach it; (*fig: non capisco*) I can't understand it

arrive'derci [arrive'dertʃi] *escl* goodbye!

arri'vista, -i, -e *sm/f* go-getter

ar'rivo *sm* arrival; (*Sport*) finish, finishing line

arro'gante *ag* arrogant

arros'sire *vi* (*per vergogna, timidezza*) to blush, flush; (*per gioia, rabbia*) to flush

arros'tire *vt* to roast; (*pane*) to toast; (*ai ferri*) to grill

ar'rosto *sm, ag inv* roast

arroto'lare *vt* to roll up

arroton'dare *vt* (*forma, oggetto*) to round; (*stipendio*) to add to; (*somma*) to round off

arrugginito, -a [arruddʒin'nito] *ag* rusty

'arsi *vb vedi* **ardere**

'arte *sf* art; (*abilità*) skill

ar'teria *sf* artery; **arteria stradale** main road

'artico, -a, -ci, -che *ag* Arctic

articolazi'one *sf* articulation; (*Anat, Tecn*) joint

ar'ticolo *sm* article; **articolo di fondo** (*Stampa*) leader, leading article

artifici'ale [artifi'tʃale] *ag* artificial

artigia'nato [artidʒa'nato] *sm* craftsmanship; craftsmen *pl*

artigi'ano, -a [arti'dʒano] *sm/f* craftsman/woman

ar'tista, -i, -e *sm/f* artist; **ar'tistico, -a, -ci, -che** *ag* artistic

ar'trite *sf* (*Med*) arthritis

a'scella [aʃʃɛlla] *sf* (*Anat*) armpit

ascen'dente [aʃʃen'dɛnte] *sm* ancestor; (*fig*) ascendancy; (*Astr*) ascendant

ascen'sore [aʃʃen'sore] *sm* lift

a'scesso [aʃʃɛsso] *sm* (*Med*) abscess

asciugaca'pelli [aʃʃugaka'pelli] *sm* hair-drier

asciuga'mano [aʃʃuga'mano] *sm* towel

asciu'gare [aʃʃu'gare] *vt* to dry; **asciugarsi** *vpr* to dry o.s.; (*diventare asciutto*) to dry

asci'utto, -a [aʃʃutto] *ag* dry; (*fig: magro*) lean; (*: burbero*) curt; **restare a bocca asciutta** (*fig*) to be disappointed

ascol'tare *vt* to listen to

as'falto *sm* asphalt

'Asia *sf* **l'~** Asia; **asi'atico, -a, -ci, -che** *ag, sm/f* Asiatic, Asian

a'silo *sm* refuge, sanctuary; **~ (d'infanzia)** nursery(-school); **asilo nido** crèche; **asilo politico** political asylum

'asino *sm* donkey, ass

ASL *sigla f* (= *Azienda Sanitaria Locale*) *local health centre*

'asma *sf* asthma

as'parago, -gi *sm* asparagus *no pl*

aspet'tare *vt* to wait for; (*anche Comm*) to await; (*aspettarsi*) to expect ▶ *vi* to wait; **aspettami, per favore** wait for me, please

as'petto *sm* (*apparenza*) aspect, appearance, look; (*punto di vista*) point of view; **di bell'~** good-looking

aspira'polvere *sm inv* vacuum cleaner

aspi'rare *vt* (*respirare*) to breathe in, inhale; (*apparecchi*) to suck (up) ▸ *vi* ~ **a** to aspire to
aspi'rina *sf* aspirin
'aspro, -a *ag* (*sapore*) sour, tart; (*odore*) acrid, pungent; (*voce, clima, fig*) harsh; (*superficie*) rough; (*paesaggio*) rugged
assaggi'are [assad'dʒare] *vt* to taste; **posso assaggiarlo?** can I have a taste?; **assaggino** [assad'dʒino] *sm* **assaggini** (*Cuc*) *selection of first courses*; **solo un assaggino** just a little
as'sai *av* (*molto*) a lot, much; (: *con ag*) very; (*a sufficienza*) enough ▸ *ag inv* (*quantità*) a lot of, much; (*numero*) a lot of, many; ~ **contento** very pleased
as'salgo *ecc vb vedi* **assalire**
assa'lire *vt* to attack, assail
assal'tare *vt* (*Mil*) to storm; (*banca*) to raid; (*treno, diligenza*) to hold up
as'salto *sm* attack, assault
assassi'nare *vt* to murder; to assassinate; (*fig*) to ruin; **assas'sino, -a** *ag* murderous ▸ *sm/f* murderer; assassin
'asse *sm* (*Tecn*) axle; (*Mat*) axis ▸ *sf* board; **asse** *sf* **da stiro** ironing board
assedi'are *vt* to besiege
asse'gnare [asseɲ'ɲare] *vt* to assign, allot; (*premio*) to award
as'segno [as'seɲɲo] *sm* allowance; (*anche*: ~ **bancario**) cheque (*BRIT*), check (*US*); **contro** ~ cash on delivery; **posso pagare con un ~?** can I pay by cheque?; **assegno circolare** bank draft; **assegni familiari** ≈ child benefit *no pl*; **assegno sbarrato** crossed cheque; **assegno di viaggio** traveller's cheque; **assegno a vuoto** dud cheque; **assegno di malattia/di invalidità** sick pay/disability benefit
assem'blea *sf* assembly
assen'tarsi *vpr* to go out
as'sente *ag* absent; (*fig*) faraway, vacant; **as'senza** *sf* absence
asse'tato, -a *ag* thirsty, parched
assicu'rare *vt* (*accertare*) to ensure; (*infondere certezza*) to assure; (*fermare, legare*) to make fast, secure; (*fare un contratto di assicurazione*) to insure; **assicurarsi** *vpr* (*accertarsi*): **assicurarsi (di)** to make sure (of); (*contro il furto ecc*): **assicurarsi (contro)** to insure o.s. (against); **assicurazi'one** *sf* assurance; insurance
assi'eme *av* (*insieme*) together; ~ **a** (together) with
assil'lare *vt* to pester, torment
assis'tente *sm/f* assistant; **assistente sociale** social worker; **assistente di volo** (*Aer*) steward/stewardess
assis'tenza [assis'tɛntsa] *sf* assistance; ~ **ospedaliera** free hospital treatment; ~ **sociale** welfare services *pl*; **assistenza sanitaria** health service
as'sistere *vt* (*aiutare*) to assist, help; (*curare*) to treat ▸ *vi* ~ **(a qc)** (*essere presente*) to be present (at sth), to attend (sth)
'asso *sm* ace; **piantare qn in ~** to leave sb in the lurch
associ'are [asso'tʃare] *vt* to associate; **associarsi** *vpr* to enter into partnership; **associarsi a** to become a member of, join; (*dolori, gioie*) to share in; ~ **qn alle carceri** to take sb to prison
associazi'one [assotʃat'tsjone] *sf* association; (*Comm*) association, society; ~ **a delinquere** (*Dir*) criminal association
as'solsi *ecc vb vedi* **assolvere**
assoluta'mente *av* absolutely
asso'luto, -a *ag* absolute
assoluzi'one [assolut'tsjone] *sf* (*Dir*) acquittal; (*Rel*) absolution
as'solvere *vt* (*Dir*) to acquit; (*Rel*)

to absolve; (*adempiere*) to carry out, perform
assomigli'are [assomiʎ'ʎare] *vi* ~ **a** to resemble, look like; **assomigliarsi** *vpr* to look alike; (*nel carattere*) to be alike
asson'nato, -a *ag* sleepy
asso'pirsi *vpr* to doze off
assor'bente *ag* absorbent ▸ *sm*: **assorbente interno** tampon; **assorbente esterno/igienico** sanitary towel
assor'bire *vt* to absorb
assor'dare *vt* to deafen
assorti'mento *sm* assortment
assor'tito, -a *ag* assorted; matched, matching
assuefazi'one [assuefat'tsjone] *sf* (*Med*) addiction
as'sumere *vt* (*impiegato*) to take on, engage; (*responsabilità*) to assume, take upon o.s.; (*contegno, espressione*) to assume, put on; (*droga*) to consume
as'sunsi *ecc vb vedi* **assumere**
assurdità *sf inv* absurdity; **dire delle ~** to talk nonsense
as'surdo, -a *ag* absurd
'asta *sf* pole; (*vendita*) auction
as'temio, -a *ag* teetotal ▸ *sm/f* teetotaller

Attenzione! In inglese esiste la parola *abstemious* che però vuol dire *moderato*.

aste'nersi *vpr* ~ **(da)** to abstain (from), refrain (from); (*Pol*) to abstain (from)
aste'risco, -schi *sm* asterisk
'astice ['astitʃe] *sm* lobster
astig'matico, -a, ci, che *ag* astigmatic
asti'nenza [asti'nɛntsa] *sf* abstinence; **essere in crisi di ~** to suffer from withdrawal symptoms
as'tratto, -a *ag* abstract
'astro... *prefisso*; **astrolo'gia** [astrolo'dʒia] *sf* astrology; **astro'nauta, -i, -e** *sm/f* astronaut; **astro'nave** *sf* space ship; **astrono'mia** *sf* astronomy; **astro'nomico, -a, -ci, -che** *ag* astronomic(al)
as'tuccio [as'tuttʃo] *sm* case, box, holder
as'tuto, -a *ag* astute, cunning, shrewd
A'tene *sf* Athens
'ateo, -a *ag, sm/f* atheist
at'lante *sm* atlas
at'lantico, -a, -ci, -che *ag* Atlantic ▸ *sm* **l'A~, l'Oceano A~** the Atlantic, the Atlantic Ocean
at'leta, -i, -e *sm/f* athlete; **at'letica** *sf* athletics *sg*; **atletica leggera** track and field events *pl*; **atletica pesante** weightlifting and wrestling
atmos'fera *sf* atmosphere
a'tomico, -a, -ci, -che *ag* atomic; (*nucleare*) atomic, atom *cpd*, nuclear
'atomo *sm* atom
'atrio *sm* entrance hall, lobby
a'troce [a'trotʃe] *ag* (*che provoca orrore*) dreadful; (*terribile*) atrocious
attac'cante *sm/f* (*Sport*) forward
attacca'panni *sm* hook, peg; (*mobile*) hall stand
attac'care *vt* (*unire*) to attach; (*cucendo*) to sew on; (*far aderire*) to stick (on); (*appendere*) to hang (up); (*assalire: anche fig*) to attack; (*iniziare*) to begin, start; (*fig: contagiare*) to pass on ▸ *vi* to stick, adhere; **attaccarsi** *vpr* to stick, adhere; (*trasmettersi per contagio*) to be contagious; (*afferrarsi*): **attaccarsi (a)** to cling (to); (*fig: affezionarsi*): **attaccarsi (a)** to become attached (to); **~ discorso** to start a conversation; **at'tacco, -chi** *sm* (*azione offensiva: anche fig*) attack; (*Med*) attack, fit; (*Sci*) binding; (*Elettr*) socket
atteggia'mento [atteddʒa'mento] *sm* attitude

at'tendere *vt* to wait for, await ▸ *vi* ~ **a** to attend to
atten'dibile *ag* (*storia*) credible; (*testimone*) reliable
atten'tato *sm* attack; **~ alla vita di qn** attempt on sb's life
at'tento, -a *ag* attentive; (*accurato*) careful, thorough; **stare ~ a qc** to pay attention to sth; **~!** be careful!
attenzi'one [atten'tsjone] *sf* attention; **~!** watch out!, be careful!; **attenzioni** *sfpl* (*premure*) attentions; **fare ~ a** to watch out for; **coprire qn di attenzioni** to lavish attentions on sb
atter'raggio [atter'raddʒo] *sm* landing
atter'rare *vt* to bring down ▸ *vi* to land
at'tesa *sf* waiting; (*tempo trascorso aspettando*) wait; **essere in ~ di qc** to be waiting for sth
at'tesi *ecc vb vedi* **attendere**
at'teso, -a *pp di* **attendere**
'attico, -ci *sm* attic
attil'lato, -a *ag* (*vestito*) close-fitting
'attimo *sm* moment; **in un ~** in a moment
atti'rare *vt* to attract
atti'tudine *sf* (*disposizione*) aptitude; (*atteggiamento*) attitude
attività *sf inv* activity; (*Comm*) assets *pl*
at'tivo, -a *ag* active; (*Comm*) profit-making, credit *cpd* ▸ *sm* (*Comm*) assets *pl*; **in ~** in credit
'atto *sm* act; (*azione, gesto*) action, act, deed; (*Dir: documento*) deed, document; **atti** *smpl* (*di congressi ecc*) proceedings; **mettere in ~** to put into action; **fare ~ di fare qc** to make as if to do sth; **atto di morte/di nascita** death/birth certificate
at'tore, -'trice *sm/f* actor/actress
at'torno *av* ~ **(a)** round, around, about
attrac'care *vt, vi* (*Naut*) to dock, berth
at'tracco, -chi *sm* (*Naut*) docking *no pl*; berth
at'trae *ecc vb vedi* **attrarre**
attra'ente *ag* attractive
at'traggo *ecc vb vedi* **attrarre**
at'trarre *vt* to attract
at'trassi *ecc vb vedi* **attrarre**
attraver'sare *vt* to cross; (*città, bosco, fig: periodo*) to go through; (*fiume*) to run through
attra'verso *prep* through; (*da una parte all'altra*) across
attrazi'one [attrat'tsjone] *sf* attraction
attrezza'tura *sf* equipment *no pl*
at'trezzo *sm* tool, instrument; (*Sport*) piece of equipment
at'trice [at'tritʃe] *sf vedi* **attore**
attu'ale *ag* (*presente*) present; (*di attualità*) topical; **attualità** *sf inv* topicality; (*avvenimento*) current event; **attual'mente** *av* at the moment, at present

> Attenzione! In inglese esiste la parola *actual* che però vuol dire *effettivo*.
> Attenzione! In inglese esiste la parola *actually* che però vuol dire *effettivamente* oppure *veramente*.

attu'are *vt* to carry out
attu'tire *vt* to deaden, reduce
'audio *sm* (*TV, Radio, Cine*) sound
audiovi'sivo, -a *ag* audiovisual
audizi'one [audit'tsjone] *sf* hearing; (*Mus*) audition
augu'rare *vt* to wish; **augurarsi qc** to hope for sth
au'guri *smpl* best wishes; **fare gli ~ a qn** to give sb one's best wishes; **tanti ~!** best wishes!; (*per compleanno*) happy birthday!
'aula *sf* (*scolastica*) classroom; (*universitaria*) lecture theatre; (*di edificio pubblico*) hall
aumen'tare *vt, vi* to increase; **au'mento** *sm* increase

au'rora *sf* dawn
ausili'are *ag, sm, sm/f* auxiliary
Aus'tralia *sf* **l'~** Australia;
australi'ano, -a *ag, sm/f* Australian
'Austria *sf* **l'~** Austria; **aus'triaco, -a, -ci, -che** *ag, sm/f* Austrian
au'tentico, -a, -ci, -che *ag* authentic, genuine
au'tista, -i *sm* driver
'auto *sf inv* car
autoabbron'zante *sm, ag* self-tan
autoade'sivo, -a *ag* self-adhesive ▸ *sm* sticker
autobio'grafico, -a, ci, che *ag* autobiographic(al)
'autobus *sm inv* bus
auto'carro *sm* lorry (*BRIT*), truck
autocertificazi'one [autotʃertifikat'tsjone] *sf* self-declaration
autodistrut'tivo, -a *ag* self-destructive
auto'gol *sm inv* own goal
au'tografo, -a *ag, sm* autograph
auto'grill® *sm inv* motorway restaurant
auto'matico, -a, -ci, -che *ag* automatic ▸ *sm* (*bottone*) snap fastener; (*fucile*) automatic
auto'mobile *sf* (motor) car
automobi'lista, -i, -e *sm/f* motorist
autono'leggio *sm* car hire
autono'mia *sf* autonomy; (*di volo*) range
au'tonomo, -a *ag* autonomous, independent
autop'sia *sf* post-mortem, autopsy
auto'radio *sf inv* (*apparecchio*) car radio; (*autoveicolo*) radio car
au'tore, -'trice *sm/f* author
autoreggente [autored'dʒɛnte] *ag* **calze autoreggenti** hold ups
auto'revole *ag* authoritative; (*persona*) influential
autoricari'cabile *ag* **scheda ~** top-up card
autori'messa *sf* garage
autorità *sf inv* authority
autoriz'zare [autorid'dzare] *vt* (*permettere*) to authorize; (*giustificare*) to allow, sanction
autos'contro *sm* dodgem car (*BRIT*), bumper car (*US*)
autoscu'ola *sf* driving school
autos'tima *sf* self-esteem
autos'top *sm* hitchhiking;
autostop'pista, -i, -e *sm/f* hitchhiker
autos'trada *sf* motorway (*BRIT*), highway (*US*); **autostrada informatica** information superhighway

autostrade
You have to pay to use Italian motorways. They are indicated by an "A" followed by a number on a green sign. The speed limit on Italian motorways is 130 kph.

auto'velox® *sm inv* (police) speed camera
autovet'tura *sf* (motor) car
au'tunno *sm* autumn
avam'braccio [avam'brattʃo] (*pl* (*f*) **-cia**) *sm* forearm
avangu'ardia *sf* vanguard
a'vanti *av* (*stato in luogo*) in front; (*moto: andare, venire*) forward; (*tempo: prima*) before ▸ *prep* (*luogo*): **~ a** before, in front of; (*tempo*): **~ Cristo** before Christ ▸ *escl* (*entrate*) come (*o* go) in!; (*Mil*) forward!; (*coraggio*) come on! ▸ *sm inv* (*Sport*) forward; **~ e indietro** backwards and forwards; **andare ~** to go forward; (*continuare*) to go on; (*precedere*) to go (on) ahead; (*orologio*) to be fast; **essere ~ negli studi** to be well advanced with one's studies
avan'zare [avan'tsare] *vt* (*spostare in avanti*) to move forward; (*domanda*) to put forward; (*promuovere*) to promote; (*essere creditore*): **~ qc da qn** to be

owed sth by sb ▸ *vi* (*andare avanti*) to move forward; (*progredire*) to make progress; (*essere d'avanzo*) to be left, remain

ava'ria *sf* (*guasto*) damage; (: *meccanico*) breakdown

a'varo, -a *ag* avaricious, miserly ▸ *sm* miser

a'vere

sm (*Comm*) credit; **gli averi** (*ricchezze*) wealth *sg*

▸ *vt*

1 (*possedere*) to have; **ha due bambini/una bella casa** she has (got) two children/a lovely house; **ha i capelli lunghi** he has (got) long hair; **non ho da mangiare** I've (got) nothing to eat, I don't have anything to eat

2 (*indossare*) to wear, have on; **aveva una maglietta rossa** he was wearing *o* he had on a red tee-shirt; **ha gli occhiali** he wears *o* has glasses

3 (*ricevere*) to get; **hai avuto l'assegno?** did you get *o* have you had the cheque?

4 (*età, dimensione*) to be; **ha 9 anni** he is 9 (years old); **la stanza ha 3 metri di lunghezza** the room is 3 metres in length; *vedi* **fame**; **paura** *ecc*

5 (*tempo*): **quanti ne abbiamo oggi?** what's the date today?; **ne hai per molto?** will you be long?

6 (*fraseologia*): **avercela con qn** to be angry with sb; **cos'hai?** what's wrong *o* what's the matter (with you)?; **non ha niente a che vedere** *o* **fare con me** it's got nothing to do with me

▸ *vb aus*

1 to have; **aver bevuto/mangiato** to have drunk/eaten

2 (+ *da* + *infinito*): **avere da fare qc** to have to do sth; **non hai che da chiederlo** you only have to ask him

aviazi'one [avjat'tsjone] *sf* aviation; (*Mil*) air force

'avido, -a *ag* eager; (*peg*) greedy

avo'cado *sm* avocado

a'vorio *sm* ivory

Avv. *abbr* = **avvocato**

avvantaggi'are [avvantad'dʒare] *vt* to favour; **avvantaggiarsi** *vpr* **avvantaggiarsi negli affari/sui concorrenti** to get ahead in business/of one's competitors

avvele'nare *vt* to poison

av'vengo *ecc vb vedi* **avvenire**

avveni'mento *sm* event

avve'nire *vi, vb impers* to happen, occur ▸ *sm* future

av'venni *ecc vb vedi* **avvenire**

avven'tato, -a *ag* rash, reckless

avven'tura *sf* adventure; (*amorosa*) affair

avventu'rarsi *vpr* to venture

avventu'roso, -a *ag* adventurous

avve'rarsi *vpr* to come true

av'verbio *sm* adverb

avverrò *ecc vb vedi* **avvenire**

avver'sario, -a *ag* opposing ▸ *sm* opponent, adversary

avver'tenza [avver'tɛntsa] *sf* (*ammonimento*) warning; (*cautela*) care; (*premessa*) foreword; **avvertenze** *sfpl* (*istruzioni per l'uso*) instructions

avverti'mento *sm* warning

avver'tire *vt* (*avvisare*) to warn; (*rendere consapevole*) to inform, notify; (*percepire*) to feel

avvi'are *vt* (*mettere sul cammino*) to direct; (*impresa, trattative*) to begin, start; (*motore*) to start; **avviarsi** *vpr* to set off, set out

avvici'nare [avvitʃi'nare] *vt* to bring near; (*trattare con: persona*) to approach; **avvicinarsi** *vpr* **avvicinarsi (a qn/qc)** to approach (sb/sth), draw near (to sb/sth)

avvi'lito, -a *ag* discouraged

avvin'cente *ag* captivating

avvi'sare *vt* (*far sapere*) to inform;

(*mettere in guardia*) to warn; **av'viso** *sm* warning; (*annuncio*) announcement; (: *affisso*) notice; (*inserzione pubblicitaria*) advertisement; **a mio avviso** in my opinion; **avviso di chiamata** (*servizio*) call waiting; (*segnale*) call waiting signal; **avviso di garanzia** (*Dir*) notification (*of impending investigation and of the right to name a defence lawyer*)

Attenzione! In inglese esiste la parola *advice* che però vuol dire *consiglio*.

avvis'tare *vt* to sight
avvi'tare *vt* to screw down (*o* in)
avvo'cato, -'essa *sm/f* (*Dir*) barrister (*BRIT*), lawyer; (*fig*) defender, advocate
av'volgere [av'voldʒere] *vt* to roll up; (*avviluppare*) to wrap up; **avvolgersi** *vpr* (*avvilupparsi*) to wrap o.s. up; **avvol'gibile** *sm* roller blind (*BRIT*), blind
av'volsi *ecc vb vedi* **avvolgere**
avvol'toio *sm* vulture
aza'lea [addza'lɛa] *sf* azalea
azi'enda [ad'dzjɛnda] *sf* business, firm, concern; **azienda agricola** farm
azi'one [at'tsjone] *sf* action; (*Comm*) share
a'zoto [ad'dzɔto] *sm* nitrogen
azzar'dare [addzar'dare] *vt* (*soldi, vita*) to risk, hazard; (*domanda, ipotesi*) to hazard, venture; **azzardarsi** *vpr* **azzardarsi a fare** to dare (to) do
az'zardo [ad'dzardo] *sm* risk
azzec'care [attsek'kare] *vt* (*risposta ecc*) to get right
azzuf'farsi [attsuf'farsi] *vpr* to come to blows
az'zurro, -a [ad'dzurro] *ag* blue ▸ *sm* (*colore*) blue; **gli azzurri** (*Sport*) the Italian national team

b

'babbo *sm* (*fam*) dad, daddy; **Babbo Natale** Father Christmas
baby'sitter ['beɪbɪsitəʳ] *sm/f inv* baby-sitter
'bacca, -che *sf* berry
baccalà *sm* dried salted cod; (*fig: peg*) dummy
bac'chetta [bak'ketta] *sf* (*verga*) stick, rod; (*di direttore d'orchestra*) baton; (*di tamburo*) drumstick; **~ magica** magic wand
ba'checa, -che [ba'kɛka] *sf* (*mobile*) showcase, display case; (*Univ, in ufficio*) notice board (*BRIT*), bulletin board (*US*)
baci'are [ba'tʃare] *vt* to kiss; **baciarsi** *vpr* to kiss (one another)
baci'nella [batʃi'nɛlla] *sf* basin
ba'cino [ba'tʃino] *sm* basin; (*Mineralogia*) field, bed; (*Anat*) pelvis; (*Naut*) dock
'bacio ['batʃo] *sm* kiss
'baco, -chi *sm* worm; **baco da seta** silkworm
ba'dare *vi* (*fare attenzione*) to take care, be careful; (*occuparsi di*): **~ a** to look after, take care of; (*dar ascolto*): **~ a** to pay attention to; **bada ai fatti tuoi!** mind your own business!
'baffi *smpl* moustache *sg*; (*di animale*) whiskers; **leccarsi i ~** to lick one's lips
bagagli'aio [bagaʎ'ʎajo] *sm* luggage van (*BRIT*) *o* car (*US*); (*Aut*) boot (*BRIT*), trunk (*US*)

ba'gaglio [ba'gaʎʎo] *sm* luggage *no pl*, baggage *no pl*; **fare/disfare i bagagli** to pack/unpack; **i nostri bagagli non sono arrivati** our luggage has not arrived; **può mandare qualcuno a prendere i nostri bagagli?** could you send someone to collect our luggage?; **bagaglio a mano** hand luggage

bagli'ore [baʎ'ʎore] *sm* flash, dazzling light; **un ~ di speranza** a ray of hope

ba'gnante [baɲ'ɲante] *sm/f* bather

ba'gnare [baɲ'ɲare] *vt* to wet; (*inzuppare*) to soak; (*innaffiare*) to water; (*fiume*) to flow through; (: *mare*) to wash, bathe; **bagnarsi** *vpr* to get wet; (*al mare*) to go swimming *o* bathing; (*in vasca*) to have a bath

ba'gnato, -a [baɲ'ɲato] *ag* wet

ba'gnino [baɲ'ɲino] *sm* lifeguard

'bagno ['baɲɲo] *sm* bath; (*stanza*) bathroom; (*toilette*) toilet; **bagni** *smpl* (*stabilimento*) baths; **fare il ~** to have a bath; (*nel mare*) to go swimming *o* bathing; **dov'è il ~?** where's the toilet?; **fare il ~ a qn** to give sb a bath; **mettere a ~** to soak; **~ schiuma** bubble bath

bagnoma'ria [baɲɲoma'ria] *sm* **cuocere a ~** to cook in a double saucepan

bagnoschi'uma [baɲɲoskj'uma] *sm inv* bubble bath

'baia *sf* bay

balbet'tare *vi* to stutter, stammer; (*bimbo*) to babble ▶ *vt* to stammer out

bal'canico, -a, ci, che *ag* Balkan

bal'cone *sm* balcony; **avete una camera con ~?** do you have a room with a balcony?

bal'doria *sf* **fare ~** to have a riotous time

ba'lena *sf* whale

ba'leno *sm* flash of lightning; **in un ~** in a flash

bal'lare *vt, vi* to dance

balle'rina *sf* dancer; ballet dancer; (*scarpa*) ballet shoe

balle'rino *sm* dancer; ballet dancer

bal'letto *sm* ballet

'ballo *sm* dance; (*azione*) dancing *no pl*; **essere in ~** (*fig: persona*) to be involved; (: *cosa*) to be at stake

balne'are *ag* seaside *cpd*; (*stagione*) bathing

'balsamo *sm* (*aroma*) balsam; (*lenimento, fig*) balm; (*per capelli*) conditioner

bal'zare [bal'tsare] *vi* to bounce; (*lanciarsi*) to jump, leap; **'balzo** *sm* bounce; jump, leap; (*del terreno*) crag

bam'bina *ag, sf vedi* **bambino**

bam'bino, -a *sm/f* child

'bambola *sf* doll

bambù *sm* bamboo

ba'nale *ag* banal, commonplace

ba'nana *sf* banana

'banca, -che *sf* bank; **banca dati** data bank

banca'rella *sf* stall

banca'rotta *sf* bankruptcy; **fare ~** to go bankrupt

ban'chetto [ban'ketto] *sm* banquet

banchi'ere [ban'kjɛre] *sm* banker

ban'china [ban'kina] *sf* (*di porto*) quay; (*per pedoni, ciclisti*) path; (*di stazione*) platform; **~ cedevole** (*Aut*) soft verge (*BRIT*) *o* shoulder (*US*)

'banco, -chi *sm* bench; (*di negozio*) counter; (*di mercato*) stall; (*di officina*) (work-)bench; (*Geo, banca*) bank; **banco di corallo** coral reef; **banco degli imputati** dock; **banco di prova** (*fig*) testing ground; **banco dei testimoni** witness box; **banco dei pegni** pawnshop; **banco di nebbia** bank of fog

'Bancomat® *sm inv* automated banking; (*tessera*) cash card

banco'nota *sf* banknote

'banda *sf* band; (*di stoffa*) band, stripe; (*lato, parte*) side; **banda larga** broadband
bandi'era *sf* flag, banner
ban'dito *sm* outlaw, bandit
'bando *sm* proclamation; (*esilio*) exile, banishment; **~ alle chiacchiere!** that's enough talk!; **bando di concorso** announcement of a competition
bar *sm inv* bar
'bara *sf* coffin
ba'racca, -che *sf* shed, hut; (*peg*) hovel; **mandare avanti la ~** to keep things going
ba'rare *vi* to cheat
'baratro *sm* abyss
ba'ratto *sm* barter
ba'rattolo *sm* (*di latta*) tin; (*di vetro*) jar; (*di coccio*) pot
'barba *sf* beard; **farsi la ~** to shave; **farla in ~ a qn** (*fig*) to do sth to sb's face; **che ~!** what a bore!
barbabi'etola *sf* beetroot (*BRIT*), beet (*US*); **barbabietola da zucchero** sugar beet
barbi'ere *sm* barber
bar'bone *sm* (*cane*) poodle; (*vagabondo*) tramp
'barca, -che *sf* boat; **barca a motore** motorboat; **barca a remi** rowing boat; **barca a vela** sail(ing) boat
barcol'lare *vi* to stagger
ba'rella *sf* (*lettiga*) stretcher
ba'rile *sm* barrel, cask
ba'rista, -i, -e *sm/f* barman/maid; (*proprietario*) bar owner
ba'rocco, -a, -chi, -che *ag, sm* baroque
ba'rometro *sm* barometer
ba'rone *sm* baron; **baro'nessa** *sf* baroness
'barra *sf* bar; (*Naut*) helm; (*linea grafica*) line, stroke
bar'rare *vt* to bar
barri'carsi *vpr* to barricade o.s.
barri'era *sf* barrier; (*Geo*) reef
ba'ruffa *sf* scuffle
barzel'letta [bardzel'letta] *sf* joke, funny story
ba'sare *vt* to base, found; **basarsi** *vpr* **basarsi su** (*fatti, prove*) to be based *o* founded on; (*: persona*) to base one's arguments on
'basco, -a, -schi, -sche *ag* Basque ▸ *sm* (*copricapo*) beret
'base *sf* base; (*fig: fondamento*) basis; (*Pol*) rank and file; **di ~** basic; **in ~ a** on the basis of, according to; **a ~ di caffè** coffee-based
'baseball ['beisbɔ:l] *sm* baseball
ba'sette *sfpl* sideburns
ba'silica, -che *sf* basilica
ba'silico *sm* basil
basket ['basket] *sm* basketball
bas'sista, -i, -e *sm/f* bass player
'basso, -a *ag* low; (*di statura*) short; (*meridionale*) southern ▸ *sm* bottom, lower part; (*Mus*) bass; **la bassa Italia** southern Italy
bassorili'evo *sm* bas-relief
bas'sotto, -a *ag* squat ▸ *sm* (*cane*) dachshund
'basta *escl* (that's) enough!, that will do!
bas'tardo, -a *ag* (*animale, pianta*) hybrid, crossbreed; (*persona*) illegitimate, bastard; (*peg*) ▸ *sm/f* illegitimate child, bastard (*peg*)
bas'tare *vi, vb impers* to be enough, be sufficient; **~ a qn** to be enough for sb; **basta chiedere** *o* **che chieda a un vigile** you have only to *o* need only ask a policeman; **basta così, grazie** that's enough, thanks
basto'nare *vt* to beat, thrash
baston'cino [baston'tʃino] *sm* (*Sci*) ski pole; **bastoncini di pesce** fish fingers
bas'tone *sm* stick; **~ da passeggio** walking stick

bat'taglia [bat'taʎʎa] *sf* battle; fight
bat'tello *sm* boat
bat'tente *sm* (*imposta: di porta*) wing, flap; (*: di finestra*) shutter; (*batacchio: di porta*) knocker; (*: di orologio*) hammer; **chiudere i battenti** (*fig*) to shut up shop
'battere *vt* to beat; (*grano*) to thresh; (*percorrere*) to scour ▶ *vi* (*bussare*) to knock; (*urtare*): **~ contro** to hit *o* strike against; (*pioggia, sole*) to beat down; (*cuore*) to beat; (*Tennis*) to serve; **battersi** *vpr* to fight; **~ le mani** to clap; **~ i piedi** to stamp one's feet; **~ a macchina** to type; **~ bandiera italiana** to fly the Italian flag; **~ in testa** (*Aut*) to knock; **in un batter d'occhio** in the twinkling of an eye
batte'ria *sf* battery; (*Mus*) drums *pl*
bat'terio *sm* bacterium
batte'rista, -i, -e *sm/f* drummer
bat'tesimo *sm* (*rito*) baptism; christening
battez'zare [batted'dzare] *vt* to baptize; to christen
batti'panni *sm inv* carpet-beater
battis'trada *sm inv* (*di pneumatico*) tread; (*di gara*) pacemaker
'battito *sm* beat, throb; **battito cardiaco** heartbeat
bat'tuta *sf* blow; (*di macchina da scrivere*) stroke; (*Mus*) bar; beat; (*Teatro*) cue; (*frase spiritosa*) witty remark; (*di caccia*) beating; (*Polizia*) combing, scouring; (*Tennis*) service
ba'tuffolo *sm* wad
ba'ule *sm* trunk; (*Aut*) boot (*BRIT*), trunk (*US*)
'bava *sf* (*di animale*) slaver, slobber; (*di lumaca*) slime; (*di vento*) breath
bava'glino [bavaʎ'ʎino] *sm* bib
ba'vaglio [ba'vaʎʎo] *sm* gag
'bavero *sm* collar
ba'zar [bad'dzar] *sm inv* bazaar
BCE *sigla f* (= *Banca centrale europea*) ECB
be'ato, -a *ag* blessed; (*fig*) happy; **~ te!** lucky you!
bec'care *vt* to peck; (*fig: raffreddore*) to catch; **beccarsi** *vpr* (*fig*) to squabble; **beccarsi qc** to catch sth
beccherò *ecc* [bekke'rɔ] *vb vedi* **beccare**
'becco, -chi *sm* beak, bill; (*di caffettiera ecc*) spout; lip
be'fana *sf* hag, witch; **la B~** *old woman who, according to legend, brings children their presents at the Epiphany*; (*Epifania*) Epiphany

Befana

The **Befana** is a national holiday on the feast of the Epiphany. It takes its name from **la Befana**, the old woman who, according to Italian legend comes down the chimney during the night leaving gifts for children who have been good, and coal for those who have not.

bef'fardo, -a *ag* scornful, mocking
'begli ['bɛʎʎi] *ag vedi* **bello**
'bei *ag vedi* **bello**
beige [bɛʒ] *ag inv* beige
bel *ag vedi* **bello**
be'lare *vi* to bleat
'belga, -gi, -ghe *ag, sm/f* Belgian
'Belgio ['bɛldʒo] *sm* **il ~** Belgium
'bella *sf* (*Sport*) decider; *vedi anche* **bello**
bel'lezza [bel'lettsa] *sf* beauty
'bello, -a (*ag: dav sm* **bel** + C, **bell'** + V, **bello** + *s impura, gn, pn, ps, x, z, pl* **bei** + C, **begli** + *s impura ecc o* V) *ag*
1 (*oggetto, donna, paesaggio*) beautiful, lovely; (*uomo*) handsome; (*tempo*) beautiful, fine, lovely; **le belle arti** fine arts
2 (*quantità*): **una bella cifra** a considerable sum of money; **un bel niente** absolutely nothing
3 (*rafforzativo*): **è una truffa bella e buona!** it's a real fraud!; **è bell'e finito** it's already finished

▶*sm*
1 (*bellezza*) beauty; (*tempo*) fine weather
2: **adesso viene il bello** now comes the best bit; **sul più bello** at the crucial point; **cosa fai di bello?** are you doing anything interesting?
▶*av* **fa bello** the weather is fine, it's fine
'belva *sf* wild animal
belve'dere *sm inv* panoramic viewpoint
benché [ben'ke] *cong* although
'benda *sf* bandage; (*per gli occhi*) blindfold; **ben'dare** *vt* to bandage; to blindfold
'bene *av* well; (*completamente, affatto*): **è ben difficile** it's very difficult ▶ *ag inv* **gente ~** well-to-do people ▶ *sm* good; **beni** *smpl* (*averi*) property *sg*, estate *sg*; **io sto ~/poco ~** I'm well/not very well; **va ~** all right; **volere un ~ dell'anima a qn** to love sb very much; **un uomo per ~** a respectable man; **fare ~** to do the right thing; **fare ~ a** (*salute*) to be good for; **fare del ~ a qn** to do sb a good turn; **beni di consumo** consumer goods
bene'detto, -a *pp di* **benedire** ▶ *ag* blessed, holy
bene'dire *vt* to bless; to consecrate
benedu'cato, -a *ag* well-mannered
benefi'cenza [benefi'tʃɛntsa] *sf* charity
bene'ficio [bene'fitʃo] *sm* benefit; **con ~ d'inventario** (*fig*) with reservations
be'nessere *sm* well-being
benes'tante *ag* well-to-do
be'nigno, -a [be'niɲɲo] *ag* kind, kindly; (*critica ecc*) favourable; (*Med*) benign
benve'nuto, -a *ag, sm* welcome; **dare il ~ a qn** to welcome sb
ben'zina [ben'dzina] *sf* petrol (*BRIT*), gas (*US*); **fare ~** to get petrol (*BRIT*) *o* gas (*US*); **sono rimasto senza ~** I have run out of petrol (*BRIT*) *o* gas (*US*); **benzina verde** unleaded (petrol); **benzi'naio** *sm* petrol (*BRIT*) *o* gas (*US*) pump attendant
'bere *vt* to drink; **darla a ~ a qn** (*fig*) to fool sb; **vuoi qualcosa da ~?** would you like a drink?
ber'lina *sf* (*Aut*) saloon (car) (*BRIT*), sedan (*US*)
Ber'lino *sf* Berlin
ber'muda *smpl* (*calzoncini*) Bermuda shorts
ber'noccolo *sm* bump; (*inclinazione*) flair
ber'retto *sm* cap
berrò *ecc vb vedi* **bere**
ber'saglio [ber'saʎʎo] *sm* target
besciamella [beʃʃa'mɛlla] *sf* béchamel sauce
bes'temmia *sf* curse; (*Rel*) blasphemy
bestemmi'are *vi* to curse, swear; to blaspheme ▶ *vt* to curse, swear at; to blaspheme
'bestia *sf* animal; **andare in ~** (*fig*) to fly into a rage; **besti'ale** *ag* beastly; animal *cpd*; (*fam*): **fa un freddo bestiale** it's bitterly cold; **besti'ame** *sm* livestock; (*bovino*) cattle *pl*
be'tulla *sf* birch
be'vanda *sf* drink, beverage
'bevo *ecc vb vedi* **bere**
be'vuto, -a *pp di* **bere**
'bevvi *ecc vb vedi* **bere**
bianche'ria [bjanke'ria] *sf* linen; **~ da donna** ladies' underwear, lingerie; **biancheria femminile** lingerie; **biancheria intima** underwear
bi'anco, -a, -chi, -che *ag* white; (*non scritto*) blank ▶ *sm* white; (*intonaco*) whitewash ▶ *sm/f* white, white man/woman; **in ~** (*foglio, assegno*) blank; (*notte*) sleepless; **in ~ e nero** (*TV, Fot*) black and white; **mangiare in ~** to follow a bland diet; **pesce in ~** boiled

fish; **andare in ~** (*non riuscire*) to fail; **bianco dell'uovo** egg-white
biasi'mare *vt* to disapprove of
'Bibbia *sf* (*anche fig*) bible
bibe'ron *sm inv* feeding bottle
'bibita *sf* (soft) drink
biblio'teca, -che *sf* library; (*mobile*) bookcase
bicarbo'nato *sm* ~ **(di sodio)** bicarbonate (of soda)
bicchi'ere [bik'kjɛre] *sm* glass
bici'cletta [bitʃi'kletta] *sf* bicycle; **andare in ~** to cycle
bidè *sm inv* bidet
bi'dello, -a *sm/f* (*Ins*) janitor
bi'done *sm* drum, can; (*anche*: **~ dell'immondizia**) (dust)bin; (*fam: truffa*) swindle; **fare un ~ a qn** (*fam*) to let sb down; to cheat sb
bien'nale *ag* biennial

Biennale di Venezia
The **Biennale di Venezia** is an international contemporary art festival, which takes place every two years at Giardini in Venice. In its current form, it includes exhibits by artists from the many countries taking part, a thematic exhibition and a section for young artists.

bifamili'are *sf* ≈ semi-detached house
bifor'carsi *vpr* to fork
bigiotte'ria [bidʒotte'ria] *sf* costume jewellery; (*negozio*) jeweller's (*selling only costume jewellery*)
bigliet'taio, -a *sm/f* (*in treno*) ticket inspector; (*in autobus*) conductor
bigliette'ria [biʎʎette'ria] *sf* (*di stazione*) ticket office; booking office; (*di teatro*) box office
bigli'etto [biʎ'ʎetto] *sm* (*per viaggi, spettacoli ecc*) ticket; (*cartoncino*) card; (*anche*: **~ di banca**) (bank)note; **biglietto d'auguri** greetings card; **biglietto da visita** visiting card; **biglietto d'andata e ritorno** return (ticket), round-trip ticket (*US*); **biglietto di sola andata** single (ticket); **biglietto elettronico** e-ticket
bignè [biɲ'ɲɛ] *sm inv* cream puff
bigo'dino *sm* roller, curler
bi'gotto, -a *ag* over-pious
bi'kini *sm inv* bikini
bi'lancia, -ce [bi'lantʃa] *sf* (*pesa*) scales *pl*; (: *di precisione*) balance; (*dello zodiaco*): **B~** Libra; **bilancia commerciale** balance of trade; **bilancia dei pagamenti** balance of payments
bi'lancio [bi'lantʃo] *sm* (*Comm*) balance(-sheet); (*statale*) budget; **fare il ~ di** (*fig*) to assess; **bilancio consuntivo** (final) balance; **bilancio preventivo** budget
bili'ardo *sm* billiards *sg*; billiard table
bi'lingue *ag* bilingual
bilo'cale *sm* two-room flat (*Brit*) *o* apartment (*US*)
'bimbo, -a *sm/f* little boy (girl)
bi'nario, -a *ag* (*sistema*) binary ▸ *sm* (railway) track *o* line; (*piattaforma*) platform; **da che ~ parte il treno per Londra?** which platform does the train for London go from?; **binario morto** dead-end track
bi'nocolo *sm* binoculars *pl*
bio... *prefisso*; **biodegra'dabile** *ag* biodegradable; **biodi'namico, -a, -ci, -che** *ag* biodynamic; **biogra'fia** *sf* biography; **biolo'gia** *sf* biology
bio'logico, -a, -ci, -che *ag* (*scienze, fenomeni ecc*)) biological; (*agricoltura, prodotti*) organic; **guerra biologica** biological warfare
bi'ondo, -a *ag* blond, fair
biotecnologia [bioteknolo'dʒia] *sf* biotechnology
biri'chino, -a [biri'kino] *ag* mischievous ▸ *sm/f* little rascal

bi'rillo *sm* skittle (*BRIT*), pin (*US*)
'biro® *sf inv* biro®
'birra *sf* beer; **a tutta ~** (*fig*) at top speed; **birra chiara/scura** ≈ lager/stout; **birre'ria** *sf* ≈ bierkeller
bis *escl, sm inv* encore
bis'betico, -a, -ci, -che *ag* ill-tempered, crabby
bisbigli'are [bisbiʎ'ʎare] *vt, vi* to whisper
'bisca, -sche *sf* gambling-house
'biscia, -sce ['biʃʃa] *sf* snake; **biscia d'acqua** grass snake
biscot'tato, -a *ag* crisp; **fette biscottate** rusks
bis'cotto *sm* biscuit
bisessu'ale *ag, sm/f* bisexual
bises'tile *ag* **anno ~** leap year
bis'nonno, -a *sm/f* great grandfather/grandmother
biso'gnare [bizoɲ'ɲare] *vb impers* **bisogna che tu parta/lo faccia** you'll have to go/do it; **bisogna parlargli** we'll (*o* I'll) have to talk to him
bi'sogno [bi'zoɲɲo] *sm* need; **ha ~ di qualcosa?** do you need anything?
bis'tecca, -che *sf* steak, beefsteak
bisticci'are [bistit'tʃare] *vi* to quarrel, bicker; **bisticciarsi** *vpr* to quarrel, bicker
'bisturi *sm* scalpel
'bivio *sm* fork; (*fig*) dilemma
biz'zarro, -a [bid'dzarro] *ag* bizarre, strange
blate'rare *vi* to chatter
blin'dato, -a *ag* armoured
bloc'care *vt* to block; (*isolare*) to isolate, cut off; (*porto*) to blockade; (*prezzi, beni*) to freeze; (*meccanismo*) to jam; **bloccarsi** *vpr* (*motore*) to stall; (*freni, porta*) to jam, stick; (*ascensore*) to stop, get stuck
blocche'rò *ecc* [blokke'rɔ] *vb vedi* **bloccare**
bloc'chetto [blok'ketto] *sm* notebook; (*di biglietti*) book
'blocco, -chi *sm* block; (*Mil*) blockade; (*dei fitti*) restriction; (*quadernetto*) pad; (*fig: unione*) coalition; (*il bloccare*) blocking; isolating, cutting-off; blockading; freezing; jamming; **in ~** (*nell'insieme*) as a whole; (*Comm*) in bulk; **blocco cardiaco** cardiac arrest; **blocco stradale** road block
blog [blog] *sm inv* blog
blu *ag inv, sm* dark blue
'blusa *sf* (*camiciotto*) smock; (*camicetta*) blouse
'boa *sm inv* (*Zool*) boa constrictor; (*sciarpa*) feather boa ▸ *sf* buoy
bo'ato *sm* rumble, roar
bob [bɔb] *sm inv* bobsleigh
'bocca, -che *sf* mouth; **in ~ al lupo!** good luck!
boc'caccia, -ce [bok'kattʃa] *sf* (*malalingua*) gossip; **fare le boccacce** to pull faces
boc'cale *sm* jug; **boccale da birra** tankard
boc'cetta [bot'tʃetta] *sf* small bottle
'boccia, -ce ['bottʃa] *sf* bottle; (*da vino*) decanter, carafe; (*palla*) bowl; **gioco delle bocce** bowls *sg*
bocci'are [bot'tʃare] *vt* (*proposta, progetto*) to reject; (*Ins*) to fail; (*Bocce*) to hit
bocci'olo [bot'tʃɔlo] *sm* bud
boc'cone *sm* mouthful, morsel
boicot'tare *vt* to boycott
'bolla *sf* bubble; (*Med*) blister; **bolla di consegna** (*Comm*) delivery note; **bolla papale** papal bull
bol'lente *ag* boiling; boiling hot
bol'letta *sf* bill; (*ricevuta*) receipt; **essere in ~** to be hard up
bollet'tino *sm* bulletin; (*Comm*) note; **bollettino meteorologico** weather report; **bollettino di spedizione** consignment note
bollicina [bolli'tʃina] *sf* bubble

bol'lire *vt, vi* to boil
bolli'tore *sm* (*Cuc*) kettle; (*per riscaldamento*) boiler
'bollo *sm* stamp; **bollo per patente** *driving licence tax*; **bollo postale** postmark
'bomba *sf* bomb; **bomba atomica** atom bomb; **bomba a mano** hand grenade; **bomba ad orologeria** time bomb
bombarda'mento *sm* bombardment; bombing
bombar'dare *vt* to bombard; (*da aereo*) to bomb
'bombola *sf* cylinder
bombo'letta *sf* aerosol
bomboni'era *sf* box of sweets (*as souvenir at weddings, first communions etc*)
bo'nifico, -ci *sm* (*riduzione, abbuono*) discount; (*versamento a terzi*) credit transfer
bontà *sf* goodness; (*cortesia*) kindness; **aver la ~ di fare qc** to be good *o* kind enough to do sth
borbot'tare *vi* to mumble
'borchia ['borkja] *sf* stud
bor'deaux [bor'dɔ] *ag inv, sm inv* maroon
'bordo *sm* (*Naut*) ship's side; (*orlo*) edge; (*striscia di guarnizione*) border, trim; **a ~ di** (*nave, aereo*) aboard, on board; (*macchina*) in
bor'ghese [bor'geze] *ag* (*spesso peg*) middle-class; bourgeois; **abito ~** civilian dress
'borgo, -ghi *sm* (*paesino*) village; (*quartiere*) district; (*sobborgo*) suburb
boro'talco *sm* talcum powder
bor'raccia, -ce [bor'rattʃa] *sf* canteen, water-bottle
'borsa *sf* bag; (*anche*: **~ da signora**) handbag; (*Econ*): **la B ~ (valori)** the Stock Exchange; **borsa dell'acqua calda** hot-water bottle; **borsa nera** black market; **borsa della spesa** shopping bag; **borsa di studio** grant;
borsel'lino *sm* purse; **bor'setta** *sf* handbag
'bosco, -schi *sm* wood
bos'niaco, -a, ci, che *ag, sm/f* Bosnian
'Bosnia Erze'govina ['bɔsnja erdze'govina] *sf* **la ~** Bosnia Herzegovina
Bot, bot *sigla m inv* (= *buono ordinario del Tesoro*) short-term Treasury bond
bo'tanica *sf* botany
bo'tanico, -a, -ci, -che *ag* botanical ▸ *sm* botanist
'botola *sf* trap door
'botta *sf* blow; (*rumore*) bang
'botte *sf* barrel, cask
bot'tega, -ghe *sf* shop; (*officina*) workshop
bot'tiglia [bot'tiʎʎa] *sf* bottle;
bottiglie'ria *sf* wine shop
bot'tino *sm* (*di guerra*) booty; (*di rapina, furto*) loot
'botto *sm* bang; crash; **di ~** suddenly
bot'tone *sm* button; **attaccare ~ a qn** (*fig*) to buttonhole sb
bo'vino, -a *ag* bovine; **bovini** *smpl* cattle
box [bɔks] *sm inv* (*per cavalli*) horsebox; (*per macchina*) lock-up; (*per macchina da corsa*) pit; (*per bambini*) playpen
boxe [bɔks] *sf* boxing
'boxer ['bɔkser] *sm inv* (*cane*) boxer ▸ *smpl* (*mutande*): **un paio di ~** a pair of boxer shorts
BR *sigla fpl* = **Brigate Rosse**
brac'cetto [brat'tʃetto] *sm* **a ~** arm in arm
braccia'letto *sm* bracelet, bangle
bracci'ata [brat'tʃata] *sf* (*nel nuoto*) stroke
'braccio ['brattʃo] (*pl(f)* **braccia**) *sm* (*Anat*) arm; (*pl(m)* *bracci*: *di gru, fiume*) arm; (*: di edificio*) wing; **braccio di**

mare sound; **bracci'olo** *sm* *(appoggio)* arm
'bracco, -chi *sm* hound
'brace ['bratʃe] *sf* embers *pl*
braci'ola [bra'tʃɔla] *sf* *(Cuc)* chop
'branca, -che *sf* branch
'branchia ['brankja] *sf* *(Zool)* gill
'branco, -chi *sm* *(di cani, lupi)* pack; *(di pecore)* flock; *(peg: di persone)* gang, pack
bran'dina *sf* camp bed *(BRIT)*, cot *(US)*
'brano *sm* piece; *(di libro)* passage
Bra'sile *sm* **il ~** Brazil; **brasili'ano, -a** *ag, sm/f* Brazilian
'bravo, -a *ag* *(abile)* clever, capable, skilful; *(buono)* good, honest; *(: bambino)* good; *(coraggioso)* brave; **~!** well done!; *(a teatro)* bravo!
bra'vura *sf* cleverness, skill
Bre'tagna [bre'taɲɲa] *sf* **la ~** Brittany
bre'tella *sf* *(Aut)* link; **bretelle** *sfpl* *(di calzoni)* braces
'bretone *ag, sm/f* Breton
'breve *ag* brief, short; **in ~** in short
brevet'tare *vt* to patent
bre'vetto *sm* patent; **brevetto di pilotaggio** pilot's licence *(BRIT)* *o* license *(US)*
'bricco, -chi *sm* jug; **bricco del caffè** coffeepot
'briciola ['britʃola] *sf* crumb
'briciolo ['britʃolo] *sm* *(specie fig)* bit
'briga, -ghe *sf* *(fastidio)* trouble, bother; **pigliarsi la ~ di fare qc** to take the trouble to do sth
bri'gata *sf* *(Mil)* brigade; *(gruppo)* group, party; **Brigate Rosse** *(Pol)* Red Brigades
'briglia ['briʎʎa] *sf* rein; **a ~ sciolta** at full gallop; *(fig)* at full speed
bril'lante *ag* bright; *(anche fig)* brilliant; *(che luccica)* shining ▸ *sm* diamond
bril'lare *vi* to shine; *(mina)* to blow up ▸ *vt* *(mina)* to set off
'brillo, -a *ag* merry, tipsy
'brina *sf* hoarfrost
brin'dare *vi* **~ a qn/qc** to drink to *o* toast sb/sth
'brindisi *sm inv* toast
bri'oche [bri'ɔʃ] *sf inv* brioche
bri'tannico, -a, -ci, -che *ag* British
'brivido *sm* shiver; *(di ribrezzo)* shudder; *(fig)* thrill
brizzo'lato, -a [brittso'lato] *ag* *(persona)* going grey; *(barba, capelli)* greying
'brocca, -che *sf* jug
'broccoli *smpl* broccoli *sg*
'brodo *sm* broth; *(per cucinare)* stock; **brodo ristretto** consommé
bron'chite [bron'kite] *sf* *(Med)* bronchitis
bronto'lare *vi* to grumble; *(tuono, stomaco)* to rumble
'bronzo ['brondzo] *sm* bronze
'browser ['brauzer] *sm inv* *(Inform)* browser
brucia'pelo [brutʃa'pelo]: **a ~** *av* point-blank
bruci'are [bru'tʃare] *vt* to burn; *(scottare)* to scald ▸ *vi* to burn; **bruciarsi** *vpr* to burn o.s.; *(fallire)* to ruin one's chances; **~ le tappe** *(fig)* to shoot ahead; **bruciarsi la carriera** to ruin one's career
'bruco, -chi *sm* caterpillar; grub
'brufolo *sm* pimple, spot
'brullo, -a *ag* bare, bleak
'bruno, -a *ag* brown, dark; *(persona)* dark(-haired)
'brusco, -a, -schi, -sche *ag* *(sapore)* sharp; *(modi, persona)* brusque, abrupt; *(movimento)* abrupt, sudden
bru'sio *sm* buzz, buzzing
bru'tale *ag* brutal
'brutto, -a *ag* ugly; *(cattivo)* bad; *(malattia, strada, affare)* nasty, bad; **~ tempo** bad weather
Bru'xelles [bry'sɛl] *sf* Brussels

BSE [biɛssɛ'e] *sigla f* (= *encefalopatia spongiforme bovina*) BSE
'buca, -che *sf* hole; (*avvallamento*) hollow; **buca delle lettere** letterbox
buca'neve *sm inv* snowdrop
bu'care *vt* (*forare*) to make a hole (*o* holes) in; (*pungere*) to pierce; (*biglietto*) to punch; **bucarsi** *vpr* (*di eroina*) to mainline; **~ una gomma** to have a puncture
bu'cato *sm* (*operazione*) washing; (*panni*) wash, washing
'buccia, -ce ['buttʃa] *sf* skin, peel
bucherò *ecc* [buke'rɔ] *vb vedi* **bucare**
'buco, -chi *sm* hole
bud'dismo *sm* Buddhism
bu'dino *sm* pudding
'bue *sm* ox; **carne di ~** beef
bu'fera *sf* storm
'buffo, -a *ag* funny; (*Teatro*) comic
bu'gia, -'gie [bu'dʒia] *sf* lie; **dire una ~** to tell a lie; **bugi'ardo, -a** *ag* lying, deceitful ▸ *sm/f* liar
'buio, -a *ag* dark ▸ *sm* dark, darkness
'bulbo *sm* (*Bot*) bulb; **bulbo oculare** eyeball
Bulga'ria *sf* **la ~** Bulgaria
'bulgaro, -a *ag, sm/f, sm* Bulgarian
buli'mia *sf* bulimia; **bu'limico, -a, -ci, -che** *ag* bulimic
bul'lismo [bul'lizmo] *sm* bullying
bul'lone *sm* bolt
buona'notte *escl* good night! ▸ *sf* **dare la ~ a** to say good night to
buona'sera *escl* good evening!
buongi'orno [bwon'dʒorno] *escl* good morning (*o* afternoon)!
buongus'taio, -a *sm/f* gourmet

bu'ono, -a

(*ag*: *dav sm* **buon** + C *o* V, **buono** + *s impura, gn, pn, ps, x, z*; *dav sf* **buon'** + V) *ag*
1 (*gen*) good; **un buon pranzo** a good lunch; **(stai) buono!** behave!
2 (*benevolo*): **buono (con)** good (to), kind (to)
3 (*giusto, valido*) right; **al momento buono** at the right moment
4 (*adatto*): **buono a/da** fit for/to; **essere buono a nulla** to be no good *o* use at anything
5 (*auguri*): **buon anno!** happy New Year!; **buon appetito!** enjoy your meal!; **buon compleanno!** happy birthday!; **buon divertimento!** have a nice time!; **buona fortuna!** good luck!; **buon riposo!** sleep well!; **buon viaggio!** bon voyage!, have a good trip!
6: **a buon mercato** cheap; **di buon'ora** early; **buon senso** common sense; **alla buona** *ag* simple
▸ *av* in a simple way, without any fuss
▸ *sm*
1 (*bontà*) goodness, good
2 (*Comm*) voucher, coupon; **buono di cassa** cash voucher; **buono di consegna** delivery note; **buono del Tesoro** Treasury bill

buon'senso *sm* = **buon senso**
burat'tino *sm* puppet
'burbero, -a *ag* surly, gruff
buro'cratico, -a, ci, che *ag* bureaucratic
burocra'zia [burokrat'tsia] *sf* bureaucracy
bur'rasca, -sche *sf* storm
'burro *sm* butter
bur'rone *sm* ravine
bus'sare *vi* to knock
'bussola *sf* compass
'busta *sf* (*da lettera*) envelope; (*astuccio*) case; **in ~ aperta/chiusa** in an unsealed/sealed envelope; **busta paga** pay packet
busta'rella *sf* bribe, backhander
bus'tina *sf* (*piccola busta*) envelope; (*di cibi, farmaci*) sachet; (*Mil*) forage cap; **bustina di tè** tea bag
'busto *sm* bust; (*indumento*) corset, girdle; **a mezzo ~** (*foto*) half-length
but'tare *vt* to throw; (*anche*: **~ via**) to

throw away; **~ giù** (*scritto*) to scribble down; (*cibo*) to gulp down; (*edificio*) to pull down, demolish; (*pasta, verdura*) to put into boiling water; **buttarsi** *vpr* (*saltare*) to jump; **buttarsi dalla finestra** to jump out of the window

byte ['bait] *sm inv* byte

C

ca'bina *sf* (*di nave*) cabin; (*da spiaggia*) beach hut; (*di autocarro, treno*) cab; (*di aereo*) cockpit; (*di ascensore*) cage; **cabi'nato** *sm* cabin cruiser; **cabina di pilotaggio** cockpit; **cabina telefonica** call *o* (tele)phone box

ca'cao *sm* cocoa

'caccia ['kattʃa] *sf* hunting; (*con fucile*) shooting; (*inseguimento*) chase; (*cacciagione*) game ▸ *sm inv* (*aereo*) fighter; (*nave*) destroyer; **caccia grossa** big-game hunting; **caccia all'uomo** manhunt

cacci'are [kat'tʃare] *vt* to hunt; (*mandar via*) to chase away; (*ficcare*) to shove, stick ▸ *vi* to hunt; **cacciarsi** *vpr* **dove s'è cacciata la mia borsa?** where has my bag got to?; **cacciarsi nei guai** to get into trouble; **~ fuori qc** to whip *o* pull sth out; **~ un urlo** to let out a yell; **caccia'tore** *sm* hunter; **cacciatore di frodo** poacher

caccia'vite [kattʃa'vite] *sm inv* screwdriver

'cactus *sm inv* cactus

ca'davere *sm* (dead) body, corpse

'caddi *ecc vb vedi* **cadere**

ca'denza [ka'dɛntsa] *sf* cadence; (*ritmo*) rhythm; (*Mus*) cadenza

ca'dere *vi* to fall; (*denti, capelli*) to fall out; (*tetto*) to fall in; **questa gonna cade bene** this skirt hangs well; **lasciar ~** (*anche fig*) to drop; (*anche:* **~ dal sonno**) to be falling asleep on one's feet; **~ dalle nuvole** (*fig*) to be taken aback

cadrò *ecc vb vedi* **cadere**

ca'duta *sf* fall; **la ~ dei capelli** hair loss

caffè *sm inv* coffee; (*locale*) café; **caffè corretto** *espresso coffee with a shot of spirits*; **caffè macchiato** coffee with a dash of milk; **caffè macinato** ground coffee

caffel'latte *sm inv* white coffee

caffetti'era *sf* coffeepot

'cagna ['kaɲɲa] *sf* (*Zool, peg*) bitch

CAI *sigla m* = **Club Alpino Italiano**

cala'brone *sm* hornet

cala'maro *sm* squid

cala'mita *sf* magnet

calamità *sf inv* calamity, disaster

ca'lare *vt* (*far discendere*) to lower; (*Maglia*) to decrease ▸ *vi* (*discendere*) to go (*o* come) down; (*tramontare*) to set, go down; **~ di peso** to lose weight

cal'cagno [kal'kaɲɲo] *sm* heel

cal'care *sm* (*incrostazione*) (lime)scale

'calce ['kaltʃe] *sm* **in ~** at the foot of the page ▸ *sf* lime; **calce viva** quicklime

cal'cetto [kal'tʃetto] *sm* (*calcio-balilla*) table football; (*calcio a cinque*) five-a-side (football)

calci'are [kal'tʃare] *vt, vi* to kick; **calcia'tore** *sm* footballer

'calcio ['kaltʃo] *sm* (*pedata*) kick; (*sport*) football, soccer; (*di pistola, fucile*) butt; (*Chim*) calcium; **calcio d'angolo** (*Sport*) corner (kick); **calcio**

di punizione (*Sport*) free kick; **calcio di rigore** penalty
calco'lare *vt* to calculate, work out, reckon; (*ponderare*) to weigh (up); **calcola'tore, -'trice** *ag* calculating ▶ *sm* calculator; (*fig*) calculating person; **calcolatore elettronico** computer; **calcola'trice** *sf* calculator
'calcolo *sm* (*anche Mat*) calculation; (*infinitesimale ecc*) calculus; (*Med*) stone; **fare i propri calcoli** (*fig*) to weigh the pros and cons
cal'daia *sf* boiler
'caldo, -a *ag* warm; (*molto caldo*) hot; (*fig: appassionato*) keen ▶ *sm* heat; **ho ~** I'm warm/hot; **fa ~** it's warm/hot
caleidos'copio *sm* kaleidoscope
calen'dario *sm* calendar
'calibro *sm* (*di arma*) calibre, bore; (*Tecn*) callipers *pl*; (*fig*) calibre; **di grosso ~** (*fig*) prominent
'calice ['kalitʃe] *sm* goblet; (*Rel*) chalice
Cali'fornia *sf* California
californi'ano, -a *ag* Californian
calligra'fia *sf* (*scrittura*) handwriting; (*arte*) calligraphy
'callo *sm* callus; (*ai piedi*) corn
'calma *sf* calm
cal'mante *sm* tranquillizer
cal'mare *vt* to calm; (*lenire*) to soothe; **calmarsi** *vpr* to grow calm, calm down; (*vento*) to abate; (*dolori*) to ease
'calmo, -a *ag* calm, quiet
'calo *sm* (*Comm: di prezzi*) fall; (*: di volume*) shrinkage; (*: di peso*) loss
ca'lore *sm* warmth; heat
calo'ria *sf* calorie
calo'rifero *sm* radiator
calo'roso, -a *ag* warm
calpes'tare *vt* to tread on, trample on; **"è vietato ~ l'erba"** "keep off the grass"
ca'lunnia *sf* slander; (*scritta*) libel
cal'vizie [kal'vittsje] *sf* baldness
'calvo, -a *ag* bald
'calza ['kaltsa] *sf* (*da donna*) stocking; (*da uomo*) sock; **fare la ~** to knit; **calze di nailon** nylons, (nylon) stockings
calza'maglia [kaltsa'maʎʎa] *sf* tights *pl*; (*per danza, ginnastica*) leotard
calzet'tone [kaltset'tone] *sm* heavy knee-length sock
cal'zino [kal'tsino] *sm* sock
calzo'laio [kaltso'lajo] *sm* shoemaker; (*che ripara scarpe*) cobbler
calzon'cini [kaltson'tʃini] *smpl* shorts; **calzoncini da bagno** (swimming) trunks
cal'zone [kal'tsone] *sm* trouser leg; (*Cuc*) *savoury turnover made with pizza dough*; **calzoni** *smpl* (*pantaloni*) trousers (*BRIT*), pants (*US*)
camale'onte *sm* chameleon
cambia'mento *sm* change
cambi'are *vt* to change; (*modificare*) to alter, change; (*barattare*): **~ (qc con qn/qc)** to exchange (sth with sb/for sth) ▶ *vi* to change, alter; **cambiarsi** *vpr* (*d'abito*) to change; **~ casa** to move (house); **~ idea** to change one's mind; **~ treno** to change trains; **dove posso ~ dei soldi?** where can I change some money?; **ha da ~?** have you got any change?; **posso cambiarlo, per favore?** could I exchange this, please?
cambiava'lute *sm inv* exchange office
'cambio *sm* change; (*modifica*) alteration, change; (*scambio, Comm*) exchange; (*corso dei cambi*) rate (of exchange); (*Tecn, Aut*) gears *pl*; **in ~ di** in exchange for; **dare il ~ a qn** to take over from sb
'camera *sf* room; (*anche:* **~ da letto**) bedroom; (*Pol*) chamber, house; **camera ardente** mortuary chapel; **camera d'aria** inner tube; (*di pallone*) bladder; **camera di commercio** Chamber of Commerce; **Camera dei Deputati** Chamber of Deputies,

≈ House of Commons (*BRIT*), ≈ House of Representatives (*US*); **camera a gas** gas chamber; **camera a un letto/due letti** single/twin-bedded room; **camera matrimoniale** double room; **camera oscura** (*Fot*) dark room

Attenzione! In inglese esiste la parola *camera*, che però significa *macchina fotografica*.

came'rata, -i, -e *sm/f* companion, mate ▸ *sf* dormitory
cameri'era *sf* (*domestica*) maid; (*che serve a tavola*) waitress; (*che fa le camere*) chambermaid
cameri'ere *sm* (man)servant; (*di ristorante*) waiter
came'rino *sm* (*Teatro*) dressing room
'camice ['kamitʃe] *sm* (*Rel*) alb; (*per medici ecc*) white coat
cami'cetta [kami'tʃetta] *sf* blouse
ca'micia, -cie [ka'mitʃa] *sf* (*da uomo*) shirt; (*da donna*) blouse; **camicia di forza** straitjacket; **camicia da notte** (*da donna*) nightdress; (*da uomo*) nightshirt
cami'netto *sm* hearth, fireplace
ca'mino *sm* chimney; (*focolare*) fireplace, hearth
'camion *sm inv* lorry (*BRIT*), truck (*US*)
camio'nista, -i *sm* lorry driver (*BRIT*), truck driver (*US*)
cam'mello *sm* (*Zool*) camel; (*tessuto*) camel hair
cammi'nare *vi* to walk; (*funzionare*) to work, go
cam'mino *sm* walk; (*sentiero*) path; (*itinerario, direzione, tragitto*) way; **mettersi in ~** to set *o* start off
camo'milla *sf* camomile; (*infuso*) camomile tea
ca'moscio [ka'moʃʃo] *sm* chamois; **di ~** (*scarpe, borsa*) suede *cpd*
cam'pagna [kam'paɲɲa] *sf* country, countryside; (*Pol, Comm, Mil*) campaign; **in ~** in the country; **andare in ~** to go to the country; **fare una ~** to campaign; **campagna pubblicitaria** advertising campaign
cam'pana *sf* bell; (*anche:* **~ di vetro**) bell jar; **campa'nello** *sm* (*all'uscio, da tavola*) bell
campa'nile *sm* bell tower, belfry
cam'peggio *sm* camping; (*terreno*) camp site; **fare (del) ~** to go camping
camper ['kamper] *sm inv* motor caravan (*BRIT*), motor home (*US*)
campio'nario, -a *ag* **fiera campionaria** trade fair ▸ *sm* collection of samples
campio'nato *sm* championship
campi'one, -'essa *sm/f* (*Sport*) champion ▸ *sm* (*Comm*) sample
'campo *sm* field; (*Mil*) field; (*accampamento*) camp; (*spazio delimitato: sportivo ecc*) ground; field; (*di quadro*) background; **i campi** (*campagna*) the countryside; **campo da aviazione** airfield; **campo di battaglia** (*Mil, fig*) battlefield; **campo di concentramento** concentration camp; **campo da golf** golf course; **campo profughi** refugee camp; **campo sportivo** sports ground; **campo da tennis** tennis court; **campo visivo** field of vision
'Canada *sm* **il ~** Canada; **cana'dese** *ag, sm/f* Canadian ▸ *sf* (*anche:* **tenda canadese**) ridge tent
ca'naglia [ka'naʎʎa] *sf* rabble, mob; (*persona*) scoundrel, rogue
ca'nale *sm* (*anche fig*) channel; (*artificiale*) canal
'canapa *sf* hemp; **canapa indiana** (*droga*) cannabis
cana'rino *sm* canary
cancel'lare [kantʃel'lare] *vt* (*con la gomma*) to rub out, erase; (*con la penna*) to strike out; (*annullare*) to annul, cancel; (*disdire*) to cancel

cancelle'ria [kantʃelle'ria] *sf* chancery; (*materiale per scrivere*) stationery
can'cello [kan'tʃɛllo] *sm* gate
'cancro *sm* (*Med*) cancer; (*dello zodiaco*): **C~** Cancer
candeg'gina [kanded'dʒina] *sf* bleach
can'dela *sf* candle; **candela (di accensione)** (*Aut*) spark(ing) plug
cande'labro *sm* candelabra
candeli'ere *sm* candlestick
candi'dare *vt* to present as candidate; **candidarsi** *vpr* to present o.s. as candidate
candi'dato, -a *sm/f* candidate; (*aspirante a una carica*) applicant
'candido, -a *ag* white as snow; (*puro*) pure; (*sincero*) sincere, candid
can'dito, -a *ag* candied
'cane *sm* dog; (*di pistola, fucile*) cock; **fa un freddo ~** it's bitterly cold; **non c'era un ~** there wasn't a soul; **cane da caccia/da guardia** hunting/ guard dog; **cane lupo** Alsatian; **cane pastore** sheepdog
ca'nestro *sm* basket
can'guro *sm* kangaroo
ca'nile *sm* kennel; (*di allevamento*) kennels *pl*; **canile municipale** dog pound
'canna *sf* (*pianta*) reed; (: *indica, da zucchero*) cane; (*bastone*) stick, cane; (*di fucile*) barrel; (*di organo*) pipe; (*fam*: *droga*) joint; **canna fumaria** chimney flue; **canna da pesca** (fishing) rod; **canna da zucchero** sugar cane
cannel'loni *smpl pasta tubes stuffed with sauce and baked*
cannocchi'ale [kannok'kjale] *sm* telescope
can'none *sm* (*Mil*) gun; (*Storia*) cannon; (*tubo*) pipe, tube; (*piega*) box pleat; (*fig*) ace
can'nuccia, -ce [kan'nuttʃa] *sf* (drinking) straw
ca'noa *sf* canoe
'canone *sm* canon, criterion; (*mensile, annuo*) rent; fee
canot'taggio [kanot'taddʒo] *sm* rowing
canotti'era *sf* vest
ca'notto *sm* small boat, dinghy; canoe
can'tante *sm/f* singer
can'tare *vt, vi* to sing; **cantau'tore, -'trice** *sm/f* singer-composer
canti'ere *sm* (*Edil*) (building) site; (*cantiere navale*) shipyard
can'tina *sf* cellar; (*bottega*) wine shop; **cantina sociale** cooperative winegrowers' association

> Attenzione! In inglese esiste la parola *canteen*, che però significa *mensa*.

'canto *sm* song; (*arte*) singing; (*Rel*) chant; chanting; (*poesia*) poem, lyric; (*parte di una poesia*) canto; (*parte, lato*): **da un ~** on the one hand; **d'altro ~** on the other hand
canzo'nare [kantso'nare] *vt* to tease
can'zone [kan'tsone] *sf* song; (*Poesia*) canzone
'caos *sm inv* chaos; **ca'otico, -a, -ci, -che** *ag* chaotic
CAP *sigla m* = **codice di avviamento postale**
ca'pace [ka'patʃe] *ag* able, capable; (*ampio, vasto*) large, capacious; **sei ~ di farlo?** can you *o* are you able to do it?; **capacità** *sf inv* ability; (*Dir, di recipiente*) capacity
ca'panna *sf* hut
capan'none *sm* (*Agr*) barn; (*fabbricato industriale*) (factory) shed
ca'parbio, -a *ag* stubborn
ca'parra *sf* deposit, down payment
ca'pello *sm* hair; **capelli** *smpl* (*capigliatura*) hair *sg*
ca'pezzolo [ka'pettsolo] *sm* nipple

ca'pire *vt* to understand; **non capisco** I don't understand
capi'tale *ag* (*mortale*) capital; (*fondamentale*) main, chief ▸ *sf* (*città*) capital ▸ *sm* (*Econ*) capital
capi'tano *sm* captain
capi'tare *vi* (*giungere casualmente*) to happen to go, find o.s.; (*accadere*) to happen; (*presentarsi: cosa*) to turn up, present itself ▸ *vb impers* to happen; **mi è capitato un guaio** I've had a spot of trouble
capi'tello *sm* (*Archit*) capital
ca'pitolo *sm* chapter
capi'tombolo *sm* headlong fall, tumble
'capo *sm* head; (*persona*) head, leader; (*: in ufficio*) head, boss; (*: in tribù*) chief; (*di oggetti*) head; top; end; (*Geo*) cape; **andare a ~** to start a new paragraph; **da ~** over again; **capo di bestiame** head *inv* of cattle; **capo di vestiario** item of clothing; **Capo'danno** *sm* New Year; **capo'giro** *sm* dizziness *no pl*; **capola'voro, -i** *sm* masterpiece; **capo'linea** (*pl* **capi'linea**) *sm* terminus; **capostazi'one** (*pl* **capistazi'one**) *sm* station master
capo'tavola (*pl(m)* **capi'tavola**) *pl(f) inv sm/f* (*persona*) head of the table; **sedere a ~** to sit at the head of the table
capo'volgere [kapo'voldʒere] *vt* to overturn; (*fig*) to reverse; **capovolgersi** *vpr* to overturn; (*barca*) to capsize; (*fig*) to be reversed
'cappa *sf* (*mantello*) cape, cloak; (*del camino*) hood
cap'pella *sf* (*Rel*) chapel
cap'pello *sm* hat
'cappero *sm* caper
cap'pone *sm* capon
cap'potto *sm* (over)coat
cappuc'cino [kapput'tʃino] *sm* (*frate*) Capuchin monk; (*bevanda*) cappuccino, *frothy white coffee*
cap'puccio [kap'puttʃo] *sm* (*copricapo*) hood; (*della biro*) cap
'capra *sf* (she-)goat
ca'priccio [ka'prittʃo] *sm* caprice, whim; (*bizza*) tantrum; **fare i capricci** to be very naughty; **capricci'oso, -a** *ag* capricious, whimsical; naughty
Capri'corno *sm* Capricorn
capri'ola *sf* somersault
capri'olo *sm* roe deer
'capro *sm* **~ espiatorio** scapegoat
ca'prone *sm* billy-goat
'capsula *sf* capsule; (*di arma, per bottiglie*) cap
cap'tare *vt* (*Radio, TV*) to pick up; (*cattivarsi*) to gain, win
carabini'ere *sm member of Italian military police force*

carabinieri
Originally part of the armed forces, the **carabinieri** are police who perform both military and civil duties. They include paratroopers and mounted divisions.

ca'raffa *sf* carafe
Ca'raibi *smpl* **il mar dei ~** the Caribbean (Sea)
cara'mella *sf* sweet
ca'rattere *sm* character; (*caratteristica*) characteristic, trait; **avere un buon ~** to be good-natured; **carattere jolly** wild card; **caratte'ristica, -che** *sf* characteristic, trait, peculiarity; **caratte'ristico, -a, -ci, -che** *ag* characteristic
car'bone *sm* coal
carbu'rante *sm* (motor) fuel
carbura'tore *sm* carburettor
carce'rato, -a [kartʃe'rato] *sm/f* prisoner
'carcere ['kartʃere] *sm* prison; (*pena*) imprisonment
carci'ofo [kar'tʃɔfo] *sm* artichoke

cardel'lino *sm* goldfinch
car'diaco, -a, -ci, -che *ag* cardiac, heart *cpd*
cardi'nale *ag, sm* cardinal
'cardine *sm* hinge
'cardo *sm* thistle
ca'rente *ag* **~ di** lacking in
cares'tia *sf* famine; (*penuria*) scarcity, dearth
ca'rezza [ka'rettsa] *sf* caress
'carica, -che *sf* (*mansione ufficiale*) office, position; (*Mil, Tecn, Elettr*) charge; **ha una forte ~ di simpatia** he's very likeable; *vedi anche* **carico**
caricabatte'ria *sm inv* battery charger
cari'care *vt* (*merce, Inform*) to load; (*orologio*) to wind up; (*batteria, Mil*) to charge
'carico, -a, -chi, -che *ag* (*che porta un peso*): **~ di** loaded *o* laden with; (*fucile*) loaded; (*orologio*) wound up; (*batteria*) charged; (*colore*) deep; (*caffè, tè*) strong ▶ *sm* (*il caricare*) loading; (*ciò che si carica*) load; (*fig: peso*) burden, weight; **persona a ~** dependent; **essere a ~ di qn** (*spese ecc*) to be charged to sb
'carie *sf* (*dentaria*) decay
ca'rino, -a *ag* (*grazioso*) lovely, pretty, nice; (*riferito a uomo, anche simpatico*) nice
carità *sf* charity; **per ~!** (*escl di rifiuto*) good heavens, no!
carnagi'one [karna'dʒone] *sf* complexion
'carne *sf* flesh; (*bovina, ovina ecc*) meat; **non mangio ~** I don't eat meat; **carne di maiale/manzo/pecora** pork/beef/mutton; **carne in scatola** tinned *o* canned meat; **carne tritata** *o* **macinata** mince (*BRIT*), hamburger meat (*US*), minced (*BRIT*) *o* ground (*US*) meat
carne'vale *sm* carnival

carnevale

Carnevale is the period between Epiphany (Jan. 6th) and the beginning of Lent. People wear fancy dress, and there are parties, processions of floats and bonfires. It culminates immediately before Lent in the festivities of **martedì grasso** (Shrove Tuesday).

'caro, -a *ag* (*amato*) dear; (*costoso*) dear, expensive; **è troppo ~** it's too expensive
ca'rogna [ka'roɲɲa] *sf* carrion; (*anche: fig: fam*) swine
ca'rota *sf* carrot
caro'vana *sf* caravan
car'poni *av* on all fours
car'rabile *ag* suitable for vehicles; **"passo ~"** "keep clear"
carreggi'ata [karred'dʒata] *sf* carriageway (*BRIT*), (road)way
car'rello *sm* trolley; (*Aer*) undercarriage; (*Cinema*) dolly; (*di macchina da scrivere*) carriage
carri'era *sf* career; **fare ~** to get on; **a gran ~** at full speed
carri'ola *sf* wheelbarrow
'carro *sm* cart, wagon; **carro armato** tank; **carro attrezzi** breakdown van
car'rozza [kar'rɔttsa] *sf* carriage, coach
carrozze'ria [karrottse'ria] *sf* body, coachwork (*BRIT*); (*officina*) coachbuilder's workshop (*BRIT*), body shop
carroz'zina [karrot'tsina] *sf* pram (*BRIT*), baby carriage (*US*)
'carta *sf* paper; (*al ristorante*) menu; (*Geo*) map; plan; (*documento*) card; (*costituzione*) charter; **carte** *sfpl* (*documenti*) papers, documents; **alla ~** (*al ristorante*) à la carte; **carta assegni** bank card; **carta assorbente** blotting paper; **carta bollata** *o* **da bollo** official stamped

paper; **carta (da gioco)** playing card; **carta di credito** credit card; **carta (geografica)** map; **carta d'identità** identity card; **carta igienica** toilet paper; **carta d'imbarco** (*Aer, Naut*) boarding card; **carta da lettere** writing paper; **carta da pacchi** wrapping paper; **carta da parati** wallpaper; **carta stradale** road map; **carta verde** (*Aut*) green card; **carta vetrata** sandpaper; **carta da visita** visiting card

car'taccia, -ce [kar'tattʃa] *sf* waste paper

carta'pesta *sf* papier-mâché

car'tella *sf* (*scheda*) card; (*Inform, custodia: di cartone*) folder; (*: di uomo d'affari ecc*) briefcase; (*: di scolaro*) schoolbag, satchel; **cartella clinica** (*Med*) case sheet

cartel'lino *sm* (*etichetta*) label; (*su porta*) notice; (*scheda*) card; **timbrare il ~** (*all'entrata*) to clock in; (*all'uscita*) to clock out; **cartellino di presenza** clock card, timecard

car'tello *sm* sign; (*pubblicitario*) poster; (*stradale*) sign, signpost; (*Econ*) cartel; (*in dimostrazioni*) placard; **cartello stradale** sign; **cartel'lone** *sm* (*della tombola*) scoring frame; (*Teatro*) playbill; **tenere il cartellone** (*spettacolo*) to have a long run; **cartellone pubblicitario** advertising poster

car'tina *sf* (*Aut, Geo*) map

car'toccio [kar'tɔttʃo] *sm* paper bag

cartole'ria *sf* stationer's (shop)

carto'lina *sf* postcard; **cartolina postale** ready-stamped postcard

car'tone *sm* cardboard; (*Arte*) cartoon; **cartoni animati** (*Cinema*) cartoons

car'tuccia, -ce [kar'tuttʃa] *sf* cartridge

'casa *sf* house; (*in senso astratto*) home; (*Comm*) firm, house; **essere a ~** to be at home; **vado a ~ mia/tua** I'm going home/to your house; **vino della ~** house wine; **casa di cura** nursing home; **casa editrice** publishing house; **Casa delle Libertà** *centre-right coalition*; **casa di riposo** (old people's) home, care home; **case popolari** ≈ council houses (o flats) (*BRIT*), ≈ public housing units (*US*); **casa dello studente** student hostel

ca'sacca, -che *sf* military coat; (*di fantino*) blouse

casa'linga, -ghe *sf* housewife

casa'lingo, -a, -ghi, -ghe *ag* household, domestic; (*fatto a casa*) home-made; (*semplice*) homely; (*amante della casa*) home-loving

cas'care *vi* to fall; **cas'cata** *sf* fall; (*d'acqua*) cascade, waterfall

cascherò *ecc* [kaske'rɔ] *vb vedi* **cascare**

'casco, -schi *sm* helmet; (*del parrucchiere*) hair-drier; (*di banane*) bunch; **casco blu** (*Mil*) blue helmet (*UN soldier*)

casei'ficio [kazei'fitʃo] *sm* creamery

ca'sella *sf* pigeon-hole; **casella e-mail** (*Comput*) mailbox; **casella postale** post office box

ca'sello *sm* (*di autostrada*) toll-house

ca'serma *sf* barracks *pl*

casset'tiera [kasset'tjɛra] *sf* chest of drawers

ca'sino (*fam*) *sm* brothel; (*confusione*) row, racket

casinò *sm inv* casino

'caso *sm* chance; (*fatto, vicenda*) event, incident; (*possibilità*) possibility; (*Med, Ling*) case; **a ~** at random; **per ~** by chance, by accident; **in ogni ~, in tutti i casi** in any case, at any rate; **al ~** should the opportunity arise; **nel ~ che** in case; **~ mai** if by chance; **caso limite** borderline case

caso'lare *sm* cottage
'caspita *escl* (*sorpresa*) good heavens!; (*impazienza*) for goodness' sake!
'cassa *sf* case, crate, box; (*bara*) coffin; (*mobile*) chest; (*involucro: di orologio ecc*) case; (*macchina*) cash register, till; (*luogo di pagamento*) checkout (counter); (*fondo*) fund; (*istituto bancario*) bank; **cassa automatica prelievi** cash dispenser; **cassa continua** night safe; **cassa mutua** *o* **malattia** health insurance scheme; **cassa integrazione: mettere in cassa integrazione** ≈ to lay off; **cassa di risparmio** savings bank; **cassa toracica** (*Anat*) chest
cassa'forte (*pl* **casse'forti**) *sf* safe; **lo potrebbe mettere nella ~?** could you put this in the safe, please?
cassa'panca (*pl* **cassa'panche** *o* **casse'panche**) *sf* settle
casseru'ola *sf* saucepan
cas'setta *sf* box; (*per registratore*) cassette; (*Cinema, Teatro*) box-office takings *pl*; **film di ~** box-office draw; **cassetta di sicurezza** strongbox; **cassetta delle lettere** letterbox
cas'setto *sm* drawer
cassi'ere, -a *sm/f* cashier; (*di banca*) teller
casso'netto *sm* wheelie-bin
cas'tagna [kas'taɲɲa] *sf* chestnut
cas'tagno [kas'taɲɲo] *sm* chestnut (tree)
cas'tano, -a *ag* chestnut (brown)
cas'tello *sm* castle; (*Tecn*) scaffolding
casti'gare *vt* to punish; **cas'tigo, -ghi** *sm* punishment; **mettere/essere in ~** to punish/be punished
cas'toro *sm* beaver
casu'ale *ag* chance *cpd*; (*Inform*) random *cpd*
catalizza'tore [kataliddza'tore] *sm* (*anche fig*) catalyst; (*Aut*) catalytic converter
ca'talogo, -ghi *sm* catalogue
catarifran'gente [katarifran'dʒɛnte] *sm* (*Aut*) reflector
ca'tarro *sm* catarrh
ca'tastrofe *sf* catastrophe, disaster
catego'ria *sf* category
ca'tena *sf* chain; **catena di montaggio** assembly line; **catene da neve** (*Aut*) snow chains;
cate'nina *sf* (*gioiello*) (thin) chain
cate'ratta *sf* cataract; (*chiusa*) sluice-gate
ca'tino *sm* basin
ca'trame *sm* tar
'cattedra *sf* teacher's desk; (*di docente*) chair
catte'drale *sf* cathedral
catti'veria *sf* malice, spite; naughtiness; (*atto*) spiteful act; (*parole*) malicious *o* spiteful remark
cat'tivo, -a *ag* bad; (*malvagio*) bad, wicked; (*turbolento: bambino*) bad, naughty; (*: mare*) rough; (*odore, sapore*) nasty, bad
cat'tolico, -a, -ci, -che *ag, sm/f* (Roman) Catholic
cattu'rare *vt* to capture
'causa *sf* cause; (*Dir*) lawsuit, case, action; **a ~ di, per ~ di** because of; **fare** *o* **muovere ~ a qn** to take legal action against sb
cau'sare *vt* to cause
cau'tela *sf* caution, prudence
'cauto, -a *ag* cautious, prudent
cauzi'one [kaut'tsjone] *sf* security; (*Dir*) bail
'cava *sf* quarry
caval'care *vt* (*cavallo*) to ride; (*muro*) to sit astride; (*ponte*) to span;
caval'cata *sf* ride; (*gruppo di persone*) riding party
cavalca'via *sm inv* flyover
cavalci'oni [kaval'tʃoni]: **a ~ di** *prep* astride
cavali'ere *sm* rider; (*feudale, titolo*)

knight; (*soldato*) cavalryman; (*al ballo*) partner
caval'letta *sf* grasshopper
caval'letto *sm* (*Fot*) tripod; (*da pittore*) easel
ca'vallo *sm* horse; (*Scacchi*) knight; (*Aut: anche:* **~ vapore**) horsepower; (*dei pantaloni*) crotch; **a ~** on horseback; **a ~ di** astride, straddling; **cavallo di battaglia** (*fig*) hobby-horse; **cavallo da corsa** racehorse; **cavallo a dondolo** rocking horse
ca'vare *vt* (*togliere*) to draw out, extract, take out; (*: giacca, scarpe*) to take off; (*: fame, sete, voglia*) to satisfy; **cavarsela** to manage, get on all right; (*scamparla*) to get away with it
cava'tappi *sm inv* corkscrew
ca'verna *sf* cave
'cavia *sf* guinea pig
cavi'ale *sm* caviar
ca'viglia [ka'viʎʎa] *sf* ankle
'cavo, -a *ag* hollow ▸ *sm* (*Anat*) cavity; (*corda, Elettr, Tel*) cable
cavo'letto *sm* **~ di Bruxelles** Brussels sprout
cavolfi'ore *sm* cauliflower
'cavolo *sm* cabbage; (*fam*): **non m'importa un ~** I don't give a damn
'cazzo ['kattso] *sm* (*fam!: pene*) prick (*!*); **non gliene importa un ~** (*fig fam!*) he doesn't give a damn about it; **fatti i cazzi tuoi** (*fig fam!*) mind your own damn business
C.C.D. *sigla m* (*= Centro Cristiano Democratico*) *Italian political party of the centre*
CD *sm inv* CD; (*lettore*) CD player
CD-Rom [tʃidi'rom] *sm inv* CD-ROM
C.D.U. *sigla m* (*= Cristiano Democratici Uniti*) *Italian centre-right political party*
ce [tʃe] *pron, av vedi* **ci**
Ce'cenia [tʃe'tʃenia] *sf* **la ~** Chechnya
ce'ceno, -a [tʃe'tʃeno] *sm/f, ag* Chechen
'ceco, -a, -chi, -che ['tʃɛko] *ag, sm/f* Czech; **la Repubblica Ceca** the Czech Republic
'cedere ['tʃɛdere] *vt* (*concedere posto*) to give up; (*Dir*) to transfer, make over ▸ *vi* (*cadere*) to give way, subside; **~ (a)** to surrender (to), yield (to), give in (to)
'cedola ['tʃɛdola] *sf* (*Comm*) coupon; voucher
'ceffo ['tʃɛffo] (*peg*) *sm* ugly mug
cef'fone [tʃef'fone] *sm* slap, smack
cele'brare [tʃele'brare] *vt* to celebrate
'celebre ['tʃɛlebre] *ag* famous, celebrated
ce'leste [tʃe'lɛste] *ag* celestial; heavenly; (*colore*) sky-blue
'celibe ['tʃɛlibe] *ag* single, unmarried
'cella ['tʃɛlla] *sf* cell; **cella frigorifera** cold store
'cellula ['tʃɛllula] *sf* (*Biol, Elettr, Pol*) cell; **cellu'lare** *sm* cellphone
cellu'lite [tʃellu'lite] *sf* cellulite
cemen'tare [tʃemen'tare] *vt* (*anche fig*) to cement
ce'mento [tʃe'mento] *sm* cement; **cemento armato** reinforced concrete
'cena ['tʃena] *sf* dinner; (*leggera*) supper
ce'nare [tʃe'nare] *vi* to dine, have dinner
'cenere ['tʃenere] *sf* ash
'cenno ['tʃenno] *sm* (*segno*) sign, signal; (*gesto*) gesture; (*col capo*) nod; (*con la mano*) wave; (*allusione*) hint, mention; **far ~ di sì/no** to nod (one's head)/shake one's head
censi'mento [tʃensi'mento] *sm* census
cen'sura [tʃen'sura] *sf* censorship; censor's office; (*fig*) censure
cente'nario, -a [tʃente'narjo] *ag* hundred-year-old; (*che ricorre ogni cento anni*) centennial, centenary *cpd*

C

▸ *sm/f* centenarian ▸ *sm* centenary

cen'tesimo, -a [tʃen'tezimo] *ag, sm* hundredth; (*di euro, dollaro*) cent

cen'tigrado, -a [tʃen'tigrado] *ag* centigrade; **20 gradi centigradi** 20 degrees centigrade

cen'timetro [tʃen'timetro] *sm* centimetre

centi'naio [tʃenti'najo] (*pl(f)* **-aia**) *sm* **un ~ (di)** a hundred; about a hundred

'cento ['tʃɛnto] *num* a hundred, one hundred

cento'mila [tʃento'mila] *num a o* one hundred thousand; **te l'ho detto ~ volte** (*fig*) I've told you a thousand times

cen'trale [tʃen'trale] *ag* central ▸ *sf*; **centrale elettrica** electric power station; **centrale eolica** wind farm; **centrale telefonica** (telephone) exchange; **centrali'nista** *sm/f* operator; **centra'lino** *sm* (telephone) exchange; (*di albergo ecc*) switchboard; **centralizzato, -a** [tʃentralid'dzato] *ag* central

cen'trare [tʃen'trare] *vt* to hit the centre of; (*Tecn*) to centre

cen'trifuga [tʃen'trifuga] *sf* spin-drier

'centro ['tʃɛntro] *sm* centre; **centro civico** civic centre; **centro commerciale** shopping centre; (*città*) commercial centre

'ceppo ['tʃeppo] *sm* (*di albero*) stump; (*pezzo di legno*) log

'cera ['tʃera] *sf* wax; (*aspetto*) appearance

ce'ramica, -che [tʃe'ramika] *sf* ceramic; (*Arte*) ceramics *sg*

cerbi'atto [tʃer'bjatto] *sm* (*Zool*) fawn

cercaper'sone [tʃerkaper'sone] *sm inv* bleeper

cer'care [tʃer'kare] *vt* to look for, search for ▸ *vi* **~ di fare qc** to try to do sth; **stiamo cercando un albergo/ristorante** we're looking for a hotel/restaurant

cercherò *ecc* [tʃerke'rɔ] *vb vedi* **cercare**

'cerchia ['tʃerkja] *sf* circle

cerchietto [tʃer'kjetto] *sm* (*per capelli*) hairband

'cerchio ['tʃerkjo] *sm* circle; (*giocattolo, di botte*) hoop

cereali [tʃere'ali] *smpl* cereal *sg*

ceri'monia [tʃeri'mɔnja] *sf* ceremony

ce'rino [tʃe'rino] *sm* wax match

'cernia ['tʃɛrnja] *sf* (*Zool*) stone bass

cerni'era [tʃer'njɛra] *sf* hinge; **cerniera lampo** zip (fastener) (*BRIT*), zipper (*US*)

'cero ['tʃero] *sm* (church) candle

ce'rotto [tʃe'rɔtto] *sm* sticking plaster

certa'mente [tʃerta'mente] *av* certainly

certifi'cato *sm* certificate; **certificato medico** medical certificate; **certificato di nascita/di morte** birth/death certificate

'certo, -a ['tʃɛrto] *ag* (*sicuro*): **certo (di/che)** certain *o* sure (of/that)

▸ *det*

1 (*tale*) certain; **un certo signor Smith** a (certain) Mr Smith

2 (*qualche: con valore intensivo*) some; **dopo un certo tempo** after some time; **un fatto di una certa importanza** a matter of some importance; **di una certa età** past one's prime

▸ *pron* **certi, e** *pl* some

▸ *av* (*certamente*) certainly; (*senz'altro*) of course; **di certo** certainly; **no (di) certo!, certo che no!** certainly not!; **sì certo** yes indeed, certainly

cer'vello, -i [tʃer'vɛllo] (*Anat*) (*pl(f)* **-a**) *sm* brain; **cervello elettronico** computer

'cervo, -a ['tʃɛrvo] *sm/f* stag/doe ▸ *sm* deer; **cervo volante** stag beetle

ces'puglio [tʃes'puʎʎo] *sm* bush

ces'sare [tʃes'sare] *vi, vt* to stop, cease;

~ **di fare qc** to stop doing sth

ces'tino [tʃes'tino] *sm* basket; (*per la carta straccia*) wastepaper basket; **cestino da viaggio** (*Ferr*) packed lunch (*o* dinner)

'cesto ['tʃesto] *sm* basket

'ceto ['tʃɛto] *sm* (social) class

cetrio'lino [tʃetrio'lino] *sm* gherkin

cetri'olo [tʃetri'ɔlo] *sm* cucumber

Cfr. *abbr* (= *confronta*) cf.

CGIL *sigla f* (= *Confederazione Generale Italiana del Lavoro*) *trades union organization*

chat line [tʃæt'laen] *sf inv* chat room

chattare [tʃat'tare] *vi* (*Inform*) to chat online

che

[ke] *pron*

1 (*relativo: persona: soggetto*) who; (: *oggetto*) whom, that; (: *cosa, animale*) which, that; **il ragazzo che è venuto** the boy who came; **l'uomo che io vedo** the man (whom) I see; **il libro che è sul tavolo** the book which *o* that is on the table; **il libro che vedi** the book (which *o* that) you see; **la sera che ti ho visto** the evening I saw you

2 (*interrogativo, esclamativo*) what; **che (cosa) fai?** what are you doing?; **a che (cosa) pensi?** what are you thinking about?; **non sa che (cosa) fare** he doesn't know what to do; **ma che dici!** what are you saying!

3 (*indefinito*): **quell'uomo ha un che di losco** there's something suspicious about that man; **un certo non so che** an indefinable something

▸*det*

1 (*interrogativo: tra tanti*) what; (: *tra pochi*) which; **che tipo di film preferisci?** what sort of film do you prefer?; **che vestito ti vuoi mettere?** what (*o* which) dress do you want to put on?

2 (*esclamativo: seguito da aggettivo*) how; (: *seguito da sostantivo*) what; **che buono!** how delicious!; **che bel vestito!** what a lovely dress!

▸*cong*

1 (*con proposizioni subordinate*) that; **credo che verrà** I think he'll come; **voglio che tu studi** I want you to study; **so che tu c'eri** I know (that) you were there; **non che, non che sia sbagliato, ma ...** not that it's wrong, but ...

2 (*finale*) so that; **vieni qua, che ti veda** come here, so (that) I can see you

3 (*temporale*): **arrivai che eri già partito** you had already left when I arrived; **sono anni che non lo vedo** I haven't seen him for years

4 (*in frasi imperative, concessive*): **che venga pure!** let him come by all means!; **che tu sia benedetto!** may God bless you!

5 (*comparativo: con più, meno*) than; *vedi anche* **più**; **meno**; **così** *ecc*

chemiotera'pia [kemjotera'pia] *sf* chemotherapy

chero'sene [kero'zɛne] *sm* kerosene

chi

[ki] *pron*

1 (*interrogativo: soggetto*) who; (: *oggetto*) who, whom; **chi è?** who is it?; **di chi è questo libro?** whose book is this?, whose is this book?; **con chi parli?** who are you talking to?; **a chi pensi?** who are you thinking about?; **chi di voi?** which of you?; **non so a chi rivolgermi** I don't know who to ask

2 (*relativo*) whoever, anyone who; **dillo a chi vuoi** tell whoever you like

3 (*indefinito*): **chi ... chi ...** some ... others ...; **chi dice una cosa, chi dice un'altra** some say one thing, others say another

chiacchie'rare [kjakkje'rare] *vi* to chat; (*discorrere futilmente*) to chatter; (*far pettegolezzi*) to gossip;

chi'acchiere *sfpl* **fare due** *o* **quattro chiacchiere** to have a chat
chia'mare [kja'mare] *vt* to call; (*rivolgersi a qn*) to call (in), send for; **chiamarsi** *vpr* (*aver nome*) to be called; **come ti chiami?** what's your name?; **mi chiamo Paolo** my name is Paolo, I'm called Paolo; **~ alle armi** to call up; **~ in giudizio** to summon; **chia'mata** *sf* (*Tel*) call; (*Mil*) call-up
chia'rezza [kja'rettsa] *sf* clearness; clarity
chia'rire [kja'rire] *vt* to make clear; (*fig: spiegare*) to clear up, explain
chi'aro, -a ['kjaro] *ag* clear; (*luminoso*) clear, bright; (*colore*) pale, light
chi'asso ['kjasso] *sm* uproar, row
chi'ave ['kjave] *sf* key ▸ *ag inv* key *cpd*; **posso avere la mia ~?** can I have my key?; **chiave d'accensione** (*Aut*) ignition key; **chiave di volta** keystone; **chiave inglese** monkey wrench
chi'azza ['kjattsa] *sf* stain; splash
'chicco, -chi ['kikko] *sm* grain; (*di caffè*) bean; **chicco d'uva** grape
chi'edere ['kjɛdere] *vt* (*per sapere*) to ask; (*per avere*) to ask for ▸ *vi* **~ di qn** to ask after sb; (*al telefono*) to ask for *o* want sb; **~ qc a qn** to ask sb sth; to ask sb for sth; **chiedersi** *vpr* **chiedersi (se)** to wonder (whether)
chi'esa ['kjɛza] *sf* church
chi'esi *ecc* ['kjɛzi] *vb vedi* **chiedere**
'chiglia ['kiʎʎa] *sf* keel
'chilo ['kilo] *sm* kilo; **chilo'grammo** *sm* kilogram(me); **chi'lometro** *sm* kilometre
'chimica ['kimika] *sf* chemistry
'chimico, -a, -ci, -che ['kimiko] *ag* chemical ▸ *sm/f* chemist
chi'nare [ki'nare] *vt* to lower, bend; **chinarsi** *vpr* to stoop, bend
chi'occiola ['kjɔttʃola] *sf* snail; (*di indirizzo e-mail*) at sign, @; **scala a ~** spiral staircase
chi'odo ['kjɔdo] *sm* nail; (*fig*) obsession; **chiodo di garofano** (*Cuc*) clove
chi'osco, -schi ['kjɔsko] *sm* kiosk, stall
chi'ostro ['kjɔstro] *sm* cloister
chiro'mante [kiro'mante] *sm/f* palmist
chirur'gia [kirur'dʒia] *sf* surgery; **chirurgia estetica** cosmetic surgery; **chi'rurgo, -ghi** *o* **gi** *sm* surgeon
chissà [kis'sa] *av* who knows, I wonder
chi'tarra [ki'tarra] *sf* guitar
chitar'rista, -i, e [kitar'rista] *sm/f* guitarist, guitar player
chi'udere ['kjudere] *vt* to close, shut; (*luce, acqua*) to put off, turn off; (*definitivamente: fabbrica*) to close down, shut down; (*strada*) to close; (*recingere*) to enclose; (*porre termine a*) to end ▸ *vi* to close, shut; to close down, shut down; to end; **chiudersi** *vpr* to shut, close; (*ritirarsi: anche fig*) to shut o.s. away; (*ferita*) to close up; **a che ora chiudete?** what time do you close?
chi'unque [ki'unkwe] *pron* (*relativo*) whoever; (*indefinito*) anyone, anybody; **~ sia** whoever it is
'chiusi *ecc* ['kjusi] *vb vedi* **chiudere**
chi'uso, -a ['kjuso] *pp di* **chiudere** ▸ *sf* (*di corso d'acqua*) sluice, lock; (*recinto*) enclosure; (*di discorso ecc*) conclusion, ending; **chiu'sura** *sf* (*vedi* **chiudere**) closing; shutting; closing *o* shutting down; enclosing; putting *o* turning off; ending; (*dispositivo*) catch; fastener; **chiusura lampo®** zip (fastener) (BRIT), zipper (US)
C.I. *abbr* = **carta d'identità**
ci
[tʃi] (*dav lo, la, li, le, ne diventa* **ce**) *pron*
1 (*personale: complemento oggetto*) us;

(: *a noi: complemento di termine*) (to) us; (: *riflessivo*) ourselves; (: *reciproco*) each other, one another; (*impersonale*): **ci si veste** we get dressed; **ci ha visti** he's seen us; **non ci ha dato niente** he gave us nothing; **ci vestiamo** we get dressed; **ci amiamo** we love one another *o* each other
2 (*dimostrativo: di ciò, su ciò, in ciò ecc*) about (*o* on *o* of) it; **non so cosa farci** I don't know what to do about it; **che c'entro io?** what have I got to do with it?
▸*av* (*qui*) here; (*lì*) there; (*moto attraverso luogo*): **ci passa sopra un ponte** a bridge passes over it; **non ci passa più nessuno** nobody comes this way any more; **esserci** *vedi* **essere**

cia'batta [tʃa'batta] *sf* slipper; (*pane*) ciabatta

ciam'bella [tʃam'bɛlla] *sf* (*Cuc*) ring-shaped cake; (*salvagente*) rubber ring

ci'ao ['tʃao] *escl* (*all'arrivo*) hello!; (*alla partenza*) cheerio! (*BRIT*), bye!

cias'cuno, -a [tʃas'kuno] (*det: dav sm:* **ciascun** *+C, V,* **ciascuno** *+s impura, gn, pn, ps, x, z; dav sf:* **ciascuna** *+C,* **ciascun'** *+V*) *det* every, each; (*ogni*) every
▸ *pron* each (one); (*tutti*) everyone, everybody

ci'barie [tʃi'barje] *sfpl* foodstuffs

cibernauta, -i, -e [tʃiber'nauta] *sm/f* Internet surfer

ciberspazio [tʃiber'spattsjo] *sm* cyberspace

'cibo ['tʃibo] *sm* food

ci'cala [tʃi'kala] *sf* cicada

cica'trice [tʃika'tritʃe] *sf* scar

'cicca ['tʃikka] *sf* cigarette end

'ciccia ['tʃittʃa] (*fam*) *sf* fat

cicci'one, -a [tʃit'tʃone] *sm/f* (*fam*) fatty

cicla'mino [tʃikla'mino] *sm* cyclamen

ci'clismo [tʃi'klizmo] *sm* cycling;

ci'clista, -i, -e *sm/f* cyclist

'ciclo ['tʃiklo] *sm* cycle; (*di malattia*) course

ciclomo'tore [tʃiklomo'tore] *sm* moped

ci'clone [tʃi'klone] *sm* cyclone

ci'cogna [tʃi'koɲɲa] *sf* stork

ci'eco, -a, -chi, -che ['tʃɛko] *ag* blind
▸ *sm/f* blind man/woman

ci'elo ['tʃɛlo] *sm* sky; (*Rel*) heaven

'cifra ['tʃifra] *sf* (*numero*) figure; numeral; (*somma di denaro*) sum, figure; (*monogramma*) monogram, initials *pl*; (*codice*) code, cipher

'ciglio, -i ['tʃiʎʎo] (*delle palpebre*) (*pl(f)* **ciglia**) *sm* (*margine*) edge, verge; (eye)lash; (eye)lid; (*sopracciglio*) eyebrow

'cigno ['tʃiɲɲo] *sm* swan

cigo'lare [tʃigo'lare] *vi* to squeak, creak

'Cile ['tʃile] *sm* **il ~** Chile

ci'leno, -a [tʃi'lɛno] *ag, sm/f* Chilean

cili'egia, -gie *o* **ge** [tʃi'ljɛdʒa] *sf* cherry

ciliegina [tʃilje'dʒina] *sf* glacé cherry

cilin'drata [tʃilin'drata] *sf* (*Aut*) (cubic) capacity; **una macchina di grossa ~** a big-engined car

ci'lindro [tʃi'lindro] *sm* cylinder; (*cappello*) top hat

'cima ['tʃima] *sf* (*sommità*) top; (*di monte*) top, summit; (*estremità*) end; **in ~ a** at the top of; **da ~ a fondo** from top to bottom; (*fig*) from beginning to end

'cimice ['tʃimitʃe] *sf* (*Zool*) bug; (*puntina*) drawing pin (*BRIT*), thumbtack (*US*)

cimini'era [tʃimi'njɛra] *sf* chimney; (*di nave*) funnel

cimi'tero [tʃimi'tɛro] *sm* cemetery

'Cina ['tʃina] *sf* **la ~** China

cin'cin [tʃin'tʃin] *escl* cheers!

'cinema ['tʃinema] *sm inv* cinema

ci'nese [tʃi'nese] *ag, sm/f, sm* Chinese

'cinghia ['tʃingja] *sf* strap; (*cintura, Tecn*) belt
cinghi'ale [tʃin'gjale] *sm* wild boar
cinguet'tare [tʃingwet'tare] *vi* to twitter
'cinico, -a, -ci, -che ['tʃiniko] *ag* cynical ▸ *sm/f* cynic
cin'quanta [tʃin'kwanta] *num* fifty;
cinquan'tesimo, -a *num* fiftieth
cinquan'tina [tʃinkwan'tina] *sf* (*serie*): **una ~ (di)** about fifty; (*età*): **essere sulla ~** to be about fifty
'cinque ['tʃinkwe] *num* five; **avere ~ anni** to be five (years old); **il ~ dicembre 2008** the fifth of December 2008; **alle ~** (*ora*) at five (o'clock)
cinque'cento [tʃinkwe'tʃɛnto] *num* five hundred ▸ *sm* **il C~** the sixteenth century
cin'tura [tʃin'tura] *sf* belt; **cintura di salvataggio** lifebelt (*BRIT*), life preserver (*US*); **cintura di sicurezza** (*Aut, Aer*) safety *o* seat belt
cintu'rino [tʃintu'rino] *sm* strap; **~ dell'orologio** watch strap
ciò [tʃɔ] *pron* this; that; **~ che** what; **~ nonostante** *o* **nondimeno** nevertheless, in spite of that
ci'occa, -che ['tʃɔkka] *sf* (*di capelli*) lock
ciocco'lata [tʃokko'lata] *sf* chocolate; (*bevanda*) (hot) chocolate;
cioccola'tino *sm* chocolate
cioè [tʃo'ɛ] *av* that is (to say)
ci'otola ['tʃɔtola] *sf* bowl
ci'ottolo ['tʃɔttolo] *sm* pebble; (*di strada*) cobble(stone)
ci'polla [tʃi'polla] *sf* onion; (*di tulipano ecc*) bulb
cipol'lina [tʃipol'lina] *sf* **cipolline sottaceto** pickled onions
ci'presso [tʃi'prɛsso] *sm* cypress (tree)
'cipria ['tʃiprja] *sf* (face) powder
'Cipro ['tʃipro] *sm* Cyprus
'circa ['tʃirka] *av* about, roughly ▸ *prep* about, concerning; **a mezzogiorno ~** about midday
'circo, -chi ['tʃirko] *sm* circus
circo'lare [tʃirko'lare] *vi* to circulate; (*Aut*) to drive (along), move (along) ▸ *ag* circular ▸ *sf* (*Amm*) circular; (*di autobus*) circle (line); **circolazi'one** *sf* circulation; **la ~** (*Aut*) (the) traffic
'circolo ['tʃirkolo] *sm* circle
circon'dare [tʃirkon'dare] *vt* to surround; **circondarsi** *vpr* **circondarsi di** to surround o.s. with
circonvallazi'one [tʃirkonvallat'tsjone] *sf* ring road (*BRIT*), beltway (*US*); (*per evitare una città*) by-pass
circos'petto, -a [tʃirkos'pɛtto] *ag* circumspect, cautious
circos'tante [tʃirkos'tante] *ag* surrounding, neighbouring
circos'tanza [tʃirkos'tantsa] *sf* circumstance; (*occasione*) occasion
cir'cuito [tʃir'kuito] *sm* circuit
CISL *sigla f* (*= Confederazione Italiana Sindacati Lavoratori*) *trades union organization*
cis'terna [tʃis'tɛrna] *sf* tank, cistern
'cisti ['tʃisti] *sf* cyst
cis'tite [tʃis'tite] *sf* cystitis
ci'tare [tʃi'tare] *vt* (*Dir*) to summon; (*autore*) to quote; (*a esempio*) to cite
ci'tofono [tʃi'tɔfono] *sm* entry phone; (*in uffici*) intercom
città [tʃit'ta] *sf inv* town; (*importante*) city; **città universitaria** university campus
cittadi'nanza [tʃittadi'nantsa] *sf* citizens *pl*; (*Dir*) citizenship
citta'dino, -a [tʃitta'dino] *ag* town *cpd*; city *cpd* ▸ *sm/f* (*di uno Stato*) citizen; (*abitante di città*) townsman, city dweller
ci'uccio ['tʃuttʃo] *sm* (*fam*) comforter, dummy (*BRIT*), pacifier (*US*)
ci'uffo ['tʃuffo] *sm* tuft

ci'vetta [tʃi'vetta] *sf* (*Zool*) owl; (*fig*: *donna*) coquette, flirt ▸ *ag inv* **auto/ nave ~** decoy car/ship
'civico, -a, -ci, -che ['tʃivico] *ag* civic; (*museo*) municipal, town *cpd*; city *cpd*
ci'vile [tʃi'vile] *ag* civil; (*non militare*) civilian; (*nazione*) civilized ▸ *sm* civilian
civiltà [tʃivil'ta] *sf* civilization; (*cortesia*) civility
'clacson *sm inv* (*Aut*) horn
clandes'tino, -a *ag* clandestine; (*Pol*) underground, clandestine; (*immigrato*) illegal ▸ *sm/f* stowaway; (*anche*: **immigrato ~**) illegal immigrant
'classe *sf* class; **di ~** (*fig*) with class; of excellent quality; **classe operaia** working class; **classe turistica** (*Aer*) economy class
'classico, -a, -ci, -che *ag* classical; (*tradizionale*: *moda*) classic(al) ▸ *sm* classic; classical author
clas'sifica *sf* classification; (*Sport*) placings *pl*
classifi'care *vt* to classify; (*candidato, compito*) to grade; **classificarsi** *vpr* to be placed
'clausola *sf* (*Dir*) clause
clavi'cembalo [klavi'tʃembalo] *sm* harpsichord
cla'vicola *sf* (*Anat*) collar bone
clic'care *vi* (*Inform*): **~ su** to click on
cli'ente *sm/f* customer, client
'clima, -i *sm* climate; **climatizzatore** *sm* air conditioning system
'clinica, -che *sf* (*scienza*) clinical medicine; (*casa di cura*) clinic, nursing home; (*settore d'ospedale*) clinic
clo'nare *vt* to clone; **clonazione** [klona'tsjone] *sf* cloning
'cloro *sm* chlorine
club *sm inv* club
c.m. *abbr* = **corrente mese**
cm *abbr* (= *centimetro*) cm
coalizi'one [koalit'tsjone] *sf* coalition
'COBAS *sigla mpl* (= *Comitati di base*) *independent trades unions*
'coca *sf* (*bibita*) Coke®; (*droga*) cocaine
coca'ina *sf* cocaine
cocci'nella [kottʃi'nɛlla] *sf* ladybird (*BRIT*), ladybug (*US*)
cocci'uto, -a [kot'tʃuto] *ag* stubborn, pigheaded
'cocco, -chi *sm* (*pianta*) coconut palm; (*frutto*): **noce di ~** coconut ▸ *sm/f* (*fam*) darling
cocco'drillo *sm* crocodile
cocco'lare *vt* to cuddle, fondle
cocerò *ecc* [kotʃe'rɔ] *vb vedi* **cuocere**
co'comero *sm* watermelon
'coda *sf* tail; (*fila di persone, auto*) queue (*BRIT*), line (*US*); (*di abiti*) train; **con la ~ dell'occhio** out of the corner of one's eye; **mettersi in ~** to queue (up) (*BRIT*), line up (*US*); to join the queue (*BRIT*) *o* line (*US*); **coda di cavallo** (*acconciatura*) ponytail
co'dardo, -a *ag* cowardly ▸ *sm/f* coward
'codice ['koditʃe] *sm* code; **codice di avviamento postale** postcode (*BRIT*), zip code (*US*); **codice a barre** bar code; **codice civile** civil code; **codice fiscale** tax code; **codice penale** penal code; **codice segreto** (*di tessera magnetica*) PIN (number); **codice della strada** highway code
coe'rente *ag* coherent
coe'taneo, -a *ag, sm/f* contemporary
'cofano *sm* (*Aut*) bonnet (*BRIT*), hood (*US*); (*forziere*) chest
'cogliere ['kɔʎʎere] *vt* (*fiore*: *frutto*) to pick, gather; (*sorprendere*) to catch, surprise; (*bersaglio*) to hit; (*fig*: *momento opportuno ecc*) to grasp, seize, take; (: *capire*) to grasp; **~ qn in flagrante** *o* **in fallo** to catch sb red-handed

co'gnato, -a [koɲ'ɲato] *sm/f* brother-/sister-in-law
co'gnome [koɲ'ɲome] *sm* surname
coinci'denza [kointʃi'dɛntsa] *sf* coincidence; (*Ferr, Aer, di autobus*) connection
coin'cidere [koin'tʃidere] *vi* to coincide
coin'volgere [koin'vɔldʒere] *vt* ~ **in** to involve in
cola'pasta *sm inv* colander
co'lare *vt* (*liquido*) to strain; (*pasta*) to drain; (*oro fuso*) to pour ▸ *vi* (*sudore*) to drip; (*botte*) to leak; (*cera*) to melt; ~ **a picco** *vt, vi* (*nave*) to sink
colazi'one [kolat'tsjone] *sf* breakfast; **fare** ~ to have breakfast; **a che ora è servita la ~?** what time is breakfast?
co'lera *sm* (*Med*) cholera
'colgo *ecc vb vedi* **cogliere**
'colica *sf* (*Med*) colic
co'lino *sm* strainer
'colla *sf* glue; (*di farina*) paste
collabo'rare *vi* to collaborate; ~ **a** to collaborate on; (*giornale*) to contribute to; **collabora'tore, -'trice** *sm/f* collaborator; contributor; **collaboratore esterno** freelance; **collaboratrice familiare** home help
col'lana *sf* necklace; (*collezione*) collection, series
col'lant [kɔ'lɑ̃] *sm inv* tights *pl*
col'lare *sm* collar
col'lasso *sm* (*Med*) collapse
collau'dare *vt* to test, try out
col'lega, -ghi, -ghe *sm/f* colleague
collega'mento *sm* connection; (*Mil*) liaison
colle'gare *vt* to connect, join, link; **collegarsi** *vpr* (*Radio, TV*) to link up; **collegarsi con** (*Tel*) to get through to
col'legio [kol'lɛdʒo] *sm* college; (*convitto*) boarding school; **collegio elettorale** (*Pol*) constituency
'collera *sf* anger
col'lerico, -a, -ci, -che *ag* quick-tempered, irascible
col'letta *sf* collection
col'letto *sm* collar
collezio'nare [kollettsjo'nare] *vt* to collect
collezi'one [kollet'tsjone] *sf* collection
col'lina *sf* hill
col'lirio *sm* eyewash
'collo *sm* neck; (*di abito*) neck, collar; (*pacco*) parcel; **collo del piede** instep
colloca'mento *sm* (*impiego*) employment; (*disposizione*) placing, arrangement
collo'care *vt* (*libri, mobili*) to place; (*Comm: merce*) to find a market for
collocazi'one [kollokat'tsjone] *sf* placing; (*di libro*) classification
col'loquio *sm* conversation, talk; (*ufficiale, per un lavoro*) interview; (*Ins*) preliminary oral exam
col'mare *vt* ~ **di** (*anche fig*) to fill with; (*dare in abbondanza*) to load *o* overwhelm with
co'lombo, -a *sm/f* dove; pigeon
co'lonia *sf* colony; (*per bambini*) holiday camp; **(acqua di)** ~ (eau de) cologne
co'lonna *sf* column; **colonna sonora** (*Cinema*) sound track; **colonna vertebrale** spine, spinal column
colon'nello *sm* colonel
colo'rante *sm* colouring
colo'rare *vt* to colour; (*disegno*) to colour in
co'lore *sm* colour; **a colori** in colour, colour *cpd*; **farne di tutti i colori** to get up to all sorts of mischief; **vorrei un ~ diverso** I'd like a different colour
colo'rito, -a *ag* coloured; (*viso*) rosy, pink; (*linguaggio*) colourful ▸ *sm* (*tinta*) colour; (*carnagione*) complexion

'colpa *sf* fault; (*biasimo*) blame; (*colpevolezza*) guilt; (*azione colpevole*) offence; (*peccato*) sin; **di chi è la ~?** whose fault is it?; **è ~ sua** it's his fault; **per ~ di** through, owing to; **col'pevole** *ag* guilty

col'pire *vt* to hit, strike; (*fig*) to strike; **rimanere colpito da qc** to be amazed *o* struck by sth

'colpo *sm* (*urto*) knock; (*: affettivo*) blow, shock; (*: aggressivo*) blow; (*di pistola*) shot; (*Med*) stroke; (*rapina*) raid; **di ~** suddenly; **fare ~** to make a strong impression; **colpo d'aria** chill; **colpo in banca** bank job *o* raid; **colpo basso** (*Pugilato*, *fig*) punch below the belt; **colpo di fulmine** love at first sight; **colpo di grazia** coup de grâce; **colpo di scena** (*Teatro*) coup de théâtre; (*fig*) dramatic turn of events; **colpo di sole** sunstroke; **colpo di Stato** coup d'état; **colpo di telefono** phone call; **colpo di testa** (sudden) impulse *o* whim; **colpo di vento** gust (of wind); **colpi di sole** (*nei capelli*) highlights

'colsi *ecc vb vedi* **cogliere**

coltel'lata *sf* stab

col'tello *sm* knife; **coltello a serramanico** clasp knife

colti'vare *vt* to cultivate; (*verdura*) to grow, cultivate

'colto, -a *pp di* **cogliere** ▸ *ag* (*istruito*) cultured, educated

'coma *sm inv* coma

comanda'mento *sm* (*Rel*) commandment

coman'dante *sm* (*Mil*) commander, commandant; (*di reggimento*) commanding officer; (*Naut*, *Aer*) captain

coman'dare *vi* to be in command ▸ *vt* to command; (*imporre*) to order, command; **~ a qn di fare** to order sb to do

combaci'are [komba'tʃare] *vi* to meet; (*fig: coincidere*) to coincide

com'battere *vt*, *vi* to fight

combi'nare *vt* to combine; (*organizzare*) to arrange; (*fam: fare*) to make, cause; **combinazi'one** *sf* combination; (*caso fortuito*) coincidence; **per combinazione** by chance

combus'tibile *ag* combustible ▸ *sm* fuel

'come *av*

1 (*alla maniera di*) like; **ti comporti come lui** you behave like him *o* like he does; **bianco come la neve** (as) white as snow; **come se** as if, as though

2 (*in qualità di*) as a; **lavora come autista** he works as a driver

3 (*interrogativo*) how; **come ti chiami?** what's your name?; **come sta?** how are you?; **com'è il tuo amico?** what is your friend like?; **come?** (*prego?*) pardon?, sorry?; **come mai?** how come?; **come mai non ci hai avvertiti?** why on earth didn't you warn us?

4 (*esclamativo*): **come sei bravo!** how clever you are!; **come mi dispiace!** I'm terribly sorry!

▸ *cong*

1 (*in che modo*) how; **mi ha spiegato come l'ha conosciuto** he told me how he met him

2 (*correlativo*) as; (*con comparativi di maggioranza*) than; **non è bravo come pensavo** he isn't as clever as I thought; **è meglio di come pensassi** it's better than I thought

3 (*appena che, quando*) as soon as; **come arrivò, iniziò a lavorare** as soon as he arrived, he set to work; *vedi* **così**; **tanto**

'comico, -a, -ci, -che *ag* (*Teatro*) comic; (*buffo*) comical ▸ *sm* (*attore*) comedian, comic actor

cominci'are [komin'tʃare] *vt, vi* to begin, start; **~ a fare/col fare** to begin to do/by doing; **a che ora comincia il film?** when does the film start?
comi'tato *sm* committee
comi'tiva *sf* party, group
co'mizio [ko'mittsjo] *sm* (*Pol*) meeting, assembly
com'media *sf* comedy; (*opera teatrale*) play; (*: che fa ridere*) comedy; (*fig*) playacting *no pl*
commemo'rare *vt* to commemorate
commen'tare *vt* to comment on; (*testo*) to annotate; (*Radio, TV*) to give a commentary on
commerci'ale [kommer'tʃale] *ag* commercial, trading; (*peg*) commercial
commercia'lista, -i, e [kommertʃa'lista] *sm/f* (*laureato*) graduate in economics and commerce; (*consulente*) business consultant
commerci'ante [kommer'tʃante] *sm/f* trader, dealer; (*negoziante*) shopkeeper
commerci'are [kommer'tʃare] *vt, vi* **~ in** to deal *o* trade in
com'mercio [kom'mɛrtʃo] *sm* trade, commerce; **essere in ~** (*prodotto*) to be on the market *o* on sale; **essere nel ~** (*persona*) to be in business; **commercio al dettaglio/ all'ingrosso** retail/wholesale trade; **commercio elettronico** e-commerce
com'messo, -a *pp di* **commettere** ▶ *sm/f* shop assistant (*BRIT*), sales clerk (*US*) ▶ *sm* (*impiegato*) clerk; **commesso viaggiatore** commercial traveller
commes'tibile *ag* edible
com'mettere *vt* to commit
com'misi *ecc vb vedi* **commettere**
commissari'ato *sm* (*Amm*) commissionership; (*: sede*) commissioner's office; **commissariato di polizia** police station
commis'sario *sm* commissioner; (*di pubblica sicurezza*) ≈ (police) superintendent (*BRIT*), ≈ (police) captain (*US*); (*Sport*) steward; (*membro di commissione*) member of a committee *o* board
commissi'one *sf* (*incarico*) errand; (*comitato, percentuale*) commission; (*Comm: ordinazione*) order; **commissioni** *sfpl* (*acquisti*) shopping *sg*; **commissioni bancarie** bank charges; **commissione d'esame** examining board
com'mosso, -a *pp di* **commuovere**
commo'vente *ag* moving
commozi'one [kommot'tsjone] *sf* emotion, deep feeling; **commozione cerebrale** (*Med*) concussion
commu'overe *vt* to move, affect; **commuoversi** *vpr* to be moved
como'dino *sm* bedside table
comodità *sf inv* comfort; convenience
'comodo, -a *ag* comfortable; (*facile*) easy; (*conveniente*) convenient; (*utile*) useful, handy ▶ *sm* comfort; convenience; **con ~** at one's convenience *o* leisure; **fare il proprio ~** to do as one pleases; **far ~** to be useful *o* handy
compa'gnia [kompaɲ'ɲia] *sf* company; (*gruppo*) gathering
com'pagno, -a [kom'paɲɲo] *sm/f* (*di classe, gioco*) companion; (*Pol*) comrade
com'paio *ecc vb vedi* **comparire**
compa'rare *vt* to compare
compara'tivo, -a *ag, sm* comparative
compa'rire *vi* to appear
com'parvi *ecc vb vedi* **comparire**

compassi'one *sf* compassion, pity; **avere ~ di qn** to feel sorry for sb, to pity sb
com'passo *sm* (pair of) compasses *pl*; callipers *pl*
compa'tibile *ag* (*scusabile*) excusable; (*conciliabile, Inform*) compatible
compa'tire *vt* (*aver compassione di*) to sympathize with, feel sorry for; (*scusare*) to make allowances for
com'patto, -a *ag* compact; (*roccia*) solid; (*folla*) dense; (*fig: gruppo, partito*) united
compen'sare *vt* (*equilibrare*) to compensate for, make up for; **~ qn di** (*rimunerare*) to pay *o* remunerate sb for; (*risarcire*) to pay compensation to sb for; (*fig: fatiche, dolori*) to reward sb for; **com'penso** *sm* compensation payment, remuneration; reward; **in compenso** (*d'altra parte*) on the other hand
compe'rare *vt* = **comprare**
'compere *sfpl* **fare ~** to do the shopping
compe'tente *ag* competent; (*mancia*) apt, suitable
com'petere *vi* to compete, vie; (*Dir: spettare*): **~ a** to lie within the competence of; **competizi'one** *sf* competition
compi'angere [kom'pjandʒere] *vt* to sympathize with, feel sorry for
'compiere *vt* (*concludere*) to finish, complete; (*adempiere*) to carry out, fulfil; **compiersi** *vpr* (*avverarsi*) to be fulfilled, come true; **~ gli anni** to have one's birthday
compi'lare *vt* (*modulo*) to fill in; (*dizionario, elenco*) to compile
'compito *sm* (*incarico*) task, duty; (*dovere*) duty; (*Ins*) exercise; (*: a casa*) piece of homework; **fare i compiti** to do one's homework
comple'anno *sm* birthday
complessità *sf* complexity
comples'sivo, -a *ag* (*globale*) comprehensive, overall; (*totale: cifra*) total
com'plesso, -a *ag* complex ▸ *sm* (*Psic, Edil*) complex; (*Mus: corale*) ensemble; (*: orchestrina*) band; (*: di musica pop*) group; **in** *o* **nel ~** on the whole; **complesso alberghiero** hotel complex; **complesso edilizio** building complex; **complesso vitaminico** vitamin complex
completa'mente *av* completely
comple'tare *vt* to complete
com'pleto, -a *ag* complete; (*teatro, autobus*) full ▸ *sm* suit; **al ~** full; (*tutti presenti*) all present; **completo da sci** ski suit
compli'care *vt* to complicate; **complicarsi** *vpr* to become complicated
'complice ['kɔmplitʃe] *sm/f* accomplice
complicità [komplitʃi'ta] *sf inv* complicity; **un sorriso/uno sguardo di ~** a knowing smile/look
complimen'tarsi *vpr* **~ con** to congratulate
compli'mento *sm* compliment; **complimenti** *smpl* (*cortesia eccessiva*) ceremony *sg*; (*ossequi*) regards, compliments; **complimenti!** congratulations!; **senza complimenti!** don't stand on ceremony!; make yourself at home!; help yourself!
complot'tare *vi* to plot, conspire
com'plotto *sm* plot, conspiracy
com'pone *ecc vb vedi* **comporre**
compo'nente *sm/f* member ▸ *sm* component
com'pongo *ecc vb vedi* **comporre**
componi'mento *sm* (*Dir*) settlement; (*Ins*) composition; (*poetico, teatrale*) work

com'porre *vt* (*musica, testo*) to compose; (*mettere in ordine*) to arrange; (*Dir: lite*) to settle; (*Tip*) to set; (*Tel*) to dial; **comporsi** *vpr* **comporsi di** to consist of, be composed of
comporta'mento *sm* behaviour
compor'tare *vt* (*implicare*) to involve; **comportarsi** *vpr* to behave
com'posi *ecc vb vedi* **comporre**
composi'tore, -'trice *sm/f* composer; (*Tip*) compositor, typesetter
com'posto, -a *pp di* **comporre** ▸ *ag* (*persona*) composed, self-possessed; (*: decoroso*) dignified; (*formato da più elementi*) compound *cpd* ▸ *sm* compound
com'prare *vt* to buy; **dove posso ~ delle cartoline?** where can I buy some postcards?
com'prendere *vt* (*contenere*) to comprise, consist of; (*capire*) to understand
compren'sibile *ag* understandable
comprensi'one *sf* understanding
compren'sivo, -a *ag* (*prezzo*): **~ di** inclusive of; (*indulgente*) understanding

> Attenzione! In inglese esiste la parola *comprehensive*, che però in genere significa *completo*.

com'preso, -a *pp di* **comprendere** ▸ *ag* (*incluso*) included; **il servizio è ~?** is service included?
com'pressa *sf* (*Med: garza*) compress; (*: pastiglia*) tablet; *vedi anche* **compresso**
com'primere *vt* (*premere*) to press; (*Fisica*) to compress; (*fig*) to repress
compro'messo, -a *pp di* **compromettere** ▸ *sm* compromise
compro'mettere *vt* to compromise; **compromettersi** *vpr* to compromise o.s.
com'puter *sm inv* computer
comu'nale *ag* municipal, town *cpd*, ≈ borough *cpd*
co'mune *ag* common; (*consueto*) common, everyday; (*di livello medio*) average; (*ordinario*) ordinary ▸ *sm* (*Amm*) town council; (*: sede*) town hall ▸ *sf* (*di persone*) commune; **fuori del ~** out of the ordinary; **avere in ~** to have in common, share; **mettere in ~** to share
comuni'care *vt* (*notizia*) to pass on, convey; (*malattia*) to pass on; (*ansia ecc*) to communicate; (*trasmettere: calore ecc*) to transmit, communicate; (*Rel*) to administer communion to ▸ *vi* to communicate
comuni'cato *sm* communiqué; **comunicato stampa** press release
comunicazi'one [komunikat'tsjone] *sf* communication; (*annuncio*) announcement; (*Tel*): **dare la ~ a qn** to put sb through; **ottenere la ~** to get through; **comunicazione (telefonica)** (telephone) call
comuni'one *sf* communion; **comunione di beni** (*Dir*) joint ownership of property
comu'nismo *sm* communism
comunità *sf inv* community; **Comunità Europea** European Community
co'munque *cong* however, no matter how ▸ *av* (*in ogni modo*) in any case; (*tuttavia*) however, nevertheless
con *prep* with; **partire col treno** to leave by train; **~ mio grande stupore** to my great astonishment; **~ tutto ciò** for all that
con'cedere [kon'tʃɛdere] *vt* (*accordare*) to grant; (*ammettere*) to admit, concede; **concedersi qc** to treat o.s. to sth, to allow o.s. sth
concentrarsi *vpr* to concentrate
concentrazi'one *sf* concentration
conce'pire [kontʃe'pire] *vt* (*bambino*)

to conceive; (*progetto, idea*) to conceive (of); (*metodo, piano*) to devise
con'certo [kon'tʃɛrto] *sm* (*Mus*) concert; (: *componimento*) concerto
con'cessi *ecc* [kon'tʃɛssi] *vb vedi* **concedere**
con'cetto [kon'tʃɛtto] *sm* (*pensiero, idea*) concept; (*opinione*) opinion
concezi'one [kontʃet'tsjone] *sf* conception
con'chiglia [kon'kiʎʎa] *sf* shell
conci'are [kon'tʃare] *vt* (*pelli*) to tan; (*tabacco*) to cure; (*fig: ridurre in cattivo stato*) to beat up; **conciarsi** *vpr* (*sporcarsi*) to get in a mess; (*vestirsi male*) to dress badly
concili'are [kontʃi'ljare] *vt* to reconcile; (*contravvenzione*) to pay on the spot; (*sonno*) to be conducive to, induce; **conciliarsi qc** to gain *o* win sth (for o.s.); **conciliarsi qn** to win sb over; **conciliarsi con** to be reconciled with
con'cime [kon'tʃime] *sm* manure; (*chimico*) fertilizer
con'ciso, -a [kon'tʃizo] *ag* concise, succinct
concitta'dino, -a [kontʃitta'dino] *sm/f* fellow citizen
con'cludere *vt* to conclude; (*portare a compimento*) to conclude, finish, bring to an end; (*operare positivamente*) to achieve ▸ *vi* (*essere convincente*) to be conclusive; **concludersi** *vpr* to come to an end, close
concor'dare *vt* (*tregua, prezzo*) to agree on; (*Ling*) to make agree ▸ *vi* to agree
con'corde *ag* (*d'accordo*) in agreement; (*simultaneo*) simultaneous
concor'rente *sm/f* competitor; (*Ins*) candidate; **concor'renza** *sf* competition
concorrenzi'ale [konkorren'tsjale] *ag* competitive
con'correre *vi* ~ **(in)** (*Mat*) to converge *o* meet (in); ~ **(a)** (*competere*) to compete (for); (: *Ins: a una cattedra*) to apply (for); (*partecipare: a un'impresa*) to take part (in), contribute (to); **con'corso, -a** *pp di* **concorrere** ▸ *sm* competition; (*Ins*) competitive examination; **concorso di colpa** (*Dir*) contributory negligence
con'creto, -a *ag* concrete
con'danna *sf* sentence; conviction; condemnation
condan'nare *vt* (*Dir*): ~ **a** to sentence to; ~ **per** to convict of; (*disapprovare*) to condemn
conden'sare *vt* to condense
condi'mento *sm* seasoning; dressing
con'dire *vt* to season; (*insalata*) to dress
condi'videre *vt* to share
condizio'nale [kondittsjo'nale] *ag* conditional ▸ *sm* (*Ling*) conditional ▸ *sf* (*Dir*) suspended sentence
condizio'nare [kondittsjo'nare] *vt* to condition; **ad aria condizionata** air-conditioned; **condiziona'tore** *sm* air conditioner
condizi'one [kondit'tsjone] *sf* condition
condogli'anze [kondoʎ'ʎantse] *sfpl* condolences
condo'minio *sm* joint ownership; (*edificio*) jointly-owned building
con'dotta *sf* (*modo di comportarsi*) conduct, behaviour; (*di un affare ecc*) handling; (*di acqua*) piping; (*incarico sanitario*) *country medical practice controlled by a local authority*
condu'cente [kondu'tʃɛnte] *sm* driver
con'duco *ecc vb vedi* **condurre**
con'durre *vt* to conduct; (*azienda*) to manage; (*accompagnare: bambino*) to take; (*automobile*) to drive; (*trasportare: acqua, gas*) to convey, conduct; (*fig*) to lead ▸ *vi* to lead

con'dussi *ecc vb vedi* **condurre**
confe'renza [konfe'rɛntsa] *sf* (*discorso*) lecture; (*riunione*) conference; **conferenza stampa** press conference
con'ferma *sf* confirmation
confer'mare *vt* to confirm
confes'sare *vt* to confess; **confessarsi** *vpr* to confess; **andare a confessarsi** (*Rel*) to go to confession
con'fetto *sm* sugared almond; (*Med*) pill

> Attenzione! In inglese esiste la parola *confetti*, che però significa *coriandoli*.

confet'tura *sf* (*gen*) jam; (*di arance*) marmalade
confezio'nare [konfettsjo'nare] *vt* (*vestito*) to make (up); (*merci, pacchi*) to package
confezi'one [konfet'tsjone] *sf* (*di abiti: da uomo*) tailoring; (*: da donna*) dressmaking; (*imballaggio*) packaging; **confezioni per signora** ladies' wear; **confezioni da uomo** menswear; **confezione regalo** gift pack
confic'care *vt* ~ **qc in** to hammer *o* drive sth into; **conficcarsi** *vpr* to stick
confi'dare *vi* ~ **in** to confide in, rely on ▸ *vt* to confide; **confidarsi con qn** to confide in sb
configu'rare *vt* (*Inform*) to set
configurazi'one [konfigurat'tsjone] *sf* configuration; (*Inform*) setting
confi'nare *vi* ~ **con** to border on ▸ *vt* (*Pol*) to intern; (*fig*) to confine
Confin'dustria *sigla f* (= *Confederazione Generale dell'Industria Italiana*) *employers' association*, ≈ CBI (BRIT)
con'fine *sm* boundary; (*di paese*) border, frontier
confis'care *vt* to confiscate
con'flitto *sm* conflict
conflu'enza [konflu'ɛntsa] *sf* (*di fiumi*) confluence; (*di strade*) junction
con'fondere *vt* to mix up, confuse; (*imbarazzare*) to embarrass; **confondersi** *vpr* (*mescolarsi*) to mingle; (*turbarsi*) to be confused; (*sbagliare*) to get mixed up
confor'tare *vt* to comfort, console
confron'tare *vt* to compare
con'fronto *sm* comparison; **in** *o* **a ~ di** in comparison with, compared to; **nei miei (*o* tuoi *ecc*) confronti** towards me (*o* you *ecc*)
con'fusi *ecc vb vedi* **confondere**
confusi'one *sf* confusion; (*chiasso*) racket, noise; (*imbarazzo*) embarrassment
con'fuso, -a *pp di* **confondere** ▸ *ag* (*vedi confondere*) confused; embarrassed
conge'dare [kondʒe'dare] *vt* to dismiss; (*Mil*) to demobilize; **congedarsi** *vpr* to take one's leave
con'gegno *sm* device, mechanism
conge'lare [kondʒe'lare] *vt* to freeze; **congelarsi** *vpr* to freeze;
congela'tore *sm* freezer
congesti'one [kondʒes'tjone] *sf* congestion
conget'tura [kondʒet'tura] *sf* conjecture
con'giungere [kon'dʒundʒere] *vt* to join (together); **congiungersi** *vpr* to join (together)
congiunti'vite [kondʒunti'vite] *sf* conjunctivitis
congiun'tivo [kondʒun'tivo] *sm* (*Ling*) subjunctive
congi'unto, -a [kon'dʒunto] *pp di* **congiungere** ▸ *ag* (*unito*) joined ▸ *sm/f* relative
congiunzi'one [kondʒun'tsjone] *sf* (*Ling*) conjunction
congi'ura [kon'dʒura] *sf* conspiracy
congratu'larsi *vpr* ~ **con qn per qc** to congratulate sb on sth

congratulazi'oni [kongratulat'tsjoni] *sfpl* congratulations
con'gresso *sm* congress
C.O.N.I. *sigla m* (= *Comitato Olimpico Nazionale Italiano*) Italian Olympic Games Committee
coni'are *vt* to mint, coin; (*fig*) to coin
co'niglio [ko'niʎʎo] *sm* rabbit
coniu'gare *vt* (*Ling*) to conjugate; **coniugarsi** *vpr* to get married
'coniuge ['kɔnjudʒe] *sm/f* spouse
connazio'nale [konnattsjo'nale] *sm/f* fellow-countryman/woman
connessi'one *sf* connection
con'nettere *vt* to connect, join ▸ *vi* (*fig*) to think straight
'cono *sm* cone; **cono gelato** ice-cream cone
co'nobbi *ecc vb vedi* **conoscere**
cono'scente [konoʃ'ʃɛnte] *sm/f* acquaintance
cono'scenza [konoʃ'ʃɛntsa] *sf* (*il sapere*) knowledge *no pl*; (*persona*) acquaintance; (*facoltà sensoriale*) consciousness *no pl*; **perdere ~** to lose consciousness
co'noscere [ko'noʃʃere] *vt* to know; **ci siamo conosciuti a Firenze** we (first) met in Florence; **conoscersi** *vpr* to know o.s.; (*reciproco*) to know each other; (*incontrarsi*) to meet; **~ qn di vista** to know sb by sight; **farsi ~** (*fig*) to make a name for o.s.; **conosci'uto, -a** *pp di* **conoscere** ▸ *ag* well-known
con'quista *sf* conquest
conquis'tare *vt* to conquer; (*fig*) to gain, win
consa'pevole *ag* **~ di** aware *o* conscious of
'conscio, -a, -sci, -sce ['kɔnʃo] *ag* **~ di** aware *o* conscious of
consecu'tivo, -a *ag* consecutive; (*successivo: giorno*) following, next
con'segna [kon'seɲɲa] *sf* delivery; (*merce consegnata*) consignment; (*custodia*) care, custody; (*Mil: ordine*) orders *pl*; (*: punizione*) confinement to barracks; **pagamento alla ~** cash on delivery; **dare qc in ~ a qn** to entrust sth to sb
conse'gnare [konseɲ'ɲare] *vt* to deliver; (*affidare*) to entrust, hand over; (*Mil*) to confine to barracks
consegu'enza [konse'gwɛntsa] *sf* consequence; **per** *o* **di ~** consequently
con'senso *sm* approval, consent; **consenso informato** informed consent
consen'tire *vi* **~ a** to consent *o* agree to ▸ *vt* to allow, permit
con'serva *sf* (*Cuc*) preserve; **conserva di frutta** jam; **conserva di pomodoro** tomato purée
conser'vante *sm* (*per alimenti*) preservative
conser'vare *vt* (*Cuc*) to preserve; (*custodire*) to keep; (*: dalla distruzione ecc*) to preserve, conserve
conserva'tore, -'trice *sm/f* (*Pol*) conservative
conserva'torio *sm* (*di musica*) conservatory
conservazi'one [konservat'tsjone] *sf* preservation; conservation
conside'rare *vt* to consider; (*reputare*) to consider, regard; **considerarsi** *vpr* to consider o.s.
consigli'are [konsiʎ'ʎare] *vt* (*persona*) to advise; (*metodo, azione*) to recommend, advise, suggest; **mi può ~ un buon ristorante?** can you recommend a good restaurant?;
con'siglio *sm* (*suggerimento*) advice *no pl*, piece of advice; (*assemblea*) council; **consiglio d'amministrazione** board; **Consiglio d'Europa** Council of Europe; **Consiglio dei Ministri** (*Pol*): **il Consiglio dei Ministri** ≈ the Cabinet

consis'tente *ag* thick; solid; (*fig*) sound, valid
con'sistere *vi* **~ in** to consist of
conso'lare *ag* consular ▸ *vt* (*confortare*) to console, comfort; (*rallegrare*) to cheer up; **consolarsi** *vpr* to be comforted; to cheer up
conso'lato *sm* consulate
consolazi'one [konsolat'tsjone] *sf* consolation, comfort
'console *sm* consul
conso'nante *sf* consonant
'consono, -a *ag* **~ a** consistent with, consonant with
con'sorte *sm/f* consort
consta'tare *vt* to establish, verify
consu'eto, -a *ag* habitual, usual
consu'lente *sm/f* consultant
consul'tare *vt* to consult; **consultarsi** *vpr* **consultarsi con qn** to seek the advice of sb
consul'torio *sm* **~ familiare** family planning clinic
consu'mare *vt* (*logorare: abiti, scarpe*) to wear out; (*usare*) to consume, use up; (*mangiare, bere*) to consume; (*Dir*) to consummate; **consumarsi** *vpr* to wear out; to be used up; (*anche fig*) to be consumed; (*combustibile*) to burn out
con'tabile *ag* accounts *cpd*, accounting ▸ *sm/f* accountant
contachi'lometri [kontaki'lɔmetri] *sm inv* ≈ mileometer
conta'dino, -a *sm/f* countryman/ woman, farm worker; (*peg*) peasant
contagi'are [konta'dʒare] *vt* to infect
contagi'oso, -a *ag* infectious; contagious
conta'gocce [konta'gottʃe] *sm inv* (*Med*) dropper
contami'nare *vt* to contaminate
con'tante *sm* cash; **pagare in contanti** to pay cash; **non ho contanti** I haven't got any cash
con'tare *vt* to count; (*considerare*) to consider ▸ *vi* to count, be of importance; **~ su qn** to count *o* rely on sb; **~ di fare qc** to intend to do sth;
conta'tore *sm* meter
contat'tare *vt* to contact
con'tatto *sm* contact
'conte *sm* count
conteggi'are [konted'dʒare] *vt* to charge, put on the bill
con'tegno [kon'teɲɲo] *sm* (*comportamento*) behaviour; (*atteggiamento*) attitude; **darsi un ~** to act nonchalant; to pull o.s. together
contemporanea'mente *av* simultaneously; at the same time
contempo'raneo, -a *ag, sm/f* contemporary
conten'dente *sm/f* opponent, adversary
conte'nere *vt* to contain;
conteni'tore *sm* container
conten'tezza [konten'tettsa] *sf* contentment
con'tento, -a *ag* pleased, glad; **~ di** pleased with
conte'nuto *sm* contents *pl*; (*argomento*) content
con'tessa *sf* countess
contes'tare *vt* (*Dir*) to notify; (*fig*) to dispute
con'testo *sm* context
continen'tale *ag, sm/f* continental
conti'nente *ag* continent ▸ *sm* (*Geo*) continent; (*: terra ferma*) mainland
contin'gente [kontin'dʒɛnte] *ag* contingent ▸ *sm* (*Comm*) quota; (*Mil*) contingent
continua'mente *av* (*senza interruzione*) continuously, nonstop; (*ripetutamente*) continually
continu'are *vt* to continue (with), go on with ▸ *vi* to continue, go on; **~ a fare qc** to go on *o* continue doing sth
continuità *sf* continuity

con'tinuo, -a *ag* (*numerazione*) continuous; (*pioggia*) continual, constant; (*Elettr*) **corrente continua** direct current; **di ~** continually

'conto *sm* (*calcolo*) calculation; (*Comm, Econ*) account; (*di ristorante, albergo*) bill; (*fig: stima*) consideration, esteem; **il ~, per favore** can I have the bill, please?; **lo metta sul mio ~** put it on my bill; **fare i conti con qn** to settle one's account with sb; **fare ~ su qn/qc** to count *o* rely on sb; **rendere ~ a qn di qc** to be accountable to sb for sth; **tener ~ di qn/qc** to take sb/sth into account; **per ~ di** on behalf of; **per ~ mio** as far as I'm concerned; **a conti fatti, in fin dei conti** all things considered; **conto corrente** current account; **conto alla rovescia** countdown

con'torno *sm* (*linea*) outline, contour; (*ornamento*) border; (*Cuc*) vegetables *pl*

con'torto, -a *pp di* **contorcere**

contrabbandi'ere, -a *sm/f* smuggler

contrab'bando *sm* smuggling, contraband; **merce di ~** contraband, smuggled goods *pl*

contrab'basso *sm* (*Mus*) (double) bass

contraccambi'are *vt* (*favore ecc*) to return

contraccet'tivo, -a [kontrattʃet'tivo] *ag, sm* contraceptive

contrac'colpo *sm* rebound; (*di arma da fuoco*) recoil; (*fig*) repercussion

contrad'dire *vt* to contradict; **contraddirsi** *vpr* to contradict o.s.; (*uso reciproco: persone*) to contradict each other *o* one another; (*: testimonianze ecc*) to be contradictory

contraf'fare *vt* (*persona*) to mimic; (*alterare: voce*) to disguise; (*firma*) to forge, counterfeit

contraria'mente *av* **~ a** contrary to

contrari'are *vt* (*contrastare*) to thwart, oppose; (*irritare*) to annoy, bother

con'trario, -a *ag* opposite; (*sfavorevole*) unfavourable ▸ *sm* opposite; **essere ~ a qc** (*persona*) to be against sth; **in caso ~** otherwise; **avere qc in ~** to have some objection; **al ~** on the contrary

contrasse'gnare [kontrassen'ɲare] *vt* to mark

contras'tare *vt* (*avversare*) to oppose, (*impedire*) to bar; (*negare: diritto*) to contest, dispute ▸ *vi* **~ (con)** (*essere in disaccordo*) to contrast (with); (*lottare*) to struggle (with)

contrat'tacco *sm* counterattack

contrat'tare *vt, vi* to negotiate

contrat'tempo *sm* hitch

con'tratto, -a *pp di* **contrarre** ▸ *sm* contract

contravvenzi'one [contravven'tsjone] *sf* contravention; (*ammenda*) fine

contrazi'one [kontrat'tsjone] *sf* contraction; (*di prezzi ecc*) reduction

contribu'ente *sm/f* taxpayer; ratepayer (*BRIT*), property tax payer (*US*)

contribu'ire *vi* to contribute

'contro *prep* against; **~ di me/lui** against me/him; **pastiglie ~ la tosse** throat lozenges; **~ pagamento** (*Comm*) on payment ▸ *prefisso*;

controfi'gura *sf* (*Cinema*) double

control'lare *vt* (*accertare*) to check; (*sorvegliare*) to watch, control; (*tenere nel proprio potere, fig: dominare*) to control; **controllarsi** *vpr* to control o.s.; **con'trollo** *sm* check; watch; control; **controllo delle nascite** birth control; **control'lore** *sm* (*Ferr, Autobus*) (ticket) inspector

contro'luce [kontro'lutʃe] *sf inv* (*Fot*) backlit shot ▸ *av* **(in) ~** against the light; (*fotografare*) into the light

contro'mano *av* **guidare ~** to drive on the wrong side of the road; (*in un senso unico*) to drive the wrong way up a one-way street

controprodu'cente [kontroprodu'tʃɛnte] *ag* counterproductive

contro'senso *sm* (*contraddizione*) contradiction in terms; (*assurdità*) nonsense

controspio'naggio [kontrospio'naddʒo] *sm* counterespionage

contro'versia *sf* controversy; (*Dir*) dispute

contro'verso, -a *ag* controversial

contro'voglia [kontro'vɔʎʎa] *av* unwillingly

contusi'one *sf* (*Med*) bruise

convale'scente [konvaleʃ'ʃɛnte] *ag, sm/f* convalescent

convali'dare *vt* (*Amm*) to validate; (*fig*: *sospetto, dubbio*) to confirm

con'vegno [kon'veɲɲo] *sm* (*incontro*) meeting; (*congresso*) convention, congress; (*luogo*) meeting place

conve'nevoli *smpl* civilities

conveni'ente *ag* suitable; (*vantaggioso*) profitable; (: *prezzo*) cheap

> Attenzione! In inglese esiste la parola *convenient*, che però significa *comodo*.

conve'nire *vi* (*riunirsi*) to gather, assemble; (*concordare*) to agree; (*tornare utile*) to be worthwhile ▸ *vb impers* **conviene fare questo** it is advisable to do this; **conviene andarsene** we should go; **ne convengo** I agree

con'vento *sm* (*di frati*) monastery; (*di suore*) convent

convenzio'nale [konventsjo'nale] *ag* conventional

convenzi'one [konven'tsjone] *sf* (*Dir*) agreement; (*nella società*) convention

conver'sare *vi* to have a conversation, converse

conversazi'one [konversat'tsjone] *sf* conversation; **fare ~** to chat, have a chat

conversi'one *sf* conversion; **conversione ad U** (*Aut*) U-turn

conver'tire *vt* (*trasformare*) to change; (*Pol, Rel*) to convert; **convertirsi** *vpr* **convertirsi (a)** to be converted (to)

con'vesso, -a *ag* convex

convin'cente [konvin'tʃɛnte] *ag* convincing

con'vincere [kon'vintʃere] *vt* to convince; **~ qn di qc** to convince sb of sth; **~ qn a fare qc** to persuade sb to do sth; **convincersi** *vpr* **convincersi (di qc)** to convince o.s. (of sth); **~ qn di qc** to convince sb of sth; **~ qn a fare qc** to convince sb to do sth

convi'vente *sm/f* common-law husband/wife

con'vivere *vi* to live together

convo'care *vt* to call, convene; (*Dir*) to summon

convulsi'one *sf* convulsion

coope'rare *vi* **~ (a)** to cooperate (in); **coopera'tiva** *sf* cooperative

coordi'nare *vt* to coordinate

co'perchio [ko'pɛrkjo] *sm* cover; (*di pentola*) lid

co'perta *sf* cover; (*di lana*) blanket; (*da viaggio*) rug; (*Naut*) deck

coper'tina *sf* (*Stampa*) cover, jacket

co'perto, -a *pp di* **coprire** ▸ *ag* covered; (*cielo*) overcast ▸ *sm* place setting; (*posto a tavola*) place; (*al ristorante*) cover charge; **~ di** covered in *o* with

coper'tone *sm* (*Aut*) rubber tyre

coper'tura *sf* (*anche Econ, Mil*) cover; (*di edificio*) roofing

'copia *sf* copy; **brutta/bella ~** rough/final copy

copi'are *vt* to copy

copi'one *sm* (*Cinema, Teatro*) script

'coppa *sf* (*bicchiere*) goblet; (*per frutta, gelato*) dish; (*trofeo*) cup, trophy; **coppa dell'olio** oil sump (*BRIT*) *o* pan (*US*)

'coppia *sf* (*di persone*) couple; (*di animali, Sport*) pair

coprifu'oco, -chi *sm* curfew

copri'letto *sm* bedspread

copripiu'mino *sm* duvet cover

co'prire *vt* to cover; (*occupare: carica, posto*) to hold; **coprirsi** *vpr* (*cielo*) to cloud over; (*vestirsi*) to wrap up, cover up; (*Econ*) to cover o.s.; **coprirsi di** (*macchie, muffa*) to become covered in

coque [kɔk] *sf* **uovo alla ~** boiled egg

co'raggio [ko'raddʒo] *sm* courage, bravery; **~!** (*forza!*) come on!; (*animo!*) cheer up!

co'rallo *sm* coral

Co'rano *sm* (*Rel*) Koran

co'razza [ko'rattsa] *sf* armour; (*di animali*) carapace, shell; (*Mil*) armour(-plating)

'corda *sf* cord; (*fune*) rope; (*spago, Mus*) string; **dare ~ a qn** to let sb have his (*o* her) way; **tenere sulla ~ qn** to keep sb on tenterhooks; **tagliare la ~** to slip away, sneak off; **corda vocale** vocal cords

cordi'ale *ag* cordial, warm ▶ *sm* (*bevanda*) cordial

'cordless ['kɔːdlıs] *sm inv* cordless phone

cor'done *sm* cord, string; (*linea: di polizia*) cordon; **cordone ombelicale** umbilical cord

Co'rea *sf* **la ~** Korea

coreogra'fia *sf* choreography

cori'andolo *sm* (*Bot*) coriander; **coriandoli** *smpl* confetti *sg*

cor'nacchia [kor'nakkja] *sf* crow

corna'musa *sf* bagpipes *pl*

cor'netta *sf* (*Mus*) cornet; (*Tel*) receiver

cor'netto *sm* (*Cuc*) croissant; (*gelato*) cone

cor'nice [kor'nitʃe] *sf* frame; (*fig*) setting, background

corni'cione [korni'tʃone] *sm* (*di edificio*) ledge; (*Archit*) cornice

'corno (*pl*(*f*) **-a**) *sm* (*Zool*) horn; (*pl*(*m*) *-i*: *Mus*) horn; **fare le corna a qn** to be unfaithful to sb

Corno'vaglia [korno'vaʎʎa] *sf* **la ~** Cornwall

cor'nuto, -a *ag* (*con corna*) horned; (*fam!: marito*) cuckolded ▶ *sm* (*fam!*) cuckold; (*: insulto*) bastard (!)

'coro *sm* chorus; (*Rel*) choir

co'rona *sf* crown; (*di fiori*) wreath

'corpo *sm* body; (*militare, diplomatico*) corps *inv*; **prendere ~** to take shape; **a ~ a ~** hand-to-hand; **corpo di ballo** corps de ballet; **corpo insegnante** teaching staff

corpora'tura *sf* build, physique

cor'reggere [kor'rɛddʒere] *vt* to correct; (*compiti*) to correct, mark

cor'rente *ag* (*acqua: di fiume*) flowing; (*: di rubinetto*) running; (*moneta, prezzo*) current; (*comune*) everyday ▶ *sm* **essere al ~ (di)** to be well-informed (about); **mettere al ~ (di)** to inform (of) ▶ *sf* (*d'acqua*) current, stream; (*spiffero*) draught; (*Elettr, Meteor*) current; (*fig*) trend, tendency; **la vostra lettera del 5 ~ mese** (*Comm*) your letter of the 5th of this month; **corrente alternata/continua** alternate/direct current; **corrente'mente** *av* commonly; **parlare una lingua correntemente** to speak a language fluently

'correre *vi* to run; (*precipitarsi*) to rush; (*partecipare a una gara*) to race, run; (*fig: diffondersi*) to go round ▶ *vt* (*Sport: gara*) to compete in; (*rischio*) to run; (*pericolo*) to face; **~ dietro a qn** to run after sb; **corre voce che ...** it is rumoured that ...

cor'ressi *ecc vb vedi* **correggere**

correzi'one [korret'tsjone] *sf* correction; marking; **correzione di bozze** proofreading

corri'doio *sm* corridor; (*in aereo, al cinema*) aisle; **vorrei un posto sul ~** I'd like an aisle seat

corri'dore *sm* (*Sport*) runner; (*: su veicolo*) racer

corri'era *sf* coach (*BRIT*), bus

corri'ere *sm* (*diplomatico, di guerra, postale*) courier; (*Comm*) carrier

corri'mano *sm* handrail

corrispon'dente *ag* corresponding ▸ *sm/f* correspondent

corrispon'denza [korrispon'dɛntsa] *sf* correspondence

corris'pondere *vi* (*equivalere*): **~ (a)** to correspond (to) ▸ *vt* (*stipendio*) to pay; (*fig: amore*) to return

cor'rodere *vt* to corrode

cor'rompere *vt* to corrupt; (*comprare*) to bribe

cor'roso, -a *pp di* **corrodere**

cor'rotto, -a *pp di* **corrompere** ▸ *ag* corrupt

corru'gare *vt* to wrinkle; **~ la fronte** to knit one's brows

cor'ruppi *ecc vb vedi* **corrompere**

corruzi'one [korrut'tsjone] *sf* corruption; bribery

'corsa *sf* running *no pl*; (*gara*) race; (*di autobus, taxi*) journey, trip; **fare una ~** to run, dash; (*Sport*) to run a race; **corsa campestre** cross-country race

'corsi *ecc vb vedi* **correre**

cor'sia *sf* (*Aut, Sport*) lane; (*di ospedale*) ward

'Corsica *sf* **la ~** Corsica

cor'sivo *sm* cursive (writing); (*Tip*) italics *pl*

'corso, -a *pp di* **correre** ▸ *sm* course; (*strada cittadina*) main street; (*di unità monetaria*) circulation; (*di titoli, valori*) rate, price; **in ~** in progress, under way; (*annata*) current; **corso d'acqua** river, stream; (*artificiale*) waterway; **corso d'aggiornamento** refresher course; **corso serale** evening class

'corte *sf* (court)yard; (*Dir, regale*) court; **fare la ~ a qn** to court sb; **corte marziale** court-martial

cor'teccia, -ce [kor'tettʃa] *sf* bark

corteggi'are [korted'dʒare] *vt* to court

cor'teo *sm* procession

cor'tese *ag* courteous; **corte'sia** *sf* courtesy; **per cortesia ...** excuse me, please ...

cor'tile *sm* (court)yard

cor'tina *sf* curtain; (*anche fig*) screen

'corto, -a *ag* short; **essere a ~ di qc** to be short of sth; **corto circuito** short-circuit

'corvo *sm* raven

'cosa *sf* thing; (*faccenda*) affair, matter, business *no pl*; **(che) ~?** what?; **(che) cos'è?** what is it?; **a ~ pensi?** what are you thinking about?

'coscia, -sce ['kɔʃʃa] *sf* thigh; **coscia di pollo** (*Cuc*) chicken leg

cosci'ente [koʃ'ʃɛnte] *ag* conscious; **~ di** conscious *o* aware of

così
av

1 (*in questo modo*) like this, (in) this way; (*in tal modo*) so; **le cose stanno così** this is the way things stand; **non ho detto così!** I didn't say that!; **come stai? — (e) così** how are you? — so-so; **e così via** and so on; **per così dire** so to speak

2 (*tanto*) so; **così lontano** so far away; **un ragazzo così intelligente** such an intelligent boy

▸ *ag inv* (*tale*): **non ho mai visto un film**

così I've never seen such a film
▸*cong*
1 (*perciò*) so, therefore
2: **così ... come** as ... as; **non è così bravo come te** he's not as good as you; **così ... che** so ... that
cosid'detto, -a *ag* so-called
cos'metico, -a, -ci, -che *ag, sm* cosmetic
cos'pargere [kos'pardʒere] *vt* **~ di** to sprinkle with
cos'picuo, -a *ag* considerable, large
cospi'rare *vi* to conspire
'cossi *ecc vb vedi* **cuocere**
'costa *sf* (*tra terra e mare*) coast(line); (*litorale*) shore; (*Anat*) rib; **la C~ Azzurra** the French Riviera
cos'tante *ag* constant; (*persona*) steadfast ▸ *sf* constant
cos'tare *vi, vt* to cost; **quanto costa?** how much does it cost?; **~ caro** to be expensive, cost a lot
cos'tata *sf* (*Cuc*) large chop
costeggi'are [kosted'dʒare] *vt* to be close to; to run alongside
costi'ero, -a *ag* coastal, coast *cpd*
costitu'ire *vt* (*comitato, gruppo*) to set up, form; (*elementi, parti: comporre*) to make up, constitute; (*rappresentare*) to constitute; (*Dir*) to appoint; **costituirsi** *vpr* **costituirsi alla polizia** to give o.s. up to the police
costituzi'one [kostitut'tsjone] *sf* setting up; building up; constitution
'costo *sm* cost; **a ogni** *o* **qualunque ~, a tutti i costi** at all costs
'costola *sf* (*Anat*) rib
cos'toso, -a *ag* expensive, costly
cos'tringere [kos'trindʒere] *vt* **~ qn a fare qc** to force sb to do sth
costru'ire *vt* to construct, build; **costruzi'one** *sf* construction, building
cos'tume *sm* (*uso*) custom; (*foggia di vestire, indumento*) costume; **costume da bagno** bathing *o* swimming costume (*BRIT*), swimsuit; (*da uomo*) bathing *o* swimming trunks *pl*
co'tenna *sf* bacon rind
coto'letta *sf* (*di maiale, montone*) chop; (*di vitello, agnello*) cutlet
co'tone *sm* cotton; **cotone idrofilo** cotton wool (*BRIT*), absorbent cotton (*US*)
'cotta *sf* (*fam: innamoramento*) crush
'cottimo *sm* **lavorare a ~** to do piecework
'cotto, -a *pp di* **cuocere** ▸ *ag* cooked; (*fam: innamorato*) head-over-heels in love; **ben ~** (*carne*) well done
cot'tura *sf* cooking; (*in forno*) baking; (*in umido*) stewing
co'vare *vt* to hatch; (*fig: malattia*) to be sickening for; (*: odio, rancore*) to nurse ▸ *vi* (*fuoco, fig*) to smoulder
'covo *sm* den
co'vone *sm* sheaf
'cozza ['kɔttsa] *sf* mussel
coz'zare [kot'tsare] *vi* **~ contro** to bang into, collide with
'crampo *sm* cramp; **ho un ~ alla gamba** I've got cramp in my leg
'cranio *sm* skull
cra'tere *sm* crater
cra'vatta *sf* tie
cre'are *vt* to create
'crebbi *ecc vb vedi* **crescere**
cre'dente *sm/f* (*Rel*) believer
cre'denza [kre'dɛntsa] *sf* belief; (*armadio*) sideboard
'credere *vt* to believe ▸ *vi* **~ in, ~ a** to believe in; **~ qn onesto** to believe sb (to be) honest; **~ che** to believe *o* think that; **credersi furbo** to think one is clever
'credito *sm* (*anche Comm*) credit; (*reputazione*) esteem, repute; **comprare a ~** to buy on credit
'crema *sf* cream; (*con uova, zucchero ecc*) custard; **crema pasticciera**

confectioner's custard; **crema solare** sun cream
cre'mare *vt* to cremate
'crepa *sf* crack
cre'paccio [kre'pattʃo] *sm* large crack, fissure; (*di ghiacciaio*) crevasse
crepacu'ore *sm* broken heart
cre'pare *vi* (*fam*: *morire*) to snuff it, kick the bucket; **~ dalle risa** to split one's sides laughing
crêpe [krɛp] *sf inv* pancake
cre'puscolo *sm* twilight, dusk
'crescere ['kreʃʃere] *vi* to grow ▸ *vt* (*figli*) to raise
'cresima *sf* (*Rel*) confirmation
'crespo, -a *ag* (*capelli*) frizzy; (*tessuto*) puckered ▸ *sm* crêpe
'cresta *sf* crest; (*di polli, uccelli*) crest, comb
'creta *sf* chalk; clay
creti'nata *sf* (*fam*): **dire/fare una ~** to say/do a stupid thing
cre'tino, -a *ag* stupid ▸ *sm/f* idiot, fool
CRI *sigla f* = **Croce Rossa Italiana**
cric *sm inv* (*Tecn*) jack
cri'ceto [kri'tʃɛto] *sm* hamster
crimi'nale *ag, sm/f* criminal
criminalità *sf* crime; **criminalità organizzata** organized crime
'crimine *sm* (*Dir*) crime
crip'tare *vt* (*TV*: *programma*) to encrypt
crisan'temo *sm* chrysanthemum
'crisi *sf inv* crisis; (*Med*) attack, fit; **crisi di nervi** attack *o* fit of nerves
cris'tallo *sm* crystal; **cristalli liquidi** liquid crystals
cristia'nesimo *sm* Christianity
cristi'ano, -a *ag, sm/f* Christian
'Cristo *sm* Christ
cri'terio *sm* criterion; (*buon senso*) (common) sense
'critica, -che *sf* criticism; **la ~** (*attività*) criticism; (*persone*) the critics *pl*; *vedi anche* **critico**
criti'care *vt* to criticize
'critico, -a, -ci, -che *ag* critical ▸ *sm* critic
cro'ato, -a *ag, sm/f* Croatian, Croat
Croa'zia [kroa'ttsja] *sf* Croatia
croc'cante *ag* crisp, crunchy
'croce ['krotʃe] *sf* cross; **in ~** (*di traverso*) crosswise; (*fig*) on tenterhooks; **Croce Rossa** Red Cross
croci'ata [kro'tʃata] *sf* crusade
croci'era [kro'tʃɛra] *sf* (*viaggio*) cruise; (*Archit*) transept
croci'fisso, -a *pp di* **crocifiggere**
crol'lare *vi* to collapse; **'crollo** *sm* collapse; (*di prezzi*) slump, sudden fall; **crollo in Borsa** *slump in prices on the Stock Exchange*
cro'mato, -a *ag* chromium-plated
'cromo *sm* chrome, chromium
'cronaca, -che *sf* (*Stampa*) news *sg*; (: *rubrica*) column; (*TV, Radio*) commentary; **fatto** *o* **episodio di ~** news item; **cronaca nera** crime news *sg*; crime column
'cronico, -a, -ci, -che *ag* chronic
cro'nista, -i *sm* (*Stampa*) reporter
cro'nometro *sm* chronometer; (*a scatto*) stopwatch
'crosta *sf* crust
cros'tacei [kros'tatʃei] *smpl* shellfish
cros'tata *sf* (*Cuc*) tart
cros'tino *sm* (*Cuc*) crouton; (: *da antipasto*) canapé
cruci'ale [kru'tʃale] *ag* crucial
cruci'verba *sm inv* crossword (puzzle)
cru'dele *ag* cruel
'crudo, -a *ag* (*non cotto*) raw; (*aspro*) harsh, severe
cru'miro (*peg*) *sm* blackleg (*BRIT*), scab
'crusca *sf* bran
crus'cotto *sm* (*Aut*) dashboard
CSI *sigla f inv* (= *Comunità Stati Indipendenti*) CIS
CSM [tʃiɛsse'ɛmme] *sigla m* (= *consiglio superiore della magistratura*)

Magistrates' Board of Supervisors
'Cuba *sf* Cuba
cu'bano, -a *ag, sm/f* Cuban
cu'betto *sm*; **cubetto di ghiaccio** ice cube
'cubico, -a, -ci, -che *ag* cubic
cu'bista, -i, -e *ag* (*Arte*) Cubist ▸ *sf* (*in discoteca*) podium dancer
'cubo, -a *ag* cubic ▸ *sm* cube; **elevare al ~** (*Mat*) to cube
cuc'cagna [kuk'kaɲɲa] *sf* **paese della ~** land of plenty; **albero della ~** greasy pole (*fig*)
cuc'cetta [kut'tʃetta] *sf* (*Ferr*) couchette; (*Naut*) berth
cucchiai'ata [kukja'jata] *sf* spoonful
cucchia'ino [kukkja'ino] *sm* teaspoon; coffee spoon
cucchi'aio [kuk'kjajo] *sm* spoon
'cuccia, -ce ['kuttʃa] *sf* dog's bed; **a ~!** down!
'cucciolo ['kuttʃolo] *sm* cub; (*di cane*) puppy
cu'cina [ku'tʃina] *sf* (*locale*) kitchen; (*arte culinaria*) cooking, cookery; (*le vivande*) food, cooking; (*apparecchio*) cooker; **cucina componibile** fitted kitchen; **cuci'nare** *vt* to cook
cu'cire [ku'tʃire] *vt* to sew, stitch; **cuci'trice** *sf* stapler
cucù *sm inv* cuckoo
'cuffia *sf* bonnet, cap; (*da infermiera*) cap; (*da bagno*) (bathing) cap; (*per ascoltare*) headphones *pl*, headset
cu'gino, -a [ku'dʒino] *sm/f* cousin

'cui
pron
1 (*nei complementi indiretti: persona*) whom; (*: oggetto, animale*) which; **la persona/le persone a cui accennavi** the person/people you were referring to *o* to whom you were referring; **i libri di cui parlavo** the books I was talking about *o* about which I was talking; **il quartiere in cui abito** the district where I live; **la ragione per cui** the reason why
2 (*inserito tra articolo e sostantivo*) whose; **la donna i cui figli sono scomparsi** the woman whose children have disappeared; **il signore, dal cui figlio ho avuto il libro** the man from whose son I got the book

culi'naria *sf* cookery
'culla *sf* cradle
cul'lare *vt* to rock
'culmine *sm* top, summit
'culo (*fam!*) *sm* arse (*BRIT!*), ass (*US!*); (*fig: fortuna*): **aver ~** to have the luck of the devil
'culto *sm* (*religione*) religion; (*adorazione*) worship, adoration; (*venerazione: anche fig*) cult
cul'tura *sf* culture; education, learning; **cultu'rale** *ag* cultural
cultu'rismo *sm* body-building
cumula'tivo, -a *ag* cumulative; (*prezzo*) inclusive; (*biglietto*) group *cpd*
'cumulo *sm* (*mucchio*) pile, heap; (*Meteor*) cumulus
cu'netta *sf* (*avvallamento*) dip; (*di scolo*) gutter
cu'ocere ['kwɔtʃere] *vt* (*alimenti*) to cook; (*mattoni ecc*) to fire ▸ *vi* to cook; **~ al forno** (*pane*) to bake; (*arrosto*) to roast; **cu'oco, -a, -chi, -che** *sm/f* cook; (*di ristorante*) chef
cu'oio *sm* leather; **cuoio capelluto** scalp
cu'ore *sm* heart; **cuori** *smpl* (*Carte*) hearts; **avere buon ~** to be kind-hearted; **stare a ~ a qn** to be important to sb
'cupo, -a *ag* dark; (*suono*) dull; (*fig*) gloomy, dismal
'cupola *sf* dome; cupola
'cura *sf* care; (*Med: trattamento*) (course of) treatment; **aver ~ di** (*occuparsi di*) to look after; **a ~ di** (*libro*) edited by; **cura dimagrante** diet

cu'rare *vt* (*malato, malattia*) to treat; (: *guarire*) to cure; (*aver cura di*) to take care of; (*testo*) to edit; **curarsi** *vpr* to take care of o.s.; (*Med*) to follow a course of treatment; **curarsi di** to pay attention to

curio'sare *vi* to look round, wander round; (*tra libri*) to browse; **~ nei negozi** to look *o* wander round the shops

curiosità *sf inv* curiosity; (*cosa rara*) curio, curiosity

curi'oso, -a *ag* curious; **essere ~ di** to be curious about

cur'sore *sm* (*Inform*) cursor

'curva *sf* curve; (*stradale*) bend, curve

cur'vare *vt* to bend ▸ *vi* (*veicolo*) to take a bend; (*strada*) to bend, curve; **curvarsi** *vpr* to bend; (*legno*) to warp

'curvo, -a *ag* curved; (*piegato*) bent

cusci'netto [kuʃʃi'netto] *sm* pad; (*Tecn*) bearing ▸ *ag inv* **stato ~** buffer state; **cuscinetto a sfere** ball bearing

cu'scino [kuʃʃino] *sm* cushion; (*guanciale*) pillow

cus'tode *sm/f* keeper, custodian

cus'todia *sf* care; (*Dir*) custody; (*astuccio*) case, holder

custo'dire *vt* (*conservare*) to keep; (*assistere*) to look after, take care of; (*fare la guardia*) to guard

CV *abbr* (= *cavallo vapore*) h.p.

cybercaffè [tʃiberka'fe] *sm inv* cybercafé

cybernauta, -i, -e *sm/f* Internet surfer

cyberspazio *sm* cyberspace

d

da
(*da+il* = **dal**, *da+lo* = **dallo**, *da+l'* = **dall'**, *da+la* = **dalla**, *da+i* = **dai**, *da+gli* = **dagli, da+le** = **dalle**) *prep*

1 (*agente*) by; **dipinto da un grande artista** painted by a great artist

2 (*causa*) with; **tremare dalla paura** to tremble with fear

3 (*stato in luogo*) at; **abito da lui** I'm living at his house *o* with him; **sono dal giornalaio/da Francesco** I'm at the newsagent's/Francesco's (house)

4 (*moto a luogo*) to; (*moto per luogo*) through; **vado da Pietro/dal giornalaio** I'm going to Pietro's (house)/to the newsagent's; **sono passati dalla finestra** they came in through the window

5 (*provenienza, allontanamento*) from; **arrivare/partire da Milano** to arrive/depart from Milan; **scendere dal treno/dalla macchina** to get off the train/out of the car; **si trova a 5 km da qui** it's 5 km from here

6 (*tempo: durata*) for; (: *a partire da: nel passato*) since; (: *nel futuro*) from; **vivo qui da un anno** I've been living here for a year; **è dalle 3 che ti aspetto** I've been waiting for you since 3 (o'clock); **da oggi in poi** from today onwards; **da bambino** as a child, when I (*o* he *ecc*) was a child

7 (*modo, maniera*) like; **comportarsi da uomo** to behave like a man; **l'ho fatto**

da me I did it (by) myself
6 (*descrittivo*): **una macchina da corsa** a racing car; **una ragazza dai capelli biondi** a girl with blonde hair; **un vestito da 60 euro** a 60 euro dress
dà *vb vedi* **dare**
dac'capo *av* (*di nuovo*) (once) again; (*dal principio*) all over again, from the beginning
'dado *sm* (*da gioco*) dice *o* die; (*Cuc*) stock (*BRIT*) *o* bouillon (*US*) cube; (*Tecn*) (screw)nut; **dadi** *smpl* (game of) dice; **giocare a dadi** to play dice
'daino *sm* (fallow) deer *inv*; (*pelle*) buckskin
dal'tonico, -a, -ci, -che *ag* colour-blind
'dama *sf* lady; (*nei balli*) partner; (*gioco*) draughts *sg* (*BRIT*), checkers *sg* (*US*)
damigi'ana [dami'dʒana] *sf* demijohn
da'nese *ag* Danish ▸ *sm/f* Dane ▸ *sm* (*Ling*) Danish
Dani'marca *sf* **la ~** Denmark
dannazi'one *sf* damnation
danneggi'are [danned'dʒare] *vt* to damage; (*rovinare*) to spoil; (*nuocere*) to harm
'danno *sm* damage; (*a persona*) harm, injury; **danni** *smpl* (*Dir*) damages; **dan'noso, -a** *ag* **dannoso (a, per)** harmful (to), bad (for)
Da'nubio *sm* **il ~** the Danube
'danza ['dantsa] *sf* **la ~** dancing; **una ~** a dance
dan'zare [dan'tsare] *vt, vi* to dance
dapper'tutto *av* everywhere
dap'prima *av* at first
'dare *sm* (*Comm*) debit ▸ *vt* to give; (*produrre*: *frutti, suono*) to produce ▸ *vi* (*guardare*): **~ su** to look (out) onto; **darsi** *vpr* **darsi a** to dedicate o.s. to; **darsi al commercio** to go into business; **darsi al bere** to take to drink; **~ da mangiare a qn** to give sb sth to eat; **~ per certo qc** to consider sth certain; **~ per morto qn** to give sb up for dead; **darsi per vinto** to give in
'data *sf* date; **~ limite d'utilizzo** *or* **di consumo** best-before date; **data di nascita** date of birth; **data di scadenza** expiry date
'dato, -a *ag* (*stabilito*) given ▸ *sm* datum; **dati** *smpl* data *pl*; **~ che** given that; **un ~ di fatto** a fact; **dati sensibili** personal information
da'tore, -'trice *sm/f*: **datore di lavoro** employer
'dattero *sm* date
dattilogra'fia *sf* typing
datti'lografo, -a *sm/f* typist
da'vanti *av* in front; (*dirimpetto*) opposite ▸ *ag inv* front ▸ *sm* front; **~ a** in front of; facing, opposite; (*in presenza di*) before, in front of
davan'zale [davan'tsale] *sm* windowsill
dav'vero *av* really, indeed
d.C. *adv abbr* (= *dopo Cristo*) A.D.
'dea *sf* goddess
'debbo *ecc vb vedi* **dovere**
'debito, -a *ag* due, proper ▸ *sm* debt; (*Comm*: *dare*) debit; **a tempo ~** at the right time
'debole *ag* weak, feeble; (*suono*) faint; (*luce*) dim ▸ *sm* weakness; **debo'lezza** *sf* weakness
debut'tare *vi* to make one's debut
deca'denza [deka'dɛntsa] *sf* decline; (*Dir*) loss, forfeiture
decaffei'nato, -a *ag* decaffeinated
decapi'tare *vt* to decapitate, behead
decappot'tabile *ag, sf* convertible
de'cennio [de'tʃɛnnjo] *sm* decade
de'cente [de'tʃɛnte] *ag* decent, respectable, proper; (*accettabile*) satisfactory, decent
de'cesso [de'tʃɛsso] *sm* death
de'cidere [de'tʃidere] *vt* **~ qc** to decide

d

on sth; (*questione, lite*) to settle sth; **~ di fare/che** to decide to do/that; **~ di qc** (*cosa*) to determine sth; **decidersi (a fare)** to decide (to do), make up one's mind (to do)

deci'frare [detʃi'frare] *vt* to decode; (*fig*) to decipher, make out

deci'male [detʃi'male] *ag* decimal

'decimo, -a ['dɛtʃimo] *num* tenth

de'cina [de'tʃina] *sf* ten; (*circa dieci*): **una ~ (di)** about ten

de'cisi *ecc* [de'tʃizi] *vb vedi* **decidere**

decisi'one [detʃi'zjone] *sf* decision; **prendere una ~** to make a decision

deci'sivo, -a [detʃi'zivo] *ag* (*gen*) decisive; (*fattore*) deciding

de'ciso, -a [de'tʃizo] *pp di* **decidere**

decli'nare *vi* (*pendio*) to slope down; (*fig: diminuire*) to decline ▸ *vt* to decline

declinazi'one *sf* (*Ling*) declension

de'clino *sm* decline

decodifica'tore *sm* (*Tel*) decoder

decol'lare *vi* (*Aer*) to take off; **de'collo** *sm* take-off

deco'rare *vt* to decorate; **decorazi'one** *sf* decoration

de'creto *sm* decree; **decreto legge** *decree with the force of law*

'dedica, -che *sf* dedication

dedi'care *vt* to dedicate; **dedicarsi** *vpr* **dedicarsi a** to devote o.s. to

dedicherò *ecc* [dedike'rɔ] *vb vedi* **dedicare**

'dedito, -a *ag* **~ a** (*studio ecc*) dedicated *o* devoted to; (*vizio*) addicted to

de'duco *ecc vb vedi* **dedurre**

de'durre *vt* (*concludere*) to deduce; (*defalcare*) to deduct

de'dussi *ecc vb vedi* **dedurre**

defici'ente [defi'tʃɛnte] *ag* (*mancante*): **~ di** deficient in; (*insufficiente*) insufficient ▸ *sm/f* mental defective; (*peg: cretino*) idiot

'deficit ['dɛfitʃit] *sm inv* (*Econ*) deficit

defi'nire *vt* to define; (*risolvere*) to settle; **defini'tiva** *sf* **in ~** (*dopotutto*) in the end; (*dunque*) hence; **defini'tivo, -a** *ag* definitive, final; **definizi'one** *sf* definition; settlement

defor'mare *vt* (*alterare*) to put out of shape; (*corpo*) to deform; (*pensiero, fatto*) to distort; **deformarsi** *vpr* to lose its shape

de'forme *ag* deformed; disfigured

de'funto, -a *ag* late *cpd* ▸ *sm/f* deceased

degene'rare [dedʒene'rare] *vi* to degenerate

de'gente [de'dʒɛnte] *sm/f* (*in ospedale*) in-patient

deglu'tire *vt* to swallow

de'gnare [deɲ'ɲare] *vt* **~ qn della propria presenza** to honour sb with one's presence; **degnarsi** *vpr* **degnarsi di fare qc** to deign *o* condescend to do sth

'degno, -a *ag* dignified; **~ di** worthy of; **~ di lode** praiseworthy

de'grado *sm*; **degrado urbano** urban decline

'delega, -ghe *sf* (*procura*) proxy

dele'terio, -a *ag* damaging; (*per salute ecc*) harmful

del'fino *sm* (*Zool*) dolphin; (*Storia*) dauphin; (*fig*) probable successor

deli'cato, -a *ag* delicate; (*salute*) delicate, frail; (*fig: gentile*) thoughtful, considerate; (*: che dimostra tatto*) tactful

delin'quente *sm/f* criminal, delinquent; **delinquente abituale** regular offender, habitual offender; **delin'quenza** *sf* criminality, delinquency; **delinquenza minorile** juvenile delinquency

deli'rare *vi* to be delirious, rave; (*fig*) to rave

de'lirio *sm* delirium; (*ragionamento insensato*) raving; (*fig*): **andare/**

mandare in ~ to go/send into a frenzy
de'litto *sm* crime
delizi'oso, -a *ag* delightful; (*cibi*) delicious
delta'plano *sm* hang-glider; **volo col ~** hang-gliding
delu'dente *ag* disappointing
de'ludere *vt* to disappoint;
delusi'one *sf* disappointment;
de'luso, -a *pp di* **deludere**
'demmo *vb vedi* **dare**
demo'cratico, -a, -ci, -che *ag* democratic
democra'zia [demokrat'tsia] *sf* democracy
demo'lire *vt* to demolish
de'monio *sm* demon, devil; **il D~** the Devil
de'naro *sm* money
densità *sf inv* density
'denso, -a *ag* thick, dense
den'tale *ag* dental
'dente *sm* tooth; (*di forchetta*) prong; **al ~** (*Cuc: pasta*) al dente; **denti del giudizio** wisdom teeth; **denti da latte** milk teeth; **denti'era** *sf* (set of) false teeth *pl*
denti'fricio [denti'fritʃo] *sm* toothpaste
den'tista, -i, -e *sm/f* dentist
'dentro *av* inside; (*in casa*) indoors; (*fig: nell'intimo*) inwardly ▶ *prep* **~ (a)** in; **piegato in ~** folded over; **qui/là ~** in here/there; **~ di sé** (*pensare, brontolare*) to oneself
de'nuncia, -ce *o* **cie** [de'nuntʃa] *sf* denunciation; declaration; **denuncia dei redditi** (income) tax return
denunci'are [denun'tʃare] *vt* to denounce; (*dichiarare*) to declare; (*persona, smarrimento ecc*) report; **vorrei ~ un furto** I'd like to report a theft
denu'trito, -a *ag* undernourished
denutrizi'one [denutrit'tsjone] *sf* malnutrition
deodo'rante *sm* deodorant
depe'rire *vi* to waste away
depi'larsi *vpr* **~ (le gambe)** (*con rasòio*) to shave (one's legs); (*con ceretta*) to wax (one's legs)
depila'torio, -a *ag* hair-removing *cpd*, depilatory
dépli'ant [depli'ɑ̃] *sm inv* leaflet; (*opuscolo*) brochure
deplo'revole *ag* deplorable
de'pone, de'pongo *ecc vb vedi* **deporre**
de'porre *vt* (*depositare*) to put down; (*rimuovere: da una carica*) to remove; (*: re*) to depose; (*Dir*) to testify
depor'tare *vt* to deport
de'posi *ecc vb vedi* **deporre**
deposi'tare *vt* (*gen, Geo, Econ*) to deposit; (*lasciare*) to leave; (*merci*) to store; **depositarsi** *vpr* (*sabbia, polvere*) to settle
de'posito *sm* deposit; (*luogo*) warehouse; depot; (*: Mil*) depot; **deposito bagagli** left-luggage office
deposizi'one [depozit'tsjone] *sf* deposition; (*da una carica*) removal
depra'vato, -a *ag* depraved ▶ *sm/f* degenerate
depre'dare *vt* to rob, plunder
depressi'one *sf* depression
de'presso, -a *pp di* **deprimere** ▶ *ag* depressed
deprez'zare [depret'tsare] *vt* (*Econ*) to depreciate
depri'mente *ag* depressing
de'primere *vt* to depress
depu'rare *vt* to purify
depu'tato *sm* (*Pol*) deputy, ≈ Member of Parliament (*BRIT*), ≈ Member of Congress (*US*)
deragli'are [deraʎ'ʎare] *vi* to be derailed; **far ~** to derail
de'ridere *vt* to mock, deride

d

de'risi *ecc vb vedi* **deridere**
de'riva *sf* (*Naut, Aer*) drift; **andare alla ~** (*anche fig*) to drift
deri'vare *vi* **~ da** to derive from ▶ *vt* to derive; (*corso d'acqua*) to divert
derma'tologo, -a, -gi, -ghe *sm/f* dermatologist
deru'bare *vt* to rob
des'crivere *vt* to describe; **descrizi'one** *sf* description
de'serto, -a *ag* deserted ▶ *sm* (*Geo*) desert; **isola deserta** desert island
deside'rare *vt* to want, wish for; (*sessualmente*) to desire; **~ fare/che qn faccia** to want *o* wish to do/sb to do; **desidera fare una passeggiata?** would you like to go for a walk?
desi'derio *sm* wish; (*più intenso, carnale*) desire
deside'roso, -a *ag* **~ di** longing for
desi'nenza [dezi'nɛntsa] *sf* (*Ling*) ending, inflexion
de'sistere *vi* **~ da** to give up, desist from
deso'lato, -a *ag* (*paesaggio*) desolate; (*persona: spiacente*) sorry
'dessi *ecc vb vedi* **dare**
'deste *ecc vb vedi* **dare**
desti'nare *vt* to destine; (*assegnare*) to appoint, assign; (*indirizzare*) to address; **~ qc a qn** to intend sb to have sth; **destina'tario, -a** *sm/f* (*di lettera*) addressee
destinazi'one [destinat'tsjone] *sf* destination; (*uso*) purpose
des'tino *sm* destiny, fate
destitu'ire *vt* to dismiss, remove
'destra *sf* (*mano*) right hand; (*parte*) right (side); (*Pol*): **la ~** the Right; **a ~** (*essere*) on the right; (*andare*) to the right
destreggi'arsi [destred'dʒarsi] *vpr* to manoeuvre (*BRIT*), maneuver (*US*)
des'trezza [des'trettsa] *sf* skill, dexterity
'destro, -a *ag* right, right-hand
dete'nuto, -a *sm/f* prisoner
deter'gente [deter'dʒɛnte] *ag* (*crema, latte*) cleansing ▶ *sm* cleanser

> Attenzione! In inglese esiste la parola *detergent* che però significa *detersivo*.

determi'nare *vt* to determine
determina'tivo, -a *ag* determining; **articolo ~** (*Ling*) definite article
determi'nato, -a *ag* (*gen*) certain; (*particolare*) specific; (*risoluto*) determined, resolute
deter'sivo *sm* detergent
detes'tare *vt* to detest, hate
de'trae, de'traggo *ecc vb vedi* **detrarre**
de'trarre *vt* **~ (da)** to deduct (from), take away (from)
de'trassi *ecc vb vedi* **detrarre**
'detta *sf* **a ~ di** according to
det'taglio [det'taʎʎo] *sm* detail; (*Comm*): **il ~** retail; **al ~** (*Comm*) retail; separately
det'tare *vt* to dictate; **~ legge** (*fig*) to lay down the law; **det'tato** *sm* dictation
'detto, -a *pp di* **dire** ▶ *ag* (*soprannominato*) called, known as; (*già nominato*) above-mentioned ▶ *sm* saying; **~ fatto** no sooner said than done
devas'tare *vt* to devastate; (*fig*) to ravage
devi'are *vi* **~ (da)** to turn off (from) ▶ *vt* to divert; **deviazi'one** *sf* (*anche Aut*) diversion
'devo *ecc vb vedi* **dovere**
de'volvere *vt* (*Dir*) to transfer, devolve
de'voto, -a *ag* (*Rel*) devout, pious; (*affezionato*) devoted
devozi'one [devot'tsjone] *sf* devoutness; (*anche Rel*) devotion
dezip'pare [dedzip'pare] *vt* (*Comput*) to unzip

di
(*di+il* = **del**, *di+lo* = **dello**, *di+l'* = **dell'**, *di+la* = **della**, *di+i* = **dei**, *di+gli* = **degli**, *di+le* = **delle**) *prep*
1 (*possesso, specificazione*) of; (*composto da, scritto da*) by; **la macchina di Paolo/mio fratello** Paolo's/my brother's car; **un amico di mio fratello** a friend of my brother's, one of my brother's friends; **un quadro di ...** a painting by ...
2 (*caratterizzazione, misura*) of; **una casa di mattoni** a brick house, a house made of bricks; **un orologio d'oro** a gold watch; **un bimbo di 3 anni** a child of 3, a 3-year-old child
3 (*causa, mezzo, modo*) with; **tremare di paura** to tremble with fear; **morire di cancro** to die of cancer; **spalmare di burro** to spread with butter
4 (*argomento*) about, of; **discutere di sport** to talk about sport
5 (*luogo: provenienza*) from; out of; **essere di Roma** to be from Rome; **uscire di casa** to leave the house
6 (*tempo*) in; **d'estate/d'inverno** in (the) summer/winter; **di notte** by night, at night; **di mattina/sera** in the morning/evening; **di lunedì** on Mondays
▸*det* (*una certa quantità di*) some; (: *negativo*) any; (*interrogativo*) any; some; **del pane** (some) bread; **delle caramelle** (some) sweets; **degli amici miei** some friends of mine; **vuoi del vino?** do you want some *o* any wine?

dia'bete *sm* diabetes *sg*

dia'betico, -a, ci, che *ag, sm/f* diabetic

dia'framma, -i *sm* (*divisione*) screen; (*Anat, Fot, contraccettivo*) diaphragm

di'agnosi [di'aɲɲozi] *sf* diagnosis *sg*

diago'nale *ag, sf* diagonal

dia'gramma, -i *sm* diagram

dia'letto *sm* dialect

di'alisi *sf* dialysis *sg*

di'alogo, -ghi *sm* dialogue

dia'mante *sm* diamond

di'ametro *sm* diameter

diaposi'tiva *sf* transparency, slide

di'ario *sm* diary

diar'rea *sf* diarrhoea

di'avolo *sm* devil

di'battito *sm* debate, discussion

'dice ['ditʃe] *vb vedi* **dire**

di'cembre [di'tʃɛmbre] *sm* December

dice'ria [ditʃe'ria] *sf* rumour

dichia'rare [dikja'rare] *vt* to declare; **dichiararsi** *vpr* to declare o.s.; (*innamorato*) to declare one's love; **dichiararsi vinto** to acknowledge defeat; **dichiarazi'one** *sf* declaration; **dichiarazione dei redditi** statement of income; (*modulo*) tax return

dician'nove [ditʃan'nɔve] *num* nineteen

dicias'sette [ditʃas'sɛtte] *num* seventeen

dici'otto [di'tʃɔtto] *num* eighteen

dici'tura [ditʃi'tura] *sf* words *pl*, wording

'dico *ecc vb vedi* **dire**

didasca'lia *sf* (*di illustrazione*) caption; (*Cine*) subtitle; (*Teatro*) stage directions *pl*

di'dattico, -a, -ci, -che *ag* didactic; (*metodo*) teaching; (*libro*) educational

di'eci ['djɛtʃi] *num* ten

di'edi *ecc vb vedi* **dare**

'diesel ['dizəl] *sm inv* diesel engine

dies'sino, -a *sm/f member of the DS political party*

di'eta *sf* diet; **essere a ~** to be on a diet

di'etro *av* behind; (*in fondo*) at the back ▸ *prep* behind; (*tempo: dopo*) after ▸ *sm* back, rear ▸ *ag inv* back *cpd*; **le zampe di ~** the hind legs; **~ richiesta** on demand; (*scritta*) on application

di'fendere *vt* to defend; **difendersi** *vpr* (*cavarsela*) to get by; **difendersi da/contro** to defend o.s. from/

against; **difendersi dal freddo** to protect o.s. from the cold; **difen'sore, -a** *sm/f* defender; **avvocato difensore** counsel for the defence; **di'fesa** *sf* defence

di'fesi *ecc vb vedi* **difendere**

di'fetto *sm* (*mancanza*): **~ di** lack of; shortage of; (*di fabbricazione*) fault, flaw, defect; (*morale*) fault, failing, defect; (*fisico*) defect; **far ~** to be lacking; **in ~** at fault; in the wrong; **difet'toso, -a** *ag* defective, faulty

diffe'rente *ag* different

diffe'renza [diffe'rɛntsa] *sf* difference; **a ~ di** unlike

diffe'rire *vt* to postpone, defer ▸ *vi* to be different

diffe'rita *sf* **in ~** (*trasmettere*) prerecorded

dif'ficile [dif'fitʃile] *ag* difficult; (*persona*) hard to please, difficult (to please); (*poco probabile*): **è ~ che sia libero** it is unlikely that he'll be free ▸ *sm* difficult part; difficulty; **difficoltà** *sf inv* difficulty

diffi'dente *ag* suspicious, distrustful

diffi'denza *sf* suspicion, distrust

dif'fondere *vt* (*luce, calore*) to diffuse; (*notizie*) to spread, circulate; **diffondersi** *vpr* to spread

dif'fusi *ecc vb vedi* **diffondere**

dif'fuso, -a *pp di* **diffondere** ▸ *ag* (*malattia, fenomeno*) widespread

'diga, -ghe *sf* dam; (*portuale*) breakwater

dige'rente [didʒe'rɛnte] *ag* (*apparato*) digestive

dige'rire [didʒe'rire] *vt* to digest; **digesti'one** *sf* digestion; **diges'tivo, -a** *ag* digestive ▸ *sm* (after-dinner) liqueur

digi'tale [didʒi'tale] *ag* digital; (*delle dita*) finger *cpd*, digital ▸ *sf* (*Bot*) foxglove

digi'tare [didʒi'tare] *vt, vi* (*Inform*) to key (in)

digiu'nare [didʒu'nare] *vi* to starve o.s.; (*Rel*) to fast; **digi'uno, -a** *ag* **essere digiuno** not to have eaten ▸ *sm* fast; **a digiuno** on an empty stomach

dignità [diɲɲi'ta] *sf inv* dignity

'DIGOS ['digɔs] *sigla f* (*= Divisione Investigazioni Generali e Operazioni Speciali*) *police department dealing with political security*

digri'gnare [digriɲ'ɲare] *vt* **~ i denti** to grind one's teeth

dilapi'dare *vt* to squander, waste

dila'tare *vt* to dilate; (*gas*) to cause to expand; (*passaggio, cavità*) to open (up); **dilatarsi** *vpr* to dilate; (*Fisica*) to expand

dilazio'nare [dilattsjo'nare] *vt* to delay, defer

di'lemma, -i *sm* dilemma

dilet'tante *sm/f* dilettante; (*anche Sport*) amateur

dili'gente [dili'dʒɛnte] *ag* (*scrupoloso*) diligent; (*accurato*) careful, accurate

dilu'ire *vt* to dilute

dilun'garsi *vpr* (*fig*): **~ su** to talk at length on *o* about

diluvi'are *vb impers* to pour (down)

di'luvio *sm* downpour; (*inondazione, fig*) flood

dima'grante *ag* slimming *cpd*

dima'grire *vi* to get thinner, lose weight

dime'nare *vt* to wave, shake; **dimenarsi** *vpr* to toss and turn; (*fig*) to struggle; **~ la coda** (*cane*) to wag its tail

dimensi'one *sf* dimension; (*grandezza*) size

dimenti'canza [dimenti'kantsa] *sf* forgetfulness; (*errore*) oversight, slip; **per ~** inadvertently

dimenti'care *vt* to forget; **ho dimenticato la chiave/il passaporto** I forgot the key/my passport; **dimenticarsi** *vpr* **dimenticarsi di qc**

to forget sth
dimesti'chezza [dimesti'kettsa] *sf* familiarity
di'mettere *vt* **~ qn da** to dismiss sb from; (*dall'ospedale*) to discharge sb from; **dimettersi** *vpr* **dimettersi (da)** to resign (from)
dimez'zare [dimed'dzare] *vt* to halve
diminu'ire *vt* to reduce, diminish; (*prezzi*) to bring down, reduce ▸ *vi* to decrease, diminish; (*rumore*) to die down; (*prezzi*) to fall, go down
diminu'tivo, -a *ag, sm* diminutive
diminuzi'one *sf* decreasing, diminishing
di'misi *ecc vb vedi* **dimettere**
dimissi'oni *sfpl* resignation *sg*; **dare** *o* **presentare le ~** to resign, hand in one's resignation
dimos'trare *vt* to demonstrate, show; (*provare*) to prove, demonstrate; **dimostrarsi** *vpr* **dimostrarsi molto abile** to prove to be very clever; **dimostra 30 anni** he looks about 30 (years old);
dimostrazi'one *sf* demonstration; proof
di'namica *sf* dynamics *sg*
di'namico, -a, -ci, -che *ag* dynamic
dina'mite *sf* dynamite
'dinamo *sf inv* dynamo
dino'sauro *sm* dinosaur
dintorni *smpl* outskirts; **nei ~ di** in the vicinity *o* neighbourhood of
'dio (*pl* **'dei**) *sm* god; **D~** God; **gli dei** the gods; **D~ mio!** my goodness!, my God!
diparti'mento *sm* department
dipen'dente *ag* dependent ▸ *sm/f* employee; **dipendente statale** state employee
di'pendere *vi* **~ da** to depend on; (*finanziariamente*) to be dependent on; (*derivare*) to come from, be due to
di'pesi *ecc vb vedi* **dipendere**
di'pingere [di'pindʒere] *vt* to paint
di'pinsi *ecc vb vedi* **dipingere**
di'pinto, -a *pp di* **dipingere** ▸ *sm* painting
di'ploma, -i *sm* diploma
diplo'matico, -a, -ci, -che *ag* diplomatic ▸ *sm* diplomat
diploma'zia [diplomat'tsia] *sf* diplomacy
di'porto: **imbarcazione da ~** *sf* pleasure craft
dira'dare *vt* to thin (out); (*visite*) to reduce, make less frequent; **diradarsi** *vpr* to disperse; (*nebbia*) to clear (up)
'dire *vt* to say; (*segreto, fatto*) to tell; **~ qc a qn** to tell sb sth; **~ a qn di fare qc** to tell sb to do sth; **~ di sì/no** to say yes/no; **si dice che ...** they say that ...; **si ~bbe che ...** it looks (*o* sounds) as though ...; **dica, signora?** (*in un negozio*) yes, Madam, can I help you?; **come si dice in inglese...?** what's the English (word) for ...?
di'ressi *ecc vb vedi* **dirigere**
di'retta: **in ~** *avv* (*transmettere*) live; **un incontro di calcio in ~** a live football match
di'retto, -a *pp di* **dirigere** ▸ *ag* direct ▸ *sm* (*Ferr*) through train
diret'tore, -'trice *sm/f* (*di azienda*) director: manager/ess; (*di scuola elementare*) head (teacher) (*BRIT*), principal (*US*); **direttore d'orchestra** conductor; **direttore vendite** sales director *o* manager
direzi'one [diret'tsjone] *sf* board of directors; management; (*senso di movimento*) direction; **in ~ di** in the direction of, towards
diri'gente [diri'dʒɛnte] *sm/f* executive; (*Pol*) leader ▸ *ag* **classe ~** ruling class
di'rigere [di'ridʒere] *vt* to direct; (*impresa*) to run, manage; (*Mus*) to conduct; **dirigersi** *vpr* **dirigersi verso** *o* **a** to make *o* head for

dirim'petto *av* opposite; **~ a** opposite, facing
di'ritto, -a *ag* straight; (*onesto*) straight, upright ▸ *av* straight, directly; **andare ~** to go straight on ▸ *sm* right side; (*Tennis*) forehand; (*Maglia*) plain stitch; (*prerogativa*) right; (*leggi, scienza*): **il ~** law; **diritti** *smpl* (*tasse*) duty *sg*; **stare ~** to stand up straight; **aver ~ a qc** to be entitled to sth; **diritti d'autore** royalties
dirotta'mento *sm*; **dirottamento (aereo)** hijack
dirot'tare *vt* (*nave, aereo*) to change the course of; (*aereo sotto minaccia*) to hijack; (*traffico*) to divert ▸ *vi* (*nave, aereo*) to change course;
dirotta'tore, -'trice *sm/f* hijacker
di'rotto, -a *ag* (*pioggia*) torrential; (*pianto*) unrestrained; **piovere a ~** to pour; **piangere a ~** to cry one's heart out
di'rupo *sm* crag, precipice
di'sabile *sm/f* disabled person ▸ *ag* disabled; **i disabili** the disabled
disabi'tato, -a *ag* uninhabited
disabitu'arsi *vpr* **~ a** to get out of the habit of
disac'cordo *sm* disagreement
disadat'tato, -a *ag* (*Psic*) maladjusted
disa'dorno, -a *ag* plain, unadorned
disagi'ato, -a [diza'dʒato] *ag* poor, needy; (*vita*) hard
di'sagio [di'zadʒo] *sm* discomfort; (*disturbo*) inconvenience; (*fig*: *imbarazzo*) embarrassment; **essere a ~** to be ill at ease
disappro'vare *vt* to disapprove of;
disapprovazi'one *sf* disapproval
disap'punto *sm* disappointment
disar'mare *vt, vi* to disarm; **di'sarmo** *sm* (*Mil*) disarmament
di'sastro *sm* disaster
disas'troso, -a *ag* disastrous
disat'tento, -a *ag* inattentive;
disattenzi'one *sf* carelessness, lack of attention
disavven'tura *sf* misadventure, mishap
dis'capito *sm* **a ~ di** to the detriment of
dis'carica, -che *sf* (*di rifiuti*) rubbish tip *o* dump
di'scendere [diʃ'ʃendere] *vt* to go (*o* come) down ▸ *vi* to go (*o* come) down; (*strada*) to go down; (*smontare*) to get off; **~ da** (*famiglia*) to be descended from; **~ dalla macchina/dal treno** to get out of the car/out of *o* off the train; **~ da cavallo** to dismount, get off one's horse
di'scesa [diʃ'ʃesa] *sf* descent; (*pendio*) slope; **in ~** (*strada*) downhill *cpd*, sloping; **discesa libera** (*Sci*) downhill (race)
disci'plina [diʃʃi'plina] *sf* discipline
'disco, -schi *sm* disc; (*Sport*) discus; (*fonografico*) record; (*Inform*) disk; **disco orario** (*Aut*) parking disc; **disco rigido** (*Inform*) hard disk; **disco volante** flying saucer
disco'grafico, -a, ci, che *ag* record *cpd*, recording *cpd* ▸ *sm* record producer; **casa discografica** record(ing) company
dis'correre *vi* **~ (di)** to talk (about)
dis'corso, -a *pp di* **discorrere** ▸ *sm* speech; (*conversazione*) conversation, talk
disco'teca, -che *sf* (*raccolta*) record library; (*locale*) disco
discre'panza [diskre'pantsa] *sf* disagreement
dis'creto, -a *ag* discreet; (*abbastanza buono*) reasonable, fair
discriminazi'one [diskriminat'tsjone] *sf* discrimination
dis'cussi *ecc vb vedi* **discutere**

discussi'one *sf* discussion; (*litigio*) argument; **fuori ~** out of the question
dis'cutere *vt* to discuss, debate; (*contestare*) to question ▸ *vi* (*conversare*): **~ (di)** to discuss; (*litigare*) to argue
dis'detta *sf* (*di prenotazione ecc*) cancellation; (*sfortuna*) bad luck
dis'dire *vt* (*prenotazione*) to cancel; (*Dir*): **~ un contratto d'affitto** to give notice (to quit); **vorrei ~ la mia prenotazione** I want to cancel my booking
dise'gnare [diseɲ'ɲare] *vt* to draw; (*progettare*) to design; (*fig*) to outline
disegna'tore, -'trice *sm/f* designer
di'segno [di'seɲɲo] *sm* drawing; design; outline; **disegno di legge** (*Dir*) bill
diser'bante *sm* weed-killer
diser'tare *vt, vi* to desert
dis'fare *vt* to undo; (*valigie*) to unpack; (*meccanismo*) to take to pieces; (*neve*) to melt; **disfarsi** *vpr* to come undone; (*neve*) to melt; **~ il letto** to strip the bed; **disfarsi di qn** (*liberarsi*) to get rid of sb; **dis'fatto, -a** *pp di* **disfare**
dis'gelo [diz'dʒɛlo] *sm* thaw
dis'grazia [diz'grattsja] *sf* (*sventura*) misfortune; (*incidente*) accident, mishap
disgu'ido *sm* hitch; **disguido postale** error in postal delivery
disgus'tare *vt* to disgust
dis'gusto *sm* disgust; **disgus'toso, -a** *ag* disgusting
disidra'tare *vt* to dehydrate
disimpa'rare *vt* to forget
disinfet'tante *ag, sm* disinfectant
disinfet'tare *vt* to disinfect
disini'bito, -a *ag* uninhibited
disinstal'lare *vt* (*software*) to uninstall
disinte'grare *vt, vi* to disintegrate; **disintegrarsi** *vpr* to disintegrate
disinteres'sarsi *vpr* **~ di** to take no interest in
disinte'resse *sm* indifference; (*generosità*) unselfishness
disintossicarsi *vpr* to clear out one's system; (*alcolizzato, drogato*) to be treated for alcoholism (*o* drug addiction)
disin'volto, -a *ag* casual, free and easy
dismi'sura *sf* excess; **a ~** to excess, excessively
disoccu'pato, -a *ag* unemployed ▸ *sm/f* unemployed person; **disoccupazi'one** *sf* unemployment
diso'nesto, -a *ag* dishonest
disordi'nato, -a *ag* untidy; (*privo di misura*) irregular, wild
di'sordine *sm* (*confusione*) disorder, confusion; (*sregolatezza*) debauchery; **disordini** *smpl* (*Pol ecc*) disorder *sg*; (*tumulti*) riots
disorien'tare *vt* to disorientate
disorien'tato, -a *ag* disorientated
'dispari *ag inv* odd, uneven
dis'parte: **in ~** *av* (*da lato*) aside, apart; **tenersi** *o* **starsene in ~** to keep to o.s., hold o.s. aloof
dispendi'oso, -a *ag* expensive
dis'pensa *sf* pantry, larder; (*mobile*) sideboard; (*Dir*) exemption; (*Rel*) dispensation; (*fascicolo*) number, issue
dispe'rato, -a *ag* (*persona*) in despair; (*caso, tentativo*) desperate
disperazi'one *sf* despair
dis'perdere *vt* (*disseminare*) to disperse; (*Mil*) to scatter, rout; (*fig*: *consumare*) to waste, squander; **disperdersi** *vpr* to disperse; to scatter; **dis'perso, -a** *pp di* **disperdere** ▸ *sm/f* missing person
dis'petto *sm* spite *no pl*, spitefulness *no pl*; **fare un ~ a qn** to play a (nasty) trick on sb; **a ~ di** in spite of;

dispet'toso, -a *ag* spiteful
dispia'cere [dispja'tʃere] *sm* (*rammarico*) regret, sorrow; (*dolore*) grief; **dispiaceri** *smpl* (*preoccupazioni*) troubles, worries *vi* **~ a** to displease *vb impers* **mi dispiace (che)** I am sorry (that); **le dispiace se...?** do you mind if...?
dis'pone, dis'pongo *ecc vb vedi* **disporre**
dispo'nibile *ag* available
dis'porre *vt* (*sistemare*) to arrange; (*preparare*) to prepare; (*Dir*) to order; (*persuadere*): **~ qn a** to incline *o* dispose sb towards ▸ *vi* (*decidere*) to decide; (*usufruire*): **~ di** to use, have at one's disposal; (*essere dotato*): **~ di** to have
dis'posi *ecc vb vedi* **disporre**
disposi'tivo *sm* (*meccanismo*) device
disposizi'one [dispozit'tsjone] *sf* arrangement, layout; (*stato d'animo*) mood; (*tendenza*) bent, inclination; (*comando*) order; (*Dir*) provision, regulation; **a ~ di qn** at sb's disposal
dis'posto, -a *pp di* **disporre**
disprez'zare [dispret'tsare] *vt* to despise
dis'prezzo [dis'prɛttso] *sm* contempt
'disputa *sf* dispute, quarrel
dispu'tare *vt* (*contendere*) to dispute, contest; (*gara*) to take part in ▸ *vi* to quarrel; **~ di** to discuss; **disputarsi qc** to fight for sth
'disse *vb vedi* **dire**
dissente'ria *sf* dysentery
dissen'tire *vi* **~ (da)** to disagree (with)
disse'tante *ag* refreshing
'dissi *vb vedi* **dire**
dissimu'lare *vt* (*fingere*) to dissemble; (*nascondere*) to conceal
dissi'pare *vt* to dissipate; (*scialacquare*) to squander, waste
dissu'adere *vt* **~ qn da** to dissuade sb from
distac'care *vt* to detach, separate; (*Sport*) to leave behind; **distaccarsi** *vpr* to be detached; (*fig*) to stand out; **distaccarsi da** (*fig: allontanarsi*) to grow away from
dis'tacco, -chi *sm* (*separazione*) separation; (*fig: indifferenza*) detachment; (*Sport*): **vincere con un ~ di ...** to win by a distance of ...
dis'tante *av* far away ▸ *ag* **~ (da)** distant (from), far away (from)
dis'tanza [dis'tantsa] *sf* distance
distanzi'are [distan'tsjare] *vt* to space out, place at intervals; (*Sport*) to outdistance; (*fig: superare*) to outstrip, surpass
dis'tare *vi* **distiamo pochi chilometri da Roma** we are only a few kilometres (away) from Rome; **quanto dista il centro da qui?** how far is the town centre?
dis'tendere *vt* (*coperta*) to spread out; (*gambe*) to stretch (out); (*mettere a giacere*) to lay; (*rilassare: muscoli, nervi*) to relax; **distendersi** *vpr* (*rilassarsi*) to relax; (*sdraiarsi*) to lie down
dis'tesa *sf* expanse, stretch
dis'teso, -a *pp di* **distendere**
distil'lare *vt* to distil
distille'ria *sf* distillery
dis'tinguere *vt* to distinguish; **distinguersi** *vpr* (*essere riconoscibile*) to be distinguished; (*emergere*) to stand out, be conspicuous, distinguish o.s.
dis'tinta *sf* (*nota*) note; (*elenco*) list; **distinta di versamento** pay-in slip
distin'tivo, -a *ag* distinctive; distinguishing ▸ *sm* badge
dis'tinto, -a *pp di* **distinguere** ▸ *ag* (*dignitoso ed elegante*) distinguished; **"distinti saluti"** (*in lettera*) yours faithfully
distinzi'one [distin'tsjone] *sf* distinction
dis'togliere [dis'tɔʎʎere] *vt* **~ da** to take away from; (*fig*) to dissuade from

distorsi'one *sf* (*Med*) sprain; (*Fisica, Ottica*) distortion
dis'trarre *vt* to distract; (*divertire*) to entertain, amuse; **distrarsi** *vpr* (*non fare attenzione*) to be distracted, let one's mind wander; (*svagarsi*) to amuse *o* enjoy o.s.; **dis'tratto, -a** *pp di* **distrarre** ▶ *ag* absent-minded; (*disattento*) inattentive; **distrazi'one** *sf* absent-mindedness; inattention; (*svago*) distraction, entertainment
dis'tretto *sm* district
distribu'ire *vt* to distribute; (*Carte*) to deal (out); (*posta*) to deliver; (*lavoro*) to allocate, assign; (*ripartire*) to share out; **distribu'tore** *sm* (*di benzina*) petrol (*BRIT*) *o* gas (*US*) pump; (*Aut, Elettr*) distributor; **distributore automatico** vending machine
distri'care *vt* to disentangle, unravel; **districarsi** *vpr* (*tirarsi fuori*): **districarsi da** to get out of, disentangle o.s. from
dis'truggere [dis'truddʒere] *vt* to destroy; **distruzi'one** *sf* destruction
distur'bare *vt* to disturb, trouble; (*sonno, lezioni*) to disturb, interrupt; **disturbarsi** *vpr* to put o.s. out
dis'turbo *sm* trouble, bother, inconvenience; (*indisposizione*) (slight) disorder, ailment; **scusi il ~** I'm sorry to trouble you
disubbidi'ente *ag* disobedient
disubbi'dire *vi* **~ (a qn)** to disobey (sb)
disu'mano, -a *ag* inhuman
di'tale *sm* thimble
'dito (*pl*(*f*) **'dita**) *sm* finger; (*misura*) finger, finger's breadth; **dito (del piede)** toe
'ditta *sf* firm, business
ditta'tore *sm* dictator
ditta'tura *sf* dictatorship
dit'tongo, -ghi *sm* diphthong
di'urno, -a *ag* day *cpd*, daytime *cpd*
'diva *sf vedi* **divo**
di'vano *sm* sofa; divan; **divano letto** bed settee, sofa bed
divari'care *vt* to open wide
di'vario *sm* difference
dive'nire *vi* = **diventare**
diven'tare *vi* to become; **~ famoso/ professore** to become famous/a teacher
diversifi'care *vt* to diversify, vary; to differentiate; **diversificarsi** *vpr* **diversificarsi (per)** to differ (in)
diversità *sf inv* difference, diversity; (*varietà*) variety
diver'sivo *sm* diversion, distraction
di'verso, -a *ag* (*differente*): **~ (da)** different (from); **diversi, -e** *det pl* several, various; (*Comm*) sundry *pron pl* several (people), many (people)
diver'tente *ag* amusing
diverti'mento *sm* amusement, pleasure; (*passatempo*) pastime
diver'tire *vt* to amuse, entertain; **divertirsi** *vpr* to amuse *o* enjoy o.s.
di'videre *vt* (*anche Mat*) to divide; (*distribuire, ripartire*) to divide (up), split (up); **dividersi** *vpr* (*separarsi*) to separate; (*strade*) to fork
divi'eto *sm* prohibition; **"~ di sosta"** (*Aut*) "no parking"
divinco'larsi *vpr* to wriggle, writhe
di'vino, -a *ag* divine
di'visa *sf* (*Mil ecc*) uniform; (*Comm*) foreign currency
di'visi *ecc vb vedi* **dividere**
divisi'one *sf* division
'divo, -a *sm/f* star
divo'rare *vt* to devour
divorzi'are [divor'tsjare] *vi* **~ (da qn)** to divorce (sb)
di'vorzio [di'vɔrtsjo] *sm* divorce
divul'gare *vt* to divulge, disclose; (*rendere comprensibile*) to popularize
dizio'nario [ditsjo'narjo] *sm* dictionary
DJ [di'dʒei] *sigla m/f* (= *Disk Jockey*) DJ
do *sm* (*Mus*) C; (: *solfeggiando*) do(h)

dobbi'amo *vb vedi* **dovere**
D.O.C. [dɔk] *abbr (= denominazione di origine controllata) label guaranteeing the quality of wine*
'doccia, -ce ['dottʃa] *sf (bagno)* shower; **fare la ~** to have a shower
do'cente [do'tʃɛnte] *ag* teaching ▸ *sm/f* teacher; *(di università)* lecturer
'docile ['dɔtʃile] *ag* docile
documen'tario *sm* documentary
documentarsi *vpr* **~ (su)** to gather information *o* material (about)
docu'mento *sm* document; **documenti** *smpl (d'identità ecc)* papers
dodi'cesimo, -a [dodi'tʃɛzimo] *num* twelfth
'dodici ['doditʃi] *num* twelve
do'gana *sf (ufficio)* customs *pl*; *(tassa)* (customs) duty; **passare la ~** to go through customs; **dogani'ere** *sm* customs officer
'doglie ['dɔʎʎe] *sfpl (Med)* labour *sg*, labour pains
'dolce ['doltʃe] *ag* sweet; *(carattere, persona)* gentle, mild; *(fig: mite: clima)* mild; *(non ripido: pendio)* gentle ▸ *sm (sapore dolce)* sweetness, sweet taste; *(Cuc: portata)* sweet, dessert; *(: torta)* cake; **dolcifi'cante** *sm* sweetener
'dollaro *sm* dollar
Dolo'miti *sfpl* **le ~** the Dolomites
do'lore *sm (fisico)* pain; *(morale)* sorrow, grief; **dolo'roso, -a** *ag* painful; sorrowful, sad
do'manda *sf (interrogazione)* question; *(richiesta)* demand; *(: cortese)* request; *(Dir: richiesta scritta)* application; *(Econ)*: **la ~** demand; **fare una ~ a qn** to ask sb a question; **fare ~ (per un lavoro)** to apply (for a job)
doman'dare *vt (per avere)* to ask for; *(per sapere)* to ask; *(esigere)* to demand; **domandarsi** *vpr* to wonder; to ask o.s.; **~ qc a qn** to ask sb for sth; to ask sb sth
do'mani *av* tomorrow ▸ *sm* **il ~** *(il futuro)* the future; *(il giorno successivo)* the next day; **~ l'altro** the day after tomorrow
do'mare *vt* to tame
doma'tore, -'trice *sm/f (gen)* tamer; **domatore di cavalli** horsebreaker; **domatore di leoni** lion tamer
domat'tina *av* tomorrow morning
do'menica, -che *sf* Sunday; **di** *o* **la ~** on Sundays
do'mestico, -a, -ci, -che *ag* domestic ▸ *sm/f* servant, domestic
domi'cilio [domi'tʃiljo] *sm (Dir)* domicile, place of residence
domi'nare *vt* to dominate; *(fig: sentimenti)* to control, master ▸ *vi* to be in the dominant position
do'nare *vt* to give, present; *(per beneficenza ecc)* to donate ▸ *vi (fig)*: **~ a** to suit, become; **~ sangue** to give blood; **dona'tore, -'trice** *sm/f* donor; **donatore di sangue/di organi** blood/organ donor
dondo'lare *vt (cullare)* to rock; **dondolarsi** *vpr* to swing, sway; **'dondolo** *sm* **sedia/cavallo a dondolo** rocking chair/horse
'donna *sf* woman; **donna di casa** housewife; home-loving woman; **donna di servizio** maid
donnai'olo *sm* ladykiller
'donnola *sf* weasel
'dono *sm* gift
doping ['dɔpiŋ] *sm* doping
'dopo *av (tempo)* afterwards; *(più tardi)* later; *(luogo)* after, next ▸ *prep* after ▸ *cong (temporale)*: **~ aver studiato** after having studied; **~ mangiato va a dormire** after having eaten *o* after a meal he goes for a sleep ▸ *ag inv* **il giorno ~** the following day; **un anno ~** a year later; **~ di me/lui** after me/him; **~, a ~!** see you later!
dopo'barba *sm inv* after-shave

dopodo'mani *av* the day after tomorrow
doposcì [dopoʃʃi] *sm inv* après-ski outfit
dopo'sole *sm inv* aftersun (lotion)
dopo'tutto *av* (*tutto considerato*) after all
doppi'aggio [dop'pjaddʒo] *sm* (*Cinema*) dubbing
doppi'are *vt* (*Naut*) to round; (*Sport*) to lap; (*Cinema*) to dub
'doppio, -a *ag* double; (*fig*: *falso*) double-dealing, deceitful ▸ *sm* (*quantità*): **il ~ (di)** twice as much (*o* many), double the amount (*o* number) of; (*Sport*) doubles *pl* ▸ *av* double
doppi'one *sm* duplicate (copy)
doppio'petto *sm* double-breasted jacket
dormicchi'are [dormik'kjare] *vi* to doze
dormigli'one, -a [dormiʎ'ʎone] *sm/f* sleepyhead
dor'mire *vt, vi* to sleep; **andare a ~** to go to bed; **dor'mita** *sf* **farsi una dormita** to have a good sleep
dormi'torio *sm* dormitory
dormi'veglia [dormi'veʎʎa] *sm* drowsiness
'dorso *sm* back; (*di montagna*) ridge, crest; (*di libro*) spine; **a ~ di cavallo** on horseback
do'sare *vt* to measure out; (*Med*) to dose
'dose *sf* quantity, amount; (*Med*) dose
do'tato, -a *ag* **~ di** (*attrezzature*) equipped with; (*bellezza, intelligenza*) endowed with; **un uomo ~** a gifted man
'dote *sf* (*di sposa*) dowry; (*assegnata a un ente*) endowment; (*fig*) gift, talent
Dott. *abbr* (= *dottore*) Dr.
dotto'rato *sm* degree; **dottorato di ricerca** doctorate, doctor's degree
dot'tore, -essa *sm/f* doctor; **chiamate un ~** call a doctor

> **dottore**
> In Italy, anyone who has a degree in any subject can use the title **dottore**. Thus a person who is addressed as **dottore** is not necessarily a doctor of medicine.

dot'trina *sf* doctrine
Dott.ssa *abbr* (= *dottoressa*) Dr.
'dove *av* (*gen*) where; (*in cui*) where, in which; (*dovunque*) wherever ▸ *cong* (*mentre, laddove*) whereas; **~ sei?/vai?** where are you?/are you going?; **dimmi dov'è** tell me where it is; **di ~ sei?** where are you from?; **per ~ si passa?** which way should we go?; **la città ~ abito** the town where *o* in which I live; **siediti ~ vuoi** sit wherever you like
do'vere *sm* (*obbligo*) duty ▸ *vt* (*essere debitore*): **~ qc (a qn)** to owe (sb) sth ▸ *vi* (*seguito dall'infinito*: *obbligo*) to have to; **rivolgersi a chi di ~** to apply to the appropriate authority *o* person; **lui deve farlo** he has to do it, he must do it; **quanto le devo?** how much do I owe you?; **è dovuto partire** he had to leave; **ha dovuto pagare** he had to pay; (: *intenzione*): **devo partire domani** I'm (due) to leave tomorrow; (: *probabilità*): **dev'essere tardi** it must be late; **come si deve** (*lavorare, comportarsi*) properly; **una persona come si deve** a respectable person
dove'roso, -a *ag* (right and) proper
dovrò *ecc vb vedi* **dovere**
do'vunque *av* (*in qualunque luogo*) wherever; (*dappertutto*) everywhere; **~ io vada** wherever I go
do'vuto, -a *ag* (*causato*): **~ a** due to
doz'zina [dod'dzina] *sf* dozen; **una ~ di uova** a dozen eggs
dozzi'nale [doddzi'nale] *ag* cheap, second-rate

'drago, -ghi *sm* dragon
'dramma, -i *sm* drama;
dram'matico, -a, -ci, -che *ag* dramatic
'drastico, -a, -ci, -che *ag* drastic
'dritto, -a *ag, av* = **diritto**
'droga, -ghe *sf* (*sostanza aromatica*) spice; (*stupefacente*) drug; **droghe leggere/pesanti** soft/hard drugs
drogarsi *vpr* to take drugs
dro'gato, -a *sm/f* drug addict
droghe'ria [droge'ria] *sf* grocer's shop (BRIT), grocery (store) (US)
drome'dario *sm* dromedary
DS [di'ɛsse] *sigla mpl* (= *Democratici di Sinistra*) *Italian left-wing party*
'dubbio, -a *ag* (*incerto*) doubtful, dubious; (*ambiguo*) dubious ▸ *sm* (*incertezza*) doubt; **avere il ~ che** to be afraid that, suspect that; **mettere in ~ qc** to question sth
dubi'tare *vi* **~ di** to doubt; (*risultato*) to be doubtful of
Dub'lino *sf* Dublin
'duca, -chi *sm* duke
du'chessa [du'kessa] *sf* duchess
'due *num* two
due'cento [due'tʃɛnto] *num* two hundred ▸ *sm* **il D~** the thirteenth century
due'pezzi [due'pɛttsi] *sm* (*costume da bagno*) two-piece swimsuit; (*abito femminile*) two-piece suit
'dunque *cong* (*perciò*) so, therefore; (*riprendendo il discorso*) well (then) ▸ *sm inv* **venire al ~** to come to the point
du'omo *sm* cathedral

> Attenzione! In inglese esiste la parola *dome*, che però significa *cupola*.

dupli'cato *sm* duplicate
'duplice ['duplitʃe] *ag* double, twofold; **in ~ copia** in duplicate
du'rante *prep* during
du'rare *vi* to last; **~ fatica a** to have difficulty in
du'rezza [du'rettsa] *sf* hardness; stubbornness; harshness; toughness
'duro, -a *ag* (*pietra, lavoro, materasso, problema*) hard; (*persona: ostinato*) stubborn, obstinate; (*severo*) harsh, hard; (*voce*) harsh; (*carne*) tough ▸ *sm* hardness; (*difficoltà*) hard part; (*persona*) tough guy; **tener ~** to stand firm, hold out; **~ d'orecchi** hard of hearing
DVD [divu'di] *sigla m* (= *digital versatile (or) video disc*) DVD; (*lettore*) DVD player

e

e (*dav V spesso* **ed**) *cong* and; **e lui?** what about him?; **e compralo!** well buy it then!
E *abbr* (= *est*) E
è *vb vedi* **essere**
eb'bene *cong* well (then)
'ebbi *ecc vb vedi* **avere**
e'braico, -a, -ci, -che *ag* Hebrew, Hebraic ▸ *sm* (*Ling*) Hebrew
e'breo, -a *ag* Jewish ▸ *sm/f* Jew/ess
EC *abbr* (= *Eurocity*) *fast train connecting Western European cities*
ecc. *av abbr* (= *eccetera*) etc
eccel'lente [ettʃel'lɛnte] *ag* excellent
ec'centrico, -a, -ci, -che [et'tʃɛntriko] *ag* eccentric

eccesʼsivo, -a [ettʃes'sivo] *ag* excessive
ecʼcesso [et'tʃɛsso] *sm* excess; **all'~** (*gentile, generoso*) to excess, excessively; **eccesso di velocità** (*Aut*) speeding
ecʼcetera [et'tʃɛtera] *av* et cetera, and so on
ecʼcetto [et'tʃɛtto] *prep* except, with the exception of; **~ che** except, other than; **~ che (non)** unless
eccezioʼnale [ettʃetsjo'nale] *ag* exceptional
eccezi'one [ettʃet'tsjone] *sf* exception; (*Dir*) objection; **a ~ di** with the exception of, except for; **d'~** exceptional
ecciʼtare [ettʃi'tare] *vt* (*curiosità, interesse*) to excite, arouse; (*folla*) to incite; **eccitarsi** *vpr* to get excited; (*sessualmente*) to become aroused
ʼecco *av* (*per dimostrare*): **~ il treno!** here's *o* here comes the train!; (*dav pron*): **~mi!** here I am!; **~ne uno!** here's one (of them)!; (*dav pp*): **~ fatto!** there, that's it done!
ecʼcome *av* rather; **ti piace? — ~!** do you like it? — I'll say! *o* and how! *o* rather! (*BRIT*)
eʼclisse *sf* eclipse
ʼeco (*pl(m)* **ʼechi**) *sm o f* echo
ecograʼfia *sf* (*Med*) scan
ecoloʼgia [ekolo'dʒia] *sf* ecology
ecoʼlogico, -a, ci, che [eko'lɔdʒiko] *ag* ecological
econoʼmia *sf* economy; (*scienza*) economics *sg*; (*risparmio: azione*) saving; **fare ~** to economize, make economies; **ecoʼnomico, -a, -ci, -che** *ag* economic; (*poco costoso*) economical
ecstasy ['ekstazi] *sf* Ecstasy
ʼedera *sf* ivy
eʼdicola *sf* newspaper kiosk *o* stand (*US*)
ediʼficio [edi'fitʃo] *sm* building
eʼdile *ag* building *cpd*
Edimʼburgo *sf* Edinburgh
ediʼtore, -ʼtrice *ag* publishing *cpd* ▸ *sm/f* publisher

Attenzione! In inglese esiste la parola *editor*, che però significa *redattore*.

ediziʼone [edit'tsjone] *sf* edition; (*tiratura*) printing; **edizione straordinaria** special edition
eduʼcare *vt* to educate; (*gusto, mente*) to train; **~ qn a fare** to train sb to do; **eduʼcato, -a** *ag* polite, well-mannered; **educaziʼone** *sf* education; (*familiare*) upbringing; (*comportamento*) (good) manners *pl*; **educazione fisica** (*Ins*) physical training *o* education

Attenzione! In inglese esiste la parola *educated*, che però significa *istruito*.

educherò *ecc* [eduke'rɔ] *vb vedi* **educare**
effemiʼnato, -a *ag* effeminate
efferveʼscente [efferveʃ'ʃɛnte] *ag* effervescent
effetʼtivo, -a *ag* (*reale*) real, actual; (*impiegato, professore*) permanent; (*Mil*) regular ▸ *sm* (*Mil*) strength; (*di patrimonio ecc*) sum total
efʼfetto *sm* effect; (*Comm: cambiale*) bill; (*fig: impressione*) impression; **in effetti** in fact, actually; **effetto serra** greenhouse effect; **effetti personali** personal effects, personal belongings
effiʼcace [effi'katʃe] *ag* effective
efficiʼente [effi'tʃɛnte] *ag* efficient
Eʼgeo [e'dʒɛo] *sm* **l'~, il mare ~** the Aegean (Sea)
Eʼgitto [e'dʒitto] *sm* **l'~** Egypt
egiziʼano, -a [edʒit'tsjano] *ag, sm/f* Egyptian
ʼegli ['eʎʎi] *pron* he; **~ stesso** he himself

ego'ismo *sm* selfishness, egoism;
ego'ista, -i, -e *ag* selfish, egoistic ▸ *sm/f* egoist
Egr. *abbr* = **egregio**
e'gregio, -a, -gi, -gie [e'grɛdʒo] *ag* (*nelle lettere*): **E~ Signore** Dear Sir
E.I. *abbr* = **Esercito Italiano**
elabo'rare *vt* (*progetto*) to work out, elaborate; (*dati*) to process
elasticiz'zato, -a [elastitʃid'dzato] *ag* stretch *cpd*
e'lastico, -a, -ci, -che *ag* elastic; (*fig*: *andatura*) springy; (: *decisione, vedute*) flexible ▸ *sm* (*di gomma*) rubber band; (*per il cucito*) elastic *no pl*
ele'fante *sm* elephant
ele'gante *ag* elegant
e'leggere [e'lɛddʒere] *vt* to elect
elemen'tare *ag* elementary; **le (scuole) elementari** *sfpl* primary (BRIT) *o* grade (US) school
ele'mento *sm* element; (*parte componente*) element, component, part; **elementi** *smpl* (*della scienza ecc*) elements, rudiments
ele'mosina *sf* charity, alms *pl*; **chiedere l'~** to beg
elen'care *vt* to list
elencherò *ecc* [elenke'rɔ] *vb vedi* **elencare**
e'lenco, -chi *sm* list; **elenco telefonico** telephone directory
e'lessi *ecc vb vedi* **eleggere**
eletto'rale *ag* electoral, election *cpd*
elet'tore, -'trice *sm/f* voter, elector
elet'trauto *sm inv* workshop for car electrical repairs; (*tecnico*) car electrician
elettri'cista, -i [elettri'tʃista] *sm* electrician
elettricità [elettritʃi'ta] *sf* electricity
e'lettrico, -a, -ci, -che *ag* electric(al)
elettriz'zante [elettrid'dzante] *ag* (*fig*) electrifying, thrilling
elettriz'zare [elettrid'dzare] *vt* to electrify; **elettrizzarsi** *vpr* to become charged with electricity
e'lettro... *prefisso*:
elettrodo'mestico, -a, -ci, -che *ag* **apparecchi elettrodomestici** domestic (electrical) appliances;
elet'tronico, -a, -ci, -che *ag* electronic
elezi'one [elet'tsjone] *sf* election; **elezioni** *sfpl* (*Pol*) election(s)
'elica, -che *sf* propeller
eli'cottero *sm* helicopter
elimi'nare *vt* to eliminate
elisoc'corso *sm* helicopter ambulance
el'metto *sm* helmet
elogi'are [elo'dʒare] *vt* to praise
elo'quente *ag* eloquent
e'ludere *vt* to evade
e'lusi *ecc vb vedi* **eludere**
e-mail [i'mɛil] *sf inv* (*messaggio, sistema*) e-mail ▸ *ag inv* (*indirizzo*) e-mail
emargi'nato, -a [emardʒi'nato] *sm/f* outcast; **emarginazione** [emardʒinat'tsjone] *sf* marginalization
embri'one *sm* embryo
emenda'mento *sm* amendment
emer'genza [emer'dʒɛntsa] *sf* emergency; **in caso di ~** in an emergency
e'mergere [e'mɛrdʒere] *vi* to emerge; (*sommergibile*) to surface; (*fig*: *distinguersi*) to stand out
e'mersi *ecc vb vedi* **emergere**
e'mettere *vt* (*suono, luce*) to give out, emit; (*onde radio*) to send out; (*assegno, francobollo, ordine*) to issue
emi'crania *sf* migraine
emi'grare *vi* to emigrate
emis'fero *sm* hemisphere; **emisfero australe** southern hemisphere; **emisfero boreale** northern hemisphere
e'misi *ecc vb vedi* **emettere**

emit'tente *ag* (*banca*) issuing; (*Radio*) broadcasting, transmitting ▸ *sf* (*Radio*) transmitter
emorra'gia, -'gie [emorra'dʒia] *sf* haemorrhage
emor'roidi *sfpl* haemorrhoids *pl* (*BRIT*), hemorrhoids *pl* (*US*)
emo'tivo, -a *ag* emotional
emozio'nante [emottsjo'nante] *ag* exciting, thrilling
emozionare [emottsjo'nare] *vt* (*commuovere*) to move; (*agitare*) to make nervous; (*elettrizzare*) to excite; **emozionarsi** *vpr* to be moved; to be nervous; to be excited; **emozionato, -a** [emottsjo'nato] *ag* (*commosso*) moved; (*agitato*) nervous; (*elettrizzato*) excited
emozi'one [emot'tsjone] *sf* emotion; (*agitazione*) excitement
enciclope'dia [entʃiklope'dia] *sf* encyclopaedia
endove'noso, -a *ag* (*Med*) intravenous
'E.N.E.L. ['enel] *sigla m* (= *Ente Nazionale per l'Energia Elettrica*) *national electricity company*
ener'getico, -a, ci, che [ener'dʒɛtiko] *ag* (*risorse, crisi*) energy *cpd*; (*sostanza, alimento*) energy-giving
ener'gia, -'gie [ener'dʒia] *sf* (*Fisica*) energy; (*fig*) energy, strength, vigour; **energia eolica** wind power; **energia solare** solar energy, solar power; **e'nergico, -a, -ci, -che** *ag* energetic, vigorous
'enfasi *sf* emphasis; (*peg*) bombast, pomposity
en'nesimo, -a *ag* (*Mat, fig*) nth; **per l'ennesima volta** for the umpteenth time
e'norme *ag* enormous, huge
'ente *sm* (*istituzione*) body, board, corporation; (*Filosofia*) being; **enti pubblici** public bodies; **ente di ricerca** research organization
en'trambi, -e *pron pl* both (of them) ▸ *ag pl* **~ i ragazzi** both of the boys
en'trare *vi* to go (*o* come) in; **~ in** (*luogo*) to enter, go (*o* come) into; (*trovar posto, poter stare*) to fit into; (*essere ammesso a: club ecc*) to join, become a member of; **~ in automobile** to get into the car; **far ~ qn** (*visitatore ecc*) to show sb in; **questo non c'entra** (*fig*) that's got nothing to do with it; **en'trata** *sf* entrance, entry; **dov'è l'entrata?** where's the entrance?; **entrate** *sfpl* (*Comm*) receipts, takings; (*Econ*) income *sg*
'entro *prep* (*temporale*) within
entusias'mare *vt* to excite, fill with enthusiasm; **entusiasmarsi** *vpr* **entusiasmarsi (per qc/qn)** to become enthusiastic (about sth/sb); **entusi'asmo** *sm* enthusiasm; **entusi'asta, -i, -e** *ag* enthusiastic ▸ *sm/f* enthusiast
epa'tite *sf* hepatitis
epide'mia *sf* epidemic
Epifa'nia *sf* Epiphany
epiles'sia *sf* epilepsy
epi'lettico, -a, ci, che *ag, sm/f* epileptic
epi'sodio *sm* episode
'epoca, -che *sf* (*periodo storico*) age, era; (*tempo*) time; (*Geo*) age
ep'pure *cong* and yet, nevertheless
EPT *sigla m* (= *Ente Provinciale per il Turismo*) *district tourist bureau*
equa'tore *sm* equator
equazi'one [ekwat'tsjone] *sf* (*Mat*) equation
e'questre *ag* equestrian
equi'librio *sm* balance, equilibrium; **perdere l'equilibrare** to lose one's balance
e'quino, -a *ag* horse *cpd*, equine

equipaggia'mento [ekwipaddʒa'mento] *sm* (*operazione*: *di nave*) equipping, fitting out; (: *di spedizione, esercito*) equipping, kitting out; (*attrezzatura*) equipment
equipaggi'are [ekwipad'dʒare] *vt* (*di persone*) to man; (*di mezzi*) to equip; **equipaggiarsi** *vpr* to equip o.s.; **equi'paggio** *sm* crew
equitazi'one [ekwitat'tsjone] *sf* (horse-)riding
equiva'lente *ag, sm* equivalent
e'quivoco, -a, -ci, -che *ag* equivocal, ambiguous; (*sospetto*) dubious ▸ *sm* misunderstanding; **a scanso di equivoci** to avoid any misunderstanding; **giocare sull'~** to equivocate
'equo, -a *ag* fair, just
'era *sf* era
'era *ecc vb vedi* **essere**
'erba *sf* grass; **in ~** (*fig*) budding; **erbe aromatiche** herbs; **erba medica** lucerne; **er'baccia, -ce** *sf* weed
erboriste'ria *sf* (*scienza*) study of medicinal herbs; (*negozio*) herbalist's (shop)
e'rede *sm/f* heir; **eredità** *sf* (*Dir*) inheritance; (*Biol*) heredity; **lasciare qc in eredità a qn** to leave *o* bequeath sth to sb; **eredi'tare** *vt* to inherit; **eredi'tario, -a** *ag* hereditary
ere'mita, -i *sm* hermit
er'gastolo *sm* (*Dir*: *pena*) life imprisonment
'erica *sf* heather
er'metico, -a, -ci, -che *ag* hermetic
'ernia *sf* (*Med*) hernia
'ero *vb vedi* **essere**
e'roe *sm* hero
ero'gare *vt* (*somme*) to distribute; (*gas, servizi*) to supply
e'roico, -a, -ci, -che *ag* heroic
ero'ina *sf* heroine; (*droga*) heroin
erosi'one *sf* erosion
e'rotico, -a, -ci, -che *ag* erotic
er'rato, -a *ag* wrong
er'rore *sm* error, mistake; (*morale*) error; **per ~** by mistake; **ci dev'essere un ~** there must be some mistake; **errore giudiziario** miscarriage of justice
eruzi'one [erut'tsjone] *sf* eruption
esacer'bare [ezatʃer'bare] *vt* to exacerbate
esage'rare [ezadʒe'rare] *vt* to exaggerate ▸ *vi* to exaggerate; (*eccedere*) to go too far
esal'tare *vt* to exalt; (*entusiasmare*) to excite, stir
e'same *sm* examination; (*Ins*) exam, examination; **fare** *o* **dare un ~** to sit *o* take an exam; **esame di guida** driving test; **esame del sangue** blood test
esami'nare *vt* to examine
esaspe'rare *vt* to exasperate; to exacerbate
esatta'mente *av* exactly; accurately, precisely
esat'tezza [ezat'tettsa] *sf* exactitude, accuracy, precision
e'satto, -a *pp di* **esigere** ▸ *ag* (*calcolo, ora*) correct, right, exact; (*preciso*) accurate, precise; (*puntuale*) punctual
esau'dire *vt* to grant, fulfil
esauri'ente *ag* exhaustive
esauri'mento *sm* exhaustion; **esaurimento nervoso** nervous breakdown
esau'rire *vt* (*stancare*) to exhaust, wear out; (*provviste, miniera*) to exhaust; **esaurirsi** *vpr* to exhaust o.s., wear o.s. out; (*provviste*) to run out; **esau'rito, -a** *ag* exhausted; (*merci*) sold out; **registrare il tutto esaurito** (*Teatro*) to have a full house; **e'sausto, -a** *ag* exhausted
'esca (*pl* **'esche**) *sf* bait

'esce ['ɛʃʃe] *vb vedi* **uscire**
eschi'mese [eski'mese] *ag, sm/f* Eskimo
'esci ['ɛʃʃi] *vb vedi* **uscire**
escla'mare *vi* to exclaim, cry out
esclama'tivo, -a *ag* **punto ~** exclamation mark
esclamazi'one *sf* exclamation
es'cludere *vt* to exclude
es'clusi *ecc vb vedi* **escludere**
esclusi'one *sf* exclusion; **a ~ di, fatta ~ per** except (for), apart from; **senza ~ (alcuna)** without exception; **procedere per ~** to follow a process of elimination; **senza ~ di colpi** (*fig*) with no holds barred; **esclusione sociale** social exclusion
esclu'siva *sf* (*Dir, Comm*) exclusive *o* sole rights *pl*
esclusiva'mente *av* exclusively, solely
esclu'sivo, -a *ag* exclusive
es'cluso, -a *pp di* **escludere**
'esco *vb vedi* **uscire**
escogi'tare [eskodʒi'tare] *vt* to devise, think up
'escono *vb vedi* **uscire**
escursi'one *sf* (*gita*) excursion, trip; (*: a piedi*) hike, walk; (*Meteor*) range; **escursione termica** temperature range
esecuzi'one [ezekut'tsjone] *sf* execution, carrying out; (*Mus*) performance; **esecuzione capitale** execution
esegu'ire *vt* to carry out, execute; (*Mus*) to perform, execute
e'sempio *sm* example; **per ~** for example, for instance; **fare un ~** to give an example; **esem'plare** *ag* exemplary ▸ *sm* example; (*copia*) copy
eserci'tare [ezertʃi'tare] *vt* (*professione*) to practise (*BRIT*), practice (*US*); (*allenare: corpo, mente*) to exercise, train; (*diritto*) to exercise; (*influenza, pressione*) to exert; **esercitarsi** *vpr* to practise; **esercitarsi alla lotta** to practise fighting
e'sercito [e'zɛrtʃito] *sm* army
eser'cizio [ezer'tʃittsjo] *sm* practice; exercising; (*fisico: di matematica*) exercise; (*Econ*) financial year; (*azienda*) business, concern; **in ~** (*medico ecc*) practising; **esercizio pubblico** (*Comm*) commercial concern
esi'bire *vt* to exhibit, display; (*documenti*) to produce, present; **esibirsi** *vpr* (*attore*) to perform; (*fig*) to show off; **esibizi'one** *sf* exhibition; (*di documento*) presentation; (*spettacolo*) show, performance
esi'gente [ezi'dʒɛnte] *ag* demanding
e'sigere [e'zidʒere] *vt* (*pretendere*) to demand; (*richiedere*) to demand, require; (*imposte*) to collect
'esile *ag* (*persona*) slender, slim; (*stelo*) thin; (*voce*) faint
esili'are *vt* to exile; **e'silio** *sm* exile
esis'tenza [ezis'tɛntsa] *sf* existence
e'sistere *vi* to exist
esi'tare *vi* to hesitate
'esito *sm* result, outcome
'esodo *sm* exodus
esone'rare *vt* to exempt
e'sordio *sm* debut
esor'tare *vt* **~ qn a fare** to urge sb to do
e'sotico, -a, -ci, -che *ag* exotic
es'pandere *vt* to expand; (*confini*) to extend; (*influenza*) to extend, spread; **espandersi** *vpr* to expand; **espansi'one** *sf* expansion; **espansione di memoria** (*Inform*) memory upgrade; **espan'sivo, -a** *ag* expansive, communicative
espatri'are *vi* to leave one's country
espedi'ente *sm* expedient
es'pellere *vt* to expel

esperi'enza [espe'rjɛntsa] *sf* experience
esperi'mento *sm* experiment
es'perto, -a *ag, sm* expert
espi'rare *vt, vi* to breathe out
es'plicito, -a [es'plitʃito] *ag* explicit
es'plodere *vi* (*anche fig*) to explode ▸ *vt* to fire
esplo'rare *vt* to explore
esplosi'one *sf* explosion
es'pone *ecc vb vedi* **esporre**
es'pongo, es'poni *ecc vb vedi* **esporre**
es'porre *vt* (*merci*) to display; (*quadro*) to exhibit, show; (*fatti, idee*) to explain, set out; (*porre in pericolo, Fot*) to expose; **esporsi** *vpr* **esporsi a** (*sole, pericolo*) to expose o.s. to; (*critiche*) to lay o.s. open to
espor'tare *vt* to export
es'pose *ecc vb vedi* **esporre**
esposizi'one [espozit'tsjone] *sf* displaying; exhibiting; setting out; (*anche Fot*) exposure; (*mostra*) exhibition; (*narrazione*) explanation, exposition
es'posto, -a *pp di* **esporre** ▸ *ag* ~ **a nord** facing north ▸ *sm* (*Amm*) statement, account; (: *petizione*) petition
espressi'one *sf* expression
espres'sivo, -a *ag* expressive
es'presso, -a *pp di* **esprimere** ▸ *ag* express ▸ *sm* (*lettera*) express letter; (*anche:* **treno** ~) express train; (*anche:* **caffè** ~) espresso
es'primere *vt* to express; **esprimersi** *vpr* to express o.s.
es'pulsi *ecc vb vedi* **espellere**
espulsi'one *sf* expulsion
es'senza [es'sɛntsa] *sf* essence; **essenzi'ale** *ag* essential; **l'essenziale** the main *o* most important thing

'essere
sm being; **essere umano** human being
▸ *vb copulativo*
1 (*con attributo, sostantivo*) to be; **sei giovane/simpatico** you are *o* you're young/nice; **è medico** he is *o* he's a doctor
2 (+ *di: appartenere*) to be; **di chi è la penna?** whose pen is it?; **è di Carla** it is *o* it's Carla's, it belongs to Carla
3 (+ *di: provenire*) to be; **è di Venezia** he is *o* he's from Venice
4 (*data, ora*): **è il 15 agosto/lunedì** it is *o* it's the 15th of August/Monday; **che ora è?, che ore sono?** what time is it?; **è l'una** it is *o* it's one o'clock; **sono le due** it is *o* it's two o'clock
5 (*costare*): **quant'è?** how much is it?; **sono 10 euro** it's 10 euros
▸ *vb aus*
1 (*attivo*): **essere arrivato/venuto** to have arrived/come; **è gia partita** she has already left
2 (*passivo*) to be; **essere fatto da** to be made by; **è stata uccisa** she has been killed
3 (*riflessivo*): **si sono lavati** they washed, they got washed
4 (+ *da* + *infinito*): **è da farsi subito** it must be *o* is to be done immediately
▸ *vi*
1 (*esistere, trovarsi*) to be; **sono a casa** I'm at home; **essere in piedi/seduto** to be standing/sitting
2: **esserci: c'è** there is; **ci sono** there are; **che c'è?** what's the matter?, what is it?; **ci sono!** (*fig: ho capito*) I get it!; *vedi anche* **ci**
▸ *vb impers* **è tardi/Pasqua** it's late/Easter; **è possibile che venga** he may come; **è così** that's the way it is

'essi *pron mpl vedi* **esso**
'esso, -a *pron* it; (*riferito a persona: soggetto*) he/she; (: *complemento*) him/her
est *sm* east
es'tate *sf* summer

esteri'ore *ag* outward, external

es'terno, -a *ag* (*porta, muro*) outer, outside; (*scala*) outside; (*alunno, impressione*) external ▸ *sm* outside, exterior ▸ *sm/f* (*allievo*) day pupil; **all'~** outside; **per uso ~** for external use only; **esterni** *smpl* (*Cinema*) location shots

'estero, -a *ag* foreign ▸ *sm* **all'~** abroad

es'teso, -a *pp di* **estendere** ▸ *ag* extensive, large; **scrivere per ~** to write in full

es'tetico, -a, -ci, -che *ag* aesthetic ▸ *sf* (*disciplina*) aesthetics *sg*; (*bellezza*) attractiveness; **este'tista, -i, -e** *sm/f* beautician

es'tinguere *vt* to extinguish, put out; (*debito*) to pay off; **estinguersi** *vpr* to go out; (*specie*) to become extinct

es'tinsi *ecc vb vedi* **estinguere**

estin'tore *sm* (fire) extinguisher

estinzi'one *sf* putting out; (*di specie*) extinction

estir'pare *vt* (*pianta*) to uproot, pull up; (*fig: vizio*) to eradicate

es'tivo, -a *ag* summer *cpd*

es'torcere [es'tɔrtʃere] *vt* **~ qc (a qn)** to extort sth (from sb)

estradizi'one [estradit'tsjone] *sf* extradition

es'trae, es'traggo *ecc vb vedi* **estrarre**

es'traneo, -a *ag* foreign ▸ *sm/f* stranger; **rimanere ~ a qc** to take no part in sth

es'trarre *vt* to extract; (*minerali*) to mine; (*sorteggiare*) to draw

es'trassi *ecc vb vedi* **estrarre**

estrema'mente *av* extremely

estre'mista, -i, e *sm/f* extremist

estremità *sf inv* extremity, end ▸ *sfpl* (*Anat*) extremities

es'tremo, -a *ag* extreme; (*ultimo: ora, tentativo*) final, last ▸ *sm* extreme; (*di pazienza, forze*) limit, end; **estremi** *smpl* (*Amm: dati essenziali*) details, particulars; **l'~ Oriente** the Far East

estro'verso, -a *ag, sm* extrovert

età *sf inv* age; **all'~ di 8 anni** at the age of 8, at 8 years of age; **ha la mia ~** he (*o* she) is the same age as me *o* as I am; **raggiungere la maggiore ~** to come of age; **essere in ~ minore** to be under age

'etere *sm* ether

eternità *sf* eternity

e'terno, -a *ag* eternal

etero'geneo, -a [etero'dʒɛneo] *ag* heterogeneous

eterosessu'ale *ag, sm/f* heterosexual

'etica *sf* ethics *sg*; *vedi anche* **etico**

eti'chetta [eti'ketta] *sf* label; (*cerimoniale*): **l'~** etiquette

'etico, -a, -ci, -che *ag* ethical

eti'lometro *sm* Breathalyzer®

etimolo'gia, -'gie [etimolo'dʒia] *sf* etymology

Eti'opia *sf* **l'~** Ethiopia

'etnico, -a, -ci, -che *ag* ethnic

e'trusco, -a, -schi, -sche *ag, sm/f* Etruscan

'ettaro *sm* hectare (= 10,000 m^2)

'etto *sm abbr* (= *ettogrammo*) 100 grams

'euro *sm inv* (*divisa*) euro

Eu'ropa *sf* **l'~** Europe

europarlamen'tare *sm/f* Member of the European Parliament, MEP

euro'peo, -a *ag, sm/f* European

eutana'sia *sf* euthanasia

evacu'are *vt* to evacuate

e'vadere *vi* (*fuggire*): **~ da** to escape from ▸ *vt* (*sbrigare*) to deal with, dispatch; (*tasse*) to evade

evapo'rare *vi* to evaporate

e'vasi *ecc vb vedi* **evadere**

evasi'one *sf* (*vedi* *evadere*) escape; dispatch; **evasione fiscale** tax evasion

eva'sivo, -a *ag* evasive

e'vaso, -a *pp di* **evadere** ▸ *sm* escapee

e'vento *sm* event
eventu'ale *ag* possible
> Attenzione! In inglese esiste la parola *eventual*, che però significa *finale*.

eventual'mente *av* if necessary
> Attenzione! In inglese esiste la parola *eventually*, che però significa *alla fine*.

evi'dente *ag* evident, obvious
evidente'mente *av* evidently; (*palesemente*) obviously, evidently
evi'tare *vt* to avoid; **~ di fare** to avoid doing; **~ qc a qn** to spare sb sth
evoluzi'one [evolut'tsjone] *sf* evolution
e'volversi *vpr* to evolve
ev'viva *escl* hurrah!; **~ il re!** long live the king!, hurrah for the king!
ex *prefisso* ex, former
'extra *ag inv* first-rate; top-quality ▸ *sm inv* extra; **extracomuni'tario, -a** *ag* from outside the EC ▸ *sm/f* non-EC citizen
extrater'restre *ag, sm/f* extraterrestrial

f

fa *vb vedi* **fare** ▸ *sm inv* (*Mus*) F; (*: solfeggiando la scala*) fa ▸ *av* **10 anni fa** 10 years ago
'fabbrica *sf* factory; **fabbri'care** *vt* to build; (*produrre*) to manufacture, make; (*fig*) to fabricate, invent
> Attenzione! In inglese esiste la parola *fabric*, che però significa *stoffa*.

fac'cenda [fat'tʃɛnda] *sf* matter, affair; (*cosa da fare*) task, chore
fac'chino [fak'kino] *sm* porter
'faccia, -ce ['fattʃa] *sf* face; (*di moneta*) side; **faccia a faccia** face to face
facci'ata [fat'tʃata] *sf* façade; (*di pagina*) side
fac'cina [fat'tʃina] *sf* (*Comput*) emoticon
'faccio ['fattʃo] *vb vedi* **fare**
fa'cessi *ecc* [fa'tʃessi] *vb vedi* **fare**
fa'cevo *ecc* [fa'tʃevo] *vb vedi* **fare**
'facile ['fatʃile] *ag* easy; (*disposto*): **~ a** inclined to, prone to; (*probabile*): **è ~ che piova** it's likely to rain
facoltà *sf inv* faculty; (*autorità*) power
facolta'tivo, -a *ag* optional; (*fermata d'autobus*) request *cpd*
'faggio ['faddʒo] *sm* beech
fagi'ano [fa'dʒano] *sm* pheasant
fagio'lino [fadʒo'lino] *sm* French (*BRIT*) o string bean
fagi'olo [fa'dʒɔlo] *sm* bean
'fai *vb vedi* **fare**
'fai-da-'te *sm inv* DIY, do-it-yourself
'falce ['faltʃe] *sf* scythe; **falci'are** *vt* to cut; (*fig*) to mow down
falcia'trice [faltʃa'tritʃe] *sf* (*per fieno*) reaping machine; (*per erba*) mower
'falco, -chi *sm* hawk
'falda *sf* layer, stratum; (*di cappello*) brim; (*di cappotto*) tails *pl*; (*di monte*) lower slope; (*di tetto*) pitch
fale'gname [faleɲ'ɲame] *sm* joiner
falli'mento *sm* failure; bankruptcy
fal'lire *vi* (*non riuscire*): **~ (in)** to fail (in); (*Dir*) to go bankrupt ▸ *vt* (*colpo, bersaglio*) to miss
'fallo *sm* error, mistake; (*imperfezione*) defect, flaw; (*Sport*) foul; fault; **senza ~** without fail

falò *sm inv* bonfire
falsifi'care *vt* to forge; (*monete*) to forge, counterfeit
'falso, -a *ag* false; (*errato*) wrong; (*falsificato*) forged; fake; (: *oro, gioielli*) imitation *cpd* ▸ *sm* forgery; **giurare il ~** to commit perjury
'fama *sf* fame; (*reputazione*) reputation, name
'fame *sf* hunger; **aver ~** to be hungry
fa'miglia [fa'miʎʎa] *sf* family
famili'are *ag* (*della famiglia*) family *cpd*; (*ben noto*) familiar; (*rapporti, atmosfera*) friendly; (*Ling*) informal, colloquial ▸ *sm/f* relative, relation
fa'moso, -a *ag* famous, well-known
fa'nale *sm* (*Aut*) light, lamp (*BRIT*); (*luce stradale, Naut*) light; (*di faro*) beacon
fa'natico, -a, -ci, -che *ag* fanatical; (*del teatro, calcio ecc*): **~ di** *o* **per** mad *o* crazy about ▸ *sm/f* fanatic; (*tifoso*) fan
'fango, -ghi *sm* mud
'fanno *vb vedi* **fare**
fannul'lone, -a *sm/f* idler, loafer
fantasci'enza [fantaʃʃɛntsa] *sf* science fiction
fanta'sia *sf* fantasy, imagination; (*capriccio*) whim, caprice ▸ *ag inv* **vestito ~** patterned dress
fan'tasma, -i *sm* ghost, phantom
fan'tastico, -a, -ci, -che *ag* fantastic; (*potenza, ingegno*) imaginative
fan'tino *sm* jockey
fara'butto *sm* crook
fard *sm inv* blusher

'fare
sm
1 (*modo di fare*): **con fare distratto** absent-mindedly; **ha un fare simpatico** he has a pleasant manner
2: **sul far del giorno/della notte** at daybreak/nightfall
▸ *vt*
1 (*fabbricare, creare*) to make; (: *casa*) to build; (: *assegno*) to make out; **fare un pasto/una promessa/un film** to make a meal/a promise/a film; **fare rumore** to make a noise
2 (*effettuare: lavoro, attività, studi*) to do; (: *sport*) to play, **cosa fai?** (*adesso*) what are you doing?; (*di professione*) what do you do?; **fare psicologia/italiano** (*Ins*) to do psychology/Italian; **fare un viaggio** to go on a trip *o* journey; **fare una passeggiata** to go for a walk; **fare la spesa** to do the shopping
3 (*funzione*) to be; (*Teatro*) to play, be; **fare il medico** to be a doctor; **fare il malato** (*fingere*) to act the invalid
4 (*suscitare: sentimenti*): **fare paura a qn** to frighten sb; **(non) fa niente** (*non importa*) it doesn't matter
5 (*ammontare*): **3 più 3 fa 6** 3 and 3 are *o* make 6; **fanno 3 euro** that's 3 euros; **Roma fa 2.000.000 di abitanti** Rome has 2,000,000 inhabitants; **che ora fai?** what time do you make it?
6 (*+ infinito*): **far fare qc a qn** (*obbligare*) to make sb do sth; (*permettere*) to let sb do sth; **fammi vedere** let me see; **far partire il motore** to start (up) the engine; **far riparare la macchina/ costruire una casa** to get *o* have the car repaired/a house built
7: **farsi: farsi una gonna** to make o.s. a skirt; **farsi un nome** to make a name for o.s.; **farsi la permanente** to get a perm; **farsi tagliare i capelli** to get one's hair cut; **farsi operare** to have an operation
8 (*fraseologia*): **farcela** to succeed, manage; **non ce la faccio più** I can't go on; **ce la faremo** we'll make it; **me l'hanno fatta!** (*imbrogliare*) I've been done!; **lo facevo più giovane** I thought he was younger; **fare sì/no con la testa** to nod/shake one's head

▸*vi*
1 (*agire*) to act, do; **fate come volete** do as you like; **fare presto** to be quick; **fare da** to act as; **non c'è niente da fare** it's no use; **saperci fare con qn/qc** to know how to deal with sb/sth; **faccia pure!** go ahead!
2 (*dire*) to say; **"davvero?" fece** "really?" he said
3: **fare per** (*essere adatto*) to be suitable for; **fare per fare qc** to be about to do sth; **fece per andarsene** he made as if to leave
4: **farsi: si fa così** you do it like this, this is the way it's done; **non si fa così!** (*rimprovero*) that's no way to behave!; **la festa non si fa** the party is off
5: **fare a gara con qn** to compete *o* vie with sb; **fare a pugni** to come to blows; **fare in tempo a fare** to be in time to do
▸*vb impers* **fa bel tempo** the weather is fine; **fa caldo/freddo** it's hot/cold; **fa notte** it's getting dark
▸*vpr* **farsi**
1 (*diventare*) to become; **farsi prete** to become a priest; **farsi grande/vecchio** to grow tall/old
2 (*spostarsi*): **farsi avanti/indietro** to move forward/back
3 (*fam*: *drogarsi*) to be a junkie

far'falla *sf* butterfly

fa'rina *sf* flour

farma'cia, -'cie [farma'tʃia] *sf* pharmacy; (*negozio*) chemist's (shop) (*BRIT*), pharmacy; **farma'cista, -i, -e** *sm/f* chemist (*BRIT*), pharmacist

'farmaco, -ci *o* **chi** *sm* drug, medicine

'faro *sm* (*Naut*) lighthouse; (*Aer*) beacon; (*Aut*) headlight

'fascia, -sce ['faʃʃa] *sf* band, strip; (*Med*) bandage; (*di sindaco, ufficiale*) sash; (*parte di territorio*) strip, belt; (*di contribuenti ecc*) group, band; **essere in fasce** (*anche fig*) to be in one's infancy; **fascia oraria** time band

fasci'are [faʃ'ʃare] *vt* to bind; (*Med*) to bandage

fa'scicolo [faʃ'ʃikolo] *sm* (*di documenti*) file, dossier; (*di rivista*) issue, number; (*opuscolo*) booklet, pamphlet

'fascino ['faʃʃino] *sm* charm, fascination

fa'scismo [faʃ'ʃizmo] *sm* fascism

'fase *sf* phase; (*Tecn*) stroke; **fuori ~** (*motore*) rough

fas'tidio *sm* bother, trouble; **dare ~ a qn** to bother *o* annoy sb; **sento ~ allo stomaco** my stomach's upset; **avere fastidi con la polizia** to have trouble *o* bother with the police; **fastidi'oso, -a** *ag* annoying, tiresome

Attenzione! In inglese esiste la parola *fastidious*, che però significa *pignolo*.

'fata *sf* fairy

fa'tale *ag* fatal; (*inevitabile*) inevitable; (*fig*) irresistible

fa'tica, -che *sf* hard work, toil; (*sforzo*) effort; (*di metalli*) fatigue; **a ~** with difficulty; **fare ~ a fare qc** to have a job doing sth; **fati'coso, -a** *ag* tiring, exhausting; (*lavoro*) laborious

'fatto, -a *pp di* **fare** ▸ *ag* **un uomo ~** a grown man; **~ a mano/in casa** hand-/home-made ▸ *sm* fact; (*azione*) deed; (*avvenimento*) event, occurrence; (*di romanzo, film*) action, story; **cogliere qn sul ~** to catch sb red-handed; **il ~ sta** *o* **è che** the fact remains *o* is that; **in ~ di** as for, as far as ... is concerned

fat'tore *sm* (*Agr*) farm manager; (*Mat, elemento costitutivo*) factor; **fattore di protezione** (*di lozione solare*) factor; **vorrei una crema solare con ~ di protezione 15** I'd like a factor 15 suntan cream

fatto'ria *sf* farm; farmhouse

Attenzione! In inglese esiste la parola *factory*, che però significa *fabbrica*.

fatto'rino *sm* errand-boy; (*di ufficio*) office-boy; (*d'albergo*) porter
fat'tura *sf* (*Comm*) invoice; (*di abito*) tailoring; (*malia*) spell
fattu'rato *sm* (*Comm*) turnover
'fauna *sf* fauna
'fava *sf* broad bean
'favola *sf* (*fiaba*) fairy tale; (*d'intento morale*) fable; (*fandonia*) yarn; **favo'loso, -a** *ag* fabulous; (*incredibile*) incredible
fa'vore *sm* favour; **per ~** please; **fare un ~ a qn** to do sb a favour
favo'rire *vt* to favour; (*il commercio, l'industria, le arti*) to promote, encourage; **vuole ~?** won't you help yourself?; **favorisca in salotto** please come into the sitting room
fax *sm inv* fax; **mandare qc via ~** to fax sth
fazzo'letto [fattso'letto] *sm* handkerchief; (*per la testa*) (head)scarf; **fazzoletto di carta** tissue
feb'braio *sm* February
'febbre *sf* fever; **aver la ~** to have a high temperature; **febbre da fieno** hay fever
'feci *ecc* ['fɛtʃi] *vb vedi* **fare**
fecondazi'one [fekondat'tsjone] *sf* fertilization; **fecondazione artificiale** artificial insemination
fe'condo, -a *ag* fertile
'fede *sf* (*credenza*) belief, faith; (*Rel*) faith; (*fiducia*) faith, trust; (*fedeltà*) loyalty; (*anello*) wedding ring; (*attestato*) certificate; **aver ~ in qn** to have faith in sb; **in buona/cattiva ~** in good/bad faith; **"in ~"** (*Dir*) "in witness whereof"; **fe'dele** *ag* **fedele (a)** faithful (to) ▸ *sm/f* follower; **i fedeli** (*Rel*) the faithful
'federa *sf* pillowslip, pillowcase
fede'rale *ag* federal
'fegato *sm* liver; (*fig*) guts *pl*, nerve
'felce ['feltʃe] *sf* fern
fe'lice [fe'litʃe] *ag* happy; (*fortunato*) lucky; **felicità** *sf* happiness
felici'tarsi [felitʃi'tarsi] *vpr* (*congratularsi*): **~ con qn per qc** to congratulate sb on sth
fe'lino, -a *ag, sm* feline
'felpa *sf* sweatshirt
'femmina *sf* (*Zool, Tecn*) female; (*figlia*) girl, daughter; (*spesso peg*) woman; **femmi'nile** *ag* feminine; (*sesso*) female; (*lavoro, giornale, moda*) woman's ▸ *sm* (*Ling*) feminine
'femore *sm* thighbone, femur
fe'nomeno *sm* phenomenon
feri'ale *ag* **giorno ~** weekday
'ferie *sfpl* holidays (*BRIT*), vacation *sg* (*US*); **andare in ~** to go on holiday *o* vacation
fe'rire *vt* to injure; (*deliberatamente*: *Mil ecc*) to wound; (*colpire*) to hurt; **ferirsi** *vpr* to hurt o.s., injure o.s; **fe'rita** *sf* injury, wound; **fe'rito, -a** *sm/f* wounded *o* injured man/woman
fer'maglio [fer'maʎʎo] *sm* clasp; (*per documenti*) clip
fer'mare *vt* to stop, halt; (*Polizia*) to detain, hold ▸ *vi* to stop; **fermarsi** *vpr* to stop, halt; **fermarsi a fare qc** to stop to do sth; **può fermarsi qui/all'angolo?** could you stop here/at the corner?
fer'mata *sf* stop; **fermata dell'autobus** bus stop
fer'menti *smpl* **~ lattici** probiotic bacteria
fer'mezza [fer'mettsa] *sf* (*fig*) firmness, steadfastness
'fermo, -a *ag* still, motionless; (*veicolo*) stationary; (*orologio*) not working; (*saldo*: *anche fig*) firm; (*voce, mano*) steady ▸ *escl* stop!; keep still! ▸ *sm* (*chiusura*) catch, lock; (*Dir*): **fermo di polizia** police detention
fe'roce [fe'rɔtʃe] *ag* (*animale*) fierce, ferocious; (*persona*) cruel, fierce;

(*fame, dolore*) raging; **le bestie feroci** wild animals

ferra'gosto *sm* (*festa*) feast of the Assumption; (*periodo*) August holidays *pl*

Ferragosto

Ferragosto, August 15th, is a national holiday. Marking the Feast of the Assumption, its origins are religious but in recent years it has simply become the most important public holiday of the summer season. Most people take some extra time off work and head out of town to the holiday resorts.

ferra'menta *sfpl* **negozio di ~** ironmonger's (*BRIT*), hardware shop *o* store (*US*)

'ferro *sm* iron; **una bistecca ai ferri** a grilled steak; **ferro battuto** wrought iron; **ferro da calza** knitting needle; **ferro di cavallo** horseshoe; **ferro da stiro** iron

ferro'via *sf* railway (*BRIT*), railroad (*US*); **ferrovi'ario, -a** *ag* railway *cpd* (*BRIT*), railroad *cpd* (*US*); **ferrovi'ere** *sm* railwayman (*BRIT*), railroad man (*US*)

'fertile *ag* fertile

'fesso, -a *pp di* **fendere** ▸ *ag* (*fam*: *sciocco*) crazy, cracked

fes'sura *sf* crack, split; (*per gettone, moneta*) slot

'festa *sf* (*religiosa*) feast; (*pubblica*) holiday; (*compleanno*) birthday; (*onomastico*) name day; (*ricevimento*) celebration, party; **far ~** to have a holiday; to live it up; **far ~ a qn** to give sb a warm welcome

festeggi'are [fested'dʒare] *vt* to celebrate; (*persona*) to have a celebration for

fes'tivo, -a *ag* (*atmosfera*) festive; **giorno ~** holiday

'feto *sm* foetus (*BRIT*), fetus (*US*)

'fetta *sf* slice

fettuc'cine [fettut'tʃine] *sfpl* (*Cuc*) ribbon-shaped pasta

FF.SS. *abbr* = **Ferrovie dello Stato**

FI *sigla* = **Firenze** ▸ *abbr* (= *Forza Italia*) *Italian centre-right political party*

fi'aba *sf* fairy tale

fi'acca *sf* weariness; (*svogliatezza*) listlessness

fi'acco, -a, -chi, -che *ag* (*stanco*) tired, weary; (*svogliato*) listless; (*debole*) weak; (*mercato*) slack

fi'accola *sf* torch

fi'ala *sf* phial

fi'amma *sf* flame

fiam'mante *ag* (*colore*) flaming; **nuovo ~** brand new

fiam'mifero *sm* match

fiam'mingo, -a, -ghi, -ghe *ag* Flemish ▸ *sm/f* Fleming ▸ *sm* (*Ling*) Flemish; **i Fiamminghi** the Flemish

fi'anco, -chi *sm* side; (*Mil*) flank; **di ~** sideways, from the side; **a ~ a ~** side by side

fi'asco, -schi *sm* flask; (*fig*) fiasco; **fare ~** to fail

fia'tare *vi* (*fig*: *parlare*): **senza ~** without saying a word

fi'ato *sm* breath; (*resistenza*) stamina; **avere il ~ grosso** to be out of breath; **prendere ~** to catch one's breath

'fibbia *sf* buckle

'fibra *sf* fibre; (*fig*) constitution

fic'care *vt* to push, thrust, drive; **ficcarsi** *vpr* (*andare a finire*) to get to

ficcherò *ecc* [fikke'rɔ] *vb vedi* **ficcare**

'fico, -chi *sm* (*pianta*) fig tree; (*frutto*) fig; **fico d'India** prickly pear; **fico secco** dried fig

fidanza'mento [fidantsa'mento] *sm* engagement

fidan'zarsi [fidan'tsarsi] *vpr* to get engaged; **fidan'zato, -a** *sm/f* fiancé/fiancée

fi'darsi *vpr* **~ di** to trust; **fi'dato, -a** *ag* reliable, trustworthy
fi'ducia [fi'dutʃa] *sf* confidence, trust; **incarico di ~** position of trust, responsible position; **persona di ~** reliable person
fie'nile *sm* barn; hayloft
fi'eno *sm* hay
fi'era *sf* fair
fi'ero, -a *ag* proud; (*audace*) bold
'fifa (*fam*) *sf* **aver ~** to have the jitters
fig. *abbr* (= *figura*) fig.
'figlia ['fiʎʎa] *sf* daughter
figli'astro, -a [fiʎ'ʎastro] *sm/f* stepson/daughter
'figlio ['fiʎʎo] *sm* son; (*senza distinzione di sesso*) child; **figlio di papà** spoilt, wealthy young man; **figlio unico** only child
fi'gura *sf* figure; (*forma, aspetto esterno*) form, shape; (*illustrazione*) picture, illustration; **far ~** to look smart; **fare una brutta ~** to make a bad impression
figu'rina *sf* figurine; (*cartoncino*) picture card
'fila *sf* row, line; (*coda*) queue; (*serie*) series, string; **di ~** in succession; **fare la ~** to queue; **in ~ indiana** in single file
fi'lare *vt* to spin ▸ *vi* (*baco, ragno*) to spin; (*formaggio fuso*) to go stringy; (*discorso*) to hang together; (*fam*: *amoreggiare*) to go steady; (*muoversi a forte velocità*) to go at full speed; **~ diritto** (*fig*) to toe the line; **~ via** to dash off
filas'trocca, -che *sf* nursery rhyme
filate'lia *sf* philately, stamp collecting
fi'letto *sm* (*di vite*) thread; (*di carne*) fillet
fili'ale *ag* filial ▸ *sf* (*di impresa*) branch
film *sm inv* film
'filo *sm* (*anche fig*) thread; (*filato*) yarn; (*metallico*) wire; (*di lama, rasoio*) edge; **per ~ e per segno** in detail; **con un ~ di voce** in a whisper; **filo d'erba** blade of grass; **filo interdentale** dental floss; **filo di perle** string of pearls; **filo spinato** barbed wire
fi'lone *sm* (*di minerali*) seam, vein; (*pane*) ≈ Vienna loaf; (*fig*) trend
filoso'fia *sf* philosophy; **fi'losofo, -a** *sm/f* philosopher
fil'trare *vt, vi* to filter
'filtro *sm* filter; **filtro dell'olio** (*Aut*) oil filter
fi'nale *ag* final ▸ *sm* (*di opera*) end, ending; (: *Mus*) finale ▸ *sf* (*Sport*) final; **final'mente** *av* finally, at last
fi'nanza [fi'nantsa] *sf* finance; **finanze** *sfpl* (*di individuo, Stato*) finances
finché [fin'ke] *cong* (*per tutto il tempo che*) as long as; (*fino al momento in cui*) until; **aspetta ~ io (non) sia ritornato** wait until I get back
'fine *ag* (*lamina, carta*) thin; (*capelli, polvere*) fine; (*vista, udito*) keen, sharp; (*persona: raffinata*) refined, distinguished; (*osservazione*) subtle ▸ *sf* end ▸ *sm* aim, purpose; (*esito*) result, outcome; **secondo ~** ulterior motive; **in** *o* **alla ~** in the end, finally
fi'nestra *sf* window; **fines'trino** *sm* window; **vorrei un posto vicino al finestrino** I'd like a window seat
'fingere ['findʒere] *vt* to feign; (*supporre*) to imagine, suppose; **fingersi** *vpr* **fingersi ubriaco/pazzo** to pretend to be drunk/mad; **~ di fare** to pretend to do
fi'nire *vt* to finish ▸ *vi* to finish, end; **quando finisce lo spettacolo?** when does the show finish?; **~ di fare** (*compiere*) to finish doing; (*smettere*) to stop doing; **~ in galera** to end up *o* finish up in prison
finlan'dese *ag, sm* (*Ling*) Finnish ▸ *sm/f* Finn

Fin'landia *sf* **la ~** Finland
'fino, -a *ag* (*capelli, seta*) fine; (*oro*) pure; (*fig: acuto*) shrewd ▶ *av* (*spesso troncato in* **fin**: *pure, anche*) even ▶ *prep* (*spesso troncato in* **fin**: *tempo*): **fin quando?** till when?; (: *luogo*): **fin qui** as far as here; **~ a** (*tempo*) until, till; (*luogo*) as far as, (up) to; **fin da domani** from tomorrow onwards; **fin da ieri** since yesterday; **fin dalla nascita** from *o* since birth
fi'nocchio [fi'nɔkkjo] *sm* fennel; (*fam: peg: omosessuale*) queer
fi'nora *av* up till now
'finsi *ecc vb vedi* **fingere**
'finta *sf* pretence, sham; (*Sport*) feint; **far ~ (di fare)** to pretend (to do)
'finto, -a *pp di* **fingere** ▶ *ag* false; artificial
finzi'one [fin'tsjone] *sf* pretence, sham
fi'occo, -chi *sm* (*di nastro*) bow; (*di stoffa, lana*) flock; (*di neve*) flake; (*Naut*) jib; **coi fiocchi** (*fig*) first-rate; **fiocchi di avena** oatflakes; **fiocchi di granturco** cornflakes
fi'ocina ['fjɔtʃina] *sf* harpoon
fi'oco, -a, -chi, -che *ag* faint, dim
fi'onda *sf* catapult
fio'raio, -a *sm/f* florist
fi'ore *sm* flower; **fiori** *smpl* (*Carte*) clubs; **a fior d'acqua** on the surface of the water; **avere i nervi a fior di pelle** to be on edge; **fior di latte** cream; **fiori di campo** wild flowers
fioren'tino, -a *ag* Florentine
fio'retto *sm* (*Scherma*) foil
fio'rire *vi* (*rosa*) to flower; (*albero*) to blossom; (*fig*) to flourish
Fi'renze [fi'rɛntse] *sf* Florence
'firma *sf* signature

Attenzione! In inglese esiste la parola *firm*, che però significa *ditta*.

fir'mare *vt* to sign; **un abito firmato** a designer suit; **dove devo ~?** where do I sign?
fisar'monica, -che *sf* accordion
fis'cale *ag* fiscal, tax *cpd*; **medico ~** *doctor employed by Social Security to verify cases of sick leave*
fischi'are [fis'kjare] *vi* to whistle ▶ *vt* to whistle; (*attore*) to boo, hiss
fischi'etto [fis'kjetto] *sm* (*strumento*) whistle
'fischio ['fiskjo] *sm* whistle
'fisco *sm* tax authorities *pl*, ≈ Inland Revenue (*BRIT*), ≈ Internal Revenue Service (*US*)
'fisica *sf* physics *sg*
'fisico, -a, -ci, -che *ag* physical ▶ *sm/f* physicist ▶ *sm* physique
fisiotera'pia *sf* physiotherapy
fisiotera'pista *sm/f* physiotherapist
fis'sare *vt* to fix, fasten; (*guardare intensamente*) to stare at; (*data, condizioni*) to fix, establish, set; (*prenotare*) to book; **fissarsi** *vpr* **fissarsi su** (*sguardo, attenzione*) to focus on; (*fig: idea*) to become obsessed with
'fisso, -a *ag* fixed; (*stipendio, impiego*) regular ▶ *av* **guardare ~ qc/qn** to stare at sth/sb
'fitta *sf* sharp pain; *vedi anche* **fitto**
fit'tizio, -a *ag* fictitious, imaginary
'fitto, -a *ag* thick, dense; (*pioggia*) heavy ▶ *sm* depths *pl*, middle; (*affitto, pigione*) rent
fi'ume *sm* river
fiu'tare *vt* to smell, sniff; (*animale*) to scent; (*fig: inganno*) to get wind of, smell; **~ tabacco/cocaina** to take snuff/cocaine
fla'grante *ag* **cogliere qn in ~** to catch sb red-handed
fla'nella *sf* flannel
flash [flaʃ] *sm inv* (*Fot*) flash; (*giornalistico*) newsflash
'flauto *sm* flute
fles'sibile *ag* pliable; (*fig: che si adatta*) flexible

flessibili'tà *sf* (*anche fig*) flexibility
flessi'one *sf* (*gen*) bending; (*Ginnastica: a terra*) sit-up; (: *in piedi*) forward bend; (: *sulle gambe*) knee-bend; (*diminuzione*) slight drop, slight fall; (*Ling*) inflection; **fare una ~** to bend; **una ~ economica** a downward trend in the economy
'flettere *vt* to bend
'flipper *sm inv* pinball machine
F.lli *abbr* (= *fratelli*) Bros.
'flora *sf* flora
'florido, -a *ag* flourishing; (*fig*) glowing with health
'floscio, -a, -sci, -sce ['flɔʃʃo] *ag* (*cappello*) floppy, soft; (*muscoli*) flabby
'flotta *sf* fleet
'fluido, -a *ag, sm* fluid
flu'oro *sm* fluorine
'flusso *sm* flow; (*Fisica, Med*) flux; **~ e ri~** ebb and flow
fluvi'ale *ag* river *cpd*, fluvial
FMI *sigla m* (= *Fondo Monetario Internazionale*) IMF
'foca, -che *sf* (*Zool*) seal
fo'caccia, -ce [fo'kattʃa] *sf kind of pizza*; (*dolce*) bun
'foce ['fotʃe] *sf* (*Geo*) mouth
foco'laio *sm* (*Med*) centre of infection; (*fig*) hotbed
foco'lare *sm* hearth, fireside; (*Tecn*) furnace
'fodera *sf* (*di vestito*) lining; (*di libro, poltrona*) cover
'fodero *sm* (*di spada*) scabbard; (*di pugnale*) sheath; (*di pistola*) holster
'foga *sf* enthusiasm, ardour
'foglia ['fɔʎʎa] *sf* leaf; **foglia d'argento/d'oro** silver/gold leaf
'foglio ['fɔʎʎo] *sm* (*di carta*) sheet (of paper); (*di metallo*) sheet; **foglio di calcolo** (*Inform*) spreadsheet; **foglio rosa** (*Aut*) provisional licence; **foglio di via** (*Dir*) expulsion order; **foglio volante** pamphlet
'fogna ['foɲɲa] *sf* drain, sewer
föhn [fø:n] *sm inv* hair dryer
'folla *sf* crowd, throng
'folle *ag* mad, insane; (*Tecn*) idle; **in ~** (*Aut*) in neutral
fol'lia *sf* folly, foolishness; foolish act; (*pazzia*) madness, lunacy
'folto, -a *ag* thick
fon *sm inv* hair dryer
fondamen'tale *ag* fundamental, basic
fonda'mento *sm* foundation; **fondamenta** *sfpl* (*Edil*) foundations
fon'dare *vt* to found; (*fig: dar base*): **~ qc su** to base sth on
fon'dente *ag* **cioccolato ~** plain *o* dark chocolate
'fondere *vt* (*neve*) to melt; (*metallo*) to fuse, melt; (*fig: colori*) to merge, blend; (: *imprese, gruppi*) to merge ▸ *vi* to melt; **fondersi** *vpr* to melt; (*fig: partiti, correnti*) to unite, merge
'fondo, -a *ag* deep ▸ *sm* (*di recipiente, pozzo*) bottom; (*di stanza*) back; (*quantità di liquido che resta, deposito*) dregs *pl*; (*sfondo*) background; (*unità immobiliare*) property, estate; (*somma di denaro*) fund; (*Sport*) long-distance race; **fondi** *smpl* (*denaro*) funds; **a notte fonda** at dead of night; **in ~ a** at the bottom of; at the back of; (*strada*) at the end of; **andare a ~** (*nave*) to sink; **conoscere a ~** to know inside out; **dar ~ a** (*fig: provviste, soldi*) to use up; **in ~** (*fig*) after all, all things considered; **andare fino in ~ a** (*fig*) to examine thoroughly; **a ~ perduto** (*Comm*) without security; **fondi di magazzino** old *o* unsold stock *sg*; **fondi di caffè** coffee grounds; **fondo comune di investimento** investment trust
fondo'tinta *sm inv* (*cosmetico*) foundation
fo'netica *sf* phonetics *sg*

fon'tana *sf* fountain
'fonte *sf* spring, source; (*fig*) source ▸ *sm*; **fonte battesimale** (*Rel*) font; **fonte energetica** source of energy
fo'raggio [fo'raddʒo] *sm* fodder
fo'rare *vt* to pierce, make a hole in; (*pallone*) to burst; (*biglietto*) to punch; **~ una gomma** to burst a tyre (*BRIT*) *o* tire (*US*)
'forbici ['fɔrbitʃi] *sfpl* scissors
'forca, -che *sf* (*Agr*) fork, pitchfork; (*patibolo*) gallows *sg*
for'chetta [for'ketta] *sf* fork
for'cina [for'tʃina] *sf* hairpin
fo'resta *sf* forest
foresti'ero, -a *ag* foreign ▸ *sm/f* foreigner
'forfora *sf* dandruff
'forma *sf* form; (*aspetto esteriore*) form, shape; (*Dir: procedura*) procedure; (*per calzature*) last; (*stampo da cucina*) mould; **mantenersi in ~** to keep fit
formag'gino [formad'dʒino] *sm* processed cheese
for'maggio [for'maddʒo] *sm* cheese
for'male *ag* formal
for'mare *vt* to form, shape, make; (*numero di telefono*) to dial; (*fig: carattere*) to form, mould; **formarsi** *vpr* to form, take shape; **for'mato** *sm* format, size; **formazi'one** *sf* formation; (*fig: educazione*) training; **formazione professionale** vocational training
for'mica¹, -che *sf* ant
formica®² ['fɔrmika] *sf* (*materiale*) Formica®
formi'dabile *ag* powerful, formidable; (*straordinario*) remarkable
'formula *sf* formula; **formula di cortesia** courtesy form
formu'lare *vt* to formulate; to express
for'naio *sm* baker
for'nello *sm* (*elettrico, a gas*) ring; (*di pipa*) bowl
for'nire *vt* **~ qn di qc, ~ qc a qn** to provide *o* supply sb with sth, supply sth to sb
'forno *sm* (*di cucina*) oven; (*panetteria*) bakery; (*Tecn: per calce ecc*) kiln; (*: per metalli*) furnace; **forno a microonde** microwave oven
'foro *sm* (*buco*) hole; (*Storia*) forum; (*tribunale*) (law) court
'forse *av* perhaps, maybe; (*circa*) about; **essere in ~** to be in doubt
'forte *ag* strong; (*suono*) loud; (*spesa*) considerable, great; (*passione, dolore*) great, deep ▸ *av* strongly; (*velocemente*) fast; (*a voce alta*) loud(ly); (*violentemente*) hard ▸ *sm* (*edificio*) fort; (*specialità*) forte, strong point; **essere ~ in qc** to be good at sth
for'tezza [for'tettsa] *sf* (*morale*) strength; (*luogo fortificato*) fortress
for'tuito, -a *ag* fortuitous, chance
for'tuna *sf* (*destino*) fortune, luck; (*buona sorte*) success, fortune; (*eredità, averi*) fortune; **per ~** luckily, fortunately; **di ~** makeshift, improvised; **atterraggio di ~** emergency landing; **fortu'nato, -a** *ag* lucky, fortunate; (*coronato da successo*) successful
'forza ['fɔrtsa] *sf* strength; (*potere*) power; (*Fisica*) force; **forze** *sfpl* (*fisiche*) strength *sg*; (*Mil*) forces *escl* come on!; **per ~** against one's will; (*naturalmente*) of course; **a viva ~** by force; **a ~ di** by dint of; **~ maggiore** circumstances beyond one's control; **la ~ pubblica** the police *pl*; **forze armate** armed forces; **forze dell'ordine** the forces of law and order; **Forza Italia** *Italian centre-right political party*; **forza di pace** peacekeeping force
for'zare [for'tsare] *vt* to force; **~ qn a fare** to force sb to do
for'zista, -i, e [for'tsista] *ag* of Forza

Italia ▸ *sm/f* member (*o* supporter) of Forza Italia
fos'chia [fos'kia] *sf* mist, haze
'fosco, -a, -schi, -sche *ag* dark, gloomy
'fosforo *sm* phosphorous
'fossa *sf* pit; (*di cimitero*) grave; **fossa biologica** septic tank
fos'sato *sm* ditch; (*di fortezza*) moat
fos'setta *sf* dimple
'fossi *ecc vb vedi* **essere**
'fossile *ag, sm* fossil
'fosso *sm* ditch; (*Mil*) trench
'foste *ecc vb vedi* **essere**
'foto *sf* photo; **può farci una ~, per favore?** would you take a picture of us, please? ▸ *prefisso*: **foto ricordo** souvenir photo; **foto tessera** passport(-type) photo; **foto'camera** *sf* **fotocamera digitale** digital camera; **foto'copia** *sf* photocopy; **fotocopi'are** *vt* to photocopy; **fotocopia'trice** [fotokopja'tritʃe] *sf* photocopier; **fotofo'nino** *sm* camera phone; **fotogra'fare** *vt* to photograph; **fotogra'fia** *sf* (*procedimento*) photography; (*immagine*) photograph; **fare una fotografia** to take a photograph; **una fotografia a colori/in bianco e nero** a colour/black and white photograph; **foto'grafico, -a, ci, che** *ag* photographic; **macchina fotografica** camera; **fo'tografo, -a** *sm/f* photographer; **fotoro'manzo** *sm* romantic picture story
fou'lard [fu'lar] *sm inv* scarf
fra *prep* = **tra**
'fradicio, -a, -ci, -ce ['fraditʃo] *ag* (*molto bagnato*) soaking (wet); **ubriaco ~** blind drunk
'fragile ['fradʒile] *ag* fragile; (*fig*: *salute*) delicate
'fragola *sf* strawberry
fra'grante *ag* fragrant
frain'tendere *vt* to misunderstand
fram'mento *sm* fragment
'frana *sf* landslide; (*fig*: *persona*): **essere una ~** to be useless
fran'cese [fran'tʃeze] *ag* French ▸ *sm/f* Frenchman/woman ▸ *sm* (*Ling*) French; **i Francesi** the French
'Francia ['frantʃa] *sf* **la ~** France
'franco, -a, -chi, -che *ag* (*Comm*) free; (*sincero*) frank, open, sincere ▸ *sm* (*moneta*) franc; **farla franca** (*fig*) to get off scot-free; **prezzo ~ fabbrica** ex-works price; **franco di dogana** duty-free
franco'bollo *sm* (postage) stamp
'frangia, -ge ['frandʒa] *sf* fringe
frap'pé *sm* milk shake
'frase *sf* (*Ling*) sentence; (*locuzione, Mus*) phrase; **frase fatta** set phrase
'frassino *sm* ash (tree)
frastagli'ato, -a [frastaʎ'ʎato] *ag* (*costa*) indented, jagged
frastor'nare *vt* to daze; to befuddle
frastu'ono *sm* hubbub, din
'frate *sm* friar, monk
fratel'lastro *sm* stepbrother; (*con genitore in comune*) half-brother
fra'tello *sm* brother; **fratelli** *smpl* brothers; (*nel senso di fratelli e sorelle*) brothers and sisters
fra'terno, -a *ag* fraternal, brotherly
frat'tempo *sm* **nel ~** in the meantime, meanwhile
frat'tura *sf* fracture; (*fig*) split, break
frazi'one [frat'tsjone] *sf* fraction; (*di comune*) small town
'freccia, -ce ['frettʃa] *sf* arrow; **freccia di direzione** (*Aut*) indicator
fred'dezza [fred'dettsa] *sf* coldness
'freddo, -a *ag, sm* cold; **fa ~** it's cold; **aver ~** to be cold; **a ~** (*fig*) deliberately; **freddo'loso, -a** *ag* sensitive to the cold
fre'gare *vt* to rub; (*fam*: *truffare*) to take in, cheat; (*: rubare*) to swipe,

pinch; **fregarsene** (*fam!*): **chi se ne frega?** who gives a damn (about it)?
fregherò *ecc* [frege'rɔ] *vb vedi* **fregare**
fre'nare *vt* (*veicolo*) to slow down; (*cavallo*) to rein in; (*lacrime*) to restrain, hold back ▸ *vi* to brake; **frenarsi** *vpr* (*fig*) to restrain o.s., control o.s.
'freno *sm* brake; (*morso*) bit; **tenere a ~** to restrain; **freno a disco** disc brake; **freno a mano** handbrake
frequen'tare *vt* (*scuola, corso*) to attend; (*locale, bar*) to go to, frequent; (*persone*) to see (often)
frequen'tato, -a *ag* (*locale*) busy
fre'quente *ag* frequent; **di ~** frequently
fres'chezza [fres'kettsa] *sf* freshness
'fresco, -a, -schi, -sche *ag* fresh; (*temperatura*) cool; (*notizia*) recent, fresh ▸ *sm* **godere il ~** to enjoy the cool air; **stare ~** (*fig*) to be in for it; **mettere al ~** to put in a cool place
'fretta *sf* hurry, haste; **in ~** in a hurry; **in ~ e furia** in a mad rush; **aver ~** to be in a hurry
'friggere ['friddʒere] *vt* to fry ▸ *vi* (*olio ecc*) to sizzle
'frigido, -a ['fridʒido] *ag* (*Med*) frigid
'frigo *sm* fridge
frigo'bar *sm inv* minibar
frigo'rifero, -a *ag* refrigerating ▸ *sm* refrigerator
fringu'ello *sm* chaffinch
'frissi *ecc vb vedi* **friggere**
frit'tata *sf* omelette; **fare una ~** (*fig*) to make a mess of things
frit'tella *sf* (*Cuc*) fritter
'fritto, -a *pp di* **friggere** ▸ *ag* fried ▸ *sm* fried food; **fritto misto** mixed fry
frit'tura *sf* (*Cuc*): **frittura di pesce** mixed fried fish
'frivolo, -a *ag* frivolous
frizi'one [frit'tsjone] *sf* friction; (*sulla pelle*) rub, rub-down; (*Aut*) clutch
friz'zante [frid'dzante] *ag* (*anche fig*) sparkling
fro'dare *vt* to defraud, cheat
'frode *sf* fraud; **frode fiscale** tax evasion
'fronda *sf* (leafy) branch; (*di partito politico*) internal opposition; **fronde** *sfpl* (*di albero*) foliage *sg*
fron'tale *ag* frontal; (*scontro*) head-on
'fronte *sf* (*Anat*) forehead; (*di edificio*) front, façade ▸ *sm* (*Mil, Pol, Meteor*) front; **a ~, di ~** facing, opposite; **di ~ a** (*posizione*) opposite, facing, in front of; (*a paragone di*) compared with
fronti'era *sf* border, frontier
'frottola *sf* fib
fru'gare *vi* to rummage ▸ *vt* to search
frugherò *ecc* [fruge'rɔ] *vb vedi* **frugare**
frul'lare *vt* (*Cuc*) to whisk ▸ *vi* (*uccelli*) to flutter; **frul'lato** *sm* milk shake; fruit drink; **frulla'tore** *sm* electric mixer
fru'mento *sm* wheat
fru'scio [fruʃʃio] *sm* rustle; rustling; (*di acque*) murmur
'frusta *sf* whip; (*Cuc*) whisk
frus'tare *vt* to whip
frus'trato, -a *ag* frustrated
'frutta *sf* fruit; (*portata*) dessert; **frutta candita** candied fruit; **frutta secca** dried fruit
frut'tare *vi* to bear dividends, give a return
frut'teto *sm* orchard
frutti'vendolo, -a *sm/f* greengrocer (*BRIT*), produce dealer (*US*)
'frutto *sm* fruit; (*fig: risultato*) result(s); (*Econ: interesse*) interest; (*: reddito*) income; **frutti di bosco** berries; **frutti di mare** seafood *sg*
FS *abbr* = **Ferrovie dello Stato**
fu *vb vedi* **essere** ▸ *ag inv* **il fu Paolo Bianchi** the late Paolo Bianchi
fuci'lare [futʃi'lare] *vt* to shoot
fu'cile [fu'tʃile] *sm* rifle, gun; (*da caccia*) shotgun, gun

'fucsia *sf* fuchsia
'fuga *sf* escape, flight; (*di gas, liquidi*) leak; (*Mus*) fugue; **fuga di cervelli** brain drain
fug'gire [fud'dʒire] *vi* to flee, run away; (*fig: passar veloce*) to fly ▸ *vt* to avoid
'fui *vb vedi* **essere**
fu'liggine [fu'liddʒine] *sf* soot
'fulmine *sm* thunderbolt; lightning *no pl*
fu'mare *vi* to smoke; (*emettere vapore*) to steam ▸ *vt* to smoke; **le dà fastidio se fumo?** do you mind if I smoke?; **fuma'tore, -'trice** *sm/f* smoker
fu'metto *sm* comic strip; **giornale** *sm* **a fumetti** comic
'fummo *vb vedi* **essere**
'fumo *sm* smoke; (*vapore*) steam; (*il fumare tabacco*) smoking; **fumi** *smpl* (*industriali ecc*) fumes; **i fumi dell'alcool** the after-effects of drink; **vendere ~** to deceive, cheat; **fumo passivo** passive smoking; **fu'moso, -a** *ag* smoky; (*fig*) muddled
'fune *sf* rope, cord; (*più grossa*) cable
'funebre *ag* (*rito*) funeral; (*aspetto*) gloomy, funereal
fune'rale *sm* funeral
'fungere ['fundʒere] *vi* **~ da** to act as
'fungo, -ghi *sm* fungus; (*commestibile*) mushroom; **fungo velenoso** toadstool
funico'lare *sf* funicular railway
funi'via *sf* cable railway
'funsi *ecc vb vedi* **fungere**
funzio'nare [funtsjo'nare] *vi* to work, function; (*fungere*): **~ da** to act as; **come funziona?** how does this work?; **la TV non funziona** the TV isn't working
funzio'nario [funtsjo'narjo] *sm* official; **funzionario statale** civil servant
funzi'one [fun'tsjone] *sf* function; (*carica*) post, position; (*Rel*) service; **in ~** (*meccanismo*) in operation; **in ~ di** (*come*) as; **fare la ~ di qn** (*farne le veci*) to take sb's place
fu'oco, -chi *sm* fire; (*fornello*) ring; (*Fot, Fisica*) focus; **dare ~ a qc** to set fire to sth; **far ~** (*sparare*) to fire; **al ~!** fire!; **fuoco d'artificio** firework
fuorché [fwor'ke] *cong, prep* except
fu'ori *av* outside; (*all'aperto*) outdoors, outside; (*fuori di casa, Sport*) out; (*esclamativo*) get out! ▸ *prep* **~ (di)** out of, outside ▸ *sm* outside; **lasciar ~ qc/qn** to leave sth/sb out; **far ~ qn** (*fam*) to kill sb, do sb in; **essere ~ di sé** to be beside o.s.; **~ luogo** (*inopportuno*) uncalled for; **~ mano** remote; **~ pericolo** out of danger; **~ uso** old-fashioned; obsolete; **fuorigi'oco** *sm* offside; **fuori'strada** *sm* (*Aut*) cross-country vehicle
'furbo, -a *ag* clever, smart; (*peg*) cunning
fu'rente *ag* **~ (contro)** furious (with)
fur'fante *sm* rascal, scoundrel
fur'gone *sm* van
'furia *sf* (*ira*) fury, rage; (*fig: impeto*) fury, violence; (*fretta*) rush; **a ~ di** by dint of; **andare su tutte le furie** to get into a towering rage; **furi'bondo, -a** *ag* furious
furi'oso, -a *ag* furious
'furono *vb vedi* **essere**
fur'tivo, -a *ag* furtive
'furto *sm* theft; **vorrei denunciare un ~** I'd like to report a theft; **furto con scasso** burglary
'fusa *sfpl* **fare le ~** to purr
fu'seaux *smpl inv* leggings
'fusi *ecc vb vedi* **fondere**
fu'sibile *sm* (*Elettr*) fuse
fusi'one *sf* (*di metalli*) fusion, melting; (*colata*) casting; (*Comm*) merger; (*fig*) merging

'fuso, -a *pp di* **fondere** ▸ *sm (Filatura)* spindle; **fuso orario** time zone
fus'tino *sm (di detersivo)* tub
'fusto *sm* stem; *(Anat, di albero)* trunk; *(recipiente)* drum, can
fu'turo, -a *ag, sm* future

g

'gabbia *sf* cage; *(da imballaggio)* crate; **gabbia dell'ascensore** lift *(BRIT) o* elevator *(US)* shaft; **gabbia toracica** *(Anat)* rib cage
gabbi'ano *sm* (sea)gull
gabi'netto *sm (Med ecc)* consulting room; *(Pol)* ministry; *(WC)* toilet, lavatory; *(Ins: di fisica ecc)* laboratory
'gaffe [gaf] *sf inv* blunder
ga'lante *ag* gallant, courteous; *(avventura)* amorous
ga'lassia *sf* galaxy
ga'lera *sf (Naut)* galley; *(prigione)* prison
'galla *sf* **a ~** afloat; **venire a ~** to surface; *(fig: verità)* to come out
galleggi'are [galled'dʒare] *vi* to float
galle'ria *sf (traforo)* tunnel; *(Archit, d'arte)* gallery; *(Teatro)* circle; *(strada coperta con negozi)* arcade
'Galles *sm* **il ~** Wales; **gal'lese** *ag* Welsh ▸ *sm/f* Welshman/woman ▸ *sm (Ling)* Welsh; **i Gallesi** the Welsh
gal'lina *sf* hen
'gallo *sm* cock
galop'pare *vi* to gallop
ga'loppo *sm* gallop; **al** *o* **di ~** at a gallop
'gamba *sf* leg; *(asta: di lettera)* stem; **in ~** *(in buona salute)* well; *(bravo, sveglio)* bright, smart; **prendere qc sotto ~** *(fig)* to treat sth too lightly
gambe'retto *sm* shrimp
'gambero *sm (di acqua dolce)* crayfish; *(di mare)* prawn
'gambo *sm* stem; *(di frutta)* stalk
'gamma *sf (Mus)* scale; *(di colori, fig)* range
'gancio ['gantʃo] *sm* hook
'gara *sf* competition; *(Sport)* competition; contest; match; *(: corsa)* race; **fare a ~** to compete, vie
ga'rage [ga'raʒ] *sm inv* garage
garan'tire *vt* to guarantee; *(debito)* to stand surety for; *(dare per certo)* to assure
garan'zia [garan'tsia] *sf* guarantee; *(pegno)* security
gar'bato, -a *ag* courteous, polite
gareggi'are [gared'dʒare] *vi* to compete
garga'rismo *sm* gargle; **fare i gargarismi** to gargle
ga'rofano *sm* carnation
'garza ['gardza] *sf (per bende)* gauze
gar'zone [gar'dzone] *sm (di negozio)* boy
gas *sm inv* gas; **sento odore di ~** I can smell gas; **a tutto ~** at full speed; **dare ~** *(Aut)* to accelerate
ga'solio *sm* diesel (oil)
gas'sato, -a *ag* fizzy
gast'rite *sf* gastritis
gastrono'mia *sf* gastronomy
gat'tino *sm* kitten
'gatto, -a *sm/f* cat, tomcat/she-cat; **gatto delle nevi** *(Aut, Sci)* snowcat; **gatto selvatico** wildcat
'gazza ['gaddza] *sf* magpie
gel [dʒɛl] *sm inv* gel

ge'lare [dʒe'lare] *vt, vi, vb impers* to freeze
gelate'ria [dʒelate'ria] *sf* ice-cream shop
gela'tina [dʒela'tina] *sf* gelatine; **gelatina esplosiva** dynamite; **gelatina di frutta** fruit jelly
ge'lato, -a [dʒe'lato] *ag* frozen ▸ *sm* ice cream
'gelido, -a ['dʒɛlido] *ag* icy, ice-cold
'gelo ['dʒɛlo] *sm* (*temperatura*) intense cold; (*brina*) frost; (*fig*) chill
gelo'sia [dʒelo'sia] *sf* jealousy
ge'loso, -a [dʒe'loso] *ag* jealous
'gelso ['dʒɛlso] *sm* mulberry (tree)
gelso'mino [dʒelso'mino] *sm* jasmine
ge'mello, -a [dʒe'mɛllo] *ag, sm/f* twin; **gemelli** *smpl* (*di camicia*) cufflinks; (*dello zodiaco*): **Gemelli** Gemini *sg*
'gemere ['dʒɛmere] *vi* to moan, groan; (*cigolare*) to creak
'gemma ['dʒɛmma] *sf* (*Bot*) bud; (*pietra preziosa*) gem
gene'rale [dʒene'rale] *ag, sm* general; **in ~** (*per sommi capi*) in general terms; (*di solito*) usually, in general
gene'rare [dʒene'rare] *vt* (*dar vita*) to give birth to; (*produrre*) to produce; (*causare*) to arouse; (*Tecn*) to produce, generate; **generazi'one** *sf* generation
'genere ['dʒɛnere] *sm* kind, type, sort; (*Biol*) genus; (*merce*) article, product; (*Ling*) gender; (*Arte, Letteratura*) genre; **in ~** generally, as a rule; **genere umano** mankind; **generi alimentari** foodstuffs
ge'nerico, -a, -ci, -che [dʒe'nɛriko] *ag* generic; (*vago*) vague, imprecise
'genero ['dʒɛnero] *sm* son-in-law
gene'roso, -a [dʒene'roso] *ag* generous
ge'netica [dʒe'nɛtika] *sf* genetics *sg*
ge'netico, -a, -ci, -che [dʒe'nɛtiko] *ag* genetic
gen'giva [dʒen'dʒiva] *sf* (*Anat*) gum
geni'ale [dʒen'jale] *ag* (*persona*) of genius; (*idea*) ingenious, brilliant
'genio ['dʒɛnjo] *sm* genius; **andare a ~ a qn** to be to sb's liking, appeal to sb
geni'tore [dʒeni'tore] *sm* parent, father *o* mother; **i miei genitori** my parents, my father and mother
gen'naio [dʒen'najo] *sm* January
'Genova ['dʒɛnova] *sf* Genoa
'gente ['dʒɛnte] *sf* people *pl*
gen'tile [dʒen'tile] *ag* (*persona, atto*) kind; (*: garbato*) courteous, polite; (*nelle lettere*): **G~ Signore** Dear Sir; (*: sulla busta*): **G~ Signor Fernando Villa** Mr Fernando Villa
genu'ino, -a [dʒenu'ino] *ag* (*prodotto*) natural; (*persona, sentimento*) genuine, sincere
geogra'fia [dʒeogra'fia] *sf* geography
geolo'gia [dʒeolo'dʒia] *sf* geology
ge'ometra, -i, -e [dʒe'ɔmetra] *sm/f* (*professionista*) surveyor
geome'tria [dʒeome'tria] *sf* geometry
ge'ranio [dʒe'ranjo] *sm* geranium
gerar'chia [dʒerar'kia] *sf* hierarchy
'gergo, -ghi ['dʒɛrgo] *sm* jargon; slang
geria'tria [dʒerja'tria] *sf* geriatrics *sg*
Ger'mania [dʒer'manja] *sf* **la ~** Germany; **la ~ occidentale/orientale** West/East Germany
'germe ['dʒɛrme] *sm* germ; (*fig*) seed
germogli'are [dʒermoʎ'ʎare] *vi* to sprout; to germinate
gero'glifico, -ci [dʒero'glifiko] *sm* hieroglyphic
ge'rundio [dʒe'rundjo] *sm* gerund
'gesso ['dʒɛsso] *sm* chalk; (*Scultura, Med, Edil*) plaster; (*statua*) plaster figure; (*minerale*) gypsum
gesti'one [dʒes'tjone] *sf* management
ges'tire [dʒes'tire] *vt* to run, manage
'gesto ['dʒɛsto] *sm* gesture
Gesù [dʒe'zu] *sm* Jesus

gesu'ita, -i [dʒezu'ita] *sm* Jesuit
get'tare [dʒet'tare] *vt* to throw; (*anche:* **~ via**) to throw away *o* out; (*Scultura*) to cast; (*Edil*) to lay; (*acqua*) to spout; (*grido*) to utter; **gettarsi** *vpr* **gettarsi in** (*fiume*) to flow into; **~ uno sguardo su** to take a quick look at
'getto ['dʒɛtto] *sm* (*di gas, liquido, Aer*) jet; **a ~ continuo** uninterruptedly; **di ~** (*fig*) straight off, in one go
get'tone [dʒet'tone] *sm* token; (*per giochi*) counter; (*: roulette ecc*) chip; **gettone telefonico** telephone token
ghiacci'aio [gjat'tʃajo] *sm* glacier
ghiacci'ato, -a *ag* frozen; (*bevanda*) ice-cold
ghi'accio ['gjattʃo] *sm* ice
ghiacci'olo [gjat'tʃɔlo] *sm* icicle; (*tipo di gelato*) ice lolly (*BRIT*), Popsicle® (*US*)
ghi'aia ['gjaja] *sf* gravel
ghi'anda ['gjanda] *sf* (*Bot*) acorn
ghi'andola ['gjandola] *sf* gland
ghi'otto, -a ['gjotto] *ag* greedy; (*cibo*) delicious, appetizing
ghir'landa [gir'landa] *sf* garland, wreath
'ghiro ['giro] *sm* dormouse
'ghisa ['giza] *sf* cast iron
già [dʒa] *av* already; (*ex, in precedenza*) formerly ▶ *escl* of course!, yes indeed!
gi'acca, -che ['dʒakka] *sf* jacket; **giacca a vento** windcheater (*BRIT*), windbreaker (*US*)
giacché [dʒak'ke] *cong* since, as
giac'cone [dʒak'kone] *sm* heavy jacket
gi'ada ['dʒada] *sf* jade
giagu'aro [dʒa'gwaro] *sm* jaguar
gi'allo ['dʒallo] *ag* yellow; (*carnagione*) sallow ▶ *sm* yellow; (*anche:* **romanzo ~**) detective novel; (*anche:* **film ~**) detective film; **giallo dell'uovo** yolk
Gia'maica [dʒa'maika] *sf* **la ~** Jamaica
Giap'pone [dʒap'pone] *sm* Japan; **giappo'nese** *ag, sm/f, sm* Japanese *inv*
giardi'naggio [dʒardi'naddʒo] *sm* gardening
giardini'ere, -a [dʒardi'njɛre] *sm/f* gardener
giar'dino [dʒar'dino] *sm* garden; **giardino d'infanzia** nursery school; **giardino pubblico** public gardens *pl*, (public) park; **giardino zoologico** zoo
giavel'lotto [dʒavel'lɔtto] *sm* javelin
gigabyte [dʒiga'bait] *sm inv* gigabyte
gi'gante, -'essa [dʒi'gante] *sm/f* giant ▶ *ag* giant, gigantic; (*Comm*) giant-size
'giglio ['dʒiʎʎo] *sm* lily
gilè [dʒi'lɛ] *sm inv* waistcoat
gin [dʒin] *sm inv* gin
gine'cologo, -a, -gi, -ghe [dʒine'kɔlogo] *sm/f* gynaecologist
gi'nepro [dʒi'nepro] *sm* juniper
gi'nestra [dʒi'nɛstra] *sf* (*Bot*) broom
Gi'nevra [dʒi'nevra] *sf* Geneva
gin'nastica *sf* gymnastics *sg*; (*esercizio fisico*) keep-fit exercises; (*Ins*) physical education
gi'nocchio [dʒi'nɔkkjo] (*pl(m)* **gi'nocchi**, *o pl(f)* **gi'nocchia**) *sm* knee; **stare in ~** to kneel, be on one's knees; **mettersi in ~** to kneel (down)
gio'care [dʒo'kare] *vt* to play; (*scommettere*) to stake, wager, bet; (*ingannare*) to take in ▶ *vi* to play; (*a roulette ecc*) to gamble; (*fig*) to play a part, be important; **~ a** (*gioco, sport*) to play; (*cavalli*) to bet on; **giocarsi la carriera** to put one's career at risk; **gioca'tore, -'trice** *sm/f* player; gambler
gio'cattolo [dʒo'kattolo] *sm* toy
giocherò *ecc* [dʒoke'rɔ] *vb vedi* **giocare**
gi'oco, -chi ['dʒɔko] *sm* game; (*divertimento, Tecn*) play; (*al casinò*) gambling; (*Carte*) hand; (*insieme di pezzi ecc necessari per un gioco*) set; **per ~** for fun; **fare il doppio ~ con qn** to

double-cross sb; **i Giochi Olimpici** the Olympic Games; **gioco d'azzardo** game of chance; **gioco degli scacchi** chess set

giocoli'ere [dʒoko'ljɛre] *sm* juggler

gi'oia ['dʒɔja] *sf* joy, delight; (*pietra preziosa*) jewel, precious stone

gioielle'ria [dʒojelle'ria] *sf* jeweller's craft; jeweller's (shop)

gioielli'ere, -a [dʒojel'ljɛre] *sm/f* jeweller

gioi'ello [dʒo'jɛllo] *sm* jewel, piece of jewellery; **i miei gioielli** my jewels *o* jewellery; **gioielli** *smpl* (*anelli, collane ecc*) jewellery; **i gioielli della Corona** the crown jewels

Gior'dania [dʒor'danja] *sf* **la ~** Jordan

giorna'laio, -a [dʒorna'lajo] *sm/f* newsagent (*BRIT*), newsdealer (*US*)

gior'nale [dʒor'nale] *sm* (news) paper; (*diario*) journal, diary; (*Comm*) journal; **giornale di bordo** log; **giornale radio** radio news *sg*

giornali'ero, -a [dʒorna'ljɛro] *ag* daily; (*che varia: umore*) changeable ▸ *sm* day labourer

giorna'lismo [dʒorna'lizmo] *sm* journalism

giorna'lista, -i, -e [dʒorna'lista] *sm/f* journalist

gior'nata [dʒor'nata] *sf* day; **giornata lavorativa** working day

gi'orno ['dʒorno] *sm* day; (*opposto alla notte*) day, daytime; (*anche:* **luce del ~**) daylight; **al ~** per day; **di ~** by day; **al ~ d'oggi** nowadays

gi'ostra ['dʒɔstra] *sf* (*per bimbi*) merry-go-round; (*torneo storico*) joust

gi'ovane ['dʒovane] *ag* young; (*aspetto*) youthful ▸ *sm/f* youth/girl, young man/woman; **i giovani** young people

gio'vare [dʒo'vare] *vi* **~ a** (*essere utile*) to be useful to; (*far bene*) to be good for ▸ *vb impers* (*essere bene, utile*) to be useful; **giovarsi di qc** to make use of sth

giovedì [dʒove'di] *sm inv* Thursday; **di** *o* **il ~** on Thursdays

gioventù [dʒoven'tu] *sf* (*periodo*) youth; (*i giovani*) young people *pl*, youth

G.I.P. [dʒip] *sigla m inv* (= *Giudice per le Indagini Preliminari*) judge for preliminary enquiries

gira'dischi [dʒira'diski] *sm inv* record player

gi'raffa [dʒi'raffa] *sf* giraffe

gi'rare [dʒi'rare] *vt* (*far ruotare*) to turn; (*percorrere, visitare*) to go round; (*Cinema*) to shoot; to make; (*Comm*) to endorse ▸ *vi* to turn; (*più veloce*) to spin; (*andare in giro*) to wander, go around; **girarsi** *vpr* to turn; **~ attorno a** to go round; to revolve round; **al prossimo incrocio giri a destra/sinistra** turn right/left at the next junction; **far ~ la testa a qn** to make sb dizzy; (*fig*) to turn sb's head

girar'rosto [dʒirar'rɔsto] *sm* (*Cuc*) spit

gira'sole [dʒira'sole] *sm* sunflower

gi'revole [dʒi'revole] *ag* revolving, turning

gi'rino [dʒi'rino] *sm* tadpole

'giro ['dʒiro] *sm* (*circuito, cerchio*) circle; (*di chiave, manovella*) turn; (*viaggio*) tour, excursion; (*passeggiata*) stroll, walk; (*in macchina*) drive; (*in bicicletta*) ride; (*Sport: della pista*) lap; (*di denaro*) circulation; (*Carte*) hand; (*Tecn*) revolution; **prendere in ~ qn** (*fig*) to pull sb's leg, **fare un ~** to go for a walk (*o* a drive *o* a ride); **andare in ~** to go about, walk around; **a stretto ~ di posta** by return of post; **nel ~ di un mese** in a month's time; **essere nel ~** (*fig*) to belong to a circle (of friends); **giro d'affari** (*Comm*) turnover; **giro di parole** circumlocution; **giro di prova** (*Aut*) test drive; **giro turistico**

sightseeing tour; **giro'collo** *sm* **a girocollo** crew-neck *cpd*
gironzo'lare [dʒirondzo'lare] *vi* to stroll about
'gita ['dʒita] *sf* excursion, trip; **fare una ~** to go for a trip, go on an outing
gi'tano, -a [dʒi'tano] *sm/f* gipsy
giù [dʒu] *av* down; (*dabbasso*) downstairs; **in ~** downwards, down; **~ di lì** (*pressappoco*) thereabouts; **bambini dai 6 anni in ~** children aged 6 and under; **~ per, cadere ~ per le scale** to fall down the stairs; **essere ~** (*fig*: *di salute*) to be run down; (: *di spirito*) to be depressed
giub'botto [dʒub'bɔtto] *sm* jerkin; **giubbotto antiproiettile** bulletproof vest; **giubbotto salvagente** life jacket
giudi'care [dʒudi'kare] *vt* to judge; (*accusato*) to try; (*lite*) to arbitrate in; **~ qn/qc bello** to consider sb/sth (to be) beautiful
gi'udice ['dʒuditʃe] *sm* judge; **giudice conciliatore** justice of the peace; **giudice istruttore** examining (*BRIT*) *o* committing (*US*) magistrate; **giudice popolare** member of a jury
giu'dizio [dʒu'dittsjo] *sm* judgment; (*opinione*) opinion; (*Dir*) judgment, sentence; (: *processo*) trial; (: *verdetto*) verdict; **aver ~** to be wise *o* prudent; **citare in ~** to summons
gi'ugno ['dʒuɲɲo] *sm* June
gi'ungere ['dʒundʒere] *vi* to arrive ▸ *vt* (*mani ecc*) to join; **~ a** to arrive at, reach
gi'ungla ['dʒungla] *sf* jungle
gi'unsi *ecc* ['dʒunsi] *vb vedi* **giungere**
giura'mento [dʒura'mento] *sm* oath; **giuramento falso** perjury
giu'rare [dʒu'rare] *vt* to swear ▸ *vi* to swear, take an oath
giu'ria [dʒu'ria] *sf* jury
giu'ridico, -a, -ci, -che [dʒu'ridiko] *ag* legal
giustifi'care [dʒustifi'kare] *vt* to justify; **giustificazi'one** *sf* justification; (*Ins*) (note of) excuse
gius'tizia [dʒus'tittsja] *sf* justice; **giustizi'are** *vt* to execute
gi'usto, -a ['dʒusto] *ag* (*equo*) fair, just; (*vero*) true, correct; (*adatto*) right, suitable; (*preciso*) exact, correct ▸ *av* (*esattamente*) exactly, precisely; (*per l'appunto, appena*) just; **arrivare ~** to arrive just in time; **ho ~ bisogno di te** you're just the person I need
glaci'ale [gla'tʃale] *ag* glacial
gli [ʎi] (*dav V, s impura, gn, pn, ps, x, z*) *det mpl* the ▸ *pron* (*a lui*) to him; (*a esso*) to it; (*in coppia con lo, la, li, le, ne*: *a lui, a lei, a loro ecc*): **~ele do** I'm giving them to him (*o* her *o* them); *vedi anche* **il**
glo'bale *ag* overall
'globo *sm* globe
'globulo *sm* (*Anat*): **globulo rosso/bianco** red/white corpuscle
'gloria *sf* glory
'gnocchi ['ɲɔkki] *smpl* (*Cuc*) *small dumplings made of semolina pasta or potato*
'gobba *sf* (*Anat*) hump; (*protuberanza*) bump
'gobbo, -a *ag* hunchbacked; (*ricurvo*) round-shouldered ▸ *sm/f* hunchback
'goccia, -ce ['gottʃa] *sf* drop; **goccio'lare** *vi, vt* to drip
go'dere *vi* (*compiacersi*): **~ (di)** to be delighted (at), rejoice (at); (*trarre vantaggio*): **~ di** benefit from ▸ *vt* to enjoy; **godersi la vita** to enjoy life; **godersela** to have a good time, enjoy o.s.
godrò *ecc vb vedi* **godere**
'goffo, -a *ag* clumsy, awkward
gol [gɔl] *sm inv* (*Sport*) goal
'gola *sf* (*Anat*) throat; (*golosità*) gluttony, greed; (*di camino*) flue; (*di monte*) gorge; **fare ~** (*anche fig*) to tempt

golf *sm inv (Sport)* golf; *(maglia)* cardigan
'golfo *sm* gulf
go'loso, -a *ag* greedy
gomi'tata *sf* **dare una ~ a qn** to elbow sb; **farsi avanti a (forza** *o* **furia di) gomitate** to elbow one's way through; **fare a gomitate per qc** to fight to get sth
'gomito *sm* elbow; *(di strada ecc)* sharp bend
go'mitolo *sm* ball
'gomma *sf* rubber; *(per cancellare)* rubber, eraser; *(di veicolo)* tyre *(BRIT)*, tire *(US)*; **gomma americana** *o* **da masticare** chewing gum; **gomma a terra** flat tyre *(BRIT)* *o* tire *(US)*; **ho una ~ a terra** I've got a flat tyre;
gom'mone *sm* rubber dinghy
gonfi'are *vt (pallone)* to blow up, inflate; *(dilatare, ingrossare)* to swell; *(fig: notizia)* to exaggerate; **gonfiarsi** *vpr* to swell; *(fiume)* to rise; **'gonfio, -a** *ag* swollen; *(stomaco)* bloated; *(vela)* full; **gonfi'ore** *sm* swelling
'gonna *sf* skirt; **gonna pantalone** culottes *pl*
'gorgo, -ghi *sm* whirlpool
gorgogli'are [gurgoʎ'ʎare] *vi* to gurgle
go'rilla *sm inv* gorilla; *(guardia del corpo)* bodyguard
'gotico, -a, ci, che *ag, sm* Gothic
'gotta *sf* gout
gover'nare *vt (stato)* to govern, rule; *(pilotare, guidare)* to steer; *(bestiame)* to tend, look after
go'verno *sm* government
GPL *sigla m (= Gas di Petrolio Liquefatto)* LPG
GPS *sigla m (= Global Positioning System)* GPS
graci'dare [gratʃi'dare] *vi* to croak
'gracile ['gratʃile] *ag* frail, delicate
gradazi'one [gradat'tsjone] *sf (sfumatura)* gradation; **gradazione alcolica** alcoholic content, strength
gra'devole *ag* pleasant, agreeable
gradi'nata *sf* flight of steps; *(in teatro, stadio)* tiers *pl*
gra'dino *sm* step; *(Alpinismo)* foothold
gra'dire *vt (accettare con piacere)* to accept; *(desiderare)* to wish, like; **gradisce una tazza di tè?** would you like a cup of tea?
'grado *sm (Mat, Fisica ecc)* degree; *(stadio)* degree, level; *(Mil, sociale)* rank; **essere in ~ di fare** to be in a position to do
gradu'ale *ag* gradual
graf'fetta *sf* paper clip
graffi'are *vt* to scratch; **graffiarsi** *vpr* to get scratched; *(con unghie)* to scratch o.s.
'graffio *sm* scratch
gra'fia *sf* spelling; *(scrittura)* handwriting
'grafico, -a, -ci, -che *ag* graphic ▸ *sm* graph; *(persona)* graphic designer
gram'matica, -che *sf* grammar
'grammo *sm* gram(me)
'grana *sf (granello, di minerali, corpi spezzati)* grain; *(fam: seccatura)* trouble; *(: soldi)* cash ▸ *sm inv* Parmesan (cheese)
gra'naio *sm* granary, barn
gra'nata *sf (proiettile)* grenade
Gran Bre'tagna [-bre'taɲɲa] *sf* **la ~** Great Britain
'granchio ['grankjo] *sm* crab; *(fig)* blunder; **prendere un ~** *(fig)* to blunder
'grande *(qualche volta* **gran** *+C,* **grand'** *+V) ag (grosso, largo, vasto)* big, large; *(alto)* tall; *(lungo)* long; *(in sensi astratti)* great ▸ *sm/f (persona adulta)* adult, grown-up; *(chi ha ingegno e potenza)* great man/woman; **fare le cose in ~** to do things in style; **una gran bella donna** a very beautiful woman; **non**

è una gran cosa *o* **un gran che** it's nothing special; **non ne so gran che** I don't know very much about it
gran'dezza [gran'dettsa] *sf* (*dimensione*) size; magnitude; (*fig*) greatness; **in ~ naturale** life-size(d)
grandi'nare *vb impers* to hail
'grandine *sf* hail
gra'nello *sm* (*di cereali, uva*) seed; (*di frutta*) pip; (*di sabbia, sale ecc*) grain
gra'nito *sm* granite
'grano *sm* (*in quasi tutti i sensi*) grain; (*frumento*) wheat; (*di rosario, collana*) bead; **grano di pepe** peppercorn
gran'turco *sm* maize
'grappa *sf rough, strong brandy*
'grappolo *sm* bunch, cluster
gras'setto *sm* (*Tip*) bold (type)
'grasso, -a *ag* fat; (*cibo*) fatty; (*pelle*) greasy; (*terreno*) rich; (*fig: guadagno, annata*) plentiful ▸ *sm* (*di persona, animale*) fat; (*sostanza che unge*) grease
'grata *sf* grating
gra'ticola *sf* grill
'gratis *av* free, for nothing
grati'tudine *sf* gratitude
'grato, -a *ag* grateful; (*gradito*) pleasant, agreeable
gratta'capo *sm* worry, headache
grattaci'elo [gratta'tʃɛlo] *sm* skyscraper
gratta e vinci ['gratta e 'vintʃi] *sm inv* (*biglietto*) scratchcard; (*lotteria*) scratchcard lottery
grat'tare *vt* (*pelle*) to scratch; (*raschiare*) to scrape; (*pane, formaggio, carote*) to grate; (*fam: rubare*) to pinch ▸ *vi* (*stridere*) to grate; (*Aut*) to grind; **grattarsi** *vpr* to scratch o.s.; **grattarsi la pancia** (*fig*) to twiddle one's thumbs
grat'tugia, -gie [grat'tudʒa] *sf* grater; **grattugi'are** *vt* to grate; **pane grattugiato** breadcrumbs *pl*
gra'tuito, -a *ag* free; (*fig*) gratuitous
'grave *ag* (*danno, pericolo, peccato ecc*) grave, serious; (*responsabilità*) heavy, grave; (*contegno*) grave, solemn; (*voce, suono*) deep, low-pitched; (*Ling*): **accento ~** grave accent; **un malato ~** a person who is seriously ill
grave'mente *av* (*ammalato, ferito*) seriously
gravi'danza [gravi'dantsa] *sf* pregnancy
gravità *sf* seriousness; (*anche Fisica*) gravity
gra'voso, -a *ag* heavy, onerous
'grazia ['grattsja] *sf* grace; (*favore*) favour; (*Dir*) pardon
'grazie ['grattsje] *escl* thank you!; **~ mille!** *o* **tante!** *o* **infinite!** thank you very much!; **~ a** thanks to
grazi'oso, -a [grat'tsjoso] *ag* charming, delightful; (*gentile*) gracious
'Grecia ['grɛtʃa] *sf* **la ~** Greece; **'greco, -a, -ci, -che** *ag, sm/f, sm* Greek
'gregge ['greddʒe] (*pl(f)* **-i**) *sm* flock
grembi'ule *sm* apron; (*sopravveste*) overall
'grembo *sm* lap; (*ventre della madre*) womb
'grezzo, -a ['greddzo] *ag* raw, unrefined; (*diamante*) rough, uncut; (*tessuto*) unbleached
gri'dare *vi* (*per chiamare*) to shout, cry (out); (*strillare*) to scream, yell ▸ *vt* to shout (out), yell (out); **~ aiuto** to cry *o* shout for help
'grido (*pl(m)* **-i**, *o pl(f)* **-a**) *sm* shout, cry; scream, yell; (*di animale*) cry; **di ~** famous
'grigio, -a, -gi, -gie ['gridʒo] *ag, sm* grey
'griglia ['griʎʎa] *sf* (*per arrostire*) grill; (*Elettr*) grid; (*inferriata*) grating; **alla ~** (*Cuc*) grilled
gril'letto *sm* trigger
'grillo *sm* (*Zool*) cricket; (*fig*) whim
'grinta *sf* grim expression; (*Sport*) fighting spirit

gris'sino *sm* bread-stick
Groen'landia *sf* **la ~** Greenland
gron'daia *sf* gutter
gron'dare *vi* to pour; (*essere bagnato*): **~ di** to be dripping with ▸ *vt* to drip with
'groppa *sf* (*di animale*) back, rump; (*fam: dell'uomo*) back, shoulders *pl*
gros'sezza [gros'settsa] *sf* size; thickness
gros'sista, -i, -e *sm/f* (*Comm*) wholesaler
'grosso, -a *ag* big, large; (*di spessore*) thick; (*grossolano: anche fig*) coarse; (*grave, insopportabile*) serious, great; (*tempo, mare*) rough ▸ *sm* **il ~ di** the bulk of; **un pezzo ~** (*fig*) a VIP, a bigwig; **farla grossa** to do something very stupid; **dirle grosse** to tell tall stories; **sbagliarsi di ~** to be completely wrong
'grotta *sf* cave; grotto
grot'tesco, -a, -schi, -sche *ag* grotesque
gro'viglio [gro'viʎʎo] *sm* tangle; (*fig*) muddle
gru *sf inv* crane
'gruccia, -ce ['gruttʃa] *sf* (*per camminare*) crutch; (*per abiti*) coat-hanger
'grumo *sm* (*di sangue*) clot; (*di farina ecc*) lump
'gruppo *sm* group; **gruppo sanguigno** blood group
GSM *sigla m* (= *Global System for Mobile Communication*) GSM
guada'gnare [gwadaɲ'ɲare] *vt* (*ottenere*) to gain; (*soldi, stipendio*) to earn; (*vincere*) to win; (*raggiungere*) to reach
gua'dagno [gwa'daɲɲo] *sm* earnings *pl*; (*Comm*) profit; (*vantaggio, utile*) advantage, gain; **guadagno lordo/netto** gross/net earnings *pl*
gu'ado *sm* ford; **passare a ~** to ford
gu'ai *escl* **~ a te (*o* lui *ecc*)!** woe betide you (*o* him *ecc*)!
gu'aio *sm* trouble, mishap; (*inconveniente*) trouble, snag
gua'ire *vi* to whine, yelp
gu'ancia, -ce ['gwantʃa] *sf* cheek
guanci'ale [gwan'tʃale] *sm* pillow
gu'anto *sm* glove
guarda'linee *sm inv* (*Sport*) linesman
guar'dare *vt* (*con lo sguardo: osservare*) to look at; (*film, televisione*) to watch; (*custodire*) to look after, take care of ▸ *vi* to look; (*badare*): **~ a** to pay attention to; (*luoghi: esser orientato*): **~ a** to face; **guardarsi** *vpr* to look at o.s.; **guardarsi da** (*astenersi*) to refrain from; (*stare in guardia*) to beware of; **guardarsi dal fare** to take care not to do; **guarda di non sbagliare** try not to make a mistake; **~ a vista qn** to keep a close watch on sb
guarda'roba *sm inv* wardrobe; (*locale*) cloakroom
gu'ardia *sf* (*individuo, corpo*) guard; (*sorveglianza*) watch; **fare la ~ a qc/qn** to guard sth/sb; **stare in ~** (*fig*) to be on one's guard; **di ~** (*medico*) on call; **guardia carceraria** (prison) warder; **guardia del corpo** bodyguard; **Guardia di finanza** (*corpo*) customs *pl*; (*persona*) customs officer; **guardia medica** emergency doctor service

Guardia di finanza
The **Guardia di Finanza** is a military body which deals with infringements of the laws governing income tax and monopolies. It reports to the Ministers of Finance, Justice or Agriculture, depending on the function it is performing.

guardi'ano, -a *sm/f* (*di carcere*) warder; (*di villa ecc*) caretaker; (*di museo*) custodian; (*di zoo*) keeper; **guardiano notturno** night watchman

guarigi'one [gwari'dʒone] *sf* recovery
gua'rire *vt* (*persona, malattia*) to cure; (*ferita*) to heal ▸ *vi* to recover, be cured; to heal (up)
guar'nire *vt* (*ornare: abiti*) to trim; (*Cuc*) to garnish
guasta'feste *sm/f inv* spoilsport
guastarsi *vpr* (*cibo*) to go bad; (*meccanismo*) to break down; (*tempo*) to change for the worse
gu'asto, -a *ag* (*non funzionante*) broken; (*: telefono ecc*) out of order; (*andato a male*) bad, rotten; (*: dente*) decayed, bad; (*fig: corrotto*) depraved ▸ *sm* breakdown; (*avaria*) failure; **guasto al motore** engine failure
gu'erra *sf* war; (*tecnica: atomica, chimica ecc*) warfare; **fare la ~ (a)** to wage war (against); **guerra mondiale** world war; **guerra preventiva** preventive war
'gufo *sm* owl
gu'ida *sf* (*libro*) guidebook; (*persona*) guide; (*comando, direzione*) guidance, direction; (*Aut*) driving; (*tappeto: di tenda, cassetto*) runner; **avete una ~ in italiano?** do you have a guidebook in Italian?; **c'è una ~ che parla italiano?** is there an Italian-speaking guide?; **guida a destra/a sinistra** (*Aut*) right-/left-hand drive; **guida telefonica** telephone directory; **guida turistica** tourist guide
gui'dare *vt* to guide; (*squadra, rivolta*) to lead; (*auto*) to drive; (*aereo, nave*) to pilot; **sai ~?** can you drive?; **guida'tore, -trice** *sm/f* (*conducente*) driver
guin'zaglio [gwin'tsaʎʎo] *sm* leash, lead
'guscio ['guʃʃo] *sm* shell
gus'tare *vt* (*cibi*) to taste; (*: assaporare con piacere*) to enjoy, savour; (*fig*) to enjoy, appreciate ▸ *vi* **~ a** to please; **non mi gusta affatto** I don't like it at all
'gusto *sm* taste; (*sapore*) flavour; (*godimento*) enjoyment; **che gusti avete?** which flavours do you have?; **al ~ di fragola** strawberry-flavoured; **mangiare di ~** to eat heartily; **prenderci ~: ci ha preso ~** he's acquired a taste for it, he's got to like it; **gus'toso, -a** *ag* tasty; (*fig*) agreeable

h

H, h ['akka] *sf o m inv* (*lettera*) H, h ▸ *abbr* (= *ora*) hr; (= *etto, altezza*) h; **H come hotel** ≈ H for Harry (*BRIT*), H for How (*US*)
ha, 'hai [a, ai] *vb vedi* **avere**
ha'cker [hæ'kəʳ] *sm inv* hacker
hall [hɔl] *sf inv* hall, foyer
hamburger [am'burger] *sm inv* (*carne*) hamburger; (*panino*) burger
'handicap ['handikap] *sm inv* handicap; **handicap'pato, -a** *ag* handicapped ▸ *sm/f* handicapped person, disabled person
'hanno ['anno] *vb vedi* **avere**
hard discount [ardi'kaunt] *sm inv* discount supermarket
hard disk [ar'disk] *sm inv* hard disk
hardware ['ardwer] *sm inv* hardware
hascisch [aʃʃiʃ] *sm* hashish
Hawaii [a'vai] *sfpl* **le ~** Hawaii *sg*

help [ɛlp] *sm inv* (*Inform*) help
'herpes ['ɛrpes] *sm* (*Med*) herpes *sg*; **herpes zoster** shingles *sg*
'hi-fi ['haifai] *sm inv, ag inv* hi-fi
ho [ɔ] *vb vedi* **avere**
'hobby ['hɔbi] *sm inv* hobby
'hockey ['hɔki] *sm* hockey; **hockey su ghiaccio** ice hockey
home page ['houm'pɛidʒ] *sf inv* home page
Hong Kong ['ɔ̃kɔ̃g] *sf* Hong Kong
'hostess ['houstis] *sf inv* air hostess (*BRIT*) *o* stewardess
hot dog ['hɔtdɔg] *sm inv* hot dog
ho'tel *sm inv* hotel
humour ['hju:mə] *sm inv* (sense of) humour
'humus *sm* humus
husky ['aski] *sm inv* (*cane*) husky *m inv*

◆

I

i *det mpl* the
IC *abbr* (= *Intercity*) Intercity
ICI ['itʃi] *sigla f* (= *Imposta Comunale sugli Immobili*) ≈ Council Tax
i'cona *sf* (*Rel, Inform, fig*) icon
i'dea *sf* idea; (*opinione*) opinion, view; (*ideale*) ideal; **dare l'~ di** to seem, look like; **neanche** *o* **neppure per ~!** certainly not!; **idea fissa** obsession
ide'ale *ag, sm* ideal
ide'are *vt* (*immaginare*) to think up, conceive; (*progettare*) to plan
i'dentico, -a, -ci, -che *ag* identical
identifi'care *vt* to identify; **identificarsi** *vpr* **identificarsi (con)** to identify o.s. (with)
identità *sf inv* identity
ideolo'gia, -'gie [ideolo'dʒia] *sf* ideology
idio'matico, -a, -ci, -che *ag* idiomatic; **frase idiomatica** idiom
idi'ota, -i, -e *ag* idiotic ▸ *sm/f* idiot
'idolo *sm* idol
idoneità *sf* suitability
i'doneo, -a *ag* **~ a** suitable for, fit for; (*Mil*) fit for; (*qualificato*) qualified for
i'drante *sm* hydrant
idra'tante *ag* moisturizing ▸ *sm* moisturizer
i'draulico, -a, -ci, -che *ag* hydraulic ▸ *sm* plumber
idroe'lettrico, -a, -ci, -che *ag* hydroelectric
i'drofilo, -a *ag vedi* **cotone**
i'drogeno [i'drɔdʒeno] *sm* hydrogen
idrovo'lante *sm* seaplane
i'ena *sf* hyena
i'eri *av, sm* yesterday; **il giornale di ~** yesterday's paper; **~ l'altro** the day before yesterday; **~ sera** yesterday evening
igi'ene [i'dʒɛne] *sf* hygiene; **igiene pubblica** public health; **igi'enico, -a, -ci, -he** *ag* hygienic; (*salubre*) healthy
i'gnaro, -a [iɲ'ɲaro] *ag* **~ di** unaware of, ignorant of
i'gnobile [iɲ'ɲɔbile] *ag* despicable, vile
igno'rante [iɲɲo'rante] *ag* ignorant
igno'rare [iɲɲo'rare] *vt* (*non sapere, conoscere*) to be ignorant *o* unaware of, not to know; (*fingere di non vedere, sentire*) to ignore
i'gnoto, -a [iɲ'ɲɔto] *ag* unknown
il (*pl(m)* **i**; *diventa* **lo** (*pl* **gli**) *davanti a s impura, gn, pn, ps, x, z;* *f* **la** (*pl* **le**)) *det m*

1 the; **il libro/lo studente/l'acqua** the book/the student/the water; **gli scolari** the pupils
2 (*astrazione*): **il coraggio/l'amore/la giovinezza** courage/love/youth
3 (*tempo*): **il mattino/la sera** in the morning/evening; **il venerdì** *ecc* (*abitualmente*) on Fridays *ecc*; (*quel giorno*) on (the) Friday *ecc*; **la settimana prossima** next week
4 (*distributivo*) a, an; **2 euro il chilo/paio** 2 euros a *o* per kilo/pair
5 (*partitivo*) some, any; **hai messo lo zucchero?** have you added sugar?; **hai comprato il latte?** did you buy (some *o* any) milk?
6 (*possesso*): **aprire gli occhi** to open one's eyes; **rompersi la gamba** to break one's leg; **avere i capelli neri/il naso rosso** to have dark hair/a red nose
7 (*con nomi propri*): **il Petrarca** Petrarch; **il Presidente Bush** President Bush; **dov'è la Francesca?** where's Francesca?
8 (*con nomi geografici*): **il Tevere** the Tiber; **l'Italia** Italy; **il Regno Unito** the United Kingdom; **l'Everest** Everest

ille'gale *ag* illegal
illeg'gibile [illed'dʒibile] *ag* illegible
ille'gittimo, -a [ille'dʒittimo] *ag* illegitimate
il'leso, -a *ag* unhurt, unharmed
illimi'tato, -a *ag* boundless; unlimited
ill.mo *abbr* = **illustrissimo**
il'ludere *vt* to deceive, delude; **illudersi** *vpr* to deceive o.s., delude o.s.
illumi'nare *vt* to light up, illuminate; (*fig*) to enlighten; **illuminarsi** *vpr* to light up; **~ a giorno** to floodlight; **illuminazi'one** *sf* lighting; illumination; floodlighting; (*fig*) flash of inspiration
il'lusi *ecc vb vedi* **illudere**
illusi'one *sf* illusion; **farsi delle illusioni** to delude o.s.; **illusione ottica** optical illusion
il'luso, -a *pp di* **illudere**
illus'trare *vt* to illustrate; **illustrazi'one** *sf* illustration
il'lustre *ag* eminent, renowned; **illus'trissimo, -a** *ag* (*negli indirizzi*) very revered
imbal'laggio [imbal'laddʒo] *sm* packing *no pl*
imbal'lare *vt* to pack; (*Aut*) to race
imbalsa'mare *vt* to embalm
imbambo'lato, -a *ag* (*sguardo*) vacant, blank
imbaraz'zante [imbarat'tsante] *ag* embarrassing, awkward
imbaraz'zare [imbarat'tsare] *vt* (*mettere a disagio*) to embarrass; (*ostacolare movimenti*) to hamper
imbaraz'zato, -a [imbarat'tsato] *ag* embarrassed; **avere lo stomaco ~** to have an upset stomach
imba'razzo [imba'rattso] *sm* (*disagio*) embarrassment; (*perplessità*) puzzlement, bewilderment; **imbarazzo di stomaco** indigestion
imbar'care *vt* (*passeggeri*) to embark; (*merci*) to load; **imbarcarsi** *vpr* **imbarcarsi su** to board; **imbarcarsi per l'America** to sail for America; **imbarcarsi in** (*fig*: *affare ecc*) to embark on
imbarcazi'one [imbarkat'tsjone] *sf* (small) boat, (small) craft *inv*; **imbarcazione di salvataggio** lifeboat
im'barco, -chi *sm* embarkation; loading; boarding; (*banchina*) landing stage
imbas'tire *vt* (*cucire*) to tack; (*fig*: *abbozzare*) to sketch, outline
im'battersi *vpr* **~ in** (*incontrare*) to bump *o* run into

imbat'tibile *ag* unbeatable, invincible
imbavagli'are [imbavaʎ'ʎare] *vt* to gag
imbe'cille [imbe'tʃille] *ag* idiotic ▶ *sm/f* idiot; (*Med*) imbecile
imbian'care *vt* to whiten; (*muro*) to whitewash ▶ *vi* to become *o* turn white
imbian'chino [imbjan'kino] *sm* (house) painter, painter and decorator
imboc'care *vt* (*bambino*) to feed; (*entrare: strada*) to enter, turn into
imbocca'tura *sf* mouth; (*di strada, porto*) entrance; (*Mus, del morso*) mouthpiece
imbos'cata *sf* ambush
imbottigli'are [imbottiʎ'ʎare] *vt* to bottle; (*Naut*) to blockade; (*Mil*) to hem in; **imbottigliarsi** *vpr* to be stuck in a traffic jam
imbot'tire *vt* to stuff; (*giacca*) to pad; **imbottirsi** *vpr* **imbottirsi di** (*rimpinzarsi*) to stuff o.s. with; **imbot'tito, -a** *ag* stuffed; (*giacca*) padded; **panino imbottito** filled roll
imbra'nato, -a *ag* clumsy, awkward ▶ *sm/f* clumsy person
imbrogli'are [imbroʎ'ʎare] *vt* to mix up; (*fig: raggirare*) to deceive, cheat; (*: confondere*) to confuse, mix up; **imbrogli'one, -a** *sm/f* cheat, swindler
imbronci'ato, -a *ag* sulky
imbu'care *vt* to post; **dove posso ~ queste cartoline?** where can I post these cards?
imbur'rare *vt* to butter
im'buto *sm* funnel
imi'tare *vt* to imitate; (*riprodurre*) to copy; (*assomigliare*) to look like
immagazzi'nare [immagaddzi'nare] *vt* to store
immagi'nare [immadʒi'nare] *vt* to imagine; (*supporre*) to suppose; (*inventare*) to invent; **s'immagini!** don't mention it!, not at all!; **immaginazi'one** *sf* imagination; (*cosa immaginata*) fancy
im'magine [im'madʒine] *sf* image; (*rappresentazione grafica, mentale*) picture
imman'cabile *ag* certain; unfailing
im'mane *ag* (*smisurato*) enormous; (*spaventoso*) terrible
immangi'abile [imman'dʒabile] *ag* inedible
immatrico'lare *vt* to register; **immatricolarsi** *vpr* (*Ins*) to matriculate, enrol
imma'turo, -a *ag* (*frutto*) unripe; (*persona*) immature; (*prematuro*) premature
immedesi'marsi *vpr* **~ in** to identify with
immediata'mente *av* immediately, at once
immedi'ato, -a *ag* immediate
im'menso, -a *ag* immense
im'mergere [im'mɛrdʒere] *vt* to immerse, plunge; **immergersi** *vpr* to plunge; (*sommergibile*) to dive, submerge; (*dedicarsi a*): **immergersi in** to immerse o.s. in
immeri'tato, -a *ag* undeserved
immersi'one *sf* immersion; (*di sommergibile*) submersion, dive; (*di palombaro*) dive
im'mettere *vt* **~ (in)** to introduce (into); **~ dati in un computer** to enter data on a computer
immi'grato, -a *sm/f* immigrant
immi'nente *ag* imminent
immischiarsi *vpr* **~ in** to interfere *o* meddle in
im'mobile *ag* motionless, still; **immobili'are** *ag* (*Dir*) property *cpd*
immon'dizia [immon'dittsja] *sf* dirt, filth; (*spesso al pl: spazzatura, rifiuti*) rubbish *no pl*, refuse *no pl*

immo'rale *ag* immoral
immor'tale *ag* immortal
im'mune *ag* (*esente*) exempt; (*Med, Dir*) immune
immu'tabile *ag* immutable; unchanging
impacchet'tare [impakket'tare] *vt* to pack up
impacci'ato, -a *ag* awkward, clumsy; (*imbarazzato*) embarrassed
im'pacco, -chi *sm* (*Med*) compress
impadro'nirsi *vpr* **~ di** to seize, take possession of; (*fig: apprendere a fondo*) to master
impa'gabile *ag* priceless
impa'lato, -a *ag* (*fig*) stiff as a board
impalca'tura *sf* scaffolding
impalli'dire *vi* to turn pale; (*fig*) to fade
impa'nato, -a *ag* (*Cuc*) coated in breadcrumbs
impanta'narsi *vpr* to sink (in the mud); (*fig*) to get bogged down
impappi'narsi *vpr* to stammer, falter
impa'rare *vt* to learn
impar'tire *vt* to bestow, give
imparzi'ale [impar'tsjale] *ag* impartial, unbiased
impas'sibile *ag* impassive
impas'tare *vt* (*pasta*) to knead
impastic'carsi *vpr* to pop pills
im'pasto *sm* (*l'impastare: di pane*) kneading; (*: di cemento*) mixing; (*pasta*) dough; (*anche fig*) mixture
im'patto *sm* impact
impau'rire *vt* to scare, frighten ▸ *vi* (*anche:* **impaurirsi**) to become scared o frightened
impazi'ente [impat'tsjɛnte] *ag* impatient
impaz'zata [impat'tsata] *sf* **all'~** (*precipitosamente*) at breakneck speed
impaz'zire [impat'tsire] *vi* to go mad; **~ per qn/qc** to be crazy about sb/sth
impec'cabile *ag* impeccable
impedi'mento *sm* obstacle, hindrance
impe'dire *vt* (*vietare*): **~ a qn di fare** to prevent sb from doing; (*ostruire*) to obstruct; (*impacciare*) to hamper, hinder
impegnarsi *vpr* (*vincolarsi*): **~ a fare** to undertake to do; (*mettersi risolutamente*): **~ in qc** to devote o.s. to sth; **~ con qn** (*accordarsi*) to come to an agreement with sb
impegna'tivo, -a *ag* binding; (*lavoro*) demanding, exacting
impe'gnato, -a *ag* (*occupato*) busy; (*fig: romanzo, autore*) committed, engagé
im'pegno [im'peɲɲo] *sm* (*obbligo*) obligation; (*promessa*) promise, pledge; (*zelo*) diligence, zeal; (*compito, d'autore*) commitment
impel'lente *ag* pressing, urgent
impen'narsi *vpr* (*cavallo*) to rear up; (*Aer*) to nose up; (*fig*) to bridle
impensie'rire *vt* to worry; **impensierirsi** *vpr* to worry
impera'tivo, -a *ag*, *sm* imperative
impera'tore, -'trice *sm/f* emperor/empress
imperdo'nabile *ag* unforgivable, unpardonable
imper'fetto, -a *ag* imperfect ▸ *sm* (*Ling*) imperfect (tense)
imperi'ale *ag* imperial
imperi'oso, -a *ag* (*persona*) imperious; (*motivo, esigenza*) urgent, pressing
imperme'abile *ag* waterproof ▸ *sm* raincoat
im'pero *sm* empire; (*forza, autorità*) rule, control
imperso'nale *ag* impersonal
imperso'nare *vt* to personify; (*Teatro*) to play, act (the part of)
imperter'rito, -a *ag* fearless, undaunted; impassive
imperti'nente *ag* impertinent

'impeto *sm* (*moto, forza*) force, impetus; (*assalto*) onslaught; (*fig: impulso*) impulse; (*: slancio*) transport; **con ~** energetically; vehemently

impet'tito, -a *ag* stiff, erect

impetu'oso, -a *ag* (*vento*) strong, raging; (*persona*) impetuous

impi'anto *sm* (*installazione*) installation; (*apparecchiature*) plant; (*sistema*) system; **impianto elettrico** wiring; **impianto di risalita** (*Sci*) ski lift; **impianto di riscaldamento** heating system; **impianto sportivo** sports complex

impic'care *vt* to hang; **impiccarsi** *vpr* to hang o.s.

impicciarsi [impit'tʃarsi] *vpr* (*immischiarsi*): **~ (in)** to meddle (in); **impicciati degli affari tuoi!** mind your own business!

impicci'one, -a [impit'tʃone] *sm/f* busybody

impie'gare *vt* (*usare*) to use, employ; (*spendere: denaro, tempo*) to spend; (*investire*) to invest; **impie'gato, -a** *sm/f* employee

impi'ego, -ghi *sm* (*uso*) use; (*occupazione*) employment; (*posto di lavoro*) (regular) job, post; (*Econ*) investment

impieto'sire *vt* to move to pity; **impietosirsi** *vpr* to be moved to pity

impigli'arsi *vpr* to get caught up *o* entangled

impi'grirsi *vpr* to grow lazy

impli'care *vt* to imply; (*coinvolgere*) to involve

im'plicito, -a [im'plitʃito] *ag* implicit

implo'rare *vt* to implore; (*pietà ecc*) to beg for

impolve'rarsi *vpr* to get dusty

im'pone *ecc vb vedi* **imporre**

impo'nente *ag* imposing, impressive

im'pongo *ecc vb vedi* **imporre**

impo'nibile *ag* taxable ▸ *sm* taxable income

impopo'lare *ag* unpopular

im'porre *vt* to impose; (*costringere*) to force, make; (*far valere*) to impose, enforce; **imporsi** *vpr* (*persona*) to assert o.s.; (*cosa: rendersi necessario*) to become necessary; (*aver successo: moda, attore*) to become popular; **~ a qn di fare** to force sb to do, make sb do

impor'tante *ag* important; **impor'tanza** *sf* importance; **dare importanza a qc** to attach importance to sth; **darsi importanza** to give o.s. airs

impor'tare *vt* (*introdurre dall'estero*) to import ▸ *vi* to matter, be important ▸ *vb impers* (*essere necessario*) to be necessary; (*interessare*) to matter; **non importa!** it doesn't matter!; **non me ne importa!** I don't care!

im'porto *sm* (total) amount

importu'nare *vt* to bother

im'posi *ecc vb vedi* **imporre**

imposizi'one [impozit'tsjone] *sf* imposition; order, command; (*onere, imposta*) tax

imposses'sarsi *vpr* **~ di** to seize, take possession of

impos'sibile *ag* impossible; **fare l'~** to do one's utmost, do all one can

im'posta *sf* (*di finestra*) shutter; (*tassa*) tax; **imposta sul reddito** income tax; **imposta sul valore aggiunto** value added tax (*BRIT*), sales tax (*US*)

impos'tare *vt* (*imbucare*) to post; (*preparare*) to plan, set out; (*avviare*) to begin, start off; (*voce*) to pitch

impostazi'one [impostat'tsjone] *sf* (*di lettera*) posting (*BRIT*), mailing (*US*); (*di problema, questione*) formulation, statement; (*di lavoro*) organization, planning; (*di attività*) setting up; (*Mus: di voce*) pitch; **impostazioni** *sfpl* (*di computer*) settings

impo'tente *ag* weak, powerless; (*anche Med*) impotent
imprati'cabile *ag* (*strada*) impassable; (*campo da gioco*) unplayable
impre'care *vi* to curse, swear; ~ **contro** to hurl abuse at
imprecazi'one [imprekat'tsjone] *sf* abuse, curse
impre'gnare [impreɲ'ɲare] *vt* ~ **(di)** (*imbevere*) to soak *o* impregnate (with); (*riempire*) to fill (with)
imprendi'tore *sm* (*industriale*) entrepreneur; (*appaltatore*) contractor; **piccolo ~** small businessman
im'presa *sf* (*iniziativa*) enterprise; (*azione*) exploit; (*azienda*) firm
impressio'nante *ag* impressive; upsetting
impressio'nare *vt* to impress; (*turbare*) to upset; (*Fot*) to expose; **impressionarsi** *vpr* to be easily upset
impressi'one *sf* impression; (*fig*: *sensazione*) sensation, feeling; (*stampa*) printing; **fare ~** (*colpire*) to impress; (*turbare*) to frighten, upset; **fare buona/cattiva ~ a** to make a good/bad impression on
impreve'dibile *ag* unforeseeable; (*persona*) unpredictable
impre'visto, -a *ag* unexpected, unforeseen ▸ *sm* unforeseen event; **salvo imprevisti** unless anything unexpected happens
imprigio'nare [impridʒo'nare] *vt* to imprison
impro'babile *ag* improbable, unlikely
im'pronta *sf* imprint, impression, sign; (*di piede, mano*) print; (*fig*) mark, stamp; **impronta digitale** fingerprint; **impronta ecologica** carbon footprint
improvvisa'mente *av* suddenly; unexpectedly
improvvi'sare *vt* to improvise
improv'viso, -a *ag* (*imprevisto*) unexpected; (*subitaneo*) sudden; **all'~** unexpectedly; suddenly
impru'dente *ag* unwise, rash
impu'gnare [impuɲ'ɲare] *vt* to grasp, grip; (*Dir*) to contest
impul'sivo, -a *ag* impulsive
im'pulso *sm* impulse
impun'tarsi *vpr* to stop dead, refuse to budge; (*fig*) to be obstinate
impu'tato, -a *sm/f* (*Dir*) accused, defendant

in
(*in + il* = **nel**, *in + lo* = **nello**, *in + l'* = **nell'**, *in + la* = **nella**, *in + i* = **nei**, *in + gli* = **negli**, *in + le* = **nelle**) *prep*
1 (*stato in luogo*) in; **vivere in Italia/città** to live in Italy/town; **essere in casa/ufficio** to be at home/the office; **se fossi in te** if I were you
2 (*moto a luogo*) to; (: *dentro*) into; **andare in Germania/città** to go to Germany/town; **andare in ufficio** to go to the office; **entrare in macchina/casa** to get into the car/go into the house
3 (*tempo*) in; **nel 1989** in 1989; **in giugno/estate** in June/summer
4 (*modo, maniera*) in; **in silenzio** in silence; **in abito da sera** in evening dress; **in guerra** at war; **in vacanza** on holiday; **Maria Bianchi in Rossi** Maria Rossi née Bianchi
5 (*mezzo*) by; **viaggiare in autobus/treno** to travel by bus/train
6 (*materia*) made of; **in marmo** made of marble, marble *cpd*; **una collana in oro** a gold necklace
7 (*misura*) in; **siamo in quattro** there are four of us; **in tutto** in all
8 (*fine*): **dare in dono** to give as a gift; **spende tutto in alcool** he spends all

his money on drink; **in onore di** in honour of
inabi'tabile *ag* uninhabitable
inacces'sibile [inattʃes'sibile] *ag* (*luogo*) inaccessible; (*persona*) unapproachable
inaccet'tabile [inattʃet'tabile] *ag* unacceptable
ina'datto, -a *ag* ~ **(a)** unsuitable *o* unfit (for)
inadegu'ato, -a *ag* inadequate
inaffi'dabile *ag* unreliable
inami'dato, -a *ag* starched
inar'care *vt* (*schiena*) to arch; (*sopracciglia*) to raise
inaspet'tato, -a *ag* unexpected
inas'prire *vt* (*disciplina*) to tighten up, make harsher; (*carattere*) to embitter; **inasprirsi** *vpr* to become harsher; to become bitter; to become worse
inattac'cabile *ag* (*anche fig*) unassailable; (*alibi*) cast-iron
inatten'dibile *ag* unreliable
inat'teso, -a *ag* unexpected
inattu'abile *ag* impracticable
inau'dito, -a *ag* unheard of
inaugu'rare *vt* to inaugurate, open; (*monumento*) to unveil
inaugurazi'one [inaugurat'tsjone] *sf* inauguration; unveiling
incal'lito, -a *ag* calloused; (*fig*) hardened, inveterate; (: *insensibile*) hard
incande'scente [inkandeʃʃɛnte] *ag* incandescent, white-hot
incan'tare *vt* to enchant, bewitch; **incantarsi** *vpr* (*rimanere intontito*) to be spellbound; to be in a daze; (*meccanismo: bloccarsi*) to jam; **incan'tevole** *ag* charming, enchanting
in'canto *sm* spell, charm, enchantment; (*asta*) auction; **come per ~** as if by magic; **mettere all'~** to put up for auction
inca'pace [inka'patʃe] *ag* incapable
incarce'rare [inkartʃe'rare] *vt* to imprison
incari'care *vt* ~ **qn di fare** to give sb the responsibility of doing; **incaricarsi di** to take care *o* charge of
in'carico, -chi *sm* task, job
incarta'mento *sm* dossier, file
incar'tare *vt* to wrap (in paper)
incas'sare *vt* (*merce*) to pack (in cases); (*gemma: incastonare*) to set; (*Econ: riscuotere*) to collect; (*Pugilato: colpi*) to take, stand up to; **in'casso** *sm* cashing, encashment; (*introito*) takings *pl*
incas'trare *vt* to fit in, insert; (*fig: intrappolare*) to catch; **incastrarsi** *vpr* (*combaciare*) to fit together; (*restare bloccato*) to become stuck
incate'nare *vt* to chain up
in'cauto, -a *ag* imprudent, rash
inca'vato, -a *ag* hollow; (*occhi*) sunken
incendi'are [intʃen'djare] *vt* to set fire to; **incendiarsi** *vpr* to catch fire, burst into flames
in'cendio [in'tʃɛndjo] *sm* fire
inceneri'tore [intʃeneri'tore] *sm* incinerator
in'censo [in'tʃɛnso] *sm* incense
incensu'rato, -a [intʃensu'rato] *ag* (*Dir*): **essere ~** to have a clean record
incenti'vare [intʃenti'vare] *vt* (*produzione, vendite*) to boost, (*persona*) to motivate
incen'tivo [intʃen'tivo] *sm* incentive
incepparsi *vpr* to jam
incer'tezza [intʃer'tettsa] *sf* uncertainty
in'certo, -a [in'tʃɛrto] *ag* uncertain; (*irresoluto*) undecided, hesitating ▶ *sm* uncertainty
in'cetta [in'tʃetta] *sf* buying up; **fare ~ di qc** to buy up sth
inchi'esta [in'kjɛsta] *sf* investigation, inquiry

inchinarsi *vpr* to bend down; (*per riverenza*) to bow; (*: donna*) to curtsy
inchio'dare [inkjo'dare] *vt* to nail (down); **~ la macchina** (*Aut*) to jam on the brakes
inchi'ostro [in'kjɔstro] *sm* ink; **inchiostro simpatico** invisible ink
inciam'pare [intʃam'pare] *vi* to trip, stumble
inci'dente [intʃi'dɛnte] *sm* accident; **ho avuto un ~** I've had an accident; **incidente automobilistico** *o* **d'auto** car accident; **incidente diplomatico** diplomatic incident
in'cidere [in'tʃidere] *vi* **~ su** to bear upon, affect ▸ *vt* (*tagliare incavando*) to cut into; (*Arte*) to engrave; to etch; (*canzone*) to record
in'cinta [in'tʃinta] *ag f* pregnant
incipri'are [intʃi'prjare] *vt* to powder
incipriarsi ▸ *vpr* to powder one's face
in'circa [in'tʃirka] *av* **all'~** more or less, very nearly
in'cisi *ecc* [in'tʃizi] *vb vedi* **incidere**
incisi'one [intʃi'zjone] *sf* cut; (*disegno*) engraving; etching; (*registrazione*) recording; (*Med*) incision
in'ciso, -a [in'tʃizo] *pp di* **incidere** ▸ *sm* **per ~** incidentally, by the way
inci'tare [intʃi'tare] *vt* to incite
inci'vile [intʃi'vile] *ag* uncivilized; (*villano*) impolite
incl. *abbr* (= *incluso*) encl.
incli'nare *vt* to tilt; **inclinarsi** *vpr* (*barca*) to list; (*aereo*) to bank
in'cludere *vt* to include; (*accludere*) to enclose; **in'cluso, -a** *pp di* **includere** ▸ *ag* included; enclosed
incoe'rente *ag* incoherent; (*contraddittorio*) inconsistent
in'cognita [in'kɔɲɲita] *sf* (*Mat, fig*) unknown quantity
in'cognito, -a [in'kɔɲɲito] *ag* unknown ▸ *sm* **in ~** incognito
incol'lare *vt* to glue, gum; (*unire con colla*) to stick together
inco'lore *ag* colourless
incol'pare *vt* **~ qn di** to charge sb with
in'colto, -a *ag* (*terreno*) uncultivated; (*trascurato: capelli*) neglected; (*persona*) uneducated
in'colume *ag* safe and sound, unhurt
incom'benza [inkom'bɛntsa] *sf* duty, task
in'combere *vi* (*sovrastare minacciando*): **~ su** to threaten, hang over
incominci'are [inkomin'tʃare] *vi, vt* to begin, start
incompe'tente *ag* incompetent
incompi'uto, -a *ag* unfinished, incomplete
incom'pleto, -a *ag* incomplete
incompren'sibile *ag* incomprehensible
inconce'pibile [inkontʃe'pibile] *ag* inconceivable
inconcili'abile [inkontʃi'ljabile] *ag* irreconcilable
inconclu'dente *ag* inconclusive; (*persona*) ineffectual
incondizio'nato, -a [inkondittsjo'nato] *ag* unconditional
inconfon'dibile *ag* unmistakable
inconsa'pevole *ag* **~ di** unaware of, ignorant of
in'conscio, -a, -sci, -sce [in'kɔnʃo] *ag* unconscious ▸ *sm* (*Psic*): **l'~** the unconscious
inconsis'tente *ag* insubstantial; unfounded
inconsu'eto, -a *ag* unusual
incon'trare *vt* to meet; (*difficoltà*) to meet with; **incontrarsi** *vpr* to meet
in'contro *av* **~ a** (*verso*) towards ▸ *sm* meeting; (*Sport*) match; meeting; **incontro di calcio** football match
inconveni'ente *sm* drawback, snag
incoraggia'mento [inkoraddʒa'mento] *sm* encouragement

incoraggi'are [inkorad'dʒare] *vt* to encourage
incornici'are [inkorni'tʃare] *vt* to frame
incoro'nare *vt* to crown
in'correre *vi* ~ **in** to meet with, run into
incosci'ente [inkoʃʃɛnte] *ag* (*inconscio*) unconscious; (*irresponsabile*) reckless, thoughtless
incre'dibile *ag* incredible, unbelievable
in'credulo, -a *ag* incredulous, disbelieving
incremen'tare *vt* to increase; (*dar sviluppo a*) to promote
incre'mento *sm* (*sviluppo*) development; (*aumento numerico*) increase, growth
incresci'oso, -a [inkreʃʃoso] *ag* (*incidente ecc*) regrettable
incrimi'nare *vt* (*Dir*) to charge
incri'nare *vt* to crack; (*fig: rapporti, amicizia*) to cause to deteriorate; **incrinarsi** *vpr* to crack; to deteriorate
incroci'are [inkro'tʃare] *vt* to cross; (*incontrare*) to meet ▸ *vi* (*Naut, Aer*) to cruise; **incrociarsi** *vpr* (*strade*) to cross, intersect; (*persone, veicoli*) to pass each other; ~ **le braccia/le gambe** to fold one's arms/cross one's legs
in'crocio [in'krotʃo] *sm* (*anche Ferr*) crossing; (*di strade*) crossroads
incuba'trice [inkuba'tritʃe] *sf* incubator
'incubo *sm* nightmare
incu'rabile *ag* incurable
incu'rante *ag* ~ **(di)** heedless (of), careless (of)
incurio'sire *vt* to make curious; **incuriosirsi** *vpr* to become curious
incursi'one *sf* raid
incur'vare *vt* to bend, curve; **incurvarsi** *vpr* to bend, curve
incusto'dito, -a *ag* unguarded, unattended
in'cutere *vt* ~ **timore/rispetto a qn** to strike fear into sb/command sb's respect
'indaco *sm* indigo
indaffa'rato, -a *ag* busy
inda'gare *vt* to investigate
in'dagine [in'dadʒine] *sf* investigation, inquiry; (*ricerca*) research, study; **indagine di mercato** market survey
indebi'tarsi *vpr* to run *o* get into debt
indebo'lire *vt, vi* (*anche*: **indebolirsi**) to weaken
inde'cente [inde'tʃɛnte] *ag* indecent
inde'ciso, -a [inde'tʃizo] *ag* indecisive; (*irresoluto*) undecided
indefi'nito, -a *ag* (*anche Ling*) indefinite; (*impreciso, non determinato*) undefined
in'degno, -a [in'deɲɲo] *ag* (*atto*) shameful; (*persona*) unworthy
indemoni'ato, -a *ag* possessed (by the devil)
in'denne *ag* unhurt, uninjured
indenniz'zare [indennid'dzare] *vt* to compensate
indetermina'tivo, -a *ag* (*Ling*) indefinite
'India *sf* **l'**~ India; **indi'ano, -a** *ag* Indian ▸ *sm/f* (*d'India*) Indian; (*d'America*) Native American, (American) Indian
indi'care *vt* (*mostrare*) to show, indicate; (*: col dito*) to point to, point out; (*consigliare*) to suggest, recommend; **indica'tivo, -a** *ag* indicative ▸ *sm* (*Ling*) indicative (mood); **indicazi'one** *sf* indication; (*informazione*) piece of information
'indice ['inditʃe] *sm* index; (*fig*) sign; (*dito*) index finger, forefinger; **indice di gradimento** (*Radio, TV*) popularity rating

indicherò *ecc* [indike'rɔ] *vb vedi* **indicare**
indi'cibile [indi'tʃibile] *ag* inexpressible
indietreggi'are [indietred'dʒare] *vi* to draw back, retreat
indi'etro *av* back; (*guardare*) behind, back; (*andare, cadere*: *anche*: **all'~**) backwards; **rimanere ~** to be left behind; **essere ~** (*col lavoro*) to be behind; (*orologio*) to be slow; **rimandare qc ~** to send sth back
indi'feso, -a *ag* (*città ecc*) undefended; (*persona*) defenceless
indiffe'rente *ag* indifferent
in'digeno, -a [in'didʒeno] *ag* indigenous, native ▸ *sm/f* native
indigesti'one [indidʒes'tjone] *sf* indigestion
indi'gesto, -a [indi'dʒɛsto] *ag* indigestible
indi'gnare [indiɲ'ɲare] *vt* to fill with indignation; **indignarsi** *vpr* to get indignant
indimenti'cabile *ag* unforgettable
indipen'dente *ag* independent
in'dire *vt* (*concorso*) to announce; (*elezioni*) to call
indi'retto, -a *ag* indirect
indiriz'zare [indirit'tsare] *vt* (*dirigere*) to direct; (*mandare*) to send; (*lettera*) to address
indi'rizzo [indi'rittso] *sm* address; (*direzione*) direction; (*avvio*) trend, course; **il mio ~ è...** my address is ...
indis'creto, -a *ag* indiscreet
indis'cusso, -a *ag* unquestioned
indispen'sabile *ag* indispensable, essential
indispet'tire *vt* to irritate, annoy ▸ *vi* (*anche*: **indispettirsi**) to get irritated *o* annoyed
individu'ale *ag* individual
individu'are *vt* (*dar forma distinta a*) to characterize; (*determinare*) to locate; (*riconoscere*) to single out
indi'viduo *sm* individual
indizi'ato, -a *ag* suspected ▸ *sm/f* suspect
in'dizio [in'dittsjo] *sm* (*segno*) sign, indication; (*Polizia*) clue; (*Dir*) piece of evidence
'indole *sf* nature, character
indolen'zito, -a [indolen'tsito] *ag* stiff, aching; (*intorpidito*) numb
indo'lore *ag* painless
indo'mani *sm* **l'~** the next day, the following day
Indo'nesia *sf* **l'~** Indonesia
indos'sare *vt* (*mettere indosso*) to put on; (*avere indosso*) to have on; **indossa'tore, -'trice** *sm/f* model
indottri'nare *vt* to indoctrinate
indovi'nare *vt* (*scoprire*) to guess; (*immaginare*) to imagine, guess; (*il futuro*) to foretell; **indovi'nello** *sm* riddle
indubbia'mente *av* undoubtedly
in'dubbio, -a *ag* certain, undoubted
in'duco *ecc vb vedi* **indurre**
indugi'are [indu'dʒare] *vi* to take one's time, delay
in'dugio [in'dudʒo] *sm* (*ritardo*) delay; **senza ~** without delay
indul'gente [indul'dʒɛnte] *ag* indulgent; (*giudice*) lenient
indu'mento *sm* article of clothing, garment
indu'rire *vt* to harden ▸ *vi* (*anche*: **indurirsi**) to harden, become hard
in'durre *vt* **~ qn a fare qc** to induce *o* persuade sb to do sth; **~ qn in errore** to mislead sb
in'dussi *ecc vb vedi* **indurre**
in'dustria *sf* industry; **industri'ale** *ag* industrial ▸ *sm* industrialist
inecce'pibile [inettʃe'pibile] *ag* unexceptionable
i'nedito, -a *ag* unpublished
ine'rente *ag* **~ a** concerning, regarding

i'nerme *ag* unarmed; defenceless
inerpi'carsi *vpr* ~ **(su)** to clamber (up)
i'nerte *ag* inert; (*inattivo*) indolent, sluggish
ine'satto, -a *ag* (*impreciso*) inexact; (*erroneo*) incorrect; (*Amm: non riscosso*) uncollected
inesis'tente *ag* non-existent
inesperi'enza [inespe'rjɛntsa] *sf* inexperience
ines'perto, -a *ag* inexperienced
inevi'tabile *ag* inevitable
i'nezia [i'nɛttsja] *sf* trifle, thing of no importance
infagot'tare *vt* to bundle up, wrap up; **infagottarsi** *vpr* to wrap up
infal'libile *ag* infallible
infa'mante *ag* defamatory
in'fame *ag* infamous; (*fig: cosa, compito*) awful, dreadful
infan'gare *vt* to cover with mud; (*fig: reputazione*) to sully; **infangarsi** *vpr* to get covered in mud; to be sullied
infan'tile *ag* child *cpd*; childlike; (*adulto, azione*) childish; **letteratura ~** children's books *pl*
in'fanzia [in'fantsja] *sf* childhood; (*bambini*) children *pl*; **prima ~** babyhood, infancy
infari'nare *vt* to cover with (*o* sprinkle with *o* dip in) flour; **infarina'tura** *sf* (*fig*) smattering
in'farto *sm* (*Med*) heart attack
infasti'dire *vt* to annoy, irritate; **infastidirsi** *vpr* to get annoyed *o* irritated
infati'cabile *ag* tireless, untiring
in'fatti *cong* actually, as a matter of fact

> Attenzione! In inglese esiste l'espressione *in fact* che però vuol dire *in effetti*.

infatu'arsi *vpr* ~ **di** to become infatuated with, fall for
infe'dele *ag* unfaithful
infe'lice [infe'litʃe] *ag* unhappy; (*sfortunato*) unlucky, unfortunate; (*inopportuno*) inopportune, ill-timed; (*mal riuscito: lavoro*) bad, poor
inferi'ore *ag* lower; (*per intelligenza, qualità*) inferior ▸ *sm/f* inferior; **~ a** (*numero, quantità*) less *o* smaller than; (*meno buono*) inferior to; **~ alla media** below average; **inferiorità** *sf* inferiority
inferme'ria *sf* infirmary; (*di scuola, nave*) sick bay
infermi'ere, -a *sm/f* nurse
infermità *sf inv* illness; infirmity; **infermità mentale** mental illness; (*Dir*) insanity
in'fermo, -a *ag* (*ammalato*) ill; (*debole*) infirm
infer'nale *ag* infernal; (*proposito, complotto*) diabolical
in'ferno *sm* hell
inferri'ata *sf* grating
infes'tare *vt* to infest
infet'tare *vt* to infect; **infettarsi** *vpr* to become infected; **infezi'one** *sf* infection
infiam'mabile *ag* inflammable
infiam'mare *vt* to set alight; (*fig, Med*) to inflame; **infiammarsi** *vpr* to catch fire; (*Med*) to become inflamed; **infiammazi'one** *sf* (*Med*) inflammation
infie'rire *vi* ~ **su** (*fisicamente*) to attack furiously; (*verbalmente*) to rage at
infi'lare *vt* (*ago*) to thread; (*mettere: chiave*) to insert; (*: anello, vestito*) to slip *o* put on; (*strada*) to turn into, take; **infilarsi** *vpr* **infilarsi in** to slip into; (*indossare*) to slip on; **~ l'uscio** to slip in; to slip out
infil'trarsi *vpr* to penetrate, seep through; (*Mil*) to infiltrate
infil'zare [infil'tsare] *vt* (*infilare*) to string together; (*trafiggere*) to pierce
'infimo, -a *ag* lowest

in'fine *av* finally; (*insomma*) in short
infinità *sf* infinity; (*in quantità*): **un'~ di** an infinite number of
infi'nito, -a *ag* infinite; (*Ling*) infinitive ▸ *sm* infinity; (*Ling*) infinitive; **all'~** (*senza fine*) endlessly
infinocchi'are [infinok'kjare] (*fam*) *vt* to hoodwink
infischi'arsi [infis'kjarsi] *vpr* **~ di** not to care about
in'fisso, -a (*pp*) *di* **infiggere** *sm* fixture; (*di porta, finestra*) frame
inflazi'one [inflat'tsjone] *sf* inflation
in'fliggere [in'fliddʒere] *vt* to inflict
in'flissi *ecc vb vedi* **infliggere**
influ'ente *ag* influential; **influ'enza** *sf* influence; (*Med*) influenza, flu; **influenza aviaria** bird flu
influen'zare [influen'tsare] *vt* to influence, have an influence on
influ'ire *vi* **~ su** to influence
in'flusso *sm* influence
infon'dato, -a *ag* unfounded, groundless
in'fondere *vt* **~ qc in qn** to instill sth in sb
infor'mare *vt* to inform, tell; **informarsi** *vpr* **informarsi (di** *o* **su)** to inquire (about)
infor'matica *sf* computer science
informa'tivo, -a *ag* informative
infor'mato, -a *ag* informed; **tenersi ~** to keep o.s. (well-)informed
informa'tore *sm* informer
informazi'one [informat'tsjone] *sf* piece of information; **prendere informazioni sul conto di qn** to get information about sb; **chiedere un'~** to ask for (some) information
in'forme *ag* shapeless
informico'larsi *vpr* to have pins and needles
infortu'nato, -a *ag* injured, hurt ▸ *sm/f* injured person
infor'tunio *sm* accident; **infortunio sul lavoro** industrial accident, accident at work
infra'dito *sm inv* (*calzatura*) flip flop (*BRIT*), thong (*US*)
infrazi'one [infrat'tsjone] *sf* **~ a** breaking of, violation of
infredda'tura *sf* slight cold
infreddo'lito, -a *ag* cold, chilled
infu'ori *av* out; **all'~** outwards; **all'~ di** (*eccetto*) except, with the exception of
infuri'arsi *vpr* to fly into a rage
infusi'one *sf* infusion
in'fuso, -a *pp di* **infondere** ▸ *sm* infusion
Ing. *abbr* = **ingegnere**
ingaggi'are [ingad'dʒare] *vt* (*assumere con compenso*) to take on, hire; (*Sport*) to sign on; (*Mil*) to engage
ingan'nare *vt* to deceive; (*fisco*) to cheat; (*eludere*) to dodge, elude; (*fig*: *tempo*) to while away ▸ *vi* (*apparenza*) to be deceptive; **ingannarsi** *vpr* to be mistaken, be wrong
in'ganno *sm* deceit, deception; (*azione*) trick; (*menzogna, frode*) cheat, swindle; (*illusione*) illusion
inge'gnarsi [indʒeɲ'ɲarsi] *vpr* to do one's best, try hard
inge'gnere [indʒeɲ'ɲɛre] *sm* engineer; **~ civile/navale** civil/naval engineer; **ingegne'ria** *sf* engineering; **ingegnere genetica** genetic engineering
in'gegno [in'dʒeɲɲo] *sm* (*intelligenza*) intelligence, brains *pl*; (*capacità creativa*) ingenuity; (*disposizione*) talent; **inge'gnoso, -a** *ag* ingenious, clever
ingelo'sire [indʒelo'zire] *vt* to make jealous ▸ *vi* (*anche*: **ingelosirsi**) to become jealous
in'gente [in'dʒɛnte] *ag* huge, enormous
ingenuità [indʒenui'ta] *sf* ingenuousness

in'genuo, -a [in'dʒɛnuo] *ag* naïve

Attenzione! In inglese esiste la parola *ingenious*, che però significa *ingegnoso*.

inge'rire [indʒe'rire] *vt* to ingest

inges'sare [indʒes'sare] *vt* (*Med*) to put in plaster; **ingessa'tura** *sf* plaster

Inghil'terra [ingil'tɛrra] *sf* **l'~** England

inghiot'tire [ingjot'tire] *vt* to swallow

ingial'lire [indʒal'lire] *vi* to go yellow

inginocchi'arsi [indʒinok'kjarsi] *vpr* to kneel (down)

ingiù [in'dʒu] *av* down, downwards

ingi'uria [in'dʒurja] *sf* insult; (*fig: danno*) damage

ingius'tizia [indʒus'tittsja] *sf* injustice

ingi'usto, -a [in'dʒusto] *ag* unjust, unfair

in'glese *ag* English ▸ *sm/f* Englishman/woman ▸ *sm* (*Ling*) English; **gli Inglesi** the English; **andarsene** *o* **filare all'~** to take French leave

ingoi'are *vt* to gulp (down); (*fig*) to swallow (up)

ingol'farsi *vpr* to flood

ingom'brante *ag* cumbersome

ingom'brare *vt* (*strada*) to block; (*stanza*) to clutter up

in'gordo, -a *ag* **~ di** greedy for; (*fig*) greedy *o* avid for

in'gorgo, -ghi *sm* blockage, obstruction; (*anche:* **~ stradale**) traffic jam

ingoz'zarsi *vpr* **~ (di)** to stuff o.s. (with)

ingra'naggio [ingra'naddʒo] *sm* (*Tecn*) gear; (*di orologio*) mechanism; **gli ingranaggi della burocrazia** the bureaucratic machinery

ingra'nare *vi* to mesh, engage ▸ *vt* to engage; **~ la marcia** to get into gear

ingrandi'mento *sm* enlargement; extension

ingran'dire *vt* (*anche Fot*) to enlarge; (*estendere*) to extend; (*Ottica, fig*) to magnify ▸ *vi* (*anche:* **ingrandirsi**) to become larger *o* bigger; (*aumentare*) to grow, increase; (*espandersi*) to expand

ingras'sare *vt* to make fat; (*animali*) to fatten; (*lubrificare*) to oil, lubricate ▸ *vi* (*anche:* **ingrassarsi**) to get fat, put on weight

in'grato, -a *ag* ungrateful; (*lavoro*) thankless, unrewarding

ingredi'ente *sm* ingredient

in'gresso *sm* (*porta*) entrance; (*atrio*) hall; (*l'entrare*) entrance, entry; (*facoltà di entrare*) admission; **ingresso libero** admission free

ingros'sare *vt* to increase; (*folla, livello*) to swell ▸ *vi* (*anche:* **ingrossarsi**) to increase; to swell

in'grosso *av* **all'~** (*Comm*) wholesale; (*all'incirca*) roughly, about

ingua'ribile *ag* incurable

'inguine *sm* (*Anat*) groin

ini'bire *vt* to forbid, prohibit; (*Psic*) to inhibit; **inibirsi** *vpr* to restrain o.s.

ini'bito, -a *ag* inhibited ▸ *sm/f* inhibited person

iniet'tare *vt* to inject; **iniezi'one** *sf* injection

ininterrotta'mente *av* non-stop, continuously

ininter'rotto, -a *ag* unbroken; uninterrupted

inizi'ale [init'tsjale] *ag, sf* initial

inizi'are [init'tsjare] *vi, vt* to begin, start; **a che ora inizia il film?** when does the film start?; **~ qn a** to initiate sb into; (*pittura ecc*) to introduce sb to; **~ a fare qc** to start doing sth

inizia'tiva [inittsja'tiva] *sf* initiative; **iniziativa privata** private enterprise

i'nizio [i'nittsjo] *sm* beginning; **all'~** at the beginning, at the start; **dare ~ a qc** to start sth, get sth going

innaffi'are *ecc* = **annaffiare** *ecc*
innamo'rarsi *vpr* **~ (di qn)** to fall in love (with sb); **innamo'rato, -a** *ag* (*che nutre amore*): **innamorato (di)** in love (with); (*appassionato*): **innamorato di** very fond of ▶ *sm/f* lover; sweetheart
innanzi'tutto *av* first of all
in'nato, -a *ag* innate
innatu'rale *ag* unnatural
inne'gabile *ag* undeniable
innervo'sire *vt* **~ qn** to get on sb's nerves; **innervosirsi** *vpr* to get irritated *o* upset
innes'care *vt* to prime
'inno *sm* hymn; **inno nazionale** national anthem
inno'cente [inno'tʃɛnte] *ag* innocent
in'nocuo, -a *ag* innocuous, harmless
innova'tivo, -a *ag* innovative
innume'revole *ag* innumerable
inol'trare *vt* (*Amm*) to pass on, forward
i'noltre *av* besides, moreover
inon'dare *vt* to flood
inoppor'tuno, -a *ag* untimely, ill-timed; inappropriate; (*momento*) inopportune
inorri'dire *vt* to horrify ▶ *vi* to be horrified
inosser'vato, -a *ag* (*non notato*) unobserved; (*non rispettato*) not observed, not kept
inossi'dabile *ag* stainless
INPS *sigla m* (= *Istituto Nazionale Previdenza Sociale*) *social security service*
inqua'drare *vt* (*foto, immagine*) to frame; (*fig*) to situate, set
inqui'eto, -a *ag* restless; (*preoccupato*) worried, anxious
inqui'lino, -a *sm/f* tenant
inquina'mento *sm* pollution
inqui'nare *vt* to pollute
insabbi'are *vt* (*fig: pratica*) to shelve; **insabbiarsi** *vpr* (*arenarsi: barca*) to run aground; (*fig: pratica*) to be shelved
insac'cati *smpl* (*Cuc*) sausages
insa'lata *sf* salad; **insalata mista** mixed salad; **insalata russa** (*Cuc*) Russian salad (*comprised of cold diced cooked vegetables in mayonnaise*); **insalati'era** *sf* salad bowl
insa'nabile *ag* (*piaga*) which cannot be healed; (*situazione*) irremediable; (*odio*) implacable
insa'puta *sf* **all'~ di qn** without sb knowing
inse'diarsi *vpr* to take up office; (*popolo, colonia*) to settle
in'segna [in'seɲɲa] *sf* sign; (*emblema*) sign, emblem; (*bandiera*) flag, banner
insegna'mento [inseɲɲa'mento] *sm* teaching
inse'gnante [inseɲ'ɲante] *ag* teaching ▶ *sm/f* teacher
inse'gnare [inseɲ'ɲare] *vt, vi* to teach; **~ a qn qc** to teach sb sth; **~ a qn a fare qc** to teach sb (how) to do sth
insegui'mento *sm* pursuit, chase
insegu'ire *vt* to pursue, chase
insena'tura *sf* inlet, creek
insen'sato, -a *ag* senseless, stupid
insen'sibile *ag* (*nervo*) insensible; (*persona*) indifferent
inse'rire *vt* to insert; (*Elettr*) to connect; (*allegare*) to enclose; (*annuncio*) to put in, place; **inserirsi** *vpr* (*fig*): **inserirsi in** to become part of
inservi'ente *sm/f* attendant
inserzi'one [inser'tsjone] *sf* insertion; (*avviso*) advertisement; **fare un'~ sul giornale** to put an advertisement in the paper
insetti'cida, -i [insetti'tʃida] *sm* insecticide
in'setto *sm* insect
insi'curo, -a *ag* insecure
insi'eme *av* together ▶ *prep* **~ a** *o* **con** together with ▶ *sm* whole; (*Mat, servizio, assortimento*) set; (*Moda*)

ensemble, outfit; **tutti ~** all together; **tutto ~** all together; *(in una volta)* at one go; **nell'~** on the whole; **d'~** *(veduta ecc)* overall
in'signe [in'siɲɲe] *ag (persona)* famous, distinguished; *(città, monumento)* notable
insignifi'cante [insiɲɲifi'kante] *ag* insignificant
insinu'are *vt (introdurre)*: **~ qc in** to slip *o* slide sth into; *(fig)* to insinuate, imply; **insinuarsi** *vpr* **insinuarsi in** to seep into; *(fig)* to creep into; to worm one's way into
in'sipido, -a *ag* insipid
insis'tente *ag* insistent; persistent
in'sistere *vi* **~ su qc** to insist on sth; **~ in qc/a fare** *(perseverare)* to persist in sth/in doing
insoddis'fatto, -a *ag* dissatisfied
insoffe'rente *ag* intolerant
insolazi'one [insolat'tsjone] *sf (Med)* sunstroke
inso'lente *ag* insolent
in'solito, -a *ag* unusual, out of the ordinary
inso'luto, -a *ag (non risolto)* unsolved
in'somma *av (in conclusione)* in short; *(dunque)* well ▸ *escl* for heaven's sake!
in'sonne *ag* sleepless; **in'sonnia** *sf* insomnia, sleeplessness
insonno'lito, -a *ag* sleepy, drowsy
insoppor'tabile *ag* unbearable
in'sorgere [in'sordʒere] *vi (ribellarsi)* to rise up, rebel; *(apparire)* to come up, arise
in'sorsi *ecc vb vedi* **insorgere**
insospet'tire *vt* to make suspicious ▸ *vi (anche:* **insospettirsi***)* to become suspicious
inspi'rare *vt* to breathe in, inhale
in'stabile *ag (carico, indole)* unstable; *(tempo)* unsettled; *(equilibrio)* unsteady
instal'lare *vt* to install
instan'cabile *ag* untiring, indefatigable
instau'rare *vt* to introduce, institute
insuc'cesso [insut'tʃɛsso] *sm* failure, flop
insuffici'ente [insuffi'tʃɛnte] *ag* insufficient; *(compito, allievo)* inadequate; **insuffici'enza** *sf* insufficiency; inadequacy; *(Ins)* fail; **insufficienza di prove** *(Dir)* lack of evidence; **insufficienza renale** renal insufficiency
insu'lina *sf* insulin
in'sulso, -a *ag (sciocco)* inane, silly; *(persona)* dull, insipid
insul'tare *vt* to insult, affront
in'sulto *sm* insult, affront
intac'care *vt (fare tacche)* to cut into; *(corrodere)* to corrode; *(fig: cominciare ad usare: risparmi)* to break into; *(: ledere)* to damage
intagli'are [intaʎ'ʎare] *vt* to carve
in'tanto *av (nel frattempo)* meanwhile, in the meantime; *(per cominciare)* just to begin with; **~ che** while
inta'sare *vt* to choke (up), block (up); *(Aut)* to obstruct, block; **intasarsi** *vpr* to become choked *o* blocked
intas'care *vt* to pocket
in'tatto, -a *ag* intact; *(puro)* unsullied
intavo'lare *vt* to start, enter into
inte'grale *ag* complete; *(pane, farina)* wholemeal *(BRIT)*, whole-wheat *(US)*; *(Mat)*: **calcolo ~** integral calculus
inte'grante *ag* **parte ~** integral part
inte'grare *vt* to complete; *(Mat)* to integrate; **integrarsi** *vpr (persona)* to become integrated
integra'tore *sm* **integratori alimentari** nutritional supplements
integrità *sf* integrity
'integro, -a *ag (intatto, intero)* complete, whole; *(retto)* upright
intelaia'tura *sf* frame; *(fig)* structure, framework

intel'letto *sm* intellect; **intellettu'ale** *ag, sm/f* intellectual
intelli'gente [intelli'dʒɛnte] *ag* intelligent
intem'perie *sfpl* bad weather *sg*
in'tendere *vt* (*avere intenzione*): **~ fare qc** to intend *o* mean to do sth; (*comprendere*) to understand; (*udire*) to hear; (*significare*) to mean; **intendersi** *vpr* (*conoscere*): **intendersi di** to know a lot about, be a connoisseur of; (*accordarsi*) to get on (well); **intendersela con qn** (*avere una relazione amorosa*) to have an affair with sb; **intendi'tore, -'trice** *sm/f* connoisseur, expert
inten'sivo, -a *ag* intensive
in'tenso, -a *ag* intense
in'tento, -a *ag* (*teso, assorto*): **~ (a)** intent (on), absorbed (in) ▸ *sm* aim, purpose
intenzio'nale [intentsjo'nale] *ag* intentional
intenzi'one [inten'tsjone] *sf* intention; (*Dir*) intent; **avere ~ di fare qc** to intend to do sth, have the intention of doing sth
interat'tivo, -a *ag* interactive
intercet'tare [intertʃet'tare] *vt* to intercept
intercity [ɪntəsɪ'tɪ] *sm inv* (*Ferr*) ≈ intercity (train)
inter'detto, -a *pp di* **interdire** ▸ *ag* forbidden, prohibited; (*sconcertato*) dumbfounded ▸ *sm* (*Rel*) interdict
interes'sante *ag* interesting; **essere in stato ~** to be expecting (a baby)
interes'sare *vt* to interest; (*concernere*) to concern, be of interest to; (*far intervenire*): **~ qn a** to draw sb's attention to ▸ *vi* **~ a** to interest, matter to; **interessarsi** *vpr* (*mostrare interesse*): **interessarsi a** to take an interest in, be interested in; (*occuparsi*): **interessarsi di** to take care of
inte'resse *sm* (*anche Comm*) interest
inter'faccia, -ce [inter'fattʃa] *sf* (*Inform*) interface
interfe'renza [interfe'rɛntsa] *sf* interference
interfe'rire *vi* to interfere
interiezi'one [interjet'tsjone] *sf* exclamation, interjection
interi'ora *sfpl* entrails
interi'ore *ag* interior, inner, inside, internal; (*fig*) inner
inter'medio, -a *ag* intermediate
inter'nare *vt* (*arrestare*) to intern; (*Med*) to commit (to a mental institution)
inter'nauta *sm/f* Internet user
internazio'nale [internattsjo'nale] *ag* international
'Internet ['internet] *sf* Internet; **in ~** on the Internet
in'terno, -a *ag* (*di dentro*) internal, interior, inner; (*: mare*) inland; (*nazionale*) domestic; (*allievo*) boarding ▸ *sm* inside, interior; (*di paese*) interior; (*fodera*) lining; (*di appartamento*) flat (number); (*Tel*) extension ▸ *sm/f* (*Ins*) boarder; **interni** *smpl* (*Cinema*) interior shots; **all'~** inside; **Ministero degli Interni** Ministry of the Interior, ≈ Home Office (*BRIT*), Department of the Interior (*US*)
in'tero, -a *ag* (*integro, intatto*) whole, entire; (*completo, totale*) complete; (*numero*) whole; (*non ridotto: biglietto*) full; (*latte*) full-cream
interpel'lare *vt* to consult
interpre'tare *vt* to interpret; **in'terprete** *sm/f* interpreter; (*Teatro*) actor/actress, performer; (*Mus*) performer; **ci potrebbe fare da interprete?** could you act as an interpreter for us?

interregio'nale [interredʒo'nale] *sm* *train that travels between two or more regions of Italy, stopping frequently*
interro'gare *vt* to question; (*Ins*) to test; **interrogazi'one** *sf* questioning *no pl*; (*Ins*) oral test
inter'rompere *vt* to interrupt; (*studi, trattative*) to break off, interrupt; **interrompersi** *vpr* to break off, stop
interrut'tore *sm* switch
interruzi'one [interrut'tsjone] *sf* interruption; break
interur'bana *sf* trunk *o* long-distance call
inter'vallo *sm* interval; (*spazio*) space, gap
interve'nire *vi* (*partecipare*): ~ **a** to take part in; (*intromettersi: anche Pol*) to intervene; (*Med: operare*) to operate; **inter'vento** *sm* participation; (*intromissione*) intervention; (*Med*) operation; **fare un intervento nel corso di** (*dibattito, programma*) to take part in
inter'vista *sf* interview; **intervis'tare** *vt* to interview
intes'tare *vt* (*lettera*) to address; (*proprietà*): ~ **a** to register in the name of; ~ **un assegno a qn** to make out a cheque to sb
intestato, -a *ag* (*proprietà, casa, conto*) in the name of; (*assegno*) made out to; **carta intestata** headed paper
intes'tino *sm* (*Anat*) intestine
intimidazi'one [intimidat'tsjone] *sf* intimidation
intimi'dire *vt* to intimidate ▸ *vi* (*intimidirsi*) to grow shy
intimità *sf* intimacy; privacy; (*familiarità*) familiarity
'intimo, -a *ag* intimate; (*affetti, vita*) private; (*fig: profondo*) inmost ▸ *sm* (*persona*) intimate *o* close friend; (*dell'animo*) bottom, depths *pl*; **parti intime** (*Anat*) private parts
in'tingolo *sm* sauce; (*pietanza*) stew
intito'lare *vt* to give a title to; (*dedicare*) to dedicate; **intitolarsi** *vpr* (*libro, film*) to be called
intolle'rabile *ag* intolerable
intolle'rante *ag* intolerant
in'tonaco, -ci *o* **chi** *sm* plaster
into'nare *vt* (*canto*) to start to sing; (*armonizzare*) to match; **intonarsi** *vpr* (*colori*) to go together; **intonarsi a** (*carnagione*) to suit; (*abito*) to go with, match
inton'tito, -a *ag* stunned, dazed; ~ **dal sonno** stupid with sleep
in'toppo *sm* stumbling block, obstacle
in'torno *av* around; ~ **a** (*attorno a*) around; (*riguardo, circa*) about
intossi'care *vt* to poison; **intossicazi'one** *sf* poisoning
intralci'are [intral'tʃare] *vt* to hamper, hold up
intransi'tivo, -a *ag, sm* intransitive
intrapren'dente *ag* enterprising, go-ahead
intra'prendere *vt* to undertake
intrat'tabile *ag* intractable
intratte'nere *vt* to entertain; to engage in conversation; **intrattenersi** *vpr* to linger; **intrattenersi su qc** to dwell on sth
intrave'dere *vt* to catch a glimpse of; (*fig*) to foresee
intrecci'are [intret'tʃare] *vt* (*capelli*) to plait, braid; (*intessere: anche fig*) to weave, interweave, intertwine
intri'gante *ag* scheming ▸ *sm/f* schemer, intriguer
in'trinseco, -a, -ci, -che *ag* intrinsic
in'triso, -a *ag* ~ **(di)** soaked (in)
intro'durre *vt* to introduce; (*chiave ecc*): ~ **qc in** to insert sth into; (*persone: far entrare*) to show in; **introdursi** *vpr* (*moda, tecniche*) to be introduced; **introdursi in** (*persona: penetrare*) to enter; (: *entrare furtivamente*) to

steal *o* slip into; **introduzi'one** *sf* introduction
in'troito *sm* income, revenue
intro'mettersi *vpr* to interfere, meddle; (*interporsi*) to intervene
in'truglio [in'truʎʎo] *sm* concoction
intrusi'one *sf* intrusion; interference
in'truso, -a *sm/f* intruder
intu'ire *vt* to perceive by intuition; (*rendersi conto*) to realize; **in'tuito** *sm* intuition; (*perspicacia*) perspicacity
inu'mano, -a *ag* inhuman
inumi'dire *vt* to dampen, moisten; **inumidirsi** *vpr* to become damp *o* wet
i'nutile *ag* useless; (*superfluo*) pointless, unnecessary
inutil'mente *av* unnecessarily; (*senza risultato*) in vain
inva'dente *ag* (*fig*) interfering, nosey
in'vadere *vt* to invade; (*affollare*) to swarm into, overrun; (*acque*) to flood
inva'ghirsi [inva'girsi] *vpr* **~ di** to take a fancy to
invalidità *sf* infirmity; disability; (*Dir*) invalidity
in'valido, -a *ag* (*infermo*) infirm, invalid; (*al lavoro*) disabled; (*Dir: nullo*) invalid ▶ *sm/f* invalid; disabled person
in'vano *av* in vain
invasi'one *sf* invasion
inva'sore, invadi'trice [invadi'tritʃe] *ag* invading ▶ *sm* invader
invecchi'are [invek'kjare] *vi* (*persona*) to grow old; (*vino, popolazione*) to age; (*moda*) to become dated ▶ *vt* to age; (*far apparire più vecchio*) to make look older
in'vece [in'vetʃe] *av* instead; (*al contrario*) on the contrary; **~ di** instead of
inve'ire *vi* **~ contro** to rail against
inven'tare *vt* to invent; (*pericoli, pettegolezzi*) to make up, invent
inven'tario *sm* inventory; (*Comm*) stocktaking *no pl*
inven'tore *sm* inventor
invenzi'one [inven'tsjone] *sf* invention; (*bugia*) lie, story
inver'nale *ag* winter *cpd*; (*simile all'inverno*) wintry
in'verno *sm* winter
invero'simile *ag* unlikely
inversi'one *sf* inversion; reversal; **"divieto d'~"** (*Aut*) "no U-turns"
in'verso, -a *ag* opposite; (*Mat*) inverse ▶ *sm* contrary, opposite; **in senso ~** in the opposite direction; **in ordine ~** in reverse order
inver'tire *vt* to invert, reverse; **~ la marcia** (*Aut*) to do a U-turn
investi'gare *vt, vi* to investigate; **investiga'tore, -'trice** *sm/f* investigator, detective; **investigatore privato** private investigator
investi'mento *sm* (*Econ*) investment
inves'tire *vt* (*denaro*) to invest; (*veicolo: pedone*) to knock down; (*: altro veicolo*) to crash into; (*apostrofare*) to assail; (*incaricare*): **~ qn di** to invest sb with
invi'are *vt* to send; **invi'ato, -a** *sm/f* envoy; (*Stampa*) correspondent; **inviato speciale** (*Pol*) special envoy; (*di giornale*) special correspondent
in'vidia *sf* envy; **invidi'are** *vt* **invidiare qn (per qc)** to envy sb for sth; **invidiare qc a qn** to envy sb sth; **invidi'oso, -a** *ag* envious
in'vio, -'vii *sm* sending; (*insieme di merci*) consignment; (*tasto*) Return (key), Enter (key)
invipe'rito, -a *ag* furious
invi'sibile *ag* invisible
invi'tare *vt* to invite; **~ qn a fare** to invite sb to do; **invi'tato, -a** *sm/f* guest; **in'vito** *sm* invitation
invo'care *vt* (*chiedere: aiuto, pace*) to cry out for; (*appellarsi: la legge, Dio*) to appeal to, invoke

invogli'are [invoʎ'ʎare] *vt* ~ **qn a fare** to tempt sb to do, induce sb to do
involon'tario, -a *ag* (*errore*) unintentional; (*gesto*) involuntary
invol'tino *sm* (*Cuc*) roulade
in'volto *sm* (*pacco*) parcel; (*fagotto*) bundle
in'volucro *sm* cover, wrapping
inzup'pare [intsup'pare] *vt* to soak; **inzupparsi** *vpr* to get soaked
'io *pron* I ▸ *sm inv* **l'~** the ego, the self; **~ stesso(a)** I myself
i'odio *sm* iodine
I'onio *sm* **lo ~, il mar ~** the Ionian (Sea)
ipermer'cato *sm* hypermarket
ipertensi'one *sf* high blood pressure, hypertension
iper'testo *sm* hypertext; **ipertestu'ale** *ag* (*Comput*) **link ~** hyperlink
ip'nosi *sf* hypnosis; **ipnotiz'zare** *vt* to hypnotize
ipocri'sia *sf* hypocrisy
i'pocrita, -i, -e *ag* hypocritical ▸ *sm/f* hypocrite
ipo'teca, -che *sf* mortgage
i'potesi *sf inv* hypothesis
'ippica *sf* horseracing
'ippico, -a, -ci, -che *ag* horse *cpd*
ippocas'tano *sm* horse chestnut
ip'podromo *sm* racecourse
ippo'potamo *sm* hippopotamus
'ipsilon *sf o m inv* (*lettera*) Y, y; (*: dell'alfabeto greco*) epsilon
IR *abbr (= Interregionale) long distance train which stops frequently*
ira'cheno, -a [ira'kɛno] *ag, sm/f* Iraqi
I'ran *sm* **l'~** Iran
irani'ano, -a *ag, sm/f* Iranian
I'raq *sm* **l'~** Iraq
'iride *sf* (*arcobaleno*) rainbow; (*Anat, Bot*) iris
'iris *sm inv* iris
Ir'landa *sf* **l'~** Ireland; **l'~ del Nord** Northern Ireland, Ulster; **la Repubblica d'~** Eire, the Republic of Ireland; **irlan'dese** *ag* Irish ▸ *sm/f* Irishman/woman; **gli Irlandesi** the Irish
iro'nia *sf* irony; **i'ronico, -a, -ci, -che** *ag* ironic(al)
irragio'nevole [irradʒo'nevole] *ag* irrational; unreasonable
irrazio'nale [irrattsjo'nale] *ag* irrational
irre'ale *ag* unreal
irrego'lare *ag* irregular; (*terreno*) uneven
irremo'vibile *ag* (*fig*) unshakeable
irrequi'eto, -a *ag* restless
irresis'tibile *ag* irresistible
irrespon'sabile *ag* irresponsible
irri'gare *vt* (*annaffiare*) to irrigate; (*fiume ecc*) to flow through
irrigi'dire [irridʒi'dire] *vt* to stiffen; **irrigidirsi** *vpr* to stiffen
irri'sorio, -a *ag* derisory
irri'tare *vt* (*mettere di malumore*) to irritate, annoy; (*Med*) to irritate; **irritarsi** *vpr* to become irritated *o* annoyed; (*Med*) to become irritated
ir'rompere *vi* ~ **in** to burst into
irru'ente *ag* (*fig*) impetuous, violent
ir'ruppi *ecc vb vedi* **irrompere**
irruzi'one [irrut'tsjone] *sf* **fare ~ in** to burst into; (*polizia*) to raid
is'crissi *ecc vb vedi* **iscrivere**
is'critto, -a *pp di* **iscrivere** ▸ *sm/f* member; **per** *o* **in ~** in writing
is'crivere *vt* to register, enter; (*persona*): **~ (a)** to register (in), enrol (in); **iscriversi** *vpr* **iscriversi (a)** (*club, partito*) to join; (*università*) to register *o* enrol (at); (*esame, concorso*) to register *o* enter (for); **iscrizi'one** *sf* (*epigrafe ecc*) inscription; (*a scuola, società*) enrolment, registration; (*registrazione*) registration
Is'lam *sm* **l'~** Islam
Is'landa *sf* **l'~** Iceland

islan'dese *ag* Icelandic ▸ *sm/f* Icelander ▸ *sm* (*Ling*) Icelandic
'isola *sf* island; **isola pedonale** (*Aut*) pedestrian precinct
isola'mento *sm* isolation; (*Tecn*) insulation
iso'lante *ag* insulating ▸ *sm* insulator
iso'lare *vt* to isolate; (*Tecn*) to insulate; (: *acusticamente*) to soundproof; **isolarsi** *vpr* to isolate o.s.; **iso'lato, -a** *ag* isolated; insulated ▸ *sm* (*gruppo di edifici*) block
ispet'tore *sm* inspector
ispezio'nare [ispettsjo'nare] *vt* to inspect
'ispido, -a *ag* bristly, shaggy
ispi'rare *vt* to inspire
Isra'ele *sm* **l'~** Israel; **israeli'ano, -a** *ag, sm/f* Israeli
is'sare *vt* to hoist
istan'taneo, -a *ag* instantaneous ▸ *sf* (*Fot*) snapshot
is'tante *sm* instant, moment; **all'~, sull'~** instantly, immediately
is'terico, -a, -ci, -che *ag* hysterical
isti'gare *vt* to incite
is'tinto *sm* instinct
istitu'ire *vt* (*fondare*) to institute, found; (*porre*: *confronto*) to establish; (*intraprendere*: *inchiesta*) to set up
isti'tuto *sm* institute; (*di università*) department; (*ente, Dir*) institution; **istituto di bellezza** beauty salon; **istituto di credito** bank, banking institution; **istituto di ricerca** research institute
istituzi'one [istitut'tsjone] *sf* institution
'istmo *sm* (*Geo*) isthmus
'istrice ['istritʃe] *sm* porcupine
istru'ito, -a *ag* educated
istrut'tore, -'trice *sm/f* instructor ▸ *ag* **giudice** ~ *vedi* **giudice**
istruzi'one *sf* education; training; (*direttiva*) instruction; **istruzioni** *sfpl* (*norme*) instructions; **istruzioni per l'uso** instructions for use; ~ **obbligatoria** (*Scol*) compulsory education
l'talia *sf* **l'~** Italy
itali'ano, -a *ag* Italian ▸ *sm/f* Italian ▸ *sm* (*Ling*) Italian; **gli Italiani** the Italians
itine'rario *sm* itinerary
'ittico, -a, -ci, -che *ag* fish *cpd*; fishing *cpd*
Iugos'lavia = **Jugoslavia**
IVA ['iva] *sigla f* (= *imposta sul valore aggiunto*) VAT

jazz [dʒaz] *sm* jazz
jeans [dʒinz] *smpl* jeans
jeep® [dʒip] *sm inv* jeep
'jogging ['dʒɔgiŋ] *sm* jogging; **fare ~** to go jogging
'jolly ['dʒɔli] *sm inv* joker
joystick [dʒois'tik] *sm inv* joystick
ju'do [dʒu'dɔ] *sm* judo
Jugos'lavia [jugoz'lavja] *sf* (*Storia*): **la ~** Yugoslavia; **la ex-~** former Yugoslavia; **jugos'lavo, -a** *ag, sm/f* (*Storia*) Yugoslav(ian)

K, k ['kappa] *sf o m inv* (*lettera*) K, k ▸ *abbr* (= *kilo-, chilo-*) k; (*Inform*) K; **K come Kursaal** ≈ K for King

kamikaze [kami'kaddze] *sm inv* kamikaze

karaoke [ka'raokɛ] *sm inv* karaoke

karatè *sm* karate

ka'yak [ka'jak] *sm inv* kayak

Kenia ['kenja] *sm* **il ~** Kenya

kg *abbr* (= *chilogrammo*) kg

'killer *sm inv* gunman, hired gun

kitsch [kitʃ] *sm* kitsch

'kiwi ['kiwi] *sm inv* kiwi fruit

km *abbr* (= *chilometro*) km

K.O. [kappa'o] *sm inv* knockout

ko'ala [ko'ala] *sm inv* koala (bear)

koso'varo, -a [koso'varo] *ag, sm/f* Kosovan

Ko'sovo *sm* Kosovo

'krapfen *sm inv* (*Cuc*) doughnut

Kuwait [ku'vait] *sm* **il ~** Kuwait

l

l' *det vedi* **la**; **lo**; **il**

la (*dav V* **l'**) *det f* the ▸ *pron* (*oggetto: persona*) her; (*: cosa*) it; (*: forma di cortesia*) you; *vedi anche* **il**

là *av* there; **di là** (*da quel luogo*) from there; (*in quel luogo*) in there; (*dall'altra parte*) over there; **di là di** beyond; **per di là** that way; **più in là** further on; (*tempo*) later on; **fatti in là** move up; **là dentro/sopra/sotto** in/up (*o* on)/under there; *vedi anche* **quello**

'labbro (*pl*(*f*) **labbra**) (*solo nel senso Anat*) *sm* lip

labi'rinto *sm* labyrinth, maze

labora'torio *sm* (*di ricerca*) laboratory; (*di arti, mestieri*) workshop; **laboratorio linguistico** language laboratory

labori'oso, -a *ag* (*faticoso*) laborious; (*attivo*) hard-working

'lacca, -che *sf* lacquer

'laccio ['lattʃo] *sm* noose, (*legaccio, tirante*) lasso; (*di scarpa*) lace; **laccio emostatico** tourniquet

lace'rare [latʃe'rare] *vt* to tear to shreds, lacerate; **lacerarsi** *vpr* to tear

'lacrima *sf* tear; **in lacrime** in tears; **lacri'mogeno, -a** *ag* **gas lacrimogeno** tear gas

la'cuna *sf* (*fig*) gap

'ladro *sm* thief

laggiù [lad'dʒu] *av* down there; (*di là*) over there

la'gnarsi [laɲ'ɲarsi] *vpr* **~ (di)** to complain (about)
'lago, -ghi *sm* lake
la'guna *sf* lagoon
'laico, -a, -ci, -che *ag* (*apostolato*) lay; (*vita*) secular; (*scuola*) non-denominational ▸ *sm/f* layman/woman
'lama *sm inv* (*Zool*) llama; (*Rel*) lama ▸ *sf* blade
lamentarsi *vpr* (*emettere lamenti*) to moan, groan; (*rammaricarsi*): **~ (di)** to complain (about)
lamen'tela *sf* complaining *no pl*
la'metta *sf* razor blade
'lamina *sf* (*lastra sottile*) thin sheet (*o* layer *o* plate); **lamina d'oro** gold leaf; gold foil
'lampada *sf* lamp; **lampada a gas** gas lamp; **lampada da tavolo** table lamp
lampa'dario *sm* chandelier
lampa'dina *sf* light bulb; **lampadina tascabile** pocket torch (*BRIT*) *o* flashlight (*US*)
lam'pante *ag* (*fig*: *evidente*) crystal clear, evident
lampeggi'are [lamped'dʒare] *vi* (*luce, fari*) to flash ▸ *vb impers* **lampeggia** there's lightning; **lampeggia'tore** *sm* (*Aut*) indicator
lampi'one *sm* street light *o* lamp (*BRIT*)
'lampo *sm* (*Meteor*) flash of lightning; (*di luce*: *fig*) flash
lam'pone *sm* raspberry
'lana *sf* wool; **pura ~ vergine** pure new wool; **lana d'acciaio** steel wool; **lana di vetro** glass wool
lan'cetta [lan'tʃetta] *sf* (*indice*) pointer, needle; (*di orologio*) hand
'lancia ['lantʃa] *sf* (*arma*) lance; (*: picca*) spear; (*di pompa antincendio*) nozzle; (*imbarcazione*) launch; **lancia di salvataggio** lifeboat
lanciafi'amme [lantʃa'fjamme] *sm inv* flamethrower
lanci'are [lan'tʃare] *vt* to throw, hurl, fling; (*Sport*) to throw; (*far partire*: *automobile*) to get up to full speed; (*bombe*) to drop; (*razzo, prodotto, moda*) to launch; **lanciarsi** *vpr* **lanciarsi contro/su** to throw *o* hurl *o* fling o.s. against/on; **lanciarsi in** (*fig*) to embark on
lanci'nante [lantʃi'nante] *ag* (*dolore*) shooting, throbbing; (*grido*) piercing
'lancio ['lantʃo] *sm* throwing *no pl*; throw; dropping *no pl*; drop; launching *no pl*; launch; **lancio del disco** (*Sport*) throwing the discus; **lancio del peso** putting the shot
'languido, -a *ag* (*fiacco*) languid, weak; (*tenero, malinconico*) languishing
lan'terna *sf* lantern; (*faro*) lighthouse
'lapide *sf* (*di sepolcro*) tombstone; (*commemorativa*) plaque
'lapsus *sm inv* slip
'lardo *sm* bacon fat, lard
lar'ghezza [lar'gettsa] *sf* width; breadth; looseness; generosity; **larghezza di vedute** broad-mindedness
'largo, -a, -ghi, -ghe *ag* wide; broad; (*maniche*) wide; (*abito*: *troppo ampio*) loose; (*fig*) generous ▸ *sm* width; breadth; (*mare aperto*): **il ~** the open sea ▸ *sf* **stare** *o* **tenersi alla larga (da qn/qc)** to keep one's distance (from sb/sth), keep away (from sb/sth); **~ due metri** two metres wide; **~ di spalle** broad-shouldered; **di larghe vedute** broad-minded; **su larga scala** on a large scale; **di manica larga** generous, open-handed; **al ~ di Genova** off (the coast of) Genoa; **farsi ~ tra la folla** to push one's way through the crowd
'larice ['laritʃe] *sm* (*Bot*) larch

larin'gite [larin'dʒite] *sf* laryngitis
'larva *sf* larva; (*fig*) shadow
la'sagne [la'zaɲɲe] *sfpl* lasagna *sg*
lasci'are [laʃʃare] *vt* to leave; (*abbandonare*) to leave, abandon, give up; (*cessare di tenere*) to let go of ▸ *vb aus* **~ fare qn** to let sb do; **~ andare** *o* **correre** *o* **perdere** to let things go their own way; **~ stare qc/qn** to leave sth/sb alone; **lasciarsi** *vpr* (*persone*) to part; (*coppia*) to split up; **lasciarsi andare** to let o.s. go
'laser ['lazer] *ag, sm inv* **(raggio) ~** laser (beam)
lassa'tivo, -a *ag, sm* laxative
'lasso *sm*; **lasso di tempo** interval, lapse of time
lassù *av* up there
'lastra *sf* (*di pietra*) slab; (*di metallo, Fot*) plate; (*di ghiaccio, vetro*) sheet; (*radiografica*) X-ray (plate)
lastri'cato *sm* paving
late'rale *ag* lateral, side *cpd*; (*uscita, ingresso ecc*) side *cpd* ▸ *sm* (*Calcio*) half-back
la'tino, -a *ag, sm* Latin
lati'tante *sm/f* fugitive (from justice)
lati'tudine *sf* latitude
'lato, -a *ag* (*fig*) wide, broad ▸ *sm* side; (*fig*) aspect, point of view; **in senso ~** broadly speaking
'latta *sf* tin (plate); (*recipiente*) tin, can
lat'tante *ag* unweaned
'latte *sm* milk; **latte detergente** cleansing milk *o* lotion; **latte intero** full-cream milk; **latte a lunga conservazione** UHT milk, long-life milk; **latte magro** *o* **scremato** skimmed milk; **latte in polvere** dried *o* powdered milk; **latte solare** suntan lotion; **latti'cini** *smpl* dairy products
lat'tina *sf* (*di birra ecc*) can
lat'tuga, -ghe *sf* lettuce
'laurea *sf* degree; **laurea in ingegneria** engineering degree; **laurea in lettere** ≈ arts degree

laurea
The **laurea** is awarded to students who successfully complete their degree courses. Traditionally, this takes between four and six years; a major element of the final examinations is the presentation and discussion of a dissertation. A shorter, more vocational course of study, taking from two to three years, is also available; at the end of this time students receive a diploma called the **laurea breve**.

laure'arsi *vpr* to graduate
laure'ato, -a *ag, sm/f* graduate
'lauro *sm* laurel
'lauto, -a *ag* (*pranzo, mancia*) lavish
'lava *sf* lava
la'vabo *sm* washbasin
la'vaggio [la'vaddʒo] *sm* washing *no pl*; **lavaggio del cervello** brainwashing *no pl*; **lavaggio a secco** dry-cleaning
la'vagna [la'vaɲɲa] *sf* (*Geo*) slate; (*di scuola*) blackboard
la'vanda *sf* (*anche Med*) wash; (*Bot*) lavender; **lavande'ria** *sf* laundry; **lavanderia automatica** launderette; **lavanderia a secco** dry-cleaner's; **lavan'dino** *sm* sink
lavapi'atti *sm/f* dishwasher
la'vare *vt* to wash; **lavarsi** *vpr* to wash; **~ a secco** to dry-clean; **lavarsi i denti** to clean one's teeth
lava'secco *sm o f inv* dry cleaner's
lavasto'viglie [lavasto'viʎʎe] *sm o f inv* (*macchina*) dishwasher
lava'trice [lava'tritʃe] *sf* washing machine
la'vello *sm* (kitchen) sink
lavo'rare *vi* to work; (*fig*: *bar, studio ecc*) to do good business ▸ *vt* to work; **lavorarsi qn** (*persuaderlo*) to work on sb; **~ a** to work on; **~ a maglia** to

knit; **lavora'tivo, -a** *ag* working; **lavora'tore, -'trice** *sm/f* worker ▸ *ag* working

la'voro *sm* work; (*occupazione*) job, work *no pl*; (*opera*) piece of work, job; (*Econ*) labour; **che ~ fa?** what do you do?; **lavori forzati** hard labour *sg*; **lavoro interinale** *o* **in affitto** temporary work

le *det fpl* the ▸ *pron* (*oggetto*) them; (: *a lei, a essa*) (to) her; (: *forma di cortesia*) (to) you; *vedi anche* **il**

le'ale *ag* loyal; (*sincero*) sincere; (*onesto*) fair

'lecca 'lecca *sm inv* lollipop

leccapi'edi (*peg*) *sm/f inv* toady, bootlicker

lec'care *vt* to lick; (*gatto: latte ecc*) to lick *o* lap up; (*fig*) to flatter; **leccarsi i baffi** to lick one's lips

leccherò *ecc* [lekke'rɔ] *vb vedi* **leccare**

'leccio ['lettʃo] *sm* holm oak, ilex

leccor'nia *sf* titbit, delicacy

'lecito, -a ['lɛtʃito] *ag* permitted, allowed

'lega, -ghe *sf* league; (*di metalli*) alloy

le'gaccio [le'gattʃo] *sm* string, lace

le'gale *ag* legal ▸ *sm* lawyer; **legaliz'zare** *vt* to authenticate; (*regolarizzare*) to legalize

le'game *sm* (*corda, fig: affettivo*) tie, bond; (*nesso logico*) link, connection

le'gare *vt* (*prigioniero, capelli, cane*) to tie (up); (*libro*) to bind; (*Chim*) to alloy; (*fig: collegare*) to bind, join ▸ *vi* (*far lega*) to unite; (*fig*) to get on well

le'genda [le'dʒɛnda] *sf* (*di carta geografica ecc*) = **leggenda**

'legge ['leddʒe] *sf* law

leg'genda [led'dʒɛnda] *sf* (*narrazione*) legend; (*di carta geografica ecc*) key

'leggere ['lɛddʒere] *vt, vi* to read

legge'rezza [leddʒe'rettsa] *sf* lightness; thoughtlessness; fickleness

leg'gero, -a [led'dʒɛro] *ag* light; (*agile, snello*) nimble, agile, light; (*tè, caffè*) weak; (*fig: non grave, piccolo*) slight; (: *spensierato*) thoughtless; (: *incostante*) fickle; free and easy; **alla leggera** thoughtlessly

leg'gio, -'gii [led'dʒio] *sm* lectern; (*Mus*) music stand

legherò *ecc* [lege'rɔ] *vb vedi* **legare**

legisla'tivo, -a [ledʒizla'tivo] *ag* legislative

legisla'tura [ledʒizla'tura] *sf* legislature

le'gittimo, -a [le'dʒittimo] *ag* legitimate; (*fig: giustificato, lecito*) justified, legitimate; **legittima difesa** (*Dir*) self-defence

'legna ['leɲɲa] *sf* firewood

'legno ['leɲɲo] *sm* wood; (*pezzo di legno*) piece of wood; **di ~** wooden; **legno compensato** plywood

le'gumi *smpl* pulses

'lei *pron* (*soggetto*) she; (*oggetto: per dare rilievo, con preposizione*) her; (*forma di cortesia: anche:* **L~**) you ▸ *sm* **dare del ~ a qn** to address sb as "lei"; **~ stessa** she herself; you yourself

lei

lei is the third person singular pronoun. It is used in Italian to address an adult whom you do not know or with whom you are on formal terms.

lenta'mente *av* slowly

'lente *sf* (*Ottica*) lens *sg*; **lente d'ingrandimento** magnifying glass; **lenti** *sfpl* (*occhiali*) lenses; **lenti a contatto** contact lenses; **lenti (a contatto) morbide/rigide** soft/hard contact lenses

len'tezza [len'tettsa] *sf* slowness

len'ticchia [len'tikkja] *sf* (*Bot*) lentil

len'tiggine [len'tiddʒine] *sf* freckle

'lento, -a *ag* slow; (*molle: fune*) slack; (*non stretto: vite, abito*) loose ▸ *sm* (*ballo*) slow dance

'lenza ['lɛntsa] *sf* fishing-line
lenzu'olo [len'tswɔlo] *sm* sheet
le'one *sm* lion; (*dello zodiaco*): **L~** Leo
lepo'rino, -a *ag* **labbro ~** harelip
'lepre *sf* hare
'lercio, -a, -ci, -cie ['lɛrtʃo] *ag* filthy
lesi'one *sf* (*Med*) lesion; (*Dir*) injury, damage; (*Edil*) crack
les'sare *vt* (*Cuc*) to boil
'lessi *ecc vb vedi* **leggere**
'lessico, -ci *sm* vocabulary; lexicon
'lesso, -a *ag* boiled ▸ *sm* boiled meat
le'tale *ag* lethal; fatal
leta'maio *sm* dunghill
le'tame *sm* manure, dung
le'targo, -ghi *sm* lethargy; (*Zool*) hibernation
'lettera *sf* letter; **lettere** *sfpl* (*letteratura*) literature *sg*; (*studi umanistici*) arts (subjects); **alla ~** literally; **in lettere** in words, in full
letteral'mente *av* literally
lette'rario, -a *ag* literary
lette'rato, -a *ag* well-read, scholarly
lettera'tura *sf* literature
let'tiga, -ghe *sf* (*barella*) stretcher
let'tino *sm* cot (*BRIT*), crib (*US*); **lettino solare** sunbed
'letto, -a *pp di* **leggere** ▸ *sm* bed; **andare a ~** to go to bed; **letto a castello** bunk beds *pl*; **letto a una piazza** single; **letto a due piazze** *o* **matrimoniale** double bed
let'tore, -'trice *sm/f* reader; (*Ins*) (foreign language) assistant (*BRIT*), (foreign) teaching assistant (*US*) ▸ *sm* (*Tecn*): **~ ottico** optical character reader; **lettore CD/DVD** CD/DVD player; **lettore MP3/MP4** MP3/MP4 player
let'tura *sf* reading

> Attenzione! In inglese esiste la parola *lecture*, che però significa *lezione* oppure *conferenza*.

leuce'mia [leutʃe'mia] *sf* leukaemia
'leva *sf* lever; (*Mil*) conscription; **far ~ su qn** to work on sb; **leva del cambio** (*Aut*) gear lever
le'vante *sm* east; (*vento*) East wind; **il L~** the Levant
le'vare *vt* (*occhi, braccio*) to raise; (*sollevare, togliere: tassa, divieto*) to lift; (*indumenti*) to take off, remove; (*rimuovere*) to take away; (: *dal di sopra*) to take off; (: *dal di dentro*) to take out
leva'toio, -a *ag* **ponte ~** drawbridge
lezi'one [let'tsjone] *sf* lesson; (*Univ*) lecture; **fare ~** to teach; to lecture; **dare una ~ a qn** to teach sb a lesson; **lezioni private** private lessons
li *pron pl* (*oggetto*) them
lì *av* there; **di** *o* **da lì** from there; **per di lì** that way; **di lì a pochi giorni** a few days later; **lì per lì** there and then; at first; **essere lì (lì) per fare** to be on the point of doing, be about to do; **lì dentro** in there; **lì sotto** under there; **lì sopra** on there; up there; *vedi anche* **quello**
liba'nese *ag, sm/f* Lebanese *inv*
Li'bano *sm* **il ~** the Lebanon
'libbra *sf* (*peso*) pound
li'beccio [li'bettʃo] *sm* south-west wind
li'bellula *sf* dragonfly
libe'rale *ag, sm/f* liberal
liberaliz'zare [liberalid'dzare] *vt* to liberalize
libe'rare *vt* (*rendere libero: prigioniero*) to release; (: *popolo*) to free, liberate; (*sgombrare: passaggio*) to clear; (: *stanza*) to vacate; (*produrre: energia*) to release; **liberarsi** *vpr* **liberarsi di qc/qn** to get rid of sth/sb; **liberazi'one** *sf* liberation, freeing; release; rescuing

> **Liberazione**
> The **Liberazione** is a national holiday which falls on April 25th. It commemorates the liberation of Italy at the end of the Second World War.

'libero, -a *ag* free; (*strada*) clear; (*non occupato: posto ecc*) vacant; free; not taken; empty; not engaged; **~ di fare qc** free to do sth; **~ da** free from; **è ~ questo posto?** is this seat free?; **~ arbitrio** free will; **~ professionista** self-employed professional person; **~ scambio** free trade; **libertà** *sf inv* freedom; (*tempo disponibile*) free time ▸ *sfpl* (*licenza*) liberties; **in libertà provvisoria/vigilata** released without bail/on probation

'Libia *sf* **la ~** Libya; **'libico, -a, -ci, -che** *ag, sm/f* Libyan

li'bidine *sf* lust

li'braio *sm* bookseller

li'brarsi *vpr* to hover

libre'ria *sf* (*bottega*) bookshop; (*mobile*) bookcase

> Attenzione! In inglese esiste la parola *library*, che però significa *biblioteca*.

li'bretto *sm* booklet; (*taccuino*) notebook; (*Mus*) libretto; **libretto degli assegni** cheque book; **libretto di circolazione** (*Aut*) logbook; **libretto di risparmio** (savings) bank-book, passbook; **libretto universitario** student's report book

'libro *sm* book; **libro di cassa** cash book; **libro mastro** ledger; **libro paga** payroll; **libro di testo** textbook

li'cenza [li'tʃɛntsa] *sf* (*permesso*) permission, leave; (*di pesca, caccia, circolazione*) permit, licence; (*Mil*) leave; (*Ins*) school leaving certificate; (*libertà*) liberty; licence; licentiousness; **andare in ~** (*Mil*) to go on leave

licenzia'mento [litʃentsja'mento] *sm* dismissal

licenzi'are [litʃen'tsjare] *vt* (*impiegato*) to dismiss; (*Comm: per eccesso di personale*) to make redundant; (*Ins*) to award a certificate to; **licenziarsi** *vpr* (*impiegato*) to resign, hand in one's notice; (*Ins*) to obtain one's school-leaving certificate

li'ceo [li'tʃɛo] *sm* (*Ins*) secondary (*BRIT*) *o* high (*US*) school (*for 14- to 19-year-olds*)

'lido *sm* beach, shore

Liechtenstein ['liktənstain] *sm* **il ~** Liechtenstein

li'eto, -a *ag* happy, glad; **"molto ~"** (*nelle presentazioni*) "pleased to meet you"

li'eve *ag* light; (*di poco conto*) slight; (*sommesso: voce*) faint, soft

lievi'tare *vi* (*anche fig*) to rise ▸ *vt* to leaven

li'evito *sm* yeast; **lievito di birra** brewer's yeast

'ligio, -a, -gi, -gie ['lidʒo] *ag* faithful, loyal

'lilla *sm inv* lilac

'lillà *sm inv* lilac

'lima *sf* file; **lima da unghie** nail file

limacci'oso, -a [limat'tʃoso] *ag* slimy; muddy

li'mare *vt* to file (down); (*fig*) to polish

limi'tare *vt* to limit, restrict; (*circoscrivere*) to bound, surround; **limitarsi** *vpr* **limitarsi nel mangiare** to limit one's eating; **limitarsi a qc/a fare qc** to limit o.s. to sth/to doing sth

'limite *sm* limit; (*confine*) border, boundary; **limite di velocità** speed limit

limo'nata *sf* lemonade (*BRIT*), (lemon) soda (*US*); lemon squash (*BRIT*), lemonade (*US*)

li'mone *sm* (*pianta*) lemon tree; (*frutto*) lemon

'limpido, -a *ag* clear; (*acqua*) limpid, clear

'lince ['lintʃe] *sf* lynx

linci'are *vt* to lynch

'linea *sf* line; (*di mezzi pubblici di trasporto: itinerario*) route; (*: servizio*)

service; **a grandi linee** in outline; **mantenere la ~** to look after one's figure; **aereo di ~** airliner; **nave di ~** liner; **volo di ~** scheduled flight; **linea aerea** airline; **linea di partenza/ d'arrivo** (*Sport*) starting/finishing line; **linea di tiro** line of fire
linea'menti *smpl* features; (*fig*) outlines
line'are *ag* linear; (*fig*) coherent, logical
line'etta *sf* (*trattino*) dash; (*d'unione*) hyphen
lin'gotto *sm* ingot, bar
'lingua *sf* (*Anat, Cuc*) tongue; (*idioma*) language; **mostrare la ~** to stick out one's tongue; **di ~ italiana** Italian-speaking; **che lingue parla?** what languages do you speak?; **una ~ di terra** a spit of land; **lingua madre** mother tongue
lingu'aggio [lin'gwaddʒo] *sm* language
lingu'etta *sf* (*di strumento*) reed; (*di scarpa, Tecn*) tongue; (*di busta*) flap
'lino *sm* (*pianta*) flax; (*tessuto*) linen
li'noleum *sm inv* linoleum, lino
liposuzi'one [liposut'tsjone] *sf* liposuction
lique'fatto, -a *pp di* **liquefare**
liqui'dare *vt* (*società, beni: persona: uccidere*) to liquidate; (*persona: sbarazzarsene*) to get rid of; (*conto, problema*) to settle; (*Comm: merce*) to sell off, clear; **liquidazi'one** *sf* liquidation; settlement; clearance sale
liquidità *sf* liquidity
'liquido, -a *ag, sm* liquid; **liquido per freni** brake fluid
liqui'rizia [likwi'rittsja] *sf* liquorice
li'quore *sm* liqueur
'lira *sf* (*Storia: unità monetaria*) lira; (*Mus*) lyre; **lira sterlina** pound sterling
'lirico, -a, -ci, -che *ag* lyric(al); (*Mus*) lyric; **cantante/teatro ~** opera singer/house
Lis'bona *sf* Lisbon
'lisca, -sche *sf* (*di pesce*) fishbone
lisci'are [liʃʃare] *vt* to smooth; (*fig*) to flatter
'liscio, -a, -sci, -sce ['liʃʃo] *ag* smooth; (*capelli*) straight; (*mobile*) plain; (*bevanda alcolica*) neat; (*fig*) straightforward, simple ▸ *av* **andare ~** to go smoothly; **passarla liscia** to get away with it
'liso, -a *ag* worn out, threadbare
'lista *sf* (*elenco*) list; **lista elettorale** electoral roll; **lista delle spese** shopping list; **lista dei vini** wine list; **lista delle vivande** menu
lis'tino *sm* list; **listino dei cambi** (foreign) exchange rate; **listino dei prezzi** price list
'lite *sf* quarrel, argument; (*Dir*) lawsuit
liti'gare *vi* to quarrel; (*Dir*) to litigate
li'tigio [li'tidʒo] *sm* quarrel
lito'rale *ag* coastal, coast *cpd* ▸ *sm* coast
'litro *sm* litre
livel'lare *vt* to level, make level
li'vello *sm* level; (*fig*) level, standard; **ad alto ~** (*fig*) high-level; **livello del mare** sea level
'livido, -a *ag* livid; (*per percosse*) bruised, black and blue; (*cielo*) leaden ▸ *sm* bruise
Li'vorno *sf* Livorno, Leghorn
'lizza ['littsa] *sf* lists *pl*; **scendere in ~** to enter the lists
lo (*dav s impura, gn, pn, ps, x, z; dav V* **l'**) *det m* the ▸ *pron* (*oggetto: persona*) him; (*: cosa*) it; **lo sapevo** I knew it; **lo so** I know; **sii buono, anche se lui non lo è** be good, even if he isn't; *vedi anche* **il**
lo'cale *ag* local ▸ *sm* room; (*luogo pubblico*) premises *pl*; **locale notturno** nightclub; **località** *sf inv* locality

lo'canda *sf* inn
locomo'tiva *sf* locomotive
locuzi'one [lokut'tsjone] *sf* phrase, expression
lo'dare *vt* to praise
'lode *sf* praise; (*Ins*): **laurearsi con 110 e ~** ≈ to graduate with a first-class honours degree (*BRIT*), graduate summa cum laude (*US*)
'loden *sm inv* (*stoffa*) loden; (*cappotto*) loden overcoat
lo'devole *ag* praiseworthy
loga'ritmo *sm* logarithm
'loggia, -ge ['lɔddʒa] *sf* (*Archit*) loggia; (*circolo massonico*) lodge; **loggi'one** *sm* (*di teatro*): **il loggione** the Gods *sg*
'logico, -a, -ci, -che ['lɔdʒiko] *ag* logical
logo'rare *vt* to wear out; (*sciupare*) to waste; **logorarsi** *vpr* to wear out; (*fig*) to wear o.s. out
'logoro, -a *ag* (*stoffa*) worn out, threadbare; (*persona*) worn out
Lombar'dia *sf* **la ~** Lombardy
lom'bata *sf* (*taglio di carne*) loin
lom'brico, -chi *sm* earthworm
londi'nese *ag* London *cpd* ▸ *sm/f* Londoner
'Londra *sf* London
lon'gevo, -a [lon'dʒevo] *ag* long-lived
longi'tudine [londʒi'tudine] *sf* longitude
lonta'nanza [lonta'nantsa] *sf* distance; absence
lon'tano, -a *ag* (*distante*) distant, faraway; (*assente*) absent; (*vago*: *sospetto*) slight, remote; (*tempo*: *remoto*) far-off, distant; (*parente*) distant, remote ▸ *av* far; **è lontana la casa?** is it far to the house?, is the house far from here?; **è ~ un chilometro** it's a kilometre away *o* a kilometre from here; **più ~** farther; **da** *o* **di ~** from a distance; **~ da** a long way from; **è molto ~ da qui?** is it far from here?; **alla lontana** slightly, vaguely
lo'quace [lo'kwatʃe] *ag* talkative, loquacious; (*fig*: *gesto ecc*) eloquent
'lordo, -a *ag* dirty, filthy; (*peso, stipendio*) gross
'loro *pron pl* (*oggetto, con preposizione*) them; (*complemento di termine*) to them; (*soggetto*) they; (*forma di cortesia*: *anche*: **L~**) you; to you; **il(la) ~, i(le) ~** *det* their; (*forma di cortesia*: *anche*: **L~**) your ▸ *pron* theirs; (*forma di cortesia*: *anche*: **L~**) yours; **~ stessi(e)** they themselves; you yourselves
'losco, -a, -schi, -sche *ag* (*fig*) shady, suspicious
'lotta *sf* struggle, fight; (*Sport*) wrestling; **lotta libera** all-in wrestling; **lot'tare** *vi* to fight, struggle; to wrestle
lotte'ria *sf* lottery; (*di gara ippica*) sweepstake
'lotto *sm* (*gioco*) (state) lottery; (*parte*) lot; (*Edil*) site

Lotto
The **Lotto** is an official lottery run by the Italian Finance Ministry. It consists of a weekly draw of numbers and is very popular.

lozi'one [lot'tsjone] *sf* lotion
lubrifi'cante *sm* lubricant
lubrifi'care *vt* to lubricate
luc'chetto [luk'ketto] *sm* padlock
lucci'care [luttʃi'kare] *vi* to sparkle, glitter, twinkle
'luccio ['luttʃo] *sm* (*Zool*) pike
'lucciola ['luttʃola] *sf* (*Zool*) firefly; glowworm
'luce ['lutʃe] *sf* light; (*finestra*) window; **alla ~ di** by the light of; **fare ~ su qc** (*fig*) to shed *o* throw light on sth; **~ del sole/della luna** sun/moonlight
lucer'nario [lutʃer'narjo] *sm* skylight
lu'certola [lu'tʃɛrtola] *sf* lizard
luci'dare [lutʃi'dare] *vt* to polish

lucida'trice [lutʃida'tritʃe] *sf* floor polisher
'lucido, -a ['lutʃido] *ag* shining, bright; (*lucidato*) polished; (*fig*) lucid ▸ *sm* shine, lustre; (*disegno*) tracing; **lucido per scarpe** shoe polish
'lucro *sm* profit, gain
'luglio ['luʎʎo] *sm* July
'lugubre *ag* gloomy
'lui *pron* (*soggetto*) he; (*oggetto: per dare rilievo, con preposizione*) him; **~ stesso** he himself
lu'maca, -che *sf* slug; (*chiocciola*) snail
lumi'noso, -a *ag* (*che emette luce*) luminous; (*cielo, colore, stanza*) bright; (*sorgente*) of light, light *cpd*; (*fig: sorriso*) bright, radiant
'luna *sf* moon; **luna nuova/piena** new/full moon; **luna di miele** honeymoon; **siamo in ~ di miele** we're on honeymoon
'luna park *sm inv* amusement park, funfair
lu'nare *ag* lunar, moon *cpd*
lu'nario *sm* almanac; **sbarcare il ~** to make ends meet
lu'natico, -a, -ci, -che *ag* whimsical, temperamental
lunedì *sm inv* Monday; **di** *o* **il ~** on Mondays
lun'ghezza [lun'gettsa] *sf* length; **lunghezza d'onda** (*Fisica*) wavelength
'lungo, -a, -ghi, -ghe *ag* long; (*lento: persona*) slow; (*diluito: caffè, brodo*) weak, watery, thin ▸ *sm* length ▸ *prep* along; **~ 3 metri** 3 metres long; **a ~** for a long time; **a ~ andare** in the long run; **di gran lunga** (*molto*) by far; **andare in ~** *o* **per le lunghe** to drag on; **saperla lunga** to know what's what; **in ~ e in largo** far and wide, all over; **~ il corso dei secoli** throughout the centuries
lungo'mare *sm* promenade
lu'notto *sm* (*Aut*) rear *o* back window; **lunotto termico** heated rear window
lu'ogo, -ghi *sm* place; (*posto: di incidente ecc*) scene, site; (*punto, passo di libro*) passage; **in ~ di** instead of; **in primo ~** in the first place; **aver ~** to take place; **dar ~ a** to give rise to; **luogo di nascita** birthplace; (*Amm*) place of birth; **luogo di provenienza** place of origin; **luogo comune** commonplace
'lupo, -a *sm/f* wolf
'luppolo *sm* (*Bot*) hop
'lurido, -a *ag* filthy
lusin'gare *vt* to flatter
Lussem'burgo *sm* (*stato*): **il ~** Luxembourg ▸ *sf* (*città*) Luxembourg
'lusso *sm* luxury; **di ~** luxury *cpd*; **lussu'oso, -a** *ag* luxurious
lus'suria *sf* lust
lus'trino *sm* sequin
'lutto *sm* mourning; **essere in/portare il ~** to be in/wear mourning

m

m. *abbr* = **mese**; **metro**; **miglia**; **monte**
ma *cong* but; **ma insomma!** for goodness sake!; **ma no!** of course not!
'macabro, -a *ag* gruesome, macabre

macché [mak'ke] *escl* not at all!, certainly not!
macche'roni [makke'roni] *smpl* macaroni *sg*
'**macchia** ['makkja] *sf* stain, spot; (*chiazza di diverso colore*) spot, splash, patch; (*tipo di boscaglia*) scrub; **alla ~** (*fig*) in hiding; **macchi'are** *vt* (*sporcare*) to stain, mark; **macchiarsi** *vpr* (*persona*) to get o.s. dirty; (*stoffa*) to stain; to get stained *o* marked
macchi'ato, -a [mak'kjato] *ag* (*pelle, pelo*) spotted; **~ di** stained with; **caffè ~** coffee with a dash of milk
'**macchina** ['makkina] *sf* machine; (*motore, locomotiva*) engine; (*automobile*) car; (*fig: meccanismo*) machinery; **andare in ~** (*Aut*) to go by car; (*Stampa*) to go to press; **macchina da cucire** sewing machine; **macchina fotografica** camera; **macchina da presa** cine *o* movie camera; **macchina da scrivere** typewriter; **macchina a vapore** steam engine
macchi'nario [makki'narjo] *sm* machinery
macchi'nista, -i [makki'nista] *sm* (*di treno*) engine-driver; (*di nave*) engineer
Macedonia [matʃe'donja] *sf* **la ~** Macedonia
mace'donia [matʃe'dɔnja] *sf* fruit salad
macel'laio [matʃel'lajo] *sm* butcher
macelle'ria *sf* butcher's (shop)
ma'cerie [ma'tʃɛrje] *sfpl* rubble *sg*, debris *sg*
ma'cigno [ma'tʃiɲɲo] *sm* (*masso*) rock, boulder
maci'nare [matʃi'nare] *vt* to grind; (*carne*) to mince (*BRIT*), grind (*US*)
macrobi'otico, -a *ag* macrobiotic ▸ *sf* macrobiotics *sg*
Ma'donna *sf* (*Rel*) Our Lady
mador'nale *ag* enormous, huge
'**madre** *sf* mother; (*matrice di bolletta*) counterfoil ▸ *ag inv* mother *cpd*; **ragazza ~** unmarried mother; **scena ~** (*Teatro*) principal scene; (*fig*) terrible scene
madre'lingua *sf* mother tongue, native language
madre'perla *sf* mother-of-pearl
ma'drina *sf* godmother
maestà *sf inv* majesty
ma'estra *sf vedi* **maestro**
maes'trale *sm* north-west wind, mistral
ma'estro, -a *sm/f* (*Ins: anche*: **~ di scuola o elementare**) primary (*BRIT*) *o* grade school (*US*) teacher; (*esperto*) expert ▸ *sm* (*artigiano, fig: guida*) master; (*Mus*) maestro ▸ *ag* (*principale*) main; (*di grande abilità*) masterly, skilful; **maestra d'asilo** nursery teacher; **~ di cerimonie** master of ceremonies
'**mafia** *sf* Mafia
'**maga** *sf* sorceress
ma'gari *escl* (*esprime desiderio*): **~ fosse vero!** if only it were true!; **ti piacerebbe andare in Scozia? — ~!** would you like to go to Scotland? — and how! ▸ *av* (*anche*) even; (*forse*) perhaps
magaz'zino [magad'dzino] *sm* warehouse; **grande ~** department store

> Attenzione! In inglese esiste la parola *magazine* che però significa *rivista*.

'**maggio** ['maddʒo] *sm* May
maggio'rana [maddʒo'rana] *sf* (*Bot*) (sweet) marjoram
maggio'ranza [maddʒo'rantsa] *sf* majority
maggior'domo [maddʒor'dɔmo] *sm* butler
maggi'ore [mad'dʒore] *ag* (*comparativo: più grande*) bigger,

larger; taller; greater; (: *più vecchio: sorella, fratello*) older, elder; (: *di grado superiore*) senior; (: *più importante: Mil, Mus*) major; (*superlativo*) biggest, largest; tallest; greatest; oldest, eldest ▸ *sm/f* (*di grado*) superior; (*di età*) elder; (*Mil*) major; (: *Aer*) squadron leader; **la maggior parte** the majority; **andare per la ~** (*cantante ecc*) to be very popular; **maggio'renne** *ag* of age ▸ *sm/f* person who has come of age

ma'gia [ma'dʒia] *sf* magic; **'magico, -a, -ci, -che** *ag* magic; (*fig*) fascinating, charming, magical

magis'trato [madʒis'trato] *sm* magistrate

'maglia ['maʎʎa] *sf* stitch; (*lavoro ai ferri*) knitting *no pl*; (*tessuto, Sport*) jersey; (*maglione*) jersey, sweater; (*di catena*) link; (*di rete*) mesh; **maglia diritta/rovescia** plain/purl; **magli'etta** *sf* (*canottiera*) vest; (*tipo camicia*) T-shirt

magli'one *sm* sweater, jumper

ma'gnetico, -a, -ci, -che *ag* magnetic

ma'gnifico, -a, -ci, -che [maɲ'ɲifiko] *ag* magnificent, splendid; (*ospite*) generous

ma'gnolia [maɲ'ɲɔlja] *sf* magnolia

'mago, -ghi *sm* (*stregone*) magician, wizard; (*illusionista*) magician

ma'grezza [ma'grettsa] *sf* thinness

'magro, -a *ag* (very) thin, skinny; (*carne*) lean; (*formaggio*) low-fat; (*fig: scarso, misero*) meagre, poor; (: *meschino: scusa*) poor, lame; **mangiare di ~** not to eat meat

'mai *av* (*nessuna volta*) never; (*talvolta*) ever; **non ... ~** never; **~ più** never again; **non sono ~ stato in Spagna** I've never been to Spain; **come ~?** why (*o* how) on earth?; **chi/dove/quando ~?** whoever/wherever/whenever?

mai'ale *sm* (*Zool*) pig; (*carne*) pork

'mail ['meil] *sf inv* = **e-mail**

maio'nese *sf* mayonnaise

'mais *sm inv* maize

mai'uscolo, -a *ag* (*lettera*) capital; (*fig*) enormous, huge

mala'fede *sf* bad faith

malan'dato, -a *ag* (*persona: di salute*) in poor health; (: *di condizioni finanziarie*) badly off; (*trascurato*) shabby

ma'lanno *sm* (*disgrazia*) misfortune; (*malattia*) ailment

mala'pena *sf* **a ~** hardly, scarcely

ma'laria *sf* (*Med*) malaria

ma'lato, -a *ag* ill, sick; (*gamba*) bad; (*pianta*) diseased ▸ *sm/f* sick person; (*in ospedale*) patient; **malat'tia** *sf* illness, disease; (*cattiva salute*) illness, sickness; (*di pianta*) disease

mala'vita *sf* underworld

mala'voglia [mala'vɔʎʎa] *sf* **di ~** unwillingly, reluctantly

Mala'ysia *sf* Malaysia

mal'concio, -a, -ci, -ce [mal'kontʃo] *ag* in a sorry state

malcon'tento *sm* discontent

malcos'tume *sm* immorality

mal'destro, -a *ag* (*inabile*) inexpert, inexperienced; (*goffo*) awkward

'male *av* badly ▸ *sm* (*ciò che è ingiusto, disonesto*) evil; (*danno, svantaggio*) harm; (*sventura*) misfortune; (*dolore fisico, morale*) pain, ache; **di ~ in peggio** from bad to worse; **sentirsi ~** to feel ill; **far ~** (*dolere*) to hurt; **far ~ alla salute** to be bad for one's health; **far del ~ a qn** to hurt *o* harm sb; **restare** *o* **rimanere ~** to be sorry; to be disappointed; to be hurt; **andare a ~** to go bad; **come va? — non c'è ~** how are you? — not bad; **avere mal di gola/testa** to have a sore throat/a headache; **aver ~ ai piedi** to have sore feet; **mal d'auto** carsickness; **mal di**

m

cuore heart trouble; **male di dente** toothache; **mal di mare** seasickness
male'detto, -a *pp di* **maledire** ▸ *ag* cursed, damned; (*fig: fam*) damned, blasted
male'dire *vt* to curse; **maledizi'one** *sf* curse; **maledizione!** damn it!
maledu'cato, -a *ag* rude, ill-mannered
maleducazi'one [maledukat'tsjone] *sf* rudeness
ma'lefico, -a, -ci, -che *ag* (*influsso, azione*) evil
ma'lessere *sm* indisposition, slight illness; (*fig*) uneasiness
malfa'mato, -a *ag* notorious
malfat'tore, -'trice *sm/f* wrongdoer
mal'fermo, -a *ag* unsteady, shaky; (*salute*) poor, delicate
mal'grado *prep* in spite of, despite ▸ *cong* although; **mio (o tuo** *ecc***) ~** against my (*o* your *ecc*) will
ma'ligno, -a [ma'liɲɲo] *ag* (*malvagio*) malicious, malignant; (*Med*) malignant
malinco'nia *sf* melancholy, gloom; **malin'conico, -a, -ci, -che** *ag* melancholy
malincu'ore: **a ~** *av* reluctantly, unwillingly
malin'teso, -a *ag* misunderstood; (*riguardo, senso del dovere*) mistaken, wrong ▸ *sm* misunderstanding; **c'è stato un ~** there's been a misunderstanding
ma'lizia [ma'littsja] *sf* (*malignità*) malice; (*furbizia*) cunning; (*espediente*) trick; **malizi'oso, -a** *ag* malicious; cunning; (*vivace, birichino*) mischievous
malme'nare *vt* to beat up
ma'locchio [ma'lɔkkjo] *sm* evil eye
ma'lora *sf* **andare in ~** to go to the dogs
ma'lore *sm* (sudden) illness
mal'sano, -a *ag* unhealthy
'malta *sf* (*Edil*) mortar
mal'tempo *sm* bad weather
'malto *sm* malt
maltrat'tare *vt* to ill-treat
malu'more *sm* bad mood; (*irritabilità*) bad temper; (*discordia*) ill feeling; **di ~** in a bad mood
'malva *sf* (*Bot*) mallow ▸ *ag, sm inv* mauve
mal'vagio, -a, -gi, -gie [mal'vadʒo] *ag* wicked, evil
malvi'vente *sm* criminal
malvolenti'eri *av* unwillingly, reluctantly
'mamma *sf* mummy, mum; **~ mia!** my goodness!
mam'mella *sf* (*Anat*) breast; (*di vacca, capra ecc*) udder
mam'mifero *sm* mammal
ma'nata *sf* (*colpo*) slap; (*quantità*) handful
man'canza [man'kantsa] *sf* lack; (*carenza*) shortage, scarcity; (*fallo*) fault; (*imperfezione*) failing, shortcoming; **per ~ di tempo** through lack of time; **in ~ di meglio** for lack of anything better
man'care *vi* (*essere insufficiente*) to be lacking; (*venir meno*) to fail; (*sbagliare*) to be wrong, make a mistake; (*non esserci*) to be missing, not to be there; (*essere lontano*): **~ (da)** to be away (from) ▸ *vt* to miss; **~ di** to lack; **~ a** (*promessa*) to fail to keep; **tu mi manchi** I miss you; **mancò poco che morisse** he very nearly died; **mancano ancora 10 sterline** we're still £10 short; **manca un quarto alle 6** it's a quarter to 6
mancherò *ecc* [manke'rɔ] *vb vedi* **mancare**
'mancia, -ce ['mantʃa] *sf* tip; **quanto devo lasciare di ~?** how much should I tip?; **~ competente** reward

manci'ata [man'tʃata] *sf* handful
man'cino, -a [man'tʃino] *ag* (*braccio*) left; (*persona*) left-handed; (*fig*) underhand
manda'rancio [manda'rantʃo] *sm* clementine
man'dare *vt* to send; (*far funzionare*: *macchina*) to drive; (*emettere*) to send out; (: *grido*) to give, utter, let out; **~ a chiamare qn** to send for sb; **~ avanti** (*fig*: *famiglia*) to provide for; (: *fabbrica*) to run, look after; **~ giù** to send down; (*anche fig*) to swallow; **~ via** to send away; (*licenziare*) to fire
manda'rino *sm* mandarin (orange); (*cinese*) mandarin
man'data *sf* (*quantità*) lot, batch; (*di chiave*) turn; **chiudere a doppia ~** to double-lock
man'dato *sm* (*incarico*) commission; (*Dir*: *provvedimento*) warrant; (*di deputato ecc*) mandate; (*ordine di pagamento*) postal *o* money order; **mandato d'arresto** warrant for arrest
man'dibola *sf* mandible, jaw
'mandorla *sf* almond; **'mandorlo** *sm* almond tree
'mandria *sf* herd
maneggi'are [maned'dʒare] *vt* (*creta, cera*) to mould, work, fashion; (*arnesi, utensili*) to handle; (: *adoperare*) to use; (*fig*: *persone, denaro*) to handle, deal with; **ma'neggio** *sm* moulding; handling; use; (*intrigo*) plot, scheme; (*per cavalli*) riding school
ma'nesco, -a, -schi, -sche *ag* free with one's fists
ma'nette *sfpl* handcuffs
manga'nello *sm* club
mangi'are [man'dʒare] *vt* to eat; (*intaccare*) to eat into *o* away; (*Carte, Scacchi ecc*) to take ▸ *vi* to eat ▸ *sm* eating; (*cibo*) food; (*cucina*) cooking; **possiamo ~ qualcosa?** can we have something to eat?; **mangiarsi le parole** to mumble; **mangiarsi le unghie** to bite one's nails
man'gime [man'dʒime] *sm* fodder
'mango, -ghi *sm* mango
ma'nia *sf* (*Psic*) mania; (*fig*) obsession, craze; **ma'niaco, -a, -ci, -che** *ag* suffering from a mania; **maniaco (di)** obsessed (by), crazy (about)
'manica *sf* sleeve; (*fig*: *gruppo*) gang, bunch; (*Geo*): **la M~, il Canale della M~** the (English) Channel; **essere di ~ larga/stretta** to be easy-going/strict; **manica a vento** (*Aer*) wind sock
mani'chino [mani'kino] *sm* (*di sarto, vetrina*) dummy
'manico, -ci *sm* handle; (*Mus*) neck
mani'comio *sm* mental hospital; (*fig*) madhouse
mani'cure *sm o f inv* manicure ▸ *sf inv* manicurist
mani'era *sf* way, manner; (*stile*) style, manner; **maniere** *sfpl* (*comportamento*) manners; **in ~ che** so that; **in ~ da** so as to; **in tutte le maniere** at all costs
manifes'tare *vt* to show, display; (*esprimere*) to express; (*rivelare*) to reveal, disclose ▸ *vi* to demonstrate; **manifestazi'one** *sf* show, display; expression; (*sintomo*) sign, symptom; (*dimostrazione pubblica*) demonstration; (*cerimonia*) event
mani'festo, -a *ag* obvious, evident ▸ *sm* poster, bill; (*scritto ideologico*) manifesto
ma'niglia [ma'niʎʎa] *sf* handle; (*sostegno*: *negli autobus ecc*) strap
manipo'lare *vt* to manipulate; (*alterare*: *vino*) to adulterate
man'naro: **lupo ~** *sm* werewolf
'mano, -i *sf* hand; (*strato*: *di vernice ecc*) coat; **di prima ~** (*notizia*) first-hand; **di seconda ~** second-hand; **man ~**

m

little by little, gradually; **man ~ che** as; **darsi** *o* **stringersi la ~** to shake hands; **mettere le mani avanti** (*fig*) to safeguard o.s.; **restare a mani vuote** to be left empty-handed; **venire alle mani** to come to blows; **a ~** by hand; **mani in alto!** hands up!
mano'dopera *sf* labour
ma'nometro *sm* gauge, manometer
mano'mettere *vt* (*alterare*) to tamper with; (*aprire indebitamente*) to break open illegally
ma'nopola *sf* (*dell'armatura*) gauntlet; (*guanto*) mitt; (*di impugnatura*) hand-grip; (*pomello*) knob
manos'critto, -a *ag* handwritten ▶ *sm* manuscript
mano'vale *sm* labourer
mano'vella *sf* handle; (*Tecn*) crank
ma'novra *sf* manoeuvre (*BRIT*), maneuver (*US*); (*Ferr*) shunting
man'sarda *sf* attic
mansi'one *sf* task, duty, job
mansu'eto, -a *ag* gentle, docile
man'tello *sm* cloak; (*fig: di neve ecc*) blanket, mantle; (*Zool*) coat
mante'nere *vt* to maintain; (*adempiere: promesse*) to keep, abide by; (*provvedere a*) to support, maintain; **mantenersi** *vpr* **mantenersi calmo/giovane** to stay calm/young
'Mantova *sf* Mantua
manu'ale *ag* manual ▶ *sm* (*testo*) manual, handbook
ma'nubrio *sm* handle; (*di bicicletta ecc*) handlebars *pl*; (*Sport*) dumbbell
manutenzi'one [manuten'tsjone] *sf* maintenance, upkeep; (*d'impianti*) maintenance, servicing
'manzo ['mandzo] *sm* (*Zool*) steer; (*carne*) beef
'mappa *sf* (*Geo*) map; **mappa'mondo** *sm* map of the world; (*globo girevole*) globe
mara'tona *sf* marathon
'marca, -che *sf* (*Comm: di prodotti*) brand; (*contrassegno, scontrino*) ticket, check; **prodotto di ~** (*di buona qualità*) high-class product; **marca da bollo** official stamp
mar'care *vt* (*munire di contrassegno*) to mark; (*a fuoco*) to brand; (*Sport: gol*) to score; (*: avversario*) to mark; (*accentuare*) to stress; **~ visita** (*Mil*) to report sick
marcherò *ecc* [marke'rɔ] *vb vedi* **marcare**
mar'chese, -a [mar'keze] *sm/f* marquis *o* marquess/marchioness
marchi'are [mar'kjare] *vt* to brand
'marcia, -ce ['martʃa] *sf* (*anche Mus, Mil*) march; (*funzionamento*) running; (*il camminare*) walking; (*Aut*) gear; **mettere in ~** to start; **mettersi in ~** to get moving; **far ~ indietro** (*Aut*) to reverse; (*fig*) to back-pedal
marciapi'ede [martʃa'pjɛde] *sm* (*di strada*) pavement (*BRIT*), sidewalk (*US*); (*Ferr*) platform
marci'are [mar'tʃare] *vi* to march; (*andare: treno, macchina*) to go; (*funzionare*) to run, work
'marcio, -a, -ci, -ce ['martʃo] *ag* (*frutta, legno*) rotten, bad; (*Med*) festering; (*fig*) corrupt, rotten
mar'cire [mar'tʃire] *vi* (*andare a male*) to go bad, rot; (*suppurare*) to fester; (*fig*) to rot, waste away
'marco, -chi *sm* (*unità monetaria*) mark
'mare *sm* sea; **in ~** at sea; **andare al ~** (*in vacanza ecc*) to go to the seaside; **il M~ del Nord** the North Sea
ma'rea *sf* tide; **alta/bassa ~** high/low tide
mareggi'ata [mared'dʒata] *sf* heavy sea
mare'moto *sm* seaquake
maresci'allo [mareʃ'ʃallo] *sm* (*Mil*) marshal; (*: sottufficiale*) warrant officer

marga'rina *sf* margarine
marghe'rita [marge'rita] *sf* (ox-eye) daisy, marguerite; (*di stampante*) daisy wheel
'margine ['mardʒine] *sm* margin; (*di bosco, via*) edge, border
mariju'ana [mæri'wa:nə] *sf* marijuana
ma'rina *sf* navy; (*costa*) coast; (*quadro*) seascape; **marina mercantile/ militare** navy/merchant navy (*BRIT*) *o* marine (*US*)
mari'naio *sm* sailor
mari'nare *vt* (*Cuc*) to marinate; **~ la scuola** to play truant
ma'rino, -a *ag* sea *cpd*, marine
mario'netta *sf* puppet
ma'rito *sm* husband
ma'rittimo, -a *ag* maritime, sea *cpd*
marmel'lata *sf* jam; (*di agrumi*) marmalade
mar'mitta *sf* (*recipiente*) pot; (*Aut*) silencer; **marmitta catalitica** catalytic converter
'marmo *sm* marble
mar'motta *sf* (*Zool*) marmot
maroc'chino, -a [marok'kino] *ag, sm/f* Moroccan
Ma'rocco *sm* **il ~** Morocco
mar'rone *ag inv* brown ▸ *sm* (*Bot*) chestnut
Attenzione! In inglese esiste la parola *maroon*, che però indica un altro colore, il rosso bordeaux.
mar'supio *sm* pouch; (*per denaro*) bum bag; (*per neonato*) sling
martedì *sm inv* Tuesday; **di** *o* **il ~** on Tuesdays; **martedì grasso** Shrove Tuesday
martel'lare *vt* to hammer ▸ *vi* (*pulsare*) to throb; (: *cuore*) to thump
mar'tello *sm* hammer; (: *di uscio*) knocker; **martello pneumatico** pneumatic drill
'martire *sm/f* martyr
mar'xista, -i, -e *ag, sm/f* Marxist
marza'pane [martsa'pane] *sm* marzipan
'marzo ['martso] *sm* March
mascal'zone [maskal'tsone] *sm* rascal, scoundrel
mas'cara *sm inv* mascara
ma'scella [maʃʃɛlla] *sf* (*Anat*) jaw
'maschera ['maskera] *sf* mask; (*travestimento*) disguise; (: *per un ballo ecc*) fancy dress; (*Teatro, Cinema*) usher/usherette; (*personaggio del teatro*) stock character; **masche'rare** *vt* to mask; (*travestire*) to disguise; to dress up; (*fig: celare*) to hide, conceal; (*Mil*) to camouflage; **mascherarsi da** to disguise o.s. as; to dress up as; (*fig*) to masquerade as
mas'chile [mas'kile] *ag* masculine; (*sesso, popolazione*) male; (*abiti*) men's; (*per ragazzi: scuola*) boys'
mas'chilista, -i, -e *ag, sm/f* (*uomo*) (male) chauvinist, sexist; (*donna*) sexist
'maschio, -a ['maskjo] *ag* (*Biol*) male; (*virile*) manly ▸ *sm* (*anche Zool, Tecn*) male; (*uomo*) man; (*ragazzo*) boy; (*figlio*) son
masco'lino, -a *ag* masculine
'massa *sf* mass; (*di errori ecc*): **una ~ di** heaps of, masses of; (*di gente*) mass, multitude; (*Elettr*) earth; **in ~** (*Comm*) in bulk; (*tutti insieme*) en masse; **adunata in ~** mass meeting; **di ~** (*cultura, manifestazione*) mass *cpd*
mas'sacro *sm* massacre, slaughter; (*fig*) mess, disaster
massaggi'are [massad'dʒare] *vt* to massage
mas'saggio [mas'saddʒo] *sm* massage; **massaggio cardiaco** cardiac massage
mas'saia *sf* housewife
massaia [masse'rittsje] *sfpl* (household) furnishings

m

mas'siccio, -a, -ci, -ce [mas'sittʃo] *ag* (*oro, legno*) solid; (*palazzo*) massive; (*corporatura*) stout ▶ *sm* (*Geo*) massif
'massima *sf* (*sentenza, regola*) maxim; (*Meteor*) maximum temperature; **in linea di ~** generally speaking; *vedi* **massimo**
massi'male *sm* maximum
'massimo, -a *ag, sm* maximum; **al ~** at (the) most
'masso *sm* rock, boulder
masteriz'zare [masterid'dzare] *vt* (*CD, DVD*) to burn
masterizza'tore [masteriddza'tore] *sm* CD burner *o* writer
masti'care *vt* to chew
'mastice ['mastitʃe] *sm* mastic; (*per vetri*) putty
mas'tino *sm* mastiff
ma'tassa *sf* skein
mate'matica *sf* mathematics *sg*
mate'matico, -a, -ci, -che *ag* mathematical ▶ *sm/f* mathematician
materas'sino *sm* mat; **materassino gonfiabile** air bed
mate'rasso *sm* mattress; **materasso a molle** spring *o* interior-sprung mattress
ma'teria *sf* (*Fisica*) matter; (*Tecn, Comm*) material, matter *no pl*; (*disciplina*) subject; (*argomento*) subject matter, material; **in ~ di** (*per quanto concerne*) on the subject of; **materie prime** raw materials
materi'ale *ag* material; (*fig: grossolano*) rough, rude ▶ *sm* material; (*insieme di strumenti ecc*) equipment *no pl*, materials *pl*
maternità *sf* motherhood, maternity; (*reparto*) maternity ward
ma'terno, -a *ag* (*amore, cura ecc*) maternal, motherly; (*nonno*) maternal; (*lingua, terra*) mother *cpd*
ma'tita *sf* pencil; **matite colorate** coloured pencils; **matita per gli occhi** eyeliner (pencil)
ma'tricola *sf* (*registro*) register; (*numero*) registration number; (*nell'università*) freshman, fresher
ma'trigna [ma'triɲɲa] *sf* stepmother
matrimoni'ale *ag* matrimonial, marriage *cpd*
matri'monio *sm* marriage, matrimony; (*durata*) marriage, married life; (*cerimonia*) wedding
mat'tina *sf* morning
'matto, -a *ag* mad, crazy; (*fig: falso*) false, imitation ▶ *sm/f* madman/ woman; **avere una voglia matta di qc** to be dying for sth
mat'tone *sm* brick; (*fig*): **questo libro/film è un ~** this book/film is heavy going
matto'nella *sf* tile
matu'rare *vi* (*anche*: **maturarsi**: *frutta, grano*) to ripen; (*ascesso*) to come to a head; (*fig: persona, idea, Econ*) to mature ▶ *vt* to ripen, to (make) mature
maturità *sf* maturity; (*di frutta*) ripeness, maturity; (*Ins*) school-leaving examination, ≈ GCE A-levels (*BRIT*)
ma'turo, -a *ag* mature; (*frutto*) ripe, mature
max. *abbr* (= *massimo*) max
maxischermo [maxis'kermo] *sm* giant screen
'mazza ['mattsa] *sf* (*bastone*) club; (*martello*) sledge-hammer; (*Sport: da golf*) club; (*: da baseball, cricket*) bat
maz'zata [mat'tsata] *sf* (*anche fig*) heavy blow
'mazzo ['mattso] *sm* (*di fiori, chiavi ecc*) bunch; (*di carte da gioco*) pack
me *pron* me; **me stesso(a)** myself; **sei bravo quanto me** you are as clever as I (am) *o* as me
mec'canico, -a, -ci, -che *ag* mechanical ▶ *sm* mechanic; **può**

mandare un ~? can you send a mechanic?
mecca'nismo *sm* mechanism
me'daglia [me'daʎʎa] *sf* medal
me'desimo, -a *ag* same; (*in persona*): **io ~** I myself
'media *sf* average; (*Mat*) mean; (*Ins: voto*) end-of-term average; **le medie** *sfpl* = **scuola media**; **in ~** on average; *vedi anche* **medio**
medi'ante *prep* by means of
media'tore, -'trice *sm/f* mediator; (*Comm*) middle man, agent
medi'care *vt* to treat; (*ferita*) to dress
medi'cina [medi'tʃina] *sf* medicine; **medicina legale** forensic medicine
'medico, -a, -ci, -che *ag* medical ▸ *sm* doctor; **chiamate un ~** call a doctor; **medico generico** general practitioner, GP
medie'vale *ag* medieval
'medio, -a *ag* average; (*punto, ceto*) middle; (*altezza, statura*) medium ▸ *sm* (*dito*) middle finger; **licenza media** *leaving certificate awarded at the end of 3 years of secondary education*; **scuola media** *first 3 years of secondary school*
medi'ocre *ag* mediocre, poor
medi'tare *vt* to ponder over, meditate on; (*progettare*) to plan, think out ▸ *vi* to meditate
mediter'raneo, -a *ag* Mediterranean; **il (mare) M~** the Mediterranean (Sea)
me'dusa *sf* (*Zool*) jellyfish
mega'byte *sm inv* (*Comput*) megabyte
me'gafono *sm* megaphone
'meglio ['mɛʎʎo] *av, ag inv* better; (*con senso superlativo*) best ▸ *sm* (*la cosa migliore*): **il ~** the best (thing); **faresti ~ ad andartene** you had better leave; **alla ~** as best one can; **andar di bene in ~** to get better and better; **fare del proprio ~** to do one's best; **per il ~** for the best; **aver la ~ su qn** to get the better of sb
'mela *sf* apple; **mela cotogna** quince
mela'grana *sf* pomegranate
melan'zana [melan'dzana] *sf* aubergine (*BRIT*), eggplant (*US*)
melato'nina *sf* melatonin
'melma *sf* mud, mire
'melo *sm* apple tree
melo'dia *sf* melody
me'lone *sm* (musk)melon
'membro *sm* member (*pl(f)* **membra**) (*arto*) limb
memo'randum *sm inv* memorandum
me'moria *sf* memory; **memorie** *sfpl* (*opera autobiografica*) memoirs; **a ~** (*imparare, sapere*) by heart; **a ~ d'uomo** within living memory
mendi'cante *sm/f* beggar

'meno
av
1 (*in minore misura*) less; **dovresti mangiare meno** you should eat less, you shouldn't eat so much
2 (*comparativo*): **meno ... di** not as ... as, less ... than; **sono meno alto di te** I'm not as tall as you (are), I'm less tall than you (are); **meno ... che** not as ... as, less ... than; **meno che mai** less than ever; **è meno intelligente che ricco** he's more rich than intelligent; **meno fumo più mangio** the less I smoke the more I eat
3 (*superlativo*) least; **il meno dotato degli studenti** the least gifted of the students; **è quello che compro meno spesso** it's the one I buy least often
4 (*Mat*) minus; **8 meno 5** 8 minus 5, 8 take away 5; **sono le 8 meno un quarto** it's a quarter to 8; **meno 5 gradi** 5 degrees below zero, minus 5 degrees; **1 euro in meno** 1 euro less
5 (*fraseologia*): **quanto meno poteva telefonare** he could at least have phoned; **non so se accettare o meno** I don't know whether to accept or not;

m

fare a meno di qc/qn to do without sth/sb; **non potevo fare a meno di ridere** I couldn't help laughing; **meno male!** thank goodness!; **meno male che sei arrivato** it's a good job that you've come
▸*ag inv* (*tempo, denaro*) less; (*errori, persone*) fewer; **ha fatto meno errori di tutti** he made fewer mistakes than anyone, he made the fewest mistakes of all
▸*sm inv*
1: **il meno** (*il minimo*) the least; **parlare del più e del meno** to talk about this and that
2 (*Mat*) minus
▸*prep* (*eccetto*) except (for), apart from; **a meno che, a meno di** unless; **a meno che non piova** unless it rains; **non posso, a meno di prendere ferie** I can't, unless I take some leave

meno'pausa *sf* menopause

'mensa *sf* (*locale*) canteen; (: *Mil*) mess; (: *nelle università*) refectory

men'sile *ag* monthly ▸ *sm* (*periodico*) monthly (magazine); (*stipendio*) monthly salary

'mensola *sf* bracket; (*ripiano*) shelf; (*Archit*) corbel

'menta *sf* mint; (*anche:* **~ piperita**) peppermint; (*bibita*) peppermint cordial; (*caramella*) mint, peppermint

men'tale *ag* mental; **mentalità** *sf inv* mentality

'mente *sf* mind; **imparare/sapere qc a ~** to learn/know sth by heart; **avere in ~ qc** to have sth in mind; **passare di ~ a qn** to slip sb's mind

men'tire *vi* to lie

'mento *sm* chin

'mentre *cong* (*temporale*) while; (*avversativo*) whereas

menù *sm inv* menu; **ci può portare il ~?** could we see the menu?; **menù turistico** set menu

menzio'nare [mentsjo'nare] *vt* to mention

men'zogna [men'tsɔɲɲa] *sf* lie

mera'viglia [mera'viʎʎa] *sf* amazement, wonder; (*persona, cosa*) marvel, wonder; **a ~** perfectly, wonderfully; **meravigli'are** *vt* to amaze, astonish; **meravigliarsi (di)** to marvel (at); (*stupirsi*) to be amazed (at), be astonished (at); **meravigli'oso, -a** *ag* wonderful, marvellous

mer'cante *sm* merchant; **mercante d'arte** art dealer

merca'tino *sm* (*rionale*) local street market; (*Econ*) unofficial stock market

mer'cato *sm* market; **mercato dei cambi** exchange market; **mercato nero** black market

'merce ['mɛrtʃe] *sf* goods *pl*, merchandise

mercé [mer'tʃe] *sf* mercy

merce'ria [mertʃe'ria] *sf* (*articoli*) haberdashery (*BRIT*), notions *pl* (*US*); (*bottega*) haberdasher's shop (*BRIT*), notions store (*US*)

mercoledì *sm inv* Wednesday; **di** *o* **il ~** on Wednesdays; **mercoledì delle Ceneri** Ash Wednesday

mer'curio *sm* mercury

'merda (*fam!*) *sf* shit (*!*)

me'renda *sf* afternoon snack

meren'dina *sf* snack

meridi'ana *sf* (*orologio*) sundial

meridi'ano, -a *ag* meridian; midday *cpd*, noonday ▸ *sm* meridian

meridio'nale *ag* southern ▸ *sm/f* southerner

meridi'one *sm* south

me'ringa, -ghe *sf* (*Cuc*) meringue

meri'tare *vt* to deserve, merit ▸ *vb impers* **merita andare** it's worth going

meri'tevole *ag* worthy

'merito *sm* merit; (*valore*) worth; **in ~**

a with regard to; **dare ~ a qn di** to give sb credit for; **finire a pari ~** to finish joint first (*o* second *ecc*); to tie
mer'letto *sm* lace
'merlo *sm* (*Zool*) blackbird; (*Archit*) battlement
mer'luzzo [mer'luttso] *sm* (*Zool*) cod
mes'chino, -a [mes'kino] *ag* wretched; (*scarso*) scanty, poor; (*persona: gretta*) mean; (*: limitata*) narrow-minded, petty
mesco'lare *vt* to mix; (*vini, colori*) to blend; (*mettere in disordine*) to mix up, muddle up; (*carte*) to shuffle
'mese *sm* month
'messa *sf* (*Rel*) mass; (*il mettere*): **messa in moto** starting; **messa in piega** set; **messa a punto** (*Tecn*) adjustment; (*Aut*) tuning; (*fig*) clarification
messag'gero [messad'dʒɛro] *sm* messenger
messaggi'arsi [messad'dʒarsi] *vi* to text
messaggino [messad'dʒino] *sm* (*di telefonino*) text (message)
mes'saggio [mes'saddʒo] *sm* message; **posso lasciare un ~?** can I leave a message?; **ci sono messaggi per me?** are there any messages for me?; **messaggio di posta elettronica** e-mail message
messag'gistica [messad'dʒistica] *sf* **~ immediata** (*Inform*) instant messaging; **programma di ~ immediata** instant messenger
mes'sale *sm* (*Rel*) missal
messi'cano, -a *ag, sm/f* Mexican
'Messico *sm* **il ~** Mexico
messin'scena [messin'ʃɛna] *sf* (*Teatro*) production
'messo, -a *pp di* **mettere** ▸ *sm* messenger
mesti'ere *sm* (*professione*) job; (*: manuale*) trade; (*: artigianale*) craft; (*fig: abilità nel lavoro*) skill, technique
'mestolo *sm* (*Cuc*) ladle
mestruazi'one [mestruat'tsjone] *sf* menstruation
'meta *sf* destination; (*fig*) aim, goal
metà *sf inv* half; (*punto di mezzo*) middle; **dividere qc a** *o* **per ~** to divide sth in half; **fare a ~ (di qc con qn)** to go halves (with sb in sth); **a ~ prezzo** at half price; **a ~ strada** halfway
meta'done *sm* methadone
me'tafora *sf* metaphor
me'tallico, -a, -ci, -che *ag* (*di metallo*) metal *cpd*; (*splendore, rumore ecc*) metallic
me'tallo *sm* metal
metalmec'canico, -a, -ci, -che *ag* engineering *cpd* ▸ *sm* engineering worker
me'tano *sm* methane
meteoro'logico, -a, -ci, -che [meteoro'lɔdʒiko] *ag* meteorological, weather *cpd*
me'ticcio, -a, -ci, -ce [me'tittʃo] *sm/f* half-caste, half-breed
me'todico, -a, -ci, -che *ag* methodical
'metodo *sm* method
'metro *sm* metre; (*nastro*) tape measure; (*asta*) (metre) rule
metropoli'tana *sf* underground, subway
'mettere *vt* to put; (*abito*) to put on; (*: portare*) to wear; (*installare: telefono*) to put in; (*fig: provocare*): **~ fame/allegria a qn** to make sb hungry/happy; (*supporre*): **mettiamo che ...** let's suppose *o* say that ...; **mettersi** *vpr* (*persona*) to put o.s.; (*oggetto*) to go; (*disporsi: faccenda*) to turn out; **mettersi a sedere** to sit down; **mettersi a letto** to get into bed; (*per malattia*) to take to one's bed; **mettersi il cappello** to put on one's hat; **mettersi a** (*cominciare*) to

m

begin to, start to; **mettersi al lavoro** to set to work; **mettersi con qn** (*in società*) to team up with sb; (*in coppia*) to start going out with sb; **metterci: metterci molta cura/molto tempo** to take a lot of care/a lot of time; **ci ho messo 3 ore per venire** it's taken me 3 hours to get here; **mettercela tutta** to do one's best; **~ a tacere qn/qc** to keep sb/sth quiet; **~ su casa** to set up house; **~ su un negozio** to start a shop; **~ via** to put away

mezza'notte [meddza'nɔtte] *sf* midnight

'mezzo, -a ['mɛddzo] *ag* half; **un ~ litro/panino** half a litre/roll ▸ *av* half-; **~ morto** half-dead ▸ *sm* (*metà*) half; (*parte centrale: di strada ecc*) middle; (*per raggiungere un fine*) means *sg*; (*veicolo*) vehicle; (*nell'indicare l'ora*): **le nove e ~** half past nine; **~giorno e ~** half past twelve; **mezzi** *smpl* (*possibilità economiche*) means; **di mezza età** middle-aged; **un soprabito di mezza stagione** a spring (*o* autumn) coat; **di ~** middle, in the middle; **andarci di ~** (*patir danno*) to suffer; **levarsi** *o* **togliersi di ~** to get out of the way; **in ~ a** in the middle of; **per** *o* **a ~ di** by means of; **mezzi di comunicazione di massa** mass media *pl*; **mezzi pubblici** public transport *sg*; **mezzi di trasporto** means of transport

mezzogi'orno [meddzo'dʒorno] *sm* midday, noon; **a ~** at 12 (o'clock) *o* midday *o* noon; **il ~ d'Italia** southern Italy

mi (*dav lo, la, li, le, ne diventa* **me**) *pron* (*oggetto*) me; (*complemento di termine*) to me; (*riflessivo*) myself ▸ *sm* (*Mus*) E; (*: solfeggiando la scala*) mi

miago'lare *vi* to miaow, mew

'mica *av* (*fam*): **non ... ~** not ... at all; **non sono ~ stanco** I'm not a bit tired; **non sarà ~ partito?** he wouldn't have left, would he?; **~ male** not bad

'miccia, -ce ['mittʃa] *sf* fuse

micidi'ale [mitʃi'djale] *ag* fatal; (*dannosissimo*) deadly

micro'fibra *sf* microfibre

mi'crofono *sm* microphone

micros'copio *sm* microscope

mi'dollo (*pl(f)* **midolla**) *sm* (*Anat*) marrow; **midollo osseo** bone marrow

mi'ele *sm* honey

'miglia ['miʎʎa] *sfpl di* **miglio**

migli'aio [miʎ'ʎajo] ((*pl*)*f* **migliaia**) *sm* thousand; **un ~ (di)** about a thousand; **a migliaia** by the thousand, in thousands

'miglio ['miʎʎo] *sm* (*Bot*) millet (*pl(f)* **miglia**) (*unità di misura*) mile; **~ marino** *o* **nautico** nautical mile

migliora'mento [miʎʎora'mento] *sm* improvement

miglio'rare [miʎʎo'rare] *vt, vi* to improve

migli'ore [miʎ'ʎore] *ag* (*comparativo*) better; (*superlativo*) best ▸ *sm* **il ~** the best (thing) ▸ *sm/f* **il(la) ~** the best (person); **il miglior vino di questa regione** the best wine in this area

'mignolo ['miɲɲolo] *sm* (*Anat*) little finger, pinkie; (*: dito del piede*) little toe

Mi'lano *sf* Milan

miliar'dario, -a *sm/f* millionaire

mili'ardo *sm* thousand million, billion (*US*)

mili'one *sm* million; **mille euro** one thousand euros

mili'tante *ag, sm/f* militant

mili'tare *vi* (*Mil*) to be a soldier, serve; (*fig: in un partito*) to be a militant ▸ *ag* military ▸ *sm* serviceman; **fare il ~** to do one's military service

'mille (*pl* **mila**) *num* a *o* one thousand; **dieci mila** ten thousand

mil'lennio *sm* millennium

millepi'edi *sm inv* centipede
mil'lesimo, -a *ag, sm* thousandth
milli'grammo *sm* milligram(me)
mil'limetro *sm* millimetre
'milza ['miltsa] *sf* (*Anat*) spleen
mimetiz'zare [mimetid'dzare] *vt* to camouflage; **mimetizzarsi** *vpr* to camouflage o.s.
'mimo *sm* (*attore, componimento*) mime
mi'mosa *sf* mimosa
min. *abbr* (= *minuto, minimo*) min.
'mina *sf* (*esplosiva*) mine; (*di matita*) lead
mi'naccia, -ce [mi'nattʃa] *sf* threat; **minacci'are** *vt* to threaten; **minacciare qn di morte** to threaten to kill sb; **minacciare di fare qc** to threaten to do sth
mi'nare *vt* (*Mil*) to mine; (*fig*) to undermine
mina'tore *sm* miner
mine'rale *ag, sm* mineral
mine'rario, -a *ag* (*delle miniere*) mining; (*dei minerali*) ore *cpd*
mi'nestra *sf* soup; **minestra in brodo** noodle soup; **minestra di verdure** vegetable soup
minia'tura *sf* miniature
mini'bar *sm inv* minibar
mini'era *sf* mine
mini'gonna *sf* miniskirt
'minimo, -a *ag* minimum, least, slightest; (*piccolissimo*) very small, slight; (*il più basso*) lowest, minimum ▶ *sm* minimum; **al ~** at least; **girare al ~** (*Aut*) to idle
minis'tero *sm* (*Pol, Rel*) ministry; (*governo*) government; **M~ delle Finanze** Ministry of Finance, ≈ Treasury
mi'nistro *sm* (*Pol, Rel*) minister
mino'ranza [mino'rantsa] *sf* minority
mi'nore *ag* (*comparativo*) less; (*più piccolo*) smaller; (*numero*) lower; (*inferiore*) lower, inferior; (*meno importante*) minor; (*più giovane*) younger; (*superlativo*) least; smallest; lowest; youngest ▶ *sm/f* = **minorenne**
mino'renne *ag* under age ▶ *sm/f* minor, person under age
mi'nuscolo, -a *ag* (*scrittura, carattere*) small; (*piccolissimo*) tiny ▶ *sf* small letter
mi'nuto, -a *ag* tiny, minute; (*pioggia*) fine; (*corporatura*) delicate, fine ▶ *sm* (*unità di misura*) minute; **al ~** (*Comm*) retail
'mio (*f* **'mia**, *pl* **mi'ei** *or* **'mie**) *det* **il ~, la mia** *ecc* my ▶ *pron* **il ~, la mia** *ecc* mine; **i miei** my family; **un ~ amico** a friend of mine
'miope *ag* short-sighted
'mira *sf* (*anche fig*) aim; **prendere la ~** to take aim; **prendere di ~ qn** (*fig*) to pick on sb
mi'racolo *sm* miracle
mi'raggio [mi'raddʒo] *sm* mirage
mi'rare *vi* **~ a** to aim at
mi'rino *sm* (*Tecn*) sight; (*Fot*) viewer, viewfinder
mir'tillo *sm* bilberry (*BRIT*), blueberry (*US*), whortleberry
mi'scela [miʃ'ʃela] *sf* mixture; (*di caffè*) blend
'mischia ['miskja] *sf* scuffle; (*Rugby*) scrum, scrummage
mis'cuglio [mis'kuʎʎo] *sm* mixture, hotchpotch, jumble
'mise *vb vedi* **mettere**
mise'rabile *ag* (*infelice*) miserable, wretched; (*povero*) poverty-stricken; (*di scarso valore*) miserable
mi'seria *sf* extreme poverty; (*infelicità*) misery
miseri'cordia *sf* mercy, pity
'misero, -a *ag* miserable, wretched; (*povero*) poverty-stricken; (*insufficiente*) miserable
'misi *vb vedi* **mettere**

m

mi'sogino [mi'zɔdʒino] *sm* misogynist

'missile *sm* missile

missio'nario, -a *ag, sm/f* missionary

missi'one *sf* mission

misteri'oso, -a *ag* mysterious

mis'tero *sm* mystery

'misto, -a *ag* mixed; (*scuola*) mixed, coeducational ▸ *sm* mixture

mis'tura *sf* mixture

mi'sura *sf* measure; (*misurazione, dimensione*) measurement; (*taglia*) size; (*provvedimento*) measure, step; (*moderazione*) moderation; (*Mus*) time; (*: divisione*) bar; (*fig: limite*) bounds *pl*, limit; **nella ~ in cui** inasmuch as, insofar as; **(fatto) su ~** made to measure

misu'rare *vt* (*ambiente, stoffa*) to measure; (*terreno*) to survey; (*abito*) to try on; (*pesare*) to weigh; (*fig: parole ecc*) to weigh up; (*: spese, cibo*) to limit ▸ *vi* to measure; **misurarsi** *vpr* **misurarsi con qn** to have a confrontation with sb; to compete with sb

'mite *ag* mild

'mitico, -a, ci, che *ag* mythical

'mito *sm* myth; **mitolo'gia, -'gie** *sf* mythology

'mitra *sf* (*Rel*) mitre ▸ *sm inv* (*arma*) sub-machine gun

mit'tente *sm/f* sender

mm *abbr* (= *millimetro*) mm

'mobile *ag* mobile; (*parte di macchina*) moving; (*Dir: bene*) movable, personal ▸ *sm* (*arredamento*) piece of furniture; **mobili** *smpl* (*mobilia*) furniture *sg*

mocas'sino *sm* moccasin

'moda *sf* fashion; **alla ~, di ~** fashionable, in fashion

modalità *sf inv* formality

mo'della *sf* model

mo'dello *sm* model; (*stampo*) mould ▸ *ag inv* model *cpd*

'modem *sm inv* modem

modera'tore, -'trice *sm/f* moderator

mo'derno, -a *ag* modern

mo'desto, -a *ag* modest

'modico, -a, -ci, -che *ag* reasonable, moderate

mo'difica, -che *sf* modification

modifi'care *vt* to modify, alter

'modo *sm* way, manner; (*mezzo*) means, way; (*occasione*) opportunity; (*Ling*) mood; (*Mus*) mode; **modi** *smpl* (*comportamento*) manners; **a suo ~, a ~ suo** in his own way; **ad** *o* **in ogni ~** anyway; **di** *o* **in ~ che** so that; **in ~ da** so as to; **in tutti i modi** at all costs; (*comunque sia*) anyway; (*in ogni caso*) in any case; **in qualche ~** somehow or other; **per ~ di dire** so to speak; **modo di dire** turn of phrase

'modulo *sm* (*modello*) form; (*Archit, lunare, di comando*) module

'mogano *sm* mahogany

'mogio, -a, -gi, -gie ['mɔdʒo] *ag* down in the dumps, dejected

'moglie ['moʎʎe] *sf* wife

mo'ine *sfpl* cajolery *sg*; (*leziosità*) affectation *sg*

mo'lare *sm* (*dente*) molar

'mole *sf* mass; (*dimensioni*) size; (*edificio grandioso*) massive structure

moles'tare *vt* to bother, annoy; **mo'lestia** *sf* annoyance, bother; **recar molestia a qn** to bother sb; **molestie sessuali** sexual harassment *sg*

'molla *sf* spring; **molle** *sfpl* (*per camino*) tongs

mol'lare *vt* to release, let go; (*Naut*) to ease; (*fig: ceffone*) to give ▸ *vi* (*cedere*) to give in

'molle *ag* soft; (*muscoli*) flabby

mol'letta *sf* (*per capelli*) hairgrip; (*per panni stesi*) clothes peg

'mollica, -che *sf* crumb, soft part

mol'lusco, -schi *sm* mollusc
'molo *sm* mole, breakwater; jetty
moltipli'care *vt* to multiply;
moltiplicarsi *vpr* to multiply; to increase in number;
moltiplicazi'one *sf* multiplication

'molto, -a
det (*quantità*) a lot of, much; (*numero*) a lot of, many; **molto pane/ carbone** a lot of bread/coal; **molta gente** a lot of people, many people; **molti libri** a lot of books, many books; **non ho molto tempo** I haven't got much time; **per molto (tempo)** for a long time
▸*av*
1 a lot, (very) much; **viaggia molto** he travels a lot; **non viaggia molto** he doesn't travel much *o* a lot
2 (*intensivo*: *con aggettivi, avverbi*) very; (: *con participio passato*) (very) much; **molto buono** very good; **molto migliore, molto meglio** much *o* a lot better
▸*pron* much, a lot

momentanea'mente *av* at the moment, at present
momen'taneo, -a *ag* momentary, fleeting
mo'mento *sm* moment; **da un ~ all'altro** at any moment; (*all'improvviso*) suddenly; **al ~ di fare** just as I was (*o* you were *o* he was *ecc*) doing; **per il ~** for the time being; **dal ~ che** ever since; (*dato che*) since; **a momenti** (*da un momento all'altro*) any time *o* moment now; (*quasi*) nearly
'monaca, -che *sf* nun
'Monaco *sf* Monaco; **Monaco (di Baviera)** Munich
'monaco, -ci *sm* monk
monar'chia *sf* monarchy
monas'tero *sm* (*di monaci*) monastery; (*di monache*) convent
mon'dano, -a *ag* (*anche fig*) worldly; (*anche*: **dell'alta società**) society *cpd*; fashionable
mondi'ale *ag* (*campionato, popolazione*) world *cpd*; (*influenza*) world-wide
'mondo *sm* world; (*grande quantità*): **un ~ di** lots of, a host of; **il bel ~** high society
mo'nello, -a *sm/f* street urchin; (*ragazzo vivace*) scamp, imp
mo'neta *sf* coin; (*Econ*: *valuta*) currency; (*denaro spicciolo*) (small) change; **moneta estera** foreign currency; **moneta legale** legal tender
mongol'fiera *sf* hot-air balloon
'monitor *sm inv* (*Tecn, TV*) monitor
monolo'cale *sm* studio flat
mono'polio *sm* monopoly
mo'notono, -a *ag* monotonous
monovo'lume *ag inv, sf inv* **(automobile) ~** people carrier, MPV
mon'sone *sm* monsoon
monta'carichi [monta'kariki] *sm inv* hoist, goods lift
mon'taggio [mon'taddʒo] *sm* (*Tecn*) assembly; (*Cinema*) editing
mon'tagna [mon'taɲɲa] *sf* mountain; (*zona montuosa*): **la ~** the mountains *pl*; **andare in ~** to go to the mountains; **montagne russe** roller coaster *sg*, big dipper *sg* (*BRIT*)
monta'naro, -a *ag* mountain *cpd*
▸ *sm/f* mountain dweller
mon'tano, -a *ag* mountain *cpd*; alpine
mon'tare *vt* to go up (*o* come) up; (*cavallo*) to ride; (*apparecchiatura*) to set up, assemble; (*Cuc*) to whip; (*Zool*) to cover; (*incastonare*) to mount, set; (*Cinema*) to edit; (*Fot*) to mount ▸ *vi* to go (*o* come) up; (*a cavallo*): **~ bene/ male** to ride well/badly; (*aumentare di livello, volume*) to rise

m

monta'tura *sf* assembling *no pl*; (*di occhiali*) frames *pl*; (*di gioiello*) mounting, setting; (*fig*): **montatura pubblicitaria** publicity stunt
'monte *sm* mountain; **a ~** upstream; **mandare a ~ qc** to upset sth, cause sth to fail; **il M~ Bianco** Mont Blanc; **monte di pietà** pawnshop; **monte premi** prize
mon'tone *sm* (*Zool*) ram; **carne di ~** mutton
montu'oso, -a *ag* mountainous
monu'mento *sm* monument
mo'quette [mɔ'kɛt] *sf inv* fitted carpet
'mora *sf* (*del rovo*) blackberry; (*del gelso*) mulberry; (*Dir*) delay; (*: somma*) arrears *pl*
mo'rale *ag* moral ▸ *sf* (*scienza*) ethics *sg*, moral philosophy; (*complesso di norme*) moral standards *pl*, morality; (*condotta*) morals *pl*; (*insegnamento morale*) moral ▸ *sm* morale; **essere giù di ~** to be feeling down
'morbido, -a *ag* soft; (*pelle*) soft, smooth

> Attenzione! In inglese esiste la parola *morbid*, che però significa *morboso*.

mor'billo *sm* (*Med*) measles *sg*
'morbo *sm* disease
mor'boso, -a *ag* (*fig*) morbid
'mordere *vt* to bite; (*addentare*) to bite into
mor'fina *sf* morphine
mori'bondo, -a *ag* dying, moribund
mo'rire *vi* to die; (*abitudine, civiltà*) to die out; **~ di fame** to die of hunger; (*fig*) to be starving; **~ di noia/paura** to be bored/scared to death; **fa un caldo da ~** it's terribly hot
mormo'rare *vi* to murmur; (*brontolare*) to grumble
'moro, -a *ag* dark(-haired), dark(-complexioned)
'morsa *sf* (*Tecn*) vice; (*fig: stretta*) grip
morsi'care *vt* to nibble (at), gnaw (at); (*insetto*) to bite
'morso, -a *pp di* **mordere** ▸ *sm* bite; (*di insetto*) sting; (*parte della briglia*) bit; **morsi della fame** pangs of hunger
morta'della *sf* (*Cuc*) mortadella (*type of salted pork meat*)
mor'taio *sm* mortar
mor'tale *ag, sm* mortal
'morte *sf* death
'morto, -a *pp di* **morire** ▸ *ag* dead ▸ *sm/f* dead man/woman; **i morti** the dead; **fare il ~** (*nell'acqua*) to float on one's back; **il Mar M~** the Dead Sea
mo'saico, -ci *sm* mosaic
'Mosca *sf* Moscow
'mosca, -sche *sf* fly; **mosca cieca** blind-man's-buff
mosce'rino [moʃʃe'rino] *sm* midge
mos'chea [mos'kɛa] *sf* mosque
'moscio, -a, -sci, -sce ['mɔʃʃo] *ag* (*fig*) lifeless
mos'cone *sm* (*Zool*) bluebottle; (*barca*) pedalo; (*: a remi*) *kind of pedalo with oars*
'mossa *sf* movement; (*nel gioco*) move
'mossi *ecc vb vedi* **muovere**
'mosso, -a *pp di* **muovere** ▸ *ag* (*mare*) rough; (*capelli*) wavy; (*Fot*) blurred
mos'tarda *sf* mustard; **mostarda di Cremona** *pickled fruit with mustard*
'mostra *sf* exhibition, show; (*ostentazione*) show; **in ~** on show; **far ~ di** (*fingere*) to pretend; **far ~ di sé** to show off
mos'trare *vt* to show; **può mostrarmi dov'è, per favore?** can you show me where it is, please?
'mostro *sm* monster; **mostru'oso, -a** *ag* monstrous
mo'tel *sm inv* motel
moti'vare *vt* (*causare*) to cause; (*giustificare*) to justify, account for
mo'tivo *sm* (*causa*) reason, cause; (*movente*) motive; (*letterario*) (central)

theme; (*disegno*) motif, design, pattern; (*Mus*) motif; **per quale ~?** why?, for what reason?
'moto *sm* (*anche Fisica*) motion; (*movimento, gesto*) movement; (*esercizio fisico*) exercise; (*sommossa*) rising, revolt; (*commozione*) feeling, impulse ▸ *sf inv* (*motocicletta*) motorbike; **mettere in ~** to set in motion; (*Aut*) to start up
motoci'cletta *sf* motorcycle
motoci'clista, -i, -e *sm/f* motorcyclist
mo'tore, -'trice *ag* motor; (*Tecn*) driving ▸ *sm* engine, motor; **a ~** motor *cpd*, power-driven; **~ a combustione interna/a reazione** internal combustion/jet engine; **motore di ricerca** (*Inform*) search engine; **moto'rino** *sm* moped; **motorino di avviamento** (*Aut*) starter
motos'cafo *sm* motorboat
'motto *sm* (*battuta scherzosa*) witty remark; (*frase emblematica*) motto
'mouse ['maus] *sm inv* (*Inform*) mouse
mo'vente *sm* motive
movi'mento *sm* movement; (*fig*) activity, hustle and bustle; (*Mus*) tempo, movement
mozi'one [mot'tsjone] *sf* (*Pol*) motion
mozza'rella [mottsa'rɛlla] *sf* mozzarella, *a moist Neapolitan curd cheese*
mozzi'cone [mottsi'kone] *sm* stub, butt, end; (*anche*: **~ di sigaretta**) cigarette end
'mucca, -che *sf* cow; **mucca pazza** mad cow disease
'mucchio ['mukkjo] *sm* pile, heap; (*fig*): **un ~ di** lots of, heaps of
'muco, -chi *sm* mucus
'muffa *sf* mould, mildew
mug'gire [mud'dʒire] *vi* (*vacca*) to low, moo; (*toro*) to bellow; (*fig*) to roar
mu'ghetto [mu'getto] *sm* lily of the valley
mu'lino *sm* mill; **mulino a vento** windmill
'mulo *sm* mule
'multa *sf* fine
multi'etnico, -a, -ci, -che *ag* multiethnic
multirazziale [multirat'tsjale] *ag* multiracial
multi'sala *ag inv* multiscreen
multivitami'nico, -a, -ci, -che *ag* **complesso ~** multivitamin
'mummia *sf* mummy
'mungere ['mundʒere] *vt* (*anche fig*) to milk
munici'pale [munitʃi'pale] *ag* municipal; town *cpd*
muni'cipio [muni'tʃipjo] *sm* town council, corporation; (*edificio*) town hall
munizi'oni [munit'tsjoni] *sfpl* (*Mil*) ammunition *sg*
'munsi *ecc vb vedi* **mungere**
mu'oio *ecc vb vedi* **morire**
mu'overe *vt* to move; (*ruota, macchina*) to drive; (*sollevare*: *questione, obiezione*) to raise, bring up; (: *accusa*) to make, bring forward; **muoversi** *vpr* to move; **muoviti!** hurry up!, get a move on!
'mura *sfpl vedi* **muro**
mu'rale *ag* wall *cpd*; mural
mura'tore *sm* mason; bricklayer
'muro *sm* wall
'muschio ['muskjo] *sm* (*Zool*) musk; (*Bot*) moss
musco'lare *ag* muscular, muscle *cpd*
'muscolo *sm* (*Anat*) muscle
mu'seo *sm* museum
museru'ola *sf* muzzle
'musica *sf* music; **musica da ballo/camera** dance/chamber music; **musi'cale** *ag* musical; **musi'cista, -i, -e** *sm/f* musician
'müsli ['mysli] *sm* muesli

m

'muso *sm* muzzle; (*di auto, aereo*) nose; **tenere il ~** to sulk
mussul'mano, -a *ag, sm/f* Muslim, Moslem
'muta *sf* (*di animali*) moulting; (*di serpenti*) sloughing; (*per immersioni subacquee*) diving suit; (*gruppo di cani*) pack
mu'tande *sfpl* (*da uomo*) (under)pants
'muto, -a *ag* (*Med*) dumb; (*emozione, dolore, Cinema*) silent; (*Ling*) silent, mute; (*carta geografica*) blank; **~ per lo stupore** *ecc* speechless with amazement *ecc*
'mutuo, -a *ag* (*reciproco*) mutual ▸ *sm* (*Econ*) (long-term) loan

N *abbr* (= *nord*) N
n. *abbr* (= *numero*) no.
'nafta *sf* naphtha; (*per motori diesel*) diesel oil
nafta'lina *sf* (*Chim*) naphthalene; (*tarmicida*) mothballs *pl*
'naia *sf* (*Mil*) *slang term for national service*
na'ïf [na'if] *ag inv* naïve
'nanna *sf* (*linguaggio infantile*): **andare a ~** to go to beddy-byes
'nano, -a *ag, sm/f* dwarf
napole'tano, -a *ag, sm/f* Neapolitan
'Napoli *sf* Naples
nar'ciso [nar'tʃizo] *sm* narcissus
nar'cotico, -ci *sm* narcotic
na'rice [na'ritʃe] *sf* nostril
nar'rare *vt* to tell the story of, recount; **narra'tiva** *sf* (*branca letteraria*) fiction
na'sale *ag* nasal
'nascere ['naʃʃere] *vi* (*bambino*) to be born; (*pianta*) to come *o* spring up; (*fiume*) to rise, have its source; (*sole*) to rise; (*dente*) to come through; (*fig: derivare, conseguire*): **~ da** to arise from, be born out of; **è nata nel 1952** she was born in 1952; **'nascita** *sf* birth
nas'condere *vt* to hide, conceal; **nascondersi** *vpr* to hide; **nascon'diglio** *sm* hiding place; **nascon'dino** *sm* (*gioco*) hide-and-seek; **nas'cosi** *ecc vb vedi* **nascondere**; **nas'costo, -a** *pp di* **nascondere** ▸ *ag* hidden; **di nascosto** secretly
na'sello *sm* (*Zool*) hake
'naso *sm* nose
'nastro *sm* ribbon; (*magnetico, isolante, Sport*) tape; **nastro adesivo** adhesive tape; **nastro trasportatore** conveyor belt
nas'turzio [nas'turtsjo] *sm* nasturtium
na'tale *ag* of one's birth ▸ *sm* (*Rel*): **N~** Christmas; (*giorno della nascita*) birthday; **nata'lizio, -a** *ag* (*del Natale*) Christmas *cpd*
'natica, -che *sf* (*Anat*) buttock
'nato, -a *pp di* **nascere** ▸ *ag* **un attore ~** a born actor; **nata Pieri** née Pieri
na'tura *sf* nature; **pagare in ~** to pay in kind; **natura morta** still life
natu'rale *ag* natural
natural'mente *av* naturally; (*certamente, sì*) of course
natu'rista, -i, e *ag, sm/f* naturist, nudist
naufra'gare *vi* (*nave*) to be wrecked;

(*persona*) to be shipwrecked; (*fig*) to fall through; **'naufrago, -ghi** *sm* castaway, shipwreck victim
'nausea *sf* nausea; **nause'ante** *ag* (*odore*) nauseating; (*sapore*) disgusting; (*fig*) sickening
'nautico, -a, -ci, -che *ag* nautical
na'vale *ag* naval
na'vata *sf* (*anche:* **~ centrale**) nave; (*anche:* **~ laterale**) aisle
'nave *sf* ship, vessel; **nave cisterna** tanker; **nave da guerra** warship; **nave passeggeri** passenger ship
na'vetta *sf* shuttle; (*servizio di collegamento*) shuttle (service)
navi'cella [navi'tʃɛlla] *sf* (*di aerostato*) gondola; **navicella spaziale** spaceship
navi'gare *vi* to sail; **~ in Internet** to surf the Net; **navigazi'one** *sf* navigation
nazio'nale [nattsjo'nale] *ag* national ▸ *sf* (*Sport*) national team; **nazionalità** *sf inv* nationality
nazi'one [nat'tsjone] *sf* nation
naziskin ['na:tsiskin] *sm inv* Nazi skinhead
NB *abbr* (= *nota bene*) NB

ne
pron
1 (*di lui, lei, loro*) of him/her/them; about him/her/them; **ne riconosco la voce** I recognize his (*o* her) voice
2 (*di questa, quella cosa*) of it; about it; **ne voglio ancora** I want some more (of it *o* them); **non parliamone più!** let's not talk about it any more!
3 (*con valore partitivo*): **hai dei libri? — sì, ne ho** have you any books? — yes, I have (some); **hai del pane? — no, non ne ho** have you any bread? — no, I haven't any; **quanti anni hai? — ne ho 17** how old are you? — I'm 17
▸ *av* (*moto da luogo: da lì*) from there; **ne vengo ora** I've just come from there

né *cong* **né ... né** neither ... nor; **né l'uno né l'altro lo vuole** neither of them wants it; **non parla né l'italiano né il tedesco** he speaks neither Italian nor German, he doesn't speak either Italian or German; **non piove né nevica** it isn't raining or snowing
ne'anche [ne'anke] *av, cong* not even; **non ... ~** not even; **~ se volesse potrebbe venire** he couldn't come even if he wanted to; **non l'ho visto — ~ io** I didn't see him — neither did I *o* I didn't either; **~ per idea** *o* **sogno!** not on your life!
'nebbia *sf* fog; (*foschia*) mist
necessaria'mente [netʃessarjamɛnte] *av* necessarily
neces'sario, -a [netʃes'sarjo] *ag* necessary
necessità [netʃessi'ta] *sf inv* necessity; (*povertà*) need, poverty
necro'logio [nekro'lɔdʒo] *sm* obituary notice
ne'gare *vt* to deny; (*rifiutare*) to deny, refuse; **~ di aver fatto/che** to deny having done/that; **nega'tivo, -a** *ag, sf, sm* negative
negherò *ecc* [nege'rɔ] *vb vedi* **negare**
negli'gente [negli'dʒɛnte] *ag* negligent, careless
negozi'ante [negot'tsjante] *sm/f* trader, dealer; (*bottegaio*) shopkeeper (*BRIT*), storekeeper (*US*)
negozi'are [negot'tsjare] *vt* to negotiate ▸ *vi* **~ in** to trade *o* deal in; **negozi'ato** *sm* negotiation
ne'gozio [ne'gɔttsjo] *sm* (*locale*) shop (*BRIT*), store (*US*)
'negro, -a *ag, sm/f* Negro
ne'mico, -a, -ci, -che *ag* hostile; (*Mil*) enemy *cpd* ▸ *sm/f* enemy; **essere ~ di** to be strongly averse *o* opposed to
nem'meno *av, cong* = **neanche**
'neo *sm* mole; (*fig*) (slight) flaw
'neon *sm* (*Chim*) neon

n

neo'nato, -a *ag* newborn ▸ *sm/f* newborn baby
neozelan'dese [neoddzelan'dese] *ag* New Zealand *cpd* ▸ *sm/f* New Zealander
'Nepal *sm* **il ~** Nepal
nep'pure *av, cong* = **neanche**
'nero, -a *ag* black; (*scuro*) dark ▸ *sm* black; **il Mar N~** the Black Sea
'nervo *sm* (*Anat*) nerve; (*Bot*) vein; **avere i nervi** to be on edge; **dare sui nervi a qn** to get on sb's nerves; **ner'voso, -a** *ag* nervous; (*irritabile*) irritable ▸ *sm* (*fam*): **far venire il nervoso a qn** to get on sb's nerves
'nespola *sf* (*Bot*) medlar; (*fig*) blow, punch
'nesso *sm* connection, link
nes'suno, -a
(*det: dav sm* **nessun** +*C, V,* **nessuno** +*s impura, gn, pn, ps, x, z; dav sf* **nessuna** +*C,* **nessun'** +*V*) *det*
1 (*non uno*) no; (*, espressione negativa* +) any; **non c'è nessun libro** there isn't any book, there is no book; **nessun altro** no one else, nobody else; **nessun'altra cosa** nothing else; **in nessun luogo** nowhere
2 (*qualche*) any; **hai nessuna obiezione?** do you have any objections?
▸*pron*
1 (*non uno*) no one, nobody; (*, espressione negativa* +) any(one); (*: cosa*) none; (*, espressione negativa* +) any; **nessuno è venuto, non è venuto nessuno** nobody came
2 (*qualcuno*) anyone, anybody; **ha telefonato nessuno?** did anyone phone?
net'tare *vt* to clean
net'tezza [net'tettsa] *sf* cleanness, cleanliness; **nettezza urbana** cleansing department
'netto, -a *ag* (*pulito*) clean; (*chiaro*) clear, clear-cut; (*deciso*) definite; (*Econ*) net
nettur'bino *sm* dustman (*BRIT*), garbage collector (*US*)
neu'trale *ag* neutral
'neutro, -a *ag* neutral; (*Ling*) neuter ▸ *sm* (*Ling*) neuter
'neve *sf* snow; **nevi'care** *vb impers* to snow; **nevi'cata** *sf* snowfall
ne'vischio [ne'viskjo] *sm* sleet
ne'voso, -a *ag* snowy; snow-covered
nevral'gia [nevral'dʒia] *sf* neuralgia
nevras'tenico, -a, -ci, -che *ag* (*Med*) neurasthenic; (*fig*) hot-tempered
ne'vrosi *sf* neurosis
ne'vrotico, -a, ci, che *ag, sm/f* (*anche fig*) neurotic
'nicchia ['nikkja] *sf* niche; (*naturale*) cavity, hollow; **nicchia di mercato** (*Comm*) niche market
nicchi'are [nik'kjare] *vi* to shilly-shally, hesitate
'nichel ['nikel] *sm* nickel
nico'tina *sf* nicotine
'nido *sm* nest; **a ~ d'ape** (*tessuto ecc*) honeycomb *cpd*
ni'ente
pron
1 (*nessuna cosa*) nothing; **niente può fermarlo** nothing can stop him; **niente di niente** absolutely nothing; **nient'altro** nothing else; **nient'altro che** nothing but, just, only; **niente affatto** not at all, not in the least; **come se niente fosse** as if nothing had happened; **cose da niente** trivial matters; **per niente** (*gratis, invano*) for nothing
2 (*qualcosa*): **hai bisogno di niente?** do you need anything?
3: **non ... niente** nothing; (*espressione negativa* +) anything; **non ho visto niente** I saw nothing, I didn't see anything; **non ho niente da dire** I have nothing *o* haven't anything to say

▸*sm* nothing; **un bel niente** absolutely nothing; **basta un niente per farla piangere** the slightest thing is enough to make her cry
▸*av* (*in nessuna misura*): **non ... niente** not ... at all; **non è (per) niente buono** it isn't good at all

Ni'geria [ni'dʒɛrja] *sf* **la ~** Nigeria

'ninfa *sf* nymph

nin'fea *sf* water lily

ninna-'nanna *sf* lullaby

'ninnolo *sm* (*gingillo*) knick-knack

ni'pote *sm/f* (*di zii*) nephew/niece; (*di nonni*) grandson/daughter, grandchild

'nitido, -a *ag* clear; (*specchio*) bright

ni'trire *vi* to neigh

ni'trito *sm* (*di cavallo*) neighing *no pl*; neigh; (*Chim*) nitrite

nitroglice'rina [nitroglitʃe'rina] *sf* nitroglycerine

no *av* (*risposta*) no; **vieni o no?** are you coming or not?; **perché no?** why not?; **lo conosciamo? — tu no ma io sì** do we know him? — you don't but I do; **verrai, no?** you'll come, won't you?

'nobile *ag* noble ▸ *sm/f* noble, nobleman/woman

'nocca, -che *sf* (*Anat*) knuckle

'noccio *ecc* ['nɔttʃo] *vb vedi* **nuocere**

nocci'ola [not'tʃɔla] *ag inv* (*colore*) hazel, light brown ▸ *sf* hazelnut

nocciò'lina [nottʃo'lina] *sf*: **nocciolina americana** peanut

'nocciolo ['nɔttʃolo] *sm* (*di frutto*) stone; (*fig*) heart, core

'noce ['notʃe] *sm* (*albero*) walnut tree ▸ *sf* (*frutto*) walnut; **noce di cocco** coconut; **noce moscata** nutmeg

no'cevo *ecc* [no'tʃevo] *vb vedi* **nuocere**

no'civo, -a [no'tʃivo] *ag* harmful, noxious

'nocqui *ecc vb vedi* **nuocere**

'nodo *sm* (*di cravatta, legname, Naut*) knot; (*Aut, Ferr*) junction; (*Med, Astr, Bot*) node; (*fig: legame*) bond, tie; (*: punto centrale*) heart, crux; **avere un ~ alla gola** to have a lump in one's throat

no-'global *sm/f* anti-globalization protester ▸ *ag* (*movimento, manifestante*) anti-globalization

'noi *pron* (*soggetto*) we; (*oggetto: per dare rilievo, con preposizione*) us; **~ stessi(e)** we ourselves; (*oggetto*) ourselves

'noia *sf* boredom; (*disturbo, impaccio*) bother *no pl*, trouble *no pl*; **avere qn/qc a ~** not to like sb/sth; **mi è venuto a ~** I'm tired of it; **dare ~ a** to annoy; **avere delle noie con qn** to have trouble with sb

noi'oso, -a *ag* boring; (*fastidioso*) annoying, troublesome

> Attenzione! In inglese esiste la parola *noisy*, che però significa *rumoroso*.

noleggi'are [noled'dʒare] *vt* (*prendere a noleggio*) to hire (*BRIT*), rent; (*dare a noleggio*) to hire out (*BRIT*), rent (out); (*aereo, nave*) to charter; **no'leggio** *sm* hire (*BRIT*), rental; charter

'nomade *ag* nomadic ▸ *sm/f* nomad

'nome *sm* name; (*Ling*) noun; **in/a ~ di** in the name of; **di** *o* **per ~** (*chiamato*) called, named; **conoscere qn di ~** to know sb by name; **nome d'arte** stage name; **nome di battesimo** Christian name; **nome di famiglia** surname; **nome utente** login

no'mignolo [no'miɲɲolo] *sm* nickname

'nomina *sf* appointment

nomi'nale *ag* nominal; (*Ling*) noun *cpd*

nomi'nare *vt* to name; (*eleggere*) to appoint; (*citare*) to mention

nomina'tivo, -a *ag* (*Ling*) nominative; (*Econ*) registered ▸ *sm* (*Ling: anche:* **caso ~**) nominative (case); (*Amm*) name

n

non *av* not ▸ *prefisso* non-; *vedi* **affatto**; **appena** *ecc*
nonché [non'ke] *cong* (*tanto più, tanto meno*) let alone; (*e inoltre*) as well as
noncu'rante *ag* **~ (di)** careless (of), indifferent (to)
'nonno, -a *sm/f* grandfather/mother; (*in senso più familiare*) grandma/grandpa; **i nonni** *smpl* the grandparents
non'nulla *sm inv* **un ~** nothing, a trifle
'nono, -a *ag, sm* ninth
nonos'tante *prep* in spite of, notwithstanding ▸ *cong* although, even though
nontiscordardimé *sm inv* (*Bot*) forget-me-not
nord *sm* North ▸ *ag inv* north; northern; **il Mare del N~** the North Sea; **nor'dest** *sm* north-east; **nor'dovest** *sm* north-west
'norma *sf* (*principio*) norm; (*regola*) regulation, rule; (*consuetudine*) custom, rule; **a ~ di legge** according to law, as laid down by law; **norme per l'uso** instructions for use; **norme di sicurezza** safety regulations
nor'male *ag* normal; standard *cpd*
normal'mente *av* normally
norve'gese [norve'dʒese] *ag, sm/f, sm* Norwegian
Nor'vegia [nor'vedʒa] *sf* **la ~** Norway
nostal'gia [nostal'dʒia] *sf* (*di casa, paese*) homesickness; (*del passato*) nostalgia
nos'trano, -a *ag* local; national; home-produced
'nostro, -a *det* **il (la) ~(-a)** *ecc* our ▸ *pron* **il (la) ~(-a)** *ecc* ours ▸ *sm* **il ~** our money; our belongings; **i nostri** our family; our own people; **è dei nostri** he's one of us
'nota *sf* (*segno*) mark; (*comunicazione scritta, Mus*) note; (*fattura*) bill; (*elenco*) list; **degno di ~** noteworthy, worthy of note
no'taio *sm* notary
no'tare *vt* (*segnare*: *errori*) to mark; (*registrare*) to note (down), write down; (*rilevare, osservare*) to note, notice; **farsi ~** to get o.s. noticed
no'tevole *ag* (*talento*) notable, remarkable; (*peso*) considerable
no'tifica, -che *sf* notification
no'tizia [no'tittsja] *sf* (piece of) news *sg*; (*informazione*) piece of information; **notizi'ario** *sm* (*Radio, TV, Stampa*) news *sg*
'noto, -a *ag* (well-)known
notorietà *sf* fame; notoriety
no'torio, -a *ag* well-known; (*peg*) notorious
not'tambulo, -a *sm/f* night-bird; (*fig*)
not'tata *sf* night
'notte *sf* night; **di ~** at night; (*durante la notte*) in the night, during the night; **notte bianca** sleepless night
not'turno, -a *ag* nocturnal; (*servizio, guardiano*) night *cpd*
no'vanta *num* ninety; **novan'tesimo, -a** *num* ninetieth
'nove *num* nine
nove'cento [nove'tʃɛnto] *num* nine hundred ▸ *sm* **il N~** the twentieth century
no'vella *sf* (*Letteratura*) short story
no'vello, -a *ag* (*piante, patate*) new; (*insalata, verdura*) early; (*sposo*) newly-married
no'vembre *sm* November
novità *sf inv* novelty; (*innovazione*) innovation; (*cosa originale, insolita*) something new; (*notizia*) (piece of) news *sg*; **le ~ della moda** the latest fashions
nozi'one [not'tsjone] *sf* notion, idea
'nozze ['nɔttse] *sfpl* wedding *sg*, marriage *sg*; **nozze d'argento/d'oro** silver/golden wedding *sg*

'nubile *ag* (*donna*) unmarried, single
'nuca *sf* nape of the neck
nucle'are *ag* nuclear
'nucleo *sm* nucleus; (*gruppo*) team, unit, group; (*Mil, Polizia*) squad; **nucleo familiare** family unit
nu'dista, -i, -e *sm/f* nudist
'nudo, -a *ag* (*persona*) bare, naked, nude; (*membra*) bare, naked; (*montagna*) bare ▸ *sm* (*Arte*) nude
'nulla *pron, av* = **niente** ▸ *sm* = **il nulla** nothing
nullità *sf inv* nullity; (*persona*) nonentity
'nullo, -a *ag* useless, worthless; (*Dir*) null (and void); (*Sport*): **incontro ~** draw
nume'rale *ag, sm* numeral
nume'rare *vt* to number
nu'merico, -a, -ci, -che *ag* numerical
'numero *sm* number; (*romano, arabo*) numeral; (*di spettacolo*) act, turn; **numero civico** house number; **numero di scarpe** shoe size; **numero di telefono** telephone number;
nume'roso, -a *ag* numerous, many, (*con sostantivo sg*) large
nu'occio *ecc* ['nwɔttʃo] *vb vedi* **nuocere**
nu'ocere ['nwɔtʃere] *vi* **~ a** to harm, damage
nu'ora *sf* daughter-in-law
nuo'tare *vi* to swim; (*galleggiare*: *oggetti*) to float; **nuota'tore, -'trice** *sm/f* swimmer; **nu'oto** *sm* swimming
nu'ova *sf* (*notizia*) (piece of) news *sg*; *vedi anche* **nuovo**
nuova'mente *av* again
Nu'ova Ze'landa [-dze'landa] *sf* **la ~** New Zealand
nu'ovo, -a *ag* new; **di ~** again; **~ fiammante** *o* **di zecca** brand-new
nutri'ente *ag* nutritious, nourishing
nutri'mento *sm* food, nourishment
nu'trire *vt* to feed; (*fig*: *sentimenti*) to harbour, nurse; **nutrirsi** *vpr* **nutrirsi di** to feed on, to eat
'nuvola *sf* cloud; **nuvo'loso, -a** *ag* cloudy
nuzi'ale [nut'tsjale] *ag* nuptial; wedding *cpd*
'nylon ['nailən] *sm* nylon

o (*dav V spesso* **od**) *cong* or; **o ... o** either ... or; **o l'uno o l'altro** either (of them)
O *abbr* (= *ovest*) W
'oasi *sf inv* oasis
obbedi'ente *ecc* = **ubbidiente** *ecc*
obbli'gare *vt* (*costringere*): **~ qn a fare** to force *o* oblige sb to do; (*Dir*) to bind; **obbliga'torio, -a** *ag* compulsory, obligatory; **'obbligo, -ghi** *sm* obligation; (*dovere*) duty; **avere l'obbligo di fare** to be obliged to do; **essere d'obbligo** (*discorso, applauso*) to be called for
o'beso, -a *ag* obese
obiet'tare *vt* **~ che** to object that; **~ su qc** to object to sth, raise objections concerning sth
obiet'tivo, -a *ag* objective ▸ *sm* (*Ottica, Fot*) lens *sg*, objective; (*Mil, fig*) objective
obiet'tore *sm* objector; **obiettore di coscienza** conscientious objector
obiezi'one [objet'tsjone] *sf* objection

obi'torio *sm* morgue, mortuary
o'bliquo, -a *ag* oblique; (*inclinato*) slanting; (*fig*) devious, underhand
oblite'rare *vt* (*biglietto*) to stamp; (*francobollo*) to cancel
oblò *sm inv* porthole
'oboe *sm* (*Mus*) oboe
'oca (*pl* **'oche**) *sf* goose
occasi'one *sf* (*caso favorevole*) opportunity; (*causa, motivo, circostanza*) occasion; (*Comm*) bargain; **d'~** (*a buon prezzo*) bargain *cpd*; (*usato*) secondhand
occhi'aia [ok'kjaja] *sf* **avere le occhiaie** to have shadows under one's eyes
occhi'ali [ok'kjali] *smpl* glasses, spectacles; **occhiali da sole/da vista** sunglasses/(prescription) glasses
occhi'ata [ok'kjata] *sf* look, glance; **dare un'~ a** to have a look at
occhi'ello [ok'kjɛllo] *sm* buttonhole; (*asola*) eyelet
'occhio ['ɔkkjo] *sm* eye; **~!** careful!, watch out!; **a ~ nudo** with the naked eye; **a quattr'occhi** privately, tête-à-tête; **dare all'~** *o* **nell'~ a qn** to catch sb's eye; **fare l'~ a qc** to get used to sth; **tenere d'~ qn** to keep an eye on sb; **vedere di buon/mal ~ qc** to look favourably/unfavourably on sth
occhio'lino [okkjo'lino] *sm* **fare l'~ a qn** to wink at sb
occiden'tale [ottʃiden'tale] *ag* western ▸ *sm/f* Westerner
occi'dente [ottʃi'dɛnte] *sm* west; (*Pol*): **l'O~** the West; **a ~** in the west
occor'rente *ag* necessary ▸ *sm* all that is necessary
occor'renza [okkor'rɛntsa] *sf* necessity, need; **all'~** in case of need
oc'correre *vi* to be needed, be required ▸ *vb impers* **occorre farlo** it must be done; **occorre che tu parta** you must leave, you'll have to leave; **mi occorrono i soldi** I need the money

> Attenzione! In inglese esiste il verbo *to occur*, che però significa *succedere*.

oc'culto, -a *ag* hidden, concealed; (*scienze, forze*) occult
occu'pare *vt* to occupy; (*manodopera*) to employ; (*ingombrare*) to occupy, take up; **occuparsi** *vpr* to occupy o.s., keep o.s. busy; (*impiegarsi*) to get a job; **occuparsi di** (*interessarsi*) to take an interest in; (*prendersi cura di*) to look after, take care of; **occu'pato, -a** *ag* (*Mil, Pol*) occupied; (*persona: affaccendato*) busy; (*posto, sedia*) taken; (*toilette, Tel*) engaged; **la linea è occupata** the line's engaged; **è occupato questo posto?** is this seat taken?; **occupazi'one** *sf* occupation; (*impiego, lavoro*) job; (*Econ*) employment
o'ceano [o'tʃeano] *sm* ocean
'ocra *sf* ochre
'OCSE *sigla f* (= *Organizzazione per la Cooperazione e lo Sviluppo Economico*) OECD (*Organization for Economic Cooperation and Development*)
ocu'lare *ag* ocular, eye *cpd*; **testimone ~** eye witness
ocu'lato, -a *ag* (*attento*) cautious, prudent; (*accorto*) shrewd
ocu'lista, -i, -e *sm/f* eye specialist, oculist
odi'are *vt* to hate, detest
odi'erno, -a *ag* today's, of today; (*attuale*) present
'odio *sm* hatred; **avere in ~ qc/qn** to hate *o* detest sth/sb; **odi'oso, -a** *ag* hateful, odious
odo'rare *vt* (*annusare*) to smell; (*profumare*) to perfume, scent ▸ *vi* **~ (di)** to smell (of)
o'dore *sm* smell; **odori** *smpl* (*Cuc*) (aromatic) herbs

of'fendere *vt* to offend; (*violare*) to break, violate; (*insultare*) to insult; (*ferire*) to hurt; **offendersi** *vpr* (*con senso reciproco*) to insult one another; (*risentirsi*): **offendersi (di)** to take offence (at), be offended (by)
offe'rente *sm* (*in aste*): **al maggior ~** to the highest bidder
of'ferta *sf* offer; (*donazione, anche Rel*) offering; (*in gara d'appalto*) tender; (*in aste*) bid; (*Econ*) supply; **fare un'~** to make an offer; to tender; to bid; **"offerte d'impiego"** "situations vacant"; **offerta speciale** special offer
of'fesa *sf* insult, affront; (*Mil*) attack; (*Dir*) offence; *vedi anche* **offeso**
of'feso, -a *pp di* **offendere** ▸ *ag* offended; (*fisicamente*) hurt, injured ▸ *sm/f* offended party; **essere ~ con qn** to be annoyed with sb; **parte offesa** (*Dir*) plaintiff
offi'cina [offi'tʃina] *sf* workshop
of'frire *vt* to offer; **offrirsi** *vpr* (*proporsi*) to offer (o.s.), volunteer; (*occasione*) to present itself; (*esporsi*): **offrirsi a** to expose o.s. to; **ti offro da bere** I'll buy you a drink
offus'care *vt* to obscure, darken; (*fig: intelletto*) to dim, cloud; (*: fama*) to obscure, overshadow; **offuscarsi** *vpr* to grow dark; to cloud, grow dim; to be obscured
ogget'tivo, -a [oddʒet'tivo] *ag* objective
og'getto [od'dʒɛtto] *sm* object; (*materia, argomento*) subject (matter); **oggetti smarriti** lost property *sg*
'oggi ['ɔddʒi] *av, sm* today; **~ a otto** a week today; **oggigi'orno** *av* nowadays
OGM *sigla m* (= *organismo geneticamente modificato*) GMO
'ogni ['oɲɲi] *det* every, each; (*tutti*) all; (*con valore distributivo*) every; **~ uomo è mortale** all men are mortal; **viene ~ due giorni** he comes every two days; **~ cosa** everything; **ad ~ costo** at all costs, at any price; **in ~ luogo** everywhere; **~ tanto** every so often; **~ volta che** every time that
Ognis'santi [oɲɲis'santi] *sm* All Saints' Day
o'gnuno [oɲ'ɲuno] *pron* everyone, everybody
O'landa *sf* **l'~** Holland; **olan'dese** *ag* Dutch ▸ *sm* (*Ling*) Dutch ▸ *sm/f* Dutchman/woman; **gli Olandesi** the Dutch
ole'andro *sm* oleander
oleo'dotto *sm* oil pipeline
ole'oso, -a *ag* oily; (*che contiene olio*) oil-yielding
ol'fatto *sm* sense of smell
oli'are *vt* to oil
oli'era *sf* oil cruet
Olim'piadi *sfpl* Olympic games; **o'limpico, -a, -ci, -che** *ag* Olympic
'olio *sm* oil; **sott'~** (*Cuc*) in oil; **~ di fegato di merluzzo** cod liver oil; **olio d'oliva** olive oil; **olio di semi** vegetable oil
o'liva *sf* olive; **o'livo** *sm* olive tree
'olmo *sm* elm
OLP *sigla f* (= *Organizzazione per la Liberazione della Palestina*) PLO
ol'traggio [ol'traddʒo] *sm* outrage; offence, insult; **~ a pubblico ufficiale** (*Dir*) insulting a public official; **oltraggio al pudore** (*Dir*) indecent behaviour
ol'tranza [ol'trantsa] *sf* **a ~** to the last, to the bitter end
'oltre *av* (*più in là*) further; (*di più: aspettare*) longer, more ▸ *prep* (*di là da*) beyond, over, on the other side of; (*più di*) more than, over; (*in aggiunta a*) besides; (*eccetto*): **~ a** except, apart from; **oltrepas'sare** *vt* to go beyond, exceed

o'maggio [o'maddʒo] *sm* (*dono*) gift; (*segno di rispetto*) homage, tribute; **omaggi** *smpl* (*complimenti*) respects; **rendere ~ a** to pay homage *o* tribute to; **in ~** (*copia, biglietto*) complimentary

ombe'lico, -chi *sm* navel

'ombra *sf* (*zona non assolata, fantasma*) shade; (*sagoma scura*) shadow; **sedere all'~** to sit in the shade; **restare nell'~** (*fig*) to remain in obscurity

om'brello *sm* umbrella; **ombrel'lone** *sm* beach umbrella

om'bretto *sm* eye shadow

O.M.C. *sigla f* (= *Organizzazione Mondiale del Commercio*) WTO

ome'lette [ɔmə'lɛt] *sf inv* omelet(te)

ome'lia *sf* (*Rel*) homily, sermon

omeopa'tia *sf* homoeopathy

omertà *sf* conspiracy of silence

o'mettere *vt* to omit, leave out; **~ di fare** to omit *o* fail to do

omi'cida, -i, -e [omi'tʃida] *ag* homicidal, murderous ▸ *sm/f* murderer/eress

omi'cidio [omi'tʃidjo] *sm* murder; **omicidio colposo** culpable homicide

o'misi *ecc vb vedi* **omettere**

omissi'one *sf* omission; **omissione di soccorso** (*Dir*) failure to stop and give assistance

omogeneiz'zato [omodʒeneid'dzato] *sm* baby food

omo'geneo, -a [omo'dʒɛneo] *ag* homogeneous

o'monimo, -a *sm/f* namesake ▸ *sm* (*Ling*) homonym

omosessu'ale *ag, sm/f* homosexual

O.M.S. *sigla f* (= *Organizzazione Mondiale della Sanità*) WHO

On. *abbr* (*Pol*) = **onorevole**

'onda *sf* wave; **mettere** *o* **mandare in ~** (*Radio, TV*) to broadcast; **andare in ~** (*Radio, TV*) to go on the air; **onde corte/lunghe/medie** short/long/ medium wave

'onere *sm* burden; **oneri fiscali** taxes

onestà *sf* honesty

o'nesto, -a *ag* (*probo, retto*) honest; (*giusto*) fair; (*casto*) chaste, virtuous

ONG *sigla f inv* **Organizzazione Non Governativa** NGO

onnipo'tente *ag* omnipotent

ono'mastico, -ci *sm* name-day

ono'rare *vt* to honour; (*far onore a*) to do credit to

ono'rario, -a *ag* honorary ▸ *sm* fee

o'nore *sm* honour; **in ~ di** in honour of; **fare gli onori di casa** to play host (*o* hostess); **fare ~ a** to honour; (*pranzo*) to do justice to; (*famiglia*) to be a credit to; **farsi ~** to distinguish o.s.;

ono'revole *ag* honourable ▸ *sm/f* (*Pol*) ≈ Member of Parliament (BRIT), ≈ Congressman/woman (US)

on'tano *sm* (*Bot*) alder

'O.N.U. ['ɔnu] *sigla f* (= *Organizzazione delle Nazioni Unite*) UN, UNO

o'paco, -a, -chi, -che *ag* (*vetro*) opaque; (*metallo*) dull, matt

o'pale *sm o f* opal

'opera *sf* work; (*azione rilevante*) action, deed, work; (*Mus*) work; opus; (: *melodramma*) opera; (: *teatro*) opera house; (*ente*) institution, organization; **opere pubbliche** public works; **opera d'arte** work of art; **opera lirica** (grand) opera

ope'raio, -a *ag* working-class; workers' ▸ *sm/f* worker; **classe operaia** working class

ope'rare *vt* to carry out, make; (*Med*) to operate on ▸ *vi* to operate, work; (*rimedio*) to act, work; (*Med*) to operate; **operarsi** *vpr* (*Med*) to have an operation; **operarsi d'appendicite** to have one's appendix out;

operazi'one *sf* operation

ope'retta *sf* (*Mus*) operetta, light opera

opini'one *sf* opinion; **opinione pubblica** public opinion
'oppio *sm* opium
op'pongo *ecc vb vedi* **opporre**
op'porre *vt* to oppose; **opporsi** *vpr* **opporsi (a qc)** to oppose (sth); to object (to sth); **~ resistenza/un rifiuto** to offer resistance/refuse
opportu'nista, -i, -e *sm/f* opportunist
opportunità *sf inv* opportunity; (*convenienza*) opportuneness, timeliness
oppor'tuno, -a *ag* timely, opportune
op'posi *ecc vb vedi* **opporre**
opposizi'one [oppozit'tsjone] *sf* opposition; (*Dir*) objection
op'posto, -a *pp di* **opporre** ▸ *ag* opposite; (*opinioni*) conflicting ▸ *sm* opposite, contrary; **all'~** on the contrary
oppressi'one *sf* oppression
oppri'mente *ag* (*caldo, noia*) oppressive; (*persona*) tiresome; (*deprimente*) depressing
op'primere *vt* (*premere, gravare*) to weigh down; (*estenuare*: *caldo*) to suffocate, oppress; (*tiranneggiare*: *popolo*) to oppress
op'pure *cong* or (else)
op'tare *vi* **~ per** to opt for
o'puscolo *sm* booklet, pamphlet
opzi'one [op'tsjone] *sf* option
'ora *sf* (*60 minuti*) hour; (*momento*) time; **che ~ è?, che ore sono?** what time is it?; **a che ~ apre il museo/negozio?** what time does the museum/shop open?; **non veder l'~ di fare** to long to do, look forward to doing; **di buon'~** early; **alla buon'~!** at last!; **~ legale** *o* **estiva** summer time (*BRIT*), daylight saving time (*US*); **ora di cena** dinner time; **ora locale** local time; **ora di pranzo** lunchtime; **ora di punta** (*Aut*) rush hour
o'racolo *sm* oracle
o'rale *ag, sm* oral
o'rario, -a *ag* hourly; (*fuso, segnale*) time *cpd*; (*velocità*) per hour ▸ *sm* timetable, schedule; (*di ufficio, visite ecc*) hours *pl*, time(s *pl*); **in ~** on time
o'rata *sf* (*Zool*) sea bream
ora'tore, -'trice *sm/f* speaker; orator
'orbita *sf* (*Astr, Fisica*) orbit; (*Anat*) (eye-)socket
or'chestra [or'kɛstra] *sf* orchestra
orchi'dea [orki'dɛa] *sf* orchid
or'digno [or'diɲɲo] *sm* (*esplosivo*) explosive device
ordi'nale *ag, sm* ordinal
ordi'nare *vt* (*mettere in ordine*) to arrange, organize; (*Comm*) to order; (*prescrivere*: *medicina*) to prescribe; (*comandare*): **posso ~ per favore?** can I order now please?; **~ a qn di fare qc** to order *o* command sb to do sth; (*Rel*) to ordain
ordi'nario, -a *ag* (*comune*) ordinary; everyday; standard; (*grossolano*) coarse, common ▸ *sm* ordinary; (*Ins*: *di università*) full professor
ordi'nato, -a *ag* tidy, orderly
ordinazi'one [ordinat'tsjone] *sf* (*Comm*) order; (*Rel*) ordination; **eseguire qc su ~** to make sth to order
'ordine *sm* order; (*carattere*): **d'~ pratico** of a practical nature; **all'~** (*Comm*: *assegno*) to order; **di prim'~** first-class; **fino a nuovo ~** until further notice; **essere in ~** (*documenti*) to be in order; (*stanza, persona*) to be tidy; **mettere in ~** to put in order, tidy (up); **l'~ pubblico** law and order; **ordini (sacri)** (*Rel*) holy orders; **ordine del giorno** (*di seduta*) agenda; (*Mil*) order of the day; **ordine di pagamento** (*Comm*) order for payment
orec'chino [orek'kino] *sm* earring

o'recchio [o'rekkjo] (*pl(f)* **o'recchie**) *sm* (*Anat*) ear
orecchi'oni [orek'kjoni] *smpl* (*Med*) mumps *sg*
o'refice [o'rɛfitʃe] *sm* goldsmith; jeweller; **orefice'ria** *sf* (*arte*) goldsmith's art; (*negozio*) jeweller's (shop)
'orfano, -a *ag* orphan(ed) ▸ *sm/f* orphan; **~ di padre/madre** fatherless/ motherless
orga'netto *sm* barrel organ; (*fam: armonica a bocca*) mouth organ; (*: fisarmonica*) accordion
or'ganico, -a, -ci, -che *ag* organic ▸ *sm* personnel, staff
organi'gramma, -i *sm* organization chart
orga'nismo *sm* (*Biol*) organism; (*corpo umano*) body; (*Amm*) body, organism
organiz'zare [organid'dzare] *vt* to organize; **organizzarsi** *vpr* to get organized; **organizzazi'one** *sf* organization
'organo *sm* organ; (*di congegno*) part; (*portavoce*) spokesman, mouthpiece
'orgia, -ge ['ɔrdʒa] *sf* orgy
or'goglio [or'goʎʎo] *sm* pride; **orgogli'oso, -a** *ag* proud
orien'tale *ag* oriental; eastern; east
orienta'mento *sm* positioning; orientation; direction; **senso di ~** sense of direction; **perdere l'~** to lose one's bearings; **orientamento professionale** careers guidance
orientarsi *vpr* to find one's bearings; (*fig: tendere*) to tend, lean; (*: indirizzarsi*): **~ verso** to take up, go in for
ori'ente *sm* east; **l'O~** the East, the Orient; **a ~** in the east
o'rigano *sm* oregano
origi'nale [oridʒi'nale] *ag* original; (*bizzarro*) eccentric ▸ *sm* original
origi'nario, -a [oridʒi'narjo] *ag* original; **essere ~ di** to be a native of; (*provenire da*) to originate from; to be native to
o'rigine [o'ridʒine] *sf* origin; **all'~** originally; **d'~ inglese** of English origin; **dare ~ a** to give rise to
origli'are [oriʎ'ʎare] *vi* **~ (a)** to eavesdrop (on)
o'rina *sf* urine
ori'nare *vi* to urinate ▸ *vt* to pass
orizzon'tale [oriddzon'tale] *ag* horizontal
oriz'zonte [orid'dzonte] *sm* horizon
'orlo *sm* edge, border; (*di recipiente*) rim, brim; (*di vestito ecc*) hem
'orma *sf* (*di persona*) footprint; (*di animale*) track; (*impronta, traccia*) mark, trace
or'mai *av* by now, by this time; (*adesso*) now; (*quasi*) almost, nearly
ormeggi'are [ormed'dʒare] *vt* (*Naut*) to moor
or'mone *sm* hormone
ornamen'tale *ag* ornamental, decorative
or'nare *vt* to adorn, decorate; **ornarsi** *vpr* **ornarsi (di)** to deck o.s. (out) (with)
ornitolo'gia [ornitolo'dʒia] *sf* ornithology
'oro *sm* gold; **d'~, in ~** gold *cpd*; **d'~** (*colore, occasione*) golden; (*persona*) marvellous
oro'logio [oro'lɔdʒo] *sm* clock; (*da tasca, da polso*) watch; **orologio al quarzo** quartz watch; **orologio da polso** wristwatch
o'roscopo *sm* horoscope
or'rendo, -a *ag* (*spaventoso*) horrible, awful; (*bruttissimo*) hideous
or'ribile *ag* horrible
or'rore *sm* horror; **avere in ~ qn/qc** to loathe *o* detest sb/sth; **mi fanno ~** I loathe *o* detest them
orsacchi'otto [orsak'kjɔtto] *sm* teddy bear

'orso *sm* bear; **orso bruno/bianco** brown/polar bear

or'taggio [or'taddʒo] *sm* vegetable

or'tensia *sf* hydrangea

or'tica, -che *sf* (stinging) nettle

orti'caria *sf* nettle rash

'orto *sm* vegetable garden, kitchen garden; (*Agr*) market garden (*BRIT*), truck farm (*US*); **orto botanico** botanical garden(s) (*pl*)

orto'dosso, -a *ag* orthodox

ortogra'fia *sf* spelling

orto'pedico, -a, -ci, -che *ag* orthopaedic ▸ *sm* orthopaedic specialist

orzai'olo [ordza'jɔlo] *sm* (*Med*) stye

'orzo ['ordzo] *sm* barley

o'sare *vt, vi* to dare; **~ fare** to dare (to) do

oscenità [oʃʃeni'ta] *sf inv* obscenity

o'sceno, -a [oʃʃeno] *ag* obscene; (*ripugnante*) ghastly

oscil'lare [oʃʃil'lare] *vi* (*pendolo*) to swing; (*dondolare: al vento ecc*) to rock; (*variare*) to fluctuate; (*Tecn*) to oscillate; (*fig*): **~ fra** to waver *o* hesitate between

oscu'rare *vt* to darken, obscure; (*fig*) to obscure; **oscurarsi** *vpr* (*cielo*) to darken, cloud over; (*persona*): **si oscurò in volto** his face clouded over

oscurità *sf* (*vedi ag*) darkness; obscurity

os'curo, -a *ag* dark; (*fig*) obscure; humble, lowly ▸ *sm* **all'~** in the dark; **tenere qn all'~ di qc** to keep sb in the dark about sth

ospe'dale *sm* hospital; **dov'è l'~ più vicino?** where's the nearest hospital?

ospi'tale *ag* hospitable

ospi'tare *vt* to give hospitality to; (*albergo*) to accommodate

'ospite *sm/f* (*persona che ospita*) host/ hostess; (*persona ospitata*) guest

os'pizio [os'pittsjo] *sm* (*per vecchi ecc*) home

osser'vare *vt* to observe, watch; (*esaminare*) to examine; (*notare, rilevare*) to notice, observe; (*Dir: la legge*) to observe, respect; (*mantenere: silenzio*) to keep, observe; **far ~ qc a qn** to point sth out to sb; **osservazi'one** *sf* observation; (*di legge ecc*) observance; (*considerazione critica*) observation, remark; (*rimprovero*) reproof; **in osservazione** under observation

ossessio'nare *vt* to obsess, haunt; (*tormentare*) to torment, harass

ossessi'one *sf* obsession

os'sia *cong* that is, to be precise

'ossido *sm* oxide; **ossido di carbonio** carbon monoxide

ossige'nare [ossidʒe'nare] *vt* to oxygenate; (*decolorare*) to bleach; **acqua ossigenata** hydrogen peroxide

os'sigeno *sm* oxygen

'osso (*pl(f)* **ossa**) (*nel senso Anat*) *sm* bone; **d'~** (*bottone ecc*) of bone, bone *cpd*; **osso di seppia** cuttlebone

ostaco'lare *vt* to block, obstruct

os'tacolo *sm* obstacle; (*Equitazione*) hurdle, jump

os'taggio [os'taddʒo] *sm* hostage

os'tello *sm*; **ostello della gioventù** youth hostel

osten'tare *vt* to make a show of, flaunt

oste'ria *sf* inn

os'tetrico, -a, -ci, -che *ag* obstetric ▸ *sm* obstetrician

'ostia *sf* (*Rel*) host; (*per medicinali*) wafer

'ostico, -a, -ci, -che *ag* (*fig*) harsh; hard, difficult; unpleasant

os'tile *ag* hostile

osti'narsi *vpr* to insist, dig one's heels in; **~ a fare** to persist (obstinately) in doing; **osti'nato, -a** *ag* (*caparbio*) obstinate; (*tenace*) persistent, determined

'ostrica, -che *sf* oyster

> Attenzione! In inglese esiste la parola *ostrich*, che però significa *struzzo*.

ostru'ire *vt* to obstruct, block
o'tite *sf* ear infection
ot'tanta *num* eighty
ot'tavo, -a *num* eighth
otte'nere *vt* to obtain, get; (*risultato*) to achieve, obtain
'ottica *sf* (*scienza*) optics *sg*; (*Fot: lenti, prismi ecc*) optics *pl*
'ottico, -a, -ci, -che *ag* (*della vista: nervo*) optic; (*dell'ottica*) optical ▸ *sm* optician
ottima'mente *av* excellently, very well
otti'mismo *sm* optimism; **otti'mista, -i, -e** *sm/f* optimist
'ottimo, -a *ag* excellent, very good
'otto *num* eight
ot'tobre *sm* October
otto'cento [otto'tʃɛnto] *num* eight hundred ▸ *sm* **l'O~** the nineteenth century
ot'tone *sm* brass; **gli ottoni** (*Mus*) the brass
ottu'rare *vt* to close (up); (*dente*) to fill; **il lavandino è otturato** the sink is blocked; **otturarsi** *vpr* to become *o* get blocked up; **otturazi'one** *sf* closing (up); (*dentaria*) filling
ot'tuso, -a *ag* (*Mat, fig*) obtuse; (*suono*) dull
o'vaia *sf* (*Anat*) ovary
o'vale *ag, sm* oval
o'vatta *sf* cotton wool; (*per imbottire*) padding, wadding
'ovest *sm* west
o'vile *sm* pen, enclosure
ovulazi'one [ovulat'tsjone] *sf* ovulation
'ovulo *sm* (*Fisiol*) ovum
o'vunque *av* = **dovunque**
ovvi'are *vi* **~ a** to obviate
'ovvio, -a *ag* obvious
ozi'are [ot'tsjare] *vi* to laze, idle
'ozio ['ɔttsjo] *sm* idleness; (*tempo libero*) leisure; **ore d'~** leisure time; **stare in ~** to be idle
o'zono [o'dzɔno] *sm* ozone

P

P *abbr* (= *parcheggio*) P; (*Aut*: = *principiante*) L
p. *abbr* (= *pagina*) p.
pac'chetto [pak'ketto] *sm* packet; **pacchetto azionario** (*Comm*) shareholding
'pacco, -chi *sm* parcel; (*involto*) bundle; **pacco postale** parcel
'pace ['patʃe] *sf* peace; **darsi ~** to resign o.s.; **fare la ~ con** to make it up with
pa'cifico, -a, -ci, -che [pa'tʃi:fiko] *ag* (*persona*) peaceable; (*vita*) peaceful; (*fig: indiscusso*) indisputable; (*: ovvio*) obvious, clear ▸ *sm* **il P~, l'Oceano P~** the Pacific (Ocean)
paci'fista, -i, -e [patʃi'fista] *sm/f* pacifist
pa'della *sf* frying pan; (*per infermi*) bedpan
padigli'one [padiʎ'ʎone] *sm* pavilion
'Padova *sf* Padua
'padre *sm* father
pa'drino *sm* godfather
padro'nanza [padro'nantsa] *sf* command, mastery

pa'drone, -a *sm/f* master/mistress; (*proprietario*) owner; (*datore di lavoro*) employer; **essere ~ di sé** to be in control of o.s.; **padrone(a) di casa** master/mistress of the house; (*per gli inquilini*) landlord/lady
pae'saggio [pae'zaddʒo] *sm* landscape
pa'ese *sm* (*nazione*) country, nation; (*terra*) country, land; (*villaggio*) village, (small) town; **i Paesi Bassi** the Netherlands; **paese di provenienza** country of origin
'paga, -ghe *sf* pay, wages *pl*
paga'mento *sm* payment
pa'gare *vt* to pay; (*acquisto, fig: colpa*) to pay for; (*contraccambiare*) to repay, pay back ▶ *vi* to pay; **quanto l'hai pagato?** how much did you pay for it?; **posso ~ con la carta di credito?** can I pay by credit card?; **~ in contanti** to pay cash
pa'gella [pa'dʒɛlla] *sf* (*Ins*) report card
pagherò [page'rɔ] *sm inv* acknowledgement of a debt, IOU
'pagina ['padʒina] *sf* page; **pagine bianche** phone book, telephone directory; **pagine gialle** Yellow Pages
'paglia ['paʎʎa] *sf* straw
pagli'accio [paʎ'ʎattʃo] *sm* clown
pagli'etta [paʎ'ʎetta] *sf* (*cappello per uomo*) (straw) boater; (*per tegami ecc*) steel wool
pa'gnotta [paɲ'ɲɔtta] *sf* round loaf
'paio (*pl(f)* **'paia**) *sm* pair; **un ~ di** (*alcuni*) a couple of
'Pakistan *sm* **il ~** Pakistan
'pala *sf* shovel; (*di remo, ventilatore, elica*) blade; (*di ruota*) paddle
pa'lato *sm* palate
pa'lazzo [pa'lattso] *sm* (*reggia*) palace; (*edificio*) building; **palazzo di giustizia** courthouse; **palazzo dello sport** sports stadium
'palco, -chi *sm* (*Teatro*) box; (*tavolato*) platform, stand; (*ripiano*) layer
palco'scenico, -ci [palkoʃ'ʃɛniko] *sm* (*Teatro*) stage
pa'lese *ag* clear, evident
Pales'tina *sf* **la ~** Palestine
palesti'nese *ag, sm/f* Palestinian
pa'lestra *sf* gymnasium; (*esercizio atletico*) exercise, training; (*fig*) training ground, school
pa'letta *sf* spade; (*per il focolare*) shovel; (*del capostazione*) signalling disc
pa'letto *sm* stake, peg; (*spranga*) bolt
'palio *sm* (*gara*): **il P~** *horse race run at Siena*; **mettere qc in ~** to offer sth as a prize

palio

The **palio** is a horse race which takes place in a number of Italian towns, the most famous being the one in Siena. This is usually held twice a year on July 2nd and August 16th in the Piazza del Campo in Siena. 10 of the 17 **contrade** or districts take part, each represented by a horse and rider. The winner is the first horse to complete the course, whether it has a rider or not.

'palla *sf* ball; (*pallottola*) bullet; **palla di neve** snowball; **palla ovale** rugby ball; **pallaca'nestro** *sf* basketball; **palla'mano** *sf* handball; **pallanu'oto** *sf* water polo; **palla'volo** *sf* volleyball
palleggi'are [palled'dʒare] *vi* (*Calcio*) to practise with the ball; (*Tennis*) to knock up
pallia'tivo *sm* palliative; (*fig*) stopgap measure
'pallido, -a *ag* pale
pal'lina *sf* (*bilia*) marble
pallon'cino [pallon'tʃino] *sm* balloon; (*lampioncino*) Chinese lantern
pal'lone *sm* (*palla*) ball; (*Calcio*) football; (*aerostato*) balloon; **gioco del ~** football

P

pal'lottola *sf* pellet; (*proiettile*) bullet
'palma *sf* (*Anat*) = **palmo**; (*Bot, simbolo*) palm; **palma da datteri** date palm
'palmo *sm* (*Anat*) palm; **restare con un ~ di naso** to be badly disappointed
'palo *sm* (*legno appuntito*) stake; (*sostegno*) pole; **fare da** *o* **il ~** (*fig*) to act as look-out
palom'baro *sm* diver
pal'pare *vt* to feel, finger
'palpebra *sf* eyelid
pa'lude *sf* marsh, swamp
pancarrè *sm* sliced bread
pan'cetta [pan'tʃetta] *sf* (*Cuc*) bacon
pan'china [pan'kina] *sf* garden seat; (*di giardino pubblico*) (park) bench
'pancia, -ce ['pantʃa] *sf* belly, stomach; **mettere** *o* **fare ~** to be getting a paunch; **avere mal di ~** to have stomachache *o* a sore stomach
panci'otto [pan'tʃɔtto] *sm* waistcoat
'pancreas *sm inv* pancreas
'panda *sm inv* panda
'pane *sm* bread; (*pagnotta*) loaf (of bread); (*forma*): **un ~ di burro** a pat of butter; **guadagnarsi il ~** to earn one's living; **pane a cassetta** sliced bread; **pane di Spagna** sponge cake; **pane integrale** wholemeal bread; **pane tostato** toast
panette'ria *sf* (*forno*) bakery; (*negozio*) baker's (shop), bakery
panetti'ere, -a *sm/f* baker
panet'tone *sm a kind of spiced brioche with sultanas, eaten at Christmas*
pangrat'tato *sm* breadcrumbs *pl*
'panico, -a, -ci, -che *ag, sm* panic
pani'ere *sm* basket
pani'ficio [pani'fitʃo] *sm* = **panetteria**
pa'nino *sm* roll; **panino caldo** toasted sandwich; **panino imbottito** filled roll; sandwich; **panino'teca, -che** *sf* sandwich bar
'panna *sf* (*Cuc*) cream; (*Tecn*) = **panne**; **panna da cucina** cooking cream; **panna montata** whipped cream
'panne *sf inv* **essere in ~** (*Aut*) to have broken down
pan'nello *sm* panel; **pannello solare** solar panel
'panno *sm* cloth; **panni** *smpl* (*abiti*) clothes; **mettiti nei miei panni** (*fig*) put yourself in my shoes
pan'nocchia [pan'nɔkkja] *sf* (*di mais ecc*) ear
panno'lino *sm* (*per bambini*) nappy (*BRIT*), diaper (*US*)
pano'rama, -i *sm* panorama
panta'loni *smpl* trousers (*BRIT*), pants (*US*), pair *sg* of trousers *o* pants
pan'tano *sm* bog
pan'tera *sf* panther
pan'tofola *sf* slipper
'Papa, -i *sm* pope
papà *sm inv* dad(dy)
pa'pavero *sm* poppy
'pappa *sf* baby cereal; **pappa reale** royal jelly
pappa'gallo *sm* parrot; (*fig: uomo*) Romeo, wolf
pa'rabola *sf* (*Mat*) parabola; (*Rel*) parable
para'bolico, -a, ci, che *ag* (*Mat*) parabolic; *vedi anche* **antenna**
para'brezza [para'breddza] *sm inv* (*Aut*) windscreen (*BRIT*), windshield (*US*)
paraca'dute *sm inv* parachute
para'diso *sm* paradise
parados'sale *ag* paradoxical
para'fulmine *sm* lightning conductor
pa'raggi [pa'raddʒi] *smpl* **nei ~** in the vicinity, in the neighbourhood
parago'nare *vt* **~ con/a** to compare with/to
para'gone *sm* comparison; (*esempio analogo*) analogy, parallel
pa'ragrafo *sm* paragraph
pa'ralisi *sf* paralysis
paral'lelo, -a *ag* parallel ▶ *sm* (*Geo*)

parallel; (*comparazione*): **fare un ~ tra** to draw a parallel between

para'lume *sm* lampshade

pa'rametro *sm* parameter

para'noia *sf* paranoia; **para'noico, -a, -ci, -che** *ag, sm/f* paranoid

para'occhi [para'ɔkki] *smpl* blinkers

para'petto *sm* balustrade

pa'rare *vt* (*addobbare*) to adorn, deck; (*proteggere*) to shield, protect; (*scansare: colpo*) to parry; (*Calcio*) to save ▸ *vi* **dove vuole andare a ~?** what are you driving at?

pa'rata *sf* (*Sport*) save; (*Mil*) review, parade

para'urti *sm inv* (*Aut*) bumper

para'vento *sm* folding screen; **fare da ~ a qn** (*fig*) to shield sb

par'cella [par'tʃɛlla] *sf* account, fee (*of lawyer etc*)

parcheggi'are [parked'dʒare] *vt* to park; **posso ~ qui?** can I park here?; **parcheggiatore, -trice** [parkeddʒa'tore] *sm/f* (*Aut*) parking attendant

par'cheggio *sm* parking *no pl*; (*luogo*) car park; (*singolo posto*) parking space

par'chimetro [par'kimetro] *sm* parking meter

'parco, -chi *sm* park; (*spazio per deposito*) depot; (*complesso di veicoli*) fleet

par'cometro *sm* (pay-and-display) ticket machine

pa'recchio, -a [pa'rekkjo] *det* quite a lot of; (*tempo*) quite a lot of, a long

pareggi'are [pared'dʒare] *vt* to make equal; (*terreno*) to level, make level; (*bilancio, conti*) to balance ▸ *vi* (*Sport*) to draw; **pa'reggio** *sm* (*Econ*) balance; (*Sport*) draw

pa'rente *sm/f* relative, relation

Attenzione! In inglese esiste la parola *parent*, che però significa *genitore*.

paren'tela *sf* (*vincolo di sangue, fig*) relationship

pa'rentesi *sf* (*segno grafico*) bracket, parenthesis; (*frase incisa*) parenthesis; (*digressione*) parenthesis, digression

pa'rere *sm* (*opinione*) opinion; (*consiglio*) advice, opinion; **a mio ~** in my opinion ▸ *vi* to seem, appear ▸ *vb impers* **pare che** it seems *o* appears that, they say that; **mi pare che** it seems to me that; **mi pare di sì** I think so; **fai come ti pare** do as you like; **che ti pare del mio libro?** what do you think of my book?

pa'rete *sf* wall

'pari *ag inv* (*uguale*) equal, same; (*in giochi*) equal; drawn, tied; (*Mat*) even ▸ *sm inv* (*Pol: di Gran Bretagna*) peer ▸ *sm/f inv* peer, equal; **copiato ~ ~** copied word for word; **alla ~** on the same level; **ragazza alla ~** au pair girl; **mettersi alla ~ con** to place o.s. on the same level as; **mettersi in ~ con** to catch up with; **andare di ~ passo con qn** to keep pace with sb

Pa'rigi [pa'ridʒi] *sf* Paris

pari'gino, -a [pari'dʒino] *ag, sm/f* Parisian

parità *sf* parity, equality; (*Sport*) draw, tie

parlamen'tare *ag* parliamentary ▸ *sm/f* ≈ Member of Parliament (*BRIT*), ≈ Congressman/woman (*US*) ▸ *vi* to negotiate, parley

parla'mento *sm* parliament

parlamento

The Italian **Parlamento** is made up of two chambers, the **Camera dei deputati** and the **Senato**. Parliamentary elections are held every 5 years.

parlan'tina (*fam*) *sf* talkativeness; **avere ~** to have the gift of the gab

par'lare *vi* to speak, talk; (*confidare cose segrete*) to talk ▸ *vt* to speak;

P

~ (a qn) di to speak *o* talk (to sb) about; **posso ~ con…?** can I speak to …?; **parla italiano?** do you speak Italian?; **non parlo inglese** I don't speak English

parmigi'ano [parmi'dʒano] *sm* (*grana*) Parmesan (cheese)

pa'rola *sf* word; (*facoltà*) speech; **parole** *sfpl* (*chiacchiere*) talk *sg*; **chiedere la ~** to ask permission to speak; **prendere la ~** to take the floor; **parola d'onore** word of honour; **parola d'ordine** (*Mil*) password; **parole incrociate** crossword (puzzle) *sg*; **paro'laccia, -ce** *sf* bad word, swearword

parrò *ecc vb vedi* **parere**

par'rocchia [par'rɔkkja] *sf* parish; parish church

par'rucca, -che *sf* wig

parrucchi'ere, -a [parruk'kjɛre] *sm/f* hairdresser ▸ *sm* barber

'parte *sf* part; (*lato*) side; (*quota spettante a ciascuno*) share; (*direzione*) direction; (*Pol*) party; faction; (*Dir*) party; **a ~** *ag* separate ▸ *av* separately; **scherzi a ~** joking aside; **a ~ ciò** apart from that; **da ~** (*in disparte*) to one side, aside; **d'altra ~** on the other hand; **da ~ di** (*per conto di*) on behalf of; **da ~ mia** as far as I'm concerned, as for me; **da ~ a ~** right through; **da ogni ~** on all sides, everywhere; (*moto da luogo*) from all sides; **da nessuna ~** nowhere; **da questa ~** (*in questa direzione*) this way; **prendere ~ a qc** to take part in sth; **mettere da ~** to put aside; **mettere qn a ~ di** to inform sb of

parteci'pare [partetʃi'pare] *vi* **~ a** to take part in, participate in; (*utili ecc*) to share in; (*spese ecc*) to contribute to; (*dolore, successo di qn*) to share (in)

parteggi'are [parted'dʒare] *vi* **~ per** to side with, be on the side of

par'tenza [par'tɛntsa] *sf* departure; (*Sport*) start; **essere in ~** to be about to leave, be leaving

parti'cipio [parti'tʃipjo] *sm* participle

partico'lare *ag* (*specifico*) particular; (*proprio*) personal, private; (*speciale*) special, particular; (*caratteristico*) distinctive, characteristic; (*fuori dal comune*) peculiar ▸ *sm* detail, particular; **in ~** in particular, particularly

par'tire *vi* to go, leave; (*allontanarsi*) to go (*o* drive ecc) away *o* off; (*petardo, colpo*) to go off; (*fig*: *avere inizio*, *Sport*) to start; **sono partita da Roma alle 7** I left Rome at 7; **a che ora parte il treno/l'autobus?** what time does the train/bus leave?; **il volo parte da Ciampino** the flight leaves from Ciampino; **a ~ da** from

par'tita *sf* (*Comm*) lot, consignment; (*Econ*: *registrazione*) entry, item; (*Carte*, *Sport*: *gioco*) game; (: *competizione*) match, game; **partita di caccia** hunting party; **partita IVA** VAT registration number

par'tito *sm* (*Pol*) party; (*decisione*) decision, resolution; (*persona da maritare*) match

'parto *sm* (*Med*) delivery, (child)birth; labour

'parvi *ecc vb vedi* **parere**

parzi'ale [par'tsjale] *ag* (*limitato*) partial; (*non obiettivo*) biased, partial

pasco'lare *vt*, *vi* to graze

'pascolo *sm* pasture

'Pasqua *sf* Easter; **Pas'quetta** *sf* Easter Monday

pas'sabile *ag* fairly good, passable

pas'saggio [pas'saddʒo] *sm* passing *no pl*, passage; (*traversata*) crossing *no pl*, passage; (*luogo, prezzo della traversata, brano di libro ecc*) passage; (*su veicolo altrui*) lift (BRIT), ride; (*Sport*) pass; **di ~** (*persona*) passing through;

può darmi un ~ fino alla stazione? can you give me a lift to the station?; **passaggio a livello** level (*BRIT*) *o* grade (*US*) crossing; **passaggio pedonale** pedestrian crossing

passamon'tagna [passamon'taɲɲa] *sm inv* balaclava

pas'sante *sm/f* passer-by ▸ *sm* loop

passa'porto *sm* passport

pas'sare *vi* (*andare*) to go; (*veicolo, pedone*) to pass (by), go by; (*fare una breve sosta: postino ecc*) to come, call; (: *amico: per fare una visita*) to call *o* drop in; (*sole, aria, luce*) to get through; (*trascorrere: giorni, tempo*) to pass, go by; (*fig: proposta di legge*) to be passed; (: *dolore*) to pass, go away; (*Carte*) to pass ▸ *vt* (*attraversare*) to cross; (*trasmettere: messaggio*): **~ qc a qn** to pass sth on to sb; (*dare*): **~ qc a qn** to pass sth to sb, give sb sth; (*trascorrere: tempo*) to spend; (*superare: esame*) to pass; (*triturare: verdura*) to strain; (*approvare*) to pass, approve; (*oltrepassare, sorpassare: anche fig*) to go beyond, pass; (*fig: subire*) to go through; **mi passa il sale/l'olio per favore?** could you pass the salt/oil please?; **~ da ... a** to pass from ... to; **~ di padre in figlio** to be handed down *o* to pass from father to son; **~ per** (*anche fig*) to go through; **~ per stupido/un genio** to be taken for a fool/a genius; **~ sopra** (*anche fig*) to pass over; **~ attraverso** (*anche fig*) to go through; **~ alla storia** to pass into history; **~ a un esame** to go up (to the next class) after an exam; **~ inosservato** to go unnoticed; **~ di moda** to go out of fashion; **le passo il Signor X** (*al telefono*) here is Mr X; I'm putting you through to Mr X; **lasciar ~ qn/qc** to let sb/sth through; **come te la passi?** how are you getting on?

passa'tempo *sm* pastime, hobby

pas'sato, -a *ag* past; (*sfiorito*) faded ▸ *sm* past; (*Ling*) past (tense); **passato prossimo/remoto** (*Ling*) present perfect/past historic; **passato di verdura** (*Cuc*) vegetable purée

passeg'gero, -a [passed'dʒɛro] *ag* passing ▸ *sm/f* passenger

passeggi'are [passed'dʒare] *vi* to go for a walk; (*in veicolo*) to go for a drive; **passeggi'ata** *sf* walk; drive; (*luogo*) promenade; **fare una passeggiata** to go for a walk (*o* drive); **passeg'gino** *sm* pushchair (*BRIT*), stroller (*US*)

passe'rella *sf* footbridge; (*di nave, aereo*) gangway; (*pedana*) catwalk

'passero *sm* sparrow

passi'one *sf* passion

pas'sivo, -a *ag* passive ▸ *sm* (*Ling*) passive; (*Econ*) debit; (: *complesso dei debiti*) liabilities *pl*

'passo *sm* step; (*andatura*) pace; (*rumore*) (foot)step; (*orma*) footprint; (*passaggio, fig: brano*) passage; (*valico*) pass; **a ~ d'uomo** at walking pace; **~ (a) ~** step by step; **fare due** *o* **quattro passi** to go for a walk *o* a stroll; **di questo ~** at this rate; **"passo carraio"** "vehicle entrance — keep clear"

'pasta *sf* (*Cuc*) dough; (: *impasto per dolce*) pastry; (: *anche*: **~ alimentare**) pasta; (*massa molle di materia*) paste; (*fig: indole*) nature; **paste** *sfpl* (*pasticcini*) pastries; **pasta in brodo** noodle soup; **pasta sfoglia** puff pastry *o* paste (*US*)

pastasci'utta [pastaʃʃutta] *sf* pasta

pas'tella *sf* batter

pas'tello *sm* pastel

pas'ticca, -che *sf* = **pastiglia**

pasticce'ria [pastittʃe'ria] *sf* (*pasticcini*) pastries *pl*, cakes *pl*; (*negozio*) cake shop; (*arte*) confectionery

pasticci'ere, -a [pastit'tʃɛre] *sm/f* pastrycook; confectioner

P

pastic'cino [pastit'tʃino] *sm* petit four
pas'ticcio [pas'tittʃo] *sm* (*Cuc*) pie; (*lavoro disordinato, imbroglio*) mess; **trovarsi nei pasticci** to get into trouble
pas'tiglia [pas'tiʎʎa] *sf* pastille
pas'tina *sf small pasta shapes used in soup*
'pasto *sm* meal
pas'tore *sm* shepherd; (*Rel*) pastor, minister; (*anche:* **cane ~**) sheepdog; **pastore tedesco** (*Zool*) Alsatian, German shepherd
pa'tata *sf* potato; **patate fritte** chips (*BRIT*), French fries; **pata'tine** *sfpl* (potato) crisps; **patatine fritte** chips
pa'té *sm inv* pâté
pa'tente *sf* licence; **patente di guida** driving licence (*BRIT*), driver's license (*US*); **patente a punti** *driving licence with penalty points*

Attenzione! In inglese esiste la parola *patent*, che però significa *brevetto*.

paternità *sf* paternity, fatherhood
pa'tetico, -a, -ci, -che *ag* pathetic; (*commovente*) moving, touching
pa'tibolo *sm* gallows *sg*, scaffold
'patina *sf* (*su rame ecc*) patina; (*sulla lingua*) fur, coating
pa'tire *vt, vi* to suffer
pa'tito, -a *sm/f* enthusiast, fan, lover
patolo'gia [patolo'dʒia] *sf* pathology
'patria *sf* homeland
pa'trigno [pa'triɲɲo] *sm* stepfather
patri'monio *sm* estate, property; (*fig*) heritage
pa'trono *sm* (*Rel*) patron saint; (*socio di patronato*) patron; (*Dir*) counsel
patteggi'are [patted'dʒare] *vt, vi* to negotiate; (*Dir*) to plea-bargain
patti'naggio [patti'naddʒo] *sm* skating; **pattinaggio a rotelle/sul ghiaccio** roller-/ice-skating
patti'nare *vi* to skate; **~ sul ghiaccio** to ice-skate; **pattina'tore, -'trice** *sm/f* skater; **'pattino** *sm* skate; (*di slitta*) runner; (*Aer*) skid; (*Tecn*) sliding block; **pattini in linea** Rollerblades®; **pattini da ghiaccio/a rotelle** ice/roller skates
'patto *sm* (*accordo*) pact, agreement; (*condizione*) term, condition; **a ~ che** on condition that
pat'tuglia [pat'tuʎʎa] *sf* (*Mil*) patrol
pattu'ire *vt* to reach an agreement on
pattumi'era *sf* (dust)bin (*BRIT*), ashcan (*US*)
pa'ura *sf* fear; **aver ~ di/di fare/che** to be frightened *o* afraid of/of doing/ that; **far ~ a** to frighten; **per ~ di/che** for fear of/that; **pau'roso, -a** *ag* (*che fa paura*) frightening; (*che ha paura*) fearful, timorous
'pausa *sf* (*sosta*) break; (*nel parlare, Mus*) pause
pavi'mento *sm* floor

Attenzione! In inglese esiste la parola *pavement*, che però significa *marciapiede*.

pa'vone *sm* peacock
pazien'tare [pattsjen'tare] *vi* to be patient
pazi'ente [pat'tsjɛnte] *ag, sm/f* patient; **pazi'enza** *sf* patience
paz'zesco, -a, -schi, -sche [pat'tsesko] *ag* mad, crazy
paz'zia [pat'tsia] *sf* (*Med*) madness, insanity; (*azione*) folly; (*di azione, decisione*) madness, folly
'pazzo, -a ['pattso] *ag* (*Med*) mad, insane; (*strano*) wild, mad ▶ *sm/f* madman/woman; **~ di** (*gioia, amore ecc*) mad *o* crazy with; **~ per qc/qn** mad *o* crazy about sth/sb
PC [pit'tʃi] *sigla m inv* (*= personal computer*) PC; **PC portatile** laptop
pec'care *vi* to sin; (*fig*) to err
pec'cato *sm* sin; **è un ~ che** it's a pity that; **che ~!** what a shame *o* pity!

peccherò *ecc* [pekke'rɔ] *vb vedi* **peccare**
'pece ['petʃe] *sf* pitch
Pe'chino [pe'kino] *sf* Beijing
'pecora *sf* sheep; **peco'rino** *sm* sheep's milk cheese
pe'daggio [pe'daddʒo] *sm* toll
pedago'gia [pedago'dʒia] *sf* pedagogy, educational methods *pl*
peda'lare *vi* to pedal; (*andare in bicicletta*) to cycle
pe'dale *sm* pedal
pe'dana *sf* footboard; (*Sport: nel salto*) springboard; (*: nella scherma*) piste
pe'dante *ag* pedantic ▸ *sm/f* pedant
pe'data *sf* (*impronta*) footprint; (*colpo*) kick; **prendere a pedate qn/qc** to kick sb/sth
pedi'atra, -i, -e *sm/f* paediatrician
pedi'cure *sm/f inv* chiropodist
pe'dina *sf* (*della dama*) draughtsman (*BRIT*), draftsman (*US*); (*fig*) pawn
pedi'nare *vt* to shadow, tail
pe'dofilo, -a *ag, sm/f* paedophile
pedo'nale *ag* pedestrian
pe'done, -a *sm/f* pedestrian ▸ *sm* (*Scacchi*) pawn
'peggio ['pɛddʒo] *av, ag inv* worse ▸ *sm o f* **il** *o* **la** ~ the worst; **alla** ~ at worst, if the worst comes to the worst; **peggio'rare** *vt* to make worse, worsen ▸ *vi* to grow worse, worsen; **peggi'ore** *ag* (*comparativo*) worse; (*superlativo*) worst ▸ *sm/f* **il(la) peggiore** the worst (person)
'pegno ['peɲɲo] *sm* (*Dir*) security, pledge; (*nei giochi di società*) forfeit; (*fig*) pledge, token; **dare in** ~ **qc** to pawn sth
pe'lare *vt* (*spennare*) to pluck; (*spellare*) to skin; (*sbucciare*) to peel; (*fig*) to make pay through the nose
pe'lato, -a *ag* **pomodori pelati** tinned tomatoes
'pelle *sf* skin; (*di animale*) skin, hide; (*cuoio*) leather; **avere la** ~ **d'oca** to have goose pimples *o* goose flesh
pellegri'naggio [pellegri'naddʒo] *sm* pilgrimage
pelle'rossa (*pl* **pelli'rosse**) *sm/f* Red Indian
pelli'cano *sm* pelican
pel'liccia, -ce [pel'littʃa] *sf* (*mantello di animale*) coat, fur; (*indumento*) fur coat; **pelliccia ecologica** fake fur
pel'licola *sf* (*membrana sottile*) film, layer; (*Fot, Cinema*) film
'pelo *sm* hair; (*pelame*) coat, hair; (*pelliccia*) fur; (*di tappeto*) pile; (*di liquido*) surface; **per un** ~: **per un** ~ **non ho perduto il treno** I very nearly missed the train; **c'è mancato un** ~ **che affogasse** he escaped drowning by the skin of his teeth; **pe'loso, -a** *ag* hairy
'peltro *sm* pewter
pe'luche [pə'lyʃ] *sm* plush; **giocattoli di** ~ soft toys
pe'luria *sf* down
'pena *sf* (*Dir*) sentence; (*punizione*) punishment; (*sofferenza*) sadness *no pl*, sorrow; (*fatica*) trouble *no pl*, effort; (*difficoltà*) difficulty; **far** ~ to be pitiful; **mi fai** ~ I feel sorry for you; **prendersi** *o* **darsi la** ~ **di fare** to go to the trouble of doing; **pena di morte** death sentence; **pena pecuniaria** fine;
pe'nale *ag* penal
pen'dente *ag* hanging; leaning ▸ *sm* (*ciondolo*) pendant; (*orecchino*) drop earring
'pendere *vi* (*essere appeso*): ~ **da** to hang from; (*essere inclinato*) to lean; (*fig: incombere*): ~ **su** to hang over
pen'dio, -'dii *sm* slope, slant; (*luogo in pendenza*) slope
'pendola *sf* pendulum clock
pendo'lare *sm/f* commuter
pendo'lino *sm* *high-speed train*
pene'trante *ag* piercing, penetrating

pene'trare *vi* to come *o* get in ▸ *vt* to penetrate; **~ in** to enter; (*proiettile*) to penetrate; (*: acqua, aria*) to go *o* come into
penicil'lina [penitʃil'lina] *sf* penicillin
pe'nisola *sf* peninsula
penitenzi'ario [peniten'tsjarjo] *sm* prison
'penna *sf* (*di uccello*) feather; (*per scrivere*) pen; **penne** *sfpl* (*Cuc*) quills (*type of pasta*); **penna a sfera** ballpoint pen; **penna stilografica** fountain pen
penna'rello *sm* felt(-tip) pen
pen'nello *sm* brush; (*per dipingere*) (paint)brush; **a ~** (*perfettamente*) to perfection, perfectly; **pennello per la barba** shaving brush
pe'nombra *sf* half-light, dim light
pen'sare *vi* to think ▸ *vt* to think; (*inventare, escogitare*) to think out; **~ a** to think of; (*amico, vacanze*) to think of *o* about; (*problema*) to think about; **~ di fare qc** to think of doing sth; **ci penso io** I'll see to *o* take care of it
pensi'ero *sm* thought; (*modo di pensare, dottrina*) thinking *no pl*; (*preoccupazione*) worry, care, trouble; **stare in ~ per qn** to be worried about sb; **pensie'roso, -a** *ag* thoughtful
'pensile *ag* hanging ▸ *sm* (*in cucina*) wall cupboard
pensio'nato, -a *sm/f* pensioner
pensi'one *sf* (*al prestatore di lavoro*) pension; (*vitto e alloggio*) board and lodging; (*albergo*) boarding house; **andare in ~** to retire; **mezza ~** half board; **pensione completa** full board
pen'tirsi *vpr* **~ di** to repent of; (*rammaricarsi*) to regret, be sorry for
'pentola *sf* pot; **pentola a pressione** pressure cooker
pe'nultimo, -a *ag* last but one (*BRIT*), next to last, penultimate
penzo'lare [pendzo'lare] *vi* to dangle
'pepe *sm* pepper; **pepe in grani/macinato** whole/ground pepper
peperon'cino [peperon'tʃino] *sm* chilli pepper
pepe'rone *sm* pepper, capsicum; (*piccante*) chili
pe'pita *sf* nugget

per
prep

1 (*moto attraverso luogo*) through; **i ladri sono passati per la finestra** the thieves got in (*o* out) through the window; **l'ho cercato per tutta la casa** I've searched the whole house *o* all over the house for it
2 (*moto a luogo*) for, to; **partire per la Germania/il mare** to leave for Germany/the sea; **il treno per Roma** the Rome train, the train for *o* to Rome
3 (*stato in luogo*): **seduto/sdraiato per terra** sitting/lying on the ground
4 (*tempo*) for; **per anni/lungo tempo** for years/a long time; **per tutta l'estate** throughout the summer, all summer long; **lo rividi per Natale** I saw him again at Christmas; **lo faccio per lunedì** I'll do it for Monday
5 (*mezzo, maniera*) by; **per lettera/via aerea/ferrovia** by letter/airmail/rail; **prendere qn per un braccio** to take sb by the arm
6 (*causa, scopo*) for; **assente per malattia** absent because of *o* through *o* owing to illness; **ottimo per il mal di gola** excellent for sore throats
7 (*limitazione*) for; **è troppo difficile per lui** it's too difficult for him; **per quel che mi riguarda** as far as I'm concerned; **per poco che sia** however little it may be; **per questa volta ti perdono** I'll forgive you this time
8 (*prezzo, misura*) for; (*distributivo*) a, per; **venduto per 3 milioni** sold for 3 million; **1 euro per persona** 1 euro a *o* per person; **uno per volta** one at a

time; **uno per uno** one by one; **5 per cento** 5 per cent; **3 per 4 fa 12** 3 times 4 equals 12; **dividere/moltiplicare 12 per 4** to divide/multiply 12 by 4
9 (*in qualità di*) as; (*al posto di*) for; **avere qn per professore** to have sb as a teacher; **ti ho preso per Mario** I mistook you for Mario, I thought you were Mario; **dare per morto qn** to give sb up for dead
10 (*seguito da vb: finale*): **per fare qc** so as to do sth, in order to do sth; (: *causale*): **per aver fatto qc** for having done sth; (: *consecutivo*): **è abbastanza grande per andarci da solo** he's big enough to go on his own

'pera *sf* pear

per'bene *ag inv* respectable, decent ▸ *av* (*con cura*) properly, well

percentu'ale [pertʃentu'ale] *sf* percentage

perce'pire [pertʃe'pire] *vt* (*sentire*) to perceive; (*ricevere*) to receive

perché
[per'ke] *av* why; **perché no?** why not?; **perché non vuoi andarci?** why don't you want to go?; **spiegami perché l'hai fatto** tell me why you did it
▸ *cong*
1 (*causale*) because; **non posso uscire perché ho da fare** I can't go out because *o* as I've a lot to do
2 (*finale*) in order that, so that; **te lo do perché tu lo legga** I'm giving it to you so (that) you can read it
3 (*consecutivo*): **è troppo forte perché si possa batterlo** he's too strong to be beaten
▸ *sm inv* reason; **il perché di** the reason for

perciò [per'tʃɔ] *cong* so, for this (*o* that) reason

per'correre *vt* (*luogo*) to go all over; (: *paese*) to travel up and down, go all over; (*distanza*) to cover

per'corso, -a *pp di* **percorrere** ▸ *sm* (*tragitto*) journey; (*tratto*) route

percu'otere *vt* to hit, strike

percussi'one *sf* percussion; **strumenti a ~** (*Mus*) percussion instruments

'perdere *vt* to lose; (*lasciarsi sfuggire*) to miss; (*sprecare: tempo, denaro*) to waste ▸ *vi* to lose; (*serbatoio ecc*) to leak; **perdersi** *vpr* (*smarrirsi*) to get lost; (*svanire*) to disappear, vanish; **mi sono perso** I'm lost; **ho perso il portafoglio/passaporto** I've lost my wallet/passport; **abbiamo perso il treno** we missed our train; **saper ~** to be a good loser; **lascia ~!** forget it!, never mind!

perdigi'orno [perdi'dʒorno] *sm/f inv* idler, waster

'perdita *sf* loss; (*spreco*) waste; (*fuoriuscita*) leak; **siamo in ~** (*Comm*) we are running at a loss; **a ~ d'occhio** as far as the eye can see

perdo'nare *vt* to pardon, forgive; (*scusare*) to excuse, pardon

per'dono *sm* forgiveness; (*Dir*) pardon

perduta'mente *av* desperately, passionately

pe'renne *ag* eternal, perpetual, perennial; (*Bot*) perennial

perfetta'mente *av* perfectly; **sai ~ che ...** you know perfectly well that ...

per'fetto, -a *ag* perfect ▸ *sm* (*Ling*) perfect (tense)

perfeziona'mento [perfettsjona'mento] *sm* **~ (di)** improvement (in), perfection (of); **corso di ~** proficiency course

perfezio'nare [perfettsjo'nare] *vt* to improve, perfect; **perfezionarsi** *vpr* to improve

perfezi'one [perfet'tsjone] *sf* perfection

per'fino *av* even

perfo'rare *vt* to perforate, to punch a hole (*o* holes) in; (*banda, schede*) to punch; (*trivellare*) to drill
perga'mena *sf* parchment
perico'lante *ag* precarious
pe'ricolo *sm* danger; **mettere in ~** to endanger, put in danger; **perico'loso, -a** *ag* dangerous
perife'ria *sf* (*di città*) outskirts *pl*
pe'rifrasi *sf* circumlocution
pe'rimetro *sm* perimeter
peri'odico, -a, -ci, -che *ag* periodic(al); (*Mat*) recurring ▸ *sm* periodical
pe'riodo *sm* period
peripe'zie [peripet'tsie] *sfpl* ups and downs, vicissitudes
pe'rito, -a *ag* expert, skilled ▸ *sm/f* expert; (*agronomo, navale*) surveyor; **perito chimico** qualified chemist
peri'zoma, -i [peri'dzoma] *sm* G-string
'perla *sf* pearl; **per'lina** *sf* bead
perlus'trare *vt* to patrol
perma'loso, -a *ag* touchy
perma'nente *ag* permanent ▸ *sf* permanent wave, perm; **perma'nenza** *sf* permanence; (*soggiorno*) stay
perme'are *vt* to permeate
per'messo, -a *pp di* **permettere** ▸ *sm* (*autorizzazione*) permission, leave; (*dato a militare, impiegato*) leave; (*licenza*) licence, permit; (*Mil: foglio*) pass; **~?, è ~?** (*posso entrare?*) may I come in?; (*posso passare?*) excuse me; **permesso di lavoro/pesca** work/fishing permit; **permesso di soggiorno** residence permit
per'mettere *vt* to allow, permit; **~ a qn qc/di fare qc** to allow sb sth/to do sth; **permettersi qc/di fare qc** to allow o.s. sth/to do sth; (*avere la possibilità*) to afford sth/to do sth
per'misi *ecc vb vedi* **permettere**
per'nacchia [per'nakkja] (*fam*) *sf* **fare una ~** to blow a raspberry
per'nice [per'nitʃe] *sf* partridge
'perno *sm* pivot
pernot'tare *vi* to spend the night, stay overnight
'pero *sm* pear tree
però *cong* (*ma*) but; (*tuttavia*) however, nevertheless
perpendico'lare *ag, sf* perpendicular
per'plesso, -a *ag* perplexed; uncertain, undecided
perqui'sire *vt* to search; **perquisizi'one** *sf* (police) search
'perse *ecc vb vedi* **perdere**
persecuzi'one [persekut'tsjone] *sf* persecution
persegui'tare *vt* to persecute
perseve'rante *ag* persevering
'persi *ecc vb vedi* **perdere**
persi'ana *sf* shutter; **persiana avvolgibile** roller shutter
per'sino *av* = **perfino**
persis'tente *ag* persistent
'perso, -a *pp di* **perdere**
per'sona *sf* person; (*qualcuno*): **una ~** someone, somebody; (*espressione interrogativa* +) anyone *o* anybody
perso'naggio [perso'naddʒo] *sm* (*persona ragguardevole*) personality, figure; (*tipo*) character, individual; (*Letteratura*) character
perso'nale *ag* personal ▸ *sm* staff; personnel; (*figura fisica*) build
personalità *sf inv* personality
perspi'cace [perspi'katʃe] *ag* shrewd, discerning
persu'adere *vt* **~ qn (di qc/a fare)** to persuade sb (of sth/to do)
per'tanto *cong* (*quindi*) so, therefore
'pertica, -che *sf* pole
perti'nente *ag* **~ (a)** relevant (to), pertinent (to)
per'tosse *sf* whooping cough
perturbazi'one [perturbat'tsjone]

sf disruption; perturbation; **perturbazione atmosferica** atmospheric disturbance
per'vadere *vt* to pervade
per'verso, -a *ag* depraved; perverse
perver'tito, -a *sm/f* pervert
p.es. *abbr* (= *per esempio*) e.g.
pe'sante *ag* heavy; **è troppo ~** it's too heavy
pe'sare *vt* to weigh ▸ *vi* (*avere un peso*) to weigh; (*essere pesante*) to be heavy; (*fig*) to carry weight; **~ su** (*fig*) to lie heavy on; to influence; to hang over; **pesarsi** *vpr* to weigh o.s.; **~ le parole** to weigh one's words; **~ sulla coscienza** to weigh on sb's conscience; **mi pesa ammetterlo** I don't like admitting it; **tutta la responsabilità pesa su di lui** all the responsibility rests on him; **è una situazione che mi pesa** I find the situation difficult; **il suo parere pesa molto** his opinion counts for a lot
'pesca (*pl* **pesche**) (*: frutto*) *sf* peach; (*il pescare*) fishing; **andare a ~** to go fishing; **~ con la lenza** angling; **pesca di beneficenza** (*lotteria*) lucky dip
pes'care *vt* (*pesce*) to fish for; to catch; (*qc nell'acqua*) to fish out; (*fig: trovare*) to get hold of, find; **andare a ~** to go fishing
pesca'tore *sm* fisherman; angler
'pesce ['peʃʃe] *sm* fish *gen inv*, **Pesci** (*dello zodiaco*) Pisces; **pesce d'aprile!** April Fool!; **pesce rosso** goldfish; **pesce spada** swordfish; **pesce'cane** *sm* shark
pesche'reccio [peske'rettʃo] *sm* fishing boat
pesche'ria [peske'ria] *sf* fishmonger's (shop) (*BRIT*), fish store (*US*)
pescherò *ecc* [peske'rɔ] *vb vedi* **pescare**
'peso *sm* weight; (*Sport*) shot; **rubare sul ~** to give short weight; **essere di ~ a qn** (*fig*) to be a burden to sb; **peso lordo/netto** gross/net weight; **peso massimo/medio** (*Pugilato*) heavy/middleweight
pessi'mismo *sm* pessimism; **pessi'mista, -i, -e** *ag* pessimistic ▸ *sm/f* pessimist
'pessimo, -a *ag* very bad, awful
pes'tare *vt* to tread on, trample on; (*sale, pepe*) to grind; (*uva, aglio*) to crush; (*fig: picchiare*): **~ qn** to beat sb up
'peste *sf* plague; (*persona*) nuisance, pest
pes'tello *sm* pestle
'petalo *sm* (*Bot*) petal
pe'tardo *sm* firecracker, banger (*BRIT*)
petizi'one [petit'tsjone] *sf* petition
petroli'era *sf* (*nave*) oil tanker
pe'trolio *sm* oil, petroleum; (*per lampada, fornello*) paraffin

Attenzione! In inglese esiste la parola *petrol* che però significa *benzina*.

pettego'lare *vi* to gossip
pettego'lezzo [pettego'leddzo] *sm* gossip *no pl*; **fare pettegolezzi** to gossip
pet'tegolo, -a *ag* gossipy ▸ *sm/f* gossip
petti'nare *vt* to comb (the hair of); **pettinarsi** *vpr* to comb one's hair; **pettina'tura** *sf* (*acconciatura*) hairstyle
'pettine *sm* comb; (*Zool*) scallop
petti'rosso *sm* robin
'petto *sm* chest; (*seno*) breast, bust; (*Cuc: di carne bovina*) brisket; (*: di pollo ecc*) breast; **a doppio ~** (*abito*) double-breasted
petu'lante *ag* insolent
'pezza ['pettsa] *sf* piece of cloth; (*toppa*) patch; (*cencio*) rag, cloth
pez'zente [pet'tsɛnte] *sm/f* beggar

'pezzo ['pɛttso] *sm* (*gen*) piece; (*brandello, frammento*) piece, bit; (*di macchina, arnese ecc*) part; (*Stampa*) article; (*di tempo*): **aspettare un ~** to wait quite a while *o* some time; **in** *o* **a pezzi** in pieces; **andare in pezzi** to break into pieces; **un bel ~ d'uomo** a fine figure of a man; **abito a due pezzi** two-piece suit; **pezzo di cronaca** (*Stampa*) report; **pezzo grosso** (*fig*) bigwig; **pezzo di ricambio** spare part
pi'accio *ecc* ['pjattʃo] *vb vedi* **piacere**
pia'cente [pja'tʃɛnte] *ag* attractive
pia'cere [pja'tʃere] *vi* to please; **una ragazza che piace** a likeable girl; an attractive girl; **~ a: mi piace** I like it; **quei ragazzi non mi piacciono** I don't like those boys; **gli ~bbe andare al cinema** he would like to go to the cinema ▸ *sm* pleasure; (*favore*) favour; **"~!"** (*nelle presentazioni*) "pleased to meet you!"; **~ (di conoscerla)** nice to meet you; **con ~** certainly; **per ~!** please; **fare un ~ a qn** to do sb a favour; **pia'cevole** *ag* pleasant, agreeable
pi'acqui *ecc vb vedi* **piacere**
pi'aga, -ghe *sf* (*lesione*) sore; (*ferita*: *anche fig*) wound; (*fig*: *flagello*) scourge, curse; (: *persona*) pest, nuisance
piagnuco'lare [pjaɲɲuko'lare] *vi* to whimper
pianeggi'ante [pjaned'dʒante] *ag* flat, level
piane'rottolo *sm* landing
pia'neta *sm* (*Astr*) planet
pi'angere ['pjandʒere] *vi* to cry, weep; (*occhi*) to water ▸ *vt* to cry, weep; (*lamentare*) to bewail, lament; **~ la morte di qn** to mourn sb's death
pianifi'care *vt* to plan
pia'nista, -i, -e *sm/f* pianist
pi'ano, -a *ag* (*piatto*) flat, level; (*Mat*) plane; (*chiaro*) clear, plain ▸ *av* (*adagio*) slowly; (*a bassa voce*) softly; (*con cautela*) slowly, carefully ▸ *sm* (*Mat*) plane; (*Geo*) plain; (*livello*) level, plane; (*di edificio*) floor; (*programma*) plan; (*Mus*) piano; **a che ~ si trova?** what floor is it on?; **pian ~** very slowly; (*poco a poco*) little by little; **in primo/secondo ~** in the foreground/background; **di primo ~** (*fig*) prominent, high-ranking
piano'forte *sm* piano, pianoforte
piano'terra *sm inv* ground floor
pi'ansi *ecc vb vedi* **piangere**
pi'anta *sf* (*Bot*) plant; (*Anat*: *anche*: **~ del piede**) sole (of the foot); (*grafico*) plan; (*topografica*) map; **in ~ stabile** on the permanent staff; **pian'tare** *vt* to plant; (*conficcare*) to drive *o* hammer in; (*tenda*) to put up, pitch; (*fig*: *lasciare*) to leave, desert; **piantarsi** *vpr* **piantarsi davanti a qn** to plant o.s. in front of sb; **piantala!** (*fam*) cut it out!
pianter'reno *sm* = **pianoterra**
pian'tina *sf* map
pia'nura *sf* plain
pi'astra *sf* plate; (*di pietra*) slab; (*di fornello*) hotplate; **panino alla ~** ≈ toasted sandwich; **piastra di registrazione** tape deck
pias'trella *sf* tile
pias'trina *sf* (*Mil*) identity disc
piatta'forma *sf* (*anche fig*) platform
piat'tino *sm* saucer
pi'atto, -a *ag* flat; (*fig*: *scialbo*) dull ▸ *sm* (*recipiente, vivanda*) dish; (*portata*) course; (*parte piana*) flat (part); **piatti** *smpl* (*Mus*) cymbals; **piatto fondo** soup dish; **piatto forte** main course; **piatto del giorno** dish of the day, plat du jour; **piatto del giradischi** turntable; **piatto piano** dinner plate
pi'azza ['pjattsa] *sf* square; (*Comm*) market; **far ~ pulita** to make a clean sweep; **piazza d'armi** (*Mil*) parade ground; **piaz'zale** *sm* (large) square

piaz'zola [pjat'tsɔla] *sf* (*Aut*) lay-by; (*di tenda*) pitch
pic'cante *ag* hot, pungent; (*fig*) racy; biting
pic'chetto [pik'ketto] *sm* (*Mil, di scioperanti*) picket; (*di tenda*) peg
picchi'are [pik'kjare] *vt* (*persona: colpire*) to hit, strike; (*: prendere a botte*) to beat (up); (*battere*) to beat; (*sbattere*) to bang ▸ *vi* (*bussare*) to knock; (*: con forza*) to bang; (*colpire*) to hit, strike; (*sole*) to beat down;
picchi'ata *sf* (*Aer*) dive
'picchio ['pikkjo] *sm* woodpecker
pic'cino, -a [pit'tʃino] *ag* tiny, very small
picci'one [pit'tʃone] *sm* pigeon
'picco, -chi *sm* peak; **a ~** vertically
'piccolo, -a *ag* small; (*oggetto, mano, di età: bambino*) small, little; (*dav sostantivo: di breve durata: viaggio*) short; (*fig*) mean, petty ▸ *sm/f* child, little one
pic'cone *sm* pick(-axe)
pic'cozza [pik'kɔttsa] *sf* ice-axe
pic'nic *sm inv* picnic
pi'docchio [pi'dɔkkjo] *sm* louse
pi'ede *sm* foot; (*di mobile*) leg; **in piedi** standing; **a piedi** on foot; **a piedi nudi** barefoot; **su due piedi** (*fig*) at once; **prendere ~** (*fig*) to gain ground, catch on; **sul ~ di guerra** (*Mil*) ready for action; **piede di porco** crowbar
pi'ega, -ghe *sf* (*piegatura, Geo*) fold; (*di gonna*) pleat; (*di pantaloni*) crease; (*grinza*) wrinkle, crease; **prendere una brutta ~** (*fig*) to take a turn for the worse
pie'gare *vt* to fold; (*braccia, gambe, testa*) to bend ▸ *vi* to bend; **piegarsi** *vpr* to bend; (*fig*): **piegarsi (a)** to yield (to), submit (to)
piegherò *ecc* [pjege'rɔ] *vb vedi* **piegare**
pie'ghevole *ag* pliable, flexible; (*porta*) folding
Pie'monte *sm* **il ~** Piedmont
pi'ena *sf* (*di fiume*) flood, spate
pi'eno, -a *ag* full; (*muro, mattone*) solid ▸ *sm* (*colmo*) height, peak; (*carico*) full load; **~ di** full of; **in ~ giorno** in broad daylight; **il ~, per favore** (*Aut*) fill it up, please
piercing ['pirsing] *sm* piercing; **farsi il ~ all'ombelico** to have one's navel pierced
pietà *sf* pity; (*Rel*) piety; **senza ~** pitiless, merciless; **avere ~ di** (*compassione*) to pity, feel sorry for; (*misericordia*) to have pity *o* mercy on
pie'tanza [pje'tantsa] *sf* dish, course
pie'toso, -a *ag* (*compassionevole*) pitying, compassionate; (*che desta pietà*) pitiful
pi'etra *sf* stone; **pietra preziosa** precious stone, gem
'piffero *sm* (*Mus*) pipe
pigi'ama, -i [pi'dʒama] *sm* pyjamas *pl*
pigli'are [piʎ'ʎare] *vt* to take, grab; (*afferrare*) to catch
'pigna ['piɲɲa] *sf* pine cone
pi'gnolo, -a [piɲ'ɲɔlo] *ag* pernickety
pi'grizia [pi'grittsja] *sf* laziness
'pigro, -a *ag* lazy
PIL *sigla m* (= *prodotto interno lordo*) GDP
'pila *sf* (*catasta, di ponte*) pile; (*Elettr*) battery; (*torcia*) torch (*BRIT*), flashlight
pi'lastro *sm* pillar
'pile ['pail] *sm inv* fleece
'pillola *sf* pill; **prendere la ~** to be on the pill
pi'lone *sm* (*di ponte*) pier; (*di linea elettrica*) pylon
pi'lota, -i, -e *sm/f* pilot; (*Aut*) driver ▸ *ag inv* pilot *cpd*; **pilota automatico** automatic pilot
pinaco'teca, -che *sf* art gallery
pi'neta *sf* pinewood
ping-'pong [piŋ'pɔŋ] *sm* table tennis
pingu'ino *sm* (*Zool*) penguin

P

'pinna *sf (di pesce)* fin; *(di cetaceo, per nuotare)* flipper
'pino *sm* pine (tree); **pi'nolo** *sm* pine kernel
'pinza ['pintsa] *sf* pliers *pl*; *(Med)* forceps *pl*; *(Zool)* pincer
pinzette [pin'tsette] *sfpl* tweezers
pi'oggia, -ge ['pjɔddʒa] *sf* rain; **pioggia acida** acid rain
pi'olo *sm* peg; *(di scala)* rung
piom'bare *vi* to fall heavily; *(gettarsi con impeto)*: **~ su** to fall upon, assail ▸ *vt (dente)* to fill; **piomba'tura** *sf (di dente)* filling
piom'bino *sm (sigillo)* (lead) seal; *(del filo a piombo)* plummet; *(Pesca)* sinker
pi'ombo *sm (Chim)* lead; **a ~** *(cadere)* straight down; **senza ~** *(benzina)* unleaded
pioni'ere, -a *sm/f* pioneer
pi'oppo *sm* poplar
pi'overe *vb impers* to rain ▸ *vi (fig: scendere dall'alto)* to rain down; *(lettere, regali)* to pour into; **pioviggi'nare** *vb impers* to drizzle; **pio'voso, -a** *ag* rainy
pi'ovra *sf* octopus
pi'ovve *ecc vb vedi* **piovere**
'pipa *sf* pipe
pipì *(fam) sf* **fare ~** to have a wee (wee)
pipis'trello *sm (Zool)* bat
pi'ramide *sf* pyramid
pi'rata, -i *sm* pirate; **pirata della strada** hit-and-run driver; **pirata informatica** hacker
Pire'nei *smpl* **i ~** the Pyrenees
pi'romane *sm/f* pyromaniac; arsonist
pi'roscafo *sm* steamer, steamship
pisci'are [piʃʃare] *(fam!) vi* to piss *(!)*, pee *(!)*
pi'scina [piʃʃina] *sf* (swimming) pool; *(stabilimento)* (swimming) baths *pl*
pi'sello *sm* pea
piso'lino *sm* nap
'pista *sf (traccia)* track, trail; *(di stadio)* track; *(di pattinaggio)* rink; *(da sci)* run; *(Aer)* runway; *(di circo)* ring; **pista da ballo** dance floor
pis'tacchio [pis'takkjo] *sm* pistachio (tree); pistachio (nut)
pis'tola *sf* pistol, gun
pis'tone *sm* piston
pi'tone *sm* python
pit'tore, -'trice *sm/f* painter; **pitto'resco, -a, -schi, -sche** *ag* picturesque
pit'tura *sf* painting; **pittu'rare** *vt* to paint

più
av

1 *(in maggiore quantità)* more; **più del solito** more than usual; **in più, di più** more; **ne voglio di più** I want some more; **ci sono 3 persone in** *o* **di più** there are 3 more *o* extra people; **più o meno** more or less; **per di più** *(inoltre)* what's more, moreover
2 *(comparativo)* more; *(aggettivo corto +)* ...er; **più ... di/che** more ... than; **lavoro più di te/Paola** I work harder than you/Paola; **è più intelligente che ricco** he's more intelligent than rich
3 *(superlativo)* most; *(aggettivo corto +)* ...est; **il più grande/intelligente** the biggest/most intelligent; **è quello che compro più spesso** that's the one I buy most often; **al più presto** as soon as possible; **al più tardi** at the latest
4 *(negazione)*: **non ... più** no more, no longer; **non ho più soldi** I've got no more money, I don't have any more money; **non lavoro più** I'm no longer working, I don't work any more; **a più non posso** *(gridare)* at the top of one's voice; *(correre)* as fast as one can
5 *(Mat)* plus; **4 più 5 fa 9** 4 plus 5 equals 9; **più 5 gradi** 5 degrees above freezing, plus 5
▸ *prep* plus
▸ *ag inv*

1: **più ... (di)** more ... (than); **più denaro/tempo** more money/time; **più persone di quante ci aspettassimo** more people than we expected
2 (*numerosi, diversi*) several; **l'aspettai per più giorni** I waited for it for several days
▸*sm*
1 (*la maggior parte*): **il più è fatto** most of it is done
2 (*Mat*) plus (sign)
3: **i più** the majority

pi'uma *sf* feather; **piu'mino** *sm* (eider)down; (*per letto*) eiderdown; (: *tipo danese*) duvet, continental quilt; (*giacca*) quilted jacket (*with goose-feather padding*); (*per cipria*) powder puff; (*per spolverare*) feather duster

piut'tosto *av* rather; **~ che** (*anziché*) rather than

'pizza ['pittsa] *sf* pizza; **pizze'ria** *sf place where pizzas are made, sold or eaten*

pizzi'care [pittsi'kare] *vt* (*stringere*) to nip, pinch; (*pungere*) to sting; to bite; (*Mus*) to pluck ▸ *vi* (*prudere*) to itch, be itchy; (*cibo*) to be hot *o* spicy

'pizzico, -chi ['pittsiko] *sm* (*pizzicotto*) pinch, nip; (*piccola quantità*) pinch, dash; (*d'insetto*) sting; bite

pizzi'cotto [pittsi'kɔtto] *sm* pinch, nip

'pizzo ['pittso] *sm* (*merletto*) lace; (*barbetta*) goatee beard

plagi'are [pla'dʒare] *vt* (*copiare*) to plagiarize

plaid [plɛd] *sm inv* (travelling) rug (*BRIT*), lap robe (*US*)

pla'nare *vi* (*Aer*) to glide

'plasma *sm* plasma

plas'mare *vt* to mould, shape

'plastica, -che *sf* (*arte*) plastic arts *pl*; (*Med*) plastic surgery; (*sostanza*) plastic; **plastica facciale** face lift

'platano *sm* plane tree

pla'tea *sf* (*Teatro*) stalls *pl*

'platino *sm* platinum

plau'sibile *ag* plausible

pleni'lunio *sm* full moon

'plettro *sm* plectrum

pleu'rite *sf* pleurisy

'plico, -chi *sm* (*pacco*) parcel; **in ~ a parte** (*Comm*) under separate cover

plo'tone *sm* (*Mil*) platoon; **plotone d'esecuzione** firing squad

plu'rale *ag, sm* plural

PM *abbr* (*Pol*) = **Pubblico Ministero**; (= *Polizia Militare*) MP (*Military Police*)

pneu'matico, -a, -ci, -che *ag* inflatable; pneumatic ▸ *sm* (*Aut*) tyre (*BRIT*), tire (*US*)

po' *av, sm vedi* **poco**

'poco, -a, -chi, -che *ag* (*quantità*) little, not much; (*numero*) few, not many; **poco pane/denaro/spazio** little *o* not much bread/money/space; **poche persone/idee** few *o* not many people/ideas; **ci vediamo tra poco** (*sottinteso*: *tempo*) see you soon
▸*av*
1 (*in piccola quantità*) little, not much; (*numero limitato*) few, not many; **guadagna poco** he doesn't earn much, he earns little
2 (*con ag, av*) (a) little, not very; **sta poco bene** he isn't very well; **è poco più vecchia di lui** she's a little *o* slightly older than him
3 (*tempo*): **poco dopo/prima** shortly afterwards/before; **il film dura poco** the film doesn't last very long; **ci vediamo molto poco** we don't see each other very often, we hardly ever see each other
4: **un po'** a little, a bit; **è un po' corto** it's a little *o* a bit short; **arriverà fra un po'** he'll arrive shortly *o* in a little while
5: **a dir poco** to say the least; **a poco a poco** little by little; **per poco non cadevo** I nearly fell; **è una cosa da poco** it's nothing, it's of no importance; **una**

P

persona da poco a worthless person ▸*pron* (a) little
'podcast ['pɔdkast] *sm* podcast
po'dere *sm* (*Agr*) farm
'podio *sm* dais, platform; (*Mus*) podium
po'dismo *sm* (*Sport*) track events *pl*
poe'sia *sf* (*arte*) poetry; (*componimento*) poem
po'eta, -'essa *sm/f* poet/poetess
poggi'are [pod'dʒare] *vt* to lean, rest; (*posare*) to lay, place; **poggia'testa** *sm inv* (*Aut*) headrest
'poggio ['pɔddʒo] *sm* hillock, knoll
'poi *av* then; (*alla fine*) finally, at last; **e ~** (*inoltre*) and besides; **questa ~ (è bella)!** (*ironico*) that's a good one!
poiché [poi'ke] *cong* since, as
'poker *sm* poker
po'lacco, -a, -chi, -che *ag* Polish ▸ *sm/f* Pole
po'lare *ag* polar
po'lemica, -che *sf* controversy
po'lemico, -a, -ci, -che *ag* polemic(al), controversial
po'lenta *sf* (*Cuc*) *sort of thick porridge made with maize flour*
'polio(mie'lite) *sf* polio(myelitis)
'polipo *sm* polyp
polisti'rolo *sm* polystyrene
po'litica, -che *sf* politics *sg*; (*linea di condotta*) policy; **politica'mente** *av* politically; **politicamente corretto** politically correct
po'litico, -a, -ci, -che *ag* political ▸ *sm/f* politician
poli'zia [polit'tsia] *sf* police; **polizia giudiziaria** ≈ Criminal Investigation Department (*BRIT*), ≈ Federal Bureau of Investigation (*US*); **polizia stradale** traffic police; **polizi'esco, -a, -schi, -sche** *ag* police *cpd*; (*film, romanzo*) detective *cpd*; **polizi'otto** *sm* policeman; **cane poliziotto** police dog; **donna poliziotto** policewoman; **poliziotto di quartiere** local police officer

polizia di stato
The function of the **polizia di stato** is to maintain public order, to uphold the law and prevent and investigate crime. They are a civil body, reporting to the Minister of the Interior.

'polizza ['pɔlittsa] *sf* (*Comm*) bill; **~ di assicurazione** insurance policy; **polizza di carico** bill of lading
pol'laio *sm* henhouse
'pollice ['pɔllitʃe] *sm* thumb
'polline *sm* pollen
'pollo *sm* chicken
pol'mone *sm* lung; **polmone d'acciaio** (*Med*) iron lung; **polmo'nite** *sf* pneumonia; **polmonite atipica** SARS
'polo *sm* (*Geo, Fisica*) pole; (*gioco*) polo; **polo nord/sud** North/South Pole
Po'lonia *sf* **la ~** Poland
'polpa *sf* flesh, pulp; (*carne*) lean meat
pol'paccio [pol'pattʃo] *sm* (*Anat*) calf
polpas'trello *sm* fingertip
pol'petta *sf* (*Cuc*) meatball
'polpo *sm* octopus
pol'sino *sm* cuff
'polso *sm* (*Anat*) wrist; (*pulsazione*) pulse; (*fig: forza*) drive, vigour
pol'trire *vi* to laze about
pol'trona *sf* armchair; (*Teatro: posto*) seat in the front stalls (*BRIT*) *o* orchestra (*US*)
'polvere *sf* dust; (*sostanza ridotta minutissima*) powder, dust; **latte in ~** dried *o* powdered milk; **caffè in ~** instant coffee; **sapone in ~** soap powder; **polvere da sparo/pirica** gunpowder
po'mata *sf* ointment, cream
po'mello *sm* knob
pome'riggio [pome'riddʒo] *sm* afternoon

'pomice ['pɔmitʃe] *sf* pumice
'pomo *sm* (*mela*) apple; (*ornamentale*) knob; (*di sella*) pommel; **pomo d'Adamo** (*Anat*) Adam's apple
pomo'doro *sm* tomato; **pomodori pelati** skinned tomatoes
'pompa *sf* pump; (*sfarzo*) pomp (and ceremony); **pompe funebri** undertaker's *sg*; **pompa di benzina** petrol (*BRIT*) *o* gas (*US*) pump; (*distributore*) filling *o* gas (*US*) station; **pom'pare** *vt* to pump; (*trarre*) to pump out; (*gonfiare d'aria*) to pump up
pom'pelmo *sm* grapefruit
pompi'ere *sm* fireman
po'nente *sm* west
pongo, poni *ecc vb vedi* **porre**
'ponte *sm* bridge; (*di nave*) deck; (*: anche:* **~ di comando**) bridge; (*impalcatura*) scaffold; **fare il ~** (*fig*) to take the extra day off (*between 2 public holidays*); **governo ~** interim government; **ponte aereo** airlift; **ponte levatoio** drawbridge; **ponte sospeso** suspension bridge
pon'tefice [pon'tɛfitʃe] *sm* (*Rel*) pontiff
'popcorn ['pɔpkɔ:n] *sm inv* popcorn
popo'lare *ag* popular; (*quartiere, clientela*) working-class ▸ *vt* (*rendere abitato*) to populate; **popolarsi** *vpr* to fill with people, get crowded; **popolazi'one** *sf* population
'popolo *sm* people
'poppa *sf* (*di nave*) stern; (*seno*) breast
porcel'lana [portʃel'lana] *sf* porcelain, china; piece of china
porcel'lino, -a [portʃel'lino] *sm/f* piglet; **porcellino d'India** guinea pig
porche'ria [porke'ria] *sf* filth, muck; (*fig: oscenità*) obscenity; (*: azione disonesta*) dirty trick; (*: cosa mal fatta*) rubbish
por'cile [por'tʃile] *sm* pigsty
por'cino, -a [por'tʃino] *ag* of pigs, pork *cpd* ▸ *sm* (*fungo*) *type of edible mushroom*
'porco, -ci *sm* pig; (*carne*) pork
porcos'pino *sm* porcupine
'porgere ['pɔrdʒere] *vt* to hand, give; (*tendere*) to hold out
pornogra'fia *sf* pornography; **porno'grafico, -a, -ci, -che** *ag* pornographic
'poro *sm* pore
'porpora *sf* purple
'porre *vt* (*mettere*) to put; (*collocare*) to place; (*posare*) to lay (down), put (down); (*fig: supporre*): **poniamo (il caso) che ...** let's suppose that ...
'porro *sm* (*Bot*) leek; (*Med*) wart
'porsi *ecc vb vedi* **porgere**
'porta *sf* door; (*Sport*) goal; **portaba'gagli** *sm inv* (*facchino*) porter; (*Aut, Ferr*) luggage rack; **porta-CD** [portatʃi'di] *sm inv* (*mobile*) CD rack; (*astuccio*) CD holder; **porta'cenere** *sm inv* ashtray; **portachi'avi** *sm inv* keyring; **porta'erei** *sf inv* (*nave*) aircraft carrier; **portafi'nestra** (*pl* **portefi'nestre**) *sf* French window; **porta'foglio** *sm* wallet; (*Pol, Borsa*) portfolio; **non trovo il portafoglio** I can't find my wallet; **portafor'tuna** *sm inv* lucky charm; mascot
por'tale *sm* (*di chiesa, Inform*) portal
porta'mento *sm* carriage, bearing
portamo'nete *sm inv* purse
por'tante *ag* (*muro ecc*) supporting
portan'tina *sf* sedan chair; (*per ammalati*) stretcher
portaom'brelli *sm inv* umbrella stand
porta'pacchi [porta'pakki] *sm inv* (*di moto, bicicletta*) luggage rack
porta'penne [porta'penne] *sm inv* pen holder; (*astuccio*) pencil case
por'tare *vt* (*sostenere, sorreggere: peso, bambino, pacco*) to carry; (*indossare: abito, occhiali*) to wear; (*: capelli*

lunghi) to have; (*avere: nome, titolo*) to have, bear; (*recare*): **~ qc a qn** to take (*o* bring) sth to sb; (*fig: sentimenti*) to bear

portasiga'rette *sm inv* cigarette case

por'tata *sf* (*vivanda*) course; (*Aut*) carrying (*o* loading) capacity; (*di arma*) range; (*volume d'acqua*) (rate of) flow; (*fig: limite*) scope, capability; (*: importanza*) impact, import; **alla ~ di tutti** (*conoscenza*) within everybody's capabilities; (*prezzo*) within everybody's means; **a/fuori ~ (di)** within/out of reach (of); **a ~ di mano** within (arm's) reach

por'tatile *ag* portable

por'tato, -a *ag* (*incline*): **~ a** inclined *o* apt to

portau'ovo *sm inv* eggcup

porta'voce [porta'votʃe] *sm/f inv* spokesman/woman

por'tento *sm* wonder, marvel

porti'era *sf* (*Aut*) door

porti'ere *sm* (*portinaio*) concierge, caretaker; (*di hotel*) porter; (*nel calcio*) goalkeeper

porti'naio, -a *sm/f* concierge, caretaker

portine'ria *sf* caretaker's lodge

'porto, -a *pp di* **porgere** ▸ *sm* (*Naut*) harbour, port ▸ *sm inv* port (wine); **porto d'armi** (*documento*) gun licence

Porto'gallo *sm* **il ~** Portugal; **porto'ghese** *ag, sm/f, sm* Portuguese *inv*

por'tone *sm* main entrance, main door

portu'ale *ag* harbour *cpd*, port *cpd* ▸ *sm* dock worker

porzi'one [por'tsjone] *sf* portion, share; (*di cibo*) portion, helping

'posa *sf* (*Fot*) exposure; (*atteggiamento, di modello*) pose

po'sare *vt* to put (down), lay (down) ▸ *vi* (*ponte, edificio, teoria*): **~ su** to rest on; (*Fot: atteggiarsi*) to pose; **posarsi** *vpr* (*aereo*) to land; (*uccello*) to alight; (*sguardo*) to settle

po'sata *sf* piece of cutlery

pos'critto *sm* postscript

'posi *ecc vb vedi* **porre**

posi'tivo, -a *ag* positive

posizi'one [pozit'tsjone] *sf* position; **prendere ~** (*fig*) to take a stand; **luci di ~** (*Aut*) sidelights

pos'porre *vt* to place after; (*differire*) to postpone, defer

posse'dere *vt* to own, possess; (*qualità, virtù*) to have, possess

posses'sivo, -a *ag* possessive

pos'sesso *sm* ownership *no pl*; possession

posses'sore *sm* owner

pos'sibile *ag* possible ▸ *sm* **fare tutto il ~** to do everything possible; **nei limiti del ~** as far as possible; **al più tardi ~** as late as possible; **possibilità** *sf inv* possibility ▸ *sfpl* (*mezzi*) means; **aver la possibilità di fare** to be in a position to do; to have the opportunity to do

possi'dente *sm/f* landowner

possi'edo *ecc vb vedi* **possedere**

'posso *ecc vb vedi* **potere**

'posta *sf* (*servizio*) post, postal service; (*corrispondenza*) post, mail; (*ufficio postale*) post office; (*nei giochi d'azzardo*) stake; **Poste** *sfpl* (*amministrazione*) post office; **c'è ~ per me?** are there any letters for me?; **ministro delle Poste e Telecomunicazioni** Postmaster General; **posta aerea** airmail; **posta elettronica** E-mail, e-mail, electronic mail; **posta ordinaria** ≈ second-class mail; **posta prioritaria** ≈ first-class post; **pos'tale** *ag* postal, post office *cpd*

posteggi'are [posted'dʒare] *vt, vi* to

park; **pos'teggio** *sm* car park (*BRIT*), parking lot (*US*); (*di taxi*) rank (*BRIT*), stand (*US*)

'poster *sm inv* poster

posteri'ore *ag* (*dietro*) back; (*dopo*) later ▸ *sm* (*fam: sedere*) behind

postici'pare [postitʃi'pare] *vt* to defer, postpone

pos'tino *sm* postman (*BRIT*), mailman (*US*)

'posto, -a *pp di* **porre** ▸ *sm* (*sito, posizione*) place; (*impiego*) job; (*spazio libero*) room, space; (*di parcheggio*) space; (*sedile: al teatro, in treno ecc*) seat; (*Mil*) post; **a ~** (*in ordine*) in place, tidy; (*fig*) settled; (*: persona*) reliable; **vorrei prenotare due posti** I'd like to book two seats; **al ~ di** in place of; **sul ~** on the spot; **mettere a ~** to tidy (up), put in order; (*faccende*) to straighten out; **posto di blocco** roadblock; **posto di lavoro** job; **posti in piedi** (*in teatro, in autobus*) standing room; **posto di polizia** police station

po'tabile *ag* drinkable; **acqua ~** drinking water

po'tare *vt* to prune

po'tassio *sm* potassium

po'tente *ag* (*nazione*) strong, powerful; (*veleno, farmaco*) potent, strong; **po'tenza** *sf* power; (*forza*) strength

potenzi'ale [poten'tsjale] *ag, sm* potential

po'tere

sm power; **al potere** (*partito ecc*) in power; **potere d'acquisto** purchasing power

▸*vb aus*

1 (*essere in grado di*) can, be able to; **non ha potuto ripararlo** he couldn't *o* he wasn't able to repair it; **non è potuto venire** he couldn't *o* he wasn't able to come; **spiacente di non poter aiutare** sorry not to be able to help

2 (*avere il permesso*) can, may, be allowed to; **posso entrare?** can *o* may I come in?; **si può sapere dove sei stato?** where on earth have you been?

3 (*eventualità*) may, might, could; **potrebbe essere vero** it might *o* could be true; **può aver avuto un incidente** he may *o* might *o* could have had an accident; **può darsi** perhaps; **può darsi** *o* **essere che non venga** he may *o* might not come

4 (*augurio*): **potessi almeno parlargli!** if only I could speak to him!

5 (*suggerimento*): **potresti almeno scusarti!** you could at least apologize!

▸*vt* can, be able to; **può molto per noi** he can do a lot for us; **non ne posso più** (*per stanchezza*) I'm exhausted; (*per rabbia*) I can't take any more

potrò *ecc vb vedi* **potere**

'povero, -a *ag* poor; (*disadorno*) plain, bare ▸ *sm/f* poor man/woman; **i poveri** the poor; **~ di** lacking In, having little; **povertà** *sf* poverty

poz'zanghera [pot'tsangera] *sf* puddle

'pozzo ['pottso] *sm* well; (*cava: di carbone*) pit; (*di miniera*) shaft; **pozzo petrolifero** oil well

P.R.A. [pra] *sigla m* (= *Pubblico Registro Automobilistico*) ≈ DVLA

pran'zare [pran'dzare] *vi* to dine, have dinner; to lunch, have lunch

'pranzo ['prandzo] *sm* dinner; (*a mezzogiorno*) lunch

'prassi *sf* usual procedure

'pratica, -che *sf* practice; (*esperienza*) experience; (*conoscenza*) knowledge, familiarity; (*tirocinio*) training, practice; (*Amm: affare*) matter, case; (*: incartamento*) file, dossier; **in ~** (*praticamente*) in practice; **mettere in ~** to put into practice

prati'cabile *ag* (*progetto*) practicable, feasible; (*luogo*) passable, practicable

pratica'mente *av* (*in modo pratico*) in a practical way, practically; (*quasi*) practically, almost
prati'care *vt* to practise; (*Sport: tennis ecc*) to play; (*: nuoto, scherma ecc*) to go in for; (*eseguire: apertura, buco*) to make; **~ uno sconto** to give a discount
'pratico, -a, -ci, -che *ag* practical; **~ di** (*esperto*) experienced *o* skilled in; (*familiare*) familiar with
'prato *sm* meadow; (*di giardino*) lawn
preav'viso *sm* notice; **telefonata con ~** personal *o* person to person call
pre'cario, -a *ag* precarious; (*Ins*) temporary
precauzi'one [prekaut'tsjone] *sf* caution, care; (*misura*) precaution
prece'dente [pretʃe'dɛnte] *ag* previous ▸ *sm* precedent; **il discorso/film ~** the previous *o* preceding speech/film; **senza precedenti** unprecedented; **precedenti penali** criminal record *sg*; **prece'denza** *sf* priority, precedence; (*Aut*) right of way
pre'cedere [pre'tʃɛdere] *vt* to precede, go (*o* come) before
precipi'tare [pretʃipi'tare] *vi* (*cadere*) to fall headlong; (*fig: situazione*) to get out of control ▸ *vt* (*gettare dall'alto in basso*) to hurl, fling; (*fig: affrettare*) to rush; **precipitarsi** *vpr* (*gettarsi*) to hurl *o* fling o.s.; (*affrettarsi*) to rush; **precipi'toso, -a** *ag* (*caduta, fuga*) headlong; (*fig: avventato*) rash, reckless; (*: affrettato*) hasty, rushed
preci'pizio [pretʃi'pittsjo] *sm* precipice; **a ~** (*fig: correre*) headlong
precisa'mente [pretʃiza'mente] *av* (*gen*) precisely; (*con esattezza*) exactly
preci'sare [pretʃi'zare] *vt* to state, specify; (*spiegare*) to explain (in detail)
precisi'one [pretʃi'zjone] *sf* precision; accuracy
pre'ciso, -a [pre'tʃizo] *ag* (*esatto*) precise; (*accurato*) accurate, precise; (*deciso: idee*) precise, definite; (*uguale*): **2 vestiti precisi** 2 dresses exactly the same; **sono le 9 precise** it's exactly 9 o'clock
pre'cludere *vt* to block, obstruct
pre'coce [pre'kɔtʃe] *ag* early; (*bambino*) precocious; (*vecchiaia*) premature
precon'cetto [prekon'tʃɛtto] *sm* preconceived idea, prejudice
precur'sore *sm* forerunner, precursor
'preda *sf* (*bottino*) booty; (*animale, fig*) prey; **essere ~ di** to fall prey to; **essere in ~ a** to be prey to
'predica, -che *sf* sermon; (*fig*) lecture, talking-to
predi'care *vt, vi* to preach
predi'cato *sm* (*Ling*) predicate
predi'letto, -a *pp di* **prediligere** ▸ *ag, sm/f* favourite
predi'ligere [predi'lidʒere] *vt* to prefer, have a preference for
pre'dire *vt* to foretell, predict
predis'porre *vt* to get ready, prepare; **~ qn a qc** to predispose sb to sth
predizi'one [predit'tsjone] *sf* prediction
prefazi'one [prefat'tsjone] *sf* preface, foreword
prefe'renza [prefe'rɛntsa] *sf* preference
prefe'rire *vt* to prefer, like better; **~ il caffè al tè** to prefer coffee to tea, like coffee better than tea
pre'figgersi [pre'fiddʒersi] *vpr* **~ uno scopo** to set o.s. a goal
pre'fisso, -a *pp di* **prefiggere** ▸ *sm* (*Ling*) prefix; (*Tel*) dialling (*BRIT*) *o* dial (*US*) code; **qual è il ~ telefonico di Londra?** what is the dialling code for London?
pre'gare *vi* to pray ▸ *vt* (*Rel*) to pray to; (*implorare*) to beg; (*chiedere*): **~ qn**

di fare to ask sb to do; **farsi ~** to need coaxing *o* persuading
pre'gevole [pre'dʒevole] *ag* valuable
pregherò *ecc* [prege'rɔ] *vb vedi* **pregare**
preghi'era [pre'gjɛra] *sf* (*Rel*) prayer; (*domanda*) request
pregi'ato, -a [pre'dʒato] *ag* (*di valore*) valuable; **vino ~** vintage wine
'pregio ['prɛdʒo] *sm* (*stima*) esteem, regard; (*qualità*) (good) quality, merit; (*valore*) value, worth
pregiudi'care [predʒudi'kare] *vt* to prejudice, harm, be detrimental to
pregiu'dizio [predʒu'dittsjo] *sm* (*idea errata*) prejudice; (*danno*) harm *no pl*
'prego *escl* (*a chi ringrazia*) don't mention it!; (*invitando qn ad accomodarsi*) please sit down!; (*invitando qn ad andare prima*) after you!
pregus'tare *vt* to look forward to
prele'vare *vt* (*denaro*) to withdraw; (*campione*) to take; (*polizia*) to take, capture
preli'evo *sm* (*di denaro*) withdrawal; (*Med*): **fare un ~ (di)** to take a sample (of); **prelievo di sangue**; **fare un ~ di sangue** to take a blood sample
prelimi'nare *ag* preliminary
'premere *vt* to press ▸ *vi* **~ su** to press down on; (*fig*) to put pressure on; **~ a** (*fig*: *importare*) to matter to
pre'mettere *vt* to put before; (*dire prima*) to start by saying, state first
premi'are *vt* to give a prize to; (*fig*: *merito, onestà*) to reward
premiazi'one [premjat'tsjone] *sf* prize giving
'premio *sm* prize; (*ricompensa*) reward; (*Comm*) premium; (*Amm*: *indennità*) bonus
pre'misi *ecc vb vedi* **premettere**
premu'nirsi *vpr* **~ di** to provide o.s. with; **~ contro** to protect o.s. from, guard o.s. against
pre'mura *sf* (*fretta*) haste, hurry; (*riguardo*) attention, care; **premure** *sfpl* (*attenzioni, cure*) care *sg*; **aver ~** to be in a hurry; **far ~ a qn** to hurry sb; **usare ogni ~ nei riguardi di qn** to be very attentive to sb; **premu'roso, -a** *ag* thoughtful, considerate
'prendere *vt* to take; (*andare a prendere*) to get, fetch; (*ottenere*) to get; (*guadagnare*) to get, earn; (*catturare*: *ladro, pesce*) to catch; (*collaboratore, dipendente*) to take on; (*passeggero*) to pick up; (*chiedere*: *somma, prezzo*) to charge, ask; (*trattare*: *persona*) to handle ▸ *vi* (*colla, cemento*) to set; (*pianta*) to take; (*fuoco*: *nel camino*) to catch; (*voltare*): **~ a destra** to turn (to the) right; **prendersi** *vpr* (*azzuffarsi*): **prendersi a pugni** to come to blows; **dove si prende il traghetto per...** where do we get the ferry to ...; **prendi qualcosa?** (*da bere, da mangiare*) would you like something to eat (*o* drink)?; **prendo un caffè** I'll have a coffee; **~ qn/qc per** (*scambiare*) to take sb/sth for; **~ fuoco** to catch fire; **~ parte a** to take part in; **prendersi cura di qn/qc** to look after sb/sth; **prendersela** (*adirarsi*) to get annoyed; (*preoccuparsi*) to get upset, worry
preno'tare *vt* to book, reserve; **vorrei ~ una camera doppia** I'd like to book a double room; **ho prenotato un tavolo al nome di ...** I booked a table in the name of ...; **prenotazi'one** *sf* booking, reservation; **ho confermato la prenotazione per fax/e-mail** I confirmed my booking by fax/e-mail
preoccu'pare *vt* to worry; to preoccupy; **preoccuparsi** *vpr* **preoccuparsi di qn/qc** to worry about sb/sth; **preoccuparsi per qn** to be anxious for sb; **preoccupazi'one** *sf* worry, anxiety

P

prepa'rare *vt* to prepare; (*esame, concorso*) to prepare for; **prepararsi** *vpr* (*vestirsi*) to get ready; **prepararsi a qc/a fare** to get ready *o* prepare (o.s.) for sth/to do; **~ da mangiare** to prepare a meal; **prepara'tivi** *smpl* preparations

preposizi'one [prepozit'tsjone] *sf* (*Ling*) preposition

prepo'tente *ag* (*persona*) domineering, arrogant; (*bisogno, desiderio*) overwhelming, pressing ▸ *sm/f* bully

'presa *sf* taking *no pl*; catching *no pl*; (*di città*) capture; (*indurimento: di cemento*) setting; (*appiglio, Sport*) hold; (*di acqua, gas*) (supply) point; (*piccola quantità: di sale ecc*) pinch; (*Carte*) trick; **far ~** (*colla*) to set; **far ~ sul pubblico** to catch the public's imagination; **essere alle prese con** (*fig*) to be struggling with; **presa d'aria** air inlet; **presa (di corrente)** (*Elettr*) socket; (: *al muro*) point

pre'sagio [pre'zadʒo] *sm* omen

'presbite *ag* long-sighted

pres'crivere *vt* to prescribe

'prese *ecc vb vedi* **prendere**

presen'tare *vt* to present; (*far conoscere*): **~ qn (a)** to introduce sb (to); (*Amm: inoltrare*) to submit; **presentarsi** *vpr* (*recarsi, farsi vedere*) to present o.s., appear; (*farsi conoscere*) to introduce o.s.; (*occasione*) to arise; **presentarsi come candidato** (*Pol*) to stand as a candidate; **presentarsi bene/male** to have a good/poor appearance

pre'sente *ag* present; (*questo*) this ▸ *sm* present; **i presenti** those present; **aver ~ qc/qn** to remember sth/sb; **presenti** (*persone*) people present; **aver ~ qc/qn** to remember sth/sb; **tenere ~ qn/qc** to keep sth/sb in mind

presenti'mento *sm* premonition

pre'senza [pre'zɛntsa] *sf* presence; (*aspetto esteriore*) appearance; **presenza di spirito** presence of mind

pre'sepio, pre'sepe *sm* crib

preser'vare *vt* to protect; to save; **preserva'tivo** *sm* sheath, condom

'presi *ecc vb vedi* **prendere**

'preside *sm/f* (*Ins*) head (teacher) (BRIT), principal (US); (*di facoltà universitaria*) dean; **preside di facoltà** (*Univ*) dean of faculty

presi'dente *sm* (*Pol*) president; (*di assemblea, Comm*) chairman; **presidente del consiglio** prime minister

presi'edere *vt* to preside over ▸ *vi* **~ a** to direct, be in charge of

pressap'poco *av* about, roughly

pres'sare *vt* to press

pressi'one *sf* pressure; **far ~ su qn** to put pressure on sb; **pressione sanguigna** blood pressure; **pressione atmosferica** atmospheric pressure

'presso *av* (*vicino*) nearby, close at hand ▸ *prep* (*vicino a*) near; (*accanto a*) beside, next to; (*in casa di*): **~ qn** at sb's home; (*nelle lettere*) care of, c/o; (*alle dipendenze di*): **lavora ~ di noi** he works for *o* with us ▸ *smpl* **nei pressi di** near, in the vicinity of

pres'tante *ag* good-looking

pres'tare *vt* **~ (qc a qn)** to lend (sb sth *o* sth to sb); **prestarsi** *vpr* (*offrirsi*): **prestarsi a fare** to offer to do; (*essere adatto*): **prestarsi a** to lend itself to, be suitable for; **mi può ~ dei soldi?** can you lend me some money?; **~ aiuto** to lend a hand; **~ attenzione** to pay attention; **~ fede a qc/qn** to give credence to sth/sb; **~ orecchio** to listen; **prestazi'one** *sf* (*Tecn, Sport*) performance

prestigia'tore, -'trice [prestidʒa'tore] *sm/f* conjurer
pres'tigio [pres'tidʒo] *sm* (*fama*) prestige; (*illusione*): **gioco di ~** conjuring trick
'prestito *sm* lending *no pl*; loan; **dar in ~** to lend; **prendere in ~** to borrow
'presto *av* (*tra poco*) soon; (*in fretta*) quickly; (*di buon'ora*) early; **a ~** see you soon; **fare ~ a fare qc** to hurry up and do sth; (*non costare fatica*) to have no trouble doing sth; **si fa ~ a criticare** it's easy to criticize
pre'sumere *vt* to presume, assume
pre'sunsi *ecc vb vedi* **presumere**
presuntu'oso, -a *ag* presumptuous
presunzi'one [prezun'tsjone] *sf* presumption
'prete *sm* priest
preten'dente *sm/f* pretender ▸ *sm* (*corteggiatore*) suitor
pre'tendere *vt* (*esigere*) to demand, require; (*sostenere*): **~ che** to claim that; **pretende di aver sempre ragione** he thinks he's always right

Attenzione! In inglese esiste il verbo *to pretend*, che però significa *far finta*.

pre'tesa *sf* (*esigenza*) claim, demand; (*presunzione, sfarzo*) pretentiousness; **senza pretese** unpretentious
pre'testo *sm* pretext, excuse
preva'lere *vi* to prevail
preve'dere *vt* (*indovinare*) to foresee, (*presagire*) to foretell; (*considerare*) to make provision for
preve'nire *vt* (*anticipare*) to forestall; to anticipate; (*evitare*) to avoid, prevent
preven'tivo, -a *ag* preventive ▸ *sm* (*Comm*) estimate
prevenzi'one [preven'tsjone] *sf* prevention; (*preconcetto*) prejudice
previ'dente *ag* showing foresight; prudent; **previ'denza** *sf* foresight; **istituto di previdenza** provident institution; **previdenza sociale** social security (*BRIT*), welfare (*US*)
pre'vidi *ecc vb vedi* **prevedere**
previsi'one *sf* forecast, prediction; **previsioni meteorologiche** weather forecast *sg*; **previsioni del tempo** weather forecast *sg*
pre'visto, -a *pp di* **prevedere** ▸ *sm* **più/meno del ~** more/less than expected
prezi'oso, -a [pret'tsjoso] *ag* precious; invaluable ▸ *sm* jewel; valuable
prez'zemolo [pret'tsemolo] *sm* parsley
'prezzo ['prɛttso] *sm* price; **prezzo d'acquisto/di vendita** buying/selling price
prigi'one [pri'dʒone] *sf* prison; **prigioni'ero, -a** *ag* captive ▸ *sm/f* prisoner
'prima *sf* (*Teatro*) first night; (*Cinema*) première; (*Aut*) first gear; *vedi anche* **primo** ▸ *av* before; (*in anticipo*) in advance, beforehand; (*per l'addietro*) at one time, formerly; (*più presto*) sooner, earlier; (*in primo luogo*) first ▸ *cong* **~ di fare/che parta** before doing/he leaves; **~ di** before; **~ o poi** sooner or later
pri'mario, -a *ag* primary; (*principale*) chief, leading, primary ▸ *sm* (*Med*) chief physician
prima'tista, -i, e *sm/f* (*Sport*) record holder
pri'mato *sm* supremacy; (*Sport*) record
prima'vera *sf* spring
primi'tivo, -a *ag* primitive; original
pri'mizie [pri'mittsje] *sfpl* early produce *sg*
'primo, -a *ag* first; (*fig*) initial; basic; prime ▸ *sm/f* first (one) ▸ *sm* (*Cuc*) first course; (*in date*): **il ~ luglio** the first of July; **le prime ore del mattino** the early hours of the morning; **ai primi**

di maggio at the beginning of May; **viaggiare in prima** to travel first-class; **in ~ luogo** first of all, in the first place; **di prim'ordine** *o* **prima qualità** first-class, first-rate; **in un ~ tempo** at first; **prima donna** leading lady; (*di opera lirica*) prima donna

primordi'ale *ag* primordial

'primula *sf* primrose

princi'pale [printʃi'pale] *ag* main, principal ▸ *sm* manager, boss

principal'mente [printʃipal'mente] *av* mainly, principally

'principe ['printʃipe] *sm* prince; **principe ereditario** crown prince; **princi'pessa** *sf* princess

principi'ante [printʃi'pjante] *sm/f* beginner

prin'cipio [prin'tʃipjo] *sm* (*inizio*) beginning, start; (*origine*) origin, cause; (*concetto, norma*) principle; **al** *o* **in ~** at first; **per ~** on principle; **principi** *smpl* (*concetti fondamentali*) principles; **una questione di ~** a matter of principle

priorità *sf* priority

priori'tario, -a *ag* having priority, of utmost importance

pri'vare *vt* **~ qn di** to deprive sb of; **privarsi di** to go *o* do without

pri'vato, -a *ag* private ▸ *sm/f* private citizen; **in ~** in private

privilegi'are [privile'dʒare] *vt* to grant a privilege to

privilegi'ato, -a [privile'dʒato] *ag* (*individuo, classe*) privileged; (*trattamento, Comm: credito*) preferential; **azioni ~e** preference shares (*BRIT*), preferred stock (*US*)

privi'legio [privi'lɛdʒo] *sm* privilege

'privo, -a *ag* **~ di** without, lacking

pro *prep* for, on behalf of ▸ *sm inv* (*utilità*) advantage, benefit; **a che ~?** what's the use?; **il ~ e il contro** the pros and cons

pro'babile *ag* probable, likely; **probabilità** *sf inv* probability

probabil'mente *av* probably

pro'blema, -i *sm* problem

pro'boscide [pro'bɔʃʃide] *sf* (*di elefante*) trunk

pro'cedere [pro'tʃɛdere] *vi* to proceed; (*comportarsi*) to behave; (*iniziare*): **~ a** to start; **~ contro** (*Dir*) to start legal proceedings against; **proce'dura** *sf* (*Dir*) procedure

proces'sare [protʃes'sare] *vt* (*Dir*) to try

processi'one [protʃes'sjone] *sf* procession

pro'cesso [pro'tʃɛsso] *sm* (*Dir*) trial; proceedings *pl*; (*metodo*) process

pro'cinto [pro'tʃinto] *sm* **in ~ di fare** about to do, on the point of doing

procla'mare *vt* to proclaim

procre'are *vt* to procreate

procu'rare *vt* **~ qc a qn** (*fornire*) to get *o* obtain sth for sb; (*causare: noie ecc*) to bring *o* give sb sth

pro'digio [pro'didʒo] *sm* marvel, wonder; (*persona*) prodigy

pro'dotto, -a *pp di* **produrre** ▸ *sm* product; **prodotti agricoli** farm produce *sg*

pro'duco *ecc vb vedi* **produrre**

pro'durre *vt* to produce

pro'dussi *ecc vb vedi* **produrre**

produzi'one *sf* production; (*rendimento*) output

Prof. *abbr* (= *professore*) Prof.

profa'nare *vt* to desecrate

profes'sare *vt* to profess; (*medicina ecc*) to practise

professio'nale *ag* professional

professi'one *sf* profession; **professio'nista, -i, -e** *sm/f* professional

profes'sore, -'essa *sm/f* (*Ins*) teacher; (: *di università*) lecturer; (: *titolare di cattedra*) professor

pro'filo *sm* profile; (*breve descrizione*) sketch, outline; **di ~** in profile
pro'fitto *sm* advantage, profit, benefit; (*fig: progresso*) progress; (*Comm*) profit
profondità *sf inv* depth
pro'fondo, -a *ag* deep; (*rancore, meditazione*) profound ▶ *sm* depth(s *pl*), bottom; **quanto è profonda l'acqua?** how deep is the water?; **~ 8 metri** 8 metres deep
'profugo, -a, -ghi, -ghe *sm/f* refugee
profu'mare *vt* to perfume ▶ *vi* to be fragrant; **profumarsi** *vpr* to put on perfume *o* scent
profu'mato, -a *ag* (*fiore, aria*) fragrant; (*fazzoletto, saponetta*) scented; (*pelle*) sweet-smelling; (*persona*) with perfume on
profume'ria *sf* perfumery; (*negozio*) perfume shop
pro'fumo *sm* (*prodotto*) perfume, scent; (*fragranza*) scent, fragrance
proget'tare [prodʒet'tare] *vt* to plan; (*edificio*) to plan, design; **pro'getto** *sm* plan; (*idea*) plan, project; **progetto di legge** bill
pro'gramma, -i *sm* programme; (*TV, Radio*) programmes *pl*; (*Ins*) syllabus, curriculum; (*Inform*) program; **program'mare** *vt* (*TV, Radio*) to put on; (*Inform*) to program; (*Econ*) to plan; **programma'tore, -'trice** *sm/f* (*Inform*) computer programmer
progre'dire *vi* to progress, make progress
pro'gresso *sm* progress *no pl*; **fare progressi** to make progress
proi'bire *vt* to forbid, prohibit
proiet'tare *vt* (*gen, Geom, Cinema*) to project; (*: presentare*) to show, screen; (*luce, ombra*) to throw, cast, project; **proi'ettile** *sm* projectile, bullet (*o* shell *ecc*); **proiet'tore** *sm* (*Cinema*) projector; (*Aut*) headlamp; (*Mil*) searchlight; **proiezi'one** *sf* (*Cinema*) projection; showing
prolife'rare *vi* (*fig*) to proliferate
pro'lunga, -ghe *sf* (*di cavo ecc*) extension
prolun'gare *vt* (*discorso, attesa*) to prolong; (*linea, termine*) to extend
prome'moria *sm inv* memorandum
pro'messa *sf* promise
pro'mettere *vt* to promise ▶ *vi* to be *o* look promising; **~ a qn di fare** to promise sb that one will do
promi'nente *ag* prominent
pro'misi *ecc vb vedi* **promettere**
promon'torio *sm* promontory, headland
promozi'one [promot'tsjone] *sf* promotion
promu'overe *vt* to promote
proni'pote *sm/f* (*di nonni*) great-grandchild, great-grandson/granddaughter; (*di zii*) great-nephew/niece
pro'nome *sm* (*Ling*) pronoun
pron'tezza [pron'tettsa] *sf* readiness; quickness, promptness
'pronto, -a *ag* ready; (*rapido*) fast, quick, prompt; **quando saranno pronte le mie foto?** when will my photos be ready?; **~!** (*Tel*) hello!; **~ all'ira** quick-tempered; **pronto soccorso** (*cure*) first aid; (*reparto*) A&E (*BRIT*), ER (*US*)
prontu'ario *sm* manual, handbook
pro'nuncia [pro'nuntʃa] *sf* pronunciation
pronunci'are [pronun'tʃare] *vt* (*parola, sentenza*) to pronounce; (*dire*) to utter; (*discorso*) to deliver; **come si pronuncia?** how do you pronounce it?
propa'ganda *sf* propaganda
pro'pendere *vi* **~ per** to favour, lean towards
propi'nare *vt* to administer

P

pro'porre *vt* (*suggerire*): **~ qc (a qn)** to suggest sth (to sb); (*candidato*) to put forward; (*legge, brindisi*) to propose; **~ di fare** to suggest *o* propose doing; **proporsi di fare** to propose *o* intend to do; **proporsi una meta** to set o.s. a goal

proporzio'nale [proportsjo'nale] *ag* proportional

proporzi'one [propor'tsjone] *sf* proportion; **in ~ a** in proportion to; **proporzioni** *sfpl* (*dimensioni*) proportions; **di vaste proporzioni** huge

pro'posito *sm* (*intenzione*) intention, aim; (*argomento*) subject, matter; **a ~ di** regarding, with regard to; **di ~** (*apposta*) deliberately, on purpose; **a ~** by the way; **capitare a ~** (*cosa, persona*) to turn up at the right time

proposizi'one [propozit'tsjone] *sf* (*Ling*) clause; (: *periodo*) sentence

pro'posta *sf* proposal; (*suggerimento*) suggestion; **proposta di legge** bill

proprietà *sf inv* (*ciò che si possiede*) property *gen no pl*, estate; (*caratteristica*) property; (*correttezza*) correctness; **proprietà privata** private property; **proprie'tario, -a** *sm/f* owner; (*di albergo ecc*) proprietor, owner; (*per l'inquilino*) landlord/lady

'proprio, -a *ag* (*possessivo*) own; (: *impersonale*) one's; (*esatto*) exact, correct, proper; (*senso, significato*) literal; (*Ling*: *nome*) proper; (*particolare*): **~ di** characteristic of, peculiar to ▸ *av* (*precisamente*) just, exactly; (*davvero*) really; (*affatto*): **non ... ~** not ... at all; **l'ha visto con i (suoi) propri occhi** he saw it with his own eyes

proro'gare *vt* to extend; (*differire*) to postpone, defer

'prosa *sf* prose

pro'sciogliere [proʃ'ʃɔʎʎere] *vt* to release; (*Dir*) to acquit

prosciu'gare [proʃʃu'gare] *vt* (*terreni*) to drain, reclaim; **prosciugarsi** *vpr* to dry up

prosci'utto [proʃ'ʃutto] *sm* ham; **prosciutto cotto/crudo** cooked/cured ham

prosegui'mento *sm* continuation; **buon ~!** all the best!; (*a chi viaggia*) enjoy the rest of your journey!

prosegu'ire *vt* to carry on with, continue ▸ *vi* to carry on, go on

prospe'rare *vi* to thrive

prospet'tare *vt* (*esporre*) to point out, show; **prospettarsi** *vpr* to look, appear

prospet'tiva *sf* (*Arte*) perspective; (*veduta*) view; (*fig*: *previsione, possibilità*) prospect

pros'petto *sm* (*Disegno*) elevation; (*veduta*) view, prospect; (*facciata*) façade, front; (*tabella*) table; (*sommario*) summary; **prospetto informativo** prospectus

prossimità *sf* nearness, proximity; **in ~ di** near (to), close to

'prossimo, -a *ag* (*vicino*): **~ a** near (to), close to; (*che viene subito dopo*) next; (*parente*) close ▸ *sm* neighbour, fellow man

prostitu'irsi *vpr* to prostitute o.s.

prosti'tuta *sf* prostitute

protago'nista, -i, -e *sm/f* protagonist

pro'teggere [pro'tɛddʒere] *vt* to protect

prote'ina *sf* protein

pro'tendere *vt* to stretch out

pro'testa *sf* protest

protes'tante *ag, sm/f* Protestant

protes'tare *vt, vi* to protest

pro'tetto, -a *pp di* **proteggere**

protezi'one [protet'tsjone] *sf* protection; (*patrocinio*) patronage

pro'totipo *sm* prototype

pro'trarre *vt* (*prolungare*) to prolong; **protrarsi** *vpr* to go on, continue

protube'ranza [protube'rantsa] *sf* protuberance, bulge

'prova *sf* (*esperimento, cimento*) test, trial; (*tentativo*) attempt, try; (*Mat, testimonianza, documento ecc*) proof; (*Dir*) evidence *no pl*, proof; (*Ins*) exam, test; (*Teatro*) rehearsal; (*di abito*) fitting; **a ~ di** (*in testimonianza di*) as proof of; **a ~ di fuoco** fireproof; **fino a ~ contraria** until it is proved otherwise; **mettere alla ~** to put to the test; **giro di ~** test *o* trial run; **prova generale** (*Teatro*) dress rehearsal

pro'vare *vt* (*sperimentare*) to test; (*tentare*) to try, attempt; (*assaggiare*) to try, taste; (*sperimentare in sé*) to experience; (*sentire*) to feel; (*cimentare*) to put to the test; (*dimostrare*) to prove; (*abito*) to try on; **~ a fare** to try *o* attempt to do

proveni'enza [prove'njɛntsa] *sf* origin, source

prove'nire *vi* **~ da** to come from

pro'venti *smpl* revenue *sg*

pro'verbio *sm* proverb

pro'vetta *sf* test tube; **bambino in ~** test-tube baby

pro'vider [pro'vaider] *sm inv* (*Inform*) service provider

pro'vincia, -ce *o* **cie** [pro'vintʃa] *sf* province

pro'vino *sm* (*Cinema*) screen test; (*campione*) specimen

provo'cante *ag* (*attraente*) provocative

provo'care *vt* (*causare*) to cause, bring about; (*eccitare: riso, pietà*) to arouse; (*irritare, sfidare*) to provoke; **provocazi'one** *sf* provocation

provve'dere *vi* (*disporre*): **~ (a)** to provide (for); (*prendere un provvedimento*) to take steps, act; **provvedi'mento** *sm* measure; (*di previdenza*) precaution

provvi'denza [provvi'dɛntsa] *sf* **la ~** providence

provvigi'one [provvi'dʒone] *sf* (*Comm*) commission

provvi'sorio, -a *ag* temporary

prov'viste *sfpl* supplies

'prua *sf* (*Naut*) bow(s) (*pl*), prow

pru'dente *ag* cautious, prudent; (*assennato*) sensible, wise; **pru'denza** *sf* prudence, caution; wisdom

'prudere *vi* to itch, be itchy

'prugna ['pruɲɲa] *sf* plum; **prugna secca** prune

pru'rito *sm* itchiness *no pl*; itch

P.S. *abbr* (= *postscriptum*) P.S.; (*Polizia*) = **Pubblica Sicurezza**

pseu'donimo *sm* pseudonym

psica'nalisi *sf* psychoanalysis

psicana'lista, -i, -e *sm/f* psychoanalyst

'psiche ['psike] *sf* (*Psic*) psyche

psichi'atra, -i, -e [psi'kjatra] *sm/f* psychiatrist; **psichi'atrico, -a, -ci, -che** *ag* psychiatric

psicolo'gia [psikolo'dʒia] *sf* psychology; **psico'logico, -a, -ci, -che** *ag* psychological; **psi'cologo, -a, -gi, -ghe** *sm/f* psychologist

psico'patico, -a, -ci, -che *ag* psychopathic ▸ *sm/f* psychopath

pubbli'care *vt* to publish

pubblicazi'one [pubblikat'tsjone] *sf* publication

pubblicità [pubblitʃi'ta] *sf* (*diffusione*) publicity; (*attività*) advertising; (*annunci nei giornali*) advertisements *pl*

'pubblico, -a, -ci, -che *ag* public; (*statale: scuola ecc*) state *cpd* ▸ *sm* public; (*spettatori*) audience; **in ~** in public; **P~ Ministero** Public Prosecutor's Office; **la Pubblica Sicurezza** the police; **pubblico funzionario** civil servant

'pube *sm* (*Anat*) pubis

pubertà *sf* puberty

'pudico, -a, -ci, -che *ag* modest

pu'dore *sm* modesty

pue'rile *ag* childish
pugi'lato [pudʒi'lato] *sm* boxing
'pugile ['pudʒile] *sm* boxer
pugna'lare [puɲɲa'lare] *vt* to stab
pu'gnale [puɲ'ɲale] *sm* dagger
'pugno ['puɲɲo] *sm* fist; (*colpo*) punch; (*quantità*) fistful
'pulce ['pultʃe] *sf* flea
pul'cino [pul'tʃino] *sm* chick
pu'lire *vt* to clean; (*lucidare*) to polish; **pu'lito, -a** *ag* (*anche fig*) clean; (*ordinato*) neat, tidy; **puli'tura** *sf* cleaning; **pulitura a secco** dry cleaning; **puli'zia** *sf* cleaning; cleanness; **fare le pulizie** to do the cleaning *o* the housework; **pulizia etnica** ethnic cleansing
'pullman *sm inv* coach
pul'lover *sm inv* pullover, jumper
pullu'lare *vi* to swarm, teem
pul'mino *sm* minibus
'pulpito *sm* pulpit
pul'sante *sm* (push-)button
pul'sare *vi* to pulsate, beat
pul'viscolo *sm* fine dust; **pulviscolo atmosferico** specks *pl* of dust
'puma *sm inv* puma
pun'gente [pun'dʒɛnte] *ag* prickly; stinging; (*anche fig*) biting
'pungere ['pundʒere] *vt* to prick; (*insetto, ortica*) to sting; (*: freddo*) to bite
pungigli'one [pundʒiʎ'ʎone] *sm* sting
pu'nire *vt* to punish; **punizi'one** *sf* punishment; (*Sport*) penalty
'punsi *ecc vb vedi* **pungere**
'punta *sf* point; (*parte terminale*) tip, end; (*di monte*) peak; (*di costa*) promontory; (*minima parte*) touch, trace; **in ~ di piedi** on tip-toe; **ore di ~** peak hours; **uomo di ~** front-rank *o* leading man
pun'tare *vt* (*piedi a terra, gomiti sul tavolo*) to plant; (*dirigere: pistola*) to point; (*scommettere*) to bet ▶ *vi* (*mirare*): **~ a** to aim at; **~ su** (*dirigersi*) to head *o* make for; (*fig: contare*) to count *o* rely on
pun'tata *sf* (*gita*) short trip; (*scommessa*) bet; (*parte di opera*) instalment; **romanzo a puntate** serial
punteggia'tura [punteddʒa'tura] *sf* (*Ling*) punctuation
pun'teggio [pun'teddʒo] *sm* score
puntel'lare *vt* to support
pun'tello *sm* prop, support
pun'tina *sf*; **puntina da disegno** drawing pin
pun'tino *sm* dot; **fare qc a ~** to do sth properly
'punto, -a *pp di* **pungere** ▶ *sm* (*segno, macchiolina*) dot; (*Ling*) full stop; (*di indirizzo e-mail*) dot; (*Mat, momento, di punteggio: fig: argomento*) point; (*posto*) spot; (*a scuola*) mark; (*nel cucire, nella maglia, Med*) stitch ▶ *av* **non ... ~** not at all; **punto cardinale** point of the compass, cardinal point; **punto debole** weak point; **punto esclamativo** exclamation mark; **punto interrogativo** question mark; **punto nero** (*comedone*) blackhead; **punto di partenza** (*anche fig*) starting point; **punto di riferimento** landmark; (*fig*) point of reference; **punto (di) vendita** retail outlet; **punto e virgola** semicolon; **punto di vista** (*fig*) point of view
puntu'ale *ag* punctual
pun'tura *sf* (*di ago*) prick; (*Med*) puncture; (*: iniezione*) injection; (*dolore*) sharp pain; **puntura d'insetto** sting, bite

> Attenzione! In inglese esiste la parola *puncture*, che si usa per indicare la foratura di una gomma.

punzecchi'are [puntsek'kjare] *vt* to prick; (*fig*) to tease
può *ecc*, **-pu'oi** *vb vedi* **potere**

pu'pazzo [pu'pattso] *sm* puppet
pu'pilla *sf* (*Anat*) pupil
purché [pur'ke] *cong* provided that, on condition that
'pure *cong* (*tuttavia*) and yet, nevertheless; (*anche se*) even if ▸ *av* (*anche*) too, also; **pur di** (*al fine di*) just to; **faccia ~!** go ahead!, please do!
purè *sm* (*Cuc*) purée; (: *di patate*) mashed potatoes
pu'rezza [pu'rettsa] *sf* purity
pur'gante *sm* (*Med*) purgative, purge
purga'torio *sm* purgatory
purifi'care *vt* to purify; (*metallo*) to refine
'puro, -a *ag* pure; (*acqua*) clear, limpid; (*vino*) undiluted; **puro'sangue** *sm/f inv* thoroughbred
pur'troppo *av* unfortunately
pus *sm* pus
'pustola *sf* pimple
puti'ferio *sm* rumpus, row
putre'fatto, -a *pp di* **putrefare**
put'tana (*fam!*) *sf* whore (!)
puz'zare [put'tsare] *vi* to stink
'puzzo ['puttso] *sm* stink, foul smell
'puzzola ['puttsola] *sf* polecat
puzzo'lente [puttso'lɛnte] *ag* stinking
pvc [pivi'tʃi] *sigla m* (= *polyvinyl chloride*) PVC

q

q *abbr* (= *quintale*) q.
qua *av* here; **in ~** (*verso questa parte*) this way; **da un anno in ~** for a year now; **da ~ndo in ~?** since when?; **per di ~** (*passare*) this way; **al di ~ di** (*fiume, strada*) on this side of; **~ dentro/fuori** *ecc* in/out here *ecc*; *vedi anche* **questo**
qua'derno *sm* notebook; (*per scuola*) exercise book
qua'drante *sm* quadrant; (*di orologio*) face
qua'drare *vi* (*bilancio*) to balance, tally; (*descrizione*) to correspond ▸ *vt* (*Mat*) to square; **non mi quadra** I don't like it; **qua'drato, -a** *ag* square; (*fig: equilibrato*) level-headed, sensible; (: *peg*) square ▸ *sm* (*Mat*) square; (*Pugilato*) ring; **5 al quadrato** 5 squared
quadri'foglio [kwadri'fɔʎʎo] *sm* four-leaf clover
quadri'mestre *sm* (*periodo*) four-month period; (*Ins*) term
'quadro *sm* (*pittura*) painting, picture; (*quadrato*) square; (*tabella*) table, chart; (*Tecn*) board, panel; (*Teatro*) scene; (*fig: scena, spettacolo*) sight; (: *descrizione*) outline, description; **quadri** *smpl* (*Pol*) party organizers; (*Mil*) cadres; (*Comm*) managerial staff; (*Carte*) diamonds
'quadruplo, -a *ag, sm* quadruple
quaggiù [kwad'dʒu] *av* down here
'quaglia ['kwaʎʎa] *sf* quail

'qualche ['kwalke] *det*
1 some, a few; (*in interrogative*) any; **ho comprato qualche libro** I've bought some *o* a few books; **qualche volta** sometimes; **hai qualche sigaretta?** have you any cigarettes?
2 (*uno*): **c'è qualche medico?** is there a doctor?; **in qualche modo** somehow
3 (*un certo, parecchio*) some; **un personaggio di qualche rilievo** a figure of some importance
4: **qualche cosa** = **qualcosa**

qual'cosa *pron* something; (*in espressioni interrogative*) anything; **qualcos'altro** something else; anything else; **~ di nuovo** something new; anything new; **~ da mangiare** something to eat; anything to eat; **c'è ~ che non va?** is there something *o* anything wrong?

qual'cuno *pron* (*persona*) someone, somebody; (: *in espressioni interrogative*) anyone, anybody; (*alcuni*) some; **~ è favorevole a noi** some are on our side; **qualcun altro** someone *o* somebody else; anyone *o* anybody else

'quale (*spesso troncato in* **qual**) *det*
1 (*interrogativo*) what; (: *scegliendo tra due o più cose o persone*) which; **quale uomo/denaro?** what man/money?, which man/money?; **quali sono i tuoi programmi?** what are your plans?; **quale stanza preferisci?** which room do you prefer?
2 (*relativo*: *come*): **il risultato fu quale ci si aspettava** the result was as expected
3 (*esclamativo*) what; **quale disgrazia!** what bad luck!
▸*pron*
1 (*interrogativo*) which; **quale dei due scegli?** which of the two do you want?
2 (*relativo*): **il (la) quale** (*persona*: *soggetto*) who; (: *oggetto, con preposizione*) whom; (*cosa*) which; (*possessivo*) whose; **suo padre, il quale è avvocato, ...** his father, who is a lawyer, ...; **il signore con il quale parlavo** the gentleman to whom I was speaking; **l'albergo al quale ci siamo fermati** the hotel where we stayed *o* which we stayed at; **la signora della quale ammiriamo la bellezza** the lady whose beauty we admire
3 (*relativo*: *in elenchi*) such as, like; **piante quali l'edera** plants like *o* such as ivy; **quale sindaco di questa città** as mayor of this town

qua'lifica, -che *sf* qualification; (*titolo*) title

qualifi'cato, -a *ag* (*dotato di qualifica*) qualified; (*esperto, abile*) skilled; **non mi ritengo ~ per questo lavoro** I don't think I'm qualified for this job; **è un medico molto ~** he is a very distinguished doctor

qualificazi'one *sf* **gara di ~** (*Sport*) qualifying event

qualità *sf inv* quality; **in ~ di** in one's capacity as

qua'lora *cong* in case, if

qual'siasi *det inv* = **qualunque**

qua'lunque *det inv* any; (*quale che sia*) whatever; (*discriminativo*) whichever; (*posposto*: *mediocre*) poor, indifferent; ordinary; **mettiti un vestito ~** put on any old dress; **~ cosa** anything; **~ cosa accada** whatever happens; **a ~ costo** at any cost, whatever the cost; **l'uomo ~** the man in the street; **~ persona** anyone, anybody

'quando *cong, av* when; **~ sarò ricco** when I'm rich; **da ~** (*dacché*) since; (*interrogativo*): **da ~ sei qui?** how long have you been here?; **quand'anche** even if

quantità *sf inv* quantity; (*gran*

numero): **una ~ di** a great deal of; a lot of; **in grande ~** in large quantities

'quanto, -a
det

1 (*interrogativo: quantità*) how much; (*: numero*) how many; **quanto pane/denaro?** how much bread/money?; **quanti libri/ragazzi?** how many books/boys?; **quanto tempo?** how long?; **quanti anni hai?** how old are you?
2 (*esclamativo*): **quante storie!** what a lot of nonsense!; **quanto tempo sprecato!** what a waste of time!
3 (*relativo: quantità*) as much ... as; (*: numero*) as many ... as; **ho quanto denaro mi occorre** I have as much money as I need; **prendi quanti libri vuoi** take as many books as you like
▸*pron*
1 (*interrogativo: quantità*) how much; (*: numero*) how many; (*: tempo*) how long; **quanto mi dai?** how much will you give me?; **quanti me ne hai portati?** how many did you bring me?; **da quanto sei qui?** how long have you been here?; **quanti ne abbiamo oggi?** what's the date today?
2 (*relativo: quantità*) as much as; (*: numero*) as many as; **farò quanto posso** I'll do as much as I can; **possono venire quanti sono stati invitati** all those who have been invited can come
▸*av*
1 (*interrogativo: con ag, av*) how, (*: con vb*) how much; **quanto stanco ti sembrava?** how tired did he seem to you?; **quanto corre la tua moto?** how fast can your motorbike go?; **quanto costa?** how much does it cost?; **quant'è?** how much is it?
2 (*esclamativo: con ag, av*) how; (*: con vb*) how much; **quanto sono felice!** how happy I am!; **sapessi quanto abbiamo camminato!** if you knew how far we've walked!; **studierò quanto posso** I'll study as much as *o* all I can; **quanto prima** as soon as possible
3: **in quanto** (*in qualità di*) as; (*perché, per il fatto che*) as, since; **(in) quanto a** (*per ciò che riguarda*) as for, as regards
4: **per quanto** (*nonostante, anche se*) however; **per quanto si sforzi, non ce la farà** try as he may, he won't manage it; **per quanto sia brava, fa degli errori** however good she may be, she makes mistakes; **per quanto io sappia** as far as I know

qua'ranta *num* forty
quaran'tena *sf* quarantine
quaran'tesimo, -a *num* fortieth
quaran'tina *sf* **una ~ (di)** about forty
'quarta *sf* (*Aut*) fourth (gear); *vedi anche* **quarto**
quar'tetto *sm* quartet(te)
quarti'ere *sm* district, area; (*Mil*) quarters *pl*; **quartier generale** headquarters *pl*
'quarto, -a *ag* fourth ▸ *sm* fourth; (*quarta parte*) quarter; **le 6 e un ~** a quarter past six; **quarti di finale** quarter final; **quarto d'ora** quarter of an hour
'quarzo ['kwartso] *sm* quartz
'quasi *av* almost, nearly ▸ *cong* (*anche*: **~ che**) as if; **(non) ... ~ mai** hardly ever; **~ ~ me ne andrei** I've half a mind to leave
quassù *av* up here
quat'tordici [kwat'torditʃi] *num* fourteen
quat'trini *smpl* money *sg*, cash *sg*
'quattro *num* four; **in ~ e quattr'otto** in less than no time; **quattro'cento** *num* four hundred ▸ *sm* **il Quattrocento** the fifteenth century

'quello, -a
(*dav sm* **quel** + *C*, **quell'** + *V*, **quello** + *s impura, gn, pn, ps, x, z; pl* **quei** + *C*, **quegli** + *V o s impura, gn, pn, ps, x, z; dav sf* **quella** + *C*, **quell'** + *V*; *pl* **quelle**) *det*

q

that; those *pl*; **quella casa** that house; **quegli uomini** those men; **voglio quella camicia (lì** *o* **là)** I want that shirt ▶*pron*

1 (*dimostrativo*) that (one), those (ones) *pl*; (*ciò*) that; **conosci quella?** do you know that woman?; **prendo quello bianco** I'll take the white one; **chi è quello?** who's that?; **prendi quello (lì** *o* **là)** take that one (there)

2 (*relativo*): **quello(a) che** (*persona*) the one (who); (*cosa*) the one (which), the one (that); **quelli(e) che** (*persone*) those who; (*cose*) those which; **è lui quello che non voleva venire** he's the one who didn't want to come; **ho fatto quello che potevo** I did what I could

'quercia, -ce ['kwɛrtʃa] *sf* oak (tree); (*legno*) oak

que'rela *sf* (*Dir*) (legal) action

que'sito *sm* question, query; problem

questio'nario *sm* questionnaire

questi'one *sf* problem, question; (*controversia*) issue; (*litigio*) quarrel; **in ~** in question; **è ~ di tempo** it's a matter *o* question of time

'questo, -a *det*

1 (*dimostrativo*) this; these *pl*; **questo libro (qui** *o* **qua)** this book; **io prendo questo cappotto, tu quello** I'll take this coat, you take that one; **quest'oggi** today; **questa sera** this evening

2 (*enfatico*): **non fatemi più prendere di queste paure** don't frighten me like that again

▶*pron* (*dimostrativo*) this (one); these (ones) *pl*; (*ciò*) this; **prendo questo (qui** *o* **qua)** I'll take this one; **preferisci questi o quelli?** do you prefer these (ones) or those (ones)?; **questo intendevo io** this is what I meant; **vengono Paolo e Luca: questo da Roma, quello da Palermo** Paolo and Luca are coming: the former from Palermo, the latter from Rome

ques'tura *sf* police headquarters *pl*

qui *av* here; **da** *o* **di ~** from here; **di ~ in avanti** from now on; **di ~ a poco/una settimana** in a little while/a week's time; **~ dentro/sopra/vicino** in/up/near here; *vedi anche* **questo**

quie'tanza [kwje'tantsa] *sf* receipt

qui'ete *sf* quiet, quietness; calmness; stillness; peace

qui'eto, -a *ag* quiet; (*notte*) calm, still; (*mare*) calm

'quindi *av* then ▶ *cong* therefore, so

'quindici ['kwinditʃi] *num* fifteen; **~ giorni** a fortnight (*BRIT*), two weeks

quindi'cina [kwindi'tʃina] *sf* (*serie*): **una ~ (di)** about fifteen; **fra una ~ di giorni** in a fortnight

quinta *sf vedi* **quinto**

quin'tale *sm* quintal (100 *kg*)

'quinto, -a *num* fifth

quiz [kwidz] *sm inv* (*domanda*) question; (*anche*): **gioco a ~** quiz game

'quota *sf* (*parte*) quota, share; (*Aer*) height, altitude; (*Ippica*) odds *pl*; **prendere/perdere ~** (*Aer*) to gain/lose height *o* altitude; **quota d'iscrizione** enrolment fee; (*a club*) membership fee

quotidi'ano, -a *ag* daily; (*banale*) everyday ▶ *sm* (*giornale*) daily (paper)

quozi'ente [kwot'tsjɛnte] *sm* (*Mat*) quotient; **quoziente d'intelligenza** intelligence quotient, IQ

R, r ['ɛrre] *sf o m* (*lettera*) R, r; **R come Roma** ≈ R for Robert (*BRIT*), R for Roger (*US*)

'rabbia *sf* (*ira*) anger, rage; (*accanimento, furia*) fury; (*Med*: *idrofobia*) rabies *sg*

rab'bino *sm* rabbi

rabbi'oso, -a *ag* angry, furious; (*facile all'ira*) quick-tempered; (*forze, acqua ecc*) furious, raging; (*Med*) rabid, mad

rabbo'nire *vt* to calm down

rabbrivi'dire *vi* to shudder, shiver

raccapez'zarsi [rakkapet'tsarsi] *vpr* **non ~** to be at a loss

raccapricci'ante [rakkaprit'tʃante] *ag* horrifying

raccatta'palle *sm inv* (*Sport*) ballboy

raccat'tare *vt* to pick up

rac'chetta [rak'ketta] *sf* (*per tennis*) racket; (*per ping-pong*) bat; **racchetta da neve** snowshoe; **racchetta da sci** ski stick

racchi'udere [rak'kjudere] *vt* to contain

rac'cogliere [rak'kɔʎʎere] *vt* to collect; (*raccattare*) to pick up; (*frutti, fiori*) to pick, pluck; (*Agr*) to harvest; (*approvazione, voti*) to win

raccogli'tore [rakkoʎʎi'tore] *sm* (*cartella*) folder, binder

rac'colta *sf* collecting *no pl*; collection; (*Agr*) harvesting *no pl*, harvest, crop; (*adunata*) gathering; **raccolta differenziata** (*dei rifiuti*) separate collection of different kinds of household waste

rac'colto, -a *pp di* **raccogliere** ▶ *ag* (*persona*: *pensoso*) thoughtful; (*luogo*: *appartato*) secluded, quiet ▶ *sm* (*Agr*) crop, harvest

raccoman'dabile *ag* (highly) commendable; **è un tipo poco ~** he is not to be trusted

raccoman'dare *vt* to recommend; (*affidare*) to entrust; (*esortare*): **~ a qn di non fare** to tell *o* warn sb not to do; **raccoman'data** *sf* (*anche*: **lettera raccomandata**) recorded-delivery letter

raccon'tare *vt* **~ (a qn)** (*dire*) to tell (sb); (*narrare*) to relate (to sb), tell (sb) about; **rac'conto** *sm* telling *no pl*; (*fatto raccontato*) story, tale; **racconti per bambini** children's stories

rac'cordo *sm* (*Tecn*: *giunto*) connection, joint; (*Aut*): **raccordo anulare** (*Aut*) ring road (*BRIT*), beltway (*US*); **raccordo autostradale** slip road (*BRIT*), entrance (*o* exit) ramp (*US*); **raccordo ferroviario** siding; **raccordo stradale** link road

racimo'lare [ratʃimo'lare] *vt* (*fig*) to scrape together, glean

'rada *sf* (natural) harbour

'radar *sm* radar

raddoppi'are *vt, vi* to double

raddriz'zare [raddrit'tsare] *vt* to straighten; (*fig*: *correggere*) to put straight, correct

'radere *vt* (*barba*) to shave off; (*mento*) to shave; (*fig*: *rasentare*) to graze; to skim; **radersi** *vpr* to shave (o.s.); **~ al suolo** to raze to the ground

radi'are *vt* to strike off

radia'tore *sm* radiator

radiazi'one [radjat'tsjone] *sf* (*Fisica*) radiation; (*cancellazione*) striking off

radi'cale *ag* radical ▶ *sm* (*Ling*) root

ra'dicchio [ra'dikkjo] *sm* chicory
ra'dice [ra'ditʃe] *sf* root
'radio *sf inv* radio ▸ *sm* (*Chim*) radium; **radioat'tivo, -a** *ag* radioactive; **radio'cronaca, -che** *sf* radio commentary; **radiogra'fia** *sf* radiography; (*foto*) X-ray photograph
radi'oso, -a *ag* radiant
radios'veglia [radjoz'veʎʎa] *sf* radio alarm
'rado, -a *ag* (*capelli*) sparse, thin; (*visite*) infrequent; **di ~** rarely
radu'nare *vt* to gather, assemble; **radunarsi** *vpr* to gather, assemble
ra'dura *sf* clearing
raf'fermo, -a *ag* stale
'raffica, -che *sf* (*Meteor*) gust (of wind); (*di colpi: scarica*) burst of gunfire
raffigu'rare *vt* to represent
raffi'nato, -a *ag* refined
raffor'zare [raffor'tsare] *vt* to reinforce
raffredda'mento *sm* cooling
raffred'dare *vt* to cool; (*fig*) to dampen, have a cooling effect on; **raffreddarsi** *vpr* to grow cool *o* cold; (*prendere un raffreddore*) to catch a cold; (*fig*) to cool (off)
raffred'dato, -a *ag* (*Med*): **essere ~** to have a cold
raffred'dore *sm* (*Med*) cold
raf'fronto *sm* comparison
'rafia *sf* (*fibra*) raffia
rafting ['rafting] *sm* white-water rafting
ra'gazza [ra'gattsa] *sf* girl; (*fam: fidanzato*) girlfriend; **nome da ~** maiden name; **ragazza madre** unmarried mother
ra'gazzo [ra'gattso] *sm* boy; (*fam: fidanzato*) boyfriend; **ragazzi** *smpl* (*figli*) kids; **ciao ragazzi!** (*gruppo*) hi guys!
raggi'ante [rad'dʒante] *ag* radiant, shining
'raggio ['raddʒo] *sm* (*di sole ecc*) ray; (*Mat, distanza*) radius; (*di ruota ecc*) spoke; **raggio d'azione** range; **raggi X** X-rays
raggi'rare [raddʒi'rare] *vt* to take in, trick
raggi'ungere [rad'dʒundʒere] *vt* to reach; (*persona: riprendere*) to catch up (with); (*bersaglio*) to hit; (*fig: meta*) to achieve
raggomito'larsi *vpr* to curl up
raggranel'lare *vt* to scrape together
raggrup'pare *vt* to group (together)
ragiona'mento [radʒona'mento] *sm* reasoning *no pl*; arguing *no pl*; argument
ragio'nare [radʒo'nare] *vi* to reason; **~ di** (*discorrere*) to talk about
ragi'one [ra'dʒone] *sf* reason; (*dimostrazione, prova*) argument, reason; (*diritto*) right; **aver ~** to be right; **aver ~ di qn** to get the better of sb; **dare ~ a qn** to agree with sb; to prove sb right; **perdere la ~** to become insane; (*fig*) to take leave of one's senses; **in ~ di** at the rate of; to the amount of; according to; **a** *o* **con ~** rightly, justly; **a ragion veduta** after due consideration; **ragione sociale** (*Comm*) corporate name
ragione'ria [radʒone'ria] *sf* accountancy; accounts department
ragio'nevole [radʒo'nevole] *ag* reasonable
ragioni'ere, -a [radʒo'njɛre] *sm/f* accountant
ragli'are [raʎ'ʎare] *vi* to bray
ragna'tela [raɲɲa'tela] *sf* cobweb, spider's web
'ragno ['raɲɲo] *sm* spider
ragù *sm inv* (*Cuc*) meat sauce; stew
RAI-TV [raiti'vu] *sigla f* = **Radio televisione italiana**
ralle'grare *vt* to cheer up; **rallegrarsi** *vpr* to cheer up; (*provare allegrezza*)

to rejoice; **rallegrarsi con qn** to congratulate sb
rallen'tare *vt* to slow down; (*fig*) to lessen, slacken ▸ *vi* to slow down
rallenta'tore *sm* (*Cinema*) slow-motion camera; **al ~** (*anche fig*) in slow motion
raman'zina [raman'dzina] *sf* lecture, telling-off
'rame *sm* (*Chim*) copper
rammari'carsi *vpr* **~ (di)** (*rincrescersi*) to be sorry (about), regret; (*lamentarsi*) to complain (about)
rammen'dare *vt* to mend; (*calza*) to darn
'ramo *sm* branch
ramo'scello [ramoʃʃɛllo] *sm* twig
'rampa *sf* flight (of stairs); **rampa di lancio** launching pad
rampi'cante *ag* (*Bot*) climbing
'rana *sf* frog
'rancido, -a ['rantʃido] *ag* rancid
ran'core *sm* rancour, resentment
ran'dagio, -a, -gi, -gie *o* **ge** [ran'dadʒo] *ag* (*gatto, cane*) stray
ran'dello *sm* club, cudgel
'rango, -ghi *sm* (*condizione sociale, Mil, riga*) rank
rannicchi'arsi [rannik'kjarsi] *vpr* to crouch, huddle
rannuvo'larsi *vpr* to cloud over, become overcast
'rapa *sf* (*Bot*) turnip
ra'pace [ra'patʃe] *ag* (*animale*) predatory; (*fig*) rapacious, grasping ▸ *sm* bird of prey
ra'pare *vt* (*capelli*) to crop, cut very short
rapida'mente *av* quickly, rapidly
rapidità *sf* speed
'rapido, -a *ag* fast; (*esame, occhiata*) quick, rapid ▸ *sm* (*Ferr*) express (train)
rapi'mento *sm* kidnapping; (*fig*) rapture
ra'pina *sf* robbery; **rapina in banca** bank robbery; **rapina a mano armata** armed robbery; **rapi'nare** *vt* to rob; **rapina'tore, -'trice** *sm/f* robber
ra'pire *vt* (*cose*) to steal; (*persone*) to kidnap; (*fig*) to enrapture, delight; **rapi'tore, -'trice** *sm/f* kidnapper
rap'porto *sm* (*resoconto*) report; (*legame*) relationship; (*Mat, Tecn*) ratio; **rapporti sessuali** sexual intercourse *sg*
rappre'saglia [rappre'saʎʎa] *sf* reprisal, retaliation
rappresen'tante *sm/f* representative
rappresen'tare *vt* to represent; (*Teatro*) to perform; **rappresentazi'one** *sf* representation; performing *no pl*; (*spettacolo*) performance
rara'mente *av* seldom, rarely
rare'fatto, -a *ag* rarefied
'raro, -a *ag* rare
ra'sare *vt* (*barba ecc*) to shave off; (*siepi, erba*) to trim, cut; **rasarsi** *vpr* to shave (o.s.)
raschi'are [ras'kjare] *vt* to scrape; (*macchia, fango*) to scrape off ▸ *vi* to clear one's throat
ra'sente *prep* **~ (a)** close to, very near
'raso, -a *pp di* **radere** ▸ *ag* (*barba*) shaved; (*capelli*) cropped; (*con misure di capacità*) level; (*pieno: bicchiere*) full to the brim ▸ *sm* (*tessuto*) satin; **un cucchiaio ~** a level spoonful; **raso terra** close to the ground
ra'soio *sm* razor; **rasoio elettrico** electric shaver *o* razor
ras'segna [ras'seɲɲa] *sf* (*Mil*) inspection, review; (*esame*) inspection; (*resoconto*) review, survey; (*pubblicazione letteraria ecc*) review; (*mostra*) exhibition, show; **passare in ~** (*Mil, fig*) to review
rassegnarsi *vpr* (*accettare*): **~ (a qc/a fare)** to resign o.s. (to sth/to doing)

r

rassicu'rare *vt* to reassure
rasso'dare *vt* to harden, stiffen; **rassodarsi** *vpr* to harden, strengthen
rassomigli'anza [rassomiʎ'ʎantsa] *sf* resemblance
rassomigli'are [rassomiʎ'ʎare] *vi* **~ a** to resemble, look like
rastrel'lare *vt* to rake; (*fig*: *perlustrare*) to comb
ras'trello *sm* rake
'rata *sf* (*quota*) instalment; **pagare a rate** to pay by instalments *o* on hire purchase (*BRIT*)
ratifi'care *vt* (*Dir*) to ratify
'ratto *sm* (*Dir*) abduction; (*Zool*) rat
rattop'pare *vt* to patch
rattris'tare *vt* to sadden; **rattristarsi** *vpr* to become sad
'rauco, -a, -chi, -che *ag* hoarse
rava'nello *sm* radish
ravi'oli *smpl* ravioli *sg*
ravvi'vare *vt* to revive; (*fig*) to brighten up, enliven
razio'nale [rattsjo'nale] *ag* rational
razio'nare [rattsjo'nare] *vt* to ration
razi'one [rat'tsjone] *sf* ration; (*porzione*) portion, share
'razza ['rattsa] *sf* race; (*Zool*) breed; (*discendenza, stirpe*) stock, race; (*sorta*) sort, kind
razzi'ale [rat'tsjale] *ag* racial
raz'zismo [rat'tsizmo] *sm* racism
raz'zista, -i, -e [rat'tsista] *ag, sm/f* racist
'razzo ['raddzo] *sm* rocket
R.C. *sigla m* (= *partito della Rifondazione Comunista*) *left-wing Italian political party*
re *sm inv* king; (*Mus*) D; (: *solfeggiando*) re; **i Re Magi** the Three Wise Men, the Magi
rea'gire [rea'dʒire] *vi* to react
re'ale *ag* real; (*di, da re*) royal ▸ *sm* **il ~** reality
realiz'zare [realid'dzare] *vt* (*progetto ecc*) to realize, carry out; (*sogno, desiderio*) to realize, fulfil; (*scopo*) to achieve; (*Comm*: *titoli ecc*) to realize; (*Calcio ecc*) to score; **realizzarsi** *vpr* to be realized
real'mente *av* really, actually
realtà *sf inv* reality
re'ato *sm* offence
reat'tore *sm* (*Fisica*) reactor; (*Aer*: *aereo*) jet; (: *motore*) jet engine
reazio'nario, -a [reattsjo'narjo] *ag* (*Pol*) reactionary
reazi'one [reat'tsjone] *sf* reaction
'rebus *sm inv* rebus; (*fig*) puzzle
recapi'tare *vt* to deliver
re'capito *sm* (*indirizzo*) address; (*consegna*) delivery; **recapito a domicilio** home delivery (service); **recapito telefonico** phone number
re'carsi *vpr* **~ in città/a scuola** to go into town/to school
re'cedere [re'tʃɛdere] *vi* to withdraw
recensi'one [retʃen'sjone] *sf* review
re'cente [re'tʃɛnte] *ag* recent; **di ~** recently; **recente'mente** *av* recently
re'cidere [re'tʃidere] *vt* to cut off
recin'tare [retʃin'tare] *vt* to enclose, fence off
re'cinto [re'tʃinto] *sm* enclosure; (*ciò che recinge*) fence; surrounding wall
recipi'ente [retʃi'pjɛnte] *sm* container
re'ciproco, -a, -ci, -che [re'tʃiproko] *ag* reciprocal
'recita ['rɛtʃita] *sf* performance
reci'tare [retʃi'tare] *vt* (*poesia, lezione*) to recite; (*dramma*) to perform; (*ruolo*) to play *o* act (the part of)
recla'mare *vi* to complain ▸ *vt* (*richiedere*) to demand
re'clamo *sm* complaint
recli'nabile *ag* (*sedile*) reclining
reclusi'one *sf* (*Dir*) imprisonment
'recluta *sf* recruit
re'condito, -a *ag* secluded; (*fig*) secret, hidden

'record *ag inv* record *cpd* ▸ *sm inv* record; **in tempo ~, a tempo di ~** in record time; **detenere il ~ di** to hold the record for; **record mondiale** world record

recriminazi'one [rekriminat'tsjone] *sf* recrimination

recupe'rare *vt* (*rientrare in possesso di*) to recover, get back; (*tempo perduto*) to make up for; (*Naut*) to salvage; (*: naufraghi*) to rescue; (*delinquente*) to rehabilitate; **~ lo svantaggio** (*Sport*) to close the gap

redargu'ire *vt* to rebuke

re'dassi *ecc vb vedi* **redigere**

reddi'tizio, -a [reddi'tittsjo] *ag* profitable

'reddito *sm* income; (*dello Stato*) revenue; (*di un capitale*) yield

re'digere [re'didʒere] *vt* to write; (*contratto*) to draw up

'redini *sfpl* reins

'reduce ['rɛdutʃe] *ag* **~ da** returning from, back from ▸ *sm/f* survivor

refe'rendum *sm inv* referendum

referenze [refe'rɛntse] *sfpl* references

re'ferto *sm* medical report

rega'lare *vt* to give (as a present), make a present of

re'galo *sm* gift, present

re'gata *sf* regatta

'reggere ['rɛddʒere] *vt* (*tenere*) to hold; (*sostenere*) to support, bear, hold up; (*portare*) to carry, bear; (*resistere*) to withstand; (*dirigere: impresa*) to manage, run; (*governare*) to rule, govern; (*Ling*) to take, be followed by ▸ *vi* (*resistere*): **~ a** to stand up to, hold out against; (*sopportare*): **~ a** to stand; (*durare*) to last; (*fig: teoria ecc*) to hold water; **reggersi** *vpr* (*stare ritto*) to stand

'reggia, -ge ['rɛddʒa] *sf* royal palace

reggi'calze [reddʒi'kaltse] *sm inv* suspender belt

reggi'mento [reddʒi'mento] *sm* (*Mil*) regiment

reggi'seno [reddʒi'seno] *sm* bra

re'gia, -'gie [re'dʒia] *sf* (*TV, Cinema ecc*) direction

re'gime [re'dʒime] *sm* (*Pol*) regime; (*Dir: aureo, patrimoniale ecc*) system; (*Med*) diet; (*Tecn*) (engine) speed

re'gina [re'dʒina] *sf* queen

regio'nale [redʒo'nale] *ag* regional ▸ *sm* local train (*stopping frequently*)

regi'one [re'dʒone] *sf* region; (*territorio*) region, district, area

re'gista, -i, -e [re'dʒista] *sm/f* (*TV, Cinema ecc*) director

regis'trare [redʒis'trare] *vt* (*Amm*) to register; (*Comm*) to enter; (*notare*) to note, take note of; (*canzone, conversazione: strumento di misura*) to record; (*mettere a punto*) to adjust, regulate; (*bagagli*) to check in; **registra'tore** *sm* (*strumento*) recorder, register; (*magnetofono*) tape recorder; **registratore di cassa** cash register; **registratore a cassette** cassette recorder

re'gistro [re'dʒistro] *sm* (*libro, Mus, Tech*) register; ledger; logbook; (*Dir*) registry

re'gnare [reɲ'ɲare] *vi* to reign, rule

'regno ['reɲɲo] *sm* kingdom; (*periodo*) reign; (*fig*) realm; **il R~ Unito** the United Kingdom; **regno animale/vegetale** animal/vegetable kingdom

'regola *sf* rule; **a ~ d'arte** duly; perfectly; **in ~** in order

rego'labile *ag* adjustable

regola'mento *sm* (*complesso di norme*) regulations *pl*; (*di debito*) settlement; **regolamento di conti** (*fig*) settling of scores

rego'lare *ag* regular; (*in regola: domanda*) in order, lawful ▸ *vt* to regulate, control; (*apparecchio*) to adjust, regulate; (*questione, conto,*

r

debito) to settle; **regolarsi** *vpr* (*moderarsi*): **regolarsi nel bere/nello spendere** to control one's drinking/ spending; (*comportarsi*) to behave, act
rela'tivo, -a *ag* relative
relazi'one [relat'tsjone] *sf* (*fra cose, persone*) relation(ship); (*resoconto*) report, account
rele'gare *vt* to banish; (*fig*) to relegate
religi'one [reli'dʒone] *sf* religion
religi'oso, a [reli'dʒoso] *ag* religious
re'liquia *sf* relic
re'litto *sm* wreck; (*fig*) down-and-out
re'mare *vi* to row
remini'scenze [reminiʃ'ʃɛntse] *sfpl* reminiscences
remis'sivo, -a *ag* submissive
'remo *sm* oar
re'moto, -a *ag* remote
'rendere *vt* (*ridare*) to return, give back; (: *saluto ecc*) to return; (*produrre*) to yield, bring in; (*esprimere, tradurre*) to render; **rendersi** *vpr* **rendersi utile** to make o.s. useful; **rendersi conto di qc** to realize sth; **~ qc possibile** to make sth possible; **~ grazie a qn** give thanks to sb; **~ omaggio a qn** to pay homage to sb; **~ un servizio a qn** to do sb a service; **~ una testimonianza** to give evidence; **non so se rendo l'idea** I don't know if I'm making myself clear
rendi'mento *sm* (*reddito*) yield; (*di manodopera, Tecn*) efficiency; (*capacità di produrre*) output; (*di studenti*) performance
'rendita *sf* (*di individuo*) private *o* unearned income; (*Comm*) revenue; **rendita annua** annuity
'rene *sm* kidney
'renna *sf* reindeer *inv*
re'parto *sm* department, section; (*Mil*) detachment
repel'lente *ag* repulsive
repen'taglio [repen'taʎʎo] *sm* **mettere a ~** to jeopardize, risk
repen'tino, -a *ag* sudden, unexpected
reper'torio *sm* (*Teatro*) repertory; (*elenco*) index, (alphabetical) list
'replica, -che *sf* repetition; reply, answer; (*obiezione*) objection; (*Teatro, Cinema*) repeat performance; (*copia*) replica
repli'care *vt* (*ripetere*) to repeat; (*rispondere*) to answer, reply
repressi'one *sf* repression
re'presso, -a *pp di* **reprimere**
re'primere *vt* to suppress, repress
re'pubblica, -che *sf* republic
reputazi'one [reputat'tsjone] *sf* reputation
requi'sire *vt* to requisition
requi'sito *sm* requirement
'resa *sf* (*l'arrendersi*) surrender; (*restituzione, rendimento*) return; **resa dei conti** rendering of accounts; (*fig*) day of reckoning
'resi *ecc vb vedi* **rendere**
resi'dente *ag* resident; **residenzi'ale** *ag* residential
re'siduo, -a *ag* residual, remaining ▸ *sm* remainder; (*Chim*) residue
'resina *sf* resin
resis'tente *ag* (*che resiste*): **~ a** resistant to; (*forte*) strong; (*duraturo*) long-lasting, durable; **~ al caldo** heat-resistant; **resis'tenza** *sf* resistance; (*di persona*: *fisica*) stamina, endurance; (: *mentale*) endurance, resistance

Resistenza
The **Resistenza** in Italy fought against the Nazis and the Fascists during the Second World War. Members of the **Resistenza** spanned a wide political spectrum and played a vital role in the Liberation and in the formation of the new democratic government at the end of the war.

re'sistere *vi* to resist; **~ a** (*assalto, tentazioni*) to resist; (*dolore: pianta*) to withstand; (*non patir danno*) to be resistant to
reso'conto *sm* report, account
res'pingere [res'pindʒere] *vt* to drive back, repel; (*rifiutare*) to reject; (*Ins: bocciare*) to fail
respi'rare *vi* to breathe; (*fig*) to get one's breath; to breathe again ▸ *vt* to breathe (in), inhale; **respirazi'one** *sf* breathing; **respirazione artificiale** artificial respiration; **res'piro** *sm* breathing *no pl*; (*singolo atto*) breath; (*fig*) respite, rest; **mandare un respiro di sollievo** to give a sigh of relief
respon'sabile *ag* responsible ▸ *sm/f* person responsible; (*capo*) person in charge; **~ di** responsible for; (*Dir*) liable for; **responsabilità** *sf inv* responsibility; (*legale*) liability
res'ponso *sm* answer
'ressa *sf* crowd, throng
'ressi *ecc vb vedi* **reggere**
res'tare *vi* (*rimanere*) to remain, stay; (*avanzare*) to be left, remain; **~ orfano/cieco** to become *o* be left an orphan/become blind; **~ d'accordo** to agree; **non resta più niente** there's nothing left; **restano pochi giorni** there are only a few days left
restau'rare *vt* to restore
res'tio, -a, -'tii, -'tie *ag* **~ a** reluctant to
restitu'ire *vt* to return, give back; (*energie, forze*) to restore
'resto *sm* remainder, rest; (*denaro*) change; (*Mat*) remainder; **resti** *smpl* (*di cibo*) leftovers; (*di città*) remains; **del ~** moreover, besides; **tenga pure il ~** keep the change; **resti mortali** (mortal) remains
res'tringere [res'trindʒere] *vt* to reduce; (*vestito*) to take in; (*stoffa*) to shrink; (*fig*) to restrict, limit; **restringersi** *vpr* (*strada*) to narrow; (*stoffa*) to shrink
'rete *sf* net; (*fig*) trap, snare; (*di recinzione*) wire netting; (*Aut, Ferr, di spionaggio ecc*) network; **segnare una ~** (*Calcio*) to score a goal; **la R~** the Web; **rete ferroviaria** railway network; **rete del letto** (sprung) bed base; **rete social** social network; **rete stradale** road network; **rete (televisiva)** (*sistema*) network; (*canale*) channel
reti'cente [reti'tʃɛnte] *ag* reticent
retico'lato *sm* grid; (*rete*) wire netting; (*di filo spinato*) barbed wire (fence)
'retina *sf* (*Anat*) retina
re'torico, -a, -ci, -che *ag* rhetorical
retribu'ire *vt* to pay
'retro *sm inv* back ▸ *av* (*dietro*): **vedi ~** see over(leaf)
retro'cedere [retro'tʃɛdere] *vi* to withdraw ▸ *vt* (*Calcio*) to relegate; (*Mil*) to degrade
re'trogrado, -a *ag* (*fig*) reactionary, backward-looking
retro'marcia [retro'martʃa] *sf* (*Aut*) reverse; (*: dispositivo*) reverse gear
retro'scena [retroʃʃɛna] *sm inv* (*Teatro*) backstage; **i ~** (*fig*) the behind-the-scenes activities
retrovi'sore *sm* (*Aut*) (rear-view) mirror
'retta *sf* (*Mat*) straight line; (*di convitto*) charge for bed and board; (*fig: ascolto*): **dar ~ a** to listen to, pay attention to
rettango'lare *ag* rectangular
ret'tangolo, -a *ag* right-angled ▸ *sm* rectangle
ret'tifica, -che *sf* correction
'rettile *sm* reptile
retti'lineo, -a *ag* rectilinear
'retto, -a *pp di* **reggere** ▸ *ag* straight; (*Mat*): **angolo ~** right angle; (*onesto*) honest, upright; (*giusto, esatto*) correct, proper, right

ret'tore *sm* (*Rel*) rector; (*di università*) ≈ chancellor
reuma'tismo *sm* rheumatism
revisi'one *sf* auditing *no pl*; audit; servicing *no pl*; overhaul; review; revision; **revisione di bozze** proofreading
revi'sore *sm*; **revisore di bozze** proofreader; **revisore di conti** auditor
revival [ri'vaivəl] *sm inv* revival
'revoca *sf* revocation
revo'care *vt* to revoke
re'volver *sm inv* revolver
ri'abbia *ecc vb vedi* **riavere**
riabili'tare *vt* to rehabilitate
riabilitazi'one [riabilitat'tsjone] *sf* rehabilitation
rianimazi'one [rianimat'tsjone] *sf* (*Med*) resuscitation; **centro di ~** intensive care unit
ria'prire *vt* to reopen, open again; **riaprirsi** *vpr* to reopen, open again
ri'armo *sm* (*Mil*) rearmament
rias'sumere *vt* (*riprendere*) to resume; (*impiegare di nuovo*) to re-employ; (*sintetizzare*) to summarize; **rias'sunto, -a** *pp di* **riassumere** ▸ *sm* summary
riattac'care *vt* (*attaccare di nuovo*): **~ (a)** (*manifesto, francobollo*) to stick back (on); (*bottone*) to sew back (on); (*quadro, chiavi*) to hang back up (on); **~ (il telefono)** to hang up (the phone)
ria'vere *vt* to have again; (*avere indietro*) to get back; (*riacquistare*) to recover; **riaversi** *vpr* to recover
riba'dire *vt* (*fig*) to confirm
ri'balta *sf* flap; (*Teatro: proscenio*) front of the stage; (*fig*) limelight; **luci della ~** footlights *pl*
ribal'tabile *ag* (*sedile*) tip-up
ribal'tare *vt, vi* (*anche:* **ribaltarsi**) to turn over, tip over
ribas'sare *vt* to lower, bring down ▸ *vi* to come down, fall
ri'battere *vt* to return; (*confutare*) to refute; **~ che** to retort that
ribel'larsi *vpr* **~ (a)** to rebel (against); **ri'belle** *ag* (*soldati*) rebel; (*ragazzo*) rebellious ▸ *sm/f* rebel
'ribes *sm inv* currant; **ribes nero** blackcurrant; **ribes rosso** redcurrant
ri'brezzo [ri'breddzo] *sm* disgust, loathing; **far ~ a** to disgust
ribut'tante *ag* disgusting, revolting
rica'dere *vi* to fall again; (*scendere a terra: fig: nel peccato ecc*) to fall back; (*vestiti, capelli ecc*) to hang (down); (*riversarsi: fatiche, colpe*): **~ su** to fall on; **rica'duta** *sf* (*Med*) relapse
rica'mare *vt* to embroider
ricambi'are *vt* to change again; (*contraccambiare*) to repay, return; **ri'cambio** *sm* exchange, return; (*Fisiol*) metabolism
ri'camo *sm* embroidery
ricapito'lare *vt* to recapitulate, sum up
ricari'care *vt* (*arma, macchina fotografica*) to reload; (*pipa*) to refill; (*orologio*) to rewind; (*batteria*) to recharge
ricat'tare *vt* to blackmail; **ri'catto** *sm* blackmail
rica'vare *vt* (*estrarre*) to draw out, extract; (*ottenere*) to obtain, gain
ric'chezza [rik'kettsa] *sf* wealth; (*fig*) richness
'riccio, -a ['rittʃo] *ag* curly ▸ *sm* (*Zool*) hedgehog; **riccio di mare** sea urchin; **'ricciolo** *sm* curl
'ricco, -a, -chi, -che *ag* rich; (*persona, paese*) rich, wealthy ▸ *sm/f* rich man/woman; **i ricchi** the rich; **~ di** full of; rich in
ri'cerca, -che [ri'tʃerka] *sf* search; (*indagine*) investigation, inquiry; (*studio*): **la ~** research; **una ~** piece of research; **ricerca di mercato** market research

ricer'care [ritʃer'kare] *vt* (*motivi, cause*) to look for; (*successo, piacere*) to pursue; (*onore, gloria*) to seek; **ricer'cato, -a** *ag* (*apprezzato*) much sought-after; (*affettato*) affected ▸ *sm/f* (*Polizia*) wanted man/woman
ricerca'tore, -'trice [ritʃerka'tore] *sm/f* (*Ins*) researcher
ri'cetta [ri'tʃɛtta] *sf* (*Med*) prescription; (*Cuc*) recipe; **mi può fare una ~ medica?** could you write me a prescription?
ricettazi'one [ritʃettat'tsjone] *sf* (*Dir*) receiving (stolen goods)
ri'cevere [ri'tʃevere] *vt* to receive; (*stipendio, lettera*) to get, receive; (*accogliere: ospite*) to welcome; (*vedere: cliente, rappresentante ecc*) to see; **ricevi'mento** *sm* receiving *no pl*; (*festa*) reception; **ricevi'tore** *sm* (*Tecn*) receiver; **rice'vuta** *sf* receipt; **posso avere una ricevuta, per favore?** can I have a receipt, please?; **ricevuta fiscale** receipt for tax purposes; **ricevuta di ritorno** (*Posta*) advice of receipt
richia'mare [rikja'mare] *vt* (*chiamare indietro, ritelefonare*) to call back; (*ambasciatore, truppe*) to recall; (*rimproverare*) to reprimand; (*attirare*) to attract, draw; **può ~ più tardi?** can you call back later?; **richiamarsi a** (*riferirsi a*) to refer to
richi'edere [ri'kjɛdere] *vt* to ask again for; (*chiedere indietro*): **~ qc** to ask for sth back; (*chiedere: per sapere*) to ask; (*: per avere*) to ask for; (*Amm: documenti*) to apply for; (*esigere*) to need, require; **richi'esta** *sf* (*domanda*) request; (*Amm*) application, request; (*esigenza*) demand, request; **a richiesta** on request
rici'clare [ritʃi'klare] *vt* to recycle; **rici'claggio** [ritʃi'kladdʒo] *sm* recycling
'ricino ['ritʃino] *sm* **olio di ~** castor oil
ricognizi'one [rikoɲɲit'tsjone] *sf* (*Mil*) reconnaissance; (*Dir*) recognition, acknowledgement
ricominci'are [rikomin'tʃare] *vt, vi* to start again, begin again
ricom'pensa *sf* reward
ricompen'sare *vt* to reward
riconciliarsi *vpr* to be reconciled
ricono'scente [rikonoʃ'ʃɛnte] *ag* grateful
rico'noscere [riko'noʃʃere] *vt* to recognize; (*Dir: figlio, debito*) to acknowledge; (*ammettere: errore*) to admit, acknowledge
rico'perto, -a *pp di* **ricoprire**
ricopi'are *vt* to copy
rico'prire *vt* (*coprire*) to cover; (*occupare: carica*) to hold
ricor'dare *vt* to remember, recall; (*richiamare alla memoria*): **~ qc a qn** to remind sb of sth; **ricordarsi** *vpr* **ricordarsi (di)** to remember; **ricordarsi di qc/di aver fatto** to remember sth/having done
ri'cordo *sm* memory; (*regalo*) keepsake, souvenir; (*di viaggio*) souvenir
ricor'rente *ag* recurrent, recurring; **ricor'renza** *sf* recurrence; (*festività*) anniversary
ri'correre *vi* (*ripetersi*) to recur; **~ a** (*rivolgersi*) to turn to; (*: Dir*) to appeal to; (*servirsi di*) to have recourse to
ricostitu'ente *ag* (*Med*): **cura ~** tonic
ricostru'ire *vt* (*casa*) to rebuild; (*fatti*) to reconstruct
ri'cotta *sf soft white unsalted cheese made from sheep's milk*
ricove'rare *vt* to give shelter to; **~ qn in ospedale** to admit sb to hospital
ri'covero *sm* shelter, refuge; (*Mil*) shelter; (*Med*) admission (to hospital)
ricreazi'one [rikreat'tsjone] *sf* recreation, entertainment; (*Ins*) break

r

ri'credersi *vpr* to change one's mind
ridacchi'are [ridak'kjare] *vi* to snigger
ri'dare *vt* to return, give back
'ridere *vi* to laugh; (*deridere, beffare*): **~ di** to laugh at, make fun of
ri'dicolo, -a *ag* ridiculous, absurd
ridimensio'nare *vt* to reorganize; (*fig*) to see in the right perspective
ri'dire *vt* to repeat; (*criticare*) to find fault with; to object to; **trova sempre qualcosa da ~** he always manages to find fault
ridon'dante *ag* redundant
ri'dotto, -a *pp di* **ridurre** ▸ *ag* (*biglietto*) reduced; (*formato*) small
ri'duco *ecc vb vedi* **ridurre**
ri'durre *vt* (*anche Chim, Mat*) to reduce; (*prezzo, spese*) to cut, reduce; (*accorciare: opera letteraria*) to abridge; (*: Radio, TV*) to adapt; **ridursi** *vpr* (*diminuirsi*) to be reduced, shrink; **ridursi a** to be reduced to; **ridursi pelle e ossa** to be reduced to skin and bone; **ri'dussi** *ecc vb vedi* **ridurre**; **ridut'tore** *sm* (*Elec*) adaptor; **riduzi'one** *sf* reduction; abridgement; adaptation; **ci sono riduzioni per i bambini/gli studenti?** is there a reduction for children/ students?
ri'ebbi *ecc vb vedi* **riavere**
riem'pire *vt* to fill (up); (*modulo*) to fill in *o* out; **riempirsi** *vpr* to fill (up); **~ qc di** to fill sth (up) with
rien'tranza [rien'trantsa] *sf* recess; indentation
rien'trare *vi* (*entrare di nuovo*) to go (*o* come) back in; (*tornare*) to return; (*fare una rientranza*) to go in, curve inwards; to be indented; (*riguardare*): **~ in** to be included among, form part of
riepilo'gare *vt* to summarize ▸ *vi* to recapitulate
ri'esco *ecc vb vedi* **riuscire**
ri'fare *vt* to do again; (*ricostruire*) to make again; (*nodo*) to tie again, do up again; (*imitare*) to imitate, copy; **rifarsi** *vpr* (*risarcirsi*): **rifarsi di** to make up for; (*vendicarsi*): **rifarsi di qc su qn** to get one's own back on sb for sth; (*riferirsi*): **rifarsi a** to go back to; to follow; **~ il letto** to make the bed; **rifarsi una vita** to make a new life for o.s.
riferi'mento *sm* reference; **in** *o* **con ~ a** with reference to
rife'rire *vt* (*riportare*) to report ▸ *vi* to do a report; **riferirsi** *vpr* **riferirsi a** to refer to
rifi'nire *vt* to finish off, put the finishing touches to
rifiu'tare *vt* to refuse; **~ di fare** to refuse to do; **rifi'uto** *sm* refusal; **rifiuti** *smpl* (*spazzatura*) rubbish *sg*, refuse *sg*
riflessi'one *sf* (*Fisica, meditazione*) reflection; (*il pensare*) thought, reflection; (*osservazione*) remark
rifles'sivo, -a *ag* (*persona*) thoughtful, reflective; (*Ling*) reflexive
ri'flesso, -a *pp di* **riflettere** ▸ *sm* (*di luce, allo specchio*) reflection; (*Fisiol*) reflex; **di** *o* **per ~** indirectly
riflessologia [riflessolo'dʒia] *sf* reflexology
ri'flettere *vt* to reflect ▸ *vi* to think; **riflettersi** *vpr* to be reflected; **~ su** to think over
riflet'tore *sm* reflector; (*proiettore*) floodlight; searchlight
ri'flusso *sm* flowing back; (*della marea*) ebb; **un'epoca di ~** an era of nostalgia
ri'forma *sf* reform; **la R~** (*Rel*) the Reformation
riforma'torio *sm* (*Dir*) community home (*BRIT*), reformatory (*US*)
riforni'mento *sm* supplying, providing; restocking; **rifornimenti** *smpl* (*provviste*) supplies, provisions

rifor'nire *vt* (*provvedere*): **~ di** to supply *o* provide with; (*fornire di nuovo*: *casa ecc*) to restock; **rifornirsi** *vpr* **rifornirsi di qc** to stock up on sth

rifugi'arsi [rifu'dʒarsi] *vpr* to take refuge; **rifugi'ato, -a** *sm/f* refugee

ri'fugio [ri'fudʒo] *sm* refuge, shelter; (*in montagna*) shelter; **rifugio antiaereo** air-raid shelter

'riga, -ghe *sf* line; (*striscia*) stripe; (*di persone, cose*) line, row; (*regolo*) ruler; (*scriminatura*) parting; **mettersi in ~** to line up; **a righe** (*foglio*) lined; (*vestito*) striped

ri'gare *vt* (*foglio*) to rule ▶ *vi* **~ diritto** (*fig*) to toe the line

rigatti'ere *sm* junk dealer

ri'ghello [ri'gɛllo] *sm* ruler

righerò *ecc* [rige'rɔ] *vb vedi* **rigare**

'rigido, -a ['ridʒido] *ag* rigid, stiff; (*membra ecc*: *indurite*) stiff; (*Meteor*) harsh, severe; (*fig*) strict

rigogli'oso, -a [rigoʎ'ʎoso] *ag* (*pianta*) luxuriant; (*fig*: *commercio, sviluppo*) thriving

ri'gore *sm* (*Meteor*) harshness, rigours *pl*; (*fig*) severity, strictness; (*anche*: **calcio di ~**) penalty; **di ~** compulsory; **a rigor di termini** strictly speaking

riguar'dare *vt* to look at again; (*considerare*) to regard, consider; (*concernere*) to regard, concern; **riguardarsi** *vpr* (*aver cura di sé*) to look after o.s.

rigu'ardo *sm* (*attenzione*) care; (*considerazione*) regard, respect; **~ a** concerning, with regard to; **non aver riguardi nell'agire/nel parlare** to act/speak freely

rilasci'are [rilaʃ'ʃare] *vt* (*rimettere in libertà*) to release; (*Amm*: *documenti*) to issue

rilassarsi *vpr* to relax; (*fig*: *disciplina*) to become slack

rile'gare *vt* (*libro*) to bind

ri'leggere [ri'lɛddʒere] *vt* to reread, read again; (*rivedere*) to read over

ri'lento: **a ~** *av* slowly

rile'vante *ag* considerable; important

rile'vare *vt* (*ricavare*) to find; (*notare*) to notice; (*mettere in evidenza*) to point out; (*venire a conoscere*: *notizia*) to learn; (*raccogliere*: *dati*) to gather, collect; (*Topografia*) to survey; (*Mil*) to relieve; (*Comm*) to take over

rili'evo *sm* (*Arte, Geo*) relief; (*fig*: *rilevanza*) importance; (*Topografia*) survey; **dar ~ a** *o* **mettere in ~ qc** (*fig*) to bring sth out, highlight sth

rilut'tante *ag* reluctant

'rima *sf* rhyme; (*verso*) verse

riman'dare *vt* to send again; (*restituire, rinviare*) to send back, return; (*differire*): **~ qc (a)** to postpone sth *o* put sth off (till); (*fare riferimento*): **~ qn a** to refer sb to; **essere rimandato** (*Ins*) to have to repeat one's exams

ri'mando *sm* (*rinvio*) return; (*dilazione*) postponement; (*riferimento*) cross-reference

rima'nente *ag* remaining ▶ *sm* rest, remainder; **i rimanenti** (*persone*) the rest of them, the others

rima'nere *vi* (*restare*) to remain, stay; (*avanzare*) to be left, remain; (*restare stupito*) to be amazed; (*restare, mancare*): **rimangono poche settimane a Pasqua** there are only a few weeks left till Easter; **rimane da vedere se** it remains to be seen whether; (*diventare*): **~ vedovo** to be left a widower; (*trovarsi*): **~ sorpreso** to be surprised

rimangi'are [riman'dʒare] *vt* to eat again; **~rsi la parola** (*fig*) to go back on one's word

ri'mango *ecc vb vedi* **rimanere**

rimargi'narsi *vpr* to heal

r

rimbal'zare [rimbal'tsare] *vi* to bounce back, rebound; (*proiettile*) to ricochet

rimbam'bito, -a *ag* senile, in one's dotage

rimboc'care *vt* (*coperta*) to tuck in; (*maniche, pantaloni*) to turn *o* roll up

rimbom'bare *vi* to resound

rimbor'sare *vt* to pay back, repay

rimedi'are *vi* **~ a** to remedy ▸ *vt* (*fam: procurarsi*) to get *o* scrape together

ri'medio *sm* (*medicina*) medicine; (*cura, fig*) remedy, cure

ri'mettere *vt* (*mettere di nuovo*) to put back; (*indossare di nuovo*): **~ qc** to put sth back on, put sth on again; (*affidare*) to entrust; (*: decisione*) to refer; (*condonare*) to remit; (*Comm: merci*) to deliver; (*: denaro*) to remit; (*vomitare*) to bring up; (*perdere: anche:* **rimetterci**) to lose; **rimettersi al bello** (*tempo*) to clear up; **rimettersi in salute** to get better, recover one's health

ri'misi *ecc vb vedi* **rimettere**

'rimmel® *sm inv* mascara

rimoder'nare *vt* to modernize

rimorchi'are [rimor'kjare] *vt* to tow; (*fig: ragazza*) to pick up

ri'morchio [ri'mɔrkjo] *sm* tow; (*veicolo*) trailer

ri'morso *sm* remorse

rimozi'one [rimot'tsjone] *sf* removal; (*da un impiego*) dismissal; (*Psic*) repression

rimpatri'are *vi* to return home ▸ *vt* to repatriate

rimpi'angere [rim'pjandʒere] *vt* to regret; (*persona*) to miss; **rimpi'anto, -a** *pp di* **rimpiangere** ▸ *sm* regret

rimpiaz'zare [rimpjat'tsare] *vt* to replace

rimpiccio'lire [rimpittʃo'lire] *vt* to make smaller ▸ *vi* (*anche:* **rimpicciolirsi**) to become smaller

rimpinzarsi [rimpin'tsarsi] *vpr* **~ (di qc)** to stuff o.s. (with sth)

rimprove'rare *vt* to rebuke, reprimand

rimu'overe *vt* to remove; (*destituire*) to dismiss

Rinasci'mento [rinaʃʃi'mento] *sm* **il ~** the Renaissance

ri'nascita [ri'naʃʃita] *sf* rebirth, revival

rinca'rare *vt* to increase the price of ▸ *vi* to go up, become more expensive

rinca'sare *vi* to go home

rinchi'udere [rin'kjudere] *vt* to shut (*o* lock) up; **rinchiudersi** *vpr* **rinchiudersi in** to shut o.s. up in; **rinchiudersi in se stesso** to withdraw into o.s.

rin'correre *vt* to chase, run after; **rin'corsa** *sf* short run

rin'crescere [rin'kreʃʃere] *vb impers* **mi rincresce che/di non poter fare** I'm sorry that/I can't do, I regret that/being unable to do

rinfacci'are [rinfat'tʃare] *vt* (*fig*): **~ qc a qn** to throw sth in sb's face

rinfor'zare [rinfor'tsare] *vt* to reinforce, strengthen ▸ *vi* (*anche:* **rinforzarsi**) to grow stronger

rinfres'care *vt* (*atmosfera, temperatura*) to cool (down); (*abito, pareti*) to freshen up ▸ *vi* (*tempo*) to grow cooler; **rinfrescarsi** *vpr* (*ristorarsi*) to refresh o.s.; (*lavarsi*) to freshen up; **rin'fresco, -schi** *sm* (*festa*) party; **rinfreschi** *smpl* refreshments

rin'fusa *sf* **alla ~** in confusion, higgledy-piggledy

ringhi'are [rin'gjare] *vi* to growl, snarl

ringhi'era [rin'gjɛra] *sf* railing; (*delle scale*) banister(s) (*pl*)

ringiova'nire [rindʒova'nire] *vt* (*vestito, acconciatura ecc*): **~ qn** to make sb look younger; (*: vacanze ecc*) to rejuvenate ▸ *vi* (*anche:* **ringiovanirsi**) to become (*o* look) younger

ringrazia'mento [ringrattsja'mento] *sm* thanks *pl*
ringrazi'are [ringrat'tsjare] *vt* to thank; **~ qn di qc** to thank sb for sth
rinne'gare *vt* (*fede*) to renounce; (*figlio*) to disown, repudiate
rinno'vabile *ag* (*contratto, energia*) renewable
rinnova'mento *sm* renewal; (*economico*) revival
rinno'vare *vt* to renew; (*ripetere*) to repeat, renew
rinoce'ronte [rinotʃe'ronte] *sm* rhinoceros
rino'mato, -a *ag* renowned, celebrated
rintracci'are [rintrat'tʃare] *vt* to track down
rintro'nare *vi* to boom, roar ▸ *vt* (*assordare*) to deafen; (*stordire*) to stun
rinunci'are [rinun'tʃare] *vi* **~ a** to give up, renounce; **~ a fare qc** to give up doing sth
rinvi'are *vt* (*rimandare indietro*) to send back, return; (*differire*): **~ qc (a)** to postpone sth *o* put sth off (till); to adjourn sth (till); (*fare un rimando*): **~ qn a** to refer sb to
rin'vio, -'vii *sm* (*rimando*) return; (*differimento*) postponement; (: *di seduta*) adjournment; (*in un testo*) cross-reference; **rinvio a giudizio** (*Dir*) indictment
riò *ecc vb vedi* **riavere**
ri'one *sm* district, quarter
riordi'nare *vt* (*rimettere in ordine*) to tidy; (*riorganizzare*) to reorganize
riorganiz'zare [riorganid'dzare] *vt* to reorganize
ripa'gare *vt* to repay
ripa'rare *vt* (*proteggere*) to protect, defend; (*correggere*: *male, torto*) to make up for; (: *errore*) to put right; (*aggiustare*) to repair ▸ *vi* (*mettere rimedio*): **~ a** to make up for; **ripararsi** *vpr* (*rifugiarsi*) to take refuge *o* shelter; **dove lo posso far ~?** where can I get this repaired?; **riparazi'one** *sf* (*di un torto*) reparation; (*di guasto, scarpe*) repairing *no pl*; repair; (*risarcimento*) compensation
ri'paro *sm* (*protezione*) shelter, protection; (*rimedio*) remedy
ripar'tire *vt* (*dividere*) to divide up; (*distribuire*) to share out ▸ *vi* to set off again; to leave again
ripas'sare *vi* to come (*o* go) back ▸ *vt* (*scritto, lezione*) to go over (again)
ripen'sare *vi* to think; (*cambiare pensiero*) to change one's mind; (*tornare col pensiero*): **~ a** to recall
ripercu'otersi *vpr* **~ su** (*fig*) to have repercussions on
ripercussi'one *sf* (*fig*): **avere una ~** *o* **delle ripercussioni su** to have repercussions on
ripes'care *vt* (*pesce*) to catch again; (*persona, cosa*) to fish out; (*fig*: *ritrovare*) to dig out
ri'petere *vt* to repeat; (*ripassare*) to go over; **può ~ per favore?** can you repeat that please?; **ripetizi'one** *sf* repetition; (*di lezione*) revision; **ripetizioni** *sfpl* private tutoring *sg*
ripi'ano *sm* (*di mobile*) shelf
ri'picca *sf* **per ~** out of spite
'ripido, -a *ag* steep
ripie'gare *vt* to refold; (*piegare più volte*) to fold (up) ▸ *vi* (*Mil*) to retreat, fall back; (*fig*: *accontentarsi*): **~ su** to make do with
ripi'eno, -a *ag* full; (*Cuc*) stuffed; (: *panino*) filled ▸ *sm* (*Cuc*) stuffing
ri'pone, ri'pongo *ecc vb vedi* **riporre**
ri'porre *vt* (*porre al suo posto*) to put back, replace; (*mettere via*) to put away; (*fiducia, speranza*): **~ qc in qn** to place *o* put sth in sb
ripor'tare *vt* (*portare indietro*) to bring (*o* take) back; (*riferire*) to report;

r

(*citare*) to quote; (*vittoria*) to gain; (*successo*) to have; (*Mat*) to carry; **riportarsi a** (*anche fig*) to go back to; (*riferirsi a*) to refer to; **~ danni** to suffer damage

ripo'sare *vt, vi* to rest; **riposarsi** *vpr* to rest

ri'posi *ecc vb vedi* **riporre**

ri'poso *sm* rest; (*Mil*): **~!** at ease!; **a ~** (*in pensione*) retired; **giorno di ~** day off

ripos'tiglio [ripos'tiʎʎo] *sm* lumber-room

ri'prendere *vt* (*prigioniero, fortezza*) to recapture; (*prendere indietro*) to take back; (*ricominciare*: *lavoro*) to resume; (*andare a prendere*) to fetch, come back for; (*riassumere*: *impiegati*) to take on again, re-employ; (*rimproverare*) to tell off; (*restringere*: *abito*) to take in; (*Cinema*) to shoot; **riprendersi** *vpr* to recover; (*correggersi*) to correct o.s.; **ri'presa** *sf* recapture; resumption; (*economica, da malattia, emozione*) recovery; (*Aut*) acceleration *no pl*; (*Teatro, Cinema*) rerun; (*Cinema*: *presa*) shooting *no pl*; shot; (*Sport*) second half; (: *Pugilato*) round; **a più riprese** several times; **ripresa cinematografica** shot

ripristi'nare *vt* to restore

ripro'durre *vt* to reproduce; **riprodursi** *vpr* (*Biol*) to reproduce; (*riformarsi*) to form again

ripro'vare *vt* (*provare di nuovo*: *gen*) to try again; (*vestito*) to try on again; (: *sensazione*) to experience again ▶ *vi* (*tentare*): **~ (a fare qc)** to try (to do sth) again; **riproverò più tardi** I'll try again later

ripudi'are *vt* to repudiate, disown

ripu'gnante [ripuɲ'ɲante] *ag* disgusting, repulsive

ri'quadro *sm* square; (*Archit*) panel

ri'saia *sf* paddy field

risa'lire *vi* (*ritornare in su*) to go back up; **~ a** (*ritornare con la mente*) to go back to; (*datare da*) to date back to, go back to

risal'tare *vi* (*fig*: *distinguersi*) to stand out; (*Archit*) to project, jut out

risa'puto, -a *ag* **è ~ che ...** everyone knows that ..., it is common knowledge that ...

risarci'mento [risartʃi'mento] *sm* **~ (di)** compensation (for); **risarcimento danni** damages

risar'cire [risar'tʃire] *vt* (*cose*) to pay compensation for; (*persona*): **~ qn di qc** to compensate sb for sth

ri'sata *sf* laugh

riscalda'mento *sm* heating; **riscaldamento centrale** central heating

riscal'dare *vt* (*scaldare*) to heat; (: *mani, persona*) to warm; (*minestra*) to reheat; **riscaldarsi** *vpr* to warm up

ris'catto *sm* ransom; redemption

rischia'rare [riskja'rare] *vt* (*illuminare*) to light up; (*colore*) to make lighter; **rischiararsi** *vpr* (*tempo*) to clear up; (*cielo*) to clear; (*fig*: *volto*) to brighten up; **rischiararsi la voce** to clear one's throat

rischi'are [ris'kjare] *vt* to risk ▶ *vi* **~ di fare qc** to risk *o* run the risk of doing sth

'rischio ['riskjo] *sm* risk; **rischi'oso, -a** *ag* risky, dangerous

riscia'cquare [riʃʃa'kware] *vt* to rinse

riscon'trare *vt* (*rilevare*) to find

riscri'vibile *ag* (CD, DVD) rewritable

ris'cuotere *vt* (*ritirare*: *somma*) to collect; (: *stipendio*) to draw, collect; (*assegno*) to cash; (*fig*: *successo ecc*) to win, earn

'rise *ecc vb vedi* **ridere**

risenti'mento *sm* resentment

risen'tire *vt* to hear again; (*provare*) to feel ▶ *vi* **~ di** to feel (*o* show) the effects of; **risentirsi** *vpr* **risentirsi di** *o* **per** to

take offence at, resent; **risen'tito, -a** *ag* resentful
ri'serbo *sm* reserve
ri'serva *sf* reserve; (*di caccia, pesca*) preserve; (*restrizione, di indigeni*) reservation; **di ~** (*provviste ecc*) in reserve
riser'vare *vt* (*tenere in serbo*) to keep, put aside; (*prenotare*) to book, reserve; **ho riservato un tavolo a nome...** I booked a table in the name of ...; **riser'vato, -a** *ag* (*prenotato*: *fig*: *persona*) reserved; (*confidenziale*) confidential
'risi *ecc vb vedi* **ridere**
risi'edere *vi* **~ a** *o* **in** to reside in
'risma *sf* (*di carta*) ream; (*fig*) kind, sort
'riso (*pl(f)* **risa**) (: *il ridere*) *sm* **il ~** laughter; (*pianta*) rice ▸ *pp di* **ridere**
riso'lino *sm* snigger
ri'solsi *ecc vb vedi* **risolvere**
ri'solto, -a *pp di* **risolvere**
riso'luto, -a *ag* determined, resolute
risoluzi'one [risolut'tsjone] *sf* solving *no pl*; (*Mat*) solution; (*decisione, di schermo, immagine*) resolution
ri'solvere *vt* (*difficoltà, controversia*) to resolve; (*problema*) to solve; (*decidere*): **~ di fare** to resolve to do; **risolversi** *vpr* (*decidersi*): **risolversi a fare** to make up one's mind to do; (*andare a finire*): **risolversi in** to end up, turn out; **risolversi in nulla** to come to nothing
riso'nanza [riso'nantsa] *sf* resonance; **aver vasta ~** (*fig*: *fatto ecc*) to be known far and wide
ri'sorgere [ri'sordʒere] *vi* to rise again; **risorgi'mento** *sm* revival; **il Risorgimento** (*Storia*) the Risorgimento

Risorgimento
The **Risorgimento** was the political movement which led to the proclamation of the Kingdom of Italy in 1861, and eventually to unification in 1871.

ri'sorsa *sf* expedient, resort; **risorse umane** human resources
ri'sorsi *ecc vb vedi* **risorgere**
ri'sotto *sm* (*Cuc*) risotto
risparmi'are *vt* to save; (*non uccidere*) to spare ▸ *vi* to save; **~ qc a qn** to spare sb sth
ris'parmio *sm* saving *no pl*; (*denaro*) savings *pl*; **risparmi** *smpl* (*denaro*) savings
rispec'chiare [rispek'kjare] *vt* to reflect
rispet'tabile *ag* respectable
rispet'tare *vt* to respect; **farsi ~** to command respect
rispet'tivo, -a *ag* respective
ris'petto *sm* respect; **rispetti** *smpl* (*saluti*) respects, regards; **~ a** (*in paragone a*) compared to; (*in relazione a*) as regards, as for
ris'pondere *vi* to answer, reply; (*freni*) to respond; **~ a** (*domanda*) to answer, reply to; (*persona*) to answer; (*invito*) to reply to; (*provocazione*: *veicolo, apparecchio*) to respond to; (*corrispondere a*) to correspond to; (: *speranze, bisogno*) to answer; **~ di** to answer for; **ris'posta** *sf* answer, reply; **in risposta a** in reply to
'rissa *sf* brawl
ris'tampa *sf* reprinting *no pl*; reprint
risto'rante *sm* restaurant; **mi può consigliare un buon ~?** can you recommend a good restaurant?
ris'tretto, -a *pp di* **restringere** ▸ *ag* (*racchiuso*) enclosed, hemmed in; (*angusto*) narrow; (*limitato*): **~ (a)** restricted *o* limited (to); (*Cuc*: *brodo*) thick; (: *caffè*) extra strong
ristruttu'rare *vt* (*azienda*) to reorganize; (*edificio*) to restore; (*appartamento*) to alter; (*crema, balsamo*) to repair

r

risucchi'are [risuk'kjare] *vt* to suck in
risul'tare *vi* (*dimostrarsi*) to prove (to be), turn out (to be); (*riuscire*): **~ vincitore** to emerge as the winner; **~ da** (*provenire*) to result from, be the result of; **mi risulta che ...** I understand that ...; **non mi risulta** not as far as I know; **risul'tato** *sm* result
risuo'nare *vi* (*rimbombare*) to resound
risurrezi'one [risurret'tsjone] *sf* (*Rel*) resurrection
risusci'tare [risuʃʃi'tare] *vt* to resuscitate, restore to life; (*fig*) to revive, bring back ▸ *vi* to rise (from the dead)
ris'veglio [riz'veʎʎo] *sm* waking up; (*fig*) revival
ris'volto *sm* (*di giacca*) lapel; (*di pantaloni*) turn-up; (*di manica*) cuff; (*di tasca*) flap; (*di libro*) inside flap; (*fig*) implication
ritagli'are [ritaʎ'ʎare] *vt* (*tagliar via*) to cut out
ritar'dare *vi* (*persona, treno*) to be late; (*orologio*) to be slow ▸ *vt* (*rallentare*) to slow down; (*impedire*) to delay, hold up; (*differire*) to postpone, delay
ri'tardo *sm* delay; (*di persona aspettata*) lateness *no pl*; (*fig: mentale*) backwardness; **in ~** late; **il volo ha due ore di ~** the flight is two hours late; **scusi il ~** sorry I'm late
ri'tegno [ri'teɲɲo] *sm* restraint
rite'nere *vt* (*trattenere*) to hold back; (*: somma*) to deduct; (*giudicare*) to consider, believe
ri'tengo, ri'tenni *ecc vb vedi* **ritenere**
riterrò, ritiene *ecc vb vedi* **ritenere**
riti'rare *vt* to withdraw; (*Pol: richiamare*) to recall; (*andare a prendere: pacco ecc*) to collect, pick up; **ritirarsi** *vpr* to withdraw; (*da un'attività*) to retire; (*stoffa*) to shrink; (*marea*) to recede
'ritmo *sm* rhythm; (*fig*) rate; (*: della vita*) pace, tempo
'rito *sm* rite; **di ~** usual, customary
ritoc'care *vt* (*disegno, fotografia*) to touch up; (*testo*) to alter
ritor'nare *vi* to return, go (*o* come) back, to get back; (*ripresentarsi*) to recur; (*ridiventare*): **~ ricco** to become rich again ▸ *vt* (*restituire*) to return, give back; **quando ritorniamo?** when do we get back?
ritor'nello *sm* refrain
ri'torno *sm* return; **essere di ~** to be back; **avere un ~ di fiamma** (*Aut*) to backfire; (*fig: persona*) to be back in love again
ri'trarre *vt* (*trarre indietro, via*) to withdraw; (*distogliere: sguardo*) to turn away; (*rappresentare*) to portray, depict; (*ricavare*) to get, obtain
ritrat'tare *vt* (*disdire*) to retract, take back; (*trattare nuovamente*) to deal with again
ri'tratto, -a *pp di* **ritrarre** ▸ *sm* portrait
ritro'vare *vt* to find; (*salute*) to regain; (*persona*) to find; to meet again; **ritrovarsi** *vpr* (*essere, capitare*) to find o.s.; (*raccapezzarsi*) to find one's way; (*con senso reciproco*) to meet (again)
'ritto, -a *ag* (*in piedi*) standing, on one's feet; (*levato in alto*) erect, raised; (*: capelli*) standing on end; (*posto verticalmente*) upright
ritu'ale *ag, sm* ritual
riuni'one *sf* (*adunanza*) meeting; (*riconciliazione*) reunion
riu'nire *vt* (*ricongiungere*) to join (together); (*riconciliare*) to reunite, bring together (again); **riunirsi** *vpr* (*adunarsi*) to meet; (*tornare insieme*) to be reunited
riu'scire [riuʃ'ʃire] *vi* (*uscire di nuovo*) to go out again, go back out;

(*aver esito: fatti, azioni*) to go, turn out; (*aver successo*) to succeed, be successful; (*essere, apparire*) to be, prove; (*raggiungere il fine*) to manage, succeed; **~ a fare qc** to manage to do *o* succeed in doing *o* be able to do sth

'riva *sf* (*di fiume*) bank; (*di lago, mare*) shore

ri'vale *sm/f* rival; **rivalità** *sf* rivalry

rivalu'tare *vt* (*Econ*) to revalue

rive'dere *vt* to see again; (*ripassare*) to revise; (*verificare*) to check

rivedrò *ecc vb vedi* **rivedere**

rive'lare *vt* to reveal; (*divulgare*) to reveal, disclose; (*dare indizio*) to reveal, show; **rivelarsi** *vpr* (*manifestarsi*) to be revealed; **rivelarsi onesto** *ecc* to prove to be honest *ecc*; **rivelazi'one** *sf* revelation

rivendi'care *vt* to claim, demand

rivendi'tore, -'trice *sm/f* retailer; **rivenditore autorizzato** (*Comm*) authorized dealer

ri'verbero *sm* (*di luce, calore*) reflection; (*di suono*) reverberation

rivesti'mento *sm* covering; coating

rives'tire *vt* to dress again; (*ricoprire*) to cover; to coat; (*fig: carica*) to hold

ri'vidi *ecc vb vedi* **rivedere**

ri'vincita [ri'vintʃita] *sf* (*Sport*) return match; (*fig*) revenge

ri'vista *sf* review; (*periodico*) magazine, review; (*Teatro*) revue; variety show

ri'volgere [ri'vɔldʒere] *vt* (*attenzione, sguardo*) to turn, direct; (*parole*) to address; **rivolgersi** *vpr* to turn round; (*fig: dirigersi per informazioni*): **rivolgersi a** to go and see, go and speak to; (*: ufficio*) to enquire at

ri'volsi *ecc vb vedi* **rivolgere**

ri'volta *sf* revolt, rebellion

rivol'tella *sf* revolver

rivoluzio'nare [rivoluttsjo'nare] *vt* to revolutionize

rivoluzio'nario, -a [rivoluttsjo'narjo] *ag, sm/f* revolutionary

rivoluzi'one [rivolut'tsjone] *sf* revolution

riz'zare [rit'tsare] *vt* to raise, erect; **rizzarsi** *vpr* to stand up; (*capelli*) to stand on end

'roba *sf* stuff, things *pl*; (*possessi, beni*) belongings *pl*, things *pl*, possessions *pl*; **~ da mangiare** things *pl* to eat, food; **~ da matti** sheer madness *o* lunacy

'robot *sm inv* robot

ro'busto, -a *ag* robust, sturdy; (*solido: catena*) strong

roc'chetto [rok'ketto] *sm* reel, spool

'roccia, -ce ['rɔttʃa] *sf* rock; **fare ~** (*Sport*) to go rock climbing

'roco, -a, chi, che *ag* hoarse

ro'daggio [ro'daddʒo] *sm* running (*BRIT*) *o* breaking (*US*) in; **in ~** running (*BRIT*) *o* breaking (*US*) in

rodi'tore *sm* (*Zool*) rodent

rodo'dendro *sm* rhododendron

ro'gnone [roɲ'ɲone] *sm* (*Cuc*) kidney

'rogo, -ghi *sm* (*per cadaveri*) (funeral) pyre; (*supplizio*): **il ~** the stake

rol'lio *sm* roll(ing)

'Roma *sf* Rome

Roma'nia *sf* **la ~** Romania

ro'manico, -a, -ci, -che *ag* Romanesque

ro'mano, -a *ag, sm/f* Roman

ro'mantico, -a, -ci, -che *ag* romantic

romanzi'ere [roman'dzjɛre] *sm* novelist

ro'manzo, -a [ro'mandzo] *ag* (*Ling*) romance *cpd* ▶ *sm* novel; **romanzo d'appendice** serial (story); **romanzo giallo/poliziesco** detective story; **romanzo rosa** romantic novel

'rombo *sm* rumble, thunder, roar; (*Mat*) rhombus; (*Zool*) turbot; brill

'rompere *vt* to break; (*fidanzamento*) to break off ▸ *vi* to break; **rompersi** *vpr* to break; **mi rompe le scatole** (*fam*) he (*o* she) is a pain in the neck; **rompersi un braccio** to break an arm; **mi si è rotta la macchina** my car has broken down; **rompis'catole** (*fam*) *sm/f inv* pest, pain in the neck

'rondine *sf* (*Zool*) swallow

ron'zare [ron'dzare] *vi* to buzz, hum

ron'zio [ron'dzio] *sm* buzzing

'rosa *sf* rose ▸ *ag inv*, *sm* pink; **ro'sato, -a** *ag* pink, rosy ▸ *sm* (*vino*) rosé (wine)

rosicchi'are [rosik'kjare] *vt* to gnaw (at); (*mangiucchiare*) to nibble (at)

rosma'rino *sm* rosemary

roso'lare *vt* (*Cuc*) to brown

roso'lia *sf* (*Med*) German measles *sg*, rubella

ro'sone *sm* rosette; (*vetrata*) rose window

'rospo *sm* (*Zool*) toad

ros'setto *sm* (*per labbra*) lipstick

'rosso, -a *ag*, *sm*, *sm/f* red; **il mar R~** the Red Sea; **rosso d'uovo** egg yolk

rosticce'ria [rostittʃe'ria] *sf shop selling roast meat and other cooked food*

ro'taia *sf* rut, track; (*Ferr*) rail

ro'tella *sf* small wheel; (*di mobile*) castor

roto'lare *vt*, *vi* to roll; **rotolarsi** *vpr* to roll (about)

'rotolo *sm* roll; **andare a rotoli** (*fig*) to go to rack and ruin

ro'tondo, -a *ag* round

'rotta *sf* (*Aer, Naut*) course, route; (*Mil*) rout; **a ~ di collo** at breakneck speed; **essere in ~ con qn** to be on bad terms with sb

rotta'mare *vt* to scrap

rottamazione [rottama'tsjone] *sf* (*come incentivo*) *the scrapping of old vehicles in return for incentives*

rot'tame *sm* fragment, scrap, broken bit; **rottami** *smpl* (*di nave, aereo ecc*) wreckage *sg*

'rotto, -a *pp di* **rompere** ▸ *ag* broken; (*calzoni*) torn, split; **per il ~ della cuffia** by the skin of one's teeth

rot'tura *sf* breaking *no pl*; break; breaking off; (*Med*) fracture, break

rou'lotte [ru'lɔt] *sf* caravan

ro'vente *ag* red-hot

'rovere *sm* oak

ro'vescia [ro'vɛʃʃa] *sf* **alla ~** upside-down; inside-out; **oggi mi va tutto alla ~** everything is going wrong (for me) today

rovesci'are [roveʃ'ʃare] *vt* (*versare in giù*) to pour; (*: accidentalmente*) to spill; (*capovolgere*) to turn upside down; (*gettare a terra*) to knock down; (*: fig: governo*) to overthrow; (*piegare all'indietro: testa*) to throw back; **rovesciarsi** *vpr* (*sedia, macchina*) to overturn; (*barca*) to capsize; (*liquido*) to spill; (*fig: situazione*) to be reversed

ro'vescio, -sci [ro'vɛʃʃo] *sm* other side, wrong side; (*della mano*) back; (*di moneta*) reverse; (*pioggia*) sudden downpour; (*fig*) setback; (*Maglia: anche:* **punto ~**) purl (stitch); (*Tennis*) backhand (stroke); **a ~** upside-down; inside-out; **capire qc a ~** to misunderstand sth

ro'vina *sf* ruin; **andare in ~** (*andare a pezzi*) to collapse; (*fig*) to go to rack and ruin; **rovine** *sfpl* (*ruderi*) ruins; **mandare in ~** to ruin

rovi'nare *vi* to collapse, fall down ▸ *vt* (*danneggiare: fig*) to ruin; **rovinarsi** *vpr* (*persona*) to ruin o.s.; (*oggetto, vestito*) to be ruined

rovis'tare *vt* (*casa*) to ransack; (*tasche*) to rummage in (*o* through)

'rovo *sm* (*Bot*) blackberry bush, bramble bush

'rozzo, -a ['roddzo] *ag* rough, coarse

ru'bare *vt* to steal; **~ qc a qn** to steal sth from sb; **mi hanno rubato il portafoglio** my wallet has been stolen

rubi'netto *sm* tap, faucet (*US*)
ru'bino *sm* ruby
ru'brica, -che *sf* (*Stampa*) column; (*quadernetto*) index book; address book; **rubrica d'indirizzi** address book; **rubrica telefonica** list of telephone numbers
'rudere *sm* (*rovina*) ruins *pl*
rudimen'tale *ag* rudimentary, basic
rudi'menti *smpl* rudiments; basic principles; basic knowledge *sg*
ruffi'ano *sm* pimp
'ruga, -ghe *sf* wrinkle
'ruggine ['ruddʒine] *sf* rust
rug'gire [rud'dʒire] *vi* to roar
rugi'ada [ru'dʒada] *sf* dew
ru'goso, -a *ag* wrinkled
rul'lino *sm* (*Fot*) spool; (*: pellicola*) film; **vorrei un ~ da 36 pose** I'd like a 36-exposure film
'rullo *sm* (*di tamburi*) roll; (*arnese cilindrico, Tip*) roller; **rullo compressore** steam roller; **rullo di pellicola** roll of film
rum *sm* rum
ru'meno, -a *ag, sm/f, sm* Romanian
rumi'nare *vt* (*Zool*) to ruminate
ru'more *sm* **un ~** a noise, a sound; **il ~** noise; **non riesco a dormire a causa del ~** I can't sleep for the noise; **rumo'roso, -a** *ag* noisy

Attenzione! In inglese esiste la parola *rumour*, che però significa *voce* nel senso *diceria*.

ru'olo *sm* (*Teatro: fig*) role, part; (*elenco*) roll, register, list; **di ~** permanent, on the permanent staff
ru'ota *sf* wheel; **ruota anteriore/posteriore** front/back wheel; **ruota di scorta** spare wheel
ruo'tare *vt, vi* to rotate
'rupe *sf* cliff
'ruppi *ecc vb vedi* **rompere**
ru'rale *ag* rural, country *cpd*
ru'scello [ruʃ'ʃɛllo] *sm* stream
'ruspa *sf* excavator
rus'sare *vi* to snore
'Russia *sf* **la ~** Russia; **'russo, -a** *ag, sm/f, sm* Russian
'rustico, -a, -ci, -che *ag* rustic; (*fig*) rough, unrefined
rut'tare *vi* to belch; **'rutto** *sm* belch
'ruvido, -a *ag* rough, coarse

S

S. *abbr* (*= sud*) S; (*= santo*) St
sa *vb vedi* **sapere**
'sabato *sm* Saturday; **di** *o* **il ~** on Saturdays
'sabbia *sf* sand; **sabbie mobili** quicksand(s); **sabbi'oso, -a** *ag* sandy
'sacca, -che *sf* bag; (*bisaccia*) haversack; **sacca da viaggio** travelling bag
sacca'rina *sf* saccharin(e)
saccheggi'are [sakked'dʒare] *vt* to sack, plunder
sac'chetto [sak'ketto] *sm* (small) bag, (small) sack; **sacchetto di carta/di plastica** paper/plastic bag
'sacco, -chi *sm* bag; (*per carbone ecc*) sack; (*Anat, Biol*) sac; (*tela*) sacking; (*saccheggio*) sack(ing); (*fig: grande quantità*): **un ~ di** lots of, heaps of; **sacco a pelo** sleeping bag; **sacco per i rifiuti** bin bag
sacer'dote [satʃer'dɔte] *sm* priest

sacrifi'care *vt* to sacrifice; **sacrificarsi** *vpr* to sacrifice o.s.; (*privarsi di qc*) to make sacrifices
sacri'ficio [sakri'fitʃo] *sm* sacrifice
'sacro, -a *ag* sacred
'sadico, -a, -ci, -che *ag* sadistic ▶ *sm/f* sadist
sa'etta *sf* arrow; (*fulmine*) thunderbolt; flash of lightning
sa'fari *sm inv* safari
sag'gezza [sad'dʒettsa] *sf* wisdom
'saggio, -a, -gi, -ge ['saddʒo] *ag* wise ▶ *sm* (*persona*) sage; (*esperimento*) test; (*fig: prova*) proof; (*campione*) sample; (*scritto*) essay
Sagit'tario [sadʒit'tarjo] *sm* Sagittarius
'sagoma *sf* (*profilo*) outline, profile; (*forma*) form, shape; (*Tecn*) template; (*bersaglio*) target; (*fig: persona*) character
'sagra *sf* festival
sagres'tano *sm* sacristan; sexton
sagres'tia *sf* sacristy
Sa'hara [sa'ara] *sm* **il (deserto del) ~** the Sahara (Desert)
'sai *vb vedi* **sapere**
'sala *sf* hall; (*stanza*) room; (*Cinema: Yyy: di proiezione*) cinema; **sala d'aspetto** waiting room; **sala da ballo** ballroom; **sala giochi** amusement arcade; **sala operatoria** operating theatre; **sala da pranzo** dining room; **sala per concerti** concert hall
sa'lame *sm* salami *no pl*, salami sausage
sala'moia *sf* (*Cuc*) brine
sa'lato, -a *ag* (*sapore*) salty; (*Cuc*) salted, salt *cpd*; (*fig: prezzo*) steep, stiff
sal'dare *vt* (*congiungere*) to join, bind; (*parti metalliche*) to solder; (*: con saldatura autogena*) to weld; (*conto*) to settle, pay
'saldo, -a *ag* (*resistente, forte*) strong, firm; (*fermo*) firm, steady, stable; (*fig*) firm, steadfast ▶ *sm* (*svendita*) sale; (*di conto*) settlement; (*Econ*) balance; **saldi** *smpl* (*Comm*) sales; **essere ~ nella propria fede** (*fig*) to stick to one's guns
'sale *sm* salt; (*fig*): **ha poco ~ in zucca** he doesn't have much sense; **sale fino** table salt; **sale grosso** cooking salt
'salgo *ecc vb vedi* **salire**
'salice ['salitʃe] *sm* willow; **salice piangente** weeping willow
sali'ente *ag* (*fig*) salient, main
sali'era *sf* salt cellar
sa'lire *vi* to go (*o* come) up; (*aereo ecc*) to climb, go up; (*passeggero*) to get on; (*sentiero, prezzi, livello*) to go up, rise ▶ *vt* (*scale, gradini*) to go (*o* come) up; **~ su** to climb (up); **~ sul treno/sull'autobus** to board the train/the bus; **~ in macchina** to get into the car; **sa'lita** *sf* climb, ascent; (*erta*) hill, slope; **in salita** *ag, av* uphill
sa'liva *sf* saliva
'salma *sf* corpse
'salmo *sm* psalm
sal'mone *sm* salmon
sa'lone *sm* (*stanza*) sitting room, lounge; (*in albergo*) lounge; (*su nave*) lounge, saloon; (*mostra*) show, exhibition; **salone di bellezza** beauty salon
sa'lotto *sm* lounge, sitting room; (*mobilio*) lounge suite
sal'pare *vi* (*Naut*) to set sail; (*anche:* **~ l'ancora**) to weigh anchor
'salsa *sf* (*Cuc*) sauce; **salsa di pomodoro** tomato sauce
sal'siccia, -ce [sal'sittʃa] *sf* pork sausage
sal'tare *vi* to jump, leap; (*esplodere*) to blow up, explode; (*: valvola*) to blow; (*venir via*) to pop off; (*non aver luogo: corso ecc*) to be cancelled ▶ *vt* to jump (over), leap (over); (*fig: pranzo, capitolo*)

to skip, miss (out); (*Cuc*) to sauté; **far ~** to blow up; to burst open; **~ fuori** (*fig: apparire all'improvviso*) to turn up
saltel'lare *vi* to skip; to hop
'salto *sm* jump; (*Sport*) jumping; **fare un ~** to jump, leap; **fare un ~ da qn** to pop over to sb's (place); **salto in alto/lungo** high/long jump; **salto con l'asta** pole vaulting; **salto mortale** somersault
saltu'ario, -a *ag* occasional, irregular
sa'lubre *ag* healthy, salubrious
salume'ria *sf* delicatessen
sa'lumi *smpl* salted pork meats
salu'tare *ag* healthy; (*fig*) salutary, beneficial ▸ *vt* (*incontrandosi*) to greet; (*congedandosi*) to say goodbye to; (*Mil*) to salute
sa'lute *sf* health; **~!** (*a chi starnutisce*) bless you!; (*nei brindisi*) cheers!; **bere alla ~ di qn** to drink (to) sb's health
sa'luto *sm* (*gesto*) wave; (*parola*) greeting; (*Mil*) salute
salvada'naio *sm* money box, piggy bank
salva'gente [salva'dʒɛnte] *sm* (*Naut*) lifebuoy; (*ciambella*) life belt; (*giubbotto*) life jacket; (*stradale*) traffic island
salvaguar'dare *vt* to safeguard
sal'vare *vt* to save; (*trarre da un pericolo*) to rescue; (*proteggere*) to protect; **salvarsi** *vpr* to save o.s.; to escape; **salvaschermo** [salvas'kermo] *sm* (*Inform*) screen saver; **salvaslip** [salva'zlip] *sm inv* panty liner; **salva'taggio** *sm* rescue
'salve (*fam*) *escl* hi!
'salvia *sf* (*Bot*) sage
salvi'etta *sf* napkin; **salvietta umidificata** baby wipe
'salvo, -a *ag* safe, unhurt, unharmed; (*fuori pericolo*) safe, out of danger ▸ *sm* **in ~** safe ▸ *prep* (*eccetto*) except; **mettere qc in ~** to put sth in a safe place; **~ che** (*a meno che*) unless; (*eccetto che*) except (that); **~ imprevisti** barring accidents
sam'buco *sm* elder (tree)
'sandalo *sm* (*Bot*) sandalwood; (*calzatura*) sandal
'sangue *sm* blood; **farsi cattivo ~** to fret, get in a state; **sangue freddo** (*fig*) sang-froid, calm; **a ~ freddo** in cold blood; **sangui'nare** *vi* to bleed
sanità *sf* health; (*salubrità*) healthiness; **Ministero della S~** Department of Health; **sanità mentale** sanity
sani'tario, -a *ag* health *cpd*; (*condizioni*) sanitary ▸ *sm* (*Amm*) doctor; **sanitari** *smpl* (*impianti*) bathroom *o* sanitary fittings
'sanno *vb vedi* **sapere**
'sano, -a *ag* healthy; (*denti, costituzione*) healthy, sound; (*integro*) whole; (*fig: politica, consigli*) sound; **~ di mente** sane; **di sana pianta** completely, entirely; **~ e salvo** safe and sound
San Sil'vestro *sm* (*giorno*) New Year's Eve
'santo, -a *ag* holy; (*fig*) saintly; (*seguito da nome proprio*) saint ▸ *sm/f* saint; **la Santa Sede** the Holy See
santu'ario *sm* sanctuary
sanzi'one [san'tsjone] *sf* sanction; (*penale, civile*) sanction, penalty
sa'pere *vt* to know; (*essere capace di*): **so nuotare** I know how to swim, I can swim ▸ *vi* **~ di** (*aver sapore*) to taste of; (*aver odore*) to smell of ▸ *sm* knowledge; **far ~ qc a qn** to let sb know sth; **mi sa che non sia vero** I don't think that's true; **non lo so** I don't know; **non so l'inglese** I don't speak English; **sa dove posso...?** do you know where I can ...?
sa'pone *sm* soap; **sapone da bucato** washing soap

S

sa'pore *sm* taste, flavour; **sapo'rito, -a** *ag* tasty
sappi'amo *vb vedi* **sapere**
saprò *ecc vb vedi* **sapere**
sarà *ecc vb vedi* **essere**
saraci'nesca [saratʃi'neska] *sf* (*serranda*) rolling shutter
sar'castico, -a, ci, che *ag* sarcastic
Sar'degna [sar'deɲɲa] *sf* **la ~** Sardinia
sar'dina *sf* sardine
'sardo, -a *ag, sm/f* Sardinian
sa'rei *ecc vb vedi* **essere**
SARS *sigla f* (*Med*: = *severe acute respiratory syndrome*) SARS
'sarta *sf vedi* **sarto**
'sarto, -a *sm/f* tailor/dressmaker
'sasso *sm* stone; (*ciottolo*) pebble; (*masso*) rock
sas'sofono *sm* saxophone
sas'soso, -a *ag* stony; pebbly
'Satana *sm* Satan
sa'tellite *sm, ag* satellite
'satira *sf* satire
'sauna *sf* sauna
sazi'are [sat'tsjare] *vt* to satisfy, satiate; **saziarsi** *vpr* **saziarsi (di)** to eat one's fill (of); (*fig*): **saziarsi di** to grow tired *o* weary of
'sazio, -a ['sattsjo] *ag* **~ (di)** sated (with), full (of); (*fig*: *stufo*) fed up (with), sick (of); **sono ~** I'm full (up)
sba'dato, -a *ag* careless, inattentive
sbadigli'are [zbadiʎ'ʎare] *vi* to yawn; **sba'diglio** *sm* yawn
sbagli'are [zbaʎ'ʎare] *vt* to make a mistake in, get wrong ▸ *vi* to make a mistake, be mistaken, be wrong; (*operare in modo non giusto*) to err; **sbagliarsi** *vpr* to make a mistake, be wrong; **~ strada/la mira** to take the wrong road/miss one's aim
sbagli'ato, -a [zbaʎ'ʎato] *ag* (*gen*) wrong; (*compito*) full of mistakes; (*conclusione*) erroneous
'sbaglio *sm* mistake, error; (*morale*) error; **fare uno ~** to make a mistake
sbalor'dire *vt* to stun, amaze ▸ *vi* to be stunned, be amazed
sbal'zare [zbal'tsare] *vt* to throw, hurl ▸ *vi* (*balzare*) to bounce; (*saltare*) to leap, bound
sban'dare *vi* (*Naut*) to list; (*Aer*) to bank; (*Aut*) to skid
sba'raglio [zba'raʎʎo] *sm* rout; defeat; **gettarsi allo ~** to risk everything
sbaraz'zarsi [zbarat'tsarsi] *vpr* **~ di** to get rid of, rid o.s. of
sbar'care *vt* (*passeggeri*) to disembark; (*merci*) to unload ▸ *vi* to disembark
'sbarra *sf* bar; (*di passaggio a livello*) barrier; (*Dir*): **presentarsi alla ~** to appear before the court
sbar'rare *vt* (*strada ecc*) to block, bar; (*assegno*) to cross; **~ il passo** to bar the way; **~ gli occhi** to open one's eyes wide
'sbattere *vt* (*porta*) to slam, bang; (*tappeti, ali, Cuc*) to beat; (*urtare*) to knock, hit ▸ *vi* (*porta, finestra*) to bang; (*agitarsi*: *ali, vele ecc*) to flap; **me ne sbatto!** (*fam*) I don't give a damn!
sba'vare *vi* to dribble; (*colore*) to smear, smudge
'sberla *sf* slap
sbia'dire *vi, vt* to fade; **sbia'dito, -a** *ag* faded; (*fig*) colourless, dull
sbian'care *vt* to whiten; (*tessuto*) to bleach ▸ *vi* (*impallidire*) to grow pale *o* white
sbirci'ata [zbir'tʃata] *sf* **dare una ~ a qc** to glance at sth, have a look at sth
sbloc'care *vt* to unblock, free; (*freno*) to release; (*prezzi, affitti*) to decontrol; **sbloccarsi** *vpr* (*gen*) to become unblocked; (*passaggio, strada*) to clear, become unblocked
sboc'care *vi* **~ in** (*fiume*) to flow into; (*strada*) to lead into; (*persona*) to come (out) into; (*fig*: *concludersi*) to end (up) in

sboc'cato, -a *ag (persona)* foul-mouthed; *(linguaggio)* foul
sbocci'are [zbot'tʃare] *vi (fiore)* to bloom, open (out)
sbol'lire *vi (fig)* to cool down, calm down
'sbornia *(fam) sf* **prendersi una ~** to get plastered
sbor'sare *vt (denaro)* to pay out
sbot'tare *vi* **~ in una risata/per la collera** to burst out laughing/explode with anger
sbotto'nare *vt* to unbutton, undo
sbrai'tare *vi* to yell, bawl
sbra'nare *vt* to tear to pieces
sbricio'lare [zbritʃo'lare] *vt* to crumble; **sbriciolarsi** *vpr* to crumble
sbri'gare *vt* to deal with; **sbrigarsi** *vpr* to hurry (up)
'sbronza ['zbrontsa] *(fam) sf (ubriaco)*: **prendersi una ~** to get plastered
sbron'zarsi [zbron'tsarsi] *vpr (fam)* to get sozzled
'sbronzo, -a ['zbrontso] *(fam) ag* plastered
sbruf'fone, -a *sm/f* boaster
sbu'care *vi* to come out, emerge; *(improvvisamente)* to pop out (*o* up)
sbucci'are [zbut'tʃare] *vt (arancia, patata)* to peel; *(piselli)* to shell; **sbucciarsi un ginocchio** to graze one's knee
sbucherò *ecc* [zbuke'rɔ] *vb vedi* **sbucare**
sbuf'fare *vi (persona, cavallo)* to snort; *(ansimare)* to puff, pant; *(treno)* to puff
sca'broso, -a *ag (fig: difficile)* difficult, thorny; (: *imbarazzante*) embarrassing; (: *sconcio*) indecent
scacchi *smpl (gioco)* chess *sg*; **a ~** *(tessuto)* check(ed)
scacchi'era [skak'kjɛra] *sf* chessboard
scacci'are [skat'tʃare] *vt* to chase away *o* out, drive away *o* out
'scaddi *ecc vb vedi* **scadere**
sca'dente *ag* shoddy, of poor quality
sca'denza [ska'dɛntsa] *sf (di cambiale, contratto)* maturity; *(di passaporto)* expiry date; **a breve/lunga ~** short-/long-term; **data di ~** expiry date
sca'dere *vi (contratto ecc)* to expire; *(debito)* to fall due; *(valore, forze, peso)* to decline, go down
sca'fandro *sm (di palombaro)* diving suit; *(di astronauta)* space-suit
scaf'fale *sm* shelf; *(mobile)* set of shelves
'scafo *sm (Naut, Aer)* hull
scagio'nare [skadʒo'nare] *vt* to exonerate, free from blame
'scaglia ['skaʎʎa] *sf (Zool)* scale; *(scheggia)* chip, flake
scagli'are [skaʎ'ʎare] *vt (lanciare: anche fig)* to hurl, fling; **scagliarsi** *(anche:* **vr**): **scagliarsi su** *o* **contro** to hurl *o* fling o.s. at; *(fig)* to rail at
'scala *sf (a gradini ecc)* staircase, stairs *pl*; *(a pioli, di corda)* ladder; *(Mus, Geo, di colori, valori, fig)* scale; **scale** *sfpl (scalinata)* stairs; **su vasta ~/~ ridotta** on a large/small scale; **~ mobile (dei salari)** index-linked pay scale; **scala a libretto** stepladder; **scala mobile** escalator; *(Econ)* sliding scale

Scala
Milan's world-famous **la Scala** theatre first opened its doors in 1778 with a performance of Salieri's opera, "L'Europa riconosciuta". It suffered serious damage in the bombing of Milan in 1943 and reopened in 1946 with a concert conducted by Toscanini. It also has a famous classical dance school.

sca'lare *vt (Alpinismo, muro)* to climb, scale; *(debito)* to scale down, reduce
scalda'bagno [skalda'baɲɲo] *sm* water-heater

scal'dare *vt* to heat; **scaldarsi** *vpr* to warm up, heat up; (*al fuoco, al sole*) to warm o.s.; (*fig*) to get excited
scal'fire *vt* to scratch
scali'nata *sf* staircase
sca'lino *sm* (*anche fig*) step; (*di scala a pioli*) rung
'scalo *sm* (*Naut*) slipway; (*: porto d'approdo*) port of call; (*Aer*) stopover; **fare ~ (a)** (*Naut*) to call (at), put in (at); (*Aer*) to land (at), make a stop (at); **scalo merci** (*Ferr*) goods (*BRIT*) *o* freight yard
scalop'pina *sf* (*Cuc*) escalope
scal'pello *sm* chisel
scal'pore *sm* noise, row; **far ~** (*notizia*) to cause a sensation *o* a stir
'scaltro, -a *ag* cunning, shrewd
'scalzo, -a ['skaltso] *ag* barefoot
scambi'are *vt* to exchange; (*confondere*): **~ qn/qc per** to take *o* mistake sb/sth for; **mi hanno scambiato il cappello** they've given me the wrong hat; **scambiarsi** *vpr* (*auguri, confidenze, visite*) to exchange; **~ qn/qc per** (*confondere*) to mistake sth/sb for
'scambio *sm* exchange; (*Ferr*) points *pl*; **fare (uno) ~** to make a swap
scampa'gnata [skampaɲ'ɲata] *sf* trip to the country
scam'pare *vt* (*salvare*) to rescue, save; (*evitare: morte, prigione*) to escape ▸ *vi* **~ (a qc)** to survive (sth), escape (sth); **scamparla bella** to have a narrow escape
'scampo *sm* (*salvezza*) escape; (*Zool*) prawn; **cercare ~ nella fuga** to seek safety in flight
'scampolo *sm* remnant
scanala'tura *sf* (*incavo*) channel, groove
scandagli'are [skandaʎ'ʎare] *vt* (*Naut*) to sound; (*fig*) to sound out; to probe
scandaliz'zare [skandalid'dzare] *vt* to shock, scandalize; **scandalizzarsi** *vpr* to be shocked
'scandalo *sm* scandal
Scandi'navia *sf* **la ~** Scandinavia; **scandi'navo, -a** *ag, sm/f* Scandinavian
scanner ['skanner] *sm inv* (*Inform*) scanner
scansafa'tiche [skansafa'tike] *sm/f inv* idler, loafer
scan'sare *vt* (*rimuovere*) to move (aside), shift; (*schivare: schiaffo*) to dodge; (*sfuggire*) to avoid; **scansarsi** *vpr* to move aside
scan'sia *sf* shelves *pl*; (*per libri*) bookcase
'scanso *sm* **a ~ di** in order to avoid, as a precaution against
scanti'nato *sm* basement
scapacci'one [skapat'tʃone] *sm* clout
scapes'trato, -a *ag* dissolute
'scapola *sf* shoulder blade
'scapolo *sm* bachelor
scappa'mento *sm* (*Aut*) exhaust
scap'pare *vi* (*fuggire*) to escape; (*andare via in fretta*) to rush off; **lasciarsi ~ un'occasione** to let an opportunity go by; **~ di prigione** to escape from prison; **~ di mano** (*oggetto*) to slip out of one's hands; **~ di mente a qn** to slip sb's mind; **mi scappò detto** I let it slip; **scappa'toia** *sf* way out
scara'beo *sm* beetle
scarabocchi'are [skarabok'kjare] *vt* to scribble, scrawl; **scara'bocchio** *sm* scribble, scrawl
scara'faggio [skara'faddʒo] *sm* cockroach
scaraman'zia [skaraman'tsia] *sf* **per ~** for luck
scaraven'tare *vt* to fling, hurl; **scaraventarsi** *vpr* to fling o.s.
scarce'rare [skartʃe'rare] *vt* to release (from prison)

scardi'nare *vt* ~ **una porta** to take a door off its hinges

scari'care *vt* (*merci, camion ecc*) to unload; (*passeggeri*) to set down, put off; (*arma*) to unload; (*: sparare, Elettr*) to discharge; (*corso d'acqua*) to empty, pour; (*fig: liberare da un peso*) to unburden, relieve; (*da Internet*) to download; **scaricarsi** *vpr* (*orologio*) to run *o* wind down; (*batteria, accumulatore*) to go flat *o* dead; (*fig: rilassarsi*) to unwind; (*: sfogarsi*) to let off steam

'scarico, -a, -chi, -che *ag* unloaded; (*orologio*) run down; (*accumulatore*) dead, flat ▸ *sm* (*di merci, materiali*) unloading; (*di immondizie*) dumping, tipping (*BRIT*); (*Tecn: deflusso*) draining; (*: dispositivo*) drain; (*Aut*) exhaust

scarlat'tina *sf* scarlet fever

scar'latto, -a *ag* scarlet

'scarpa *sf* shoe; **scarpe da ginnastica/tennis** gym/tennis shoes

scar'pata *sf* escarpment

scarpi'era *sf* shoe rack

scar'pone *sm* boot; **scarponi da montagna** climbing boots; **scarponi da sci** ski-boots

scarseggi'are [skarsed'dʒare] *vi* to be scarce; ~ **di** to be short of, lack

'scarso, -a *ag* (*insufficiente*) insufficient, meagre; (*povero: annata*) poor, lean; (*Ins: voto*) poor; ~ **di** lacking in; **3 chili scarsi** just under 3 kilos, barely 3 kilos

scar'tare *vt* (*pacco*) to unwrap; (*idea*) to reject; (*Mil*) to declare unfit for military service; (*carte da gioco*) to discard; (*Calcio*) to dodge (past) ▸ *vi* to swerve

'scarto *sm* (*cosa scartata: anche Comm*) reject; (*di veicolo*) swerve; (*differenza*) gap, difference

scassi'nare *vt* to break, force

scate'nare *vt* (*fig*) to incite, stir up; **scatenarsi** *vpr* (*temporale*) to break; (*rivolta*) to break out; (*persona: infuriarsi*) to rage

'scatola *sf* box; (*di latta*) tin (*BRIT*), can; **cibi in** ~ tinned (*BRIT*) *o* canned foods; **scatola cranica** cranium;

scato'lone *sm* (big) box

scat'tare *vt* (*fotografia*) to take ▸ *vi* (*congegno, molla ecc*) to be released; (*balzare*) to spring up; (*Sport*) to put on a spurt; (*fig: per l'ira*) to fly into a rage; ~ **in piedi** to spring to one's feet

'scatto *sm* (*dispositivo*) release; (*: di arma da fuoco*) trigger mechanism; (*rumore*) click; (*balzo*) jump, start; (*Sport*) spurt; (*fig: di ira ecc*) fit; (*: di stipendio*) increment; **di** ~ suddenly

scaval'care *vt* (*ostacolo*) to pass (*o* climb) over; (*fig*) to get ahead of, overtake

sca'vare *vt* (*terreno*) to dig; (*legno*) to hollow out; (*pozzo, galleria*) to bore; (*città sepolta ecc*) to excavate

'scavo *sm* excavating *no pl*; excavation

'scegliere ['ʃeʎʎere] *vt* to choose, select

sce'icco, -chi [ʃe'ikko] *sm* sheik

'scelgo *ecc* ['ʃelgo] *vb vedi* **scegliere**

scel'lino [ʃel'lino] *sm* shilling

'scelta ['ʃelta] *sf* choice; selection; **di prima** ~ top grade *o* quality; **frutta o formaggi a** ~ choice of fruit or cheese

'scelto, -a ['ʃelto] *pp di* **scegliere** ▸ *ag* (*gruppo*) carefully selected; (*frutta, verdura*) choice, top quality; (*Mil: specializzato*) crack *cpd*, highly skilled

'scemo, -a ['ʃemo] *ag* stupid, silly

'scena ['ʃɛna] *sf* (*gen*) scene; (*palcoscenico*) stage; **le scene** (*fig: teatro*) the stage; **fare una** ~ to make a scene; **andare in** ~ to be staged *o* put on *o* performed; **mettere in** ~ to stage

sce'nario [ʃe'narjo] *sm* scenery; (*di film*) scenario

sce'nata [ʃe'nata] *sf* row, scene
'scendere ['ʃendere] *vi* to go (*o* come) down; (*strada, sole*) to go down; (*notte*) to fall; (*passeggero: fermarsi*) to get out, alight; (*fig: temperatura, prezzi*) to go *o* come down, fall, drop ▶ *vt* (*scale, pendio*) to go (*o* come) down; **~ dalle scale** to go (*o* come) down the stairs; **~ dal treno** to get off *o* out of the train; **dove devo ~?** where do I get off?; **~ dalla macchina** to get out of the car; **~ da cavallo** to dismount, get off one's horse
sceneggi'ato [ʃened'dʒato] *sm* television drama
'scettico, -a, -ci, -che ['ʃɛttiko] *ag* sceptical
'scettro ['ʃɛttro] *sm* sceptre
'scheda ['skɛda] *sf* (index) card; **scheda elettorale** ballot paper; **scheda ricaricabile** (*Tel*) top-up card; **scheda telefonica** phone card; **sche'dario** *sm* file; (*mobile*) filing cabinet
sche'dina [ske'dina] *sf* ≈ pools coupon (*BRIT*)
'scheggia, -ge ['skeddʒa] *sf* splinter, sliver
'scheletro ['skɛletro] *sm* skeleton
'schema, -i ['skɛma] *sm* (*diagramma*) diagram, sketch; (*progetto, abbozzo*) outline, plan
'scherma ['skerma] *sf* fencing
scher'maglia [sker'maʎʎa] *sf* (*fig*) skirmish
'schermo ['skermo] *sm* shield, screen; (*Cinema, TV*) screen
scher'nire [sker'nire] *vt* to mock, sneer at
scher'zare [sker'tsare] *vi* to joke
'scherzo ['skertso] *sm* joke; (*tiro*) trick; (*Mus*) scherzo; **è uno ~!** (*una cosa facile*) it's child's play!, it's easy!; **per ~** in jest; for a joke *o* a laugh; **fare un brutto ~ a qn** to play a nasty trick on sb
schiaccia'noci [skjattʃa'notʃi] *sm inv* nutcracker
schiacci'are [skjat'tʃare] *vt* (*dito*) to crush; (*noci*) to crack; **~ un pisolino** to have a nap; **schiacciarsi** *vpr* (*appiattirsi*) to get squashed; (*frantumarsi*) to get crushed
schiaffeggi'are [skjaffed'dʒare] *vt* to slap
schi'affo ['skjaffo] *sm* slap
schiantarsi *vpr* to break (up), shatter
schia'rire [skja'rire] *vt* to lighten, make lighter; **schiarirsi** *vpr* to grow lighter; (*tornar sereno*) to clear, brighten up; **schiarirsi la voce** to clear one's throat
schiavitù [skjavi'tu] *sf* slavery
schi'avo, -a ['skjavo] *sm/f* slave
schi'ena ['skjɛna] *sf* (*Anat*) back; **schie'nale** *sm* (*di sedia*) back
schi'era ['skjɛra] *sf* (*Mil*) rank; (*gruppo*) group, band
schiera'mento [skjera'mento] *sm* (*Mil, Sport*) formation; (*fig*) alliance
schie'rare [skje'rare] *vt* (*esercito*) to line up, draw up, marshal; **schierarsi** *vpr* to line up; (*fig*): **schierarsi con** *o* **dalla parte di/contro qn** to side with/oppose sb
'schifo ['skifo] *sm* disgust; **fare ~** (*essere fatto male, dare pessimi risultati*) to be awful; **mi fa ~** it makes me sick, it's disgusting; **quel libro è uno ~** that book's rotten; **schi'foso, -a** *ag* disgusting, revolting; (*molto scadente*) rotten, lousy
schioc'care [skjok'kare] *vt* (*frusta*) to crack; (*dita*) to snap; (*lingua*) to click; **~ le labbra** to smack one's lips
schiudersi *vpr* to open
schi'uma ['skjuma] *sf* foam; (*di sapone*) lather; (*di latte*) froth; (*fig: feccia*) scum
schi'vare [ski'vare] *vt* to dodge, avoid
'schivo, -a ['skivo] *ag* (*ritroso*) stand-

offish, reserved; (*timido*) shy
schiz'zare [skit'tsare] *vt* (*spruzzare*) to spurt, squirt; (*sporcare*) to splash, spatter; (*fig*: *abbozzare*) to sketch ▶ *vi* to spurt, squirt; (*saltar fuori*) to dart up (*o* off *ecc*)
schizzi'noso, -a [skittsi'noso] *ag* fussy, finicky
'schizzo ['skittso] *sm* (*di liquido*) spurt; splash, spatter; (*abbozzo*) sketch
sci [ʃi] *sm* (*attrezzo*) ski; (*attività*) skiing; **sci d'acqua** water-skiing; **sci di fondo** cross-country skiing, ski touring (*US*); **sci nautico** water-skiing
'scia ['ʃia] (*pl* **scie**) *sf* (*di imbarcazione*) wake; (*di profumo*) trail
scià [ʃa] *sm inv* shah
sci'abola ['ʃabola] *sf* sabre
scia'callo [ʃa'kallo] *sm* jackal
sciac'quare [ʃak'kware] *vt* to rinse
scia'gura [ʃa'gura] *sf* disaster, calamity; misfortune
scialac'quare [ʃalak'kware] *vt* to squander
sci'albo, -a ['ʃalbo] *ag* pale, dull; (*fig*) dull, colourless
sci'alle ['ʃalle] *sm* shawl
scia'luppa [ʃa'luppa] *sf*; **scialuppa di salvataggio** lifeboat
sci'ame ['ʃame] *sm* swarm
sci'are [ʃi'are] *vi* to ski
sci'arpa ['ʃarpa] *sf* scarf; (*fascia*) sash
scia'tore, -'trice [ʃia'tore] *sm/f* skier
sci'atto, -a ['ʃatto] *ag* (*persona*) slovenly, unkempt
scien'tifico, -a, -ci, -che [ʃen'tifiko] *ag* scientific
sci'enza ['ʃɛntsa] *sf* science; (*sapere*) knowledge; **scienze** *sfpl* (*Ins*) science *sg*; **scienze naturali** natural sciences;
scienzi'ato, -a *sm/f* scientist
'scimmia ['ʃimmja] *sf* monkey
scimpanzé [ʃimpan'tse] *sm inv* chimpanzee
scin'tilla [ʃin'tilla] *sf* spark;
scintil'lare *vi* to spark; (*acqua, occhi*) to sparkle
scioc'chezza [ʃok'kettsa] *sf* stupidity *no pl*; stupid *o* foolish thing; **dire sciocchezze** to talk nonsense
sci'occo, -a, -chi, -che ['ʃɔkko] *ag* stupid, foolish
sci'ogliere ['ʃɔʎʎere] *vt* (*nodo*) to untie; (*capelli*) to loosen; (*persona, animale*) to untie, release; (*fig*: *persona*): ~ **da** to release from; (*neve*) to melt; (*nell'acqua*: *zucchero ecc*) to dissolve; (*fig*: *mistero*) to solve; (*porre fine a*: *contratto*) to cancel; (: *società, matrimonio*) to dissolve; (: *riunione*) to bring to an end; **sciogliersi** *vpr* to loosen, come untied; to melt; to dissolve; (*assemblea ecc*) to break up; ~ **i muscoli** to limber up; **scioglilingua** [ʃoʎʎi'lingwa] *sm inv* tongue-twister
sci'olgo *ecc* ['ʃɔlgo] *vb vedi* **sciogliere**
sci'olto, -a ['ʃɔlto] *pp di* **sciogliere** ▶ *ag* loose; (*agile*) agile, nimble; supple; (*disinvolto*) free and easy; **versi sciolti** (*Poesia*) blank verse
sciope'rare [ʃope'rare] *vi* to strike, go on strike
sci'opero ['ʃɔpero] *sm* strike; **fare ~** to strike; **sciopero bianco** work-to-rule (*BRIT*), slowdown (*US*); **sciopero selvaggio** wildcat strike; **sciopero a singhiozzo** on-off strike
scio'via [ʃio'via] *sf* ski lift
scip'pare [ʃip'pare] *vt* ~ **qn** to snatch sb's bag; **mi hanno scippato** they snatched my bag
sci'rocco [ʃi'rɔkko] *sm* sirocco
sci'roppo [ʃi'rɔppo] *sm* syrup
'scisma, -i ['ʃizma] *sm* (*Rel*) schism
scissi'one [ʃis'sjone] *sf* (*anche fig*) split, division; (*Fisica*) fission
sciu'pare [ʃu'pare] *vt* (*abito, libro, appetito*) to spoil, ruin; (*tempo, denaro*) to waste

S

scivo'lare [ʃivo'lare] *vi* to slide *o* glide along; (*involontariamente*) to slip, slide; **'scivolo** *sm* slide; (*Tecn*) chute; **scivo'loso, -a** *ag* slippery
scle'rosi *sf* sclerosis
scoc'care *vt* (*freccia*) to shoot ▸ *vi* (*guizzare*) to shoot up; (*battere*: *ora*) to strike
scoccherò *ecc* [skokke'rɔ] *vb vedi* **scoccare**
scocci'are [skot'tʃare] (*fam*) *vt* to bother, annoy; **scocciarsi** *vpr* to be bothered *o* annoyed
sco'della *sf* bowl
scodinzo'lare [skodintso'lare] *vi* to wag its tail
scogli'era [skoʎ'ʎɛra] *sf* reef; cliff
'scoglio ['skɔʎʎo] *sm* (*al mare*) rock
scoi'attolo *sm* squirrel
scola'pasta *sm inv* colander
scolapi'atti *sm inv* drainer (*for plates*)
sco'lare *ag* **età scolare** school age ▸ *vt* to drain ▸ *vi* to drip
scola'resca *sf* schoolchildren *pl*, pupils *pl*
sco'laro, -a *sm/f* pupil, schoolboy/girl
Attenzione! In inglese esiste la parola *scholar*, che però significa *studioso*.
sco'lastico, -a, -ci, -che *ag* school *cpd*; scholastic
scol'lato, -a *ag* (*vestito*) low-cut, low-necked; (*donna*) wearing a low-cut dress (*o* blouse *ecc*)
scolla'tura *sf* neckline
scolle'gare *vt* (*fili, apparecchi*) to disconnect
'scolo *sm* drainage
scolo'rire *vt* to fade; to discolour; **scolorirsi** *vpr* to fade; to become discoloured; (*impallidire*) to turn pale
scol'pire *vt* to carve, sculpt
scombusso'lare *vt* to upset
scom'messa *sf* bet, wager
scom'mettere *vt, vi* to bet
scomo'dare *vt* to trouble, bother; to disturb; **scomodarsi** *vpr* to put o.s. out; **scomodarsi a fare** to go to the bother *o* trouble of doing
'scomodo, -a *ag* uncomfortable; (*sistemazione, posto*) awkward, inconvenient
scompa'rire *vi* (*sparire*) to disappear, vanish; (*fig*) to be insignificant
scomparti'mento *sm* compartment; **uno ~ per non-fumatori** a non-smoking compartment
scompigli'are [skompiʎ'ʎare] *vt* (*cassetto, capelli*) to mess up, disarrange; (*fig*: *piani*) to upset
scomuni'care *vt* to excommunicate
'sconcio, -a, -ci, -ce ['skontʃo] *ag* (*osceno*) indecent, obscene ▸ *sm* disgrace
scon'figgere [skon'fiddʒere] *vt* to defeat, overcome
sconfi'nare *vi* to cross the border; (*in proprietà privata*) to trespass; (*fig*): **~ da** to stray *o* digress from
scon'fitta *sf* defeat
scon'forto *sm* despondency
sconge'lare [skondʒe'lare] *vt* to defrost
scongiu'rare [skondʒu'rare] *vt* (*implorare*) to entreat, beseech, implore; (*eludere*: *pericolo*) to ward off, avert; **scongi'uro** *sm* entreaty; (*esorcismo*) exorcism; **fare gli scongiuri** to touch wood (*BRIT*), knock on wood (*US*)
scon'nesso, -a *ag* incoherent
sconosci'uto, -a [skonoʃ'ʃuto] *ag* unknown; new, strange ▸ *sm/f* stranger; unknown person
sconsigli'are [skonsiʎ'ʎare] *vt* **~ qc a qn** to advise sb against sth; **~ qn dal fare qc** to advise sb not to do *o* against doing sth
sconso'lato, -a *ag* inconsolable; desolate

scon'tare *vt* (*Comm*: *detrarre*) to deduct; (: *debito*) to pay off; (: *cambiale*) to discount; (*pena*) to serve; (*colpa, errori*) to pay for, suffer for

scon'tato, -a *ag* (*previsto*) foreseen, taken for granted; **dare per ~ che** to take it for granted that

scon'tento, -a *ag* **~ (di)** dissatisfied (with) ▸ *sm* dissatisfaction

'sconto *sm* discount; **fare uno ~** to give a discount; **ci sono sconti per studenti?** are there discounts for students?

scon'trarsi *vpr* (*treni ecc*) to crash, collide; (*venire ad uno scontro, fig*) to clash; **~ con** to crash into, collide with

scon'trino *sm* ticket; (*di cassa*) receipt; **potrei avere lo ~ per favore?** can I have a receipt, please?

'scontro *sm* clash, encounter; crash, collision

scon'troso, -a *ag* sullen, surly; (*permaloso*) touchy

sconveni'ente *ag* unseemly, improper

scon'volgere [skon'vɔldʒere] *vt* to throw into confusion, upset; (*turbare*) to shake, disturb, upset; **scon'volto, -a** *pp di* **sconvolgere**

scooter ['skuter] *sm inv* scooter

'scopa *sf* broom; (*Carte*) *Italian card game*; **sco'pare** *vt* to sweep

sco'perta *sf* discovery

sco'perto, -a *pp di* **scoprire** ▸ *ag* uncovered; (*capo*) uncovered, bare; (*macchina*) open; (*Mil*) exposed, without cover; (*conto*) overdrawn

'scopo *sm* aim, purpose; **a che ~?** what for?

scoppi'are *vi* (*spaccarsi*) to burst; (*esplodere*) to explode; (*fig*) to break out; **~ in pianto** *o* **a piangere** to burst out crying; **~ dalle risa** *o* **dal ridere** to split one's sides laughing

scoppiet'tare *vi* to crackle

'scoppio *sm* explosion; (*di tuono, arma ecc*) crash, bang; (*fig*: *di risa, ira*) fit, outburst; (: *di guerra*) outbreak; **a ~ ritardato** delayed-action

sco'prire *vt* to discover; (*liberare da ciò che copre*) to uncover; (: *monumento*) to unveil; **scoprirsi** *vpr* to put on lighter clothes; (*fig*) to give o.s. away

scoraggi'are [skorad'dʒare] *vt* to discourage; **scoraggiarsi** *vpr* to become discouraged, lose heart

scorcia'toia [skortʃa'toja] *sf* short cut

'scorcio ['skortʃo] *sm* (*Arte*) foreshortening; (*di secolo, periodo*) end, close; **scorcio panoramico** vista

scor'dare *vt* to forget; **scordarsi** *vpr* **scordarsi di qc/di fare** to forget sth/to do

'scorgere ['skɔrdʒere] *vt* to make out, distinguish, see

scorpacci'ata [skorpat'tʃata] *sf* **fare una ~ (di)** to stuff o.s. (with), eat one's fill (of)

scorpi'one *sm* scorpion; (*dello zodiaco*): **S~** Scorpio

'scorrere *vt* (*giornale, lettera*) to run *o* skim through ▸ *vi* (*liquido, fiume*) to run, flow; (*fune*) to run; (*cassetto, porta*) to slide easily; (*tempo*) to pass (by)

scor'retto, -a *ag* incorrect; (*sgarbato*) impolite; (*sconveniente*) improper

scor'revole *ag* (*porta*) sliding; (*fig*: *stile*) fluent, flowing

'scorsi *ecc vb vedi* **scorgere**

'scorso, -a *pp di* **scorrere** ▸ *ag* last

scor'soio, -a *ag* **nodo ~** noose

'scorta *sf* (*di personalità, convoglio*) escort; (*provvista*) supply, stock

scor'tese *ag* discourteous, rude

'scorza ['skɔrdza] *sf* (*di albero*) bark; (*di agrumi*) peel, skin

sco'sceso, -a [skoʃ'ʃeso] *ag* steep

'scossa *sf* jerk, jolt, shake; (*Elettr*: *fig*) shock; **scossa di terremoto** earth tremor

'scosso, -a *pp di* **scuotere** ▸ *ag* (*turbato*) shaken, upset
scos'tante *ag* (*fig*) off-putting (*BRIT*), unpleasant
scotch [skɔtʃ] *sm inv* (*whisky*) Scotch; (*nastro adesivo*) Scotch tape®, Sellotape®
scot'tare *vt* (*ustionare*) to burn; (*: con liquido bollente*) to scald ▸ *vi* to burn; (*caffè*) to be too hot; **scottarsi** *vpr* to burn/scald o.s.; (*fig*) to have one's fingers burnt; **scotta'tura** *sf* burn; scald
'scotto, -a *ag* overcooked ▸ *sm* (*fig*): **pagare lo ~ (di)** to pay the penalty (for)
sco'vare *vt* to drive out, flush out; (*fig*) to discover
'Scozia ['skɔttsia] *sf* **la ~** Scotland; **scoz'zese** *ag* Scottish ▸ *sm/f* Scot
scredi'tare *vt* to discredit
screen saver ['skriin'sɛivər] *sm inv* (*Inform*) screen saver
scre'mato, -a *ag* skimmed; **parzialmente ~** semi-skimmed
screpo'lato, -a *ag* (*labbra*) chapped; (*muro*) cracked
'screzio ['skrɛttsjo] *sm* disagreement
scricchio'lare [skrikkjo'lare] *vi* to creak, squeak
'scrigno ['skriɲɲo] *sm* casket
scrimina'tura *sf* parting
'scrissi *ecc vb vedi* **scrivere**
'scritta *sf* inscription
'scritto, -a *pp di* **scrivere** ▸ *ag* written ▸ *sm* writing; (*lettera*) letter, note
scrit'toio *sm* writing desk
scrit'tore, -'trice *sm/f* writer
scrit'tura *sf* writing; (*Comm*) entry; (*contratto*) contract; (*Rel*): **la Sacra S~** the Scriptures *pl*
scrittu'rare *vt* (*Teatro, Cinema*) to sign up, engage; (*Comm*) to enter
scriva'nia *sf* desk
'scrivere *vt* to write; **come si scrive?** how is it spelt?, how do you write it?
scroc'cone, -a *sm/f* scrounger
'scrofa *sf* (*Zool*) sow
scrol'lare *vt* to shake; **scrollarsi** *vpr* (*anche fig*) to give o.s. a shake; (*anche*: **~ le spalle/il capo**) to shrug one's shoulders/shake one's head
'scrupolo *sm* scruple; (*meticolosità*) care, conscientiousness
scrupo'loso, -a *ag* scrupulous; conscientious
scru'tare *vt* to scrutinize; (*intenzioni, causa*) to examine, scrutinize
scu'cire [sku'tʃire] *vt* (*orlo ecc*) to unpick, undo; **scucirsi** *vpr* to come unstitched
scude'ria *sf* stable
scu'detto *sm* (*Sport*) (championship) shield; (*distintivo*) badge
'scudo *sm* shield
sculacci'are [skulat'tʃare] *vt* to spank
scul'tore, -'trice *sm/f* sculptor
scul'tura *sf* sculpture
scu'ola *sf* school; **scuola elementare/materna** primary (*BRIT*) *o* grade (*US*) /nursery school; **scuola guida** driving school; **scuola media** secondary (*BRIT*) *o* high (*US*) school; **scuola dell'obbligo** compulsory education; **scuola tecnica** technical college; **scuole serali** evening classes, night school *sg*
scu'otere *vt* to shake
'scure *sf* axe
'scuro, -a *ag* dark; (*fig: espressione*) grim ▸ *sm* darkness; dark colour; (*imposta*) (window) shutter; **verde/rosso** *ecc* **~** dark green/red *ecc*
'scusa *sf* apology; (*pretesto*) excuse; **chiedere ~ a qn (per)** to apologize to sb (for); **chiedo ~** I'm sorry; (*disturbando ecc*) excuse me
scu'sare *vt* to excuse; **scusarsi** *vpr* **scusarsi (di)** to apologize (for); **(mi) scusi** I'm sorry; (*per richiamare l'attenzione*) excuse me

sde'gnato, -a [zdeɲ'ɲato] *ag* indignant, angry
'sdegno ['zdeɲɲo] *sm* scorn, disdain
sdolci'nato, -a [zdoltʃi'nato] *ag* mawkish, oversentimental
sdrai'arsi *vpr* to stretch out, lie down
'sdraio *sm* **sedia a ~** deck chair
sdruccio'levole [zdruttʃo'levole] *ag* slippery

se
pron vedi **si**
▸*cong*
1 (*condizionale, ipotetica*) if; **se nevica non vengo** I won't come if it snows; **sarei rimasto se me l'avessero chiesto** I would have stayed if they'd asked me; **non puoi fare altro se non telefonare** all you can do is phone; **se mai** if, if ever; **siamo noi se mai che le siamo grati** it is we who should be grateful to you; **se no** (*altrimenti*) or (else), otherwise
2 (*in frasi dubitative, interrogative indirette*) if, whether; **non so se scrivere o telefonare** I don't know whether *o* if I should write or phone

sé *pron* (*gen*) oneself; (*esso, essa, lui, lei, loro*) itself; himself; herself; themselves; **sé stesso(a)** *pron* oneself; itself; himself; herself
seb'bene *cong* although, though
sec. *abbr* (= *secolo*) c.
'secca *sf* (*del mare*) shallows *pl*; *vedi anche* **secco**
sec'care *vt* to dry; (*prosciugare*) to dry up; (*fig: importunare*) to annoy, bother ▸ *vi* to dry; to dry up; **seccarsi** *vpr* to dry; to dry up; (*fig*) to grow annoyed
sec'cato, -a *ag* (*fig: infastidito*) bothered, annoyed; (*: stufo*) fed up
secca'tura *sf* (*fig*) bother *no pl*, trouble *no pl*
seccherò *ecc* [sekke'rɔ] *vb vedi* **seccare**
secchi'ello *sm* bucket; **secchiello del ghiaccio** ice bucket
'secchio ['sekkjo] *sm* bucket, pail
'secco, -a, -chi, -che *ag* dry; (*fichi, pesce*) dried; (*foglie, ramo*) withered; (*magro: persona*) thin, skinny; (*fig: risposta, modo di fare*) curt, abrupt; (*: colpo*) clean, sharp ▸ *sm* (*siccità*) drought; **restarci ~** (*fig: morire sul colpo*) to drop dead; **mettere in ~** (*barca*) to beach; **rimanere a ~** (*fig*) to be left in the lurch
seco'lare *ag* age-old, centuries-old; (*laico, mondano*) secular
'secolo *sm* century; (*epoca*) age
se'conda *sf* (*Aut*) second (gear); **viaggiare in ~** to travel second-class; *vedi anche* **secondo**; **seconda colazione** lunch
secon'dario, -a *ag* secondary
se'condo, -a *ag* second ▸ *sm* second; (*di pranzo*) main course ▸ *prep* according to; (*nel modo prescritto*) in accordance with; **~ me** in my opinion, to my mind; **di seconda mano** second-hand; **a seconda di** according to; in accordance with; **seconda classe** second-class
'sedano *sm* celery
seda'tivo, -a *ag, sm* sedative
'sede *sf* seat; (*di ditta*) head office; (*di organizzazione*) headquarters *pl*; **sede centrale** head office; **sede sociale** registered office
seden'tario, -a *ag* sedentary
se'dere *vi* to sit, be seated
'sedia *sf* chair; **sedia elettrica** electric chair; **sedia a rotelle** wheelchair
'sedici ['seditʃi] *num* sixteen
se'dile *sm* seat; (*panchina*) bench
sedu'cente [sedu'tʃɛnte] *ag* seductive; (*proposta*) very attractive
se'durre *vt* to seduce
se'duta *sf* session, sitting; (*riunione*) meeting; **seduta spiritica** séance; **seduta stante** (*fig*) immediately

seduzi'one [sedut'tsjone] *sf* seduction; (*fascino*) charm, appeal
SEeO *abbr* (= *salvo errori e omissioni*) E and OE
'sega, -ghe *sf* saw
'segale *sf* rye
se'gare *vt* to saw; (*recidere*) to saw off
'seggio ['sɛddʒo] *sm* seat; **seggio elettorale** polling station
'seggiola ['sɛddʒola] *sf* chair; **seggio'lone** *sm* (*per bambini*) highchair
seggio'via [seddʒo'via] *sf* chairlift
segherò *ecc* [sege'rɔ] *vb vedi* **segare**
segna'lare [seɲɲa'lare] *vt* (*manovra ecc*) to signal; to indicate; (*annunciare*) to announce; to report; (*fig*: *far conoscere*) to point out; (: *persona*) to single out
se'gnale [seɲ'ɲale] *sm* signal; (*cartello*): **segnale acustico** acoustic *o* sound signal; **segnale d'allarme** alarm; (*Ferr*) communication cord; **segnale orario** (*Radio*) time signal; **segnale stradale** road sign
segna'libro [seɲɲa'libro] *sm* (*anche Inform*) bookmark
se'gnare [seɲ'ɲare] *vt* to mark; (*prendere nota*) to note; (*indicare*) to indicate, mark; (*Sport*: *goal*) to score
'segno ['seɲɲo] *sm* sign; (*impronta, contrassegno*) mark; (*limite*) limit, bounds *pl*; (*bersaglio*) target; **fare ~ di sì/no** to nod (one's head)/shake one's head; **fare ~ a qn di fermarsi** to motion (to) sb to stop; **cogliere** *o* **colpire nel ~** (*fig*) to hit the mark; **segno zodiacale** star sign
segre'tario, -a *sm/f* secretary; **segretario comunale** town clerk; **Segretario di Stato** Secretary of State
segrete'ria *sf* (*di ditta, scuola*) (secretary's) office; (*d'organizzazione internazionale*) secretariat; (*Pol ecc*: *carica*) office of Secretary; **segreteria telefonica** answering service
se'greto, -a *ag* secret ▸ *sm* secret; secrecy *no pl*; **in ~** in secret, secretly
segu'ace [se'gwatʃe] *sm/f* follower, disciple
segu'ente *ag* following, next
segu'ire *vt* to follow; (*frequentare*: *corso*) to attend ▸ *vi* to follow; (*continuare*: *testo*) to continue
segui'tare *vt* to continue, carry on with ▸ *vi* to continue, carry on
'seguito *sm* (*scorta*) suite, retinue; (*discepoli*) followers *pl*; (*favore*) following; (*continuazione*) continuation; (*conseguenza*) result; **di ~** at a stretch, on end; **in ~** later on; **in ~ a, a ~ di** following; (*a causa di*) as a result of, owing to
'sei *vb vedi* **essere** ▸ *num* six
sei'cento [sei'tʃɛnto] *num* six hundred ▸ *sm* **il S~** the seventeenth century
selci'ato [sel'tʃato] *sm* cobbled surface
selezio'nare [selettsjo'nare] *vt* to select
selezi'one [selet'tsjone] *sf* selection
'sella *sf* saddle
sel'lino *sm* saddle
selvag'gina [selvad'dʒina] *sf* (*animali*) game
sel'vaggio, -a, -gi, -ge [sel'vaddʒo] *ag* wild; (*tribù*) savage, uncivilized; (*fig*) savage, brutal ▸ *sm/f* savage
sel'vatico, -a, -ci, -che *ag* wild
se'maforo *sm* (*Aut*) traffic lights *pl*
sem'brare *vi* to seem ▸ *vb impers* **sembra che** it seems that; **mi sembra che** it seems to me that, I think (that); **~ di essere** to seem to be
'seme *sm* seed; (*sperma*) semen; (*Carte*) suit
se'mestre *sm* half-year, six-month period
semifi'nale *sf* semifinal
semi'freddo *sm* ice-cream cake

semi'nare *vt* to sow
semi'nario *sm* seminar; (*Rel*) seminary
seminter'rato *sm* basement; (*appartamento*) basement flat
'semola *sf*; **semola di grano duro** durum wheat
semo'lino *sm* semolina
'semplice ['semplitʃe] *ag* simple; (*di un solo elemento*) single
'sempre *av* always; (*ancora*) still; **posso ~ tentare** I can always *o* still try; **da ~** always; **per ~** forever; **una volta per ~** once and for all; **~ che** provided (that); **~ più** more and more; **~ meno** less and less
sempre'verde *ag, sm o f* (*Bot*) evergreen
'senape *sf* (*Cuc*) mustard
se'nato *sm* senate; **sena'tore, -'trice** *sm/f* senator
'senno *sm* judgment, (common) sense; **col ~ di poi** with hindsight
'seno *sm* (*Anat: petto, mammella*) breast; (*: grembo, fig*) womb; (*: cavità*) sinus
sen'sato, -a *ag* sensible
sensazio'nale [sensattsjo'nale] *ag* sensational
sensazi'one [sensat'tsjone] *sf* feeling, sensation; **avere la ~ che** to have a feeling that; **fare ~** to cause a sensation, create a stir
sen'sibile *ag* sensitive; (*ai sensi*) perceptible; (*rilevante, notevole*) appreciable, noticeable; **~ a** sensitive to

Attenzione! In inglese esiste la parola *sensible*, che però significa *ragionevole*.

sensibiliz'zare [sensibilid'dzare] *vt* (*fig*) to make aware, awaken
'senso *sm* (*Fisiol, istinto*) sense; (*impressione, sensazione*) feeling, sensation; (*significato*) meaning, sense; (*direzione*) direction; **sensi** *smpl* (*coscienza*) consciousness *sg*; (*sensualità*) senses; **ciò non ha ~** that doesn't make sense; **fare ~ a** (*ripugnare*) to disgust, repel; **in ~ orario/antiorario** clockwise/anticlockwise; **senso di colpa** sense of guilt; **senso comune** common sense; **senso unico** (*strada*) one-way; **senso vietato** (*Aut*) no entry
sensu'ale *ag* sensual; sensuous
sen'tenza [sen'tɛntsa] *sf* (*Dir*) sentence; (*massima*) maxim
senti'ero *sm* path
sentimen'tale *ag* sentimental; (*vita, avventura*) love *cpd*
senti'mento *sm* feeling
senti'nella *sf* sentry
sen'tire *vt* (*percepire al tatto, fig*) to feel; (*udire*) to hear; (*ascoltare*) to listen to; (*odore*) to smell; (*avvertire con il gusto, assaggiare*) to taste ▶ *vi* **~ di** (*avere sapore*) to taste of; (*avere odore*) to smell of; **sentirsi** *vpr* (*uso reciproco*) to be in touch; **sentirsi bene/male** to feel well/unwell *o* ill; **non mi sento bene** I don't feel well; **sentirsi di fare qc** (*essere disposto*) to feel like doing sth
sen'tito, -a *ag* (*sincero*) sincere, warm; **per ~ dire** by hearsay
'senza ['sɛntsa] *prep, cong* without; **~ dir nulla** without saying a word; **fare ~ qc** to do without sth; **~ di me** without me; **~ che io lo sapessi** without me *o* my knowing; **senz'altro** of course, certainly; **~ dubbio** no doubt; **~ scrupoli** unscrupulous; **~ amici** friendless
sepa'rare *vt* to separate; (*dividere*) to divide; (*tenere distinto*) to distinguish; **separarsi** *vpr* (*coniugi*) to separate, part; (*amici*) to part, leave each other; **separarsi da** (*coniuge*) to separate *o* part from; (*amico, socio*) to part

company with; (*oggetto*) to part with; **sepa'rato, -a** *ag* (*letti, conto ecc*) separate; (*coniugi*) separated
seppel'lire *vt* to bury
'seppi *ecc vb vedi* **sapere**
'seppia *sf* cuttlefish ▸ *ag inv* sepia
se'quenza [se'kwentsa] *sf* sequence
seques'trare *vt* (*Dir*) to impound; (*rapire*) to kidnap; **se'questro** *sm* (*Dir*) impoundment; **sequestro di persona** kidnapping
'sera *sf* evening; **di ~** in the evening; **domani ~** tomorrow evening, tomorrow night; **se'rale** *ag* evening *cpd*; **se'rata** *sf* evening; (*ricevimento*) party
ser'bare *vt* to keep; (*mettere da parte*) to put aside; **~ rancore/odio verso qn** to bear sb a grudge/hate sb
serba'toio *sm* tank; (*cisterna*) cistern
'Serbia *sf* **la ~** Serbia
'serbo *ag* Serbian ▸ *sm/f* Serbian, Serb ▸ *sm* (*Ling*) Serbian; (*il serbare*): **mettere/tenere** *o* **avere in ~ qc** to put/keep sth aside
se'reno, -a *ag* (*tempo, cielo*) clear; (*fig*) serene, calm
ser'gente [ser'dʒɛnte] *sm* (*Mil*) sergeant
'serie *sf inv* (*successione*) series *inv*; (*gruppo, collezione*) set; (*Sport*) division; league; (*Comm*): **modello di ~/fuori ~** standard/custom-built model; **in ~** in quick succession; (*Comm*) mass *cpd*
serietà *sf* seriousness; reliability
'serio, -a *ag* serious; (*impiegato*) responsible, reliable; (*ditta, cliente*) reliable, dependable; **sul ~** (*davvero*) really, truly; (*seriamente*) seriously, in earnest
ser'pente *sm* snake; **serpente a sonagli** rattlesnake
'serra *sf* greenhouse; hothouse
ser'randa *sf* roller shutter
serra'tura *sf* lock
server ['sɛrver] *sm inv* (*Inform*) server
ser'vire *vt* to serve; (*clienti: al ristorante*) to wait on; (*: al negozio*) to serve, attend to; (*fig: giovare*) to aid, help; (*Carte*) to deal ▸ *vi* (*Tennis*) to serve; (*essere utile*): **~ a qn** to be of use to sb; **~ a qc/a fare** (*utensile ecc*) to be used for sth/for doing; **~ (a qn) da** to serve as (for sb); **servirsi** *vpr* (*usare*): **servirsi di** to use; (*prendere: cibo*): **servirsi (di)** to help o.s. (to); **serviti pure!** help yourself!; (*essere cliente abituale*): **servirsi da** to be a regular customer at, go to
servizi'evole [servit'tsjevole] *ag* obliging, willing to help
ser'vizio [ser'vittsjo] *sm* service; (*al ristorante: sul conto*) service (charge); (*Stampa, TV, Radio*) report; (*da tè, caffè ecc*) set, service; **servizi** *smpl* (*di casa*) kitchen and bathroom; (*Econ*) services; **essere di ~** to be on duty; **fuori ~** (*telefono ecc*) out of order; **~ compreso** service included; **servizio militare** military service; **servizio di posate** set of cutlery; **servizi segreti** secret service *sg*; **servizio da tè** tea set
ses'santa *num* sixty; **sessan'tesimo, -a** *num* sixtieth
sessi'one *sf* session
'sesso *sm* sex; **sessu'ale** *ag* sexual, sex *cpd*
ses'tante *sm* sextant
'sesto, -a *ag, sm* sixth
'seta *sf* silk
'sete *sf* thirst; **avere ~** to be thirsty
'setola *sf* bristle
'setta *sf* sect
set'tanta *num* seventy; **settan'tesimo, -a** *num* seventieth
set'tare *vt* (*Inform*) to set up
'sette *num* seven
sette'cento [sette'tʃɛnto] *num* seven hundred ▸ *sm* **il S~** the eighteenth century

set'tembre *sm* September
settentrio'nale *ag* northern
settentri'one *sm* north
setti'mana *sf* week; **settima'nale** *ag, sm* weekly

settimana bianca
Settimana bianca is the name given to a week-long winter-sports holiday taken by many Italians some time in the skiing season.

'settimo, -a *ag, sm* seventh
set'tore *sm* sector
severità *sf* severity
se'vero, -a *ag* severe
sevizi'are [sevit'tsjare] *vt* to torture
sezio'nare [settsjo'nare] *vt* to divide into sections; (*Med*) to dissect
sezi'one [set'tsjone] *sf* section
sfacchi'nata [sfakki'nata] *sf* (*fam*) chore, drudgery *no pl*
sfacci'ato, -a [sfat'tʃato] *ag* (*maleducato*) cheeky, impudent; (*vistoso*) gaudy
sfa'mare *vt* to feed; (*cibo*) to fill; **sfamarsi** *vpr* to satisfy one's hunger, fill o.s. up
sfasci'are [sfaʃ'ʃare] *vt* (*ferita*) to unbandage; (*distruggere*) to smash, shatter; **sfasciarsi** *vpr* (*rompersi*) to smash, shatter
sfavo'revole *ag* unfavourable
'sfera *sf* sphere
sfer'rare *vt* (*fig: colpo*) to land, deal; (*: attacco*) to launch
'sfida *sf* challenge
sfi'dare *vt* to challenge; (*fig*) to defy, brave
sfi'ducia [sfi'dutʃa] *sf* distrust, mistrust
sfi'gato, -a (*fam*) *ag* (*sfortunato*) unlucky
sfigu'rare *vt* (*persona*) to disfigure; (*quadro, statua*) to deface ▸ *vi* (*far cattiva figura*) to make a bad impression
sfi'lare *vt* (*ago*) to unthread; (*abito, scarpe*) to slip off ▸ *vi* (*truppe*) to march past; (*atleti*) to parade; **sfilarsi** *vpr* (*perle ecc*) to come unstrung; (*orlo, tessuto*) to fray; (*calza*) to run, ladder; **sfi'lata** *sf* march past; parade; **sfilata di moda** fashion show
'sfinge ['sfindʒe] *sf* sphinx
sfi'nito, -a *ag* exhausted
sfio'rare *vt* to brush (against); (*argomento*) to touch upon
sfio'rire *vi* to wither, fade
sfo'cato, -a *ag* (*Fot*) out of focus
sfoci'are [sfo'tʃare] *vi* ~ **in** to flow into; (*fig: malcontento*) to develop into
sfode'rato, -a *ag* (*vestito*) unlined
sfogarsi *vpr* (*sfogare la propria rabbia*) to give vent to one's anger; (*confidarsi*): ~ **(con)** to pour out one's feelings (to); **non sfogarti su di me!** don't take your bad temper out on me!
sfoggi'are [sfod'dʒare] *vt, vi* to show off
'sfoglia ['sfɔʎʎa] *sf* sheet of pasta dough; **pasta** ~ (*Cuc*) puff pastry
sfogli'are [sfoʎ'ʎare] *vt* (*libro*) to leaf through
'sfogo, -ghi *sm* (*eruzione cutanea*) rash; (*fig*) outburst; **dare ~ a** (*fig*) to give vent to
sfon'dare *vt* (*porta*) to break down; (*scarpe*) to wear a hole in; (*cesto, scatola*) to burst, knock the bottom out of; (*Mil*) to break through ▸ *vi* (*riuscire*) to make a name for o.s.
'sfondo *sm* background
sfor'mato *sm* (*Cuc*) *type of soufflé*
sfor'tuna *sf* misfortune, ill luck *no pl*; **avere ~** to be unlucky; **sfortu'nato, -a** *ag* unlucky; (*impresa, film*) unsuccessful
sforzarsi *vpr* ~ **di** *o* **a** *o* **per fare** to try hard to do
'sforzo ['sfɔrtso] *sm* effort; (*tensione eccessiva, Tecn*) strain; **fare uno ~** to make an effort

sfrat'tare *vt* to evict; **'sfratto** *sm* eviction
sfrecci'are [sfret'tʃare] *vi* to shoot *o* flash past
sfre'gare *vt* (*strofinare*) to rub; (*graffiare*) to scratch; **sfregarsi le mani** to rub one's hands; **~ un fiammifero** to strike a match
sfregi'are [sfre'dʒare] *vt* to slash, gash; (*persona*) to disfigure; (*quadro*) to deface
sfre'nato, -a *ag* (*fig*) unrestrained, unbridled
sfron'tato, -a *ag* shameless
sfrutta'mento *sm* exploitation
sfrut'tare *vt* (*terreno*) to overwork, exhaust; (*miniera*) to exploit, work; (*fig: operai, occasione, potere*) to exploit
sfug'gire [sfud'dʒire] *vi* to escape; **~ a** (*custode*) to escape (from); (*morte*) to escape; **~ a qn** (*dettaglio, nome*) to escape sb; **~ di mano a qn** to slip out of sb's hand (*o* hands)
sfu'mare *vt* (*colori, contorni*) to soften, shade off ▸ *vi* to shade (off), fade; (*fig: svanire*) to vanish, disappear; (*: speranze*) to come to nothing
sfuma'tura *sf* shading off *no pl*; (*tonalità*) shade, tone; (*fig*) touch, hint
sfuri'ata *sf* (*scatto di collera*) fit of anger; (*rimprovero*) sharp rebuke
sga'bello *sm* stool
sgabuz'zino [sgabud'dzino] *sm* lumber room
sgambet'tare *vi* to kick one's legs about
sgam'betto *sm* **far lo ~ a qn** to trip sb up; (*fig*) to oust sb
sganci'are [zgan'tʃare] *vt* to unhook; (*Ferr*) to uncouple; (*bombe: da aereo*) to release, drop; (*fig: fam: soldi*) to fork out; **sganciarsi** *vpr* (*fig*): **sganciarsi (da)** to get away (from)
sganghe'rato, -a [zgange'rato] *ag* (*porta*) off its hinges; (*auto*) ramshackle; (*risata*) wild, boisterous
sgar'bato, -a *ag* rude, impolite
'sgarbo *sm* **fare uno ~ a qn** to be rude to sb
sgargi'ante [zgar'dʒante] *ag* gaudy, showy
sgattaio'lare *vi* to sneak away *o* off
sge'lare [zdʒe'lare] *vi, vt* to thaw
sghignaz'zare [zgiɲɲat'tsare] *vi* to laugh scornfully
sgob'bare (*fam*) *vi* (*scolaro*) to swot; (*operaio*) to slog
sgombe'rare *vt* (*tavolo, stanza*) to clear; (*piazza, città*) to evacuate ▸ *vi* to move
'sgombro, -a *ag* **~ (di)** clear (of), free (from) ▸ *sm* (*Zool*) mackerel; (*anche:* **sgombero**) clearing; vacating; evacuation; (*: trasloco*) removal
sgonfi'are *vt* to let down, deflate; **sgonfiarsi** *vpr* to go down
'sgonfio, -a *ag* (*pneumatico, pallone*) flat
'sgorbio *sm* blot; scribble
sgra'devole *ag* unpleasant, disagreeable
sgra'dito, -a *ag* unpleasant, unwelcome
sgra'nare *vt* (*piselli*) to shell; **~ gli occhi** to open one's eyes wide
sgranchire [zgran'kire] *vt* (*anche:* **sgranchirsi**) to stretch; **~ le gambe** to stretch one's legs
sgranocchi'are [zgranok'kjare] *vt* to munch
'sgravio *sm* **~ fiscale** tax relief
sgrazi'ato, -a [zgrat'tsjato] *ag* clumsy, ungainly
sgri'dare *vt* to scold
sgual'cire [zgwal'tʃire] *vt* to crumple (up), crease
sgual'drina (*peg*) *sf* slut
sgu'ardo *sm* (*occhiata*) look, glance; (*espressione*) look (in one's eye)

sguaz'zare [zgwat'tsare] *vi* (*nell'acqua*) to splash about; (*nella melma*) to wallow; **~ nell'oro** to be rolling in money
sguinzagli'are [zgwintsaʎ'ʎare] *vt* to let off the leash; (*fig: persona*): **~ qn dietro a qn** to set sb on sb
sgusci'are [zguʃ'ʃare] *vt* to shell ▶ *vi* (*sfuggire di mano*) to slip; **~ via** to slip *o* slink away
'shampoo ['ʃampo] *sm inv* shampoo
shiatzu [ʃi'atstsu] *sm inv* shiatsu
shock [ʃɔk] *sm inv* shock
si
(*dav lo, la, li, le, ne diventa* **se**) *pron*
1 (*riflessivo: maschile*) himself; (*: femminile*) herself; (*: neutro*) itself; (*: impersonale*) oneself; (*: pl*) themselves; **lavarsi** to wash (oneself); **si è tagliato** he has cut himself; **si credono importanti** they think a lot of themselves
2 (*riflessivo: con complemento oggetto*): **lavarsi le mani** to wash one's hands; **si sta lavando i capelli** he (*o* she) is washing his (*o* her) hair
3 (*reciproco*) one another, each other; **si amano** they love one another *o* each other
4 (*passivo*): **si ripara facilmente** it is easily repaired
5 (*impersonale*): **si dice che ...** they *o* people say that ...; **si vede che è vecchio** one *o* you can see that it's old
6 (*noi*) we; **tra poco si parte** we're leaving soon
sì *av* yes; **un giorno sì e uno no** every other day
'sia *cong* **~ ... ~** (*o ... o*): **~ che lavori, ~ che non lavori** whether he works or not; (*tanto ... quanto*): **verranno ~ Luigi ~ suo fratello** both Luigi and his brother will be coming
si'amo *vb vedi* **essere**
si'cario *sm* hired killer
sicché [sik'ke] *cong* (*perciò*) so (that), therefore; (*e quindi*) (and) so
siccità [sittʃi'ta] *sf* drought
sic'come *cong* since, as
Si'cilia [si'tʃilja] *sf* **la ~** Sicily;
sicili'ano, a [sitʃi'ljano] *ag, sm/f* Sicilian
si'cura *sf* safety catch; (*Aut*) safety lock
sicu'rezza [siku'rettsa] *sf* safety; security; (*fiducia*) confidence; (*certezza*) certainty; **di ~** safety *cpd*; **la ~ stradale** road safety
si'curo, -a *ag* safe; (*ben difeso*) secure; (*fiducioso*) confident; (*certo*) sure, certain; (*notizia, amico*) reliable; (*esperto*) skilled ▶ *av* (*anche:* **di ~**) certainly; **essere/mettere al ~** to be safe/put in a safe place; **~ di sé** self-confident, sure of o.s.; **sentirsi ~** to feel safe *o* secure
si'edo *ecc vb vedi* **sedere**
si'epe *sf* hedge
si'ero *sm* (*Med*) serum;
sieronega'tivo, -a *ag* HIV-negative;
sieroposi'tivo, -a *ag* HIV-positive
si'ete *vb vedi* **essere**
si'filide *sf* syphilis
Sig. *abbr* (= *signore*) Mr
siga'retta *sf* cigarette
'sigaro *sm* cigar
Sigg. *abbr* (= *signori*) Messrs
sigil'lare [sidʒil'lare] *vt* to seal
si'gillo [si'dʒillo] *sm* seal
'sigla *sf* initials *pl*; acronym, abbreviation; **sigla musicale** signature tune
Sig.na *abbr* (= *signorina*) Miss
signifi'care [siɲɲifi'kare] *vt* to mean;
signifi'cato *sm* meaning
si'gnora [siɲ'ɲora] *sf* lady; **la ~ X** Mrs X; **buon giorno S~/Signore/ Signorina** good morning; (*deferente*) good morning Madam/Sir/Madam; (*quando si conosce il nome*) good morning Mrs/Mr/Miss X; **Gentile**

S~/Signore/Signorina (*in una lettera*) Dear Madam/Sir/Madam; **il signor Rossi e ~** Mr Rossi and his wife; **signore e signori** ladies and gentlemen

si'gnore [siɲ'ɲore] *sm* gentleman; (*padrone*) lord, master; (*Rel*): **il S~** the Lord; **il signor X** Mr X; **i signori Bianchi** (*coniugi*) Mr and Mrs Bianchi; *vedi anche* **signora**

signo'rile [siɲɲo'rile] *ag* refined

signo'rina [siɲɲo'rina] *sf* young lady; **la ~ X** Miss X; *vedi anche* **signora**

Sig.ra *abbr* (= *signora*) Mrs

silenzia'tore [silentsja'tore] *sm* silencer

si'lenzio [si'lɛntsjo] *sm* silence; **fare ~** to be quiet, stop talking; **silenzi'oso, -a** *ag* silent, quiet

si'licio [si'litʃo] *sm* silicon

sili'cone *sm* silicone

'sillaba *sf* syllable

si'luro *sm* torpedo

SIM [sim] *sigla f inv* (*Tel*) **~ card** SIM card

simboleggi'are [simboled'dʒare] *vt* to symbolize

'simbolo *sm* symbol

'simile *ag* (*analogo*) similar; (*di questo tipo*): **un uomo ~** such a man, a man like this; **libri simili** such books; **~ a** similar to; **i suoi simili** one's fellow men; one's peers

simme'tria *sf* symmetry

simpa'tia *sf* (*qualità*) pleasantness; (*inclinazione*) liking; **avere ~ per qn** to like sb, have a liking for sb; **sim'patico, -a, -ci, -che** *ag* (*persona*) nice, pleasant, likeable; (*casa, albergo ecc*) nice, pleasant

> Attenzione! In inglese esiste la parola *sympathetic*, che però significa *comprensivo*.

simpatiz'zare [simpatid'dzare] *vi* **~ con** to take a liking to

simu'lare *vt* to sham, simulate; (*Tecn*) to simulate

simul'taneo, -a *ag* simultaneous

sina'goga, -ghe *sf* synagogue

sincerità [sintʃeri'ta] *sf* sincerity

sin'cero, -a [sin'tʃero] *ag* sincere; genuine; heartfelt

sinda'cale *ag* (trade-)union *cpd*

sinda'cato *sm* (*di lavoratori*) (trade) union; (*Amm, Econ, Dir*) syndicate, trust, pool

'sindaco, -ci *sm* mayor

sinfo'nia *sf* (*Mus*) symphony

singhioz'zare [singjot'tsare] *vi* to sob; to hiccup

singhi'ozzo [sin'gjottso] *sm* sob; (*Med*) hiccup; **avere il ~** to have the hiccups; **a ~** (*fig*) by fits and starts

single ['siŋgol] *ag inv, sm/f inv* single

singo'lare *ag* (*insolito*) remarkable, singular; (*Ling*) singular ▸ *sm* (*Ling*) singular; (*Tennis*): **~ maschile/ femminile** men's/women's singles

'singolo, -a *ag* single, individual ▸ *sm* (*persona*) individual; (*Tennis*) = **singolare**

si'nistra *sf* (*Pol*) left (wing); **a ~** on the left; (*direzione*) to the left

si'nistro, -a *ag* left, left-hand; (*fig*) sinister ▸ *sm* (*incidente*) accident

si'nonimo *sm* synonym; **~ di** synonymous with

sin'tassi *sf* syntax

'sintesi *sf* synthesis; (*riassunto*) summary, résumé

sin'tetico, -a, -ci, -che *ag* synthetic

sintetiz'zare [sintetid'dzare] *vt* to synthesize; (*riassumere*) to summarize

sinto'matico, -a, -ci, -che *ag* symptomatic

'sintomo *sm* symptom

sintonizzarsi *vpr* **~ su** to tune in to

si'pario *sm* (*Teatro*) curtain

si'rena *sf* (*apparecchio*) siren; (*nella mitologia, fig*) siren, mermaid

'Siria *sf* **la ~** Syria
si'ringa, -ghe *sf* syringe
'sismico, -a, -ci, -che *ag* seismic
sis'tema, -i *sm* system; method, way; **sistema nervoso** nervous system; **sistema operativo** (*Inform*) operating system; **sistema solare** solar system
siste'mare *vt* (*mettere a posto*) to tidy, put in order; (*risolvere: questione*) to sort out, settle; (*procurare un lavoro a*) to find a job for; (*dare un alloggio a*) to settle, find accommodation for; **sistemarsi** *vpr* (*problema*) to be settled; (*persona: trovare alloggio*) to find accommodation; (*: trovarsi un lavoro*) to get fixed up with a job; **ti sistemo io!** I'll soon sort you out!
siste'matico, -a, -ci, -che *ag* systematic
sistemazi'one [sistemat'tsjone] *sf* arrangement, order; settlement; employment; accommodation (*BRIT*), accommodations (*US*)
'sito *sm* **~ Internet** website
situ'ato, -a *ag* **~a/su** situated at/on
situazi'one [situat'tsjone] *sf* situation
ski-lift ['ski:lift] *sm inv* ski tow
slacci'are [zlat'tʃare] *vt* to undo, unfasten
slanci'ato, -a [zlan'tʃato] *ag* slender
'slancio *sm* dash, leap; (*fig*) surge; **di ~** impetuously
'slavo, -a *ag* Slav(onic), Slavic
sle'ale *ag* disloyal; (*concorrenza ecc*) unfair
sle'gare *vt* to untie
slip [zlip] *sm inv* briefs *pl*
'slitta *sf* sledge; (*trainata*) sleigh
slit'tare *vi* to slip, slide; (*Aut*) to skid
s.l.m. *abbr* (= *sul livello del mare*) a.s.l.
slo'gare *vt* (*Med*) to dislocate
sloggi'are [zlod'dʒare] *vt* (*inquilino*) to turn out ▸ *vi* to move out
Slo'vacchia [zlo'vakkja] *sf* Slovakia
slo'vacco, -a, -chi, -che *ag, sm/f* Slovak
Slovenia [zlo'vɛnja] *sf* Slovenia
slo'veno, -a *ag, sm/f* Slovene, Slovenian ▸ *sm* (*Ling*) Slovene
smacchi'are [zmak'kjare] *vt* to remove stains from; **smacchia'tore** *sm* stain remover
'smacco, -chi *sm* humiliating defeat
smagli'ante [zmaʎ'ʎante] *ag* brilliant, dazzling
smaglia'tura [zmaʎʎa'tura] *sf* (*su maglia, calza*) ladder; (*della pelle*) stretch mark
smalizi'ato, -a [smalit'tsjato] *ag* shrewd, cunning
smalti'mento *sm* (*di rifiuti*) disposal
smal'tire *vt* (*merce*) to sell off; (*rifiuti*) to dispose of; (*cibo*) to digest; (*peso*) to lose; (*rabbia*) to get over; **~ la sbornia** to sober up
'smalto *sm* (*anche:* **di denti**) enamel; (*per ceramica*) glaze; **smalto per unghie** nail varnish
smantel'lare *vt* to dismantle
smarri'mento *sm* loss; (*fig*) bewilderment; dismay
smar'rire *vt* to lose; (*non riuscire a trovare*) to mislay; **smarrirsi** *vpr* (*perdersi*) to lose one's way, get lost; (*: oggetto*) to go astray
smasche'rare [zmaske'rare] *vt* to unmask
SME *sigla m* (= *Sistema Monetario Europeo*) EMS (*European Monetary System*)
smen'tire *vt* (*negare*) to deny; (*testimonianza*) to refute; **smentirsi** *vpr* to be inconsistent
sme'raldo *sm* emerald
'smesso, -a *pp di* **smettere**
'smettere *vt* to stop; (*vestiti*) to stop wearing ▸ *vi* to stop, cease; **~ di fare** to stop doing
'smilzo, -a ['zmiltso] *ag* thin, lean

sminu'ire *vt* to diminish, lessen; (*fig*) to belittle
sminuz'zare [zminut'tsare] *vt* to break into small pieces; to crumble
'smisi *ecc vb vedi* **smettere**
smis'tare *vt* (*pacchi ecc*) to sort; (*Ferr*) to shunt
smisu'rato, -a *ag* boundless, immeasurable; (*grandissimo*) immense, enormous
smoking ['sməukɪŋ] *sm inv* dinner jacket
smon'tare *vt* (*mobile, macchina ecc*) to take to pieces, dismantle; (*fig: scoraggiare*) to dishearten ▸ *vi* (*scendere: da cavallo*) to dismount; (*: da treno*) to get off; (*terminare il lavoro*) to stop (work); **smontarsi** *vpr* to lose heart; to lose one's enthusiasm
'smorfia *sf* grimace; (*atteggiamento lezioso*) simpering; **fare smorfie** to make faces; to simper
'smorto, -a *ag* (*viso*) pale; (*colore*) dull
smor'zare [zmor'tsare] *vt* (*suoni*) to deaden; (*colori*) to tone down; (*luce*) to dim; (*sete*) to quench; (*entusiasmo*) to dampen; **smorzarsi** *vpr* (*suono, luce*) to fade; (*entusiasmo*) to dampen
SMS *sigla m inv* (= *short message service*) text (message)
smu'overe *vt* to move, shift; (*fig: commuovere*) to move; (*: dall'inerzia*) to rouse, stir
snatu'rato, -a *ag* inhuman, heartless
'snello, -a *ag* (*agile*) agile; (*svelto*) slim
sner'vante *ag* (*attesa, lavoro*) exasperating
snif'fare [znif'fare] *vt* (*fam: cocaina*) to snort
snob'bare *vt* to snub
sno'dare *vt* (*rendere agile, mobile*) to loosen; **snodarsi** *vpr* to come loose; (*articolarsi*) to bend; (*strada*) to wind
sno'dato, -a *ag* (*articolazione, persona*) flexible; (*fune ecc*) undone
so *vb vedi* **sapere**
sobbar'carsi *vpr* ~ **a** to take on, undertake
'sobrio, -a *ag* sober
socchi'udere [sok'kjudere] *vt* (*porta*) to leave ajar; (*occhi*) to half-close; **socchi'uso, -a** *pp di* **socchiudere**
soc'correre *vt* to help, assist
soccorri'tore, -'trice *sm/f* rescuer
soc'corso, -a *pp di* **soccorrere** ▸ *sm* help, aid, assistance; **soccorso stradale** breakdown service
soci'ale [so'tʃale] *ag* social; (*di associazione*) club *cpd*, association *cpd*
socia'lismo [sotʃa'lizmo] *sm* socialism; **socia'lista, -i, -e** *ag, sm/f* socialist; **socializ'zare** [sotʃalid'dzare] *vi* to socialize
società [sotʃe'ta] *sf inv* society; (*sportiva*) club; (*Comm*) company; ~ **a responsabilità limitata** *type of limited liability company*; **società per azioni** limited (*BRIT*) *o* incorporated (*US*) company
soci'evole [so'tʃevole] *ag* sociable
'socio ['sɔtʃo] *sm* (*Dir, Comm*) partner; (*membro di associazione*) member
'soda *sf* (*Chim*) soda; (*bibita*) soda (water)
soddisfa'cente [soddisfa'tʃɛnte] *ag* satisfactory
soddis'fare *vt, vi* ~ **a** to satisfy; (*impegno*) to fulfil; (*debito*) to pay off; (*richiesta*) to meet, comply with; **soddis'fatto, -a** *pp di* **soddisfare** ▸ *ag* satisfied; **soddisfatto di** happy *o* satisfied with; pleased with; **soddisfazi'one** *sf* satisfaction
'sodo, -a *ag* firm, hard; (*uovo*) hard-boiled ▸ *av* (*picchiare, lavorare*) hard; (*dormire*) soundly
sofà *sm inv* sofa
soffe'renza [soffe'rɛntsa] *sf* suffering
sof'ferto, -a *pp di* **soffrire**
soffi'are *vt* to blow; (*notizia, segreto*)

to whisper ▸ *vi* to blow; (*sbuffare*) to puff (and blow); **soffiarsi il naso** to blow one's nose; **~ qc/qn a qn** (*fig*) to pinch *o* steal sth/sb from sb; **~ via qc** to blow sth away
soffi'ata *sf* (*fam*) tip-off; **fare una ~ alla polizia** to tip off the police
'soffice ['sɔffitʃe] *ag* soft
'soffio *sm* (*di vento*) breath; **soffio al cuore** heart murmur
sof'fitta *sf* attic
sof'fitto *sm* ceiling
soffo'cante *ag* suffocating, stifling
soffo'care *vi* (*anche*: **soffocarsi**) to suffocate, choke ▸ *vt* to suffocate, choke; (*fig*) to stifle, suppress
sof'frire *vt* to suffer, endure; (*sopportare*) to bear, stand ▸ *vi* to suffer; to be in pain; **~ (di) qc** (*Med*) to suffer from sth
sof'fritto, -a *pp di* **soffriggere** ▸ *sm* (*Cuc*) *fried mixture of herbs, bacon and onions*
sofisti'cato, -a *ag* sophisticated; (*vino*) adulterated
'software ['sɔftwɛə] *sm* **~ applicativo** applications package
sogget'tivo, -a [soddʒet'tivo] *ag* subjective
sog'getto, -a [sod'dʒɛtto] *ag* **~ a** (*sottomesso*) subject to; (*esposto: a variazioni, danni ecc*) subject *o* liable to ▸ *sm* subject
soggezi'one [soddʒet'tsjone] *sf* subjection; (*timidezza*) awe; **avere ~ di qn** to stand in awe of sb; to be ill at ease in sb's presence
soggi'orno *sm* (*invernale, marino*) stay; (*stanza*) living room
'soglia ['sɔʎʎa] *sf* doorstep; (*anche fig*) threshold
'sogliola ['sɔʎʎola] *sf* (*Zool*) sole
so'gnare [soɲ'ɲare] *vt, vi* to dream; **~ a occhi aperti** to daydream
'sogno ['soɲɲo] *sm* dream
'soia *sf* (*Bot*) soya
sol *sm* (*Mus*) G; (: *solfeggiando*) so(h)
so'laio *sm* (*soffitta*) attic
sola'mente *av* only, just
so'lare *ag* solar, sun *cpd*
'solco, -chi *sm* (*scavo, fig: ruga*) furrow; (*incavo*) rut, track; (*di disco*) groove
sol'dato *sm* soldier; **soldato semplice** private
soldi *smpl* (*denaro*) money *sg*; **non ho ~** I haven't got any money
'sole *sm* sun; (*luce*) sun(light); (*tempo assolato*) sun(shine); **prendere il ~** to sunbathe
soleggi'ato, -a [soled'dʒato] *ag* sunny
so'lenne *ag* solemn
soli'dale *ag* **essere ~ (con)** to be in agreement (with)
solidarietà *sf* solidarity
'solido, -a *ag* solid; (*forte, robusto*) sturdy, solid; (*fig: ditta*) sound, solid ▸ *sm* (*Mat*) solid
so'lista, -i, -e *ag* solo ▸ *sm/f* soloist
solita'mente *av* usually, as a rule
soli'tario, -a *ag* (*senza compagnia*) solitary, lonely; (*solo, isolato*) solitary, lone; (*deserto*) lonely ▸ *sm* (*gioiello, gioco*) solitaire
'solito, -a *ag* usual; **essere ~ fare** to be in the habit of doing; **di ~** usually; **più tardi del ~** later than usual; **come al ~** as usual
soli'tudine *sf* solitude
sol'letico *sm* tickling; **soffrire il ~** to be ticklish
solleva'mento *sm* raising, lifting; revolt; **sollevamento pesi** (*Sport*) weight-lifting
solle'vare *vt* to lift, raise; (*fig: persona: alleggerire*): **~ (da)** to relieve (of); (: *dar conforto*) to comfort, relieve; (: *questione*) to raise; (: *far insorgere*) to stir (to revolt); **sollevarsi** *vpr* to rise; (*fig: riprendersi*) to recover; (: *ribellarsi*) to rise up

solli'evo *sm* relief; (*conforto*) comfort
'solo, -a *ag* alone; (*in senso spirituale: isolato*) lonely; (*unico*): **un ~ libro** only one book, a single book; (*con ag numerale*): **veniamo noi tre soli** just *o* only the three of us are coming ▶ *av* (*soltanto*) only, just; **non ~ ... ma anche** not only ... but also; **fare qc da ~** to do sth (all) by oneself
sol'tanto *av* only
so'lubile *ag* (*sostanza*) soluble
soluzi'one [solut'tsjone] *sf* solution
sol'vente *ag, sm* solvent
so'maro *sm* ass, donkey
somigli'anza [somiʎ'ʎantsa] *sf* resemblance
somigli'are [somiʎ'ʎare] *vi* **~ a** to be like, resemble; (*nell'aspetto fisico*) to look like; **somigliarsi** *vpr* to be (*o* look) alike
'somma *sf* (*Mat*) sum; (*di denaro*) sum (of money)
som'mare *vt* to add up; (*aggiungere*) to add; **tutto sommato** all things considered
som'mario, -a *ag* (*racconto, indagine*) brief; (*giustizia*) summary ▶ *sm* summary
sommer'gibile [sommer'dʒibile] *sm* submarine
som'merso, -a *pp di* **sommergere**
sommità *sf inv* summit, top; (*fig*) height
som'mossa *sf* uprising
'sonda *sf* (*Med, Meteor, Aer*) probe; (*Mineralogia*) drill ▶ *ag inv* **pallone** *m* **~** weather balloon
son'daggio [son'daddʒo] *sm* sounding; probe; boring, drilling; (*indagine*) survey; **sondaggio d'opinioni** opinion poll
son'dare *vt* (*Naut*) to sound; (*atmosfera, piaga*) to probe; (*Mineralogia*) to bore, drill; (*fig: opinione ecc*) to survey, poll
so'netto *sm* sonnet
son'nambulo, -a *sm/f* sleepwalker
sonnel'lino *sm* nap
son'nifero *sm* sleeping drug (*o* pill)
'sonno *sm* sleep; **prendere ~** to fall asleep; **aver ~** to be sleepy
'sono *vb vedi* **essere**
so'noro, -a *ag* (*ambiente*) resonant; (*voce*) sonorous, ringing; (*onde, film*) sound *cpd*
sontu'oso, -a *ag* sumptuous; lavish
sop'palco, -chi *sm* mezzanine
soppor'tare *vt* (*subire: perdita, spese*) to bear, sustain; (*soffrire: dolore*) to bear, endure; (*cosa: freddo*) to withstand; (*persona: freddo, vino*) to take; (*tollerare*) to put up with, tolerate

> Attenzione! In inglese esiste il verbo *to support*, che però non significa *sopportare*.

sop'primere *vt* (*carica, privilegi, testimone*) to do away with; (*pubblicazione*) to suppress; (*parola, frase*) to delete
'sopra *prep* (*gen*) on; (*al di sopra di, più in alto di*) above; over; (*riguardo a*) on, about ▶ *av* on top; (*attaccato, scritto*) on it; (*al di sopra*) above; (*al piano superiore*) upstairs; **donne ~ i 30 anni** women over 30 (years of age); **abito di ~** I live upstairs; **dormirci ~** (*fig*) to sleep on it
so'prabito *sm* overcoat
soprac'ciglio [soprat'tʃiʎʎo] (*pl*(*f*) **soprac'ciglia**) *sm* eyebrow
sopraf'fare *vt* to overcome, overwhelm
sopral'luogo, -ghi *sm* (*di esperti*) inspection; (*di polizia*) on-the-spot investigation
sopram'mobile *sm* ornament
soprannatu'rale *ag* supernatural
sopran'nome *sm* nickname
so'prano, -a *sm/f* (*persona*) soprano ▶ *sm* (*voce*) soprano

soprappensi'ero *av* lost in thought
sopras'salto *sm* **di ~** with a start; suddenly
soprasse'dere *vi* **~ a** to delay, put off
soprat'tutto *av* (*anzitutto*) above all; (*specialmente*) especially
sopravvalu'tare *vt* to overestimate
soprav'vento *sm* **avere/prendere il ~ su** to have/get the upper hand over
sopravvis'suto, -a *pp di* **sopravvivere**
soprav'vivere *vi* to survive; (*continuare a vivere*): **~ (in)** to live on (in); **~ a** (*incidente ecc*) to survive; (*persona*) to outlive
so'pruso *sm* abuse of power; **subire un ~** to be abused
soq'quadro *sm* **mettere a ~** to turn upside-down
sor'betto *sm* sorbet, water ice
sor'dina *sf* **in ~** softly; (*fig*) on the sly
'sordo, -a *ag* deaf; (*rumore*) muffled; (*dolore*) dull; (*odio, rancore*) veiled ▸ *sm/f* deaf person; **sordo'muto, -a** *ag* deaf-and-dumb ▸ *sm/f* deaf-mute
so'rella *sf* sister; **sorel'lastra** *sf* stepsister; (*con genitore in comune*) half-sister
sor'gente [sor'dʒɛnte] *sf* (*d'acqua*) spring; (*di fiume, Fisica, fig*) source
'sorgere ['sordʒere] *vi* to rise; (*scaturire*) to spring, rise; (*fig: difficoltà*) to arise
sorni'one, -a *ag* sly
sorpas'sare *vt* (*Aut*) to overtake; (*fig*) to surpass; (*: eccedere*) to exceed, go beyond; **~ in altezza** to be higher than; (*persona*) to be taller than
sorpren'dente *ag* surprising
sor'prendere *vt* (*cogliere: in flagrante ecc*) to catch; (*stupire*) to surprise; **sorprendersi** *vpr* **sorprendersi (di)** to be surprised (at); **sor'presa** *sf* surprise; **fare una sorpresa a qn** to give sb a surprise; **sor'preso, -a** *pp di* **sorprendere**
sor'reggere [sor'rɛddʒere] *vt* to support, hold up; (*fig*) to sustain; **sorreggersi** *vpr* (*tenersi ritto*) to stay upright
sor'ridere *vi* to smile; **sor'riso, -a** *pp di* **sorridere** ▸ *sm* smile
'sorsi *ecc vb vedi* **sorgere**
'sorso *sm* sip
'sorta *sf* sort, kind; **di ~** whatever, of any kind, at all
'sorte *sf* (*fato*) fate, destiny; (*evento fortuito*) chance; **tirare a ~** to draw lots
sor'teggio [sor'teddʒo] *sm* draw
sorvegli'ante [sorveʎ'ʎante] *sm/f* (*di carcere*) guard, warder (*BRIT*); (*di fabbrica ecc*) supervisor
sorvegli'anza [sorveʎ'ʎantsa] *sf* watch; supervision; (*Polizia, Mil*) surveillance
sorvegli'are [sorveʎ'ʎare] *vt* (*bambino, bagagli, prigioniero*) to watch, keep an eye on; (*malato*) to watch over; (*territorio, casa*) to watch *o* keep watch over; (*lavori*) to supervise
sorvo'lare *vt* (*territorio*) to fly over ▸ *vi* **~ su** (*fig*) to skim over
S.O.S. *sigla m* mayday, SOS
'sosia *sm inv* double
sos'pendere *vt* (*appendere*) to hang (up); (*interrompere, privare di una carica*) to suspend; (*rimandare*) to defer; (*appendere*) to hang
sospet'tare *vt* to suspect ▸ *vi* **~ di** to suspect; (*diffidare*) to be suspicious of
sos'petto, -a *ag* suspicious ▸ *sm* suspicion; **sospet'toso, -a** *ag* suspicious
sospi'rare *vi* to sigh ▸ *vt* to long for, yearn for; **sos'piro** *sm* sigh
'sosta *sf* (*fermata*) stop, halt; (*pausa*) pause, break; **senza ~** non-stop, without a break
sostan'tivo *sm* noun, substantive

sos'tanza [sos'tantsa] *sf* substance; **sostanze** *sfpl* (*ricchezze*) wealth *sg*, possessions; **in ~** in short, to sum up

sos'tare *vi* (*fermarsi*) to stop (for a while), stay; (*fare una pausa*) to take a break

sos'tegno [sos'teɲɲo] *sm* support

soste'nere *vt* to support; (*prendere su di sé*) to take on, bear; (*resistere*) to withstand, stand up to; (*affermare*): **~ che** to maintain that; **sostenersi** *vpr* to hold o.s. up, support o.s.; (*fig*) to keep up one's strength; **~ gli esami** to sit exams

sostenta'mento *sm* maintenance, support

sostitu'ire *vt* (*mettere al posto di*): **~ qn/qc a** to substitute sb/sth for; (*prendere il posto di: persona*) to substitute for; (*: cosa*) to take the place of

sosti'tuto, -a *sm/f* substitute

sostituzi'one [sostitut'tsjone] *sf* substitution; **in ~ di** as a substitute for, in place of

sotta'ceti [sotta'tʃeti] *smpl* pickles

sot'tana *sf* (*sottoveste*) underskirt; (*gonna*) skirt; (*Rel*) soutane, cassock

sotter'fugio [sotter'fudʒo] *sm* subterfuge

sotter'raneo, -a *ag* underground ▸ *sm* cellar

sotter'rare *vt* to bury

sot'tile *ag* thin; (*figura, caviglia*) thin, slim, slender; (*fine: polvere, capelli*) fine; (*fig: leggero*) light; (*: vista*) sharp, keen; (*: olfatto*) fine, discriminating; (*: mente*) subtle; shrewd ▸ *sm* **non andare per il ~** not to mince matters

sottin'teso, -a *pp di* **sottintendere** ▸ *sm* allusion; **parlare senza sottintesi** to speak plainly

'sotto *prep* (*gen*) under; (*più in basso di*) below ▸ *av* underneath, beneath; below; **(al piano) di ~** downstairs; **~ forma di** in the form of; **~ il monte** at the foot of the mountain; **siamo ~ Natale** it's nearly Christmas; **~ la pioggia/il sole** in the rain/ sun(shine); **~ terra** underground; **chiuso ~ vuoto** vacuum-packed

sotto'fondo *sm* background; **sottofondo musicale** background music

sottoline'are *vt* to underline; (*fig*) to emphasize, stress

sottoma'rino, -a *ag* (*flora*) submarine; (*cavo, navigazione*) underwater ▸ *sm* (*Naut*) submarine

sottopas'saggio [sottopas'saddʒo] *sm* (*Aut*) underpass; (*pedonale*) subway, underpass

sotto'porre *vt* (*costringere*) to subject; (*fig: presentare*) to submit; **sottoporsi** *vpr* to submit; **sottoporsi a** (*subire*) to undergo

sottos'critto, -a *pp di* **sottoscrivere**

sotto'sopra *av* upside-down

sotto'terra *av* underground

sotto'titolo *sm* subtitle

sottovalu'tare *vt* to underestimate

sotto'veste *sf* underskirt

sotto'voce [sotto'votʃe] *av* in a low voice

sottovu'oto *av* **confezionare ~** to vacuum-pack ▸ *ag* **confezione *f* ~** vacuum packed

sot'trarre *vt* (*Mat*) to subtract, take away; **~ qn/qc a** (*togliere*) to remove sb/sth from; (*salvare*) to save *o* rescue sb/sth from; **~ qc a qn** (*rubare*) to steal sth from sb; **sottrarsi** *vpr* **sottrarsi a** (*sfuggire*) to escape; (*evitare*) to avoid; **sottrazi'one** *sf* subtraction; removal

souve'nir [suv(ə)'nir] *sm inv* souvenir

sovi'etico, -a, -ci, -che *ag* Soviet ▸ *sm/f* Soviet citizen

sovrac'carico, -a, chi, che *ag* **~ (di)** overloaded (with) ▸ *sm* excess load; **~ di lavoro** extra work

sovraffol'lato, -a *ag* overcrowded

sovrannatu'rale *ag* = **soprannatu'rale**
so'vrano, -a *ag* sovereign; (*fig: sommo*) supreme ▸ *sm/f* sovereign, monarch
sovrap'porre *vt* to place on top of, put on top of
sovvenzi'one [sovven'tsjone] *sf* subsidy, grant
'sozzo, -a ['sottso] *ag* filthy, dirty
S.P.A. *abbr* = **società per azioni**
spac'care *vt* to split, break; (*legna*) to chop; **spaccarsi** *vpr* to split, break; **spacca'tura** *sf* split
spaccherò *ecc* [spakke'rɔ] *vb vedi* **spaccare**
spacci'are [spat'tʃare] *vt* (*vendere*) to sell (off); (*mettere in circolazione*) to circulate; (*droga*) to peddle, push; **spacciarsi** *vpr* **spacciarsi per** (*farsi credere*) to pass o.s. off as, pretend to be; **spaccia'tore, -'trice** *sm/f* (*di droga*) pusher; (*di denaro falso*) dealer; **'spaccio** *sm* (*di merce rubata, droga*): **spaccio (di)** trafficking (in); **spaccio (di)** passing (of); (*vendita*) sale; (*bottega*) shop
'spacco, -chi *sm* (*fenditura*) split, crack; (*strappo*) tear; (*di gonna*) slit
spac'cone *sm/f* boaster, braggart
'spada *sf* sword
spae'sato, -a *ag* disorientated, lost
spa'ghetti [spa'getti] *smpl* (*Cuc*) spaghetti *sg*
'Spagna ['spaɲɲa] *sf* **la ~** Spain; **spa'gnolo, -a** *ag* Spanish ▸ *sm/f* Spaniard ▸ *sm* (*Ling*) Spanish; **gli Spagnoli** the Spanish
'spago, -ghi *sm* string, twine
spai'ato, -a *ag* (*calza, guanto*) odd
spalan'care *vt* to open wide; **spalancarsi** *vpr* to open wide
spa'lare *vt* to shovel
'spalla *sf* shoulder; (*fig: Teatro*) stooge; **spalle** *sfpl* (*dorso*) back
spalli'era *sf* (*di sedia ecc*) back; (*di letto: da capo*) head(board); (*: da piedi*) foot(board); (*Ginnastica*) wall bars *pl*
spal'lina *sf* (*bretella*) strap; (*imbottitura*) shoulder pad
spal'mare *vt* to spread
'spalti *smpl* (*di stadio*) terracing
'spamming ['spammiŋ] *sm* (*in Internet*) spam
'spandere *vt* to spread; (*versare*) to pour (out)
spa'rare *vt* to fire ▸ *vi* (*far fuoco*) to fire; (*tirare*) to shoot; **spara'toria** *sf* exchange of shots
sparecchi'are [sparek'kjare] *vt* **~ (la tavola)** to clear the table
spa'reggio [spa'reddʒo] *sm* (*Sport*) play-off
'spargere ['spardʒere] *vt* (*sparpagliare*) to scatter; (*versare: vino*) to spill; (*: lacrime, sangue*) to shed; (*diffondere*) to spread; (*emanare*) to give off (*o* out); **spargersi** *vpr* to spread
spa'rire *vi* to disappear, vanish
spar'lare *vi* **~ di** to speak ill of
'sparo *sm* shot
spar'tire *vt* (*eredità, bottino*) to share out; (*avversari*) to separate
spar'tito *sm* (*Mus*) score
sparti'traffico *sm inv* (*Aut*) central reservation (*BRIT*), median (strip) (*US*)
sparvi'ero *sm* (*Zool*) sparrowhawk
spasi'mante *sm* suitor
spassio'nato, -a *ag* impartial
'spasso *sm* (*divertimento*) amusement, enjoyment; **andare a ~** to go out for a walk; **essere a ~** (*fig*) to be out of work; **mandare qn a ~** (*fig*) to give sb the sack
'spatola *sf* spatula; (*di muratore*) trowel
spa'valdo, -a *ag* arrogant, bold
spaventa'passeri *sm inv* scarecrow
spaven'tare *vt* to frighten, scare; **spaventarsi** *vpr* to be frightened,

be scared; to get a fright; **spa'vento** *sm* fear, fright; **far spavento a qn** to give sb a fright; **spaven'toso, -a** *ag* frightening, terrible; (*fig: fam*) tremendous, fantastic
spazientirsi [spattsjen'tirsi] *vpr* to lose one's patience
'spazio ['spattsjo] *sm* space; **spazio aereo** airspace; **spazi'oso, -a** *ag* spacious
spazzaca'mino [spattsaka'mino] *sm* chimney sweep
spazza'neve [spattsa'neve] *sm inv* snowplough
spaz'zare [spat'tsare] *vt* to sweep; (*foglie ecc*) to sweep up; (*cacciare*) to sweep away; **spazza'tura** *sf* sweepings *pl*; (*immondizia*) rubbish; **spaz'zino** *sm* street sweeper
'spazzola ['spattsola] *sf* brush; **spazzola da capelli** hairbrush; **spazzola per abiti** clothesbrush; **spazzo'lare** *vt* to brush; **spazzo'lino** *sm* (small) brush; **spazzolino da denti** toothbrush
specchi'arsi [spek'kjarsi] *vpr* to look at o.s. in a mirror; (*riflettersi*) to be mirrored, be reflected
specchi'etto [spek'kjetto] *sm* (*tabella*) table, chart; **specchietto da borsetta** pocket mirror; **specchietto retrovisore** (*Aut*) rear-view mirror
'specchio ['spɛkkjo] *sm* mirror
speci'ale [spe'tʃale] *ag* special; **specia'lista, -i, -e** *sm/f* specialist; **specialità** *sf inv* speciality; (*branca di studio*) special field, speciality; **vorrei assaggiare una specialità del posto** I'd like to try a local speciality; **specializzazi'one** *sf* specialization; **special'mente** *av* especially
'specie ['spɛtʃe] *sf inv* (*Biol, Bot, Zool*) species *inv*; (*tipo*) kind, sort ▸ *av* especially, particularly; **una ~ di** a kind of; **fare ~ a qn** to surprise sb; **la ~ umana** mankind
specifi'care [spetʃifi'kare] *vt* to specify, state
spe'cifico, -a, -ci, -che [spe'tʃifiko] *ag* specific
specu'lare *vi* **~ su** (*Comm*) to speculate in; (*sfruttare*) to exploit; (*meditare*) to speculate on; **speculazi'one** *sf* speculation
spe'dire *vt* to send
'spegnere ['spɛɲɲere] *vt* (*fuoco, sigaretta*) to put out, extinguish; (*apparecchio elettrico*) to turn *o* switch off; (*gas*) to turn off; (*fig: suoni, passioni*) to stifle; (*debito*) to extinguish; **spegnersi** *vpr* to go out; to go off; (*morire*) to pass away; **puoi ~ la luce?** could you switch off the light?; **non riesco a ~ il riscaldamento** I can't turn the heating off
spellarsi *vpr* to peel
'spendere *vt* to spend
'spengo *ecc vb vedi* **spegnere**
'spensi *ecc vb vedi* **spegnere**
spensie'rato, -a *ag* carefree
'spento, -a *pp di* **spegnere** ▸ *ag* (*suono*) muffled; (*colore*) dull; (*sigaretta*) out; (*civiltà, vulcano*) extinct
spe'ranza [spe'rantsa] *sf* hope
spe'rare *vt* to hope for ▸ *vi* **~ in** to trust in; **~ che/di fare** to hope that/to do; **lo spero, spero di sì** I hope so
sper'duto, -a *ag* (*isolato*) out-of-the-way; (*persona: smarrita, a disagio*) lost
sperimen'tale *ag* experimental
sperimen'tare *vt* to experiment with, test; (*fig*) to test, put to the test
'sperma, -i *sm* sperm
spe'rone *sm* spur
sperpe'rare *vt* to squander
'spesa *sf* (*somma di denaro*) expense; (*costo*) cost; (*acquisto*) purchase; (*fam: acquisto del cibo quotidiano*) shopping; **spese postali** postage *sg*; **spese di viaggio** travelling expenses

'spesso, -a *ag* (*fitto*) thick; (*frequente*) frequent ▸ *av* often; **spesse volte** frequently, often
spes'sore *sm* thickness
Spett. *abbr vedi* **spettabile**
spet'tabile (*abbr*: **Spett.**: *in lettere*) *ag* ~ **Ditta X** Messrs X and Co.
spet'tacolo *sm* (*rappresentazione*) performance, show; (*vista, scena*) sight; **dare ~ di sé** to make an exhibition *o* a spectacle of o.s.
spet'tare *vi* ~ **a** (*decisione*) to be up to; (*stipendio*) to be due to; **spetta a te decidere** it's up to you to decide
spetta'tore, -'trice *sm/f* (*Cinema, Teatro*) member of the audience; (*di avvenimento*) onlooker, witness
spettego'lare *vi* to gossip
spetti'nato, -a *ag* dishevelled
'spettro *sm* (*fantasma*) spectre; (*Fisica*) spectrum
'spezie ['spɛttsje] *sfpl* (*Cuc*) spices
spez'zare [spet'tsare] *vt* (*rompere*) to break; (*fig*: *interrompere*) to break up; **spezzarsi** *vpr* to break
spezza'tino [spettsa'tino] *sm* (*Cuc*) stew
spezzet'tare [spettset'tare] *vt* to break up (*o* chop) into small pieces
'spia *sf* spy; (*confidente della polizia*) informer; (*Elettr*) indicating light; warning light; (*fessura*) peep-hole; (*fig*: *sintomo*) sign, indication
spia'cente [spja'tʃɛnte] *ag* sorry, **essere ~ di qc/di fare qc** to be sorry about sth/for doing sth
spia'cevole [spja'tʃevole] *ag* unpleasant
spi'aggia, -ge ['spjaddʒa] *sf* beach; **spiaggia libera** public beach
spia'nare *vt* (*terreno*) to level, make level; (*edificio*) to raze to the ground; (*pasta*) to roll out; (*rendere liscio*) to smooth (out)
spi'are *vt* to spy on
spi'azzo ['spjattso] *sm* open space; (*radura*) clearing
'spicchio ['spikkjo] *sm* (*di agrumi*) segment; (*di aglio*) clove; (*parte*) piece, slice
spicciarsi *vpr* to hurry up
spiccioli *smpl* (small) change; **mi dispiace, non ho ~** sorry, I don't have any change
'spicco, -chi *sm* **di ~** outstanding; (*tema*) main, principal; **fare ~** to stand out
spie'dino *sm* (*utensile*) skewer; (*pietanza*) kebab
spi'edo *sm* (*Cuc*) spit
spie'gare *vt* (*far capire*) to explain; (*tovaglia*) to unfold; (*vele*) to unfurl; **spiegarsi** *vpr* to explain o.s., make o.s. clear; **~ qc a qn** to explain sth to sb; **spiegazi'one** *sf* explanation
spiegherò *ecc* [spjege'rɔ] *vb vedi* **spiegare**
spie'tato, -a *ag* ruthless, pitiless
spiffe'rare (*fam*) *vt* to blurt out, blab
'spiffero *sm* draught (*BRIT*), draft (*US*)
'spiga, -ghe *sf* (*Bot*) ear
spigli'ato, -a [spiʎ'ʎato] *ag* self-possessed, self-confident
'spigolo *sm* corner; (*Mat*) edge
'spilla *sf* brooch; (*da cravatta, cappello*) pin; **~ di sicurezza** *o* **da balia** safety pin
'spillo *sm* pin; **spillo da balia** *o* **di sicurezza** safety pin
spi'lorcio, -a, -ci, -ce [spi'lortʃo] *ag* mean, stingy
'spina *sf* (*Bot*) thorn; (*Zool*) spine, prickle; (*di pesce*) bone; (*Elettr*) plug; (*di botte*) bunghole; **birra alla ~** draught beer; **spina dorsale** (*Anat*) backbone
spinaci [spi'natʃi] *smpl* spinach *sg*
spi'nello *sm* (*Droga*: *gergo*) joint
'spingere ['spindʒere] *vt* to push; (*condurre*: *anche fig*) to drive; (*stimolare*): **~ qn a fare** to urge *o* press sb to do

spi'noso, -a *ag* thorny, prickly
'spinsi *ecc vb vedi* **spingere**
'spinta *sf* (*urto*) push; (*Fisica*) thrust; (*fig: stimolo*) incentive, spur; (*: appoggio*) string-pulling *no pl*; **dare una ~ a qn** (*fig*) to pull strings for sb
'spinto, -a *pp di* **spingere**
spio'naggio [spio'naddʒo] *sm* espionage, spying
spion'cino [spion'tʃino] *sm* peephole
spi'raglio [spi'raʎʎo] *sm* (*fessura*) chink, narrow opening; (*raggio di luce, fig*) glimmer, gleam
spi'rale *sf* spiral; (*contraccettivo*) coil; **a ~** spiral(-shaped)
spiri'tato, -a *ag* possessed; (*fig: persona, espressione*) wild
spiri'tismo *sm* spiritualism
'spirito *sm* (*Rel, Chim, disposizione d'animo, di legge ecc, fantasma*) spirit; (*pensieri, intelletto*) mind; (*arguzia*) wit; (*umorismo*) humour, wit; **lo S~ Santo** the Holy Spirit *o* Ghost
spirito'saggine [spirito'saddʒine] *sf* witticism; (*peg*) wisecrack
spiri'toso, -a *ag* witty
spiritu'ale *ag* spiritual
'splendere *vi* to shine
'splendido, -a *ag* splendid; (*splendente*) shining; (*sfarzoso*) magnificent, splendid
splen'dore *sm* splendour; (*luce intensa*) brilliance, brightness
spogli'are [spoʎ'ʎare] *vt* (*svestire*) to undress; (*privare, fig: depredare*): **~ qn di qc** to deprive sb of sth; (*togliere ornamenti: anche fig*): **~ qn/qc di** to strip sb/sth of; **spogliarsi** *vpr* to undress, strip; **spogliarsi di** (*ricchezze ecc*) to deprive o.s. of, give up; (*pregiudizi*) to rid o.s. of; **spoglia'rello** [spoʎʎa'rɛllo] *sm* striptease; **spoglia'toio** *sm* dressing room; (*di scuola ecc*) cloakroom; (*Sport*) changing room
'spola *sf* (*bobina di filo*) cop; **fare la ~ (fra)** to go to and fro *o* shuttle (between)
spolve'rare *vt* (*anche Cuc*) to dust; (*con spazzola*) to brush; (*con battipanni*) to beat; (*fig*) to polish off ▶ *vi* to dust
spon'taneo, -a *ag* spontaneous; (*persona*) unaffected, natural
spor'care *vt* to dirty, make dirty; (*fig*) to sully, soil; **sporcarsi** *vpr* to get dirty
spor'cizia [spor'tʃittsja] *sf* (*stato*) dirtiness; (*sudiciume*) dirt, filth; (*cosa sporca*) dirt *no pl*, something dirty
'sporco, -a, -chi, -che *ag* dirty, filthy
spor'genza [spor'dʒɛntsa] *sf* projection
'sporgere ['spɔrdʒere] *vt* to put out, stretch out ▶ *vi* (*venire in fuori*) to stick out; **sporgersi** *vpr* to lean out; **~ querela contro qn** (*Dir*) to take legal action against sb
'sporsi *ecc vb vedi* **sporgere**
sport *sm inv* sport
spor'tello *sm* (*di treno, auto ecc*) door; (*di banca, ufficio*) window, counter; **sportello automatico** (*Banca*) cash dispenser, automated telling machine
spor'tivo, -a *ag* (*gara, giornale, centro*) sports *cpd*; (*persona*) sporty; (*abito*) casual; (*spirito, atteggiamento*) sporting
'sposa *sf* bride; (*moglie*) wife
sposa'lizio [spoza'littsjo] *sm* wedding
spo'sare *vt* to marry; (*fig: idea, fede*) to espouse; **sposarsi** *vpr* to get married, marry; **sposarsi con qn** to marry sb, get married to sb; **spo'sato, -a** *ag* married
'sposo *sm* (bride)groom; (*marito*) husband
spos'sato, -a *ag* exhausted, weary
spos'tare *vt* to move, shift; (*cambiare: orario*) to change; **spostarsi** *vpr* to

move; **può ~ la macchina, per favore?** can you move your car please?
'spranga, -ghe *sf (sbarra)* bar
spre'care *vt* to waste
spre'gevole [spre'dʒevole] *ag* contemptible, despicable
'spremere *vt* to squeeze
spremia'grumi *sm inv* lemon squeezer
spre'muta *sf* fresh juice; **spremuta d'arancia** fresh orange juice
sprez'zante [spret'tsante] *ag* scornful, contemptuous
sprofon'dare *vi* to sink; *(casa)* to collapse; *(suolo)* to give way, subside
spro'nare *vt* to spur (on)
sproporzio'nato, -a [sproportsjo'nato] *ag* disproportionate, out of all proportion
sproporzi'one [spropor'tsjone] *sf* disproportion
spro'posito *sm* blunder; **a ~** at the wrong time; *(rispondere, parlare)* irrelevantly
sprovve'duto, -a *ag* inexperienced, naïve
sprov'visto, -a *ag (mancante)*: **~ di** lacking in, without; **alla sprovvista** unawares
spruz'zare [sprut'tsare] *vt (a nebulizzazione)* to spray; *(aspergere)* to sprinkle; *(inzaccherare)* to splash
'spugna ['spuɲɲa] *sf (Zool)* sponge; *(tessuto)* towelling
'spuma *sf (schiuma)* foam; *(bibita)* fizzy drink
spu'mante *sm* sparkling wine
spun'tare *vt (coltello)* to break the point of; *(capelli)* to trim ▸ *vi (uscire: germogli)* to sprout; *(: capelli)* to begin to grow; *(: denti)* to come through; *(apparire)* to appear (suddenly)
spun'tino *sm* snack
'spunto *sm (Teatro, Mus)* cue; *(fig)* starting point; **dare lo ~ a** *(fig)* to give rise to
spu'tare *vt* to spit out; *(fig)* to belch (out) ▸ *vi* to spit
'squadra *sf (strumento)* (set) square; *(gruppo)* team, squad; *(di operai)* gang, squad; *(Mil)* squad; *(: Aer, Naut)* squadron; *(Sport)* team; **lavoro a squadre** teamwork
squagli'arsi [skwaʎ'ʎarsi] *vpr* to melt; *(fig)* to sneak off
squa'lifica *sf* disqualification
squalifi'care *vt* to disqualify
'squallido, -a *ag* wretched, bleak
'squalo *sm* shark
'squama *sf* scale
squarcia'gola [skwartʃa'gola]: **a ~** *av* at the top of one's voice
squattri'nato, -a *ag* penniless
squili'brato, -a *ag (Psic)* unbalanced
squil'lante *ag* shrill, sharp
squil'lare *vi (campanello, telefono)* to ring (out); *(tromba)* to blare; **'squillo** *sm* ring, ringing *no pl*; blare; **ragazza f squillo** *inv* call girl
squi'sito, -a *ag* exquisite; *(cibo)* delicious; *(persona)* delightful
squit'tire *vi (uccello)* to squawk; *(topo)* to squeak
sradi'care *vt* to uproot; *(fig)* to eradicate
srego'lato, -a *ag (senza ordine: vita)* disorderly; *(smodato)* immoderate; *(dissoluto)* dissolute
S.r.l. *abbr* = **società a responsabilità limitata**
sroto'lare *vt*, **sroto'larsi** ▸ *vpr* to unroll
SS *sigla* = **strada statale**
S.S.N. *abbr (= Servizio Sanitario Nazionale)* ≈ NHS
sta *ecc vb vedi* **stare**
'stabile *ag* stable, steady; *(tempo: non variabile)* settled; *(Teatro: compagnia)* resident ▸ *sm (edificio)* building

stabili'mento *sm* (*edificio*) establishment; (*fabbrica*) plant, factory
stabi'lire *vt* to establish; (*fissare*: *prezzi, data*) to fix; (*decidere*) to decide; **stabilirsi** *vpr* (*prendere dimora*) to settle
stac'care *vt* (*levare*) to detach, remove; (*separare*: *anche fig*) to separate, divide; (*strappare*) to tear off (*o* out); (*scandire*: *parole*) to pronounce clearly; (*Sport*) to leave behind; **staccarsi** *vpr* (*bottone ecc*) to come off; (*scostarsi*): **staccarsi (da)** to move away (from); (*fig*: *separarsi*): **staccarsi da** to leave; **non ~ gli occhi da qn** not to take one's eyes off sb
'stadio *sm* (*Sport*) stadium; (*periodo, fase*) phase, stage
'staffa *sf* (*di sella, Tecn*) stirrup; **perdere le staffe** (*fig*) to fly off the handle
staf'fetta *sf* (*messo*) dispatch rider; (*Sport*) relay race
stagio'nale [stadʒo'nale] *ag* seasonal
stagio'nato, -a [stadʒo'nato] *ag* (*vedi vb*) seasoned; matured; (*scherzoso*: *attempato*) getting on in years
stagi'one [sta'dʒone] *sf* season; **alta/bassa ~** high/low season
stagista, -i, -e [sta'dʒista] *sm/f* trainee, intern (*US*)
'stagno, -a ['staɲɲo] *ag* watertight; (*a tenuta d'aria*) airtight ▸ *sm* (*acquitrino*) pond; (*Chim*) tin
sta'gnola [staɲ'ɲɔla] *sf* tinfoil
'stalla *sf* (*per bovini*) cowshed; (*per cavalli*) stable
stal'lone *sm* stallion
stamat'tina *av* this morning
stam'becco, -chi *sm* ibex
'stampa *sf* (*Tip, Fot*: *tecnica*) printing; (*impressione, copia fotografica*) print; (*insieme di quotidiani, giornalisti ecc*) press
stam'pante *sf* (*Inform*) printer
stam'pare *vt* to print; (*pubblicare*) to publish; (*coniare*) to strike, coin; (*imprimere*: *anche fig*) to impress
stampa'tello *sm* block letters *pl*
stam'pella *sf* crutch
'stampo *sm* mould; (*fig*: *indole*) type, kind, sort
sta'nare *vt* to drive out
stan'care *vt* to tire, make tired; (*annoiare*) to bore; (*infastidire*) to annoy; **stancarsi** *vpr* to get tired, tire o.s. out; **stancarsi (di)** to grow weary (of), grow tired (of)
stan'chezza [stan'kettsa] *sf* tiredness, fatigue
'stanco, -a, -chi, -che *ag* tired; **~ di** tired of, fed up with
stan'ghetta [stan'getta] *sf* (*di occhiali*) leg; (*Mus, di scrittura*) bar
'stanno *vb vedi* **stare**
sta'notte *av* tonight; (*notte passata*) last night
'stante *prep* **a sé ~** (*appartamento, casa*) independent, separate
stan'tio, -a, -'tii, -'tie *ag* stale; (*burro*) rancid; (*fig*) old
stan'tuffo *sm* piston
'stanza ['stantsa] *sf* room; (*Poesia*) stanza; **stanza da bagno** bathroom; **stanza da letto** bedroom
stap'pare *vt* to uncork; to uncap
'stare *vi* (*restare in un luogo*) to stay, remain; (*abitare*) to stay, live; (*essere situato*) to be, be situated; (*anche*: **~ in piedi**) to be, stand; (*essere, trovarsi*) to be; (*dipendere*): **se stesse in me** if it were up to me, if it depended on me; (*seguito da gerundio*): **sta studiando** he's studying; **starci** (*esserci spazio*): **nel baule non ci sta più niente** there's no more room in the boot; (*accettare*) to accept; **ci stai?** is that okay with you?; **~ a** (*attenersi a*) to follow, stick to; (*seguito dall'infinito*): **stiamo a discutere** we're talking; (*toccare*

a): **sta a te giocare** it's your turn to play; **~ per fare qc** to be about to do sth; **come sta?** how are you?; **io sto bene/male** I'm very well/not very well; **~ a qn** (*abiti ecc*) to fit sb; **queste scarpe mi stanno strette** these shoes are tight for me; **il rosso ti sta bene** red suits you

starnu'tire *vi* to sneeze; **star'nuto** *sm* sneeze

sta'sera *av* this evening, tonight

sta'tale *ag* state *cpd*; government *cpd* ▸ *sm/f* state employee, local authority employee; (*nell'amministrazione*) ≈ civil servant; **strada statale** ≈ trunk (*BRIT*) *o* main road

sta'tista, -i *sm* statesman

sta'tistica *sf* statistics *sg*

'stato, -a *pp di* **essere; stare** ▸ *sm* (*condizione*) state, condition; (*Pol*) state; (*Dir*) status; **essere in ~ d'accusa** (*Dir*) to be committed for trial; **~ d'assedio/d'emergenza** state of siege/emergency; **~ civile** (*Amm*) marital status; **gli Stati Uniti (d'America)** the United States (of America); **stato d'animo** mood; **stato maggiore** (*Mil*) staff

'statua *sf* statue

statuni'tense *ag* United States *cpd*, of the United States

sta'tura *sf* (*Anat*) height, stature; (*fig*) stature

sta'tuto *sm* (*Dir*) statute; constitution

sta'volta *av* this time

stazio'nario, -a [stattsjo'narjo] *ag* stationary; (*fig*) unchanged

stazi'one [stat'tsjone] *sf* station; (*balneare, termale*) resort; **stazione degli autobus** bus station; **stazione balneare** seaside resort; **stazione ferroviaria** railway (*BRIT*) *o* railroad (*US*) station; **stazione invernale** winter sports resort; **stazione di polizia** police station (*in small town*); **stazione di servizio** service *o* petrol (*BRIT*) *o* filling station

'stecca, -che *sf* stick; (*di ombrello*) rib; (*di sigarette*) carton; (*Med*) splint; (*stonatura*): **fare una ~** to sing (*o* play) a wrong note

stec'cato *sm* fence

'stella *sf* star; **stella alpina** (*Bot*) edelweiss; **stella cadente** shooting star; **stella di mare** (*Zool*) starfish

'stelo *sm* stem; (*asta*) rod; **lampada a ~** standard lamp

'stemma, -i *sm* coat of arms

'stemmo *vb vedi* **stare**

stempi'ato, -a *ag* with a receding hairline

'stendere *vt* (*braccia, gambe*) to stretch (out); (*tovaglia*) to spread (out); (*bucato*) to hang out; (*mettere a giacere*) to lay (down); (*spalmare: colore*) to spread; (*mettere per iscritto*) to draw up; **stendersi** *vpr* (*coricarsi*) to stretch out, lie down; (*estendersi*) to extend, stretch

stenogra'fia *sf* shorthand

sten'tare *vi* **~ a fare** to find it hard to do, have difficulty doing

'stento *sm* (*fatica*) difficulty; **stenti** *smpl* (*privazioni*) hardship *sg*, privation *sg*; **a ~** with difficulty, barely

'sterco *sm* dung

stereo ['stɛreo] *ag inv* stereo ▸ *sm inv* (*impianto*) stereo

'sterile *ag* sterile; (*terra*) barren; (*fig*) futile, fruitless

steriliz'zare [sterilid'dzare] *vt* to sterilize

ster'lina *sf* pound (sterling)

stermi'nare *vt* to exterminate, wipe out

stermi'nato, -a *ag* immense; endless

ster'minio *sm* extermination, destruction

'sterno *sm* (*Anat*) breastbone

ste'roide *sm* steroid

S

ster'zare [ster'tsare] *vt, vi* (*Aut*) to steer; **'sterzo** *sm* steering; (*volante*) steering wheel
'stessi *ecc vb vedi* **stare**
'stesso, -a *ag* same; (*rafforzativo*: *in persona, proprio*): **il re ~** the king himself *o* in person ▶ *pron* **lo(la) ~(a)** the same (one); **i suoi stessi avversari lo ammirano** even his enemies admire him; **fa lo ~** it doesn't matter; **per me è lo ~** it's all the same to me, it doesn't matter to me; *vedi* **io**; **tu** *ecc*
ste'sura *sf* drafting *no pl*, drawing up *no pl*; draft
'stetti *ecc vb vedi* **stare**
'stia *ecc vb vedi* **stare**
sti'lare *vt* to draw up, draft
'stile *sm* style; **stile libero** freestyle; **sti'lista, -i** *sm* designer
stilo'grafica, -che *sf* (*anche*: **penna ~**) fountain pen
'stima *sf* esteem; valuation; assessment, estimate
sti'mare *vt* (*persona*) to esteem, hold in high regard; (*terreno, casa ecc*) to value; (*stabilire in misura approssimativa*) to estimate, assess; (*ritenere*): **~ che** to consider that; **stimarsi fortunato** to consider o.s. (to be) lucky
stimo'lare *vt* to stimulate; (*incitare*): **~ qn (a fare)** to spur sb on (to do)
'stimolo *sm* (*anche fig*) stimulus
'stingere ['stindʒere] *vt, vi* (*anche*: **stingersi**) to fade; **'stinto, -a** *pp di* **stingere**
sti'pare *vt* to cram, pack; **stiparsi** *vpr* (*accalcarsi*) to crowd, throng
sti'pendio *sm* salary
'stipite *sm* (*di porta, finestra*) jamb
stipu'lare *vt* (*redigere*) to draw up
sti'rare *vt* (*abito*) to iron; (*distendere*) to stretch; (*strappare*: *muscolo*) to strain; **stirarsi** *vpr* to stretch (o.s.)
stiti'chezza [stiti'kettsa] *sf* constipation
'stitico, -a, -ci, -che *ag* constipated
'stiva *sf* (*di nave*) hold
sti'vale *sm* boot
'stizza ['stittsa] *sf* anger, vexation
'stoffa *sf* material, fabric; (*fig*): **aver la ~ di** to have the makings of
'stomaco, -chi *sm* stomach; **dare di ~** to vomit, be sick
sto'nato, -a *ag* (*persona*) off-key; (*strumento*) off-key, out of tune
stop *sm inv* (*Tel*) stop; (*Aut*: *cartello*) stop sign; (: *fanalino d'arresto*) brake-light
'storcere ['stɔrtʃere] *vt* to twist; **storcersi** *vpr* to writhe, twist; **~ il naso** (*fig*) to turn up one's nose; **storcersi la caviglia** to twist one's ankle
stor'dire *vt* (*intontire*) to stun, daze; **stor'dito, -a** *ag* stunned
'storia *sf* (*scienza, avvenimenti*) history; (*racconto, bugia*) story; (*faccenda, questione*) business *no pl*; (*pretesto*) excuse, pretext; **storie** *sfpl* (*smancerie*) fuss *sg*; **'storico, -a, -ci, -che** *ag* historic(al) ▶ *sm* historian
stori'one *sm* (*Zool*) sturgeon
'stormo *sm* (*di uccelli*) flock
'storpio, -a *ag* crippled, maimed
'storsi *ecc vb vedi* **storcere**
'storta *sf* (*distorsione*) sprain, twist
'storto, -a *pp di* **storcere** ▶ *ag* (*chiodo*) twisted, bent; (*gamba, quadro*) crooked
sto'viglie [sto'viʎʎe] *sfpl* dishes *pl*, crockery
'strabico, -a, -ci, -che *ag* squint-eyed; (*occhi*) squint
strac'chino [strak'kino] *sm type of soft cheese*
stracci'are [strat'tʃare] *vt* to tear; **stracciarsi** *vpr* to tear
'straccio, -a, -ci, -ce ['strattʃo] *ag* **carta straccia** waste paper ▶ *sm* rag;

(*per pulire*) cloth, duster; **stracci** *smpl* (*peg*: *indumenti*) rags; **si è ridotto a uno ~** he's worn himself out; **non ha uno ~ di lavoro** he's not got a job of any sort

'strada *sf* road; (*di città*) street; (*cammino, via, fig*) way; **che ~ devo prendere per andare a ...?** which road do I take for ...?; **farsi ~** (*fig*) to do well for o.s.; **essere fuori ~** (*fig*) to be on the wrong track; **~ facendo** on the way; **strada senza uscita** dead end; **stra'dale** *ag* road *cpd*

strafalci'one [strafal'tʃone] *sm* blunder, howler

stra'fare *vi* to overdo it

strafot'tente *ag* **è ~** he doesn't give a damn, he couldn't care less

'strage ['stradʒe] *sf* massacre, slaughter

stralu'nato, -a *ag* (*occhi*) rolling; (*persona*) beside o.s., very upset

'strambo, -a *ag* strange, queer

strampa'lato, -a *ag* odd, eccentric

stra'nezza [stra'nettsa] *sf* strangeness

strango'lare *vt* to strangle

strani'ero, -a *ag* foreign ▸ *sm/f* foreigner

Attenzione! In inglese esiste la parola *stranger*, che però significa *sconosciuto* oppure *estraneo*.

'strano, -a *ag* strange, odd

straordi'nario, -a *ag* extraordinary; (*treno ecc*) special ▸ *sm* (*lavoro*) overtime

strapi'ombo *sm* overhanging rock; **a ~** overhanging

strap'pare *vt* (*gen*) to tear, rip; (*pagina ecc*) to tear off, tear out; (*sradicare*) to pull up; (*togliere*): **~ qc a qn** to snatch sth from sb; (*fig*) to wrest sth from sb; **strapparsi** *vpr* (*lacerarsi*) to rip, tear; (*rompersi*) to break; **strapparsi un muscolo** to tear a muscle;

'strappo *sm* pull, tug; tear, rip; **fare uno strappo alla regola** to make an exception to the rule; **strappo muscolare** torn muscle

strari'pare *vi* to overflow

'strascico, -chi ['straʃʃiko] *sm* (*di abito*) train; (*conseguenza*) after-effect

strata'gemma, -i [strata'dʒɛmma] *sm* stratagem

strate'gia, -'gie [strate'dʒia] *sf* strategy; **stra'tegico, -a, -ci, -che** *ag* strategic

'strato *sm* layer; (*rivestimento*) coat, coating; (*Geo, fig*) stratum; (*Meteor*) stratus; **strato d'ozono** ozone layer

strat'tone *sm* tug, jerk; **dare uno ~ a qc** to tug *o* jerk sth, give sth a tug *o* jerk

strava'gante *ag* odd, eccentric

stra'volto, -a *pp di* **stravolgere**

'strazio *sm* torture; (*fig*: *cosa fatta male*): **essere uno ~** to be appalling

'strega, -ghe *sf* witch

stre'gare *vt* to bewitch

stre'gone *sm* (*mago*) wizard; (*di tribù*) witch doctor

strepi'toso, -a *ag* clamorous, deafening; (*fig*: *successo*) resounding

stres'sante *ag* stressful

stres'sato, -a *ag* under stress

stretch [stretʃ] *ag inv* stretch

'stretta *sf* (*di mano*) grasp; (*finanziaria*) squeeze; (*fig*: *dolore, turbamento*) pang; **una ~ di mano** a handshake; **essere alle strette** to have one's back to the wall; *vedi anche* **stretto**

stretta'mente *av* tightly; (*rigorosamente*) strictly

'stretto, -a *pp di* **stringere** ▸ *ag* (*corridoio, limiti*) narrow; (*gonna, scarpe, nodo, curva*) tight; (*intimo*: *parente, amico*) close; (*rigoroso*: *osservanza*) strict; (*preciso*: *significato*) precise, exact ▸ *sm* (*braccio di mare*) strait; **a denti stretti** with clenched teeth;

lo ~ necessario the bare minimum;
stret'toia *sf* bottleneck; (*fig*) tricky situation
stri'ato, -a *ag* streaked
'stridulo, -a *ag* shrill
stril'lare *vt, vi* to scream, shriek;
'strillo *sm* scream, shriek
strimin'zito, -a [strimin'tsito] *ag* (*misero*) shabby; (*molto magro*) skinny
strimpel'lare *vt* (*Mus*) to strum
'stringa, -ghe *sf* lace
strin'gato, -a *ag* (*fig*) concise
'stringere ['strindʒere] *vt* (*avvicinare due cose*) to press (together), squeeze (together); (*tenere stretto*) to hold tight, clasp, clutch; (*pugno, mascella, denti*) to clench; (*labbra*) to compress; (*avvitare*) to tighten; (*abito*) to take in; (*scarpe*) to pinch, be tight for; (*fig: concludere: patto*) to make; (*: accelerare: passo, tempo*) to quicken ▶ *vi* (*essere stretto*) to be tight; (*tempo: incalzare*) to be pressing
'strinsi *ecc vb vedi* **stringere**
'striscia, -sce ['striʃʃa] *sf* (*di carta, tessuto ecc*) strip; (*riga*) stripe; **strisce (pedonali)** zebra crossing *sg*
strisci'are [striʃ'ʃare] *vt* (*piedi*) to drag; (*muro, macchina*) to graze ▶ *vi* to crawl, creep
'striscio ['striʃʃo] *sm* graze; (*Med*) smear; **colpire di ~** to graze
strisci'one [striʃ'ʃone] *sm* banner
strito'lare *vt* to grind
striz'zare [strit'tsare] *vt* (*panni*) to wring (out); **~ l'occhio** to wink
'strofa *sf* strophe
strofi'naccio [strofi'nattʃo] *sm* duster, cloth; (*per piatti*) dishcloth; (*per pavimenti*) floorcloth
strofi'nare *vt* to rub
stron'care *vt* to break off; (*fig: ribellione*) to suppress, put down; (*: film, libro*) to tear to pieces
'stronzo ['strontso] *sm* (*sterco*) turd; (*fig fam!: persona*) shit (!)
stroz'zare [strot'tsare] *vt* (*soffocare*) to choke, strangle
struccarsi *vpr* to remove one's make-up
strumen'tale *ag* (*Mus*) instrumental
strumentaliz'zare [strumentalid'dzare] *vt* to exploit, use to one's own ends
stru'mento *sm* (*arnese, fig*) instrument, tool; (*Mus*) instrument; **~ a corda** *o* **ad arco/a fiato** stringed/ wind instrument
'strutto *sm* lard
strut'tura *sf* structure
'struzzo ['struttso] *sm* ostrich
stuc'care *vt* (*muro*) to plaster; (*vetro*) to putty; (*decorare con stucchi*) to stucco
'stucco, -chi *sm* plaster; (*da vetri*) putty; (*ornamentale*) stucco; **rimanere di ~** (*fig*) to be dumbfounded
stu'dente, -'essa *sm/f* student; (*scolaro*) pupil, schoolboy/girl
studi'are *vt* to study
'studio *sm* studying; (*ricerca, saggio, stanza*) study; (*di professionista*) office; (*di artista, Cinema, TV, Radio*) studio; **studi** *smpl* (*Ins*) studies; **studio medico** doctor's surgery (*BRIT*) *o* office (*US*)
studi'oso, -a *ag* studious, hard-working ▶ *sm/f* scholar
'stufa *sf* stove; **stufa elettrica** electric fire *o* heater
stu'fare *vt* (*Cuc*) to stew; (*fig: fam*) to bore; **stufarsi** *vpr* (*fam*): **stufarsi (di)** (*fig*) to get fed up (with); **'stufo, -a** (*fam*) *ag* **essere stufo di** to be fed up with, be sick and tired of
stu'oia *sf* mat
stupefa'cente [stupefa'tʃɛnte] *ag* stunning, astounding ▶ *sm* drug, narcotic
stupe'fatto, -a *pp di* **stupefare**

stu'pendo, -a *ag* marvellous, wonderful
stupi'daggine [stupi'daddʒine] *sf* stupid thing (to do *o* say)
stupidità *sf* stupidity
'stupido, -a *ag* stupid
stu'pire *vt* to amaze, stun ▸ *vi* **stupirsi**; **~ (di)** to be amazed (at), be stunned (by)
stu'pore *sm* amazement, astonishment
stu'prare *vt* to rape
'stupro *sm* rape
stu'rare *vt* (*lavandino*) to clear
stuzzica'denti [stuttsika'dɛnti] *sm* toothpick
stuzzi'care [stuttsi'kare] *vt* (*ferita ecc*) to poke (at), prod (at); (*fig*) to tease; (: *appetito*) to whet; (: *curiosità*) to stimulate; **~ i denti** to pick one's teeth

su
(*su +il* = **sul**, *su +lo* = **sullo**, *su +l'* = **sull'**, *su +la* = **sulla**, *su +i* = **sui**, *su +gli* = **sugli**, *su +le* = **sulle**) *prep*
1 (*gen*) on; (*moto*) on(to); (*in cima a*) on (top of); **mettilo sul tavolo** put it on the table; **un paesino sul mare** a village by the sea
2 (*argomento*) about, on; **un libro su Cesare** a book on *o* about Caesar
3 (*circa*) about; **costerà sui 3 milioni** it will cost about 3 million; **una ragazza sui 17 anni** a girl of about 17 (years of age)
4: **su misura** made to measure; **su richiesta** on request; **3 casi su dieci** 3 cases out of 10
▸*av*
1 (*in alto, verso l'alto*) up; **vieni su** come on up; **guarda su** look up; **su le mani!** hands up!; **in su** (*verso l'alto*) up(wards); (*in poi*) onwards; **dai 20 anni in su** from the age of 20 onwards
2 (*addosso*) on; **cos'hai su?** what have you got on?
▸*escl* come on!; **su coraggio!** come on, cheer up!

su'bacqueo, -a *ag* underwater ▸ *sm* skin-diver
sub'buglio [sub'buʎʎo] *sm* confusion, turmoil
'subdolo, -a *ag* underhand, sneaky
suben'trare *vi* **~ a qn in qc** to take over sth from sb
su'bire *vt* to suffer, endure
'subito *av* immediately, at once, straight away
subodo'rare *vt* (*insidia ecc*) to smell, suspect
subordi'nato, -a *ag* subordinate; (*dipendente*): **~ a** dependent on, subject to
suc'cedere [sut'tʃɛdere] *vi* (*prendere il posto di qn*): **~ a** to succeed; (*venire dopo*): **~ a** to follow; (*accadere*) to happen; **cos'è successo?** what happened?; **succes'sivo, -a** *ag* successive; **suc'cesso, -a** *pp di* **succedere** ▸ *sm* (*esito*) outcome; (*buona riuscita*) success; **di successo** (*libro, personaggio*) successful
succhi'are [suk'kjare] *vt* to suck (up); **succhi'otto** *sm* (*per bambino*) dummy
succhi'otto [suk'kjɔtto] *sm* dummy (*BRIT*), pacifier (*US*), comforter (*US*)
suc'cinto, -a [sut'tʃinto] *ag* (*discorso*) succinct; (*abito*) brief
'succo, -chi *sm* juice; (*fig*) essence, gist; **succo di frutta/pomodoro** fruit/tomato juice
succur'sale *sf* branch (office)
sud *sm* south ▸ *ag inv* south; (*lato*) south, southern
Su'dafrica *sm* **il ~** South Africa; **sudafri'cano, -a** *ag, sm/f* South African
Suda'merica *sm* **il ~** South America
su'dare *vi* to perspire, sweat; **~ freddo** to come out in a cold sweat
su'dato, -a *ag* (*persona, mani*) sweaty; (*fig*: *denaro*) hard-earned ▸ *sf* (*anche*

S

fig) sweat; **una vittoria sudata** a hard-won victory; **ho fatto una bella sudata per finirlo in tempo** it was a real sweat to get it finished in time
suddi'videre *vt* to subdivide
su'dest *sm* south-east
'sudicio, -a, -ci, -ce ['suditʃo] *ag* dirty, filthy
su'dore *sm* perspiration, sweat
su'dovest *sm* south-west
suffici'ente [suffi'tʃɛnte] *ag* enough, sufficient; (*borioso*) self-important; (*Ins*) satisfactory; **suffici'enza** *sf* self-importance; pass mark; **a sufficienza** enough; **ne ho avuto a sufficienza!** I've had enough of this!
suf'fisso *sm* (*Ling*) suffix
suggeri'mento [suddʒeri'mento] *sm* suggestion; (*consiglio*) piece of advice, advice *no pl*
sugge'rire [suddʒe'rire] *vt* (*risposta*) to tell; (*consigliare*) to advise; (*proporre*) to suggest; (*Teatro*) to prompt
suggestio'nare [suddʒestjo'nare] *vt* to influence
sugges'tivo, -a [suddʒes'tivo] *ag* (*paesaggio*) evocative; (*teoria*) interesting, attractive
'sughero ['sugero] *sm* cork
'sugo, -ghi *sm* (*succo*) juice; (*di carne*) gravy; (*condimento*) sauce; (*fig*) gist, essence
sui'cida, -i, -e [sui'tʃida] *ag* suicidal ▸ *sm/f* suicide
suici'darsi [suitʃi'darsi] *vpr* to commit suicide
sui'cidio [sui'tʃidjo] *sm* suicide
su'ino, -a *ag* **carne suina** pork ▸ *sm* pig
sul'tano, -a *sm/f* sultan/sultana
'suo (*f* **'sua**, *pl* **'sue, su'oi**) *det* **il ~, la sua** *ecc* (*di lui*) his; (*di lei*) her; (*di esso*) its; (*con valore indefinito*) one's, his/her; (*anche*: **S~**: *forma di cortesia*) your ▸ *pron* **il ~, la sua** *ecc* his; hers; yours; **i ~i** his (*o* her *o* one's *o* your) family
su'ocero, -a ['swɔtʃero] *sm/f* father/mother-in-law
su'ola *sf* (*di scarpa*) sole
su'olo *sm* (*terreno*) ground; (*terra*) soil
suo'nare *vt* (*Mus*) to play; (*campana*) to ring; (*ore*) to strike; (*clacson, allarme*) to sound ▸ *vi* to play; (*telefono, campana*) to ring; (*ore*) to strike; (*clacson, fig*: *parole*) to sound
suone'ria *sf* alarm
su'ono *sm* sound
su'ora *sf* (*Rel*) sister
'super *sf* (*anche*: **benzina ~**) ≈ four-star (petrol) (*BRIT*), premium (*US*)
supe'rare *vt* (*oltrepassare*: *limite*) to exceed, surpass; (*percorrere*) to cover; (*attraversare*: *fiume*) to cross; (*sorpassare*: *veicolo*) to overtake; (*fig*: *essere più bravo di*) to surpass, outdo; (: *difficoltà*) to overcome; (: *esame*) to get through; **~ qn in altezza/peso** to be taller/heavier than sb; **ha superato la cinquantina** he's over fifty (years of age)
su'perbia *sf* pride; **su'perbo, -a** *ag* proud; (*fig*) magnificent, superb
superfici'ale [superfi'tʃale] *ag* superficial
super'ficie, -ci [super'fitʃe] *sf* surface
su'perfluo, -a *ag* superfluous
superi'ore *ag* (*piano, arto, classi*) upper; (*più elevato*: *temperatura, livello*): **~ (a)** higher (than); (*migliore*): **~ (a)** superior (to)
superla'tivo, -a *ag, sm* superlative
supermer'cato *sm* supermarket
su'perstite *ag* surviving ▸ *sm/f* survivor
superstizi'one [superstit'tsjone] *sf* superstition; **superstizi'oso, -a** *ag* superstitious
super'strada *sf* ≈ (toll-free) motorway
su'pino, -a *ag* supine

supplemen'tare *ag* extra; (*treno*) relief *cpd*; (*entrate*) additional
supple'mento *sm* supplement
sup'plente *sm/f* temporary member of staff, supply (*o* substitute) teacher
'supplica, -che *sf* (*preghiera*) plea; (*domanda scritta*) petition, request
suppli'care *vt* to implore, beseech
sup'plizio [sup'plittsjo] *sm* torture
sup'pongo, sup'poni *ecc vb vedi* **suppore**
sup'porre *vt* to suppose
sup'porto *sm* (*sostegno*) support
sup'posta *sf* (*Med*) suppository
su'premo, -a *ag* supreme
surge'lare [surdʒe'lare] *vt* to (deep-) freeze
surge'lato, -a [surdʒe'lato] *ag* (deep-)frozen ▸ *smpl* **i surgelati** frozen food *sg*
sur'plus *sm inv* (*Econ*) surplus
surriscal'dare *vt* to overheat
suscet'tibile [suʃʃet'tibile] *ag* (*sensibile*) touchy, sensitive
susci'tare [suʃʃi'tare] *vt* to provoke, arouse
su'sina *sf* plum
susseguirsi *vpr* to follow one another
sus'sidio *sm* subsidy; **sussidi didattici** teaching aids
sussul'tare *vi* to shudder
sussur'rare *vt, vi* to whisper, murmur; **sus'surro** *sm* whisper, murmur
svagarsi *vpr* to amuse o.s.; to enjoy o.s.
'svago, -ghi *sm* (*riposo*) relaxation; (*ricreazione*) amusement; (*passatempo*) pastime
svaligi'are [zvali'dʒare] *vt* to rob, burgle (*BRIT*), burglarize (*US*)
svalutarsi *vpr* (*Econ*) to be devalued
svalutazi'one *sf* devaluation
sva'nire *vi* to disappear, vanish
svantaggi'ato, -a [zvantad'dʒato] *ag* at a disadvantage
svan'taggio [zvan'taddʒo] *sm* disadvantage; (*inconveniente*) drawback, disadvantage
svari'ato, -a *ag* varied; various
'svastica *sf* swastika
sve'dese *ag* Swedish ▸ *sm/f* Swede ▸ *sm* (*Ling*) Swedish
'sveglia ['zveʎʎa] *sf* waking up; (*orologio*) alarm (clock); **sveglia telefonica** alarm call
svegli'are [zveʎ'ʎare] *vt* to wake up; (*fig*) to awaken, arouse; **svegliarsi** *vpr* to wake up; (*fig*) to be revived, reawaken; **vorrei essere svegliato alle 7, per favore** could I have an alarm call at 7 am, please?
'sveglio, -a ['zveʎʎo] *ag* awake; (*fig*) quick-witted
sve'lare *vt* to reveal
'svelto, -a *ag* (*passo*) quick; (*mente*) quick, alert; **alla svelta** quickly
'svendere *vt* to sell off, clear
'svendita *sf* (*Comm*) (clearance) sale
'svengo *ecc vb vedi* **svenire**
sveni'mento *sm* fainting fit, faint
sve'nire *vi* to faint
sven'tare *vt* to foil, thwart
sven'tato, -a *ag* (*distratto*) scatterbrained; (*imprudente*) rash
svento'lare *vt, vi* to wave, flutter
sven'tura *sf* misfortune
sverrò *ecc vb vedi* **svenire**
sves'tire *vt* to undress; **svestirsi** *vpr* to get undressed
'Svezia ['zvɛttsja] *sf* **la ~** Sweden
svi'are *vt* to divert; (*fig*) to lead astray
svi'gnarsela [zviɲ'ɲarsela] *vpr* to slip away, sneak off
svilup'pare *vt* to develop; **svilupparsi** *vpr* to develop; **può ~ questo rullino?** can you develop this film?
svi'luppo *sm* development

S

'svincolo *sm* (*stradale*) motorway (*BRIT*) *o* expressway (*US*) intersection
'svista *sf* oversight
svi'tare *vt* to unscrew
'Svizzera ['zvittsera] *sf* **la ~** Switzerland
'svizzero, -a ['zvittsero] *ag, sm/f* Swiss
svogli'ato, -a [zvoʎ'ʎato] *ag* listless; (*pigro*) lazy
'svolgere ['zvɔldʒere] *vt* to unwind; (*srotolare*) to unroll; (*fig*: *argomento*) to develop; (: *piano, programma*) to carry out; **svolgersi** *vpr* to unwind; to unroll; (*fig*: *aver luogo*) to take place; (: *procedere*) to go on
'svolsi *ecc vb vedi* **svolgere**
'svolta *sf* (*atto*) turning *no pl*; (*curva*) turn, bend; (*fig*) turning-point
svol'tare *vi* to turn
svuo'tare *vt* to empty (out)

t

T, t [ti] *sf o m inv* (*lettera*) T, t; **T come Taranto** ≈ T for Tommy
t *abbr* = **tonnellata**
tabacche'ria [tabakke'ria] *sf* tobacconist's (shop)

tabaccheria
Tabaccherie sell cigarettes and tobacco and can easily be identified by their sign, a large white "T" on a black background. You can buy postage stamps and bus tickets at a **tabaccheria** and some also sell newspapers.

ta'bacco, -chi *sm* tobacco
ta'bella *sf* (*tavola*) table; (*elenco*) list
tabel'lone *sm* (*pubblicitario*) billboard; (*con orario*) timetable board
TAC *sigla f* (*Med*: = *Tomografia Assiale Computerizzata*) CAT
tac'chino [tak'kino] *sm* turkey
'tacco, -chi *sm* heel; **tacchi a spillo** stiletto heels
taccu'ino *sm* notebook
ta'cere [ta'tʃere] *vi* to be silent *o* quiet; (*smettere di parlare*) to fall silent ▶ *vt* to keep to oneself, say nothing about; **far ~ qn** to make sb be quiet; (*fig*) to silence sb
ta'chimetro [ta'kimetro] *sm* speedometer
'tacqui *ecc vb vedi* **tacere**
ta'fano *sm* horsefly
'taglia ['taʎʎa] *sf* (*statura*) height; (*misura*) size; (*riscatto*) ransom; (*ricompensa*) reward; **taglia forte** (*di abito*) large size
taglia'carte [taʎʎa'karte] *sm inv* paperknife
tagli'ando [taʎ'ʎando] *sm* coupon
tagli'are [taʎ'ʎare] *vt* to cut; (*recidere, interrompere*) to cut off; (*intersecare*) to cut across, intersect; (*carne*) to carve; (*vini*) to blend ▶ *vi* to cut; (*prendere una scorciatoia*) to take a short-cut; **tagliarsi** *vpr* to cut o.s.; **mi sono tagliato** I've cut myself; **~ corto** (*fig*) to cut short; **~ la corda** (*fig*) to sneak off; **~ i ponti (con)** (*fig*) to break off relations (with); **~ la strada a qn** to cut across sb; **mi sono tagliato** I've cut myself
taglia'telle [taʎʎa'tɛlle] *sfpl* tagliatelle *pl*
taglia'unghie [taʎʎa'ungje] *sm inv* nail clippers *pl*

tagli'ente [taʎ'ʎɛnte] *ag* sharp
'taglio ['taʎʎo] *sm* cutting *no pl*; cut; (*parte tagliente*) cutting edge; (*di abito*) cut, style; (*di stoffa*: *lunghezza*) length; (*di vini*) blending; **di ~** on edge, edgeways; **banconote di piccolo/grosso ~** notes of small/large denomination; **taglio cesareo** Caesarean section
tailan'dese *ag, sm/f, sm* Thai
Tai'landia *sf* **la ~** Thailand
'talco *sm* talcum powder

'tale
det

1 (*simile, così grande*) such; **un(a) tale ...** such (a) ...; **non accetto tali discorsi** I won't allow such talk; **è di una tale arroganza** he is so arrogant; **fa una tale confusione!** he makes such a mess!
2 (*persona o cosa indeterminata*) such-and-such; **il giorno tale all'ora tale** on such-and-such a day at such-and-such a time; **la tal persona** that person; **ha telefonato una tale Giovanna** somebody called Giovanna phoned
3 (*nelle similitudini*): **tale ... tale** like ... like; **tale padre tale figlio** like father, like son; **hai il vestito tale quale il mio** your dress is just *o* exactly like mine
▸*pron* (*indefinito*: *persona*): **un(a) tale** someone; **quel (o quella) tale** that person, that man (*o* woman); **il tal dei tali** what's-his-name

tale'bano *sm* Taliban
ta'lento *sm* talent
talis'mano *sm* talisman
tallon'cino [tallon'tʃino] *sm* counterfoil
tal'lone *sm* heel
tal'mente *av* so
'talpa *sf* (*Zool*) mole
tal'volta *av* sometimes, at times
tambu'rello *sm* tambourine
tam'buro *sm* drum
Ta'migi [ta'midʒi] *sm* **il ~** the Thames
tampo'nare *vt* (*otturare*) to plug; (*urtare*: *macchina*) to crash *o* ram into
tam'pone *sm* (*Med*) wad, pad; (*per timbri*) ink-pad; (*respingente*) buffer; **tampone assorbente** tampon
'tana *sf* lair, den
'tanga *sm inv* G-string
tan'gente [tan'dʒɛnte] *ag* (*Mat*): **~ a** tangential to ▸*sf* tangent; (*quota*) share
tangenzi'ale [tandʒen'tsjale] *sf* (*Aut*) bypass
'tanica *sf* (*contenitore*) jerry can

'tanto, -a
det

1 (*molto*: *quantità*) a lot of, much; (: *numero*) a lot of, many; (*così tanto*: *quantità*) so much, such a lot of; (: *numero*) so many, such a lot of; **tante volte** so many times, so often; **tanti auguri!** all the best!; **tante grazie** many thanks; **tanto tempo** so long, such a long time; **ogni tanti chilometri** every so many kilometres
2: **tanto ... quanto** (*quantità*) as much ... as; (*numero*) as many ... as; **ho tanta pazienza quanta ne hai tu** I have as much patience as you have *o* as you; **ha tanti amici quanti nemici** he has as many friends as he has enemies
3 (*rafforzativo*) such; **ho aspettato per tanto tempo** I waited so long *o* for such a long time
▸*pron*
1 (*molto*) much, a lot; (*così tanto*) so much, such a lot; **tanti, e** many, a lot; so many, such a lot; **credevo ce ne fosse tanto** I thought there was (such) a lot, I thought there was plenty
2: **tanto quanto** (*denaro*) as much as; (*cioccolatini*) as many as; **ne ho tanto quanto basta** I have as much as I need; **due volte tanto** twice as much
3 (*indeterminato*) so much; **tanto per**

l'affitto, tanto per il gas so much for the rent, so much for the gas; **costa un tanto al metro** it costs so much per metre; **di tanto in tanto, ogni tanto** every so often; **tanto vale che ...** I (*o* we *ecc*) may as well ...; **tanto meglio!** so much the better!; **tanto peggio per lui!** so much the worse for him!
▸*av*
1 (*molto*) very; **vengo tanto volentieri** I'd be very glad to come; **non ci vuole tanto a capirlo** it doesn't take much to understand it
2 (*così tanto: con ag, av*) so; (: *con vb*) so much, such a lot; **è tanto bella!** she's so beautiful!; **non urlare tanto** don't shout so much; **sto tanto meglio adesso** I'm so much better now; **tanto ... che** so ... (that); **tanto ... da** so ... as
3: **tanto ... quanto** as ... as; **conosco tanto Carlo quanto suo padre** I know both Carlo and his father; **non è poi tanto complicato quanto sembri** it's not as difficult as it seems; **tanto più insisti, tanto più non mollerà** the more you insist, the more stubborn he'll be; **quanto più ... tanto meno** the more ... the less
4 (*solamente*) just; **tanto per cambiare/scherzare** just for a change/a joke; **una volta tanto** for once
5 (*a lungo*) (for) long
▸*cong* after all

'tappa *sf* (*luogo di sosta, fermata*) stop, halt; (*parte di un percorso*) stage, leg; (*Sport*) lap; **a tappe** in stages

tap'pare *vt* to plug, stop up; (*bottiglia*) to cork; **tapparsi** *vpr* **tapparsi in casa** to shut o.s. up at home; **tapparsi la bocca** to shut up; **tapparsi le orecchie** to turn a deaf ear

tappa'rella *sf* rolling shutter

tappe'tino *sm* (*per auto*) car mat; **tappetino antiscivolo** (*da bagno*) non-slip mat

tap'peto *sm* carpet; (*anche*: **tappetino**) rug; (*Sport*): **andare al ~** to go down for the count; **mettere sul ~** (*fig*) to bring up for discussion

tappez'zare [tappet'tsare] *vt* (*con carta*) to paper; (*rivestire*): **~ qc (di)** to cover sth (with); **tappezze'ria** *sf* (*tessuto*) tapestry; (*carta da parati*) wallpaper; (*arte*) upholstery; **far da tappezzeria** (*fig*) to be a wallflower

'tappo *sm* stopper; (*in sughero*) cork

tar'dare *vi* to be late ▸ *vt* to delay; **~ a fare** to delay doing

'tardi *av* late; **più ~** later (on); **al più ~** at the latest; **sul ~** (*verso sera*) late in the day; **far ~** to be late; (*restare alzato*) to stay up late; **è troppo ~** it's too late

'targa, -ghe *sf* plate; (*Aut*) number (*BRIT*) *o* license (*US*) plate; **tar'ghetta** *sf* (*su bagaglio*) name tag; (*su porta*) nameplate

ta'riffa *sf* (*gen*) rate, tariff; (*di trasporti*) fare; (*elenco*) price list; tariff

'tarlo *sm* woodworm

'tarma *sf* moth

tarocchi *smpl* (*gioco*) tarot *sg*

tarta'ruga, -ghe *sf* tortoise; (*di mare*) turtle; (*materiale*) tortoiseshell

tar'tina *sf* canapé

tar'tufo *sm* (*Bot*) truffle

'tasca, -sche *sf* pocket; **tas'cabile** *ag* (*libro*) pocket *cpd*

'tassa *sf* (*imposta*) tax; (*doganale*) duty; (*per iscrizione: a scuola ecc*) fee; **tassa di circolazione** road tax; **tassa di soggiorno** tourist tax

tas'sare *vt* to tax; to levy a duty on

tas'sello *sm* plug; wedge

tassì *sm inv* = **taxi**; **tas'sista, -i, -e** *sm/f* taxi driver

'tasso *sm* (*di natalità, d'interesse ecc*) rate; (*Bot*) yew; (*Zool*) badger; **tasso di cambio/d'interesse** rate of exchange/interest

tas'tare *vt* to feel; **~ il terreno** (*fig*) to see how the land lies
tasti'era *sf* keyboard
'tasto *sm* key; (*tatto*) touch, feel
tas'toni *av* **procedere (a) ~** to grope one's way forward
'tatto *sm* (*senso*) touch; (*fig*) tact; **duro al ~** hard to the touch; **aver ~** to be tactful, have tact
tatu'aggio [tatu'addʒo] *sm* tattooing; (*disegno*) tattoo
tatu'are *vt* to tattoo
'tavola *sf* table; (*asse*) plank, board; (*lastra*) tablet; (*quadro*) panel (painting); (*illustrazione*) plate; **tavola calda** snack bar; **tavola rotonda** (*fig*) round table; **tavola a vela** windsurfer
tavo'letta *sf* tablet, bar; **a ~** (*Aut*) flat out
tavo'lino *sm* small table; (*scrivania*) desk
'tavolo *sm* table; **un ~ per 4 per favore** a table for 4, please
'taxi *sm inv* taxi; **può chiamarmi un ~ per favore?** can you call me a taxi, please?
'tazza ['tattsa] *sf* cup; **una ~ di caffè/tè** a cup of coffee/tea; **tazza da tè/caffè** tea/coffee cup
TBC *abbr f* (= *tubercolosi*) TB
te *pron* (*soggetto: in forme comparative, oggetto*) you
tè *sm inv* tea; (*trattenimento*) tea party
tea'trale *ag* theatrical
te'atro *sm* theatre
techno ['tɛkno] *ag inv* (*musica*) techno
'tecnica, -che *sf* technique; (*tecnologia*) technology
'tecnico, -a, -ci, -che *ag* technical ▸ *sm/f* technician
tecnolo'gia [teknolo'dʒia] *sf* technology
te'desco, -a, -schi, -sche *ag, sm/f, sm* German
te'game *sm* (*Cuc*) pan
'tegola *sf* tile
tei'era *sf* teapot
tel. *abbr* (= *telefono*) tel.
'tela *sf* (*tessuto*) cloth; (*per vele, quadri*) canvas; (*dipinto*) canvas, painting; **di ~** (*calzoni*) (heavy) cotton *cpd*; (*scarpe, borsa*) canvas *cpd*; **tela cerata** oilcloth
te'laio *sm* (*apparecchio*) loom; (*struttura*) frame
tele'camera *sf* television camera
teleco'mando *sm* remote control
tele'cronaca *sf* television report
telefo'nare *vi* to telephone, ring; to make a phone call ▸ *vt* to telephone; **~ a** to phone up, ring up, call up
telefo'nata *sf* (telephone) call; **~ a carico del destinatario** reverse-charge (*BRIT*) *o* collect (*US*) call
tele'fonico, -a, -ci, -che *ag* (tele)phone *cpd*
telefon'ino *sm* mobile phone
te'lefono *sm* telephone; **telefono a gettoni** ≈ pay phone
telegior'nale [teledʒor'nale] *sm* television news (programme)
tele'gramma, -i *sm* telegram
telela'voro *sm* teleworking
teleno'vela *sf* soap opera
Tele'pass® *sm inv automatic payment card for use on Italian motorways*
telepa'tia *sf* telepathy
teles'copio *sm* telescope
teleselezi'one [teleselet'tsjone] *sf* direct dialling
telespetta'tore, -'trice *sm/f* (television) viewer
tele'vendita *sf* teleshopping
televisi'one *sf* television
televi'sore *sm* television set
'tema, -i *sm* theme; (*Ins*) essay
te'mere *vt* to fear, be afraid of; (*essere sensibile a: freddo, calore*) to be sensitive to ▸ *vi* to be afraid; (*essere*

preoccupato): **~ per** to worry about, fear for; **~ di/che** to be afraid of/that
temperama'tite *sm inv* pencil sharpener
tempera'mento *sm* temperament
tempera'tura *sf* temperature
tempe'rino *sm* penknife
tem'pesta *sf* storm; **tempesta di sabbia/neve** sand/snowstorm
'tempia *sf* (*Anat*) temple
'tempio *sm* (*edificio*) temple
'tempo *sm* (*Meteor*) weather; (*cronologico*) time; (*epoca*) time, times *pl*; (*di film, gioco: parte*) part; (*Mus*) time; (*: battuta*) beat; (*Ling*) tense; **che ~ fa?** what's the weather like?; **un ~** once; **~ fa** some time ago; **al ~ stesso** *o* **a un ~** at the same time; **per ~** early; **ha fatto il suo ~** it has had its day; **primo/secondo ~** (*Teatro*) first/second part; (*Sport*) first/second half; **in ~ utile** in due time *o* course; **a ~ pieno** full-time; **tempo libero** free time
tempo'rale *ag* temporal ▶ *sm* (*Meteor*) (thunder)storm
tempo'raneo, -a *ag* temporary
te'nace [te'natʃe] *ag* strong, tough; (*fig*) tenacious
te'naglie [te'naʎʎe] *sfpl* pincers *pl*
'tenda *sf* (*riparo*) awning; (*di finestra*) curtain; (*per campeggio ecc*) tent
ten'denza [ten'dɛntsa] *sf* tendency; (*orientamento*) trend; **avere ~ a** *o* **per qc** to have a bent for sth
'tendere *vt* (*allungare al massimo*) to stretch, draw tight; (*porgere: mano*) to hold out; (*fig: trappola*) to lay, set ▶ *vi* **~ a qc/a fare** to tend towards sth/to do; **~ l'orecchio** to prick up one's ears; **il tempo tende al caldo** the weather is getting hot; **un blu che tende al verde** a greenish blue
'tendine *sm* tendon, sinew
ten'done *sm* (*da circo*) tent
'tenebre *sfpl* darkness *sg*
te'nente *sm* lieutenant
te'nere *vt* to hold; (*conservare, mantenere*) to keep; (*ritenere, considerare*) to consider; (*spazio: occupare*) to take up, occupy; (*seguire: strada*) to keep to ▶ *vi* to hold; (*colori*) to be fast; (*dare importanza*): **~ a** to care about; **~ a fare** to want to do, be keen to do; **tenersi** *vpr* (*stare in una determinata posizione*) to stand; (*stimarsi*) to consider o.s.; (*aggrapparsi*): **tenersi a** to hold on to; (*attenersi*): **tenersi a** to stick to; **~ una conferenza** to give a lecture; **~ conto di qc** to take sth into consideration; **~ presente qc** to bear sth in mind
'tenero, -a *ag* tender; (*pietra, cera, colore*) soft; (*fig*) tender, loving
'tengo *ecc vb vedi* **tenere**
'tenni *ecc vb vedi* **tenere**
'tennis *sm* tennis
ten'nista, -i, e *sm/f* tennis player
te'nore *sm* (*tono*) tone; (*Mus*) tenor; **tenore di vita** (*livello*) standard of living
tensi'one *sf* tension
ten'tare *vt* (*indurre*) to tempt; (*provare*): **~ qc/di fare** to attempt *o* try sth/to do; **tenta'tivo** *sm* attempt; **tentazi'one** *sf* temptation
tenten'nare *vi* to shake, be unsteady; (*fig*) to hesitate, waver
ten'toni *av* **andare a ~** (*anche fig*) to grope one's way
'tenue *ag* (*sottile*) fine; (*colore*) soft; (*fig*) slender, slight
te'nuta *sf* (*capacità*) capacity; (*divisa*) uniform; (*abito*) dress; (*Agr*) estate; **a ~ d'aria** airtight; **tenuta di strada** roadholding power
teolo'gia [teolo'dʒia] *sf* theology
teo'ria *sf* theory
te'pore *sm* warmth
tep'pista, -i *sm* hooligan

tera'pia *sf* therapy; **terapia intensiva** intensive care
tergicris'tallo [terdʒikris'tallo] *sm* windscreen (*BRIT*) *o* windshield (*US*) wiper
tergiver'sare [terdʒiver'sare] *vi* to shilly-shally
ter'male *ag* thermal; **stazione** *sf* ~ spa
'terme *sfpl* thermal baths
termi'nale *ag, sm* terminal
termi'nare *vt* to end; (*lavoro*) to finish ▶ *vi* to end
'termine *sm* term; (*fine, estremità*) end; (*di territorio*) boundary, limit; **contratto a ~** (*Comm*) forward contract; **a breve/lungo ~** short-/long-term; **parlare senza mezzi termini** to talk frankly, not to mince one's words
ter'mometro *sm* thermometer
'termos *sm inv* = **thermos®**
termosi'fone *sm* radiator
ter'mostato *sm* thermostat
'terra *sf* (*gen, Elettr*) earth; (*sostanza*) soil, earth; (*opposto al mare*) land *no pl*; (*regione, paese*) land; (*argilla*) clay; **terre** *sfpl* (*possedimento*) lands, land *sg*; **a** *o* **per ~** (*stato*) on the ground (*o* floor); (*moto*) to the ground, down; **mettere a ~** (*Elettr*) to earth
terra'cotta *sf* terracotta; **vasellame** *sm* **di ~** earthenware
terra'ferma *sf* dry land, terra firma; (*continente*) mainland
ter'razza [ter'rattsa] *sf* terrace
ter'razzo [ter'rattso] *sm* = **terrazza**
terre'moto *sm* earthquake
ter'reno, -a *ag* (*vita, beni*) earthly ▶ *sm* (*suolo, fig*) ground; (*Comm*) land *no pl*, plot (of land); site; (*Sport, Mil*) field
ter'restre *ag* (*superficie*) of the earth, earth's; (*di terra: battaglia, animale*) land *cpd*; (*Rel*) earthly, worldly
ter'ribile *ag* terrible, dreadful
terrifi'cante *ag* terrifying
ter'rina *sf* tureen
territori'ale *ag* territorial
terri'torio *sm* territory
ter'rore *sm* terror; **terro'rismo** *sm* terrorism; **terro'rista, -i, -e** *sm/f* terrorist
terroriz'zare [terrorid'dzare] *vt* to terrorize
terza ['tɛrtsa] *sf* (*Scol: elementare*) ≈ third year at primary school; (*: media*) ≈ second year at secondary school; (*: superiore*) ≈ fifth year at secondary school; (*Aut*) third gear
ter'zino [ter'tsino] *sm* (*Calcio*) fullback, back
'terzo, -a ['tɛrtso] *ag* third ▶ *sm* (*frazione*) third; (*Dir*) third party; **terza pagina** (*Stampa*) Arts page; **terzi** *smpl* (*altri*) others, other people
'teschio ['tɛskjo] *sm* skull
'tesi[1] *sf* thesis; **tesi di laurea** degree thesis
'tesi *ecc*[2] *vb vedi* **tendere**
'teso, -a *pp di* **tendere** ▶ *ag* (*tirato*) taut, tight; (*fig*) tense
te'soro *sm* treasure; **il Ministero del T~** the Treasury
'tessera *sf* (*documento*) card
tes'suto *sm* fabric, material; (*Biol*) tissue
test ['tɛst] *sm inv* test
'testa *sf* head; (*di cose: estremità, parte anteriore*) head, front; **di ~** (*vettura ecc*) front; **tenere ~ a qn** (*nemico ecc*) to stand up to sb; **fare di ~ propria** to go one's own way; **in ~** (*Sport*) in the lead; **~ o croce?** heads or tails?; **avere la ~ dura** to be stubborn; **testa d'aglio** bulb of garlic; **testa di serie** (*Tennis*) seed, seeded player
testa'mento *sm* (*atto*) will; **l'Antico/il Nuovo T~** (*Rel*) the Old/New Testament
tes'tardo, -a *ag* stubborn, pig-headed

tes'tata *sf* (*parte anteriore*) head; (*intestazione*) heading
tes'ticolo *sm* testicle
testi'mone *sm/f* (*Dir*) witness; **testimone oculare** eye witness
testimoni'are *vt* to testify; (*fig*) to bear witness to, testify to ▶ *vi* to give evidence, testify
'testo *sm* text; **fare ~** (*opera, autore*) to be authoritative; **questo libro non fa ~** this book is not essential reading
tes'tuggine [tes'tuddʒine] *sf* tortoise; (*di mare*) turtle
'tetano *sm* (*Med*) tetanus
'tetto *sm* roof; **tet'toia** *sf* roofing; canopy
tettuccio [tet'tuttʃo] *sm* **~ apribile** (*Aut*) sunroof
'Tevere *sm* **il ~** the Tiber
TG, Tg *abbr* = **telegiornale**
'thermos® ['tɛrmos] *sm inv* vacuum *o* Thermos® flask
ti *pron* (*dav lo, la, li, le, ne diventa* **te**) ▶ *pron* (*oggetto*) you; (*complemento di termine*) (to) you; (*riflessivo*) yourself
'Tibet *sm* **il ~** Tibet
'tibia *sf* tibia, shinbone
tic *sm inv* tic, (nervous) twitch; (*fig*) mannerism
ticchet'tio [tikket'tio] *sm* (*di macchina da scrivere*) clatter; (*di orologio*) ticking; (*della pioggia*) patter
'ticket *sm inv* (*su farmaci*) prescription charge
ti'ene *ecc vb vedi* **tenere**
ti'epido, -a *ag* lukewarm, tepid
'tifo *sm* (*Med*) typhus; (*fig*): **fare il ~ per** to be a fan of
ti'fone *sm* typhoon
ti'foso, -a *sm/f* (*Sport ecc*) fan
tigì [ti'dʒi] *sm inv* TV news
'tiglio ['tiʎʎo] *sm* lime (tree), linden (tree)
'tigre *sf* tiger
tim'brare *vt* to stamp; (*annullare: francobolli*) to postmark; **~ il cartellino** to clock in
'timbro *sm* stamp; (*Mus*) timbre, tone
'timido, -a *ag* shy; timid
'timo *sm* thyme
ti'mone *sm* (*Naut*) rudder
ti'more *sm* (*paura*) fear; (*rispetto*) awe
'timpano *sm* (*Anat*) eardrum; (*Mus*)
'tingere ['tindʒere] *vt* to dye
'tinsi *ecc vb vedi* **tingere**
'tinta *sf* (*materia colorante*) dye; (*colore*) colour, shade
tintin'nare *vi* to tinkle
tinto'ria *sf* (*lavasecco*) dry cleaner's (shop)
tin'tura *sf* (*operazione*) dyeing; (*colorante*) dye; **tintura di iodio** tincture of iodine
'tipico, -a, -ci, -che *ag* typical
'tipo *sm* type; (*genere*) kind, type; (*fam*) chap, fellow; **che ~ di...?** what kind of ...?
tipogra'fia *sf* typography; (*procedimento*) letterpress (printing); (*officina*) printing house
TIR *sigla m* (= *Transports Internationaux Routiers*) *International Heavy Goods Vehicle*
ti'rare *vt* (*gen*) to pull; (*estrarre*): **~ qc da** to take *o* pull sth out of; to get sth out of; to extract sth from; (*chiudere: tenda ecc*) to draw, pull; (*tracciare, disegnare*) to draw, trace; (*lanciare: sasso, palla*) to throw; (*stampare*) to print; (*pistola, freccia*) to fire ▶ *vi* (*pipa, camino*) to draw; (*vento*) to blow; (*abito*) to be tight; (*fare fuoco*) to fire; (*fare del tiro, Calcio*) to shoot; **tirarsi** *vpr* **tirarsi indietro** to draw back; (*fig*) to back out; **~ avanti** to struggle on; to keep going; **~ fuori** (*estrarre*) to take out, pull out; **~ giù** (*abbassare*) to bring down, to lower; (*da scaffale ecc.*) to take down; **~ su** to pull up; (*capelli*) to put up; (*fig: bambino*) to bring up;

~ a indovinare to take a guess; **~ sul prezzo** to bargain; **tirar dritto** to keep right on going; **tirati su!** (*fig*) cheer up!; **~ via** (*togliere*) to take off
tira'tura *sf* (*azione*) printing; (*di libro*) (print) run; (*di giornale*) circulation
'tirchio, -a ['tirkjo] *ag* mean, stingy
'tiro *sm* shooting *no pl*, firing *no pl*; (*colpo, sparo*) shot; (*di palla: lancio*) throwing *no pl*; throw; (*fig*) trick; **cavallo da ~** draught (*BRIT*) *o* draft (*US*) horse; **tiro a segno** target shooting; (*luogo*) shooting range; **tiro con l'arco** archery
tiro'cinio [tiro'tʃinjo] *sm* apprenticeship; (*professionale*) training
ti'roide *sf* thyroid (gland)
Tir'reno *sm* **il (mar) ~** the Tyrrhenian Sea
ti'sana *sf* herb tea
tito'lare *sm/f* incumbent; (*proprietario*) owner; (*Calcio*) regular player
'titolo *sm* title; (*di giornale*) headline; (*diploma*) qualification; (*Comm*) security; (: *azione*) share; **a che ~?** for what reason?; **a ~ di amicizia** out of friendship; **a ~ di premio** as a prize; **titolo di credito** share; **titoli di stato** government securities; **titoli di testa** (*Cinema*) credits
titu'bante *ag* hesitant, irresolute
toast [toust] *sm inv* toasted sandwich (*generally with ham and cheese*)
toc'cante *ag* touching
toc'care *vt* to touch; (*tastare*) to feel; (*fig: riguardare*) to concern; (: *commuovere*) to touch, move; (: *pungere*) to hurt, wound; (: *far cenno a: argomento*) to touch on, mention ▶ *vi* **~ a** (*accadere*) to happen to; (*spettare*) to be up to; **~ (il fondo)** (*in acqua*) to touch the bottom; **tocca a te difenderci** it's up to you to defend us; **a chi tocca?** whose turn is it?; **mi toccò pagare** I had to pay
toccherò *ecc* [tokke'rɔ] *vb vedi* **toccare**
'togliere ['tɔʎʎere] *vt* (*rimuovere*) to take away (*o* off), remove; (*riprendere, non concedere più*) to take away, remove; (*Mat*) to take away, subtract; **~ qc a qn** to take sth (away) from sb; **ciò non toglie che** nevertheless, be that as it may; **togliersi il cappello** to take off one's hat
toi'lette [twa'lɛt] *sf inv* toilet; (*mobile*) dressing table; **dov'è la ~?** where's the toilet?
'Tokyo *sf* Tokyo
'tolgo *ecc vb vedi* **togliere**
tolle'rare *vt* to tolerate
'tolsi *ecc vb vedi* **togliere**
'tomba *sf* tomb
tom'bino *sm* manhole cover
'tombola *sf* (*gioco*) tombola; (*ruzzolone*) tumble
'tondo, -a *ag* round
'tonfo *sm* splash; (*rumore sordo*) thud; (*caduta*): **fare un ~** to take a tumble
tonifi'care *vt* (*muscoli, pelle*) to tone up; (*irrobustire*) to invigorate, brace
tonnel'lata *sf* ton
'tonno *sm* tuna (fish)
'tono *sm* (*gen*) tone; (*Mus: di pezzo*) key; (*di colore*) shade, tone
ton'silla *sf* tonsil
'tonto, -a *ag* dull, stupid
to'pazio [to'pattsjo] *sm* topaz
'topo *sm* mouse
'toppa *sf* (*serratura*) keyhole; (*pezza*) patch
to'race [to'ratʃe] *sm* chest
'torba *sf* peat
'torcere ['tɔrtʃere] *vt* to twist; **torcersi** *vpr* to twist, writhe
'torcia, -ce ['tɔrtʃa] *sf* torch; **torcia elettrica** torch (*BRIT*), flashlight (*US*)
torci'collo [tortʃi'kɔllo] *sm* stiff neck

t

'tordo *sm* thrush
To'rino *sf* Turin
tor'menta *sf* snowstorm
tormen'tare *vt* to torment; **tormentarsi** *vpr* to fret, worry o.s.
tor'nado *sm* tornado
tor'nante *sm* hairpin bend
tor'nare *vi* to return, go (*o* come) back; (*ridiventare*: *anche fig*) to become (again); (*riuscire giusto, esatto*: *conto*) to work out; (*risultare*) to turn out (to be), prove (to be); **~ utile** to prove *o* turn out (to be) useful; **~ a casa** to go (*o* come) home; **torno a casa martedì** I'm going home on Tuesday
tor'neo *sm* tournament
'tornio *sm* lathe
'toro *sm* bull; (*dello zodiaco*): **T~** Taurus
'torre *sf* tower; (*Scacchi*) rook, castle; **torre di controllo** (*Aer*) control tower
tor'rente *sm* torrent
torri'one *sm* keep
tor'rone *sm* nougat
'torsi *ecc vb vedi* **torcere**
torsi'one *sf* twisting; torsion
'torso *sm* torso, trunk; (*Arte*) torso
'torsolo *sm* (*di cavolo ecc*) stump; (*di frutta*) core
'torta *sf* cake
tortel'lini *smpl* (*Cuc*) tortellini
'torto, -a *pp di* **torcere** ▸ *ag* (*ritorto*) twisted; (*storto*) twisted, crooked ▸ *sm* (*ingiustizia*) wrong; (*colpa*) fault; **a ~** wrongly; **aver ~** to be wrong
'tortora *sf* turtle dove
tor'tura *sf* torture; **tortu'rare** *vt* to torture
to'sare *vt* (*pecora*) to shear; (*siepe*) to clip
Tos'cana *sf* **la ~** Tuscany
'tosse *sf* cough; **ho la ~** I've got a cough
'tossico, -a, -ci, -che *ag* toxic
tossicodipen'dente *sm/f* drug addict
tos'sire *vi* to cough
tosta'pane *sm inv* toaster
to'tale *ag, sm* total
toto'calcio [toto'kaltʃo] *sm gambling pool betting on football results*, ≈ (football) pools *pl* (*BRIT*)
to'vaglia [to'vaʎʎa] *sf* tablecloth; **tovagli'olo** *sm* napkin
tra *prep* (*di due persone, cose*) between; (*di più persone, cose*) among(st); (*tempo*: *entro*) within, in; **~ 5 giorni** in 5 days' time; **sia detto ~ noi ...** between you and me ...; **litigano ~ (di) loro** they're fighting amongst themselves; **~ breve** soon; **~ sé e sé** (*parlare ecc*) to oneself
traboc'care *vi* to overflow
traboc'chetto [trabok'ketto] *sm* (*fig*) trap
'traccia, -ce ['trattʃa] *sf* (*segno, striscia*) trail, track; (*orma*) tracks *pl*; (*residuo, testimonianza*) trace, sign; (*abbozzo*) outline
tracci'are [trat'tʃare] *vt* to trace, mark (out); (*disegnare*) to draw; (*fig*: *abbozzare*) to outline
tra'chea [tra'kɛa] *sf* windpipe
tra'colla *sf* shoulder strap; **borsa a ~** shoulder bag
tradi'mento *sm* betrayal; (*Dir, Mil*) treason
tra'dire *vt* to betray; (*coniuge*) to be unfaithful to; (*doveri*: *mancare*) to fail in; (*rivelare*) to give away, reveal; **tradirsi** *vpr* to give o.s. away
tradizio'nale [tradittsjo'nale] *ag* traditional
tradizi'one [tradit'tsjone] *sf* tradition
tra'durre *vt* to translate; (*spiegare*) to render, convey; **me lo può ~?** can you translate this for me?; **tradut'tore, -trice** *sm/f* translator; **traduzi'one** *sf* translation
'trae *vb vedi* **trarre**
traffi'cante *sm/f* dealer; (*peg*) trafficker

traffi'care *vi* (*commerciare*): **~ (in)** to trade (in), deal (in); (*affaccendarsi*) to busy o.s. ▶ *vt* (*peg*) to traffic in
'traffico, -ci *sm* traffic; (*commercio*) trade, traffic; **traffico di armi/droga** arms/drug trafficking
tra'gedia [tra'dʒɛdja] *sf* tragedy
'traggo *ecc vb vedi* **trarre**
tra'ghetto [tra'getto] *sm* ferry(boat)
'tragico, -a, -ci, -che ['tradʒiko] *ag* tragic
tra'gitto [tra'dʒitto] *sm* (*passaggio*) crossing; (*viaggio*) journey
tragu'ardo *sm* (*Sport*) finishing line; (*fig*) goal, aim
'trai *ecc vb vedi* **trarre**
traiet'toria *sf* trajectory
trai'nare *vt* to drag, haul; (*rimorchiare*) to tow
tralasci'are [tralaʃ'ʃare] *vt* (*studi*) to neglect; (*dettagli*) to leave out, omit
tra'liccio [tra'littʃo] *sm* (*Elettr*) pylon
tram *sm inv* tram
'trama *sf* (*filo*) weft, woof; (*fig: argomento, maneggio*) plot
traman'dare *vt* to pass on, hand down
tram'busto *sm* turmoil
tramez'zino [tramed'dzino] *sm* sandwich
'tramite *prep* through
tramon'tare *vi* to set, go down; **tra'monto** *sm* setting; (*del sole*) sunset
trampo'lino *sm* (*per tuffi*) springboard, diving board; (*per lo sci*) ski-jump
tra'nello *sm* trap
'tranne *prep* except (for), but (for); **~ che** unless
tranquil'lante *sm* (*Med*) tranquillizer
tranquillità *sf* calm, stillness; quietness; peace of mind
tranquilliz'zare [trankwillid'dzare] *vt* to reassure

> Attenzione! In inglese esiste il verbo *to tranquillize*, che però significa "calmare con un tranquillante".

tran'quillo, -a *ag* calm, quiet; (*bambino, scolaro*) quiet; (*sereno*) with one's mind at rest; **sta' ~** don't worry
transazi'one [transat'tsjone] *sf* compromise; (*Dir*) settlement; (*Comm*) transaction, deal
tran'senna *sf* barrier
transgenico, -a, -ci, -che [trans'dʒɛniko] *ag* genetically modified
tran'sigere [tran'sidʒere] *vi* (*venire a patti*) to compromise, come to an agreement
transi'tabile *ag* passable
transi'tare *vi* to pass
transi'tivo, -a *ag* transitive
'transito *sm* transit; **di ~** (*merci*) in transit; (*stazione*) transit *cpd*; **"divieto di ~"** "no entry"
'trapano *sm* (*utensile*) drill; (*Med*) trepan
trape'lare *vi* to leak, drip; (*fig*) to leak out
tra'pezio [tra'pɛttsjo] *sm* (*Mat*) trapezium; (*attrezzo ginnico*) trapeze
trapian'tare *vt* to transplant; **trapi'anto** *sm* transplanting; (*Med*) transplant; **trapianto cardiaco** heart transplant
'trappola *sf* trap
tra'punta *sf* quilt
'trarre *vt* to draw, pull; (*portare*) to take; (*prendere, tirare fuori*) to take (out), draw; (*derivare*) to obtain; **~ origine da qc** to have its origins *o* originate in sth
trasa'lire *vi* to start, jump
trasan'dato, -a *ag* shabby
trasci'nare [traʃʃi'nare] *vt* to drag; **trascinarsi** *vpr* to drag o.s. along; (*fig*) to drag on

tras'correre *vt* (*tempo*) to spend, pass ▸ *vi* to pass
tras'crivere *vt* to transcribe
trascu'rare *vt* to neglect; (*non considerare*) to disregard
trasferi'mento *sm* transfer; (*trasloco*) removal, move; **trasferimento di chiamata** (*Tel*) call forwarding
trasfe'rire *vt* to transfer; **trasferirsi** *vpr* to move; **tras'ferta** *sf* transfer; (*indennità*) travelling expenses *pl*; (*Sport*) away game
trasfor'mare *vt* to transform, change; **trasformarsi** *vpr* to be transformed; **trasformarsi in qc** to turn into sth; **trasforma'tore** *sm* (*Elec*) transformer
trasfusi'one *sf* (*Med*) transfusion
trasgre'dire *vt* to disobey, contravene
traslo'care *vt* to move, transfer; **tras'loco, -chi** *sm* removal
tras'mettere *vt* (*passare*): **~ qc a qn** to pass sth on to sb; (*mandare*) to send; (*Tecn, Tel, Med*) to transmit; (*TV, Radio*) to broadcast; **trasmissi'one** *sf* (*gen, Fisica, Tecn*) transmission; (*passaggio*) transmission, passing on; (*TV, Radio*) broadcast
traspa'rente *ag* transparent
traspor'tare *vt* to carry, move; (*merce*) to transport, convey; **lasciarsi ~ (da qc)** (*fig*) to let o.s. be carried away (by sth); **tras'porto** *sm* transport
'trassi *ecc vb vedi* **trarre**
trasver'sale *ag* transverse, cross(-); running at right angles
'tratta *sf* (*Econ*) draft; (*di persone*): **la ~ delle bianche** the white slave trade
tratta'mento *sm* treatment; (*servizio*) service
trat'tare *vt* (*gen*) to treat; (*commerciare*) to deal in; (*svolgere: argomento*) to discuss, deal with; (*negoziare*) to negotiate ▸ *vi* **~ di** to deal with; **~ con** (*persona*) to deal with; **si tratta di ...** it's about ...
tratte'nere *vt* (*far rimanere: persona*) to detain; (*intrattenere: ospiti*) to entertain; (*tenere, frenare, reprimere*) to hold back, keep back; (*astenersi dal consegnare*) to hold, keep; (*detrarre: somma*) to deduct; **trattenersi** *vpr* (*astenersi*) to restrain o.s., stop o.s.; (*soffermarsi*) to stay, remain
trat'tino *sm* dash; (*in parole composte*) hyphen
'tratto, -a *pp di* **trarre** ▸ *sm* (*di penna, matita*) stroke; (*parte*) part, piece; (*di strada*) stretch; (*di mare, cielo*) expanse; (*di tempo*) period (of time)
trat'tore *sm* tractor
tratto'ria *sf* restaurant
'trauma, -i *sm* trauma
tra'vaglio [tra'vaʎʎo] *sm* (*angoscia*) pain, suffering; (*Med*) pains *pl*
trava'sare *vt* to decant
tra'versa *sf* (*trave*) crosspiece; (*via*) side street; (*Ferr*) sleeper (*BRIT*), (railroad) tie (*US*); (*Calcio*) crossbar
traver'sata *sf* crossing; (*Aer*) flight, trip; **quanto dura la ~?** how long does the crossing take?
traver'sie *sfpl* mishaps, misfortunes
tra'verso, -a *ag* oblique; **di ~** *ag* askew ▸ *av* sideways; **andare di ~** (*cibo*) to go down the wrong way; **guardare di ~** to look askance at
travesti'mento *sm* disguise
travestirsi *vpr* to disguise o.s.
tra'volgere [tra'vɔldʒere] *vt* to sweep away, carry away; (*fig*) to overwhelm
tre *num* three
'treccia, -ce ['trettʃa] *sf* plait, braid
tre'cento [tre'tʃɛnto] *num* three hundred ▸ *sm* **il T~** the fourteenth century
'tredici ['treditʃi] *num* thirteen
'tregua *sf* truce; (*fig*) respite

tre'mare *vi* ~ **di** (*freddo ecc*) to shiver *o* tremble with; (*paura, rabbia*) to shake *o* tremble with

tre'mendo, -a *ag* terrible, awful

Attenzione! In inglese esiste la parola *tremendous*, che però significa *enorme* oppure *fantastico, strepitoso*.

'tremito *sm* trembling *no pl*; shaking *no pl*; shivering *no pl*

'treno *sm* train; **è questo il ~ per...?** is this the train for ...?; **treno di gomme** set of tyres (*BRIT*) *o* tires (*US*); **treno merci** goods (*BRIT*) *o* freight train; **treno viaggiatori** passenger train

treni

There are various types of train in Italy. For short journeys there are the "Regionali" (R), which generally operate within a particular region, and the "Interregionali" (IR), which operate beyond regional boundaries. Medium- and long-distance passenger journeys are carried out by "Intercity" (I) and "Eurocity" (EC) trains. The "Eurostar" service (ES) offers fast connections between the major Italian cities. Night services are operated by "Intercity Notte" (ICN), "Euronight" (EN) and by "Espressi" (EXP).

'trenta *num* thirty; **tren'tesimo, -a** *num* thirtieth; **tren'tina** *sf* **una trentina (di)** thirty or so, about thirty

'trepidante *ag* anxious

tri'angolo *sm* triangle; **triango'lare** *ag* triangular

tribù *sf inv* tribe

tri'buna *sf* (*podio*) platform; (*in aule ecc*) gallery; (*di stadio*) stand

tribu'nale *sm* court

tri'ciclo [tri'tʃiklo] *sm* tricycle

tri'foglio [tri'fɔʎʎo] *sm* clover

'triglia ['triʎʎa] *sf* red mullet

tri'mestre *sm* period of three months; (*Ins*) term, quarter (*US*); (*Comm*) quarter

trin'cea [trin'tʃɛa] *sf* trench

trion'fare *vi* to triumph; **~ su** to triumph over; **tri'onfo** *sm* triumph

tripli'care *vt* to triple

'triplo, -a *ag* triple; treble ▸ *sm* **il ~ (di)** three times as much (as); **la spesa è tripla** it costs three times as much

'trippa *sf* (*Cuc*) tripe

'triste *ag* sad; (*luogo*) dreary, gloomy

tri'tare *vt* to mince, grind (*US*)

trivi'ale *ag* vulgar, low

tro'feo *sm* trophy

'tromba *sf* (*Mus*) trumpet; (*Aut*) horn; **tromba d'aria** whirlwind; **tromba delle scale** stairwell

trom'bone *sm* trombone

trom'bosi *sf* thrombosis

tron'care *vt* to cut off; (*spezzare*) to break off

'tronco, -a, -chi, -che *ag* cut off; broken off; (*Ling*) truncated; (*fig*) cut short ▸ *sm* (*Bot, Anat*) trunk; (*fig: tratto*) section; **licenziare qn in ~** to fire sb on the spot

'trono *sm* throne

tropi'cale *ag* tropical

'troppo, -a

det (*in eccesso: quantità*) too much; (*: numero*) too many; **c'era troppa gente** there were too many people; **fa troppo caldo** it's too hot

▸ *pron* (*in eccesso: quantità*) too much; (*: numero*) too many; **ne hai messo troppo** you've put in too much; **meglio troppi che pochi** better too many than too few

▸ *av* (*eccessivamente: con ag, av*) too; (*: con vb*) too much; **troppo amaro/tardi** too bitter/late; **lavora troppo** he works too much; **costa troppo** it costs too much; **di troppo** too much; too many; **qualche tazza di troppo** a few cups too many; **2 euro di troppo** 2 euros too much; **essere di troppo** to be in the way

'trota *sf* trout

'trottola *sf* spinning top

tro'vare *vt* to find; (*giudicare*): **trovo che** I find *o* think that; **trovarsi** *vpr* (*reciproco: incontrarsi*) to meet; (*essere, stare*) to be; (*arrivare, capitare*) to find o.s.; **non trovo più il portafoglio** I can't find my wallet; **andare a ~ qn** to go and see sb; **~ qn colpevole** to find sb guilty; **trovarsi bene** (*in un luogo, con qn*) to get on well

truc'care *vt* (*falsare*) to fake; (*attore ecc*) to make up; (*travestire*) to disguise; (*Sport*) to fix; (*Aut*) to soup up; **truccarsi** *vpr* to make up (one's face)

'trucco, -chi *sm* trick; (*cosmesi*) make-up

'truffa *sf* fraud, swindle; **truf'fare** *vt* to swindle, cheat

truffa'tore, -'trice *sm/f* swindler, cheat

'truppa *sf* troop

tu *pron* you; **tu stesso(a)** you yourself; **dare del tu a qn** to address sb as "tu"

'tubo *sm* tube; pipe; **tubo digerente** (*Anat*) alimentary canal, digestive tract; **tubo di scappamento** (*Aut*) exhaust pipe

tuffarsi *vpr* to plunge, dive

'tuffo *sm* dive; (*breve bagno*) dip

tuli'pano *sm* tulip

tu'more *sm* (*Med*) tumour

Tuni'sia *sf* **la ~** Tunisia

'tuo (*f* **'tua**, *pl* **tu'oi, 'tue**) *det* **il ~, la tua** *ecc* your ▸ *pron* **il ~, la tua** *ecc* yours

tuo'nare *vi* to thunder; **tuona** it is thundering, there's some thunder

tu'ono *sm* thunder

tu'orlo *sm* yolk

tur'bante *sm* turban

tur'bare *vt* to disturb, trouble

tur'bato, -a *ag* upset; (*preoccupato, ansioso*) anxious

turbo'lenza [turbo'lɛntsa] *sf* turbulence

tur'chese [tur'kese] *sf* turquoise

Tur'chia [tur'kia] *sf* **la ~** Turkey

'turco, -a, -chi, -che *ag* Turkish ▸ *sm/f* Turk/Turkish woman ▸ *sm* (*Ling*) Turkish; **parlare ~** (*fig*) to talk double-dutch

tu'rismo *sm* tourism; tourist industry; **tu'rista, -i, -e** *sm/f* tourist; **turismo sessuale** sex tourism; **tu'ristico, -a, -ci, -che** *ag* tourist *cpd*

'turno *sm* turn; (*di lavoro*) shift; **di ~** (*soldato, medico, custode*) on duty; **a ~** (*rispondere*) in turn; (*lavorare*) in shifts; **fare a ~ a fare qc** to take turns to do sth; **è il suo ~** it's your (*o* his *ecc* turn)

'turpe *ag* filthy, vile

'tuta *sf* overalls *pl*; (*Sport*) tracksuit

tu'tela *sf* (*Dir: di minore*) guardianship; (*: protezione*) protection; (*difesa*) defence

tutta'via *cong* nevertheless, yet

'tutto, -a

det

1 (*intero*) all; **tutto il latte** all the milk; **tutta la notte** all night, the whole night; **tutto il libro** the whole book; **tutta una bottiglia** a whole bottle

2 (*pl, collettivo*) all; every; **tutti i libri** all the books; **tutte le notti** every night; **tutti i venerdì** every Friday; **tutti gli uomini** all the men; (*collettivo*) all men; **tutto l'anno** all year long; **tutti e due** both *o* each of us (*o* them *o* you); **tutti e cinque** all five of us (*o* them *o* you)

3 (*completamente*): **era tutta sporca** she was all dirty; **tremava tutto** he was trembling all over; **è tutta sua madre** she's just *o* exactly like her mother

4: **a tutt'oggi** so far, up till now; **a tutta velocità** at full *o* top speed

▸*pron*
1 (*ogni cosa*) everything, all; (*qualsiasi cosa*) anything; **ha mangiato tutto** he's eaten everything; **tutto considerato** all things considered; **in tutto: 5 euro in tutto** 5 euros in all; **in tutto eravamo 50** there were 50 of us in all
2: **tutti, e** (*ognuno*) all, everybody; **vengono tutti** they are all coming, everybody's coming; **tutti quanti** all and sundry
▸*av* (*completamente*) entirely, quite; **è tutto il contrario** it's quite *o* exactly the opposite; **tutt'al più: saranno stati tutt'al più una cinquantina** there were about fifty of them at (the very) most; **tutt'al più possiamo prendere un treno** if the worst comes to the worst we can take a train; **tutt'altro** on the contrary; **è tutt'altro che felice** he's anything but happy; **tutt'a un tratto** suddenly
▸*sm* **il tutto** the whole lot, all of it
tut'tora *av* still
TV [ti'vu] *sf inv* (= *televisione*) TV ▸ *sigla* = **Treviso**

U

ubbidi'ente *ag* obedient
ubbi'dire *vi* to obey; **~ a** to obey; (*veicolo, macchina*) to respond to
ubria'care *vt* **~ qn** to get sb drunk; (*alcool*) to make sb drunk; (*fig*) to make sb's head spin *o* reel; **ubriacarsi** *vpr* to get drunk; **ubriacarsi di** (*fig*) to become intoxicated with
ubri'aco, -a, -chi, -che *ag, sm/f* drunk
uc'cello [ut'tʃɛllo] *sm* bird
uc'cidere [ut'tʃidere] *vt* to kill; **uccidersi** *vpr* (*suicidarsi*) to kill o.s.; (*perdere la vita*) to be killed
u'dito *sm* (sense of) hearing
UE *sigla f* (= *Unione Europea*) EU
UEM *sigla f* (= *Unione economica e monetaria*) EMU
'uffa *escl* tut!
uffici'ale [uffi'tʃale] *ag* official ▸ *sm* (*Amm*) official, officer; (*Mil*) officer; **~ di stato civile** registrar
uf'ficio [uf'fitʃo] *sm* (*gen*) office; (*dovere*) duty; (*mansione*) task, function, job; (*agenzia*) agency, bureau; (*Rel*) service; **d'~** *ag* office *cpd*; official ▸ *av* officially; **ufficio di collocamento** employment office; **ufficio informazioni** information bureau; **ufficio oggetti smarriti** lost property office (*BRIT*), lost and found (*US*); **ufficio (del) personale** personnel department; **ufficio postale** post office
uffici'oso, -a [uffi'tʃoso] *ag* unofficial
uguagli'anza [ugwaʎ'ʎantsa] *sf* equality
uguagli'are [ugwaʎ'ʎare] *vt* to make equal; (*essere uguale*) to equal, be equal to; (*livellare*) to level; **uguagliarsi a** *o* **con qn** (*paragonarsi*) to compare o.s. to sb
ugu'ale *ag* equal; (*identico*) identical, the same; (*uniforme*) level, even ▸ *av* **costano ~** they cost the same; **sono bravi ~** they're equally good
UIL *sigla f* (= *Unione Italiana del Lavoro*) *trade union federation*

U

'ulcera ['ultʃera] *sf* ulcer
U'livo *sm* **l'~** *centre-left Italian political grouping*
u'livo = **olivo**
ulteri'ore *ag* further
ultima'mente *av* lately, of late
ulti'mare *vt* to finish, complete
'ultimo, -a *ag* (*finale*) last; (*estremo*) farthest, utmost; (*recente: notizia, moda*) latest; (*fig: sommo, fondamentale*) ultimate ▸ *sm/f* last (one); **fino all'~** to the last, until the end; **da ~, in ~** in the end; **abitare all'~ piano** to live on the top floor; **per ~** (*entrare, arrivare*) last
ultravio'letto, -a *ag* ultraviolet
ulu'lare *vi* to howl
umanità *sf* humanity
u'mano, -a *ag* human; (*comprensivo*) humane
umidità *sf* dampness; humidity
'umido, -a *ag* damp; (*mano, occhi*) moist; (*clima*) humid ▸ *sm* dampness, damp; **carne in ~** stew
'umile *ag* humble
umili'are *vt* to humiliate; **umiliarsi** *vpr* to humble o.s.
u'more *sm* (*disposizione d'animo*) mood; (*carattere*) temper; **di buon/cattivo ~** in a good/bad mood
umo'rismo *sm* humour; **avere il senso dell'~** to have a sense of humour; **umo'ristico, -a, -ci, -che** *ag* humorous, funny
u'nanime *ag* unanimous
unci'netto [untʃi'netto] *sm* crochet hook
un'cino [un'tʃino] *sm* hook
undi'cenne [undi'tʃɛnne] *ag, sm/f* eleven-year-old
undi'cesimo, -a [undi'tʃɛzimo] *num* eleventh
'undici ['unditʃi] *num* eleven
'ungere ['undʒere] *vt* to grease, oil; (*Rel*) to anoint; (*fig*) to flatter
unghe'rese [unge'rese] *ag, sm/f, sm* Hungarian
Unghe'ria [unge'ria] *sf* **l'~** Hungary
'unghia ['ungja] *sf* (*Anat*) nail; (*di animale*) claw; (*di rapace*) talon; (*di cavallo*) hoof
ungu'ento *sm* ointment
'unico, -a, -ci, -che *ag* (*solo*) only; (*ineguagliabile*) unique; (*singolo: binario*) single; **figlio(a) ~(a)** only son/daughter, only child
unifi'care *vt* to unite, unify; (*sistemi*) to standardize; **unificazi'one** *sf* uniting; unification; standardization
uni'forme *ag* uniform; (*superficie*) even ▸ *sf* (*divisa*) uniform
uni'one *sf* union; (*fig: concordia*) unity, harmony; **Unione europea** European Union; **ex Unione Sovietica** former Soviet Union
u'nire *vt* to unite; (*congiungere*) to join, connect; (*: ingredienti, colori*) to combine; (*in matrimonio*) to unite, join together; **unirsi** *vpr* to unite; (*in matrimonio*) to be joined together; **~ qc a** to unite sth with; to join *o* connect sth with; to combine sth with; **unirsi a** (*gruppo, società*) to join
unità *sf inv* (*unione, concordia*) unity; (*Mat, Mil, Comm, di misura*) unit; **unità di misura** unit of measurement
u'nito, -a *ag* (*paese*) united; (*amici, famiglia*) close; **in tinta unita** plain, self-coloured
univer'sale *ag* universal; general
università *sf inv* university
uni'verso *sm* universe
'uno, -a (*dav sm* **un** + C, V, **uno** + *s impura, gn, pn, ps, x, z; dav sf* **un'** + V, **una** + C) *art indef*
1 a; (*dav vocale*) an; **un bambino** a child; **una strada** a street; **uno zingaro** a gypsy
2 (*intensivo*): **ho avuto una paura!** I got such a fright!

▸*pron*
1 one; **prendine uno** take one (of them); **l'uno o l'altro** either (of them); **l'uno e l'altro** both (of them); **aiutarsi l'un l'altro** to help one another *o* each other; **sono entrati l'uno dopo l'altro** they came in one after the other
2 (*un tale*) someone, somebody
3 (*con valore impersonale*) one, you; **se uno vuole** if one wants, if you want
▸*num* one; **una mela e due pere** one apple and two pears; **uno più uno fa due** one plus one equals two, one and one are two
▸*sf* **è l'una** it's one (o'clock)
'unsi *ecc vb vedi* **ungere**
'unto, -a *pp di* **ungere** ▸ *ag* greasy, oily ▸ *sm* grease
u'omo (*pl* **u'omini**) *sm* man; **da ~** (*abito, scarpe*) men's, for men; **uomo d'affari** businessman; **uomo di paglia** stooge; **uomo politico** politician; **uomo rana** frogman
u'ovo (*pl(f)* **u'ova**) *sm* egg; **uovo affogato/alla coque** poached/boiled egg; **uovo bazzotto/sodo** soft-/hard-boiled egg; **uovo di Pasqua** Easter egg; **uovo in camicia** poached egg; **uova strapazzate/al tegame** scrambled/fried eggs
ura'gano *sm* hurricane
urba'nistica *sf* town planning
ur'bano, -a *ag* urban, city *cpd*, town *cpd*; (*Tel: chiamata*) local; (*fig*) urbane
ur'gente [ur'dʒɛnte] *ag* urgent; **ur'genza** *sf* urgency; **in caso d'urgenza** in (case of) an emergency; **d'urgenza** *ag* emergency ▸ *av* urgently, as a matter of urgency
ur'lare *vi* (*persona*) to scream, yell; (*animale, vento*) to howl ▸ *vt* to scream, yell
'urlo (*pl(m)* **'urli**, *pl(f)* **'urla**) *sm* scream, yell; howl
urrà *escl* hurrah!
U.R.S.S. *abbr f* **l'U.R.S.S.** the USSR
ur'tare *vt* to bump into, knock against; (*fig: irritare*) to annoy ▸ *vi* **~ contro** *o* **in** to bump into, knock against, crash into; (*fig: imbattersi*) to come up against; **urtarsi** *vpr* (*reciproco: scontrarsi*) to collide; (: *fig*) to clash; (*irritarsi*) to get annoyed
'U.S.A. ['uza] *sm pl* **gli U.S.A.** the USA
u'sanza [u'zantsa] *sf* custom; (*moda*) fashion
u'sare *vt* to use, employ ▸ *vi* (*servirsi*): **~ di** to use; (: *diritto*) to exercise; (*essere di moda*) to be fashionable; (*essere solito*): **~ fare** to be in the habit of doing, be accustomed to doing ▸ *vb impers* **qui usa così** it's the custom round here; **u'sato, -a** *ag* used; (*consumato*) worn; (*di seconda mano*) used, second-hand ▸ *sm* second-hand goods *pl*
u'scire [uʃʃire] *vi* (*gen*) to come out; (*partire, andare a passeggio, a uno spettacolo ecc*) to go out; (*essere sorteggiato: numero*) to come up; **~ da** (*gen*) to leave; (*posto*) to go (*o* come) out of, leave; (*solco, vasca ecc*) to come out of; (*muro*) to stick out of; (*competenza ecc*) to be outside; (*infanzia, adolescenza*) to leave behind; (*famiglia nobile ecc*) to come from; **~ da** *o* **di casa** to go out; (*fig*) to leave home; **~ in automobile** to go out in the car, go for a drive; **~ di strada** (*Aut*) to go off *o* leave the road
u'scita [uʃʃita] *sf* (*passaggio, varco*) exit, way out; (*per divertimento*) outing; (*Econ: somma*) expenditure; (*Teatro*) entrance; (*fig: battuta*) witty remark; **dov'è l'~?** where's the exit?; **uscita di sicurezza** emergency exit
usi'gnolo [uziɲ'ɲɔlo] *sm* nightingale
'uso *sm* (*utilizzazione*) use; (*esercizio*) practice; (*abitudine*) custom; **a ~ di** for (the use of); **d'~** (*corrente*) in use; **fuori ~**

U

out of use; **per ~ esterno** for external use only
usti'one *sf* burn
usu'ale *ag* common, everyday
u'sura *sf* usury; (*logoramento*) wear (and tear)
uten'sile *sm* tool, implement; **utensili da cucina** kitchen utensils
u'tente *sm/f* user
'utero *sm* uterus
'utile *ag* useful ▸ *sm* (*vantaggio*) advantage, benefit; (*Econ: profitto*) profit
utiliz'zare [utilid'dzare] *vt* to use, make use of, utilize
'uva *sf* grapes *pl*; **uva passa** raisins *pl*; **uva spina** gooseberry
UVA *abbr* (= *ultravioletto prossimo*) UVA
UVB *abbr* (= *ultravioletto remoto*) UVB

V

v. *abbr* (= *vedi*) v
va, va' *vb vedi* **andare**
va'cante *ag* vacant
va'canza [va'kantsa] *sf* (*riposo, ferie*) holiday(s) *pl* (*BRIT*), vacation (*US*); (*giorno di permesso*) day off, holiday; **vacanze** *sfpl* (*periodo di ferie*) holidays (*BRIT*), vacation *sg* (*US*); **essere/andare in ~** to be/go on holiday *o* vacation; **sono qui in ~** I'm on holiday here; **vacanze estive** summer holiday(s) *o* vacation; **vacanze natalizie** Christmas holidays *o* vacation

> Attenzione! In inglese esiste la parola *vacancy* che però indica un posto vacante o una camera disponibile.

'vacca, -che *sf* cow
vacci'nare [vattʃi'nare] *vt* to vaccinate
vac'cino [vat'tʃino] *sm* (*Med*) vaccine
vacil'lare [vatʃil'lare] *vi* to sway, wobble; (*luce*) to flicker; (*fig: memoria, coraggio*) to be failing, falter
'vacuo, -a *ag* (*fig*) empty, vacuous
'vado *ecc vb vedi* **andare**
vaga'bondo, -a *sm/f* tramp, vagrant
va'gare *vi* to wander
vagherò *ecc* [vage'rɔ] *vb vedi* **vagare**
va'gina [va'dʒina] *sf* vagina
'vaglia ['vaʎʎa] *sm inv* money order; **vaglia postale** postal order
vagli'are [vaʎ'ʎare] *vt* to sift; (*fig*) to weigh up
'vago, -a, -ghi, -ghe *ag* vague
va'gone *sm* (*Ferr: per passeggeri*) coach; (*: per merci*) truck, wagon; **vagone letto** sleeper, sleeping car; **vagone ristorante** dining *o* restaurant car
'vai *vb vedi* **andare**
vai'olo *sm* smallpox
va'langa, -ghe *sf* avalanche
va'lere *vi* (*avere forza, potenza*) to have influence; (*essere valido*) to be valid; (*avere vigore, autorità*) to hold, apply; (*essere capace: poeta, studente*) to be good, be able ▸ *vt* (*prezzo, sforzo*) to be worth; (*corrispondere*) to correspond to; (*procurare*): **~ qc a qn** to earn sb sth; **valersi di** to make use of, take advantage of; **far ~** (*autorità ecc*) to assert; **vale a dire** that is to say; **~ la pena** to be worth the effort *o* worth it
'valgo *ecc vb vedi* **valere**

vali'care *vt* to cross
'valico, -chi *sm (passo)* pass
'valido, -a *ag* valid; *(rimedio)* effective; *(aiuto)* real; *(persona)* worthwhile
vali'getta [vali'dʒetta] *sf* briefcase; **valigetta ventiquattrore** overnight bag *o* case
va'ligia, -gie *o* **ge** [va'lidʒa] *sf* (suit)case; **fare le valigie** to pack (up)
'valle *sf* valley; **a ~** *(di fiume)* downstream; **scendere a ~** to go downhill
va'lore *sm (gen)* value; *(merito)* merit, worth; *(coraggio)* valour, courage; *(Comm: titolo)* security; **valori** *smpl (oggetti preziosi)* valuables
valoriz'zare [valorid'dzare] *vt (terreno)* to develop; *(fig)* to make the most of
va'luta *sf* currency, money; *(Banca)*: **~ 15 gennaio** interest to run from January 15th
valu'tare *vt (casa, gioiello, fig)* to value; *(stabilire: peso, entrate, fig)* to estimate
'valvola *sf (Tecn, Anat)* valve; *(Elettr)* fuse
'valzer ['valtser] *sm inv* waltz
vam'pata *sf (di fiamma)* blaze; *(di calore)* blast; *(: al viso)* flush
vam'piro *sm* vampire
vanda'lismo *sm* vandalism
'vandalo *sm* vandal
vaneggi'are [vaned'dʒare] *vi* to rave
'vanga, -ghe *sf* spade
van'gelo [van'dʒɛlo] *sm* gospel
va'niglia [va'niʎʎa] *sf* vanilla
vanità *sf* vanity; *(di promessa)* emptiness; *(di sforzo)* futility;
vani'toso, -a *ag* vain, conceited
'vanno *vb vedi* **andare**
'vano, -a *ag* vain ▸ *sm (spazio)* space; *(apertura)* opening; *(stanza)* room
van'taggio [van'taddʒo] *sm* advantage; **essere/portarsi in ~** *(Sport)* to be in/take the lead;
vantaggi'oso, -a *ag* advantageous; favourable
vantarsi *vpr* **~ (di/di aver fatto)** to boast *o* brag (about/about having done)
'vanvera *sf* **a ~** haphazardly; **parlare a ~** to talk nonsense
va'pore *sm* vapour; *(anche:* **~ acqueo***)* steam; *(nave)* steamer; **a ~** *(turbina ecc)* steam *cpd*; **al ~** *(Cuc)* steamed
va'rare *vt (Naut, fig)* to launch; *(Dir)* to pass
var'care *vt* to cross
'varco, -chi *sm* passage; **aprirsi un ~ tra la folla** to push one's way through the crowd
vare'china [vare'kina] *sf* bleach
vari'abile *ag* variable; *(tempo, umore)* changeable, variable ▸ *sf (Mat)* variable
vari'cella [vari'tʃɛlla] *sf* chickenpox
vari'coso, -a *ag* varicose
varietà *sf inv* variety ▸ *sm inv* variety show
'vario, -a *ag* varied; *(parecchi: col sostantivo al pl)* various; *(mutevole: umore)* changeable
'varo *sm (Naut: fig)* launch; *(di leggi)* passing
varrò *ecc vb vedi* **valere**
Var'savia *sf* Warsaw
va'saio *sm* potter
'vasca, -sche *sf* basin; **vasca da bagno** bathtub, bath
vas'chetta [vas'ketta] *sf (per gelato)* tub; *(per sviluppare fotografie)* dish
vase'lina *sf* Vaseline®
'vaso *sm (recipiente)* pot; *(: barattolo)* jar; *(: decorativo)* vase; *(Anat)* vessel; **vaso da fiori** vase; *(per piante)* flowerpot
vas'soio *sm* tray
'vasto, -a *ag* vast, immense
Vati'cano *sm* **il ~** the Vatican
ve *pron, av vedi* **vi**

vecchi'aia [vek'kjaja] *sf* old age
'vecchio, -a ['vɛkkjo] *ag* old ▶ *sm/f* old man/woman; **i vecchii** the old
ve'dere *vt, vi* to see; **vedersi** *vpr* to meet, see one another; **avere a che ~ con** to have something to do with; **far ~ qc a qn** to show sb sth; **farsi ~** to show o.s.; (*farsi vivo*) to show one's face; **vedi di non farlo** make sure *o* see you don't do it; **non (ci) si vede** (*è buio ecc*) you can't see a thing; **non lo posso ~** (*fig*) I can't stand him
ve'detta *sf* (*sentinella, posto*) look-out; (*Naut*) patrol boat
'vedovo, -a *sm/f* widower/widow
vedrò *ecc vb vedi* **vedere**
ve'duta *sf* view; **vedute** *sfpl* (*fig: opinioni*) views; **di larghe** *o* **ampie vedute** broad-minded; **di vedute limitate** narrow-minded
vege'tale [vedʒe'tale] *ag, sm* vegetable
vegetari'ano, -a [vedʒeta'rjano] *ag, sm/f* vegetarian; **avete piatti vegetariani?** do you have any vegetarian dishes?
vegetazi'one [vedʒetat'tsjone] *sf* vegetation
'vegeto, -a ['vɛdʒeto] *ag* (*pianta*) thriving; (*persona*) strong, vigorous
'veglia ['veʎʎa] *sf* wakefulness; (*sorveglianza*) watch; (*trattenimento*) evening gathering; **fare la ~ a un malato** to watch over a sick person
vegli'one [veʎ'ʎone] *sm* ball, dance; **veglione di Capodanno** New Year's Eve party
ve'icolo *sm* vehicle
'vela *sf* (*Naut: tela*) sail; (*Sport*) sailing
ve'leno *sm* poison; **vele'noso, -a** *ag* poisonous
veli'ero *sm* sailing ship
vel'luto *sm* velvet; **velluto a coste** cord
'velo *sm* veil; (*tessuto*) voile
ve'loce [ve'lotʃe] *ag* fast, quick ▶ *av* fast, quickly; **velocità** *sf* speed; **a forte velocità** at high speed; **velocità di crociera** cruising speed
'vena *sf* (*gen*) vein; (*filone*) vein, seam; (*fig: ispirazione*) inspiration; (*: umore*) mood; **essere in ~ di qc** to be in the mood for sth
ve'nale *ag* (*prezzo, valore*) market *cpd*; (*fig*) venal; mercenary
ven'demmia *sf* (*raccolta*) grape harvest; (*quantità d'uva*) grape crop, grapes *pl*; (*vino ottenuto*) vintage
'vendere *vt* to sell; **"vendesi"** "for sale"
ven'detta *sf* revenge
vendicarsi *vpr* **~ (di)** to avenge o.s. (for); (*per rancore*) to take one's revenge (for); **~ su qn** to revenge o.s. on sb
'vendita *sf* sale; **la ~** (*attività*) selling; (*smercio*) sales *pl*; **in ~** on sale; **vendita all'asta** sale by auction; **vendita per telefono** telesales *sg*
vene'rare *vt* to venerate
venerdì *sm inv* Friday; **di** *o* **il ~** on Fridays; **V~ Santo** Good Friday
ve'nereo, -a *ag* venereal
Ve'nezia [ve'nɛttsja] *sf* Venice
'vengo *ecc vb vedi* **venire**
veni'ale *ag* venial
ve'nire *vi* to come; (*riuscire: dolce, fotografia*) to turn out; (*come ausiliare: essere*): **viene ammirato da tutti** he is admired by everyone; **~ da** to come from; **quanto viene?** how much does it cost?; **far ~** (*mandare a chiamare*) to send for; **~ giù** to come down; **~ meno** (*svenire*) to faint; **~ meno a qc** not to fulfil sth; **~ su** to come up; **~ a trovare qn** to come and see sb; **~ via** to come away
'venni *ecc vb vedi* **venire**
ven'taglio [ven'taʎʎo] *sm* fan
ven'tata *sf* gust (of wind)

ven'tenne *ag* **una ragazza ~** a twenty-year-old girl, a girl of twenty
ven'tesimo, -a *num* twentieth
'venti *num* twenty
venti'lare *vt* (*stanza*) to air, ventilate; (*fig: idea, proposta*) to air; **ventila'tore** *sm* ventilator, fan
ven'tina *sf* **una ~ (di)** around twenty, twenty or so
'vento *sm* wind
'ventola *sf* (*Aut, Tecn*) fan
ven'tosa *sf* (*Zool*) sucker; (*di gomma*) suction pad
ven'toso, -a *ag* windy
'ventre *sm* stomach
'vera *sf* wedding ring
vera'mente *av* really
ve'randa *sf* veranda(h)
ver'bale *ag* verbal ▶ *sm* (*di riunione*) minutes *pl*
'verbo *sm* (*Ling*) verb; (*parola*) word; (*Rel*): **il V~** the Word
'verde *ag, sm* green; **essere al ~** to be broke; **verde bottiglia/oliva** bottle/olive green
ver'detto *sm* verdict
ver'dura *sf* vegetables *pl*
'vergine ['verdʒine] *sf* virgin; (*dello zodiaco*): **V~** Virgo ▶ *ag* virgin; (*ragazza*): **essere ~** to be a virgin
ver'gogna [ver'goɲɲa] *sf* shame; (*timidezza*) shyness, embarrassment; **vergo'gnarsi** *vpr* **vergognarsi (di)** to be *o* feel ashamed (of); to be shy (about), be embarrassed (about); **vergo'gnoso, -a** *ag* ashamed; (*timido*) shy, embarrassed; (*causa di vergogna: azione*) shameful
ve'rifica, -che *sf* checking *no pl*, check
verifi'care *vt* (*controllare*) to check; (*confermare*) to confirm, bear out
verità *sf inv* truth
'verme *sm* worm
ver'miglio [ver'miʎʎo] *sm* vermilion, scarlet
ver'nice [ver'nitʃe] *sf* (*colorazione*) paint; (*trasparente*) varnish; (*pelle*) patent leather; **"~ fresca"** "wet paint"; **vernici'are** *vt* to paint; to varnish
'vero, -a *ag* (*veridico: fatti, testimonianza*) true; (*autentico*) real ▶ *sm* (*verità*) truth; (*realtà*) (real) life; **un ~ e proprio delinquente** a real criminal, an out-and-out criminal
vero'simile *ag* likely, probable
verrò *ecc vb vedi* **venire**
ver'ruca, -che *sf* wart
versa'mento *sm* (*pagamento*) payment; (*deposito di denaro*) deposit
ver'sante *sm* slopes *pl*, side
ver'sare *vt* (*fare uscire: vino, farina*) to pour (out); (*spargere: lacrime, sangue*) to shed; (*rovesciare*) to spill; (*Econ*) to pay; (*: depositare*) to deposit, pay in
versa'tile *ag* versatile
versi'one *sf* version; (*traduzione*) translation
'verso *sm* (*di poesia*) verse, line; (*di animale, uccello*) cry; (*direzione*) direction; (*modo*) way; (*di foglio di carta*) verso; (*di moneta*) reverse; **versi** *smpl* (*poesia*) verse *sg*; **non c'è ~ di persuaderlo** there's no way of persuading him, he can't be persuaded *prep* (*in direzione di*) toward(s); (*nei pressi di*) near, around (about); (*in senso temporale*) about, around; (*nei confronti di*) for; **~ di me** towards me; **~ sera** towards evening
'vertebra *sf* vertebra
verte'brale *ag* vertebral; **colonna ~** spinal column, spine
verti'cale *ag, sf* vertical
'vertice ['vertitʃe] *sm* summit, top; (*Mat*) vertex; **conferenza al ~** (*Pol*) summit conference
ver'tigine [ver'tidʒine] *sf* dizziness *no pl*; dizzy spell; (*Med*) vertigo; **avere le vertigini** to feel dizzy

ve'scica, -che [veʃʃika] *sf* (*Anat*) bladder; (*Med*) blister
'vescovo *sm* bishop
'vespa *sf* wasp
ves'taglia [ves'taʎʎa] *sf* dressing gown
ves'tire *vt* (*bambino, malato*) to dress; (*avere indosso*) to have on, wear; **vestirsi** *vpr* to dress, get dressed; **ves'tito, -a** *ag* dressed ▸ *sm* garment; (*da donna*) dress; (*da uomo*) suit; **vestiti** *smpl* (*indumenti*) clothes; **vestito di bianco** dressed in white
veteri'nario, -a *ag* veterinary ▸ *sm* veterinary surgeon (*BRIT*), veterinarian (*US*), vet
'veto *sm inv* veto
ve'traio *sm* glassmaker; glazier
ve'trata *sf* glass door (*o* window); (*di chiesa*) stained glass window
ve'trato, -a *ag* (*porta, finestra*) glazed; (*che contiene vetro*) glass *cpd* ▸ *sf* glass door (*o* window); (*di chiesa*) stained glass window; **carta vetrata** sandpaper
ve'trina *sf* (*di negozio*) (shop) window; (*armadio*) display cabinet; **vetri'nista, -i, -e** *sm/f* window dresser
'vetro *sm* glass; (*per finestra, porta*) pane (of glass)
'vetta *sf* peak, summit, top
vet'tura *sf* (*carrozza*) carriage; (*Ferr*) carriage (*BRIT*), car (*US*); (*auto*) car (*BRIT*), automobile (*US*)
vezzeggia'tivo [vettseddʒa'tivo] *sm* (*Ling*) term of endearment
vi (*dav lo, la, li, le, ne diventa* **ve**) *pron* (*oggetto*) you; (*complemento di termine*) (to) you; (*riflessivo*) yourselves; (*reciproco*) each other ▸ *av* (*lì*) there; (*qui*) here; (*per questo/quel luogo*) through here/there; **vi è/sono** there is/are
'via *sf* (*gen*) way; (*strada*) street; (*sentiero, pista*) path, track; (*Amm: procedimento*) channels *pl* ▸ *prep* (*passando per*) via, by way of ▸ *av* away ▸ *escl* go away!; (*suvvia*) come on!; (*Sport*) go! ▸ *sm* (*Sport*) starting signal; **in ~ di guarigione** on the road to recovery; **per ~ di** (*a causa di*) because of, on account of; **in** *o* **per ~** on the way; **per ~ aerea** by air; (*lettere*) by airmail; **andare/essere ~** to go/be away; **~ ~ che** (*a mano a mano*) as; **dare il ~** (*Sport*) to give the starting signal; **dare il ~ a** (*fig*) to start; **in ~ provvisoria** provisionally; **Via lattea** (*Astr*) Milky Way; **via di mezzo** middle course; **via d'uscita** (*fig*) way out
via'dotto *sm* viaduct
viaggi'are [viad'dʒare] *vi* to travel; **viaggia'tore, -'trice** *ag* travelling ▸ *sm* traveller; (*passeggero*) passenger
vi'aggio ['vjaddʒo] *sm* travel(ling); (*tragitto*) journey, trip; **buon ~!** have a good trip!; **com'è andato il ~?** how was your journey?; **il ~ dura due ore** the journey takes two hours; **viaggio di nozze** honeymoon; **siamo in ~ di nozze** we're on honeymoon
vi'ale *sm* avenue
via'vai *sm* coming and going, bustle
vi'brare *vi* to vibrate
'vice ['vitʃe] *sm/f* deputy ▸ *prefisso*
vi'cenda [vi'tʃɛnda] *sf* event; **a ~** in turn
vice'versa [vitʃe'vɛrsa] *av* vice versa; **da Roma a Pisa e ~** from Rome to Pisa and back
vici'nanza [vitʃi'nantsa] *sf* nearness, closeness
vi'cino, -a [vi'tʃino] *ag* (*gen*) near; (*nello spazio*) near, nearby; (*accanto*) next; (*nel tempo*) near, close at hand ▸ *sm/f* neighbour ▸ *av* near, close; **da ~** (*guardare*) close up; (*esaminare, seguire*) closely; (*conoscere*) well, intimately; **~ a** near (to), close to; (*accanto a*) beside; **c'è una banca qui ~?** is there a bank nearby?; **~ di casa** neighbour

'vicolo *sm* alley; **vicolo cieco** blind alley
'video *sm inv* (*TV: schermo*) screen; **video'camera** *sf* camcorder; **videocas'setta** *sf* videocassette; **videoclip** [video'klip] *sm inv* videoclip; **videogi'oco, -chi** [video'dʒɔko] *sm* video game; **videoregistra'tore** *sm* video (recorder); **videote'lefono** *sm* videophone
'vidi *ecc vb vedi* **vedere**
vie'tare *vt* to forbid; (*Amm*) to prohibit; **~ a qn di fare** to forbid sb to do; to prohibit sb from doing; **"vietato fumare/l'ingresso"** "no smoking/admittance"
vie'tato, -a *ag* (*vedi vb*) forbidden; prohibited; banned; **"~ fumare/l'ingresso"** "no smoking/admittance"; **~ ai minori di 14/18 anni** prohibited to children under 14/18; **"senso ~"** (*Aut*) "no entry"; **"sosta vietata"** (*Aut*) "no parking"
Viet'nam *sm* **il ~** Vietnam; **vietna'mita, -i, -e** *ag, sm/f, sm* Vietnamese *inv*
vi'gente [vi'dʒɛnte] *ag* in force
'vigile ['vidʒile] *ag* watchful ▸ *sm* (*anche:* **~ urbano**) policeman (*in towns*); **vigile del fuoco** fireman
vi'gilia [vi'dʒilja] *sf* (*giorno antecedente*) eve; **la ~ di Natale** Christmas Eve
vigli'acco, -a, -chi, -che [viʎ'ʎakko] *ag* cowardly ▸ *sm/f* coward
vi'gneto [viɲ'ɲeto] *sm* vineyard
vi'gnetta [viɲ'ɲetta] *sf* cartoon
vi'gore *sm* vigour; (*Dir*): **essere/entrare in ~** to be in/come into force
'vile *ag* (*spregevole*) low, mean, base; (*codardo*) cowardly
'villa *sf* villa
vil'laggio [vil'laddʒo] *sm* village; **villaggio turistico** holiday village
vil'lano, -a *ag* rude, ill-mannered
villeggia'tura [villeddʒa'tura] *sf* holiday(s) *pl* (*BRIT*), vacation (*US*)
vil'letta *sf*, **vil'lino** ▸ *sm* small house (with a garden), cottage
'vimini *smpl* **di ~** wicker
'vincere ['vintʃere] *vt* (*in guerra, al gioco, a una gara*) to defeat, beat; (*premio, guerra, partita*) to win; (*fig*) to overcome, conquer ▸ *vi* to win; **~ qn in bellezza** to be better-looking than sb; **vinci'tore** *sm* winner; (*Mil*) victor
vi'nicolo, -a *ag* wine *cpd*
'vino *sm* wine; **vino bianco/rosato/rosso** white/rosé/red wine; **vino da pasto** table wine
'vinsi *ecc vb vedi* **vincere**
vi'ola *sf* (*Bot*) violet; (*Mus*) viola ▸ *ag, sm inv* (*colore*) purple
vio'lare *vt* (*chiesa*) to desecrate, violate; (*giuramento, legge*) to violate
violen'tare *vt* to use violence on; (*donna*) to rape
vio'lento, -a *ag* violent; **vio'lenza** *sf* violence; **violenza carnale** rape
vio'letta *sf* (*Bot*) violet
vio'letto, -a *ag, sm* (*colore*) violet
violi'nista, -i, -e *sm/f* violinist
vio'lino *sm* violin
violon'cello [violon'tʃɛllo] *sm* cello
vi'ottolo *sm* path, track
vip [vip] *sigla m* (= *very important person*) VIP
'vipera *sf* viper, adder
vi'rare *vi* (*Naut, Aer*) to turn; (*Fot*) to tone; **~ di bordo** (*Naut*) to tack
'virgola *sf* (*Ling*) comma; (*Mat*) point; **virgo'lette** *sfpl* inverted commas, quotation marks
vi'rile *ag* (*proprio dell'uomo*) masculine; (*non puerile, da uomo*) manly, virile
virtù *sf inv* virtue; **in** *o* **per ~ di** by virtue of, by
virtu'ale *ag* virtual
'virus *sm inv* (*anche Inform*) virus

'viscere ['viʃʃere] *sfpl* (*di animale*) entrails *pl*; (*fig*) bowels *pl*
'vischio ['viskjo] *sm* (*Bot*) mistletoe; (*pania*) birdlime
'viscido, -a ['viʃʃido] *ag* slimy
vi'sibile *ag* visible
visibilità *sf* visibility
visi'era *sf* (*di elmo*) visor; (*di berretto*) peak
visi'one *sf* vision; **prendere ~ di qc** to examine sth, look sth over; **prima/ seconda ~** (*Cinema*) first/second showing
'visita *sf* visit; (*Med*) visit, call; (*: esame*) examination; **visita guidata** guided tour; **a che ora comincia la ~ guidata?** what time does the guided tour start?; **visita medica** medical examination; **visi'tare** *vt* to visit; (*Med*) to visit, call on; (*: esaminare*) to examine; **visita'tore, -'trice** *sm/f* visitor
vi'sivo, -a *ag* visual
'viso *sm* face
vi'sone *sm* mink
'vispo, -a *ag* quick, lively
'vissi *ecc vb vedi* **vivere**
'vista *sf* (*facoltà*) (eye)sight; (*fatto di vedere*): **la ~ di** the sight of; (*veduta*) view; **sparare a ~** to shoot on sight; **in ~** in sight; **perdere qn di ~** to lose sight of sb; (*fig*) to lose touch with sb; **a ~ d'occhio** as far as the eye can see; (*fig*) before one's very eyes; **far ~ di fare** to pretend to do
'visto, -a *pp di* **vedere** ▶ *sm* visa; **~ che** seeing (that)
vis'toso, -a *ag* gaudy, garish; (*ingente*) considerable
visu'ale *ag* visual
'vita *sf* life; (*Anat*) waist; **a ~** for life
vi'tale *ag* vital
vita'mina *sf* vitamin
'vite *sf* (*Bot*) vine; (*Tecn*) screw
vi'tello *sm* (*Zool*) calf; (*carne*) veal; (*pelle*) calfskin
'vittima *sf* victim
'vitto *sm* food; (*in un albergo ecc*) board; **vitto e alloggio** board and lodging
vit'toria *sf* victory
'viva *escl* **~ il re!** long live the king!
vi'vace [vi'vatʃe] *ag* (*vivo, animato*) lively; (*: mente*) lively, sharp; (*colore*) bright
vi'vaio *sm* (*di pesci*) hatchery; (*Agr*) nursery
vivavoce [viva'votʃe] *sm inv* (*dispositivo*) loudspeaker; **mettere il ~** to switch on the loudspeaker
vi'vente *ag* living, alive; **i viventi** the living
'vivere *vi* to live ▶ *vt* to live; (*passare: brutto momento*) to live through, go through; (*sentire: gioie, pene di qn*) to share ▶ *sm* life; (*anche:* **modo di ~**) way of life; **viveri** *smpl* (*cibo*) food *sg*, provisions; **~ di** to live on
'vivido, -a *ag* (*colore*) vivid, bright
vivisezi'one [viviset'tsjone] *sf* vivisection
'vivo, -a *ag* (*vivente*) alive, living; (*: animale*) live; (*fig*) lively; (*: colore*) bright, brilliant; **i vivi** the living; **~ e vegeto** hale and hearty; **farsi ~** to show one's face; to be heard from; **ritrarre dal ~** to paint from life; **pungere qn nel ~** (*fig*) to cut sb to the quick
vivrò *ecc vb vedi* **vivere**
vizi'are [vit'tsjare] *vt* (*bambino*) to spoil; (*corrompere moralmente*) to corrupt; **vizi'ato, -a** *ag* spoilt; (*aria, acqua*) polluted
'vizio ['vittsjo] *sm* (*morale*) vice; (*cattiva abitudine*) bad habit; (*imperfezione*) flaw, defect; (*errore*) fault, mistake
V.le *abbr* = **viale**
vocabo'lario *sm* (*dizionario*) dictionary; (*lessico*) vocabulary
vo'cabolo *sm* word

vo'cale *ag* vocal ▸ *sf* vowel
vocazi'one [vokat'tsjone] *sf* vocation; (*fig*) natural bent
'voce ['votʃe] *sf* voice; (*diceria*) rumour; (*di un elenco, in bilancio*) item; **aver ~ in capitolo** (*fig*) to have a say in the matter
'voga *sf* (*Naut*) rowing; (*usanza*): **essere in ~** to be in fashion *o* in vogue
vo'gare *vi* to row
vogherò *ecc* [voge'rɔ] *vb vedi* **vogare**
'voglia ['vɔʎʎa] *sf* desire, wish; (*macchia*) birthmark; **aver ~ di qc/di fare** to feel like sth/like doing; (*più forte*) to want sth/to do
'voglio *ecc* ['vɔʎʎo] *vb vedi* **volere**
'voi *pron* you; **voi'altri** *pron* you
vo'lante *ag* flying ▸ *sm* (steering) wheel
volan'tino *sm* leaflet
vo'lare *vi* (*uccello, aereo, fig*) to fly; (*cappello*) to blow away *o* off, fly away *o* off; **~ via** to fly away *o* off
vo'latile *ag* (*Chim*) volatile ▸ *sm* (*Zool*) bird
volente'roso, -a *ag* willing
volenti'eri *av* willingly; **"~"** "with pleasure", "I'd be glad to"

vo'lere
sm will, wish(es); **contro il volere di** against the wishes of; **per volere di qn** in obedience to sb's will *o* wishes
▸*vt*
1 (*esigere, desiderare*) to want; **voler fare/che qn faccia** to want to do/sb to do; **volete del caffè?** would you like *o* do you want some coffee?; **vorrei questo/fare** I would *o* I'd like this/to do; **come vuoi** as you like; **senza volere** (*inavvertitamente*) unintentionally
2 (*consentire*): **vogliate attendere, per piacere** please wait; **vogliamo andare?** shall we go?; **vuole essere così gentile da ...?** would you be so kind as to ...?; **non ha voluto ricevermi** he wouldn't see me
3: **volerci** (*essere necessario: materiale, attenzione*) to need; (: *tempo*) to take; **quanta farina ci vuole per questa torta?** how much flour do you need for this cake?; **ci vuole un'ora per arrivare a Venezia** it takes an hour to get to Venice
4: **voler bene a qn** (*amore*) to love sb; (*affetto*) to be fond of sb; **voler male a qn** to dislike sb; **volerne a qn** to bear sb a grudge; **voler dire** to mean

vol'gare *ag* vulgar
voli'era *sf* aviary
voli'tivo, -a *ag* strong-willed
'volli *ecc vb vedi* **volere**
'volo *sm* flight; **al ~: colpire qc al ~** to hit sth as it flies past; **capire al ~** to understand straight away; **volo charter** charter flight; **volo di linea** scheduled flight
volontà *sf* will; **a ~** (*mangiare, bere*) as much as one likes; **buona/cattiva ~** goodwill/lack of goodwill
volontari'ato *sm* (*lavoro*) voluntary work
volon'tario, -a *ag* voluntary ▸ *sm* (*Mil*) volunteer
'volpe *sf* fox
'volta *sf* (*momento, circostanza*) time; (*turno, giro*) turn; (*curva*) turn, bend; (*Archit*) vault; (*direzione*): **partire alla ~ di** to set off for; **a mia (***o* **tua** *ecc***) ~** in turn; **una ~** once; **una ~ sola** only once; **due volte** twice; **una cosa per ~** one thing at a time; **una ~ per tutte** once and for all; **a volte** at times, sometimes; **una ~ che** (*temporale*) once; (*causale*) since; **3 volte 4** 3 times 4
volta'faccia [volta'fattʃa] *sm inv* (*fig*) volte-face
vol'taggio [vol'taddʒo] *sm* (*Elettr*) voltage
vol'tare *vt* to turn; (*girare: moneta*) to turn over; (*rigirare*) to turn round ▸ *vi*

V

to turn; **voltarsi** *vpr* to turn; to turn over; to turn round
voltas'tomaco *sm* nausea; (*fig*) disgust
'volto, -a *pp di* **volgere** ▸ *sm* face
vo'lubile *ag* changeable, fickle
vo'lume *sm* volume
vomi'tare *vt, vi* to vomit; **'vomito** *sm* vomiting *no pl*; vomit
'vongola *sf* clam
vo'race [vo'ratʃe] *ag* voracious, greedy
vo'ragine [vo'radʒine] *sf* abyss, chasm
vorrò *ecc vb vedi* **volere**
'vortice ['vɔrtitʃe] *sm* whirlwind; whirlpool; (*fig*) whirl
'vostro, -a *det* **il(la) ~(a)** *ecc* your ▸ *pron* **il(la) ~(a)** *ecc* yours
vo'tante *sm/f* voter
vo'tare *vi* to vote ▸ *vt* (*sottoporre a votazione*) to take a vote on; (*approvare*) to vote for; (*Rel*): **~ qc a** to dedicate sth to
'voto *sm* (*Pol*) vote; (*Ins*) mark; (*Rel*) vow; (: *offerta*) votive offering; **aver voti belli/brutti** (*Ins*) to get good/bad marks
vs. *abbr* (*Comm*) = **vostro**
vul'cano *sm* volcano
vulne'rabile *ag* vulnerable
vu'oi, vu'ole *vb vedi* **volere**
vuo'tare *vt* to empty; **vuotarsi** *vpr* to empty
vu'oto, -a *ag* empty; (*fig*: *privo*): **~ di** (*senso ecc*) devoid of ▸ *sm* empty space, gap; (*spazio in bianco*) blank; (*Fisica*) vacuum; (*fig*: *mancanza*) gap, void; **a mani vuote** empty-handed; **vuoto d'aria** air pocket; **vuoto a rendere** returnable bottle

'wafer ['vafer] *sm inv* (*Cuc, Elettr*) wafer
'water ['wɔːtəʳ] *sm inv* toilet
watt [vat] *sm inv* watt
W.C. *sm inv* WC
web [ueb] *sm* **il ~** the Web; **cercare nel ~** to search the Web ▸ *ag inv* **pagina ~** web page; **web'cam** [web'kam] *sf inv* (*Comput*) webcam
'weekend ['wiːkend] *sm inv* weekend
'western ['wɛstern] *ag* (*Cinema*) cowboy *cpd* ▸ *sm inv* western, cowboy film; **western all'italiana** spaghetti western
'whisky ['wiski] *sm inv* whisky
Wi-Fi [uai'fai] *ag inv* (*Comput*) Wi-Fi
'windsurf ['windsəːf] *sm inv* (*tavola*) windsurfer; (*sport*) windsurfing
'würstel ['vyrstəl] *sm inv* frankfurter

xe'nofobo, -a [kse'nɔfobo] *ag* xenophobic ▸ *sm/f* xenophobe
xi'lofono [ksi'lɔfono] *sm* xylophone

Y

yacht [jɔt] *sm inv* yacht
'yoga ['jɔga] *ag inv, sm* yoga (*cpd*)
yogurt ['jɔgurt] *sm inv* yog(h)urt

Z

zabai'one [dzaba'jone] *sm dessert made of egg yolks, sugar and marsala*
zaf'fata [tsaf'fata] *sf* (*tanfo*) stench
zaffe'rano [dzaffe'rano] *sm* saffron
zaf'firo [dzaf'firo] *sm* sapphire
zai'netto [zai'netto] *sm* (small) rucksack
'zaino ['dzaino] *sm* rucksack
'zampa ['tsampa] *sf* (*di animale*: *gamba*) leg; (: *piede*) paw; **a quattro zampe** on all fours
zampil'lare [tsampil'lare] *vi* to gush, spurt
zan'zara [dzan'dzara] *sf* mosquito; **zanzari'era** *sf* mosquito net
'zappa ['tsappa] *sf* hoe
'zapping ['tsapiŋ] *sm* (*TV*) channel-hopping
zar, za'rina [tsar, tsa'rina] *sm/f* tsar/tsarina
'zattera ['dzattera] *sf* raft
'zebra ['dzɛbra] *sf* zebra; **zebre** *sfpl* (*Aut*) zebra crossing *sg* (*BRIT*), crosswalk *sg* (*US*)
'zecca, -che ['tsekka] *sf* (*Zool*) tick; (*officina di monete*) mint
'zelo ['dzɛlo] *sm* zeal
'zenzero ['dzendzero] *sm* ginger
'zeppa ['tseppa] *sf* wedge
'zeppo, -a ['tseppo] *ag* **~ di** crammed *o* packed with
zer'bino [dzer'bino] *sm* doormat
'zero ['dzɛro] *sm* zero, nought; **vincere per tre a ~** (*Sport*) to win three-nil

'zia ['tsia] *sf* aunt
zibel'lino [dzibel'lino] *sm* sable
'zigomo ['dzigomo] *sm* cheekbone
zig'zag [dzig'dzag] *sm inv* zigzag; **andare a ~** to zigzag
Zimbabwe [tsim'babwe] *sm* **lo ~** Zimbabwe
'zinco ['dzinko] *sm* zinc
'zingaro, -a ['dzingaro] *sm/f* gipsy
'zio ['tsio] (*pl* **'zii**) *sm* uncle
zip'pare *vt* (*Inform: file*) to zip
zi'tella [dzi'tɛlla] *sf* spinster; (*peg*) old maid
'zitto, -a ['tsitto] *ag* quiet, silent; **sta' ~!** be quiet!
'zoccolo ['tsɔkkolo] *sm* (*calzatura*) clog; (*di cavallo ecc*) hoof; (*basamento*) base; plinth
zodia'cale [dzodia'kale] *ag* zodiac *cpd*; **segno ~** sign of the zodiac
zo'diaco [dzo'diako] *sm* zodiac
'zolfo ['tsolfo] *sm* sulphur
'zolla ['dzɔlla] *sf* clod (of earth)
zol'letta [dzol'letta] *sf* sugar lump
'zona ['dzɔna] *sf* zone, area; **zona di depressione** (*Meteor*) trough of low pressure; **zona disco** (*Aut*) ≈ meter zone; **zona industriale** industrial estate; **zona pedonale** pedestrian precinct; **zona verde** (*di abitato*) green area
'zonzo ['dzondzo]: **a ~** *av*, **andare a ~** to wander about, stroll about
zoo ['dzɔo] *sm inv* zoo
zoolo'gia [dzoolo'dʒia] *sf* zoology
zoppi'care [tsoppi'kare] *vi* to limp; to be shaky, rickety
'zoppo, -a ['tsɔppo] *ag* lame; (*fig: mobile*) shaky, rickety
Z.T.L. *sigla f* (= *Zona a Traffico Limitato*) *controlled traffic zone*
'zucca, -che ['tsukka] *sf* (*Bot*) marrow; pumpkin
zucche'rare [tsukke'rare] *vt* to put sugar in; **zucche'rato, -a** *ag* sweet, sweetened
zuccheri'era [tsukke'rjɛra] *sf* sugar bowl
'zucchero ['tsukkero] *sm* sugar; **zucchero di canna** cane sugar; **zucchero filato** candy floss, cotton candy (*US*)
zuc'china [tsuk'kina] *sf* courgette (*BRIT*), zucchini (*US*)
'zuffa ['tsuffa] *sf* brawl
'zuppa ['tsuppa] *sf* soup; (*fig*) mixture, muddle; **zuppa inglese** (*Cuc*) *dessert made with sponge cake, custard and chocolate*, ≈ trifle (*BRIT*)
'zuppo, -a ['tsuppo] *ag* **~ (di)** drenched (with), soaked (with)

Phrasefinder

Frasi utili per chi viaggia

TOPICS | ARGOMENTI

TOPICS | ARGOMENTI

Hello!	Ciao!
Good evening!	Buona sera!
Good night!	Buona notte!
Goodbye!	Arrivederci!
What's your name?	Come si chiama/Come ti chiami?
My name is ...	Mi chiamo ...
This is ...	Le presento/Ti presento ...
my wife.	*mia moglie.*
my husband.	*mio marito.*
my partner.	*la mia compagna/il mio compagno.*
Where are you from?	Di dov'è?/Di dove sei?
I come from ...	Sono di ...
How are you?	Come sta?/Come stai?
Fine, thanks.	Bene, grazie.
And you?	E lei?/E tu?
Do you speak English?	Parla/Parli l'inglese?
I don't understand Italian.	Non capisco l'italiano.
Thanks very much!	Grazie mille!

Asking the Way	Chiedere indicazioni
Where is the nearest ...?	C'è un/una ... qui vicino?
How do I get to ...?	Come si va a ...?
Is it far?	È lontano?
How far is it from here?	Quanto dista da qui?
Is this the right way to ...?	È questa la strada per ...?
I'm lost.	Mi sono perso/persa.
Can you show me on the map?	Me lo può/puoi far vedere sulla cartina?
You have to turn round.	Deve/Devi tornare indietro.
Go straight on.	Vada/Vai sempre dritto.
Turn left/right.	Giri/Gira a sinistra/a destra.
Take the second street on the left/right.	Prenda/Prendi la seconda a sinistra/destra.

Car Hire	Noleggiare una macchina
I want to hire ...	Vorrei noleggiare ...
a car.	*una macchina.*
a moped.	*un motorino.*
a motorbike.	*una motocicletta.*
How much is it for ...?	Quanto costa ...?
one day	*al giorno*
a week	*alla settimana*
Is there a kilometre charge?	C'è un supplemento chilometrico?
What is included in the price?	Cos'è incluso nel prezzo?
I'd like a child seat for a 2-year-old child.	Vorrei un seggiolino per un bambino di due anni.
What do I do if I have an accident/if I break down?	Cosa devo fare in caso di incidente/guasto?

Breakdowns	**In caso di guasto**
My car has broken down.	Mi si è fermata l'auto.
Where is the next garage?	Dov'è l'officina più vicina?
... is broken.	Si è rotto/rotta ...
The exhaust	*lo scappamento.*
The gearbox	*la scatola del cambio.*
The windscreen	*il parabrezza.*
... are not working.	... non funziona/non funzionano.
The brakes	*I freni*
The headlights	*Gli abbaglianti*
The windscreen wipers	*I tergicristalli*
The battery is flat.	Ho la batteria scarica.
The car won't start.	L'auto non parte.
The engine is overheating.	Il motore si surriscalda.
I have a flat tyre.	Ho una gomma a terra.
Can you repair it?	Può ripararlo?
When will the car be ready?	Quando sarà pronta la macchina?

Parking	**Parcheggiare**
Can I park here?	Si può parcheggiare qui?
Do I need to buy a (car-parking) ticket?	Bisogna prendere un biglietto per il parcheggio?
Where is the ticket machine?	Dov'è il parchimetro?
The ticket machine isn't working.	Il parchimetro non funziona.

Petrol Station	**Al distributore di benzina**
Where is the nearest petrol station?	Dov'è il distributore (di benzina) più vicino?
Fill it up, please.	Il pieno, per favore.

30 euros' worth of ..., please.	30 euro di ..., per favore.
diesel	*gasolio*
unleaded economy petrol	*benzina (super) senza piombo (95 ottani)*
premium unleaded	*benzina super senza piombo a 98 ottani*
Pump number ..., please.	La pompa numero ..., per favore.
Please check ...	Mi può controllare... ?
the tyre pressure.	*le gomme*
the oil.	*l'olio*
the water.	*l'acqua*

Accident | In caso d'incidente

Please call ...	Per favore, chiami ...
the police.	*la polizia.*
an ambulance.	*un'ambulanza.*
Here are my insurance details.	Ecco gli estremi della mia assicurazione.
Give me your insurance details, please.	Mi dà gli estremi della sua assicurazione per favore?
Can you be a witness for me?	Mi può fare da testimone?
You were driving too fast.	Stava andando troppo veloce.
It wasn't your right of way.	Non aveva la precedenza.

Travelling by Car | Viaggiare in auto

What's the best route to ...?	Qual è la strada migliore per ...?
Do you have a road map of this area?	Ha una cartina stradale della zona?

Cycling	Viaggiare in bicicletta
Where is the cycle path to ...?	Dov'è la pista ciclabile per ...?
Can I keep my bike here?	Posso tenere qui la bicicletta?
My bike has been stolen.	Mi hanno rubato la bicicletta.
Where is the nearest bike repair shop?	Dov'è il negozio di biciclette più vicino che faccia riparazioni?
The brakes	*I freni*
The gears	*Il cambio*
... aren't working.	... non funzionano/non funziona.
The chain is broken.	Si è rotta la catena.
I've got a flat tyre.	Ho una gomma a terra.
I need a puncture repair kit.	Vorrei di un kit di riparazione per le gomme.

Train	Viaggiare in treno
How much is ...?	Quanto costa ...?
a single	*un biglietto di sola andata*
a return	*un biglietto di andata e ritorno*
A single to ..., please.	Un biglietto di sola andata per ..., per favore.
I would like to travel first/ second class.	Vorrei viaggiare in prima/ seconda classe.
Two returns to ..., please.	Due biglietti di andata e ritorno per ..., per favore.
Is there a reduction ...?	Ci sono riduzioni ...?
for students	*per gli studenti*
for pensioners	*per i pensionati*
for children	*per i bambini*
with this pass	*con questa tessera*

I'd like to reserve a seat on the train to ... please.	Vorrei prenotare un posto sul treno per ...
Non smoking/Smoking, please.	Non fumatori/Fumatori per favore.
I want to book a sleeper to ...	Vorrei prenotare una cuccetta per ...
When is the next train to ...?	A che ora è il prossimo treno per ...?
Is there a supplement to pay?	Bisogna pagare un supplemento?
Do I need to change?	Devo cambiare?
Where do I change?	Dove devo cambiare?
Which platform does the train for ... leave from?	Da che binario parte il treno per ...?
Is this the train for ...?	È questo il treno per ...?
Excuse me, that's my seat.	Mi scusi ma quello è il mio posto.
I have a reservation.	Ho la prenotazione.
Is this seat free?	È libero questo posto?
Please let me know when we get to ...	Mi può avvertire quando arriviamo a ...?
Where is the buffet car?	Dov'è il vagone ristorante?
Where is coach number ...?	Dov'è la carrozza numero ...?

Ferry | Viaggiare in traghetto

Is there a ferry to ...?	C'è un traghetto per ...?
When is the next/first/last ferry to ...?	A che ora è il prossimo/ il primo/l'ultimo traghetto per ...?
How much is it for a car/camper with ... people?	Qual è la tariffa per una macchina/un camper con ... persone?

How long does the crossing take?	Quanto dura la traversata?
Where is ...?	Dov'è ...?
the restaurant	*il ristorante*
the bar	*il bar*
Where is cabin number ...?	Dov'è la cabina numero ...?
Do you have anything for seasickness?	Ha qualcosa contro il mal di mare?
Plane	**Viaggiare in aereo**
Where is ...?	Dov'è ...?
the taxi rank	*il parcheggio dei taxi*
the bus stop	*la fermata dell'autobus*
the information office	*il banco informazioni*
Where do I check in for the flight to ...?	Dov'è il banco accettazione del volo per ...?
Which gate for the flight to ...?	Qual è l'uscita del volo per ...?
When is the latest I can check in?	A che ora chiude il check-in?
When does boarding begin?	Quando comincia l'imbarco?
Window/Aisle, please.	Finestrino/Corridoio per favore.
I've lost my boarding pass/ my ticket.	Ho perso la carta d'imbarco/ il biglietto.
Where is the luggage for the flight from ...?	Dove arrivano i bagagli del volo da ...?
My luggage hasn't arrived.	I miei bagagli non sono arrivati.
Local Public Transport	**Trasporti urbani**
How do I get to ...?	Come si va a ...?

Where is the nearest ...?	Dov'è la ... più vicina?
bus stop	*fermata dell'autobus*
underground station	*stazione della metropolitana*
Where is the bus station?	Dov'è la stazione degli autobus?
A ticket, please.	Un biglietto per favore.
To ...	Per ...
Is there a reduction ...?	Ci sono riduzioni ...?
for students	*per gli studenti*
for pensioners	*per i pensionati*
for children	*per i bambini*
for the unemployed	*per i disoccupati*
with this pass	*con questa tessera*
How does the ticket machine work?	Come funziona il distributore di biglietti?
Do you have a map of the underground?	Ha una cartina della metropolitana?
Please tell me when to get off.	Mi può dire quando devo scendere?
What is the next stop?	Qual è la prossima fermata?

Taxi | In taxi

Where can I get a taxi?	Dove posso trovare un taxi?
Call me a taxi, please.	Mi chiama un taxi, per favore?
To the airport/station, please.	All'aeroporto/Alla stazione, per favore.
To this address, please.	A quest'indirizzo, per favore.
I'm in a hurry.	Ho fretta.
How much is it?	Quant'è?
I need a receipt.	Mi fa una ricevuta?
Keep the change.	Tenga pure il resto.
Stop here, please.	Si fermi qui, per favore.

Camping	Campeggio
Is there a campsite here?	C'è un campeggio nelle vicinanze?
We'd like a site for ...	Vorremmo un posto ...
a tent.	*tenda.*
a caravan.	*per la roulotte.*
We'd like to stay one night/ ... nights.	Ci fermiamo una notte/ ... notti.
How much is it per night?	Quanto costa a notte?
Where are ...?	Dove sono ...?
the toilets	*i bagni*
the showers	*le docce*
Where is ...?	Dov'è ...?
the shop	*lo spaccio*
the site office	*la direzione*
Can we camp here overnight?	Possiamo campeggiare qui per la notte?

Self-Catering	Appartamento
Where do we get the key for the apartment/house?	Dove troviamo la chiave dell'appartamento/della casa?
Do we have to pay extra for electricity/gas?	L'elettricità/Il gas si paga a parte?
How does the heating work?	Come funziona il riscaldamento?
Who do I contact if there are any problems?	A chi mi devo rivolgere in caso di problemi?
We need ...	Ci può dare ...?
a second key.	*un'altra chiave*
more sheets.	*altre lenzuola*

The gas has run out.	È finita la bombola del gas.
There is no electricity.	Non c'è la corrente.
Do we have to clean the apartment/the house?	Dobbiamo pulire l'appartamento/la casa?

Hotel | Albergo

Do you have a ... for tonight?	Ha una ... per questa notte?
single room	*camera singola*
double room	*camera doppia*
Do you have a room ...?	Ha una camera ...?
with bath	*con bagno*
with shower	*con la doccia*
I want to stay for one night/ ... nights.	Mi fermo una notte/ ... notti.
I booked a room in the name of ...	Ho prenotato una camera a nome ...
I'd like another room.	Mi può dare un'altra camera?
What time is breakfast?	A che ora è servita la colazione?
Can I have breakfast in my room?	Servite la colazione in camera?
Where is the gym?	Dov'è la palestra?
I'd like an alarm call for tomorrow morning at ...	Mi può svegliare domani mattina alle ...?
I'd like to get these things washed/cleaned.	Mi può far lavare/lavare a secco queste cose?
Please bring me ...	Mi può portare ...?
... doesn't work.	... non funziona.
Room number ...	Camera numero ...
Are there any messages for me?	Ci sono messaggi per me?

I'd like ...	Vorrei ...
Do you have ...?	Avete ...?
Do you have this ...?	Ce l'avete ...?
in another size	*in un'altra taglia*
in another colour	*in un altro colore*
I take size ...	Porto il ...
My feet are a size 6.	Porto il 39 (di scarpe).
I'll take it.	Lo/La prendo.
Do you have anything else?	Ha qualcos'altro?
That's too expensive.	È troppo caro/cara.
I'm just looking.	Do solo un'occhiata.
Do you take credit cards?	Accettate le carte di credito?

Food Shopping | Fare la spesa

Where is the nearest ...?	Dov'è il/la ... più vicino/a?
supermarket	*supermercato*
baker's	*panetteria*
Where is the market?	Dov'è il mercato?
When is the market on?	Che giorno è il mercato?
a kilo of ...	un chilo di ...
a pound of ...	mezzo chilo di ...
200 grams of ...	200 grammi di ...
... slices of ...	... fette di ...
a litre of ...	un litro di ...
a bottle of ...	una bottiglia di ...
a packet of ...	un pacchetto di ...

Post Office | All'ufficio postale

Where is the nearest post office?	Dov'è l'ufficio postale più vicino?
When does the post office open?	A che ora apre la posta?

Where can I buy stamps?	Dove posso comprare dei francobolli?
I'd like ... stamps for postcards/letters to Britain/the United States.	Vorrei ... francobolli per cartolina/lettera per la Gran Bretagna/gli Stati Uniti.
I'd like to post/send ...	Vorrei imbucare/spedire ...
this letter.	*questa lettera.*
this parcel.	*questo pacchetto.*
by airmail	per via aerea
Is there any mail for me?	C'è posta per me?
Where is the nearest postbox?	Dov'è la buca delle lettere più vicina?

Photos and Videos | Foto e video

A colour/black and white film, please.	Una pellicola a colori/in bianco e nero, per favore.
With thirty-six exposures.	Trentasei pose.
Can I have batteries for this camera, please?	Vorrei delle pile per questa macchina fotografica, per favore.
Can you develop this film, please?	Mi può sviluppare questa pellicola?
I'd like the photos	Vorrei le foto ...
matt.	*opache.*
glossy.	*lucide.*
When will the photos be ready?	Quando saranno pronte le foto?
How much do the photos cost?	Quanto costano le foto?
Could you take a photo of us, please?	Ci può fare una foto per favore?

Sightseeing	Giri turistici
Where is the tourist office?	Dov'è l'ufficio turistico?
Do you have any leaflets about ...?	Avete degli opuscoli su ...?
Are there any sightseeing tours of the town?	Ci sono visite guidate della città?
When is ... open?	A che ora apre ...?
the museum	*il museo*
the church	*la chiesa*
the castle	*il castello*
How much does it cost to get in?	Quanto costa il biglietto?
Are there any reductions ...?	Ci sono riduzioni ...?
for students	*per gli studenti*
for children	*per i bambini*
for pensioners	*per i pensionati*
for the unemployed	*per i disoccupati*
Is there a guided tour in English?	Ci sono visite guidate in inglese?
Can I take photos here?	Si possono fare foto qui?
Can I film here?	Si può filmare qui?

Entertainment	Spettacoli
What is there to do here?	Cosa c'è di interessante da fare qui?
Where can we ...?	Dove si può ...?
go dancing	*andare a ballare*
hear live music	*ascoltare musica dal vivo*
Where is there ...?	Dov'è ...?
a nice bar	*un locale simpatico*
a good club	*una buona discoteca*
What's on tonight ...?	Cosa danno stasera ...?
at the cinema	*al cinema*

at the theatre	*a teatro*
at the opera	*all'opera*
at the concert hall	*all'auditorium*
Where can I buy tickets for ...?	Dove si possono comprare i biglietti per ...?
the theatre	*il teatro*
the concert	*il concerto*
the opera	*l'opera*
the ballet	*il balletto*
How much is it to get in?	Quanto costa il biglietto?
I'd like a ticket/... tickets for ...	Vorrei un biglietto/... biglietti per ...
Are there any reductions ...?	Ci sono riduzioni ...?
for children	*per i bambini*
for pensioners	*per i pensionati*
for students	*per gli studenti*
for the unemployed	*per i disoccupati*

At the Beach | In spiaggia

Where is the nearest beach?	Dov'è la spiaggia più vicina?
Is it safe to swim here?	È pericoloso nuotare qui?
How deep is the water?	Quanto è profonda l'acqua?
Is there a lifeguard?	C'è un bagnino?
Where can you ...?	Dove si può ...?
go surfing	*fare surf*
go waterskiing	*fare sci d'acqua*
go diving	*fare immersioni*
I'd like to hire ...	Vorrei noleggiare ...
a deckchair.	*una sdraio.*
a sunshade.	*un ombrellone.*
a surfboard.	*una tavola da surf.*
a jetski®.	*un aquascooter.*
a rowing boat.	*una barca a remi.*
a pedal boat.	*un pedalò.*

Sport	Sport
Where can we ...?	Dove possiamo ...?
play tennis/golf	*giocare a tennis/golf*
go swimming	*nuotare*
go riding	*andare a cavallo*
go fishing	*andare a pescare*
go paragliding	*fare parapendio*
How much is it per hour?	Quanto costa all'ora?
Where can I book a court?	Dove si può prenotare un campo da tennis?
Where can I hire rackets?	Dove si possono noleggiare delle racchette?
Where can I hire a rowing boat/a pedal boat?	Dove si può noleggiare una barca a remi/un pedalò?
Do you need a fishing permit?	Bisogna avere una licenza di pesca?

Skiing	Sciare
Where can I hire skiing equipment?	Dove si può noleggiare l'attrezzatura da sci?
I'd like to hire ...	Vorrei noleggiare ...
downhill skis.	*degli sci (da discesa).*
cross-country skis.	*degli sci da fondo.*
ski boots.	*degli scarponi da sci.*
ski poles.	*delle racchette.*
Can you tighten my bindings, please?	Mi può stringere gli attacchi, per favore.
Where can I buy a ski pass?	Dove si compra lo skipass?
I'd like a ski pass ...	Vorrei ...
for a day.	*un giornaliero.*
for five days.	*uno skipass per cinque giorni.*
for a week.	*un settimanale.*

How much is a ski pass?	Quanto costa uno skipass?
When does the first/last chair-lift leave?	A che ora è la prima/l'ultima seggiovia?
Do you have a map of the ski runs?	Ha una piantina delle piste?
Where are the beginners' slopes?	Dove sono le piste per principianti?
How difficult is this slope?	È difficile questa pista?
Is there a ski school?	C'è una scuola di sci?
What's the weather forecast for today?	Come sono le previsioni del tempo per oggi?
What is the snow like?	Com'è la neve?
Is there a danger of avalanches?	C'è pericolo di valanghe?

RESTAURANT | AL RISTORANTE

A table for ... people, please.	Un tavolo per... persone, per favore.
The ... please.	Mi/Ci può portare...
menu	*il menù.*
wine list	*la carta dei vini.*
What do you recommend?	Cosa mi/ci consiglia?
Do you have ...?	Avete ...?
any vegetarian dishes	*dei piatti vegetariani*
children's portions	*delle porzioni per bambini*
Does that contain ...?	Contiene ...?
peanuts	*noccioline*
alcohol	*alcol*
Can you bring (more) ... please?	Mi può portare ancora ..., per favore?
I'll have ...	Prendo ...
The bill, please.	Il conto, per favore.
All together, please.	Un conto unico, per favore.
Separate bills, please.	Conti separati, per favore.
Keep the change.	Tenga pure il resto.
This isn't what I ordered.	Non è quello che avevo ordinato.
The bill is wrong.	C'è un errore nel conto.
The food is cold/too salty.	Il cibo è freddo/troppo salato.

see also **MENU READER** | *vedi anche* **NEL MENU**

Where can I make a phone call?	Dove posso fare una telefonata?
Where is the nearest card phone?	Dov'è il telefono a scheda più vicino?
Where is the nearest coin box?	Dov'è il telefono a monete più vicino?
I'd like a twenty-five euro phone card.	Vorrei una scheda telefonica da venticinque euro.
I'd like some coins for the phone, please.	Mi potrebbe dare della monete per il telefono?
I'd like to make a reverse charge call.	Vorrei fare una telefonata a carico del destinatario.
Hello.	Pronto.
This is ...	Sono ...
Who's speaking, please?	Scusi, chi parla?
Can I speak to Mr/Ms ..., please?	Posso parlare con il signor/ la signora ...?
Extension ..., please.	Mi passa l'interno ..., per favore?
I'll phone back later.	Richiamo più tardi.
Can you text me your answer?	Mi può mandare la risposta via SMS?
Where can I charge my mobile phone?	Dove posso ricaricare il telefonino?
I need a new battery.	Vorrei una batteria nuova.
Where can I buy a top-up card?	Dove posso comprare una scheda ricaricabile?
I can't get a network.	Non c'è campo.

Passport/Customs	Passaporti e dogana
Here is ...	Ecco ...
my passport.	*il mio passaporto.*
my identity card.	*la mia carta d'identità.*
my driving licence.	*la mia patente.*
Here are my vehicle documents.	Ecco i documenti della mia macchina.
This is a present.	È un regalo.
This is for my own personal use.	È per uso personale.

At the Bank	In banca
Where can I change money?	Dove posso cambiare dei soldi?
Is there a bank/bureau de change here?	C'è una banca/un ufficio cambi da queste parti?
When is the bank open?	Che orari fa la banca?
I'd like ... euros.	Vorrei ... euro.
I'd like to cash these traveller's cheques.	Vorrei cambiare questi traveller's cheque.
What's the commission?	Di quanto è la commissione?
Can I use my card to get cash?	Posso prelevare dei contanti con la carta di credito?
Is there a cash machine here?	C'è un Bancomat® qui vicino?
The cash machine swallowed my card.	Il Bancomat® mi ha mangiato la carta.

Repairs	Riparazioni
Where can I get this repaired?	Dove posso farlo/farla riparare?

Can you repair ...?	Mi può riparare ...?
these shoes	*queste scarpe*
this watch	*questo orologio*
How much will the repairs cost?	Quanto costa la riparazione?

Emergency Services | Servizi di emergenza

Help!	Aiuto!
Fire!	Al fuoco!
Please call ...	Per favore, chiami ...
an ambulance.	*un'ambulanza.*
the fire brigade.	*i pompieri.*
the police.	*la polizia.*
I need to make an urgent phone call.	Devo fare una chiamata urgente.
I need an interpreter.	Ho bisogno di un interprete.
Where is the police station?	Dov'è il commissariato di polizia?
Where is the hospital?	Dov'è l'ospedale?
I want to report a theft.	Devo denunciare un furto.
... has been stolen.	Mi hanno rubato ...
There's been an accident.	C'è stato un incidente.
There are ... people injured.	Ci sono ... feriti.
I've been ...	Mi hanno ...
robbed.	*derubato.*
attacked.	*assalito.*
raped.	*violentato.*
I'd like to phone my embassy.	Vorrei chiamare la mia ambasciata.

Pharmacy	In farmacia
Where is the nearest pharmacy?	Dov'è la farmacia più vicina?
Which pharmacy provides emergency service?	Qual è la farmacia di turno?
I'd like something ...	Vorrei qualcosa ...
for diarrhoea.	*contro la diarrea.*
for a temperature.	*per la febbre.*
for car sickness.	*contro il mal d'auto.*
for a headache.	*per il mal di testa.*
for a cold.	*per il raffreddore.*
I'd like ...	Vorrei ...
plasters.	*dei cerotti.*
a bandage.	*una fascia.*
some paracetamol.	*del paracetamolo.*
I can't take ...	Non posso prendere ...
aspirin.	*l'aspirina.*
penicillin.	*la penicillina.*
Is it safe to give to children?	Va bene per i bambini?

At the Doctor's	Dal dottore
I need a doctor.	Ho bisogno di un dottore.
Where is casualty?	Dov'è il pronto soccorso?
I have a pain here.	Ho un dolore qui.
I feel ...	Ho ...
hot.	*caldo.*
cold.	*freddo.*
I feel sick.	Ho la nausea.
I feel dizzy.	Mi gira la testa.
I'm allergic to ...	Sono allergico/allergica a ...
I am ...	Sono ...
pregnant.	*incinta.*

diabetic.	*diabetico/diabetica.*
HIV-positive.	*sieropositivo/sieropositiva.*
I'm on this medication.	Sto prendendo questa medicina.
My blood group is ...	Il mio gruppo sanguigno è ...

At the Hospital | In ospedale

Which ward is ... in?	In che reparto è ...?
When are visiting hours?	Qual è l'orario di visita?
I'd like to speak to ...	Vorrei parlare con ...
a doctor.	*un dottore.*
a nurse.	*un infermiere/un'infermiera*
When will I be discharged?	Quando mi dimettono?

At the Dentist's | Dal dentista

I need a dentist.	Ho bisogno di un dentista.
This tooth hurts.	Mi fa male questo dente.
One of my fillings has fallen out.	Mi è saltata un'otturazione.
I have an abscess.	Ho un ascesso.
Can you repair my dentures?	Mi può aggiustare la dentiera?
I need a receipt for the insurance.	Ho bisogno di una fattura per l'assicurazione.

Business Travel	**Viaggi d'affari**
I'd like to arrange a meeting with ...	Vorrei organizzare una riunione con ...
I have an appointment with Mr/Ms ...	Ho un appuntamento con il signor/la signora ...
Here is my card.	Ecco il mio biglietto da visita.
I work for ...	Lavoro per ...
How do I get to ...?	Come si arriva ...?
your office	*al suo ufficio*
Mr/Ms ...'s office	*all'ufficio del signor/della signora ...*
I need an interpreter.	Ho bisogno di un interprete.
May I use ...?	Posso usare ...?
your phone	*il suo telefono*
your computer	*il suo computer*
your desk	*la sua scrivania*

Disabled Travellers	**Disabili**
Is it possible to visit ... with a wheelchair?	È possibile accedere alla visita del/della ... per un disabile?
Where is the wheelchair-accessible entrance?	Dov'è l'accesso per i disabili?
Is your hotel accessible to wheelchairs?	Il vostro albergo è dotato di un accesso per disabili?
I need a room ...	Ho bisogno di una camera ...
on the ground floor.	*al pianterreno.*
with wheelchair access.	*con un accesso per disabili.*
Do you have a lift for wheelchairs?	Avete un ascensore per disabili?
Where is the disabled toilet?	Dov'è la toilette per i disabili?
Can you help me get on/off please?	Mi può aiutare a salire/scendere, per favore?

The tyre has burst.	Ho una gomma forata.
The battery is flat.	Ho la batteria scarica.

Travelling with children | In viaggio con i bambini

Is it OK to bring children here?	Si possono portare i bambini?
Is there a reduction for children?	Ci sono riduzioni per i bambini?
Do you have children's portions?	Avete delle porzioni per bambini?
Do you have ...?	Avete ...?
a high chair	*un seggiolone*
a cot	*un lettino*
a child's seat	*un seggiolino*
Where can I change the baby?	Dove posso cambiare il bambino/la bambina?
Where can I breast-feed the baby?	Dove posso allattare?
Can you warm this up, please?	Me lo può scaldare per favore?
What is there for children to do?	Cosa c'è di interessante da fare per i bambini?
Where is the nearest playground?	Dov'è il parco giochi più vicino?
Is there a child-minding service?	C'è un servizio di baby sitter?

COMPLAINTS | RECLAIMI

I'd like to make a complaint.	Vorrei fare un reclamo.
To whom can I complain?	A chi posso rivolgermi per un reclamo?
I'd like to speak to the manager, please.	Vorrei parlare con il direttore, per favore.
... doesn't work.	... non funziona.
The light	*La luce*
The heating	*Il riscaldamento*
The shower	*La doccia*
The room is ...	La camera è ...
dirty.	*sporca.*
too small.	*troppo piccola.*
too cold.	*troppo fredda.*
Can you clean the room, please?	Può rifare la camera, per favore?
Can you turn down the TV/the radio, please?	Può abbassare il volume della televisione/della radio, per favore?
The food is ...	Il cibo è ...
cold.	*freddo.*
too salty.	*troppo salato.*
This isn't what I ordered.	Questo non è quello che avevo ordinato.
We've been waiting for a very long time.	È da un bel po' che aspettiamo.
The bill is wrong.	C'è un errore nel conto.
I want my money back.	Rivoglio i miei soldi.
I'd like to exchange this.	Me lo/la potrebbe cambiare?
I'm not satisfied with this.	Non sono soddisfatto.

affettato misto selection of cold meats
affogato al caffè coffee with ice cream
agnolotti pasta filled with meat and cheese, usually served with bolognese sauce
ai ferri grilled
amaretti macaroons
amatriciana, ... all' bacon, tomato and onion sauce
arrabbiata, ... all' tomato sauce with bacon, onion, tomatoes and hot chillies
bagna cauda hot garlic and anchovy dip
bietola beetroot
bocconcini di vitello pieces of veal cooked in butter and sometimes wine
boscaiola, ... alla with mushroom sauce
brace, ... alla grilled
brasato braised beef
bresaola dried cured beef or horse meat
bucatini thick spaghetti-like pasta with a hole running through it
cacciatora, ... alla cooked with tomatoes, onions, herbs and wine
caciocavallo cow's cheese, quite strong when mature
cannella cinnamon
cantucci nutty biscuits
cappelletti pasta filled with cheese or meat filling, served with bolognese sauce or in broth; literally 'little hats'
caprese tomato and mozzarella salad with basil
caprino soft goat's cheese
carbonara, ... alla with a smoked bacon, egg, cream and parmesan sauce
carne macinata mince
carpaccio raw sliced beef eaten with lemon juice, olive oil and thickly grated parmesan cheese
ceci chickpeas
cicoria chicory
coda di rospo monkfish
conchiglie shell-shaped pasta
cotechino spicy pork sausage boiled and often served with lentils
crespella stuffed pancake
dentice sea bream
dragoncello tarragon
faraona guinea fowl
farcito stuffed
farfalle butterfly-shaped pasta
ferri, ... ai grilled

fonduta cheese fondue
forno, ... al baked
fusilli spiral-shaped pasta
limoncello lemon liqueur
linguine flat spaghetti
lonza type of pork fillet
marsala dark dessert wine from Sicily
milanese, ... alla normally applied to veal cutlets dipped in egg and breadcrumbs before frying
norma, ... alla ricotta, tomato and fried aubergine sauce
orecchiette ear-shaped pasta
ossobuco stew made with knuckle of veal in tomato sauce
pappardelle wide ribbon-shaped pasta
peperonata stewed peppers, tomatoes and onions
pizzaiola, ... alla cooked with tomatoes, garlic and herbs
polipo octopus
porchetta roast suckling pig
prosecco sparkling dry white wine
provolone cow's milk cheese
puttanesca, ... alla with tomato, garlic, hot chilli, anchovies and capers
rigatoni ribbed tubes of pasta
risi e bisi thick rice and pea soup
robiola soft cheese with a mild taste
rucola rocket
saltimbocca alla romana veal cooked in white wine with Parma ham
sangue, ... al rare
scamorza cow's milk cheese (type of dried mozzarella)
sott'olio in olive oil
speck type of smoked, cured ham
spiedo, ... allo spit-roasted, or on a skewer
stracchino creamy soft cheese
tagliata thinly-sliced meat, briefly cooked on a griddle and served with rocket or parmesan chips
taleggio soft cheese similar to camembert
tortellini ring-shaped pasta stuffed with meat or cheese
vermicelli very thin pasta
vermut vermouth
verza savoy cabbage

bangers and mash salsicce con puré di patate, cipolle e salsa
banoffee pie crostata ripiena di banana, caramello e panna
BLT (sandwich) Tramezzino a base di pancetta, lattuga e pomodoro, con la maionese
butternut squash vegetale giallo, di forma allungata e sapore dolce, spesso arrostito
Caesar salad insalatona a base di lattuga, verdure, uova e formaggio parmigiano, condita con una salsa particolare. È servita come contorno o come portata principale
chocolate brownie pasta quadrata a base di noci e cioccolato
chowder zuppa fissa di pesce
chicken Kiev petto di pollo impanato cotto al forno con ripieno di burro, aglio e prezzemolo
chicken nuggets piccoli pezzi di pollo impanato, fritto o al forno, serviti come piatto per bambini
cottage pie pasticcio di carne macinata e verdure coperto con uno strato di puré di patate e formaggio, e cotto al forno
Danish pastry dolce di pasta sfoglia, glassato, con ripieno di mele e pasta di mandorle
English breakfast uova, pancetta, salsicce, fagioli con la salsa, pane fritto, funghi e pomodori alla griglia
filo pastry tipo di pasta sfoglia molto sottile
haggis piatto tipico scozzese a base di avena e cuore e fegato di pecora, cucinato nella pelle dello stomaco dell'animale
hash browns crocchette di patate e cipolla, spesso servite per colazione
hotpot stufato di carne e verdure servito con patate tagliate a fette
Irish stew stufato d'agnello, patate e cipolle
monkfish coda di rospo
oatcake biscotto d'avena che spesso si mangia con il formaggio

pavlova grossa meringa con frutta e panna montata
Quorn® proteina vegetale usata come sostituto della carne
savoy cabbage verza
sea bass tipo di branzino
Scotch broth brodo di carne con orzo e verdure a cubetti
Scotch egg uovo sodo fritto in un ripieno di salsiccia e pangrattato
spare ribs costine di maiale, generalmente servite con una salsa per grigliata
spring roll involtino primavera
Stilton formaggio simile al gorgonzola, molto saporito
sundae gelato con salsa, noci, panna ecc
Thousand Island dressing salsa rosa, spesso servita con i gamberetti
toad in the hole salsicce arrostite in pastella
Waldorf salad insalata a base di mela affettata, sedano, granella di noci condita con una salsa a base di maionese
Welsh rarebit misto di uova e formaggio fuso, che si mangia sul pane tostato.
Yorkshire pudding pudding a base di uova, latte e farina cotto al forno; si mangia con l'arrosto di manzo

ENGLISH - ITALIAN

INGLESE - ITALIANO

a

A [eɪ] *n* (*Mus*) la *m*

a
[ə] (*before vowel or silent h* **an**)
indef art
1 un (uno + *s impure, gn, pn, ps, x, z*), una *f* (un' + *vowel*); **a book** un libro; **a mirror** uno specchio; **an apple** una mela; **she's a doctor** è medico
2 (*instead of the number "one"*) un(o), *f* una; **a year ago** un anno fa; **a hundred/thousand** *etc* **pounds** cento/mille *etc* sterline
3 (*in expressing ratios, prices etc*) a, per; **3 a day/week** 3 al giorno/alla settimana; **10 km an hour** 10 km all'ora; **£5 a person** 5 sterline a persona *or* per persona

A.A. *n abbr* (= *Alcoholics Anonymous*) AA; (*BRIT*: = *Automobile Association*) ≈ A.C.I. *m*

A.A.A. (*US*) *n abbr* (= *American Automobile Association*) ≈ A.C.I. *m*

aback [ə'bæk] *adv* **to be taken ~** essere sbalordito(-a)

abandon [ə'bændən] *vt* abbandonare ▸ *n* **with ~** sfrenatamente, spensieratamente

abattoir ['æbətwɑːʳ] (*BRIT*) *n* mattatoio

abbey ['æbɪ] *n* abbazia, badia

abbreviation [əbriːvɪ'eɪʃən] *n* abbreviazione *f*

abdomen ['æbdəmən] *n* addome *m*

abduct [æb'dʌkt] *vt* rapire

abide [ə'baɪd] *vt* **I can't ~ it/him** non lo posso soffrire *or* sopportare ▷ **abide by** *vt fus* conformarsi a

ability [ə'bɪlɪtɪ] *n* abilità *f inv*

able ['eɪbl] *adj* capace; **to be ~ to do sth** essere capace di fare qc, poter fare qc

abnormal [æb'nɔːməl] *adj* anormale

aboard [ə'bɔːd] *adv* a bordo ▸ *prep* a bordo di

abolish [ə'bɔlɪʃ] *vt* abolire

abolition [æbəu'lɪʃən] *n* abolizione *f*

abort [ə'bɔːt] *vt* abortire; **abortion** [ə'bɔːʃən] *n* aborto; **to have an abortion** abortire

about
[ə'baut] *adv*
1 (*approximately*) circa, quasi; **about a hundred/thousand** *etc* un centinaio/migliaio *etc*, circa cento/mille *etc*; **it takes about 10 hours** ci vogliono circa 10 ore; **at about 2 o'clock** verso le 2; **I've just about finished** ho quasi finito
2 (*referring to place*) qua e là, in giro; **to leave things lying about** lasciare delle cose in giro; **to run about** correre qua e là; **to walk about** camminare
3: **to be about to do sth** stare per fare qc
▸*prep*
1 (*relating to*) su, di; **a book about London** un libro su Londra; **what is it about?** di che si tratta?; (*book, film etc*) di cosa tratta?; **we talked about it** ne abbiamo parlato; **what** *or* **how about doing this?** che ne dici di fare questo?
2 (*referring to place*): **to walk about the town** camminare per la città; **her clothes were scattered about the room** i suoi vestiti erano sparsi *or* in giro per tutta la stanza

above [ə'bʌv] *adv, prep* sopra; **mentioned ~** suddetto; **~ all** soprattutto

abroad [ə'brɔːd] *adv* all'estero

abrupt [ə'brʌpt] *adj* (*sudden*)

improvviso(-a); (*gruff, blunt*) brusco(-a)
abscess ['æbsɪs] *n* ascesso
absence ['æbsəns] *n* assenza
absent ['æbsənt] *adj* assente; **absent-minded** *adj* distratto(-a)
absolute ['æbsəlu:t] *adj* assoluto(-a); **absolutely** [-'lu:tlɪ] *adv* assolutamente
absorb [əb'zɔ:b] *vt* assorbire; **to be ~ed in a book** essere immerso in un libro; **absorbent cotton** [əb'zɔ:bənt-] (US) *n* cotone *m* idrofilo; **absorbing** *adj* avvincente, molto interessante
abstain [əb'steɪn] *vi* **to ~ (from)** astenersi (da)
abstract ['æbstrækt] *adj* astratto(-a)
absurd [əb'sə:d] *adj* assurdo(-a)
abundance [ə'bʌndəns] *n* abbondanza
abundant [ə'bʌndənt] *adj* abbondante
abuse [*n* ə'bju:s, *vb* ə'bju:z] *n* abuso; (*insults*) ingiurie *fpl* ▸ *vt* abusare di; **abusive** *adj* ingiurioso(-a)
abysmal [ə'bɪzməl] *adj* spaventoso(-a)
academic [ækə'dɛmɪk] *adj* accademico(-a); (*pej: issue*) puramente formale ▸ *n* universitario(-a); **academic year** *n* anno accademico
academy [ə'kædəmɪ] *n* (*learned body*) accademia; (*school*) scuola privata; **academy of music** *n* conservatorio
accelerate [æk'sɛləreɪt] *vt*, *vi* accelerare; **acceleration** *n* accelerazione *f*; **accelerator** *n* acceleratore *m*
accent ['æksɛnt] *n* accento
accept [ək'sɛpt] *vt* accettare; **acceptable** *adj* accettabile; **acceptance** *n* accettazione *f*
access ['æksɛs] *n* accesso; **accessible** [æk'sɛsəbl] *adj* accessibile
accessory [æk'sɛsərɪ] *n* accessorio; (*Law*): **~ to** complice *m/f* di
accident ['æksɪdənt] *n* incidente *m*; (*chance*) caso; **I've had an ~** ho avuto un incidente; **by ~** per caso; **accidental** [-'dɛntl] *adj* accidentale; **accidentally** [-'dɛntəlɪ] *adv* per caso; **Accident and Emergency Department** *n* (BRIT) pronto soccorso; **accident insurance** *n* assicurazione *f* contro gli infortuni
acclaim [ə'kleɪm] *n* acclamazione *f*
accommodate [ə'kɔmədeɪt] *vt* alloggiare; (*oblige, help*) favorire
accommodation [əkɔmə'deɪʃən] (US **accommodations**) *n* alloggio
accompaniment [ə'kʌmpənɪmənt] *n* accompagnamento
accompany [ə'kʌmpənɪ] *vt* accompagnare
accomplice [ə'kʌmplɪs] *n* complice *m/f*
accomplish [ə'kʌmplɪʃ] *vt* compiere; (*goal*) raggiungere; **accomplishment** *n* compimento; realizzazione *f*
accord [ə'kɔ:d] *n* accordo ▸ *vt* accordare; **of his own ~** di propria iniziativa; **accordance** *n* **in accordance with** in conformità con; **according**: **according to** *prep* secondo; **accordingly** *adv* in conformità
account [ə'kaunt] *n* (*Comm*) conto; (*report*) descrizione *f*; **~s** *npl* (*Comm*) conti *mpl*; **of no ~** di nessuna importanza; **on ~** in acconto; **on no ~** per nessun motivo; **on ~ of** a causa di; **to take into ~, take ~ of** tener conto di ▷ **account for** *vt fus* spiegare; giustificare; **accountable** *adj* **accountable (to)** responsabile (verso); **accountant** [ə'kauntənt] *n* ragioniere(-a); **account number** *n* numero di conto
accumulate [ə'kju:mjuleɪt] *vt*

accumulare ▸ *vi* accumularsi
accuracy ['ækjurəsɪ] *n* precisione *f*
accurate ['ækjurɪt] *adj* preciso(-a); **accurately** *adv* precisamente
accusation [ækju'zeɪʃən] *n* accusa
accuse [ə'kju:z] *vt* accusare; **accused** *n* accusato(-a)
accustomed [ə'kʌstəmd] *adj* **~ to** abituato(-a) a
ace [eɪs] *n* asso
ache [eɪk] *n* male *m*, dolore *m* ▸ *vi* (*be sore*) far male, dolere; **my head ~s** mi fa male la testa
achieve [ə'tʃi:v] *vt* (*aim*) raggiungere; (*victory, success*) ottenere; **achievement** *n* compimento; successo
acid ['æsɪd] *adj* acido(-a) ▸ *n* acido
acknowledge [ək'nɔlɪdʒ] *vt* (*letter: also:* **~ receipt of**) confermare la ricevuta di; (*fact*) riconoscere; **acknowledgement** *n* conferma; riconoscimento
acne ['æknɪ] *n* acne *f*
acorn ['eɪkɔ:n] *n* ghianda
acoustic [ə'ku:stɪk] *adj* acustico(-a)
acquaintance [ə'kweɪntəns] *n* conoscenza; (*person*) conoscente *m/f*
acquire [ə'kwaɪə^{r}] *vt* acquistare; **acquisition** [ækwɪ'zɪʃən] *n* acquisto
acquit [ə'kwɪt] *vt* assolvere; **to ~ o.s. well** comportarsi bene
acre ['eɪkə^{r}] *n* acro, ≈ 4047 m^{2}
acronym ['ækrənɪm] *n* acronimo
across [ə'krɔs] *prep* (*on the other side*) dall'altra parte di; (*crosswise*) attraverso ▸ *adv* dall'altra parte; in larghezza; **to run/swim ~** attraversare di corsa/a nuoto; **~ from** di fronte a
acrylic [ə'krɪlɪk] *adj* acrilico(-a)
act [ækt] *n* atto; (*in music-hall etc*) numero; (*Law*) decreto ▸ *vi* agire; (*Theatre*) recitare; (*pretend*) fingere ▸ *vt* (*part*) recitare; **to ~ as** agire da ▹ **act up** (*inf*) *vi* (*person*) comportarsi male; (*knee, back, injury*) fare male; (*machine*) non funzionare; **acting** *adj* che fa le funzioni di ▸ *n* (*of actor*) recitazione *f*; (*activity*): **to do some acting** fare del teatro (*or* del cinema)
action ['ækʃən] *n* azione *f*; (*Mil*) combattimento; (*Law*) processo; **out of ~** fuori combattimento; fuori servizio; **to take ~** agire; **action replay** *n* (*TV*) replay *m inv*
activate ['æktɪveɪt] *vt* (*mechanism*) attivare
active ['æktɪv] *adj* attivo(-a); **actively** *adv* (*participate*) attivamente; (*discourage, dislike*) vivamente
activist ['æktɪvɪst] *n* attivista *m/f*
activity [æk'tɪvɪtɪ] *n* attività *f inv*; **activity holiday** *n vacanza organizzata con attività ricreative per ragazzi*
actor ['æktə^{r}] *n* attore *m*
actress ['æktrɪs] *n* attrice *f*
actual ['æktjuəl] *adj* reale, effettivo(-a)

> Be careful not to translate **actual** by the Italian word ***attuale***.

actually ['æktjuəlɪ] *adv* veramente; (*even*) addirittura

> Be careful not to translate **actually** by the Italian word ***attualmente***.

acupuncture ['ækjupʌŋktʃə^{r}] *n* agopuntura
acute [ə'kju:t] *adj* acuto(-a); (*mind, person*) perspicace
ad [æd] *n abbr* = **advertisement**
A.D. *adv abbr* (= *Anno Domini*) d.C.
adamant ['ædəmənt] *adj* irremovibile
adapt [ə'dæpt] *vt* adattare ▸ *vi* **to ~ (to)** adattarsi (a); **adapter, adaptor** *n* (*Elec*) adattatore *m*
add [æd] *vt* aggiungere ▸ *vi* **to ~ to** (*increase*) aumentare ▹ **add up** *vt* (*figures*) addizionare ▸ *vi* (*fig*): **it doesn't ~ up** non ha senso ▹ **add up to** *vt fus* (*Math*) ammontare a; (*fig:*

mean) significare; **it doesn't ~ up to much** non è un granché
addict ['ædɪkt] *n* tossicomane *m/f*; (*fig*) fanatico(-a); **addicted** [ə'dɪktɪd] *adj* **to be addicted to** (*drink etc*) essere dedito(-a) a; (*fig: football etc*) essere tifoso(-a) di; **addiction** [ə'dɪkʃən] *n* (*Med*) tossicodipendenza; **addictive** [ə'dɪktɪv] *adj* che dà assuefazione
addition [ə'dɪʃən] *n* addizione *f*; (*thing added*) aggiunta; **in ~** inoltre; **in ~ to** oltre; **additional** *adj* supplementare
additive ['ædɪtɪv] *n* additivo
address [ə'drɛs] *n* indirizzo; (*talk*) discorso ▸ *vt* indirizzare; (*speak to*) fare un discorso a; (*issue*) affrontare; **address book** *n* rubrica
adequate ['ædɪkwɪt] *adj* adeguato(-a), sufficiente
adhere [əd'hɪər] *vi* **to ~ to** aderire a; (*fig: rule, decision*) seguire
adhesive [əd'hi:zɪv] *n* adesivo; **adhesive tape** *n* (*BRIT: for parcels etc*) nastro adesivo; (*US Med*) cerotto adesivo
adjacent [ə'dʒeɪsənt] *adj* adiacente; **~ to** accanto a
adjective ['ædʒɛktɪv] *n* aggettivo
adjoining [ə'dʒɔɪnɪŋ] *adj* accanto *inv*, adiacente
adjourn [ə'dʒə:n] *vt* rimandare ▸ *vi* essere aggiornato(-a)
adjust [ə'dʒʌst] *vt* aggiustare; (*change*) rettificare ▸ *vi* **to ~ (to)** adattarsi (a); **adjustable** *adj* regolabile; **adjustment** *n* (*Psych*) adattamento; (*of machine*) regolazione *f*; (*of prices, wages*) modifica
administer [əd'mɪnɪstər] *vt* amministrare; (*justice, drug*) somministrare; **administration** [ədmɪnɪs'treɪʃən] *n* amministrazione *f*; **administrative** [əd'mɪnɪstrətɪv] *adj* amministrativo(-a)
administrator [əd'mɪnɪstreɪtər] *n* amministratore(-trice)
admiral ['ædmərəl] *n* ammiraglio
admiration [ædmə'reɪʃən] *n* ammirazione *f*
admire [əd'maɪər] *vt* ammirare; **admirer** *n* ammiratore(-trice)
admission [əd'mɪʃən] *n* ammissione *f*; (*to exhibition, nightclub etc*) ingresso; (*confession*) confessione *f*
admit [əd'mɪt] *vt* ammettere; far entrare; (*agree*) riconoscere ▹ **admit to** *vt fus* riconoscere; **admittance** *n* ingresso; **admittedly** *adv* bisogna pur riconoscere (che)
adolescent [ædəu'lɛsnt] *adj, n* adolescente *m/f*
adopt [ə'dɔpt] *vt* adottare; **adopted** *adj* adottivo(-a); **adoption** [ə'dɔpʃən] *n* adozione *f*
adore [ə'dɔ:r] *vt* adorare
adorn [ə'dɔ:n] *vt* ornare
Adriatic [eɪdrɪ'ætɪk] *n* **the ~ (Sea)** il mare Adriatico, l'Adriatico
adrift [ə'drɪft] *adv* alla deriva
ADSL *n abbr* (*= asymmetric digital subscriber line*) ADSL *m*
adult ['ædʌlt] *adj* adulto(-a); (*work, education*) per adulti ▸ *n* adulto(-a); **adult education** *n* scuola per adulti
adultery [ə'dʌltərɪ] *n* adulterio
advance [əd'vɑ:ns] *n* avanzamento; (*money*) anticipo ▸ *adj* (*booking etc*) in anticipo ▸ *vt* (*money*) anticipare ▸ *vi* avanzare; **in ~** in anticipo; **advanced** *adj* avanzato(-a); (*Scol: studies*) superiore
advantage [əd'vɑ:ntɪdʒ] *n* (*also Tennis*) vantaggio; **to take ~ of** approfittarsi di
advent ['ædvənt] *n* avvento; (*Rel*): **A~** Avvento
adventure [əd'vɛntʃər] *n* avventura; **adventurous** [əd'vɛntʃərəs] *adj* avventuroso(-a)
adverb ['ædvə:b] *n* avverbio

a

adversary ['ædvəsərɪ] *n* avversario(-a)
adverse ['ædvə:s] *adj* avverso(-a)
advert ['ædvə:t] (*BRIT*) *n abbr* = **advertisement**
advertise ['ædvətaɪz] *vi, vt* fare pubblicità *or* réclame (a); fare un'inserzione (per vendere); **to ~ for** (*staff*) mettere un annuncio sul giornale per trovare; **advertisement** [əd'və:tɪsmənt] *n* (*Comm*) réclame *f inv*, pubblicità *f inv*; (*in classified ads*) inserzione *f*; **advertiser** *n* azienda che reclamizza un prodotto; (*in newspaper*) inserzionista *m/f*; **advertising** ['ædvətaɪzɪŋ] *n* pubblicità
advice [əd'vaɪs] *n* consigli *mpl*; **piece of ~** consiglio; **to take legal ~** consultare un avvocato
advisable [əd'vaɪzəbl] *adj* consigliabile
advise [əd'vaɪz] *vt* consigliare; **to ~ sb of sth** informare qn di qc; **to ~ sb against sth/doing sth** sconsigliare qc a qn/a qn di fare qc; **adviser** *n* consigliere(-a); (*in business*) consulente *m/f*, consigliere(-a); **advisory** [-ərɪ] *adj* consultivo(-a)
advocate [*n* 'ædvəkɪt, *vb* 'ædvəkeɪt] *n* (*upholder*) sostenitore(-trice); (*Law*) avvocato (difensore) ▶ *vt* propugnare
Aegean [ɪ'dʒɪ:ən] *n* **the ~ (Sea)** il mar Egeo, l'Egeo
aerial ['ɛərɪəl] *n* antenna ▶ *adj* aereo(-a)
aerobics [ɛə'rəubɪks] *n* aerobica
aeroplane ['ɛərəpleɪn] (*BRIT*) *n* aeroplano
aerosol ['ɛərəsɔl] (*BRIT*) *n* aerosol *m inv*
affair [ə'fɛə'] *n* affare *m*; (*also:* **love ~**) relazione *f* amorosa; **~s** (*business*) affari
affect [ə'fɛkt] *vt* toccare; (*influence*) influire su, incidere su; (*feign*) fingere; **affected** *adj* affettato(-a); **affection** [ə'fɛkʃən] *n* affezione *f*; **affectionate** *adj* affettuoso(-a)
afflict [ə'flɪkt] *vt* affliggere
affluent ['æfluənt] *adj* ricco(-a); **the ~ society** la società del benessere
afford [ə'fɔ:d] *vt* permettersi; (*provide*) fornire; **affordable** *adj* (che ha un prezzo) abbordabile
Afghanistan [æf'gænɪstɑ:n] *n* Afganistan *m*
afraid [ə'freɪd] *adj* impaurito(-a); **to be ~ of** *or* **to/that** aver paura di/che; **I am ~ so/not** ho paura di sì/no
Africa ['æfrɪkə] *n* Africa; **African** *adj, n* africano(-a); **African-American** *adj, n* afroamericano(-a)
after ['ɑ:ftə'] *prep, adv* dopo ▶ *conj* dopo che; **what/who are you ~?** che/chi cerca?; **~ he left/having done** dopo che se ne fu andato/dopo aver fatto; **to name sb ~ sb** dare a qn il nome di qn; **it's twenty ~ eight** (*US*) sono le otto e venti; **to ask ~ sb** chiedere di qn; **~ all** dopo tutto; **~ you!** dopo di lei!; **after-effects** *npl* conseguenze *fpl*; (*of illness*) postumi *mpl*; **aftermath** *n* conseguenze *fpl*; **in the aftermath of** nel periodo dopo; **afternoon** *n* pomeriggio; **after-shave (lotion)** ['ɑ:ftəʃeɪv-] *n* dopobarba *m inv*; **aftersun (lotion/cream)** *n* doposole *m inv*; **afterwards** (*US* **afterward**) *adv* dopo
again [ə'gɛn] *adv* di nuovo; **to begin/see ~** ricominciare/rivedere; **not ... ~** non ... più; **~ and ~** ripetutamente
against [ə'gɛnst] *prep* contro
age [eɪdʒ] *n* età *f inv* ▶ *vt, vi* invecchiare; **it's been ~s since** sono secoli che; **he is 20 years of ~** ha 20 anni; **to come of ~** diventare maggiorenne; **~d 10** di 10 anni; **the ~d** ['eɪdʒɪd] gli anziani; **age group** *n* generazione *f*; **age limit** *n* limite *m* d'età

agency ['eɪdʒənsɪ] *n* agenzia
agenda [ə'dʒɛndə] *n* ordine *m* del giorno
agent ['eɪdʒənt] *n* agente *m*
aggravate ['ægrəveɪt] *vt* aggravare; (*person*) irritare
aggression [ə'grɛʃən] *n* aggressione *f*
aggressive [ə'grɛsɪv] *adj* aggressivo(-a)
agile ['ædʒaɪl] *adj* agile
agitated ['ædʒɪteɪtɪd] *adj* agitato(-a), turbato(-a)
AGM *n abbr* = **annual general meeting**
ago [ə'gəu] *adv* **2 days ~** 2 giorni fa; **not long ~** poco tempo fa; **how long ~?** quanto tempo fa?
agony ['ægənɪ] *n* dolore *m* atroce; **to be in ~** avere dolori atroci
agree [ə'gri:] *vt* (*price*) pattuire ▶ *vi* **to ~ (with)** essere d'accordo (con); (*Ling*) concordare (con); **to ~ to sth/to do sth** accettare qc/di fare qc; **to ~ that** (*admit*) ammettere che; **to ~ on sth** accordarsi su qc; **garlic doesn't ~ with me** l'aglio non mi va; **agreeable** *adj* gradevole; (*willing*) disposto(-a); **agreed** *adj* (*time, place*) stabilito(-a); **agreement** *n* accordo; **in agreement** d'accordo
agricultural [ægrɪ'kʌltʃərəl] *adj* agricolo(-a)
agriculture ['ægrɪkʌltʃə^r] *n* agricoltura
ahead [ə'hɛd] *adv* avanti; davanti; **~ of** davanti a; (*fig: schedule etc*) in anticipo su; **~ of time** in anticipo; **go right** *or* **straight ~** tiri diritto
aid [eɪd] *n* aiuto ▶ *vt* aiutare; **in ~ of** a favore di
aide [eɪd] *n* (*person*) aiutante *m/f*
AIDS [eɪdz] *n abbr* (= *acquired immune deficiency syndrome*) AIDS *f*
ailing ['eɪlɪŋ] *adj* sofferente; (*fig: economy, industry etc*) in difficoltà
ailment ['eɪlmənt] *n* indisposizione *f*
aim [eɪm] *vt* **to ~ sth at** (*such as gun*) mirare qc a, puntare qc a; (*camera*) rivolgere qc a; (*missile*) lanciare qc contro ▶ *vi* (*also*: **to take ~**) prendere la mira ▶ *n* mira; **to ~ at** mirare; **to ~ to do** aver l'intenzione di fare
ain't [eɪnt] (*inf*) = **am not**; **aren't**; **isn't**
air [ɛə^r] *n* aria ▶ *vt* (*room*) arieggiare; (*clothes*) far prendere aria a; (*grievances, ideas*) esprimere pubblicamente ▶ *cpd* (*currents*) d'aria; (*attack*) aereo(-a); **to throw sth into the ~** lanciare qc in aria; **by ~** (*travel*) in aereo; **on the ~** (*Radio, TV*) in onda; **airbag** *n* airbag *m inv*; **airbed** (*BRIT*) *n* materassino; **airborne** ['ɛəbɔ:n] *adj* (*plane*) in volo; (*troops*) aerotrasportato(-a); **as soon as the plane was airborne** appena l'aereo ebbe decollato; **air-conditioned** *adj* con *or* ad aria condizionata; **air conditioning** *n* condizionamento d'aria; **aircraft** *n inv* apparecchio; **airfield** *n* campo d'aviazione; **Air Force** *n* aviazione *f* militare; **air hostess** (*BRIT*) *n* hostess *f inv*; **airing cupboard** ['ɛərɪŋ-] *n armadio riscaldato per asciugare panni.*; **airlift** *n* ponte *m* aereo; **airline** *n* linea aerea; **airliner** *n* aereo di linea; **airmail** *n* **by airmail** per via aerea; **airplane** (*US*) *n* aeroplano; **airport** *n* aeroporto; **air raid** *n* incursione *f* aerea; **airsick** *adj* **to be airsick** soffrire di mal d'aria; **airspace** *n* spazio aereo; **airstrip** *n* pista d'atterraggio; **air terminal** *n* air-terminal *m inv*; **airtight** *adj* ermetico(-a); **air-traffic controller** *n* controllore *m* del traffico aereo; **airy** *adj* arioso(-a); (*manners*) noncurante
aisle [aɪl] *n* (*of church*) navata laterale; navata centrale; (*of plane*) corridoio; **aisle seat** *n* (*on plane*) posto sul corridoio

ajar [ə'dʒɑːʳ] *adj* socchiuso(-a)
à la carte [ɑːlɑː'kɑːt] *adv* alla carta
alarm [ə'lɑːm] *n* allarme *m* ▸ *vt* allarmare; **alarm call** *n* (*in hotel etc*) sveglia; **could I have an alarm call at 7 am, please?** vorrei essere svegliato alle 7, per favore; **alarm clock** *n* sveglia; **alarmed** *adj* (*person*) allarmato(-a); (*house, car etc*) dotato(-a) di allarme; **alarming** *adj* allarmante, preoccupante
Albania [æl'beɪnɪə] *n* Albania
albeit [ɔːl'biːɪt] *conj* sebbene + *sub*, benché + *sub*
album ['ælbəm] *n* album *m inv*
alcohol ['ælkəhɔl] *n* alcool *m*; **alcohol-free** *adj* analcolico(-a); **alcoholic** [-'hɔlɪk] *adj* alcolico(-a) ▸ *n* alcolizzato(-a)
alcove ['ælkəuv] *n* alcova
ale [eɪl] *n* birra
alert [ə'ləːt] *adj* vigile ▸ *n* allarme *m* ▸ *vt* avvertire; mettere in guardia; **on the ~** all'erta
algebra ['ældʒɪbrə] *n* algebra
Algeria [æl'dʒɪərɪə] *n* Algeria
alias ['eɪlɪəs] *adv* alias ▸ *n* pseudonimo, falso nome *m*
alibi ['ælɪbaɪ] *n* alibi *m inv*
alien ['eɪlɪən] *n* straniero(-a); (*extraterrestrial*) alieno(-a) ▸ *adj* **~ (to)** estraneo(-a) (a); **alienate** *vt* alienare
alight [ə'laɪt] *adj* acceso(-a) ▸ *vi* scendere; (*bird*) posarsi
align [ə'laɪn] *vt* allineare
alike [ə'laɪk] *adj* simile ▸ *adv* sia ... sia; **to look ~** assomigliarsi
alive [ə'laɪv] *adj* vivo(-a); (*lively*) vivace

all
[ɔːl] *adj* tutto(-a); **all day** tutto il giorno; **all night** tutta la notte; **all men** tutti gli uomini; **all five came** sono venuti tutti e cinque; **all the books** tutti i libri; **all the food** tutto il cibo; **all the time** sempre; tutto il tempo; **all his life** tutta la vita
▸ *pron*
1 tutto(-a); **I ate it all, I ate all of it** l'ho mangiato tutto; **all of us went** tutti noi siamo andati; **all of the boys went** tutti i ragazzi sono andati
2 (*in phrases*): **above all** soprattutto; **after all** dopotutto; **at all: not at all** (*in answer to question*) niente affatto; (*in answer to thanks*) prego!, di niente!, s'immagini!; **I'm not at all tired** non sono affatto stanco(-a); **anything at all will do** andrà bene qualsiasi cosa; **all in all** tutto sommato
▸ *adv* **all alone** tutto(-a) solo(-a); **it's not as hard as all that** non è poi così difficile; **all the more/the better** tanto più/meglio; **all but** quasi; **the score is two all** il punteggio è di due a due

Allah ['ælə] *n* Allah *m*
allegation [ælɪ'geɪʃən] *n* asserzione *f*
alleged [ə'lɛdʒd] *adj* presunto(-a); **allegedly** [ə'lɛdʒɪdlɪ] *adv* secondo quanto si asserisce
allegiance [ə'liːdʒəns] *n* fedeltà
allergic [ə'ləːdʒɪk] *adj* **~ to** allergico(-a) a; **I'm ~ to penicillin** sono allergico alla penicillina
allergy ['ælədʒɪ] *n* allergia
alleviate [ə'liːvɪeɪt] *vt* sollevare
alley ['ælɪ] *n* vicolo
alliance [ə'laɪəns] *n* alleanza
allied ['ælaɪd] *adj* alleato(-a)
alligator ['ælɪgeɪtəʳ] *n* alligatore *m*
all-in ['ɔːlɪn] *adj* (*BRIT. also adv: charge*) tutto compreso
allocate ['æləkeɪt] *vt* assegnare
allot [ə'lɔt] *vt* assegnare
all-out ['ɔːlaut] *adj* (*effort etc*) totale ▸ *adv* **to go all out for** mettercela tutta per
allow [ə'lau] *vt* (*practice, behaviour*) permettere; (*sum to spend etc*) accordare; (*sum, time estimated*) dare; (*concede*): **to ~ that** ammettere che; **to**

~ sb to do permettere a qn di fare; **he is ~ed to** lo può fare ▷ **allow for** *vt fus* tener conto di; **allowance** *n* (*money received*) assegno; indennità *f inv*; (*Tax*) detrazione *f* di imposta; **to make allowances for** tener conto di

all right *adv* (*feel, work*) bene; (*as answer*) va bene

ally ['ælaɪ] *n* alleato

almighty [ɔːl'maɪtɪ] *adj* onnipotente; (*row etc*) colossale

almond ['ɑːmənd] *n* mandorla

almost ['ɔːlməust] *adv* quasi

alone [ə'ləun] *adj, adv* solo(-a); **to leave sb ~** lasciare qn in pace; **to leave sth ~** lasciare stare qc; **let ~ ...** figuriamoci poi ..., tanto meno ...

along [ə'lɔŋ] *prep* lungo ▸ *adv* **is he coming ~?** viene con noi?; **he was limping ~** veniva zoppicando; **~ with** insieme con; **all ~** (*all the time*) sempre, fin dall'inizio; **alongside** *prep* accanto a; lungo ▸ *adv* accanto

aloof [ə'luːf] *adj* distaccato(-a) ▸ *adv* **to stand ~** tenersi a distanza *or* in disparte

aloud [ə'laud] *adv* ad alta voce

alphabet ['ælfəbɛt] *n* alfabeto

Alps [ælps] *npl* **the ~** le Alpi

already [ɔːl'rɛdɪ] *adv* già

alright ['ɔːl'raɪt] (BRIT) *adv* = **all right**

also ['ɔːlsəu] *adv* anche

altar ['ɔltə^r] *n* altare *m*

alter ['ɔltə^r] *vt, vi* alterare; **alteration** [ɔltə'reɪʃən] *n* modificazione *f*, alterazione *f*; **alterations** (*Sewing, Archit*) modifiche *fpl*; **timetable subject to alteration** orario soggetto a variazioni

alternate [*adj* ɔl'təːnɪt, *vb* 'ɔltəːneɪt] *adj* alterno(-a); (*US: plan etc*) alternativo(-a) ▸ *vi* **to ~ (with)** alternarsi (a); **on ~ days** ogni due giorni

alternative [ɔl'təːnətɪv] *adj* alternativo(-a) ▸ *n* (*choice*) alternativa; **alternatively** *adv* **alternatively one could ...** come alternativa si potrebbe ...

although [ɔːl'ðəu] *conj* benché + *sub*, sebbene + *sub*

altitude ['æltɪtjuːd] *n* altitudine *f*

altogether [ɔːltə'gɛðə^r] *adv* del tutto, completamente; (*on the whole*) tutto considerato; (*in all*) in tutto

aluminium [ælju'mɪnɪəm] (BRIT), **aluminum** [ə'luːmɪnəm] (US) *n* alluminio

always ['ɔːlweɪz] *adv* sempre

Alzheimer's (disease) ['æltshaɪməz-] *n* (malattia di) Alzheimer

am [æm] *vb see* **be**

amalgamate [ə'mælgəmeɪt] *vt* amalgamare ▸ *vi* amalgamarsi

amass [ə'mæs] *vt* ammassare

amateur ['æmətə^r] *n* dilettante *m/f* ▸ *adj* (*Sport*) dilettante

amaze [ə'meɪz] *vt* stupire; **amazed** *adj* sbalordito(-a); **to be amazed (at)** essere sbalordito (da); **amazement** *n* stupore *m*; **amazing** *adj* sorprendente, sbalorditivo(-a)

Amazon ['æməzən] *n* (*Mythology*) Amazzone *f*; (*river*): **the ~** il Rio delle Amazzoni ▸ *cpd* (*basin, jungle*) amazzonico(-a)

ambassador [æm'bæsədə^r] *n* ambasciatore(-trice)

amber ['æmbə^r] *n* ambra; **at ~** (BRIT *Aut*) giallo

ambiguous [æm'bɪgjuəs] *adj* ambiguo(-a)

ambition [æm'bɪʃən] *n* ambizione *f*; **ambitious** *adj* ambizioso(-a)

ambulance ['æmbjuləns] *n* ambulanza; **call an ~!** chiamate un'ambulanza!

ambush ['æmbuʃ] *n* imboscata

amen ['ɑː'mɛn] *excl* così sia, amen

amend [ə'mɛnd] *vt* (*law*) emendare; (*text*) correggere; **to make ~s** fare ammenda; **amendment** *n* emendamento; correzione *f*

amenities [ə'mi:nɪtɪz] *npl* attrezzature *fpl* ricreative e culturali

America [ə'mɛrɪkə] *n* America; **American** *adj, n* americano(-a); **American football** *n* (*BRIT*) football *m* americano

amicable ['æmɪkəbl] *adj* amichevole

amid(st) [ə'mɪd(st)] *prep* in mezzo a

ammunition [æmju'nɪʃən] *n* munizioni *fpl*

amnesty ['æmnɪstɪ] *n* amnistia; **to grant an ~ to** concedere l'amnistia a, amnistiare

among(st) [ə'mʌŋ(st)] *prep* fra, tra, in mezzo a

amount [ə'maunt] *n* somma; ammontare *m*; quantità *f inv* ▸ *vi* **to ~ to** (*total*) ammontare a; (*be same as*) essere come

amp(ère) ['æmp(ɛə^r)] *n* ampère *m inv*

ample ['æmpl] *adj* ampio(-a); spazioso(-a); (*enough*): **this is ~** questo è più che sufficiente

amplifier ['æmplɪfaɪə^r] *n* amplificatore *m*

amputate ['æmpjuteɪt] *vt* amputare

Amtrak ['æmtræk] (*US*) *n* società *ferroviaria americana*

amuse [ə'mju:z] *vt* divertire; **amusement** *n* divertimento; **amusement arcade** *n* sala giochi; **amusement park** *n* luna park *m inv*

amusing [ə'mju:zɪŋ] *adj* divertente

an [æn] *indef art see* **a**

anaemia [ə'ni:mɪə] (*US* **anemia**) *n* anemia

anaemic [ə'ni:mɪk] (*US* **anemic**) *adj* anemico(-a)

anaesthetic [ænɪs'θɛtɪk] (*US* **anesthetic**) *adj* anestetico(-a) ▸ *n* anestetico

analog(ue) ['ænəlɔg] *adj* (*watch, computer*) analogico(-a)

analogy [ə'nælədʒɪ] *n* analogia; **to draw an ~ between** fare un'analogia tra

analyse ['ænəlaɪz] (*US* **analyze**) *vt* analizzare; **analysis** [ə'næləsɪs] (*pl* **analyses**) *n* analisi *f inv*; **analyst** ['ænəlɪst] *n* (*Pol etc*) analista *m/f*; (*US*) (psic)analista *m/f*

analyze ['ænəlaɪz] (*US*) *vt* = **analyse**

anarchy ['ænəkɪ] *n* anarchia

anatomy [ə'nætəmɪ] *n* anatomia

ancestor ['ænsɪstə^r] *n* antenato(-a)

anchor ['æŋkə^r] *n* ancora ▸ *vi* (*also*: **to drop ~**) gettare l'ancora ▸ *vt* ancorare; **to weigh ~** salpare *or* levare l'ancora

anchovy ['æntʃəvɪ] *n* acciuga

ancient ['eɪnʃənt] *adj* antico(-a); (*person, car*) vecchissimo(-a)

and [ænd] *conj* e; (*often ed before vowel*): **~ so on** e così via; **try ~ come** cerca di venire; **he talked ~ talked** non la finiva di parlare; **better ~ better** sempre meglio

Andes ['ændi:z] *npl* **the ~** le Ande

anemia *etc* [ə'ni:mɪə] (*US*) = **anaemia** *etc*

anesthetic [ænɪs'θɛtɪk] (*US*) *adj, n* = **anaesthetic**

angel ['eɪndʒəl] *n* angelo

anger ['æŋgə^r] *n* rabbia

angina [æn'dʒaɪnə] *n* angina pectoris

angle ['æŋgl] *n* angolo; **from their ~** dal loro punto di vista

angler ['æŋglə^r] *n* pescatore *m* con la lenza

Anglican ['æŋglɪkən] *adj, n* anglicano(-a)

angling ['æŋglɪŋ] *n* pesca con la lenza

angrily ['æŋgrɪlɪ] *adv* con rabbia

angry ['æŋgrɪ] *adj* arrabbiato(-a), furioso(-a); (*wound*) infiammato(-a); **to be ~ with sb/at sth** essere in collera con qn/per qc; **to get ~**

arrabbiarsi; **to make sb ~** fare arrabbiare qn

anguish ['æŋgwɪʃ] *n* angoscia

animal ['ænɪməl] *adj* animale ▸ *n* animale *m*

animated ['ænɪmeɪtɪd] *adj* animato(-a)

animation [ænɪ'meɪʃən] *n* animazione *f*

aniseed ['ænɪsi:d] *n* semi *mpl* di anice

ankle ['æŋkl] *n* caviglia

annex [*n* 'ænɛks, *vb* ə'nɛks] *n* (*BRIT*: *also*: **~e**) (edificio) annesso ▸ *vt* annettere

anniversary [ænɪ'və:sərɪ] *n* anniversario

announce [ə'nauns] *vt* annunciare; **announcement** *n* annuncio; (*letter, card*) partecipazione *f*; **announcer** *n* (*Radio, TV*: *between programmes*) annunciatore(-trice); (: *in a programme*) presentatore(-trice)

annoy [ə'nɔɪ] *vt* dare fastidio a; **don't get ~ed!** non irritarti!; **annoying** *adj* noioso(-a)

annual ['ænjuəl] *adj* annuale ▸ *n* (*Bot*) pianta annua; (*book*) annuario; **annually** *adv* annualmente

annum ['ænəm] *n see* **per**

anonymous [ə'nɔnɪməs] *adj* anonimo(-a)

anorak ['ænəræk] *n* giacca a vento

anorexia [ænə'rɛksɪə] *n* (*Med*: *also*: **~ nervosa**) anoressia

anorexic [ænə'rɛksɪk] *adj, n* anoressico(-a)

another [ə'nʌðə^r] *adj* **~ book** (*one more*) un altro libro, ancora un libro; (*a different one*) un altro libro ▸ *pron* un altro(un'altra), ancora uno(-a); *see also* **one**

answer ['ɑ:nsə^r] *n* risposta; soluzione *f* ▸ *vi* rispondere ▸ *vt* (*reply to*) rispondere a; (*problem*) risolvere; (*prayer*) esaudire; **in ~ to your letter** in risposta alla sua lettera; **to ~ the phone** rispondere (al telefono); **to ~ the bell** rispondere al campanello; **to ~ the door** aprire la porta ▹ **answer back** *vi* ribattere; **answerphone** *n* (*esp BRIT*) segreteria telefonica

ant [ænt] *n* formica

Antarctic [ænt'ɑ:ktɪk] *n* **the ~** l'Antartide *f*

antelope ['æntɪləup] *n* antilope *f*

antenatal ['æntɪ'neɪtl] *adj* prenatale

antenna [æn'tɛnə, -ni:] (*pl* **antennae**) *n* antenna

anthem ['ænθəm] *n* **national ~** inno nazionale

anthology [æn'θɔlədʒɪ] *n* antologia

anthrax ['ænθræks] *n* antrace *m*

anthropology [ænθrə'pɔlədʒɪ] *n* antropologia

anti [æntɪ] *prefix* anti; **antibiotic** ['æntɪbaɪ'ɔtɪk] *n* antibiotico; **antibody** ['æntɪbɔdɪ] *n* anticorpo

anticipate [æn'tɪsɪpeɪt] *vt* prevedere; pregustare; (*wishes, request*) prevenire; **anticipation** [æntɪsɪ'peɪʃən] *n* anticipazione *f*; (*expectation*) aspettative *fpl*

anticlimax ['æntɪ'klaɪmæks] *n* **it was an ~** fu una completa delusione

anticlockwise ['æntɪ'klɔkwaɪz] *adj, adv* in senso antiorario

antics ['æntɪks] *npl* buffonerie *fpl*

anti: **antidote** ['æntɪdəut] *n* antidoto; **antifreeze** ['æntɪ'fri:z] *n* anticongelante *m*; **anti-globalization** [æntɪgləubəlaɪ'zeɪʃən] *n* antiglobalizzazione *f*; **antihistamine** [æntɪ'hɪstəmɪn] *n* antistaminico; **antiperspirant** ['æntɪ'pə:spərənt] *adj* antitraspirante

antique [æn'ti:k] *n* antichità *f inv* ▸ *adj* antico(-a); **antique shop** *n* negozio d'antichità

antiseptic [æntɪ'sɛptɪk] *n* antisettico

antisocial ['æntɪ'səuʃəl] *adj* asociale

antivirus [æntɪˈvaɪrəs] *adj (Comput)* antivirus *inv*; **antivirus software** *n* antivirus *m inv*

antlers [ˈæntləz] *npl* palchi *mpl*

anxiety [æŋˈzaɪətɪ] *n* ansia; *(keenness)*: **~ to do** smania di fare

anxious [ˈæŋkʃəs] *adj* ansioso(-a), inquieto(-a); *(worrying)* angosciante; *(keen)*: **~ to do/that** impaziente di fare/che + *sub*

any
[ˈɛnɪ] *adj*

1 *(in questions etc)*: **have you any butter?** hai del burro?, hai un po' di burro?; **have you any children?** hai bambini?; **if there are any tickets left** se ci sono ancora (dei) biglietti, se c'è ancora qualche biglietto

2 *(with negative)*: **I haven't any money/books** non ho soldi/libri

3 *(no matter which)* qualsiasi, qualunque; **choose any book you like** scegli un libro qualsiasi

4 *(in phrases)*: **in any case** in ogni caso; **any day now** da un giorno all'altro; **at any moment** in qualsiasi momento, da un momento all'altro; **at any rate** ad ogni modo

▸*pron*

1 *(in questions, with negative)*: **have you got any?** ne hai?; **can any of you sing?** qualcuno di voi sa cantare?; **I haven't any (of them)** non ne ho

2 *(no matter which one(s))*: **take any of those books (you like)** prendi uno qualsiasi di quei libri

▸*adv*

1 *(in questions etc)*: **do you want any more soup/sandwiches?** vuoi ancora un po' di minestra/degli altri panini?; **are you feeling any better?** ti senti meglio?

2 *(with negative)*: **I can't hear him any more** non lo sento più; **don't wait any longer** non aspettare più

any: **anybody** [ˈɛnɪbɔdɪ] *pron (in questions etc)* qualcuno, nessuno; *(with negative)* nessuno; *(no matter who)* chiunque; **can you see anybody?** vedi qualcuno *or* nessuno?; **I can't see anybody** non vedo nessuno; **anybody could do it** chiunque potrebbe farlo; **anyhow** [ˈɛnɪhau] *adv (at any rate)* ad ogni modo, comunque; *(haphazard)*: **do it anyhow you like** fallo come ti pare; **I shall go anyhow** ci andrò lo stesso *or* comunque; **she leaves things just anyhow** lascia tutto come capita; **anyone** [ˈɛnɪwʌn] *pron* = **anybody**; **anything** [ˈɛnɪθɪŋ] *pron (in question etc)* qualcosa, niente; *(with negative)* niente; *(no matter what)*: **you can say anything you like** puoi dire quello che ti pare; **can you see anything?** vedi niente *or* qualcosa?; **I can't see anything** non vedo niente; **anything will do** va bene qualsiasi cosa *or* tutto; **anytime** *adv* in qualunque momento; quando vuole; **anyway** [ˈɛnɪweɪ] *adv (at any rate)* ad ogni modo, comunque; *(besides)* ad ogni modo; **anywhere** [ˈɛnɪwɛəʳ] *adv (in questions etc)* da qualche parte; *(with negative)* da nessuna parte; *(no matter where)* da qualsiasi *or* qualunque parte, dovunque; **can you see him anywhere?** lo vedi da qualche parte?; **I can't see him anywhere** non lo vedo da nessuna parte; **anywhere in the world** dovunque nel mondo

apart [əˈpɑːt] *adv (to one side)* a parte; *(separately)* separatamente; **with one's legs ~** con le gambe divaricate; **10 miles ~** a 10 miglia di distanza (l'uno dall'altro); **to take ~** smontare; **~ from** a parte, eccetto

apartment [əˈpɑːtmənt] *(US) n* appartamento; *(room)* locale *m*; **apartment building** *(US) n* stabile *m*,

caseggiato
apathy ['æpəθɪ] *n* apatia
ape [eɪp] *n* scimmia ▸ *vt* scimmiottare
aperitif [ə'pɛrɪti:f] *n* aperitivo
aperture ['æpətʃjuə^r] *n* apertura
APEX *n abbr* (= *advance purchase excursion*) APEX *m inv*
apologize [ə'pɔlədʒaɪz] *vi* **to ~ (for sth to sb)** scusarsi (di qc a qn), chiedere scusa (a qn per qc)
apology [ə'pɔlədʒɪ] *n* scuse *fpl*
apostrophe [ə'pɔstrəfɪ] *n* (*sign*) apostrofo
appal [ə'pɔ:l] (*US* **appall**) *vt* scioccare; **appalling** *adj* spaventoso(-a)
apparatus [æpə'reɪtəs] *n* apparato; (*in gymnasium*) attrezzatura
apparent [ə'pærənt] *adj* evidente; **apparently** *adv* evidentemente
appeal [ə'pi:l] *vi* (*Law*) appellarsi alla legge ▸ *n* (*Law*) appello; (*request*) richiesta; (*charm*) attrattiva; **to ~ for** chiedere (con insistenza); **to ~ to** (*person*) appellarsi a; (*thing*) piacere a; **it doesn't ~ to me** mi dice poco; **appealing** *adj* (*nice*) attraente
appear [ə'pɪə^r] *vi* apparire; (*Law*) comparire; (*publication*) essere pubblicato(-a); (*seem*) sembrare; **it would ~ that** sembra che; **appearance** *n* apparizione *f*; apparenza; (*look, aspect*) aspetto
appendicitis [əpɛndɪ'saɪtɪs] *n* appendicite *f*
appendix [ə'pɛndɪks] (*pl* **appendices**) *n* appendice *f*
appetite ['æpɪtaɪt] *n* appetito
appetizer ['æpɪtaɪzə^r] *n* stuzzichino
applaud [ə'plɔ:d] *vt, vi* applaudire
applause [ə'plɔ:z] *n* applauso
apple ['æpl] *n* mela; **apple pie** *n* torta di mele
appliance [ə'plaɪəns] *n* apparecchio
applicable [ə'plɪkəbl] *adj* applicabile; **to be ~ to** essere valido per; **the law is ~ from January** la legge entrerà in vigore in gennaio
applicant ['æplɪkənt] *n* candidato(-a)
application [æplɪ'keɪʃən] *n* applicazione *f*; (*for a job, a grant etc*) domanda; **application form** *n* modulo per la domanda
apply [ə'plaɪ] *vt* **to ~ (to)** (*paint, ointment*) dare (a); (*theory, technique*) applicare (a) ▸ *vi* **to ~ to** (*ask*) rivolgersi a; (*be suitable for, relevant to*) riguardare, riferirsi a; **to ~ (for)** (*permit, grant, job*) fare domanda (per); **to ~ o.s. to** dedicarsi a
appoint [ə'pɔɪnt] *vt* nominare; **appointment** *n* nomina; (*arrangement to meet*) appuntamento; **I have an appointment (with) ...** ho un appuntamento (con) ...; **I'd like to make an appointment (with)** vorrei prendere un appuntamento (con)
appraisal [ə'preɪzl] *n* valutazione *f*
appreciate [ə'pri:ʃɪeɪt] *vt* (*like*) apprezzare; (*be grateful for*) essere riconoscente di; (*be aware of*) rendersi conto di ▸ *vi* (*Finance*) aumentare; **I'd ~ your help** ti sono grato per l'aiuto; **appreciation** [əpri:ʃɪ'eɪʃən] *n* apprezzamento; (*Finance*) aumento del valore
apprehension [æprɪ'hɛnʃən] *n* (*fear*) inquietudine *f*
apprehensive [æprɪ'hɛnsɪv] *adj* apprensivo(-a)
apprentice [ə'prɛntɪs] *n* apprendista *m/f*
approach [ə'prəutʃ] *vi* avvicinarsi ▸ *vt* (*come near*) avvicinarsi a; (*ask, apply to*) rivolgersi a; (*subject, passer-by*) avvicinare ▸ *n* approccio; accesso; (*to problem*) modo di affrontare
appropriate [*adj* ə'prəuprɪɪt, *vb* ə'prəuprɪeɪt] *adj* appropriato(-a), adatto(-a) ▸ *vt* (*take*) appropriarsi
approval [ə'pru:vəl] *n* approvazione *f*;

on ~ (*Comm*) in prova, in esame
approve [ə'pru:v] *vt, vi* approvare
▷ **approve of** *vt fus* approvare
approximate [ə'prɔksɪmɪt] *adj* approssimativo(-a); **approximately** *adv* circa
Apr. *abbr* (= *April*) apr.
apricot ['eɪprɪkɔt] *n* albicocca
April ['eɪprəl] *n* aprile *m*; **~ fool!** pesce d'aprile!; **April Fools' Day** *n vedi nota*

April Fools' Day
April Fool's Day è il primo aprile, il giorno degli scherzi e delle burle. Il nome deriva dal fatto che, se una persona cade nella trappola che gli è stata tesa, fa la figura del "fool", cioè dello sciocco. Tradizionalmente, gli scherzi vengono fatti entro mezzogiorno.

apron ['eɪprən] *n* grembiule *m*
apt [æpt] *adj* (*suitable*) adatto(-a); (*able*) capace; (*likely*): **to be ~ to do** avere tendenza a fare
aquarium [ə'kwɛərɪəm] *n* acquario
Aquarius [ə'kwɛərɪəs] *n* Acquario
Arab ['ærəb] *adj, n* arabo(-a)
Arabia [ə'reɪbɪə] *n* Arabia; **Arabian** [ə'reɪbɪən] *adj* arabo(-a); **Arabic** ['ærəbɪk] *adj* arabico(-a), arabo(-a) ▶ *n* arabo; **Arabic numerals** *npl* numeri *mpl* arabi, numerazione *f* araba
arbitrary ['ɑ:bɪtrərɪ] *adj* arbitrario(-a)
arbitration [ɑ:bɪ'treɪʃən] *n* (*Law*) arbitrato; (*Industry*) arbitraggio
arc [ɑ:k] *n* arco
arcade [ɑ:'keɪd] *n* portico; (*passage with shops*) galleria
arch [ɑ:tʃ] *n* arco; (*of foot*) arco plantare ▶ *vt* inarcare
archaeology [ɑ:kɪ'ɔlədʒɪ] (*US* **archeology**) *n* archeologia
archbishop [ɑ:tʃ'bɪʃəp] *n* arcivescovo
archeology *etc* [ɑ:kɪ'ɔlədʒɪ] (*US*) = **archaeology** *etc*
architect ['ɑ:kɪtɛkt] *n* architetto; **architectural** [ɑ:kɪ'tɛktʃərəl] *adj* architettonico(-a); **architecture** ['ɑ:kɪtɛktʃə[r]] *n* architettura
archive ['ɑ:kaɪv] *n* (*often pl: also Comput*) archivio
Arctic ['ɑ:ktɪk] *adj* artico(-a) ▶ *n* **the ~** l'Artico
are [ɑ:[r]] *vb see* **be**
area ['ɛərɪə] *n* (*Geom*) area; (*zone*) zona; (*: smaller*) settore *m*; **area code** (*US*) *n* (*Tel*) prefisso
arena [ə'ri:nə] *n* arena
aren't [ɑ:nt] = **are not**
Argentina [ɑ:dʒən'ti:nə] *n* Argentina; **Argentinian** [-'tɪnɪən] *adj, n* argentino(-a)
arguably ['ɑ:gjuəblɪ] *adv* **it is ~ ...** si può sostenere che sia ...
argue ['ɑ:gju:] *vi* (*quarrel*) litigare; (*reason*) ragionare; **to ~ that** sostenere che
argument ['ɑ:gjumənt] *n* (*reasons*) argomento; (*quarrel*) lite *f*
Aries ['ɛərɪz] *n* Ariete *m*
arise [ə'raɪz] (*pt* **arose**, *pp* **arisen**) *vi* (*opportunity, problem*) presentarsi
arithmetic [ə'rɪθmətɪk] *n* aritmetica
arm [ɑ:m] *n* braccio ▶ *vt* armare; **~s** *npl* (*weapons*) armi *fpl*; **~ in ~** a braccetto; **armchair** *n* poltrona
armed [ɑ:md] *adj* armato(-a); **armed robbery** *n* rapina a mano armata
armour ['ɑ:mə[r]] (*US* **armor**) *n* armatura; (*Mil: tanks*) mezzi *mpl* blindati
armpit ['ɑ:mpɪt] *n* ascella
armrest ['ɑ:mrɛst] *n* bracciolo
army ['ɑ:mɪ] *n* esercito
A road *n* strada statale
aroma [ə'rəumə] *n* aroma; **aromatherapy** *n* aromaterapia
arose [ə'rəuz] *pt of* **arise**
around [ə'raund] *adv* attorno, intorno ▶ *prep* intorno a; (*fig: about*): **~ £5/3**

o'clock circa 5 sterline/le 3; **is he ~?** è in giro?
arouse [ə'rauz] *vt* (*sleeper*) svegliare; (*curiosity, passions*) suscitare
arrange [ə'reɪndʒ] *vt* sistemare; (*programme*) preparare; **to ~ to do sth** mettersi d'accordo per fare qc; **arrangement** *n* sistemazione *f*; (*agreement*) accordo; **arrangements** *npl* (*plans*) progetti *mpl*, piani *mpl*
array [ə'reɪ] *n* **~ of** fila di
arrears [ə'rɪəz] *npl* arretrati *mpl*; **to be in ~ with one's rent** essere in arretrato con l'affitto
arrest [ə'rɛst] *vt* arrestare; (*sb's attention*) attirare ▸ *n* arresto; **under ~** in arresto
arrival [ə'raɪvəl] *n* arrivo; (*person*) arrivato(-a); **a new ~** un nuovo venuto; (*baby*) un neonato
arrive [ə'raɪv] *vi* arrivare; **what time does the train from Rome ~?** a che ora arriva il treno da Roma? ▹ **arrive at** *vt fus* arrivare a
arrogance ['ærəgəns] *n* arroganza
arrogant ['ærəgənt] *adj* arrogante
arrow ['ærəu] *n* freccia
arse [ɑːs] (*inf!*) *n* culo (*!*)
arson ['ɑːsn] *n* incendio doloso
art [ɑːt] *n* arte *f*; (*craft*) mestiere *m*; **art college** *n* scuola di belle arti
artery ['ɑːtərɪ] *n* arteria
art gallery *n* galleria d'arte
arthritis [ɑː'θraɪtɪs] *n* artrite *f*
artichoke ['ɑːtɪtʃəuk] *n* carciofo; **Jerusalem ~** topinambur *m inv*
article ['ɑːtɪkl] *n* articolo
articulate [*adj* ɑː'tɪkjulɪt, *vb* ɑː'tɪkjuleɪt] *adj* (*person*) che si esprime forbitamente; (*speech*) articolato(-a) ▸ *vi* articolare
artificial [ɑːtɪ'fɪʃəl] *adj* artificiale
artist ['ɑːtɪst] *n* artista *m/f*; **artistic** [ɑː'tɪstɪk] *adj* artistico(-a)
art school *n* scuola d'arte

as
[æz] *conj*
1 (*referring to time*) mentre; **as the years went by** col passare degli anni; **he came in as I was leaving** arrivò mentre stavo uscendo; **as from tomorrow** da domani
2 (*in comparisons*): **as big as** grande come; **twice as big as** due volte più grande di; **as much/many as** tanto quanto/tanti quanti; **as soon as possible** prima possibile
3 (*since, because*) dal momento che, siccome
4 (*referring to manner, way*) come; **do as you wish** fa' come vuoi; **as she said** come ha detto lei
5 (*concerning*): **as for** *or* **to that** per quanto riguarda *or* quanto a quello
6: **as if** *or* **as though** come se; **he looked as if he was ill** sembrava stare male; *see also* **long**; **such**; **well**
▸*prep* **he works as a driver** fa l'autista; **as chairman of the company he ...** come presidente della compagnia lui ...; **he gave me it as a present** me lo ha regalato

a.s.a.p. *abbr* = **as soon as possible**
asbestos [æz'bɛstəs] *n* asbesto, amianto
ascent [ə'sɛnt] *n* salita
ash [æʃ] *n* (*dust*) cenere *f*; (*wood, tree*) frassino
ashamed [ə'ʃeɪmd] *adj* vergognoso(-a); **to be ~ of** vergognarsi di
ashore [ə'ʃɔːʳ] *adv* a terra
ashtray ['æʃtreɪ] *n* portacenere *m*
Ash Wednesday *n* mercoledì *m inv* delle Ceneri
Asia ['eɪʃə] *n* Asia; **Asian** *adj, n* asiatico(-a)
aside [ə'saɪd] *adv* da parte ▸ *n* a parte *m*
ask [ɑːsk] *vt* (*question*) domandare; (*invite*) invitare; **to ~ sb sth/sb to**

do sth chiedere qc a qn/a qn di fare qc; **to ~ sb about sth** chiedere a qn di qc; **to ~ (sb) a question** fare una domanda (a qn); **to ~ sb out to dinner** invitare qn a mangiare fuori ▷ **ask for** *vt fus* chiedere; (*trouble etc*) cercare

asleep [ə'sli:p] *adj* addormentato(-a); **to be ~** dormire; **to fall ~** addormentarsi

asparagus [əs'pærəgəs] *n* asparagi *mpl*

aspect ['æspɛkt] *n* aspetto

aspirations [æspə'reɪʃənz] *npl* aspirazioni *fpl*

aspire [əs'paɪə^r] *vi* **to ~ to** aspirare a

aspirin ['æsprɪn] *n* aspirina

ass [æs] *n* asino; (*inf*) scemo(-a); (*US: inf!*) culo (*!*)

assassin [ə'sæsɪn] *n* assassino; **assassinate** [ə'sæsɪneɪt] *vt* assassinare

assault [ə'sɔ:lt] *n* (*Mil*) assalto; (*gen: attack*) aggressione *f* ▸ *vt* assaltare; aggredire; (*sexually*) violentare

assemble [ə'sɛmbl] *vt* riunire; (*Tech*) montare ▸ *vi* riunirsi

assembly [ə'sɛmblɪ] *n* (*meeting*) assemblea; (*construction*) montaggio

assert [ə'sə:t] *vt* asserire; (*insist on*) far valere; **assertion** [ə'sə:ʃən] *n* asserzione *f*

assess [ə'sɛs] *vt* valutare; **assessment** *n* valutazione *f*

asset ['æsɛt] *n* vantaggio; **~s** *npl* (*Finance: of individual*) beni *mpl*; (*: of company*) attivo

assign [ə'saɪn] *vt* **to ~ (to)** (*task*) assegnare (a); (*resources*) riservare (a); (*cause, meaning*) attribuire (a); **to ~ a date to sth** fissare la data di qc; **assignment** *n* compito

assist [ə'sɪst] *vt* assistere, aiutare; **assistance** *n* assistenza, aiuto; **assistant** *n* assistente *m/f*; (*BRIT: also:* **shop assistant**) commesso(-a)

associate [*adj, n* ə'səuʃɪɪt, *vb* ə'səuʃɪeɪt] *adj* associato(-a); (*member*) aggiunto(-a) ▸ *n* collega *m/f* ▸ *vt* associare ▸ *vi* **to ~ with sb** frequentare qn

association [əsəusɪ'eɪʃən] *n* associazione *f*

assorted [ə'sɔ:tɪd] *adj* assortito(-a)

assortment [ə'sɔ:tmənt] *n* assortimento

assume [ə'sju:m] *vt* supporre; (*responsibilities etc*) assumere; (*attitude, name*) prendere

assumption [ə'sʌmpʃən] *n* supposizione *f*, ipotesi *f inv*; (*of power*) assunzione *f*

assurance [ə'ʃuərəns] *n* assicurazione *f*; (*self-confidence*) fiducia in se stesso

assure [ə'ʃuə^r] *vt* assicurare

asterisk ['æstərɪsk] *n* asterisco

asthma ['æsmə] *n* asma

astonish [ə'stɔnɪʃ] *vt* stupire; **astonished** *adj* stupito(-a), sorpreso(-a); **to be astonished (at)** essere stupito(-a) (da); **astonishing** *adj* sorprendente, stupefacente; **I find it astonishing that ...** mi stupisce che ...; **astonishment** *n* stupore *m*

astound [ə'staund] *vt* sbalordire

astray [ə'streɪ] *adv* **to go ~** smarrirsi; **to lead ~** portare sulla cattiva strada

astrology [əs'trɔlədʒɪ] *n* astrologia

astronaut ['æstrənɔ:t] *n* astronauta *m/f*

astronomer [əs'trɔnəmə^r] *n* astronomo(-a)

astronomical [æstrə'nɔmɪkl] *adj* astronomico(-a)

astronomy [əs'trɔnəmɪ] *n* astronomia

astute [əs'tju:t] *adj* astuto(-a)

asylum [ə'saɪləm] *n* (*politico*) asilo; (*per malati*) manicomio

at
[æt] *prep*
1 (*referring to position, direction*) a; **at the top** in cima; **at the desk** al banco, alla scrivania; **at home/school** a casa/scuola; **at the baker's** dal panettiere; **to look at sth** guardare qc; **to throw sth at sb** lanciare qc a qn
2 (*referring to time*) a; **at 4 o'clock** alle 4; **at night** di notte; **at Christmas** a Natale; **at times** a volte
3 (*referring to rates, speed etc*) a; **at £1 a kilo** a 1 sterlina al chilo; **two at a time** due alla volta, due per volta; **at 50 km/h** a 50 km/h
4 (*referring to manner*): **at a stroke** d'un solo colpo; **at peace** in pace
5 (*referring to activity*): **to be at work** essere al lavoro; **to play at cowboys** giocare ai cowboy; **to be good at sth/doing sth** essere bravo in qc/fare qc
6 (*referring to cause*): **shocked/surprised/annoyed at sth** colpito da/sorpreso da/arrabbiato per qc; **I went at his suggestion** ci sono andato dietro suo consiglio
7 (*@ symbol*) chiocciola

ate [eɪt] *pt of* **eat**
atheist ['eɪθɪɪst] *n* ateo(-a)
Athens ['æθɪnz] *n* Atene *f*
athlete ['æθli:t] *n* atleta *m/f*
athletic [æθ'lɛtɪk] *adj* atletico(-a); **athletics** *n* atletica
Atlantic [ət'læntɪk] *adj* atlantico(-a) ▸ *n* **the ~ (Ocean)** l'Atlantico, l'Oceano Atlantico
atlas ['ætləs] *n* atlante *m*
A.T.M. *n abbr* (= *automated telling machine*) cassa automatica prelievi, sportello automatico
atmosphere ['ætməsfɪə^r] *n* atmosfera
atom ['ætəm] *n* atomo; **atomic** [ə'tɔmɪk] *adj* atomico(-a); **atom(ic) bomb** *n* bomba atomica
A to Z® *n* (*map*) stradario
atrocity [ə'trɔsɪtɪ] *n* atrocità *f inv*
attach [ə'tætʃ] *vt* attaccare; (*document, letter*) allegare; (*importance etc*) attribuire; **to be ~ed to sb/sth** (*to like*) essere affezionato(-a) a qn/qc; **attachment** [ə'tætʃmənt] *n* (*tool*) accessorio; (*love*): **attachment (to)** affetto (per)
attack [ə'tæk] *vt* attaccare; (*person*) aggredire; (*task etc*) iniziare; (*problem*) affrontare ▸ *n* attacco; **heart ~** infarto; **attacker** *n* aggressore *m*
attain [ə'teɪn] *vt* (*also*: **to ~ to**) arrivare a, raggiungere
attempt [ə'tɛmpt] *n* tentativo ▸ *vt* tentare; **to make an ~ on sb's life** attentare alla vita di qn
attend [ə'tɛnd] *vt* frequentare; (*meeting, talk*) andare a; (*patient*) assistere ▷ **attend to** *vt fus* (*needs, affairs etc*) prendersi cura di; (*customer*) occuparsi di; **attendance** *n* (*being present*) presenza; (*people present*) gente *f* presente; **attendant** *n* custode *m/f*; persona di servizio ▸ *adj* concomitante

Be careful not to translate **attend** by the Italian word ***attendere***.

attention [ə'tɛnʃən] *n* attenzione *f* ▸ *excl* (*Mil*) attenti!; **for the ~ of** (*Admin*) per l'attenzione di
attic ['ætɪk] *n* soffitta
attitude ['ætɪtju:d] *n* atteggiamento
attorney [ə'tə:nɪ] *n* (*lawyer*) avvocato; (*having proxy*) mandatario; **Attorney General** *n* (*BRIT*) Procuratore *m* Generale; (*US*) Ministro della Giustizia
attract [ə'trækt] *vt* attirare; **attraction** [ə'trækʃən] *n* (*gen pl*: *pleasant things*) attrattiva; (*Physics, fig*: *towards sth*) attrazione *f*; **attractive** *adj* attraente
attribute [*n* 'ætrɪbju:t, *vb* ə'trɪbju:t]

n attributo ▸ *vt* **to ~ sth to** attribuire qc a
aubergine ['əubəʒi:n] *n* melanzana
auburn ['ɔ:bən] *adj* tizianesco(-a)
auction ['ɔ:kʃən] *n* (*also:* **sale by ~**) asta ▸ *vt* (*also:* **to sell by ~**) vendere all'asta; (*also:* **to put up for ~**) mettere all'asta
audible ['ɔ:dɪbl] *adj* udibile
audience ['ɔ:dɪəns] *n* (*people*) pubblico; spettatori *mpl*; ascoltatori *mpl*; (*interview*) udienza
audit ['ɔ:dɪt] *vt* rivedere, verificare
audition [ɔ:'dɪʃən] *n* audizione *f*
auditor ['ɔ:dɪtə[r]] *n* revisore *m*
auditorium [ɔ:dɪ'tɔ:rɪəm] *n* sala, auditorio
Aug. *abbr* (= *August*) ago., ag.
August ['ɔ:gəst] *n* agosto
aunt [ɑ:nt] *n* zia; **auntie** *n* zietta; **aunty** *n* zietta
au pair ['əu'pɛə[r]] *n* (*also:* **~ girl**) (ragazza *f*) alla pari *inv*
aura ['ɔ:rə] *n* aura
austerity [ɔs'tɛrɪtɪ] *n* austerità *f inv*
Australia [ɔs'treɪlɪə] *n* Australia; **Australian** *adj*, *n* australiano(-a)
Austria ['ɔstrɪə] *n* Austria; **Austrian** *adj*, *n* austriaco(-a)
authentic [ɔ:'θɛntɪk] *adj* autentico(-a)
author ['ɔ:θə[r]] *n* autore(-trice)
authority [ɔ:'θɔrɪtɪ] *n* autorità *f inv*; (*permission*) autorizzazione *f*; **the authorities** *npl* (*government etc*) le autorità
authorize ['ɔ:θəraɪz] *vt* autorizzare
auto ['ɔ:təu] (*US*) *n* auto *f inv*; **autobiography** [ɔ:təbaɪ'ɔgrəfɪ] *n* autobiografia; **autograph** ['ɔ:təgrɑ:f] *n* autografo ▸ *vt* firmare; **automatic** [ɔ:tə'mætɪk] *adj* automatico(-a) ▸ *n* (*gun*) arma automatica; (*washing machine*) lavatrice *f* automatica; (*car*) automobile *f* con cambio automatico; **automatically** *adv* automaticamente; **automobile** ['ɔ:təməbi:l] (*US*) *n* automobile *f*; **autonomous** [ɔ:'tɔnəməs] *adj* autonomo(-a); **autonomy** [ɔ:'tɔnəmɪ] *n* autonomia
autumn ['ɔ:təm] *n* autunno
auxiliary [ɔ:g'zɪlɪərɪ] *adj* ausiliario(-a) ▸ *n* ausiliare *m/f*
avail [ə'veɪl] *vt* **to ~ o.s. of** servirsi di; approfittarsi di ▸ *n* **to no ~** inutilmente
availability [əveɪlə'bɪlɪtɪ] *n* disponibilità
available [ə'veɪləbl] *adj* disponibile
avalanche ['ævəlɑ:nʃ] *n* valanga
Ave. *abbr* = **avenue**
avenue ['ævənju:] *n* viale *m*; (*fig*) strada, via
average ['ævərɪdʒ] *n* media ▸ *adj* medio(-a) ▸ *vt* (*a certain figure*) fare di *or* in media; **on ~** in media
avert [ə'və:t] *vt* evitare, prevenire; (*one's eyes*) distogliere
avid ['ævɪd] *adj* (*supporter etc*) accanito(-a)
avocado [ævə'kɑ:dəu] *n* (*BRIT: also:* **~ pear**) avocado *m inv*
avoid [ə'vɔɪd] *vt* evitare
await [ə'weɪt] *vt* aspettare
awake [ə'weɪk] (*pt* **awoke**, *pp* **awoken, awaked**) *adj* sveglio(-a) ▸ *vt* svegliare ▸ *vi* svegliarsi
award [ə'wɔ:d] *n* premio; (*Law*) risarcimento ▸ *vt* assegnare; (*Law: damages*) accordare
aware [ə'wɛə[r]] *adj* **~ of** (*conscious*) conscio(-a) di; (*informed*) informato(-a) di; **to become ~ of** accorgersi di; **awareness** *n* consapevolezza
away [ə'weɪ] *adj*, *adv* via; lontano(-a); **two kilometres ~** a due chilometri di distanza; **two hours ~ by car** a due ore di distanza in macchina; **the holiday was two weeks ~** mancavano

due settimane alle vacanze; **he's ~ for a week** è andato via per una settimana; **to take ~** togliere; **he was working/pedalling** *etc* **~** (*la particella indica la continuità e l'energia dell'azione*) lavorava/pedalava *etc* più che poteva; **to fade/wither** *etc* **~** (*la particella rinforza l'idea della diminuzione*)

awe [ɔː] *n* timore *m*; **awesome** *adj* imponente

awful ['ɔːfəl] *adj* terribile; **an ~ lot of** un mucchio di; **awfully** *adv* (*very*) terribilmente

awkward ['ɔːkwəd] *adj* (*clumsy*) goffo(-a); (*inconvenient*) scomodo(-a); (*embarrassing*) imbarazzante

awoke [ə'wəuk] *pt of* **awake**

awoken [ə'wəukn] *pp of* **awake**

axe [æks] (*US* **ax**) *n* scure *f* ▸ *vt* (*project etc*) abolire; (*jobs*) sopprimere

axle ['æksl] *n* (*also:* **~-tree**) asse *m*

ay(e) [aɪ] *excl* (*yes*) sì

azalea [ə'zeɪlɪə] *n* azalea

b

B [biː] *n* (*Mus*) si *m*

B.A. *n abbr* = **Bachelor of Arts**

baby ['beɪbɪ] *n* bambino(-a); **baby carriage** (*US*) *n* carrozzina; **baby-sit** *vi* fare il (*or* la) baby-sitter; **baby-sitter** *n* baby-sitter *m/f inv*; **baby wipe** *n* salvietta umidificata

bachelor ['bætʃələʳ] *n* scapolo; **B~ of Arts/Science** ≈ laureato(-a) in lettere/scienze

back [bæk] *n* (*of person, horse*) dorso, schiena; (*as opposed to front*) dietro; (*of hand*) dorso; (*of train*) coda; (*of chair*) schienale *m*; (*of page*) rovescio; (*of book*) retro; (*Football*) difensore *m* ▸ *vt* (*candidate*) appoggiare; (*horse: at races*) puntare su; (*car*) guidare a marcia indietro ▸ *vi* indietreggiare; (*car etc*) fare marcia indietro ▸ *cpd* posteriore, di dietro; (*Aut: seat, wheels*) posteriore ▸ *adv* (*not forward*) indietro; (*returned*): **he's ~** è tornato; **he ran ~** tornò indietro di corsa; (*restitution*): **throw the ball ~** ritira la palla; **can I have it ~?** posso riaverlo?; (*again*): **he called ~** ha richiamato ▹ **back down** *vi* fare marcia indietro ▹ **back out** *vi* (*of promise*) tirarsi indietro ▹ **back up** *vt* (*support*) appoggiare, sostenere; (*Comput*) fare una copia di riserva di; **backache** *n* mal *m* di schiena; **backbencher** (*BRIT*) *n membro del Parlamento senza potere amministrativo*; **backbone** *n* spina dorsale; **back door** *n* porta sul retro; **backfire** *vi* (*Aut*) dar ritorni di fiamma; (*plans*) fallire; **backgammon** *n* tavola reale; **background** *n* sfondo; (*of events*) background *m inv*; (*basic knowledge*) base *f*; (*experience*) esperienza; **family background** ambiente *m* familiare; **backing** *n* (*fig*) appoggio; **backlog** *n* **backlog of work** lavoro arretrato; **backpack** *n* zaino; **backpacker** *n chi viaggia con zaino e sacco a pelo*; **backslash** *n* backslash *m inv*, barra obliqua inversa; **backstage** *adv* nel retroscena; **backstroke** *n* nuoto sul dorso; **backup** *adj* (*train, plane*) supplementare; (*Comput*) di riserva ▸ *n* (*support*) appoggio, sostegno; (*also:* **backup file**) file *m inv* di

riserva; **backward** *adj* (*movement*) indietro *inv*; (*person*) tardivo(-a); (*country*) arretrato(-a); **backwards** *adv* indietro; (*fall, walk*) all'indietro; **backyard** *n* cortile *m* dietro la casa
bacon ['beɪkən] *n* pancetta
bacteria [bæk'tɪərɪə] *npl* batteri *mpl*
bad [bæd] *adj* cattivo(-a); (*accident, injury*) brutto(-a); (*meat, food*) andato(-a) a male; **his ~ leg** la sua gamba malata; **to go ~** andare a male
badge [bædʒ] *n* insegna; (*of policeman*) stemma *m*
badger ['bædʒə^r] *n* tasso
badly ['bædlɪ] *adv* (*work, dress etc*) male; **~ wounded** gravemente ferito; **he needs it ~** ne ha un gran bisogno
bad-mannered [bæd'mænəd] *adj* maleducato(-a), sgarbato(-a)
badminton ['bædmɪntən] *n* badminton *m*
bad-tempered ['bæd'tɛmpəd] *adj* irritabile; di malumore
bag [bæg] *n* sacco; (*handbag etc*) borsa; **~s of** (*inf: lots of*) un sacco di; **baggage** *n* bagagli *mpl*; **baggage allowance** *n* franchigia *f* bagaglio *inv*; **baggage reclaim** *n* ritiro *m* bagaglio *inv*; **baggy** *adj* largo(-a), sformato(-a); **bagpipes** *npl* cornamusa
bail [beɪl] *n* cauzione *f* ▸ *vt* (*prisoner: also:* **grant ~ to**) concedere la libertà provvisoria su cauzione a; (*boat: also:* **~ out**) aggottare; **on ~** in libertà provvisoria su cauzione
bait [beɪt] *n* esca ▸ *vt* (*hook*) innescare; (*trap*) munire di esca; (*fig*) tormentare
bake [beɪk] *vt* cuocere al forno ▸ *vi* cuocersi al forno; **baked beans** [-biːnz] *npl* fagioli *mpl* in salsa di pomodoro; **baked potato** *n* patata cotta al forno con la buccia; **baker** *n* fornaio(-a), panettiere(-a); **bakery** *n* panetteria; **baking** *n* cottura (al forno); **baking powder** *n* lievito in polvere
balance ['bæləns] *n* equilibrio; (*Comm: sum*) bilancio; (*remainder*) resto; (*scales*) bilancia ▸ *vt* tenere in equilibrio; (*budget*) far quadrare; (*account*) pareggiare; (*compensate*) contrappesare; **~ of trade/payments** bilancia commerciale/dei pagamenti; **balanced** *adj* (*personality, diet*) equilibrato(-a); **balance sheet** *n* bilancio
balcony ['bælkənɪ] *n* balcone *m*; (*in theatre*) balconata; **do you have a room with a ~?** avete una camera con balcone?
bald [bɔːld] *adj* calvo(-a); (*tyre*) liscio(-a)
Balearics [bælɪ'ærɪks] *npl* **the ~** le Baleari *fpl*
ball [bɔːl] *n* palla; (*football*) pallone *m*; (*for golf*) pallina; (*of wool, string*) gomitolo; (*dance*) ballo; **to play ~** (*fig*) stare al gioco
ballerina [bælə'riːnə] *n* ballerina
ballet ['bæleɪ] *n* balletto; **ballet dancer** *n* ballerino(-a) classico(-a)
balloon [bə'luːn] *n* pallone *m*
ballot ['bælət] *n* scrutinio
ballpoint (pen) ['bɔːlpɔɪnt(-)] *n* penna a sfera
ballroom ['bɔːlrum] *n* sala da ballo
Baltic ['bɔːltɪk] *adj, n* **the ~ Sea** il (mar) Baltico
bamboo [bæm'buː] *n* bambù *m*
ban [bæn] *n* interdizione *f* ▸ *vt* interdire
banana [bə'nɑːnə] *n* banana
band [bænd] *n* banda; (*at a dance*) orchestra; (*Mil*) fanfara
bandage ['bændɪdʒ] *n* benda, fascia
Band-Aid® ['bændeɪd] (*US*) *n* cerotto
B. & B. *n abbr* = **bed and breakfast**
bandit ['bændɪt] *n* bandito
bang [bæŋ] *n* (*of door*) lo sbattere; (*of gun, blow*) colpo ▸ *vt* battere

(violentemente); (*door*) sbattere ▸ *vi* scoppiare; sbattere

Bangladesh [bɑːŋglə'dɛʃ] *n* Bangladesh *m*

bangle ['bæŋgl] *n* braccialetto

bangs [bæŋz] (*US*) *npl* (*fringe*) frangia, frangetta

banish ['bænɪʃ] *vt* bandire

banister(s) ['bænɪstə(z)] *n(pl)* ringhiera

banjo ['bændʒəu] (*pl* **banjoes** *or* **banjos**) *n* banjo *m inv*

bank [bæŋk] *n* banca, banco; (*of river, lake*) riva, sponda; (*of earth*) banco ▸ *vi* (*Aviat*) inclinarsi in virata ▹ **bank on** *vt fus* contare su; **bank account** *n* conto in banca; **bank balance** *n* saldo; **a healthy bank balance** un solido conto in banca; **bank card** *n* carta *f* assegni *inv*; **bank charges** *npl* (*BRIT*) spese *fpl* bancarie; **banker** *n* banchiere *m*; **bank holiday** (*BRIT*) *n* giorno di festa; *vedi nota*; **banking** *n* attività bancaria; professione *f* di banchiere; **bank manager** *n* direttore *m* di banca; **banknote** *n* banconota

bank holiday

Una **bank holiday**, in Gran Bretagna, è una giornata in cui banche e molti negozi sono chiusi. Generalmente le **bank holidays** cadono di lunedì e molti ne approfittano per fare una breve vacanza fuori città.

bankrupt ['bæŋkrʌpt] *adj* fallito(-a); **to go ~** fallire; **bankruptcy** *n* fallimento

bank statement *n* estratto conto

banner ['bænə^r] *n* striscione *m*

bannister(s) ['bænɪstə(z)] *n(pl)* *see* **banister(s)**

banquet ['bæŋkwɪt] *n* banchetto

baptism ['bæptɪzəm] *n* battesimo

baptize [bæp'taɪz] *vt* battezzare

bar [bɑː^r] *n* (*place*) bar *m inv*; (*counter*) banco; (*rod*) barra; (*of window etc*) sbarra; (*of chocolate*) tavoletta; (*fig*) ostacolo; restrizione *f*; (*Mus*) battuta ▸ *vt* (*road, window*) sbarrare; (*person*) escludere; (*activity*) interdire; **~ of soap** saponetta; **the B~** (*Law*) l'Ordine *m* degli avvocati; **behind ~s** (*prisoner*) dietro le sbarre; **~ none** senza eccezione

barbaric [bɑː'bærɪk] *adj* barbarico(-a)

barbecue ['bɑːbɪkjuː] *n* barbecue *m inv*

barbed wire ['bɑːbd-] *n* filo spinato

barber ['bɑːbə^r] *n* barbiere *m*; **barber's (shop)** (*US* **barber (shop)**) *n* barbiere *m*

bar code *n* (*on goods*) codice *m* a barre

bare [bɛə^r] *adj* nudo(-a) ▸ *vt* scoprire, denudare; (*teeth*) mostrare; **the ~ necessities** lo stretto necessario; **barefoot** *adj, adv* scalzo(-a); **barely** *adv* appena

bargain ['bɑːgɪn] *n* (*transaction*) contratto; (*good buy*) affare *m* ▸ *vi* trattare; **into the ~** per giunta ▹ **bargain for** *vt fus* **he got more than he ~ed for** gli è andata peggio di quel che si aspettasse

barge [bɑːdʒ] *n* chiatta ▹ **barge in** *vi* (*walk in*) piombare dentro; (*interrupt talk*) intromettersi a sproposito

bark [bɑːk] *n* (*of tree*) corteccia; (*of dog*) abbaio ▸ *vi* abbaiare

barley ['bɑːlɪ] *n* orzo

barmaid ['bɑːmeɪd] *n* cameriera al banco

barman ['bɑːmən] (*irreg*) *n* barista *m*

barn [bɑːn] *n* granaio

barometer [bə'rɔmɪtə^r] *n* barometro

baron ['bærən] *n* barone *m*; **baroness** *n* baronessa

barracks ['bærəks] *npl* caserma

barrage ['bærɑːʒ] *n* (*Mil, dam*) sbarramento; (*fig*) fiume *m*

barrel ['bærəl] *n* barile *m*; (*of gun*)

canna
barren ['bærən] *adj* sterile; (*soil*) arido(-a)
barrette [bə'rɛt] (*US*) *n* fermaglio per capelli
barricade [bærɪ'keɪd] *n* barricata
barrier ['bærɪəʳ] *n* barriera
barring ['bɑ:rɪŋ] *prep* salvo
barrister ['bærɪstəʳ] (*BRIT*) *n* avvocato(-essa) (*con diritto di parlare davanti a tutte le corti*)
barrow ['bærəu] *n* (*cart*) carriola
bartender ['bɑ:tɛndəʳ] (*US*) *n* barista *m*
base [beɪs] *n* base *f* ▸ *vt* **to ~ sth on** basare qc su ▸ *adj* vile
baseball ['beɪsbɔ:l] *n* baseball *m*; **baseball cap** *n* berretto da baseball
basement ['beɪsmənt] *n* seminterrato; (*of shop*) interrato
bases[1] ['beɪsi:z] *npl of* **basis**
bases[2] ['beɪsɪz] *npl of* **base**
bash [bæʃ] (*inf*) *vt* picchiare
basic ['beɪsɪk] *adj* rudimentale; essenziale; **basically** [-lɪ] *adv* fondamentalmente; sostanzialmente; **basics** *npl* **the basics** l'essenziale *m*
basil ['bæzl] *n* basilico
basin ['beɪsn] *n* (*vessel: also Geo*) bacino; (*also:* **wash~**) lavabo
basis ['beɪsɪs] (*pl* **bases**) *n* base *f*; **on a part-time ~** part-time; **on a trial ~** in prova
basket ['bɑ:skɪt] *n* cesta; (*smaller*) cestino; (*with handle*) paniere *m*; **basketball** *n* pallacanestro *f*
bass [beɪs] *n* (*Mus*) basso
bastard ['bɑ:stəd] *n* bastardo(-a); (*inf!*) stronzo (*!*)
bat [bæt] *n* pipistrello; (*for baseball etc*) mazza; (*BRIT: for table tennis*) racchetta ▸ *vt* **he didn't ~ an eyelid** non battè ciglio
batch [bætʃ] *n* (*of bread*) infornata; (*of papers*) cumulo
bath [bɑ:θ] *n* bagno; (*bathtub*) vasca da bagno ▸ *vt* far fare il bagno a; **to have a ~** fare un bagno; *see also* **baths**
bathe [beɪð] *vi* fare il bagno ▸ *vt* (*wound*) lavare
bathing ['beɪðɪŋ] *n* bagni *mpl*; **bathing costume** (*US* **bathing suit**) *n* costume *m* da bagno
bath: **bathrobe** ['bɑ:θrəub] *n* accappatoio; **bathroom** ['bɑ:θrum] *n* stanza da bagno; **baths** [bɑ:ðz] *npl* bagni *mpl* pubblici; **bath towel** *n* asciugamano da bagno; **bathtub** *n* (vasca da) bagno
baton ['bætən] *n* (*Mus*) bacchetta; (*Athletics*) testimone *m*; (*club*) manganello
batter ['bætəʳ] *vt* battere ▸ *n* pastetta; **battered** *adj* (*hat*) sformato(-a); (*pan*) ammaccato(-a)
battery ['bætərɪ] *n* batteria; (*of torch*) pila; **battery farming** *n allevamento in batteria*
battle ['bætl] *n* battaglia ▸ *vi* battagliare, lottare; **battlefield** *n* campo di battaglia
bay [beɪ] *n* (*of sea*) baia; **to hold sb at ~** tenere qn a bada
bazaar [bə'zɑ:ʳ] *n* bazar *m inv*; vendita di beneficenza
BBC *n abbr* (= *British Broadcasting Corporation*) *rete nazionale di radiotelevisione in Gran Bretagna*

BBC
La **BBC** è l'azienda statale che fornisce il servizio radiofonico e televisivo in Gran Bretagna. Ha due reti televisive terrestri (BBC1 e BBC2), e cinque stazioni radiofoniche nazionali. Oggi la BBC ha anche diverse stazioni digitali radiofoniche e televisive. Da molti anni fornisce inoltre un servizio di intrattenimento e informazione

internazionale, il "BBC World Service", trasmesso in tutto il mondo.

B.C. *adv abbr* (= *before Christ*) a.C.

be [biː] (*pt* **was, were**, *pp* **been**)
aux vb
1 (*with present participle: forming continuous tenses*): **what are you doing?** che fa?, che sta facendo?; **they're coming tomorrow** vengono domani; **I've been waiting for her for hours** sono ore che l'aspetto
2 (*with pp: forming passives*) essere; **to be killed** essere *or* venire ucciso(-a); **the box had been opened** la scatola era stata aperta; **the thief was nowhere to be seen** il ladro non si trovava da nessuna parte
3 (*in tag questions*): **it was fun, wasn't it?** è stato divertente, no?; **he's good-looking, isn't he?** è un bell'uomo, vero?; **she's back, is she?** così è tornata, eh?
4 (*+ to + infinitive*): **the house is to be sold** abbiamo *or* hanno *etc* intenzione di vendere casa; **you're to be congratulated for all your work** dovremo farvi i complimenti per tutto il vostro lavoro; **he's not to open it** non deve aprirlo
▸*vb + complement*
1 (*gen*) essere; **I'm English** sono inglese; **I'm tired** sono stanco(-a); **I'm hot/cold** ho caldo/freddo; **he's a doctor** è medico; **2 and 2 are 4** 2 più 2 fa 4; **be careful!** sta attento(-a)!; **be good** sii buono(-a)
2 (*of health*) stare; **how are you?** come sta?; **he's very ill** sta molto male
3 (*of age*): **how old are you?** quanti anni hai?; **I'm sixteen (years old)** ho sedici anni
4 (*cost*) costare; **how much was the meal?** quant'era *or* quanto costava il pranzo?; **that'll be £5, please** (fa) 5 sterline, per favore
▸*vi*
1 (*exist, occur etc*) essere, esistere; **the best singer that ever was** il migliore cantante mai esistito *or* di tutti tempi; **be that as it may** comunque sia, sia come sia; **so be it** sia pure, e sia
2 (*referring to place*) essere, trovarsi; **I won't be here tomorrow** non ci sarò domani; **Edinburgh is in Scotland** Edimburgo si trova in Scozia
3 (*referring to movement*): **where have you been?** dov'è stato?; **I've been to China** sono stato in Cina
▸*impers vb*
1 (*referring to time, distance*) essere; **it's 5 o'clock** sono le 5; **it's the 28th of April** è il 28 aprile; **it's 10 km to the village** di qui al paese sono 10 km
2 (*referring to the weather*) fare; **it's too hot/cold** fa troppo caldo/freddo; **it's windy** c'è vento
3 (*emphatic*): **it's me** sono io; **it was Maria who paid the bill** è stata Maria che ha pagato il conto

beach [biːtʃ] *n* spiaggia ▸ *vt* tirare in secco

beacon ['biːkən] *n* (*lighthouse*) faro; (*marker*) segnale *m*

bead [biːd] *n* perlina; **~s** *npl* (*necklace*) collana

beak [biːk] *n* becco

beam [biːm] *n* trave *f*; (*of light*) raggio ▸ *vi* brillare

bean [biːn] *n* fagiolo; (*of coffee*) chicco; **runner ~** fagiolino; **beansprouts** *npl* germogli *mpl* di soia

bear [bɛəʳ] (*pt* **bore**, *pp* **borne**) *n* orso ▸ *vt* portare; (*endure*) sopportare; (*produce*) generare ▸ *vi* **to ~ right/left** piegare a destra/sinistra

beard [bɪəd] *n* barba

bearer ['bɛərəʳ] *n* portatore *m*

bearing ['bɛərɪŋ] *n* portamento;

(*connection*) rapporto
beast [bi:st] *n* bestia
beat [bi:t] (*pt* **beat**, *pp* **beaten**) *n* colpo; (*of heart*) battito; (*Mus*) tempo; battuta; (*of policeman*) giro ▶ *vt* battere; (*eggs, cream*) sbattere ▶ *vi* battere; **off the ~en track** fuori mano; **~ it!** (*inf*) fila!, fuori dai piedi! ▷ **beat up** *vt* (*person*) picchiare; (*eggs*) sbattere; **beating** *n* bastonata
beautiful ['bju:tɪful] *adj* bello(-a); **beautifully** *adv* splendidamente
beauty ['bju:tɪ] *n* bellezza; **beauty parlour** [-'pɑ:lə^r] (*US* **beauty parlor**) *n* salone *m* di bellezza; **beauty salon** *n* istituto di bellezza; **beauty spot** (*BRIT*) *n* (*Tourism*) luogo pittoresco
beaver ['bi:və^r] *n* castoro
became [bɪ'keɪm] *pt of* **become**
because [bɪ'kɔz] *conj* perché; **~ of** a causa di
beckon ['bɛkən] *vt* (*also:* **~ to**) chiamare con un cenno
become [bɪ'kʌm] (*irreg: like* **come**) *vt* diventare; **to ~ fat/thin** ingrassarsi/dimagrire
bed [bɛd] *n* letto; (*of flowers*) aiuola; (*of coal, clay*) strato; **single/double ~** letto a una piazza/a due piazze *or* matrimoniale; **bed and breakfast** *n* (*place*) ≈ pensione *f* familiare; (*terms*) camera con colazione; *vedi nota*; **bedclothes** ['bɛdkləuðz] *npl* biancheria e coperte *fpl* da letto; **bedding** *n* coperte e lenzuola *fpl*; **bed linen** *n* biancheria da letto; **bedroom** *n* camera da letto; **bedside** *n* **at sb's bedside** al capezzale di qn; **bedside lamp** *n* lampada da comodino; **bedside table** *n* comodino; **bedsit(ter)** (*BRIT*) *n* monolocale *m*; **bedspread** *n* copriletto; **bedtime** *n* **it's bedtime** è ora di andare a letto

bed and breakfast

I **bed and breakfasts**, anche **B&Bs**, sono piccole pensioni a conduzione familiare, più economiche rispetto agli alberghi, dove al mattino viene servita la tradizionale colazione all'inglese.

bee [bi:] *n* ape *f*
beech [bi:tʃ] *n* faggio
beef [bi:f] *n* manzo; **roast ~** arrosto di manzo; **beefburger** *n* hamburger *m inv*; **Beefeater** *n* guardia della Torre di Londra
been [bi:n] *pp of* **be**
beer [bɪə^r] *n* birra; **beer garden** *n* (*BRIT*) giardino (*di pub*)
beet [bi:t] (*US*) *n* (*also:* **red ~**) barbabietola rossa
beetle ['bi:tl] *n* scarafaggio; coleottero
beetroot ['bi:tru:t] (*BRIT*) *n* barbabietola
before [bɪ'fɔ:^r] *prep* (*in time*) prima di; (*in space*) davanti a ▶ *conj* prima che *+sub*; prima di ▶ *adv* prima; **~ going** prima di andare; **~ she goes** prima che vada; **the week ~** la settimana prima; **I've seen it ~** l'ho già visto; **I've never seen it ~** è la prima volta che lo vedo; **beforehand** *adv* in anticipo
beg [bɛg] *vi* chiedere l'elemosina ▶ *vt* (*also:* **~ for**) chiedere in elemosina; (*favour*) chiedere; **to ~ sb to do** pregare qn di fare
began [bɪ'gæn] *pt of* **begin**
beggar ['bɛgə^r] *n* mendicante *m/f*
begin [bɪ'gɪn] (*pt* **began**, *pp* **begun**) *vt, vi* cominciare; **to ~ doing** *or* **to do sth** incominciare *or* iniziare a fare qc; **beginner** *n* principiante *m/f*; **beginning** *n* inizio, principio
begun [bɪ'gʌn] *pp of* **begin**
behalf [bɪ'hɑ:f] *n* **on ~ of** per conto di; a nome di
behave [bɪ'heɪv] *vi* comportarsi; (*well: also:* **~ o.s.**) comportarsi bene; **behaviour** [bɪ'heɪvjə^r] (*US* **behavior**)

n comportamento, condotta

behind [bɪ'haɪnd] *prep* dietro; (*followed by pronoun*) dietro di; (*time*) in ritardo con ▸ *adv* dietro; (*leave, stay*) indietro ▸ *n* didietro; **to be ~ (schedule)** essere in ritardo rispetto al programma; **~ the scenes** (*fig*) dietro le quinte

beige [beɪʒ] *adj* beige *inv*

Beijing ['beɪ'dʒɪŋ] *n* Pechino *f*

being ['bi:ɪŋ] *n* essere *m*

belated [bɪ'leɪtɪd] *adj* tardo(-a)

belch [bɛltʃ] *vi* ruttare ▸ *vt* (*gen: belch out: smoke etc*) eruttare

Belgian ['bɛldʒən] *adj, n* belga *m/f*

Belgium ['bɛldʒəm] *n* Belgio

belief [bɪ'li:f] *n* (*opinion*) opinione *f*, convinzione *f*; (*trust, faith*) fede *f*

believe [bɪ'li:v] *vt, vi* credere; **to ~ in** (*God*) credere in; (*ghosts*) credere a; (*method*) avere fiducia in; **believer** *n* (*Rel*) credente *m/f*; (*in idea, activity*): **to be a believer in** credere in

bell [bɛl] *n* campana; (*small, on door, electric*) campanello

bellboy ['bɛlbɔɪ], (*US*) **bellhop** ['bɛlhɔp] *n* ragazzo d'albergo, fattorino d'albergo

bellow ['bɛləu] *vi* muggire

bell pepper (*esp US*) *n* peperone *m*

belly ['bɛlɪ] *n* pancia; **belly button** *n* ombelico

belong [bɪ'lɔŋ] *vi* **to ~ to** appartenere a; (*club etc*) essere socio di; **this book ~s here** questo libro va qui; **belongings** *npl* cose *fpl*, roba

beloved [bɪ'lʌvɪd] *adj* adorato(-a)

below [bɪ'ləu] *prep* sotto, al di sotto di ▸ *adv* sotto, di sotto; giù; **see ~** vedi sotto *or* oltre

belt [bɛlt] *n* cintura; (*Tech*) cinghia ▸ *vt* (*thrash*) picchiare ▸ *vi* (*inf*) filarsela; **beltway** (*US*) *n* (*Aut: ring road*) circonvallazione *f*; (*: motorway*) autostrada

bemused [bɪ'mju:zd] *adj* perplesso(-a), stupito(-a)

bench [bɛntʃ] *n* panca; (*in workshop, Pol*) banco; **the B~** (*Law*) la Corte

bend [bɛnd] (*pt, pp* **bent**) *vt* curvare; (*leg, arm*) piegare ▸ *vi* curvarsi; piegarsi ▸ *n* (*BRIT: in road*) curva; (*in pipe, river*) gomito ▹ **bend down** *vi* chinarsi ▹ **bend over** *vi* piegarsi

beneath [bɪ'ni:θ] *prep* sotto, al di sotto di; (*unworthy of*) indegno(-a) di ▸ *adv* sotto, di sotto

beneficial [bɛnɪ'fɪʃəl] *adj* che fa bene; vantaggioso(-a)

benefit ['bɛnɪfɪt] *n* beneficio, vantaggio; (*allowance of money*) indennità *f inv* ▸ *vt* far bene a ▸ *vi* **he'll ~ from it** ne trarrà beneficio *or* profitto

benign [bɪ'naɪn] *adj* (*person, smile*) benevolo(-a); (*Med*) benigno(-a)

bent [bɛnt] *pt, pp of* **bend** ▸ *n* inclinazione *f* ▸ *adj* (*inf: dishonest*) losco(-a); **to be ~ on** essere deciso(-a) a

bereaved [bɪ'ri:vd] *n* **the ~** i familiari in lutto

beret ['bɛreɪ] *n* berretto

Berlin [bə:'lɪn] *n* Berlino *f*

Bermuda [bə:'mju:də] *n* le Bermude

berry ['bɛrɪ] *n* bacca

berth [bə:θ] *n* (*bed*) cuccetta; (*for ship*) ormeggio ▸ *vi* (*in harbour*) entrare in porto; (*at anchor*) gettare l'ancora

beside [bɪ'saɪd] *prep* accanto a; **to be ~ o.s. (with anger)** essere fuori di sé (dalla rabbia); **that's ~ the point** non c'entra; **besides** [bɪ'saɪdz] *adv* inoltre, per di più ▸ *prep* oltre a; a parte

best [bɛst] *adj* migliore ▸ *adv* meglio; **the ~ part of** (*quantity*) la maggior parte di; **at ~** tutt'al più; **to make the ~ of sth** cavare il meglio possibile da qc; **to do one's ~** fare del proprio meglio; **to the ~ of my knowledge** per quel che ne so; **to the ~ of my ability**

al massimo delle mie capacità; **best-before date** *n* scadenza; **best man** *(irreg)* *n* testimone *m* dello sposo; **bestseller** *n* bestseller *m inv*

bet [bɛt] *(pt, pp* **bet** *or* **betted**) *n* scommessa ▸ *vt, vi* scommettere; **to ~ sb sth** scommettere qc con qn

betray [bɪ'treɪ] *vt* tradire

better ['bɛtəʳ] *adj* migliore ▸ *adv* meglio ▸ *vt* migliorare ▸ *n* **to get the ~ of** avere la meglio su; **you had ~ do it** è meglio che lo faccia; **he thought ~ of it** cambiò idea; **to get ~** migliorare

betting ['bɛtɪŋ] *n* scommesse *fpl*; **betting shop** *(BRIT)* *n* ufficio dell'allibratore

between [bɪ'twiːn] *prep* tra ▸ *adv* in mezzo, nel mezzo

beverage ['bɛvərɪdʒ] *n* bevanda

beware [bɪ'wɛəʳ] *vt, vi* **to ~ (of)** stare attento(-a) (a); **"~ of the dog"** "attenti al cane"

bewildered [bɪ'wɪldəd] *adj* sconcertato(-a), confuso(-a)

beyond [bɪ'jɔnd] *prep* *(in space)* oltre; *(exceeding)* al di sopra di ▸ *adv* di là; **~ doubt** senza dubbio; **~ repair** irreparabile

bias ['baɪəs] *n* *(prejudice)* pregiudizio; *(preference)* preferenza; **bias(s)ed** *adj* parziale

bib [bɪb] *n* bavaglino

Bible ['baɪbl] *n* Bibbia

bicarbonate of soda [baɪ'kaːbənɪt-] *n* bicarbonato (di sodio)

biceps ['baɪsɛps] *n* bicipite *m*

bicycle ['baɪsɪkl] *n* bicicletta; **bicycle pump** *n* pompa della bicicletta

bid [bɪd] *(pt* **bade** *or* **bid**, *pp* **bidden** *or* **bid**) *n* offerta; *(attempt)* tentativo ▸ *vi* fare un'offerta ▸ *vt* fare un'offerta di; **to ~ sb good day** dire buon giorno a qn; **bidder** *n* **the highest bidder** il maggior offerente

bidet ['biːdeɪ] *n* bidè *m inv*

big [bɪg] *adj* grande; grosso(-a); **Big Apple** *n vedi nota nel riquadro*; **bigheaded** ['bɪg'hɛdɪd] *adj* presuntuoso(-a); **big toe** *n* alluce *m*

> **Big Apple**
> Tutti sanno che **The Big Apple**, la Grande Mela, è New York ("apple" in gergo significa grande città), ma sicuramente i soprannomi di altre città americane non sono così conosciuti. Chicago è soprannominata "the Windy City" perché è ventosa, New Orleans si chiama "the Big Easy" per il modo di vivere tranquillo e rilassato dei suoi abitanti, e l'industria automobilistica ha fatto sì che Detroit fosse soprannominata "Motown".

bike [baɪk] *n* bici *f inv*; **bike lane** *n* pista ciclabile

bikini [bɪ'kiːnɪ] *n* bikini *m inv*

bilateral [baɪ'lætərl] *adj* bilaterale

bilingual [baɪ'lɪŋgwəl] *adj* bilingue

bill [bɪl] *n* conto; *(Pol)* atto; *(US: banknote)* banconota; *(of bird)* becco; *(of show)* locandina; **can I have the ~, please** il conto, per favore; **put it on my ~** lo metta sul mio conto; **"post no ~s"** "divieto di affissione"; **to fit** *or* **fill the ~** *(fig)* fare al caso; **billboard** *n* tabellone *m*; **billfold** ['bɪlfəuld] *(US)* *n* portafoglio

billiards ['bɪljədz] *n* biliardo

billion ['bɪljən] *num* *(BRIT)* bilione *m*; *(US)* miliardo

bin [bɪn] *n* *(for coal, rubbish)* bidone *m*; *(for bread)* cassetta; *(dustbin)* pattumiera; *(litter bin)* cestino

bind [baɪnd] *(pt, pp* **bound**) *vt* legare; *(oblige)* obbligare ▸ *n* *(inf)* scocciatura

binge [bɪndʒ] *(inf)* *n* **to go on a ~** fare baldoria

bingo ['bɪŋgəu] *n gioco simile alla tombola*

binoculars [bɪ'nɔkjuləz] *npl* binocolo
bio... [baɪə'...] *prefix*; **biochemistry** *n* biochimica; **biodegradable** *adj* biodegradabile; **biography** [baɪ'ɔgrəfɪ] *n* biografia; **biological** *adj* biologico(-a); **biology** [baɪ'ɔlədʒɪ] *n* biologia
birch [bəːtʃ] *n* betulla
bird [bəːd] *n* uccello; (*BRIT: inf: girl*) bambola; **bird flu** *n* influenza aviaria; **bird of prey** *n* (uccello) rapace *m*; **birdwatching** *n* birdwatching *m*
Biro® ['baɪrəu] *n* biro® *f inv*
birth [bəːθ] *n* nascita; **to give ~ to** partorire; **birth certificate** *n* certificato di nascita; **birth control** *n* controllo delle nascite; contraccezione *f*; **birthday** *n* compleanno ▶ *cpd* di compleanno; **birthmark** *n* voglia; **birthplace** *n* luogo di nascita
biscuit ['bɪskɪt] (*BRIT*) *n* biscotto
bishop ['bɪʃəp] *n* vescovo
bistro ['biːstrəu] *n* bistrò *m inv*
bit [bɪt] *pt of* **bite** ▶ *n* pezzo; (*Comput*) bit *m inv*; (*of horse*) morso; **a ~ of** un po' di; **a ~ mad** un po' matto; **~ by ~** a poco a poco
bitch [bɪtʃ] *n* (*dog*) cagna; (*inf!*) vacca
bite [baɪt] (*pt, pp* **bit, bitten**) *vt, vi* mordere; (*insect*) pungere ▶ *n* morso; (*insect bite*) puntura; (*mouthful*) boccone *m*; **let's have a ~ to eat** mangiamo un boccone; **to ~ one's nails** mangiarsi le unghie
bitten ['bɪtn] *pp of* **bite**
bitter ['bɪtə^r] *adj* amaro(-a); (*wind, criticism*) pungente ▶ *n* (*BRIT: beer*) birra amara
bizarre [bɪ'zɑː^r] *adj* bizzarro(-a)
black [blæk] *adj* nero(-a) ▶ *n* nero; (*person*): **B~** negro(-a) ▶ *vt* (*BRIT Industry*) boicottare; **to give sb a ~ eye** fare un occhio nero a qn; **in the ~** (*bank account*) in attivo ▷ **black out** *vi* (*faint*) svenire; **blackberry** *n* mora; **blackbird** *n* merlo; **blackboard** *n* lavagna; **black coffee** *n* caffè *m inv* nero; **blackcurrant** *n* ribes *m inv*; **black ice** *n* strato trasparente di ghiaccio; **blackmail** *n* ricatto ▶ *vt* ricattare; **black market** *n* mercato nero; **blackout** *n* oscuramento; (*TV, Radio*) interruzione *f* delle trasmissioni; (*fainting*) svenimento; **black pepper** *n* pepe *m* nero; **black pudding** *n* sanguinaccio; **Black Sea** *n* **the Black Sea** il Mar Nero
bladder ['blædə^r] *n* vescica
blade [bleɪd] *n* lama; (*of oar*) pala; **~ of grass** filo d'erba
blame [bleɪm] *n* colpa ▶ *vt* **to ~ sb/sth for sth** dare la colpa di qc a qn/qc; **who's to ~?** chi è colpevole?
bland [blænd] *adj* mite; (*taste*) blando(-a)
blank [blæŋk] *adj* bianco(-a); (*look*) distratto(-a) ▶ *n* spazio vuoto; (*cartridge*) cartuccia a salve
blanket ['blæŋkɪt] *n* coperta
blast [blɑːst] *n* (*of wind*) raffica; (*of bomb etc*) esplosione *f* ▶ *vt* far saltare
blatant ['bleɪtənt] *adj* flagrante
blaze [bleɪz] *n* (*fire*) incendio; (*fig*) vampata; splendore *m* ▶ *vi* (*fire*) ardere, fiammeggiare; (*guns*) sparare senza sosta; (*fig: eyes*) ardere ▶ *vt* **to ~ a trail** (*fig*) tracciare una via nuova; **in a ~ of publicity** circondato da grande pubblicità
blazer ['bleɪzə^r] *n* blazer *m inv*
bleach [bliːtʃ] *n* varechina ▶ *vt* (*material*) candeggiare; **bleachers** (*US*) *npl* (*Sport*) posti *mpl* di gradinata
bleak [bliːk] *adj* tetro(-a)
bled [blɛd] *pt, pp of* **bleed**
bleed [bliːd] (*pt, pp* **bled**) *vi* sanguinare; **my nose is ~ing** mi viene fuori sangue dal naso
blemish ['blɛmɪʃ] *n* macchia

blend [blɛnd] *n* miscela ▸ *vt* mescolare ▸ *vi* (*colours etc*: *also*: **~ in**) armonizzare; **blender** *n* (*Culin*) frullatore *m*
bless [blɛs] (*pt, pp* **blessed** *or* **blest**) *vt* benedire; **~ you!** (*after sneeze*) salute!; **blessing** *n* benedizione *f*; fortuna
blew [blu:] *pt of* **blow**
blight [blaɪt] *vt* (*hopes etc*) deludere; (*life*) rovinare
blind [blaɪnd] *adj* cieco(-a) ▸ *n* (*for window*) avvolgibile *m*; (*Venetian blind*) veneziana ▸ *vt* accecare; **the ~** *npl* i ciechi; **blind alley** *n* vicolo cieco; **blindfold** *n* benda ▸ *adj, adv* bendato(-a) ▸ *vt* bendare gli occhi a
blink [blɪŋk] *vi* battere gli occhi; (*light*) lampeggiare
bliss [blɪs] *n* estasi *f*
blister ['blɪstəʳ] *n* (*on skin*) vescica; (*on paintwork*) bolla
blizzard ['blɪzəd] *n* bufera di neve
bloated ['bləutɪd] *adj* gonfio(-a)
blob [blɔb] *n* (*drop*) goccia; (*stain, spot*) macchia
block [blɔk] *n* blocco; (*in pipes*) ingombro; (*toy*) cubo; (*of buildings*) isolato ▸ *vt* bloccare; **the sink is ~ed** il lavandino è otturato ▹ **block up** *vt* bloccare; (*pipe*) ingorgare, intasare; **blockade** [-'keɪd] *n* blocco; **blockage** *n* ostacolo; **blockbuster** *n* (*film, book*) grande successo; **block capitals** *npl* stampatello; **block letters** *npl* stampatello
blog [blɔg] *n* blog *m* ▸ *vi* scrivere blog
bloke [bləuk] (*BRIT*: *inf*) *n* tizio
blond(e) [blɔnd] *adj, n* biondo(-a)
blood [blʌd] *n* sangue *m*; **blood donor** *n* donatore(-trice) di sangue; **blood group** *n* gruppo sanguigno; **blood poisoning** *n* setticemia; **blood pressure** *n* pressione *f* sanguigna; **bloodshed** *n* spargimento di sangue; **bloodshot** *adj* **bloodshot eyes** occhi iniettati di sangue; **bloodstream** *n* flusso del sangue; **blood test** *n* analisi *f inv* del sangue; **blood transfusion** *n* trasfusione *f* di sangue; **blood type** *n* gruppo sanguigno; **blood vessel** *n* vaso sanguigno; **bloody** *adj* (*fight*) sanguinoso(-a); (*nose*) sanguinante; (*BRIT*: *inf!*): **this bloody ...** questo maledetto ...; **bloody awful/good** (*inf!*) veramente terribile/forte
bloom [blu:m] *n* fiore *m* ▸ *vi* (*tree*) essere in fiore; (*flower*) aprirsi
blossom ['blɔsəm] *n* fiore *m*; (*with pl sense*) fiori *mpl* ▸ *vi* essere in fiore
blot [blɔt] *n* macchia ▸ *vt* macchiare
blouse [blauz] *n* camicetta
blow [bləu] (*pt* **blew**, *pp* **blown**) *n* colpo ▸ *vi* soffiare ▸ *vt* (*fuse*) far saltare; (*wind*) spingere; (*instrument*) suonare; **to ~ one's nose** soffiarsi il naso; **to ~ a whistle** fischiare ▹ **blow away** *vt* portare via ▹ **blow out** *vi* scoppiare ▹ **blow up** *vi* saltare in aria ▸ *vt* far saltare in aria; (*tyre*) gonfiare; (*Phot*) ingrandire; **blow-dry** *n* messa in piega a föhn
blown [bləun] *pp of* **blow**
blue [blu:] *adj* azzurro(-a); (*depressed*) giù *inv*; **~ film/joke** film/barzelletta pornografico(-a); **out of the ~** (*fig*) all'improvviso; **bluebell** *n* giacinto dei boschi; **blueberry** *n* mirtillo; **blue cheese** *n formaggio tipo gorgonzola*; **blues** *npl* **the blues** (*Mus*) il blues; **to have the blues** (*inf*: *feeling*) essere a terra; **bluetit** *n* cinciarella
bluff [blʌf] *vi* bluffare ▸ *n* bluff *m inv* ▸ *adj* (*person*) brusco(-a); **to call sb's ~** mettere alla prova il bluff di qn
blunder ['blʌndəʳ] *n* abbaglio ▸ *vi* prendere un abbaglio
blunt [blʌnt] *adj* smussato(-a); spuntato(-a); (*person*) brusco(-a)
blur [bləːʳ] *n* forma indistinta ▸ *vt* offuscare; **blurred** *adj* (*photo*) mosso(-a); (*TV*) sfuocato(-a)

blush [blʌʃ] *vi* arrossire ▸ *n* rossore *m*; **blusher** *n* fard *m inv*
board [bɔːd] *n* tavola; (*on wall*) tabellone *m*; (*committee*) consiglio, comitato; (*in firm*) consiglio d'amministrazione; (*Naut, Aviat*): **on ~** a bordo ▸ *vt* (*ship*) salire a bordo di; (*train*) salire su; **full ~** (*BRIT*) pensione completa; **half ~** (*BRIT*) mezza pensione; **~ and lodging** vitto e alloggio; **which goes by the ~** (*fig*) che viene abbandonato; **board game** *n* gioco da tavolo; **boarding card** *n* = **boarding pass**; **boarding pass** *n* (*Aviat, Naut*) carta d'imbarco; **boarding school** *n* collegio; **board room** *n* sala del consiglio
boast [bəust] *vi* **to ~ (about** *or* **of)** vantarsi (di)
boat [bəut] *n* nave *f*; (*small*) barca
bob [bɔb] *vi* (*boat, cork on water: also:* **~ up and down**) andare su e giù
bobby pin ['bɔbɪ-] (*US*) *n* fermaglio per capelli
body ['bɔdɪ] *n* corpo; (*of car*) carrozzeria; (*of plane*) fusoliera; (*fig: group*) gruppo; (*: organization*) organizzazione *f*; (*: quantity*) quantità *f inv*; **body-building** *n* culturismo; **bodyguard** *n* guardia del corpo; **bodywork** *n* carrozzeria
bog [bɔg] *n* palude *f* ▸ *vt* **to get ~ged down** (*fig*) impantanarsi
bogus ['bəugəs] *adj* falso(-a); finto(-a)
boil [bɔɪl] *vt, vi* bollire ▸ *n* (*Med*) foruncolo; **to come to the** (*BRIT*) *or* **a** (*US*) **~** raggiungere l'ebollizione ▹ **boil over** *vi* traboccare (bollendo); **boiled egg** *n* uovo alla coque; **boiled potatoes** *npl* patate *fpl* bollite *or* lesse; **boiler** *n* caldaia; **boiling** *adj* bollente; **I'm boiling (hot)** (*inf*) sto morendo di caldo; **boiling point** *n* punto di ebollizione
bold [bəuld] *adj* audace; (*child*) impudente; (*colour*) deciso(-a)
Bolivia [bə'lɪvɪə] *n* Bolivia
Bolivian [bə'lɪvɪən] *adj, n* boliviano(-a)
bollard ['bɔləd] (*BRIT*) *n* (*Aut*) colonnina luminosa
bolt [bəult] *n* chiavistello; (*with nut*) bullone *m* ▸ *adv* **~ upright** diritto(-a) come un fuso ▸ *vt* serrare; (*also:* **~ together**) imbullonare; (*food*) mangiare in fretta ▸ *vi* scappare via
bomb [bɔm] *n* bomba ▸ *vt* bombardare; **bombard** [bɔm'bɑːd] *vt* bombardare; **bomber** *n* (*Aviat*) bombardiere *m*; **bomb scare** *n* stato di allarme (*per sospetta presenza di una bomba*)
bond [bɔnd] *n* legame *m*; (*binding promise, Finance*) obbligazione *f*; (*Comm*): **in ~** in attesa di sdoganamento
bone [bəun] *n* osso; (*of fish*) spina, lisca ▸ *vt* disossare; togliere le spine a
bonfire ['bɔnfaɪə[r]] *n* falò *m inv*
bonnet ['bɔnɪt] *n* cuffia; (*BRIT: of car*) cofano
bonus ['bəunəs] *n* premio; (*fig*) sovrappiù *m inv*
boo [buː] *excl* ba! ▸ *vt* fischiare
book [buk] *n* libro; (*of stamps etc*) blocchetto ▸ *vt* (*ticket, seat, room*) prenotare; (*driver*) multare; (*football player*) ammonire; **~s** *npl* (*Comm*) conti *mpl*; **I'd like to ~ a double room** vorrei prenotare una camera doppia; **I ~ed a table in the name of ...** ho prenotato un tavolo al nome di ... ▹ **book in** *vi* (*BRIT: at hotel*) prendere una camera ▹ **book up** *vt* riservare, prenotare; **the hotel is ~ed up** l'albergo è al completo; **all seats are ~ed up** è tutto esaurito; **bookcase** *n* scaffale *m*; **booking** *n* (*BRIT*) prenotazione *f*; **I confirmed my booking by fax/e-mail** ho confermato la mia prenotazione tramite fax/e-mail;

booking office (*BRIT*) *n* (*Rail*) biglietteria; (*Theatre*) botteghino; **book-keeping** *n* contabilità; **booklet** *n* libricino; **bookmaker** *n* allibratore *m*; **bookmark** (*also Comput*) *n* segnalibro ▸ *vt* (*Comput*) mettere un segnalibro a; (*Internet Explorer*) aggiungere a "Preferiti"; **bookseller** *n* libraio; **bookshelf** *n* mensola (per libri); **bookshop, bookstore** *n* libreria

boom [bu:m] *n* (*noise*) rimbombo; (*in prices etc*) boom *m inv* ▸ *vi* rimbombare; andare a gonfie vele

boost [bu:st] *n* spinta ▸ *vt* spingere

boot [bu:t] *n* stivale *m*; (*for hiking*) scarpone *m* da montagna; (*for football etc*) scarpa; (*BRIT: of car*) portabagagli *m inv* ▸ *vt* (*Comput*) inizializzare; **to ~** (*in addition*) per giunta, in più

booth [bu:ð] *n* cabina; (*at fair*) baraccone *m*

booze [bu:z] (*inf*) *n* alcool *m*

border ['bɔ:dəʳ] *n* orlo; margine *m*; (*of a country*) frontiera; (*for flowers*) aiuola (laterale) ▸ *vt* (*road*) costeggiare; (*another country: also:* **~ on**) confinare con; **the B~s** *la zona di confine tra l'Inghilterra e la Scozia*; **borderline** *n* (*fig*): **on the borderline** incerto(-a)

bore [bɔ:ʳ] *pt of* **bear** ▸ *vt* (*hole etc*) scavare; (*person*) annoiare ▸ *n* (*person*) seccatore(-trice); (*of gun*) calibro; **bored** *adj* annoiato(-a); **to be bored** annoiarsi; **he's bored to tears** *or* **to death** *or* **stiff** è annoiato a morte; **boredom** *n* noia

boring ['bɔ:rɪŋ] *adj* noioso(-a)

born [bɔ:n] *adj* **to be ~** nascere; **I was ~ in 1960** sono nato nel 1960

borne [bɔ:n] *pp of* **bear**

borough ['bʌrə] *n* comune *m*

borrow ['bɔrəu] *vt* **to ~ sth (from sb)** prendere in prestito qc (da qn)

Bosnia(-Herzegovina) ['bɔznɪə(hɛrzə'gəuvi:nə)] *n* Bosnia-Erzegovina; **Bosnian** ['bɔznɪən] *n, adj* bosniaco(-a) *m/f*

bosom ['buzəm] *n* petto; (*fig*) seno

boss [bɔs] *n* capo ▸ *vt* comandare; **bossy** *adj* prepotente

both [bəuθ] *adj* entrambi(-e), tutt'e due ▸ *pron* **~ of them** entrambi(-e); **~ of us went, we ~ went** ci siamo andati tutt'e due ▸ *adv* **they sell ~ meat and poultry** vendono insieme la carne ed il pollame

bother ['bɔðəʳ] *vt* (*worry*) preoccupare; (*annoy*) infastidire ▸ *vi* (*also:* **~ o.s.**) preoccuparsi ▸ *n* **it is a ~ to have to do** è una seccatura dover fare; **it was no ~** non c'era problema; **to ~ doing sth** darsi la pena di fare qc

bottle ['bɔtl] *n* bottiglia; (*baby's*) biberon *m inv* ▸ *vt* imbottigliare; **bottle bank** *n* contenitore *m* per la raccolta del vetro; **bottle-opener** *n* apribottiglie *m inv*

bottom ['bɔtəm] *n* fondo; (*buttocks*) sedere *m* ▸ *adj* più basso(-a); ultimo(-a); **at the ~ of** in fondo a

bought [bɔ:t] *pt, pp of* **buy**

boulder ['bəuldəʳ] *n* masso (tondeggiante)

bounce [bauns] *vi* (*ball*) rimbalzare; (*cheque*) essere restituito(-a) ▸ *vt* far rimbalzare ▸ *n* (*rebound*) rimbalzo; **bouncer** (*inf*) *n* buttafuori *m inv*

bound [baund] *pt, pp of* **bind** ▸ *n* (*gen pl*) limite *m*; (*leap*) salto ▸ *vi* saltare ▸ *vt* (*limit*) delimitare ▸ *adj* **~ by law** obbligato(-a) per legge; **to be ~ to do sth** (*obliged*) essere costretto(-a) a fare qc; **he's ~ to fail** (*likely*) fallirà di certo; **~ for** diretto(-a) a; **out of ~s** il cui accesso è vietato

boundary ['baundrɪ] *n* confine *m*

bouquet ['bukeɪ] *n* bouquet *m inv*

bourbon ['buəbən] (*US*) *n* (*also:* **~ whiskey**) bourbon *m inv*

bout [baut] *n* periodo; (*of malaria etc*) attacco; (*Boxing etc*) incontro
boutique [bu:'ti:k] *n* boutique *f inv*
bow¹ [bəu] *n* nodo; (*weapon*) arco; (*Mus*) archetto
bow² [bau] *n* (*with body*) inchino; (*Naut*: *also*: **~s**) prua ▸ *vi* inchinarsi; (*yield*): **to ~ to** *or* **before** sottomettersi a
bowels ['bauəlz] *npl* intestini *mpl*; (*fig*) viscere *fpl*
bowl [bəul] *n* (*for eating*) scodella; (*for washing*) bacino; (*ball*) boccia ▸ *vi* (*Cricket*) servire (la palla); **bowler** ['bəulə^r] *n* (*Cricket, Baseball*) lanciatore *m*; (*BRIT*: *also*: **bowler hat**) bombetta; **bowling** ['bəulɪŋ] *n* (*game*) gioco delle bocce; **bowling alley** *n* pista da bowling; **bowling green** *n* campo di bocce; **bowls** [bəulz] *n* gioco delle bocce
bow tie *n* cravatta a farfalla
box [bɔks] *n* scatola; (*also*: **cardboard ~**) cartone *m*; (*Theatre*) palco ▸ *vt* inscatolare ▸ *vi* fare del pugilato; **boxer** *n* (*person*) pugile *m*; **boxer shorts** ['bɔksəʃɔ:ts] *pl n* boxer; **a pair of boxer shorts** un paio di boxer; **boxing** *n* (*Sport*) pugilato; **Boxing Day** (*BRIT*) *n* ≈ Santo Stefano; *vedi nota*; **boxing gloves** *npl* guantoni *mpl* da pugile; **boxing ring** *n* ring *m inv*; **box office** *n* biglietteria

Boxing Day

Il **Boxing Day** è un giorno di festa e cade in genere il 26 dicembre. Prende il nome dalla tradizionale usanza di donare pacchi regalo natalizi, chiamati "Christmas boxes", a fornitori e dipendenti.

boy [bɔɪ] *n* ragazzo
boycott ['bɔɪkɔt] *n* boicottaggio ▸ *vt* boicottare
boyfriend ['bɔɪfrɛnd] *n* ragazzo
bra [brɑ:] *n* reggipetto, reggiseno
brace [breɪs] *n* (*on teeth*) apparecchio correttore; (*tool*) trapano ▸ *vt* rinforzare, sostenere; **~s** (*BRIT*) *npl* (*Dress*) bretelle *fpl*; **to ~ o.s.** (*also fig*) tenersi forte
bracelet ['breɪslɪt] *n* braccialetto
bracket ['brækɪt] *n* (*Tech*) mensola; (*group*) gruppo; (*Typ*) parentesi *f inv* ▸ *vt* mettere fra parentesi
brag [bræg] *vi* vantarsi
braid [breɪd] *n* (*trimming*) passamano; (*of hair*) treccia
brain [breɪn] *n* cervello; **~s** *npl* (*intelligence*) cervella *fpl*; **he's got ~s** è intelligente
braise [breɪz] *vt* brasare
brake [breɪk] *n* (*on vehicle*) freno ▸ *vi* frenare; **brake light** *n* (fanalino dello) stop *m inv*
bran [bræn] *n* crusca
branch [brɑ:ntʃ] *n* ramo; (*Comm*) succursale *f* ▹ **branch off** *vi* diramarsi ▹ **branch out** *vi* (*fig*) intraprendere una nuova attività
brand [brænd] *n* marca; (*fig*) tipo ▸ *vt* (*cattle*) marcare (a ferro rovente); **brand name** *n* marca; **brand-new** *adj* nuovo(-a) di zecca
brandy ['brændɪ] *n* brandy *m inv*
brash [bræʃ] *adj* sfacciato(-a)
brass [brɑ:s] *n* ottone *m*; **the ~** (*Mus*) gli ottoni; **brass band** *n* fanfara
brat [bræt] (*pej*) *n* marmocchio, monello(-a)
brave [breɪv] *adj* coraggioso(-a) ▸ *vt* affrontare; **bravery** *n* coraggio
brawl [brɔ:l] *n* rissa
Brazil [brə'zɪl] *n* Brasile *m*; **Brazilian** *adj, n* brasiliano(-a)
breach [bri:tʃ] *vt* aprire una breccia in ▸ *n* (*gap*) breccia, varco; (*breaking*): **~ of contract** rottura di contratto; **~ of the peace** violazione *f* dell'ordine pubblico
bread [brɛd] *n* pane *m*; **breadbin** *n* cassetta *f* portapane *inv*; **breadbox**

(*US*) *n* cassetta *f* portapane *inv*; **breadcrumbs** *npl* briciole *fpl*; (*Culin*) pangrattato

breadth [brɛtθ] *n* larghezza; (*fig: of knowledge etc*) ampiezza

break [breɪk] (*pt* **broke**, *pp* **broken**) *vt* rompere; (*law*) violare; (*record*) battere ▸ *vi* rompersi; (*storm*) scoppiare; (*weather*) cambiare; (*dawn*) spuntare; (*news*) saltare fuori ▸ *n* (*gap*) breccia; (*fracture*) rottura; (*rest, also Scol*) intervallo; (*: short*) pausa; (*chance*) possibilità *f inv*; **to ~ one's leg** *etc* rompersi la gamba *ecc*; **to ~ the news to sb** comunicare per primo la notizia a qn; **to ~ even** coprire le spese; **to ~ free** *or* **loose** spezzare i legami; **to ~ open** (*door etc*) sfondare ▹ **break down** *vt* (*figures, data*) analizzare ▸ *vi* (*person*) avere un esaurimento (nervoso); (*Aut*) guastarsi; **my car has broken down** mi si è rotta la macchina ▹ **break in** *vt* (*horse etc*) domare ▸ *vi* (*burglar*) fare irruzione; (*interrupt*) interrompere ▹ **break into** *vt fus* (*house*) fare irruzione in ▹ **break off** *vi* (*speaker*) interrompersi; (*branch*) troncarsi ▹ **break out** *vi* evadere; (*war, fight*) scoppiare; **to ~ out in spots** coprirsi di macchie ▹ **break up** *vi* (*ship*) sfondarsi; (*meeting*) sciogliersi; (*crowd*) disperdersi, (*marriage*) andare a pezzi; (*Scol*) chiudere ▸ *vt* fare a pezzi, spaccare; (*fight etc*) interrompere, far cessare; **breakdown** *n* (*Aut*) guasto; (*in communications*) interruzione *f*; (*of marriage*) rottura; (*Med: also:* **nervous breakdown**) esaurimento nervoso; (*of statistics*) resoconto; **breakdown truck, breakdown van** *n* carro *m* attrezzi *inv*

breakfast ['brɛkfəst] *n* colazione *f*; **what time is ~?** a che ora è servita la colazione?

break: **break-in** *n* irruzione *f*; **breakthrough** *n* (*fig*) passo avanti

breast [brɛst] *n* (*of woman*) seno; (*chest, Culin*) petto; **breast-feed** (*irreg: like* **feed**) *vt, vi* allattare (al seno); **breast-stroke** *n* nuoto a rana

breath [brɛθ] *n* respiro; **out of ~** senza fiato

Breathalyser® ['brɛθəlaɪzə^r] (*BRIT*) *n* alcoltest *m inv*

breathe [bri:ð] *vt, vi* respirare ▹ **breathe in** *vt* respirare ▸ *vi* inspirare ▹ **breathe out** *vt, vi* espirare; **breathing** *n* respiro, respirazione *f*

breath: **breathless** ['brɛθlɪs] *adj* senza fiato; **breathtaking** ['brɛθteɪkɪŋ] *adj* mozzafiato *inv*; **breath test** *n* ≈ prova del palloncino

bred [brɛd] *pt, pp of* **breed**

breed [bri:d] (*pt, pp* **bred**) *vt* allevare ▸ *vi* riprodursi ▸ *n* razza; (*type, class*) varietà *f inv*

breeze [bri:z] *n* brezza

breezy ['bri:zɪ] *adj* allegro(-a), ventilato(-a)

brew [bru:] *vt* (*tea*) fare un infuso di; (*beer*) fare ▸ *vi* (*storm, fig: trouble etc*) prepararsi; **brewery** *n* fabbrica di birra

bribe [braɪb] *n* bustarella ▸ *vt* comprare; **bribery** *n* corruzione *f*

bric-a-brac ['brɪkəbræk] *n* bric-a-brac *m*

brick [brɪk] *n* mattone *m*; **bricklayer** *n* muratore *m*

bride [braɪd] *n* sposa; **bridegroom** *n* sposo; **bridesmaid** *n* damigella d'onore

bridge [brɪdʒ] *n* ponte *m*; (*Naut*) ponte di comando; (*of nose*) dorso; (*Cards*) bridge *m inv* ▸ *vt* (*fig: gap*) colmare

bridle ['braɪdl] *n* briglia

brief [bri:f] *adj* breve ▸ *n* (*Law*) comparsa; (*gen*) istruzioni *fpl* ▸ *vt* mettere al corrente; **~s** *npl* (*underwear*) mutande *fpl*; **briefcase** *n* cartella; **briefing** *n* briefing *m inv*; **briefly** *adv* (*glance*) di sfuggita; (*explain, say*) brevemente

brigadier [brɪgə'dɪəʳ] *n* generale *m* di brigata

bright [braɪt] *adj* luminoso(-a); (*clever*) sveglio(-a); (*lively*) vivace

brilliant ['brɪljənt] *adj* brillante; (*light, smile*) radioso(-a); (*inf*) splendido(-a)

brim [brɪm] *n* orlo

brine [braɪn] *n* (*Culin*) salamoia

bring [brɪŋ] (*pt, pp* **brought**) *vt* portare ▷ **bring about** *vt* causare ▷ **bring back** *vt* riportare ▷ **bring down** *vt* portare giù; abbattere ▷ **bring in** *vt* (*person*) fare entrare; (*object*) portare; (*Pol: bill*) presentare; (*: legislation*) introdurre; (*Law: verdict*) emettere; (*produce: income*) rendere ▷ **bring on** *vt* (*illness, attack*) causare, provocare; (*player, substitute*) far scendere in campo ▷ **bring out** *vt* tirar fuori; (*meaning*) mettere in evidenza; (*book, album*) far uscire ▷ **bring up** *vt* (*carry up*) portare su; (*child*) allevare; (*question*) introdurre; (*food: vomit*) rimettere, rigurgitare

brink [brɪŋk] *n* orlo

brisk [brɪsk] *adj* (*manner*) spiccio(-a); (*trade*) vivace; (*pace*) svelto(-a)

bristle ['brɪsl] *n* setola ▸ *vi* rizzarsi; **bristling with** irto(-a) di

Brit [brɪt] *n abbr* (*inf: = British person*) britannico(-a)

Britain ['brɪtən] *n* (*also:* **Great ~**) Gran Bretagna

British ['brɪtɪʃ] *adj* britannico(-a); **British Isles** *npl* Isole Britanniche

Briton ['brɪtən] *n* britannico(-a)

brittle ['brɪtl] *adj* fragile

broad [brɔːd] *adj* largo(-a); (*distinction*) generale; (*accent*) spiccato(-a); **in ~ daylight** in pieno giorno; **broadband** *adj* (*Comput*) a banda larga ▸ *n* banda larga; **broad bean** *n* fava; **broadcast** (*pt, pp* **broadcast**) *n* trasmissione *f* ▸ *vt* trasmettere per radio (*or* per televisione) ▸ *vi* fare una trasmissione; **broaden** *vt* allargare ▸ *vi* allargarsi; **broadly** *adv* (*fig*) in generale; **broad-minded** *adj* di mente aperta

broccoli ['brɔkəlɪ] *n* broccoli *mpl*

brochure ['brəuʃjuəʳ] *n* dépliant *m inv*

broil [brɔɪl] *vt* cuocere a fuoco vivo

broiler ['brɔɪləʳ] (*US*) *n* (*grill*) griglia

broke [brəuk] *pt of* **break** ▸ *adj* (*inf*) squattrinato(-a)

broken ['brəukn] *pp of* **break** ▸ *adj* rotto(-a); **a ~ leg** una gamba rotta; **in ~ English** in un inglese stentato

broker ['brəukəʳ] *n* agente *m*

bronchitis [brɔŋ'kaɪtɪs] *n* bronchite *f*

bronze [brɔnz] *n* bronzo

brooch [brəutʃ] *n* spilla

brood [bruːd] *n* covata ▸ *vi* (*person*) rimuginare

broom [brum] *n* scopa; (*Bot*) ginestra

Bros. *abbr* (= *Brothers*) F.lli

broth [brɔθ] *n* brodo

brothel ['brɔθl] *n* bordello

brother ['brʌðəʳ] *n* fratello; **brother-in-law** *n* cognato

brought [brɔːt] *pt, pp of* **bring**

brow [brau] *n* fronte *f*; (*rare, gen: eyebrow*) sopracciglio; (*of hill*) cima

brown [braun] *adj* bruno(-a), marrone; (*tanned*) abbronzato(-a) ▸ *n* (*colour*) color *m* bruno *or* marrone ▸ *vt* (*Culin*) rosolare; **brown bread** *n* pane *m* integrale, pane nero

Brownie ['braunɪ] *n* giovane esploratrice *f*

brown rice *n* riso greggio

brown sugar *n* zucchero greggio

browse [brauz] *vi* (*among books*) curiosare fra i libri; **to ~ through a book** sfogliare un libro; **browser** *n* (*Comput*) browser *m inv*

bruise [bru:z] *n* (*on person*) livido ▸ *vt* farsi un livido a
brunette [bru:'nɛt] *n* bruna
brush [brʌʃ] *n* spazzola; (*for painting, shaving*) pennello; (*quarrel*) schermaglia ▸ *vt* spazzolare; (*also:* ~ **against**) sfiorare
Brussels ['brʌslz] *n* Bruxelles *f*
Brussels sprout [spraut] *n* cavolo di Bruxelles
brutal ['bru:tl] *adj* brutale
B.Sc. *n abbr* (*Univ*) = **Bachelor of Science**
BSE *n abbr* (= *bovine spongiform encephalopathy*) encefalite *f* bovina spongiforme
bubble ['bʌbl] *n* bolla ▸ *vi* ribollire; (*sparkle: fig*) essere effervescente; **bubble bath** *n* bagnoschiuma *m inv*; **bubble gum** *n* gomma americana
buck [bʌk] *n* maschio (*di camoscio, caprone, coniglio ecc*); (*US: inf*) dollaro ▸ *vi* sgroppare; **to pass the ~ to sb** scaricare (su di qn) la propria responsabilità
bucket ['bʌkɪt] *n* secchio
buckle ['bʌkl] *n* fibbia ▸ *vt* allacciare ▸ *vi* (*wheel etc*) piegarsi
bud [bʌd] *n* gemma; (*of flower*) bocciolo ▸ *vi* germogliare; (*flower*) sbocciare
Buddhism ['budɪzəm] *n* buddismo
Buddhist ['budɪst] *adj*, *n* buddista (*m/f*)
buddy ['bʌdɪ] (*US*) *n* compagno
budge [bʌdʒ] *vt* scostare; (*fig*) smuovere ▸ *vi* spostarsi; smuoversi
budgerigar ['bʌdʒərɪgɑ:ʳ] *n* pappagallino
budget ['bʌdʒɪt] *n* bilancio preventivo ▸ *vi* **to ~ for sth** fare il bilancio per qc
budgie ['bʌdʒɪ] *n* = **budgerigar**
buff [bʌf] *adj* color camoscio ▸ *n* (*inf: enthusiast*) appassionato(-a)
buffalo ['bʌfələu] (*pl* **buffalo** *or* **buffaloes**) *n* bufalo; (*US*) bisonte *m*
buffer ['bʌfəʳ] *n* respingente *m*; (*Comput*) memoria tampone, buffer *m inv*
buffet[1] ['bʌfɪt] *vt* sferzare
buffet[2] ['bufeɪ] *n* (*food, BRIT: bar*) buffet *m inv*; **buffet car** (*BRIT*) *n* (*Rail*) ≈ servizio ristoro
bug [bʌg] *n* (*esp US: insect*) insetto; (*Comput, fig: germ*) virus *m inv*; (*spy device*) microfono spia ▸ *vt* mettere sotto controllo; (*inf: annoy*) scocciare
buggy ['bʌgɪ] *n* (*baby buggy*) passeggino
build [bɪld] (*pt, pp* **built**) *n* (*of person*) corporatura ▸ *vt* costruire ▹ **build up** *vt* accumulare; aumentare; **builder** *n* costruttore *m*; **building** *n* costruzione *f*; edificio; (*industry*) edilizia; **building site** *n* cantiere *m* di costruzione; **building society** (*BRIT*) *n* società *f inv* immobiliare
built [bɪlt] *pt, pp of* **build**; **built-in** *adj* (*cupboard*) a muro; (*device*) incorporato(-a); **built-up** *adj* **built-up area** abitato
bulb [bʌlb] *n* (*Bot*) bulbo; (*Elec*) lampadina
Bulgaria [bʌl'gɛərɪə] *n* Bulgaria; **Bulgarian** *adj* bulgaro(-a) ▸ *n* bulgaro(-a); (*Ling*) bulgaro
bulge [bʌldʒ] *n* rigonfiamento ▸ *vi* essere protuberante *or* rigonfio(-a); **to be bulging with** essere pieno(-a) *or* zeppo(-a) di
bulimia [bə'lɪmɪə] *n* bulimia
bulimic [bju:'lɪmɪk] *adj*, *n* bulimico(-a)
bulk [bʌlk] *n* massa, volume *m*; **in ~** a pacchi *or* cassette *etc*; (*Comm*) all'ingrosso; **the ~ of** il grosso di; **bulky** *adj* grosso(-a), voluminoso(-a)
bull [bul] *n* toro; (*male elephant, whale*) maschio
bulldozer ['buldəuzəʳ] *n* bulldozer *m inv*
bullet ['bulɪt] *n* pallottola

bulletin ['bulɪtɪn] *n* bollettino; **bulletin board** *n* (*Comput*) bulletin board *m inv*
bullfight ['bulfaɪt] *n* corrida; **bullfighter** *n* torero; **bullfighting** *n* tauromachia
bully ['bulɪ] *n* prepotente *m* ▸ *vt* angariare; (*frighten*) intimidire
bum [bʌm] (*inf*) *n* (*backside*) culo; (*tramp*) vagabondo(-a)
bumblebee ['bʌmblbiː] *n* bombo
bump [bʌmp] *n* (*in car*) piccolo tamponamento; (*jolt*) scossa; (*on road etc*) protuberanza; (*on head*) bernoccolo ▸ *vt* battere ▹ **bump into** *vt fus* scontrarsi con; (*person*) imbattersi in; **bumper** *n* paraurti *m inv* ▸ *adj* **bumper harvest** raccolto eccezionale; **bumpy** ['bʌmpɪ] *adj* (*road*) dissestato(-a)
bun [bʌn] *n* focaccia; (*of hair*) crocchia
bunch [bʌntʃ] *n* (*of flowers, keys*) mazzo; (*of bananas*) casco; (*of people*) gruppo; **~ of grapes** grappolo d'uva; **~es** *npl* (*in hair*) codine *fpl*
bundle ['bʌndl] *n* fascio ▸ *vt* (*also:* **~ up**) legare in un fascio; (*put*): **to ~ sth/sb into** spingere qc/qn in
bungalow ['bʌŋgələu] *n* bungalow *m inv*
bungee jumping ['bʌndʒiː'dʒʌmpɪŋ] *n salto nel vuoto da ponti, grattacieli etc con un cavo fissato alla caviglia*
bunion ['bʌnjən] *n* callo (al piede)
bunk [bʌŋk] *n* cuccetta; **bunk beds** *npl* letti *mpl* a castello
bunker ['bʌŋkəʳ] *n* (*coal store*) ripostiglio per il carbone; (*Mil, Golf*) bunker *m inv*
bunny ['bʌnɪ] *n* (*also:* **~ rabbit**) coniglietto
buoy [bɔɪ] *n* boa; **buoyant** *adj* galleggiante; (*fig*) vivace
burden ['bəːdn] *n* carico, fardello ▸ *vt* **to ~ sb with** caricare qn di
bureau [bjuə'rəu] (*pl* **bureaux**) *n* (*BRIT: writing desk*) scrivania; (*US: chest of drawers*) cassettone *m*; (*office*) ufficio, agenzia
bureaucracy [bjuə'rɔkrəsɪ] *n* burocrazia
bureaucrat ['bjuərəkræt] *n* burocrate *m/f*
bureau de change [-də'ʃɑ̃ʒ] (*pl* **bureaux de change**) *n* cambiavalute *m inv*
bureaux [bjuə'rəuz] *npl of* **bureau**
burger ['bəːgəʳ] *n* hamburger *m inv*
burglar ['bəːgləʳ] *n* scassinatore *m*; **burglar alarm** *n* campanello antifurto; **burglary** *n* furto con scasso
burial ['bɛrɪəl] *n* sepoltura
burn [bəːn] (*pt, pp* **burned** *or* **burnt**) *vt, vi* bruciare ▸ *n* bruciatura, scottatura ▹ **burn down** *vt* distruggere col fuoco ▹ **burn out** *vt* (*writer etc*): **to ~ o.s. out** esaurirsi; **burning** *adj* in fiamme; (*sand*) che scotta; (*ambition*) bruciante
Burns Night *n vedi nota*

Burns Night

Burns Night è la festa celebrata il 25 gennaio per commemorare il poeta scozzese Robert Burns (1759-1796). Gli scozzesi festeggiano questa data con una cena, la "Burns supper", a base di "haggis", piatto tradizionale scozzese, e whisky.

burnt [bəːnt] *pt, pp of* **burn**
burp [bəːp] (*inf*) *n* rutto ▸ *vi* ruttare
burrow ['bʌrəu] *n* tana ▸ *vt* scavare
burst [bəːst] (*pt, pp* **burst**) *vt* far scoppiare ▸ *vi* esplodere; (*tyre*) scoppiare ▸ *n* scoppio; (*also:* **~ pipe**) rottura nel tubo, perdita; **a ~ of speed** uno scatto di velocità; **to ~ into flames/tears** scoppiare in fiamme/lacrime; **to ~ out laughing** scoppiare a ridere; **to be ~ing with** scoppiare di ▹ **burst into** *vt fus* (*room etc*) irrompere in

bury ['bɛrɪ] *vt* seppellire
bus [bʌs] (*pl* **buses**) *n* autobus *m inv*; **bus conductor** *n* autista *m/f* (dell'autobus)
bush [buʃ] *n* cespuglio; (*scrub land*) macchia; **to beat about the ~** menare il cane per l'aia
business ['bɪznɪs] *n* (*matter*) affare *m*; (*trading*) affari *mpl*; (*firm*) azienda; (*job, duty*) lavoro; **to be away on ~** essere andato via per affari; **it's none of my ~** questo non mi riguarda; **he means ~** non scherza; **business class** *n* (*Aer*) business class *f*; **businesslike** *adj* serio(-a), efficiente; **businessman** (*irreg*) *n* uomo d'affari; **business trip** *n* viaggio d'affari; **businesswoman** (*irreg*) *n* donna d'affari
busker ['bʌskə^r] (*BRIT*) *n* suonatore(-trice) ambulante
bus: **bus pass** *n* tessera dell'autobus; **bus shelter** *n* pensilina (*alla fermata dell'autobus*); **bus station** *n* stazione *f* delle corriere, autostazione *f*; **bus-stop** *n* fermata d'autobus
bust [bʌst] *n* busto; (*Anat*) seno ▸ *adj* (*inf*: *broken*) rotto(-a); **to go ~** fallire
bustling ['bʌslɪŋ] *adj* movimentato(-a)
busy ['bɪzɪ] *adj* occupato(-a); (*shop, street*) molto frequentato(-a) ▸ *vt* **to ~ o.s.** darsi da fare; **busy signal** (*US*) *n* (*Tel*) segnale *m* di occupato

but
[bʌt] *conj* ma; **I'd love to come, but I'm busy** vorrei tanto venire, ma ho da fare
▸*prep* (*apart from, except*) eccetto, tranne, meno; **he was nothing but trouble** non dava altro che guai; **no-one but him can do it** nessuno può farlo tranne lui; **but for you/your help** se non fosse per te/per il tuo aiuto; **anything but that** tutto ma non questo
▸*adv* (*just, only*) solo, soltanto; **she's but a child** è solo una bambina; **had I but known** se solo avessi saputo; **I can but try** tentar non nuoce; **all but finished** quasi finito

butcher ['butʃə^r] *n* macellaio ▸ *vt* macellare; **butcher's (shop)** *n* macelleria
butler ['bʌtlə^r] *n* maggiordomo
butt [bʌt] *n* (*cask*) grossa botte *f*; (*of gun*) calcio; (*of cigarette*) mozzicone *m*; (*BRIT*: *fig*: *target*) oggetto ▸ *vt* cozzare
butter ['bʌtə^r] *n* burro ▸ *vt* imburrare; **buttercup** *n* ranuncolo
butterfly ['bʌtəflaɪ] *n* farfalla; (*Swimming*: *also*: **~ stroke**) (nuoto a) farfalla
buttocks ['bʌtəks] *npl* natiche *fpl*
button ['bʌtn] *n* bottone *m*; (*US*: *badge*) distintivo ▸ *vt* (*also*: **~ up**) abbottonare ▸ *vi* abbottonarsi
buy [baɪ] (*pt, pp* **bought**) *vt* comprare ▸ *n* acquisto; **where can I ~ some postcards?** dove posso comprare delle cartoline?; **to ~ sb sth/sth from sb** comprare qc per qn/qc da qn; **to ~ sb a drink** offrire da bere a qn ▹ **buy out** *vt* (*business*) rilevare ▹ **buy up** *vt* accaparrare; **buyer** *n* compratore(-trice)
buzz [bʌz] *n* ronzio; (*inf*: *phone call*) colpo di telefono ▸ *vi* ronzare; **buzzer** ['bʌzə^r] *n* cicalino

by
[baɪ] *prep*
1 (*referring to cause, agent*) da; **killed by lightning** ucciso da un fulmine; **surrounded by a fence** circondato da uno steccato; **a painting by Picasso** un quadro di Picasso
2 (*referring to method, manner, means*): **by bus/car/train** in autobus/ macchina/treno, con l'autobus/la macchina/il treno; **to pay by cheque** pagare con (un) assegno; **by**

moonlight al chiaro di luna; **by saving hard, he ...** risparmiando molto, lui ...
3 (*via, through*) per; **we came by Dover** siamo venuti via Dover
4 (*close to, past*) accanto a; **the house by the river** la casa sul fiume; **a holiday by the sea** una vacanza al mare; **she sat by his bed** si sedette accanto al suo letto; **she rushed by me** mi è passata accanto correndo; **I go by the post office every day** passo davanti all'ufficio postale ogni giorno
5 (*not later than*) per, entro; **by 4 o'clock** per *or* entro le 4; **by this time tomorrow** domani a quest'ora; **by the time I got here it was too late** quando sono arrivato era ormai troppo tardi
6 (*during*): **by day/night** di giorno/notte
7 (*amount*) a; **by the kilo/metre** a chili/metri; **paid by the hour** pagato all'ora; **one by one** uno per uno; **little by little** a poco a poco
8 (*Math, measure*): **to divide/multiply by 3** dividere/moltiplicare per 3; **it's broader by a metre** è un metro più largo, è più largo di un metro
9 (*according to*) per; **to play by the rules** attenersi alle regole; **it's all right by me** per me va bene
10: **(all) by oneself** *etc* (tutto(-a)) solo(-a); **he did it (all) by himself** lo ha fatto (tutto) da solo
11: **by the way** a proposito; **this wasn't my idea by the way** tra l'altro l'idea non è stata mia
▶*adv*
1 *see* **go**; **pass** *etc*
2: **by and by** (*in past*) poco dopo; (*in future*) fra breve; **by and large** nel complesso

bye(-bye) ['baɪ('baɪ)] *excl* ciao!, arrivederci!

by-election ['baɪɪlɛkʃən] (*BRIT*) *n* elezione *f* straordinaria

bypass ['baɪpɑːs] *n* circonvallazione *f*; (*Med*) by-pass *m inv* ▶ *vt* fare una deviazione intorno a

byte [baɪt] *n* (*Comput*) byte *m inv*, bicarattere *m*

C

C [siː] *n* (*Mus*) do

cab [kæb] *n* taxi *m inv*; (*of train, truck*) cabina

cabaret ['kæbəreɪ] *n* cabaret *m inv*

cabbage ['kæbɪdʒ] *n* cavolo

cabin ['kæbɪn] *n* capanna; (*on ship*) cabina; **cabin crew** *n* equipaggio

cabinet ['kæbɪnɪt] *n* (*Pol*) consiglio dei ministri; (*furniture*) armadietto; (*also*: **display ~**) vetrinetta; **cabinet minister** *n* ministro (*membro del Consiglio*)

cable ['keɪbl] *n* cavo; fune *f*; (*Tel*) cablogramma *m* ▶ *vt* telegrafare; **cable car** *n* funivia; **cable television** *n* televisione *f* via cavo

cactus ['kæktəs] (*pl* **cacti**) *n* cactus *m inv*

café ['kæfeɪ] *n* caffè *m inv*

cafeteria [kæfɪ'tɪərɪə] *n* self-service *m inv*

caffein(e) ['kæfiːn] *n* caffeina

cage [keɪdʒ] *n* gabbia

cagoule [kə'guːl] *n* K-way® *m inv*

cake [keɪk] *n* (*large*) torta; (*small*)

pasticcino; **cake of soap** *n* saponetta
calcium ['kælsıəm] *n* calcio
calculate ['kælkjuleıt] *vt* calcolare; **calculation** [-'leıʃən] *n* calcolo; **calculator** *n* calcolatrice *f*
calendar ['kæləndəʳ] *n* calendario
calf [kɑ:f] (*pl* **calves**) *n* (*of cow*) vitello; (*of other animals*) piccolo; (*also*: **~skin**) (pelle *f* di) vitello; (*Anat*) polpaccio
calibre ['kælıbəʳ] (*US* **caliber**) *n* calibro
call [kɔ:l] *vt* (*gen*: *also Tel*) chiamare; (*meeting*) indire ▸ *vi* chiamare; (*visit*: *also*: **~ in, ~ round**) passare ▸ *n* (*shout*) grido, urlo; (*Tel*) telefonata; **to be ~ed** (*person, object*) chiamarsi; **can you ~ back later?** può richiamare più tardi?; **can I make a ~ from here?** posso telefonare da qui?; **to be on ~** essere a disposizione ▹ **call back** *vi* (*return*) ritornare; (*Tel*) ritelefonare, richiamare ▹ **call for** *vt fus* richiedere; (*fetch*) passare a prendere ▹ **call in** *vt* (*doctor, expert, police*) chiamare, far venire ▹ **call off** *vt* disdire ▹ **call on** *vt fus* (*visit*) passare da; (*appeal to*) chiedere a ▹ **call out** *vi* (*in pain*) urlare; (*to person*) chiamare ▹ **call up** *vt* (*Mil*) richiamare; (*Tel*) telefonare a; **callbox** (*BRIT*) *n* cabina telefonica; **call centre** (*US* **call center**) *n* centro informazioni telefoniche; **caller** *n* persona che chiama, visitatore(-trice)
callous ['kæləs] *adj* indurito(-a), insensibile
calm [kɑ:m] *adj* calmo(-a) ▸ *n* calma ▸ *vt* calmare ▹ **calm down** *vi* calmarsi ▸ *vt* calmare; **calmly** *adv* con calma
Calor gas® ['kæləʳ-] *n* butano
calorie ['kælərı] *n* caloria
calves [kɑ:vz] *npl of* **calf**
camcorder ['kæmkɔ:dəʳ] *n* camcorder *f inv*
came [keım] *pt of* **come**
camel ['kæməl] *n* cammello
camera ['kæmərə] *n* macchina fotografica; (*Cinema, TV*) cinepresa; **in ~** a porte chiuse; **cameraman** (*irreg*) *n* cameraman *m inv*
camouflage ['kæməflɑ:ʒ] *n* (*Mil, Zool*) mimetizzazione *f* ▸ *vt* mimetizzare
camp [kæmp] *n* campeggio; (*Mil*) campo ▸ *vi* accamparsi ▸ *adj* effeminato(-a)
campaign [kæm'peın] *n* (*Mil, Pol etc*) campagna ▸ *vi* (*also fig*) fare una campagna; **campaigner** *n* **campaigner for** fautore(-trice) di; **campaigner against** oppositore(-trice) di
camp: **campbed** *n* (*BRIT*) brandina; **camper** ['kæmpəʳ] *n* campeggiatore(-trice); (*vehicle*) camper *m inv*; **campground** (*US*) *n* campeggio; **camping** ['kæmpıŋ] *n* campeggio; **to go camping** andare in campeggio; **campsite** ['kæmpsaıt] *n* campeggio
campus ['kæmpəs] *n* campus *m inv*
can[1] [kæn] *n* (*of milk*) scatola; (*of oil*) bidone *m*; (*of water*) tanica; (*tin*) scatola ▸ *vt* mettere in scatola

can[2]
[kæn] (*negative* **cannot, can't**, *conditional and pt* **could**) *aux vb*
1 (*be able to*) potere; **I can't go any further** non posso andare oltre; **you can do it if you try** sei in grado di farlo — basta provarci; **I'll help you all I can** ti aiuterò come potrò; **I can't see you** non ti vedo
2 (*know how to*) sapere, essere capace di; **I can swim** so nuotare; **can you speak French?** parla francese?
3 (*may*) potere; **could I have a word with you?** posso parlarle un momento?
4 (*expressing disbelief, puzzlement etc*): **it can't be true!** non può essere vero!; **what CAN he want?** cosa può mai volere?

5 (*expressing possibility, suggestion etc*): **he could be in the library** può darsi che sia in biblioteca; **she could have been delayed** può aver avuto un contrattempo

Canada ['kænədə] *n* Canada *m*; **Canadian** [kə'neɪdɪən] *adj, n* canadese *m/f*

canal [kə'næl] *n* canale *m*

canary [kə'nɛərɪ] *n* canarino

Canary Islands, Canaries [kə'nɛərɪz] *npl* **the ~** le (isole) Canarie

cancel ['kænsəl] *vt* annullare; (*train*) sopprimere; (*cross out*) cancellare; **I want to ~ my booking** vorrei disdire la mia prenotazione; **cancellation** [-'leɪʃən] *n* annullamento; soppressione *f*; cancellazione *f*; (*Tourism*) prenotazione *f* annullata

cancer ['kænsə^r] *n* cancro

Cancer ['kænsə^r] *n* (*sign*) Cancro

candidate ['kændɪdeɪt] *n* candidato(-a)

candle ['kændl] *n* candela; (*in church*) cero; **candlestick** *n* bugia; (*bigger, ornate*) candeliere *m*

candy ['kændɪ] *n* zucchero candito; (*US*) caramella; caramelle *fpl*; **candy bar** (*US*) *n lungo biscotto, in genere ricoperto di cioccolata*; **candyfloss** ['kændɪflɔs] *n* (*BRIT*) zucchero filato

cane [keɪn] *n* canna; (*for furniture*) bambù *m*; (*stick*) verga ▸ *vt* (*BRIT Scol*) punire a colpi di verga

canister ['kænɪstə^r] *n* scatola metallica

cannabis ['kænəbɪs] *n* canapa indiana

canned ['kænd] *adj* (*food*) in scatola

cannon ['kænən] (*pl* **cannon** *or* **cannons**) *n* (*gun*) cannone *m*

cannot ['kænɔt] = **can not**

canoe [kə'nu:] *n* canoa; **canoeing** *n* canottaggio

canon ['kænən] *n* (*clergyman*) canonico; (*standard*) canone *m*

can-opener ['kænəupnə^r] *n* apriscatole *m inv*

can't [kænt] = **can not**

canteen [kæn'ti:n] *n* mensa; (*BRIT: of cutlery*) portaposate *m inv*

> Be careful not to translate **canteen** by the Italian word ***cantina***.

canter ['kæntə^r] *vi* andare al piccolo galoppo

canvas ['kænvəs] *n* tela

canvass ['kænvəs] *vi* (*Pol*): **to ~ for** raccogliere voti per ▸ *vt* fare un sondaggio di

canyon ['kænjən] *n* canyon *m inv*

cap [kæp] *n* (*hat*) berretto; (*of pen*) coperchio; (*of bottle, toy gun*) tappo; (*contraceptive*) diaframma *m* ▸ *vt* (*outdo*) superare; (*limit*) fissare un tetto (a)

capability [keɪpə'bɪlɪtɪ] *n* capacità *f inv*, abilità *f inv*

capable ['keɪpəbl] *adj* capace

capacity [kə'pæsɪtɪ] *n* capacità *f inv*; (*of lift etc*) capienza

cape [keɪp] *n* (*garment*) cappa; (*Geo*) capo

caper ['keɪpə^r] *n* (*Culin*) cappero; (*prank*) scherzetto

capital ['kæpɪtl] *n* (*also*: **~ city**) capitale *f*; (*money*) capitale *m*; (*also*: **~ letter**) (lettera) maiuscola; **capitalism** *n* capitalismo; **capitalist** *adj, n* capitalista *m/f*; **capital punishment** *n* pena capitale

Capitol ['kæpɪtl] *n* **the ~** il Campidoglio

Capricorn ['kæprɪkɔ:n] *n* Capricorno

capsize [kæp'saɪz] *vt* capovolgere ▸ *vi* capovolgersi

capsule ['kæpsju:l] *n* capsula

captain ['kæptɪn] *n* capitano

caption ['kæpʃən] *n* leggenda

captivity [kæp'tɪvɪtɪ] *n* cattività

capture ['kæptʃə^r] *vt* catturare; (*Com*

put) registrare ▶ *n* cattura; (*data*) registrazione *f* or rilevazione *f* di dati
car [kɑːʳ] *n* (*Aut*) macchina, automobile *f*; (*Rail*) vagone *m*
carafe [kəˈræf] *n* caraffa
caramel [ˈkærəməl] *n* caramello
carat [ˈkærət] *n* carato; **18 ~ gold** oro a 18 carati
caravan [ˈkærəvæn] *n* (*BRIT*) roulotte *f inv*; (*of camels*) carovana; **caravan site** (*BRIT*) *n* campeggio per roulotte
carbohydrate [kɑːbəuˈhaɪdreɪt] *n* carboidrato
carbon [ˈkɑːbən] *n* carbonio; **carbon dioxide** [-daɪˈɔksaɪd] *n* diossido di carbonio; **carbon footprint** *n* impronta ecologica; **carbon monoxide** [-mɔˈnɔksaɪd] *n* monossido di carbonio
car boot sale *n vedi nota*

car boot sale

Il **car boot sale** è un mercatino dell'usato molto popolare in Gran Bretagna. Normalmente ha luogo in un parcheggio o in un grande spiazzo, e la merce viene in genere esposta nei bagagliai, in inglese appunto "boots", aperti delle macchine.

carburettor [kɑːbjuˈrɛtəʳ] (*US* **carburetor**) *n* carburatore *m*
card [kɑːd] *n* carta; (*visiting card etc*) biglietto; (*Christmas card etc*) cartolina; **cardboard** *n* cartone *m*; **card game** *n* gioco di carte
cardigan [ˈkɑːdɪgən] *n* cardigan *m inv*
cardinal [ˈkɑːdɪnl] *adj* cardinale ▶ *n* cardinale *m*
cardphone [ˈkɑːdfəun] *n* telefono a scheda
care [kɛəʳ] *n* cura, attenzione *f*; (*worry*) preoccupazione *f* ▶ *vi* **to ~ about** curarsi di; (*thing, idea*) interessarsi di; **~ of** presso; **in sb's ~** alle cure di qn; **to take ~ (to do)** fare attenzione (a fare); **to take ~ of** curarsi di; (*bill, problem*) occuparsi di; **I don't ~** non me ne importa; **I couldn't ~ less** non m'interessa affatto ▷ **care for** *vt fus* aver cura di; (*like*) volere bene a
career [kəˈrɪəʳ] *n* carriera ▶ *vi* (*also*: **~ along**) andare di (gran) carriera
care: **carefree** [ˈkɛəfriː] *adj* sgombro(-a) di preoccupazioni; **careful** [ˈkɛəful] *adj* attento(-a); (*cautious*) cauto(-a); **(be) careful!** attenzione!; **carefully** *adv* con cura; cautamente; **caregiver** (*US*) *n* (*professional*) badante *m/f*; (*unpaid*) *persona che si prende cura di un parente malato o anziano*; **careless** [ˈkɛəlɪs] *adj* negligente; (*heedless*) spensierato(-a); **carelessness** *n* negligenza; mancanza di tatto; **carer** [ˈkɛərəʳ] *n* assistente *m/f* (*di persone malata o handicappata*); **caretaker** [ˈkɛəteɪkəʳ] *n* custode *m*
car-ferry [ˈkɑːfɛrɪ] *n* traghetto
cargo [ˈkɑːgəu] (*pl* **cargoes**) *n* carico
car hire *n* autonoleggio
Caribbean [kærɪˈbiːən] *adj* **the ~ Sea** il Mar dei Caraibi
caring [ˈkɛərɪŋ] *adj* (*person*) premuroso(-a); (*society, organization*) umanitario(-a)
carnation [kɑːˈneɪʃən] *n* garofano
carnival [ˈkɑːnɪvəl] *n* (*public celebration*) carnevale *m*; (*US*: *funfair*) luna park *m inv*
carol [ˈkærəl] *n* **Christmas ~** canto di Natale
carousel [kærəˈsɛl] (*US*) *n* giostra
car park (*BRIT*) *n* parcheggio
carpenter [ˈkɑːpɪntəʳ] *n* carpentiere *m*
carpet [ˈkɑːpɪt] *n* tappeto ▶ *vt* coprire con tappeto
car rental (*US*) *n* autonoleggio
carriage [ˈkærɪdʒ] *n* vettura; (*of goods*) trasporto; **carriageway** (*BRIT*) *n* (*part of road*) carreggiata

carrier ['kærɪəʳ] *n* (*of disease*) portatore(-trice); (*Comm*) impresa di trasporti; **carrier bag** (*BRIT*) *n* sacchetto
carrot ['kærət] *n* carota
carry ['kærɪ] *vt* (*person*) portare; (: *vehicle*) trasportare; (*involve*: *responsibilities etc*) comportare; (*Med*) essere portatore(-trice) di ▸ *vi* (*sound*) farsi sentire; **to be** *or* **get carried away** (*fig*) entusiasmarsi ▹ **carry on** *vi* **to ~ on with sth/doing** continuare qc/a fare ▸ *vt* mandare avanti ▹ **carry out** *vt* (*orders*) eseguire; (*investigation*) svolgere
cart [kɑ:t] *n* carro ▸ *vt* (*inf*) trascinare
carton ['kɑ:tən] *n* (*box*) scatola di cartone; (*of yogurt*) cartone *m*; (*of cigarettes*) stecca
cartoon [kɑ:'tu:n] *n* (*Press*) disegno umoristico; (*comic strip*) fumetto; (*Cinema*) disegno animato
cartridge ['kɑ:trɪdʒ] *n* (*for gun, pen*) cartuccia; (*music tape*) cassetta
carve [kɑ:v] *vt* (*meat*) trinciare; (*wood, stone*) intagliare; **carving** *n* (*in wood etc*) scultura
car wash *n* lavaggio auto
case [keɪs] *n* caso; (*Law*) causa, processo; (*box*) scatola; (*BRIT*: *also*: **suit~**) valigia; **in ~ of** in caso di; **in ~ he** caso mai lui; **in any ~** in ogni caso; **just in ~** in caso di bisogno
cash [kæʃ] *n* denaro; (*coins, notes*) denaro liquido ▸ *vt* incassare; **I haven't got any ~** non ho contanti; **to pay (in) ~** pagare in contanti; **~ on delivery** pagamento alla consegna; **cashback** *n* (*discount*) sconto; (*at supermarket etc*) *anticipo di contanti ottenuto presso la cassa di un negozio tramite una carta di debito*; **cash card** (*BRIT*) *n* tesserino di prelievo; **cash desk** (*BRIT*) *n* cassa; **cash dispenser** (*BRIT*) *n* sportello automatico
cashew [kæ'ʃu:] *n* (*also*: **~ nut**) anacardio
cashier [kæ'ʃɪəʳ] *n* cassiere(-a)
cashmere ['kæʃmɪəʳ] *n* cachemire *m*
cash point *n* sportello bancario automatico, Bancomat® *m inv*
cash register *n* registratore *m* di cassa
casino [kə'si:nəu] *n* casinò *m inv*
casket ['kɑ:skɪt] *n* cofanetto; (*US*: *coffin*) bara
casserole ['kæsərəul] *n* casseruola; (*food*): **chicken ~** pollo in casseruola
cassette [kæ'sɛt] *n* cassetta; **cassette player** *n* riproduttore *m* a cassette
cast [kɑ:st] (*pt, pp* **cast**) *vt* (*throw*) gettare; (*metal*) gettare, fondere; (*Theatre*): **to ~ sb as Hamlet** scegliere qn per la parte di Amleto ▸ *n* (*Theatre*) cast *m inv*; (*also*: **plaster ~**) ingessatura; **to ~ one's vote** votare, dare il voto ▹ **cast off** *vi* (*Naut*) salpare; (*Knitting*) calare
castanets [kæstə'nɛts] *npl* castagnette *fpl*
caster sugar ['kɑ:stəʳ-] (*BRIT*) *n* zucchero semolato
cast-iron ['kɑ:staɪən] *adj* (*lit*) di ghisa; (*fig*: *case*) di ferro
castle ['kɑ:sl] *n* castello
casual ['kæʒjul] *adj* (*chance*) casuale, fortuito(-a); (: *work etc*) avventizio(-a); (*unconcerned*) noncurante, indifferente; **~ wear** casual *m*
casualty ['kæʒjultɪ] *n* ferito(-a); (*dead*) morto(-a), vittima; (*Med*: *department*) pronto soccorso
cat [kæt] *n* gatto
catalogue ['kætəlɔg] (*US* **catalog**) *n* catalogo ▸ *vt* catalogare
catalytic converter [kætəlɪtɪk-] *n* marmitta catalitica, catalizzatore *m*
cataract ['kætərækt] *n* (*also Med*) cateratta
catarrh [kə'tɑ:ʳ] *n* catarro

catastrophe [kə'tæstrəfɪ] *n* catastrofe *f*
catch [kætʃ] (*pt, pp* **caught**) *vt* prendere; (*ball*) afferrare; (*surprise: person*) sorprendere; (*attention*) attirare; (*comment, whisper*) cogliere; (*person*) raggiungere ▸ *vi* (*fire*) prendere ▸ *n* (*fish etc caught*) retata; (*of ball*) presa; (*trick*) inganno; (*Tech*) gancio; (*game*) catch *m inv*; **to ~ fire** prendere fuoco; **to ~ sight of** scorgere ▹ **catch up** *vi* mettersi in pari ▸ *vt* (*also:* **~ up with**) raggiungere; **catching** ['kætʃɪŋ] *adj* (*Med*) contagioso(-a)
category ['kætɪgərɪ] *n* categoria
cater ['keɪtə^r] *vi* **~ for** (*BRIT: needs*) provvedere a; (*: readers, consumers*) incontrare i gusti di; (*Comm: provide food*) provvedere alla ristorazione di
caterpillar ['kætəpɪlə^r] *n* bruco
cathedral [kə'θi:drəl] *n* cattedrale *f*, duomo
Catholic ['kæθəlɪk] *adj, n* (*Rel*) cattolico(-a)
Catseye® [kæts'aɪ] (*BRIT*) *n* (*Aut*) catarifrangente *m*
cattle ['kætl] *npl* bestiame *m*, bestie *fpl*
catwalk ['kætwɔ:k] *n* passerella
caught [kɔ:t] *pt, pp of* **catch**
cauliflower ['kɔlɪflauə^r] *n* cavolfiore *m*
cause [kɔ:z] *n* causa ▸ *vt* causare
caution ['kɔ:ʃən] *n* prudenza; (*warning*) avvertimento ▸ *vt* avvertire; ammonire; **cautious** ['kɔ:ʃəs] *adj* cauto(-a), prudente
cave [keɪv] *n* caverna, grotta ▹ **cave in** *vi* (*roof etc*) crollare
caviar(e) ['kævɪɑ:^r] *n* caviale *m*
cavity ['kævɪtɪ] *n* cavità *f inv*
cc *abbr* = **cubic centimetres**; **carbon copy**
CCTV *n abbr* (= *closed-circuit television*) televisione *f* a circuito chiuso
CD *abbr* (*disc*) CD *m inv*; (*player*) lettore *m* CD *inv*; **CD player** *n* lettore *m* CD; **CD-ROM** [-rɔm] *n abbr* CD-ROM *m inv*
cease [si:s] *vt, vi* cessare; **ceasefire** *n* cessate il fuoco *m inv*
cedar ['si:də^r] *n* cedro
ceilidh ['keɪlɪ] *n festa con musiche e danze popolari scozzesi o irlandesi*
ceiling ['si:lɪŋ] *n* soffitto; (*on wages etc*) tetto
celebrate ['sɛlɪbreɪt] *vt, vi* celebrare; **celebration** [-'breɪʃən] *n* celebrazione *f*
celebrity [sɪ'lɛbrɪtɪ] *n* celebrità *f inv*
celery ['sɛlərɪ] *n* sedano
cell [sɛl] *n* cella; (*of revolutionaries, Biol*) cellula; (*Elec*) elemento (di batteria)
cellar ['sɛlə^r] *n* sottosuolo; cantina
cello ['tʃɛləu] *n* violoncello
Cellophane® ['sɛləfeɪn] *n* cellophane® *m*
cellphone ['sɛləfeɪn] *n* cellulare *m*
Celsius ['sɛlsɪəs] *adj* Celsius *inv*
Celtic ['kɛltɪk, 'sɛltɪk] *adj* celtico(-a)
cement [sə'mɛnt] *n* cemento
cemetery ['sɛmɪtrɪ] *n* cimitero
censor ['sɛnsə^r] *n* censore *m* ▸ *vt* censurare; **censorship** *n* censura
census ['sɛnsəs] *n* censimento
cent [sɛnt] *n* (*US: coin*) centesimo (*=1:100 di un dollaro*); (*unit of euro*) centesimo; *see also* **per**
centenary [sɛn'ti:nərɪ] *n* centenario
centennial [sɛn'tɛnɪəl] (*US*) *n* centenario
center ['sɛntə^r] (*US*) *n, vt* = **centre**
centi... [sɛntɪ] *prefix*: **centigrade** ['sɛntɪgreɪd] *adj* centigrado(-a); **centimetre** ['sɛntɪmi:tə^r] (*US* **centimeter**) *n* centimetro; **centipede** ['sɛntɪpi:d] *n* centopiedi *m inv*
central ['sɛntrəl] *adj* centrale; **Central America** *n* America centrale; **central**

heating *n* riscaldamento centrale; **central reservation** *n* (*BRIT Aut*) banchina *f* spartitraffico *inv*

centre ['sɛntəʳ] (*US* **center**) *n* centro ▸ *vt* centrare; **centre-forward** *n* (*Sport*) centroavanti *m inv*; **centre-half** *n* (*Sport*) centromediano

century ['sɛntjurɪ] *n* secolo; **twentieth ~** ventesimo secolo

CEO *n abbr* = **chief executive officer**

ceramic [sɪ'ræmɪk] *adj* ceramico(-a)

cereal ['si:rɪəl] *n* cereale *m*

ceremony ['sɛrɪmənɪ] *n* cerimonia; **to stand on ~** fare complimenti

certain ['sə:tən] *adj* certo(-a); **to make ~ of** assicurarsi di; **for ~** per certo, di sicuro; **certainly** *adv* certamente, certo; **certainty** *n* certezza

certificate [sə'tɪfɪkɪt] *n* certificato; diploma *m*

certify ['sə:tɪfaɪ] *vt* certificare; (*award diploma to*) conferire un diploma a; (*declare insane*) dichiarare pazzo(-a)

cf. *abbr* (= *compare*) cfr.

CFC *n* (= *chlorofluorocarbon*) CFC *m inv*

chain [tʃeɪn] *n* catena ▸ *vt* (*also*: **~ up**) incatenare; **chain-smoke** *vi* fumare una sigaretta dopo l'altra

chair [tʃɛəʳ] *n* sedia; (*armchair*) poltrona; (*of university*) cattedra; (*of meeting*) presidenza ▸ *vt* (*meeting*) presiedere; **chairlift** *n* seggiovia; **chairman** (*irreg*) *n* presidente *m*; **chairperson** *n* presidente(-essa); **chairwoman** (*irreg*) *n* presidentessa

chalet ['ʃæleɪ] *n* chalet *m inv*

chalk [tʃɔ:k] *n* gesso; **chalkboard** (*US*) *n* lavagna

challenge ['tʃælɪndʒ] *n* sfida ▸ *vt* sfidare; (*statement, right*) mettere in dubbio; **to ~ sb to do** sfidare qn a fare; **challenging** *adj* (*task*) impegnativo(-a); (*look*) di sfida

chamber ['tʃeɪmbəʳ] *n* camera; **chambermaid** *n* cameriera

champagne [ʃæm'peɪn] *n* champagne *m inv*

champion ['tʃæmpɪən] *n* campione(-essa); **championship** *n* campionato

chance [tʃɑ:ns] *n* caso; (*opportunity*) occasione *f*; (*likelihood*) possibilità *f inv* ▸ *vt* **to ~ it** rischiare, provarci ▸ *adj* fortuito(-a); **to take a ~** rischiare; **by ~** per caso

chancellor ['tʃɑ:nsələʳ] *n* cancelliere *m*; **Chancellor of the Exchequer** [-ɪks'tʃɛkəʳ] (*BRIT*) *n* Cancelliere dello Scacchiere

chandelier [ʃændə'lɪəʳ] *n* lampadario

change [tʃeɪndʒ] *vt* cambiare; (*transform*): **to ~ sb into** trasformare qn in ▸ *vi* cambiare; (*change one's clothes*) cambiarsi; (*be transformed*): **to ~ into** trasformarsi in ▸ *n* cambiamento; (*of clothes*) cambio; (*money returned*) resto; (*coins*) spiccioli; **where can I ~ some money?** dove posso cambiare dei soldi?; **to ~ one's mind** cambiare idea; **keep the ~!** tenga pure il resto!; **sorry, I don't have any ~** mi dispiace, non ho spiccioli; **for a ~** tanto per cambiare ▹ **change over** *vi* (*from sth to sth*) passare; (*players etc*) scambiarsi (*di posto o di campo*) ▸ *vt* cambiare; **changeable** *adj* (*weather*) variabile; **change machine** *n* distributore automatico di monete; **changing room** *n* (*BRIT*: *in shop*) camerino; (: *Sport*) spogliatoio

channel ['tʃænl] *n* canale *m*; (*of river, sea*) alveo ▸ *vt* canalizzare; **Channel Tunnel** *n* **the Channel Tunnel** il tunnel sotto la Manica

chant [tʃɑ:nt] *n* canto; salmodia ▸ *vt* cantare; salmodiare

chaos ['keɪɔs] *n* caos *m*

chaotic [keɪ'ɔtɪk] *adj* caotico(-a)

chap [tʃæp] (*BRIT*: *inf*) *n* (*man*) tipo

chapel ['tʃæpəl] *n* cappella
chapped [tʃæpt] *adj* (*skin, lips*) screpolato(-a)
chapter ['tʃæptəʳ] *n* capitolo
character ['kærɪktəʳ] *n* carattere *m*; (*in novel, film*) personaggio; **characteristic** [-'rɪstɪk] *adj* caratteristico(-a) ▸ *n* caratteristica; **characterize** ['kærɪktəraɪz] *vt* caratterizzare; (*describe*): **to characterize (as)** descrivere (come)
charcoal ['tʃɑ:kəul] *n* carbone *m* di legna
charge [tʃɑ:dʒ] *n* accusa; (*cost*) prezzo; (*responsibility*) responsabilità ▸ *vt* (*gun, battery, Mil: enemy*) caricare; (*customer*) fare pagare a; (*sum*) fare pagare; (*Law*): **to ~ sb (with)** accusare qn (di) ▸ *vi* lanciarsi; **charge card** *n* carta *f* clienti *inv*; **charger** *n* (*also*: **battery charger**) caricabatterie *m inv*
charismatic [kærɪz'mætɪk] *adj* carismatico(-a)
charity ['tʃærɪtɪ] *n* carità; (*organization*) opera pia; **charity shop** *n* (*BRIT*) *negozi che vendono articoli di seconda mano e devolvono il ricavato in beneficenza*
charm [tʃɑ:m] *n* fascino; (*on bracelet*) ciondolo ▸ *vt* affascinare, incantare; **charming** *adj* affascinante
chart [tʃɑ:t] *n* tabella; grafico; (*map*) carta nautica ▸ *vt* fare una carta nautica di; **~s** *npl* (*Mus*) hit parade *f*
charter ['tʃɑ:təʳ] *vt* (*plane*) noleggiare ▸ *n* (*document*) carta; **chartered accountant** ['tʃɑ:təd-] (*BRIT*) *n* ragioniere(-a) professionista; **charter flight** *n* volo *m* charter *inv*
chase [tʃeɪs] *vt* inseguire; (*also*: **~ away**) cacciare ▸ *n* caccia
chat [tʃæt] *vi* chiacchierare; (*on Internet*) chattare ▸ *n* chiacchierata; (*on Internet*) chat *f inv* ▹ **chat up** *vt* (*BRIT inf*: *girl*) abbordare; **chat room** *n* (*Internet*) chat room *f inv*; **chat show** (*BRIT*) *n* talk show *m inv*
chatter ['tʃætəʳ] *vi* (*person*) ciarlare; (*bird*) cinguettare; (*teeth*) battere ▸ *n* ciarle *fpl*; cinguettio
chauffeur ['ʃəufəʳ] *n* autista *m*
chauvinist ['ʃəuvɪnɪst] *n* (*male chauvinist*) maschilista *m*; (*nationalist*) sciovinista *m/f*
cheap [tʃi:p] *adj* economico(-a); (*joke*) grossolano(-a); (*poor quality*) di cattiva qualità ▸ *adv* a buon mercato; **can you recommend a ~ hotel/restaurant, please?** potrebbe indicarmi un albergo/ristorante non troppo caro?; **cheap day return** *n biglietto ridotto di andata e ritorno valido in giornata*; **cheaply** *adv* a buon prezzo, a buon mercato
cheat [tʃi:t] *vi* imbrogliare; (*at school*) copiare ▸ *vt* ingannare ▸ *n* imbroglione *m*; **to ~ sb out of sth** defraudare qn di qc ▹ **cheat on** *vt fus* (*husband, wife*) tradire
Chechnya [tʃɪtʃ'nja:] *n* Cecenia
check [tʃɛk] *vt* verificare; (*passport, ticket*) controllare; (*halt*) fermare; (*restrain*) contenere ▸ *n* verifica; controllo; (*curb*) freno; (*US: bill*) conto; (*pattern: gen pl*) quadretti *mpl*; (*US*) = **cheque** ▸ *adj* (*pattern, cloth*) a quadretti ▹ **check in** *vi* (*in hotel*) registrare; (*at airport*) presentarsi all'accettazione ▸ *vt* (*luggage*) depositare ▹ **check off** *vt* segnare ▹ **check out** *vi* (*in hotel*) saldare il conto ▹ **check up** *vi* **to ~ up (on sth)** investigare (qc); **to ~ up on sb** informarsi sul conto di qn; **checkbook** (*US*) *n* = **chequebook**; **checked** *adj* a quadretti; **checkers** (*US*) *n* dama; **check-in** *n* (*also*: **check-in desk**: *at airport*) check-in *m inv*, accettazione *f* (bagagli *inv*); **checking account** (*US*) *n* conto corrente;

checklist *n* lista di controllo; **checkmate** *n* scaccomatto; **checkout** *n* (*in supermarket*) cassa; **checkpoint** *n* posto di blocco; **checkroom** (*US*) *n* deposito *m* bagagli *inv*; **checkup** *n* (*Med*) controllo medico

cheddar ['tʃedəʳ] *n formaggio duro di latte di mucca di colore bianco o arancione*

cheek [tʃi:k] *n* guancia; (*impudence*) faccia tosta; **cheekbone** *n* zigomo; **cheeky** *adj* sfacciato(-a)

cheer [tʃɪəʳ] *vt* applaudire; (*gladden*) rallegrare ▸ *vi* applaudire ▸ *n* grido (di incoraggiamento) ▹ **cheer up** *vi* rallegrarsi, farsi animo ▸ *vt* rallegrare; **cheerful** *adj* allegro(-a)

cheerio ['tʃɪərɪ'əu] (*BRIT*) *excl* ciao!

cheerleader ['tʃɪəli:dəʳ] *n* cheerleader *f inv*

cheese [tʃi:z] *n* formaggio; **cheeseburger** *n* cheeseburger *m inv*; **cheesecake** *n specie di torta di ricotta, a volte con frutta*

chef [ʃɛf] *n* capocuoco

chemical ['kɛmɪkəl] *adj* chimico(-a) ▸ *n* prodotto chimico

chemist ['kɛmɪst] *n* (*BRIT*: *pharmacist*) farmacista *m/f*; (*scientist*) chimico(-a); **chemistry** *n* chimica; **chemist's (shop)** (*BRIT*) *n* farmacia

cheque [tʃɛk] (*US* **check**) *n* assegno; **chequebook** *n* libretto degli assegni; **cheque card** *n* carta *f* assegni *inv*

cherry ['tʃɛrɪ] *n* ciliegia; (*also*: **~ tree**) ciliegio

chess [tʃɛs] *n* scacchi *mpl*

chest [tʃɛst] *n* petto; (*box*) cassa

chestnut ['tʃɛsnʌt] *n* castagna; (*also*: **~ tree**) castagno

chest of drawers *n* cassettone *m*

chew [tʃu:] *vt* masticare; **chewing gum** *n* chewing gum *m*

chic [ʃi:k] *adj* elegante

chick [tʃɪk] *n* pulcino; (*inf*) pollastrella

chicken ['tʃɪkɪn] *n* pollo; (*inf*: *coward*) coniglio ▹ **chicken out** (*inf*) *vi* avere fifa; **chickenpox** *n* varicella

chickpea ['tʃɪkpi:] *n* cece *m*

chief [tʃi:f] *n* capo ▸ *adj* principale; **chief executive (officer)** *n* direttore *m* generale; **chiefly** *adv* per lo più, soprattutto

child [tʃaɪld] (*pl* **children**) *n* bambino(-a); **child abuse** *n* molestie *fpl* a minori; **child benefit** *n* (*BRIT*) ≈ assegni *mpl* familiari; **childbirth** *n* parto; **child-care** *n* il badare ai bambini; **childhood** *n* infanzia; **childish** *adj* puerile; **child minder** [-'maɪndəʳ] (*BRIT*) *n* bambinaia; **children** ['tʃɪldrən] *npl of* **child**

Chile ['tʃɪlɪ] *n* Cile *m*

Chilean ['tʃɪlɪən] *adj, n* cileno(-a)

chill [tʃɪl] *n* freddo; (*Med*) infreddatura ▸ *vt* raffreddare ▹ **chill out** (*esp US*) *vi* (*inf*) darsi una calmata

chil(l)i ['tʃɪlɪ] *n* peperoncino

chilly ['tʃɪlɪ] *adj* freddo(-a), fresco(-a); **to feel ~** sentirsi infreddolito(-a)

chimney ['tʃɪmnɪ] *n* camino

chimpanzee [tʃɪmpæn'zi:] *n* scimpanzé *m inv*

chin [tʃɪn] *n* mento

China ['tʃaɪnə] *n* Cina

china ['tʃaɪnə] *n* porcellana

Chinese [tʃaɪ'ni:z] *adj* cinese ▸ *n inv* cinese *m/f*; (*Ling*) cinese *m*

chip [tʃɪp] *n* (*gen pl*: *Culin*) patatina fritta; (: *US*: *also*: **potato ~**) patatina; (*of wood, glass, stone*) scheggia; (*also*: **micro~**) chip *m inv* ▸ *vt* (*cup, plate*) scheggiare; **chip shop** *n* (*BRIT*) *vedi nota*

chip shop

I **chip shops**, anche chiamati "fish and chip shops", sono friggitorie che vendono principalmente filetti di pesce impanati e patatine fritte.

chiropodist [kɪ'rɔpədɪst] (*BRIT*) *n* pedicure *m/f inv*

chisel ['tʃɪzl] *n* cesello
chives [tʃaɪvz] *npl* erba cipollina
chlorine ['klɔːriːn] *n* cloro
choc-ice ['tʃɔkaɪs] *n* (*BRIT*) gelato ricoperto al cioccolato
chocolate ['tʃɔklɪt] ▸ *n* (*substance*) cioccolato, cioccolata; (*drink*) cioccolata; (*a sweet*) cioccolatino
choice [tʃɔɪs] *n* scelta ▸ *adj* scelto(-a)
choir ['kwaɪəʳ] *n* coro
choke [tʃəuk] *vi* soffocare ▸ *vt* soffocare; (*block*): **to be ~d with** essere intasato(-a) di ▸ *n* (*Aut*) valvola dell'aria
cholesterol [kə'lɛstərɔl] *n* colesterolo
choose [tʃuːz] (*pt* **chose**,, *pp* **chosen**) *vt* scegliere; **to ~ to do** decidere di fare; preferire fare
chop [tʃɔp] *vt* (*wood*) spaccare; (*Culin*: *also*: **~ up**) tritare ▸ *n* (*Culin*) costoletta ▹ **chop down** *vt* (*tree*) abbattere ▹ **chop off** *vt* tagliare; **chopsticks** ['tʃɔpstɪks] *npl* bastoncini *mpl* cinesi
chord [kɔːd] *n* (*Mus*) accordo
chore [tʃɔːʳ] *n* faccenda; **household ~s** faccende *fpl* domestiche
chorus ['kɔːrəs] *n* coro; (*repeated part of song*: *also fig*) ritornello
chose [tʃəuz] *pt of* **choose**
chosen ['tʃəuzn] *pp of* **choose**
Christ [kraɪst] *n* Cristo
christen ['krɪsn] *vt* battezzare; **christening** *n* battesimo
Christian ['krɪstɪən] *adj*, *n* cristiano(-a); **Christianity** [-'ænɪtɪ] *n* cristianesimo; **Christian name** *n* nome *m* (di battesimo)
Christmas ['krɪsməs] *n* Natale *m*; **Merry ~!** Buon Natale!; **Christmas card** *n* cartolina di Natale; **Christmas carol** *n* canto natalizio; **Christmas Day** *n* il giorno di Natale; **Christmas Eve** *n* la vigilia di Natale; **Christmas pudding** *n* (*esp BRIT*) *specie di budino con frutta secca, spezie e brandy*; **Christmas tree** *n* albero di Natale
chrome [krəum] *n* cromo
chronic ['krɔnɪk] *adj* cronico(-a)
chrysanthemum [krɪ'sænθəməm] *n* crisantemo
chubby ['tʃʌbɪ] *adj* paffuto(-a)
chuck [tʃʌk] (*inf*) *vt* buttare, gettare; (*BRIT*: *also*: **~ up**) piantare ▹ **chuck out** *vt* buttar fuori
chuckle ['tʃʌkl] *vi* ridere sommessamente
chum [tʃʌm] *n* compagno(-a)
chunk [tʃʌŋk] *n* pezzo
church [tʃəːtʃ] *n* chiesa; **churchyard** *n* sagrato
churn [tʃəːn] *n* (*for butter*) zangola; (*for milk*) bidone *m*
chute [ʃuːt] *n* (*also*: **rubbish ~**) canale *m* di scarico; (*BRIT*: *children's slide*) scivolo
chutney ['tʃʌtnɪ] *n* salsa piccante (*di frutta, zucchero e spezie*)
CIA (*US*) *n abbr* (= *Central Intelligence Agency*) CIA *f*
CID (*BRIT*) *n abbr* (= *Criminal Investigation Department*) ≈ polizia giudiziaria
cider ['saɪdəʳ] *n* sidro
cigar [sɪ'gaːʳ] *n* sigaro
cigarette [sɪgə'rɛt] *n* sigaretta; **cigarette lighter** *n* accendino
cinema ['sɪnəmə] *n* cinema *m inv*
cinnamon ['sɪnəmən] *n* cannella
circle ['səːkl] *n* cerchio; (*of friends etc*) circolo; (*in cinema*) galleria ▸ *vi* girare in circolo ▸ *vt* (*surround*) circondare; (*move round*) girare intorno a
circuit ['səːkɪt] *n* circuito
circular ['səːkjuləʳ] *adj* circolare ▸ *n* circolare *f*
circulate ['səːkjuleɪt] *vi* circolare ▸ *vt* far circolare; **circulation** [-'leɪʃən] *n* circolazione *f*; (*of newspaper*) tiratura
circumstances ['səːkəmstənsɪz] *npl* circostanze *fpl*; (*financial condition*)

C

condizioni *fpl* finanziarie
circus ['sə:kəs] *n* circo
cite [saɪt] *vt* citare
citizen ['sɪtɪzn] *n* (*of country*) cittadino(-a); (*of town*) abitante *m/f*; **citizenship** *n* cittadinanza
citrus fruits ['sɪtrəs-] *npl* agrumi *mpl*
city ['sɪtɪ] *n* città *f inv*; **the C~** la Città di Londra (*centro commerciale*); **city centre** *n* centro della città; **city technology college** *n* (*BRIT*) istituto tecnico superiore (*finanziato dall'industria*)
civic ['sɪvɪk] *adj* civico(-a)
civil ['sɪvɪl] *adj* civile; **civilian** [sɪ'vɪlɪən] *adj*, *n* borghese *m/f*
civilization [sɪvɪlaɪ'zeɪʃən] *n* civiltà *f inv*
civilized ['sɪvɪlaɪzd] *adj* civilizzato(-a); (*fig*) cortese
civil: **civil law** *n* codice *m*. civile; (*study*) diritto civile; **civil rights** *npl* diritti *mpl* civili; **civil servant** *n* impiegato(-a) statale; **Civil Service** *n* amministrazione *f* statale; **civil war** *n* guerra civile
CJD *abbr* (= *Creutzfeld Jacob disease*) malattia di Creutzfeldt-Jacob
claim [kleɪm] *vt* (*assert*): **to ~ (that)/to be** sostenere (che)/di essere; (*credit, rights etc*) rivendicare; (*damages*) richiedere ▸ *vi* (*for insurance*) fare una domanda d'indennizzo ▸ *n* pretesa; rivendicazione *f*; richiesta; **claim form** *n* (*gen*) modulo di richiesta; (*for expenses*) modulo di rimborso spese
clam [klæm] *n* vongola
clamp [klæmp] *n* pinza; morsa ▸ *vt* stringere con una morsa; (*Aut: wheel*) applicare i ceppi bloccaruote a
clan [klæn] *n* clan *m inv*
clap [klæp] *vi* applaudire
claret ['klærət] *n* vino di Bordeaux
clarify ['klærɪfaɪ] *vt* chiarificare, chiarire
clarinet [klærɪ'nɛt] *n* clarinetto
clarity ['klærɪtɪ] *n* clarità
clash [klæʃ] *n* frastuono; (*fig*) scontro ▸ *vi* scontrarsi; cozzare
clasp [klɑ:sp] *n* (*hold*) stretta; (*of necklace, bag*) fermaglio, fibbia ▸ *vt* stringere
class [klɑ:s] *n* classe *f* ▸ *vt* classificare
classic ['klæsɪk] *adj* classico(-a) ▸ *n* classico; **classical** *adj* classico(-a)
classification [klæsɪfɪ'keɪʃən] *n* classificazione *f*
classify ['klæsɪfaɪ] *vt* classificare
classmate ['klɑ:smeɪt] *n* compagno(-a) di classe
classroom ['klɑ:srum] *n* aula
classy ['klɑ:sɪ] *adj* (*inf*) chic *inv*, elegante
clatter ['klætə[r]] *n* tintinnio; scalpitio ▸ *vi* tintinnare; scalpitare
clause [klɔ:z] *n* clausola; (*Ling*) proposizione *f*
claustrophobic [klɔ:strə'fəubɪk] *adj* claustrofobico(-a)
claw [klɔ:] *n* (*of bird of prey*) artiglio; (*of lobster*) pinza
clay [kleɪ] *n* argilla
clean [kli:n] *adj* pulito(-a); (*clear, smooth*) liscio(-a) ▸ *vt* pulire ▹ **clean up** *vt* (*also fig*) ripulire; **cleaner** *n* (*person*) donna delle pulizie; **cleaner's** *n* (*also:* **dry cleaner's**) tintoria; **cleaning** *n* pulizia
cleanser ['klɛnzə[r]] *n* detergente *m*
clear [klɪə[r]] *adj* chiaro(-a); (*glass etc*) trasparente; (*road, way*) libero(-a); (*conscience*) pulito(-a) ▸ *vt* sgombrare; liberare; (*table*) sparecchiare; (*cheque*) fare la compensazione di; (*Law: suspect*) discolpare; (*obstacle*) superare ▸ *vi* (*weather*) rasserenarsi; (*fog*) andarsene ▸ *adv* **~ of** distante da ▹ **clear away** *vt* (*things, clothes etc*) mettere a posto; **to ~ away the dishes** sparecchiare la tavola ▹ **clear**

up *vt* mettere in ordine; (*mystery*) risolvere; **clearance** *n* (*removal*) sgombro; (*permission*) autorizzazione *f*, permesso; **clear-cut** *adj* ben delineato(-a), distinto(-a); **clearing** *n* radura; **clearly** *adv* chiaramente; **clearway** (*BRIT*) *n* strada con divieto di sosta

clench [klɛntʃ] *vt* stringere

clergy ['klə:dʒɪ] *n* clero

clerk [klɑ:k, (*US*) klə:rk] *n* (*BRIT*) impiegato(-a); (*US*) commesso(-a)

clever ['klɛvə^r] *adj* (*mentally*) intelligente; (*deft, skilful*) abile; (*device, arrangement*) ingegnoso(-a)

cliché ['kli:ʃeɪ] *n* cliché *m inv*

click [klɪk] *vi* scattare ▸ *vt* (*heels etc*) battere; (*tongue*) far schioccare

client ['klaɪənt] *n* cliente *m/f*

cliff [klɪf] *n* scogliera scoscesa, rupe *f*

climate ['klaɪmɪt] *n* clima *m*

climax ['klaɪmæks] *n* culmine *m*; (*sexual*) orgasmo

climb [klaɪm] *vi* salire; (*clamber*) arrampicarsi ▸ *vt* salire; (*Climbing*) scalare ▸ *n* salita; arrampicata; scalata ▹ **climb down** *vi* scendere; (*BRIT fig*) far marcia indietro; **climber** *n* rocciatore(-trice); alpinista *m/f*; **climbing** *n* alpinismo

clinch [klɪntʃ] *vt* (*deal*) concludere

cling [klɪŋ] (*pt, pp* **clung**) *vi* **to ~ (to)** aggrapparsi (a); (*of clothes*) aderire strettamente (a)

Clingfilm® ['klɪŋfɪlm] *n* pellicola trasparente (*per alimenti*)

clinic ['klɪnɪk] *n* clinica

clip [klɪp] *n* (*for hair*) forcina; (*also*: **paper ~**) graffetta; (*TV, Cinema*) sequenza ▸ *vt* attaccare insieme; (*hair, nails*) tagliare; (*hedge*) tosare; **clipping** *n* (*from newspaper*) ritaglio

cloak [kləuk] *n* mantello ▸ *vt* avvolgere; **cloakroom** *n* (*for coats etc*) guardaroba *m inv*; (*BRIT*: *W.C.*) gabinetti *mpl*

clock [klɔk] *n* orologio ▹ **clock in** *or* **on** *vi* timbrare il cartellino (all'entrata) ▹ **clock off** *or* **out** *vi* timbrare il cartellino (all'uscita); **clockwise** *adv* in senso orario; **clockwork** *n* movimento *or* meccanismo a orologeria ▸ *adj* a molla

clog [klɔg] *n* zoccolo ▸ *vt* intasare ▸ *vi* (*also*: **~ up**) intasarsi, bloccarsi

clone [kləun] *n* clone *m*

close¹ [kləus] *adj* **~ (to)** vicino(-a) (a); (*watch, link, relative*) stretto(-a); (*examination*) attento(-a); (*contest*) combattuto(-a); (*weather*) afoso(-a) ▸ *adv* vicino, dappresso; **~ to** vicino a; **~ by, ~ at hand** a portata di mano; **a ~ friend** un amico intimo; **to have a ~ shave** (*fig*) scamparla bella

close² [kləuz] *vt* chiudere ▸ *vi* (*shop etc*) chiudere; (*lid, door etc*) chiudersi; (*end*) finire ▸ *n* (*end*) fine *f*; **what time do you ~?** a che ora chiudete? ▹ **close down** *vi* cessare (definitivamente); **closed** *adj* chiuso(-a)

closely ['kləuslɪ] *adv* (*examine, watch*) da vicino; (*related*) strettamente

closet ['klɔzɪt] *n* (*cupboard*) armadio

close-up ['kləusʌp] *n* primo piano

closing time *n* orario di chiusura

closure ['kləuʒə^r] *n* chiusura

clot [klɔt] *n* (*also*: **blood ~**) coagulo; (*inf*: *idiot*) scemo(-a) ▸ *vi* coagularsi

cloth [klɔθ] *n* (*material*) tessuto, stoffa; (*rag*) strofinaccio

clothes [kləuðz] *npl* abiti *mpl*, vestiti *mpl*; **clothes line** *n* corda (per stendere il bucato); **clothes peg** (*US* **clothes pin**) *n* molletta

clothing ['kləuðɪŋ] *n* = **clothes**

cloud [klaud] *n* nuvola ▹ **cloud over** *vi* rannuvolarsi; (*fig*) offuscarsi; **cloudy** *adj* nuvoloso(-a); (*liquid*) torbido(-a)

clove [kləuv] *n* chiodo di garofano; **clove of garlic** *n* spicchio d'aglio

clown [klaun] *n* pagliaccio ▸ *vi* (*also:* **~ about, ~ around**) fare il pagliaccio
club [klʌb] *n* (*society*) club *m inv*, circolo; (*weapon, Golf*) mazza ▸ *vt* bastonare ▸ *vi* **to ~ together** associarsi; **~s** *npl* (*Cards*) fiori *mpl*; **club class** *n* (*Aviat*) classe *f* club *inv*
clue [klu:] *n* indizio; (*in crosswords*) definizione *f*; **I haven't a ~** non ho la minima idea
clump [klʌmp] *n* (*of flowers, trees*) gruppo; (*of grass*) ciuffo
clumsy ['klʌmzɪ] *adj* goffo(-a)
clung [klʌŋ] *pt, pp of* **cling**
cluster ['klʌstə^r] *n* gruppo ▸ *vi* raggrupparsi
clutch [klʌtʃ] *n* (*grip, grasp*) presa, stretta; (*Aut*) frizione *f* ▸ *vt* afferrare, stringere forte
cm *abbr* (= *centimetre*) cm
Co. *abbr* = **county**; **company**
c/o *abbr* (= *care of*) presso
coach [kəutʃ] *n* (*bus*) pullman *m inv*; (*horse-drawn, of train*) carrozza; (*Sport*) allenatore(-trice); (*tutor*) chi dà ripetizioni ▸ *vt* allenare; dare ripetizioni a; **coach station** (*BRIT*) *n* stazione *f* delle corriere; **coach trip** *n* viaggio in pullman
coal [kəul] *n* carbone *m*
coalition [kəuə'lɪʃən] *n* coalizione *f*
coarse [kɔ:s] *adj* (*salt, sand etc*) grosso(-a); (*cloth, person*) rozzo(-a)
coast [kəust] *n* costa ▸ *vi* (*with cycle etc*) scendere a ruota libera; **coastal** *adj* costiero(-a); **coastguard** *n* guardia costiera; **coastline** *n* linea costiera
coat [kəut] *n* cappotto; (*of animal*) pelo; (*of paint*) mano *f* ▸ *vt* coprire; **coat hanger** *n* attaccapanni *m inv*; **coating** *n* rivestimento
coax [kəuks] *vt* indurre (con moine)
cob [kɔb] *n see* **corn**
cobbled ['kɔbld] *adj* **~ street** strada pavimentata a ciottoli
cobweb ['kɔbwɛb] *n* ragnatela
cocaine [kə'keɪn] *n* cocaina
cock [kɔk] *n* (*rooster*) gallo; (*male bird*) maschio ▸ *vt* (*gun*) armare; **cockerel** *n* galletto
cockney ['kɔknɪ] *n* cockney *m/f inv* (*abitante dei quartieri popolari dell'East End di Londra*)
cockpit ['kɔkpɪt] *n* abitacolo
cockroach ['kɔkrəutʃ] *n* blatta
cocktail ['kɔkteɪl] *n* cocktail *m inv*
cocoa ['kəukəu] *n* cacao
coconut ['kəukənʌt] *n* noce *f* di cocco
cod [kɔd] *n* merluzzo
C.O.D. *abbr* = **cash on delivery**
code [kəud] *n* codice *m*
coeducational ['kəuɛdju'keɪʃənl] *adj* misto(-a)
coffee ['kɔfɪ] *n* caffè *m inv*; **coffee bar** (*BRIT*) *n* caffè *m inv*; **coffee bean** *n* grano *or* chicco di caffè; **coffee break** *n* pausa per il caffè; **coffee maker** *n* bollitore *m* per il caffè; **coffeepot** *n* caffettiera; **coffee shop** *n* ≈ caffè *m inv*; **coffee table** *n* tavolino
coffin ['kɔfɪn] *n* bara
cog [kɔg] *n* dente *m*
cognac ['kɔnjæk] *n* cognac *m inv*
coherent [kəu'hɪərənt] *adj* coerente
coil [kɔɪl] *n* rotolo; (*Elec*) bobina; (*contraceptive*) spirale *f* ▸ *vt* avvolgere
coin [kɔɪn] *n* moneta ▸ *vt* (*word*) coniare
coincide [kəuɪn'saɪd] *vi* coincidere; **coincidence** [kəu'ɪnsɪdəns] *n* combinazione *f*
Coke® [kəuk] *n* coca
coke [kəuk] *n* coke *m*
colander ['kɔləndə^r] *n* colino
cold [kəuld] *adj* freddo(-a) ▸ *n* freddo; (*Med*) raffreddore *m*; **it's ~** fa freddo; **to be ~** (*person*) aver freddo; (*object*) essere freddo(-a); **to catch ~** prendere freddo; **to catch a ~** prendere un raffreddore; **in ~ blood** a sangue

freddo; **cold sore** *n* erpete *m*
coleslaw ['kəulslɔː] *n insalata di cavolo bianco*
colic ['kɔlɪk] *n* colica
collaborate [kə'læbəreɪt] *vi* collaborare
collapse [kə'læps] *vi* crollare ▸ *n* crollo; (*Med*) collasso
collar ['kɔləʳ] *n* (*of coat, shirt*) colletto; (*of dog, cat*) collare *m*; **collarbone** *n* clavicola
colleague ['kɔliːg] *n* collega *m/f*
collect [kə'lɛkt] *vt* (*gen*) raccogliere; (*as a hobby*) fare collezione di; (*BRIT: call and pick up*) prendere; (*money owed, pension*) riscuotere; (*donations, subscriptions*) fare una colletta di ▸ *vi* adunarsi, riunirsi; ammucchiarsi; **to call ~** (*US Tel*) fare una chiamata a carico del destinatario; **collection** [kə'lɛkʃən] *n* raccolta; collezione *f*; (*for money*) colletta; **collective** *adj* collettivo(-a) ▸ *n* collettivo; **collector** [kə'lɛktəʳ] *n* collezionista *m/f*
college ['kɔlɪdʒ] *n* college *m inv*; (*of technology etc*) istituto superiore
collide [kə'laɪd] *vi* **to ~ with** scontrarsi (con)
collision [kə'lɪʒən] *n* collisione *f*, scontro
cologne [kə'ləun] *n* (*also*: **eau de ~**) acqua di colonia
Colombia [kə'lɔmbɪə] *n* Colombia; **Colombian** *adj, n* colombiano(-a)
colon ['kəulən] *n* (*sign*) due punti *mpl*; (*Med*) colon *m inv*
colonel ['kəːnl] *n* colonnello
colonial [kə'ləunɪəl] *adj* coloniale
colony ['kɔlənɪ] *n* colonia
colour *etc* ['kʌləʳ] (*US* **color**) *n* colore *m* ▸ *vt* colorare; (*tint, dye*) tingere; (*fig: affect*) influenzare ▸ *vi* (*blush*) arrossire ▹ **colour in** *vt* colorare; **colour-blind** *adj* daltonico(-a); **coloured** *adj* (*photo*) a colori; (*person*) di colore; **colour film** *n* (*for camera*) pellicola a colori; **colourful** *adj* pieno(-a) di colore, a vivaci colori; (*personality*) colorato(-a); **colouring** *n* (*substance*) colorante *m*; (*complexion*) colorito; **colour television** *n* televisione *f* a colori
column ['kɔləm] *n* colonna
coma ['kəumə] *n* coma *m inv*
comb [kəum] *n* pettine *m* ▸ *vt* (*hair*) pettinare; (*area*) battere a tappeto
combat ['kɔmbæt] *n* combattimento ▸ *vt* combattere, lottare contro
combination [kɔmbɪ'neɪʃən] *n* combinazione *f*
combine [*vb* kəm'baɪn, *n* 'kɔmbaɪn] *vt* **to ~ (with)** combinare (con); (*one quality with another*) unire (a) ▸ *vi* unirsi; (*Chem*) combinarsi ▸ *n* (*Econ*) associazione *f*
come [kʌm] (*pt* **came**, *pp* **come**) *vi* venire; arrivare; **to ~ to** (*decision etc*) raggiungere; **I've ~ to like him** ha cominciato a piacermi; **to ~ undone** slacciarsi; **to ~ loose** allentarsi ▹ **come across** *vt fus* trovare per caso ▹ **come along** *vi* (*pupil, work*) fare progressi; **~ along!** avanti!, andiamo!, forza! ▹ **come back** *vi* ritornare ▹ **come down** *vi* scendere; (*prices*) calare; (*buildings*) essere demolito(-a) ▹ **come from** *vt fus* venire da; provenire da ▹ **come in** *vi* entrare ▹ **come off** *vi* (*button*) staccarsi; (*stain*) andar via; (*attempt*) riuscire ▹ **come on** *vi* (*pupil, work, project*) fare progressi; (*lights*) accendersi; (*electricity*) entrare in funzione; **~ on!** avanti!, andiamo!, forza! ▹ **come out** *vi* uscire; (*stain*) andare via ▹ **come round** *vi* (*after faint, operation*) riprendere conoscenza, rinvenire ▹ **come to** *vi* rinvenire ▹ **come up** *vi* (*sun*) salire; (*problem*) sorgere; (*event*) essere in arrivo; (*in conversation*) saltar fuori ▹ **come up with** *vt fus* **he**

came up with an idea venne fuori con un'idea
comeback ['kʌmbæk] *n* ritorno
comedian [kə'mi:dɪən] *n* comico
comedy ['kɔmɪdɪ] *n* commedia
comet ['kɔmɪt] *n* cometa
comfort ['kʌmfət] *n* comodità *f inv*, benessere *m*; (*relief*) consolazione *f*, conforto ▸ *vt* consolare, confortare; **comfortable** *adj* comodo(-a); (*financially*) agiato(-a); **comfort station** (*US*) *n* gabinetti *mpl*
comic ['kɔmɪk] *adj* (*also:* **~al**) comico(-a) ▸ *n* comico; (*BRIT: magazine*) giornaletto; **comic book** (*US*) *n* giornalino (a fumetti); **comic strip** *n* fumetto
comma ['kɔmə] *n* virgola
command [kə'mɑ:nd] *n* ordine *m*, comando; (*Mil: authority*) comando; (*mastery*) padronanza ▸ *vt* comandare; **to ~ sb to do** ordinare a qn di fare; **commander** *n* capo; (*Mil*) comandante *m*
commemorate [kə'mɛməreɪt] *vt* commemorare
commence [kə'mɛns] *vt, vi* cominciare; **commencement** (*US*) *n* (*Univ*) cerimonia di consegna dei diplomi
commend [kə'mɛnd] *vt* lodare; raccomandare
comment ['kɔmɛnt] *n* commento ▸ *vi* **to ~ (on)** fare commenti (su); **commentary** ['kɔməntərɪ] *n* commentario; (*Sport*) radiocronaca; telecronaca; **commentator** ['kɔmənteɪtə^r] *n* commentatore(-trice); radiocronista *m/f*; telecronista *m/f*
commerce ['kɔmə:s] *n* commercio
commercial [kə'mə:ʃəl] *adj* commerciale ▸ *n* (*TV, Radio: advertisement*) pubblicità *f inv*; **commercial break** *n* intervallo pubblicitario
commission [kə'mɪʃən] *n* commissione *f* ▸ *vt* (*work of art*) commissionare; **out of ~** (*Naut*) in disarmo; **commissioner** *n* (*Police*) questore *m*
commit [kə'mɪt] *vt* (*act*) commettere; (*to sb's care*) affidare; **to ~ o.s. to do** impegnarsi (a fare); **to ~ suicide** suicidarsi; **commitment** *n* impegno; promessa
committee [kə'mɪtɪ] *n* comitato
commodity [kə'mɔdɪtɪ] *n* prodotto, articolo
common ['kɔmən] *adj* comune; (*pej*) volgare; (*usual*) normale ▸ *n* terreno comune; **the C~s** (*BRIT*) ▸ *npl* la Camera dei Comuni; **in ~** in comune; **commonly** *adv* comunemente, usualmente; **commonplace** *adj* banale, ordinario(-a); **Commons** *npl* (*BRIT Pol*): **the (House of) Commons** la Camera dei Comuni; **common sense** *n* buon senso; **Commonwealth** *n* **the Commonwealth** il Commonwealth

Commonwealth
Il **Commonwealth** è un'associazione di stati sovrani indipendenti e di alcuni territori annessi che facevano parte dell'antico Impero Britannico. Nel 1931 questi assunsero il nome di "Commonwealth of Nations", denominazione successivamente semplificata in "Commonwealth". Attualmente gli stati del "Commonwealth" riconoscono ancora il proprio capo di stato.

communal ['kɔmju:nl] *adj* (*for common use*) pubblico(-a)
commune [*n* 'kɔmju:n, *vb* kə'mju:n] *n* (*group*) comune *f* ▸ *vi* **to ~ with** mettersi in comunione con
communicate [kə'mju:nɪkeɪt] *vt*

comunicare, trasmettere ▸ *vi* **to ~ with** comunicare (con)
communication [kəmju:nɪ'keɪʃən] *n* comunicazione *f*
communion [kə'mju:nɪən] *n (also:* **Holy C~**) comunione *f*
communism ['kɔmjunɪzəm] *n* comunismo; **communist** *adj, n* comunista *m/f*
community [kə'mju:nɪtɪ] *n* comunità *f inv*; **community centre** (*US* **community center**) *n* circolo ricreativo; **community service** *n* (*BRIT*) ≈ lavoro sostitutivo
commute [kə'mju:t] *vi* fare il pendolare ▸ *vt (Law)* commutare; **commuter** *n* pendolare *m/f*
compact [*adj* kəm'pækt, *n* 'kɔmpækt] *adj* compatto(-a) ▸ *n (also:* **powder ~**) portacipria *m inv*; **compact disc** *n* compact disc *m inv*; **compact disc player** *n* lettore *m* CD *inv*
companion [kəm'pænɪən] *n* compagno(-a)
company ['kʌmpənɪ] *n (also Comm, Mil, Theatre)* compagnia; **to keep sb ~** tenere compagnia a qn; **company car** *n* macchina (di proprietà) della ditta; **company director** *n* amministratore *m*, consigliere *m* di amministrazione
comparable ['kɔmpərəbl] *adj* simile
comparative [kəm'pærətɪv] *adj* relativo(-a); *(adjective etc)* comparativo(-a); **comparatively** *adv* relativamente
compare [kəm'pɛə^r] *vt* **to ~ sth/sb with/to** confrontare qc/qn con/a ▸ *vi* **to ~ (with)** reggere il confronto (con); **comparison** [-'pærɪsn] *n* confronto; **in comparison (with)** in confronto (a)
compartment [kəm'pa:tmənt] *n* compartimento; *(Rail)* scompartimento; **a non-smoking ~** uno scompartimento per non-fumatori
compass ['kʌmpəs] *n* bussola; **~es** *npl (Math)* compasso
compassion [kəm'pæʃən] *n* compassione *f*
compatible [kəm'pætɪbl] *adj* compatibile
compel [kəm'pɛl] *vt* costringere, obbligare; **compelling** *adj (fig: argument)* irresistibile
compensate ['kɔmpənseɪt] *vt* risarcire ▸ *vi* **to ~ for** compensare; **compensation** [-'seɪʃən] *n* compensazione *f*; *(money)* risarcimento
compete [kəm'pi:t] *vi (take part)* concorrere; *(vie)*: **to ~ with** fare concorrenza (a)
competent ['kɔmpɪtənt] *adj* competente
competition [kɔmpɪ'tɪʃən] *n* gara; concorso; *(Econ)* concorrenza
competitive [kəm'pɛtɪtɪv] *adj (Econ)* concorrenziale; *(sport)* agonistico(-a); *(person)* che ha spirito di competizione; che ha spirito agonistico
competitor [kəm'pɛtɪtə^r] *n* concorrente *m/f*
complacent [kəm'pleɪsnt] *adj* compiaciuto(-a) di sé
complain [kəm'pleɪn] *vi* lagnarsi, lamentarsi; **complaint** *n* lamento; *(in shop etc)* reclamo; *(Med)* malattia
complement [*n* 'kɔmplɪmənt, *vb* 'kɔmplɪmɛnt] *n* complemento, *(especially of ship's crew etc)* effettivo ▸ *vt (enhance)* accompagnarsi bene a; **complementary** [kɔmplɪ'mɛntərɪ] *adj* complementare
complete [kəm'pli:t] *adj* completo(-a) ▸ *vt* completare; *(a form)* riempire; **completely** *adv* completamente; **completion** *n* completamento

complex ['kɔmplɛks] *adj* complesso(-a) ▸ *n* (*Psych*, *of buildings etc*) complesso

complexion [kəm'plɛkʃən] *n* (*of face*) carnagione *f*

compliance [kəm'plaɪəns] *n* acquiescenza; **in ~ with** (*orders*, *wishes etc*) in conformità con

complicate ['kɔmplɪkeɪt] *vt* complicare; **complicated** *adj* complicato(-a); **complication** [-'keɪʃən] *n* complicazione *f*

compliment [*n* 'kɔmplɪmənt, *vb* 'kɔmplɪmɛnt] *n* complimento ▸ *vt* fare un complimento a; **complimentary** [-'mɛntərɪ] *adj* complimentoso(-a), elogiativo(-a); (*free*) in omaggio

comply [kəm'plaɪ] *vi* **to ~ with** assentire a; conformarsi a

component [kəm'pəunənt] *adj* componente ▸ *n* componente *m*

compose [kəm'pəuz] *vt* (*form*): **to be ~d of** essere composto di; (*music*, *poem etc*) comporre; **to ~ o.s.** ricomporsi; **composer** *n* (*Mus*) compositore(-trice); **composition** [kɔmpə'zɪʃən] *n* composizione *f*

composure [kəm'pəuʒə^r] *n* calma

compound ['kɔmpaund] *n* (*Chem*, *Ling*) composto; (*enclosure*) recinto ▸ *adj* composto(-a)

comprehension [kɔmprɪ'hɛnʃən] *n* comprensione *f*

comprehensive [kɔmprɪ'hɛnsɪv] *adj* completo(-a); **comprehensive (school)** (BRIT) *n scuola secondaria aperta a tutti*

Be careful not to translate **comprehensive** by the Italian word ***comprensivo***.

compress [*vb* kəm'prɛs, *n* 'kɔmprɛs] *vt* comprimere ▸ *n* (*Med*) compressa

comprise [kəm'praɪz] *vt* (*also*: **be ~d**) comprendere

compromise ['kɔmprəmaɪz] *n* compromesso ▸ *vt* compromettere ▸ *vi* venire a un compromesso

compulsive [kəm'pʌlsɪv] *adj* (*liar*, *gambler*) che non riesce a controllarsi; (*viewing*, *reading*) cui non si può fare a meno

compulsory [kəm'pʌlsərɪ] *adj* obbligatorio(-a)

computer [kəm'pju:tə^r] *n* computer *m inv*, elaboratore *m* elettronico; **computer game** *n* gioco per computer; **computer-generated** *adj* realizzato(-a) al computer; **computerize** *vt* computerizzare; **computer programmer** *n* programmatore(-trice); **computer programming** *n* programmazione *f* di computer; **computer science** *n* informatica; **computer studies** *npl* informatica; **computing** *n* informatica

con [kɔn] (*inf*) *vt* truffare ▸ *n* truffa

conceal [kən'si:l] *vt* nascondere

concede [kən'si:d] *vt* ammettere

conceited [kən'si:tɪd] *adj* presuntuoso(-a), vanitoso(-a)

conceive [kən'si:v] *vt* concepire ▸ *vi* concepire un bambino

concentrate ['kɔnsəntreɪt] *vi* concentrarsi ▸ *vt* concentrare

concentration [kɔnsən'treɪʃən] *n* concentrazione *f*

concept ['kɔnsɛpt] *n* concetto

concern [kən'sə:n] *n* affare *m*; (*Comm*) azienda, ditta; (*anxiety*) preoccupazione *f* ▸ *vt* riguardare; **to be ~ed (about)** preoccuparsi (di); **concerning** *prep* riguardo a, circa

concert ['kɔnsət] *n* concerto; **concert hall** *n* sala da concerti

concerto [kən'tʃə:təu] *n* concerto

concession [kən'sɛʃən] *n* concessione *f*

concise [kən'saɪs] *adj* conciso(-a)

conclude [kən'klu:d] *vt* concludere;

conclusion [-'klu:ʒən] *n* conclusione *f*
concrete ['kɔŋkri:t] *n* calcestruzzo ▶ *adj* concreto(-a), di calcestruzzo
concussion [kən'kʌʃən] *n* commozione *f* cerebrale
condemn [kən'dɛm] *vt* condannare; (*building*) dichiarare pericoloso(-a)
condensation [kɔndɛn'seɪʃən] *n* condensazione *f*
condense [kən'dɛns] *vi* condensarsi ▶ *vt* condensare
condition [kən'dɪʃən] *n* condizione *f*; (*Med*) malattia ▶ *vt* condizionare; **on ~ that** a condizione che + *sub*, a condizione di; **conditional** *adj* condizionale; **to be conditional upon** dipendere da; **conditioner** *n* (*for hair*) balsamo; (*for fabrics*) ammorbidente *m*
condo ['kɔndəu] (*US*) *n abbr* (*inf*) = **condominium**
condom ['kɔndəm] *n* preservativo
condominium [kɔndə'mɪnɪəm] (*US*) *n* condominio
condone [kən'dəun] *vt* condonare
conduct [*n* 'kɔndʌkt, *vb* kən'dʌkt] *n* condotta ▶ *vt* condurre; (*manage*) dirigere; amministrare; (*Mus*) dirigere; **to ~ o.s.** comportarsi; **conducted tour** [kən'dʌktɪd-] *n* gita accompagnata; **conductor** *n* (*of orchestra*) direttore *m* d'orchestra; (*on bus*) bigliettaio; (*US: on train*) controllore *m*; (*Elec*) conduttore *m*
cone [kəun] *n* cono; (*Bot*) pigna; (*traffic cone*) birillo
confectionery [kən'fɛkʃənrɪ] *n* dolciumi *mpl*
confer [kən'fə:ʳ] *vt* **to ~ sth on** conferire qc a ▶ *vi* conferire
conference ['kɔnfərns] *n* congresso
confess [kən'fɛs] *vt* confessare, ammettere ▶ *vi* confessare; **confession** [kən'fɛʃən] *n* confessione *f*
confide [kən'faɪd] *vi* **to ~ in** confidarsi con
confidence ['kɔnfɪdns] *n* confidenza; (*trust*) fiducia; (*self-assurance*) sicurezza di sé; **in ~** (*speak, write*) in confidenza, confidenzialmente; **confident** *adj* sicuro(-a), sicuro(-a) di sé; **confidential** [kɔnfɪ'dɛnʃəl] *adj* riservato(-a), confidenziale
confine [kən'faɪn] *vt* limitare; (*shut up*) rinchiudere; **confined** *adj* (*space*) ristretto(-a)
confirm [kən'fə:m] *vt* confermare; **confirmation** [kɔnfə'meɪʃən] *n* conferma; (*Rel*) cresima
confiscate ['kɔnfɪskeɪt] *vt* confiscare
conflict [*n* 'kɔnflɪkt, *vb* kən'flɪkt] *n* conflitto ▶ *vi* essere in conflitto
conform [kən'fɔ:m] *vi* **to ~ to** conformarsi (a)
confront [kən'frʌnt] *vt* (*enemy, danger*) affrontare; **confrontation** [kɔnfrən'teɪʃən] *n* scontro
confuse [kən'fju:z] *vt* (*one thing with another*) confondere; **confused** *adj* confuso(-a); **confusing** *adj* che fa confondere; **confusion** [-'fju:ʒən] *n* confusione *f*
congestion [kən'dʒɛstʃən] *n* congestione *f*
congratulate [kən'grætjuleɪt] *vt* **to ~ sb (on)** congratularsi con qn (per *or* di); **congratulations** [-'leɪʃənz] *npl* auguri *mpl*; (*on success*) complimenti *mpl*, congratulazioni *fpl*
congregation [kɔŋgrɪ'geɪʃən] *n* congregazione *f*
congress ['kɔŋgrɛs] *n* congresso; **congressman** (*irreg: US*) *n* membro del Congresso; **congresswoman** (*irreg: US*) *n* (donna) membro del Congresso
conifer ['kɔnɪfəʳ] *n* conifero
conjugate ['kɔndʒugeɪt] *vt* coniugare
conjugation [kɔndʒə'geɪʃən] *n* coniugazione *f*

conjunction [kən'dʒʌŋkʃən] *n* congiunzione *f*
conjure ['kʌndʒə^r] *vi* fare giochi di prestigio
connect [kə'nɛkt] *vt* connettere, collegare; (*Elec*, *Tel*) collegare; (*fig*) associare ▸ *vi* (*train*): **to ~ with** essere in coincidenza con; **to be ~ed with** (*associated*) aver rapporti con; **connecting flight** *n* volo in coincidenza; **connection** [-ʃən] ▸ *n* relazione *f*, rapporto; (*Elec*) connessione *f*; (*train, plane*) coincidenza; (*Tel*) collegamento
conquer ['kɔŋkə^r] *vt* conquistare; (*feelings*) vincere
conquest ['kɔŋkwɛst] *n* conquista
cons [kɔnz] *npl see* **convenience**; **pro**
conscience ['kɔnʃəns] *n* coscienza
conscientious [kɔnʃɪ'ɛnʃəs] *adj* coscienzioso(-a)
conscious ['kɔnʃəs] *adj* consapevole; (*Med*) cosciente; **consciousness** *n* consapevolezza; coscienza
consecutive [kən'sɛkjutɪv] *adj* consecutivo(-a); **on 3 ~ occasions** 3 volte di fila
consensus [kən'sɛnsəs] *n* consenso; **the ~ of opinion** l'opinione *f* unanime *or* comune
consent [kən'sɛnt] *n* consenso ▸ *vi* **to ~ (to)** acconsentire (a)
consequence ['kɔnsɪkwəns] *n* conseguenza, risultato; importanza
consequently ['kɔnsɪkwəntlɪ] *adv* di conseguenza, dunque
conservation [kɔnsə'veɪʃən] *n* conservazione *f*
conservative [kən'sə:vətɪv] *adj* conservatore(-trice); (*cautious*) cauto(-a); **Conservative** (BRIT) *adj*, *n* (*Pol*) conservatore(-trice)
conservatory [kən'sə:vətrɪ] *n* (*greenhouse*) serra; (*Mus*) conservatorio
consider [kən'sɪdə^r] *vt* considerare; (*take into account*) tener conto di; **to ~ doing sth** considerare la possibilità di fare qc; **considerable** [kən'sɪdərəbl] *adj* considerevole, notevole; **considerably** *adv* notevolmente, decisamente; **considerate** [kən'sɪdərɪt] *adj* premuroso(-a); **consideration** [kənsɪdə'reɪʃən] *n* considerazione *f*; **considering** [kən'sɪdərɪŋ] *prep* in considerazione di
consignment [kən'saɪnmənt] *n* (*of goods*) consegna; spedizione *f*
consist [kən'sɪst] *vi* **to ~ of** constare di, essere composto(-a) di
consistency [kən'sɪstənsɪ] *n* consistenza; (*fig*) coerenza
consistent [kən'sɪstənt] *adj* coerente
consolation [kɔnsə'leɪʃən] *n* consolazione *f*
console[1] [kən'səul] *vt* consolare
console[2] ['kɔnsəul] *n* quadro di comando
consonant ['kɔnsənənt] *n* consonante *f*
conspicuous [kən'spɪkjuəs] *adj* cospicuo(-a)
conspiracy [kən'spɪrəsɪ] *n* congiura, cospirazione *f*
constable ['kʌnstəbl] (BRIT) *n* ≈ poliziotto, agente *m* di polizia; **chief ~** ≈ questore *m*
constant ['kɔnstənt] *adj* costante, continuo(-a); **constantly** *adv* costantemente; continuamente
constipated ['kɔnstɪpeɪtɪd] *adj* stitico(-a); **constipation** [kɔnstɪ'peɪʃən] *n* stitichezza
constituency [kən'stɪtjuənsɪ] *n* collegio elettorale
constitute ['kɔnstɪtju:t] *vt* costituire
constitution [kɔnstɪ'tju:ʃən] *n* costituzione *f*
constraint [kən'streɪnt] *n* costrizione *f*

construct [kən'strʌkt] *vt* costruire; **construction** [-ʃən] *n* costruzione *f*; **constructive** *adj* costruttivo(-a)

consul ['kɔnsl] *n* console *m*; **consulate** ['kɔnsjulɪt] *n* consolato

consult [kən'sʌlt] *vt* consultare; **consultant** *n* (*Med*) consulente *m* medico; (*other specialist*) consulente; **consultation** [-'teɪʃən] *n* (*Med*) consulto; (*discussion*) consultazione *f*; **consulting room** [kən'sʌltɪŋ-] (*BRIT*) *n* ambulatorio

consume [kən'sju:m] *vt* consumare; **consumer** *n* consumatore(-trice)

consumption [kən'sʌmpʃən] *n* consumo

cont. *abbr* = **continued**

contact ['kɔntækt] *n* contatto; (*person*) conoscenza ▸ *vt* mettersi in contatto con; **contact lenses** *npl* lenti *fpl* a contatto

contagious [kən'teɪdʒəs] *adj* (*also fig*) contagioso(-a)

contain [kən'teɪn] *vt* contenere; **to ~ o.s.** contenersi; **container** *n* recipiente *m*; (*for shipping etc*) container *m inv*

contaminate [kən'tæmɪneɪt] *vt* contaminare

cont'd *abbr* = **continued**

contemplate ['kɔntəmpleɪt] *vt* contemplare; (*consider*) pensare a (*or* di)

contemporary [kən'tɛmpərərɪ] *adj*, *n* contemporaneo(-a)

contempt [kən'tɛmpt] *n* disprezzo; **~ of court** (*Law*) oltraggio alla Corte

contend [kən'tɛnd] *vt* **to ~ that** sostenere che ▸ *vi* **to ~ with** lottare contro

content[1] ['kɔntɛnt] *n* contenuto; **~s** *npl* (*of box, case etc*) contenuto; **(table of) ~s** indice *m*

content[2] [kən'tɛnt] *adj* contento(-a), soddisfatto(-a) ▸ *vt* contentare, soddisfare; **contented** *adj* contento(-a), soddisfatto(-a)

contest [*n* 'kɔntɛst, *vb* kən'tɛst] *n* lotta; (*competition*) gara, concorso ▸ *vt* contestare; impugnare; (*compete for*) essere in lizza per; **contestant** [kə n'tɛstənt] *n* concorrente *m/f*; (*in fight*) avversario(-a)

context ['kɔntɛkst] *n* contesto

continent ['kɔntɪnənt] *n* continente *m*; **the C~** (*BRIT*) l'Europa continentale; **continental** [-'nɛntl] *adj* continentale; **continental breakfast** *n* colazione *f* all'europea (*senza piatti caldi*); **continental quilt** (*BRIT*) *n* piumino

continual [kən'tɪnjuəl] *adj* continuo(-a); **continually** *adv* di continuo

continue [kən'tɪnju:] *vi* continuare ▸ *vt* continuare; (*start again*) riprendere

continuity [kɔntɪ'nju:ɪtɪ] *n* continuità; (*TV, Cinema*) (ordine *m* della) sceneggiatura

continuous [kən'tɪnjuəs] *adj* continuo(-a), ininterrotto(-a); **continuous assessment** *n* (*BRIT*) valutazione *f* continua; **continuously** *adv* (*repeatedly*) continuamente; (*uninterruptedly*) ininterrottamente

contour ['kɔntuə^r] *n* contorno, profilo; (*also:* **~ line**) curva di livello

contraception [kɔntrə'sɛpʃən] *n* contraccezione *f*

contraceptive [kɔntrə'sɛptɪv] *adj* contraccettivo(-a) ▸ *n* contraccettivo

contract [*n* 'kɔntrækt, *vb* kən'trækt] *n* contratto ▸ *vi* (*become smaller*) contrarsi; (*Comm*): **to ~ to do sth** fare un contratto per fare qc ▸ *vt* (*illness*) contrarre; **contractor** *n* imprenditore *m*

contradict [kɔntrə'dɪkt] *vt* contraddire; **contradiction**

[kɔntrə'dɪkʃən] *n* contraddizione *f*; **to be in contradiction with** discordare con

contrary[1] ['kɔntrərɪ] *adj* contrario(-a); (*unfavourable*) avverso(-a), contrario(-a) ▸ *n* contrario; **on the ~** al contrario; **unless you hear to the ~** salvo contrordine

contrary[2] [kən'trɛərɪ] *adj* (*perverse*) bisbetico(-a)

contrast [*n* 'kɔntrɑ:st, *vb* kən'trɑ:st] *n* contrasto ▸ *vt* mettere in contrasto; **in ~ to** contrariamente a

contribute [kən'trɪbju:t] *vi* contribuire ▸ *vt* **to ~ £10/an article to** dare 10 sterline/un articolo a; **to ~ to** contribuire a; (*newspaper*) scrivere per; **contribution** [kɔntrɪ'bju:ʃən] *n* contributo; **contributor** *n* (*to newspaper*) collaboratore(-trice)

control [kən'trəul] *vt* controllare; (*firm, operation etc*) dirigere ▸ *n* controllo; **~s** *npl* (*of vehicle etc*) comandi *mpl*; (*governmental*) controlli *mpl*; **under ~** sotto controllo; **to be in ~ of** avere il controllo di; **to go out of ~** (*car*) non rispondere ai comandi; (*situation*) sfuggire di mano; **control tower** *n* (*Aviat*) torre *f* di controllo

controversial [kɔntrə'və:ʃl] *adj* controverso(-a), polemico(-a)

controversy ['kɔntrəvə:sɪ] *n* controversia, polemica

convenience [kən'vi:nɪəns] *n* comodità *f inv*; **at your ~** a suo comodo; **all modern ~s** (*BRIT*), **all mod cons** tutte le comodità moderne

convenient [kən'vi:nɪənt] *adj* comodo(-a)

> Be careful not to translate **convenient** by the Italian word ***conveniente***.

convent ['kɔnvənt] *n* convento

convention [kən'vɛnʃən] *n* convenzione *f*; (*meeting*) convegno;

conventional *adj* convenzionale

conversation [kɔnvə'seɪʃən] *n* conversazione *f*

conversely [kɔn'və:slɪ] *adv* al contrario, per contro

conversion [kən'və:ʃən] *n* conversione *f*; (*BRIT*: *of house*) trasformazione *f*, rimodernamento

convert [*vb* kən'və:t, *n* 'kɔnvə:t] *vt* (*Comm, Rel*) convertire; (*alter*) trasformare ▸ *n* convertito(-a); **convertible** *n* macchina decappottabile

convey [kən'veɪ] *vt* trasportare; (*thanks*) comunicare; (*idea*) dare; **conveyor belt** [kən'veɪəʳ-] *n* nastro trasportatore

convict [*vb* kən'vɪkt, *n* 'kɔnvɪkt] *vt* dichiarare colpevole ▸ *n* carcerato(-a); **conviction** [-ʃən] *n* condanna; (*belief*) convinzione *f*

convince [kən'vɪns] *vt* convincere, persuadere; **convinced** *adj* **convinced of/that** convinto(-a) di/che; **convincing** *adj* convincente

convoy ['kɔnvɔɪ] *n* convoglio

cook [kuk] *vt* cucinare, cuocere ▸ *vi* cuocere; (*person*) cucinare ▸ *n* cuoco(-a); **cook book** *n* libro di cucina; **cooker** *n* fornello, cucina; **cookery** *n* cucina; **cookery book** (*BRIT*) *n* = **cook book**; **cookie** (*US*) *n* biscotto; **cooking** *n* cucina

cool [ku:l] *adj* fresco(-a); (*not afraid, calm*) calmo(-a); (*unfriendly*) freddo(-a) ▸ *vt* raffreddare; (*room*) rinfrescare ▸ *vi* (*water*) raffreddarsi; (*air*) rinfrescarsi ▹ **cool down** *vi* raffreddarsi; (*fig*: *person, situation*) calmarsi ▹ **cool off** *vi* (*become calmer*) calmarsi; (*lose enthusiasm*) perdere interesse

cop [kɔp] (*inf*) *n* sbirro

cope [kəup] *vi* **to ~ with** (*problems*) far fronte a

copper ['kɔpəʳ] *n* rame *m*; (*inf*:

policeman) sbirro

copy ['kɔpɪ] *n* copia ▸ *vt* copiare; **copyright** *n* diritto d'autore

coral ['kɔrəl] *n* corallo

cord [kɔːd] *n* corda; (*Elec*) filo; **~s** *npl* (*trousers*) calzoni *mpl* (di velluto) a coste; **cordless** *adj* senza cavo

corduroy ['kɔːdərɔɪ] *n* fustagno

core [kɔːʳ] *n* (*of fruit*) torsolo; (*of organization etc*) cuore *m* ▸ *vt* estrarre il torsolo da

coriander [kɔrɪ'ændəʳ] *n* coriandolo

cork [kɔːk] *n* sughero; (*of bottle*) tappo; **corkscrew** *n* cavatappi *m inv*

corn [kɔːn] *n* (*BRIT*: *wheat*) grano; (*US*: *maize*) granturco; (*on foot*) callo; **~ on the cob** (*Culin*) pannocchia cotta

corned beef ['kɔːnd-] *n* carne *f* di manzo in scatola

corner ['kɔːnəʳ] *n* angolo; (*Aut*) curva ▸ *vt* intrappolare; mettere con le spalle al muro; (*Comm*: *market*) accaparrare ▸ *vi* prendere una curva

corner shop (*BRIT*) piccolo negozio di generi alimentari

cornflakes ['kɔːnfleɪks] *npl* fiocchi *mpl* di granturco

cornflour ['kɔːnflauəʳ] (*BRIT*) *n* farina finissima di granturco

cornstarch ['kɔːnstɑːtʃ] (*US*) *n* = **cornflour**

Cornwall ['kɔːnwəl] *n* Cornovaglia

coronary ['kɔrənərɪ] *n* **~ (thrombosis)** trombosi *f* coronaria

coronation [kɔrə'neɪʃən] *n* incoronazione *f*

coroner ['kɔrənəʳ] *n magistrato incaricato di indagare la causa di morte in circostanze sospette*

corporal ['kɔːpərl] *n* caporalmaggiore *m* ▸ *adj* **~ punishment** pena corporale

corporate ['kɔːpərɪt] *adj* costituito(-a) (in corporazione), comune

corporation [kɔːpə'reɪʃən] *n* (*of town*) consiglio comunale; (*Comm*) ente *m*

corps [kɔː, *pl* kɔːz] *n inv* corpo

corpse [kɔːps] *n* cadavere *m*

correct [kə'rɛkt] *adj* (*accurate*) corretto(-a), esatto(-a); (*proper*) corretto(-a) ▸ *vt* correggere; **correction** [-ʃən] *n* correzione *f*

correspond [kɔrɪs'pɔnd] *vi* corrispondere; **correspondence** *n* corrispondenza; **correspondent** *n* corrispondente *m/f*; **corresponding** *adj* corrispondente

corridor ['kɔrɪdɔːʳ] *n* corridoio

corrode [kə'rəud] *vt* corrodere ▸ *vi* corrodersi

corrupt [kə'rʌpt] *adj* corrotto(-a); (*Comput*) alterato(-a) ▸ *vt* corrompere; **corruption** *n* corruzione *f*

Corsica ['kɔːsɪkə] *n* Corsica

cosmetic [kɔz'mɛtɪk] *n* cosmetico ▸ *adj* (*fig*: *measure etc*) superficiale; **cosmetic surgery** *n* chirurgia plastica

cosmopolitan [kɔzmə'pɔlɪtn] *adj* cosmopolita

cost [kɔst] (*pt, pp* **cost**) *n* costo ▸ *vt* costare; (*find out the cost of*) stabilire il prezzo di; **~s** *npl* (*Comm, Law*) spese *fpl*; **how much does it ~?** quanto costa?; **at all ~s** a ogni costo

co-star ['kəustɑːʳ] *n attore/trice della stessa importanza del protagonista*

Costa Rica ['kɔstə'riːkə] *n* Costa Rica

costly ['kɔstlɪ] *adj* costoso(-a), caro(-a)

cost of living *adj* **~ allowance** indennità *f inv* di contingenza

costume ['kɔstjuːm] *n* costume *m*; (*lady's suit*) tailleur *m inv*; (*BRIT*: *also*: **swimming ~**) costume *m* da bagno

cosy ['kəuzɪ] (*US* **cozy**) *adj* intimo(-a); **I'm very ~ here** sto proprio bene qui

cot [kɔt] *n* (*BRIT*: *child's*) lettino; (*US*: *campbed*) brandina

cottage ['kɔtɪdʒ] *n* cottage *m inv*; **cottage cheese** *n* fiocchi *mpl* di latte magro

cotton [ˈkɔtn] *n* cotone *m* ▷ **cotton on** *vi* (*inf*): **to ~ on (to sth)** afferrare (qc); **cotton bud** *n* (*BRIT*) cotton fioc® *m inv*; **cotton candy** (*US*) *n* zucchero filato; **cotton wool** (*BRIT*) *n* cotone idrofilo
couch [kautʃ] *n* sofà *m inv*
cough [kɔf] *vi* tossire ▶ *n* tosse *f*; **I've got a ~** ho la tosse; **cough mixture, cough syrup** *n* sciroppo per la tosse
could [kud] *pt of* **can**[2]
couldn't = **could not**
council [ˈkaunsl] *n* consiglio; **city** *or* **town ~** consiglio comunale; **council estate** (*BRIT*) *n* quartiere *m* di case popolari; **council house** (*BRIT*) *n* casa popolare; **councillor** (*US* **councilor**) *n* consigliere(-a); **council tax** *n* (*BRIT*) *tassa comunale sulla proprietà*
counsel [ˈkaunsl] *n* avvocato; consultazione *f* ▶ *vt* consigliare; **counselling** (*US* **counseling**) *n* (*Psych*) assistenza psicologica; **counsellor** (*US* **counselor**) *n* consigliere(-a); (*US*) avvocato
count [kaunt] *vt*, *vi* contare ▶ *n* (*of votes etc*) conteggio; (*of pollen etc*) livello; (*nobleman*) conte *m* ▷ **count in** (*inf*) *vt* includere; **~ me in** ci sto anch'io ▷ **count on** *vt fus* contare su; **countdown** *n* conto alla rovescia
counter [ˈkauntəʳ] *n* banco ▶ *vt* opporsi a ▶ *adv* **~ to** contro; in opposizione a; **counter clockwise** [-ˈklɔkwaɪz] (*US*) *adv* in senso antiorario
counterfeit [ˈkauntəfɪt] *n* contraffazione *f*, falso ▶ *vt* contraffare, falsificare ▶ *adj* falso(-a)
counterpart [ˈkauntəpɑːt] *n* (*of document etc*) copia; (*of person*) corrispondente *m/f*
countess [ˈkauntɪs] *n* contessa
countless [ˈkauntlɪs] *adj* innumerevole
country [ˈkʌntrɪ] *n* paese *m*; (*native land*) patria; (*as opposed to town*) campagna; (*region*) regione *f*; **country and western (music)** *n* musica country e western, country *m*; **country house** *n* villa in campagna; **countryside** *n* campagna
county [ˈkauntɪ] *n* contea
coup [kuː] (*pl* **coups**) *n* colpo; (*also*: **~ d'état**) colpo di Stato
couple [ˈkʌpl] *n* coppia; **a ~ of** un paio di
coupon [ˈkuːpɔn] *n* buono; (*detachable form*) coupon *m inv*
courage [ˈkʌrɪdʒ] *n* coraggio; **courageous** *adj* coraggioso(-a)
courgette [kuəˈʒɛt] (*BRIT*) *n* zucchina
courier [ˈkurɪəʳ] *n* corriere *m*; (*for tourists*) guida
course [kɔːs] *n* corso; (*of ship*) rotta; (*for golf*) campo; (*part of meal*) piatto; **of ~** senz'altro, naturalmente; **~ of action** modo d'agire; **a ~ of treatment** (*Med*) una cura
court [kɔːt] *n* corte *f*; (*Tennis*) campo ▶ *vt* (*woman*) fare la corte a; **to take to ~** citare in tribunale
courtesy [ˈkəːtəsɪ] *n* cortesia; **(by) ~ of** per gentile concessione di; **courtesy bus, courtesy coach** *n* autobus *m inv* gratuito (*di hotel, aeroporto*)
court: **court-house** (*US*) *n* palazzo di giustizia; **courtroom** *n* tribunale *m*; **courtyard** *n* cortile *m*
cousin [ˈkʌzn] *n* cugino(-a); **first ~** cugino di primo grado
cover [ˈkʌvəʳ] *vt* coprire; (*book, table*) rivestire; (*include*) comprendere; (*Press*) fare un servizio su ▶ *n* (*of pan*) coperchio; (*over furniture*) fodera; (*of bed*) copriletto; (*of book*) copertina; (*shelter*) riparo; (*Comm, Insurance, of spy*) copertura; **~s** *npl* (*on bed*) lenzuola *fpl* e coperte *fpl*; **to take ~** (*shelter*) ripararsi; **under ~** al riparo; **under ~**

of darkness protetto dall'oscurità; **under separate ~** (*Comm*) a parte, in plico separato ▷ **cover up** *vi* **to ~ up for sb** coprire qn; **coverage** *n* (*Press, Radio, TV*): **to give full coverage to sth** fare un ampio servizio su qc; **cover charge** *n* coperto; **cover-up** *n* occultamento (di informazioni)

cow [kau] *n* vacca ▸ *vt* (*person*) intimidire

coward ['kauəd] *n* vigliacco(-a); **cowardly** *adj* vigliacco(-a)

cowboy ['kaubɔɪ] *n* cow-boy *m inv*

cozy ['kəuzɪ] (*US*) *adj* = **cosy**

crab [kræb] *n* granchio

crack [kræk] *n* fessura, crepa; incrinatura; (*noise*) schiocco; (: *of gun*) scoppio; (*drug*) crack *m inv* ▸ *vt* spaccare; incrinare; (*whip*) schioccare; (*nut*) schiacciare; (*problem*) risolvere; (*code*) decifrare ▸ *adj* (*troops*) fuori classe; **to ~ a joke** fare una battuta ▷ **crack down on** *vt fus* porre freno a; **cracked** *adj* (*inf*) matto(-a); **cracker** *n* cracker *m inv*; petardo

crackle ['krækl] *vi* crepitare

cradle ['kreɪdl] *n* culla

craft [krɑːft] *n* mestiere *m*; (*cunning*) astuzia; (*boat*) naviglio; **craftsman** (*irreg*) *n* artigiano; **craftsmanship** *n* abilità

cram [kræm] *vt* (*fill*): **to ~ sth with** riempire qc di; (*put*): **to ~ sth into** stipare qc in ▸ *vi* (*for exams*) prepararsi (in gran fretta)

cramp [kræmp] *n* crampo; **I've got ~ in my leg** ho un crampo alla gamba; **cramped** *adj* ristretto(-a)

cranberry ['krænbərɪ] *n* mirtillo

crane [kreɪn] *n* gru *f inv*

crap [kræp] *n* (*inf!*) fesserie *fpl*; **to have a ~** cacare (*!*)

crash [kræʃ] *n* fragore *m*; (*of car*) incidente *m*; (*of plane*) caduta; (*of business etc*) crollo ▸ *vt* fracassare ▸ *vi* (*plane*) fracassarsi; (*car*) avere un incidente; (*two cars*) scontrarsi; (*business etc*) fallire, andare in rovina; **crash course** *n* corso intensivo; **crash helmet** *n* casco

crate [kreɪt] *n* cassa

crave [kreɪv] *vt, vi* **to ~ (for)** desiderare ardentemente

crawl [krɔːl] *vi* strisciare carponi; (*vehicle*) avanzare lentamente ▸ *n* (*Swimming*) crawl *m*

crayfish ['kreɪfɪʃ] *n inv* (*freshwater*) gambero (d'acqua dolce); (*saltwater*) gambero

crayon ['kreɪən] *n* matita colorata

craze [kreɪz] *n* mania

crazy ['kreɪzɪ] *adj* matto(-a); (*inf: keen*): **~ about sb** pazzo(-a) di qn; **~ about sth** matto(-a) per qc

creak [kriːk] *vi* cigolare, scricchiolare

cream [kriːm] *n* crema; (*fresh*) panna ▸ *adj* (*colour*) color crema *inv*; **cream cheese** *n* formaggio fresco; **creamy** *adj* cremoso(-a)

crease [kriːs] *n* grinza; (*deliberate*) piega ▸ *vt* sgualcire ▸ *vi* sgualcirsi

create [kriːˈeɪt] *vt* creare; **creation** [-ʃən] *n* creazione *f*; **creative** *adj* creativo(-a); **creator** *n* creatore(-trice)

creature ['kriːtʃəʳ] *n* creatura

crèche [krɛʃ] *n* asilo infantile

credentials [krɪ'dɛnʃlz] *npl* credenziali *fpl*

credibility [krɛdɪ'bɪlɪtɪ] *n* credibilità

credible ['krɛdɪbl] *adj* credibile; (*witness, source*) attendibile

credit ['krɛdɪt] *n* credito; onore *m* ▸ *vt* (*Comm*) accreditare; (*believe: also:* **give ~ to**) credere, prestar fede a; **~s** *npl* (*Cinema*) titoli *mpl*; **to ~ sb with** (*fig*) attribuire a qn; **to be in ~** (*person*) essere creditore(-trice); (*bank account*) essere coperto(-a); **credit card** *n*

carta di credito; **credit crunch** *n* improvvisa stretta di credito
creek [kri:k] *n* insenatura; (*US*) piccolo fiume *m*
creep [kri:p] (*pt, pp* **crept**) *vi* avanzare furtivamente (*or* pian piano)
cremate [krɪ'meɪt] *vt* cremare
crematorium [krɛmə'tɔ:rɪəm] (*pl* **crematoria**) *n* forno crematorio
crept [krɛpt] *pt, pp of* **creep**
crescent ['krɛsnt] *n* (*shape*) mezzaluna; (*street*) strada semicircolare
cress [krɛs] *n* crescione *m*
crest [krɛst] *n* cresta; (*of coat of arms*) cimiero
crew [kru:] *n* equipaggio; **crew-neck** *n* girocollo
crib [krɪb] *n* culla ▶ *vt* (*inf*) copiare
cricket ['krɪkɪt] *n* (*insect*) grillo; (*game*) cricket *m*; **cricketer** *n* giocatore *m* di cricket
crime [kraɪm] *n* crimine *m*; **criminal** ['krɪmɪnl] *adj, n* criminale *m/f*
crimson ['krɪmzn] *adj* color cremisi *inv*
cringe [krɪndʒ] *vi* acquattarsi; (*in embarrassment*) sentirsi sprofondare
cripple ['krɪpl] *n* zoppo(-a) ▶ *vt* azzoppare
crisis ['kraɪsɪs] (*pl* **crises**) *n* crisi *f inv*
crisp [krɪsp] *adj* croccante; (*fig*) frizzante; vivace; deciso(-a); **crispy** *adj* croccante
criterion [kraɪ'tɪərɪən] (*pl* **criteria**) *n* criterio
critic ['krɪtɪk] *n* critico; **critical** *adj* critico(-a); **criticism** ['krɪtɪsɪzm] *n* critica; **criticize** ['krɪtɪsaɪz] *vt* criticare
Croat ['krəuæt] *adj, n* = **Croatian**
Croatia [krəu'eɪʃə] *n* Croazia; **Croatian** *adj* croato(-a) ▶ *n* croato(-a); (*Ling*) croato
crockery ['krɔkərɪ] *n* vasellame *m*
crocodile ['krɔkədaɪl] *n* coccodrillo
crocus ['krəukəs] *n* croco
croissant ['krwasã] *n* brioche *f inv*, croissant *m inv*
crook [kruk] *n* truffatore *m*; (*of shepherd*) bastone *m*; **crooked** ['krukɪd] *adj* curvo(-a), storto(-a); (*action*) disonesto(-a)
crop [krɔp] *n* (*produce*) coltivazione *f*; (*amount produced*) raccolto; (*riding crop*) frustino ▶ *vt* (*hair*) rapare ▷ **crop up** *vi* presentarsi
cross [krɔs] *n* croce *f*; (*Biol*) incrocio ▶ *vt* (*street etc*) attraversare; (*arms, legs, Biol*) incrociare; (*cheque*) sbarrare ▶ *adj* di cattivo umore ▷ **cross off** *vt* cancellare (*tirando una riga con la penna*) ▷ **cross out** *vt* cancellare ▷ **cross over** *vi* attraversare; **cross-Channel ferry** ['krɔs'tʃænl-] *n* traghetto che attraversa la Manica; **crosscountry (race)** *n* cross-country *m inv*; **crossing** *n* incrocio; (*sea passage*) traversata; (*also:* **pedestrian crossing**) passaggio pedonale; **how long does the crossing take?** quanto dura la traversata?; **crossing guard** (*US*) *n dipendente comunale che aiuta i bambini ad attraversare la strada*; **crossroads** *n* incrocio; **crosswalk** (*US*) *n* strisce *fpl* pedonali, passaggio pedonale; **crossword** *n* cruciverba *m inv*
crotch [krɔtʃ] *n* (*Anat*) inforcatura; (*of garment*) pattina
crouch [krautʃ] *vi* acquattarsi; rannicchiarsi
crouton ['kru:tɔn] *n* crostino
crow [krəu] *n* (*bird*) cornacchia; (*of cock*) canto del gallo ▶ *vi* (*cock*) cantare
crowd [kraud] *n* folla ▶ *vt* affollare, stipare ▶ *vi* **to ~ round/in** affollarsi intorno a/in; **crowded** *adj* affollato(-a); **crowded with** stipato(-a) di
crown [kraun] *n* corona; (*of head*) calotta cranica; (*of hat*) cocuzzolo; (*of*

hill) cima ▸ *vt* incoronare; (*fig: career*) coronare; **crown jewels** *npl* gioielli *mpl* della Corona
crucial ['kru:ʃl] *adj* cruciale, decisivo(-a)
crucifix ['kru:sɪfɪks] *n* crocifisso
crude [kru:d] *adj* (*materials*) greggio(-a), non raffinato(-a); (*fig: basic*) crudo(-a), primitivo(-a); (: *vulgar*) rozzo(-a), grossolano(-a); **crude (oil)** *n* (petrolio) greggio
cruel ['kruəl] *adj* crudele; **cruelty** *n* crudeltà *f inv*
cruise [kru:z] *n* crociera ▸ *vi* andare a velocità di crociera; (*taxi*) circolare
crumb [krʌm] *n* briciola
crumble ['krʌmbl] *vt* sbriciolare ▸ *vi* sbriciolarsi; (*plaster etc*) sgretolarsi; (*land, earth*) franare; (*building, fig*) crollare
crumpet ['krʌmpɪt] *n specie di frittella*
crumple ['krʌmpl] *vt* raggrinzare, spiegazzare
crunch [krʌntʃ] *vt* sgranocchiare; (*underfoot*) scricchiolare ▸ *n* (*fig*) punto *or* momento cruciale; **crunchy** *adj* croccante
crush [krʌʃ] *n* folla; (*love*): **to have a ~ on sb** avere una cotta per qn; (*drink*): **lemon ~** spremuta di limone ▸ *vt* schiacciare; (*crumple*) sgualcire
crust [krʌst] *n* crosta; **crusty** *adj* (*bread*) croccante; (*person*) brontolone(-a); (*remark*) brusco(-a)
crutch [krʌtʃ] *n* gruccia
cry [kraɪ] *vi* piangere; (*shout*) urlare ▸ *n* urlo, grido ▹ **cry out** *vi, vt* gridare
crystal ['krɪstl] *n* cristallo
cub [kʌb] *n* cucciolo; (*also:* **~ scout**) lupetto
Cuba ['kju:bə] *n* Cuba
Cuban ['kju:bən] *adj, n* cubano(-a)
cube [kju:b] *n* cubo ▸ *vt* (*Math*) elevare al cubo; **cubic** *adj* cubico(-a); (*metre, foot*) cubo(-a)
cubicle ['kju:bɪkl] *n* scompartimento separato; cabina
cuckoo ['kuku:] *n* cucù *m inv*
cucumber ['kju:kʌmbəʳ] *n* cetriolo
cuddle ['kʌdl] *vt* abbracciare, coccolare ▸ *vi* abbracciarsi
cue [kju:] *n* (*snooker cue*) stecca; (*Theatre etc*) segnale *m*
cuff [kʌf] *n* (*BRIT: of shirt, coat etc*) polsino; (*US: of trousers*) risvolto; **off the ~** improvvisando; **cufflinks** *npl* gemelli *mpl*
cuisine [kwɪ'zi:n] *n* cucina
cul-de-sac ['kʌldəsæk] *n* vicolo cieco
cull [kʌl] *vt* (*ideas etc*) scegliere ▸ *n* (*of animals*) abbattimento selettivo
culminate ['kʌlmɪneɪt] *vi* **to ~ in** culminare con
culprit ['kʌlprɪt] *n* colpevole *m/f*
cult [kʌlt] *n* culto
cultivate ['kʌltɪveɪt] *vt* (*also fig*) coltivare
cultural ['kʌltʃərəl] *adj* culturale
culture ['kʌltʃəʳ] *n* (*also fig*) cultura
cumin ['kʌmɪn] *n* (*spice*) cumino
cunning ['kʌnɪŋ] *n* astuzia, furberia ▸ *adj* astuto(-a), furbo(-a)
cup [kʌp] *n* tazza; (*prize, of bra*) coppa
cupboard ['kʌbəd] *n* armadio
cup final *n* (*BRIT Football*) finale *f* di coppa
curator [kjuə'reɪtəʳ] *n* direttore *m* (*di museo ecc*)
curb [kə:b] *vt* tenere a freno ▸ *n* freno; (*US*) bordo del marciapiede
curdle ['kə:dl] *vi* cagliare
cure [kjuəʳ] *vt* guarire; (*Culin*) trattare; affumicare; essiccare ▸ *n* rimedio
curfew ['kə:fju:] *n* coprifuoco
curiosity [kjuərɪ'ɔsɪtɪ] *n* curiosità
curious ['kjuərɪəs] *adj* curioso(-a)
curl [kə:l] *n* riccio ▸ *vt* ondulare; (*tightly*) arricciare ▸ *vi* arricciarsi ▹ **curl up** *vi* rannicchiarsi; **curler** *n* bigodino; **curly** ['kə:lɪ] *adj* ricciuto(-a)

currant ['kʌrnt] *n* (*dried*) sultanina; (*bush, fruit*) ribes *m inv*
currency ['kʌrnsɪ] *n* moneta; **to gain ~** (*fig*) acquistare larga diffusione
current ['kʌrnt] *adj* corrente ▸ *n* corrente *f*; **current account** (*BRIT*) *n* conto corrente; **current affairs** *npl* attualità *fpl*; **currently** *adv* attualmente
curriculum [kə'rɪkjuləm] (*pl* **curriculums** *or* **curricula**) *n* curriculum *m inv*; **curriculum vitae** [-'vi:taɪ] *n* curriculum vitae *m inv*
curry ['kʌrɪ] *n* curry *m inv* ▸ *vt* **to ~ favour with** cercare di attirarsi i favori di; **curry powder** *n* curry *m*
curse [kə:s] *vt* maledire ▸ *vi* bestemmiare ▸ *n* maledizione *f*; bestemmia
cursor ['kə:sə[r]] *n* (*Comput*) cursore *m*
curt [kə:t] *adj* secco(-a)
curtain ['kə:tn] *n* tenda; (*Theatre*) sipario
curve [kə:v] *n* curva ▸ *vi* curvarsi; **curved** *adj* curvo(-a)
cushion ['kuʃən] *n* cuscino ▸ *vt* (*shock*) fare da cuscinetto a
custard ['kʌstəd] *n* (*for pouring*) crema
custody ['kʌstədɪ] *n* (*of child*) tutela; **to take into ~** (*suspect*) mettere in detenzione preventiva
custom ['kʌstəm] *n* costume *m*, consuetudine *f*; (*Comm*) clientela
customer ['kʌstəmə[r]] *n* cliente *m/f*
customized ['kʌstəmaɪzd] *adj* (*car etc*) fuoriserie *inv*
customs ['kʌstəmz] *npl* dogana; **customs officer** *n* doganiere *m*
cut [kʌt] (*pt, pp* **cut**) *vt* tagliare; (*shape, make*) intagliare; (*reduce*) ridurre ▸ *vi* tagliare ▸ *n* taglio; (*in salary etc*) riduzione *f*; **I've ~ myself** mi sono tagliato; **to ~ a tooth** mettere un dente ▹ **cut back** *vt* (*plants*) tagliare; (*production, expenditure*) ridurre ▹ **cut down** *vt* (*tree etc*) abbattere ▸ *vt fus* (*also:* **~ down on**) ridurre ▹ **cut off** *vt* tagliare; (*fig*) isolare ▹ **cut out** *vt* tagliare fuori; eliminare; ritagliare ▹ **cut up** *vt* tagliare a pezzi; **cutback** *n* riduzione *f*
cute [kju:t] *adj* (*sweet*) carino(-a)
cutlery ['kʌtlərɪ] *n* posate *fpl*
cutlet ['kʌtlɪt] *n* costoletta; (*nut etc cutlet*) cotoletta vegetariana
cut: **cut-price** (*BRIT*) *adj* a prezzo ridotto; **cut-rate** (*US*) *adj* = **cut-price**; **cutting** ['kʌtɪŋ] *adj* tagliente ▸ *n* (*from newspaper*) ritaglio (di giornale); (*from plant*) talea
CV *n abbr* = **curriculum vitae**
cwt *abbr* = **hundredweight(s)**
cybercafé ['saɪbəkaefeɪ] *n* cybercaffè *m inv*
cyberspace ['saɪbəspeɪs] *n* ciberspazio
cycle ['saɪkl] *n* ciclo; (*bicycle*) bicicletta ▸ *vi* andare in bicicletta; **cycle hire** *n* noleggio *m* biciclette *inv*; **cycle lane** *n* pista ciclabile; **cycle path** *n* pista ciclabile; **cycling** ['saɪklɪŋ] *n* ciclismo; **cyclist** ['saɪklɪst] *n* ciclista *m/f*
cyclone ['saɪkləun] *n* ciclone *m*
cylinder ['sɪlɪndə[r]] *n* cilindro
cymbal ['sɪmbl] *n* piatto
cynical ['sɪnɪkl] *adj* cinico(-a)
Cypriot ['sɪprɪət] *adj, n* cipriota (*m/f*)
Cyprus ['saɪprəs] *n* Cipro
cyst [sɪst] *n* cisti *f inv*; **cystitis** [sɪs'taɪtɪs] *n* cistite *f*
czar [zɑ:[r]] *n* zar *m inv*
Czech [tʃɛk] *adj* ceco(-a) ▸ *n* ceco(-a); (*Ling*) ceco; **Czech Republic** *n* **the Czech Republic** la Repubblica Ceca

d

D [diː] *n (Mus)* re *m*
dab [dæb] *vt (eyes, wound)* tamponare; *(paint, cream)* applicare (con leggeri colpetti)
dad, daddy [dæd, 'dædɪ] *n* babbo, papà *m inv*
daffodil ['dæfədɪl] *n* trombone *m*, giunchiglia
daft [dɑːft] *adj* sciocco(-a)
dagger ['dægəʳ] *n* pugnale *m*
daily ['deɪlɪ] *adj* quotidiano(-a), giornaliero(-a) ▶ *n* quotidiano ▶ *adv* tutti i giorni
dairy ['dɛərɪ] *n (BRIT: shop)* latteria; *(on farm)* caseificio ▶ *adj* caseario(-a); **dairy produce** *npl* latticini *mpl*
daisy ['deɪzɪ] *n* margherita
dam [dæm] *n* diga ▶ *vt* sbarrare; costruire dighe su
damage ['dæmɪdʒ] *n* danno, danni *mpl*; *(fig)* danno ▶ *vt* danneggiare; **~s** *npl (Law)* danni
damn [dæm] *vt* condannare; *(curse)* maledire ▶ *n (inf)*: **I don't give a ~** non me ne frega niente ▶ *adj (inf: also:* **~ed**): **this ~ ...** questo maledetto ...; **~ it!** accidenti!
damp [dæmp] *adj* umido(-a) ▶ *n* umidità, umido ▶ *vt (also:* **~en**: *cloth, rag)* inumidire, bagnare; *(: enthusiasm etc)* spegnere
dance [dɑːns] *n* danza, ballo; *(ball)* ballo ▶ *vi* ballare; **dance floor** *n* pista da ballo; **dancer** *n* danzatore(-trice); *(professional)* ballerino(-a); **dancing** ['dɑːnsɪŋ] *n* danza, ballo
dandelion ['dændɪlaɪən] *n* dente *m* di leone
dandruff ['dændrəf] *n* forfora
Dane [deɪn] *n* danese *m/f*
danger ['deɪndʒəʳ] *n* pericolo; **there is a ~ of fire** c'è pericolo di incendio; **in ~** in pericolo; **he was in ~ of falling** rischiava di cadere; **dangerous** *adj* pericoloso(-a)
dangle ['dæŋgl] *vt* dondolare; *(fig)* far balenare ▶ *vi* pendolare
Danish ['deɪnɪʃ] *adj* danese ▶ *n (Ling)* danese *m*
dare [dɛəʳ] *vt* **to ~ sb to do** sfidare qn a fare ▶ *vi* **to ~ to do sth** osare fare qc; **I ~ say** *(I suppose)* immagino (che); **daring** *adj* audace, ardito(-a) ▶ *n* audacia
dark [dɑːk] *adj (night, room)* buio(-a), scuro(-a); *(colour, complexion)* scuro(-a); *(fig)* cupo(-a), tetro(-a), nero(-a) ▶ *n* **in the ~** al buio; **in the ~ about** *(fig)* all'oscuro di; **after ~** a notte fatta; **darken** *vt (colour)* scurire ▶ *vi (sky, room)* oscurarsi; **darkness** *n* oscurità, buio; **darkroom** *n* camera oscura
darling ['dɑːlɪŋ] *adj* caro(-a) ▶ *n* tesoro
dart [dɑːt] *n* freccetta; *(Sewing)* pince *f inv* ▶ *vi* **to ~ towards** precipitarsi verso; **to ~ away/along** sfrecciare via/lungo; **dartboard** *n* bersaglio (per freccette); **darts** *n* tiro al bersaglio (con freccette)
dash [dæʃ] *n (sign)* lineetta; *(small quantity)* punta ▶ *vt (missile)* gettare; *(hopes)* infrangere ▶ *vi* **to ~ towards** precipitarsi verso
dashboard ['dæʃbɔːd] *n (Aut)* cruscotto
data ['deɪtə] *npl* dati *mpl*; **database** *n* base *f* di dati, data base *m inv*; **data processing** *n* elaborazione *f*

(elettronica) dei dati

date [deɪt] *n* data; appuntamento; (*fruit*) dattero ▸ *vt* datare; (*person*) uscire con; **what's the ~ today?** quanti ne abbiamo oggi?; **~ of birth** data di nascita; **to ~** (*until now*) fino a oggi; **dated** *adj* passato(-a) di moda

daughter ['dɔːtəʳ] *n* figlia; **daughter-in-law** *n* nuora

daunting ['dɔːntɪŋ] *adj* non invidiabile

dawn [dɔːn] *n* alba ▸ *vi* (*day*) spuntare; (*fig*): **it ~ed on him that ...** gli è venuto in mente che ...

day [deɪ] *n* giorno; (*as duration*) giornata; (*period of time, age*) tempo, epoca; **the ~ before** il giorno avanti *or* prima; **the ~ after, the following ~** il giorno dopo *or* seguente; **the ~ after tomorrow** dopodomani; **the ~ before yesterday** l'altroieri; **by ~** di giorno; **day-care centre** *n* scuola materna; **daydream** *vi* sognare a occhi aperti; **daylight** *n* luce *f* del giorno; **day return** (BRIT) *n* biglietto giornaliero di andata e ritorno; **daytime** *n* giorno; **day-to-day** *adj* (*life, organization*) quotidiano(-a); **day trip** *n* gita (di un giorno)

dazed [deɪzd] *adj* stordito(-a)

dazzle ['dæzl] *vt* abbagliare; **dazzling** *adj* (*light*) abbagliante; (*colour*) violento(-a); (*smile*) smagliante

DC *abbr* (= *direct current*) c.c.

dead [dɛd] *adj* morto(-a); (*numb*) intirizzito(-a); (*telephone*) muto(-a); (*battery*) scarico(-a) ▸ *adv* assolutamente ▸ *npl* **the ~** i morti; **he was shot ~** fu colpito a morte; **~ tired** stanco(-a) morto(-a); **to stop ~** fermarsi di colpo; **dead end** *n* vicolo cieco; **deadline** *n* scadenza; **deadly** *adj* mortale; (*weapon, poison*) micidiale; **Dead Sea** *n* **the Dead Sea** il mar Morto

deaf [dɛf] *adj* sordo(-a); **deafen** *vt* assordare; **deafening** *adj* fragoroso(-a), assordante

deal [diːl] (*pt, pp* **dealt**) *n* accordo; (*business deal*) affare *m* ▸ *vt* (*blow, cards*) dare; **a great ~ (of)** molto(-a) ▷ **deal with** *vt fus* (*Comm*) fare affari con, trattare con; (*handle*) occuparsi di; (*be about: book etc*) trattare di; **dealer** *n* commerciante *m/f*; **dealings** *npl* (*Comm*) relazioni *fpl*; (*relations*) rapporti *mpl*

dealt [dɛlt] *pt, pp of* **deal**

dean [diːn] *n* (*Rel*) decano; (*Scol*) preside *m* di facoltà (*or* di collegio)

dear [dɪəʳ] *adj* caro(-a) ▸ *n* **my ~** caro mio/cara mia ▸ *excl* **~ me!** Dio mio!; **D~ Sir/Madam** (*in letter*) Egregio Signore/Egregia Signora; **D~ Mr/Mrs X** Gentile Signor/Signora X; **dearly** *adv* (*love*) moltissimo; (*pay*) a caro prezzo

death [dɛθ] *n* morte *f*; (*Admin*) decesso; **death penalty** *n* pena di morte; **death sentence** *n* condanna a morte

debate [dɪ'beɪt] *n* dibattito ▸ *vt* dibattere; discutere

debit ['dɛbɪt] *n* debito ▸ *vt* **to ~ a sum to sb** addebitare una somma a qn; **debit card** *n* carta di debito

debris ['dɛbriː] *n* detriti *mpl*

debt [dɛt] *n* debito; **to be in ~** essere indebitato(-a)

debug [diː'bʌg] *vt* (*Comput*) localizzare e rimuovere errori in

debut ['deɪbjuː] *n* debutto

Dec. *abbr* (= *December*) dic.

decade ['dɛkeɪd] *n* decennio

decaffeinated [dɪ'kæfɪneɪtɪd] *adj* decaffeinato(-a)

decay [dɪ'keɪ] *n* decadimento; (*also*: **tooth ~**) carie *f* ▸ *vi* (*rot*) imputridire

deceased [dɪ'siːst] *n* defunto(-a)

deceit [dɪ'siːt] *n* inganno; **deceive** [dɪ'siːv] *vt* ingannare

December [dɪ'sɛmbəʳ] *n* dicembre *m*
decency ['di:sənsɪ] *n* decenza
decent ['di:sənt] *adj* decente; (*respectable*) per bene; (*kind*) gentile
deception [dɪ'sɛpʃən] *n* inganno
deceptive [dɪ'sɛptɪv] *adj* ingannevole
decide [dɪ'saɪd] *vt* (*person*) far prendere una decisione a; (*question, argument*) risolvere, decidere ▸ *vi* decidere, decidersi; **to ~ to do/that** decidere di fare/che; **to ~ on** decidere per
decimal ['dɛsɪməl] *adj* decimale ▸ *n* decimale *m*
decision [dɪ'sɪʒən] *n* decisione *f*
decisive [dɪ'saɪsɪv] *adj* decisivo(-a); (*person*) deciso(-a)
deck [dɛk] *n* (*Naut*) ponte *m*; (*of bus*): **top ~** imperiale *m*; (*record deck*) piatto; (*of cards*) mazzo; **deckchair** *n* sedia a sdraio
declaration [dɛklə'reɪʃən] *n* dichiarazione *f*
declare [dɪ'klɛəʳ] *vt* dichiarare
decline [dɪ'klaɪn] *n* (*decay*) declino; (*lessening*) ribasso ▸ *vt* declinare; rifiutare ▸ *vi* declinare; diminuire
decorate ['dɛkəreɪt] *vt* (*adorn, give a medal to*) decorare; (*paint and paper*) tinteggiare e tappezzare; **decoration** [-'reɪʃən] *n* (*medal etc, adornment*) decorazione *f*; **decorator** *n* decoratore *m*
decrease [*n* 'di:kri:s, *vb* di:'kri:s] *n* diminuzione *f* ▸ *vt, vi* diminuire
decree [dɪ'kri:] *n* decreto
dedicate ['dɛdɪkeɪt] *vt* consacrare; (*book etc*) dedicare; **dedicated** *adj* coscienzioso(-a); (*Comput*) specializzato(-a), dedicato(-a); **dedication** [dɛdɪ'keɪʃən] *n* (*devotion*) dedizione *f*; (*in book etc*) dedica
deduce [dɪ'dju:s] *vt* dedurre
deduct [dɪ'dʌkt] *vt* **to ~ sth from** dedurre qc (da); **deduction** [dɪ'dʌkʃən] *n* deduzione *f*
deed [di:d] *n* azione *f*, atto; (*Law*) atto
deem [di:m] *vt* (*formal*) giudicare, ritenere; **to ~ it wise to do** ritenere prudente fare
deep [di:p] *adj* profondo(-a); **4 metres ~** profondo(-a) 4 metri ▸ *adv* **spectators stood 20 ~** c'erano 20 file di spettatori; **how ~ is the water?** quanto è profonda l'acqua?; **deep-fry** *vt* friggere in olio abbondante; **deeply** *adv* profondamente
deer [dɪəʳ] *n inv* **the ~** i cervidi; **(red) ~** cervo; **(fallow) ~** daino; **roe ~** capriolo
default [dɪ'fɔ:lt] *n* (*Comput: also:* **~ value**) default *m inv*; **by ~** (*Sport*) per abbandono
defeat [dɪ'fi:t] *n* sconfitta ▸ *vt* (*team, opponents*) sconfiggere
defect [*n* 'di:fɛkt, *vb* dɪ'fɛkt] *n* difetto ▸ *vi* **to ~ to the enemy** passare al nemico; **defective** [dɪ'fɛktɪv] *adj* difettoso(-a)
defence [dɪ'fɛns] (*US* **defense**) *n* difesa
defend [dɪ'fɛnd] *vt* difendere; **defendant** *n* imputato(-a); **defender** *n* difensore(-a)
defense [dɪ'fɛns] (*US*) *n* = **defence**
defensive [dɪ'fɛnsɪv] *adj* difensivo(-a) ▸ *n* **on the ~** sulla difensiva
defer [dɪ'fəːʳ] *vt* (*postpone*) differire, rinviare
defiance [dɪ'faɪəns] *n* sfida; **in ~ of** a dispetto di; **defiant** [dɪ'faɪənt] *adj* (*attitude*) di sfida; (*person*) ribelle
deficiency [dɪ'fɪʃənsɪ] *n* deficienza; carenza; **deficient** *adj* deficiente; insufficiente; **to be deficient in** mancare di
deficit ['dɛfɪsɪt] *n* deficit *m inv*
define [dɪ'faɪn] *vt* definire
definite ['dɛfɪnɪt] *adj* (*fixed*) definito(-a), preciso(-a); (*clear, obvious*) ben definito(-a), esatto(-a); (*Ling*) determinativo(-a); **he was ~**

about it ne era sicuro; **definitely** *adv* indubbiamente

definition [dɛfɪˈnɪʃən] *n* definizione *f*

deflate [diːˈfleɪt] *vt* sgonfiare

deflect [dɪˈflɛkt] *vt* deflettere, deviare

defraud [dɪˈfrɔːd] *vt* defraudare

defrost [diːˈfrɔst] *vt* (*fridge*) disgelare

defuse [diːˈfjuːz] *vt* disinnescare; (*fig*) distendere

defy [dɪˈfaɪ] *vt* sfidare; (*efforts etc*) resistere a; **it defies description** supera ogni descrizione

degree [dɪˈgriː] *n* grado; (*Scol*) laurea (universitaria); **a first ~ in maths** una laurea in matematica; **by ~s** (*gradually*) gradualmente, a poco a poco; **to some ~** fino a un certo punto, in certa misura

dehydrated [diːhaɪˈdreɪtɪd] *adj* disidratato(-a); (*milk, eggs*) in polvere

de-icer [ˈdiːaɪsəʳ] *n* sbrinatore *m*

delay [dɪˈleɪ] *vt* ritardare ▶ *vi* **to ~ (in doing sth)** ritardare (a fare qc) ▶ *n* ritardo; **to be ~ed** subire un ritardo; (*person*) essere trattenuto(-a)

delegate [*n* ˈdɛlɪgɪt, *vb* ˈdɛlɪgeɪt] *n* delegato(-a) ▶ *vt* delegare

delete [dɪˈliːt] *vt* cancellare

deli [ˈdɛlɪ] *n* = **delicatessen**

deliberate [*adj* dɪˈlɪbərɪt, *vb* dɪˈlɪbəreɪt] *adj* (*intentional*) intenzionale; (*slow*) misurato(-a) ▶ *vi* deliberare, riflettere; **deliberately** *adv* (*on purpose*) deliberatamente

delicacy [ˈdɛlɪkəsɪ] *n* delicatezza

delicate [ˈdɛlɪkɪt] *adj* delicato(-a)

delicatessen [dɛlɪkəˈtɛsn] *n* ≈ salumeria

delicious [dɪˈlɪʃəs] *adj* delizioso(-a), squisito(-a)

delight [dɪˈlaɪt] *n* delizia, gran piacere *m* ▶ *vt* dilettare; **to take (a) ~ in** dilettarsi in; **delighted** *adj* **delighted (at** *or* **with)** contentissimo(-a) (di), felice (di); **delighted to do** felice di fare; **delightful** *adj* delizioso(-a), incantevole

delinquent [dɪˈlɪŋkwənt] *adj, n* delinquente *m/f*

deliver [dɪˈlɪvəʳ] *vt* (*mail*) distribuire; (*goods*) consegnare; (*speech*) pronunciare; (*Med*) far partorire; **delivery** *n* distribuzione *f*; consegna; (*of speaker*) dizione *f*; (*Med*) parto

delusion [dɪˈluːʒən] *n* illusione *f*

de luxe [dəˈlʌks] *adj* di lusso

delve [dɛlv] *vi* **to ~ into** frugare in; (*subject*) far ricerche in

demand [dɪˈmɑːnd] *vt* richiedere; (*rights*) rivendicare ▶ *n* domanda; (*claim*) rivendicazione *f*; **in ~** ricercato(-a), richiesto(-a); **on ~** a richiesta; **demanding** *adj* (*boss*) esigente; (*work*) impegnativo(-a)

demise [dɪˈmaɪz] *n* decesso

demo [ˈdɛməu] (*inf*) *n abbr* (= *demonstration*) manifestazione *f*

democracy [dɪˈmɔkrəsɪ] *n* democrazia; **democrat** [ˈdɛməkræt] *n* democratico(-a); **democratic** [dɛməˈkrætɪk] *adj* democratico(-a)

demolish [dɪˈmɔlɪʃ] *vt* demolire

demolition [dɛməˈlɪʃən] *n* demolizione *f*

demon [ˈdiːmən] *n* (*also fig*) demonio ▶ *cpd* **a ~ squash player** un mago dello squash; **a ~ driver** un guidatore folle

demonstrate [ˈdɛmənstreɪt] *vt* dimostrare, provare ▶ *vi* dimostrare, manifestare; **demonstration** [-ˈstreɪʃən] *n* dimostrazione *f*; (*Pol*) dimostrazione, manifestazione *f*; **demonstrator** *n* (*Pol*) dimostrante *m/f*; (*Comm*) dimostratore(-trice)

demote [dɪˈməut] *vt* far retrocedere

den [dɛn] *n* tana, covo; (*room*) buco

denial [dɪˈnaɪəl] *n* diniego; rifiuto

denim [ˈdɛnɪm] *n* tessuto di cotone ritorto; **~s** *npl* (*jeans*) blue jeans *mpl*

Denmark [ˈdɛnmɑːk] *n* Danimarca

denomination [dɪnɔmɪ'neɪʃən] *n* (*money*) valore *m*; (*Rel*) confessione *f*

denounce [dɪ'nauns] *vt* denunciare

dense [dɛns] *adj* fitto(-a); (*smoke*) denso(-a); (*inf: person*) ottuso(-a), duro(-a)

density ['dɛnsɪtɪ] *n* densità *f inv*

dent [dɛnt] *n* ammaccatura ▸ *vt* (*also:* **make a ~ in**) ammaccare

dental ['dɛntl] *adj* dentale; **dental floss** [-flɔs] *n* filo interdentale; **dental surgery** *n* ambulatorio del dentista

dentist ['dɛntɪst] *n* dentista *m/f*

dentures ['dɛntʃəz] *npl* dentiera

deny [dɪ'naɪ] *vt* negare; (*refuse*) rifiutare

deodorant [di:'əudərənt] *n* deodorante *m*

depart [dɪ'pɑ:t] *vi* partire; **to ~ from** (*fig*) deviare da

department [dɪ'pɑ:tmənt] *n* (*Comm*) reparto; (*Scol*) sezione *f*, dipartimento; (*Pol*) ministero; **department store** *n* grande magazzino

departure [dɪ'pɑ:tʃə[r]] *n* partenza; (*fig*): **~ from** deviazione *f* da; **a new ~** una svolta (decisiva); **departure lounge** *n* (*at airport*) sala d'attesa

depend [dɪ'pɛnd] *vi* **to ~ on** dipendere da; (*rely on*) contare su; **it ~s** dipende; **~ing on the result ...** a seconda del risultato ...; **dependant** *n* persona a carico; **dependent** *adj* **to be dependent on** dipendere da; (*child, relative*) essere a carico di ▸ *n* = **dependant**

depict [dɪ'pɪkt] *vt* (*in picture*) dipingere; (*in words*) descrivere

deport [dɪ'pɔ:t] *vt* deportare; espellere

deposit [dɪ'pɔzɪt] *n* (*Comm, Geo*) deposito; (*of ore, oil*) giacimento; (*Chem*) sedimento; (*part payment*) acconto; (*for hired goods etc*) cauzione *f* ▸ *vt* depositare; dare in acconto; mettere *or* lasciare in deposito; **deposit account** *n* conto vincolato

depot ['dɛpəu] *n* deposito; (*US*) stazione *f* ferroviaria

depreciate [dɪ'pri:ʃɪeɪt] *vi* svalutarsi

depress [dɪ'prɛs] *vt* deprimere; (*price, wages*) abbassare; (*press down*) premere; **depressed** *adj* (*person*) depresso(-a), abbattuto(-a); (*price*) in ribasso; (*industry*) in crisi; **depressing** *adj* deprimente; **depression** [dɪ'prɛʃən] *n* depressione *f*

deprive [dɪ'praɪv] *vt* **to ~ sb of** privare qn di; **deprived** *adj* disgraziato(-a)

dept. *abbr* = **department**

depth [dɛpθ] *n* profondità *f inv*; **in the ~s of** nel profondo di; nel cuore di; **out of one's ~** (*in water*) dove non si tocca; (*fig*) a disagio

deputy ['dɛpjutɪ] *adj* **~ head** (*BRIT Scol*) vicepreside *m/f* ▸ *n* (*assistant*) vice *m/f inv*; (*US: also:* **~ sheriff**) vice-sceriffo

derail [dɪ'reɪl] *vt* **to be ~ed** deragliare

derelict ['dɛrɪlɪkt] *adj* abbandonato(-a)

derive [dɪ'raɪv] *vt* **to ~ sth from** derivare qc da; trarre qc da ▸ *vi* **to ~ from** derivare da

descend [dɪ'sɛnd] *vt, vi* discendere, scendere; **to ~ from** discendere da; **to ~ to** (*lying, begging*) abbassarsi a; **descendant** *n* discendente *m/f*; **descent** [dɪ'sɛnt] *n* discesa; (*origin*) discendenza, famiglia

describe [dɪs'kraɪb] *vt* descrivere; **description** [-'krɪpʃən] *n* descrizione *f*; (*sort*) genere *m*, specie *f*

desert [*n* 'dɛzət, *vb* dɪ'zə:t] *n* deserto ▸ *vt* lasciare, abbandonare ▸ *vi* (*Mil*) disertare; **deserted** [dɪ'zə:tɪd] *adj* deserto(-a)

deserve [dɪ'zə:v] *vt* meritare

design [dɪ'zaɪn] *n* (*art, sketch*) disegno; (*layout, shape*) linea; (*pattern*) fantasia;

(*intention*) intenzione *f* ▶ *vt* disegnare; progettare
designate [*vb* 'dɛzɪgneɪt, *adj* 'dɛzɪgnɪt] *vt* designare ▶ *adj* designato(-a)
designer [dɪ'zaɪnəʳ] *n* (*Art, Tech*) disegnatore(-trice); (*of fashion*) modellista *m/f*
desirable [dɪ'zaɪərəbl] *adj* desiderabile; **it is ~ that** è opportuno che + *sub*
desire [dɪ'zaɪəʳ] *n* desiderio, voglia ▶ *vt* desiderare, volere
desk [dɛsk] *n* (*in office*) scrivania; (*for pupil*) banco; (*BRIT: in shop, restaurant*) cassa; (*in hotel*) ricevimento; (*at airport*) accettazione *f*; **desk-top publishing** *n* desktop publishing *m*
despair [dɪs'pɛəʳ] *n* disperazione *f* ▶ *vi* **to ~ of** disperare di
despatch [dɪs'pætʃ] *n, vt* = **dispatch**
desperate ['dɛspərɪt] *adj* disperato(-a); (*fugitive*) capace di tutto; **to be ~ for sth/to do** volere disperatamente qc/fare; **desperately** *adv* disperatamente; (*very*) terribilmente, estremamente; **desperation** [dɛspə'reɪʃən] *n* disperazione *f*
despise [dɪs'paɪz] *vt* disprezzare, sdegnare
despite [dɪs'paɪt] *prep* malgrado, a dispetto di, nonostante
dessert [dɪ'zə:t] *n* dolce *m*; frutta; **dessertspoon** *n* cucchiaio da dolci
destination [dɛstɪ'neɪʃən] *n* destinazione *f*
destined ['dɛstɪnd] *adj* **to be ~ to do/for** essere destinato(-a) a fare/per
destiny ['dɛstɪnɪ] *n* destino
destroy [dɪs'trɔɪ] *vt* distruggere
destruction [dɪs'trʌkʃən] *n* distruzione *f*
destructive [dɪs'trʌktɪv] *adj* distruttivo(-a)
detach [dɪ'tætʃ] *vt* staccare, distaccare; **detached** *adj* (*attitude*) distante; **detached house** *n* villa
detail ['di:teɪl] *n* particolare *m*, dettaglio ▶ *vt* dettagliare, particolareggiare; **in ~** nei particolari; **detailed** *adj* particolareggiato(-a)
detain [dɪ'teɪn] *vt* trattenere; (*in captivity*) detenere
detect [dɪ'tɛkt] *vt* scoprire, scorgere; (*Med, Police, Radar etc*) individuare; **detection** [dɪ'tɛkʃən] *n* scoperta; individuazione *f*; **detective** *n* investigatore(-trice); **detective story** *n* giallo
detention [dɪ'tɛnʃən] *n* detenzione *f*; (*Scol*) *permanenza forzata per punizione*
deter [dɪ'tə:ʳ] *vt* dissuadere
detergent [dɪ'tə:dʒənt] *n* detersivo
deteriorate [dɪ'tɪərɪəreɪt] *vi* deteriorarsi
determination [dɪtə:mɪ'neɪʃən] *n* determinazione *f*
determine [dɪ'tə:mɪn] *vt* determinare; **determined** *adj* (*person*) risoluto(-a), deciso(-a); **determined to do** deciso(-a) a fare
deterrent [dɪ'tɛrənt] *n* deterrente *m*; **to act as a ~** fungere da deterrente
detest [dɪ'tɛst] *vt* detestare
detour ['di:tuəʳ] *n* deviazione *f*
detract [dɪ'trækt] *vi* **to ~ from** detrarre da
detrimental [dɛtrɪ'mɛntl] *adj* **~ to** dannoso(-a) a, nocivo(-a) a
devastating ['dɛvəsteɪtɪŋ] *adj* devastatore(-trice), sconvolgente
develop [dɪ'vɛləp] *vt* sviluppare; (*habit*) prendere (gradualmente) ▶ *vi* svilupparsi; (*facts, symptoms: appear*) manifestarsi, rivelarsi; **can you ~ this film?** può sviluppare questo rullino?; **developing country** *n* paese *m* in via di sviluppo; **development** *n* sviluppo
device [dɪ'vaɪs] *n* (*apparatus*) congegno

devil ['dɛvl] *n* diavolo; demonio
devious ['di:vɪəs] *adj* (*person*) subdolo(-a)
devise [dɪ'vaɪz] *vt* escogitare, concepire
devote [dɪ'vəut] *vt* **to ~ sth to** dedicare qc a; **devoted** *adj* devoto(-a); **to be devoted to sb** essere molto affezionato(-a) a qn; **devotion** [dɪ'vəuʃən] *n* devozione *f*, attaccamento; (*Rel*) atto di devozione, preghiera
devour [dɪ'vauə^r] *vt* divorare
devout [dɪ'vaut] *adj* pio(-a), devoto(-a)
dew [dju:] *n* rugiada
diabetes [daɪə'bi:ti:z] *n* diabete *m*
diabetic [daɪə'bɛtɪk] *adj, n* diabetico(-a)
diagnose [daɪəg'nəuz] *vt* diagnosticare
diagnosis [daɪəg'nəusɪs] (*pl* **diagnoses**) *n* diagnosi *f inv*
diagonal [daɪ'ægənl] *adj* diagonale ▸ *n* diagonale *f*
diagram ['daɪəgræm] *n* diagramma *m*
dial ['daɪəl] *n* quadrante *m*; (*on radio*) lancetta; (*on telephone*) disco combinatore ▸ *vt* (*number*) fare
dialect ['daɪəlɛkt] *n* dialetto
dialling code (*US* **area code**) *n* prefisso; **what's the ~ for Paris?** qual è il prefisso telefonico di Parigi?
dialling tone (*US* **dial tone**) *n* segnale *m* di linea libera
dialogue ['daɪəlɔg] (*US* **dialog**) *n* dialogo
diameter [daɪ'æmɪtə^r] *n* diametro
diamond ['daɪəmənd] *n* diamante *m*; (*shape*) rombo; **~s** *npl* (*Cards*) quadri *mpl*
diaper ['daɪəpə^r] (*US*) *n* pannolino
diarrhoea [daɪə'ri:ə] (*US* **diarrhea**) *n* diarrea
diary ['daɪərɪ] *n* (*daily account*) diario; (*book*) agenda
dice [daɪs] *n inv* dado ▸ *vt* (*Culin*) tagliare a dadini
dictate [dɪk'teɪt] *vt* dettare; **dictation** [dɪk'teɪʃən] *n* dettatura; (*Scol*) dettato
dictator [dɪk'teɪtə^r] *n* dittatore *m*
dictionary ['dɪkʃənrɪ] *n* dizionario
did [dɪd] *pt of* **do**
didn't [dɪdnt] = **did not**
die [daɪ] *vi* morire; **to be dying for sth/to do sth** morire dalla voglia di qc/di fare qc ▹ **die down** *vi* abbassarsi ▹ **die out** *vi* estinguersi
diesel ['di:zəl] *n* (*vehicle*) diesel *m inv*
diet ['daɪət] *n* alimentazione *f*; (*restricted food*) dieta ▸ *vi* (*also*: **be on a ~**) stare a dieta
differ ['dɪfə^r] *vi* **to ~ from sth** differire da qc, essere diverso(-a) da qc; **to ~ from sb over sth** essere in disaccordo con qn su qc; **difference** *n* differenza; (*disagreement*) screzio; **different** *adj* diverso(-a); **differentiate** [-'rɛnʃɪeɪt] *vi* **to differentiate between** discriminare *or* fare differenza fra; **differently** *adv* diversamente
difficult ['dɪfɪkəlt] *adj* difficile; **difficulty** *n* difficoltà *f inv*
dig [dɪg] (*pt, pp* **dug**) *vt* (*hole*) scavare; (*garden*) vangare ▸ *n* (*prod*) gomitata; (*archaeological*) scavo; (*fig*) frecciata ▹ **dig up** *vt* (*tree etc*) sradicare; (*information*) scavare fuori
digest [*vb* daɪ'dʒɛst, *n* 'daɪdʒɛst] *vt* digerire ▸ *n* compendio; **digestion** [dɪ'dʒɛstʃən] *n* digestione *f*
digit ['dɪdʒɪt] *n* cifra; (*finger*) dito; **digital** *adj* digitale; **digital camera** *n* macchina fotografica digitale; **digital TV** *n* televisione *f* digitale
dignified ['dɪgnɪfaɪd] *adj* dignitoso(-a)
dignity ['dɪgnɪtɪ] *n* dignità
digs [dɪgz] (*BRIT*: *inf*) *npl* camera ammobiliata

d

dilemma [daɪ'lɛmə] *n* dilemma *m*
dill [dɪl] *n* aneto
dilute [daɪ'lu:t] *vt* diluire; (*with water*) annacquare
dim [dɪm] *adj* (*light*) debole; (*shape etc*) vago(-a); (*room*) in penombra; (*inf: person*) tonto(-a) ▶ *vt* (*light*) abbassare
dime [daɪm] (*US*) *n* = 10 cents
dimension [daɪ'mɛnʃən] *n* dimensione *f*
diminish [dɪ'mɪnɪʃ] *vt*, *vi* diminuire
din [dɪn] *n* chiasso, fracasso
dine [daɪn] *vi* pranzare; **diner** *n* (*person*) cliente *m/f*; (*US: place*) tavola calda
dinghy ['dɪŋgɪ] *n* battello pneumatico; (*also:* **rubber ~**) gommone *m*
dingy ['dɪndʒɪ] *adj* grigio(-a)
dining car ['daɪnɪŋ-] (*BRIT*) *n* vagone *m* ristorante
dining room *n* sala da pranzo
dining table *n* tavolo da pranzo
dinner ['dɪnə^r] *n* (*lunch*) pranzo; (*evening meal*) cena; (*public*) banchetto; **dinner jacket** *n* smoking *m inv*; **dinner party** *n* cena; **dinner time** *n* ora di pranzo (*or* cena)
dinosaur ['daɪnəsɔ:^r] *n* dinosauro
dip [dɪp] *n* discesa; (*in sea*) bagno; (*Culin*) salsetta ▶ *vt* immergere; bagnare; (*BRIT Aut: lights*) abbassare ▶ *vi* abbassarsi
diploma [dɪ'pləumə] *n* diploma *m*
diplomacy [dɪ'pləuməsɪ] *n* diplomazia
diplomat ['dɪpləmæt] *n* diplomatico; **diplomatic** [dɪplə'mætɪk] *adj* diplomatico(-a)
dipstick ['dɪpstɪk] *n* (*Aut*) indicatore *m* di livello dell'olio
dire [daɪə^r] *adj* terribile; estremo(-a)
direct [daɪ'rɛkt] *adj* diretto(-a) ▶ *vt* dirigere; (*order*): **to ~ sb to do sth** dare direttive a qn di fare qc ▶ *adv* direttamente; **can you ~ me to ...?** mi può indicare la strada per ...?; **direct debit** *n* (*Banking*) addebito effettuato per ordine di un cliente di banca
direction [dɪ'rɛkʃən] *n* direzione *f*; **~s** *npl* (*advice*) chiarimenti *mpl*; **sense of ~** senso dell'orientamento; **~s for use** istruzioni *fpl*
directly [dɪ'rɛktlɪ] *adv* (*in straight line*) direttamente; (*at once*) subito
director [dɪ'rɛktə^r] *n* direttore(-trice), amministratore(-trice); (*Theatre, Cinema*) regista *m/f*
directory [dɪ'rɛktərɪ] *n* elenco; **directory enquiries** (*US* **directory assistance**) *n* informazioni *fpl* elenco abbonati *inv*
dirt [də:t] *n* sporcizia; immondizia; (*earth*) terra; **dirty** *adj* sporco(-a) ▶ *vt* sporcare
disability [dɪsə'bɪlɪtɪ] *n* invalidità *f inv*; (*Law*) incapacità *f inv*
disabled [dɪs'eɪbld] *adj* invalido(-a); (*mentally*) ritardato(-a) ▶ *npl* **the ~** gli invalidi
disadvantage [dɪsəd'vɑ:ntɪdʒ] *n* svantaggio
disagree [dɪsə'gri:] *vi* (*differ*) discordare; (*be against, think otherwise*): **to ~ (with)** essere in disaccordo (con), dissentire (da); **disagreeable** *adj* sgradevole; (*person*) antipatico(-a); **disagreement** *n* disaccordo; (*argument*) dissapore *m*
disappear [dɪsə'pɪə^r] *vi* scomparire; **disappearance** *n* scomparsa
disappoint [dɪsə'pɔɪnt] *vt* deludere; **disappointed** *adj* deluso(-a); **disappointing** *adj* deludente; **disappointment** *n* delusione *f*
disapproval [dɪsə'pru:vəl] *n* disapprovazione *f*
disapprove [dɪsə'pru:v] *vi* **to ~ of** disapprovare
disarm [dɪs'ɑ:m] *vt* disarmare; **disarmament** *n* disarmo

disaster [dɪ'zɑ:stə^r] *n* disastro; **disastrous** [dɪ'zɑ:strəs] *adj* disastroso(-a)
disbelief ['dɪsbə'li:f] *n* incredulità
disc [dɪsk] *n* disco; (*Comput*) = **disk**
discard [dɪs'kɑ:d] *vt* (*old things*) scartare; (*fig*) abbandonare
discharge [*vb* dɪs'tʃɑ:dʒ, *n* 'dɪstʃɑ:dʒ] *vt* (*duties*) compiere; (*Elec, waste etc*) scaricare; (*Med*) emettere; (*patient*) dimettere; (*employee*) licenziare; (*soldier*) congedare; (*defendant*) liberare ▸ *n* (*Elec*) scarica; (*Med*) emissione *f*; (*dismissal*) licenziamento; congedo; liberazione *f*
discipline ['dɪsɪplɪn] *n* disciplina ▸ *vt* disciplinare; (*punish*) punire
disc jockey *n* disc jockey *m inv*
disclose [dɪs'kləuz] *vt* rivelare, svelare
disco ['dɪskəu] *n abbr* discoteca
discoloured [dɪs'kʌləd] (*US* **discolored**) *adj* scolorito(-a), ingiallito(-a)
discomfort [dɪs'kʌmfət] *n* disagio; (*lack of comfort*) scomodità *f inv*
disconnect [dɪskə'nɛkt] *vt* sconnettere, staccare; (*Elec, Radio*) staccare; (*gas, water*) chiudere
discontent [dɪskən'tɛnt] *n* scontentezza
discontinue [dɪskən'tɪnju:] *vt* smettere, cessare; **"~d"** (*Comm*) "fuori produzione"
discount [*n* 'dɪskaunt, *vb* dɪs'kaunt] *n* sconto ▸ *vt* scontare; (*idea*) non badare a; **are there ~s for students?** ci sono sconti per studenti?
discourage [dɪs'kʌrɪdʒ] *vt* scoraggiare
discover [dɪs'kʌvə^r] *vt* scoprire; **discovery** *n* scoperta
discredit [dɪs'krɛdɪt] *vt* screditare; mettere in dubbio
discreet [dɪ'skri:t] *adj* discreto(-a)
discrepancy [dɪ'skrɛpənsɪ] *n* discrepanza
discretion [dɪ'skrɛʃən] *n* discrezione *f*; **use your own ~** giudichi lei
discriminate [dɪ'skrɪmɪneɪt] *vi* **to ~ between** distinguere tra; **to ~ against** discriminare contro; **discrimination** [-'neɪʃən] *n* discriminazione *f*; (*judgment*) discernimento
discuss [dɪ'skʌs] *vt* discutere; (*debate*) dibattere; **discussion** [dɪ'skʌʃən] *n* discussione *f*
disease [dɪ'zi:z] *n* malattia
disembark [dɪsɪm'bɑ:k] *vt, vi* sbarcare
disgrace [dɪs'greɪs] *n* vergogna; (*disfavour*) disgrazia ▸ *vt* disonorare, far cadere in disgrazia; **disgraceful** *adj* scandaloso(-a), vergognoso(-a)
disgruntled [dɪs'grʌntld] *adj* scontento(-a), di cattivo umore
disguise [dɪs'gaɪz] *n* travestimento ▸ *vt* **to ~ (as)** travestire (da); **in ~** travestito(-a)
disgust [dɪs'gʌst] *n* disgusto, nausea ▸ *vt* disgustare, far schifo a; **disgusted** [dɪs'gʌstɪd] *adj* indignato(-a); **disgusting** [dɪs'gʌstɪŋ] *adj* disgustoso(-a), ripugnante
dish [dɪʃ] *n* piatto; **to do** *or* **wash the ~es** fare i piatti; **dishcloth** *n* strofinaccio
dishonest [dɪs'ɔnɪst] *adj* disonesto(-a)
dishtowel ['dɪʃtauəl] (*US*) *n* strofinaccio dei piatti
dishwasher ['dɪʃwɔʃə^r] *n* lavastoviglie *f inv*
disillusion [dɪsɪ'lu:ʒən] *vt* disilludere, disingannare
disinfectant [dɪsɪn'fɛktənt] *n* disinfettante *m*
disintegrate [dɪs'ɪntɪgreɪt] *vi* disintegrarsi
disk [dɪsk] *n* (*Comput*) disco; **single-/double-sided ~** disco a facciata

singola/doppia; **disk drive** *n* lettore *m*; **diskette** (*US*) *n* = **disk**
dislike [dɪs'laɪk] *n* antipatia, avversione *f*; (*gen pl*) cosa che non piace ▸ *vt* **he ~s it** non gli piace
dislocate ['dɪsləkeɪt] *vt* slogare
disloyal [dɪs'lɔɪəl] *adj* sleale
dismal ['dɪzml] *adj* triste, cupo(-a)
dismantle [dɪs'mæntl] *vt* (*machine*) smontare
dismay [dɪs'meɪ] *n* costernazione *f* ▸ *vt* sgomentare
dismiss [dɪs'mɪs] *vt* congedare; (*employee*) licenziare; (*idea*) scacciare; (*Law*) respingere; **dismissal** *n* congedo; licenziamento
disobedient [dɪsə'bi:dɪənt] *adj* disubbidiente
disobey [dɪsə'beɪ] *vt* disubbidire a
disorder [dɪs'ɔ:də^r] *n* disordine *m*; (*rioting*) tumulto; (*Med*) disturbo
disorganized [dɪs'ɔ:gənaɪzd] *adj* (*person, life*) disorganizzato(-a); (*system, meeting*) male organizzato(-a)
disown [dɪs'əun] *vt* rinnegare
dispatch [dɪs'pætʃ] *vt* spedire, inviare ▸ *n* spedizione *f*, invio; (*Mil, Press*) dispaccio
dispel [dɪs'pɛl] *vt* dissipare, scacciare
dispense [dɪs'pɛns] *vt* distribuire, amministrare ▹ **dispense with** *vt fus* fare a meno di; **dispenser** *n* (*container*) distributore *m*
disperse [dɪs'pə:s] *vt* disperdere; (*knowledge*) disseminare ▸ *vi* disperdersi
display [dɪs'pleɪ] *n* esposizione *f*; (*of feeling etc*) manifestazione *f*; (*screen*) schermo ▸ *vt* mostrare; (*goods*) esporre; (*pej*) ostentare
displease [dɪs'pli:z] *vt* dispiacere a, scontentare; **~d with** scontento di
disposable [dɪs'pəuzəbl] *adj* (*pack etc*) a perdere; (*income*) disponibile
disposal [dɪs'pəuzl] *n* eliminazione *f*; (*of property*) cessione *f*; **at one's ~** alla sua disposizione
dispose [dɪs'pəuz] *vi* **~ of** sbarazzarsi di; **disposition** [-'zɪʃən] *n* disposizione *f*; (*temperament*) carattere *m*
disproportionate [dɪsprə'pɔ:ʃənət] *adj* sproporzionato(-a)
dispute [dɪs'pju:t] *n* disputa; (*also*: **industrial ~**) controversia (sindacale) ▸ *vt* contestare; (*matter*) discutere; (*victory*) disputare
disqualify [dɪs'kwɔlɪfaɪ] *vt* (*Sport*) squalificare; **to ~ sb from sth/from doing** rendere qn incapace a qc/a fare; squalificare qn da qc/da fare; **to ~ sb from driving** ritirare la patente a qn
disregard [dɪsrɪ'gɑ:d] *vt* non far caso a, non badare a
disrupt [dɪs'rʌpt] *vt* disturbare; creare scompiglio in; **disruption** [dɪs'rʌpʃən] *n* disordine *m*; interruzione *f*
dissatisfaction [dɪssætɪs'fækʃən] *n* scontentezza, insoddisfazione *f*
dissatisfied [dɪs'sætɪsfaɪd] *adj* **~ (with)** scontento(a) *or* insoddisfatto(a) (di)
dissect [dɪ'sɛkt] *vt* sezionare
dissent [dɪ'sɛnt] *n* dissenso
dissertation [dɪsə'teɪʃən] *n* tesi *f inv*, dissertazione *f*
dissolve [dɪ'zɔlv] *vt* dissolvere, sciogliere; (*Pol, marriage etc*) sciogliere ▸ *vi* dissolversi, sciogliersi
distance ['dɪstns] *n* distanza; **in the ~** in lontananza
distant ['dɪstnt] *adj* lontano(-a), distante; (*manner*) riservato(-a)
distil [dɪs'tɪl] (*US* **distill**) *vt* distillare; **distillery** *n* distilleria
distinct [dɪs'tɪŋkt] *adj* distinto(-a); **as ~ from** a differenza di; **distinction** [dɪs'tɪŋkʃən] *n* distinzione *f*; (*in exam*)

lode *f*; **distinctive** *adj* distintivo(-a)
distinguish [dɪs'tɪŋgwɪʃ] *vt* distinguere; discernere; **distinguished** *adj* (*eminent*) eminente
distort [dɪs'tɔ:t] *vt* distorcere; (*Tech*) deformare
distract [dɪs'trækt] *vt* distrarre; **distracted** *adj* distratto(-a); **distraction** [dɪs'trækʃən] *n* distrazione *f*
distraught [dɪs'trɔ:t] *adj* stravolto(-a)
distress [dɪs'trɛs] *n* angoscia ▸ *vt* affliggere; **distressing** *adj* doloroso(-a)
distribute [dɪs'trɪbju:t] *vt* distribuire; **distribution** [-'bju:ʃən] *n* distribuzione *f*; **distributor** *n* distributore *m*
district ['dɪstrɪkt] *n* (*of country*) regione *f*; (*of town*) quartiere *m*; (*Admin*) distretto; **district attorney** (*US*) *n* ≈ sostituto procuratore *m* della Repubblica
distrust [dɪs'trʌst] *n* diffidenza, sfiducia ▸ *vt* non aver fiducia in
disturb [dɪs'tə:b] *vt* disturbare; **disturbance** *n* disturbo; (*political etc*) disordini *mpl*; **disturbed** *adj* (*worried, upset*) turbato(-a); **emotionally disturbed** con turbe emotive; **disturbing** *adj* sconvolgente
ditch [dɪtʃ] *n* fossa ▸ *vt* (*inf*) piantare in asso
ditto ['dɪtəu] *adv* idem
dive [daɪv] *n* tuffo; (*of submarine*) immersione *f* ▸ *vi* tuffarsi; immergersi; **diver** *n* tuffatore(-trice), palombaro
diverse [daɪ'və:s] *adj* vario(-a)
diversion [daɪ'və:ʃən] *n* (*BRIT Aut*) deviazione *f*; (*distraction*) divertimento
diversity [daɪ'və:sɪtɪ] *n* diversità *f inv*, varietà *f inv*
divert [daɪ'və:t] *vt* deviare
divide [dɪ'vaɪd] *vt* dividere; (*separate*) separare ▸ *vi* dividersi; **divided highway** (*US*) *n* strada a doppia carreggiata
divine [dɪ'vaɪn] *adj* divino(-a)
diving ['daɪvɪŋ] *n* tuffo; **diving board** *n* trampolino
division [dɪ'vɪʒən] *n* divisione *f*; separazione *f*; (*esp Football*) serie *f*
divorce [dɪ'vɔ:s] *n* divorzio ▸ *vt* divorziare da; (*dissociate*) separare; **divorced** *adj* divorziato(-a); **divorcee** [-'si:] *n* divorziato(-a)
D.I.Y. (*BRIT*) *n abbr* = **do-it-yourself**
dizzy ['dɪzɪ] *adj* **to feel ~** avere il capogiro
DJ *n abbr* = **disc jockey**
DNA *n abbr* (= *deoxyribonucleic acid*) DNA *m*; **DNA test** *n* test *m inv* del DNA

do

[du:] (*pt* **did**, *pp* **done**) *n* (*inf*: *party etc*) festa; **it was rather a grand do** è stato un ricevimento piuttosto importante

▸ *vb*

1 (*in negative constructions*: *non tradotto*): **I don't understand** non capisco

2 (*to form questions*: *non tradotto*): **didn't you know?** non lo sapevi?; **why didn't you come?** perché non sei venuto?

3 (*for emphasis, in polite expressions*): **she does seem rather late** sembra essere piuttosto in ritardo; **do sit down** si accomodi la prego, prego si sieda; **do take care!** mi raccomando, sta attento!

4 (*used to avoid repeating vb*): **she swims better than I do** lei nuota meglio di me; **do you agree?—yes, I do/no, I don't** sei d'accordo?—sì/no; **she lives in Glasgow—so do I** lei vive a Glasgow—anch'io; **he asked me to help him and I did** mi ha chiesto di aiutarlo ed io l'ho fatto

5 (*in question tags*): **you like him, don't you?** ti piace, vero?; **I don't know him, do I?** non lo conosco, vero?
▸*vt* (*gen, carry out, perform etc*) fare; **what are you doing tonight?** che fa stasera?; **to do the cooking** cucinare; **to do the washing-up** fare i piatti; **to do one's teeth** lavarsi i denti; **to do one's hair/nails** farsi i capelli/le unghie; **the car was doing 100** la macchina faceva i 100 all'ora
▸*vi*
1 (*act, behave*) fare; **do as I do** faccia come me, faccia come faccio io
2 (*get on, fare*) andare; **he's doing well/badly at school** va bene/male a scuola; **how do you do?** piacere!
3 (*suit*) andare bene; **this room will do** questa stanza va bene
4 (*be sufficient*) bastare; **will £10 do?** basteranno 10 sterline?; **that'll do** basta così; **that'll do!** (*in annoyance*) ora basta!; **to make do (with)** arrangiarsi (con)
▹**do away with** *vt fus* (*kill*) far fuori; (*abolish*) abolire
▹**do up** *vt* (*laces*) allacciare; (*dress, buttons*) abbottonare; (*renovate: room, house*) rimettere a nuovo, rifare
▹**do with** *vt fus* (*need*) aver bisogno di; (*be connected*): **what has it got to do with you?** e tu che c'entri?; **I won't have anything to do with it** non voglio avere niente a che farci; **it has to do with money** si tratta di soldi
▹**do without** *vi* fare senza ▸*vt fus* fare a meno di

dock [dɔk] *n* (*Naut*) bacino; (*Law*) banco degli imputati ▸*vi* entrare in bacino; (*Space*) agganciarsi; **~s** *npl* (*Naut*) dock *m inv*

doctor ['dɔktə^r] *n* medico(-a); (*Ph. D. etc*) dottore(-essa) ▸*vt* (*drink etc*) adulterare; **call a ~!** chiamate un dottore!; **Doctor of Philosophy** *n* dottorato di ricerca; (*person*) titolare *m/f* di un dottorato di ricerca

document ['dɔkjumənt] *n* documento; **documentary** [-'mɛntərɪ] *adj* (*evidence*) documentato(-a) ▸*n* documentario; **documentation** [dɔkjumən'teɪʃən] *n* documentazione *f*

dodge [dɔdʒ] *n* trucco; schivata ▸*vt* schivare, eludere

dodgy ['dɔdʒɪ] *adj* (*inf: uncertain*) rischioso(-a); (*untrustworthy*) sospetto(-a)

does [dʌz] *vb see* **do**

doesn't ['dʌznt] = **does not**

dog [dɔg] *n* cane *m* ▸*vt* (*follow closely*) pedinare; (*fig: memory etc*) perseguitare; **doggy bag** *n* sacchetto per gli avanzi (*da portare a casa*)

do-it-yourself ['du:ɪtjɔ:'sɛlf] *n* il far da sé

dole [dəul] (*BRIT*) *n* sussidio di disoccupazione; **to be on the ~** vivere del sussidio

doll [dɔl] *n* bambola

dollar ['dɔlə^r] *n* dollaro

dolphin ['dɔlfɪn] *n* delfino

dome [dəum] *n* cupola

domestic [də'mɛstɪk] *adj* (*duty, happiness, animal*) domestico(-a); (*policy, affairs, flights*) nazionale; **domestic appliance** *n* elettrodomestico

dominant ['dɔmɪnənt] *adj* dominante

dominate ['dɔmɪneɪt] *vt* dominare

domino ['dɔmɪnəu] (*pl* **dominoes**) *n* domino; **dominoes** *n* (*game*) gioco del domino

donate [də'neɪt] *vt* donare; **donation** [də'neɪʃən] *n* donazione *f*

done [dʌn] *pp of* **do**

donkey ['dɔŋkɪ] *n* asino

donor ['dəunə^r] *n* donatore(-trice); **donor card** *n* tessera di donatore di organi

don't [dəunt] = **do not**
donut ['dəunʌt] (*US*) *n* = **doughnut**
doodle ['du:dl] *vi* scarabocchiare
doom [du:m] *n* destino; rovina ▸ *vt* **to be ~ed (to failure)** essere predestinato(-a) (a fallire)
door [dɔ:ʳ] *n* porta; **doorbell** *n* campanello; **door handle** *n* maniglia; **doorknob** ['dɔ:nɒb] *n* pomello, maniglia; **doorstep** *n* gradino della porta; **doorway** *n* porta
dope [dəup] *n* (*inf: drugs*) roba ▸ *vt* (*horse etc*) drogare
dormitory ['dɔ:mɪtrɪ] *n* dormitorio; (*US*) casa dello studente
DOS [dɔs] *n abbr* (= *disk operating system*) DOS *m*
dosage ['dəusɪdʒ] *n* posologia
dose [dəus] *n* dose *f*; (*bout*) attacco
dot [dɔt] *n* punto; macchiolina ▸ *vt* **~ted with** punteggiato(-a) di; **on the ~** in punto; **dotted line** ['dɔtɪd-] *n* linea punteggiata
double ['dʌbl] *adj* doppio(-a) ▸ *adv* (*twice*): **to cost ~ sth** costare il doppio (di qc) ▸ *n* sosia *m inv* ▸ *vt* raddoppiare; (*fold*) piegare doppio *or* in due ▸ *vi* raddoppiarsi; **at the ~** (*BRIT*), **on the ~** a passo di corsa ▷ **double back** *vi* (*person*) tornare sui propri passi; **double bass** *n* contrabbasso; **double bed** *n* letto matrimoniale; **double-check** *vt, vi* ricontrollare; **double-click** *vi* (*Comput*) fare doppio click; **double-cross** *vt* fare il doppio gioco con; **doubledecker** *n* autobus *m inv* a due piani; **double glazing** (*BRIT*) *n* doppi vetri *mpl*; **double room** *n* camera matrimoniale; **doubles** *n* (*Tennis*) doppio; **double yellow lines** *npl* (*BRIT: Aut*) *linea gialla doppia continua che segnala il divieto di sosta*
doubt [daut] *n* dubbio ▸ *vt* dubitare di; **to ~ that** dubitare che + *sub*; **doubtful** *adj* dubbioso(-a), incerto(-a); (*person*) equivoco(-a); **doubtless** *adv* indubbiamente
dough [dəu] *n* pasta, impasto; **doughnut** (*US* **donut**) *n* bombolone *m*
dove [dʌv] *n* colombo(-a)
down [daun] *n* piume *fpl* ▸ *adv* giù, di sotto ▸ *prep* giù per ▸ *vt* (*inf: drink*) scolarsi; **~ with X!** abbasso X!; **down-and-out** *n* barbone *m*; **downfall** *n* caduta; rovina; **downhill** *adv* **to go downhill** andare in discesa; (*fig*) lasciarsi andare; andare a rotoli
Downing Street ['daunɪŋ-] *n* **lo ~** *residenza del primo ministro inglese*

Downing Street
Al numero 10 di **Downing Street**, nel quartiere di Westminster a Londra, si trova la residenza del primo ministro inglese, al numero 11 quella del **Chancellor of the Exchequer**.

down: **download** *vt* (*Comput*) scaricare; **downloadable** *adj* (*Comput*) scaricabile; **downright** *adj* franco(-a); (*refusal*) assoluto(-a)
Down's syndrome *n* sindrome *f* di Down
down: **downstairs** *adv* di sotto; al piano inferiore; **down-to-earth** *adj* pratico(-a); **downtown** *adv* in città; **down under** *adv* (*Australia etc*) agli antipodi; **downward** ['daunwəd] *adj, adv* in giù, in discesa; **downwards** ['daunwədz] *adv* = **downward**
doz. *abbr* = **dozen**
doze [dəuz] *vi* sonnecchiare
dozen ['dʌzn] *n* dozzina; **a ~ books** una dozzina di libri; **~s of** decine *fpl* di
Dr. *abbr* (= *doctor*) dott.; (*in street names*) = **drive**
drab [dræb] *adj* tetro(-a), grigio(-a)
draft [drɑ:ft] *n* abbozzo; (*Pol*) bozza; (*Comm*) tratta; (*US: call-up*) leva ▸ *vt* abbozzare; *see also* **draught**
drag [dræg] *vt* trascinare; (*river*) dragare ▸ *vi* trascinarsi ▸ *n* (*inf*)

d

noioso(-a); noia, fatica; (*women's clothing*): **in ~** travestito (da donna)
dragon ['drægən] *n* drago
dragonfly ['drægənflaɪ] *n* libellula
drain [dreɪn] *n* (*for sewage*) fogna; (*on resources*) salasso ▶ *vt* (*land, marshes*) prosciugare; (*vegetables*) scolare ▶ *vi* (*water*) defluire (via); **drainage** *n* prosciugamento; fognatura; **drainpipe** *n* tubo di scarico
drama ['drɑːmə] *n* (*art*) dramma *m*, teatro; (*play*) commedia; (*event*) dramma; **dramatic** [drə'mætɪk] *adj* drammatico(-a)
drank [dræŋk] *pt of* **drink**
drape [dreɪp] *vt* drappeggiare; **~s** (US) *npl* (*curtains*) tende *fpl*
drastic ['dræstɪk] *adj* drastico(-a)
draught [drɑːft] (US **draft**) *n* corrente *f* d'aria; (*Naut*) pescaggio; **on ~** (*beer*) alla spina; **draught beer** *n* birra alla spina; **draughts** (BRIT) *n* (gioco della) dama
draw [drɔː] (*pt* **drew**, *pp* **drawn**) *vt* tirare; (*take out*) estrarre; (*attract*) attirare; (*picture*) disegnare; (*line, circle*) tracciare; (*money*) ritirare ▶ *vi* (*Sport*) pareggiare ▶ *n* pareggio; (*in lottery*) estrazione *f*; **to ~ near** avvicinarsi ▷ **draw out** *vi* (*lengthen*) allungarsi ▶ *vt* (*money*) ritirare ▷ **draw up** *vi* (*stop*) arrestarsi, fermarsi ▶ *vt* (*chair*) avvicinare; (*document*) compilare; **drawback** *n* svantaggio, inconveniente *m*
drawer [drɔːʳ] *n* cassetto
drawing ['drɔːɪŋ] *n* disegno; **drawing pin** (BRIT) *n* puntina da disegno; **drawing room** *n* salotto
drawn [drɔːn] *pp of* **draw**
dread [drɛd] *n* terrore *m* ▶ *vt* tremare all'idea di; **dreadful** *adj* terribile
dream [driːm] (*pt, pp* **dreamed** *or* **dreamt**) *n* sogno ▶ *vt, vi* sognare; **dreamer** *n* sognatore(-trice)
dreamt [drɛmt] *pt, pp of* **dream**
dreary ['drɪərɪ] *adj* tetro(-a); monotono(-a)
drench [drɛntʃ] *vt* inzuppare
dress [drɛs] *n* vestito; (*no pl: clothing*) abbigliamento ▶ *vt* vestire; (*wound*) fasciare ▶ *vi* vestirsi; **to get ~ed** vestirsi ▷ **dress up** *vi* vestirsi a festa; (*in fancy dress*) vestirsi in costume; **dress circle** (BRIT) *n* prima galleria; **dresser** *n* (BRIT: *cupboard*) credenza; (US) cassettone *m*; **dressing** *n* (*Med*) benda; (*Culin*) condimento; **dressing gown** (BRIT) *n* vestaglia; **dressing room** *n* (*Theatre*) camerino; (*Sport*) spogliatoio; **dressing table** *n* toilette *f inv*; **dressmaker** *n* sarta
drew [druː] *pt of* **draw**
dribble ['drɪbl] *vi* (*baby*) sbavare ▶ *vt* (*ball*) dribblare
dried [draɪd] *adj* (*fruit, beans*) secco(-a); (*eggs, milk*) in polvere
drier ['draɪəʳ] *n* = **dryer**
drift [drɪft] *n* (*of current etc*) direzione *f*; forza; (*of snow*) cumulo; turbine *m*; (*general meaning*) senso ▶ *vi* (*boat*) essere trasportato(-a) dalla corrente; (*sand, snow*) ammucchiarsi
drill [drɪl] *n* trapano; (*Mil*) esercitazione *f* ▶ *vt* trapanare; (*troops*) addestrare ▶ *vi* (*for oil*) fare trivellazioni
drink [drɪŋk] (*pt* **drank**, *pp* **drunk**) *n* bevanda, bibita; (*alcoholic drink*) bicchierino; (*sip*) sorso ▶ *vt, vi* bere; **to have a ~** bere qualcosa; **would you like a ~?** vuoi qualcosa da bere?; **a ~ of water** un po' d'acqua; **drink-driving** *n* guida in stato di ebbrezza; **drinker** *n* bevitore(-trice); **drinking water** *n* acqua potabile
drip [drɪp] *n* goccia; gocciolamento; (*Med*) fleboclisi *f inv* ▶ *vi* gocciolare; (*tap*) sgocciolare
drive [draɪv] (*pt* **drove**, *pp* **driven**)

n passeggiata *or* giro in macchina; (*also:* **~way**) viale *m* d'accesso; (*energy*) energia; (*campaign*) campagna; (*also:* **disk ~**) lettore *m* ▸ *vt* guidare; (*nail*) piantare; (*push*) cacciare, spingere; (*Tech: motor*) azionare; far funzionare ▸ *vi* (*Aut: at controls*) guidare; (*: travel*) andare in macchina; **left-/right-hand ~** guida a sinistra/destra; **to ~ sb mad** far impazzire qn ▹ **drive out** *vt* (*force out*) cacciare, mandare via; **drive-in** (*esp US*) *adj, n* drive-in (*m inv*)

driven ['drɪvn] *pp of* **drive**

driver ['draɪvəʳ] *n* conducente *m/f*; (*of taxi*) tassista *m*; (*chauffeur: of bus*) autista *m/f*; **driver's license** (*US*) *n* patente *f* di guida

driveway ['draɪvweɪ] *n* viale *m* d'accesso

driving ['draɪvɪŋ] *n* guida; **driving instructor** *n* istruttore(-trice) di scuola guida; **driving lesson** *n* lezione *f* di guida; **driving licence** (*BRIT*) *n* patente *f* di guida; **driving test** *n* esame *m* di guida

drizzle ['drɪzl] *n* pioggerella

droop [dru:p] *vi* (*flower*) appassire; (*head, shoulders*) chinarsi

drop [drɔp] *n* (*of water*) goccia; (*lessening*) diminuzione *f*; (*fall*) caduta ▸ *vt* lasciare cadere; (*voice, eyes, price*) abbassare; (*set down from car*) far scendere; (*name from list*) lasciare fuori ▸ *vi* cascare; (*wind*) abbassarsi ▹ **drop in** *vi* (*inf: visit*): **to ~ in (on)** fare un salto (da), passare (da) ▹ **drop off** *vi* (*sleep*) addormentarsi ▸ *vt* (*passenger*) far scendere ▹ **drop out** *vi* (*withdraw*) ritirarsi; (*student etc*) smettere di studiare

drought [draut] *n* siccità *f inv*

drove [drəuv] *pt of* **drive**

drown [draun] *vt* affogare; (*fig: noise*) soffocare ▸ *vi* affogare

drowsy ['drauzɪ] *adj* sonnolento(-a), assonnato(-a)

drug [drʌg] *n* farmaco; (*narcotic*) droga ▸ *vt* drogare; **to be on ~s** drogarsi; (*Med*) prendere medicinali; **hard/soft ~s** droghe pesanti/leggere; **drug addict** *n* tossicomane *m/f*; **drug dealer** *n* trafficante *m/f* di droga; **druggist** (*US*) *n persona che gestisce un drugstore*; **drugstore** (*US*) *n* drugstore *m inv*

drum [drʌm] *n* tamburo; (*for oil, petrol*) fusto ▸ *vi* tamburellare; **~s** *npl* (*set of drums*) batteria; **drummer** *n* batterista *m/f*

drunk [drʌŋk] *pp of* **drink** ▸ *adj* ubriaco(-a); ebbro(-a) ▸ *n* (*also:* **~ard**) ubriacone(-a); **drunken** *adj* ubriaco(-a); da ubriaco

dry [draɪ] *adj* secco(-a); (*day, clothes*) asciutto(-a) ▸ *vt* seccare; (*clothes, hair, hands*) asciugare ▸ *vi* asciugarsi ▹ **dry off** *vi* asciugarsi ▸ *vt* asciugare ▹ **dry up** *vi* seccarsi; **dry-cleaner's** *n* lavasecco *m inv*; **dry-cleaning** *n* pulitura a secco; **dryer** *n* (*for hair*) föhn *m inv*, asciugacapelli *m inv*; (*for clothes*) asciugabiancheria; (*US: spin-dryer*) centrifuga

DSS *n abbr* (= *Department of Social Security*) *ministero della Previdenza sociale*

DTP *n abbr* (= *desk-top publishing*) desktop publishing *m inv*

dual ['djuəl] *adj* doppio(-a); **dual carriageway** (*BRIT*) *n* strada a doppia carreggiata

dubious ['dju:bɪəs] *adj* dubbio(-a)

Dublin ['dʌblɪn] *n* Dublino *f*

duck [dʌk] *n* anatra ▸ *vi* abbassare la testa

due [dju:] *adj* dovuto(-a); (*expected*) atteso(-a); (*fitting*) giusto(-a) ▸ *n* dovuto ▸ *adv* **~ north** diritto verso nord

duel ['djuəl] *n* duello

duet [djuːˈɛt] *n* duetto
dug [dʌg] *pt, pp of* **dig**
duke [djuːk] *n* duca *m*
dull [dʌl] *adj* (*light*) debole; (*boring*) noioso(-a); (*slow-witted*) ottuso(-a); (*sound, pain*) sordo(-a); (*weather, day*) fosco(-a), scuro(-a) ▸ *vt* (*pain, grief*) attutire; (*mind, senses*) intorpidire
dumb [dʌm] *adj* muto(-a); (*pej*) stupido(-a)
dummy [ˈdʌmɪ] *n* (*tailor's model*) manichino; (*Tech, Comm*) riproduzione *f*; (*BRIT: for baby*) tettarella ▸ *adj* falso(-a), finto(-a)
dump [dʌmp] *n* (*also:* **rubbish ~**) discarica di rifiuti; (*inf: place*) buco ▸ *vt* (*put down*) scaricare; mettere giù; (*get rid of*) buttar via
dumpling [ˈdʌmplɪŋ] *n specie di gnocco*
dune [djuːn] *n* duna
dungarees [dʌŋgəˈriːz] *npl* tuta
dungeon [ˈdʌndʒən] *n* prigione *f* sotterranea
duplex [ˈdjuːplɛks] (*US*) *n* (*house*) *casa con muro divisorio in comune con un'altra*; (*apartment*) appartamento su due piani
duplicate [*n* ˈdjuːplɪkət, *vb* ˈdjuːplɪkeɪt] *n* doppio ▸ *vt* duplicare; **in ~** in doppia copia
durable [ˈdjuərəbl] *adj* durevole; (*clothes, metal*) resistente
duration [djuəˈreɪʃən] *n* durata
during [ˈdjuərɪŋ] *prep* durante, nel corso di
dusk [dʌsk] *n* crepuscolo
dust [dʌst] *n* polvere *f* ▸ *vt* (*furniture*) spolverare; (*cake etc*): **to ~ with** cospargere con; **dustbin** (*BRIT*) *n* pattumiera; **duster** *n* straccio per la polvere; **dustman** (*irreg: BRIT*) *n* netturbino; **dustpan** *n* pattumiera; **dusty** *adj* polveroso(-a)
Dutch [dʌtʃ] *adj* olandese ▸ *n* (*Ling*) olandese *m*; **the ~** *npl* gli Olandesi; **to go ~** (*inf*) fare alla romana;
Dutchman, Dutchwoman (*irreg*) *n* olandese *m/f*
duty [ˈdjuːtɪ] *n* dovere *m*; (*tax*) dazio, tassa; **on ~** di servizio; **off ~** libero(-a), fuori servizio; **duty-free** *adj* esente da dazio
duvet [ˈduːveɪ] (*BRIT*) *n* piumino, piumone *m*
DVD *n abbr* (= *digital versatile or* video disk) DVD *m inv*; **DVD player** *n* lettore *m* DVD
dwarf [dwɔːf] *n* nano(-a) ▸ *vt* far apparire piccolo
dwell [dwɛl] (*pt, pp* **dwelt**) *vi* dimorare ▹ **dwell on** *vt fus* indugiare su
dwelt [dwɛlt] *pt, pp of* **dwell**
dwindle [ˈdwɪndl] *vi* diminuire
dye [daɪ] *n* tinta ▸ *vt* tingere
dying [ˈdaɪɪŋ] *adj* morente, moribondo(-a)
dynamic [daɪˈnæmɪk] *adj* dinamico(-a)
dynamite [ˈdaɪnəmaɪt] *n* dinamite *f*
dyslexia [dɪsˈlɛksɪə] *n* dislessia
dyslexic [dɪsˈlɛksɪk] *adj, n* dislessico(-a)

e

E [iː] *n* (*Mus*) mi *m*
E111 *n abbr* (*also:* **form ~**) E111 (*modulo CEE per rimborso spese mediche*)
each [iːtʃ] *adj* ogni, ciascuno(-a) ▶ *pron* ciascuno(-a), ognuno(-a); **~ one** ognuno(-a); **~ other** si *or* ci *etc*; **they hate ~ other** si odiano (l'un l'altro); **you are jealous of ~ other** siete gelosi l'uno dell'altro; **they have 2 books ~** hanno 2 libri ciascuno
eager ['iːgəʳ] *adj* impaziente, desideroso(-a); ardente; **to be ~ for** essere desideroso di, aver gran voglia di
eagle ['iːgl] *n* aquila
ear [ɪəʳ] *n* orecchio; (*of corn*) pannocchia; **earache** *n* mal *m* d'orecchi; **eardrum** *n* timpano
earl [əːl] (*BRIT*) *n* conte *m*
earlier ['əːlɪəʳ] *adj* precedente ▶ *adv* prima
early ['əːlɪ] *adv* presto, di buon'ora; (*ahead of time*) in anticipo ▶ *adj* (*near the beginning*) primo(-a); (*sooner than expected*) prematuro(-a); (*quick: reply*) veloce; **at an ~ hour** di buon'ora; **to have an ~ night** andare a letto presto; **in the ~** *or* **~ in the spring/19th century** all'inizio della primavera/dell'Ottocento; **early retirement** *n* ritiro anticipato
earmark ['ɪəmɑːk] *vt* **to ~ sth for** destinare qc a
earn [əːn] *vt* guadagnare; (*rest, reward*) meritare
earnest ['əːnɪst] *adj* serio(-a); **in ~** sul serio
earnings ['əːnɪŋz] *npl* guadagni *mpl*; (*salary*) stipendio
ear: **earphones** ['ɪəfəunz] *npl* cuffia; **earplugs** *npl* tappi *mpl* per le orecchie; **earring** ['ɪərɪŋ] *n* orecchino
earth [əːθ] *n* terra ▶ *vt* (*BRIT Elec*) mettere a terra; **earthquake** *n* terremoto
ease [iːz] *n* agio, comodo ▶ *vt* (*soothe*) calmare; (*loosen*) allentare; **to ~ sth out/in** tirare fuori/infilare qc con delicatezza; facilitare l'uscita/l'entrata di qc; **at ~** a proprio agio; (*Mil*) a riposo
easily ['iːzɪlɪ] *adv* facilmente
east [iːst] *n* est *m* ▶ *adj* dell'est ▶ *adv* a oriente; **the E~** l'Oriente *m*; (*Pol*) l'Est; **eastbound** ['iːstbaund] *adj* (*traffic*) diretto(-a) a est; (*carriageway*) che porta a est
Easter ['iːstəʳ] *n* Pasqua; **Easter egg** *n* uovo di Pasqua
eastern ['iːstən] *adj* orientale, d'oriente; dell'est
Easter Sunday *n* domenica di Pasqua
easy ['iːzɪ] *adj* facile; (*manner*) disinvolto(-a) ▶ *adv* **to take it** *or* **things ~** prendersela con calma; **easy-going** *adj* accomodante
eat [iːt] (*pt* **ate**, *pp* **eaten**) *vt*, *vi* mangiare; **can we have something to ~?** possiamo mangiare qualcosa? ▷ **eat out** *vi* mangiare fuori
eavesdrop ['iːvzdrɔp] *vi* **to ~ (on a conversation)** origliare (una conversazione)
e-book ['iːbuk] *n* libro elettronico
e-business ['iːbɪznɪs] *n* (*company*) azienda che opera in Internet; (*commerce*) commercio elettronico
EC *n abbr* (= *European Community*) CE *f*
eccentric [ɪk'sɛntrɪk] *adj*, *n*

e

eccentrico(-a)
echo ['ɛkəu] (*pl* **echoes**) *n* eco *m or f* ▸ *vt* ripetere; fare eco a ▸ *vi* echeggiare; dare un eco
eclipse [ɪ'klɪps] *n* eclissi *f inv*
eco-friendly [i:kəu'frɛndlɪ] *adj* ecologico(-a)
ecological [i:kə'lɔdʒɪkəl] *adj* ecologico(-a)
ecology [ɪ'kɔlədʒɪ] *n* ecologia
e-commerce [i:kɔmə:s] *n* commercio elettronico
economic [i:kə'nɔmɪk] *adj* economico(-a); **economical** *adj* economico(-a); (*person*) economo(-a); **economics** *n* economia ▸ *npl* lato finanziario
economist [ɪ'kɔnəmɪst] *n* economista *m/f*
economize [ɪ'kɔnəmaɪz] *vi* risparmiare, fare economia
economy [ɪ'kɔnəmɪ] *n* economia; **economy class** *n* (*Aviat*) classe *f* turistica; **economy class syndrome** *n* sindrome *f* della classe economica
ecstasy ['ɛkstəsɪ] *n* estasi *f inv*; **ecstatic** [ɛks'tætɪk] *adj* estatico(-a), in estasi
eczema ['ɛksɪmə] *n* eczema *m*
edge [ɛdʒ] *n* margine *m*; (*of table, plate, cup*) orlo; (*of knife etc*) taglio ▸ *vt* bordare; **on ~** (*fig*) = **edgy**; **to edge away from** sgattaiolare da
edgy ['ɛdʒɪ] *adj* nervoso(-a)
edible ['ɛdɪbl] *adj* commestibile; (*meal*) mangiabile
Edinburgh ['ɛdɪnbərə] *n* Edimburgo *f*
edit ['ɛdɪt] *vt* curare; **edition** [ɪ'dɪʃən] *n* edizione *f*; **editor** *n* (*in newspaper*) redattore(-trice), redattore(-trice) capo; (*of sb's work*) curatore(-trice); **editorial** [-'tɔ:rɪəl] *adj* redazionale, editoriale ▸ *n* editoriale *m*

> Be careful not to translate **editor** by the Italian word ***editore***.

educate ['ɛdjukeɪt] *vt* istruire; educare; **educated** *adj* istruito(-a)
education [ɛdju'keɪʃən] *n* educazione *f*; (*schooling*) istruzione *f*; **educational** *adj* pedagogico(-a); scolastico(-a); istruttivo(-a)
eel [i:l] *n* anguilla
eerie ['ɪərɪ] *adj* che fa accapponare la pelle
effect [ɪ'fɛkt] *n* effetto ▸ *vt* effettuare; **to take ~** (*law*) entrare in vigore; (*drug*) fare effetto; **in ~** effettivamente; **~s** *npl* (*Theat*) effetti *mpl* scenici; (*property*) effetti *mpl*; **effective** *adj* efficace; (*actual*) effettivo(-a); **effectively** *adv* efficacemente; effettivamente
efficiency [ɪ'fɪʃənsɪ] *n* efficienza; rendimento effettivo
efficient [ɪ'fɪʃənt] *adj* efficiente; **efficiently** *adv* efficientemente; efficacemente
effort ['ɛfət] *n* sforzo; **effortless** *adj* senza sforzo, facile
e.g. *adv abbr* (= *exempli gratia*) per esempio, p.es.
egg [ɛg] *n* uovo; **hard-boiled/soft-boiled ~** uovo sodo/alla coque; **eggcup** *n* portauovo *m inv*; **eggplant** (*esp US*) *n* melanzana; **eggshell** *n* guscio d'uovo; **egg white** *n* albume *m*, bianco d'uovo; **egg yolk** *n* tuorlo, rosso (d'uovo)
ego ['i:gəu] *n* ego *m inv*
Egypt ['i:dʒɪpt] *n* Egitto; **Egyptian** [ɪ'dʒɪpʃən] *adj*, *n* egiziano(-a)
eight [eɪt] *num* otto; **eighteen** *num* diciotto; **eighteenth** *num* diciottesimo(-a); **eighth** [eɪtθ] *num* ottavo(-a); **eightieth** ['eɪtɪɪθ] *num* ottantesimo(-a); **eighty** *num* ottanta
Eire ['ɛərə] *n* Repubblica d'Irlanda
either ['aɪðə^r] *adj* l'uno(-a) o l'altro(-a); (*both, each*) ciascuno(-a) ▸ *pron* **~ (of them)** (o) l'uno(-a) o l'altro(-a) ▸ *adv*

neanche ▸ *conj* **~ good or bad** o buono o cattivo; **on ~ side** su ciascun lato; **I don't like ~** non mi piace né l'uno né l'altro; **no, I don't ~** no, neanch'io
eject [ɪ'dʒɛkt] *vt* espellere; lanciare
elaborate [*adj* ɪ'læbərɪt, *vb* ɪ'læbəreɪt] *adj* elaborato(-a), minuzioso(-a) ▸ *vt* elaborare ▸ *vi* fornire i particolari
elastic [ɪ'læstɪk] *adj* elastico(-a) ▸ *n* elastico; **elastic band** (*BRIT*) *n* elastico
elbow ['ɛlbəu] *n* gomito
elder ['ɛldə^r] *adj* maggiore, più vecchio(-a) ▸ *n* (*tree*) sambuco; **one's ~s** i più anziani; **elderly** *adj* anziano(-a) ▸ *npl* **the elderly** gli anziani
eldest ['ɛldɪst] *adj, n* **the ~ (child)** il(la) maggiore (dei bambini)
elect [ɪ'lɛkt] *vt* eleggere ▸ *adj* **the president ~** il presidente designato; **to ~ to do** decidere di fare; **election** [ɪ'lɛkʃən] *n* elezione *f*; **electoral** [ɪ'lɛktərəl] *adj* elettorale; **electorate** *n* elettorato
electric [ɪ'lɛktrɪk] *adj* elettrico(-a); **electrical** *adj* elettrico(-a); **electric blanket** *n* coperta elettrica; **electric fire** *n* stufa elettrica; **electrician** [ɪlɛk'trɪʃən] *n* elettricista *m*; **electricity** [ɪlɛk'trɪsɪtɪ] *n* elettricità; **electric shock** *n* scossa (elettrica); **electrify** [ɪ'lɛktrɪfaɪ] *vt* (*Rail*) elettrificare; (*audience*) elettrizzare
electronic [ɪlɛk'trɔnɪk] *adj* elettronico(-a); **electronic mail** *n* posta elettronica; **electronics** *n* elettronica
elegance ['ɛlɪgəns] *n* eleganza
elegant ['ɛlɪgənt] *adj* elegante
element ['ɛlɪmənt] *n* elemento; (*of heater, kettle etc*) resistenza
elementary [ɛlɪ'mɛntərɪ] *adj* elementare; **elementary school** (*US*) *n* scuola elementare
elephant ['ɛlɪfənt] *n* elefante(-essa)
elevate ['ɛlɪveɪt] *vt* elevare
elevator ['ɛlɪveɪtə^r] *n* elevatore *m*; (*US*: *lift*) ascensore *m*
eleven [ɪ'lɛvn] *num* undici; **eleventh** *adj* undicesimo(-a)
eligible ['ɛlɪdʒəbl] *adj* eleggibile; (*for membership*) che ha i requisiti
eliminate [ɪ'lɪmɪneɪt] *vt* eliminare
elm [ɛlm] *n* olmo
eloquent ['ɛləkwənt] *adj* eloquente
else [ɛls] *adv* altro; **something ~** qualcos'altro; **somewhere ~** altrove; **everywhere ~** in qualsiasi altro luogo; **nobody ~** nessun altro; **where ~?** in quale altro luogo?; **little ~** poco altro; **elsewhere** *adv* altrove
elusive [ɪ'lu:sɪv] *adj* elusivo(-a)
e-mail *n abbr* (= *electronic mail*) posta elettronica ▸ *vt* mandare un messaggio di posta elettronica a; **e-mail address** *n* indirizzo di posta elettronica
embankment [ɪm'bæŋkmənt] *n* (*of road, railway*) terrapieno
embargo [ɪm'bɑ:gəu] *n* (*pl* **embargoes**) (*Comm, Naut*) embargo ▸ *vt* mettere l'embargo su; **to put an ~ on sth** mettere l'embargo su qc
embark [ɪm'bɑ:k] *vi* **to ~ (on)** imbarcarsi (su) ▸ *vt* imbarcare; **to ~ on** (*fig*) imbarcarsi in
embarrass [ɪm'bærəs] *vt* imbarazzare; **embarrassed** *adj* imbarazzato(-a); **embarrassing** *adj* imbarazzante; **embarrassment** *n* imbarazzo
embassy ['ɛmbəsɪ] *n* ambasciata
embrace [ɪm'breɪs] *vt* abbracciare ▸ *vi* abbracciarsi ▸ *n* abbraccio
embroider [ɪm'brɔɪdə^r] *vt* ricamare; **embroidery** *n* ricamo
embryo ['ɛmbrɪəu] *n* embrione *m*
emerald ['ɛmərəld] *n* smeraldo
emerge [ɪ'mə:dʒ] *vi* emergere

emergency [ɪ'məːdʒənsɪ] *n* emergenza; **in an ~** in caso di emergenza; **emergency brake** (*US*) *n* freno a mano; **emergency exit** *n* uscita di sicurezza; **emergency landing** *n* atterraggio forzato; **emergency room** (*US: Med*) *n* pronto soccorso; **emergency services** *npl* (*fire, police, ambulance*) servizi *mpl* di pronto intervento
emigrate ['ɛmɪgreɪt] *vi* emigrare; **emigration** [ɛmɪ'greɪʃən] *n* emigrazione *f*
eminent ['ɛmɪnənt] *adj* eminente
emissions [ɪ'mɪʃənz] *npl* emissioni *fpl*
emit [ɪ'mɪt] *vt* emettere
emoticon [ɪ'məutɪkən] *n* (*Comput*) faccina
emotion [ɪ'məuʃən] *n* emozione *f*; **emotional** *adj* (*person*) emotivo(-a); (*scene*) commovente; (*tone, speech*) carico(-a) d'emozione
emperor ['ɛmpərəʳ] *n* imperatore *m*
emphasis ['ɛmfəsɪs] (*pl* **-ases**) *n* enfasi *f inv*; importanza
emphasize ['ɛmfəsaɪz] *vt* (*word, point*) sottolineare; (*feature*) mettere in evidenza
empire ['ɛmpaɪəʳ] *n* impero
employ [ɪm'plɔɪ] *vt* impiegare; **employee** [-'iː] *n* impiegato(-a); **employer** *n* principale *m/f*, datore *m* di lavoro; **employment** *n* impiego; **employment agency** *n* agenzia di collocamento
empower [ɪm'pauəʳ] *vt* **to ~ sb to do** concedere autorità a qn di fare
empress ['ɛmprɪs] *n* imperatrice *f*
emptiness ['ɛmptɪnɪs] *n* vuoto
empty ['ɛmptɪ] *adj* vuoto(-a); (*threat, promise*) vano(-a) ▸ *vt* vuotare ▸ *vi* vuotarsi; (*liquid*) scaricarsi; **empty-handed** *adj* a mani vuote
EMU *n abbr* (= *economic and monetary union*) unione *f* economica e monetaria
emulsion [ɪ'mʌlʃən] *n* emulsione *f*
enable [ɪ'neɪbl] *vt* **to ~ sb to do** permettere a qn di fare
enamel [ɪ'næməl] *n* smalto; (*also*: **~ paint**) vernice *f* a smalto
enchanting [ɪn'tʃɑːntɪŋ] *adj* incantevole, affascinante
encl. *abbr* (= *enclosed*) all.
enclose [ɪn'kləuz] *vt* (*land*) circondare, recingere; (*letter etc*): **to ~ (with)** allegare (con); **please find ~d** trovi qui accluso
enclosure [ɪn'kləuʒəʳ] *n* recinto
encore [ɔŋ'kɔːʳ] *excl* bis ▸ *n* bis *m inv*
encounter [ɪn'kauntəʳ] *n* incontro ▸ *vt* incontrare
encourage [ɪn'kʌrɪdʒ] *vt* incoraggiare; **encouragement** *n* incoraggiamento
encouraging [ɪn'kʌrɪdʒɪŋ] *adj* incoraggiante
encyclop(a)edia [ɛnsaɪkləu'piːdɪə] *n* enciclopedia
end [ɛnd] *n* fine *f*; (*aim*) fine *m*; (*of table*) bordo estremo; (*of pointed object*) punta ▸ *vt* finire; (*also*: **bring to an ~, put an ~ to**) mettere fine a ▸ *vi* finire; **in the ~** alla fine; **on ~** (*object*) ritto(-a); **to stand on ~** (*hair*) rizzarsi; **for hours on ~** per ore ed ore ▹ **end up** *vi* **to ~ up in** finire in
endanger [ɪn'deɪndʒəʳ] *vt* mettere in pericolo
endearing [ɪn'dɪərɪŋ] *adj* accattivante
endeavour [ɪn'dɛvəʳ] (*US* **endeavor**) *n* sforzo, tentativo ▸ *vi* **to ~ to do** cercare *or* sforzarsi di fare
ending ['ɛndɪŋ] *n* fine *f*, conclusione *f*; (*Ling*) desinenza
endless ['ɛndlɪs] *adj* senza fine
endorse [ɪn'dɔːs] *vt* (*cheque*) girare; (*approve*) approvare, appoggiare; **endorsement** *n* approvazione *f*
endurance [ɪn'djuərəns] *n* resistenza; pazienza

endure [ɪn'djuəʳ] *vt* sopportare, resistere a ▸ *vi* durare
enemy ['ɛnəmɪ] *adj, n* nemico(-a)
energetic [ɛnə'dʒɛtɪk] *adj* energico(-a), attivo(-a)
energy ['ɛnədʒɪ] *n* energia
enforce [ɪn'fɔːs] *vt* (*Law*) applicare, far osservare
engaged [ɪn'geɪdʒd] *adj* (*BRIT: busy, in use*) occupato(-a); (*betrothed*) fidanzato(-a); **the line's ~** la linea è occupata; **to get ~** fidanzarsi; **engaged tone** (*BRIT*) *n* (*Tel*) segnale *m* di occupato
engagement [ɪn'geɪdʒmənt] *n* impegno, obbligo; appuntamento; (*to marry*) fidanzamento; **engagement ring** *n* anello di fidanzamento
engaging [ɪn'geɪdʒɪŋ] *adj* attraente
engine ['ɛndʒɪn] *n* (*Aut*) motore *m*; (*Rail*) locomotiva
engineer [ɛndʒɪ'nɪəʳ] *n* ingegnere *m*; (*BRIT: for repairs*) tecnico; (*on ship: US: Rail*) macchinista *m*; **engineering** *n* ingegneria
England ['ɪŋglənd] *n* Inghilterra
English ['ɪŋglɪʃ] *adj* inglese ▸ *n* (*Ling*) inglese *m*; **the ~** *npl* gli Inglesi; **English Channel** *n* **the English Channel** la Manica; **Englishman** (*irreg*) *n* inglese *m*; **Englishwoman** (*irreg*) *n* inglese *f*
engrave [ɪn'greɪv] *vt* incidere
engraving [ɪn'greɪvɪŋ] *n* incisione *f*
enhance [ɪn'hɑːns] *vt* accrescere
enjoy [ɪn'dʒɔɪ] *vt* godere; (*have: success, fortune*) avere; **to ~ o.s.** godersela, divertirsi; **enjoyable** *adj* piacevole; **enjoyment** *n* piacere *m*, godimento
enlarge [ɪn'lɑːdʒ] *vt* ingrandire ▸ *vi* **to ~ on** (*subject*) dilungarsi su; **enlargement** *n* (*Phot*) ingrandimento
enlist [ɪn'lɪst] *vt* arruolare; (*support*) procurare ▸ *vi* arruolarsi
enormous [ɪ'nɔːməs] *adj* enorme
enough [ɪ'nʌf] *adj, n* **~ time/books** assai tempo/libri; **have you got ~?** ne ha abbastanza *or* a sufficienza? ▸ *adv* **big ~** abbastanza grande; **he has not worked ~** non ha lavorato abbastanza; **~!** basta!; **that's ~, thanks** basta così, grazie; **I've had ~ of him** ne ho abbastanza di lui; **... which, funnily** *or* **oddly ~** ... che, strano a dirsi
enquire [ɪn'kwaɪəʳ] *vt, vi* (*esp BRIT*) = **inquire**
enquiry [ɪn'kwaɪərɪ] *n* (*esp BRIT*) = **inquiry**
enrage [ɪn'reɪdʒ] *vt* fare arrabbiare
enrich [ɪn'rɪtʃ] *vt* arricchire
enrol [ɪn'rəul] (*US* **enroll**) *vt* iscrivere ▸ *vi* iscriversi; **enrolment** (*US* **enrollment**) *n* iscrizione *f*
en route [ɔn'ruːt] *adv* **~ for/from/to** in viaggio per/da/a
en suite [ɔn'swiːt] *adj* **room with ~ bathroom** camera con bagno
ensure [ɪn'ʃuəʳ] *vt* assicurare; garantire
entail [ɪn'teɪl] *vt* comportare
enter ['ɛntəʳ] *vt* entrare in; (*army*) arruolarsi in; (*competition*) partecipare a; (*sb for a competition*) iscrivere; (*write down*) registrare; (*Comput*) inserire ▸ *vi* entrare
enterprise ['ɛntəpraɪz] *n* (*undertaking, company*) impresa; (*spirit*) iniziativa; **free ~** liberalismo economico; **private ~** iniziativa privata; **enterprising** ['ɛntəpraɪzɪŋ] *adj* intraprendente
entertain [ɛntə'teɪn] *vt* divertire; (*invite*) ricevere; (*idea, plan*) nutrire; **entertainer** *n* comico(-a); **entertaining** *adj* divertente; **entertainment** *n* (*amusement*) divertimento; (*show*) spettacolo
enthusiasm [ɪn'θuːzɪæzəm] *n* entusiasmo

enthusiast [ɪn'θu:zɪæst] *n* entusiasta *m/f*; **enthusiastic** [-'æstɪk] *adj* entusiasta, entusiastico(-a); **to be enthusiastic about sth/sb** essere appassionato(-a) di qc/entusiasta di qn

entire [ɪn'taɪəʳ] *adj* intero(-a); **entirely** *adv* completamente, interamente

entitle [ɪn'taɪtl] *vt* (*give right*): **to ~ sb to sth/to do** dare diritto a qn a qc/a fare; **entitled** *adj* (*book*) che si intitola; **to be entitled to do** avere il diritto di fare

entrance [*n* 'ɛntrns, *vb* ɪn'tra:ns] *n* entrata, ingresso; (*of person*) entrata ▶ *vt* incantare, rapire; **where's the ~?** dov'è l'entrata?; **to gain ~ to** (*university etc*) essere ammesso a; **entrance examination** *n* esame *m* di ammissione; **entrance fee** *n* tassa d'iscrizione; (*to museum etc*) prezzo d'ingresso; **entrance ramp** (US) *n* (*Aut*) rampa di accesso; **entrant** *n* partecipante *m/f*; concorrente *m/f*

entrepreneur [ɔntrəprə'nə:ʳ] *n* imprenditore *m*

entrust [ɪn'trʌst] *vt* **to ~ sth to** affidare qc a

entry ['ɛntrɪ] *n* entrata; (*way in*) entrata, ingresso; (*item*: *on list*) iscrizione *f*; (*in dictionary*) voce *f*; **no ~** vietato l'ingresso; (*Aut*) divieto di accesso; **entry phone** *n* citofono

envelope ['ɛnvələup] *n* busta

envious ['ɛnvɪəs] *adj* invidioso(-a)

environment [ɪn'vaɪərnmənt] *n* ambiente *m*; **environmental** [-'mɛntl] *adj* ecologico(-a); ambientale; **environmentally** [ɪnvaɪərən'mɛntəlɪ] *adv* **environmentally sound/friendly** che rispetta l'ambiente

envisage [ɪn'vɪzɪdʒ] *vt* immaginare; prevedere

envoy ['ɛnvɔɪ] *n* inviato(-a)

envy ['ɛnvɪ] *n* invidia ▶ *vt* invidiare; **to ~ sb sth** invidiare qn per qc

epic ['ɛpɪk] *n* poema *m* epico ▶ *adj* epico(-a)

epidemic [ɛpɪ'dɛmɪk] *n* epidemia

epilepsy ['ɛpɪlɛpsɪ] *n* epilessia

epileptic [ɛpɪ'lɛptɪk] *adj*, *n* epilettico(-a); **epileptic fit** *n* attacco epilettico

episode ['ɛpɪsəud] *n* episodio

equal ['i:kwl] *adj* uguale ▶ *n* pari *m/f inv* ▶ *vt* uguagliare; **~ to** (*task*) all'altezza di; **equality** [i:'kwɔlɪtɪ] *n* uguaglianza; **equalize** *vi* pareggiare; **equally** *adv* ugualmente

equation [ɪ'kweɪʃən] *n* (*Math*) equazione *f*

equator [ɪ'kweɪtəʳ] *n* equatore *m*

equip [ɪ'kwɪp] *vt* equipaggiare, attrezzare; **to ~ sb/sth with** fornire qn/qc di; **to be well ~ped** (*office etc*) essere ben attrezzato(-a); **he is well ~ped for the job** ha i requisiti necessari per quel lavoro; **equipment** *n* attrezzatura; (*electrical etc*) apparecchiatura

equivalent [ɪ'kwɪvəlnt] *adj* equivalente ▶ *n* equivalente *m*; **to be ~ to** equivalere a

ER *abbr* (*BRIT*) = **Elizabeth Regina**; (US: *Med*) = **emergency room**

era ['ɪərə] *n* era, età *f inv*

erase [ɪ'reɪz] *vt* cancellare; **eraser** *n* gomma

erect [ɪ'rɛkt] *adj* eretto(-a) ▶ *vt* costruire; (*assemble*) montare; **erection** [ɪ'rɛkʃən] *n* costruzione *f*; montaggio; (*Physiol*) erezione *f*

ERM *n* (= *Exchange Rate Mechanism*) ERM *m*

erode [ɪ'rəud] *vt* erodere; (*metal*) corrodere

erosion [ɪ'rəuʒən] *n* erosione *f*

erotic [ɪ'rɔtɪk] *adj* erotico(-a)

errand ['ɛrnd] *n* commissione *f*

erratic [ɪ'rætɪk] *adj* imprevedibile; (*person, mood*) incostante
error ['ɛrəʳ] *n* errore *m*
erupt [ɪ'rʌpt] *vi* (*volcano*) mettersi (*or* essere) in eruzione; (*war, crisis*) scoppiare; **eruption** [ɪ'rʌpʃən] *n* eruzione *f*; scoppio
escalate ['ɛskəleɪt] *vi* intensificarsi
escalator ['ɛskəleɪtəʳ] *n* scala mobile
escape [ɪ'skeɪp] *n* evasione *f*; fuga; (*of gas etc*) fuga, fuoriuscita ▸ *vi* fuggire; (*from jail*) evadere, scappare; (*leak*) uscire ▸ *vt* sfuggire a; **to ~ from** (*place*) fuggire da; (*person*) sfuggire a
escort [*n* 'ɛskɔːt, *vb* ɪ'skɔːt] *n* scorta; (*male companion*) cavaliere *m* ▸ *vt* scortare; accompagnare
especially [ɪ'spɛʃlɪ] *adv* specialmente; soprattutto; espressamente
espionage ['ɛspɪənɑːʒ] *n* spionaggio
essay ['ɛseɪ] *n* (*Scol*) composizione *f*
essence ['ɛsns] *n* essenza
essential [ɪ'sɛnʃl] *adj* essenziale ▸ *n* elemento essenziale; **essentially** *adv* essenzialmente; **essentials** *npl* **the essentials** l'essenziale *msg*
establish [ɪ'stæblɪʃ] *vt* stabilire; (*business*) mettere su; (*one's power etc*) affermare; **establishment** *n* stabilimento; **the Establishment** la classe dirigente, l'establishment *m*
estate [ɪ'steɪt] *n* proprietà *f inv*; beni *mpl*, patrimonio; (*BRIT: also:* **housing ~**) complesso edilizio; **estate agent** (*BRIT*) *n* agente *m* immobiliare
estimate [*n* 'ɛstɪmət, *vb* 'ɛstɪmeɪt] *n* stima; (*Comm*) preventivo ▸ *vt* stimare, valutare
etc *abbr* (= *et cetera*) etc., ecc.
eternal [ɪ'təːnl] *adj* eterno(-a)
eternity [ɪ'təːnɪtɪ] *n* eternità
ethical ['ɛθɪkl] *adj* etico(-a), morale; **ethics** ['ɛθɪks] *n* etica ▸ *npl* morale *f*
Ethiopia [iːθɪ'əupɪə] *n* Etiopia
ethnic ['ɛθnɪk] *adj* etnico(-a); **ethnic minority** *n* minoranza etnica
e-ticket ['iːtɪkɪt] *n* biglietto elettronico
etiquette ['ɛtɪkɛt] *n* etichetta
EU *n abbr* (= *European Union*) UE *f*
euro ['juərəu] *n* (*currency*) euro *m inv*
Europe ['juərəp] *n* Europa; **European** [-'piːən] *adj, n* europeo(-a); **European Community** *n* Comunità Europea; **European Union** *n* Unione *f* europea
Eurostar® ['juərəustɑːʳ] *n* Eurostar® *m inv*
evacuate [ɪ'vækjueɪt] *vt* evacuare
evade [ɪ'veɪd] *vt* (*tax*) evadere; (*duties etc*) sottrarsi a; (*person*) schivare
evaluate [ɪ'væljueɪt] *vt* valutare
evaporate [ɪ'væpəreɪt] *vi* evaporare
eve [iːv] *n* **on the ~ of** alla vigilia di
even ['iːvn] *adj* regolare; (*number*) pari *inv* ▸ *adv* anche, perfino; **~ if, ~ though** anche se; **~ more** ancora di più; **~ so** ciò nonostante; **not ~** nemmeno; **to get ~ with sb** dare la pari a qn
evening ['iːvnɪŋ] *n* sera; (*as duration, event*) serata; **in the ~** la sera; **evening class** *n* corso serale; **evening dress** *n* (*woman's*) abito da sera; **in evening dress** (*man*) in abito scuro; (*woman*) in abito lungo
event [ɪ'vɛnt] *n* avvenimento; (*Sport*) gara; **in the ~ of** in caso di; **eventful** *adj* denso(-a) di eventi
eventual [ɪ'vɛntʃuəl] *adj* finale

> Be careful not to translate **eventual** by the Italian word ***eventuale***.

eventually [ɪ'vɛntʃuəlɪ] *adv* alla fine

> Be careful not to translate **eventually** by the Italian word ***eventualmente***.

ever ['ɛvəʳ] *adv* mai; (*at all times*) sempre; **the best ~** il migliore che ci sia mai stato; **have you ~ seen it?** l'ha mai visto?; **~ since** *adv* da allora ▸ *conj* sin da quando; **~ so pretty** così

bello(-a); **evergreen** *n* sempreverde *m*
every ['ɛvrɪ] *adj* ogni; **~ day** tutti i giorni, ogni giorno; **~ other/third day** ogni due/tre giorni; **~ other car** una macchina su due; **~ now and then** ogni tanto, di quando in quando; **everybody** *pron* = **everyone**; **everyday** *adj* quotidiano(-a); di ogni giorno; **everyone** *pron* ognuno, tutti *pl*; **everything** *pron* tutto, ogni cosa; **everywhere** *adv* (*gen*) dappertutto; (*wherever*) ovunque
evict [ɪ'vɪkt] *vt* sfrattare
evidence ['ɛvɪdns] *n* (*proof*) prova; (*of witness*) testimonianza; (*sign*): **to show ~ of** dare segni di; **to give ~** deporre
evident ['ɛvɪdnt] *adj* evidente; **evidently** *adv* evidentemente
evil ['i:vl] *adj* cattivo(-a), maligno(-a) ▸ *n* male *m*
evoke [ɪ'vəuk] *vt* evocare
evolution [i:və'lu:ʃən] *n* evoluzione *f*
evolve [ɪ'vɔlv] *vt* elaborare ▸ *vi* svilupparsi, evolversi
ewe [ju:] *n* pecora
ex (*inf*) [eks] *n* **my ex** il (la) mio(-a) ex
ex- [ɛks] *prefix* ex
exact [ɪg'zækt] *adj* esatto(-a) ▸ *vt* **to ~ sth (from)** estorcere qc (da); esigere qc (da); **exactly** *adv* esattamente
exaggerate [ɪg'zædʒəreɪt] *vt, vi* esagerare; **exaggeration** [-'reɪʃən] *n* esagerazione *f*
exam [ɪg'zæm] *n abbr* (*Scol*) = **examination**
examination [ɪgzæmɪ'neɪʃən] *n* (*Scol*) esame *m*; (*Med*) controllo
examine [ɪg'zæmɪn] *vt* esaminare; **examiner** *n* esaminatore(-trice)
example [ɪg'za:mpl] *n* esempio; **for ~** ad *or* per esempio
exasperated [ɪg'za:spəreɪtɪd] *adj* esasperato(-a)
excavate ['ɛkskəveɪt] *vt* scavare
exceed [ɪk'si:d] *vt* superare; (*one's powers, time limit*) oltrepassare; **exceedingly** *adv* eccessivamente
excel [ɪk'sɛl] *vi* eccellere ▸ *vt* sorpassare; **to ~ o.s** (*BRIT*) superare se stesso
excellence ['ɛksələns] *n* eccellenza
excellent ['ɛksələnt] *adj* eccellente
except [ɪk'sɛpt] *prep* (*also*: **~ for, ~ing**) salvo, all'infuori di, eccetto ▸ *vt* escludere; **~ if/when** salvo se/quando; **~ that** salvo che; **exception** [ɪk'sɛpʃən] *n* eccezione *f*; **to take exception to** trovare a ridire su; **exceptional** [ɪk'sɛpʃənl] *adj* eccezionale; **exceptionally** [ɪk'sepʃənəlɪ] *adv* eccezionalmente
excerpt ['ɛksə:pt] *n* estratto
excess [ɪk'sɛs] *n* eccesso; **excess baggage** *n* bagaglio in eccedenza; **excessive** *adj* eccessivo(-a)
exchange [ɪks'tʃeɪndʒ] *n* scambio; (*also*: **telephone ~**) centralino ▸ *vt* **to ~ (for)** scambiare (con); **could I ~ this, please?** posso cambiarlo, per favore?; **exchange rate** *n* tasso di cambio
excite [ɪk'saɪt] *vt* eccitare; **to get ~d** eccitarsi; **excited** *adj* **to get excited** essere elettrizzato(-a); **excitement** *n* eccitazione *f*; agitazione *f*; **exciting** *adj* avventuroso(-a); (*film, book*) appassionante
exclaim [ɪk'skleɪm] *vi* esclamare; **exclamation** [ɛksklə'meɪʃən] *n* esclamazione *f*; **exclamation mark** (*US* **exclamation point**) *n* punto esclamativo
exclude [ɪk'sklu:d] *vt* escludere
excluding [ɪk'sklu:dɪŋ] *prep* **~ VAT** IVA esclusa
exclusion [ɪk'sklu:ʒən] *n* esclusione *f*; **to the ~ of** escludendo
exclusive [ɪk'sklu:sɪv] *adj* esclusivo(-a); **~ of VAT** I.V.A. esclusa; **exclusively** *adv* esclusivamente

excruciating [ɪk'skru:ʃɪeɪtɪŋ] *adj* straziante, atroce

excursion [ɪk'skə:ʃən] *n* escursione *f*, gita

excuse [*n* ɪk'skju:s, *vb* ɪk'skju:z] *n* scusa ▸ *vt* scusare; **to ~ sb from** (*activity*) dispensare qn da; **~ me!** mi scusi!; **now, if you will ~ me ...** ora, mi scusi ma ...

ex-directory ['ɛksdɪ'rɛktərɪ] (*BRIT*) *adj* (*Tel*): **to be ~** non essere sull'elenco

execute ['ɛksɪkju:t] *vt* (*prisoner*) giustiziare; (*plan etc*) eseguire; **execution** [ɛksɪ'kju:ʃən] *n* esecuzione *f*

executive [ɪg'zɛkjutɪv] *n* (*Comm*) dirigente *m*; (*Pol*) esecutivo ▸ *adj* esecutivo(-a)

exempt [ɪg'zɛmpt] *adj* esentato(-a) ▸ *vt* **to ~ sb from** esentare qn da

exercise ['ɛksəsaɪz] *n* (*keep fit*) moto; (*Scol, Mil etc*) esercizio ▸ *vt* esercitare; (*patience*) usare; (*dog*) portar fuori ▸ *vi* (*also*: **take ~**) fare del moto; **exercise book** *n* quaderno

exert [ɪg'zə:t] *vt* esercitare; **to ~ o.s.** sforzarsi; **exertion** [-ʃən] *n* sforzo

exhale [ɛks'heɪl] *vt*, *vi* espirare

exhaust [ɪg'zɔ:st] *n* (*also*: **~ fumes**) scappamento; (*also*: **~ pipe**) tubo di scappamento ▸ *vt* esaurire; **exhausted** *adj* esaurito(-a); **exhaustion** [ɪg'zɔ:stʃən] *n* esaurimento; **nervous exhaustion** sovraffaticamento mentale

exhibit [ɪg'zɪbɪt] *n* (*Art*) oggetto esposto; (*Law*) documento *or* oggetto esibito ▸ *vt* esporre; (*courage, skill*) dimostrare; **exhibition** [ɛksɪ'bɪʃən] *n* mostra, esposizione *f*

exhilarating [ɪg'zɪləreɪtɪŋ] *adj* esilarante; stimolante

exile ['ɛksaɪl] *n* esilio; (*person*) esiliato(-a) ▸ *vt* esiliare

exist [ɪg'zɪst] *vi* esistere; **existence** *n* esistenza; **existing** *adj* esistente

exit ['ɛksɪt] *n* uscita ▸ *vi* (*Theatre, Comput*) uscire; **where's the ~?** dov'è l'uscita?; **exit ramp** (*US*) *n* (*Aut*) rampa di uscita

exotic [ɪg'zɔtɪk] *adj* esotico(-a)

expand [ɪk'spænd] *vt* espandere; estendere; allargare ▸ *vi* (*business, gas*) espandersi; (*metal*) dilatarsi

expansion [ɪk'spænʃən] *n* (*gen*) espansione *f*; (*of town, economy*) sviluppo; (*of metal*) dilatazione *f*

expect [ɪk'spɛkt] *vt* (*anticipate*) prevedere, aspettarsi, prevedere *or* aspettarsi che + *sub*; (*require*) richiedere, esigere; (*suppose*) supporre; (*await, also baby*) aspettare ▸ *vi* **to be ~ing** essere in stato interessante; **to ~ sb to do** aspettarsi che qn faccia; **expectation** [ɛkspɛk'teɪʃən] *n* aspettativa; speranza

expedition [ɛkspə'dɪʃən] *n* spedizione *f*

expel [ɪk'spɛl] *vt* espellere

expenditure [ɪk'spɛndɪtʃə^r] *n* spesa

expense [ɪk'spɛns] *n* spesa; (*high cost*) costo; **~s** *npl* (*Comm*) spese *fpl*, indennità *fpl*; **at the ~ of** a spese di; **expense account** *n* conto *m* spese *inv*

expensive [ɪk'spɛnsɪv] *adj* caro(-a), costoso(-a); **it's too ~** è troppo caro

experience [ɪk'spɪərɪəns] *n* esperienza ▸ *vt* (*pleasure*) provare; (*hardship*) soffrire; **experienced** *adj* esperto(-a)

experiment [*n* ɪk'spɛrɪmənt, *vb* ɪk'spɛrɪmɛnt] *n* esperimento, esperienza ▸ *vi* **to ~ (with/on)** fare esperimenti (con/su); **experimental** [ɪkspɛrɪ'mɛntl] *adj* sperimentale; **at the experimental stage** in via di sperimentazione

expert ['ɛkspə:t] *adj*, *n* esperto(-a); **expertise** [-'ti:z] *n* competenza

expire [ɪk'spaɪə^r] *vi* (*period of time, licence*) scadere; **expiry** *n* scadenza; **expiry date** *n* (*of medicine, food item*) data di scadenza

explain [ɪk'spleɪn] *vt* spiegare; **explanation** [ɛksplə'neɪʃən] *n* spiegazione *f*

explicit [ɪk'splɪsɪt] *adj* esplicito(-a)

explode [ɪk'spləud] *vi* esplodere

exploit [*n* 'ɛksplɔɪt, *vb* ɪk'splɔɪt] *n* impresa ▸ *vt* sfruttare; **exploitation** [-'teɪʃən] *n* sfruttamento

explore [ɪk'splɔː^r] *vt* esplorare; (*possibilities*) esaminare; **explorer** *n* esploratore(-trice)

explosion [ɪk'spləuʒən] *n* esplosione *f*; **explosive** [ɪk'spləusɪv] *adj* esplosivo(-a) ▸ *n* esplosivo

export [*vb* ɛk'spɔːt, *n* 'ɛkspɔːt] *vt* esportare ▸ *n* esportazione *f*; articolo di esportazione ▸ *cpd* d'esportazione; **exporter** *n* esportatore *m*

expose [ɪk'spəuz] *vt* esporre; (*unmask*) smascherare; **exposed** *adj* (*position*) esposto(-a); **exposure** [ɪk'spəuʒə^r] *n* esposizione *f*; (*Phot*) posa; (*Med*) assideramento

express [ɪk'sprɛs] *adj* (*definite*) chiaro(-a), espresso(-a); (*BRIT*: *letter etc*) espresso *inv* ▸ *n* (*train*) espresso ▸ *vt* esprimere; **expression** [ɪk'sprɛʃən] *n* espressione *f*; **expressway** (*US*) *n* (*urban motorway*) autostrada che attraversa la città

exquisite [ɛk'skwɪzɪt] *adj* squisito(-a)

extend [ɪk'stɛnd] *vt* (*visit*) protrarre; (*road, deadline*) prolungare; (*building*) ampliare; (*offer*) offrire, porgere ▸ *vi* (*land, period*) estendersi; **extension** [ɪk'stɛnʃən] *n* (*of road, term*) prolungamento; (*of contract, deadline*) proroga; (*building*) annesso; (*to wire, table*) prolunga; (*telephone*) interno; (*: in private house*) apparecchio supplementare; **extension lead** *n* prolunga

extensive [ɪk'stɛnsɪv] *adj* esteso(-a), ampio(-a); (*damage*) su larga scala; (*coverage, discussion*) esauriente; (*use*) grande

extent [ɪk'stɛnt] *n* estensione *f*; **to some ~** fino a un certo punto; **to such an ~ that ...** a un tal punto che ...; **to what ~?** fino a che punto?; **to the ~ of ...** fino al punto di ...

exterior [ɛk'stɪərɪə^r] *adj* esteriore, esterno(-a) ▸ *n* esteriore *m*, esterno; aspetto (esteriore)

external [ɛk'stəːnl] *adj* esterno(-a), esteriore

extinct [ɪk'stɪŋkt] *adj* estinto(-a); **extinction** [ɪk'stɪŋkʃən] *n* estinzione *f*

extinguish [ɪk'stɪŋgwɪʃ] *vt* estinguere

extra ['ɛkstrə] *adj* extra *inv*, supplementare ▸ *adv* (*in addition*) di più ▸ *n* extra *m inv*; (*surcharge*) supplemento; (*Cinema, Theatre*) comparsa

extract [*vb* ɪk'strækt, *n* 'ɛkstrækt] *vt* estrarre; (*money, promise*) strappare ▸ *n* estratto; (*passage*) brano

extradite ['ɛkstrədaɪt] *vt* estradare

extraordinary [ɪk'strɔːdnrɪ] *adj* straordinario(-a)

extravagance [ɪk'strævəgəns] *n* sperpero; stravaganza

extravagant [ɪk'strævəgənt] *adj* (*lavish*) prodigo(-a); (*wasteful*) dispendioso(-a)

> Be careful not to translate **extravagant** by the Italian word ***stravagante***.

extreme [ɪk'striːm] *adj* estremo(-a) ▸ *n* estremo; **extremely** *adv* estremamente

extremist [ɪk'striːmɪst] *adj, n* estremista (*m/f*)

extrovert ['ɛkstrəvəːt] *n* estroverso(-a)

eye [aɪ] *n* occhio; (*of needle*) cruna ▸ *vt*

osservare; **to keep an ~ on** tenere d'occhio; **eyeball** *n* globo dell'occhio; **eyebrow** *n* sopracciglio; **eyedrops** *npl* gocce *fpl* oculari, collirio; **eyelash** *n* ciglio; **eyelid** *n* palpebra; **eyeliner** *n* eye-liner *m inv*; **eyeshadow** *n* ombretto; **eyesight** *n* vista; **eye witness** *n* testimone *m/f* oculare

f

F [ɛf] *n* (*Mus*) fa *m*
fabric ['fæbrɪk] *n* stoffa, tessuto
fabulous ['fæbjuləs] *adj* favoloso(-a); (*super*) favoloso(-a), fantastico(-a)
face [feɪs] *n* faccia, viso, volto; (*expression*) faccia; (*of clock*) quadrante *m*; (*of building*) facciata ▸ *vt* essere di fronte a; (*facts, situation*) affrontare; **~ down** a faccia in giù; **to make** *or* **pull a ~** fare una smorfia; **in the ~ of** (*difficulties etc*) di fronte a; **on the ~ of it** a prima vista; **~ to ~** faccia a faccia ▹ **face up to** *vt fus* affrontare, far fronte a; **face cloth** (*BRIT*) *n* guanto di spugna; **face pack** *n* (*BRIT*) maschera di bellezza
facial ['feɪʃəl] *adj* del viso
facilitate [fə'sɪlɪteɪt] *vt* facilitare
facilities [fə'sɪlɪtɪz] *npl* attrezzature *fpl*; **credit ~** facilitazioni *fpl* di credito
fact [fækt] *n* fatto; **in ~** in effetti
faction ['fækʃən] *n* fazione *f*
factor ['fæktə^r] *n* fattore *m*; **I'd like a ~ 15 suntan lotion** vorrei una crema solare con fattore di protezione 15
factory ['fæktərɪ] *n* fabbrica, stabilimento

Be careful not to translate **factory** by the Italian word ***fattoria***.

factual ['fæktjuəl] *adj* che si attiene ai fatti
faculty ['fækəltɪ] *n* facoltà *f inv*; (*US*) corpo insegnante
fad [fæd] *n* mania; capriccio
fade [feɪd] *vi* sbiadire, sbiadirsi; (*light, sound, hope*) attenuarsi, affievolirsi; (*flower*) appassire ▹ **fade away** *vi* (*sound*) affievolirsi
fag [fæg] (*BRIT*: *inf*) *n* (*cigarette*) cicca
Fahrenheit ['fɑːrənhaɪt] *n* Fahrenheit *m inv*
fail [feɪl] *vt* (*exam*) non superare; (*candidate*) bocciare; (*courage, memory*) mancare a ▸ *vi* fallire; (*student*) essere respinto(-a); (*eyesight, health, light*) venire a mancare; **to ~ to do sth** (*neglect*) mancare di fare qc; (*be unable*) non riuscire a fare qc; **without ~** senza fallo; certamente; **failing** *n* difetto ▸ *prep* in mancanza di; **failure** ['feɪljə^r] *n* fallimento; (*person*) fallito(-a); (*mechanical etc*) guasto
faint [feɪnt] *adj* debole; (*recollection*) vago(-a); (*mark*) indistinto(-a) ▸ *n* (*Med*) svenimento ▸ *vi* svenire; **to feel ~** sentirsi svenire; **faintest** *adj* **I haven't the faintest idea** non ho la più pallida idea; **faintly** *adv* debolmente; vagamente
fair [fɛə^r] *adj* (*person, decision*) giusto(-a), equo(-a); (*quite large, quite good*) discreto(-a); (*hair etc*) biondo(-a); (*skin, complexion*) chiaro(-a); (*weather*) bello(-a), clemente ▸ *adv* (*play*) lealmente ▸ *n* fiera; (*BRIT*: *funfair*) luna park *m inv*; **fairground** *n* luna park *m inv*;

fair-haired [fɛə'hɛəd] *adj* (*person*) biondo(-a); **fairly** *adv* equamente; (*quite*) abbastanza; **fairway** *n* (*Golf*) fairway *m inv*

fairy ['fɛərɪ] *n* fata; **fairy tale** *n* fiaba

faith [feɪθ] *n* fede *f*; (*trust*) fiducia; (*sect*) religione *f*, fede *f*; **faithful** *adj* fedele; **faithfully** *adv* fedelmente; **yours faithfully** (BRIT: *in letters*) distinti saluti

fake [feɪk] *n* imitazione *f*; (*picture*) falso; (*person*) impostore(-a) ▸ *adj* falso(-a) ▸ *vt* (*accounts*) falsificare; (*illness*) fingere; (*painting*) contraffare

falcon ['fɔːlkən] *n* falco, falcone *m*

fall [fɔːl] (*pt* **fell**, *pp* **fallen**) *n* caduta; (*in temperature*) abbassamento; (*in price*) ribasso; (*US: autumn*) autunno ▸ *vi* cadere; (*temperature, price, night*) scendere; **~s** *npl* (*waterfall*) cascate *fpl*; **to ~ flat** (*on one's face*) cadere bocconi; (*joke*) fare cilecca; (*plan*) fallire ▹ **fall apart** *vi* cadere a pezzi ▹ **fall down** *vi* (*person*) cadere; (*building*) crollare ▹ **fall for** *vt fus* (*person*) prendere una cotta per; **to ~ for a trick (***or* **a story** *etc***)** cascarci ▹ **fall off** *vi* cadere; (*diminish*) diminuire, abbassarsi ▹ **fall out** *vi* (*hair, teeth*) cadere; (*friends etc*) litigare ▹ **fall over** *vi* cadere ▹ **fall through** *vi* (*plan, project*) fallire

fallen ['fɔːlən] *pp of* **fall**

fallout ['fɔːlaut] *n* fall-out *m*

false [fɔːls] *adj* falso(-a); **under ~ pretences** con l'inganno; **false alarm** *n* falso allarme *m*; **false teeth** (BRIT) *npl* denti *mpl* finti

fame [feɪm] *n* fama, celebrità

familiar [fə'mɪlɪə^r] *adj* familiare; (*close*) intimo(-a); **to be ~ with** (*subject*) conoscere; **familiarize** [fə'mɪlɪəraɪz] *vt* **to familiarize o.s. with** familiarizzare con

family ['fæmɪlɪ] *n* famiglia; **family doctor** *n* medico di famiglia; **family planning** *n* pianificazione *f* familiare

famine ['fæmɪn] *n* carestia

famous ['feɪməs] *adj* famoso(-a)

fan [fæn] *n* (*folding*) ventaglio; (*Elec*) ventilatore *m*; (*person*) ammiratore(-trice), tifoso(-a) ▸ *vt* far vento a; (*fire, quarrel*) alimentare

fanatic [fə'nætɪk] *n* fanatico(-a)

fan belt *n* cinghia del ventilatore

fan club *n* fan club *m inv*

fancy ['fænsɪ] *n* immaginazione *f*, fantasia; (*whim*) capriccio ▸ *adj* (*hat*) stravagante; (*hotel, food*) speciale ▸ *vt* (*feel like, want*) aver voglia di; (*imagine, think*) immaginare; **to take a ~ to** incapricciarsi di; **he fancies her** (*inf*) gli piace; **fancy dress** *n* costume *m* (per maschera)

fan heater *n* (BRIT) stufa ad aria calda

fantasize ['fæntəsaɪz] *vi* fantasticare, sognare

fantastic [fæn'tæstɪk] *adj* fantastico(-a)

fantasy ['fæntəsɪ] *n* fantasia, immaginazione *f*; fantasticheria; chimera

fanzine ['fænziːn] *n* rivista specialistica (*per appassionati*)

FAQs *abbr* (= *frequently asked questions*) FAQ *fpl*

far [fɑː^r] *adj* lontano(-a) ▸ *adv* lontano; (*much, greatly*) molto; **is it ~ from here?** è molto lontano da qui?; **how ~?** quanto lontano?; (*referring to activity etc*) fino a dove?; **how ~ is the town centre?** quanto dista il centro da qui?; **~ away, ~ off** lontano, distante; **~ better** assai migliore; **~ from** lontano da; **by ~** di gran lunga; **go as ~ as the farm** vada fino alla fattoria; **as ~ as I know** per quel che so

farce [fɑːs] *n* farsa

fare [fɛə^r] *n* (*on trains, buses*) tariffa; (*in taxi*) prezzo della corsa; (*food*) vitto, cibo; **half ~** metà tariffa; **full ~**

tariffa intera
Far East *n* **the ~** l'Estremo Oriente *m*
farewell [fɛə'wɛl] *excl, n* addio
farm [fɑ:m] *n* fattoria, podere *m* ▸ *vt* coltivare; **farmer** *n* coltivatore(-trice), agricoltore(-trice); **farmhouse** *n* fattoria; **farming** *n* (*gen*) agricoltura; (*of crops*) coltivazione *f*; (*of animals*) allevamento; **farmyard** *n* aia
far-reaching [fɑ:'ri:tʃɪŋ] *adj* di vasta portata
fart [fɑ:t] (*inf!*) *vi* scoreggiare (*!*)
farther ['fɑ:ðə^r] *adv* più lontano ▸ *adj* più lontano(-a)
farthest ['fɑ:ðɪst] *superl of* **far**
fascinate ['fæsɪneɪt] *vt* affascinare; **fascinated** *adj* affascinato(-a); **fascinating** *adj* affascinante; **fascination** [-'neɪʃən] *n* fascino
fascist ['fæʃɪst] *adj, n* fascista (*m/f*)
fashion ['fæʃən] *n* moda; (*manner*) maniera, modo ▸ *vt* foggiare, formare; **in ~** alla moda; **out of ~** passato(-a) di moda; **fashionable** *adj* alla moda, di moda; **fashion show** *n* sfilata di moda
fast [fɑ:st] *adj* rapido(-a), svelto(-a), veloce; (*clock*): **to be ~** andare avanti; (*dye, colour*) solido(-a) ▸ *adv* rapidamente; (*stuck, held*) saldamente ▸ *n* digiuno ▸ *vi* digiunare; **~ asleep** profondamente addormentato
fasten ['fɑ:sn] *vt* chiudere, fissare; (*coat*) abbottonare, allacciare ▸ *vi* chiudersi, fissarsi; abbottonarsi, allacciarsi
fast food *n* fast food *m*
fat [fæt] *adj* grasso(-a); (*book, profit etc*) grosso(-a) ▸ *n* grasso
fatal ['feɪtl] *adj* fatale; mortale; disastroso(-a); **fatality** [fə'tælɪtɪ] *n* (*road death etc*) morto(-a), vittima; **fatally** *adv* a morte
fate [feɪt] *n* destino; (*of person*) sorte *f*
father ['fɑ:ðə^r] *n* padre *m*; **Father Christmas** *n* Babbo Natale; **father-in-law** *n* suocero
fatigue [fə'ti:g] *n* stanchezza
fattening ['fætnɪŋ] *adj* (*food*) che fa ingrassare
fatty ['fætɪ] *adj* (*food*) grasso(-a) ▸ *n* (*inf*) ciccione(-a)
faucet ['fɔ:sɪt] (*US*) *n* rubinetto
fault [fɔ:lt] *n* colpa; (*Tennis*) fallo; (*defect*) difetto; (*Geo*) faglia ▸ *vt* criticare; **it's my ~** è colpa mia; **to find ~ with** trovare da ridire su; **at ~** in fallo; **faulty** *adj* difettoso(-a)
fauna ['fɔ:nə] *n* fauna
favour *etc* ['feɪvə^r] (*US* **favor**) *n* favore *m* ▸ *vt* (*proposition*) favorire, essere favorevole a; (*pupil etc*) favorire; (*team, horse*) dare per vincente; **to do sb a ~** fare un favore *or* una cortesia a qn; **to find ~ with** (*person*) entrare nelle buone grazie di; (: *suggestion*) avere l'approvazione di; **in ~ of** in favore di; **favourable** *adj* favorevole; **favourite** [-rɪt] *adj, n* favorito(-a)
fawn [fɔ:n] *n* daino ▸ *adj* (*also*: **~-coloured**) marrone chiaro *inv* ▸ *vi* **to ~ (up)on** adulare servilmente
fax [fæks] *n* (*document*) facsimile *m inv*, telecopia; (*machine*) telecopiatrice *f* ▸ *vt* telecopiare, trasmettere in facsimile
FBI (*US*) *n abbr* (= *Federal Bureau of Investigation*) F.B.I. *f*
fear [fɪə^r] *n* paura, timore *m* ▸ *vt* aver paura di, temere; **for ~ of** per paura di; **fearful** *adj* pauroso(-a); (*sight, noise*) terribile, spaventoso(-a); **fearless** *adj* intrepido(-a), senza paura
feasible ['fi:zəbl] *adj* possibile, realizzabile
feast [fi:st] *n* festa, banchetto; (*Rel*: *also*: **~ day**) festa ▸ *vi* banchettare
feat [fi:t] *n* impresa, fatto insigne
feather ['fɛðə^r] *n* penna

f

feature ['fi:tʃəʳ] *n* caratteristica; (*Press, TV*) articolo ▸ *vt* (*film*) avere come protagonista ▸ *vi* figurare; **~s** *npl* (*of face*) fisionomia; **feature film** *n* film *m inv* principale
Feb. [fɛb] *abbr* (= *February*) feb
February ['fɛbruərı] *n* febbraio
fed [fɛd] *pt, pp of* **feed**
federal ['fɛdərəl] *adj* federale
federation [fɛdə'reıʃən] *n* federazione *f*
fed up *adj* **to be ~** essere stufo(-a)
fee [fi:] *n* pagamento; (*of doctor, lawyer*) onorario; (*for examination*) tassa d'esame; **school ~s** tasse *fpl* scolastiche
feeble ['fi:bl] *adj* debole
feed [fi:d] (*pt, pp* **fed**) *n* (*of baby*) pappa; (*of animal*) mangime *m*; (*on printer*) meccanismo di alimentazione ▸ *vt* nutrire; (*baby*) allattare; (*horse etc*) dare da mangiare a; (*fire, machine*) alimentare; (*data, information*): **to ~ into** inserire in; **feedback** *n* feed-back *m*
feel [fi:l] (*pt, pp* **felt**) *n* consistenza; (*sense of touch*) tatto ▸ *vt* toccare; palpare; tastare; (*cold, pain, anger*) sentire; (*think, believe*): **to ~ (that)** pensare che; **to ~ hungry/cold** aver fame/freddo; **to ~ lonely/better** sentirsi solo/meglio; **I don't ~ well** non mi sento bene; **it ~s soft** è morbido al tatto; **to ~ like** (*want*) aver voglia di; **to ~ about** *or* **around for** cercare a tastoni; **feeling** *n* sensazione *f*; (*emotion*) sentimento
feet [fi:t] *npl of* **foot**
fell [fɛl] *pt of* **fall** ▸ *vt* (*tree*) abbattere
fellow ['fɛləu] *n* individuo, tipo; compagno; (*of learned society*) membro *cpd*; **fellow citizen** *n* concittadino(-a); **fellow countryman** (*irreg*) *n* compatriota *m*; **fellow men** *npl* simili *mpl*; **fellowship** *n* associazione *f*; compagnia; specie di borsa di studio universitaria
felony ['fɛlənı] *n* reato, crimine *m*
felt [fɛlt] *pt, pp of* **feel** ▸ *n* feltro
female ['fi:meıl] *n* (*Zool*) femmina; (*pej: woman*) donna, femmina ▸ *adj* (*Biol, Elec*) femmina *inv*; (*sex, character*) femminile; (*vote etc*) di donne
feminine ['fɛmının] *adj* femminile
feminist ['fɛmınıst] *n* femminista *m/f*
fence [fɛns] *n* recinto ▸ *vt* (*also:* **~ in**) recingere ▸ *vi* (*Sport*) tirare di scherma; **fencing** *n* (*Sport*) scherma
fend [fɛnd] *vi* **to ~ for o.s.** arrangiarsi ▹ **fend off** *vt* (*attack, questions*) respingere, difendersi da
fender ['fɛndəʳ] *n* parafuoco; (*on boat*) parabordo; (*US*) parafango; paraurti *m inv*
fennel ['fɛnl] *n* finocchio
ferment [*vb* fə'mɛnt, *n* 'fə:mɛnt] *vi* fermentare ▸ *n* (*fig*) agitazione *f*, eccitazione *f*
fern [fə:n] *n* felce *f*
ferocious [fə'rəuʃəs] *adj* feroce
ferret ['fɛrıt] *n* furetto
ferry ['fɛrı] *n* (*small*) traghetto; (*large: also:* **~boat**) nave *f* traghetto *inv* ▸ *vt* traghettare
fertile ['fə:taıl] *adj* fertile; (*Biol*) fecondo(-a); **fertilize** ['fə:tılaız] *vt* fertilizzare; fecondare; **fertilizer** ['fə:tılaızə] *n* fertilizzante *m*
festival ['fɛstıvəl] *n* (*Rel*) festa; (*Art, Mus*) festival *m inv*
festive ['fɛstıv] *adj* di festa; **the ~ season** (*BRIT: Christmas*) il periodo delle feste
fetch [fɛtʃ] *vt* andare a prendere; (*sell for*) essere venduto(-a) per
fête [feıt] *n* festa
fetus ['fi:təs] (*US*) *n* = **foetus**
feud [fju:d] *n* contesa, lotta
fever ['fi:vəʳ] *n* febbre *f*; **feverish** *adj* febbrile

few [fju:] *adj* pochi(-e); **a ~** *adj* qualche *inv* ▶ *pron* alcuni(-e); **fewer** *adj* meno *inv*, meno numerosi(-e); **fewest** *adj* il minor numero di
fiancé [fɪ'ɑ̃:ŋseɪ] *n* fidanzato; **fiancée** *n* fidanzata
fiasco [fɪ'æskəu] *n* fiasco
fib [fɪb] *n* piccola bugia
fibre ['faɪbə'] (*US* **fiber**) *n* fibra; **Fibreglass®** ['faɪbəglɑ:s] (*US* **fiberglass**) *n* fibra di vetro
fickle ['fɪkl] *adj* incostante, capriccioso(-a)
fiction ['fɪkʃən] *n* narrativa, romanzi *mpl*; (*sth made up*) finzione *f*; **fictional** *adj* immaginario(-a)
fiddle ['fɪdl] *n* (*Mus*) violino; (*cheating*) imbroglio; truffa ▶ *vt* (*BRIT*: *accounts*) falsificare, falsare ▷ **fiddle with** *vt fus* gingillarsi con
fidelity [fɪ'dɛlɪtɪ] *n* fedeltà; (*accuracy*) esattezza
field [fi:ld] *n* campo; **field marshal** *n* feldmaresciallo
fierce [fɪəs] *adj* (*animal, person, fighting*) feroce; (*loyalty*) assoluto(-a); (*wind*) furioso(-a); (*heat*) intenso(-a)
fifteen [fɪf'ti:n] *num* quindici; **fifteenth** *num* quindicesimo(-a)
fifth [fɪfθ] *num* quinto(-a)
fiftieth ['fɪftɪɪθ] *num* cinquantesimo(-a)
fifty ['fɪftɪ] *num* cinquanta; **fifty-fifty** *adj* **a fifty-fifty chance** una possibilità su due ▶ *adv* fifty-fifty, metà per ciascuno
fig [fɪg] *n* fico
fight [faɪt] (*pt, pp* **fought**) *n* zuffa, rissa; (*Mil*) battaglia, combattimento; (*against cancer etc*) lotta ▶ *vt* (*person*) azzuffarsi con; (*enemy*: *also Mil*) combattere; (*cancer, alcoholism, emotion*) lottare contro, combattere; (*election*) partecipare a ▶ *vi* combattere ▷ **fight back** *vi* difendersi; (*Sport, after illness*) riprendersi ▶ *vt* (*tears*) ricacciare ▷ **fight off** *vt* (*attack, attacker*) respingere; (*disease, sleep, urge*) lottare contro; **fighting** *n* combattimento
figure ['fɪgə'] *n* figura; (*number, cipher*) cifra ▶ *vt* (*think*: *esp US*) pensare ▶ *vi* (*appear*) figurare ▷ **figure out** *vt* riuscire a capire; calcolare
file [faɪl] *n* (*tool*) lima; (*dossier*) incartamento; (*folder*) cartellina; (*Comput*) archivio; (*row*) fila ▶ *vt* (*nails, wood*) limare; (*papers*) archiviare; (*Law*: *claim*) presentare; passare agli atti; **filing cabinet** ['faɪlɪŋ-] *n* casellario
Filipino [fɪlɪ'pi:nəu] *n* filippino(-a); (*Ling*) tagal *m*
fill [fɪl] *vt* riempire; (*job*) coprire ▶ *n* **to eat one's ~** mangiare a sazietà ▷ **fill in** *vt* (*hole*) riempire; (*form*) compilare ▷ **fill out** *vt* (*form, receipt*) riempire ▷ **fill up** *vt* riempire; **~ it up, please** (*Aut*) il pieno, per favore
fillet ['fɪlɪt] *n* filetto; **fillet steak** *n* bistecca di filetto
filling ['fɪlɪŋ] *n* (*Culin*) impasto, ripieno; (*for tooth*) otturazione *f*; **filling station** *n* stazione *f* di rifornimento
film [fɪlm] *n* (*Cinema*) film *m inv*; (*Phot*) pellicola, rullino; (*of powder, liquid*) sottile strato ▶ *vt, vi* girare; **I'd like a 36-exposure ~** vorrei un rullino da 36 pose; **film star** *n* divo(-a) dello schermo
filter ['fɪltə'] *n* filtro ▶ *vt* filtrare; **filter lane** (*BRIT*) *n* (*Aut*) corsia di svincolo
filth [fɪlθ] *n* sporcizia; **filthy** *adj* lordo(-a), sozzo(-a); (*language*) osceno(-a)
fin [fɪn] *n* (*of fish*) pinna
final ['faɪnl] *adj* finale, ultimo(-a); definitivo(-a) ▶ *n* (*Sport*) finale *f*; **~s** *npl* (*Scol*) esami *mpl* finali; **finale** [fɪ'nɑ:lɪ]

n finale *m*; **finalist** ['faɪnəlɪst] *n* (*Sport*) finalista *m/f*; **finalize** ['faɪnəlaɪz] *vt* mettere a punto; **finally** ['faɪnəlɪ] *adv* (*lastly*) alla fine; (*eventually*) finalmente

finance [faɪ'næns] *n* finanza; (*capital*) capitale *m* ▸ *vt* finanziare; **~s** *npl* (*funds*) finanze *fpl*; **financial** [faɪ'nænʃəl] *adj* finanziario(-a); **financial year** *n* anno finanziario, esercizio finanziario

find [faɪnd] (*pt, pp* **found**) *vt* trovare; (*lost object*) ritrovare ▸ *n* trovata, scoperta; **to ~ sb guilty** (*Law*) giudicare qn colpevole ▹ **find out** *vt* (*truth, secret*) scoprire; (*person*) cogliere in fallo; **to ~ out about** informarsi su; (*by chance*) scoprire; **findings** *npl* (*Law*) sentenza, conclusioni *fpl*; (*of report*) conclusioni

fine [faɪn] *adj* bello(-a); ottimo(-a); (*thin, subtle*) fine ▸ *adv* (*well*) molto bene ▸ *n* (*Law*) multa ▸ *vt* (*Law*) multare; **to be ~** (*person*) stare bene; (*weather*) far bello; **fine arts** *npl* belle arti *fpl*

finger ['fɪŋgə^r] *n* dito ▸ *vt* toccare, tastare; **little/index ~** mignolo/(dito) indice *m*; **fingernail** *n* unghia; **fingerprint** *n* impronta digitale; **fingertip** *n* punta del dito

finish ['fɪnɪʃ] *n* fine *f*; (*polish etc*) finitura ▸ *vt, vi* finire; **when does the show ~?** quando finisce lo spettacolo?; **to ~ doing sth** finire di fare qc; **to ~ third** arrivare terzo(-a) ▹ **finish off** *vt* compiere; (*kill*) uccidere ▹ **finish up** *vi, vt* finire

Finland ['fɪnlənd] *n* Finlandia; **Finn** [fɪn] *n* finlandese *m/f*; **Finnish** *adj* finlandese ▸ *n* (*Ling*) finlandese *m*

fir [fə:^r] *n* abete *m*

fire [faɪə^r] *n* fuoco; (*destructive*) incendio; (*gas fire, electric fire*) stufa ▸ *vt* (*gun*) far fuoco con; (*arrow*) sparare; (*fig*) infiammare; (*inf: dismiss*) licenziare ▸ *vi* sparare, far fuoco; **~!** al fuoco!; **on ~** in fiamme; **fire alarm** *n* allarme *m* d'incendio; **firearm** *n* arma da fuoco; **fire brigade** [-brɪ'geɪd] (*US* **fire department**) *n* (corpo dei) pompieri *mpl*; **fire engine** *n* autopompa; **fire escape** *n* scala di sicurezza; **fire exit** *n* uscita di sicurezza; **fire extinguisher** [-ɪk'stɪŋgwɪʃə^r] *n* estintore *m*; **fireman** (*irreg*) *n* pompiere *m*; **fireplace** *n* focolare *m*; **fire station** *n* caserma dei pompieri; **firetruck** (*US*) *n* = **fire engine**; **firewall** *n* (*Internet*) firewall *m inv*; **firewood** *n* legna; **fireworks** *npl* fuochi *mpl* d'artificio

firm [fə:m] *adj* fermo(-a) ▸ *n* ditta, azienda; **firmly** *adv* fermamente

first [fə:st] *adj* primo(-a) ▸ *adv* (*before others*) il primo, la prima; (*before other things*) per primo; (*when listing reasons etc*) per prima cosa ▸ *n* (*person: in race*) primo(-a); (*BRIT Scol*) laurea con lode; (*Aut*) prima; **at ~** dapprima, all'inizio; **~ of all** prima di tutto; **first aid** *n* pronto soccorso; **first-aid kit** *n* cassetta pronto soccorso; **first-class** *adj* di prima classe; **first-hand** *adj* di prima mano; **first lady** (*US*) *n* moglie *f* del presidente; **firstly** *adv* in primo luogo; **first name** *n* prenome *m*; **first-rate** *adj* di prima qualità, ottimo(-a)

fiscal ['fɪskəl] *adj* fiscale; **fiscal year** *n* anno fiscale

fish [fɪʃ] *n inv* pesce *m* ▸ *vt* (*river, area*) pescare in ▸ *vi* pescare; **to go ~ing** andare a pesca; **fish and chip shop** *n see* **chip shop**; **fisherman** (*irreg*) *n* pescatore *m*; **fish fingers** (*BRIT*) *npl* bastoncini *mpl* di pesce (surgelati); **fishing** *n* pesca; **fishing boat** *n* barca da pesca; **fishing line** *n* lenza; **fishmonger** *n* pescivendolo; **fishmonger's (shop)** *n* pescheria;

fish sticks (*US*) *npl* = **fish fingers**;
fishy (*inf*) *adj* (*tale, story*) sospetto(-a)
fist [fɪst] *n* pugno
fit [fɪt] *adj* (*Med, Sport*) in forma; (*proper*) adatto(-a), appropriato(-a); conveniente ▸ *vt* (*clothes*) stare bene a; (*put in, attach*) mettere; installare; (*equip*) fornire, equipaggiare ▸ *vi* (*clothes*) stare bene; (*parts*) andare bene, adattarsi; (*in space, gap*) entrare ▸ *n* (*Med*) accesso, attacco; **~ to** in grado di; **~ for** adatto(-a) a, degno(-a) di; **a ~ of anger** un accesso d'ira; **this dress is a good ~** questo vestito sta bene; **by ~s and starts** a sbalzi ▹ **fit in** *vi* accordarsi; adattarsi; **fitness** *n* (*Med*) forma fisica; **fitted** *adj* **fitted cupboards** armadi *mpl* a muro; **fitted carpet** moquette *f inv*; **fitted kitchen** (*BRIT*) cucina componibile; **fitting** *adj* appropriato(-a) ▸ *n* (*of dress*) prova; (*of piece of equipment*) montaggio, aggiustaggio; **fitting room** *n* camerino; **fittings** *npl* (*in building*) impianti *mpl*
five [faɪv] *num* cinque; **fiver** (*inf*) *n* (*BRIT*) biglietto da cinque sterline; (*US*) biglietto da cinque dollari
fix [fɪks] *vt* fissare; (*mend*) riparare; (*meal, drink*) preparare ▸ *n* **to be in a ~** essere nei guai ▹ **fix up** *vt* (*meeting*) fissare; **to ~ sb up with sth** procurare qc a qn; **fixed** [fɪkst] *adj* (*prices etc*) fisso(-a); **fixture** ['fɪkstʃə^r] *n* impianto (fisso); (*Sport*) incontro (del calendario sportivo)
fizzy ['fɪzɪ] *adj* frizzante; gassato(-a)
flag [flæg] *n* bandiera; (*also*: **~stone**) pietra da lastricare ▸ *vi* stancarsi; affievolirsi; **flagpole** ['flægpəul] *n* albero
flair [flɛə^r] *n* (*for business etc*) fiuto; (*for languages etc*) facilità; (*style*) stile *m*
flak [flæk] *n* (*Mil*) fuoco d'artiglieria; (*inf: criticism*) critiche *fpl*
flake [fleɪk] *n* (*of rust, paint*) scaglia; (*of snow, soap powder*) fiocco ▸ *vi* (*also*: **~ off**) sfaldarsi
flamboyant [flæm'bɔɪənt] *adj* sgargiante
flame [fleɪm] *n* fiamma
flamingo [flə'mɪŋgəu] *n* fenicottero, fiammingo
flammable ['flæməbl] *adj* infiammabile
flan [flæn] (*BRIT*) *n* flan *m inv*
flank [flæŋk] *n* fianco ▸ *vt* fiancheggiare
flannel ['flænl] *n* (*BRIT*: *also*: **face ~**) guanto di spugna; (*fabric*) flanella
flap [flæp] *n* (*of pocket*) patta; (*of envelope*) lembo ▸ *vt* (*wings*) battere ▸ *vi* (*sail, flag*) sbattere; (*inf*: *also*: **be in a ~**) essere in agitazione
flare [flɛə^r] *n* razzo; (*in skirt etc*) svasatura; **~s** (*trousers*) pantaloni *mpl* a zampa d'elefante ▹ **flare up** *vi* andare in fiamme; (*fig*: *person*) infiammarsi di rabbia; (: *revolt*) scoppiare
flash [flæʃ] *n* vampata; (*also*: **news ~**) notizia *f* lampo *inv*; (*Phot*) flash *m inv* ▸ *vt* accendere e spegnere; (*send*: *message*) trasmettere; (: *look, smile*) lanciare ▸ *vi* brillare; (*light on ambulance, eyes etc*) lampeggiare; **in a ~** in un lampo; **to ~ one's headlights** lampeggiare; **he ~ed by** *or* **past** ci passò davanti come un lampo; **flashback** *n* flashback *m inv*; **flashbulb** *n* cubo *m* flash *inv*; **flashlight** *n* lampadina tascabile
flask [flɑːsk] *n* fiasco; (*also*: **vacuum ~**) Thermos® *m inv*
flat [flæt] *adj* piatto(-a); (*tyre*) sgonfio(-a), a terra; (*battery*) scarico(-a); (*beer*) svampito(-a); (*denial*) netto(-a); (*Mus*) bemolle *inv*; (: *voice*) stonato(-a); (*rate, fee*) unico(-a) ▸ *n* (*BRIT*: *rooms*)

appartamento; (*Aut*) pneumatico sgonfio; (*Mus*) bemolle *m*; **to work ~ out** lavorare a più non posso; **flatten** *vt* (*also*: **flatten out**) appiattire; (*building, city*) spianare

flatter ['flætəʳ] *vt* lusingare; **flattering** *adj* lusinghiero(-a); (*dress*) che dona

flaunt [flɔːnt] *vt* fare mostra di

flavour *etc* ['fleɪvəʳ] (*US* **flavor**) *n* gusto ▸ *vt* insaporire, aggiungere sapore a; **what ~s do you have?** che gusti avete?; **strawberry-~ed** al gusto di fragola; **flavouring** *n* essenza (artificiale)

flaw [flɔː] *n* difetto; **flawless** *adj* senza difetti

flea [fliː] *n* pulce *f*; **flea market** *n* mercato delle pulci

flee [fliː] (*pt, pp* **fled**) *vt* fuggire da ▸ *vi* fuggire, scappare

fleece [fliːs] *n* vello ▸ *vt* (*inf*) pelare

fleet [fliːt] *n* flotta; (*of lorries etc*) convoglio; parco

fleeting ['fliːtɪŋ] *adj* fugace, fuggitivo(-a); (*visit*) volante

Flemish ['flɛmɪʃ] *adj* fiammingo(-a)

flesh [flɛʃ] *n* carne *f*; (*of fruit*) polpa

flew [fluː] *pt of* **fly**

flex [flɛks] *n* filo (flessibile) ▸ *vt* flettere; (*muscles*) contrarre; **flexibility** *n* flessibilità; **flexible** *adj* flessibile; **flexitime** ['flɛksɪtaɪm] *n* orario flessibile

flick [flɪk] *n* colpetto; scarto ▸ *vt* dare un colpetto a ▹ **flick through** *vt fus* sfogliare

flicker ['flɪkəʳ] *vi* tremolare

flies [flaɪz] *npl of* **fly**

flight [flaɪt] *n* volo; (*escape*) fuga; (*also*: **~ of steps**) scalinata; **flight attendant** (*US*) *n* steward *m inv*, hostess *f inv*

flimsy ['flɪmzɪ] *adj* (*shoes, clothes*) leggero(-a); (*building*) poco solido(-a); (*excuse*) che non regge

flinch [flɪntʃ] *vi* ritirarsi; **to ~ from** tirarsi indietro di fronte a

fling [flɪŋ] (*pt, pp* **flung**) *vt* lanciare, gettare

flint [flɪnt] *n* selce *f*; (*in lighter*) pietrina

flip [flɪp] *vt* (*switch*) far scattare; (*coin*) lanciare in aria

flip-flops ['flɪpflɔps] *npl* (*esp BRIT*: *sandals*) infradito *mpl*

flipper ['flɪpəʳ] *n* pinna

flirt [fləːt] *vi* flirtare ▸ *n* civetta

float [fləut] *n* galleggiante *m*; (*in procession*) carro; (*money*) somma ▸ *vi* galleggiare

flock [flɔk] *n* (*of sheep, Rel*) gregge *m*; (*of birds*) stormo ▸ *vi* **to ~ to** accorrere in massa a

flood [flʌd] *n* alluvione *m*; (*of letters etc*) marea ▸ *vt* allagare; (*people*) invadere ▸ *vi* (*place*) allagarsi; (*people*): **to ~ into** riversarsi in; **flooding** *n* inondazione *f*; **floodlight** *n* riflettore *m* ▸ *vt* illuminare a giorno

floor [flɔːʳ] *n* pavimento; (*storey*) piano; (*of sea, valley*) fondo ▸ *vt* (*blow*) atterrare; (*: question*) ridurre al silenzio; **which ~ is it on?** a che piano si trova?; **ground ~** (*BRIT*), **first ~** (*US*) pianterreno; **first ~** (*BRIT*), **second ~** (*US*) primo piano; **floorboard** *n* tavellone *m* di legno; **flooring** *n* (*floor*) pavimento; (*material*) materiale *m* per pavimentazioni; **floor show** *n* spettacolo di varietà

flop [flɔp] *n* fiasco ▸ *vi* far fiasco; (*fall*) lasciarsi cadere; **floppy** ['flɔpɪ] *adj* floscio(-a), molle

floral ['flɔːrl] *adj* floreale

Florence ['flɔrəns] *n* Firenze *f*

Florentine ['flɔrəntaɪn] *adj* fiorentino(-a)

florist ['flɔrɪst] *n* fioraio(-a); **florist's (shop)** *n* fioraio(-a)

flotation [fləu'teɪʃən] *n* (*Comm*) lancio

flour ['flauəʳ] *n* farina
flourish ['flʌrɪʃ] *vi* fiorire ▸ *n* (*bold gesture*): **with a ~** con ostentazione
flow [fləu] *n* flusso; circolazione *f* ▸ *vi* fluire; (*traffic, blood in veins*) circolare; (*hair*) scendere
flower ['flauəʳ] *n* fiore *m* ▸ *vi* fiorire; **flower bed** *n* aiuola; **flowerpot** *n* vaso da fiori
flown [fləun] *pp of* **fly**
fl. oz. *abbr* = **fluid ounce**
flu [flu:] *n* influenza
fluctuate ['flʌktjueɪt] *vi* fluttuare, oscillare
fluent ['flu:ənt] *adj* (*speech*) facile, sciolto(-a); corrente; **he speaks ~ Italian, he's ~ in Italian** parla l'italiano correntemente
fluff [flʌf] *n* lanugine *f*; **fluffy** *adj* lanuginoso(-a); (*toy*) di peluche
fluid ['flu:ɪd] *adj* fluido(-a) ▸ *n* fluido; **fluid ounce** *n* (*BRIT*) = 0.028 *l*; 0.05 *pints*
fluke [flu:k] (*inf*) *n* colpo di fortuna
flung [flʌŋ] *pt, pp of* **fling**
fluorescent [fluə'rɛsnt] *adj* fluorescente
fluoride ['fluəraɪd] *n* fluoruro
flurry ['flʌrɪ] *n* (*of snow*) tempesta; **a ~ of activity** uno scoppio di attività
flush [flʌʃ] *n* rossore *m*; (*fig*: *of youth, beauty etc*) rigoglio, pieno vigore ▸ *vt* ripulire con un getto d'acqua ▸ *vi* arrossire ▸ *adj* **~ with** a livello di, pari a; **to ~ the toilet** tirare l'acqua
flute [flu:t] *n* flauto
flutter ['flʌtəʳ] *n* agitazione *f*; (*of wings*) battito ▸ *vi* (*bird*) battere le ali
fly [flaɪ] (*pt* **flew**, *pp* **flown**) *n* (*insect*) mosca; (*on trousers*: *also*: **flies**) chiusura ▸ *vt* pilotare; (*passengers, cargo*) trasportare (in aereo); (*distances*) percorrere ▸ *vi* volare; (*passengers*) andare in aereo; (*escape*) fuggire; (*flag*) sventolare ▹ **fly away** *vi* volar via; **fly-drive** *n* **fly-drive holiday** fly and drive *m inv*; **flying** *n* (*activity*) aviazione *f*; (*action*) volo ▸ *adj* **flying visit** visita volante; **with flying colours** con risultati brillanti; **flying saucer** *n* disco volante; **flyover** (*BRIT*) *n* (*bridge*) cavalcavia *m inv*
FM *abbr* (= *frequency modulation*) FM
foal [fəul] *n* puledro
foam [fəum] *n* schiuma; (*also*: **~ rubber**) gommapiuma® ▸ *vi* schiumare; (*soapy water*) fare la schiuma
focus ['fəukəs] (*pl* **focuses**) *n* fuoco; (*of interest*) centro ▸ *vt* (*field glasses etc*) mettere a fuoco ▸ *vi* **to ~ on** (*with camera*) mettere a fuoco; (*person*) fissare lo sguardo su; **in ~** a fuoco; **out of ~** sfocato(-a)
foetus ['fi:təs] (*US* **fetus**) *n* feto
fog [fɔg] *n* nebbia; **foggy** *adj* **it's foggy** c'è nebbia; **fog lamp** (*US* **fog light**) *n* (*Aut*) faro *m* antinebbia *inv*
foil [fɔɪl] *vt* confondere, frustrare ▸ *n* lamina di metallo; (*kitchen foil*) foglio di alluminio; (*Fencing*) fioretto; **to act as a ~ to** (*fig*) far risaltare
fold [fəuld] *n* (*bend, crease*) piega; (*Agr*) ovile *m*; (*fig*) gregge *m* ▸ *vt* piegare; (*arms*) incrociare ▹ **fold up** *vi* (*map, bed, table*) piegarsi; (*business*) crollare ▸ *vt* (*map etc*) piegare, ripiegare; **folder** *n* (*for papers*) cartella; cartellina; **folding** *adj* (*chair, bed*) pieghevole
foliage ['fəulɪɪdʒ] *n* fogliame *m*
folk [fəuk] *npl* gente *f* ▸ *adj* popolare; **~s** *npl* (*family*) famiglia; **folklore** ['fəuklɔ:ʳ] *n* folclore *m*; **folk music** *n* musica folk *inv*; **folk song** *n* canto popolare
follow ['fɔləu] *vt* seguire ▸ *vi* seguire; (*result*) conseguire, risultare; **to ~ suit** fare lo stesso ▹ **follow up** *vt* (*letter, offer*) fare seguito a; (*case*)

seguire; **follower** *n* seguace *m/f*, discepolo(-a); **following** *adj* seguente ▶ *n* seguito, discepoli *mpl*; **follow-up** *n* seguito

fond [fɔnd] *adj* (*memory, look*) tenero(-a), affettuoso(-a); **to be ~ of sb** volere bene a qn; **he's ~ of walking** gli piace fare camminate

food [fu:d] *n* cibo; **food mixer** *n* frullatore *m*; **food poisoning** *n* intossicazione *f*; **food processor** [-'prəusɛsə] *n* tritatutto *m inv* elettrico; **food stamp** (*US*) *n buono alimentare dato agli indigenti*

fool [fu:l] *n* sciocco(-a); (*Culin*) frullato ▶ *vt* ingannare ▶ *vi* (*gen*: *fool around*) fare lo sciocco ▷ **fool about, fool around** *vi* (*waste time*) perdere tempo; **foolish** *adj* scemo(-a), stupido(-a); imprudente; **foolproof** *adj* (*plan etc*) sicurissimo(-a)

foot [fut] (*pl* **feet**) *n* piede *m*; (*measure*) piede (= 304 *mm*; 12 *inches*); (*of animal*) zampa ▶ *vt* (*bill*) pagare; **on ~** a piedi; **footage** *n* (*Cinema*: *length*) ≈ metraggio; (: *material*) sequenza; **foot-and-mouth (disease)** [futə nd'mauθ-] *n* afta epizootica; **football** *n* pallone *m*; (*sport*: *BRIT*) calcio; (: *US*) football *m* americano; **footballer** *n* (*BRIT*) = **football player**; **football match** *n* (*BRIT*) partita di calcio; **football player** *n* (*BRIT*: *also*: **footballer**) calciatore *m*; (*US*) giocatore *m* di football americano; **footbridge** *n* passerella; **foothills** *npl* contrafforti *fpl*; **foothold** *n* punto d'appoggio; **footing** *n* (*fig*) posizione *f*; **to lose one's footing** mettere un piede in fallo; **footnote** *n* nota (a piè di pagina); **footpath** *n* sentiero; (*in street*) marciapiede *m*; **footprint** *n* orma, impronta; **footstep** *n* passo; (*footprint*) orma, impronta; **footwear** *n* calzatura

for

[fɔ:ʳ] *prep*

1 (*indicating destination, intention, purpose*) per; **the train for London** il treno per Londra; **he went for the paper** è andato a prendere il giornale; **it's time for lunch** è ora di pranzo; **what's it for?** a che serve?; **what for?** (*why*) perché?

2 (*on behalf of, representing*) per; **to work for sb/sth** lavorare per qn/qc; **I'll ask him for you** glielo chiederò a nome tuo; **G for George** G come George

3 (*because of*) per, a causa di; **for this reason** per questo motivo

4 (*with regard to*) per; **it's cold for July** è freddo per luglio; **for everyone who voted yes, 50 voted no** per ogni voto a favore ce n'erano 50 contro

5 (*in exchange for*) per; **I sold it for £5** l'ho venduto per 5 sterline

6 (*in favour of*) per, a favore di; **are you for or against us?** è con noi o contro di noi?; **I'm all for it** sono completamente a favore

7 (*referring to distance, time*) per; **there are roadworks for 5 km** ci sono lavori in corso per 5 km; **he was away for 2 years** è stato via per 2 anni; **she will be away for a month** starà via un mese; **it hasn't rained for 3 weeks** non piove da 3 settimane; **can you do it for tomorrow?** può farlo per domani?

8 (*with infinitive clauses*): **it is not for me to decide** non sta a me decidere; **it would be best for you to leave** sarebbe meglio che lei se ne andasse; **there is still time for you to do it** ha ancora tempo per farlo; **for this to be possible ...** perché ciò sia possibile ...

9 (*in spite of*) nonostante; **for all his complaints, he's very fond of her** nonostante tutte le sue lamentele, le vuole molto bene

▶ *conj* (*since, as*: *rather formal*) dal momento che, poiché

forbid [fəˈbɪd] (*pt* **forbad(e)**, *pp* **forbidden**) *vt* vietare, interdire; **to ~ sb to do sth** proibire a qn di fare qc; **forbidden** *pt of* **forbid** ▸ *adj* (*food*) proibito(-a); (*area, territory*) vietato(-a); (*word, subject*) tabù *inv*

force [fɔːs] *n* forza ▸ *vt* forzare; **forced** *adj* forzato(-a); **forceful** *adj* forte, vigoroso(-a)

ford [fɔːd] *n* guado

fore [fɔː[r]] *n* **to come to the ~** mettersi in evidenza; **forearm** [ˈfɔːrɑːm] *n* avambraccio; **forecast** [ˈfɔːkɑːst] (*irreg: like* **cast**) *n* previsione *f* ▸ *vt* prevedere; **forecourt** [ˈfɔːkɔːt] *n* (*of garage*) corte *f* esterna; **forefinger** [ˈfɔːfɪŋgə[r]] *n* (dito) indice *m*; **forefront** [ˈfɔːfrʌnt] *n* **in the forefront of** all'avanguardia in; **foreground** [ˈfɔːgraund] *n* primo piano; **forehead** [ˈfɔrɪd] *n* fronte *f*

foreign [ˈfɔrɪn] *adj* straniero(-a); (*trade*) estero(-a); (*object, matter*) estraneo(-a); **foreign currency** *n* valuta estera; **foreigner** *n* straniero(-a); **foreign exchange** *n* cambio con l'estero; (*currency*) valuta estera; **Foreign Office** (*BRIT*) *n* Ministero degli Esteri; **Foreign Secretary** (*BRIT*) *n* ministro degli Affari esteri

fore: **foreman** [ˈfɔːmən] (*irreg*) *n* caposquadra *m*; **foremost** *adj* principale; più in vista ▸ *adv* **first and foremost** innanzitutto; **forename** *n* nome *m* di battesimo

forensic [fəˈrɛnsɪk] *adj* **~ medicine** medicina legale

foresee [fɔːˈsiː] (*irreg: like* **see**) *vt* prevedere; **foreseeable** *adj* prevedibile

forest [ˈfɔrɪst] *n* foresta; **forestry** [ˈfɔrɪstrɪ] *n* silvicoltura

forever [fəˈrɛvə[r]] *adv* per sempre; (*endlessly*) sempre, di continuo

foreword [ˈfɔːwəːd] *n* prefazione *f*

forfeit [ˈfɔːfɪt] *vt* perdere; (*one's happiness, health*) giocarsi

forgave [fəˈgeɪv] *pt of* **forgive**

forge [fɔːdʒ] *n* fucina ▸ *vt* (*signature, money*) contraffare, falsificare; (*wrought iron*) fucinare, foggiare; **forger** *n* contraffattore *m*; **forgery** *n* falso; (*activity*) contraffazione *f*

forget [fəˈgɛt] (*pt* **forgot**, *pp* **forgotten**) *vt, vi* dimenticare; **I've forgotten my key/passport** ho dimenticato la chiave/il passaporto; **forgetful** *adj* di corta memoria; **forgetful of** dimentico(-a) di

forgive [fəˈgɪv] (*pt* **forgave**, *pp* **forgiven**) *vt* perdonare; **to ~ sb for sth** perdonare qc a qn

forgot [fəˈgɔt] *pt of* **forget**

forgotten [fəˈgɔtn] *pp of* **forget**

fork [fɔːk] *n* (*for eating*) forchetta; (*for gardening*) forca; (*of roads, rivers, railways*) biforcazione *f* ▸ *vi* (*road etc*) biforcarsi

forlorn [fəˈlɔːn] *adj* (*person*) sconsolato(-a); (*place*) abbandonato(-a); (*attempt*) disperato(-a); (*hope*) vano(-a)

form [fɔːm] *n* forma; (*Scol*) classe *f*; (*questionnaire*) scheda ▸ *vt* formare; **in top ~** in gran forma

formal [ˈfɔːməl] *adj* formale; (*gardens*) simmetrico(-a), regolare; **formality** [fɔːˈmælɪtɪ] *n* formalità *f inv*

format [ˈfɔːmæt] *n* formato ▸ *vt* (*Comput*) formattare

formation [fɔːˈmeɪʃən] *n* formazione *f*

former [ˈfɔːmə[r]] *adj* vecchio(-a); (*before n*) ex *inv* (*before n*); **the ~ ... the latter** quello ... questo; **formerly** *adv* in passato

formidable [ˈfɔːmɪdəbl] *adj* formidabile

formula [ˈfɔːmjulə] *n* formula

fort [fɔːt] *n* forte *m*

forthcoming [fɔːθ'kʌmɪŋ] *adj* (*event*) prossimo(-a); (*help*) disponibile; (*character*) aperto(-a), comunicativo(-a)
fortieth ['fɔːtɪɪθ] *num* quarantesimo(-a)
fortify ['fɔːtɪfaɪ] *vt* (*city*) fortificare; (*person*) armare
fortnight ['fɔːtnaɪt] (*BRIT*) *n* quindici giorni *mpl*, due settimane *fpl*; **fortnightly** *adj* bimensile ▸ *adv* ogni quindici giorni
fortress ['fɔːtrɪs] *n* fortezza, rocca
fortunate ['fɔːtʃənɪt] *adj* fortunato(-a); **it is ~ that** è una fortuna che; **fortunately** *adv* fortunatamente
fortune ['fɔːtʃən] *n* fortuna; **fortune-teller** *n* indovino(-a)
forty ['fɔːtɪ] *num* quaranta
forum ['fɔːrəm] *n* foro
forward ['fɔːwəd] *adj* (*ahead of schedule*) in anticipo; (*movement, position*) in avanti; (*not shy*) aperto(-a), diretto(-a) ▸ *n* (*Sport*) avanti *m inv* ▸ *vt* (*letter*) inoltrare; (*parcel, goods*) spedire; (*career, plans*) promuovere, appoggiare; **to move ~** avanzare; **forwarding address** *n nuovo recapito cui spedire la posta*; **forward(s)** *adv* avanti; **forward slash** *n* barra obliqua
fossil ['fɔsl] *adj* fossile ▸ *n* fossile *m*
foster ['fɔstə^r^] *vt* incoraggiare, nutrire; (*child*) avere in affidamento; **foster child** *n* bambino(-a) preso(-a) in affidamento; **foster mother** *n* madre *f* affidataria
fought [fɔːt] *pt, pp of* **fight**
foul [faul] *adj* (*smell, food, temper etc*) cattivo(-a); (*weather*) brutto(-a); (*language*) osceno(-a) ▸ *n* (*Sport*) fallo ▸ *vt* sporcare; **foul play** *n* (*Law*): **the police suspect foul play** la polizia sospetta un atto criminale
found [faund] *pt, pp of* **find** ▸ *vt* (*establish*) fondare; **foundation** [-'deɪʃən] *n* (*act*) fondazione *f*; (*base*) base *f*; (*also*: **foundation cream**) fondo tinta; **foundations** *npl* (*of building*) fondamenta *fpl*
founder ['faundə^r^] *n* fondatore(-trice) ▸ *vi* affondare
fountain ['fauntɪn] *n* fontana; **fountain pen** *n* penna stilografica
four [fɔː^r^] *num* quattro; **on all ~s** a carponi; **four-letter word** ['fɔːlɛtə-] *n* parolaccia; **four-poster** *n* (*also*: **four-poster bed**) letto a quattro colonne; **fourteen** *num* quattordici; **fourteenth** *num* quattordicesimo(-a); **fourth** *num* quarto(-a); **four-wheel drive** ['fɔːwiːl-] *n* (*Aut*): **with four-wheel drive** con quattro ruote motrici
fowl [faul] *n* pollame *m*; volatile *m*
fox [fɔks] *n* volpe *f* ▸ *vt* confondere
foyer ['fɔɪeɪ] *n* atrio; (*Theatre*) ridotto
fraction ['frækʃən] *n* frazione *f*
fracture ['fræktʃə^r^] *n* frattura
fragile ['frædʒaɪl] *adj* fragile
fragment ['frægmənt] *n* frammento
fragrance ['freɪgrəns] *n* fragranza, profumo
frail [freɪl] *adj* debole, delicato(-a)
frame [freɪm] *n* (*of building*) armatura; (*of human, animal*) ossatura, corpo; (*of picture*) cornice *f*; (*of door, window*) telaio; (*of spectacles*: *also*: **~s**) montatura ▸ *vt* (*picture*) incorniciare; **framework** *n* struttura
France [frɑːns] *n* Francia
franchise ['fræntʃaɪz] *n* (*Pol*) diritto di voto; (*Comm*) concessione *f*
frank [fræŋk] *adj* franco(-a), aperto(-a) ▸ *vt* (*letter*) affrancare; **frankly** *adv* francamente, sinceramente
frantic ['fræntɪk] *adj* frenetico(-a)
fraud [frɔːd] *n* truffa; (*Law*) frode *f*; (*person*) impostore(-a)

fraught [frɔ:t] *adj* ~ **with** pieno(-a) di, intriso(-a) da
fray [freɪ] *vt* logorare ▸ *vi* logorarsi
freak [fri:k] *n* fenomeno, mostro
freckle ['frɛkl] *n* lentiggine *f*
free [fri:] *adj* libero(-a); (*gratis*) gratuito(-a) ▸ *vt* (*prisoner, jammed person*) liberare; (*jammed object*) districare; **is this seat ~?** è libero questo posto?; **~ of charge, for ~** gratuitamente; **freedom** ['fri:dəm] *n* libertà; **Freefone®** *n* numero verde; **free gift** *n* regalo, omaggio; **free kick** *n* calcio libero; **freelance** *adj* indipendente; **freely** *adv* liberamente; (*liberally*) liberalmente; **Freepost®** *n* affrancatura a carico del destinatario; **free-range** *adj* (*hen*) ruspante; (*eggs*) di gallina ruspante; **freeway** (*US*) *n* superstrada; **free will** *n* libero arbitrio; **of one's own free will** di spontanea volontà
freeze [fri:z] (*pt* **froze**, *pp* **frozen**) *vi* gelare ▸ *vt* gelare; (*food*) congelare; (*prices, salaries*) bloccare ▸ *n* gelo; blocco; **freezer** *n* congelatore *m*; **freezing** ['fri:zɪŋ] *adj* (*wind, weather*) gelido(-a); **freezing point** *n* punto di congelamento; **3 degrees below freezing point** 3 gradi sotto zero
freight [freɪt] *n* (*goods*) merce *f*, merci *fpl*; (*money charged*) spese *fpl* di trasporto; **freight train** (*US*) *n* treno *m* merci *inv*
French [frɛntʃ] *adj* francese ▸ *n* (*Ling*) francese *m*; **the ~** *npl* i Francesi; **French bean** *n* fagiolino; **French bread** *n* baguette *f inv*; **French dressing** *n* (*Culin*) condimento per insalata; **French fried potatoes** (*US* **French fries**) *npl* patate *fpl* fritte; **Frenchman** (*irreg*) *n* francese *m*; **French stick** *n* baguette *f inv*; **French window** *n* portafinestra; **Frenchwoman** (*irreg*) *n* francese *f*
frenzy ['frɛnzɪ] *n* frenesia
frequency ['fri:kwənsɪ] *n* frequenza
frequent [*adj* 'fri:kwənt, *vb* frɪ'kwɛnt] *adj* frequente ▸ *vt* frequentare; **frequently** *adv* frequentemente, spesso
fresh [frɛʃ] *adj* fresco(-a); (*new*) nuovo(-a); (*cheeky*) sfacciato(-a); **freshen** *vi* (*wind, air*) rinfrescare ▹ **freshen up** *vi* rinfrescarsi; **fresher** (*BRIT*: *inf*) *n* (*Scol*) matricola; **freshly** *adv* di recente, di fresco; **freshman** (*irreg*: *US*) *n* = **fresher**; **freshwater** *adj* (*fish*) d'acqua dolce
fret [frɛt] *vi* agitarsi, affliggersi
Fri. *abbr* (= *Friday*) ven.
friction ['frɪkʃən] *n* frizione *f*, attrito
Friday ['fraɪdɪ] *n* venerdì *m inv*
fridge [frɪdʒ] (*BRIT*) *n* frigo, frigorifero
fried [fraɪd] *pt, pp of* **fry** ▸ *adj* fritto(-a)
friend [frɛnd] *n* amico(-a); **friendly** *adj* amichevole; **friendship** *n* amicizia
fries [fraɪz] (*esp US*) *npl* patate *fpl* fritte
frigate ['frɪgɪt] *n* (*Naut*: *modern*) fregata
fright [fraɪt] *n* paura, spavento; **to take ~** spaventarsi; **frighten** *vt* spaventare, far paura a; **frightened** *adj* spaventato(-a); **frightening** *adj* spaventoso(-a), pauroso(-a); **frightful** *adj* orribile
frill [frɪl] *n* balza
fringe [frɪndʒ] *n* (*decoration*: *BRIT*: *of hair*) frangia; (*edge*: *of forest etc*) margine *m*
Frisbee® ['frɪzbɪ] *n* frisbee® *m inv*
fritter ['frɪtə[r]] *n* frittella
frivolous ['frɪvələs] *adj* frivolo(-a)
fro [frəu] *see* **to**
frock [frɔk] *n* vestito
frog [frɔg] *n* rana; **frogman** (*irreg*) *n* uomo *m* rana *inv*

from
[frɔm] *prep*
1 (*indicating starting place, origin etc*) da; **where do you come from?, where are you from?** da dove viene?, di dov'è?; **from London to Glasgow** da Londra a Glasgow; **a letter from my sister** una lettera da mia sorella; **tell him from me that ...** gli dica da parte mia che ...
2 (*indicating time*) da; **from one o'clock to** *or* **until** *or* **till two** dall'una alle due; **from January (on)** da gennaio, a partire da gennaio
3 (*indicating distance*) da; **the hotel is 1 km from the beach** l'albergo è a 1 km dalla spiaggia
4 (*indicating price, number etc*) da; **prices range from £10 to £50** i prezzi vanno dalle 10 alle 50 sterline
5 (*indicating difference*) da; **he can't tell red from green** non sa distinguere il rosso dal verde
6 (*because of, on the basis of*): **from what he says** da quanto dice lui; **weak from hunger** debole per la fame

front [frʌnt] *n* (*of house, dress*) davanti *m inv*; (*of train*) testa; (*of book*) copertina; (*promenade*: *also*: **sea ~**) lungomare *m*; (*Mil, Pol, Meteor*) fronte *m*; (*fig*: *appearances*) fronte *f* ▸ *adj* primo(-a); anteriore, davanti *inv*; **in ~ of** davanti a; **front door** *n* porta d'entrata; (*of car*) sportello anteriore; **frontier** *n* frontiera; **front page** *n* prima pagina; **front-wheel drive** *n* trasmissione *f* anteriore

frost [frɔst] *n* gelo; (*also*: **hoar~**) brina; **frostbite** *n* congelamento; **frosting** (*US*) *n* (*on cake*) glassa; **frosty** *adj* (*weather, look*) gelido(-a)

froth ['frɔθ] *n* spuma; schiuma

frown [fraun] *vi* accigliarsi

froze [frəuz] *pt of* **freeze**

frozen ['frəuzn] *pp of* **freeze**

fruit [fru:t] *n inv* (*also fig*) frutto; (*collectively*) frutta; **fruit juice** *n* succo di frutta; **fruit machine** (*BRIT*) *n* macchina *f* mangiasoldi *inv*; **fruit salad** *n* macedonia

frustrate [frʌs'treɪt] *vt* frustrare; **frustrated** *adj* frustrato(-a)

fry [fraɪ] (*pt, pp* **fried**) *vt* friggere; *see also* **small**; **frying pan** *n* padella

ft. *abbr* = **foot**; **feet**

fudge [fʌdʒ] *n* (*Culin*) *specie di caramella a base di latte, burro e zucchero*

fuel [fjuəl] *n* (*for heating*) combustibile *m*; (*for propelling*) carburante *m*; **fuel tank** *n* deposito *m* nafta *inv*; (*on vehicle*) serbatoio (della benzina)

fulfil [ful'fɪl] *vt* (*function*) compiere; (*order*) eseguire; (*wish, desire*) soddisfare, appagare

full [ful] *adj* pieno(-a); (*details, skirt*) ampio(-a) ▸ *adv* **to know ~ well that** sapere benissimo che; **I'm ~ (up)** sono sazio; **a ~ two hours** due ore intere; **at ~ speed** a tutta velocità; **in ~** per intero; **full-length** *adj* (*film*) a lungometraggio; (*coat, novel*) lungo(-a); (*portrait*) in piedi; **full moon** *n* luna piena; **full-scale** *adj* (*attack, war*) su larga scala; (*model*) in grandezza naturale; **full stop** *n* punto; **full-time** *adj, adv* (*work*) a tempo pieno; **fully** *adv* interamente, pienamente, completamente; (*at least*) almeno

fumble ['fʌmbl] *vi* **to ~ with sth** armeggiare con qc

fume [fju:m] *vi* essere furioso(-a); **fumes** *npl* esalazioni *fpl*, vapori *mpl*

fun [fʌn] *n* divertimento, spasso; **to have ~** divertirsi; **for ~** per scherzo; **to make ~ of** prendersi gioco di

function ['fʌŋkʃən] *n* funzione *f*; cerimonia ▸ *vi* funzionare

fund [fʌnd] *n* fondo, cassa; (*source*) fondo; (*store*) riserva; **~s** *npl* (*money*) fondi *mpl*

fundamental [fʌndəˈmɛntl] *adj* fondamentale
funeral [ˈfju:nərəl] *n* funerale *m*; **funeral director** *n* impresario di pompe funebri; **funeral parlour** [-ˈpɑ:ləʳ] *n* impresa di pompe funebri
funfair [ˈfʌnfɛəʳ] *n* luna park *m inv*
fungus [ˈfʌŋgəs] (*pl* **fungi**) *n* fungo; (*mould*) muffa
funnel [ˈfʌnl] *n* imbuto; (*of ship*) ciminiera
funny [ˈfʌnɪ] *adj* divertente, buffo(-a); (*strange*) strano(-a), bizzarro(-a)
fur [fə:ʳ] *n* pelo; pelliccia; (*BRIT: in kettle etc*) deposito calcare; **fur coat** *n* pelliccia
furious [ˈfjuərɪəs] *adj* furioso(-a); (*effort*) accanito(-a)
furnish [ˈfə:nɪʃ] *vt* ammobiliare; (*supply*) fornire; **furnishings** *npl* mobili *mpl*, mobilia
furniture [ˈfə:nɪtʃəʳ] *n* mobili *mpl*; **piece of ~** mobile *m*
furry [ˈfə:rɪ] *adj* (*animal*) peloso(-a)
further [ˈfə:ðəʳ] *adj* supplementare, altro(-a); nuovo(-a); più lontano(-a) ▸ *adv* più lontano; (*more*) di più; (*moreover*) inoltre ▸ *vt* favorire, promuovere; **further education** *n* ≈ corsi *mpl* di formazione; **college of further education** *istituto statale con corsi specializzati (di formazione professionale, aggiornamento professionale ecc)*; **furthermore** [fə:ðəˈmɔ:ʳ] *adv* inoltre, per di più
furthest [ˈfə:ðɪst] *superl of* **far**
fury [ˈfjuərɪ] *n* furore *m*
fuse [fju:z] (*US* **fuze**) *n* fusibile *m*; (*for bomb etc*) miccia, spoletta ▸ *vt* fondere ▸ *vi* fondersi; **to ~ the lights** (*BRIT Elec*) far saltare i fusibili; **fuse box** *n* cassetta dei fusibili
fusion [ˈfju:ʒən] *n* fusione *f*
fuss [fʌs] *n* agitazione *f*; (*complaining*) storie *fpl*; **to make a ~** fare delle storie;
fussy *adj* (*person*) puntiglioso(-a), esigente; che fa le storie; (*dress*) carico(-a) di fronzoli; (*style*) elaborato(-a)
future [ˈfju:tʃəʳ] *adj* futuro(-a) ▸ *n* futuro, avvenire *m*; (*Ling*) futuro; **in ~** in futuro; **~s** *npl* (*Comm*) operazioni *fpl* a termine
fuze [fju:z] (*US*) = **fuse**
fuzzy [ˈfʌzɪ] *adj* (*Phot*) indistinto(-a), sfocato(-a); (*hair*) crespo(-a)

g

G [dʒi:] *n* (*Mus*) sol *m*
g. *abbr* (= *gram, gravity*) g.
gadget [ˈgædʒɪt] *n* aggeggio
Gaelic [ˈgeɪlɪk] *adj* gaelico(-a) ▸ *n* (*Ling*) gaelico
gag [gæg] *n* bavaglio; (*joke*) facezia, scherzo ▸ *vt* imbavagliare
gain [geɪn] *n* guadagno, profitto ▸ *vt* guadagnare ▸ *vi* (*clock, watch*) andare avanti; (*benefit*): **to ~ (from)** trarre beneficio (da); **to ~ 3lbs (in weight)** aumentare di 3 libbre; **to ~ on sb** (*in race etc*) guadagnare su qn
gal. *abbr* = **gallon**
gala [ˈgɑ:lə] *n* gala; **swimming ~** manifestazione *f* di nuoto
galaxy [ˈgæləksɪ] *n* galassia
gale [geɪl] *n* vento forte; burrasca
gall bladder [ˈgɔ:l-] *n* cistifellea

gallery ['gælərɪ] *n* galleria
gallon ['gælən] *n* gallone *m* (*= 8 pints; BRIT* = 4.543*l*; *US* = 3.785*l*)
gallop ['gæləp] *n* galoppo ▸ *vi* galoppare
gallstone ['gɔːlstəun] *n* calcolo biliare
gamble ['gæmbl] *n* azzardo, rischio calcolato ▸ *vt, vi* giocare; **to ~ on** (*fig*) giocare su; **gambler** *n* giocatore(-trice) d'azzardo; **gambling** *n* gioco d'azzardo
game [geɪm] *n* gioco; (*event*) partita; (*Tennis*) game *m inv*; (*Culin, Hunting*) selvaggina ▸ *adj* (*ready*): **to be ~ (for sth/to do)** essere pronto(-a) (a qc/a fare); **big ~** selvaggina grossa; **~s** *npl* (*Scol*) attività *fpl* sportive; **big ~** selvaggina grossa; **games console** [geɪmz-] *n* console *f inv* dei videogame; **game show** ['geɪmʃəu] *n* gioco a premi
gammon ['gæmən] *n* (*bacon*) quarto di maiale; (*ham*) prosciutto affumicato
gang [gæŋ] *n* banda, squadra ▸ *vi* **to ~ up on sb** far combutta contro qn
gangster ['gæŋstə^r] *n* gangster *m inv*
gap [gæp] *n* (*space*) buco; (*in time*) intervallo; (*difference*): **~ (between)** divario (tra)
gape [geɪp] *vi* (*person*) restare a bocca aperta; (*shirt, hole*) essere spalancato(-a)
gap year *n* (*Scol*) *anno di pausa durante il quale gli studenti viaggiono o lavorano*
garage ['gærɑːʒ] *n* garage *m inv*; **garage sale** *n vendita di oggetti usati nel garage di un privato*
garbage ['gɑːbɪdʒ] (*US*) *n* immondizie *fpl*, rifiuti *mpl*; (*inf*) sciocchezze *fpl*; **garbage can** (*US*) *n* bidone *m* della spazzatura; **garbage collector** (*US*) *n* spazzino(-a)
garden ['gɑːdn] *n* giardino; **~s** *npl* (*public park*) giardini pubblici; **garden centre** *n* vivaio; **gardener** *n* giardiniere(-a); **gardening** *n* giardinaggio
garlic ['gɑːlɪk] *n* aglio
garment ['gɑːmənt] *n* indumento
garnish ['gɑːnɪʃ] *vt* (*food*) guarnire
garrison ['gærɪsn] *n* guarnigione *f*
gas [gæs] *n* gas *m inv*; (*US*: *gasoline*) benzina ▸ *vt* asfissiare con il gas; **I can smell ~** sento odore di gas; **gas cooker** (*BRIT*) *n* cucina a gas; **gas cylinder** *n* bombola del gas; **gas fire** (*BRIT*) *n* radiatore *m* a gas
gasket ['gæskɪt] *n* (*Aut*) guarnizione *f*
gasoline ['gæsəliːn] (*US*) *n* benzina
gasp [gɑːsp] *n* respiro affannoso, ansito ▸ *vi* ansare, ansimare; (*in surprise*) restare senza fiato
gas: **gas pedal** (*esp US*) *n* pedale *m* dell'acceleratore; **gas station** (*US*) *n* distributore *m* di benzina; **gas tank** (*US*) *n* (*Aut*) serbatoio (di benzina)
gate [geɪt] *n* cancello; (*at airport*) uscita
gateau ['gætəu, -z] (*pl* **gateaux**) *n* torta
gatecrash ['geɪtkræʃ] (*BRIT*) *vt* partecipare senza invito a
gateway ['geɪtweɪ] *n* porta
gather ['gæðə^r] *vt* (*flowers, fruit*) cogliere; (*pick up*) raccogliere; (*assemble*) radunare; raccogliere; (*understand*) capire; (*Sewing*) increspare ▸ *vi* (*assemble*) radunarsi; **to ~ speed** acquistare velocità; **gathering** *n* adunanza
gauge [geɪdʒ] *n* (*instrument*) indicatore *m* ▸ *vt* misurare; (*fig*) valutare
gave [geɪv] *pt of* **give**
gay [geɪ] *adj* (*homosexual*) omosessuale; (*cheerful*) gaio(-a), allegro(-a); (*colour*) vivace, vivo(-a)
gaze [geɪz] *n* sguardo fisso ▸ *vi* **to ~ at** guardare fisso
GB *abbr* = **Great Britain**

GCSE (*BRIT*) *n abbr General Certificate of Secondary Education*

gear [gɪəʳ] *n* attrezzi *mpl*, equipaggiamento; (*Tech*) ingranaggio; (*Aut*) marcia ▸ *vt* (*fig: adapt*): **to ~ sth to** adattare qc a; **in top** *or* (*US*) **high/low ~** in quarta (*or* quinta)/seconda; **in ~** in marcia ▹**gear up** *vi* **to ~ up (to do)** prepararsi (a fare); **gear box** *n* scatola del cambio; **gear lever** *n* leva del cambio; **gear shift** (*US*), **gear stick** (*BRIT*) *n* = **gear lever**

geese [gi:s] *npl of* **goose**

gel [dʒɛl] *n* gel *m inv*

gem [dʒɛm] *n* gemma

Gemini ['dʒɛmɪnaɪ] *n* Gemelli *mpl*

gender ['dʒɛndəʳ] *n* genere *m*

gene [dʒi:n] *n* (*Biol*) gene *m*

general ['dʒɛnərl] *n* generale *m* ▸ *adj* generale; **in ~** in genere; **general anaesthetic** (*US* **general anesthetic**) *n* anestesia totale; **general election** *n* elezioni *fpl* generali; **generalize** *vi* generalizzare; **generally** *adv* generalmente; **general practitioner** *n* medico generico; **general store** *n* emporio

generate ['dʒɛnəreɪt] *vt* generare

generation [dʒɛnə'reɪʃən] *n* generazione *f*

generator ['dʒɛnəreɪtəʳ] *n* generatore *m*

generosity [dʒɛnə'rɔsɪtɪ] *n* generosità

generous ['dʒɛnərəs] *adj* generoso(-a); (*copious*) abbondante

genetic [dʒɪ'nɛtɪk] *adj* genetico(-a); **~ engineering** ingegneria genetica; **genetically modified** *adj* geneticamente modificato(-a), transgenico(-a); **genetics** *n* genetica

Geneva [dʒɪ'ni:və] *n* Ginevra

genitals ['dʒɛnɪtlz] *npl* genitali *mpl*

genius ['dʒi:nɪəs] *n* genio

Genoa ['dʒɛnəuə] *n* Genova

gent [dʒɛnt] *n abbr* = **gentleman**

gentle ['dʒɛntl] *adj* delicato(-a); (*person*) dolce

> Be careful not to translate **gentle** by the Italian word ***gentile***.

gentleman ['dʒɛntlmən] (*irreg*) *n* signore *m*; (*well-bred man*) gentiluomo

gently ['dʒɛntlɪ] *adv* delicatamente

gents [dʒɛnts] *n* W.C. *m* (per signori)

genuine ['dʒɛnjuɪn] *adj* autentico(-a); sincero(-a); **genuinely** *adv* genuinamente

geographic(al) [dʒɪə'græfɪk(l)] *adj* geografico(-a)

geography [dʒɪ'ɔgrəfɪ] *n* geografia

geology [dʒɪ'ɔlədʒɪ] *n* geologia

geometry [dʒɪ'ɔmətrɪ] *n* geometria

geranium [dʒɪ'reɪnjəm] *n* geranio

geriatric [dʒɛrɪ'ætrɪk] *adj* geriatrico(-a)

germ [dʒə:m] *n* (*Med*) microbo; (*Biol*, *fig*) germe *m*

German ['dʒə:mən] *adj* tedesco(-a) ▸ *n* tedesco(-a); (*Ling*) tedesco; **German measles** (*BRIT*) *n* rosolia

Germany ['dʒə:mənɪ] *n* Germania

gesture ['dʒɛstjəʳ] *n* gesto

get [gɛt] (*pt*, *pp* **got**, (*US*) *pp* **gotten**) *vi*

1 (*become, be*) diventare, farsi; **to get old** invecchiare; **to get tired** stancarsi; **to get drunk** ubriacarsi; **to get killed** venire *or* rimanere ucciso(-a); **when do I get paid?** quando mi pagate?; **it's getting late** si sta facendo tardi

2 (*go*): **to get to/from** andare a/da; **to get home** arrivare *or* tornare a casa; **how did you get here?** come sei venuto?

3 (*begin*) mettersi a, cominciare a; **to get to know sb** incominciare a conoscere qn; **let's get going** *or* **started** muoviamoci

4 (*modal aux vb*): **you've got to do it** devi farlo
▸*vt*
1: **to get sth done** (*do*) fare qc; (*have done*) far fare qc; **to get one's hair cut** farsi tagliare i capelli; **to get sb to do sth** far fare qc a qn
2 (*obtain*: *money, permission, results*) ottenere; (*find*: *job, flat*) trovare; (*fetch*: *person, doctor*) chiamare; (: *object*) prendere; **to get sth for sb** prendere *or* procurare qc a qn; **get me Mr Jones, please** (*Tel*) mi passi il signor Jones, per favore; **can I get you a drink?** le posso offrire da bere?
3 (*receive*: *present, letter, prize*) ricevere; (*acquire*: *reputation*) farsi; **how much did you get for the painting?** quanto le hanno dato per il quadro?
4 (*catch*) prendere; (*hit*: *target etc*) colpire; **to get sb by the arm/throat** afferrare qn per un braccio/alla gola; **get him!** prendetelo!
5 (*take, move*) portare; **to get sth to sb** far avere qc a qn; **do you think we'll get it through the door?** pensi che riusciremo a farlo passare per la porta?
6 (*catch, take*: *plane, bus etc*) prendere; **where do we get the ferry to ...?** dove si prende il traghetto per ...?
7 (*understand*) afferrare; (*hear*) sentire; **I've got it!** ci sono arrivato!, ci sono!; **I'm sorry, I didn't get your name** scusi, non ho capito (*or* sentito) il suo nome
8 (*have, possess*): **to have got** avere; **how many have you got?** quanti ne ha?
▹ **get along** *vi* (*agree*) andare d'accordo; (*depart*) andarsene; (*manage*) = **get by**
▹ **get at** *vt fus* (*attack*) prendersela con; (*reach*) raggiungere, arrivare a
▹ **get away** *vi* partire, andarsene; (*escape*) scappare
▹ **get away with** *vt fus* cavarsela; farla franca
▹ **get back** *vi* (*return*) ritornare, tornare ▸ *vt* riottenere, riavere; **when do we get back?** quando ritorniamo?
▹ **get by** *vi* (*pass*) passare; (*manage*) farcela
▹ **get down** *vi, vt fus* scendere ▸ *vt* far scendere; (*depress*) buttare giù
▹ **get down to** *vt fus* (*work*) mettersi a (fare)
▹ **get in** *vi* entrare; (*train*) arrivare; (*arrive home*) ritornare, tornare
▹ **get into** *vt fus* entrare in; **to get into a rage** incavolarsi
▹ **get off** *vi* (*from train etc*) scendere; (*depart*: *person, car*) andare via; (*escape*) cavarsela ▸ *vt* (*remove*: *clothes, stain*) levare ▸ *vt fus* (*train, bus*) scendere da; **where do I get off?** dove devo scendere?
▹ **get on** *vi* (*at exam etc*) andare; (*agree*): **to get on (with)** andare d'accordo (con) ▸ *vt fus* montare in; (*horse*) montare su
▹ **get out** *vi* uscire; (*of vehicle*) scendere ▸ *vt* tirar fuori, far uscire
▹ **get out of** *vt fus* uscire da; (*duty etc*) evitare
▹ **get over** *vt fus* (*illness*) riaversi da
▹ **get round** *vt fus* aggirare; (*fig*: *person*) rigirare
▹ **get through** *vi* (*Tel*) avere la linea
▹ **get through to** *vt fus* (*Tel*) parlare a
▹ **get together** *vi* riunirsi ▸ *vt* raccogliere; (*people*) adunare
▹ **get up** *vi* (*rise*) alzarsi ▸ *vt fus* salire su per
▹ **get up to** *vt fus* (*reach*) raggiungere; (*prank etc*) fare
getaway ['gɛtəweɪ] *n* fuga
Ghana ['gɑːnə] *n* Ghana *m*
ghastly ['gɑːstlɪ] *adj* orribile, orrendo(-a); (*pale*) spettrale
ghetto ['gɛtəu] *n* ghetto
ghost [gəust] *n* fantasma *m*, spettro
giant ['dʒaɪənt] *n* gigante *m* ▸ *adj* gigantesco(-a), enorme

gift [gɪft] *n* regalo; (*donation, ability*) dono; **gifted** *adj* dotato(-a); **gift shop** (*US* **gift store**) *n* negozio di souvenir
gift token, gift voucher *n* buono *m* omaggio *inv*
gig [gɪg] *n* (*inf: of musician*) serata
gigabyte [gi:gəbaɪt] *n* gigabyte *m inv*
gigantic [dʒaɪ'gæntɪk] *adj* gigantesco(-a)
giggle ['gɪgl] *vi* ridere scioccamente
gills [gɪlz] *npl* (*of fish*) branchie *fpl*
gilt [gɪlt] *n* doratura ▶ *adj* dorato(-a)
gimmick ['gɪmɪk] *n* trucco
gin [dʒɪn] *n* (*liquor*) gin *m inv*
ginger ['dʒɪndʒə^r] *n* zenzero
gipsy ['dʒɪpsɪ] *n* zingaro(-a)
giraffe [dʒɪ'rɑ:f] *n* giraffa
girl [gə:l] *n* ragazza; (*young unmarried woman*) signorina; (*daughter*) figlia, figliola; **girlfriend** *n* (*of girl*) amica; (*of boy*) ragazza; **Girl Scout** (*US*) *n* Giovane Esploratrice *f*
gist [dʒɪst] *n* succo
give [gɪv] (*pt* **gave**, *pp* **given**) *vt* dare ▶ *vi* cedere; **to ~ sb sth, ~ sth to sb** dare qc a qn; **I'll ~ you £5 for it** te lo pago 5 sterline; **to ~ a cry/sigh** emettere un grido/sospiro; **to ~ a speech** fare un discorso ▷ **give away** *vt* dare via; (*disclose*) rivelare; (*bride*) condurre all'altare ▷ **give back** *vt* rendere ▷ **give in** *vi* cedere ▶ *vt* consegnare ▷ **give out** *vt* distribuire; annunciare ▷ **give up** *vi* rinunciare ▶ *vt* rinunciare a; **to ~ up smoking** smettere di fumare; **to ~ o.s. up** arrendersi
given ['gɪvn] *pp of* **give** ▶ *adj* (*fixed: time, amount*) dato(-a), determinato(-a) ▶ *conj* **~ (that) ...** dato che ...; **~ the circumstances ...** date le circostanze ...
glacier ['glæsɪə^r] *n* ghiacciaio
glad [glæd] *adj* lieto(-a), contento(-a); **gladly** ['glædlɪ] *adv* volentieri
glamorous ['glæmərəs] *adj* affascinante, seducente
glamour ['glæmə^r] (*US* **glamor**) *n* fascino
glance [glɑ:ns] *n* occhiata, sguardo ▶ *vi* **to ~ at** dare un'occhiata a; **to ~ off** (*bullet*) rimbalzare su
gland [glænd] *n* ghiandola
glare [glɛə^r] *n* (*of anger*) sguardo furioso; (*of light*) riverbero, luce *f* abbagliante; (*of publicity*) chiasso ▶ *vi* abbagliare; **to ~ at** guardare male; **glaring** *adj* (*mistake*) madornale
glass [glɑ:s] *n* (*substance*) vetro; (*tumbler*) bicchiere *m*; **~es** *npl* (*spectacles*) occhiali *mpl*
glaze [gleɪz] *vt* (*door*) fornire di vetri; (*pottery*) smaltare ▶ *n* smalto
gleam [gli:m] *vi* luccicare
glen [glɛn] *n* valletta
glide [glaɪd] *vi* scivolare; (*Aviat, birds*) planare; **glider** *n* (*Aviat*) aliante *m*
glimmer ['glɪmə^r] *n* barlume *m*
glimpse [glɪmps] *n* impressione *f* fugace ▶ *vt* vedere al volo
glint [glɪnt] *vi* luccicare
glisten ['glɪsn] *vi* luccicare
glitter ['glɪtə^r] *vi* scintillare
global ['gləubl] *adj* globale; **global warming** *n* effetto *m* serra *inv*
globe [gləub] *n* globo, sfera
gloom [glu:m] *n* oscurità, buio; (*sadness*) tristezza, malinconia; **gloomy** *adj* scuro(-a), fosco(-a), triste
glorious ['glɔ:rɪəs] *adj* glorioso(-a), magnifico(-a)
glory ['glɔ:rɪ] *n* gloria; splendore *m*
gloss [glɔs] *n* (*shine*) lucentezza; (*also:* **~ paint**) vernice *f* a olio
glossary ['glɔsərɪ] *n* glossario
glossy ['glɔsɪ] *adj* lucente
glove [glʌv] *n* guanto; **glove compartment** *n* (*Aut*) vano portaoggetti
glow [gləu] *vi* ardere; (*face*) essere luminoso(-a)

glucose ['glu:kəus] *n* glucosio
glue [glu:] *n* colla ▸ *vt* incollare
GM *adj abbr* (= *genetically modified*) geneticamente modificato(-a)
gm *abbr* = **gram**
GMO *n abbr* (= *genetically modified organism*) OGM *m inv*
GMT *abbr* (= *Greenwich Mean Time*) T.M.G.
gnaw [nɔ:] *vt* rodere
go [gəu] (*pt* **went**, *pp* **gone**) (*pl* **goes**) *vi* andare; (*depart*) partire, andarsene; (*work*) funzionare; (*time*) passare; (*break etc*) rompersi; (*be sold*): **to go for £10** essere venduto per 10 sterline; (*fit, suit*): **to go with** andare bene con; (*become*): **to go pale** diventare pallido(-a); **to go mouldy** ammuffire ▸ *n* **to have a go (at)** provare; **to be on the go** essere in moto; **whose go is it?** a chi tocca?; **he's going to do** sta per fare; **to go for a walk** andare a fare una passeggiata; **to go dancing/shopping** andare a ballare/fare la spesa; **just then the bell went** proprio allora suonò il campanello; **how did it go?** com'è andato?; **to go round the back/by the shop** passare da dietro/davanti al negozio ▹ **go ahead** *vi* andare avanti ▹ **go away** *vi* partire, andarsene ▹ **go back** *vi* tornare, ritornare ▹ **go by** *vi* (*years, time*) scorrere ▸ *vt fus* attenersi a, seguire (alla lettera); prestar fede a ▹ **go down** *vi* scendere; (*ship*) affondare; (*sun*) tramontare ▸ *vt fus* scendere ▹ **go for** *vt fus* (*fetch*) andare a prendere; (*like*) andar matto(-a) per; (*attack*) attaccare; saltare addosso a ▹ **go in** *vi* entrare ▹ **go into** *vt fus* entrare in; (*investigate*) indagare, esaminare; (*embark on*) lanciarsi in ▹ **go off** *vi* partire, andar via; (*food*) guastarsi; (*explode*) esplodere, scoppiare; (*event*) passare ▸ *vt fus* **I've ~ne off chocolate** la cioccolata non mi piace più; **the gun went off** il fucile si scaricò ▹ **go on** *vi* continuare; (*happen*) succedere; **to ~ on doing** continuare a fare ▹ **go out** *vi* uscire; (*couple*): **they went out for 3 years** sono stati insieme per 3 anni; (*fire, light*) spegnersi ▹ **go over** *vi* (*ship*) ribaltarsi ▸ *vt fus* (*check*) esaminare ▹ **go past** *vi* passare ▸ *vt fus* passare davanti a ▹ **go round** *vi* (*circulate*: *news, rumour*) circolare; (*revolve*) girare; (*visit*): **to ~ round (to sb's)** passare (da qn); (*make a detour*): **to ~ round (by)** passare (per); (*suffice*) bastare (per tutti) ▹ **go through** *vt fus* (*town etc*) attraversare; (*files, papers*) passare in rassegna; (*examine*: *list etc*) leggere da cima a fondo ▹ **go up** *vi* salire ▹ **go with** *vt fus* (*accompany*) accompagnare ▹ **go without** *vt fus* fare a meno di
go-ahead ['gəuəhɛd] *adj* intraprendente ▸ *n* via *m*
goal [gəul] *n* (*Sport*) gol *m*, rete *f*; (: *place*) porta; (*fig*: *aim*) fine *m*, scopo; **goalkeeper** *n* portiere *m*; **goal-post** *n* palo (della porta)
goat [gəut] *n* capra
gobble ['gɔbl] *vt* (*also*: **~ down, ~ up**) ingoiare
god [gɔd] *n* dio; **G~** Dio; **godchild** *n* figlioccio(-a); **goddaughter** *n* figlioccia; **goddess** *n* dea; **godfather** *n* padrino; **godmother** *n* madrina; **godson** *n* figlioccio
goggles ['gɔglz] *npl* occhiali *mpl* (di protezione)
going ['gəuɪŋ] *n* (*conditions*) andare *m*, stato del terreno ▸ *adj* **the ~ rate** la tariffa in vigore
gold [gəuld] *n* oro ▸ *adj* d'oro; **golden** *adj* (*made of gold*) d'oro; (*gold in colour*) dorato(-a); **goldfish** *n* pesce *m* dorato *or* rosso; **goldmine** *n* (*also fig*) miniera d'oro; **gold-plated** *adj* placcato(-a)

oro *inv*
golf [gɔlf] *n* golf *m*; **golf ball** *n* (*for game*) pallina da golf; (*on typewriter*) pallina; **golf club** *n* circolo di golf; (*stick*) bastone *m or* mazza da golf; **golf course** *n* campo di golf; **golfer** *n* giocatore(-trice) di golf
gone [gɔn] *pp of* **go** ▸ *adj* partito(-a)
gong [gɔŋ] *n* gong *m inv*
good [gud] *adj* buono(-a); (*kind*) buono(-a), gentile; (*child*) bravo(-a) ▸ *n* bene *m*; **~s** *npl* (*Comm etc*) beni *mpl*; merci *fpl*; **~!** bene!, ottimo!; **to be ~ at** essere bravo(-a) in; **to be ~ for** andare bene per; **it's ~ for you** fa bene; **would you be ~ enough to ...?** avrebbe la gentilezza di ...?; **a ~ deal (of)** molto(-a), una buona quantità (di); **a ~ many** molti(-e); **to make ~** (*loss, damage*) compensare; **it's no ~ complaining** brontolare non serve a niente; **for ~** per sempre, definitivamente; **~ morning!** buon giorno!; **~ afternoon/evening!** buona sera!; **~ night!** buona notte!; **goodbye** *excl* arrivederci!; **Good Friday** *n* Venerdì Santo; **good-looking** *adj* bello(-a); **good-natured** *adj* affabile; **goodness** *n* (*of person*) bontà; **for goodness sake!** per amor di Dio!; **goodness gracious!** santo cielo!, mamma mia!; **goods train** (*BRIT*) *n* treno *m* merci *inv*; **goodwill** *n* amicizia, benevolenza
goose [gu:s] (*pl* **geese**) *n* oca
gooseberry ['guzbərı] *n* uva spina; **to play ~** (*BRIT*) tenere la candela
goose bumps, goose pimples *npl* pelle *f* d'oca
gorge [gɔ:dʒ] *n* gola ▸ *vt* **to ~ o.s. (on)** ingozzarsi (di)
gorgeous ['gɔ:dʒəs] *adj* magnifico(-a)
gorilla [gə'rılə] *n* gorilla *m inv*
gosh (*inf*) [gɔʃ] *excl* perdinci!
gospel ['gɔspl] *n* vangelo
gossip ['gɔsıp] *n* chiacchiere *fpl*; pettegolezzi *mpl*; (*person*) pettegolo(-a) ▸ *vi* chiacchierare; **gossip column** *n* cronaca mondana
got [gɔt] *pt, pp of* **get**
gotten ['gɔtn] (*US*) *pp of* **get**
gourmet ['guəmeı] *n* buongustaio(-a)
govern ['gʌvən] *vt* governare; **government** ['gʌvnmənt] *n* governo; **governor** ['gʌvənə[r]] *n* (*of state, bank*) governatore *m*; (*of school, hospital*) amministratore *m*; (*BRIT*: *of prison*) direttore(-trice)
gown [gaun] *n* vestito lungo; (*of teacher, BRIT*: *of judge*) toga
G.P. *n abbr* = **general practitioner**
grab [græb] *vt* afferrare, arraffare; (*property, power*) impadronirsi di ▸ *vi* **to ~ at** cercare di afferrare
grace [greıs] *n* grazia ▸ *vt* onorare; **5 days' ~** dilazione *f* di 5 giorni; **graceful** *adj* elegante, aggraziato(-a); **gracious** ['greıʃəs] *adj* grazioso(-a), misericordioso(-a)
grade [greıd] *n* (*Comm*) qualità *f inv*; classe *f*; categoria; (*in hierarchy*) grado; (*Scol*: *mark*) voto; (*US*: *school class*) classe ▸ *vt* classificare; ordinare; graduare; **grade crossing** (*US*) *n* passaggio a livello; **grade school** (*US*) *n* scuola elementare
gradient ['greıdıənt] *n* pendenza, inclinazione *f*
gradual ['grædjuəl] *adj* graduale; **gradually** *adv* man mano, a poco a poco
graduate [*n* 'grædjuıt, *vb* 'grædjueıt] *n* (*of university*) laureato(-a); (*US*: *of high school*) diplomato(-a) ▸ *vi* laurearsi; diplomarsi; **graduation** [-'eıʃən] *n* (*ceremony*) consegna delle lauree (*or* dei diplomi)
graffiti [grə'fi:tı] *npl* graffiti *mpl*
graft [grɑ:ft] *n* (*Agr, Med*) innesto; (*bribery*) corruzione *f*; (*BRIT*: *hard*

work): **it's hard ~** è un lavoraccio ▸ *vt* innestare

grain [greɪn] *n* grano; (*of sand*) granello; (*of wood*) venatura

gram [græm] *n* grammo

grammar ['græməʳ] *n* grammatica; **grammar school** (*BRIT*) *n* ≈ liceo

gramme [græm] *n* = **gram**

gran (*inf*) [græn] *n* (*BRIT*) nonna

grand [grænd] *adj* grande, magnifico(-a); grandioso(-a); **grandad** (*inf*) *n* = **granddad**; **grandchild** (*pl* **-children**) *n* nipote *m*; **granddad** (*inf*) *n* nonno; **granddaughter** *n* nipote *f*; **grandfather** *n* nonno; **grandma** (*inf*) *n* nonna; **grandmother** *n* nonna; **grandpa** (*inf*) *n* = **granddad**; **grandparents** *npl* nonni *mpl*; **grand piano** *n* pianoforte *m* a coda; **Grand Prix** ['grɑ̃:'pri:] *n* (*Aut*) Gran Premio, Grand Prix *m inv*; **grandson** *n* nipote *m*

granite ['grænɪt] *n* granito

granny ['grænɪ] (*inf*) *n* nonna

grant [grɑ:nt] *vt* accordare; (*a request*) accogliere; (*admit*) ammettere, concedere ▸ *n* (*Scol*) borsa; (*Admin*) sussidio, sovvenzione *f*; **to take sth for ~ed** dare qc per scontato; **to take sb for ~ed** dare per scontata la presenza di qn

grape [greɪp] *n* chicco d'uva, acino

grapefruit ['greɪpfru:t] *n* pompelmo

graph [grɑ:f] *n* grafico; **graphic** *adj* grafico(-a); (*vivid*) vivido(-a); **graphics** *n* grafica ▸ *npl* illustrazioni *fpl*

grasp [grɑ:sp] *vt* afferrare ▸ *n* (*grip*) presa; (*fig*) potere *m*; comprensione *f*

grass [grɑ:s] *n* erba; **grasshopper** *n* cavalletta

grate [greɪt] *n* graticola (del focolare) ▸ *vi* cigolare, stridere ▸ *vt* (*Culin*) grattugiare

grateful ['greɪtful] *adj* grato(-a), riconoscente

grater ['greɪtəʳ] *n* grattugia

gratitude ['grætɪtju:d] *n* gratitudine *f*

grave [greɪv] *n* tomba ▸ *adj* grave, serio(-a)

gravel ['grævl] *n* ghiaia

gravestone ['greɪvstəun] *n* pietra tombale

graveyard ['greɪvjɑ:d] *n* cimitero

gravity ['grævɪtɪ] *n* (*Physics*) gravità; pesantezza; (*seriousness*) gravità, serietà

gravy ['greɪvɪ] *n* intingolo della carne; salsa

gray [greɪ] *adj* = **grey**

graze [greɪz] *vi* pascolare, pascere ▸ *vt* (*touch lightly*) sfiorare; (*scrape*) escoriare ▸ *n* (*Med*) escoriazione *f*

grease [gri:s] *n* (*fat*) grasso; (*lubricant*) lubrificante *m* ▸ *vt* ingrassare; lubrificare; **greasy** *adj* grasso(-a), untuoso(-a)

great [greɪt] *adj* grande; (*inf*) magnifico(-a), meraviglioso(-a); **Great Britain** *n* Gran Bretagna; **great-grandfather** *n* bisnonno; **great-grandmother** *n* bisnonna; **greatly** *adv* molto

Greece [gri:s] *n* Grecia

greed [gri:d] *n* (*also:* **~iness**) avarizia; (*for food*) golosità, ghiottoneria; **greedy** *adj* avido(-a); goloso(-a), ghiotto(-a)

Greek [gri:k] *adj* greco(-a) ▸ *n* greco(-a); (*Ling*) greco

green [gri:n] *adj* verde; (*inexperienced*) inesperto(-a), ingenuo(-a) ▸ *n* verde *m*; (*stretch of grass*) prato; (*on golf course*) green *m inv*; **~s** *npl* (*vegetables*) verdura; **green card** *n* (*BRIT Aut*) carta verde; (*US Admin*) *permesso di soggiorno e di lavoro*; **greengage** ['gri:ngeɪdʒ] *n* susina Regina Claudia; **greengrocer** (*BRIT*) *n* fruttivendolo(-a),

erbivendolo(-a); **greenhouse** *n* serra; **greenhouse effect** *n* effetto serra
Greenland ['gri:nlənd] *n* Groenlandia
green salad *n* insalata verde
greet [gri:t] *vt* salutare; **greeting** *n* saluto; **greeting(s) card** *n* cartolina d'auguri
grew [gru:] *pt of* **grow**
grey [greɪ] (*US* **gray**) *adj* grigio(-a); **grey-haired** *adj* dai capelli grigi; **greyhound** *n* levriere *m*
grid [grɪd] *n* grata; (*Elec*) rete *f*; **gridlock** ['grɪdluk] *n* (*traffic jam*) paralisi *f inv* del traffico; **gridlocked** *adj* paralizzato(-a) dal traffico; (*talks etc*) in fase di stallo
grief [gri:f] *n* dolore *m*
grievance ['gri:vəns] *n* lagnanza
grieve [gri:v] *vi* addolorarsi; rattristarsi ▸ *vt* addolorare; **to ~ for sb** (*dead person*) piangere qn
grill [grɪl] *n* (*on cooker*) griglia; (*also:* **mixed ~**) grigliata mista ▸ *vt* (*BRIT*) cuocere ai ferri; (*inf: question*) interrogare senza sosta
grille [grɪl] *n* grata; (*Aut*) griglia
grim [grɪm] *adj* sinistro(-a), brutto(-a)
grime [graɪm] *n* sudiciume *m*
grin [grɪn] *n* sorriso smagliante ▸ *vi* fare un gran sorriso
grind [graɪnd] (*pt, pp* **ground**) *vt* macinare; (*make sharp*) arrotare ▸ *n* (*work*) sgobbata
grip [grɪp] *n* impugnatura; presa; (*holdall*) borsa da viaggio ▸ *vt* (*object*) afferrare; (*attention*) catturare; **to come to ~s with** affrontare; cercare di risolvere; **gripping** ['grɪpɪŋ] *adj* avvincente
grit [grɪt] *n* ghiaia; (*courage*) fegato ▸ *vt* (*road*) coprire di sabbia; **to ~ one's teeth** stringere i denti
grits [grɪts] (*US*) *npl* macinato grosso (di avena *etc*)
groan [grəun] *n* gemito ▸ *vi* gemere
grocer ['grəusə[r]] *n* negoziante *m* di generi alimentari; **groceries** *npl* provviste *fpl*; **grocer's (shop)** *n* negozio di (generi) alimentari
grocery ['grəusərɪ] *n* (*shop*) (negozio di) alimentari
groin [grɔɪn] *n* inguine *m*
groom [gru:m] *n* palafreniere *m*; (*also:* **bride~**) sposo ▸ *vt* (*horse*) strigliare; (*fig*): **to ~ sb for** avviare qn a; **well-~ed** (*person*) curato(-a)
groove [gru:v] *n* scanalatura, solco
grope [grəup] *vi* **to ~ for** cercare a tastoni
gross [grəus] *adj* grossolano(-a); (*Comm*) lordo(-a); **grossly** *adv* (*greatly*) molto
grotesque [grəu'tɛsk] *adj* grottesco(-a)
ground [graund] *pt, pp of* **grind** ▸ *n* suolo, terra; (*land*) terreno; (*Sport*) campo; (*reason: gen pl*) ragione *f*; (*US: also:* **~ wire**) terra ▸ *vt* (*plane*) tenere a terra; (*US Elec*) mettere la presa a terra a; **~s** *npl* (*of coffee etc*) fondi *mpl*; (*gardens etc*) terreno, giardini *mpl*; **on/to the ~** per/a terra; **to gain/lose ~** guadagnare/perdere terreno; **ground floor** *n* pianterreno; **groundsheet** (*BRIT*) *n* telone *m* impermeabile; **groundwork** *n* preparazione *f*
group [gru:p] *n* gruppo ▸ *vt* (*also:* **~ together**) raggruppare ▸ *vi* (*also:* **~ together**) raggrupparsi
grouse [graus] *n inv* (*bird*) tetraone *m* ▸ *vi* (*complain*) brontolare
grovel ['grɔvl] *vi* (*fig*): **to ~ (before)** strisciare (di fronte a)
grow [grəu] (*pt* **grew**,, *pp* **grown**) *vi* crescere; (*increase*) aumentare; (*develop*) svilupparsi; (*become*): **to ~ rich/weak** arricchirsi/indebolirsi ▸ *vt* coltivare, far crescere ▹ **grow on** *vt fus* **that painting is ~ing on me** quel

g

quadro più lo guardo più mi piace ▷ **grow up** *vi* farsi grande, crescere

growl [graul] *vi* ringhiare

grown [grəun] *pp of* **grow**; **grown-up** *n* adulto(-a), grande *m/f*

growth [grəuθ] *n* crescita, sviluppo; (*what has grown*) crescita; (*Med*) escrescenza, tumore *m*

grub [grʌb] *n* larva; (*inf: food*) roba (da mangiare)

grubby ['grʌbɪ] *adj* sporco(-a)

grudge [grʌdʒ] *n* rancore *m* ▸ *vt* **to ~ sb sth** dare qc a qn di malavoglia; invidiare qc a qn; **to bear sb a ~ (for)** serbar rancore a qn (per)

gruelling ['gruəlɪŋ] (US **grueling**) *adj* estenuante

gruesome ['gru:səm] *adj* orribile

grumble ['grʌmbl] *vi* brontolare, lagnarsi

grumpy ['grʌmpɪ] *adj* scorbutico(-a)

grunt [grʌnt] *vi* grugnire

guarantee [gærən'ti:] *n* garanzia ▸ *vt* garantire

guard [gɑ:d] *n* guardia; (*one man*) guardia, sentinella; (BRIT *Rail*) capotreno; (*on machine*) schermo protettivo; (*also*: **fire~**) parafuoco ▸ *vt* fare la guardia a; (*protect*): **to ~ (against)** proteggere (da); **to be on one's ~** stare in guardia; **guardian** *n* custode *m*; (*of minor*) tutore(-trice)

guerrilla [gə'rɪlə] *n* guerrigliero

guess [gɛs] *vi* indovinare ▸ *vt* indovinare; (US) credere, pensare ▸ *n* **to take** *or* **have a ~** provare a indovinare

guest [gɛst] *n* ospite *m/f*; (*in hotel*) cliente *m/f*; **guest house** *n* pensione *f*; **guest room** *n* camera degli ospiti

guidance ['gaɪdəns] *n* guida, direzione *f*

guide [gaɪd] *n* (*person, book etc*) guida; (BRIT: *also*: **girl ~**) giovane esploratrice *f* ▸ *vt* guidare; **is there an English-speaking ~?** c'è una guida che parla inglese?; **guidebook** *n* guida; **do you have a guidebook in English?** avete una guida in inglese?; **guide dog** *n* cane *m* guida *inv*; **guided tour** *n* visita guidata; **what time does the guided tour start?** a che ora comincia la visita guidata?; **guidelines** *npl* (*fig*) indicazioni *fpl*, linee *fpl* direttive

guild [gɪld] *n* arte *f*, corporazione *f*; associazione *f*

guilt [gɪlt] *n* colpevolezza; **guilty** *adj* colpevole

guinea pig ['gɪnɪ-] *n* cavia

guitar [gɪ'tɑ:ʳ] *n* chitarra; **guitarist** *n* chitarrista *m/f*

gulf [gʌlf] *n* golfo; (*abyss*) abisso

gull [gʌl] *n* gabbiano

gulp [gʌlp] *vi* deglutire; (*from emotion*) avere il nodo in gola ▸ *vt* (*also*: **~ down**) tracannare, inghiottire

gum [gʌm] *n* (*Anat*) gengiva; (*glue*) colla; (*also*: **~drop**) caramella gommosa; (*also*: **chewing ~**) chewing-gum *m inv* ▸ *vt* **to ~ (together)** incollare

gun [gʌn] *n* fucile *m*; (*small*) pistola, rivoltella; (*rifle*) carabina; (*shotgun*) fucile da caccia; (*cannon*) cannone *m*; **gunfire** *n* spari *mpl*; **gunman** (*irreg*) *n* bandito armato; **gunpoint** *n* **at gunpoint** sotto minaccia di fucile; **gunpowder** *n* polvere *f* da sparo; **gunshot** *n* sparo

gush [gʌʃ] *vi* sgorgare; (*fig*) abbandonarsi ad effusioni

gust [gʌst] *n* (*of wind*) raffica; (*of smoke*) buffata

gut [gʌt] *n* intestino, budello; **~s** *npl* (*Anat*) interiora *fpl*; (*courage*) fegato

gutter ['gʌtəʳ] *n* (*of roof*) grondaia; (*in street*) cunetta

guy [gaɪ] *n* (*inf: man*) tipo, elemento; (*also*: **~rope**) cavo *or* corda di fissaggio; (*figure*) effigie di Guy Fawkes

Guy Fawkes Night [-'fɔ:ks-] *n* (*BRIT*) *vedi nota*

Guy Fawkes Night
La sera del 5 novembre, in occasione della **Guy Fawkes Night**, altrimenti chiamata **Bonfire Night**, viene commemorato con falò e fuochi d'artificio il fallimento della Congiura delle Polveri contro Giacomo I nel 1605. La festa prende il nome dal principale congiurato della cospirazione, Guy Fawkes, la cui effigie viene bruciata durante i festeggiamenti.

gym [dʒɪm] *n* (*also:* **~nasium**) palestra; (*also:* **~nastics**) ginnastica; **gymnasium** [dʒɪm'neɪzɪəm] *n* palestra; **gymnast** ['dʒɪmnæst] *n* ginnasta *m/f*; **gymnastics** [-'næstɪks] *n, npl* ginnastica; **gym shoes** *npl* scarpe *fpl* da ginnastica

gynaecologist [gaɪnɪ'kɔlədʒɪst] (*US* **gynecologist**) *n* ginecologo(-a)

gypsy ['dʒɪpsɪ] *n* = **gipsy**

h

haberdashery ['hæbə'dæʃərɪ] (*BRIT*) *n* merceria

habit ['hæbɪt] *n* abitudine *f*; (*costume*) abito; (*Rel*) tonaca

habitat ['hæbɪtæt] *n* habitat *m inv*

hack [hæk] *vt* tagliare, fare a pezzi ▸ *n* (*pej: writer*) scribacchino(-a); **hacker** ['hækə^r] *n* (*Comput*) pirata *m* informatico

had [hæd] *pt, pp of* **have**

haddock ['hædək] (*pl* **haddock** *or* **haddocks**) *n* eglefino

hadn't ['hædnt] = **had not**

haemorrhage ['hɛmərɪdʒ] (*US* **hemorrhage**) *n* emorragia

haemorrhoids ['hɛmərɔɪdz] (*US* **hemorrhoids**) *npl* emorroidi *fpl*

haggle ['hægl] *vi* mercanteggiare

Hague [heɪg] *n* **The ~** L'Aia

hail [heɪl] *n* grandine *f*; (*of criticism etc*) pioggia ▸ *vt* (*call*) chiamare; (*flag down: taxi*) fermare; (*greet*) salutare ▸ *vi* grandinare; **hailstone** *n* chicco di grandine

hair [hɛə^r] *n* capelli *mpl*; (*single hair: on head*) capello; (*: on body*) pelo; **to do one's ~** pettinarsi; **hairband** ['hɛəbænd] *n* (*elastic*) fascia per i capelli; (*rigid*) cerchietto; **hairbrush** *n* spazzola per capelli; **haircut** *n* taglio di capelli; **hairdo** ['hɛə du:] *n* acconciatura, pettinatura; **hairdresser** *n* parrucchiere(-a); **hairdresser's** *n* parrucchiere(-a); **hair dryer** *n* asciugacapelli *m inv*; **hair gel** *n* gel *m inv* per capelli; **hair spray** *n* lacca per capelli; **hairstyle** *n* pettinatura, acconciatura; **hairy** *adj* irsuto(-a), peloso(-a); (*inf: frightening*) spaventoso(-a)

hake [heɪk] (*pl* **hake** *or* **hakes**) *n* nasello

half [hɑ:f] (*pl* **halves**) *n* mezzo, metà *f inv* ▸ *adj* mezzo(-a) ▸ *adv* a mezzo, a metà; **~ an hour** mezz'ora; **~ a dozen** mezza dozzina; **~ a pound** mezza libbra; **two and a ~** due e mezzo; **a week and a ~** una settimana e mezza; **~ (of it)** la metà; **~ (of)** la metà di; **to cut sth in ~** tagliare qc in due; **~ asleep** mezzo(-a) addormentato(-a);

half board (BRIT) *n* mezza pensione; **half-brother** *n* fratellastro; **half day** *n* mezza giornata; **half fare** *n* tariffa a metà prezzo; **half-hearted** *adj* tiepido(-a); **half-hour** *n* mezz'ora; **half-price** *adj, adv* a metà prezzo; **half term** (BRIT) *n* (*Scol*) vacanza a *or* di metà trimestre; **half-time** *n* (*Sport*) intervallo; **halfway** *adv* a metà strada

hall [hɔːl] *n* sala, salone *m*; (*entrance way*) entrata

hallmark ['hɔːlmɑːk] *n* marchio di garanzia; (*fig*) caratteristica

hallo [hə'ləu] *excl* = **hello**

hall of residence (BRIT) *n* casa dello studente

Halloween [hæləu'iːn] *n* vigilia d'Ognissanti

Halloween

Negli Stati Uniti e in Gran Bretagna il 31 ottobre si festeggia **Halloween**, la notte delle streghe e dei fantasmi. I bambini, travestiti da fantasmi, streghe o mostri, bussano alle porte e ricevono dolci e piccoli doni.

hallucination [həluːsɪ'neɪʃən] *n* allucinazione *f*

hallway ['hɔːlweɪ] *n* corridoio; (*entrance*) ingresso

halo ['heɪləu] *n* (*of saint etc*) aureola

halt [hɔːlt] *n* fermata ▸ *vt* fermare ▸ *vi* fermarsi

halve [hɑːv] *vt* (*apple etc*) dividere a metà; (*expense*) ridurre di metà

halves [hɑːvz] *npl of* **half**

ham [hæm] *n* prosciutto

hamburger ['hæmbəːgə^r^] *n* hamburger *m inv*

hamlet ['hæmlɪt] *n* paesetto

hammer ['hæmə^r^] *n* martello ▸ *vt* martellare ▸ *vi* **to ~ on** *or* **at the door** picchiare alla porta

hammock ['hæmək] *n* amaca

hamper ['hæmpə^r^] *vt* impedire ▸ *n* cesta

hamster ['hæmstə^r^] *n* criceto

hamstring ['hæmstrɪŋ] *n* (*Anat*) tendine *m* del ginocchio

hand [hænd] *n* mano *f*; (*of clock*) lancetta; (*handwriting*) scrittura; (*at cards*) mano; (: *game*) partita; (*worker*) operaio(-a) ▸ *vt* dare, passare; **to give sb a ~** dare una mano a qn; **at ~** a portata di mano; **in ~** a disposizione; (*work*) in corso; **on ~** (*person*) disponibile; (*services*) pronto(-a) a intervenire; **to ~** (*information etc*) a portata di mano; **on the one ~ ..., on the other ~** da un lato ..., dall'altro
▹ **hand down** *vt* passare giù; (*tradition, heirloom*) tramandare; (*US: sentence, verdict*) emettere ▹ **hand in** *vt* consegnare ▹ **hand out** *vt* distribuire ▹ **hand over** *vt* passare; cedere;

handbag *n* borsetta; **hand baggage** *n* bagaglio a mano; **handbook** *n* manuale *m*; **handbrake** *n* freno a mano; **handcuffs** *npl* manette *fpl*; **handful** *n* manciata, pugno

handicap ['hændɪkæp] *n* handicap *m inv* ▸ *vt* handicappare; **to be physically ~ped** essere handicappato(-a); **to be mentally ~ped** essere un(a) handicappato(-a) mentale

handkerchief ['hæŋkətʃɪf] *n* fazzoletto

handle ['hændl] *n* (*of door etc*) maniglia; (*of cup etc*) ansa; (*of knife etc*) impugnatura; (*of saucepan*) manico; (*for winding*) manovella ▸ *vt* toccare, maneggiare; (*deal with*) occuparsi di; (*treat: people*) trattare; **"~ with care"** "fragile"; **to fly off the ~** (*fig*) perdere le staffe, uscire dai gangheri;

handlebar(s) *n(pl)* manubrio

hand: **hand luggage** *n* bagagli *mpl* a mano; **handmade** *adj* fatto(-a) a mano; **handout** *n* (*money, food*) elemosina; (*leaflet*) volantino; (*at* *lecture*) prospetto

handsome ['hænsəm] *adj* bello(-a); (*profit, fortune*) considerevole

handwriting ['hændraɪtɪŋ] *n* scrittura

handy ['hændɪ] *adj* (*person*) bravo(-a); (*close at hand*) a portata di mano; (*convenient*) comodo(-a)

hang [hæŋ] (*pt, pp* **hung**) *vt* appendere; (*criminal: pt, pp hanged*) impiccare ▸ *vi* (*painting*) essere appeso(-a); (*hair*) scendere; (*drapery*) cadere; **to get the ~ of sth** (*inf*) capire come qc funziona ▹ **hang about** *or* **around** *vi* bighellonare, ciondolare ▹ **hang down** *vi* ricadere ▹ **hang on** *vi* (*wait*) aspettare ▹ **hang out** *vt* (*washing*) stendere (fuori); (*inf: live*) stare ▸ *vi* penzolare, pendere ▹ **hang round** *vi* = **hang around** ▹ **hang up** *vi* (*Tel*) riattaccare ▸ *vt* appendere

hanger ['hæŋəʳ] *n* gruccia

hang-gliding ['-glaɪdɪŋ] *n* volo col deltaplano

hangover ['hæŋəuvəʳ] *n* (*after drinking*) postumi *mpl* di sbornia

hankie ['hæŋkɪ] *n abbr* = **handkerchief**

happen ['hæpən] *vi* accadere, succedere; (*chance*): **to ~ to do sth** fare qc per caso; **what ~ed?** cos'è successo?; **as it ~s** guarda caso

happily ['hæpɪlɪ] *adv* felicemente; fortunatamente

happiness ['hæpɪnɪs] *n* felicità, contentezza

happy ['hæpɪ] *adj* felice, contento(-a); **~ with** (*arrangements etc*) soddisfatto(-a) di; **to be ~ to do** (*willing*) fare volentieri; **~ birthday!** buon compleanno!

harass ['hærəs] *vt* molestare; **harassment** *n* molestia

harbour ['hɑ:bəʳ] (*US* **harbor**) *n* porto ▸ *vt* (*hope, fear*) nutrire; (*criminal*) dare rifugio a

hard [hɑ:d] *adj* duro(-a) ▸ *adv* (*work*) sodo; (*think, try*) bene; **to look ~ at** guardare fissamente; esaminare attentamente; **no ~ feelings!** senza rancore!; **to be ~ of hearing** essere duro(-a) d'orecchio; **to be ~ done by** essere trattato(-a) ingiustamente; **hardback** *n* libro rilegato; **hardboard** *n* legno precompresso; **hard disk** *n* (*Comput*) disco rigido; **harden** *vt, vi* indurire

hardly ['hɑ:dlɪ] *adv* (*scarcely*) appena; **it's ~ the case** non è proprio il caso; **~ anyone/anywhere** quasi nessuno/ da nessuna parte; **~ ever** quasi mai

hard: **hardship** ['hɑ:dʃɪp] *n* avversità *f inv*; privazioni *fpl*; **hard shoulder** (*BRIT*) *n* (*Aut*) corsia d'emergenza; **hard-up** (*inf*) *adj* al verde; **hardware** ['hɑ:dwɛəʳ] *n* ferramenta *fpl*; (*Comput*) hardware *m*; (*Mil*) armamenti *mpl*; **hardware shop** (*US* **hardware store**) *n* (negozio di) ferramenta *fpl*; **hard-working** [-'wə:kɪŋ] *adj* lavoratore(-trice)

hardy ['hɑ:dɪ] *adj* robusto(-a); (*plant*) resistente al gelo

hare [hɛəʳ] *n* lepre *f*

harm [hɑ:m] *n* male *m*; (*wrong*) danno ▸ *vt* (*person*) fare male a; (*thing*) danneggiare; **out of ~'s way** al sicuro; **harmful** *adj* dannoso(-a); **harmless** *adj* innocuo(-a), inoffensivo(-a)

harmony ['hɑ:mənɪ] *n* armonia

harness ['hɑ:nɪs] *n* (*for horse*) bardatura, finimenti *mpl*; (*for child*) briglie *fpl*; (*safety harness*) imbracatura ▸ *vt* (*horse*) bardare; (*resources*) sfruttare

harp [hɑ:p] *n* arpa ▸ *vi* **to ~ on about** insistere tediosamente su

harsh [hɑ:ʃ] *adj* (*life, winter*) duro(-a); (*judge, criticism*) severo(-a); (*sound*) rauco(-a); (*light*) violento(-a)

h

harvest ['hɑːvɪst] *n* raccolto; (*of grapes*) vendemmia ▸ *vt* fare il raccolto di, raccogliere; vendemmiare
has [hæz] *vb see* **have**
hasn't ['hæznt] = **has not**
hassle ['hæsl] (*inf*) *n* sacco di problemi
haste [heɪst] *n* fretta; precipitazione *f*; **hasten** ['heɪsn] *vt* affrettare ▸ *vi* **to hasten (to)** affrettarsi (a); **hastily** *adv* in fretta; precipitosamente; **hasty** *adj* affrettato(-a), precipitoso(-a)
hat [hæt] *n* cappello
hatch [hætʃ] *n* (*Naut*: *also*: **~way**) boccaporto; (*also*: **service ~**) portello di servizio ▸ *vi* (*bird*) uscire dal guscio; (*egg*) schiudersi
hatchback ['hætʃbæk] *n* (*Aut*) tre (*or* cinque) porte *f inv*
hate [heɪt] *vt* odiare, detestare ▸ *n* odio; **hatred** ['heɪtrɪd] *n* odio
haul [hɔːl] *vt* trascinare, tirare ▸ *n* (*of fish*) pescata; (*of stolen goods etc*) bottino
haunt [hɔːnt] *vt* (*fear*) pervadere; (*person*) frequentare ▸ *n* rifugio; **this house is ~ed** questa casa è abitata da un fantasma; **haunted** *adj* (*castle etc*) abitato(-a) dai fantasmi *or* dagli spiriti; (*look*) ossessionato(-a), tormentato(-a)

have [hæv] (*pt, pp* **had**) *aux vb*
1 (*gen*) avere; essere; **to have arrived/gone** essere arrivato(-a)/andato(-a); **to have eaten/slept** avere mangiato/dormito; **he has been kind/promoted** è stato gentile/promosso; **having finished** *or* **when he had finished, he left** dopo aver finito, se n'è andato
2 (*in tag questions*): **you've done it, haven't you?** l'ha fatto, (non è) vero?; **he hasn't done it, has he?** non l'ha fatto, vero?
3 (*in short answers and questions*): **you've made a mistake — no I haven't/so I have** ha fatto un errore — ma no, niente affatto/sì, è vero; **we haven't paid — yes we have!** non abbiamo pagato — ma sì che abbiamo pagato!; **I've been there before, have you?** ci sono già stato, e lei?
▸ *modal aux vb* (*be obliged*): **to have (got) to do sth** dover fare qc; **I haven't got** *or* **I don't have to wear glasses** non ho bisogno di portare gli occhiali
▸ *vt*
1 (*possess, obtain*) avere; **he has (got) blue eyes/dark hair** ha gli occhi azzurri/i capelli scuri; **do you have** *or* **have you got a car/phone?** ha la macchina/il telefono?; **may I have your address?** potrebbe darmi il suo indirizzo?; **you can have it for £5** te lo lascio per 5 sterline
2 (*+ noun*: *take, hold etc*): **to have breakfast/a swim/a bath** fare colazione/una nuotata/un bagno; **to have lunch** pranzare; **to have dinner** cenare; **to have a drink** bere qualcosa; **to have a cigarette** fumare una sigaretta
3: **to have sth done** far fare qc; **to have one's hair cut** farsi tagliare i capelli; **to have sb do sth** far fare qc a qn
4 (*experience, suffer*) avere; **to have a cold/flu** avere il raffreddore/l'influenza; **she had her bag stolen** le hanno rubato la borsa
5 (*inf*: *dupe*): **you've been had!** ci sei cascato!
▹ **have out** *vt* **to have it out with sb** (*settle a problem etc*) mettere le cose in chiaro con qn

haven ['heɪvn] *n* porto; (*fig*) rifugio
haven't ['hævnt] = **have not**
havoc ['hævək] *n* caos *m*
Hawaii [hə'waɪː] *n* le Hawaii
hawk [hɔːk] *n* falco
hawthorn ['hɔːθɔːn] *n* biancospino
hay [heɪ] *n* fieno; **hay fever** *n* febbre *f* da fieno; **haystack** *n* pagliaio

hazard ['hæzəd] *n* azzardo, ventura; pericolo, rischio ▶ *vt* (*guess etc*) azzardare; **hazardous** *adj* pericoloso(-a); **hazard warning lights** *npl* (*Aut*) luci *fpl* di emergenza
haze [heɪz] *n* foschia
hazel ['heɪzl] *n* (*tree*) nocciolo ▶ *adj* (*eyes*) (color) nocciola *inv*; **hazelnut** ['heɪzlnʌt] *n* nocciola
hazy ['heɪzɪ] *adj* fosco(-a); (*idea*) vago(-a)
he [hi:] *pron* lui, egli; **it is he who ...** è lui che ...
head [hɛd] *n* testa; (*leader*) capo; (*of school*) preside *m/f* ▶ *vt* (*list*) essere in testa a; (*group*) essere a capo di; **~s or tails** testa (o croce), pari (o dispari); **~ first** a capofitto, di testa; **~ over heels in love** pazzamente innamorato(-a); **to ~ the ball** colpire una palla di testa ▷ **head for** *vt fus* dirigersi verso ▷ **head off** *vt* (*threat, danger*) sventare; **headache** *n* mal *m* di testa; **heading** *n* titolo; intestazione *f*; **headlamp** (*BRIT*) *n* = **headlight**; **headlight** *n* fanale *m*; **headline** *n* titolo; **head office** *n* sede *f* (centrale); **headphones** *npl* cuffia; **headquarters** *npl* ufficio centrale; (*Mil*) quartiere *m* generale; **headroom** *n* (*in car*) altezza dell'abitacolo; (*under bridge*) altezza limite; **headscarf** *n* foulard *m inv*; **headset** *n* = **headphones**; **headteacher** *n* (*of primary school*) direttore(-trice); (*of secondary school*) preside; **head waiter** *n* capocameriere *m*
heal [hi:l] *vt, vi* guarire
health [hɛlθ] *n* salute *f*; **health care** *n* assistenza sanitaria; **health centre** (*BRIT*) *n* poliambulatorio; **health food** *n* cibo macrobiotico; **Health Service** (*BRIT*) *n* **the Health Service** ≈ il Servizio Sanitario Statale; **healthy** *adj* (*person*) sano(-a), in buona salute; (*climate*) salubre; (*appetite, economy etc*) sano(-a)
heap [hi:p] *n* mucchio ▶ *vt* (*stones, sand*): **to ~ (up)** ammucchiare; (*plate, sink*): **to ~ sth with** riempire qc di; **~s of** (*inf*) un mucchio di
hear [hɪəʳ] (*pt, pp* **heard**) *vt* sentire; (*news*) ascoltare ▶ *vi* sentire; **to ~ about** avere notizie di; sentire parlare di; **to ~ from sb** ricevere notizie da qn
hearing ['hɪərɪŋ] *n* (*sense*) udito; (*of witnesses*) audizione *f*; (*of a case*) udienza; **hearing aid** *n* apparecchio acustico
hearse [hə:s] *n* carro funebre
heart [hɑ:t] *n* cuore *m*; **~s** *npl* (*Cards*) cuori *mpl*; **to lose ~** scoraggiarsi; **to take ~** farsi coraggio; **at ~** in fondo; **by ~** (*learn, know*) a memoria; **heart attack** *n* attacco di cuore; **heartbeat** *n* battito del cuore; **heartbroken** *adj* **to be heartbroken** avere il cuore spezzato; **heartburn** *n* bruciore *m* di stomaco; **heart disease** *n* malattia di cuore
hearth [hɑ:θ] *n* focolare *m*
heartless ['hɑ:tlɪs] *adj* senza cuore
hearty ['hɑ:tɪ] *adj* caloroso(-a); robusto(-a), sano(-a); vigoroso(-a)
heat [hi:t] *n* calore *m*; (*fig*) ardore *m*; fuoco; (*Sport. also*: **qualifying ~**) prova eliminatoria ▶ *vt* scaldare ▷ **heat up** *vi* (*liquids*) scaldarsi; (*room*) riscaldarsi ▶ *vt* riscaldare; **heated** *adj* riscaldato(-a); (*argument*) acceso(-a); **heater** *n* radiatore *m*; (*stove*) stufa
heather ['hɛðəʳ] *n* erica
heating ['hi:tɪŋ] *n* riscaldamento
heatwave ['hi:tweɪv] *n* ondata di caldo
heaven ['hɛvn] *n* paradiso, cielo; **heavenly** *adj* divino(-a), celeste
heavily ['hɛvɪlɪ] *adv* pesantemente; (*drink, smoke*) molto

h

heavy ['hɛvɪ] *adj* pesante; (*sea*) grosso(-a); (*rain, blow*) forte; (*weather*) afoso(-a); (*drinker, smoker*) gran (*before noun*); **it's too ~** è troppo pesante
Hebrew ['hi:bru:] *adj* ebreo(-a) ▶ *n* (*Ling*) ebraico
hectare ['hɛktɑ:ʳ] *n* (*BRIT*) ettaro
hectic ['hɛktɪk] *adj* movimentato(-a)
he'd [hi:d] = **he would**; **he had**
hedge [hɛdʒ] *n* siepe *f* ▶ *vi* essere elusivo(-a); **to ~ one's bets** (*fig*) coprirsi dai rischi
hedgehog ['hɛdʒhɔg] *n* riccio
heed [hi:d] *vt* (*also*: **take ~ of**) badare a, far conto di
heel [hi:l] *n* (*Anat*) calcagno; (*of shoe*) tacco ▶ *vt* (*shoe*) rifare i tacchi a
hefty ['hɛftɪ] *adj* (*person*) robusto(-a); (*parcel*) pesante; (*profit*) grosso(-a)
height [haɪt] *n* altezza; (*high ground*) altura; (*fig: of glory*) apice *m*; (*: of stupidity*) colmo; **heighten** *vt* (*fig*) accrescere
heir [ɛəʳ] *n* erede *m*; **heiress** *n* erede *f*
held [hɛld] *pt, pp of* **hold**
helicopter ['hɛlɪkɔptəʳ] *n* elicottero
hell [hɛl] *n* inferno; **~!** (*inf*) porca miseria!, accidenti!
he'll [hi:l] = **he will**; **he shall**
hello [hə'ləu] *excl* buon giorno!; ciao! (*to sb one addresses as "tu"*); (*surprise*) ma guarda!
helmet ['hɛlmɪt] *n* casco
help [hɛlp] *n* aiuto; (*charwoman*) donna di servizio ▶ *vt* aiutare; **~!** aiuto!; **can you ~ me?** può aiutarmi?; **~ yourself (to bread)** si serva (del pane); **he can't ~ it** non ci può far niente ▷ **help out** *vi* aiutare ▶ *vt* **to ~ sb out** aiutare qn; **helper** *n* aiutante *m/f*, assistente *m/f*; **helpful** *adj* di grande aiuto; (*useful*) utile; **helping** *n* porzione *f*; **helpless** *adj* impotente; debole; **helpline** *n* ≈ telefono amico; (*Comm*) servizio *m* informazioni *inv* (*a pagamento*)
hem [hɛm] *n* orlo ▶ *vt* fare l'orlo a
hemisphere ['hɛmɪsfɪəʳ] *n* emisfero
hemorrhage ['hɛmərɪdʒ] (*US*) *n* = **haemorrhage**
hemorrhoids ['hɛmərɔɪdz] (*US*) *npl* = **haemorrhoids**
hen [hɛn] *n* gallina; (*female bird*) femmina
hence [hɛns] *adv* (*therefore*) dunque; **2 years ~** di qui a 2 anni
hen night *n* (*inf*) addio al nubilato
hepatitis [hɛpə'taɪtɪs] *n* epatite *f*
her [hə:ʳ] *pron* (*direct*) la, l' + *vowel*; (*indirect*) le; (*stressed, after prep*) lei ▶ *adj* il (la) suo(-a), i (le) suoi (sue); *see also* **me**; **my**
herb [hə:b] *n* erba; **herbal** *adj* di erbe; **herbal tea** *n* tisana
herd [hə:d] *n* mandria
here [hɪəʳ] *adv* qui, qua ▶ *excl* ehi!; **~!** (*at roll call*) presente!; **~ is/are** ecco; **~ he/she is** eccolo/eccola
hereditary [hɪ'rɛdɪtrɪ] *adj* ereditario(-a)
heritage ['hɛrɪtɪdʒ] *n* eredità; (*fig*) retaggio
hernia ['hə:nɪə] *n* ernia
hero ['hɪərəu] (*pl* **heroes**) *n* eroe *m*; **heroic** [hɪ'rəuɪk] *adj* eroico(-a)
heroin ['hɛrəuɪn] *n* eroina
heroine ['hɛrəuɪn] *n* eroina
heron ['hɛrən] *n* airone *m*
herring ['hɛrɪŋ] *n* aringa
hers [hə:z] *pron* il (la) suo(-a), i (le) suoi (sue); *see also* **mine**¹
herself [hə:'sɛlf] *pron* (*reflexive*) si; (*emphatic*) lei stessa; (*after prep*) se stessa, sé; *see also* **oneself**
he's [hi:z] = **he is**; **he has**
hesitant ['hɛzɪtənt] *adj* esitante, indeciso(-a)
hesitate ['hɛzɪteɪt] *vi* **to ~ (about/to do)** esitare (su/a fare); **hesitation** [-'teɪʃən] *n* esitazione *f*
heterosexual ['hɛtərəu'sɛksjuəl] *adj*,

n eterosessuale *m/f*
hexagon ['hɛksəgən] *n* esagono
hey [heɪ] *excl* ehi!
heyday ['heɪdeɪ] *n* **the ~ of** i bei giorni di, l'età d'oro di
HGV *n abbr* = **heavy goods vehicle**
hi [haɪ] *excl* ciao!
hibernate ['haɪbəneɪt] *vi* ibernare
hiccough ['hɪkʌp] *vi* singhiozzare
hiccup ['hɪkʌp] = **hiccough**
hid [hɪd] *pt of* **hide**
hidden ['hɪdn] *pp of* **hide**
hide [haɪd] (*pt* **hid**, *pp* **hidden**) *n* (*skin*) pelle *f* ▸ *vt* **to ~ sth (from sb)** nascondere qc (a qn) ▸ *vi* **to ~ (from sb)** nascondersi (da qn)
hideous ['hɪdɪəs] *adj* laido(-a); orribile
hiding ['haɪdɪŋ] *n* (*beating*) bastonata; **to be in ~** (*concealed*) tenersi nascosto(-a)
hi-fi ['haɪfaɪ] *n* stereo ▸ *adj* ad alta fedeltà, hi-fi *inv*
high [haɪ] *adj* alto(-a); (*speed, respect, number*) grande; (*wind*) forte; (*voice*) acuto(-a) ▸ *adv* alto, in alto; **20m ~** alto(-a) 20m; **highchair** *n* seggiolone *m*; **high-class** *adj* (*neighbourhood*) elegante; (*hotel*) di prim'ordine; (*person*) di gran classe; (*food*) raffinato(-a); **higher education** *n* studi *mpl* superiori; **high heels** *npl* (*heels*) tacchi *mpl* alti; (*shoes*) scarpe *fpl* con i tacchi alti; **high jump** *n* (*Sport*) salto in alto; **highlands** *npl* zona montuosa; **the Highlands** le Highlands scozzesi; **highlight** *n* (*fig: of event*) momento culminante; (*in hair*) colpo di sole ▸ *vt* mettere in evidenza; **highlights** *npl* (*in hair*) colpi *mpl* di sole; **highlighter** *n* (*pen*) evidenziatore *m*; **highly** *adv* molto; **to speak highly of** parlare molto bene di; **highness** *n* **Her Highness** Sua Altezza; **high-rise** *n* (*also:* **high-rise block, high-rise building**) palazzone *m*; **high school** *n* scuola secondaria; (*US*) istituto superiore d'istruzione; **high season** (*BRIT*) *n* alta stagione; **high street** (*BRIT*) *n* strada principale; **high-tech** (*inf*) *adj* high-tech *inv*; **highway** ['haɪweɪ] *n* strada maestra; **Highway Code** (*BRIT*) *n* codice *m* della strada
hijack ['haɪdʒæk] *vt* dirottare; **hijacker** *n* dirottatore(-trice)
hike [haɪk] *vi* fare un'escursione a piedi ▸ *n* escursione *f* a piedi; **hiker** *n* escursionista *m/f*; **hiking** *n* escursioni *fpl* a piedi
hilarious [hɪ'lɛərɪəs] *adj* (*behaviour, event*) spassosissimo(-a)
hill [hɪl] *n* collina, colle *m*; (*fairly high*) montagna; (*on road*) salita; **hillside** *n* fianco della collina; **hill walking** *n* escursioni *fpl* in collina; **hilly** *adj* collinoso(-a); montagnoso(-a)
him [hɪm] *pron* (*direct*) lo, l' + *vowel*; (*indirect*) gli; (*stressed, after prep*) lui; *see also* **me**; **himself** *pron* (*reflexive*) si; (*emphatic*) lui stesso; (*after prep*) se stesso, sé; *see also* **oneself**
hind [haɪnd] *adj* posteriore ▸ *n* cerva
hinder ['hɪndə^r] *vt* ostacolare
hindsight ['haɪndsaɪt] *n* **with ~** con il senno di poi
Hindu ['hɪndu:] *n* indù *m/f inv*; **Hinduism** *n* (*Rel*) induismo
hinge [hɪndʒ] *n* cardine *m* ▸ *vi* (*fig*): **to ~ on** dipendere da
hint [hɪnt] *n* (*suggestion*) allusione *f*; (*advice*) consiglio; (*sign*) accenno ▸ *vt* **to ~ that** lasciar capire che ▸ *vi* **to ~ at** alludere a
hip [hɪp] *n* anca, fianco
hippie ['hɪpɪ] *n* hippy *m/f inv*
hippo ['hɪpəu] (*pl* **hippos**) *n* ippopotamo
hippopotamus [hɪpə'pɔtəməs] (*pl* **hippopotamuses** *or* **hippopotami**) *n* ippopotamo

h

hippy ['hɪpɪ] *n* = **hippie**
hire ['haɪəʳ] *vt* (*BRIT*: *car, equipment*) noleggiare; (*worker*) assumere, dare lavoro a ▶ *n* nolo, noleggio; **for ~** da nolo; (*taxi*) libero(-a); **I'd like to ~ a car** vorrei noleggiare una macchina; **hire(d) car** (*BRIT*) *n* macchina a nolo; **hire purchase** (*BRIT*) *n* acquisto (*or* vendita) rateale
his [hɪz] *adj, pron* il (la) suo (sua), i (le) suoi (sue); *see also* **my**; **mine**[1]
Hispanic [hɪs'pænɪk] *adj* ispanico(-a)
hiss [hɪs] *vi* fischiare; (*cat, snake*) sibilare
historian [hɪ'stɔːrɪən] *n* storico(-a)
historic(al) [hɪ'stɔrɪk(l)] *adj* storico(-a)
history ['hɪstərɪ] *n* storia
hit [hɪt] (*pt, pp* **hit**) *vt* colpire, picchiare; (*knock against*) battere; (*reach*: *target*) raggiungere; (*collide with*: *car*) urtare contro; (*fig*: *affect*) colpire; (*find*: *problem etc*) incontrare ▶ *n* colpo; (*success, song*) successo; **to ~ it off with sb** andare molto d'accordo con qn ▷ **hit back** *vi* **to ~ back at sb** restituire il colpo a qn
hitch [hɪtʃ] *vt* (*fasten*) attaccare; (*also*: **~ up**) tirare su ▶ *n* (*difficulty*) intoppo, difficoltà *f inv*; **to ~ a lift** fare l'autostop; **hitch-hike** *vi* fare l'autostop; **hitch-hiker** *n* autostoppista *m/f*; **hitch-hiking** *n* autostop *m*
hi-tech ['haɪ'tɛk] *adj* high-tech *inv*
hitman ['hɪtmæn] (*irreg*) *n* (*inf*) sicario
HIV *abbr* **~-negative/-positive** *adj* sieronegativo(-a)/sieropositivo(-a)
hive [haɪv] *n* alveare *m*
hoard [hɔːd] *n* (*of food*) provviste *fpl*; (*of money*) gruzzolo ▶ *vt* ammassare
hoarse [hɔːs] *adj* rauco(-a)
hoax [həuks] *n* scherzo; falso allarme
hob [hɔb] *n* piastra (con fornelli)
hobble ['hɔbl] *vi* zoppicare
hobby ['hɔbɪ] *n* hobby *m inv*, passatempo
hobo ['həubəu] (*US*) *n* vagabondo
hockey ['hɔkɪ] *n* hockey *m*; **hockey stick** *n* bastone *m* da hockey
hog [hɔg] *n* maiale *m* ▶ *vt* (*fig*) arraffare; **to go the whole ~** farlo fino in fondo
Hogmanay [hɔgmə'neɪ] *n* (*Scottish*) ≈ San Silvestro
hoist [hɔɪst] *n* paranco ▶ *vt* issare
hold [həuld] (*pt, pp* **held**) *vt* tenere; (*contain*) contenere; (*keep back*) trattenere; (*believe*) mantenere; considerare; (*possess*) avere, possedere; detenere ▶ *vi* (*withstand pressure*) tenere; (*be valid*) essere valido(-a) ▶ *n* presa; (*control*): **to have a ~ over** avere controllo su; (*Naut*) stiva; **~ the line!** (*Tel*) resti in linea!; **to ~ one's own** (*fig*) difendersi bene; **to catch** *or* **get (a) ~ of** afferrare ▷ **hold back** *vt* trattenere; (*secret*) tenere celato(-a) ▷ **hold on** *vi* tener fermo; (*wait*) aspettare; **~ on!** (*Tel*) resti in linea! ▷ **hold out** *vt* offrire ▶ *vi* (*resist*) resistere ▷ **hold up** *vt* (*raise*) alzare; (*support*) sostenere; (*delay*) ritardare; (*rob*) assaltare; **holdall** (*BRIT*) *n* borsone *m*; **holder** *n* (*container*) contenitore *m*; (*of ticket, title*) possessore/posseditrice; (*of office etc*) incaricato(-a); (*of record*) detentore(-trice)
hole [həul] *n* buco, buca
holiday ['hɔlədɪ] *n* vacanza; (*day off*) giorno di vacanza; (*public*) giorno festivo; **on ~** in vacanza; **I'm on ~ here** sono qui in vacanza; **holiday camp** (*BRIT*) *n* (*also*: **holiday centre**) ≈ villaggio (di vacanze); **holiday job** *n* (*BRIT*) ≈ lavoro estivo; **holiday-maker** (*BRIT*) *n* villeggiante *m/f*; **holiday resort** *n* luogo di villeggiatura
Holland ['hɔlənd] *n* Olanda

hollow ['hɔləu] *adj* cavo(-a); (*container, claim*) vuoto(-a); (*laugh, sound*) cupo(-a) ▶ *n* cavità *f inv*; (*in land*) valletta, depressione *f* ▶ *vt* **to ~ out** scavare
holly ['hɔlɪ] *n* agrifoglio
Hollywood ['hɔlɪwud] *n* Hollywood *f*
holocaust ['hɔləkɔ:st] *n* olocausto
holy ['həulɪ] *adj* santo(-a); (*bread, ground*) benedetto(-a), consacrato(-a)
home [həum] *n* casa; (*country*) patria; (*institution*) casa, ricovero ▶ *cpd* familiare; (*cooking etc*) casalingo(-a); (*Econ, Pol*) nazionale, interno(-a); (*Sport*) di casa ▶ *adv* a casa; in patria; (*right in: nail etc*) fino in fondo; **at ~** a casa; (*in situation*) a proprio agio; **to go** *or* **come ~** tornare a casa (*or* in patria); **make yourself at ~** si metta a suo agio; **home address** *n* indirizzo di casa; **homeland** *n* patria; **homeless** *adj* senza tetto; spatriato(-a); **homely** *adj* semplice, alla buona; accogliente; **home-made** *adj* casalingo(-a); **home match** *n* partita in casa; **Home Office** (*BRIT*) *n* ministero degli Interni; **home owner** *n* proprietario(-a) di casa; **home page** *n* (*Comput*) home page *f inv*; **Home Secretary** (*BRIT*) *n* ministro degli Interni; **homesick** *adj* **to be homesick** avere la nostalgia; **home town** *n* città *f inv* natale; **homework** *n* compiti *mpl* (per casa)
homicide ['hɔmɪsaɪd] (*US*) *n* omicidio
homoeopathic [həumɪə'pæθɪk] (*US* **homeopathic**) *adj* omeopatico(-a)
homoeopathy [həumɪ'ɔpəθɪ] (*US* **homeopathy**) *n* omeopatia
homosexual [hɔməu'sɛksjuəl] *adj, n* omosessuale *m/f*
honest ['ɔnɪst] *adj* onesto(-a); sincero(-a); **honestly** *adv* onestamente; sinceramente; **honesty** *n* onestà
honey ['hʌnɪ] *n* miele *m*; **honeymoon** *n* luna di miele, viaggio di nozze; **we're on honeymoon** siamo in luna di miele; **honeysuckle** *n* (*Bot*) caprifoglio
Hong Kong ['hɔŋ'kɔŋ] *n* Hong Kong *f*
honorary ['ɔnərərɪ] *adj* onorario(-a); (*duty, title*) onorifico(-a)
honour ['ɔnəʳ] (*US* **honor**) *vt* onorare ▶ *n* onore *m*; **honourable** (*US* **honorable**) *adj* onorevole; **honours degree** *n* (*Scol*) *laurea specializzata*
hood [hud] *n* cappuccio; (*on cooker*) cappa; (*BRIT Aut*) capote *f*; (*US Aut*) cofano
hoof [hu:f] (*pl* **hooves**) *n* zoccolo
hook [huk] *n* gancio; (*for fishing*) amo ▶ *vt* uncinare; (*dress*) agganciare
hooligan ['hu:lɪgən] *n* giovinastro, teppista *m*
hoop [hu:p] *n* cerchio
hooray [hu:'reɪ] *excl* = **hurray**
hoot [hu:t] *vi* (*Aut*) suonare il clacson; (*siren*) ululare; (*owl*) gufare
Hoover® ['hu:vəʳ] (*BRIT*) *n* aspirapolvere *m inv* ▶ *vt* **hoover** pulire con l'aspirapolvere
hooves [hu:vz] *npl of* **hoof**
hop [hɔp] *vi* saltellare, saltare; (*on one foot*) saltare su una gamba
hope [həup] *vt* **to ~ that/to do** sperare che/di fare ▶ *vi* sperare ▶ *n* speranza; **I ~ so/not** spero di sì/no; **hopeful** *adj* (*person*) pieno(-a) di speranza, (*situation*) promettente; **hopefully** *adv* con speranza; **hopefully he will recover** speriamo che si riprenda; **hopeless** *adj* senza speranza, disperato(-a); (*useless*) inutile
hops [hɔps] *npl* luppoli *mpl*
horizon [hə'raɪzn] *n* orizzonte *m*; **horizontal** [hɔrɪ'zɔntl] *adj* orizzontale
hormone ['hɔ:məun] *n* ormone *m*
horn [hɔ:n] *n* (*Zool, Mus*) corno; (*Aut*) clacson *m inv*

horoscope ['hɔrəskəup] *n* oroscopo
horrendous [hə'rɛndəs] *adj* orrendo(-a)
horrible ['hɔrɪbl] *adj* orribile, tremendo(-a)
horrid ['hɔrɪd] *adj* orrido(-a); (*person*) odioso(-a)
horrific [hɔ'rɪfɪk] *adj* (*accident*) spaventoso(-a); (*film*) orripilante
horrifying ['hɔrɪfaɪɪŋ] *adj* terrificante
horror ['hɔrə^r] *n* orrore *m*; **horror film** *n* film *m inv* dell'orrore
hors d'œuvre [ɔ:'də:vrə] *n* antipasto
horse [hɔ:s] *n* cavallo; **horseback**: **on horseback** *adj, adv* a cavallo; **horse chestnut** *n* ippocastano; **horsepower** *n* cavallo (vapore); **horse-racing** *n* ippica; **horseradish** *n* rafano; **horse riding** *n* (*BRIT*) equitazione *f*
hose [həuz] *n* (*also:* **~pipe**) tubo; (*also:* **garden ~**) tubo per annaffiare
hospital ['hɔspɪtl] *n* ospedale *m*
hospitality [hɔspɪ'tælɪtɪ] *n* ospitalità
host [həust] *n* ospite *m*; (*Rel*) ostia; (*large number*): **a ~ of** una schiera di
hostage ['hɔstɪdʒ] *n* ostaggio(-a)
hostel ['hɔstl] *n* ostello; (*also:* **youth ~**) ostello della gioventù
hostess ['həustɪs] *n* ospite *f*; (*BRIT*: *air hostess*) hostess *f inv*
hostile ['hɔstaɪl] *adj* ostile
hostility [hɔ'stɪlɪtɪ] *n* ostilità *f inv*
hot [hɔt] *adj* caldo(-a); (*as opposed to only warm*) molto caldo(-a); (*spicy*) piccante; (*fig*) accanito(-a); ardente; violento(-a), focoso(-a); **to be ~** (*person*) aver caldo; (*object*) essere caldo(-a); (*weather*) far caldo; **hot dog** *n* hot dog *m inv*
hotel [həu'tɛl] *n* albergo
hotspot ['hɔtspɔt] *n* (*Comput: also* **wireless hotspot**) hotspot *m inv* Wi-Fi
hot-water bottle [hɔt'wɔ:tə-] *n* borsa dell'acqua calda
hound [haund] *vt* perseguitare ▸ *n* segugio
hour ['auə^r] *n* ora; **hourly** *adj* all'ora
house [*n* haus, *pl* 'hauzɪz] [*vb* hauz] *n* (*also:* **firm**) casa; (*Pol*) camera; (*Theatre*) sala; pubblico; spettacolo; (*dynasty*) casata ▸ *vt* (*person*) ospitare, alloggiare; **on the ~** (*fig*) offerto(-a) dalla casa; **household** *n* famiglia; casa; **householder** *n* padrone(-a) di casa; (*head of house*) capofamiglia *m/f*; **housekeeper** *n* governante *f*; **housekeeping** *n* (*work*) governo della casa; (*money*) soldi *mpl* per le spese di casa; **housewife** (*irreg*) *n* massaia, casalinga; **house wine** *n* vino della casa; **housework** *n* faccende *fpl* domestiche
housing ['hauzɪŋ] *n* alloggio; **housing development** (*BRIT*), **housing estate** *n zona residenziale con case popolari e/o private*
hover ['hɔvə^r] *vi* (*bird*) librarsi; **hovercraft** *n* hovercraft *m inv*
how [hau] *adv* come; **~ are you?** come sta?; **~ do you do?** piacere!; **~ far is it to the river?** quanto è lontano il fiume?; **~ long have you been here?** da quando è qui?; **~ lovely!/awful!** che bello!/orrore!; **~ many?** quanti(-e)?; **~ much?** quanto(-a)?; **~ much milk?** quanto latte?; **~ many people?** quante persone?; **~ old are you?** quanti anni ha?
however [hau'ɛvə^r] *adv* in qualsiasi modo *or* maniera che; (*+ adjective*) per quanto *+ sub*; (*in questions*) come ▸ *conj* comunque, però
howl [haul] *vi* ululare
H.P. *abbr* = **hire purchase**; **horsepower**
h.p. *n abbr* = **H.P**
HQ *n, abbr* = **headquarters**
hr(s) *abbr* (= *hour(s)*) h
HTML *abbr* (= *hypertext markup*

language) HTML *m inv*
hubcap ['hʌbkæp] *n* coprimozzo
huddle ['hʌdl] *vi* **to ~ together** rannicchiarsi l'uno contro l'altro
huff [hʌf] *n* **in a ~** stizzito(-a)
hug [hʌg] *vt* abbracciare; (*shore, kerb*) stringere
huge [hju:dʒ] *adj* enorme, immenso(-a)
hull [hʌl] *n* (*of ship*) scafo
hum [hʌm] *vt* (*tune*) canticchiare ▸ *vi* canticchiare; (*insect*) ronzare
human ['hju:mən] (*irreg*) *adj* umano(-a) ▸ *n* essere *m* umano
humane [hju:'meɪn] *adj* umanitario(-a)
humanitarian [hju:mænɪ'tɛərɪən] *adj* umanitario(-a)
humanity [hju:'mænɪtɪ] *n* umanità
human rights *npl* diritti *mpl* dell'uomo
humble ['hʌmbl] *adj* umile, modesto(-a) ▸ *vt* umiliare
humid ['hju:mɪd] *adj* umido(-a); **humidity** [hju:'mɪdɪtɪ] *n* umidità
humiliate [hju:'mɪlɪeɪt] *vt* umiliare; **humiliating** *adj* umiliante; **humiliation** [-'eɪʃən] *n* umiliazione *f*
hummus ['huməs] *n purè di ceci*
humorous ['hju:mərəs] *adj* umoristico(-a); (*person*) buffo(-a)
humour ['hju:mə^r] (*US* **humor**) *n* umore *m* ▸ *vt* accontentare
hump [hʌmp] *n* gobba
hunch [hʌntʃ] *n* intuizione *f*
hundred ['hʌndrəd] *num* cento; **~s of** centinaia *fpl* di; **hundredth** [-ɪdθ] *num* centesimo(-a)
hung [hʌŋ] *pt, pp of* **hang**
Hungarian [hʌŋ'gɛərɪən] *adj* ungherese ▸ *n* ungherese *m/f*; (*Ling*) ungherese *m*
Hungary ['hʌŋgərɪ] *n* Ungheria
hunger ['hʌŋgə^r] *n* fame *f* ▸ *vi* **to ~ for** desiderare ardentemente
hungry ['hʌŋgrɪ] *adj* affamato(-a); **to be ~** aver fame
hunt [hʌnt] *vt* (*seek*) cercare; (*Sport*) cacciare ▸ *vi* **to ~ (for)** andare a caccia (di) ▸ *n* caccia; **hunter** *n* cacciatore *m*; **hunting** *n* caccia
hurdle ['hə:dl] *n* (*Sport, fig*) ostacolo
hurl [hə:l] *vt* lanciare con violenza
hurrah [hu'rɑ:] *excl* = **hurray**
hurray [hu'reɪ] *excl* urra!, evviva!
hurricane ['hʌrɪkən] *n* uragano
hurry ['hʌrɪ] *n* fretta ▸ *vi* (*also:* **~ up**) affrettarsi ▸ *vt* (*also:* **~ up**: *person*) affrettare; (*work*) far in fretta; **to be in a ~** aver fretta ▹ **hurry up** *vi* sbrigarsi
hurt [hə:t] (*pt, pp* **hurt**) *vt* (*cause pain to*) far male a; (*injure, fig*) ferire ▸ *vi* far male
husband ['hʌzbənd] *n* marito
hush [hʌʃ] *n* silenzio, calma ▸ *vt* zittire
husky ['hʌskɪ] *adj* roco(-a) ▸ *n* cane *m* eschimese
hut [hʌt] *n* rifugio; (*shed*) ripostiglio
hyacinth ['haɪəsɪnθ] *n* giacinto
hydrangea [haɪ'dreɪnʒə] *n* ortensia
hydrofoil ['haɪdrəufɔɪl] *n* aliscafo
hydrogen ['haɪdrədʒən] *n* idrogeno
hygiene ['haɪdʒi:n] *n* igiene *f*; **hygienic** [haɪ'dʒi:nɪk] *adj* igienico(-a)
hymn [hɪm] *n* inno; cantica
hype [haɪp] (*inf*) *n* campagna pubblicitaria
hyperlink ['haɪpəlɪŋk] *n* link *m inv* ipertestuale
hyphen ['haɪfn] *n* trattino
hypnotize ['hɪpnətaɪz] *vt* ipnotizzare
hypocrite ['hɪpəkrɪt] *n* ipocrita *m/f*
hypocritical [hɪpə'krɪtɪkl] *adj* ipocrita
hypothesis [haɪ'pɔθɪsɪs] (*pl* **hypotheses**) *n* ipotesi *f inv*
hysterical [hɪ'stɛrɪkl] *adj* isterico(-a)
hysterics [hɪ'stɛrɪks] *npl* accesso di isteria; (*laughter*) attacco di riso

I

I [aɪ] *pron* io

ice [aɪs] *n* ghiaccio; (*on road*) gelo; (*ice cream*) gelato ▸ *vt* (*cake*) glassare ▸ *vi* (*also:* **~ over**) ghiacciare; (*also:* **~ up**) gelare; **iceberg** *n* iceberg *m inv*; **ice cream** *n* gelato; **ice cube** *n* cubetto di ghiaccio; **ice hockey** *n* hockey *m* su ghiaccio

Iceland ['aɪslənd] *n* Islanda; **Icelander** *n* islandese *m/f*; **Icelandic** [aɪs'lændɪk] *adj* islandese ▸ *n* (*Ling*) islandese *m*

ice: **ice lolly** (*BRIT*) *n* ghiacciolo; **ice rink** *n* pista di pattinaggio; **ice skating** *n* pattinaggio sul ghiaccio

icing ['aɪsɪŋ] *n* (*Culin*) glassa; **icing sugar** (*BRIT*) *n* zucchero a velo

icon ['aɪkɔn] *n* icona

icy ['aɪsɪ] *adj* ghiacciato(-a); (*weather, temperature*) gelido(-a)

I'd [aɪd] = **I would**; **I had**

ID card *n* = **identity card**

idea [aɪ'dɪə] *n* idea

ideal [aɪ'dɪəl] *adj* ideale ▸ *n* ideale *m*; **ideally** [aɪ'dɪəlɪ] *adv* perfettamente, assolutamente; **ideally the book should have ...** l'ideale sarebbe che il libro avesse ...

identical [aɪ'dɛntɪkl] *adj* identico(-a)

identification [aɪdɛntɪfɪ'keɪʃən] *n* identificazione *f*; **(means of) ~** carta d'identità

identify [aɪ'dɛntɪfaɪ] *vt* identificare

identity [aɪ'dɛntɪtɪ] *n* identità *f inv*; **identity card** *n* carta d'identità

ideology [aɪdɪ'ɔlədʒɪ] *n* ideologia

idiom ['ɪdɪəm] *n* idioma *m*; (*phrase*) espressione *f* idiomatica

idiot ['ɪdɪət] *n* idiota *m/f*

idle ['aɪdl] *adj* inattivo(-a); (*lazy*) pigro(-a), ozioso(-a); (*unemployed*) disoccupato(-a); (*question, pleasures*) ozioso(-a) ▸ *vi* (*engine*) girare al minimo

idol ['aɪdl] *n* idolo

idyllic [ɪ'dɪlɪk] *adj* idillico(-a)

i.e. *adv abbr* (= *that is*) cioè

if [ɪf] *conj* se; **if I were you ...** se fossi in te ..., io al tuo posto ...; **if so** se è così; **if not** se no; **if only** se solo *or* soltanto

ignite [ɪg'naɪt] *vt* accendere ▸ *vi* accendersi

ignition [ɪg'nɪʃən] *n* (*Aut*) accensione *f*; **to switch on/off the ~** accendere/spegnere il motore

ignorance ['ɪgnərəns] *n* ignoranza; **to keep sb in ~ of sth** tenere qn all'oscuro di qc

ignorant ['ɪgnərənt] *adj* ignorante; **to be ~ of** (*subject*) essere ignorante in; (*events*) essere ignaro(-a) di

ignore [ɪg'nɔːʳ] *vt* non tener conto di; (*person, fact*) ignorare

I'll [aɪl] = **I will**; **I shall**

ill [ɪl] *adj* (*sick*) malato(-a); (*bad*) cattivo(-a) ▸ *n* male *m* ▸ *adv* **to speak** *etc* **~ of sb** parlare *etc* male di qn; **to take** *or* **be taken ~** ammalarsi

illegal [ɪ'liːgl] *adj* illegale

illegible [ɪ'lɛdʒɪbl] *adj* illeggibile

illegitimate [ɪlɪ'dʒɪtɪmət] *adj* illegittimo(-a)

ill health *n* problemi *mpl* di salute

illiterate [ɪ'lɪtərət] *adj* analfabeta, illetterato(-a); (*letter*) scorretto(-a)

illness ['ɪlnɪs] *n* malattia

illuminate [ɪ'luːmɪneɪt] *vt* illuminare

illusion [ɪ'luːʒən] *n* illusione *f*

illustrate ['ɪləstreɪt] *vt* illustrare
illustration [ɪlə'streɪʃən] *n* illustrazione *f*
I'm [aɪm] = **I am**
image ['ɪmɪdʒ] *n* immagine *f*; (*public face*) immagine (pubblica)
imaginary [ɪ'mædʒɪnərɪ] *adj* immaginario(-a)
imagination [ɪmædʒɪ'neɪʃən] *n* immaginazione *f*, fantasia
imaginative [ɪ'mædʒɪnətɪv] *adj* immaginoso(-a)
imagine [ɪ'mædʒɪn] *vt* immaginare
imbalance [ɪm'bæləns] *n* squilibrio
imitate ['ɪmɪteɪt] *vt* imitare;
imitation [-'teɪʃən] *n* imitazione *f*
immaculate [ɪ'mækjulət] *adj* immacolato(-a); (*dress, appearance*) impeccabile
immature [ɪmə'tjuəʳ] *adj* immaturo(-a)
immediate [ɪ'mi:dɪət] *adj* immediato(-a); **immediately** *adv* (*at once*) subito, immediatamente; **immediately next to** proprio accanto a
immense [ɪ'mɛns] *adj* immenso(-a); enorme; **immensely** *adv* immensamente
immerse [ɪ'mə:s] *vt* immergere
immigrant ['ɪmɪgrənt] *n* immigrante *m/f*; immigrato(-a); **immigration** [ɪmɪ'greɪʃən] *n* immigrazione *f*
imminent ['ɪmɪnənt] *adj* imminente
immoral [ɪ'mɔrl] *adj* immorale
immortal [ɪ'mɔ:tl] *adj, n* immortale *m/f*
immune [ɪ'mju:n] *adj* ~ **(to)** immune (da); **immune system** *n* sistema *m* immunitario
immunize ['ɪmjunaɪz] *vt* immunizzare
impact ['ɪmpækt] *n* impatto
impair [ɪm'pɛəʳ] *vt* danneggiare
impartial [ɪm'pɑ:ʃl] *adj* imparziale
impatience [ɪm'peɪʃəns] *n* impazienza
impatient [ɪm'peɪʃənt] *adj* impaziente; **to get** *or* **grow** ~ perdere la pazienza
impeccable [ɪm'pɛkəbl] *adj* impeccabile
impending [ɪm'pɛndɪŋ] *adj* imminente
imperative [ɪm'pɛrətɪv] *adj* imperativo(-a); necessario(-a), urgente; (*voice*) imperioso(-a)
imperfect [ɪm'pə:fɪkt] *adj* imperfetto(-a); (*goods etc*) difettoso(-a) ▸ *n* (*Ling: also:* ~ **tense**) imperfetto
imperial [ɪm'pɪərɪəl] *adj* imperiale; (*measure*) legale
impersonal [ɪm'pə:sənl] *adj* impersonale
impersonate [ɪm'pə:səneɪt] *vt* impersonare; (*Theatre*) fare la mimica di
impetus ['ɪmpətəs] *n* impeto
implant [ɪm'plɑ:nt] *vt* (*Med*) innestare; (*fig: idea, principle*) inculcare
implement [*n* 'ɪmplɪmənt, *vb* 'ɪmplɪmɛnt] *n* attrezzo; (*for cooking*) utensile *m* ▸ *vt* effettuare
implicate ['ɪmplɪkeɪt] *vt* implicare
implication [ɪmplɪ'keɪʃən] *n* implicazione *f*; **by** ~ implicitamente
implicit [ɪm'plɪsɪt] *adj* implicito(-a); (*complete*) completo(-a)
imply [ɪm'plaɪ] *vt* insinuare; suggerire
impolite [ɪmpə'laɪt] *adj* scortese
import [*vb* ɪm'pɔ:t, *n* 'ɪmpɔ:t] *vt* importare ▸ *n* (*Comm*) importazione *f*
importance [ɪm'pɔ:tns] *n* importanza
important [ɪm'pɔ:tnt] *adj* importante; **it's not** ~ non ha importanza
importer [ɪm'pɔ:təʳ] *n* importatore(-trice)

impose [ɪm'pəuz] *vt* imporre ▸ *vi* **to ~ on sb** sfruttare la bontà di qn; **imposing** [ɪm'pəuzɪŋ] *adj* imponente
impossible [ɪm'pɔsɪbl] *adj* impossibile
impotent ['ɪmpətnt] *adj* impotente
impoverished [ɪm'pɔvərɪʃt] *adj* impoverito(-a)
impractical [ɪm'præktɪkl] *adj* non pratico(-a)
impress [ɪm'prɛs] *vt* impressionare; (*mark*) imprimere, stampare; **to ~ sth on sb** far capire qc a qn
impression [ɪm'prɛʃən] *n* impressione *f*; **to be under the ~ that** avere l'impressione che
impressive [ɪm'prɛsɪv] *adj* notevole
imprison [ɪm'prɪzn] *vt* imprigionare; **imprisonment** *n* imprigionamento
improbable [ɪm'prɔbəbl] *adj* improbabile; (*excuse*) inverosimile
improper [ɪm'prɔpə^r] *adj* scorretto(-a); (*unsuitable*) inadatto(-a), improprio(-a); sconveniente, indecente
improve [ɪm'pru:v] *vt* migliorare ▸ *vi* migliorare; (*pupil etc*) fare progressi; **improvement** *n* miglioramento; progresso
improvise ['ɪmprəvaɪz] *vt, vi* improvvisare
impulse ['ɪmpʌls] *n* impulso; **on ~** d'impulso, impulsivamente; **impulsive** [ɪm'pʌlsɪv] *adj* impulsivo(-a)

in
[ɪn] *prep*
1 (*indicating place, position*) in; **in the house/garden** in casa/giardino; **in the box** nella scatola; **in the fridge** nel frigorifero; **I have it in my hand** ce l'ho in mano; **in town/the country** in città/campagna; **in school** a scuola; **in here/there** qui/lì dentro
2 (*with place names: of town, region, country*): **in London** a Londra; **in England** in Inghilterra; **in the United States** negli Stati Uniti; **in Yorkshire** nello Yorkshire
3 (*indicating time: during, in the space of*) in; **in spring/summer** in primavera/estate; **in 1988** nel 1988; **in May** in *or* a maggio; **I'll see you in July** ci vediamo a luglio; **in the afternoon** nel pomeriggio; **at 4 o'clock in the afternoon** alle 4 del pomeriggio; **I did it in 3 hours/days** l'ho fatto in 3 ore/giorni; **I'll see you in 2 weeks** *or* **in 2 weeks' time** ci vediamo tra 2 settimane
4 (*indicating manner etc*) a; **in a loud/soft voice** a voce alta/bassa; **in pencil** a matita; **in English/French** in inglese/francese; **the boy in the blue shirt** il ragazzo con la camicia blu
5 (*indicating circumstances*): **in the sun** al sole; **in the shade** all'ombra; **in the rain** sotto la pioggia; **a rise in prices** un aumento dei prezzi
6 (*indicating mood, state*): **in tears** in lacrime; **in anger** per la rabbia; **in despair** disperato(-a); **in good condition** in buono stato, in buone condizioni; **to live in luxury** vivere nel lusso
7 (*with ratios, numbers*): **1 in 10** 1 su 10; **20 pence in the pound** 20 pence per sterlina; **they lined up in twos** si misero in fila a due a due
8 (*referring to people, works*) in; **the disease is common in children** la malattia è comune nei bambini; **in (the works of) Dickens** in Dickens
9 (*indicating profession etc*) in; **to be in teaching** fare l'insegnante, insegnare; **to be in publishing** essere nell'editoria
10 (*after superlative*) di; **the best in the class** il migliore della classe
11 (*with present participle*): **in saying this**

dicendo questo, nel dire questo
▸*adv* **to be in** (*person*: *at home, work*) esserci; (*train, ship, plane*) essere arrivato(-a); (*in fashion*) essere di moda; **to ask sb in** invitare qn ad entrare; **to run/limp** *etc* **in** entrare di corsa/ zoppicando *etc*
▸*n* **the ins and outs of the problem** tutti i particolari del problema

inability [ɪnə'bɪlɪtɪ] *n* **~ (to do)** incapacità (di fare)

inaccurate [ɪn'ækjurət] *adj* inesatto(-a), impreciso(-a)

inadequate [ɪn'ædɪkwət] *adj* insufficiente

inadvertently [ɪnəd'və:tntlɪ] *adv* senza volerlo

inappropriate [ɪnə'prəuprɪət] *adj* non adatto(-a); (*word, expression*) improprio(-a)

inaugurate [ɪ'nɔ:gjureɪt] *vt* inaugurare; (*president, official*) insediare

Inc. (*US*) *abbr* (= *incorporated*) S.A.

incapable [ɪn'keɪpəbl] *adj* incapace

incense [*n* 'ɪnsɛns, *vb* ɪn'sɛns] *n* incenso ▸ *vt* (*anger*) infuriare

incentive [ɪn'sɛntɪv] *n* incentivo

inch [ɪntʃ] *n* pollice *m* (*25 mm, 12 in a foot*); **within an ~ of** a un pelo da; **he didn't give an ~** non ha ceduto di un millimetro

incidence ['ɪnsɪdns] *n* (*of crime, disease*) incidenza

incident ['ɪnsɪdnt] *n* incidente *m*; (*in book*) episodio

incidentally [ɪnsɪ'dɛntəlɪ] *adv* (*by the way*) a proposito

inclination [ɪnklɪ'neɪʃən] *n* inclinazione *f*

incline [*n* 'ɪnklaɪn, *vb* ɪn'klaɪn] *n* pendenza, pendio ▸ *vt* inclinare ▸ *vi* (*surface*) essere inclinato(-a); **to be ~d to do** tendere a fare; essere propenso(-a) a fare

include [ɪn'klu:d] *vt* includere, comprendere; **is service ~d?** il servizio è compreso?; **including** *prep* compreso(-a), incluso(-a); **inclusion** [ɪn'klu:ʒən] *n* inclusione *f*; **inclusive** [ɪn'klu:sɪv] *adj* incluso(-a), compreso(-a); **inclusive of tax** *etc* tasse *etc* comprese

income ['ɪnkʌm] *n* reddito; **income support** *n* (*BRIT*) sussidio di indigenza *or* povertà; **income tax** *n* imposta sul reddito

incoming ['ɪnkʌmɪŋ] *adj* (*flight, mail*) in arrivo; (*government*) subentrante; (*tide*) montante

incompatible [ɪnkəm'pætɪbl] *adj* incompatibile

incompetence [ɪn'kɔmpɪtns] *n* incompetenza, incapacità

incompetent [ɪn'kɔmpɪtnt] *adj* incompetente, incapace

incomplete [ɪnkəm'pli:t] *adj* incompleto(-a)

inconsistent [ɪnkən'sɪstənt] *adj* incoerente; **~ with** non coerente con

inconvenience [ɪnkən'vi:njəns] *n* inconveniente *m*; (*trouble*) disturbo ▸ *vt* disturbare

inconvenient [ɪnkən'vi:njənt] *adj* scomodo(-a)

incorporate [ɪn'kɔ:pəreɪt] *vt* incorporare; (*contain*) contenere

incorrect [ɪnkə'rɛkt] *adj* scorretto(-a); (*statement*) inesatto(-a)

increase [*n* 'ɪnkri:s, *vb* ɪn'kri:s] *n* aumento ▸ *vi, vt* aumentare; **increasingly** *adv* sempre più

incredible [ɪn'krɛdɪbl] *adj* incredibile; **incredibly** *adv* incredibilmente

incur [ɪn'kə:ʳ] *vt* (*expenses*) incorrere; (*anger, risk*) esporsi a; (*debt*) contrarre; (*loss*) subire

indecent [ɪn'di:snt] *adj* indecente

indeed [ɪn'di:d] *adv* infatti; veramente; **yes ~!** certamente!

indefinitely [ɪn'dɛfɪnɪtlɪ] *adv* (*wait*) indefinitamente
independence [ɪndɪ'pɛndns] *n* indipendenza; **Independence Day** (*US*) *n vedi nota*

Independence Day
Negli Stati Uniti il 4 luglio si festeggia **l'Independence Day**, giorno in cui, nel 1776, 13 colonie britanniche proclamarono la propria indipendenza dalla Gran Bretagna ed entrarono ufficialmente a far parte degli Stati Uniti d'America.

independent [ɪndɪ'pɛndnt] *adj* indipendente; **independent school** *n* (*BRIT*) *istituto scolastico indipendente che si autofinanzia*
index ['ɪndɛks] (*pl* **indexes**) *n* (*in book*) indice *m*; (*: in library etc*) catalogo; (*pl indices: ratio, sign*) indice *m*
India ['ɪndɪə] *n* India; **Indian** *adj, n* indiano(-a)
indicate ['ɪndɪkeɪt] *vt* indicare; **indication** [-'keɪʃən] *n* indicazione *f*, segno; **indicative** [ɪn'dɪkətɪv] *adj* **indicative of** indicativo(-a) di; **indicator** ['ɪndɪkeɪtə^r] *n* indicatore *m*; (*Aut*) freccia
indices ['ɪndɪsi:z] *npl of* **index**
indict [ɪn'daɪt] *vt* accusare; **indictment** [ɪn'daɪtmənt] *n* accusa
indifference [ɪn'dɪfrəns] *n* indifferenza
indifferent [ɪn'dɪfrənt] *adj* indifferente; (*poor*) mediocre
indigenous [ɪn'dɪdʒɪnəs] *adj* indigeno(-a)
indigestion [ɪndɪ'dʒɛstʃən] *n* indigestione *f*
indignant [ɪn'dɪgnənt] *adj* **~ (at sth/with sb)** indignato(-a) (per qc/contro qn)
indirect [ɪndɪ'rɛkt] *adj* indiretto(-a)
indispensable [ɪndɪ'spɛnsəbl] *adj* indispensabile
individual [ɪndɪ'vɪdjuəl] *n* individuo ▸ *adj* individuale; (*characteristic*) particolare, originale; **individually** *adv* singolarmente, uno(-a) per uno(-a)
Indonesia [ɪndə'ni:zɪə] *n* Indonesia
indoor ['ɪndɔ:^r] *adj* da interno; (*plant*) d'appartamento; (*swimming pool*) coperto(-a); (*sport, games*) fatto(-a) al coperto; **indoors** [ɪn'dɔ:z] *adv* all'interno
induce [ɪn'dju:s] *vt* persuadere; (*bring about, Med*) provocare
indulge [ɪn'dʌldʒ] *vt* (*whim*) compiacere, soddisfare; (*child*) viziare ▸ *vi* **to ~ in sth** concedersi qc; abbandonarsi a qc; **indulgent** *adj* indulgente
industrial [ɪn'dʌstrɪəl] *adj* industriale; (*injury*) sul lavoro; **industrial estate** (*BRIT*) *n* zona industriale; **industrialist** *n* industriale *m*; **industrial park** (*US*) *n* = **industrial estate**
industry ['ɪndəstrɪ] *n* industria; (*diligence*) operosità
inefficient [ɪnɪ'fɪʃənt] *adj* inefficiente
inequality [ɪnɪ'kwɔlɪtɪ] *n* ineguaglianza
inevitable [ɪn'ɛvɪtəbl] *adj* inevitabile; **inevitably** *adv* inevitabilmente
inexpensive [ɪnɪk'spɛnsɪv] *adj* poco costoso(-a)
inexperienced [ɪnɪks'pɪərɪənst] *adj* inesperto(-a), senza esperienza
inexplicable [ɪnɪk'splɪkəbl] *adj* inesplicabile
infamous ['ɪnfəməs] *adj* infame
infant ['ɪnfənt] *n* bambino(-a)
infantry ['ɪnfəntrɪ] *n* fanteria
infant school *n* (*BRIT*) scuola elementare (*per bambini dall'età di 5 a 7 anni*)
infect [ɪn'fɛkt] *vt* infettare; **infection**

[ɪn'fɛkʃən] *n* infezione *f*; **infectious** [ɪn'fɛkʃəs] *adj* (*disease*) infettivo(-a), contagioso(-a); (*person*: *fig*: *enthusiasm*) contagioso(-a)
infer [ɪn'fəːʳ] *vt* inferire, dedurre
inferior [ɪn'fɪərɪəʳ] *adj* inferiore; (*goods*) di qualità scadente ▸ *n* inferiore *m/f*; (*in rank*) subalterno(-a)
infertile [ɪn'fəːtaɪl] *adj* sterile
infertility [ɪnfəː'tɪlɪtɪ] *n* sterilità
infested [ɪn'fɛstɪd] *adj* **~ (with)** infestato(-a) (di)
infinite ['ɪnfɪnɪt] *adj* infinito(-a); **infinitely** *adv* infinitamente
infirmary [ɪn'fəːmərɪ] *n* ospedale *m*; (*in school, factory*) infermeria
inflamed [ɪn'fleɪmd] *adj* infiammato(-a)
inflammation [ɪnflə'meɪʃən] *n* infiammazione *f*
inflatable [ɪn'fleɪtəbl] *adj* gonfiabile
inflate [ɪn'fleɪt] *vt* (*tyre, balloon*) gonfiare; (*fig*) esagerare; gonfiare; **inflation** [ɪn'fleɪʃən] *n* (*Econ*) inflazione *f*
inflexible [ɪn'flɛksɪbl] *adj* inflessibile, rigido(-a)
inflict [ɪn'flɪkt] *vt* **to ~ on** infliggere a
influence ['ɪnfluəns] *n* influenza ▸ *vt* influenzare; **under the ~ of alcohol** sotto l'effetto dell'alcool; **influential** [ɪnflu'ɛnʃl] *adj* influente
influx ['ɪnflʌks] *n* afflusso
info (*inf*) ['ɪnfəu] *n* = **information**
inform [ɪn'fɔːm] *vt* **to ~ sb (of)** informare qn (di) ▸ *vi* **to ~ on sb** denunciare qn
informal [ɪn'fɔːml] *adj* informale; (*announcement, invitation*) non ufficiale
information [ɪnfə'meɪʃən] *n* informazioni *fpl*; particolari *mpl*; **a piece of ~** un'informazione; **information office** *n* ufficio *m* informazioni *inv*; **information technology** *n* informatica
informative [ɪn'fɔːmətɪv] *adj* istruttivo(-a)
infra-red [ɪnfrə'rɛd] *adj* infrarosso(-a)
infrastructure ['ɪnfrəstrʌktʃəʳ] *n* infrastruttura
infrequent [ɪn'friːkwənt] *adj* infrequente, raro(-a)
infuriate [ɪn'fjuərɪeɪt] *vt* rendere furioso(-a)
infuriating [ɪn'fjuərɪeɪtɪŋ] *adj* molto irritante
ingenious [ɪn'dʒiːnjəs] *adj* ingegnoso(-a)
ingredient [ɪn'griːdɪənt] *n* ingrediente *m*; elemento
inhabit [ɪn'hæbɪt] *vt* abitare; **inhabitant** [ɪn'hæbɪtnt] *n* abitante *m/f*
inhale [ɪn'heɪl] *vt* inalare ▸ *vi* (*in smoking*) aspirare; **inhaler** *n* inalatore *m*
inherent [ɪn'hɪərənt] *adj* **~ (in** *or* **to)** inerente (a)
inherit [ɪn'hɛrɪt] *vt* ereditare; **inheritance** *n* eredità
inhibit [ɪn'hɪbɪt] *vt* (*Psych*) inibire; **inhibition** [-'bɪʃən] *n* inibizione *f*
initial [ɪ'nɪʃl] *adj* iniziale ▸ *n* iniziale *f* ▸ *vt* siglare; **~s** *npl* (*of name*) iniziali *fpl*; (*as signature*) sigla; **initially** *adv* inizialmente, all'inizio
initiate [ɪ'nɪʃɪeɪt] *vt* (*start*) avviare; intraprendere; iniziare; (*person*) iniziare; **to ~ sb into a secret** mettere qn a parte di un segreto; **to ~ proceedings against sb** (*Law*) intentare causa contro qn
initiative [ɪ'nɪʃətɪv] *n* iniziativa
inject [ɪn'dʒɛkt] *vt* (*liquid*) iniettare; (*patient*): **to ~ sb with sth** fare a qn un'iniezione di qc; (*funds*) immettere; **injection** [ɪn'dʒɛkʃən] *n* iniezione *f*, puntura
injure ['ɪndʒəʳ] *vt* ferire; (*damage*: *reputation etc*) nuocere a; **injured** *adj*

ferito(-a); **injury** ['ɪndʒərɪ] *n* ferita
injustice [ɪn'dʒʌstɪs] *n* ingiustizia
ink [ɪŋk] *n* inchiostro; **ink-jet printer** ['ɪŋkdʒɛt-] *n* stampante *f* a getto d'inchiostro
inland [*adj* 'ɪnlənd, *adv* ɪn'lænd] *adj* interno(-a) ▸ *adv* all'interno; **Inland Revenue** (*BRIT*) *n* Fisco
in-laws ['ɪnlɔːz] *npl* suoceri *mpl*; famiglia del marito (*or* della moglie)
inmate ['ɪnmeɪt] *n* (*in prison*) carcerato(-a); (*in asylum*) ricoverato(-a)
inn [ɪn] *n* locanda
inner ['ɪnə^r] *adj* interno(-a), interiore; **inner-city** *n* centro di una zona urbana
inning ['ɪnɪŋ] *n* (*US: Baseball*) ripresa; **~s** (*Cricket*) turno di battuta
innocence ['ɪnəsns] *n* innocenza
innocent ['ɪnəsnt] *adj* innocente
innovation [ɪnəu'veɪʃən] *n* innovazione *f*
innovative ['ɪnəu'veɪtɪv] *adj* innovativo(-a)
in-patient ['ɪnpeɪʃənt] *n* ricoverato(-a)
input ['ɪnput] *n* input *m*
inquest ['ɪnkwɛst] *n* inchiesta
inquire [ɪn'kwaɪə^r] *vi* informarsi ▸ *vt* domandare, informarsi su; **inquiry** *n* domanda; (*Law*) indagine *f*, investigazione *f*; **"inquiries"** "informazioni"
ins. *abbr* = **inches**
insane [ɪn'seɪn] *adj* matto(-a), pazzo(-a); (*Med*) alienato(-a)
insanity [ɪn'sænɪtɪ] *n* follia; (*Med*) alienazione *f* mentale
insect ['ɪnsɛkt] *n* insetto; **insect repellent** *n* insettifugo
insecure [ɪnsɪ'kjuə^r] *adj* malsicuro(-a); (*person*) insicuro(-a)
insecurity [ɪnsɪ'kjuərɪtɪ] *n* mancanza di sicurezza
insensitive [ɪn'sɛnsɪtɪv] *adj* insensibile
insert [ɪn'səːt] *vt* inserire, introdurre
inside ['ɪn'saɪd] *n* interno, parte *f* interiore ▸ *adj* interno(-a), interiore ▸ *adv* dentro, all'interno ▸ *prep* dentro, all'interno di; (*of time*): **~ 10 minutes** entro 10 minuti; **inside lane** *n* (*Aut*) corsia di marcia; **inside out** *adv* (*turn*) a rovescio; (*know*) in fondo
insight ['ɪnsaɪt] *n* acume *m*, perspicacia; (*glimpse, idea*) percezione *f*
insignificant [ɪnsɪg'nɪfɪknt] *adj* insignificante
insincere [ɪnsɪn'sɪə^r] *adj* insincero(-a)
insist [ɪn'sɪst] *vi* insistere; **to ~ on doing** insistere per fare; **to ~ that** insistere perché + *sub*; (*claim*) sostenere che; **insistent** *adj* insistente
insomnia [ɪn'sɔmnɪə] *n* insonnia
inspect [ɪn'spɛkt] *vt* ispezionare; (*BRIT: ticket*) controllare; **inspection** [ɪn'spɛkʃən] *n* ispezione *f*; controllo; **inspector** *n* ispettore(-trice); (*BRIT: on buses, trains*) controllore *m*
inspiration [ɪnspə'reɪʃən] *n* ispirazione *f*; **inspire** [ɪn'spaɪə^r] *vt* ispirare; **inspiring** *adj* stimolante
instability [ɪnstə'bɪlɪtɪ] *n* instabilità
install [ɪn'stɔːl] (*US* **instal**) *vt* installare; **installation** [ɪnstə'leɪʃən] *n* installazione *f*
instalment [ɪn'stɔːlmənt] (*US* **installment**) *n* rata; (*of TV serial etc*) puntata; **in ~s** (*pay*) a rate; (*receive*) una parte per volta; (: *publication*) a fascicoli
instance ['ɪnstəns] *n* esempio, caso; **for ~** per *or* ad esempio; **in the first ~** in primo luogo
instant ['ɪnstənt] *n* istante *m*, attimo ▸ *adj* immediato(-a); urgente; (*coffee, food*) in polvere; **instantly** *adv*

immediatamente, subito
instead [ɪn'stɛd] *adv* invece; **~ of** invece di
instinct ['ɪnstɪŋkt] *n* istinto; **instinctive** *adj* istintivo(-a)
institute ['ɪnstɪtjuːt] *n* istituto ▶ *vt* istituire, stabilire; (*inquiry*) avviare; (*proceedings*) iniziare
institution [ɪnstɪ'tjuːʃən] *n* istituzione *f*; (*educational institution, mental institution*) istituto
instruct [ɪn'strʌkt] *vt* **to ~ sb in sth** insegnare qc a qn; **to ~ sb to do** dare ordini a qn di fare; **instruction** [ɪn'strʌkʃən] *n* istruzione *f*; **instructions (for use)** istruzioni per l'uso; **instructor** *n* istruttore(-trice); (*for skiing*) maestro(-a)
instrument ['ɪnstrəmənt] *n* strumento; **instrumental** [-'mɛntl] *adj* (*Mus*) strumentale; **to be instrumental in** essere d'aiuto in
insufficient [ɪnsə'fɪʃənt] *adj* insufficiente
insulate ['ɪnsjuleɪt] *vt* isolare; **insulation** [-'leɪʃən] *n* isolamento
insulin ['ɪnsjulɪn] *n* insulina
insult [*n* 'ɪnsʌlt, *vb* ɪn'sʌlt] *n* insulto, affronto ▶ *vt* insultare; **insulting** *adj* offensivo(-a), ingiurioso(-a)
insurance [ɪn'ʃuərəns] *n* assicurazione *f*; **fire/life ~** assicurazione contro gli incendi/sulla vita; **insurance company** *n* società di assicurazioni; **insurance policy** *n* polizza d'assicurazione
insure [ɪn'ʃuəʳ] *vt* assicurare
intact [ɪn'tækt] *adj* intatto(-a)
intake ['ɪnteɪk] *n* (*Tech*) immissione *f*; (*of food*) consumo; (*BRIT: of pupils etc*) afflusso
integral ['ɪntɪgrəl] *adj* integrale; (*part*) integrante
integrate ['ɪntɪgreɪt] *vt* integrare ▶ *vi* integrarsi
integrity [ɪn'tɛgrɪtɪ] *n* integrità
intellect ['ɪntəlɛkt] *n* intelletto; **intellectual** [-'lɛktjuəl] *adj, n* intellettuale *m/f*
intelligence [ɪn'tɛlɪdʒəns] *n* intelligenza; (*Mil etc*) informazioni *fpl*
intelligent [ɪn'tɛlɪdʒənt] *adj* intelligente
intend [ɪn'tɛnd] *vt* (*gift etc*): **to ~ sth for** destinare qc a; **to ~ to do** aver l'intenzione di fare
intense [ɪn'tɛns] *adj* intenso(-a); (*person*) di forti sentimenti
intensify [ɪn'tɛnsɪfaɪ] *vt* intensificare
intensity [ɪn'tɛnsɪtɪ] *n* intensità
intensive [ɪn'tɛnsɪv] *adj* intensivo(-a); **intensive care** *n* terapia intensiva; **intensive care unit** *n* reparto terapia intensiva
intent [ɪn'tɛnt] *n* intenzione *f* ▶ *adj* **~ (on)** intento(-a) (a), immerso(-a) (in); **to all ~s and purposes** a tutti gli effetti; **to be ~ on doing sth** essere deciso a fare qc
intention [ɪn'tɛnʃən] *n* intenzione *f*; **intentional** *adj* intenzionale, deliberato(-a)
interact [ɪntər'ækt] *vi* interagire; **interaction** [ɪntər'ækʃən] *n* azione *f* reciproca, interazione *f*; **interactive** *adj* (*Comput*) interattivo(-a)
intercept [ɪntə'sɛpt] *vt* intercettare; (*person*) fermare
interchange ['ɪntətʃeɪndʒ] *n* (*exchange*) scambio; (*on motorway*) incrocio pluridirezionale
intercourse ['ɪntəkɔːs] *n* rapporti *mpl*
interest ['ɪntrɪst] *n* interesse *m*; (*Comm: stake, share*) interessi *mpl* ▶ *vt* interessare; **interested** *adj* interessato(-a); **to be interested in** interessarsi di; **interesting** *adj* interessante; **interest rate** *n* tasso di interesse

interface ['ɪntəfeɪs] *n* (*Comput*) interfaccia
interfere [ɪntə'fɪəʳ] *vi* **to ~ in** (*quarrel, other people's business*) immischiarsi in; **to ~ with** (*object*) toccare; (*plans, duty*) interferire con; **interference** [ɪntə'fɪərəns] *n* interferenza
interim ['ɪntərɪm] *adj* provvisorio(-a) ▸ *n* **in the ~** nel frattempo
interior [ɪn'tɪərɪəʳ] *n* interno; (*of country*) entroterra ▸ *adj* interno(-a); (*minister*) degli Interni; **interior design** *n* architettura d'interni
intermediate [ɪntə'mi:dɪət] *adj* intermedio(-a)
intermission [ɪntə'mɪʃən] *n* pausa; (*Theatre, Cinema*) intermissione *f*, intervallo
intern [*vb* ɪn'tə:n, *n* 'ɪntə:n] *vt* internare ▸ *n* (*US*) medico interno
internal [ɪn'tə:nl] *adj* interno(-a); **Internal Revenue Service** (*US*) *n* Fisco
international [ɪntə'næʃənl] *adj* internazionale ▸ *n* (*BRIT Sport*) incontro internazionale
Internet ['ɪntənɛt] *n* **the ~** Internet *f*; **Internet café** *n* cybercaffè *m inv*; **Internet Service Provider** *n* Provider *m inv*; **Internet user** *n* utente *m/f* Internet
interpret [ɪn'tə:prɪt] *vt* interpretare ▸ *vi* fare da interprete; **interpretation** [ɪntə:prɪ'teɪʃən] *n* interpretazione *f*; **interpreter** *n* interprete *m/f*; **could you act as an interpreter for us?** ci potrebbe fare da interprete?
interrogate [ɪn'tɛrəugeɪt] *vt* interrogare; **interrogation** [-'geɪʃən] *n* interrogazione *f*; (*of suspect etc*) interrogatorio
interrogative [ɪntə'rɔgətɪv] *adj* interrogativo(-a) ▸ *n* (*Ling*) interrogativo
interrupt [ɪntə'rʌpt] *vt, vi* interrompere; **interruption** [-'rʌpʃən] *n* interruzione *f*
intersection [ɪntə'sɛkʃən] *n* intersezione *f*; (*of roads*) incrocio
interstate ['ɪntərsteɪt] (*US*) *n* fra stati
interval ['ɪntəvl] *n* intervallo; **at ~s** a intervalli
intervene [ɪntə'vi:n] *vi* (*time*) intercorrere; (*event, person*) intervenire
interview ['ɪntəvju:] *n* (*Radio, TV etc*) intervista; (*for job*) colloquio ▸ *vt* intervistare; avere un colloquio con; **interviewer** *n* intervistatore(-trice)
intimate [*adj* 'ɪntɪmət, *vb* 'ɪntɪmeɪt] *adj* intimo(-a); (*knowledge*) profondo(-a) ▸ *vt* lasciar capire
intimidate [ɪn'tɪmɪdeɪt] *vt* intimidire, intimorire
intimidating [ɪn'tɪmɪdeɪtɪŋ] *adj* (*sight*) spaventoso(-a); (*appearance, figure*) minaccioso(-a)
into ['ɪntu:] *prep* dentro, in; **come ~ the house** entra in casa; **he worked late ~ the night** lavorò fino a tarda notte; **~ Italian** in italiano
intolerant [ɪn'tɔlərnt] *adj* **~ of** intollerante di
intranet ['ɪntrənɛt] *n* intranet *f*
intransitive [ɪn'trænsɪtɪv] *adj* intransitivo(-a)
intricate ['ɪntrɪkət] *adj* intricato(-a), complicato(-a)
intrigue [ɪn'tri:g] *n* intrigo ▸ *vt* affascinare; **intriguing** *adj* affascinante
introduce [ɪntrə'dju:s] *vt* introdurre; **to ~ sb (to sb)** presentare qn (a qn); **to ~ sb to** (*pastime, technique*) iniziare qn a; **introduction** [-'dʌkʃən] *n* introduzione *f*; (*of person*) presentazione *f*; (*to new experience*) iniziazione *f*; **introductory** *adj* introduttivo(-a)

intrude [ɪn'tru:d] *vi (person)*: **to ~ (on)** intromettersi (in); **intruder** *n* intruso(-a)
intuition [ɪntju:'ɪʃən] *n* intuizione *f*
inundate ['ɪnʌndeɪt] *vt* **to ~ with** inondare di
invade [ɪn'veɪd] *vt* invadere
invalid [*n* 'ɪnvəlɪd, *adj* ɪn'vælɪd] *n* malato(-a); *(with disability)* invalido(-a) ▸ *adj (not valid)* invalido(-a), non valido(-a)
invaluable [ɪn'væljuəbl] *adj* prezioso(-a); inestimabile
invariably [ɪn'vɛərɪəblɪ] *adv* invariabilmente; sempre
invasion [ɪn'veɪʒən] *n* invasione *f*
invent [ɪn'vɛnt] *vt* inventare; **invention** [ɪn'vɛnʃən] *n* invenzione *f*; **inventor** *n* inventore *m*
inventory ['ɪnvəntrɪ] *n* inventario
inverted commas [ɪn'və:tɪd-] *(BRIT)* *npl* virgolette *fpl*
invest [ɪn'vɛst] *vt* investire ▸ *vi* **to ~ (in)** investire (in)
investigate [ɪn'vɛstɪgeɪt] *vt* investigare, indagare; *(crime)* fare indagini su; **investigation** [-'geɪʃən] *n* investigazione *f*; *(of crime)* indagine *f*
investigator [ɪn'vɛstɪgeɪtə^r] *n* investigatore(-trice); **a private ~** un investigatore privato, un detective
investment [ɪn'vɛstmənt] *n* investimento
investor [ɪn'vɛstə^r] *n* investitore(-trice); azionista *m/f*
invisible [ɪn'vɪzɪbl] *adj* invisibile
invitation [ɪnvɪ'teɪʃən] *n* invito
invite [ɪn'vaɪt] *vt* invitare; *(opinions etc)* sollecitare; **inviting** *adj* invitante
invoice ['ɪnvɔɪs] *n* fattura ▸ *vt* fatturare
involve [ɪn'vɔlv] *vt (entail)* richiedere, comportare; *(associate)*: **to ~ sb (in)** implicare qn (in); coinvolgere qn (in); **involved** *adj* involuto(-a), complesso(-a); **to be involved in** essere coinvolto(-a) in; **involvement** *n* implicazione *f*; coinvolgimento
inward ['ɪnwəd] *adj (movement)* verso l'interno; *(thought, feeling)* interiore, intimo(-a); **inward(s)** *adv* verso l'interno
iPod® ['aɪpɔd] *n* iPod® *m inv*
IQ *n abbr (= intelligence quotient)* quoziente *m* d'intelligenza
IRA *n abbr (= Irish Republican Army)* IRA *f*
Iran [ɪ'rɑ:n] *n* Iran *m*; **Iranian** *adj, n* iraniano(-a)
Iraq [ɪ'rɑ:k] *n* Iraq *m*; **Iraqi** *adj, n* iracheno(-a)
Ireland ['aɪələnd] *n* Irlanda
iris ['aɪrɪs] *(pl* **irises**) *n* iride *f*; *(Bot)* giaggiolo, iride
Irish ['aɪrɪʃ] *adj* irlandese ▸ *npl* **the ~** gli Irlandesi; **Irishman** *(irreg)* *n* irlandese *m*; **Irish Sea** *n* Mar *m* d'Irlanda; **Irishwoman** *(irreg)* *n* irlandese *f*
iron ['aɪən] *n* ferro; *(for clothes)* ferro da stiro ▸ *adj* di *or* in ferro ▸ *vt (clothes)* stirare
ironic(al) [aɪ'rɔnɪk(l)] *adj* ironico(-a); **ironically** *adv* ironicamente
ironing ['aɪənɪŋ] *n (act)* stirare *m*; *(clothes)* roba da stirare; **ironing board** *n* asse *f* da stiro
irony ['aɪrənɪ] *n* ironia
irrational [ɪ'ræʃənl] *adj* irrazionale
irregular [ɪ'rɛgjulə^r] *adj* irregolare
irrelevant [ɪ'rɛləvənt] *adj* non pertinente
irresistible [ɪrɪ'zɪstɪbl] *adj* irresistibile
irresponsible [ɪrɪ'spɔnsɪbl] *adj* irresponsabile
irrigation [ɪrɪ'geɪʃən] *n* irrigazione *f*
irritable ['ɪrɪtəbl] *adj* irritabile
irritate ['ɪrɪteɪt] *vt* irritare; **irritating** *adj (person, sound etc)* irritante; **irritation** [-'teɪʃən] *n* irritazione *f*

i

IRS (US) *n abbr* = **Internal Revenue Service**
is [ɪz] *vb see* **be**
ISDN *n abbr* (= *Integrated Services Digital Network*) I.S.D.N. *f*
Islam ['ɪzlɑːm] *n* Islam *m*; **Islamic** [ɪz'læmɪk] *adj* islamico(-a)
island ['aɪlənd] *n* isola; **islander** *n* isolano(-a)
isle [aɪl] *n* isola
isn't ['ɪznt] = **is not**
isolated ['aɪsəleɪtɪd] *adj* isolato(-a)
isolation [aɪsə'leɪʃən] *n* isolamento
ISP *n abbr* (= *Internet Service Provider*) provider *m inv*
Israel ['ɪzreɪl] *n* Israele *m*; **Israeli** [ɪz'reɪlɪ] *adj, n* israeliano(-a)
issue ['ɪʃjuː] *n* questione *f*, problema *m*; (*of banknotes etc*) emissione *f*; (*of newspaper etc*) numero ▸ *vt* (*statement*) rilasciare; (*rations, equipment*) distribuire; (*book*) pubblicare; (*banknotes, cheques, stamps*) emettere; **at ~** in gioco, in discussione; **to take ~ with sb (over sth)** prendere posizione contro qn (riguardo a qc); **to make an ~ of sth** fare un problema di qc

it
[ɪt] *pron*

1 (*specific: subject*) esso(-a); (*: direct object*) lo (la), l'; (*: indirect object*) gli (le); **where's my book? — it's on the table** dov'è il mio libro? — è sulla tavola; **I can't find it** non lo (*or* la) trovo; **give it to me** dammelo (*or* dammela); **about/from/of it** ne; **I spoke to him about it** gliene ho parlato; **what did you learn from it?** quale insegnamento ne hai tratto?; **I'm proud of it** ne sono fiero; **did you go to it?** ci sei andato?; **put the book in it** mettici il libro
2 (*impers*): **it's raining** piove; **it's Friday tomorrow** domani è venerdì; **it's 6 o'clock** sono le 6; **who is it? — it's me** chi è? — sono io

IT *n abbr see* **information technology**
Italian [ɪ'tæljən] *adj* italiano(-a) ▸ *n* italiano(-a); (*Ling*) italiano; **the ~s** gli Italiani; **what's the ~ (word) for ...?** come si dice in italiano ...?
italics [ɪ'tælɪks] *npl* corsivo
Italy ['ɪtəlɪ] *n* Italia
itch [ɪtʃ] *n* prurito ▸ *vi* (*person*) avere il prurito; (*part of body*) prudere; **to ~ to do sth** aver una gran voglia di fare qc; **itchy** *adj* che prude; **to be itchy** = **to itch**
it'd ['ɪtd] = **it would**; **it had**
item ['aɪtəm] *n* articolo; (*on agenda*) punto; (*also*: **news ~**) notizia
itinerary [aɪ'tɪnərərɪ] *n* itinerario
it'll ['ɪtl] = **it will**; **it shall**
its [ɪts] *adj* il (la) suo(-a), i (le) suoi (sue)
it's [ɪts] = **it is**; **it has**
itself [ɪt'sɛlf] *pron* (*emphatic*) esso(-a) stesso(-a); (*reflexive*) si
ITV (BRIT) *n abbr* (= *Independent Television*) *rete televisiva in concorrenza con la BBC*
I've [aɪv] = **I have**
ivory ['aɪvərɪ] *n* avorio
ivy ['aɪvɪ] *n* edera

J

jab [dʒæb] *vt* dare colpetti a ▸ *n* (*Med*: *inf*) puntura; **to ~ sth into** affondare *or* piantare qc dentro
jack [dʒæk] *n* (*Aut*) cricco; (*Cards*) fante *m*
jacket ['dʒækɪt] *n* giacca; (*of book*) copertura; **jacket potato** *n patata cotta al forno con la buccia*
jackpot ['dʒækpɔt] *n* primo premio (in denaro)
Jacuzzi® [dʒə'ku:zɪ] *n* vasca per idromassaggio Jacuzzi®
jagged ['dʒægɪd] *adj* seghettato(-a); (*cliffs etc*) frastagliato(-a)
jail [dʒeɪl] *n* prigione *f* ▸ *vt* mandare in prigione; **jail sentence** *n* condanna al carcere
jam [dʒæm] *n* marmellata; (*also*: **traffic ~**) ingorgo; (*inf*) pasticcio ▸ *vt* (*passage etc*) ingombrare, ostacolare; (*mechanism, drawer etc*) bloccare; (*Radio*) disturbare con interferenze ▸ *vi* incepparsi; **to ~ sth into** forzare qc dentro; infilare qc a forza dentro
Jamaica [dʒə'meɪkə] *n* Giamaica
jammed [dʒæmd] *adj* (*door*) bloccato(-a); (*rifle, printer*) inceppato(-a)
Jan. *abbr* (= *January*) gen., genn.
janitor ['dʒænɪtəʳ] *n* (*caretaker*) portiere *m*; (: *Scol*) bidello
January ['dʒænjuərɪ] *n* gennaio
Japan [dʒə'pæn] *n* Giappone *m*; **Japanese** [dʒæpə'ni:z] *adj* giapponese ▸ *n inv* giapponese *m/f*; (*Ling*) giapponese *m*
jar [dʒɑ:ʳ] *n* (*glass*) barattolo, vasetto ▸ *vi* (*sound*) stridere; (*colours etc*) stonare
jargon ['dʒɑ:gən] *n* gergo
javelin ['dʒævlɪn] *n* giavellotto
jaw [dʒɔ:] *n* mascella
jazz [dʒæz] *n* jazz *m*
jealous ['dʒɛləs] *adj* geloso(-a); **jealousy** *n* gelosia
jeans [dʒi:nz] *npl* (blue-)jeans *mpl*
Jello® ['dʒɛləu] (*US*) *n* gelatina di frutta
jelly ['dʒɛlɪ] *n* gelatina; **jellyfish** *n* medusa
jeopardize ['dʒɛpədaɪz] *vt* mettere in pericolo
jerk [dʒə:k] *n* sobbalzo, scossa; sussulto; (*inf*: *idiot*) tonto(-a) ▸ *vt* dare una scossa a ▸ *vi* (*vehicles*) sobbalzare
Jersey ['dʒə:zɪ] *n* Jersey *m*
jersey ['dʒə:zɪ] *n* maglia; (*fabric*) jersey *m*
Jesus ['dʒi:zəs] *n* Gesù *m*
jet [dʒɛt] *n* (*of gas, liquid*) getto; (*Aviat*) aviogetto; **jet lag** *n* (problemi *mpl* dovuti allo) sbalzo dei fusi orari; **jet-ski** *vi* acquascooter *m inv*
jetty ['dʒɛtɪ] *n* molo
Jew [dʒu:] *n* ebreo
jewel ['dʒu:əl] *n* gioiello; **jeweller** (*US* **jeweler**) *n* orefice *m*, gioielliere(-a); **jeweller's (shop)** (*US* **jewelry store**) *n* oreficeria, gioielleria; **jewellery** (*US* **jewelry**) *n* gioielli *mpl*
Jewish ['dʒu:ɪʃ] *adj* ebreo(-a), ebraico(-a)
jigsaw ['dʒɪgsɔ:] *n* (*also*: **~ puzzle**) puzzle *m inv*
job [dʒɔb] *n* lavoro; (*employment*) impiego, posto; **it's not my ~** (*duty*) non è compito mio; **it's a good ~ that ...** meno male che ...; **just the ~!** proprio quello che ci

vuole; **job centre** (*BRIT*) *n* ufficio di collocamento; **jobless** *adj* senza lavoro, disoccupato(-a)

jockey ['dʒɔkɪ] *n* fantino, jockey *m inv* ▸ *vi* **to ~ for position** manovrare per una posizione di vantaggio

jog [dʒɔg] *vt* urtare ▸ *vi* (*Sport*) fare footing, fare jogging; **to ~ sb's memory** rinfrescare la memoria a qn; **to ~ along** trottare; (*fig*) andare avanti piano piano; **jogging** *n* footing *m*, jogging *m*

join [dʒɔɪn] *vt* unire, congiungere; (*become member of*) iscriversi a; (*meet*) raggiungere; riunirsi a ▸ *vi* (*roads, rivers*) confluire ▸ *n* giuntura ▹ **join in** *vi* partecipare ▸ *vt fus* unirsi a ▹ **join up** *vi* incontrarsi; (*Mil*) arruolarsi

joiner ['dʒɔɪnə^r] (*BRIT*) *n* falegname *m*

joint [dʒɔɪnt] *n* (*Tech*) giuntura; giunto; (*Anat*) articolazione *f*, giuntura; (*BRIT Culin*) arrosto; (*inf*: *place*) locale *m*; (: *of cannabis*) spinello ▸ *adj* comune; **joint account** *n* (*at bank etc*) conto in partecipazione, conto comune; **jointly** *adv* in comune, insieme

joke [dʒəuk] *n* scherzo; (*funny story*) barzelletta; (*also*: **practical ~**) beffa ▸ *vi* scherzare; **to play a ~ on sb** fare uno scherzo a qn; **joker** *n* (*Cards*) matta, jolly *m inv*

jolly ['dʒɔlɪ] *adj* allegro(-a), gioioso(-a) ▸ *adv* (*BRIT*: *inf*) veramente, proprio

jolt [dʒəult] *n* scossa, sobbalzo ▸ *vt* urtare

Jordan ['dʒɔ:dən] *n* (*country*) Giordania; (*river*) Giordano

journal ['dʒə:nl] *n* giornale *m*; rivista; diario; **journalism** *n* giornalismo; **journalist** *n* giornalista *m/f*

journey ['dʒə:nɪ] *n* viaggio; (*distance covered*) tragitto; **how was your ~?** com'è andato il viaggio?; **the ~ takes two hours** il viaggio dura due ore

joy [dʒɔɪ] *n* gioia; **joyrider** *n chi ruba un'auto per farvi un giro*; **joy stick** *n* (*Aviat*) barra di comando; (*Comput*) joystick *m inv*

Jr *abbr* = **junior**

judge [dʒʌdʒ] *n* giudice *m/f* ▸ *vt* giudicare

judo ['dʒu:dəu] *n* judo

jug [dʒʌg] *n* brocca, bricco

juggle ['dʒʌgl] *vi* fare giochi di destrezza; **juggler** *n* giocoliere(-a)

juice [dʒu:s] *n* succo; **juicy** ['dʒu:sɪ] *adj* succoso(-a)

Jul. *abbr* (= *July*) lug., lu.

July [dʒu:'laɪ] *n* luglio

jumble ['dʒʌmbl] *n* miscuglio ▸ *vt* (*also*: **~ up**) mischiare; **jumble sale** (*BRIT*) *n* vendita di beneficenza

jumble sale
Una **jumble sale** è un mercatino di oggetti di seconda mano organizzato in chiese, scuole o in circoli ricreativi, i cui proventi vengono devoluti in beneficenza.

jumbo ['dʒʌmbəu] *adj* **~ jet** jumbo-jet *m inv*; **~ size** formato gigante

jump [dʒʌmp] *vi* saltare, balzare; (*start*) sobbalzare; (*increase*) rincarare ▸ *vt* saltare ▸ *n* salto, balzo; sobbalzo

jumper ['dʒʌmpə^r] *n* (*BRIT*: *pullover*) maglione *m*, pullover *m inv*; (*US*: *dress*) scamiciato

jumper cables (*US*) *npl* = **jump leads**

jump leads (*BRIT*) *npl* cavi *mpl* per batteria

Jun. *abbr* = **junior**

junction ['dʒʌŋkʃən] *n* (*BRIT*: *of roads*) incrocio; (*of rails*) nodo ferroviario

June [dʒu:n] *n* giugno

jungle ['dʒʌŋgl] *n* giungla

junior ['dʒu:nɪə^r] *adj*, *n* **he's ~ to me by 2 years, he's my ~ by 2 years** è più giovane di me (di 2 anni); **he's ~ to me** (*seniority*) è al di sotto di me, ho più anzianità di lui; **junior high**

school *(US) n* scuola media *(da 12 a 15 anni)*; **junior school** *(BRIT) n* scuola elementare *(da 8 a 11 anni)*
junk [dʒʌŋk] *n* cianfrusaglie *fpl*; *(cheap goods)* robaccia; **junk food** *n* porcherie *fpl*
junkie ['dʒʌŋkɪ] *(inf) n* drogato(-a)
junk mail *n* stampe *fpl* pubblicitarie
Jupiter ['dʒu:pɪtəʳ] *n (planet)* Giove *m*
jurisdiction [dʒuərɪs'dɪkʃən] *n* giurisdizione *f*; **it falls** *or* **comes within/outside our ~** è/non è di nostra competenza
jury ['dʒuərɪ] *n* giuria
just [dʒʌst] *adj* giusto(-a) ▶ *adv* **he's ~ done it/left** lo ha appena fatto/è appena partito; **~ right** proprio giusto; **~ 2 o'clock** le 2 precise; **she's ~ as clever as you** è in gamba proprio quanto te; **it's ~ as well that ...** meno male che ...; **~ as I arrived** proprio mentre arrivavo; **it was ~ before/enough/here** era poco prima/appena assai/proprio qui; **it's ~ me** sono solo io; **~ missed/caught** appena perso/preso; **~ listen to this!** senta un po' questo!
justice ['dʒʌstɪs] *n* giustizia
justification [dʒʌstɪfɪ'keɪʃən] *n* giustificazione *f*; *(Typ)* giustezza
justify ['dʒʌstɪfaɪ] *vt* giustificare
jut [dʒʌt] *vi (also:* **~ out***)* sporgersi
juvenile ['dʒu:vənaɪl] *adj* giovane, giovanile; *(court)* dei minorenni; *(books)* per ragazzi ▶ *n* giovane *m/f*, minorenne *m/f*

k

K *abbr (= one thousand)* mille; *(= kilobyte)* K
kangaroo [kæŋgə'ru:] *n* canguro
karaoke [kɑ:rə'əukɪ] *n* karaoke *m inv*
karate [kə'rɑ:tɪ] *n* karatè *m*
kebab [kə'bæb] *n* spiedino
keel [ki:l] *n* chiglia; **on an even ~** *(fig)* in uno stato normale
keen [ki:n] *adj (interest, desire)* vivo(-a); *(eye, intelligence)* acuto(-a); *(competition)* serrato(-a); *(edge)* affilato(-a); *(eager)* entusiasta; **to be ~ to do** *or* **on doing sth** avere una gran voglia di fare qc; **to be ~ on sth** essere appassionato(-a) di qc; **to be ~ on sb** avere un debole per qn
keep [ki:p] *(pt, pp* **kept***) vt* tenere; *(hold back)* trattenere; *(feed: one's family etc)* mantenere, sostentare; *(a promise)* mantenere; *(chickens, bees, pigs etc)* allevare ▶ *vi (food)* mantenersi; *(remain: in a certain state or place)* restare ▶ *n (of castle)* maschio; *(food etc)*: **enough for his ~** abbastanza per vitto e alloggio; *(inf)*: **for ~s** per sempre; **to ~ doing sth** continuare a fare qc; fare qc di continuo; **to ~ sb from doing** impedire a qn di fare; **to ~ sb busy/a place tidy** tenere qn occupato(-a)/un luogo in ordine; **to ~ sth to o.s.** tenere qc per sé; **to ~ sth (back) from sb** celare qc a qn; **to ~ time** *(clock)* andar bene ▷ **keep away** *vt* **to ~ sth/sb away from sb** tenere qc/qn lontano da qn ▶ *vi* **to**

k

~ away (from) stare lontano (da) ▷ **keep back** *vt* (*crowds, tears, money*) trattenere ▶ *vi* tenersi indietro ▷ **keep off** *vt* (*dog, person*) tenere lontano da ▶ *vi* stare alla larga; **~ your hands off!** non toccare!, giù le mani!; **"~ off the grass"** "non calpestare l'erba" ▷ **keep on** *vi* **to ~ on doing** continuare a fare; **to ~ on (about sth)** continuare a insistere (su qc) ▷ **keep out** *vt* tener fuori; **"~ out"** "vietato l'accesso" ▷ **keep up** *vt* continuare, mantenere ▶ *vi* **to ~ up with** tener dietro a, andare di pari passo con; (*work etc*) farcela a seguire; **keeper** *n* custode *m/f*, guardiano(-a); **keeping** *n* (*care*) custodia; **in keeping with** in armonia con; in accordo con

kennel ['kɛnl] *n* canile *m*; **~s** *npl* canile *m*; **to put a dog in ~s** mettere un cane al canile

Kenya ['kɛnjə] *n* Kenia *m*

kept [kɛpt] *pt, pp of* **keep**

kerb [kə:b] (*BRIT*) *n* orlo del marciapiede

kerosene ['kɛrəsi:n] *n* cherosene *m*

ketchup ['kɛtʃəp] *n* ketchup *m inv*

kettle ['kɛtl] *n* bollitore *m*

key [ki:] *n* (*gen, Mus*) chiave *f*; (*of piano, typewriter*) tasto ▶ *adj* chiave *inv* ▶ *vt* (*also*: **~ in**) digitare; **can I have my ~?** posso avere la mia chiave?; **keyboard** *n* tastiera; **keyhole** *n* buco della serratura; **keyring** *n* portachiavi *m inv*

kg *abbr* (= *kilogram*) Kg

khaki ['kɑ:kɪ] *adj* cachi ▶ *n* cachi *m*

kick [kɪk] *vt* calciare, dare calci a; (*inf: habit etc*) liberarsi di ▶ *vi* (*horse*) tirar calci ▶ *n* calcio; (*thrill*): **he does it for ~s** lo fa giusto per il piacere di farlo ▷ **kick off** *vi* (*Sport*) dare il primo calcio; **kick-off** *n* (*Sport*) calcio d'inizio

kid [kɪd] *n* (*inf: child*) ragazzino(-a); (*animal, leather*) capretto ▶ *vi* (*inf*) scherzare

kidnap ['kɪdnæp] *vt* rapire, sequestrare; **kidnapping** *n* sequestro (di persona)

kidney ['kɪdnɪ] *n* (*Anat*) rene *m*; (*Culin*) rognone *m*; **kidney bean** *n* fagiolo borlotto

kill [kɪl] *vt* uccidere, ammazzare ▶ *n* uccisione *f*; **killer** *n* uccisore *m*, killer *m inv*; assassino(-a); **killing** *n* assassinio; **to make a killing** (*inf*) fare un bel colpo

kiln [kɪln] *n* forno

kilo ['ki:ləu] *n* chilo; **kilobyte** *n* (*Comput*) kilobyte *m inv*; **kilogram(me)** ['kɪləugræm] *n* chilogrammo; **kilometre** ['kɪləmi:tə^r] (*US* **kilometer**) *n* chilometro; **kilowatt** ['kɪləuwɔt] *n* chilowatt *m inv*

kilt [kɪlt] *n* gonnellino scozzese

kin [kɪn] *n see* **next**; **kith**

kind [kaɪnd] *adj* gentile, buono(-a) ▶ *n* sorta, specie *f*; (*species*) genere *m*; **what ~ of ...?** che tipo di ...?; **to be two of a ~** essere molto simili; **in ~** (*Comm*) in natura

kindergarten ['kɪndəgɑ:tn] *n* giardino d'infanzia

kindly ['kaɪndlɪ] *adj* pieno(-a) di bontà, benevolo(-a) ▶ *adv* con bontà, gentilmente; **will you ~ ...** vuole ... per favore

kindness ['kaɪndnɪs] *n* bontà, gentilezza

king [kɪŋ] *n* re *m inv*; **kingdom** *n* regno, reame *m*; **kingfisher** *n* martin *m inv* pescatore; **king-size(d) bed** *n* letto king-size

kiosk ['ki:ɔsk] *n* edicola, chiosco; (*BRIT Tel*) cabina (telefonica)

kipper ['kɪpə^r] *n* aringa affumicata

kiss [kɪs] *n* bacio ▶ *vt* baciare; **to ~ (each other)** baciarsi; **kiss of life** *n* respirazione *f* bocca a bocca

kit [kɪt] *n* equipaggiamento, corredo; (*set of tools etc*) attrezzi *mpl*; (*for*

assembly) scatola di montaggio
kitchen ['kɪtʃɪn] *n* cucina
kite [kaɪt] *n* (*toy*) aquilone *m*
kitten ['kɪtn] *n* gattino(-a), micino(-a)
kiwi ['ki:wi:] *n* (*also:* **~ fruit**) kiwi *m inv*
km *abbr* (= *kilometre*) km
km/h *abbr* (= *kilometres per hour*) km/h
knack [næk] *n* **to have the ~ of** avere l'abilità di
knee [ni:] *n* ginocchio; **kneecap** *n* rotula
kneel [ni:l] (*pt, pp* **knelt**) *vi* (*also:* **~ down**) inginocchiarsi
knelt [nɛlt] *pt, pp of* **kneel**
knew [nju:] *pt of* **know**
knickers ['nɪkəz] (*BRIT*) *npl* mutandine *fpl*
knife [naɪf] (*pl* **knives**) *n* coltello ▸ *vt* accoltellare, dare una coltellata a
knight [naɪt] *n* cavaliere *m*; (*Chess*) cavallo
knit [nɪt] *vt* fare a maglia ▸ *vi* lavorare a maglia; (*broken bones*) saldarsi; **to ~ one's brows** aggrottare le sopracciglia; **knitting** *n* lavoro a maglia; **knitting needle** *n* ferro (da calza); **knitwear** *n* maglieria
knives [naɪvz] *npl of* **knife**
knob [nɔb] *n* bottone *m*; manopola
knock [nɔk] *vt* colpire; urtare; (*fig: inf*) criticare ▸ *vi* (*at door etc*): **to ~ at/on** bussare a ▸ *n* bussata; colpo, botta ▹ **knock down** *vt* abbattere ▹ **knock off** *vi* (*inf: finish*) smettere (di lavorare) ▸ *vt* (*from price*) far abbassare; (*inf: steal*) sgraffignare ▹ **knock out** *vt* stendere; (*Boxing*) mettere K.O.; (*defeat*) battere ▹ **knock over** *vt* (*person*) investire; (*object*) far cadere; **knockout** *n* (*Boxing*) knock out *m inv* ▸ *cpd* a eliminazione
knot [nɔt] *n* nodo ▸ *vt* annodare
know [nəu] (*pt* **knew**, *pp* **known**) *vt* sapere; (*person, author, place*) conoscere; **I don't ~** non lo so; **do you ~ where I can ...?** sa dove posso ...?; **to ~ how to do** sapere fare; **to ~ about** *or* **of sth/sb** conoscere qc/qn; **know-all** *n* sapientone(-a); **know-how** *n* tecnica; pratica; **knowing** *adj* (*look etc*) d'intesa; **knowingly** *adv* (*purposely*) consapevolmente; (*smile, look*) con aria d'intesa; **know-it-all** (*US*) *n* = **know-all**
knowledge ['nɔlɪdʒ] *n* consapevolezza; (*learning*) conoscenza, sapere *m*; **knowledgeable** *adj* ben informato(-a)
known [nəun] *pp of* **know**
knuckle ['nʌkl] *n* nocca
koala [kəu'ɑ:lə] *n* (*also:* **~ bear**) koala *m inv*
Koran [kɔ'rɑ:n] *n* Corano
Korea [kə'rɪə] *n* Corea; **Korean** *adj, n* coreano(-a)
kosher ['kəuʃə^r] *adj* kasher *inv*
Kosovar, Kosovan ['kɔsəva^r, 'kɔsəvən] *adj* kosovaro(-a)
Kosovo ['kusəvəu] *n* Kosovo
Kremlin ['krɛmlɪn] *n* **the ~** il Cremlino
Kuwait [ku'weɪt] *n* Kuwait *m*

k

l

L (*BRIT*) *abbr* = **learner driver**
l. *abbr* (= *litre*) l
lab [læb] *n abbr* (= *laboratory*) laboratorio
label ['leɪbl] *n* etichetta, cartellino; (*brand*: *of record*) casa ▸ *vt* etichettare
labor *etc* ['leɪbəʳ] (*US*) = **labour** *etc*
laboratory [lə'bɔrətərɪ] *n* laboratorio
Labor Day (*US*) *n* festa del lavoro

Labor Day
Negli Stati Uniti e nel Canada il **Labor Day**, la festa del lavoro, cade il primo lunedì di settembre, contrariamente a quanto accade nella maggior parte dei paesi europei dove tale celebrazione ha luogo il primo maggio.

labor union (*US*) *n* sindacato
labour ['leɪbəʳ] (*US* **labor**) *n* (*task*) lavoro; (*workmen*) manodopera; (*Med*): **to be in ~** avere le doglie ▸ *vi* **to ~ (at)** lavorare duro (a); **L~, the L~ party** (*BRIT*) il partito laburista, i laburisti; **hard ~** lavori *mpl* forzati; **labourer** *n* manovale *m*; **farm labourer** lavoratore *m* agricolo
lace [leɪs] *n* merletto, pizzo; (*of shoe etc*) laccio ▸ *vt* (*shoe*: *also*: **~ up**) allacciare
lack [læk] *n* mancanza ▸ *vt* mancare di; **through** *or* **for ~ of** per mancanza di; **to be ~ing** mancare; **to be ~ing in** mancare di
lacquer ['lækəʳ] *n* lacca
lacy ['leɪsɪ] *adj* (*like lace*) che sembra un pizzo
lad [læd] *n* ragazzo, giovanotto
ladder ['lædəʳ] *n* scala; (*BRIT*: *in tights*) smagliatura
ladle ['leɪdl] *n* mestolo
lady ['leɪdɪ] *n* signora; dama; **L~ Smith** lady Smith; **the ladies' (room)** i gabinetti per signore; **ladybird** (*US* **ladybug**) *n* coccinella
lag [læg] *n* (*of time*) lasso, intervallo ▸ *vi* (*also*: **~ behind**) trascinarsi ▸ *vt* (*pipes*) rivestire di materiale isolante
lager ['lɑːgəʳ] *n* lager *m inv*
lagoon [lə'guːn] *n* laguna
laid [leɪd] *pt, pp of* **lay**; **laid back** (*inf*) *adj* rilassato(-a), tranquillo(-a)
lain [leɪn] *pp of* **lie**
lake [leɪk] *n* lago
lamb [læm] *n* agnello
lame [leɪm] *adj* zoppo(-a); (*excuse etc*) zoppicante
lament [lə'mɛnt] *n* lamento ▸ *vt* lamentare, piangere
lamp [læmp] *n* lampada; **lamppost** ['læmppəust] (*BRIT*) *n* lampione *m*; **lampshade** ['læmpʃeɪd] *n* paralume *m*
land [lænd] *n* (*as opposed to sea*) terra (ferma); (*country*) paese *m*; (*soil*) terreno; suolo; (*estate*) terreni *mpl*, terre *fpl* ▸ *vi* (*from ship*) sbarcare; (*Aviat*) atterrare; (*fig*: *fall*) cadere ▸ *vt* (*passengers*) sbarcare; (*goods*) scaricare; **to ~ sb with sth** affibbiare qc a qn; **landing** *n* atterraggio; (*of staircase*) pianerottolo; **landing card** *n* carta di sbarco; **landlady** *n* padrona *or* proprietaria di casa; **landlord** *n* padrone *m or* proprietario di casa; (*of pub etc*) padrone *m*; **landmark** *n* punto di riferimento; (*fig*) pietra miliare; **landowner** *n* proprietario(-a) terriero(-a); **landscape** *n* paesaggio; **landslide** *n* (*Geo*) frana; (*fig*: *Pol*) valanga

lane [leɪn] *n* stradina; (*Aut, in race*) corsia; **"get in ~"** "immettersi in corsia"

language ['læŋgwɪdʒ] *n* lingua; (*way one speaks*) linguaggio; **what ~s do you speak?** che lingue parla?; **bad ~** linguaggio volgare; **language laboratory** *n* laboratorio linguistico

lantern ['læntn] *n* lanterna

lap [læp] *n* (*of track*) giro; (*of body*): **in** *or* **on one's ~** in grembo ▸ *vt* (*also:* **~ up**) papparsi, leccare ▸ *vi* (*waves*) sciabordare

lapel [lə'pɛl] *n* risvolto

lapse [læps] *n* lapsus *m inv*; (*longer*) caduta ▸ *vi* (*law*) cadere; (*membership, contract*) scadere; **to ~ into bad habits** pigliare cattive abitudini; **~ of time** spazio di tempo

laptop (computer) ['læptɔp-] *n* laptop *m inv*

lard [lɑ:d] *n* lardo

larder ['lɑ:dəʳ] *n* dispensa

large [lɑ:dʒ] *adj* grande; (*person, animal*) grosso(-a); **at ~** (*free*) in libertà; (*generally*) in generale; nell'insieme; **largely** *adv* in gran parte; **large-scale** *adj* (*map, drawing etc*) in grande scala; (*reforms, business activities*) su vasta scala

lark [lɑ:k] *n* (*bird*) allodola; (*joke*) scherzo, gioco

laryngitis [lærɪn'dʒaɪtɪs] *n* laringite *f*

lasagne [lə'zænjə] *n* lasagne *fpl*

laser ['leɪzəʳ] *n* laser *m*; **laser printer** *n* stampante *f* laser *inv*

lash [læʃ] *n* frustata; (*also:* **eye~**) ciglio ▸ *vt* frustare; (*tie*): **to ~ to/together** legare a insieme ▹ **lash out** *vi* **to ~ out (at** *or* **against sb)** attaccare violentemente (qn)

lass [læs] *n* ragazza

last [lɑ:st] *adj* ultimo(-a); (*week, month, year*) scorso(-a), passato(-a) ▸ *adv* per ultimo ▸ *vi* durare; **~ week** la settimana scorsa; **~ night** ieri sera, la notte scorsa; **at ~** finalmente, alla fine; **~ but one** penultimo(-a); **lastly** *adv* infine, per finire; **last-minute** *adj* fatto(-a) (*or* preso(-a) *etc*) all'ultimo momento

latch [lætʃ] *n* chiavistello ▹ **latch onto** *vt fus* (*cling to: person*) attaccarsi a, appiccicarsi a; (*: idea*) afferrare, capire

late [leɪt] *adj* (*not on time*) in ritardo; (*far on in day etc*) tardi *inv*; tardo(-a); (*former*) ex; (*dead*) defunto(-a) ▸ *adv* tardi; (*behind time, schedule*) in ritardo; **sorry I'm ~** scusi il ritardo; **the flight is two hours ~** il volo ha due ore di ritardo; **it's too ~** è troppo tardi; **of ~** di recente; **in the ~ afternoon** nel tardo pomeriggio; **in ~ May** verso la fine di maggio; **latecomer** *n* ritardatario(-a); **lately** *adv* recentemente; **later** ['leɪtəʳ] *adj* (*date etc*) posteriore; (*version etc*) successivo(-a) ▸ *adv* più tardi; **later on** più avanti; **latest** ['leɪtɪst] *adj* ultimo(-a), più recente; **at the latest** al più tardi

lather ['lɑ:ðəʳ] *n* schiuma di sapone ▸ *vt* insaponare

Latin ['lætɪn] *n* latino ▸ *adj* latino(-a); **Latin America** *n* America Latina; **Latin American** *adj* sudamericano(-a)

latitude ['lætɪtju:d] *n* latitudine *f*; (*fig*) libertà d'azione

latter ['lætəʳ] *adj* secondo(-a), più recente ▸ *n* **the ~** quest'ultimo, il secondo

laugh [lɑ:f] *n* risata ▸ *vi* ridere ▹ **laugh at** *vt fus* (*misfortune etc*) ridere di; **laughter** *n* riso; risate *fpl*

launch [lɔ:ntʃ] *n* (*of rocket, Comm*) lancio; (*of new ship*) varo; (*also:* **motor ~**) lancia ▸ *vt* (*rocket, Comm*) lanciare; (*ship, plan*) varare ▹ **launch into** *vt fus* lanciarsi in

launder ['lɔːndəʳ] *vt* lavare e stirare
Launderette® [lɔːn'drɛt] (*BRIT*) *n* lavanderia (automatica)
Laundromat® ['lɔːndrəmæt] (*US*) *n* lavanderia automatica
laundry ['lɔːndrɪ] *n* lavanderia; (*clothes*) biancheria; (: *dirty*) panni *mpl* da lavare
lava ['lɑːvə] *n* lava
lavatory ['lævətərɪ] *n* gabinetto
lavender ['lævəndəʳ] *n* lavanda
lavish ['lævɪʃ] *adj* copioso(-a), abbondante; (*giving freely*): **~ with** prodigo(-a) di, largo(-a) in ▸ *vt* **to ~ sth on sb** colmare qn di qc
law [lɔː] *n* legge *f*; **civil/criminal ~** diritto civile/penale; **lawful** *adj* legale, lecito(-a); **lawless** *adj* che non conosce nessuna legge
lawn [lɔːn] *n* tappeto erboso; **lawnmower** *n* tosaerba *m or f inv*
lawsuit ['lɔːsuːt] *n* processo, causa
lawyer ['lɔːjəʳ] *n* (*for sales, wills etc*) ≈ notaio; (*partner, in court*) ≈ avvocato(-essa)
lax [læks] *adj* rilassato(-a), negligente
laxative ['læksətɪv] *n* lassativo
lay [leɪ] (*pt, pp* **laid**) *pt of* **lie** ▸ *adj* laico(-a); (*not expert*) profano(-a) ▸ *vt* posare, mettere; (*eggs*) fare; (*trap*) tendere; (*plans*) fare, elaborare; **to ~ the table** apparecchiare la tavola ▹ **lay down** *vt* mettere giù; (*rules etc*) formulare, fissare; **to ~ down the law** dettar legge; **to ~ down one's life** dare la propria vita ▹ **lay off** *vt* (*workers*) licenziare ▹ **lay on** *vt* (*provide*) fornire ▹ **lay out** *vt* (*display*) presentare, disporre; **lay-by** (*BRIT*) *n* piazzola (di sosta)
layer ['leɪəʳ] *n* strato
layman ['leɪmən] (*irreg*) *n* laico; profano
layout ['leɪaut] *n* lay-out *m inv*, disposizione *f*; (*Press*) impaginazione *f*
lazy ['leɪzɪ] *adj* pigro(-a)
lb. *abbr* = **pound** (*weight*)
lead[1] [liːd] (*pt, pp* **led**) *n* (*front position*) posizione *f* di testa; (*distance, time ahead*) vantaggio; (*clue*) indizio; (*Elec*) filo (elettrico); (*for dog*) guinzaglio; (*Theatre*) parte *f* principale ▸ *vt* guidare, condurre; (*induce*) indurre; (*be leader of*) essere a capo di ▸ *vi* condurre; (*Sport*) essere in testa; **in the ~** in testa; **to ~ the way** fare strada ▹ **lead up to** *vt fus* portare a
lead[2] [lɛd] *n* (*metal*) piombo; (*in pencil*) mina
leader ['liːdəʳ] *n* capo; leader *m inv*; (*in newspaper*) articolo di fondo; (*Sport*) chi è in testa; **leadership** *n* direzione *f*; capacità di comando
lead-free ['lɛdfriː] *adj* senza piombo
leading ['liːdɪŋ] *adj* primo(-a), principale
lead singer *n cantante alla testa di un gruppo*
leaf [liːf] (*pl* **leaves**) *n* foglia ▸ *vi* **to ~ through sth** sfogliare qc; **to turn over a new ~** cambiar vita
leaflet ['liːflɪt] *n* dépliant *m inv*; (*Pol, Rel*) volantino
league [liːg] *n* lega; (*Football*) campionato; **to be in ~ with** essere in lega con
leak [liːk] *n* (*out*) fuga; (*in*) infiltrazione *f*; (*security leak*) fuga d'informazioni ▸ *vi* (*roof, bucket*) perdere; (*liquid*) uscire; (*shoes*) lasciar passare l'acqua ▸ *vt* (*information*) divulgare
lean [liːn] (*pt, pp* **leaned** *or* **leant**) *adj* magro(-a) ▸ *vt* **to ~ sth on sth** appoggiare qc su qc ▸ *vi* (*slope*) pendere; (*rest*): **to ~ against** appoggiarsi contro; essere appoggiato(-a) a; **to ~ on** appoggiarsi a ▹ **lean forward** *vi* sporgersi in avanti ▹ **lean over** *vi* inclinarsi;

leaning *n* **leaning (towards)** propensione *f* (per)
leant [lɛnt] *pt, pp of* **lean**
leap [li:p] (*pt, pp* **leaped** *or* **leapt**) *n* salto, balzo ▸ *vi* saltare, balzare
leapt [lɛpt] *pt, pp of* **leap**
leap year *n* anno bisestile
learn [lə:n] (*pt, pp* **learned** *or* **learnt**) *vt, vi* imparare; **to ~ about sth** (*hear, read*) apprendere qc; **to ~ to do sth** imparare a fare qc; **learner** *n* principiante *m/f*; apprendista *m/f*; (*BRIT: also:* **learner driver**) guidatore(-a) principiante; **learning** *n* erudizione *f*, sapienza
learnt [lə:nt] *pt, pp of* **learn**
lease [li:s] *n* contratto d'affitto ▸ *vt* affittare
leash [li:ʃ] *n* guinzaglio
least [li:st] *adj* **the ~** (+ *noun*) il (la) più piccolo(-a), il (la) minimo(-a); (*smallest amount of*) il (la) meno ▸ *adv* (+ *verb*) meno; **the ~** (+ *adjective*): **the ~ beautiful girl** la ragazza meno bella; **the ~ possible effort** il minimo sforzo possibile; **I have the ~ money** ho meno denaro di tutti; **at ~** almeno; **not in the ~** affatto, per nulla
leather ['lɛðə^r] *n* cuoio
leave [li:v] (*pt, pp* **left**) *vt* lasciare; (*go away from*) partire da ▸ *vi* partire, andarsene; (*bus, train*) partire ▸ *n* (*time off*) congedo; (*Mil, consent*) licenza; **what time does the train/bus ~?** a che ora parte il treno/l'autobus?; **to be left** rimanere; **there's some milk left over** c'è rimasto del latte; **on ~** in congedo ▹ **leave behind** *vt* (*person, object*) lasciare; (*: forget*) dimenticare ▹ **leave out** *vt* omettere, tralasciare
leaves [li:vz] *npl of* **leaf**
Lebanon ['lɛbənən] *n* Libano
lecture ['lɛktʃə^r] *n* conferenza; (*Scol*) lezione *f* ▸ *vi* fare conferenze; fare lezioni ▸ *vt* (*scold*): **to ~ sb on** *or* **about sth** rimproverare qn *or* fare una ramanzina a qn per qc; **to give a ~ on** tenere una conferenza su; **lecture hall** *n* aula magna; **lecturer** ['lɛktʃərə^r] (*BRIT*) *n* (*at university*) professore(-essa), docente *m/f*; **lecture theatre** *n* = **lecture hall**
led [lɛd] *pt, pp of* **lead**
ledge [lɛdʒ] *n* (*of window*) davanzale *m*; (*on wall etc*) sporgenza; (*of mountain*) cornice *f*, cengia
leek [li:k] *n* porro
left [lɛft] *pt, pp of* **leave** ▸ *adj* sinistro(-a) ▸ *adv* a sinistra ▸ *n* sinistra; **on the ~, to the ~** a sinistra; **the L~** (*Pol*) la sinistra; **left-hand** *adj* **the left-hand side** il lato sinistro; **left-hand drive** *adj* guida a sinistra; **left-handed** *adj* mancino(-a); **left-luggage locker** *n* armadietto per deposito bagagli; **left-luggage (office)** (*BRIT*) *n* deposito *m* bagagli *inv*; **left-overs** *npl* avanzi *mpl*, resti *mpl*; **left-wing** *adj* (*Pol*) di sinistra
leg [lɛg] *n* gamba; (*of animal*) zampa; (*of furniture*) piede *m*; (*Culin: of chicken*) coscia; (*of journey*) tappa; **1st/2nd ~** (*Sport*) partita di andata/ritorno
legacy ['lɛgəsɪ] *n* eredità *f inv*
legal ['li:gl] *adj* legale; **legal holiday** (*US*) *n* giorno festivo, festa nazionale; **legalize** *vt* legalizzare; **legally** *adv* legalmente; **legally binding** legalmente vincolante
legend ['lɛdʒənd] *n* leggenda; **legendary** ['lɛdʒəndərɪ] *adj* leggendario(-a)
leggings ['lɛgɪŋz] *npl* ghette *fpl*
legible ['lɛdʒəbl] *adj* leggibile
legislation [lɛdʒɪs'leɪʃən] *n* legislazione *f*
legislative ['lɛdʒɪslətɪv] *adj* legislativo(-a)
legitimate [lɪ'dʒɪtɪmət] *adj* legittimo(-a)

leisure [ˈlɛʒəʳ] *n* agio, tempo libero; ricreazioni *fpl*; **at ~** con comodo; **leisure centre** *n* centro di ricreazione; **leisurely** *adj* tranquillo(-a), fatto(-a) con comodo *or* senza fretta

lemon [ˈlɛmən] *n* limone *m*; **lemonade** [-ˈneɪd] *n* limonata; **lemon tea** *n* tè *m inv* al limone

lend [lɛnd] (*pt, pp* **lent**) *vt* **to ~ sth (to sb)** prestare qc (a qn); **could you ~ me some money?** mi può prestare dei soldi?

length [lɛŋθ] *n* lunghezza; (*distance*) distanza; (*section*: *of road, pipe etc*) pezzo, tratto; (*of time*) periodo; **at ~** (*at last*) finalmente, alla fine; (*lengthily*) a lungo; **lengthen** *vt* allungare, prolungare ▶ *vi* allungarsi; **lengthways** *adv* per il lungo; **lengthy** *adj* molto lungo(-a)

lens [lɛnz] *n* lente *f*; (*of camera*) obiettivo

Lent [lɛnt] *n* Quaresima

lent [lɛnt] *pt, pp of* **lend**

lentil [ˈlɛntl] *n* lenticchia

Leo [ˈliːəu] *n* Leone *m*

leopard [ˈlɛpəd] *n* leopardo

leotard [ˈliːətɑːd] *n* calzamaglia

leprosy [ˈlɛprəsɪ] *n* lebbra

lesbian [ˈlɛzbɪən] *n* lesbica

less [lɛs] *adj, pron, adv* meno ▶ *prep* **~ tax/10% discount** meno tasse/il 10% di sconto; **~ than ever** meno che mai; **~ than half** meno della metà; **~ and ~** sempre meno; **the ~ he works ...** meno lavora ...; **lessen** [ˈlɛsn] *vi* diminuire, attenuarsi ▶ *vt* diminuire, ridurre; **lesser** [ˈlɛsəʳ] *adj* minore, più piccolo(-a); **to a lesser extent** in grado *or* misura minore

lesson [ˈlɛsn] *n* lezione *f*; **to teach sb a ~** dare una lezione a qn

let [lɛt] (*pt, pp* **let**) *vt* lasciare; (*BRIT*: *lease*) dare in affitto; **to ~ sb do sth** lasciar fare qc a qn, lasciare che qn faccia qc; **to ~ sb know sth** far sapere qc a qn; **~'s go** andiamo; **~ him come** lo lasci venire; **"to ~"** "affittasi" ▷ **let down** *vt* (*lower*) abbassare; (*dress*) allungare; (*hair*) sciogliere; (*tyre*) sgonfiare; (*disappoint*) deludere ▷ **let in** *vt* lasciare entrare; (*visitor etc*) far entrare ▷ **let off** *vt* (*allow to go*) lasciare andare; (*firework etc*) far partire ▷ **let out** *vt* lasciare uscire; (*scream*) emettere

lethal [ˈliːθl] *adj* letale, mortale

letter [ˈlɛtəʳ] *n* lettera; **letterbox** (*BRIT*) *n* buca delle lettere

lettuce [ˈlɛtɪs] *n* lattuga, insalata

leukaemia [luːˈkiːmɪə] (*US* **leukemia**) *n* leucemia

level [ˈlɛvl] *adj* piatto(-a), piano(-a); orizzontale ▶ *adv* **to draw ~ with** mettersi alla pari di ▶ *n* livello ▶ *vt* livellare, spianare; **to be ~ with** essere alla pari di; **level crossing** (*BRIT*) *n* passaggio a livello

lever [ˈliːvəʳ] *n* leva; **leverage** *n* **leverage (on** *or* **with)** forza (su); (*fig*) ascendente *m* (su)

levy [ˈlɛvɪ] *n* tassa, imposta ▶ *vt* imporre

liability [laɪəˈbɪlətɪ] *n* responsabilità *f inv*; (*handicap*) peso

liable [ˈlaɪəbl] *adj* (*subject*): **~ to** soggetto(-a) a; passibile di; (*responsible*): **~ for** responsabile (di); (*likely*): **~ to do** propenso(-a) a fare

liaise [liːˈeɪz] *vi* **to ~ (with)** mantenere i contatti (con)

liar [ˈlaɪəʳ] *n* bugiardo(-a)

liberal [ˈlɪbərl] *adj* liberale; (*generous*): **to be ~ with** distribuire liberalmente; **Liberal Democrat** *n* liberaldemocratico(-a)

liberate [ˈlɪbəreɪt] *vt* liberare

liberation [lɪbəˈreɪʃən] *n* liberazione *f*

liberty [ˈlɪbətɪ] *n* libertà *f inv*; **at**

~ (*criminal*) in libertà; **at ~ to do** libero(-a) di fare
Libra ['li:brə] *n* Bilancia
librarian [laɪ'brɛərɪən] *n* bibliotecario(-a)
library ['laɪbrərɪ] *n* biblioteca
Libya ['lɪbɪə] *n* Libia
lice [laɪs] *npl of* **louse**
licence ['laɪsns] (*US* **license**) *n* autorizzazione *f*, permesso; (*Comm*) licenza; (*Radio, TV*) canone *m*, abbonamento; (*also:* **driving ~**: *US: also:* **driver's license**) patente *f* di guida; (*excessive freedom*) licenza
license ['laɪsns] *n* (*US*) = **licence** ▶ *vt* dare una licenza a; **licensed** *adj* (*for alcohol*) che ha la licenza di vendere bibite alcoliche; **license plate** (*esp US*) *n* (*Aut*) targa (automobilistica); **licensing hours** (*BRIT*) *npl* orario d'apertura (*di un pub*)
lick [lɪk] *vt* leccare; (*inf: defeat*) stracciare; **to ~ one's lips** (*fig*) leccarsi i baffi
lid [lɪd] *n* coperchio; (*eyelid*) palpebra
lie [laɪ] (*pt* **lay**, *pp* **lain**) *vi* (*rest*) giacere, star disteso(-a); (*of object: be situated*) trovarsi, essere; (*tell lies: pt, pp lied*) mentire, dire bugie ▶ *n* bugia, menzogna; **to ~ low** (*fig*) latitare ▷ **lie about** *or* **around** *vi* (*things*) essere in giro; (*person*) bighellonare ▷ **lie down** *vi* stendersi, sdraiarsi
Liechtenstein ['lɪktənstaɪn] *n* Liechtenstein *m*
lie-in ['laɪɪn] (*BRIT*) *n* **to have a ~** rimanere a letto
lieutenant [lɛf'tɛnənt, (*US*) lu:'tɛnənt] *n* tenente *m*
life [laɪf] (*pl* **lives**) *n* vita ▶ *cpd* di vita; della vita; a vita; **to come to ~** rianimarsi; **life assurance** (*BRIT*) *n* = **life insurance**; **lifeboat** *n* scialuppa di salvataggio; **lifeguard** *n* bagnino; **life insurance** *n* assicurazione *f* sulla vita; **life jacket** *n* giubbotto di salvataggio; **lifelike** *adj* verosimile; rassomigliante; **life preserver** [-prɪ'zə:vəʳ] (*US*) *n* salvagente *m*; giubbotto di salvataggio; **life sentence** *n* ergastolo; **lifestyle** *n* stile *m* di vita; **lifetime** *n* **in his lifetime** durante la sua vita; **once in a lifetime** una volta nella vita
lift [lɪft] *vt* sollevare; (*ban, rule*) levare ▶ *vi* (*fog*) alzarsi ▶ *n* (*BRIT: elevator*) ascensore *m*; **to give sb a ~** (*BRIT*) dare un passaggio a qn; **can you give me a ~ to the station?** può darmi un passaggio fino alla stazione? ▷ **lift up** *vt* sollevare, alzare; **lift-off** *n* decollo
light [laɪt] (*pt, pp* **lighted** *or* **lit**) *n* luce *f*, lume *m*; (*daylight*) luce *f*, giorno; (*lamp*) lampada; (*Aut: rear light*) luce *f* di posizione; (*: headlamp*) fanale *m*; (*for cigarette etc*): **have you got a ~?** ha da accendere?; **~s** *npl* (*Aut: traffic lights*) semaforo *vt* (*candle, cigarette, fire*) accendere; (*room*): **to be lit by** essere illuminato(-a) da *adj* (*room, colour*) chiaro(-a); (*not heavy, also fig*) leggero(-a); **to come to ~** venire alla luce, emergere ▷ **light up** *vi* illuminarsi ▶ *vt* illuminare; **light bulb** *n* lampadina; **lighten** *vt* (*make less heavy*) alleggerire; **lighter** *n* (*also:* **cigarette lighter**) accendino; **light-hearted** *adj* gioioso(-a), gaio(-a); **lighthouse** *n* faro; **lighting** *n* illuminazione *f*; **lightly** *adv* leggermente; **to get off lightly** cavarsela a buon mercato
lightning ['laɪtnɪŋ] *n* lampo, fulmine *m*
lightweight ['laɪtweɪt] *adj* (*suit*) leggero(-a) ▶ *n* (*Boxing*) peso leggero
like [laɪk] *vt* (*person*) volere bene a; (*activity, object, food*): **I ~ swimming/that book/chocolate** mi piace nuotare/quel libro/il cioccolato

▸ *prep* come ▸ *adj* simile, uguale ▸ *n* **the ~** uno(-a) uguale; **his ~s and dis~s** i suoi gusti; **I would ~, I'd ~** mi piacerebbe, vorrei; **would you ~ a coffee?** gradirebbe un caffè?; **to be/look ~ sb/sth** somigliare a qn/qc; **what does it look/taste ~?** che aspetto/gusto ha?; **what does it sound ~?** come fa?; **that's just ~ him** è proprio da lui; **do it ~ this** fallo così; **it is nothing ~ ...** non è affatto come ...; **likeable** *adj* simpatico(-a)

likelihood ['laɪklɪhud] *n* probabilità

likely ['laɪklɪ] *adj* probabile; plausibile; **he's ~ to leave** probabilmente partirà, è probabile che parta; **not ~!** neanche per sogno!

likewise ['laɪkwaɪz] *adv* similmente, nello stesso modo

liking ['laɪkɪŋ] *n* **~ (for)** debole *m* (per); **to be to sb's ~** piacere a qn

lilac ['laɪlək] *n* lilla *m inv*

Lilo® ['laɪləu] *n* materassino gonfiabile

lily ['lɪlɪ] *n* giglio

limb [lɪm] *n* arto

limbo ['lɪmbəu] *n* **to be in ~** (*fig*) essere lasciato(-a) nel dimenticatoio

lime [laɪm] *n* (*tree*) tiglio; (*fruit*) limetta; (*Geo*) calce *f*

limelight ['laɪmlaɪt] *n* **in the ~** (*fig*) alla ribalta, in vista

limestone ['laɪmstəun] *n* pietra calcarea; (*Geo*) calcare *m*

limit ['lɪmɪt] *n* limite *m* ▸ *vt* limitare; **limited** *adj* limitato(-a), ristretto(-a); **to be limited to** limitarsi a

limousine ['lɪməzi:n] *n* limousine *f inv*

limp [lɪmp] *n* **to have a ~** zoppicare ▸ *vi* zoppicare ▸ *adj* floscio(-a), flaccido(-a)

line [laɪn] *n* linea; (*rope*) corda; (*for fishing*) lenza; (*wire*) filo; (*of poem*) verso; (*row, series*) fila, riga; coda; (*on face*) ruga ▸ *vt* (*clothes*): **to ~ (with)** foderare (di); (*box*): **to ~ (with)** rivestire *or* foderare (di); (*trees, crowd*) fiancheggiare; **~ of business** settore *m or* ramo d'attività; **in ~ with** in linea con ▹ **line up** *vi* allinearsi, mettersi in fila ▸ *vt* mettere in fila; (*event, celebration*) preparare

linear ['lɪnɪə^r] *adj* lineare

linen ['lɪnɪn] *n* biancheria, panni *mpl*; (*cloth*) tela di lino

liner ['laɪnə^r] *n* nave *f* di linea; (*for bin*) sacchetto

line-up ['laɪnʌp] *n* allineamento, fila; (*Sport*) formazione *f* di gioco

linger ['lɪŋgə^r] *vi* attardarsi; indugiare; (*smell, tradition*) persistere

lingerie ['lænʒəri:] *n* biancheria intima femminile

linguist ['lɪŋgwɪst] *n* linguista *m/f*; poliglotta *m/f*; **linguistic** *adj* linguistico(-a)

lining ['laɪnɪŋ] *n* fodera

link [lɪŋk] *n* (*of a chain*) anello; (*relationship*) legame *m*; (*connection*) collegamento ▸ *vt* collegare, unire, congiungere; (*associate*): **to ~ with** *or* **to** collegare a; **~s** *npl* (*Golf*) pista *or* terreno da golf ▹ **link up** *vt* collegare, unire ▸ *vi* riunirsi; associarsi

lion ['laɪən] *n* leone *m*; **lioness** *n* leonessa

lip [lɪp] *n* labbro; (*of cup etc*) orlo; **lip-read** *vi* leggere sulle labbra; **lip salve** [-sælv] *n* burro di cacao; **lipstick** *n* rossetto

liqueur [lɪ'kjuə^r] *n* liquore *m*

liquid ['lɪkwɪd] *n* liquido ▸ *adj* liquido(-a); **liquidizer** *n* frullatore *m* (a brocca)

liquor ['lɪkə^r] *n* alcool *m*; **liquor store** (*US*) *n* negozio di liquori

Lisbon ['lɪzbən] *n* Lisbona

lisp [lɪsp] *n* pronuncia blesa della "s"

list [lɪst] *n* lista, elenco ▸ *vt* (*write down*) mettere in lista; fare una lista di;

(enumerate) elencare
listen ['lɪsn] *vi* ascoltare; **to ~ to** ascoltare; **listener** *n* ascoltatore(-trice)
lit [lɪt] *pt, pp of* **light**
liter ['li:tə^r] *(US) n* = **litre**
literacy ['lɪtərəsɪ] *n* il sapere leggere e scrivere
literal ['lɪtərl] *adj* letterale; **literally** *adv* alla lettera, letteralmente
literary ['lɪtərərɪ] *adj* letterario(-a)
literate ['lɪtərət] *adj* che sa leggere e scrivere
literature ['lɪtərɪtʃə^r] *n* letteratura; *(brochures etc)* materiale *m*
litre ['li:tə^r] *(US* **liter***) n* litro
litter ['lɪtə^r] *n (rubbish)* rifiuti *mpl*; *(young animals)* figliata; **litter bin** *(BRIT) n* cestino per rifiuti; **littered** *adj* **littered with** coperto(-a) di
little ['lɪtl] *adj (small)* piccolo(-a); *(not much)* poco(-a) ▶ *adv* poco; **a ~** un po' (di); **a ~ bit** un pochino; **~ by ~** a poco a poco; **little finger** *n* mignolo
live[1] [lɪv] *vi* vivere; *(reside)* vivere, abitare; **where do you ~?** dove abita? ▷ **live together** *vi* vivere insieme, convivere ▷ **live up to** *vt fus* tener fede a, non venir meno a
live[2] [laɪv] *adj (animal)* vivo(-a); *(wire)* sotto tensione; *(bullet, missile)* inesploso(-a); *(broadcast)* diretto(-a); *(performance)* dal vivo
livelihood ['laɪvlɪhud] *n* mezzi *mpl* di sostentamento
lively ['laɪvlɪ] *adj* vivace, vivo(-a)
liven up ['laɪvn'ʌp] *vt (discussion, evening)* animare ▶ *vi* ravvivarsi
liver ['lɪvə^r] *n* fegato
lives [laɪvz] *npl of* **life**
livestock ['laɪvstɔk] *n* bestiame *m*
living ['lɪvɪŋ] *adj* vivo(-a), vivente ▶ *n* **to earn** *or* **make a ~** guadagnarsi la vita; **living room** *n* soggiorno
lizard ['lɪzəd] *n* lucertola
load [ləud] *n (weight)* peso; *(thing carried)* carico ▶ *vt (also:* **~ up***)*: **to ~ (with)** *(lorry, ship)* caricare (di); *(gun, camera, Comput)* caricare (con); **a ~ of, ~s of** *(fig)* un sacco di; **loaded** *adj (vehicle)*: **loaded (with)** carico(-a) (di); *(question)* capzioso(-a); *(inf: rich)* carico(-a) di soldi
loaf [ləuf] *(pl* **loaves***) n* pane *m*, pagnotta
loan [ləun] *n* prestito ▶ *vt* dare in prestito; **on ~** in prestito
loathe [ləuð] *vt* detestare, aborrire
loaves [ləuvz] *npl of* **loaf**
lobby ['lɔbɪ] *n* atrio, vestibolo; *(Pol: pressure group)* gruppo di pressione ▶ *vt* fare pressione su
lobster ['lɔbstə^r] *n* aragosta
local ['ləukl] *adj* locale ▶ *n (BRIT: pub)* ≈ bar *m inv* all'angolo; **the ~s** *npl (local inhabitants)* la gente della zona; **local anaesthetic** *n* anestesia locale; **local authority** *n* ente *m* locale; **local government** *n* amministrazione *f* locale; **locally** ['ləukəlɪ] *adv* da queste parti; nel vicinato
locate [ləu'keɪt] *vt (find)* trovare; *(situate)* collocare; situare
location [ləu'keɪʃən] *n* posizione *f*; **on ~** *(Cinema)* all'esterno
loch [lɔx] *n* lago
lock [lɔk] *n (of door, box)* serratura; *(of canal)* chiusa; *(of hair)* ciocca, riccio ▶ *vt (with key)* chiudere a chiave ▶ *vi (door etc)* chiudersi; *(wheels)* bloccarsi, incepparsi ▷ **lock in** *vt* chiudere dentro (a chiave) ▷ **lock out** *vt* chiudere fuori ▷ **lock up** *vt (criminal, mental patient)* rinchiudere; *(house)* chiudere (a chiave) ▶ *vi* chiudere tutto (a chiave)
locker ['lɔkə^r] *n* armadietto; **locker-room** *(US) n (Sport)* spogliatoio
locksmith ['lɔksmɪθ] *n* magnano
locomotive [ləukə'məutɪv] *n*

locomotiva

lodge [lɔdʒ] *n* casetta, portineria; (*hunting lodge*) casino di caccia ▸ *vi* (*person*): **to ~ (with)** essere a pensione (presso *or* da); (*bullet etc*) conficcarsi ▸ *vt* (*appeal etc*) presentare, fare; **lodger** *n* affittuario(-a); (*with room and meals*) pensionante *m/f*

lodging ['lɔdʒɪŋ] *n* alloggio; *see also* **board**

loft [lɔft] *n* solaio, soffitta

log [lɔg] *n* (*of wood*) ceppo; (*also*: **~book**: *Naut, Aviat*) diario di bordo; (*Aut*) libretto di circolazione ▸ *vt* registrare ▹ **log in** *vi* (*Comput*) aprire una sessione (*con codice di riconoscimento*) ▹ **log off** *vi* (*Comput*) terminare una sessione

logic ['lɔdʒɪk] *n* logica; **logical** *adj* logico(-a)

login ['lɔgɪn] *n* (*Comput*) nome *m* utente *inv*

logo ['ləugəu] *n* logo *m inv*

lollipop ['lɔlɪpɔp] *n* lecca lecca *m inv*

lolly ['lɔlɪ] (*inf*) *n* lecca lecca *m inv*; (*also*: **ice ~**) ghiacciolo; (*money*) grana

London ['lʌndən] *n* Londra; **Londoner** *n* londinese *m/f*

lone [ləun] *adj* solitario(-a)

loneliness ['ləunlɪnɪs] *n* solitudine *f*, isolamento

lonely ['ləunlɪ] *adj* solo(-a); solitario(-a), isolato(-a)

long [lɔŋ] *adj* lungo(-a) ▸ *adv* a lungo, per molto tempo ▸ *vi* **to ~ for sth/to do** desiderare qc/di fare, non veder l'ora di aver qc/di fare; **so** *or* **as ~ as** (*while*) finché; (*provided that*) sempre che + *sub*; **don't be ~!** fai presto!; **how ~ is this river/course?** quanto è lungo questo fiume/corso?; **6 metres ~** lungo 6 metri; **6 months ~** che dura 6 mesi, di 6 mesi; **all night ~** tutta la notte; **he no ~er comes** non viene più; **~ before** molto tempo prima; **before ~** (+ *future*) presto, fra poco; (+ *past*) poco tempo dopo; **at ~ last** finalmente; **long-distance** *adj* (*race*) di fondo; (*call*) interurbano(-a); **long-haul** ['lɔŋ,hɔ:l] *adj* (*flight*) a lunga percorrenza *inv*; **longing** *n* desiderio

longitude ['lɔŋgɪtju:d] *n* longitudine *f*

long: **long jump** *n* salto in lungo; **long-life** *adj* (*milk*) a lunga conservazione; (*batteries*) di lunga durata; **long-sighted** *adj* presbite; **long-standing** *adj* di vecchia data; **long-term** *adj* a lungo termine

loo [lu:] (*BRIT*: *inf*) *n* W.C. *m inv*, cesso

look [luk] *vi* guardare; (*seem*) sembrare, parere; (*building etc*): **to ~ south/on to the sea** dare a sud/sul mare ▸ *n* sguardo; (*appearance*) aspetto, aria; **~s** *npl* (*good looks*) bellezza ▹ **look after** *vt fus* occuparsi di, prendere cura di; (*keep an eye on*) guardare, badare a ▹ **look around** *vi* guardarsi intorno ▹ **look at** *vt fus* guardare ▹ **look back** *vi* **to ~ back on** (*event etc*) ripensare a ▹ **look down on** *vt fus* (*fig*) guardare dall'alto, disprezzare ▹ **look for** *vt fus* cercare; **we're ~ing for a hotel/restaurant** stiamo cercando un albergo/ ristorante ▹ **look forward to** *vt fus* non veder l'ora di; (*in letters*): **we ~ forward to hearing from you** in attesa di una vostra gentile risposta ▹ **look into** *vt fus* esaminare ▹ **look out** *vi* (*beware*): **to ~ out (for)** stare in guardia (per) ▹ **look out for** *vt fus* cercare ▹ **look round** *vi* (*turn*) girarsi, voltarsi; (*in shop*) dare un'occhiata ▹ **look through** *vt fus* (*papers, book*) scorrere; (*telescope*) guardare attraverso ▹ **look up** *vi* alzare gli occhi; (*improve*) migliorare ▸ *vt* (*word*) cercare; (*friend*) andare a trovare ▹ **look up to** *vt fus* avere rispetto per; **lookout** *n* posto d'osservazione;

guardia; **to be on the lookout (for)** stare in guardia (per)
loom [lu:m] *n* telaio ▸ *vi* (*also:* **~ up**) apparire minaccioso(-a); (*event*) essere imminente
loony ['lu:nɪ] (*inf*) *n* pazzo(-a)
loop [lu:p] *n* cappio ▸ *vt* **to ~ sth round sth** passare qc intorno a qc; **loophole** *n* via d'uscita; scappatoia
loose [lu:s] *adj* (*knot*) sciolto(-a); (*screw*) allentato(-a); (*stone*) cadente; (*clothes*) ampio(-a), largo(-a); (*animal*) in libertà, scappato(-a); (*life, morals*) dissoluto(-a) ▸ *n* **to be on the ~** essere in libertà; **loosely** *adv* senza stringere; approssimativamente; **loosen** *vt* sciogliere; (*belt etc*) allentare
loot [lu:t] *n* bottino ▸ *vt* saccheggiare
lop-sided ['lɔp'saɪdɪd] *adj* non equilibrato(-a), asimmetrico(-a)
lord [lɔ:d] *n* signore *m*; **L~ Smith** lord Smith; **the L~** il Signore; **good L~!** buon Dio!; **the (House of) L~s** (*BRIT*) la Camera dei Lord
lorry ['lɔrɪ] (*BRIT*) *n* camion *m inv*; **lorry driver** (*BRIT*) *n* camionista *m*
lose [lu:z] (*pt, pp* **lost**) *vt* perdere ▸ *vi* perdere; **I've lost my wallet/passport** ho perso il portafoglio/passaporto; **to ~ (time)** (*clock*) ritardare ▷ **lose out** *vi* rimetterci; **loser** *n* perdente *m/f*
loss [lɔs] *n* perdita; **to be at a ~** essere perplesso(-a)
lost [lɔst] *pt, pp of* **lose** ▸ *adj* perduto(-a); **I'm ~** mi sono perso; **lost property** (*US* **lost and found**) *n* oggetti *mpl* smarriti
lot [lɔt] *n* (*at auctions*) lotto; (*destiny*) destino, sorte *f*; **the ~** tutto(-a) quanto(-a); tutti(-e) quanti(-e); **a ~** molto; **a ~ of** una gran quantità di, un sacco di; **~s of** molto(-a); **to draw ~s (for sth)** tirare a sorte (per qc)
lotion ['ləuʃən] *n* lozione *f*
lottery ['lɔtərɪ] *n* lotteria
loud [laud] *adj* forte, alto(-a); (*gaudy*) vistoso(-a), sgargiante ▸ *adv* (*speak etc*) forte; **out ~** (*read etc*) ad alta voce; **loudly** *adv* fortemente, ad alta voce; **loudspeaker** *n* altoparlante *m*
lounge [laundʒ] *n* salotto, soggiorno; (*at airport, station*) sala d'attesa; (*BRIT: also:* **~ bar**) bar *m inv* con servizio a tavolino ▸ *vi* oziare
louse [laus] (*pl* **lice**) *n* pidocchio
lousy ['lauzɪ] (*inf*) *adj* orrendo(-a), schifoso(-a); **to feel ~** stare da cani
love [lʌv] *n* amore *m* ▸ *vt* amare; voler bene a; **to ~ to do: I ~ to do** mi piace fare; **to be/fall in ~ with** essere innamorato(-a)/innamorarsi di; **to make ~** fare l'amore; **"15 ~"** (*Tennis*) "15 a zero"; **love affair** *n* relazione *f*; **love life** *n* vita sentimentale
lovely ['lʌvlɪ] *adj* bello(-a); (*delicious: smell, meal*) buono(-a)
lover ['lʌvə^r] *n* amante *m/f*; (*person in love*) innamorato(-a); (*amateur*): **a ~ of** un(-un') amante di; un(-un') appassionato(-a) di
loving ['lʌvɪŋ] *adj* affettuoso(-a)
low [ləu] *adj* basso(-a) ▸ *adv* in basso ▸ *n* (*Meteor*) depressione *f*; **to be ~ on** (*supplies etc*) avere scarsità di; **to feel ~** sentirsi giù; **low-alcohol** *adj* a basso contenuto alcolico; **low-calorie** *adj* a basso contenuto calorico
lower ['ləuə^r] *adj* (*bottom. of 2 things*) più basso; (*less important*) meno importante ▸ *vt* calare; (*prices, eyes, voice*) abbassare
low-fat ['ləu'fæt] *adj* magro(-a)
loyal ['lɔɪəl] *adj* fedele, leale; **loyalty** *n* fedeltà, lealtà; **loyalty card** *n carta che offre sconti a clienti abituali*
L.P. *n abbr* = **long-playing record**
L-plates ['ɛlpleɪts] (*BRIT*) *npl* contrassegno P principiante
Lt *abbr* (= *lieutenant*) Ten.

Ltd *abbr* (= *limited*) ≈ S.r.l.
luck [lʌk] *n* fortuna, sorte *f*; **bad ~** sfortuna, mala sorte; **good ~!** buona fortuna!; **luckily** *adv* fortunatamente, per fortuna; **lucky** *adj* fortunato(-a); (*number etc*) che porta fortuna
lucrative ['lu:krətɪv] *adj* lucrativo(-a), lucroso(-a), profittevole
ludicrous ['lu:dɪkrəs] *adj* ridicolo(-a)
luggage ['lʌgɪdʒ] *n* bagagli *mpl*; **our ~ hasn't arrived** i nostri bagagli non sono arrivati; **luggage rack** *n* portabagagli *m inv*
lukewarm ['lu:kwɔ:m] *adj* tiepido(-a)
lull [lʌl] *n* intervallo di calma ▸ *vt* **to ~ sb to sleep** cullare qn finché si addormenta
lullaby ['lʌləbaɪ] *n* ninnananna
lumber ['lʌmbəʳ] *n* (*wood*) legname *m*; (*junk*) roba vecchia
luminous ['lu:mɪnəs] *adj* luminoso(-a)
lump [lʌmp] *n* pezzo; (*in sauce*) grumo; (*swelling*) gonfiore *m*; (*also*: **sugar ~**) zolletta ▸ *vt* (*also*: **~ together**) riunire, mettere insieme; **lump sum** *n* somma globale; **lumpy** *adj* (*sauce*) pieno(-a) di grumi; (*bed*) bitorzoluto(-a)
lunatic ['lu:nətɪk] *adj* pazzo(-a), matto(-a)
lunch [lʌntʃ] *n* pranzo, colazione *f*; **lunch break** *n* intervallo del pranzo; **lunch time** *n* ora di pranzo
lung [lʌŋ] *n* polmone *m*
lure [luəʳ] *n* richiamo; lusinga ▸ *vt* attirare (con l'inganno)
lurk [lə:k] *vi* stare in agguato
lush [lʌʃ] *adj* lussureggiante
lust [lʌst] *n* lussuria; cupidigia; desiderio; (*fig*): **~ for** sete *f* di
Luxembourg ['lʌksəmbə:g] *n* (*state*) Lussemburgo *m*; (*city*) Lussemburgo *f*
luxurious [lʌg'zjuərɪəs] *adj* sontuoso(-a), di lusso
luxury ['lʌkʃərɪ] *n* lusso ▸ *cpd* di lusso

Be careful not to translate **luxury** by the Italian word ***lussuria***.

Lycra® ['laɪkrə] *n* lycra® *f inv*
lying ['laɪɪŋ] *n* bugie *fpl*, menzogne *fpl* ▸ *adj* bugiardo(-a)
lyrics ['lɪrɪks] *npl* (*of song*) parole *fpl*

m. *abbr* = **metre**; **mile**; **million**
M.A. *abbr* = **Master of Arts**
ma (*inf*) [mɑ:] *n* mamma
mac [mæk] (*BRIT*) *n* impermeabile *m*
macaroni [mækə'rəunɪ] *n* maccheroni *mpl*
Macedonia [mæsɪ'dəunɪə] *n* Macedonia; **Macedonian** [mæsɪ'dəunɪən] *adj* macedone ▸ *n* macedone *m/f*; (*Ling*) macedone *m*
machine [mə'ʃi:n] *n* macchina ▸ *vt* (*Tech*) lavorare a macchina; (*dress etc*) cucire a macchina; **machine gun** *n* mitragliatrice *f*; **machinery** *n* macchinario, macchine *fpl*; (*fig*) macchina; **machine washable** *adj* lavabile in lavatrice
macho ['mætʃəu] *adj* macho *inv*
mackerel ['mækrl] *n inv* sgombro
mackintosh ['mækɪntɔʃ] (*BRIT*) *n* impermeabile *m*
mad [mæd] *adj* matto(-a), pazzo(-a); (*foolish*) sciocco(-a); (*angry*)

furioso(-a); **to be ~ about** (*keen*) andare pazzo(-a) per
Madagascar [mædəˈgæskəʳ] *n* Madagascar *m*
madam [ˈmædəm] *n* signora
mad cow disease *n* encefalite *f* bovina spongiforme
made [meɪd] *pt, pp of* **make**; **made-to-measure** (*BRIT*) *adj* fatto(-a) su misura; **made-up** [ˈmeɪdʌp] *adj* (*story*) inventato(-a)
madly [ˈmædlɪ] *adv* follemente
madman [ˈmædmən] (*irreg*) *n* pazzo, alienato
madness [ˈmædnɪs] *n* pazzia
Madrid [məˈdrɪd] *n* Madrid *f*
Mafia [ˈmæfɪə] *n* mafia *f*
mag [mæg] *n abbr* (*BRIT inf*) = **magazine** (*Press*)
magazine [mægəˈziːn] *n* (*Press*) rivista; (*Radio, TV*) rubrica

Be careful not to translate **magazine** by the Italian word ***magazzino***.

maggot [ˈmægət] *n* baco, verme *m*
magic [ˈmædʒɪk] *n* magia ▸ *adj* magico(-a); **magical** *adj* magico(-a); **magician** [məˈdʒɪʃən] *n* mago(-a)
magistrate [ˈmædʒɪstreɪt] *n* magistrato; giudice *m/f*
magnet [ˈmægnɪt] *n* magnete *m*, calamita; **magnetic** [-ˈnɛtɪk] *adj* magnetico(-a)
magnificent [mægˈnɪfɪsnt] *adj* magnifico(-a)
magnify [ˈmægnɪfaɪ] *vt* ingrandire; **magnifying glass** *n* lente *f* d'ingrandimento
magpie [ˈmægpaɪ] *n* gazza
mahogany [məˈhɔgənɪ] *n* mogano
maid [meɪd] *n* domestica; (*in hotel*) cameriera
maiden name [ˈmeɪdn-] *n* nome *m* da nubile *or* da ragazza
mail [meɪl] *n* posta ▸ *vt* spedire (per posta); **mailbox** (*US*) *n* cassetta delle lettere; **mailing list** *n* elenco d'indirizzi; **mailman** (*irreg: US*) *n* portalettere *m inv*, postino; **mail-order** *n* vendita (*or* acquisto) per corrispondenza
main [meɪn] *adj* principale ▸ *n* (*pipe*) conduttura principale; **main course** *n* (*Culin*) piatto principale, piatto forte; **mainland** *n* continente *m*; **mainly** *adv* principalmente, soprattutto; **main road** *n* strada principale; **mainstream** *n* (*fig*) corrente *f* principale; **main street** *n* strada principale
maintain [meɪnˈteɪn] *vt* mantenere; (*affirm*) sostenere; **maintenance** [ˈmeɪntənəns] *n* manutenzione *f*; (*alimony*) alimenti *mpl*
maisonette [meɪzəˈnɛt] *n* (*BRIT*) appartamento a due piani
maize [meɪz] *n* granturco, mais *m*
majesty [ˈmædʒɪstɪ] *n* maestà *f inv*
major [ˈmeɪdʒəʳ] *n* (*Mil*) maggiore *m* ▸ *adj* (*greater, Mus*) maggiore; (*in importance*) principale, importante
Majorca [məˈjɔːkə] *n* Maiorca
majority [məˈdʒɔrɪtɪ] *n* maggioranza
make [meɪk] (*pt, pp* **made**) *vt* fare; (*manufacture*) fare, fabbricare; (*cause to be*): **to ~ sb sad** *etc* rendere qn triste *etc*; (*force*): **to ~ sb do sth** costringere qn a fare qc, far fare qc a qn; (*equal*): **2 and 2 ~ 4** 2 più 2 fa 4 ▸ *n* fabbricazione *f*; (*brand*) marca; **to ~ a fool of sb** far fare a qn la figura dello scemo; **to ~ a profit** realizzare un profitto; **to ~ a loss** subire una perdita; **to ~ it** (*arrive*) arrivare; (*achieve sth*) farcela; **what time do you ~ it?** che ora fai?; **to ~ do with** arrangiarsi con ▹ **make off** *vi* svignarsela ▹ **make out** *vt* (*write out*) scrivere; (*: cheque*) emettere; (*understand*) capire; (*see*) distinguere; (*: numbers*) decifrare ▹ **make up**

vt (*constitute*) formare; (*invent*) inventare; (*parcel*) fare ▶ *vi* conciliarsi; (*with cosmetics*) truccarsi ▷ **make up for** *vt fus* compensare; ricuperare; **makeover** ['meɪkəuvəʳ] *n* (*change of image*) cambiamento di immagine; (*of room, house*) trasformazione *f*; **maker** *n* (*of programme etc*) creatore(-trice); (*manufacturer*) fabbricante *m*; **makeshift** *adj* improvvisato(-a); **make-up** *n* trucco

making ['meɪkɪŋ] *n* (*fig*): **in the ~** in formazione; **to have the ~s of** (*actor, athlete etc*) avere la stoffa di

malaria [mə'lɛərɪə] *n* malaria

Malaysia [mə'leɪzɪə] *n* Malaysia

male [meɪl] *n* (*Biol*) maschio ▶ *adj* maschile; maschio(-a)

malicious [mə'lɪʃəs] *adj* malevolo(-a); (*Law*) doloso(-a)

malignant [mə'lɪgnənt] *adj* (*Med*) maligno(-a)

mall [mɔ:l] *n* (*also*: **shopping ~**) centro commerciale

mallet ['mælɪt] *n* maglio

malnutrition [mælnju:'trɪʃən] *n* denutrizione *f*

malpractice [mæl'præktɪs] *n* prevaricazione *f*; negligenza

malt [mɔ:lt] *n* malto

Malta ['mɔ:ltə] *n* Malta; **Maltese** [mɔ:l'ti:z] *adj, n* (*pl inv*) maltese (*m/f*); (*Ling*) maltese *m*

mammal ['mæml] *n* mammifero

mammoth ['mæməθ] *adj* enorme, gigantesco(-a)

man [mæn] (*pl* **men**) *n* uomo ▶ *vt* fornire d'uomini; stare a; **an old ~** un vecchio; **~ and wife** marito e moglie

manage ['mænɪdʒ] *vi* farcela ▶ *vt* (*be in charge of*) occuparsi di; gestire; **to ~ to do sth** riuscire a far qc; **manageable** *adj* maneggevole; fattibile; **management** *n* amministrazione *f*, direzione *f*; **manager** *n* direttore *m*; (*of shop, restaurant*) gerente *m*; (*of artist, Sport*) manager *m inv*; **manageress** [-ə'rɛs] *n* direttrice *f*; gerente *f*; **managerial** [-ə'dʒɪərɪəl] *adj* dirigenziale; **managing director** *n* amministratore *m* delegato

mandarin ['mændərɪn] *n* (*person, fruit*) mandarino

mandate ['mændeɪt] *n* mandato

mandatory ['mændətərɪ] *adj* obbligatorio(-a), ingiuntivo(-a)

mane [meɪn] *n* criniera

mangetout ['mɔnʒ'tu:] *n* pisello dolce, taccola

mango ['mæŋgəu] (*pl* **mangoes**) *n* mango

man: **manhole** ['mænhəul] *n* botola stradale; **manhood** ['mænhud] *n* età virile; virilità

mania ['meɪnɪə] *n* mania; **maniac** ['meɪnɪæk] *n* maniaco(-a)

manic ['mænɪk] *adj* (*behaviour, activity*) maniacale

manicure ['mænɪkjuəʳ] *n* manicure *f inv*

manifest ['mænɪfɛst] *vt* manifestare ▶ *adj* manifesto(-a), palese

manifesto [mænɪ'fɛstəu] *n* manifesto

manipulate [mə'nɪpjuleɪt] *vt* manipolare

man: **mankind** [mæn'kaɪnd] *n* umanità, genere *m* umano; **manly** ['mænlɪ] *adj* virile; coraggioso(-a); **man-made** *adj* sintetico(-a); artificiale

manner ['mænəʳ] *n* maniera, modo; (*behaviour*) modo di fare; (*type, sort*): **all ~ of things** ogni genere di cosa; **~s** *npl* (*conduct*) maniere *fpl*; **bad ~s** maleducazione *f*

manoeuvre [mə'nu:vəʳ] (*US* **maneuver**) *vt* manovrare ▶ *vi* far manovre ▶ *n* manovra

manpower ['mænpauəʳ] *n* manodopera

mansion ['mænʃən] *n* casa signorile
manslaughter ['mænslɔːtəʳ] *n* omicidio preterintenzionale
mantelpiece ['mæntlpiːs] *n* mensola del caminetto
manual ['mænjuəl] *adj* manuale ▸ *n* manuale *m*
manufacture [mænju'fæktʃəʳ] *vt* fabbricare ▸ *n* fabbricazione *f*, manifattura; **manufacturer** *n* fabbricante *m*
manure [mə'njuəʳ] *n* concime *m*
manuscript ['mænjuskrɪpt] *n* manoscritto
many ['mɛnɪ] *adj* molti(-e) ▸ *pron* molti(-e); **a great ~** moltissimi(-e), un gran numero (di); **~ a time** molte volte
map [mæp] *n* carta (geografica); (*of city*) cartina; **can you show it to me on the ~?** può indicarmelo sulla cartina?
maple ['meɪpl] *n* acero
mar [mɑːʳ] *vt* sciupare
Mar. *abbr* (= *March*) mar.
marathon ['mærəθən] *n* maratona
marble ['mɑːbl] *n* marmo; (*toy*) pallina, bilia
March [mɑːtʃ] *n* marzo
march [mɑːtʃ] *vi* marciare; sfilare ▸ *n* marcia
mare [mɛəʳ] *n* giumenta
margarine [mɑːdʒə'riːn] *n* margarina
margin ['mɑːdʒɪn] *n* margine *m*; **marginal** *adj* marginale; **marginal seat** (*Pol*) *seggio elettorale ottenuto con una stretta maggioranza*; **marginally** *adv* (*bigger, better*) lievemente, di poco; (*different*) un po'
marigold ['mærɪgəuld] *n* calendola
marijuana [mærɪ'wɑːnə] *n* marijuana
marina [mə'riːnə] *n* marina
marinade *n* [mærɪ'neɪd] marinata ▸ *vt* ['mærɪneɪd] = **marinate**
marinate ['mærɪneɪt] *vt* marinare
marine [mə'riːn] *adj* (*animal, plant*) marino(-a); (*forces, engineering*) marittimo(-a) ▸ *n* (*BRIT*) fante *m* di marina; (*US*) marine *m inv*
marital ['mærɪtl] *adj* maritale, coniugale; **marital status** *n* stato civile
maritime ['mærɪtaɪm] *adj* marittimo(-a)
marjoram ['mɑːdʒərəm] *n* maggiorana
mark [mɑːk] *n* segno; (*stain*) macchia; (*of skid etc*) traccia; (*BRIT Scol*) voto; (*Sport*) bersaglio; (*currency*) marco ▸ *vt* segnare; (*stain*) macchiare; (*indicate*) indicare; (*BRIT Scol*) dare un voto a; correggere; **to ~ time** segnare il passo; **marked** *adj* spiccato(-a), chiaro(-a); **marker** *n* (*sign*) segno; (*bookmark*) segnalibro
market ['mɑːkɪt] *n* mercato ▸ *vt* (*Comm*) mettere in vendita; **marketing** *n* marketing *m*; **marketplace** *n* (piazza del) mercato; (*world of trade*) piazza, mercato; **market research** *n* indagine *f* or ricerca di mercato
marmalade ['mɑːməleɪd] *n* marmellata d'arance
maroon [mə'ruːn] *vt* (*also fig*): **to be ~ed (in** *or* **at)** essere abbandonato(-a) (in) ▸ *adj* bordeaux *inv*
marquee [mɑː'kiː] *n* padiglione *m*
marriage ['mærɪdʒ] *n* matrimonio; **marriage certificate** *n* certificato di matrimonio
married ['mærɪd] *adj* sposato(-a); (*life, love*) coniugale, matrimoniale
marrow ['mærəu] *n* midollo; (*vegetable*) zucca
marry ['mærɪ] *vt* sposare, sposarsi con; (*vicar, priest etc*) dare in matrimonio ▸ *vi* (*also:* **get married**) sposarsi
Mars [mɑːz] *n* (*planet*) Marte *m*
marsh [mɑːʃ] *n* palude *f*

m

marshal ['mɑːʃl] *n* maresciallo; (*US: fire*) capo; (: *police*) capitano ▸ *vt* (*thoughts, support*) ordinare; (*soldiers*) adunare
martyr ['mɑːtəʳ] *n* martire *m/f*
marvel ['mɑːvl] *n* meraviglia ▸ *vi* **to ~ (at)** meravigliarsi (di); **marvellous** (*US* **marvelous**) *adj* meraviglioso(-a)
Marxism ['mɑːksɪzəm] *n* marxismo
Marxist ['mɑːksɪst] *adj, n* marxista *m/f*
marzipan ['mɑːzɪpæn] *n* marzapane *m*
mascara [mæs'kɑːrə] *n* mascara *m*
mascot ['mæskət] *n* mascotte *f inv*
masculine ['mæskjulɪn] *adj* maschile; (*woman*) mascolino(-a)
mash [mæʃ] *vt* passare, schiacciare; **mashed potatoes** *npl* purè *m* di patate
mask [mɑːsk] *n* maschera ▸ *vt* mascherare
mason ['meɪsn] *n* (*also:* **stone~**) scalpellino; (*also:* **free~**) massone *m*; **masonry** *n* muratura
mass [mæs] *n* moltitudine *f*, massa; (*Physics*) massa; (*Rel*) messa ▸ *cpd* di massa ▸ *vi* ammassarsi; **the ~es** *npl* (*ordinary people*) le masse; **~es of** (*inf*) una montagna di
massacre ['mæsəkəʳ] *n* massacro
massage ['mæsɑːʒ] *n* massaggio
massive ['mæsɪv] *adj* enorme, massiccio(-a)
mass media *npl* mass media *mpl*
mass-produce ['mæsprə'djuːs] *vt* produrre in serie
mast [mɑːst] *n* albero
master ['mɑːstəʳ] *n* padrone *m*; (*Art etc, teacher: in primary school*) maestro; (: *in secondary school*) professore *m*; (*title for boys*): **M~ X** Signorino X ▸ *vt* domare; (*learn*) imparare a fondo; (*understand*) conoscere a fondo; **mastermind** *n* mente *f* superiore ▸ *vt* essere il cervello di; **Master of Arts/Science** *n* Master *m inv* in lettere/scienze; **masterpiece** *n* capolavoro
masturbate ['mæstəbeɪt] *vi* masturbare
mat [mæt] *n* stuoia; (*also:* **door~**) stoino, zerbino; (*also:* **table ~**) sottopiatto ▸ *adj* = **matt**
match [mætʃ] *n* fiammifero; (*game*) partita, incontro; (*fig*) uguale *m/f*; matrimonio; partito ▸ *vt* intonare; (*go well with*) andare benissimo con; (*equal*) uguagliare; (*correspond to*) corrispondere a; (*pair: also:* **~ up**) accoppiare ▸ *vi* combaciare; **to be a good ~** andare bene; **matchbox** *n* scatola per fiammiferi; **matching** *adj* ben assortito(-a)
mate [meɪt] *n* compagno(-a) di lavoro; (*inf: friend*) amico(-a); (*animal*) compagno(-a); (*in merchant navy*) secondo ▸ *vi* accoppiarsi
material [mə'tɪərɪəl] *n* (*substance*) materiale *m*, materia; (*cloth*) stoffa ▸ *adj* materiale; **~s** *npl* (*equipment*) materiali *mpl*
materialize [mə'tɪərɪəlaɪz] *vi* materializzarsi, realizzarsi
maternal [mə'təːnl] *adj* materno(-a)
maternity [mə'təːnɪtɪ] *n* maternità; **maternity hospital** *n* ≈ clinica ostetrica; **maternity leave** *n* congedo di maternità
math [mæθ] (*US*) *n* = **maths**
mathematical [mæθə'mætɪkl] *adj* matematico(-a)
mathematician [mæθəmə'tɪʃən] *n* matematico(-a)
mathematics [mæθə'mætɪks] *n* matematica
maths [mæθs] (*US* **math**) *n* matematica
matinée ['mætɪneɪ] *n* matinée *f inv*
matron ['meɪtrən] *n* (*in hospital*) capoinfermiera; (*in school*) infermiera

matt [mæt] *adj* opaco(-a)
matter ['mætəʳ] *n* questione *f*; (*Physics*) materia, sostanza; (*content*) contenuto; (*Med*: *pus*) pus *m* ▸ *vi* importare; **it doesn't ~** non importa; (*I don't mind*) non fa niente; **what's the ~?** che cosa c'è?; **no ~ what** qualsiasi cosa accada; **as a ~ of course** come cosa naturale; **as a ~ of fact** in verità; **~s** *npl* (*affairs*) questioni
mattress ['mætrɪs] *n* materasso
mature [mə'tjuəʳ] *adj* maturo(-a); (*cheese*) stagionato(-a) ▸ *vi* maturare; stagionare; **mature student** *n studente universitario che ha più di 25 anni*; **maturity** *n* maturità
maul [mɔ:l] *vt* lacerare
mauve [məuv] *adj* malva *inv*
max *abbr* = **maximum**
maximize ['mæksɪmaɪz] *vt* (*profits etc*) massimizzare; (*chances*) aumentare al massimo
maximum ['mæksɪməm] (*pl* **maxima**) *adj* massimo(-a) ▸ *n* massimo
May [meɪ] *n* maggio
may [meɪ] (*conditional* **might**) *vi* (*indicating possibility*): **he ~ come** può darsi che venga; (*be allowed to*): **~ I smoke?** posso fumare?; (*wishes*): **~ God bless you!** Dio la benedica!; **you ~ as well go** tanto vale che tu te ne vada
maybe ['meɪbi:] *adv* forse, può darsi; **~ he'll ...** può darsi che lui ... + *sub*, forse lui ...
May Day *n* il primo maggio
mayhem ['meɪhɛm] *n* cagnara
mayonnaise [meɪə'neɪz] *n* maionese *f*
mayor [mɛəʳ] *n* sindaco; **mayoress** *n* sindaco (*donna*); moglie *f* del sindaco
maze [meɪz] *n* labirinto, dedalo
MD *n abbr* (= *Doctor of Medicine*) *titolo di studio*; (*Comm*) *see* **managing director**
me [mi:] *pron* mi, m' + *vowel or silent "h"*; (*stressed, after prep*) me; **he heard me** mi ha *or* m'ha sentito; **give me a book** dammi (*or* mi dia) un libro; **it's me** sono io; **with me** con me; **without me** senza di me
meadow ['mɛdəu] *n* prato
meagre ['mi:gəʳ] (*US* **meager**) *adj* magro(-a)
meal [mi:l] *n* pasto; (*flour*) farina; **mealtime** *n* l'ora di mangiare
mean [mi:n] (*pt, pp* **meant**) *adj* (*with money*) avaro(-a), gretto(-a); (*unkind*) meschino(-a), maligno(-a); (*shabby*) misero(-a); (*average*) medio(-a) ▸ *vt* (*signify*) significare, voler dire; (*intend*): **to ~ to do** aver l'intenzione di fare ▸ *n* mezzo; (*Math*) media; **~s** *npl* (*way, money*) mezzi *mpl*; **by ~s of** per mezzo di; **by all ~s** ma certo, prego; **to be ~t for** essere destinato(-a) a; **do you ~ it?** dice sul serio?; **what do you ~?** che cosa vuol dire?
meaning ['mi:nɪŋ] *n* significato, senso; **meaningful** *adj* significativo(-a); **meaningless** *adj* senza senso
meant [mɛnt] *pt, pp of* **mean**
meantime ['mi:ntaɪm] *adv* (*also*: **in the ~**) nel frattempo
meanwhile ['mi:nwaɪl] *adv* nel frattempo
measles ['mi:zlz] *n* morbillo
measure ['mɛʒəʳ] *vt, vi* misurare ▸ *n* misura; (*also*: **tape ~**) metro
measurement ['mɛʒəmənt] *n* (*act*) misurazione *f*; (*measure*) misura; **chest/hip ~** giro petto/fianchi; **to take sb's ~s** prendere le misure di qn
meat [mi:t] *n* carne *f*; **I don't eat ~** non mangio carne; **cold ~** affettato; **meatball** *n* polpetta di carne
Mecca ['mɛkə] *n* (*also fig*) la Mecca
mechanic [mɪ'kænɪk] *n* meccanico; **can you send a ~?** può mandare

un meccanico?; **mechanical** *adj* meccanico(-a)

mechanism ['mɛkənɪzəm] *n* meccanismo

medal ['mɛdl] *n* medaglia; **medallist** (*US* **medalist**) *n* (*Sport*): **to be a gold medallist** essere medaglia d'oro

meddle ['mɛdl] *vi* **to ~ in** immischiarsi in, mettere le mani in; **to ~ with** toccare

media ['mi:dɪə] *npl* media *mpl*

mediaeval [mɛdɪ'i:vl] *adj* = **medieval**

mediate ['mi:dɪeɪt] *vi* fare da mediatore(-trice)

medical ['mɛdɪkl] *adj* medico(-a) ▶ *n* visita medica; **medical certificate** *n* certificato medico

medicated ['mɛdɪkeɪtɪd] *adj* medicato(-a)

medication [mɛdɪ'keɪʃən] *n* medicinali *mpl*, farmaci *mpl*

medicine ['mɛdsɪn] *n* medicina

medieval [mɛdɪ'i:vl] *adj* medievale

mediocre [mi:dɪ'əukə^r] *adj* mediocre

meditate ['mɛdɪteɪt] *vi* **to ~ (on)** meditare (su)

meditation [mɛdɪ'teɪʃən] *n* meditazione *f*

Mediterranean [mɛdɪtə'reɪnɪən] *adj* mediterraneo(-a); **the ~ (Sea)** il (mare) Mediterraneo

medium ['mi:dɪəm] (*pl* **media**) *adj* medio(-a) ▶ *n* (*means*) mezzo; (*pl mediums: person*) medium *m inv*; **medium-sized** *adj* (*tin etc*) di grandezza media; (*clothes*) di taglia media; **medium wave** *n* onde *fpl* medie

meek [mi:k] *adj* dolce, umile

meet [mi:t] (*pt, pp* **met**) *vt* incontrare; (*for the first time*) fare la conoscenza di; (*go and fetch*) andare a prendere; (*fig*) affrontare; soddisfare; raggiungere ▶ *vi* incontrarsi; (*in session*) riunirsi; (*join: objects*) unirsi; **nice to ~ you** piacere (di conoscerla) ▷ **meet up** *vi* **to ~ up with sb** incontrare qn ▷ **meet with** *vt fus* incontrare; **meeting** *n* incontro; (*session: of club etc*) riunione *f*; (*interview*) intervista; **she's at a meeting** (*Comm*) è in riunione; **meeting place** *n* luogo d'incontro

megabyte ['mɛgəbaɪt] *n* (*Comput*) megabyte *m inv*

megaphone ['mɛgəfəun] *n* megafono

melancholy ['mɛlənkəlɪ] *n* malinconia ▶ *adj* malinconico(-a)

melody ['mɛlədɪ] *n* melodia

melon ['mɛlən] *n* melone *m*

melt [mɛlt] *vi* (*gen*) sciogliersi, struggersi; (*metals*) fondersi ▶ *vt* sciogliere, struggere; fondere

member ['mɛmbə^r] *n* membro; **Member of Congress** (*US*) *n* membro del Congresso; **Member of Parliament** (*BRIT*) *n* deputato(-a); **Member of the European Parliament** (*BRIT*) *n* eurodeputato(-a); **Member of the Scottish Parliament** (*BRIT*) *n* deputato(-a) del Parlamento scozzese; **membership** *n* iscrizione *f*, (numero d')iscritti *mpl*, membri *mpl*; **membership card** *n* tessera (di iscrizione)

memento [mə'mɛntəu] *n* ricordo, souvenir *m inv*

memo ['mɛməu] *n* appunto; (*Comm etc*) comunicazione *f* di servizio

memorable ['mɛmərəbl] *adj* memorabile

memorandum [mɛmə'rændəm] (*pl* **memoranda**) *n* appunto; (*Comm etc*) comunicazione *f* di servizio

memorial [mɪ'mɔ:rɪəl] *n* monumento commemorativo ▶ *adj* commemorativo(-a)

memorize ['mɛməraɪz] *vt* memorizzare

memory ['mɛmərɪ] *n* (*also Comput*) memoria; (*recollection*) ricordo; **memory stick** *n* (*Comput*) stick *m inv* di memoria
men [mɛn] *npl of* **man**
menace ['mɛnəs] *n* minaccia ▶ *vt* minacciare
mend [mɛnd] *vt* aggiustare, riparare; (*darn*) rammendare ▶ *n* **on the ~** in via di guarigione
meningitis [mɛnɪn'dʒaɪtɪs] *n* meningite *f*
menopause ['mɛnəupɔ:z] *n* menopausa
men's room *n* **the men's room** (*esp US*) la toilette degli uomini
menstruation [mɛnstru'eɪʃən] *n* mestruazione *f*
menswear ['mɛnzwɛə^r] *n* abbigliamento maschile
mental ['mɛntl] *adj* mentale; **mental hospital** *n* ospedale *m* psichiatrico; **mentality** [mɛn'tælɪtɪ] *n* mentalità *f inv*; **mentally** *adv* **to be mentally handicapped** essere minorato psichico
menthol ['mɛnθɔl] *n* mentolo
mention ['mɛnʃən] *n* menzione *f* ▶ *vt* menzionare, far menzione di; **don't ~ it!** non c'è di che!, prego!
menu ['mɛnju:] *n* (*set menu, Comput*) menù *m inv*; (*printed*) carta; **could we see the ~?** ci può portare il menù?
MEP *n abbr* = **Member of the European Parliament**
mercenary ['mə:sɪnərɪ] *adj* venale ▶ *n* mercenario
merchandise ['mə:tʃəndaɪz] *n* merci *fpl*
merchant ['mə:tʃənt] *n* mercante *m*, commerciante *m*; **merchant navy** *n* marina mercantile
merciless ['mə:sɪlɪs] *adj* spietato(-a)
mercury ['mə:kjurɪ] *n* mercurio
mercy ['mə:sɪ] *n* pietà; (*Rel*) misericordia; **at the ~ of** alla mercè di
mere [mɪə^r] *adj* semplice; **by a ~ chance** per mero caso; **merely** *adv* semplicemente, non ... che
merge [mə:dʒ] *vt* unire ▶ *vi* fondersi, unirsi; (*Comm*) fondersi; **merger** *n* (*Comm*) fusione *f*
meringue [mə'ræŋ] *n* meringa
merit ['mɛrɪt] *n* merito, valore *m* ▶ *vt* meritare
mermaid ['mə:meɪd] *n* sirena
merry ['mɛrɪ] *adj* gaio(-a), allegro(-a); **M~ Christmas!** Buon Natale!; **merry-go-round** *n* carosello
mesh [mɛʃ] *n* maglia; rete *f*
mess [mɛs] *n* confusione *f*, disordine *m*; (*fig*) pasticcio; (*dirt*) sporcizia; (*Mil*) mensa ▷ **mess about** *or* **around** (*inf*) *vi* trastullarsi ▷ **mess with** (*inf*) *vt fus* (*challenge*) litigare con; (*drugs*) abusare di ▷ **mess up** *vt* sporcare; fare un pasticcio di; rovinare
message ['mɛsɪdʒ] *n* messaggio; **can I leave a ~?** posso lasciare un messaggio?; **are there any ~s for me?** ci sono messaggi per me?
messenger ['mɛsɪndʒə^r] *n* messaggero(-a)
Messrs ['mɛsəz] *abbr* (*on letters*) Spett.
messy ['mɛsɪ] *adj* sporco(-a), disordinato(-a)
met [mɛt] *pt, pp of* **meet**
metabolism [mɛ'tæbəlɪzəm] *n* metabolismo
metal ['mɛtl] *n* metallo; **metallic** [-'tælɪk] *adj* metallico(-a)
metaphor ['mɛtəfə^r] *n* metafora
meteor ['mi:tɪə^r] *n* meteora; **meteorite** ['mi:tɪəraɪt] *n* meteorite *m*
meteorology [mi:tɪə'rɔlədʒɪ] *n* meteorologia
meter ['mi:tə^r] *n* (*instrument*) contatore *m*; (*parking meter*) parchimetro; (*US: unit*) = **metre**
method ['mɛθəd] *n* metodo;

methodical [mɪ'θɔdɪkl] *adj* metodico(-a)
meths [mɛθs] (*BRIT*) *n* alcool *m* denaturato
meticulous [mɛ'tɪkjuləs] *adj* meticoloso(-a)
metre ['mi:tə^r] (*US* **meter**) *n* metro
metric ['mɛtrɪk] *adj* metrico(-a)
metro ['metrəu] *n* metro *m inv*
metropolitan [mɛtrə'pɔlɪtən] *adj* metropolitano(-a)
Mexican ['mɛksɪkən] *adj, n* messicano(-a)
Mexico ['mɛksɪkəu] *n* Messico
mg *abbr* (= *milligram*) mg
mice [maɪs] *npl of* **mouse**
micro... ['maɪkrəu] *prefix* micro...; **microchip** *n* microcircuito integrato; **microphone** *n* microfono; **microscope** *n* microscopio; **microwave** *n* (*also:* **microwave oven**) forno a microonde
mid [mɪd] *adj* **~ May** metà maggio; **~ afternoon** metà pomeriggio; **in ~ air** a mezz'aria; **midday** *n* mezzogiorno
middle ['mɪdl] *n* mezzo; centro; (*waist*) vita ▸ *adj* di mezzo; **in the ~ of the night** nel bel mezzo della notte; **middle-aged** *adj* di mezza età; **Middle Ages** *npl* **the Middle Ages** il Medioevo; **middle-class** *adj* ≈ borghese; **Middle East** *n* Medio Oriente *m*; **middle name** *n* secondo nome *m*; **middle school** *n* (*US*) *scuola media per ragazzi dagli 11 ai 14 anni*; (BRIT) *scuola media per ragazzi dagli 8 o 9 ai 12 o 13 anni*
midge [mɪdʒ] *n* moscerino
midget ['mɪdʒɪt] *n* nano(-a)
midnight ['mɪdnaɪt] *n* mezzanotte *f*
midst [mɪdst] *n* **in the ~ of** in mezzo a
midsummer [mɪd'sʌmə^r] *n* mezza *or* piena estate *f*
midway [mɪd'weɪ] *adj, adv* **~ (between)** a mezza strada (fra); **~ (through)** a metà (di)
midweek [mɪd'wi:k] *adv* a metà settimana
midwife ['mɪdwaɪf] (*pl* **midwives**) *n* levatrice *f*
midwinter [mɪd'wɪntə^r] *n* pieno inverno
might [maɪt] *vb see* **may** ▸ *n* potere *m*, forza; **mighty** *adj* forte, potente
migraine ['mi:greɪn] *n* emicrania
migrant ['maɪgrənt] *adj* (*bird*) migratore(-trice); (*worker*) emigrato(-a)
migrate [maɪ'greɪt] *vi* (*bird*) migrare; (*person*) emigrare
migration [maɪ'greɪʃən] *n* migrazione *f*
mike [maɪk] *n abbr* (= *microphone*) microfono
Milan [mɪ'læn] *n* Milano *f*
mild [maɪld] *adj* mite; (*person, voice*) dolce; (*flavour*) delicato(-a); (*illness*) leggero(-a); (*interest*) blando(-a) ▸ *n* (*beer*) birra leggera; **mildly** ['maɪldlɪ] *adv* mitemente; dolcemente; delicatamente; leggermente; blandamente; **to put it mildly** a dire poco
mile [maɪl] *n* miglio; **mileage** *n* distanza in miglia, ≈ chilometraggio; **mileometer** [maɪ'lɔmɪtə^r] *n* ≈ contachilometri *m inv*; **milestone** ['maɪlstəun] *n* pietra miliare
military ['mɪlɪtərɪ] *adj* militare
militia [mɪ'lɪʃə] *n* milizia
milk [mɪlk] *n* latte *m* ▸ *vt* (*cow*) mungere; (*fig*) sfruttare; **milk chocolate** *n* cioccolato al latte; **milkman** (*irreg*) *n* lattaio; **milky** *adj* lattiginoso(-a); (*colour*) latteo(-a)
mill [mɪl] *n* mulino; (*small: for coffee, pepper etc*) macinino; (*factory*) fabbrica; (*spinning mill*) filatura ▸ *vt* macinare ▸ *vi* (*also:* **~ about**) brulicare
millennium [mɪ'lɛnɪəm] (*pl*

millenniums *or* **millennia**) *n* millennio

milli... ['mɪlɪ] *prefix*: **milligram(me)** *n* milligrammo; **millilitre** ['mɪlɪli:təʳ] (*US* **milliliter**) *n* millilitro; **millimetre** (*US* **millimeter**) *n* millimetro

million ['mɪljən] *num* milione *m*; **millionaire** *n* milionario, ≈ miliardario; **millionth** *num* milionesimo(-a)

milometer [maɪ'lɔmɪtəʳ] *n* = **mileometer**

mime [maɪm] *n* mimo ▸ *vt, vi* mimare

mimic ['mɪmɪk] *n* imitatore(-trice) ▸ *vt* fare la mimica di

min. *abbr* = **minute(s)**; **minimum**

mince [mɪns] *vt* tritare, macinare ▸ *n* (*BRIT Culin*) carne *f* tritata *or* macinata; **mincemeat** *n frutta secca tritata per uso in pasticceria*; (*US*) carne *f* tritata *or* macinata; **mince pie** *n specie di torta con frutta secca*

mind [maɪnd] *n* mente *f* ▸ *vt* (*attend to, look after*) badare a, occuparsi di; (*be careful*) fare attenzione a, stare attento(-a) a; (*object to*): **I don't ~ the noise** il rumore non mi dà alcun fastidio; **I don't ~** non m'importa; **do you ~ if ...?** le dispiace se ...?; **it is on my ~** mi preoccupa; **to my ~** secondo me, a mio parere; **to be out of one's ~** essere uscito(-a) di mente; **to keep** *or* **bear sth in ~** non dimenticare qc; **to make up one's ~** decidersi; **~ you, ...** sì, però va detto che ...; **never ~** non importa, non fa niente; (*don't worry*) non preoccuparti; **"~ the step"** "attenzione allo scalino"; **mindless** *adj* idiota

mine[1] [maɪn] *pron* il (la) mio(-a); (*pl*) i (le) miei (mei); **that book is ~** quel libro è mio; **yours is red, ~ is green** il tuo è rosso, il mio è verde; **a friend of ~** un mio amico

mine[2] [maɪn] *n* miniera; (*explosive*) mina ▸ *vt* (*coal*) estrarre; (*ship, beach*) minare; **minefield** *n* (*also fig*) campo minato; **miner** ['maɪnəʳ] *n* minatore *m*

mineral ['mɪnərəl] *adj* minerale ▸ *n* minerale *m*; **mineral water** *n* acqua minerale

mingle ['mɪŋgl] *vi* **to ~ with** mescolarsi a, mischiarsi con

miniature ['mɪnətʃəʳ] *adj* in miniatura ▸ *n* miniatura

minibar ['mɪnɪbɑ:ʳ] *n* minibar *m inv*

minibus ['mɪnɪbʌs] *n* minibus *m inv*

minicab ['mɪnɪkæb] *n* (*BRIT*) ≈ taxi *m inv*

minimal ['mɪnɪml] *adj* minimo(-a)

minimize ['mɪnɪmaɪz] *vt* minimizzare

minimum ['mɪnɪməm] (*pl* **minima**) *n* minimo ▸ *adj* minimo(-a)

mining ['maɪnɪŋ] *n* industria mineraria

miniskirt ['mɪnɪskə:t] *n* minigonna

minister ['mɪnɪstəʳ] *n* (*BRIT Pol*) ministro; (*Rel*) pastore *m*

ministry ['mɪnɪstrɪ] *n* ministero

minor ['maɪnəʳ] *adj* minore, di poca importanza; (*Mus*) minore ▸ *n* (*Law*) minorenne *m/f*

Minorca [mɪ'nɔ:kə] *n* Minorca

minority [maɪ'nɔrɪtɪ] *n* minoranza

mint [mɪnt] *n* (*plant*) menta; (*sweet*) pasticca di menta ▸ *vt* (*coins*) battere; **the (Royal) M~** (*BRIT*), **the (US) M~** (*US*) la Zecca; **in ~ condition** come nuovo(-a) di zecca

minus ['maɪnəs] *n* (*also*: **~ sign**) segno meno ▸ *prep* meno

minute [*adj* maɪ'nju:t, *n* 'mɪnɪt] *adj* minuscolo(-a); (*detail*) minuzioso(-a) ▸ *n* minuto; **~s** *npl* (*of meeting*) verbale *m*

miracle ['mɪrəkl] *n* miracolo

miraculous [mɪ'rækjuləs] *adj* miracoloso(-a)

mirage ['mɪrɑ:ʒ] *n* miraggio

m

mirror ['mɪrəʳ] *n* specchio; *(in car)* specchietto
misbehave [mɪsbɪ'heɪv] *vi* comportarsi male
misc. *abbr* = **miscellaneous**
miscarriage ['mɪskærɪdʒ] *n (Med)* aborto spontaneo; **miscarriage of justice** errore *m* giudiziario
miscellaneous [mɪsɪ'leɪnɪəs] *adj (items)* vario(-a); *(selection)* misto(-a)
mischief ['mɪstʃɪf] *n (naughtiness)* birichineria; *(maliciousness)* malizia; **mischievous** *adj* birichino(-a)
misconception ['mɪskən'sɛpʃən] *n* idea sbagliata
misconduct [mɪs'kɔndʌkt] *n* cattiva condotta; **professional ~** reato professionale
miser ['maɪzəʳ] *n* avaro
miserable ['mɪzərəbl] *adj* infelice; *(wretched)* miserabile; *(weather)* deprimente; *(offer, failure)* misero(-a)
misery ['mɪzərɪ] *n (unhappiness)* tristezza; *(wretchedness)* miseria
misfortune [mɪs'fɔːtʃən] *n* sfortuna
misgiving [mɪs'gɪvɪŋ] *n* apprensione *f*; **to have ~s about** avere dei dubbi per quanto riguarda
misguided [mɪs'gaɪdɪd] *adj* sbagliato(-a), poco giudizioso(-a)
mishap ['mɪshæp] *n* disgrazia
misinterpret [mɪsɪn'təːprɪt] *vt* interpretare male
misjudge [mɪs'dʒʌdʒ] *vt* giudicare male
mislay [mɪs'leɪ] *(irreg) vt* smarrire
mislead [mɪs'liːd] *(irreg) vt* sviare; **misleading** *adj* ingannevole
misplace [mɪs'pleɪs] *vt* smarrire
misprint ['mɪsprɪnt] *n* errore *m* di stampa
misrepresent [mɪsrɛprɪ'zɛnt] *vt* travisare
Miss [mɪs] *n* Signorina
miss [mɪs] *vt (fail to get)* perdere; *(fail to hit)* mancare; *(fail to see)*: **you can't ~ it** non puoi non vederlo; *(regret the absence of)*: **I ~ him** sento la sua mancanza ▸ *vi* mancare ▸ *n (shot)* colpo mancato; **we ~ed our train** abbiamo perso il treno ▹ **miss out** *(BRIT) vt* omettere ▹ **miss out on** *vt fus (fun, party)* perdersi; *(chance, bargain)* lasciarsi sfuggire
missile ['mɪsaɪl] *n (Mil)* missile *m*; *(object thrown)* proiettile *m*
missing ['mɪsɪŋ] *adj* perso(-a), smarrito(-a); *(person)* scomparso(-a); (: *after disaster, Mil*) disperso(-a); *(removed)* mancante; **to be ~** mancare
mission ['mɪʃən] *n* missione *f*; **missionary** *n* missionario(-a)
misspell [mɪs'spɛl] *vt (irreg: like* **spell**) sbagliare l'ortografia di
mist [mɪst] *n* nebbia, foschia ▸ *vi (also:* **~ over, ~ up**) annebbiarsi; (: *BRIT: windows*) appannarsi
mistake [mɪs'teɪk] *(irreg: like* **take**) *n* sbaglio, errore *m* ▸ *vt* sbagliarsi di; fraintendere; **to make a ~** fare uno sbaglio, sbagliare; **there must be some ~** ci dev'essere un errore; **by ~** per sbaglio; **to ~ for** prendere per; **mistaken** *pp of* **mistake** ▸ *adj (idea etc)* sbagliato(-a); **to be mistaken** sbagliarsi
mister ['mɪstəʳ] *(inf) n* signore *m*; *see* **Mr**
mistletoe ['mɪsltəu] *n* vischio
mistook [mɪs'tuk] *pt of* **mistake**
mistress ['mɪstrɪs] *n* padrona; *(lover)* amante *f*; *(BRIT Scol)* insegnante *f*
mistrust [mɪs'trʌst] *vt* diffidare di
misty ['mɪstɪ] *adj* nebbioso(-a), brumoso(-a)
misunderstand [mɪsʌndə'stænd] *(irreg) vt, vi* capire male, fraintendere; **misunderstanding** *n* malinteso, equivoco; **there's been a misunderstanding** c'è stato un malinteso

misunderstood [mɪsʌndə'stud] *pt, pp of* **misunderstand**
misuse [*n* mɪs'ju:s, *vb* mɪs'ju:z] *n* cattivo uso; (*of power*) abuso ▸ *vt* far cattivo uso di; abusare di
mitt(en) ['mɪt(n)] *n* mezzo guanto; manopola
mix [mɪks] *vt* mescolare ▸ *vi* (*people*): **to ~ with** avere a che fare con ▸ *n* mescolanza; preparato ▹ **mix up** *vt* mescolare; (*confuse*) confondere; **mixed** *adj* misto(-a); **mixed grill** *n* (*BRIT*) misto alla griglia; **mixed salad** *n* insalata mista; **mixed-up** *adj* (*confused*) confuso(-a); **mixer** *n* (*for food: electric*) frullatore *m*; (*: hand*) frullino; (*person*): **he is a good mixer** è molto socievole; **mixture** *n* mescolanza; (*blend: of tobacco etc*) miscela; (*Med*) sciroppo; **mix-up** *n* confusione *f*
ml *abbr* (= *millilitre(s)*) ml
mm *abbr* (= *millimetre*) mm
moan [məun] *n* gemito ▸ *vi* (*inf: complain*): **to ~ (about)** lamentarsi (di)
moat [məut] *n* fossato
mob [mɔb] *n* calca ▸ *vt* accalcarsi intorno a
mobile ['məubaɪl] *adj* mobile ▸ *n* (*decoration*) mobile *m*; **mobile home** *n* grande roulotte *f inv* (utilizzata come domicilio); **mobile phone** *n* telefono portatile, telefonino
mobility [məu'bɪlɪtɪ] *n* mobilità; (*of applicant*) disponibilità a viaggiare
mobilize ['məubɪlaɪz] *vt* mobilitare ▸ *vi* mobilitarsi
mock [mɔk] *vt* deridere, burlarsi di ▸ *adj* falso(-a); **~s** *npl* (*BRIT: Scol: inf*) simulazione *f* degli esami; **mockery** *n* derisione *f*; **to make a mockery of** burlarsi di; (*exam*) rendere una farsa
mod cons ['mɔd'kɔnz] *npl abbr* (*BRIT*) = **modern conveniences**; *see* **convenience**
mode [məud] *n* modo
model ['mɔdl] *n* modello; (*person: for fashion*) indossatore(-trice); (*: for artist*) modello(-a) ▸ *adj* (*small-scale: railway etc*) in miniatura; (*child, factory*) modello *inv* ▸ *vt* modellare ▸ *vi* fare l'indossatore (*or* l'indossatrice); **to ~ clothes** presentare degli abiti
modem ['məudɛm] *n* modem *m inv*
moderate [*adj* 'mɔdərət, *vb* 'mɔdəreɪt] *adj* moderato(-a) ▸ *vi* moderarsi, placarsi ▸ *vt* moderare
moderation [mɔdə'reɪʃən] *n* moderazione *f*, misura; **in ~** in quantità moderata, con moderazione
modern ['mɔdən] *adj* moderno(-a); **mod cons** comodità *fpl* moderne; **modernize** *vt* modernizzare; **modern languages** *npl* lingue *fpl* moderne
modest ['mɔdɪst] *adj* modesto(-a); **modesty** *n* modestia
modification [mɔdɪfɪ'keɪʃən] *n* modificazione *f*; **to make ~s** fare *or* apportare delle modifiche
modify ['mɔdɪfaɪ] *vt* modificare
module ['mɔdju:l] *n* modulo
mohair ['məuhɛə^r] *n* mohair *m*
Mohammed [məu'hæmɪd] *n* Maometto
moist [mɔɪst] *adj* umido(-a); **moisture** ['mɔɪstʃə^r] *n* umidità; (*on glass*) goccioline *fpl* di vapore; **moisturizer** ['mɔɪstʃəraɪzə^r] *n* idratante *f*
mold *etc* [məuld] (*US*) *n, vt* = **mould**
mole [məul] *n* (*animal, fig*) talpa; (*spot*) neo
molecule ['mɔlɪkju:l] *n* molecola
molest [məu'lɛst] *vt* molestare
molten ['məultən] *adj* fuso(-a)
mom [mɔm] (*US*) *n* = **mum**
moment ['məumənt] *n* momento, istante *m*; **at that ~** in quel momento; **at the ~** al momento, in questo

momento; **momentarily** ['məuməntərılı] *adv* per un momento; (*US: very soon*) da un momento all'altro; **momentary** *adj* momentaneo(-a), passeggero(-a); **momentous** [-'mɛntəs] *adj* di grande importanza
momentum [məu'mɛntəm] *n* (*Physics*) momento; (*fig*) impeto; **to gather ~** aumentare di velocità
mommy ['mɔmı] (*US*) *n* = **mummy**
Mon. *abbr* (= *Monday*) lun.
Monaco ['mɔnəkəu] *n* Principato di Monaco
monarch ['mɔnək] *n* monarca *m*; **monarchy** *n* monarchia
monastery ['mɔnəstərı] *n* monastero
Monday ['mʌndı] *n* lunedì *m inv*
monetary ['mʌnıtərı] *adj* monetario(-a)
money ['mʌnı] *n* denaro, soldi *mpl*; **I haven't got any ~** non ho soldi; **money belt** *n* marsupio (*per soldi*); **money order** *n* vaglia *m inv*
mongrel ['mʌŋgrəl] *n* (*dog*) cane *m* bastardo
monitor ['mɔnıtə^r] *n* (*TV, Comput*) monitor *m inv* ▸ *vt* controllare
monk [mʌŋk] *n* monaco
monkey ['mʌŋkı] *n* scimmia
monologue ['mɔnəlɔg] *n* monologo
monopoly [mə'nɔpəlı] *n* monopolio
monosodium glutamate [mɔnə'səudıəm'glu:təmeıt] *n* glutammato di sodio
monotonous [mə'nɔtənəs] *adj* monotono(-a)
monsoon [mɔn'su:n] *n* monsone *m*
monster ['mɔnstə^r] *n* mostro
month [mʌnθ] *n* mese *m*; **monthly** *adj* mensile ▸ *adv* al mese; ogni mese
monument ['mɔnjumənt] *n* monumento
mood [mu:d] *n* umore *m*; **to be in a good/bad ~** essere di buon/cattivo umore; **moody** *adj* (*variable*) capriccioso(-a), lunatico(-a); (*sullen*) imbronciato(-a)
moon [mu:n] *n* luna; **moonlight** *n* chiaro di luna
moor [muə^r] *n* brughiera ▸ *vt* (*ship*) ormeggiare ▸ *vi* ormeggiarsi
moose [mu:s] *n inv* alce *m*
mop [mɔp] *n* lavapavimenti *m inv*; (*also*: **~ of hair**) zazzera ▸ *vt* lavare con lo straccio; (*face*) asciugare ▹ **mop up** *vt* asciugare con uno straccio
mope [məup] *vi* fare il broncio
moped ['məupɛd] *n* (*BRIT*) ciclomotore *m*
moral ['mɔrl] *adj* morale ▸ *n* morale *f*; **~s** *npl* (*principles*) moralità
morale [mɔ'rɑ:l] *n* morale *m*
morality [mə'rælıtı] *n* moralità
morbid ['mɔ:bıd] *adj* morboso(-a)
more [mɔ:^r] *adj*
1 (*greater in number etc*) più; **more people/letters than we expected** più persone/lettere di quante ne aspettavamo; **I have more wine/money than you** ho più vino/soldi di te; **I have more wine than beer** ho più vino che birra
2 (*additional*) altro(-a), ancora; **do you want (some) more tea?** vuole dell'altro tè?, vuole ancora del tè?; **I have no** *or* **I don't have any more money** non ho più soldi
▸ *pron*
1 (*greater amount*) più; **more than 10** più di 10; **it cost more than we expected** ha costato più di quanto ci aspettavamo
2 (*further or additional amount*) ancora; **is there any more?** ce n'è ancora?; **there's no more** non ce n'è più; **a little more** ancora un po'; **many/much more** molti(-e)/molto(-a) di più
▸ *adv* **more dangerous/easily (than)** più pericoloso/facilmente (di); **more**

and more sempre di più; **more and more difficult** sempre più difficile; **more or less** più o meno; **more than ever** più che mai
moreover [mɔːˈrəuvəʳ] *adv* inoltre, di più
morgue [mɔːg] *n* obitorio
morning [ˈmɔːnɪŋ] *n* mattina, mattino; (*duration*) mattinata ▸ *cpd* del mattino; **in the ~** la mattina; **7 o'clock in the ~** le 7 di *or* della mattina; **morning sickness** *n* nausee *fpl* mattutine
Moroccan [məˈrɔkən] *adj, n* marocchino(-a)
Morocco [məˈrɔkəu] *n* Marocco
moron [ˈmɔːrɔn] (*inf*) *n* deficiente *m/f*
morphine [ˈmɔːfiːn] *n* morfina
morris dancing *n vedi nota*

morris dancing
Il **morris dancing** è una danza folcloristica inglese tradizionalmente riservata agli uomini. Vestiti di bianco e con dei campanelli attaccati alle caviglie, i ballerini eseguono una danza tenendo in mano dei fazzoletti bianchi e lunghi bastoni. Questa danza è molto popolare nelle feste paesane.

Morse [mɔːs] *n* (*also:* **~ code**) alfabeto Morse
mortal [ˈmɔːtl] *adj* mortale ▸ *n* mortale *m*
mortar [ˈmɔːtəʳ] *n* (*Constr*) malta; (*dish*) mortaio
mortgage [ˈmɔːgɪdʒ] *n* ipoteca; (*loan*) prestito ipotecario ▸ *vt* ipotecare
mortician [mɔːˈtɪʃən] (*US*) *n* impresario di pompe funebri
mortified [ˈmɔːtɪfaɪd] *adj* umiliato(-a)
mortuary [ˈmɔːtjuərɪ] *n* camera mortuaria; obitorio
mosaic [məuˈzeɪɪk] *n* mosaico
Moscow [ˈmɔskəu] *n* Mosca
Moslem [ˈmɔzləm] *adj, n* = **Muslim**
mosque [mɔsk] *n* moschea
mosquito [mɔsˈkiːtəu] (*pl* **mosquitoes**) *n* zanzara
moss [mɔs] *n* muschio
most [məust] *adj* (*almost all*) la maggior parte di; (*largest, greatest*): **who has (the) ~ money?** chi ha più soldi di tutti? ▸ *pron* la maggior parte ▸ *adv* più; (*work, sleep etc*) di più; (*very*) molto, estremamente; **the ~** (*also:* **+ adjective**) il(-la) più; **~ of** la maggior parte di; **~ of them** quasi tutti; **I saw (the) ~** ho visto più io; **at the (very) ~** al massimo; **to make the ~ of** trarre il massimo vantaggio da; **a ~ interesting book** un libro estremamente interessante; **mostly** *adv* per lo più
MOT (*BRIT*) *n abbr* = **Ministry of Transport**; **the ~ (test)** *revisione annuale obbligatoria degli autoveicoli*
motel [məuˈtɛl] *n* motel *m inv*
moth [mɔθ] *n* farfalla notturna; tarma
mother [ˈmʌðəʳ] *n* madre *f* ▸ *vt* (*care for*) fare da madre a; **motherhood** *n* maternità; **mother-in-law** *n* suocera; **mother-of-pearl** [mʌðərəvˈpəːl] *n* madreperla; **Mother's Day** *n* la festa della mamma; **mother-to-be** [mʌðətəˈbiː] *n* futura mamma; **mother tongue** *n* madrelingua
motif [məuˈtiːf] *n* motivo
motion [ˈməuʃən] *n* movimento, moto; (*gesture*) gesto; (*at meeting*) mozione *f* ▸ *vt, vi* **to ~ (to) sb to do** fare cenno a qn di fare; **motionless** *adj* immobile; **motion picture** *n* film *m inv*
motivate [ˈməutɪveɪt] *vt* (*act, decision*) dare origine a, motivare; (*person*) spingere
motivation [məutɪˈveɪʃən] *n* motivazione *f*

m

motive ['məutɪv] *n* motivo
motor ['məutəʳ] *n* motore *m*; (*BRIT*: *inf*: *vehicle*) macchina ▸ *cpd* automobilistico(-a); **motorbike** *n* moto *f inv*; **motorboat** *n* motoscafo; **motorcar** (*BRIT*) *n* automobile *f*; **motorcycle** *n* motocicletta; **motorcyclist** *n* motociclista *m/f*; **motoring** (*BRIT*) *n* turismo automobilistico; **motorist** *n* automobilista *m/f*; **motor racing** (*BRIT*) *n* corse *fpl* automobilistiche; **motorway** (*BRIT*) *n* autostrada
motto ['mɔtəu] (*pl* **mottoes**) *n* motto
mould [məuld] (*US* **mold**) *n* forma, stampo; (*mildew*) muffa ▸ *vt* formare; (*fig*) foggiare; **mouldy** *adj* ammuffito(-a); (*smell*) di muffa
mound [maund] *n* rialzo, collinetta; (*heap*) mucchio
mount [maunt] *n* (*Geo*) monte *m* ▸ *vt* montare; (*horse*) montare a ▸ *vi* (*increase*) aumentare ▹ **mount up** *vi* (*build up*) accumularsi
mountain ['mauntɪn] *n* montagna ▸ *cpd* di montagna; **mountain bike** *n* mountain bike *f inv*; **mountaineer** [-'nɪəʳ] *n* alpinista *m/f*; **mountaineering** [-'nɪərɪŋ] *n* alpinismo; **mountainous** *adj* montagnoso(-a); **mountain range** *n* catena montuosa
mourn [mɔ:n] *vt* piangere, lamentare ▸ *vi* **to ~ (for sb)** piangere (la morte di qn); **mourner** *n* parente *m/f or* amico(-a) del defunto; **mourning** *n* lutto; **in mourning** in lutto
mouse [maus] (*pl* **mice**) *n* topo; (*Comput*) mouse *m inv*; **mouse mat, mouse pad** *n* (*Comput*) tappetino del mouse
moussaka [mu'sɑ:kə] *n* moussaka
mousse [mu:s] *n* mousse *f inv*
moustache [məs'tɑ:ʃ] (*US* **mustache**) *n* baffi *mpl*
mouth [mauθ, *pl* mauðz] *n* bocca; (*of river*) bocca, foce *f*; (*opening*) orifizio; **mouthful** *n* boccata; **mouth organ** *n* armonica; **mouthpiece** *n* (*Mus*) imboccatura, bocchino; (*spokesman*) portavoce *m/f inv*; **mouthwash** *n* collutorio
move [mu:v] *n* (*movement*) movimento; (*in game*) mossa; (*: turn to play*) turno; (*change: of house*) trasloco; (*: of job*) cambiamento ▸ *vt* muovere; (*change position of*) spostare; (*emotionally*) commuovere; (*Pol: resolution etc*) proporre ▸ *vi* (*gen*) muoversi, spostarsi; (*also:* **~ house**) cambiar casa, traslocare; **to get a ~ on** affrettarsi, sbrigarsi; **can you ~ your car, please?** può spostare la macchina, per favore?; **to ~ sb to do sth** indurre *or* spingere qn a fare qc; **to ~ towards** andare verso ▹ **move back** *vi* (*return*) ritornare ▹ **move in** *vi* (*to a house*) entrare (in una nuova casa); (*police etc*) intervenire ▹ **move off** *vi* partire ▹ **move on** *vi* riprendere la strada ▹ **move out** *vi* (*of house*) sgombrare ▹ **move over** *vi* spostarsi ▹ **move up** *vi* avanzare; **movement** ['mu:vmənt] *n* (*gen*) movimento; (*gesture*) gesto; (*of stars, water, physical*) moto
movie ['mu:vɪ] *n* film *m inv*; **the ~s** il cinema; **movie theater** (*US*) *n* cinema *m inv*
moving ['mu:vɪŋ] *adj* mobile; (*causing emotion*) commovente
mow [məu] (*pt* **mowed**, *pp* **mowed** *or* **mown**) *vt* (*grass*) tagliare; (*corn*) mietere; **mower** *n* (*also:* **lawnmower**) tagliaerba *m inv*
Mozambique [məuzəm'bi:k] *n* Mozambico
MP *n abbr* = **Member of Parliament**
MP3 *n abbr* M3; **MP3 player** *n* lettore *m* MP3

mpg *n abbr* = **miles per gallon** (*30 mpg = 9.4 l. per 100 km*)
m.p.h. *n abbr* = **miles per hour** (*60 m.p.h = 96 km/h*)
Mr ['mɪstəʳ] (*US* **Mr.**) *n* **Mr X** Signor X, Sig. X
Mrs ['mɪsɪz] (*US* **Mrs.**) *n* **Mrs X** Signora X, Sig.ra X
Ms [mɪz] (*US* **Ms.**) *n* = **Miss or Mrs**; **Ms X** ≈ Signora X, ≈ Sig.ra X

Ms
In inglese si usa **Ms** al posto di "Mrs" (Signora) o "Miss" (Signorina) per evitare la distinzione tradizionale tra le donne sposate e quelle nubili.

MSP *n abbr* = **Member of the Scottish Parliament**
Mt *abbr* (*Geo*: = *mount*) M.
much [mʌtʃ] *adj, pron* molto(-a); **he's done so much work** ha lavorato così tanto; **I have as much money as you** ho tanti soldi quanti ne hai tu; **how much is it?** quant'è?; **it costs too much** costa troppo; **as much as you want** quanto vuoi
▸*adv*
1 (*greatly*) molto, tanto; **thank you very much** molte grazie; **he's very much the gentleman** è il vero gentiluomo; **I read as much as I can** leggo quanto posso; **as much as you** tanto quanto te
2 (*by far*) molto; **it's much the biggest company in Europe** è di gran lunga la più grossa società in Europa
3 (*almost*) grossomodo, praticamente; **they're much the same** sono praticamente uguali
muck [mʌk] *n* (*dirt*) sporcizia ▹ **muck up** (*inf*) *vt* (*ruin*) rovinare; **mucky** *adj* (*dirty*) sporco(-a), lordo(-a)
mucus ['mju:kəs] *n* muco
mud [mʌd] *n* fango
muddle ['mʌdl] *n* confusione *f*, disordine *m*; pasticcio ▸ *vt* (*also*: **~ up**) confondere
muddy ['mʌdɪ] *adj* fangoso(-a)
mudguard ['mʌdgɑ:d] *n* parafango
muesli ['mju:zlɪ] *n* muesli *m*
muffin ['mʌfɪn] *n specie di pasticcino soffice da tè*
muffled ['mʌfld] *adj* smorzato(-a), attutito(-a)
muffler ['mʌfləʳ] (*US*) *n* (*Aut*) marmitta; (*: on motorbike*) silenziatore *m*
mug [mʌg] *n* (*cup*) tazzone *m*; (*for beer*) boccale *m*; (*inf*: *face*) muso; (*: fool*) scemo(-a) ▸ *vt* (*assault*) assalire; **mugger** ['mʌgəʳ] *n* aggressore *m*; **mugging** *n* assalto
muggy ['mʌgɪ] *adj* afoso(-a)
mule [mju:l] *n* mulo
multicoloured ['mʌltɪkʌləd] (*US* **multicolored**) *adj* multicolore, variopinto(-a)
multimedia ['mʌltɪ'mi:dɪə] *adj* multimedia *inv*
multinational [mʌltɪ'næʃənl] *adj, n* multinazionale (*f*)
multiple ['mʌltɪpl] *adj* multiplo(-a), molteplice ▸ *n* multiplo; **multiple choice (test)** *n* esercizi *mpl* a scelta multipla; **multiple sclerosis** [-sklɪ'rəusɪs] *n* sclerosi *f* a placche
multiplex cinema ['mʌltɪplɛks-] *n* cinema *m inv* multisala *inv*
multiplication [mʌltɪplɪ'keɪʃən] *n* moltiplicazione *f*
multiply ['mʌltɪplaɪ] *vt* moltiplicare ▸ *vi* moltiplicarsi
multistorey ['mʌltɪ'stɔ:rɪ] (*BRIT*) *adj* (*building, car park*) a più piani
mum [mʌm] (*BRIT*: *inf*) *n* mamma ▸ *adj* **to keep ~** non aprire bocca
mumble ['mʌmbl] *vt, vi* borbottare
mummy ['mʌmɪ] *n* (*BRIT*: *mother*) mamma; (*embalmed*) mummia
mumps [mʌmps] *n* orecchioni *mpl*

munch [mʌntʃ] *vt, vi* sgranocchiare
municipal [mjuːˈnɪsɪpl] *adj* municipale
mural [ˈmjuərl] *n* dipinto murale
murder [ˈməːdəʳ] *n* assassinio, omicidio ▸ *vt* assassinare; **murderer** *n* omicida *m*, assassino
murky [ˈməːkɪ] *adj* tenebroso(-a)
murmur [ˈməːməʳ] *n* mormorio ▸ *vt, vi* mormorare
muscle [ˈmʌsl] *n* muscolo; (*fig*) forza; **muscular** [ˈmʌskjuləʳ] *adj* muscolare; (*person, arm*) muscoloso(-a)
museum [mjuːˈzɪəm] *n* museo
mushroom [ˈmʌʃrum] *n* fungo ▸ *vi* crescere in fretta
music [ˈmjuːzɪk] *n* musica; **musical** *adj* musicale; (*person*) portato(-a) per la musica ▸ *n* (*show*) commedia musicale; **musical instrument** *n* strumento musicale; **musician** [-ˈzɪʃən] *n* musicista *m/f*
Muslim [ˈmʌzlɪm] *adj, n* musulmano(-a)
muslin [ˈmʌzlɪn] *n* mussola
mussel [ˈmʌsl] *n* cozza
must [mʌst] *aux vb* (*obligation*): **I ~ do it** devo farlo; (*probability*): **he ~ be there by now** dovrebbe essere arrivato ormai; **I ~ have made a mistake** devo essermi sbagliato ▸ *n* **it's a ~** è d'obbligo
mustache [ˈmʌstæʃ] (*US*) *n* = **moustache**
mustard [ˈmʌstəd] *n* senape *f*, mostarda
mustn't [ˈmʌsnt] = **must not**
mute [mjuːt] *adj, n* muto(-a)
mutilate [ˈmjuːtɪleɪt] *vt* mutilare
mutiny [ˈmjuːtɪnɪ] *n* ammutinamento
mutter [ˈmʌtəʳ] *vt, vi* borbottare, brontolare
mutton [ˈmʌtn] *n* carne *f* di montone
mutual [ˈmjuːtʃuəl] *adj* mutuo(-a), reciproco(-a)
muzzle [ˈmʌzl] *n* muso; (*protective device*) museruola; (*of gun*) bocca ▸ *vt* mettere la museruola a
my [maɪ] *adj* il (la) mio(-a); (*pl*) i (le) miei (mie); **my house** la mia casa; **my books** i miei libri; **my brother** mio fratello; **I've washed my hair/cut my finger** mi sono lavato i capelli/ tagliato il dito
myself [maɪˈsɛlf] *pron* (*reflexive*) mi; (*emphatic*) io stesso(-a); (*after prep*) me; *see also* **oneself**
mysterious [mɪsˈtɪərɪəs] *adj* misterioso(-a)
mystery [ˈmɪstərɪ] *n* mistero
mystical [ˈmɪstɪkəl] *adj* mistico(-a)
mystify [ˈmɪstɪfaɪ] *vt* mistificare; (*puzzle*) confondere
myth [mɪθ] *n* mito; **mythology** [mɪˈθɔlədʒɪ] *n* mitologia

n

n/a *abbr* = **not applicable**
nag [næg] *vt* tormentare ▸ *vi* brontolare in continuazione
nail [neɪl] *n* (*human*) unghia; (*metal*) chiodo ▸ *vt* inchiodare; **to ~ sb down to (doing) sth** costringere qn a (fare) qc; **nailbrush** *n* spazzolino da *or* per unghie; **nailfile** *n* lima da *or* per unghie; **nail polish** *n* smalto da *or* per unghie; **nail polish remover** *n*

acetone *m*, solvente *m*; **nail scissors** *npl* forbici *fpl* da *or* per unghie; **nail varnish** (*BRIT*) *n* = **nail polish**
naïve [naɪ'i:v] *adj* ingenuo(-a)
naked ['neɪkɪd] *adj* nudo(-a)
name [neɪm] *n* nome *m*; (*reputation*) nome, reputazione *f* ▸ *vt* (*baby etc*) chiamare; (*plant, illness*) nominare; (*person, object*) identificare; (*price, date*) fissare; **what's your ~?** come si chiama?; **by ~** di nome; **she knows them all by ~** li conosce tutti per nome; **namely** *adv* cioè
nanny ['nænɪ] *n* bambinaia
nap [næp] *n* (*sleep*) pisolino; (*of cloth*) peluria; **to be caught ~ping** essere preso alla sprovvista
napkin ['næpkɪn] *n* (*also:* **table ~**) tovagliolo
nappy ['næpɪ] (*BRIT*) *n* pannolino
narcotics [nɑː'kɔtɪkz] *npl* (*drugs*) narcotici, stupefacenti *mpl*
narrative ['nærətɪv] *n* narrativa
narrator [nə'reɪtə^r] *n* narratore(-trice)
narrow ['nærəu] *adj* stretto(-a); (*fig*) limitato(-a), ristretto(-a) ▸ *vi* restringersi; **to have a ~ escape** farcela per un pelo ▷ **narrow down** *vt* (*search, investigation, possibilities*) restringere; (*list*) ridurre; **narrowly** *adv* per un pelo; (*time*) per poco; **narrow-minded** *adj* meschino(-a)
nasal ['neɪzl] *adj* nasale
nasty ['nɑːstɪ] *adj* (*person, remark: unpleasant*) cattivo(-a); (*: rude*) villano(-a); (*smell, wound, situation*) brutto(-a)
nation ['neɪʃən] *n* nazione *f*
national ['næʃənl] *adj* nazionale ▸ *n* cittadino(-a); **national anthem** *n* inno nazionale; **national dress** *n* costume *m* nazionale; **National Health Service** (*BRIT*) *n servizio nazionale di assistenza sanitaria*, ≈ S.S.N. *m*; **National Insurance** (*BRIT*) *n* ≈ Previdenza Sociale; **nationalist** *adj, n* nazionalista (*m/f*); **nationality** [-'nælɪtɪ] *n* nazionalità *f inv*; **nationalize** *vt* nazionalizzare; **national park** *n* parco nazionale; **National Trust** *n sovrintendenza ai beni culturali e ambientali*

National Trust
Fondato nel 1895, il **National Trust** è un'organizzazione che si occupa della tutela e della salvaguardia di luoghi di interesse storico o ambientale nel Regno Unito.

nationwide ['neɪʃənwaɪd] *adj* diffuso(-a) in tutto il paese ▸ *adv* in tutto il paese
native ['neɪtɪv] *n* abitante *m/f* del paese ▸ *adj* indigeno(-a); (*country*) natio(-a); (*ability*) innato(-a); **a ~ of Russia** un nativo della Russia; **a ~ speaker of French** una persona di madrelingua francese; **Native American** *n discendente di tribù dell'America settentrionale*
NATO ['neɪtəu] *n abbr* (= *North Atlantic Treaty Organization*) N.A.T.O. *f*
natural ['nætʃrəl] *adj* naturale; (*ability*) innato(-a); (*manner*) semplice; **natural gas** *n* gas *m* metano; **natural history** *n* storia naturale; **naturally** *adv* naturalmente; (*by nature: gifted*) di natura; **natural resources** *npl* risorse *fpl* naturali
nature ['neɪtʃə^r] *n* natura; (*character*) natura, indole *f*; **by ~** di natura; **nature reserve** *n* (*BRIT*) parco naturale
naughty ['nɔːtɪ] *adj* (*child*) birichino(-a), cattivello(-a); (*story, film*) spinto(-a)
nausea ['nɔːsɪə] *n* (*Med*) nausea; (*fig: disgust*) schifo
naval ['neɪvl] *adj* navale
navel ['neɪvl] *n* ombelico

navigate ['nævɪgeɪt] *vt* percorrere navigando ▸ *vi* navigare; (*Aut*) fare da navigatore; **navigation** [-'geɪʃən] *n* navigazione *f*
navy ['neɪvɪ] *n* marina
Nazi ['nɑ:tsɪ] *n* nazista *m/f*
NB *abbr* (= *nota bene*) N.B.
near [nɪəʳ] *adj* vicino(-a); (*relation*) prossimo(-a) ▸ *adv* vicino ▸ *prep* (*also*: **~ to**) vicino a, presso; (: *time*) verso ▸ *vt* avvicinarsi a; **nearby** [nɪə'baɪ] *adj* vicino(-a) ▸ *adv* vicino; **is there a bank nearby?** c'è una banca qui vicino?; **nearly** *adv* quasi; **I nearly fell** per poco non sono caduto; **near-sighted** [nɪə'saɪtɪd] *adj* miope
neat [ni:t] *adj* (*person, room*) ordinato(-a); (*work*) pulito(-a); (*solution, plan*) ben indovinato(-a), azzeccato(-a); (*spirits*) liscio(-a); **neatly** *adv* con ordine; (*skilfully*) abilmente
necessarily ['nɛsɪsrɪlɪ] *adv* necessariamente
necessary ['nɛsɪsrɪ] *adj* necessario(-a)
necessity [nɪ'sɛsɪtɪ] *n* necessità *f inv*
neck [nɛk] *n* collo; (*of garment*) colletto ▸ *vi* (*inf*) pomiciare, sbaciucchiarsi; **~ and ~** testa a testa; **necklace** ['nɛklɪs] *n* collana; **necktie** ['nɛktaɪ] *n* cravatta
nectarine ['nɛktərɪn] *n* nocepesca
need [ni:d] *n* bisogno ▸ *vt* aver bisogno di; **do you ~ anything?** ha bisogno di qualcosa?; **to ~ to do** dover fare; aver bisogno di fare; **you don't ~ to go** non devi andare, non c'è bisogno che tu vada
needle ['ni:dl] *n* ago; (*on record player*) puntina ▸ *vt* punzecchiare
needless ['ni:dlɪs] *adj* inutile
needlework ['ni:dlwə:k] *n* cucito
needn't ['ni:dnt] = **need not**
needy ['ni:dɪ] *adj* bisognoso(-a)
negative ['nɛgətɪv] *n* (*Ling*) negazione *f*; (*Phot*) negativo ▸ *adj* negativo(-a)
neglect [nɪ'glɛkt] *vt* trascurare ▸ *n* (*of person, duty*) negligenza; (*of child, house etc*) scarsa cura; **state of ~** stato di abbandono
negotiate [nɪ'gəuʃɪeɪt] *vi* **to ~ (with)** negoziare (con) ▸ *vt* (*Comm*) negoziare; (*obstacle*) superare; **negotiations** [nɪgəuʃɪ'eɪʃənz] *pl n* trattative *fpl*, negoziati *mpl*
negotiator [nɪ'gəuʃɪeɪtəʳ] *n* negoziatore(-trice)
neighbour ['neɪbəʳ] (*US* **neighbor**) *n* vicino(-a); **neighbourhood** *n* vicinato; **neighbouring** *adj* vicino(-a)
neither ['naɪðəʳ] *adj, pron* né l'uno(-a) né l'altro(-a), nessuno(-a) dei (delle) due ▸ *conj* neanche, nemmeno, neppure ▸ *adv* **~ good nor bad** né buono né cattivo; **I didn't move and ~ did Claude** io non mi mossi e nemmeno Claude; **..., ~ did I refuse ...**, ma non ho nemmeno rifiutato
neon ['ni:ɔn] *n* neon *m*
Nepal [nɪ'pɔ:l] *n* Nepal *m*
nephew ['nɛvju:] *n* nipote *m*
nerve [nə:v] *n* nervo; (*fig*) coraggio; (*impudence*) faccia tosta; **~s** (*nervousness*) nervoso; **a fit of ~s** una crisi di nervi
nervous ['nə:vəs] *adj* nervoso(-a); (*anxious*) agitato(-a), in apprensione; **nervous breakdown** *n* esaurimento nervoso
nest [nɛst] *n* nido ▸ *vi* fare il nido, nidificare
net [nɛt] *n* rete *f* ▸ *adj* netto(-a) ▸ *vt* (*fish etc*) prendere con la rete; (*profit*) ricavare un utile netto di; **the N~** (*Internet*) Internet *f*; **netball** *n specie di pallacanestro*
Netherlands ['nɛðələndz] *npl* **the ~** i Paesi Bassi
nett [nɛt] *adj* = **net**
nettle ['nɛtl] *n* ortica
network ['nɛtwə:k] *n* rete *f*

neurotic [njuə'rɔtɪk] *adj, n* nevrotico(-a)
neuter ['nju:tə^r] *adj* neutro(-a) ▶ *vt* (*cat etc*) castrare
neutral ['nju:trəl] *adj* neutro(-a); (*person, nation*) neutrale ▶ *n* (*Aut*): **in ~** in folle
never ['nɛvə^r] *adv* (non...) mai; **I've ~ been to Spain** non sono mai stato in Spagna; **~ again** mai più; **I'll ~ go there again** non ci vado più; **~ in my life** mai in vita mia; *see also* **mind**; **never-ending** *adj* interminabile; **nevertheless** [nɛvəðə'lɛs] *adv* tuttavia, ciò nonostante, ciò nondimeno
new [nju:] *adj* nuovo(-a); (*brand new*) nuovo(-a) di zecca; **New Age** *n* New Age *f inv*; **newborn** *adj* neonato(-a); **newcomer** ['nju:kʌmə^r] *n* nuovo(-a) venuto(-a); **newly** *adv* di recente
news [nju:z] *n* notizie *fpl*; (*Radio*) giornale *m* radio; (*TV*) telegiornale *m*; **a piece of ~** una notizia; **news agency** *n* agenzia di stampa; **newsagent** (*BRIT*) *n* giornalaio; **newscaster** *n* (*Radio, TV*) annunciatore(-trice); **news dealer** (*US*) *n* = **newsagent**; **newsletter** *n* bollettino; **newspaper** *n* giornale *m*; **newsreader** *n* = **newscaster**
newt [nju:t] *n* tritone *m*
New Year *n* Anno Nuovo; **New Year's Day** *n* il Capodanno; **New Year's Eve** *n* la vigilia di Capodanno
New York [-'jɔ:k] *n* New York *f*
New Zealand [-'zi:lənd] *n* Nuova Zelanda; **New Zealander** *n* neozelandese *m/f*
next [nɛkst] *adj* prossimo(-a) ▶ *adv* accanto; (*in time*) dopo; **the ~ day** il giorno dopo, l'indomani; **~ time** la prossima volta; **~ year** l'anno prossimo; **when do we meet ~?** quando ci rincontriamo?; **~ to** accanto a; **~ to nothing** quasi niente; **~ please!** (avanti) il prossimo!; **next door** *adv, adj* accanto *inv*; **next-of-kin** *n* parente *m/f* prossimo(-a)
NHS *n abbr* = **National Health Service**
nibble ['nɪbl] *vt* mordicchiare
nice [naɪs] *adj* (*holiday, trip*) piacevole; (*flat, picture*) bello(-a); (*person*) simpatico(-a), gentile; **nicely** *adv* bene
niche [ni:ʃ] *n* (*Archit*) nicchia
nick [nɪk] *n* taglietto; tacca ▶ *vt* (*inf*) rubare; **in the ~ of time** appena in tempo
nickel ['nɪkl] *n* nichel *m*; (*US*) *moneta da cinque centesimi di dollaro*
nickname ['nɪkneɪm] *n* soprannome *m*
nicotine ['nɪkəti:n] *n* nicotina
niece [ni:s] *n* nipote *f*
Nigeria [naɪ'dʒɪərɪə] *n* Nigeria
night [naɪt] *n* notte *f*; (*evening*) sera; **at ~** la sera; **by ~** di notte; **the ~ before last** l'altro ieri notte (*or* sera); **night club** *n* locale *m* notturno; **nightdress** *n* camicia da notte; **nightie** ['naɪtɪ] *n* = **nightdress**; **nightlife** ['naɪtlaɪf] *n* vita notturna; **nightly** ['naɪtlɪ] *adj* di ogni notte *or* sera; (*by night*) notturno(-a) ▶ *adv* ogni notte *or* sera; **nightmare** ['naɪtmɛə^r] *n* incubo
night: **night school** *n* scuola serale; **night shift** *n* turno di notte; **night-time** *n* notte *f*
nil [nɪl] *n* nulla *m*; (*BRIT Sport*) zero
nine [naɪn] *num* nove; **nineteen** *num* diciannove; **nineteenth** [naɪn'ti:nθ] *num* diciannovesimo(-a); **ninetieth** ['naɪntɪɪθ] *num* novantesimo(-a); **ninety** *num* novanta; **ninth** [naɪnθ] *num* nono(-a)
nip [nɪp] *vt* pizzicare; (*bite*) mordere
nipple ['nɪpl] *n* (*Anat*) capezzolo
nitrogen ['naɪtrədʒən] *n* azoto

no
[nəu] (*pl* **noes**) *adv* (*opposite of "yes"*) no; **are you coming? — no (I'm not)** viene? — no (non vengo); **would you like some more? — no thank you** ne vuole ancora un po'? — no, grazie ▸*adj* (*not any*) nessuno(-a); **I have no money/time/books** non ho soldi/tempo/libri; **no student would have done it** nessuno studente lo avrebbe fatto; **"no parking"** "divieto di sosta"; **"no smoking"** "vietato fumare" ▸*n* no *m inv*

nobility [nəu'bɪlɪtɪ] *n* nobiltà

noble ['nəubl] *adj* nobile

nobody ['nəubədɪ] *pron* nessuno

nod [nɔd] *vi* accennare col capo, fare un cenno; (*in agreement*) annuire con un cenno del capo; (*sleep*) sonnecchiare ▸ *vt* **to ~ one's head** fare di sì col capo ▸ *n* cenno ▹**nod off** *vi* assopirsi

noise [nɔɪz] *n* rumore *m*; (*din, racket*) chiasso; **I can't sleep for the ~** non riesco a dormire a causa del rumore; **noisy** *adj* (*street, car*) rumoroso(-a); (*person*) chiassoso(-a)

nominal ['nɔmɪnl] *adj* nominale; (*rent*) simbolico(-a)

nominate ['nɔmɪneɪt] *vt* (*propose*) proporre come candidato; (*elect*) nominare; **nomination** [nɔmɪ'neɪʃən] *n* nomina; candidatura; **nominee** [nɔmɪ'niː] *n* persona nominata, candidato(-a)

none [nʌn] *pron* (*not one thing*) niente; (*not one person*) nessuno(-a); **~ of you** nessuno(-a) di voi; **I've ~ left** non ne ho più; **he's ~ the worse for it** non ne ha risentito

nonetheless [nʌnðə'lɛs] *adv* nondimeno

non-fiction [nɔn'fɪkʃən] *n* saggistica

nonsense ['nɔnsəns] *n* sciocchezze *fpl*

non: **non-smoker** *n* non fumatore(-trice); **non-smoking** *adj* (*person*) che non fuma; (*area, section*) per non fumatori; **non-stick** *adj* antiaderente, antiadesivo(-a)

noodles ['nuːdlz] *npl* taglierini *mpl*

noon [nuːn] *n* mezzogiorno

no-one ['nəuwʌn] *pron* = **nobody**

nor [nɔː[r]] *conj* = **neither** ▸ *adv see* **neither**

norm [nɔːm] *n* norma

normal ['nɔːml] *adj* normale; **normally** *adv* normalmente

north [nɔːθ] *n* nord *m*, settentrione *m* ▸ *adj* nord *inv*, del nord, settentrionale ▸ *adv* verso nord; **North America** *n* America del Nord; **North American** *adj, n* nordamericano(-a); **northbound** ['nɔːθbaund] *adj* (*traffic*) diretto(-a) a nord; (*carriageway*) nord *inv*; **north-east** *n* nord-est *m*; **northeastern** *adj* nordorientale; **northern** ['nɔːðən] *adj* del nord, settentrionale; **Northern Ireland** *n* Irlanda del Nord; **North Korea** *n* Corea del Nord; **North Pole** *n* Polo Nord; **North Sea** *n* Mare *m* del Nord; **north-west** *n* nord-ovest *m*; **northwestern** *adj* nordoccidentale

Norway ['nɔːweɪ] *n* Norvegia; **Norwegian** [nɔː'wiːdʒən] *adj* norvegese ▸ *n* norvegese *m/f*; (*Ling*) norvegese *m*

nose [nəuz] *n* naso; (*of animal*) muso ▸ *vi* **to ~ about** aggirarsi; **nosebleed** *n* emorragia nasale; **nosey** (*inf*) *adj* = **nosy**

nostalgia [nɔs'tældʒɪə] *n* nostalgia

nostalgic [nɔs'tældʒɪk] *adj* nostalgico(-a)

nostril ['nɔstrɪl] *n* narice *f*; (*of horse*) frogia

nosy ['nəuzɪ] (*inf*) *adj* curioso(-a)

not [nɔt] *adv* non; **he is ~** *or* **isn't here** non è qui, non c'è; **you must ~** *or* **you mustn't do that** non devi fare quello; **it's too late, isn't it** *or* **is it ~?** è troppo tardi, vero?; **~ that I don't like him** non che (lui) non mi piaccia; **~ yet/now** non ancora/ora; *see also* **all**; **only**

notable ['nəutəbl] *adj* notevole; **notably** ['nəutəblɪ] *adv* (*markedly*) notevolmente; (*particularly*) in particolare

notch [nɔtʃ] *n* tacca; (*in saw*) dente *m*

note [nəut] *n* nota; (*letter, banknote*) biglietto ▸ *vt* (*also:* **~ down**) prendere nota di; **to take ~s** prendere appunti; **notebook** *n* taccuino; **noted** ['nəutɪd] *adj* celebre; **notepad** *n* bloc-notes *m inv*; **notepaper** *n* carta da lettere

nothing ['nʌθɪŋ] *n* nulla *m*, niente *m*; (*zero*) zero; **he does ~** non fa niente; **~ new/much** *etc* niente di nuovo/speciale *etc*; **for ~** per niente

notice ['nəutɪs] *n* avviso; (*of leaving*) preavviso ▸ *vt* notare, accorgersi di; **to take ~ of** fare attenzione a; **to bring sth to sb's ~** far notare qc a qn; **at short ~** con un breve preavviso; **until further ~** fino a nuovo avviso; **to hand in one's ~** licenziarsi; **noticeable** *adj* evidente

notify ['nəutɪfaɪ] *vt* **to ~ sth to sb** far sapere qc a qn; **to ~ sb of sth** avvisare qn di qc

notion ['nəuʃən] *n* idea; (*concept*) nozione *f*; **~s** *npl* (*US: haberdashery*) merceria

notorious [nəu'tɔ:rɪəs] *adj* famigerato(-a)

notwithstanding [nɔtwɪθ'stændɪŋ] *adv* nondimeno ▸ *prep* nonostante, malgrado

nought [nɔ:t] *n* zero

noun [naun] *n* nome *m*, sostantivo

nourish ['nʌrɪʃ] *vt* nutrire; **nourishment** *n* nutrimento

Nov. *abbr* (= *November*) nov.

novel ['nɔvl] *n* romanzo ▸ *adj* nuovo(-a); **novelist** *n* romanziere(-a); **novelty** *n* novità *f inv*

November [nəu'vɛmbə^r] *n* novembre *m*

novice ['nɔvɪs] *n* principiante *m/f*; (*Rel*) novizio(-a)

now [nau] *adv* ora, adesso ▸ *conj* **~ (that)** adesso che, ora che; **by ~** ormai; **just ~** proprio ora; **right ~** subito, immediatamente; **~ and then, ~ and again** ogni tanto; **from ~ on** da ora in poi; **nowadays** ['nauədeɪz] *adv* oggidì

nowhere ['nəuwɛə^r] *adv* in nessun luogo, da nessuna parte

nozzle ['nɔzl] *n* (*of hose etc*) boccaglio; (*of fire extinguisher*) lancia

nr *abbr* (*BRIT*) = **near**

nuclear ['nju:klɪə^r] *adj* nucleare

nucleus ['nju:klɪəs] (*pl* **nuclei**) *n* nucleo

nude [nju:d] *adj* nudo(-a) ▸ *n* (*Art*) nudo; **in the ~** tutto(-a) nudo(-a)

nudge [nʌdʒ] *vt* dare una gomitata a

nudist ['nju:dɪst] *n* nudista *m/f*

nudity ['nju:dɪtɪ] *n* nudità

nuisance ['nju:sns] *n* **it's a ~** è una seccatura; **he's a ~** è uno scocciatore

numb [nʌm] *adj* **~ (with)** intorpidito(-a) (da); (*with fear*) impietrito(-a) (da); **~ with cold** intirizzito(-a) (dal freddo)

number ['nʌmbə^r] *n* numero ▸ *vt* numerare; (*include*) contare; **a ~ of** un certo numero di; **to be ~ed among** venire annoverato(-a) tra; **they were 10 in ~** erano in tutto 10; **number plate** (*BRIT*) *n* (*Aut*) targa; **Number Ten** *n* (*BRIT:* = *10 Downing Street*) *residenza del Primo Ministro del Regno Unito*

numerical [nju:'mɛrɪkl] *adj* numerico(-a)

numerous ['nju:mərəs] *adj* numeroso(-a)

nun [nʌn] *n* suora, monaca
nurse [nəːs] *n* infermiere(-a); (*also:* **~maid**) bambinaia ▸ *vt* (*patient, cold*) curare; (*baby: BRIT*) cullare; (*: US*) allattare, dare il latte a
nursery ['nəːsərɪ] *n* (*room*) camera dei bambini; (*institution*) asilo; (*for plants*) vivaio; **nursery rhyme** *n* filastrocca; **nursery school** *n* scuola materna; **nursery slope** (*BRIT*) *n* (*Ski*) pista per principianti
nursing ['nəːsɪŋ] *n* (*profession*) professione *f* di infermiere (*or* di infermiera); (*care*) cura; **nursing home** *n* casa di cura
nurture ['nəːtʃə[r]] *vt* allevare; nutrire
nut [nʌt] *n* (*of metal*) dado; (*fruit*) noce *f*
nutmeg ['nʌtmɛg] *n* noce *f* moscata
nutrient ['njuːtrɪənt] *adj* nutriente ▸ *n* sostanza nutritiva
nutrition [njuː'trɪʃən] *n* nutrizione *f*
nutritious [njuː'trɪʃəs] *adj* nutriente
nuts [nʌts] (*inf*) *adj* matto(-a)
NVQ *n abbr* (*BRIT*) = **National Vocational Qualification**
nylon ['naɪlɔn] *n* nailon *m* ▸ *adj* di nailon

O

oak [əuk] *n* quercia ▸ *adj* di quercia
O.A.P. (*BRIT*) *n, abbr* = **old age pensioner**
oar [ɔː[r]] *n* remo
oasis [əu'eɪsɪs] (*pl* **oases**) *n* oasi *f inv*
oath [əuθ] *n* giuramento; (*swear word*) bestemmia
oatmeal ['əutmiːl] *n* farina d'avena
oats [əuts] *npl* avena
obedience [ə'biːdɪəns] *n* ubbidienza
obedient [ə'biːdɪənt] *adj* ubbidiente
obese [əu'biːs] *adj* obeso(-a)
obesity [əu'biːsɪtɪ] *n* obesità
obey [ə'beɪ] *vt* ubbidire a; (*instructions, regulations*) osservare
obituary [ə'bɪtjuərɪ] *n* necrologia
object [*n* 'ɔbdʒɪkt, *vb* əb'dʒɛkt] *n* oggetto; (*purpose*) scopo, intento; (*Ling*) complemento oggetto ▸ *vi* **to ~ to** (*attitude*) disapprovare; (*proposal*) protestare contro, sollevare delle obiezioni contro; **expense is no ~** non si bada a spese; **to ~ that** obiettare che; **objection** [əb'dʒɛkʃən] *n* obiezione *f*; **objective** *n* obiettivo
obligation [ɔblɪ'geɪʃən] *n* obbligo, dovere *m*; **without ~** senza impegno
obligatory [ə'blɪgətərɪ] *adj* obbligatorio(-a)
oblige [ə'blaɪdʒ] *vt* (*force*): **to ~ sb to do** costringere qn a fare; (*do a favour*) fare una cortesia a; **to be ~d to sb for sth** essere grato a qn per qc
oblique [ə'bliːk] *adj* obliquo(-a);

(*allusion*) indiretto(-a)
obliterate [əˈblɪtəreɪt] *vt* cancellare
oblivious [əˈblɪvɪəs] *adj* ~ **of** incurante di; inconscio(-a) di
oblong [ˈɔblɔŋ] *adj* oblungo(-a) ▸ *n* rettangolo
obnoxious [əbˈnɔkʃəs] *adj* odioso(-a); (*smell*) disgustoso(-a), ripugnante
oboe [ˈəubəu] *n* oboe *m*
obscene [əbˈsiːn] *adj* osceno(-a)
obscure [əbˈskjuəʳ] *adj* oscuro(-a) ▸ *vt* oscurare; (*hide: sun*) nascondere
observant [əbˈzəːvnt] *adj* attento(-a)

Be careful not to translate **observant** by the Italian word ***osservante***.

observation [ɔbzəˈveɪʃən] *n* osservazione *f*; (*by police etc*) sorveglianza
observatory [əbˈzəːvətrɪ] *n* osservatorio
observe [əbˈzəːv] *vt* osservare; (*remark*) fare osservare; **observer** *n* osservatore(-trice)
obsess [əbˈsɛs] *vt* ossessionare; **obsession** [əbˈsɛʃən] *n* ossessione *f*; **obsessive** *adj* ossessivo(-a)
obsolete [ˈɔbsəliːt] *adj* obsoleto(-a)
obstacle [ˈɔbstəkl] *n* ostacolo
obstinate [ˈɔbstɪnɪt] *adj* ostinato(-a)
obstruct [əbˈstrʌkt] *vt* (*block*) ostruire, ostacolare; (*halt*) fermare; (*hinder*) impedire; **obstruction** [əbˈstrʌkʃən] *n* ostruzione *f*; ostacolo
obtain [əbˈteɪn] *vt* ottenere
obvious [ˈɔbvɪəs] *adj* ovvio(-a), evidente; **obviously** *adv* ovviamente; certo
occasion [əˈkeɪʒən] *n* occasione *f*; (*event*) avvenimento; **occasional** *adj* occasionale; **occasionally** *adv* ogni tanto
occult [ɔˈkʌlt] *adj* occulto(-a) ▸ *n* **the** ~ l'occulto
occupant [ˈɔkjupənt] *n* occupante *m/f*; (*of boat, car etc*) persona a bordo
occupation [ɔkjuˈpeɪʃən] *n* occupazione *f*; (*job*) mestiere *m*, professione *f*
occupy [ˈɔkjupaɪ] *vt* occupare; **to ~ o.s. in doing** occuparsi a fare
occur [əˈkəːʳ] *vi* succedere, capitare; **to ~ to sb** venire in mente a qn; **occurrence** *n* caso, fatto; presenza

Be careful not to translate **occur** by the Italian word ***occorrere***.

ocean [ˈəuʃən] *n* oceano
o'clock [əˈklɔk] *adv* **it is 5 o'clock** sono le 5
Oct. *abbr* (= *October*) ott.
October [ɔkˈtəubəʳ] *n* ottobre *m*
octopus [ˈɔktəpəs] *n* polpo, piovra
odd [ɔd] *adj* (*strange*) strano(-a), bizzarro(-a); (*number*) dispari *inv*; (*not of a set*) spaiato(-a); **60-~** 60 e oltre; **at ~ times** di tanto in tanto; **the ~ one out** l'eccezione *f*; **oddly** *adv* stranamente; **odds** *npl* (*in betting*) quota
odometer [ɔˈdɔmɪtəʳ] *n* odometro
odour [ˈəudəʳ] (*US* **odor**) *n* odore *m*; (*unpleasant*) cattivo odore

of
[ɔv, əv] *prep*

1 (*gen*) di; **a boy of 10** un ragazzo di 10 anni; **a friend of ours** un nostro amico; **that was kind of you** è stato molto gentile da parte sua
2 (*expressing quantity, amount, dates etc*) di; **a kilo of flour** un chilo di farina; **how much of this do you need?** quanto gliene serve?; **there were 3 of them** (*people*) erano in 3; (*objects*) ce n'erano 3; **3 of us went** 3 di noi sono andati; **the 5th of July** il 5 luglio
3 (*from, out of*) di, in; *of* **made of wood** (fatto) di *or* in legno

off
[ɔf] *adv*

1 (*distance, time*): **it's a long way off**

O

è lontano; **the game is 3 days off** la partita è tra 3 giorni
2 (*departure, removal*) via; **to go off to Paris** andarsene a Parigi; **I must be off** devo andare via; **to take off one's coat** togliersi il cappotto; **the button came off** il bottone è venuto via *or* si è staccato; **10% off** con lo sconto del 10%
3 (*not at work*): **to have a day off** avere un giorno libero; **to be off sick** essere assente per malattia
▶*adj* (*engine*) spento(-a); (*tap*) chiuso(-a); (*cancelled*) sospeso(-a); (*BRIT: food*) andato(-a) a male; **on the off chance** nel caso; **to have an off day** non essere in forma
▶*prep*
1 (*motion, removal etc*) da; (*distant from*) a poca distanza da; **a street off the square** una strada che parte dalla piazza
2: **to be off meat** non mangiare più la carne

offence [ə'fɛns] (*US* **offense**) *n* (*Law*) contravvenzione *f*; (: *more serious*) reato; **to take ~ at** offendersi per
offend [ə'fɛnd] *vt* (*person*) offendere; **offender** *n* delinquente *m/f*; (*against regulations*) contravventore(-trice)
offense [ə'fɛns] (*US*) *n* = **offence**
offensive [ə'fɛnsɪv] *adj* offensivo(-a); (*smell etc*) sgradevole, ripugnante ▶ *n* (*Mil*) offensiva
offer ['ɔfəʳ] *n* offerta, proposta ▶ *vt* offrire; **"on ~"** (*Comm*) "in offerta speciale"
offhand [ɔf'hænd] *adj* disinvolto(-a), noncurante ▶ *adv* su due piedi
office ['ɔfɪs] *n* (*place*) ufficio; (*position*) carica; **doctor's ~** (*US*) studio; **to take ~** entrare in carica; **office block** (*US* **office building**) *n* complesso di uffici; **office hours** *npl* orario d'ufficio; (*US Med*) orario di visite
officer ['ɔfɪsəʳ] *n* (*Mil etc*) ufficiale *m*; (*also:* **police ~**) agente *m* di polizia; (*of organization*) funzionario
office worker *n* impiegato(-a) d'ufficio
official [ə'fɪʃl] *adj* (*authorized*) ufficiale ▶ *n* ufficiale *m*; (*civil servant*) impiegato(-a) statale; funzionario
off: **off-licence** (*BRIT*) *n* (*shop*) spaccio di bevande alcoliche; **off-line** *adj, adv* (*Comput*) off-line *inv*, fuori linea; (: *switched off*) spento(-a); **off-peak** *adj* (*ticket, heating etc*) a tariffa ridotta; (*time*) non di punta; **off-putting** (*BRIT*) *adj* sgradevole, antipatico(-a); **off-season** *adj, adv* fuori stagione;
offset ['ɔfsɛt] (*irreg*) *vt* (*counteract*) controbilanciare, compensare;
offshore [ɔf'ʃɔːʳ] *adj* (*breeze*) di terra; (*island*) vicino alla costa; (*fishing*) costiero(-a); **offside** ['ɔf'saɪd] *adj* (*Sport*) fuori gioco; (*Aut: in Britain*) destro(-a); (: *in Italy etc*) sinistro(-a);
offspring ['ɔfsprɪŋ] *n inv* prole *f*, discendenza
often ['ɔfn] *adv* spesso; **how ~ do you go?** quanto spesso ci vai?
oh [əu] *excl* oh!
oil [ɔɪl] *n* olio; (*petroleum*) petrolio; (*for central heating*) nafta ▶ *vt* (*machine*) lubrificare; **oil filter** *n* (*Aut*) filtro dell'olio; **oil painting** *n* quadro a olio; **oil refinery** *n* raffineria di petrolio; **oil rig** *n* derrick *m inv*; (*at sea*) piattaforma per trivellazioni subacquee; **oil slick** *n* chiazza d'olio; **oil tanker** *n* (*ship*) petroliera; (*truck*) autocisterna per petrolio; **oil well** *n* pozzo petrolifero; **oily** *adj* unto(-a), oleoso(-a); (*food*) grasso(-a)
ointment ['ɔɪntmənt] *n* unguento
O.K. ['əu'keɪ] *excl* d'accordo! ▶ *adj* non male *inv* ▶ *vt* approvare; **is it O.K.?, are you O.K.?** tutto bene?
old [əuld] *adj* vecchio(-a); (*ancient*) antico(-a), vecchio(-a); (*person*)

vecchio(-a), anziano(-a); **how ~ are you?** quanti anni ha?; **he's 10 years ~** ha 10 anni; **~er brother** fratello maggiore; **old age** *n* vecchiaia; **old-age pension** ['əuldeɪdʒ-] *n* (*BRIT*) pensione *f* di vecchiaia; **old-age pensioner** (*BRIT*) *n* pensionato(-a); **old-fashioned** *adj* antiquato(-a), fuori moda; (*person*) all'antica; **old people's home** *n* ricovero per anziani

olive ['ɔlɪv] *n* (*fruit*) oliva; (*tree*) olivo ▸ *adj* (*also*: **~-green**) verde oliva *inv*; **olive oil** *n* olio d'oliva

Olympic [əu'lɪmpɪk] *adj* olimpico(-a); **the ~ Games, the ~s** i giochi olimpici, le Olimpiadi

omelet(te) ['ɔmlɪt] *n* omelette *f inv*

omen ['əumən] *n* presagio, augurio

ominous ['ɔmɪnəs] *adj* minaccioso(-a); (*event*) di malaugurio

omit [əu'mɪt] *vt* omettere

on

[ɔn] *prep*

1 (*indicating position*) su; **on the wall** sulla parete; **on the left** a *or* sulla sinistra

2 (*indicating means, method, condition etc*): **on foot** a piedi; **on the train/plane** in treno/aereo; **on the telephone** al telefono; **on the radio/television** alla radio/televisione; **to be on drugs** drogarsi; **on holiday** in vacanza

3 (*of time*): **on Friday** venerdì; **on Fridays** il *or* di venerdì; **on June 20th** il 20 giugno; **on Friday, June 20th** venerdì, 20 giugno; **a week on Friday** venerdì a otto; **on his arrival** al suo arrivo; **on seeing this** vedendo ciò

4 (*about, concerning*) su, di; **information on train services** informazioni sui collegamenti ferroviari; **a book on Goldoni/physics** un libro su Goldoni/di *or* sulla fisica

▸ *adv*

1 (*referring to dress, covering*): **to have one's coat on** avere indosso il cappotto; **to put one's coat on** mettersi il cappotto; **what's she got on?** cosa indossa?; **she put her boots/gloves/hat on** si mise gli stivali/i guanti/il cappello; **screw the lid on tightly** avvita bene il coperchio

2 (*further, continuously*): **to walk on, go on** *etc* continuare, proseguire *etc*; **to read on** continuare a leggere; **on and off** ogni tanto

▸ *adj*

1 (*in operation*: *machine, TV, light*) acceso(-a); (: *tap*) aperto(-a); (: *brake*) inserito(-a); **is the meeting still on?** (*in progress*) la riunione è ancora in corso?; (*not cancelled*) è confermato l'incontro?; **there's a good film on at the cinema** danno un buon film al cinema

2 (*inf*): **that's not on!** (*not acceptable*) non si fa così!; (*not possible*) non se ne parla neanche!

once [wʌns] *adv* una volta ▸ *conj* non appena, quando; **~ he had left/it was done** dopo che se n'era andato/fu fatto; **at ~** subito; (*simultaneously*) a un tempo; **~ a week** una volta per settimana; **~ more** ancora una volta; **~ and for all** una volta per sempre; **~ upon a time** c'era una volta

oncoming ['ɔnkʌmɪŋ] *adj* (*traffic*) che viene in senso opposto

one

[wʌn] *num* uno(-a); **one hundred and fifty** centocinquanta; **one day** un giorno

▸ *adj*

1 (*sole*) unico(-a); **the one book which** l'unico libro che; **the one man who** l'unico che

2 (*same*) stesso(-a); **they came in the one car** sono venuti nella stessa macchina

▸*pron*

1: **this one** questo(-a); **that one** quello(-a); **I've already got one/a red one** ne ho già uno/uno rosso; **one by one** uno per uno

2: **one another** l'un l'altro; **to look at one another** guardarsi; **to help one another** auitarsi l'un l'altro *or* a vicenda

3 (*impersonal*) si; **one never knows** non si sa mai; **to cut one's finger** tagliarsi un dito; **one needs to eat** bisogna mangiare

one: **one-off** (*BRIT*: *inf*) *n* fatto eccezionale

oneself [wʌn'sɛlf] *pron* (*reflexive*) si; (*after prep*) se stesso(-a), sé; **to do sth (by) ~** fare qc da sé; **to hurt ~** farsi male; **to keep sth for ~** tenere qc per sé; **to talk to ~** parlare da solo

one: **one-shot** [wʌn'ʃɔt] (*US*) *n* = **one-off**; **one-sided** *adj* (*argument*) unilaterale; **one-to-one** *adj* (*relationship*) univoco(-a); **one-way** *adj* (*street, traffic*) a senso unico

ongoing ['ɔngəuɪŋ] *adj* in corso; in attuazione

onion ['ʌnjən] *n* cipolla

on-line ['ɔnlaɪn] *adj, adv* (*Comput*) on-line *inv*

onlooker ['ɔnlukə^r] *n* spettatore(-trice)

only ['əunlɪ] *adv* solo, soltanto ▸ *adj* solo(-a), unico(-a) ▸ *conj* solo che, ma; **an ~ child** un figlio unico; **not ~ ... but also** non solo ... ma anche

on-screen [ɔn'skri:n] *adj* sullo schermo *inv*

onset ['ɔnsɛt] *n* inizio

onto ['ɔntu] *prep* = **on to**

onward(s) ['ɔnwəd(z)] *adv* (*move*) in avanti; **from that time onward(s)** da quella volta in poi

oops [ups] *excl* ops! (*esprime rincrescimento per un piccolo contrattempo*); **~-a-daisy!** oplà!

ooze [u:z] *vi* stillare

opaque [əu'peɪk] *adj* opaco(-a)

open ['əupn] *adj* aperto(-a); (*road*) libero(-a); (*meeting*) pubblico(-a) ▸ *vt* aprire ▸ *vi* (*eyes, door, debate*) aprirsi; (*flower*) sbocciare; (*shop, bank, museum*) aprire; (*book etc: commence*) cominciare; **is it ~ to the public?** è aperto al pubblico?; **in the ~ (air)** all'aperto; **what time do you ~?** a che ora aprite? ▹ **open up** *vt* aprire; (*blocked road*) sgombrare ▸ *vi* (*shop, business*) aprire; **open-air** *adj* all'aperto; **opening** *adj* (*speech*) di apertura ▸ *n* apertura; (*opportunity*) occasione *f*, opportunità *f inv*; sbocco; **opening hours** *npl* orario d'apertura; **open learning** *n sistema educativo secondo il quale lo studente ha maggior controllo e gestione delle modalità di apprendimento*; **openly** *adv* apertamente; **open-minded** *adj* che ha la mente aperta; **open-necked** *adj* col collo slacciato; **open-plan** *adj* senza pareti divisorie; **Open University** *n* (*BRIT*) *vedi nota*

Open University

La **Open University**, fondata in Gran Bretagna nel 1969, organizza corsi di laurea per corrispondenza o via Internet. Alcune lezioni possono venir seguite per radio o alla televisione e vengono organizzati regolari corsi estivi.

opera ['ɔpərə] *n* opera; **opera house** *n* opera; **opera singer** *n* cantante *m/f* d'opera *or* lirico(-a)

operate ['ɔpəreɪt] *vt* (*machine*) azionare, far funzionare; (*system*) usare ▸ *vi* funzionare; (*drug*) essere efficace; **to ~ on sb (for)** (*Med*) operare qn (di)

operating room (*US*) *n* = **operating theatre**

operating theatre *n* (*Med*) sala operatoria

operation [ɔpəˈreɪʃən] *n* operazione *f*; **to be in ~** (*machine*) essere in azione *or* funzionamento; (*system*) essere in vigore; **to have an ~** (*Med*) subire un'operazione; **operational** *adj* in funzione; d'esercizio

operative [ˈɔpərətɪv] *adj* (*measure*) operativo(-a)

operator [ˈɔpəreɪtəʳ] *n* (*of machine*) operatore(-trice); (*Tel*) centralinista *m/f*

opinion [əˈpɪnɪən] *n* opinione *f*, parere *m*; **in my ~** secondo me, a mio avviso; **opinion poll** *n* sondaggio di opinioni

opponent [əˈpəunənt] *n* avversario(-a)

opportunity [ɔpəˈtju:nɪtɪ] *n* opportunità *f inv*, occasione *f*; **to take the ~ of doing** cogliere l'occasione per fare

oppose [əˈpəuz] *vt* opporsi a; **~d to** contrario(-a) a; **as ~d to** in contrasto con

opposite [ˈɔpəzɪt] *adj* opposto(-a); (*house etc*) di fronte ▸ *adv* di fronte, dirimpetto ▸ *prep* di fronte a ▸ *n* **the ~** il contrario, l'opposto; **the ~ sex** l'altro sesso

opposition [ɔpəˈzɪʃən] *n* opposizione *f*

oppress [əˈprɛs] *vt* opprimere

opt [ɔpt] *vi* **to ~ for** optare per; **to ~ to do** scegliere di fare ▹ **opt out** *vi* **to ~ out of** ritirarsi da

optician [ɔpˈtɪʃən] *n* ottico

optimism [ˈɔptɪmɪzəm] *n* ottimismo

optimist [ˈɔptɪmɪst] *n* ottimista *m/f*; **optimistic** [-ˈmɪstɪk] *adj* ottimistico(-a)

optimum [ˈɔptɪməm] *adj* ottimale

option [ˈɔpʃən] *n* scelta; (*Scol*) materia facoltativa; (*Comm*) opzione *f*; **optional** *adj* facoltativo(-a); (*Comm*) a scelta

or [ɔ:ʳ] *conj* o, oppure; (*with negative*): **he hasn't seen or heard anything** non ha visto né sentito niente; **or else** se no, altrimenti; oppure

oral [ˈɔ:rəl] *adj* orale ▸ *n* esame *m* orale

orange [ˈɔrɪndʒ] *n* (*fruit*) arancia ▸ *adj* arancione; **orange juice** *n* succo d'arancia; **orange squash** *n* succo d'arancia (*da diluire con l'acqua*)

orbit [ˈɔ:bɪt] *n* orbita ▸ *vt* orbitare intorno a

orchard [ˈɔ:tʃəd] *n* frutteto

orchestra [ˈɔ:kɪstrə] *n* orchestra; (*US: seating*) platea

orchid [ˈɔ:kɪd] *n* orchidea

ordeal [ɔ:ˈdi:l] *n* prova, travaglio

order [ˈɔ:dəʳ] *n* ordine *m*; (*Comm*) ordinazione *f* ▸ *vt* ordinare; **can I ~ now, please?** posso ordinare, per favore?; **in ~** in ordine; (*of document*) in regola; **in (working) ~** funzionante; **in ~ to do** per fare; **in ~ that** affinché + *sub*; **on ~** (*Comm*) in ordinazione; **out of ~** non in ordine; (*not working*) guasto; **to ~ sb to do** ordinare a qn di fare; **order form** *n* modulo d'ordinazione; **orderly** *n* (*Mil*) attendente *m*; (*Med*) inserviente *m* ▸ *adj* (*room*) in ordine; (*mind*) metodico(-a); (*person*) ordinato(-a), metodico(-a)

ordinary [ˈɔ:dnrɪ] *adj* normale, comune; (*pej*) mediocre; **out of the ~** diverso dal solito, fuori dell'ordinario

ore [ɔ:ʳ] *n* minerale *m* grezzo

oregano [ɔrɪˈgɑ:nəu] *n* origano

organ [ˈɔ:gən] *n* organo; **organic** [ɔ:ˈgænɪk] *adj* organico(-a); (*of food*) biologico(-a); **organism** *n* organismo

organization [ɔ:gənaɪˈzeɪʃən] *n* organizzazione *f*

organize [ˈɔ:gənaɪz] *vt* organizzare; **to get ~d** organizzarsi; **organized** [ˈɔ:gənaizd] *adj* organizzato(-a); **organizer** *n* organizzatore(-trice)

orgasm [ˈɔ:gæzəm] *n* orgasmo

O

orgy ['ɔ:dʒɪ] *n* orgia
oriental [ɔ:rɪ'ɛntl] *adj, n* orientale *m/f*
orientation [ɔ:rıen'teɪʃən] *n* orientamento
origin ['ɔrɪdʒɪn] *n* origine *f*
original [ə'rɪdʒɪnl] *adj* originale; (*earliest*) originario(-a) ▸ *n* originale *m*; **originally** *adv* (*at first*) all'inizio
originate [ə'rɪdʒɪneɪt] *vi* **to ~ from** essere originario(-a) di; (*suggestion*) provenire da; **to ~ in** avere origine in
Orkneys ['ɔ:knɪz] *npl* **the ~** (*also*: **the Orkney Islands**) le Orcadi
ornament ['ɔ:nəmənt] *n* ornamento; (*trinket*) ninnolo; **ornamental** [-'mɛntl] *adj* ornamentale
ornate [ɔ:'neɪt] *adj* molto ornato(-a)
orphan ['ɔ:fn] *n* orfano(-a)
orthodox ['ɔ:θədɔks] *adj* ortodosso(-a)
orthopaedic [ɔ:θə'pi:dɪk] (*US* **orthopedic**) *adj* ortopedico(-a)
osteopath ['ɔstɪəpæθ] *n* specialista *m/f* di osteopatia
ostrich ['ɔstrɪtʃ] *n* struzzo
other ['ʌðə^r] *adj* altro(-a) ▸ *pron* **the ~ (one)** l'altro(-a); **~s** (*other people*) altri *mpl*; **~ than** altro che; a parte; **otherwise** *adv, conj* altrimenti
otter ['ɔtə^r] *n* lontra
ouch [autʃ] *excl* ohi!, ahi!
ought [ɔ:t] (*pt* **ought**) *aux vb* **I ~ to do it** dovrei farlo; **this ~ to have been corrected** questo avrebbe dovuto essere corretto; **he ~ to win** dovrebbe vincere
ounce [auns] *n* oncia (*=28.35 g, 16 in a pound*)
our ['auə^r] *adj* il (la) nostro(-a); (*pl*) i (le) nostri(-e); *see also* **my**; **ours** *pron* il (la) nostro(-a); (*pl*) i (le) nostri(-e); *see also* **mine**; **ourselves** *pron pl* (*reflexive*) ci; (*after preposition*) noi; (*emphatic*) noi stessi(-e); *see also* **oneself**
oust [aust] *vt* cacciare, espellere
out [aut] *adv* (*gen*) fuori; **~ here/there** qui/là fuori; **to speak ~ loud** parlare forte; **to have a night ~** uscire una sera; **the boat was 10 km ~** la barca era a 10 km dalla costa; **3 days ~ from Plym~h** a 3 giorni da Plymouth; **~ of** (*outside*) fuori di; (*because of*) per; **~ of 10** su 10; **~ of petrol** senza benzina; **outback** ['autbæk] *n* (*in Australia*) interno, entroterra; **outbound** *adj* **outbound (for** *or* **from)** in partenza (per *or* da); **outbreak** ['autbreɪk] *n* scoppio; epidemia; **outburst** ['autbə:st] *n* scoppio; **outcast** ['autkɑ:st] *n* esule *m/f*; (*socially*) paria *m inv*; **outcome** ['autkʌm] *n* esito, risultato; **outcry** ['autkraɪ] *n* protesta, clamore *m*; **outdated** [aut'deɪtɪd] *adj* (*custom, clothes*) fuori moda; (*idea*) sorpassato(-a); **outdoor** [aut'dɔ:^r] *adj* all'aperto; **outdoors** *adv* fuori; all'aria aperta
outer ['autə^r] *adj* esteriore; **outer space** *n* spazio cosmico
outfit ['autfɪt] *n* (*clothes*) completo; (*: for sport*) tenuta
out: **outgoing** ['autgəuɪŋ] *adj* (*character*) socievole; **outgoings** (*BRIT*) *npl* (*expenses*) spese *fpl*, uscite *fpl*; **outhouse** ['authaus] *n* costruzione *f* annessa
outing ['autɪŋ] *n* gita; escursione *f*
out: **outlaw** ['autlɔ:] *n* fuorilegge *m/f* ▸ *vt* bandire; **outlay** ['autleɪ] *n* spese *fpl*; (*investment*) sborsa, spesa; **outlet** ['autlɛt] *n* (*for liquid etc*) sbocco, scarico; (*US Elec*) presa di corrente; (*also*: **retail outlet**) punto di vendita; **outline** ['autlaɪn] *n* contorno, profilo; (*summary*) abbozzo, grandi linee *fpl* ▸ *vt* (*fig*) descrivere a grandi linee; **outlook** ['autluk] *n* prospettiva, vista; **outnumber** [aut'nʌmbə^r] *vt* superare in numero; **out-of-date** *adj* (*passport*) scaduto(-a); (*clothes*) fuori

moda *inv*; **out-of-doors** [autəv'dɔ:z] *adv* all'aperto; **out-of-the-way** *adj* (*place*) fuori mano *inv*; **out-of-town** [ˌautəv'taun] *adj* (*shopping centre etc*) fuori città; **outpatient** ['autpeɪʃənt] *n* paziente *m/f* esterno(-a); **outpost** ['autpəust] *n* avamposto; **output** ['autput] *n* produzione *f*; (*Comput*) output *m inv*

outrage ['autreɪdʒ] *n* oltraggio; scandalo ▸ *vt* oltraggiare; **outrageous** [-'reɪdʒəs] *adj* oltraggioso(-a), scandaloso(-a)

outright [*adv* aut'raɪt, *adj* 'autraɪt] *adv* completamente; schiettamente; apertamente; sul colpo ▸ *adj* completo(-a), schietto(-a) e netto(-a)

outset ['autsɛt] *n* inizio

outside [aut'saɪd] *n* esterno, esteriore *m* ▸ *adj* esterno(-a), esteriore ▸ *adv* fuori, all'esterno ▸ *prep* fuori di, all'esterno di; **at the ~** (*fig*) al massimo; **outside lane** *n* (*Aut*) corsia di sorpasso; **outside line** *n* (*Tel*) linea esterna; **outsider** *n* (*in race etc*) outsider *m inv*; (*stranger*) estraneo(-a)

out: **outsize** ['autsaɪz] *adj* (*clothes*) per taglie forti; **outskirts** ['autskə:ts] *npl* sobborghi *mpl*; **outspoken** [aut'spəukən] *adj* molto franco(-a); **outstanding** [aut'stændɪŋ] *adj* eccezionale, di rilievo; (*unfinished*) non completo(-a); non evaso(-a); non regolato(-a)

outward ['autwəd] *adj* (*sign, appearances*) esteriore; (*journey*) d'andata; **outwards** ['autwədz] *adv* (*esp BRIT*) = **outward**

outweigh [aut'weɪ] *vt* avere maggior peso di

oval ['əuvl] *adj* ovale ▸ *n* ovale *m*

ovary ['əuvərɪ] *n* ovaia

oven ['ʌvn] *n* forno; **oven glove** *n* guanto da forno; **ovenproof** *adj* da forno; **oven-ready** *adj* pronto(-a) da infornare

over ['əuvə^r] *adv* al di sopra ▸ *adj* (*or adv*) (*finished*) finito(-a), terminato(-a); (*too*) troppo; (*remaining*) che avanza ▸ *prep* su; sopra; (*above*) al di sopra di; (*on the other side of*) di là di; (*more than*) più di; (*during*) durante; **~ here** qui; **~ there** là; **all ~** (*everywhere*) dappertutto; (*finished*) tutto(-a) finito(-a); **~ and ~ (again)** più e più volte; **~ and above** oltre (a); **to ask sb ~** invitare qn (a passare)

overall [*adj, n* 'əuvərɔ:l, *adv* əuvər'ɔ:l] *adj* totale ▸ *n* (*BRIT*) grembiule *m* ▸ *adv* nell'insieme, complessivamente; **~s** *npl* (*worker's overalls*) tuta (da lavoro)

overboard ['əuvəbɔ:d] *adv* (*Naut*) fuori bordo, in mare

overcame [əuvə'keɪm] *pt of* **overcome**

overcast ['əuvəkɑ:st] *adj* (*sky*) coperto(-a)

overcharge [əuvə'tʃɑ:dʒ] *vt* **to ~ sb for sth** far pagare troppo caro a qn per qc

overcoat ['əuvəkəut] *n* soprabito, cappotto

overcome [əuvə'kʌm] (*irreg*) *vt* superare; sopraffare

over: **overcrowded** [əuvə'kraudɪd] *adj* sovraffollato(-a); **overdo** [əuvə'du:] (*irreg*) *vt* esagerare; (*overcook*) cuocere troppo; **overdone** [əuvə'dʌn] *adj* troppo cotto(-a); **overdose** ['əuvədəus] *n* dose *f* eccessiva; **overdraft** ['əuvədrɑ:ft] *n* scoperto (di conto); **overdrawn** [əuvə'drɔ:n] *adj* (*account*) scoperto(-a); **overdue** [əuvə'dju:] *adj* in ritardo; **overestimate** [əuvər'ɛstɪmeɪt] *vt* sopravvalutare

overflow [*vb* əuvə'fləu, *n* 'əuvəfləu] *vi* traboccare ▸ *n* (*also*: **~ pipe**) troppopieno

overgrown [əuvə'grəun] *adj* (*garden*)

O

ricoperto(-a) di vegetazione
overhaul [*vb* əuvəˈhɔːl, *n* ˈəuvəhɔːl] *vt* revisionare ▸ *n* revisione *f*
overhead [*adv* əuvəˈhɛd, *adj*, *n* ˈəuvəhɛd] *adv* di sopra ▸ *adj* aereo(-a); (*lighting*) verticale ▸ *n* (*US*) = **overheads**; **overhead projector** *n* lavagna luminosa; **overheads** *npl* spese *fpl* generali
over: **overhear** [əuvəˈhɪəʳ] (*irreg*) *vt* sentire (per caso); **overheat** [əuvəˈhiːt] *vi* (*engine*) surriscaldare; **overland** *adj*, *adv* per via di terra; **overlap** [əuvəˈlæp] *vi* sovrapporsi; **overleaf** [əuvəˈliːf] *adv* a tergo; **overload** [əuvəˈləud] *vt* sovraccaricare; **overlook** [əuvəˈluk] *vt* (*have view of*) dare su; (*miss*) trascurare; (*forgive*) passare sopra a
overnight [əuvəˈnaɪt] *adv* (*happen*) durante la notte; (*fig*) tutto ad un tratto ▸ *adj* di notte; **he stayed there ~** ci ha passato la notte; **overnight bag** *n* borsa da viaggio
overpass [ˈəuvəpɑːs] *n* cavalcavia *m inv*
overpower [əuvəˈpauəʳ] *vt* sopraffare; **overpowering** *adj* irresistibile; (*heat*, *stench*) soffocante
over: **overreact** [əuvəriːˈækt] *vi* reagire in modo esagerato; **overrule** [əuvəˈruːl] *vt* (*decision*) annullare; (*claim*) respingere; **overrun** [əuvəˈrʌn] (*irreg*: *like* **run**) *vt* (*country*) invadere; (*time limit*) superare
overseas [əuvəˈsiːz] *adv* oltremare; (*abroad*) all'estero ▸ *adj* (*trade*) estero(-a); (*visitor*) straniero(-a)
oversee [əuvəˈsiː] *vt irreg* sorvegliare
overshadow [əuvəˈʃædəu] *vt* far ombra su; (*fig*) eclissare
oversight [ˈəuvəsaɪt] *n* omissione *f*, svista
oversleep [əuvəˈsliːp] (*irreg*) *vt* dormire troppo a lungo
overspend [əuvəˈspɛnd] *vi irreg* spendere troppo; **we have overspent by 5000 dollars** abbiamo speso 5000 dollari di troppo
overt [əuˈvəːt] *adj* palese
overtake [əuvəˈteɪk] (*irreg*) *vt* sorpassare
over: **overthrow** [əuvəˈθrəu] (*irreg*) *vt* (*government*) rovesciare; **overtime** [ˈəuvətaɪm] *n* (lavoro) straordinario
overtook [əuvəˈtuk] *pt of* **overtake**
over: **overturn** [əuvəˈtəːn] *vt* rovesciare ▸ *vi* rovesciarsi; **overweight** [əuvəˈweɪt] *adj* (*person*) troppo grasso(-a); **overwhelm** [əuvəˈwɛlm] *vt* sopraffare; sommergere; schiacciare; **overwhelming** *adj* (*victory*, *defeat*) schiacciante; (*heat*, *desire*) intenso(-a)
ow [au] *excl* ahi!
owe [əu] *vt* **to ~ sb sth, to ~ sth to sb** dovere qc a qn; **how much do I ~ you?** quanto le devo?; **owing to** *prep* a causa di
owl [aul] *n* gufo
own [əun] *vt* possedere ▸ *adj* proprio(-a); **a room of my ~** la mia propria camera; **to get one's ~ back** vendicarsi; **on one's ~** tutto(-a) solo(-a) ▹ **own up** *vi* confessare; **owner** *n* proprietario(-a); **ownership** *n* possesso
ox [ɔks] (*pl* **oxen**) *n* bue *m*
Oxbridge [ˈɔksbrɪdʒ] *n le università di Oxford e/o Cambridge*
oxen [ˈɔksn] *npl of* **ox**
oxygen [ˈɔksɪdʒən] *n* ossigeno
oyster [ˈɔɪstəʳ] *n* ostrica
oz. *abbr* = **ounce(s)**
ozone [ˈəuzəun] *n* ozono; **ozone friendly** *adj* che non danneggia l'ozono; **ozone layer** *n* fascia d'ozono

P

p [piː] *abbr* = **penny**; **pence**
P.A. *n abbr* = **personal assistant**; **public address system**
p.a. *abbr* = **per annum**
pace [peɪs] *n* passo; (*speed*) passo; velocità ▸ *vi* **to ~ up and down** camminare su e giù; **to keep ~ with** camminare di pari passo a; (*events*) tenersi al corrente di; **pacemaker** *n* (*Med*) segnapasso; (*Sport*: *also*: **pace setter**) battistrada *m inv*
Pacific [pəˈsɪfɪk] *n* **the ~ (Ocean)** il Pacifico, l'Oceano Pacifico
pacifier [ˈpæsɪfaɪəʳ] (*US*) *n* (*dummy*) succhiotto, ciuccio (*col*)
pack [pæk] *n* pacco; (*US*: *of cigarettes*) pacchetto; (*backpack*) zaino; (*of hounds*) muta; (*of thieves etc*) banda; (*of cards*) mazzo ▸ *vt* (*in suitcase etc*) mettere; (*box*) riempire; (*cram*) stipare, pigiare; **to ~ (one's bags)** fare la valigia; **to ~ sb off** spedire via qn; **~ it in!** (*inf*) dacci un taglio! ▹ **pack in** (*BRIT inf*) *vi* (*watch, car*) guastarsi ▸ *vt* mollare, piantare; **~ it in!** piantala! ▹ **pack up** *vi* (*BRIT inf*: *machine*) guastarsi; (: *person*) far fagotto ▸ *vt* (*belongings, clothes*) mettere in una valigia; (*goods, presents*) imballare
package [ˈpækɪdʒ] *n* pacco; balla; (*also*: **~ deal**) pacchetto; forfait *m inv*; **package holiday** *n* vacanza organizzata; **package tour** *n* viaggio organizzato
packaging [ˈpækɪdʒɪŋ] *n* confezione *f*, imballo
packed [pækt] *adj* (*crowded*) affollato(-a); **packed lunch** *n* pranzo al sacco
packet [ˈpækɪt] *n* pacchetto
packing [ˈpækɪŋ] *n* imballaggio
pact [pækt] *n* patto, accordo; trattato
pad [pæd] *n* blocco; (*to prevent friction*) cuscinetto; (*inf*: *flat*) appartamentino ▸ *vt* imbottire; **padded** *adj* imbottito(-a)
paddle [ˈpædl] *n* (*oar*) pagaia; (*US*: *for table tennis*) racchetta da ping-pong ▸ *vi* sguazzare ▸ *vt* **to ~ a canoe** *etc* vogare con la pagaia; **paddling pool** (*BRIT*) *n* piscina per bambini
paddock [ˈpædək] *n* prato recintato; (*at racecourse*) paddock *m inv*
padlock [ˈpædlɔk] *n* lucchetto
paedophile [ˈpiːdəufaɪl] (*US* **pedophile**) *adj*, *n* pedofilo(-a)
page [peɪdʒ] *n* pagina; (*also*: **~ boy**) paggio ▸ *vt* (*in hotel etc*) (far) chiamare
pager [ˈpeɪdʒəʳ] *n* (*Tel*) cercapersone *m inv*
paid [peɪd] *pt*, *pp of* **pay** ▸ *adj* (*work, official*) rimunerato(-a); **to put ~ to** (*BRIT*) mettere fine a
pain [peɪn] *n* dolore *m*; **to be in ~** soffrire, aver male; **to take ~s to do** mettercela tutta per fare; **painful** *adj* doloroso(-a), che fa male; difficile, penoso(-a); **painkiller** *n* antalgico, antidolorifico; **painstaking** [ˈpeɪnzteɪkɪŋ] *adj* (*person*) sollecito(-a); (*work*) accurato(-a)
paint [peɪnt] *n* vernice *f*, colore *m* ▸ *vt* dipingere; (*walls, door etc*) verniciare; **to ~ the door blue** verniciare la porta di azzurro; **paintbrush** *n* pennello; **painter** *n* (*artist*) pittore *m*; (*decorator*) imbianchino; **painting** *n* pittura; verniciatura; (*picture*) dipinto, quadro
pair [pɛəʳ] *n* (*of shoes, gloves etc*) paio;

(*of people*) coppia; duo *m inv*; **a ~ of scissors/trousers** un paio di forbici/ pantaloni
pajamas [pɪ'dʒɑ:məz] (*US*) *npl* pigiama *m*
Pakistan [pɑ:kɪ'stɑ:n] *n* Pakistan *m*; **Pakistani** *adj*, *n* pakistano(-a)
pal [pæl] (*inf*) *n* amico(-a), compagno(-a)
palace ['pæləs] *n* palazzo
pale [peɪl] *adj* pallido(-a) ▸ *n* **to be beyond the ~** aver oltrepassato ogni limite
Palestine ['pælɪstaɪn] *n* Palestina; **Palestinian** [-'tɪnɪən] *adj*, *n* palestinese *m/f*
palm [pɑ:m] *n* (*Anat*) palma, palmo; (*also*: **~ tree**) palma ▸ *vt* **to ~ sth off on sb** (*inf*) rifilare qc a qn
pamper ['pæmpəʳ] *vt* viziare, coccolare
pamphlet ['pæmflət] *n* dépliant *m inv*
pan [pæn] *n* (*also*: **sauce~**) casseruola; (*also*: **frying ~**) padella
pancake ['pænkeɪk] *n* frittella
panda ['pændə] *n* panda *m inv*
pane [peɪn] *n* vetro
panel ['pænl] *n* (*of wood, cloth etc*) pannello; (*Radio, TV*) giuria
panhandler ['pænhændləʳ] (*US*) *n* (*inf*) accattone(-a)
panic ['pænɪk] *n* panico ▸ *vi* perdere il sangue freddo
panorama [pænə'rɑ:mə] *n* panorama *m*
pansy ['pænzɪ] *n* (*Bot*) viola del pensiero, pensée *f inv*; (*inf*: *pej*) femminuccia
pant [pænt] *vi* ansare
panther ['pænθəʳ] *n* pantera
panties ['pæntɪz] *npl* slip *m*, mutandine *fpl*
pantomime ['pæntəmaɪm] (*BRIT*) *n* pantomima

pantomime
In Gran Bretagna la **pantomime** è una sorta di libera interpretazione delle favole più conosciute, che vengono messe in scena a teatro durante il periodo natalizio. È uno spettacolo per tutta la famiglia che prevede la partecipazione del pubblico.

pants [pænts] *npl* mutande *fpl*, slip *m*; (*US*: *trousers*) pantaloni *mpl*
paper ['peɪpəʳ] *n* carta; (*also*: **wall~**) carta da parati, tappezzeria; (*also*: **news~**) giornale *m*; (*study, article*) saggio; (*exam*) prova scritta ▸ *adj* di carta ▸ *vt* tappezzare; **~s** *npl* (*also*: **identity ~s**) carte *fpl*, documenti *mpl*; **paperback** *n* tascabile *m*; edizione *f* economica; **paper bag** *n* sacchetto di carta; **paper clip** *n* graffetta, clip *f inv*; **paper shop** *n* (*BRIT*) giornalaio (*negozio*); **paperwork** *n* lavoro amministrativo
paprika ['pæprɪkə] *n* paprica
par [pɑ:ʳ] *n* parità, pari *f*; (*Golf*) norma; **on a ~ with** alla pari con
paracetamol [pærə'si:təmɔl] (*BRIT*) *n* paracetamolo
parachute ['pærəʃu:t] *n* paracadute *m inv*
parade [pə'reɪd] *n* parata ▸ *vt* (*fig*) fare sfoggio di ▸ *vi* sfilare in parata
paradise ['pærədaɪs] *n* paradiso
paradox ['pærədɔks] *n* paradosso
paraffin ['pærəfɪn] (*BRIT*) *n* **~ (oil)** paraffina
paragraph ['pærəgrɑ:f] *n* paragrafo
parallel ['pærəlɛl] *adj* parallelo(-a); (*fig*) analogo(-a) ▸ *n* (*line*) parallela; (*fig*, *Geo*) parallelo
paralysed ['pærəlaɪzd] *adj* paralizzato(-a)
paralysis [pə'rælɪsɪs] *n* paralisi *f inv*
paramedic [pærə'mɛdɪk] *n* paramedico
paranoid ['pærənɔɪd] *adj* paranoico(-a)

parasite ['pærəsaɪt] *n* parassita *m*
parcel ['pɑ:sl] *n* pacco, pacchetto ▸ *vt* (*also:* **~ up**) impaccare
pardon ['pɑ:dn] *n* perdono; grazia ▸ *vt* perdonare; (*Law*) graziare; **~ me!** mi scusi!; **I beg your ~!** scusi!; **I beg your ~?** (*BRIT*), **~ me?** (*US*) prego?
parent ['pɛərənt] *n* genitore *m*; **~s** *npl* (*mother and father*) genitori *mpl*; **parental** [pə'rɛntl] *adj* dei genitori

Be careful not to translate **parent** by the Italian word ***parente***.

Paris ['pærɪs] *n* Parigi *f*
parish ['pærɪʃ] *n* parrocchia; (*BRIT: civil*) ≈ municipio
Parisian [pə'rɪzɪən] *adj, n* parigino(-a)
park [pɑ:k] *n* parco ▸ *vt, vi* parcheggiare; **can I ~ here?** posso parcheggiare qui?
parking ['pɑ:kɪŋ] *n* parcheggio; **"no ~"** "sosta vietata"; **parking lot** (*US*) *n* posteggio, parcheggio; **parking meter** *n* parchimetro; **parking ticket** *n* multa per sosta vietata
parkway ['pɑ:kweɪ] (*US*) *n* viale *m*
parliament ['pɑ:ləmənt] *n* parlamento; **parliamentary** [pɑ:lə'mɛntərɪ] *adj* parlamentare
Parmesan [pɑ:mɪ'zæn] *n* (*also:* **~ cheese**) parmigiano
parole [pə'rəul] *n* **on ~** in libertà per buona condotta
parrot ['pærət] *n* pappagallo
parsley ['pɑ:slɪ] *n* prezzemolo
parsnip ['pɑ:snɪp] *n* pastinaca
parson ['pɑ:sn] *n* prete *m*; (*Church of England*) parroco
part [pɑ:t] *n* parte *f*; (*of machine*) pezzo; (*US: in hair*) scriminatura ▸ *adj* in parte ▸ *adv* = **partly** ▸ *vt* separare ▸ *vi* (*people*) separarsi; **to take ~ in** prendere parte a; **for my ~** per parte mia; **to take sth in good ~** prendere bene qc; **to take sb's ~** parteggiare per *or* prendere le parti di qn; **for the most ~** in generale; nella maggior parte dei casi ▷ **part with** *vt fus* separarsi da; rinunciare a
partial ['pɑ:ʃl] *adj* parziale; **to be ~ to** avere un debole per
participant [pɑ:'tɪsɪpənt] *n* **~ (in)** partecipante *m/f* (a)
participate [pɑ:'tɪsɪpeɪt] *vi* **to ~ (in)** prendere parte (a), partecipare (a)
particle ['pɑ:tɪkl] *n* particella
particular [pə'tɪkjulə[r]] *adj* particolare; speciale; (*fussy*) difficile; meticoloso(-a); **in ~** in particolare, particolarmente; **particularly** *adv* particolarmente; in particolare; **particulars** *npl* particolari *mpl*, dettagli *mpl*; (*information*) informazioni *fpl*
parting ['pɑ:tɪŋ] *n* separazione *f*; (*BRIT: in hair*) scriminatura ▸ *adj* d'addio
partition [pɑ:'tɪʃən] *n* (*Pol*) partizione *f*; (*wall*) tramezzo
partly ['pɑ:tlɪ] *adv* parzialmente; in parte
partner ['pɑ:tnə[r]] *n* (*Comm*) socio(-a); (*wife, husband etc, Sport*) compagno(-a); (*at dance*) cavaliere/dama; **partnership** *n* associazione *f*; (*Comm*) società *f inv*
part of speech *n* parte *f* del discorso
partridge ['pɑ:trɪdʒ] *n* pernice *f*
part-time ['pɑ:t'taɪm] *adj, adv* a orario ridotto
party ['pɑ:tɪ] *n* (*Pol*) partito; (*group*) gruppo; (*Law*) parte *f*; (*celebration*) ricevimento; serata; festa ▸ *cpd* (*Pol*) del partito, di partito
pass [pɑ:s] *vt* (*gen*) passare; (*place*) passare davanti a; (*exam*) passare, superare; (*candidate*) promuovere; (*overtake, surpass*) sorpassare, superare; (*approve*) approvare ▸ *vi* passare ▸ *n* (*permit*) lasciapassare *m inv*; permesso; (*in mountains*) passo,

gola; (*Sport*) passaggio; (*Scol*): **to get a ~** prendere la sufficienza; **could you ~ the salt/oil, please?** mi passa il sale/ l'olio, per favore?; **to ~ sth through a hole** *etc* far passare qc attraverso un buco *etc*; **to make a ~ at sb** (*inf*) fare delle proposte *or* delle avances a qn ▷ **pass away** *vi* morire ▷ **pass by** *vi* passare ▸ *vt* trascurare ▷ **pass on** *vt* passare ▷ **pass out** *vi* svenire ▷ **pass over** *vi* (*die*) spirare ▸ *vt* lasciare da parte ▷ **pass up** *vt* (*opportunity*) lasciarsi sfuggire, perdere; **passable** *adj* (*road*) praticabile; (*work*) accettabile

passage ['pæsɪdʒ] *n* (*gen*) passaggio; (*also:* **~way**) corridoio; (*in book*) brano, passo; (*by boat*) traversata

passenger ['pæsɪndʒəʳ] *n* passeggero(-a)

passer-by [pɑːsə'baɪ] *n* passante *m/f*

passing place *n* (*Aut*) piazzola di sosta

passion ['pæʃən] *n* passione *f*; amore *m*; **passionate** *adj* appassionato(-a); **passion fruit** *n* frutto della passione

passive ['pæsɪv] *adj* (*also Ling*) passivo(-a)

passport ['pɑːspɔːt] *n* passaporto; **passport control** *n* controllo *m* passaporti *inv*; **passport office** *n* ufficio *m*. passaporti *inv*

password ['pɑːswəːd] *n* parola d'ordine

past [pɑːst] *prep* (*further than*) oltre, di là di; dopo; (*later than*) dopo ▸ *adj* passato(-a); (*president etc*) ex *inv* ▸ *n* passato; **he's ~ forty** ha più di quarant'anni; **ten ~ eight** le otto e dieci; **for the ~ few days** da qualche giorno; in questi ultimi giorni; **to run ~** passare di corsa

pasta ['pæstə] *n* pasta

paste [peɪst] *n* (*glue*) colla; (*Culin*) pâté *m inv*; pasta ▸ *vt* collare

pastel ['pæstl] *adj* pastello *inv*

pasteurized ['pæstəraɪzd] *adj* pastorizzato(-a)

pastime ['pɑːstaɪm] *n* passatempo

pastor ['pɑːstəʳ] *n* pastore *m*

past participle [-'pɑːtɪsɪpl] *n* (*Ling*) participio passato

pastry ['peɪstrɪ] *n* pasta

pasture ['pɑːstʃəʳ] *n* pascolo

pasty[1] ['pæstɪ] *n* pasticcio di carne

pasty[2] ['peɪstɪ] *adj* (*face etc*) smorto(-a)

pat [pæt] *vt* accarezzare, dare un colpetto (affettuoso) a

patch [pætʃ] *n* (*of material, on tyre*) toppa; (*eye patch*) benda; (*spot*) macchia ▸ *vt* (*clothes*) rattoppare; **(to go through) a bad ~** (attraversare) un brutto periodo; **patchy** *adj* irregolare

pâté ['pæteɪ] *n* pâté *m inv*

patent ['peɪtnt] *n* brevetto ▸ *vt* brevettare ▸ *adj* patente, manifesto(-a)

paternal [pə'təːnl] *adj* paterno(-a)

paternity leave [pə'təːnɪtɪ-] *n* congedo di paternità

path [pɑːθ] *n* sentiero, viottolo; viale *m*; (*fig*) via, strada; (*of planet, missile*) traiettoria

pathetic [pə'θɛtɪk] *adj* (*pitiful*) patetico(-a); (*very bad*) penoso(-a)

pathway ['pɑːθweɪ] *n* sentiero

patience ['peɪʃns] *n* pazienza; (BRIT *Cards*) solitario

patient ['peɪʃnt] *n* paziente *m/f*, malato(-a) ▸ *adj* paziente

patio ['pætɪəu] *n* terrazza

patriotic [pætrɪ'ɔtɪk] *adj* patriottico(-a)

patrol [pə'trəul] *n* pattuglia ▸ *vt* pattugliare; **patrol car** *n* autoradio *f inv* (della polizia)

patron ['peɪtrən] *n* (*in shop*) cliente *m/f*; (*of charity*) benefattore(-trice); **~ of the arts** mecenate *m/f*

patronizing ['pætrənaɪzɪŋ] *adj*

condiscendente
pattern ['pætən] *n* modello; (*design*) disegno, motivo; **patterned** *adj* a disegni, a motivi; (*material*) fantasia *inv*
pause [pɔ:z] *n* pausa ▸ *vi* fare una pausa, arrestarsi
pave [peɪv] *vt* pavimentare; **to ~ the way for** aprire la via a
pavement ['peɪvmənt] (*BRIT*) *n* marciapiede *m*

Be careful not to translate **pavement** by the Italian word ***pavimento***.

pavilion [pə'vɪlɪən] *n* (*Sport*) *edificio annesso a campo sportivo*
paving ['peɪvɪŋ] *n* pavimentazione *f*
paw [pɔ:] *n* zampa
pawn [pɔ:n] *n* (*Chess*) pedone *m*; (*fig*) pedina ▸ *vt* dare in pegno; **pawn broker** *n* prestatore *m* su pegno
pay [peɪ] (*pt*, *pp* **paid**) *n* stipendio; paga ▸ *vt* pagare ▸ *vi* (*be profitable*) rendere; **can I ~ by credit card?** posso pagare con la carta di credito?; **to ~ attention (to)** fare attenzione (a); **to ~ sb a visit** far visita a qn; **to ~ one's respects to sb** porgere i propri rispetti a qn ▹**pay back** *vt* rimborsare ▹**pay for** *vt fus* pagare ▹**pay in** *vt* versare ▹**pay off** *vt* (*debt*) saldare; (*person*) pagare; (*employee*) pagare e licenziare ▸ *vi* (*scheme*, *decision*) dare dei frutti ▹**pay out** *vt* (*money*) sborsare, tirar fuori; (*rope*) far allentare ▹**pay up** *vt* saldare; **payable** *adj* pagabile; **pay day** *n* giorno di paga; **pay envelope** (*US*) *n* = **pay packet**; **payment** *n* pagamento; versamento; saldo; **payout** *n* pagamento; (*in competition*) premio; **pay packet** (*BRIT*) *n* busta *f* paga *inv*; **pay phone** *n* cabina telefonica; **payroll** *n* ruolo (organico); **pay slip** *n* foglio *m* paga *inv*; **pay television** *n* televisione *f* a pagamento, pay-tv *f inv*
PC *n abbr* = **personal computer** ▸ *adv abbr* = **politically correct**
p.c. *abbr* = **per cent**
PDA *n abbr* (= *personal digital assistant*) PDA *m inv*
PE *n abbr* (= *physical education*) ed. fisica
pea [pi:] *n* pisello
peace [pi:s] *n* pace *f*; **peaceful** *adj* pacifico(-a), calmo(-a)
peach [pi:tʃ] *n* pesca
peacock ['pi:kɔk] *n* pavone *m*
peak [pi:k] *n* (*of mountain*) cima, vetta; (*mountain itself*) picco; (*of cap*) visiera; (*fig*) apice *m*, culmine *m*; **peak hours** *npl* ore *fpl* di punta
peanut ['pi:nʌt] *n* arachide *f*, nocciolina americana; **peanut butter** *n* burro di arachidi
pear [pɛə[r]] *n* pera
pearl [pə:l] *n* perla
peasant ['pɛznt] *n* contadino(-a)
peat [pi:t] *n* torba
pebble ['pɛbl] *n* ciottolo
peck [pɛk] *vt* (*also*: **~ at**) beccare ▸ *n* colpo di becco; (*kiss*) bacetto; **peckish** (*BRIT*: *inf*) *adj* **I feel peckish** ho un languorino
peculiar [pɪ'kju:lɪə[r]] *adj* strano(-a), bizzarro(-a); peculiare; **~ to** peculiare di
pedal ['pɛdl] *n* pedale *m* ▸ *vi* pedalare
pedalo ['pɛdələu] *n* pedalò *m inv*
pedestal ['pɛdəstl] *n* piedestallo
pedestrian [pɪ'dɛstrɪən] *n* pedone(-a) ▸ *adj* pedonale; (*fig*) prosaico(-a), pedestre; **pedestrian crossing** (*BRIT*) *n* passaggio pedonale; **pedestrianized** *adj* **a pedestrianized street** una zona pedonalizzata; **pedestrian precinct** (*BRIT*: *US* **pedestrian zone**) *n* zona pedonale
pedigree ['pɛdɪgri:] *n* (*of animal*) pedigree *m inv*; (*fig*) background *m inv* ▸ *cpd* (*animal*) di razza

pedophile ['pi:dəufaɪl] (*US*) *n* = **paedophile**
pee [pi:] (*inf*) *vi* pisciare
peek [pi:k] *vi* guardare furtivamente
peel [pi:l] *n* buccia; (*of orange, lemon*) scorza ▸ *vt* sbucciare ▸ *vi* (*paint etc*) staccarsi
peep [pi:p] *n* (*BRIT: look*) sguardo furtivo, sbirciata; (*sound*) pigolio ▸ *vi* (*BRIT*) guardare furtivamente
peer [pɪəʳ] *vi* **to ~ at** scrutare ▸ *n* (*noble*) pari *m inv*; (*equal*) pari *m/f inv*, uguale *m/f*; (*contemporary*) contemporaneo(-a)
peg [pɛg] *n* caviglia; (*for coat etc*) attaccapanni *m inv*; (*BRIT: also:* **clothes ~**) molletta
pelican ['pɛlɪkən] *n* pellicano; **pelican crossing** (*BRIT*) *n* (*Aut*) *attraversamento pedonale con semaforo a controllo manuale*
pelt [pɛlt] *vt* **to ~ sb (with)** bombardare qn (con) ▸ *vi* (*rain*) piovere a dirotto; (*inf: run*) filare ▸ *n* pelle *f*
pelvis ['pɛlvɪs] *n* pelvi *f inv*, bacino
pen [pɛn] *n* penna; (*for sheep*) recinto
penalty ['pɛnltɪ] *n* penalità *f inv*; sanzione *f* penale; (*fine*) ammenda; (*Sport*) penalizzazione *f*
pence [pɛns] (*BRIT*) *npl of* **penny**
pencil ['pɛnsl] *n* matita ▹ **pencil in** *vt* scrivere a matita; **pencil case** *n* astuccio per matite; **pencil sharpener** *n* temperamatite *m inv*
pendant ['pɛndnt] *n* pendaglio
pending ['pɛndɪŋ] *prep* in attesa di ▸ *adj* in sospeso
penetrate ['pɛnɪtreɪt] *vt* penetrare
penfriend ['pɛnfrɛnd] (*BRIT*) *n* corrispondente *m/f*
penguin ['pɛŋgwɪn] *n* pinguino
penicillin [pɛnɪ'sɪlɪn] *n* penicillina
peninsula [pə'nɪnsjulə] *n* penisola
penis ['pi:nɪs] *n* pene *m*
penitentiary [pɛnɪ'tɛnʃərɪ] (*US*) *n* carcere *m*
penknife ['pɛnnaɪf] *n* temperino
penniless ['pɛnɪlɪs] *adj* senza un soldo
penny ['pɛnɪ] (*pl* **pennies** *or* **pence**) (*BRIT*) *n* penny *m*; (*US*) centesimo
penpal ['pɛnpæl] *n* corrispondente *m/f*
pension ['pɛnʃən] *n* pensione *f*; **pensioner** (*BRIT*) *n* pensionato(-a)
pentagon ['pɛntəgən] *n* pentagono; **the P~** (*US Pol*) il Pentagono
penthouse ['pɛnthaus] *n* appartamento (di lusso) nell'attico
penultimate [pɪ'nʌltɪmət] *adj* penultimo(-a)
people ['pi:pl] *npl* gente *f*; persone *fpl*; (*citizens*) popolo ▸ *n* (*nation, race*) popolo; **4/several ~ came** 4/parecchie persone sono venute; **~ say that ...** si dice che ...
pepper ['pɛpəʳ] *n* pepe *m*; (*vegetable*) peperone *m* ▸ *vt* (*fig*): **to ~ with** spruzzare di; **peppermint** *n* (*sweet*) pasticca di menta
per [pə:ʳ] *prep* per; a; **~ hour** all'ora; **~ kilo** *etc* il chilo *etc*; **~ day** al giorno
perceive [pə'si:v] *vt* percepire; (*notice*) accorgersi di
per cent *adv* per cento
percentage [pə'sɛntɪdʒ] *n* percentuale *f*
perception [pə'sɛpʃən] *n* percezione *f*; sensibilità; perspicacia
perch [pə:tʃ] *n* (*fish*) pesce *m* persico; (*for bird*) sostegno, ramo ▸ *vi* appollaiarsi
percussion [pə'kʌʃən] *n* percussione *f*; (*Mus*) strumenti *mpl* a percussione
perfect [*adj, n* 'pə:fɪkt, *vb* pə'fɛkt] *adj* perfetto(-a) ▸ *n* (*also:* **~ tense**) perfetto, passato prossimo ▸ *vt* perfezionare; mettere a punto; **perfection** [pə'fɛkʃən] *n* perfezione *f*; **perfectly** *adv* perfettamente, alla perfezione

perform [pə'fɔ:m] *vt* (*carry out*) eseguire, fare; (*symphony etc*) suonare; (*play, ballet*) dare; (*opera*) fare ▸ *vi* suonare; recitare; **performance** *n* esecuzione *f*; (*at theatre etc*) rappresentazione *f*, spettacolo; (*of an artist*) interpretazione *f*; (*of player etc*) performance *f*; (*of car, engine*) prestazione *f*; **performer** *n* artista *m/f*
perfume ['pə:fju:m] *n* profumo
perhaps [pə'hæps] *adv* forse
perimeter [pə'rɪmɪtə^r] *n* perimetro
period ['pɪərɪəd] *n* periodo; (*History*) epoca; (*Scol*) lezione *f*; (*full stop*) punto; (*Med*) mestruazioni *fpl* ▸ *adj* (*costume, furniture*) d'epoca; **periodical** [-'ɔdɪkl] *n* periodico; **periodically** *adv* periodicamente
perish ['pɛrɪʃ] *vi* perire, morire; (*decay*) deteriorarsi
perjury ['pə:dʒərɪ] *n* spergiuro
perk [pə:k] (*inf*) *n* vantaggio
perm [pə:m] *n* (*for hair*) permanente *f*
permanent ['pə:mənənt] *adj* permanente; **permanently** *adv* definitivamente
permission [pə'mɪʃən] *n* permesso
permit [*n* 'pə:mɪt, *vb* pə'mɪt] *n* permesso ▸ *vt* permettere; **to ~ sb to do** permettere a qn di fare
perplex [pə'plɛks] *vt* lasciare perplesso(-a)
persecute ['pə:sɪkju:t] *vt* perseguitare
persecution [pə:sɪ'kju:ʃən] *n* persecuzione *f*
persevere [pə:sɪ'vɪə^r] *vi* perseverare
Persian ['pə:ʃən] *adj* persiano(-a) ▸ *n* (*Ling*) persiano; **the (~) Gulf** *n* il Golfo Persico
persist [pə'sɪst] *vi* **to ~ (in doing)** persistere (nel fare); ostinarsi (a fare); **persistent** *adj* persistente
person ['pə:sn] *n* persona; **in ~** di *or* in persona, personalmente; **personal** *adj* personale; individuale; **personal assistant** *n* segretaria personale; **personal computer** *n* personal computer *m inv*; **personality** [-'nælɪtɪ] *n* personalità *f inv*; **personally** *adv* personalmente; **to take sth personally** prendere qc come una critica personale; **personal organizer** *n* (*Filofax®*) Fulltime®; (*electronic*) agenda elettronica; **personal stereo** *n* Walkman® *m inv*
personnel [pə:sə'nɛl] *n* personale *m*
perspective [pə'spɛktɪv] *n* prospettiva
perspiration [pə:spɪ'reɪʃən] *n* traspirazione *f*, sudore *m*
persuade [pə'sweɪd] *vt* **to ~ sb to do sth** persuadere qn a fare qc
persuasion [pə'sweɪʒən] *n* persuasione *f*; (*creed*) convinzione *f*, credo
persuasive [pə'sweɪsɪv] *adj* persuasivo(-a)
perverse [pə'və:s] *adj* perverso(-a)
pervert [*n* 'pə:və:t, *vb* pə'və:t] *n* pervertito(-a) ▸ *vt* pervertire
pessimism ['pɛsɪmɪzəm] *n* pessimismo
pessimist ['pɛsɪmɪst] *n* pessimista *m/f*; **pessimistic** [-'mɪstɪk] *adj* pessimistico(-a)
pest [pɛst] *n* animale *m* (*or* insetto) pestifero; (*fig*) peste *f*
pester ['pɛstə^r] *vt* tormentare, molestare
pesticide ['pɛstɪsaɪd] *n* pesticida *m*
pet [pɛt] *n* animale *m* domestico ▸ *cpd* favorito(-a) ▸ *vt* accarezzare; **teacher's ~** favorito(-a) del maestro
petal ['pɛtl] *n* petalo
petite [pə'ti:t] *adj* piccolo(-a) e aggraziato(-a)
petition [pə'tɪʃən] *n* petizione *f*

P

petrified ['pɛtrɪfaɪd] *adj* (*fig*) morto(-a) di paura
petrol ['pɛtrəl] (*BRIT*) *n* benzina; **two/ four-star ~** ≈ benzina normale/super; **I've run out of ~** sono rimasto senza benzina

Be careful not to translate **petrol** by the Italian word ***petrolio***.

petroleum [pə'trəulɪəm] *n* petrolio
petrol: **petrol pump** (*BRIT*) *n* (*in car, at garage*) pompa di benzina; **petrol station** (*BRIT*) *n* stazione *f* di rifornimento; **petrol tank** (*BRIT*) *n* serbatoio della benzina
petticoat ['pɛtɪkəut] *n* sottana
petty ['pɛtɪ] *adj* (*mean*) meschino(-a); (*unimportant*) insignificante
pew [pju:] *n* panca (di chiesa)
pewter ['pju:təʳ] *n* peltro
phantom ['fæntəm] *n* fantasma *m*
pharmacist ['fɑ:məsɪst] *n* farmacista *m/f*
pharmacy ['fɑ:məsɪ] *n* farmacia
phase [feɪz] *n* fase *f*, periodo ▷ **phase in** *vt* introdurre gradualmente ▷ **phase out** *vt* (*machinery*) eliminare gradualmente; (*product*) ritirare gradualmente; (*job, subsidy*) abolire gradualmente
Ph.D. *n abbr* = **Doctor of Philosophy**
pheasant ['fɛznt] *n* fagiano
phenomena [fə'nɔmɪnə] *npl of* **phenomenon**
phenomenal [fɪ'nɔmɪnl] *adj* fenomenale
phenomenon [fə'nɔmɪnən] (*pl* **phenomena**) *n* fenomeno
Philippines ['fɪlɪpi:nz] *npl* **the ~** le Filippine
philosopher [fɪ'lɔsəfəʳ] *n* filosofo(-a)
philosophical [fɪlə'sɔfɪkl] *adj* filosofico(-a)
philosophy [fɪ'lɔsəfɪ] *n* filosofia
phlegm [flɛm] *n* flemma
phobia ['fəubjə] *n* fobia
phone [fəun] *n* telefono ▸ *vt* telefonare; **to be on the ~** avere il telefono; (*be calling*) essere al telefono ▷ **phone back** *vt, vi* richiamare ▷ **phone up** *vt* telefonare a ▸ *vi* telefonare; **phone book** *n* guida del telefono, elenco telefonico; **phone booth** *n* = **phone box**; **phone box** *n* cabina telefonica; **phone call** *n* telefonata; **phonecard** *n* scheda telefonica; **phone number** *n* numero di telefono
phonetics [fə'nɛtɪks] *n* fonetica
phoney ['fəunɪ] *adj* falso(-a), fasullo(-a)
photo ['fəutəu] *n* foto *f inv*
photo... ['fəutəu] *prefix*: **photo album** *n* (*new*) album *m inv* per fotografie; (*containing photos*) album *m inv* delle fotografie; **photocopier** *n* fotocopiatrice *f*; **photocopy** *n* fotocopia ▸ *vt* fotocopiare
photograph ['fəutəgræf] *n* fotografia ▸ *vt* fotografare; **photographer** [fə'tɔgrəfəʳ] *n* fotografo; **photography** [fə'tɔgrəfɪ] *n* fotografia
phrase [freɪz] *n* espressione *f*; (*Ling*) locuzione *f*; (*Mus*) frase *f* ▸ *vt* esprimere; **phrase book** *n* vocabolarietto
physical ['fɪzɪkl] *adj* fisico(-a); **physical education** *n* educazione *f* fisica; **physically** *adv* fisicamente
physician [fɪ'zɪʃən] *n* medico
physicist ['fɪzɪsɪst] *n* fisico
physics ['fɪzɪks] *n* fisica
physiotherapist [fɪzɪəu'θɛrəpɪst] *n* fisioterapista *m/f*
physiotherapy [fɪzɪəu'θɛrəpɪ] *n* fisioterapia
physique [fɪ'zi:k] *n* fisico; costituzione *f*
pianist ['pi:ənɪst] *n* pianista *m/f*
piano [pɪ'ænəu] *n* pianoforte *m*
pick [pɪk] *n* (*tool*: *also*: **~-axe**) piccone

m ▸ *vt* scegliere; (*gather*) cogliere; (*remove*) togliere; (*lock*) far scattare; **take your ~** scelga; **the ~ of** il fior fiore di; **to ~ one's nose** mettersi le dita nel naso; **to ~ one's teeth** pulirsi i denti con lo stuzzicadenti; **to ~ a quarrel** attaccar briga ▹ **pick on** *vt fus* (*person*) avercela con ▹ **pick out** *vt* scegliere; (*distinguish*) distinguere ▹ **pick up** *vi* (*improve*) migliorarsi ▸ *vt* raccogliere; (*Police, Radio*) prendere; (*collect*) passare a prendere; (*Aut*: *give lift to*) far salire; (*person*: *for sexual encounter*) rimorchiare; (*learn*) imparare; **to ~ up speed** acquistare velocità; **to ~ o.s. up** rialzarsi

pickle ['pɪkl] *n* (*also*: **~s**: *as condiment*) sottaceti *mpl*; (*fig*: *mess*) pasticcio ▸ *vt* mettere sottaceto; mettere in salamoia

pickpocket ['pɪkpɔkɪt] *n* borsaiolo

pick-up ['pɪkʌp] *n* (*BRIT*: *on record player*) pick-up *m inv*; (*small truck*: *also*: **~ truck, ~ van**) camioncino

picnic ['pɪknɪk] *n* picnic *m inv*; **picnic area** *n* area per il picnic

picture ['pɪktʃə^r] *n* quadro; (*painting*) pittura; (*photograph*) foto(grafia); (*drawing*) disegno; (*film*) film *m inv* ▸ *vt* raffigurarsi; **~s** (*BRIT*) *npl* (*cinema*): **the ~s** il cinema; **would you take a ~ of us, please?** può farci una foto, per favore?; **picture frame** *n* cornice *m inv*; **picture messaging** *n* picture messaging *m*, invio di messaggini con disegni

picturesque [pɪktʃə'rɛsk] *adj* pittoresco(-a)

pie [paɪ] *n* torta; (*of meat*) pasticcio

piece [piːs] *n* pezzo; (*of land*) appezzamento; (*item*): **a ~ of furniture/advice** un mobile/consiglio ▸ *vt* **to ~ together** mettere insieme; **to take to ~s** smontare

pie chart *n* grafico a torta

pier [pɪə^r] *n* molo; (*of bridge etc*) pila

pierce [pɪəs] *vt* forare; (*with arrow etc*) trafiggere; **pierced** *adj* **I've got pierced ears** ho i buchi per gli orecchini

pig [pɪg] *n* maiale *m*, porco

pigeon ['pɪdʒən] *n* piccione *m*

piggy bank ['pɪgɪ-] *n* salvadanaro

pigsty ['pɪgstaɪ] *n* porcile *m*

pigtail ['pɪgteɪl] *n* treccina

pike [paɪk] *n* (*fish*) luccio

pilchard ['pɪltʃəd] *n specie di sardina*

pile [paɪl] *n* (*pillar, of books*) pila; (*heap*) mucchio; (*of carpet*) pelo; **to ~ into** (*car*) stiparsi *or* ammucchiarsi in ▹ **pile up** *vt* ammucchiare ▸ *vi* ammucchiarsi; **piles** [paɪlz] *npl* emorroidi *fpl*; **pile-up** ['paɪlʌp] *n* (*Aut*) tamponamento a catena

pilgrimage ['pɪlgrɪmɪdʒ] *n* pellegrinaggio

pill [pɪl] *n* pillola; **the ~** la pillola

pillar ['pɪlə^r] *n* colonna

pillow ['pɪləu] *n* guanciale *m*; **pillowcase** *n* federa

pilot ['paɪlət] *n* pilota *m/f* ▸ *cpd* (*scheme etc*) pilota *inv* ▸ *vt* pilotare; **pilot light** *n* fiamma pilota

pimple ['pɪmpl] *n* foruncolo

pin [pɪn] *n* spillo; (*Tech*) perno ▸ *vt* attaccare con uno spillo; **~s and needles** formicolio; **to ~ sb down** (*fig*) obbligare qn a pronunziarsi; **to ~ sth on sb** (*fig*) addossare la colpa di qc a qn

PIN *n abbr* (= *personal identification number*) codice *m* segreto

pinafore ['pɪnəfɔː^r] *n* (*also*: **~ dress**) grembiule *m* (senza maniche)

pinch [pɪntʃ] *n* pizzicotto, pizzico ▸ *vt* pizzicare; (*inf*: *steal*) grattare; **at a ~** in caso di bisogno

pine [paɪn] *n* (*also*: **~ tree**) pino ▸ *vi* **to ~ for** struggersi dal desiderio di

pineapple ['paɪnæpl] *n* ananas *m inv*

P

ping [pɪŋ] *n* (*noise*) tintinnio; **ping-pong®** *n* ping-pong® *m*
pink [pɪŋk] *adj* rosa *inv* ▶ *n* (*colour*) rosa *m inv*; (*Bot*) garofano
pinpoint ['pɪnpɔɪnt] *vt* indicare con precisione
pint [paɪnt] *n* pinta (*BRIT* = 0.57l; *US* = 0.47l); (*BRIT*: *inf*) ≈ birra da mezzo
pioneer [paɪə'nɪə^r] *n* pioniere(-a)
pious ['paɪəs] *adj* pio(-a)
pip [pɪp] *n* (*seed*) seme *m*; (*BRIT*: *time signal on radio*) segnale *m* orario
pipe [paɪp] *n* tubo; (*for smoking*) pipa ▶ *vt* portare per mezzo di tubazione; **pipeline** *n* conduttura; (*for oil*) oleodotto; **piper** *n* piffero; suonatore(-trice) di cornamusa
pirate ['paɪərət] *n* pirata *m* ▶ *vt* riprodurre abusivamente
Pisces ['paɪsi:z] *n* Pesci *mpl*
piss [pɪs] (*inf*) *vi* pisciare; **pissed** (*inf*) *adj* (*drunk*) ubriaco(-a) fradicio(-a)
pistol ['pɪstl] *n* pistola
piston ['pɪstən] *n* pistone *m*
pit [pɪt] *n* buca, fossa; (*also*: **coal ~**) miniera; (*quarry*) cava ▶ *vt* **to ~ sb against sb** opporre qn a qn
pitch [pɪtʃ] *n* (*BRIT Sport*) campo; (*Mus*) tono; (*tar*) pece *f*; (*fig*) grado, punto ▶ *vt* (*throw*) lanciare ▶ *vi* (*fall*) cascare; **to ~ a tent** piantare una tenda; **pitch-black** *adj* nero(-a) come la pece
pitfall ['pɪtfɔ:l] *n* trappola
pith [pɪθ] *n* (*of plant*) midollo; (*of orange*) parte *f* interna della scorza; (*fig*) essenza, succo; vigore *m*
pitiful ['pɪtɪful] *adj* (*touching*) pietoso(-a)
pity ['pɪtɪ] *n* pietà ▶ *vt* aver pietà di; **what a ~!** che peccato!
pizza ['pi:tsə] *n* pizza
placard ['plækɑ:d] *n* affisso
place [pleɪs] *n* posto, luogo; (*proper position, rank, seat*) posto; (*house*) casa, alloggio; (*home*): **at/to his ~** a casa sua ▶ *vt* (*object*) posare, mettere; (*identify*) riconoscere; individuare; **to take ~** aver luogo; succedere; **to change ~s with sb** scambiare il posto con qn; **out of ~** (*not suitable*) inopportuno(-a); **in the first ~** in primo luogo; **to ~ an order** dare un'ordinazione; **to be ~d** (*in race, exam*) classificarsi; **place mat** *n* sottopiatto; (*in linen etc*) tovaglietta; **placement** *n* collocamento; (*job*) lavoro
placid ['plæsɪd] *adj* placido(-a), calmo(-a)
plague [pleɪg] *n* peste *f* ▶ *vt* tormentare
plaice [pleɪs] *n inv* pianuzza
plain [pleɪn] *adj* (*clear*) chiaro(-a), palese; (*simple*) semplice; (*frank*) franco(-a), aperto(-a); (*not handsome*) bruttino(-a); (*without seasoning etc*) scondito(-a); naturale; (*in one colour*) tinta unita *inv* ▶ *adv* francamente, chiaramente ▶ *n* pianura; **plain chocolate** *n* cioccolato fondente; **plainly** *adv* chiaramente; (*frankly*) francamente
plaintiff ['pleɪntɪf] *n* attore(-trice)
plait [plæt] *n* treccia
plan [plæn] *n* pianta; (*scheme*) progetto, piano ▶ *vt* (*think in advance*) progettare; (*prepare*) organizzare ▶ *vi* far piani *or* progetti; **to ~ to do** progettare di fare
plane [pleɪn] *n* (*Aviat*) aereo; (*tree*) platano; (*tool*) pialla; (*Art, Math etc*) piano ▶ *adj* piano(-a), piatto(-a) ▶ *vt* (*with tool*) piallare
planet ['plænɪt] *n* pianeta *m*
plank [plæŋk] *n* tavola, asse *f*
planning ['plænɪŋ] *n* progettazione *f*; **family ~** pianificazione *f* delle nascite
plant [plɑ:nt] *n* pianta; (*machinery*) impianto; (*factory*) fabbrica ▶ *vt* piantare; (*bomb*) mettere
plantation [plæn'teɪʃən] *n* piantagione *f*

plaque [plæk] *n* placca
plaster ['plɑːstəʳ] *n* intonaco; (*also:* **~ of Paris**) gesso; (*BRIT: also:* **sticking ~**) cerotto ▸ *vt* intonacare; ingessare; (*cover*): **to ~ with** coprire di; **plaster cast** *n* (*Med*) ingessatura, gesso; (*model, statue*) modello in gesso
plastic ['plæstɪk] *n* plastica ▸ *adj* (*made of plastic*) di *or* in plastica; **plastic bag** *n* sacchetto di plastica; **plastic surgery** *n* chirurgia plastica
plate [pleɪt] *n* (*dish*) piatto; (*in book*) tavola; (*dental plate*) dentiera; **gold/ silver ~** vasellame *m* d'oro/d'argento
plateau ['plætəu] (*pl* **plateaus** *or* **plateaux**) *n* altipiano
platform ['plætfɔːm] *n* (*stage, at meeting*) palco; (*Rail*) marciapiede *m*; (*BRIT: of bus*) piattaforma; **which ~ does the train for Rome go from?** da che binario parte il treno per Roma?
platinum ['plætɪnəm] *n* platino
platoon [plə'tuːn] *n* plotone *m*
platter ['plætəʳ] *n* piatto
plausible ['plɔːzɪbl] *adj* plausibile, credibile; (*person*) convincente
play [pleɪ] *n* gioco; (*Theatre*) commedia ▸ *vt* (*game*) giocare a; (*team, opponent*) giocare contro; (*instrument, piece of music*) suonare; (*record, tape*) ascoltare; (*role, part*) interpretare ▸ *vi* giocare; suonare; recitare; **to ~ safe** giocare sul sicuro ▹ **play back** *vt* riascoltare, risentire ▹ **play up** *vi* (*cause trouble*) fare i capricci; **player** *n* giocatore(-trice); (*Theatre*) attore(-trice); (*Mus*) musicista *m/f*; **playful** *adj* giocoso(-a); **playground** *n* (*in school*) cortile *m* per la ricreazione; (*in park*) parco *m* giochi *inv*; **playgroup** *n* giardino d'infanzia; **playing card** *n* carta da gioco; **playing field** *n* campo sportivo; **playschool** *n* = **playgroup**; **playtime** *n* (*Scol*) ricreazione *f*; **playwright** *n* drammaturgo(-a)
plc *abbr* (= *public limited company*) *società per azioni a responsabilità limitata quotata in borsa*
plea [pliː] *n* (*request*) preghiera, domanda; (*Law*) (argomento di) difesa
plead [pliːd] *vt* patrocinare; (*give as excuse*) addurre a pretesto ▸ *vi* (*Law*) perorare la causa; (*beg*): **to ~ with sb** implorare qn
pleasant ['plɛznt] *adj* piacevole, gradevole
please [pliːz] *excl* per piacere!, per favore!; (*acceptance*): **yes, ~** sì, grazie ▸ *vt* piacere a ▸ *vi* piacere; (*think fit*): **do as you ~** faccia come le pare; **~ yourself!** come ti (*or* le) pare!; **pleased** *adj* **pleased (with)** contento(-a) (di); **pleased to meet you!** piacere!
pleasure ['plɛʒəʳ] *n* piacere *m*; **"it's a ~"** "prego"
pleat [pliːt] *n* piega
pledge [plɛdʒ] *n* pegno; (*promise*) promessa ▸ *vt* impegnare; promettere
plentiful ['plɛntɪful] *adj* abbondante, copioso(-a)
plenty ['plɛntɪ] *n* **~ of** tanto(-a), molto(-a); un'abbondanza di
pliers ['plaɪəz] *npl* pinza
plight [plaɪt] *n* situazione *f* critica
plod [plɔd] *vi* camminare a stento; (*fig*) sgobbare
plonk [plɔŋk] (*inf*) *n* (*BRIT: wine*) vino da poco ▸ *vt* **to ~ sth down** buttare giù qc bruscamente
plot [plɔt] *n* congiura, cospirazione *f*; (*of story, play*) trama; (*of land*) lotto ▸ *vt* (*mark out*) fare la pianta di; rilevare; (*: diagram etc*) tracciare; (*conspire*) congiurare, cospirare ▸ *vi* congiurare
plough [plau] (*US* **plow**) *n* aratro ▸ *vt* (*earth*) arare; **to ~ money into** (*company etc*) investire danaro in;

ploughman's lunch ['plaumənz-] (*BRIT*) *n pasto a base di pane, formaggio e birra*
plow [plau] (*US*) = **plough**
ploy [plɔɪ] *n* stratagemma *m*
pluck [plʌk] *vt* (*fruit*) cogliere; (*musical instrument*) pizzicare; (*bird*) spennare; (*hairs*) togliere ▸ *n* coraggio, fegato; **to ~ up courage** farsi coraggio
plug [plʌg] *n* tappo; (*Elec*) spina; (*Aut*: *also*: **spark(ing) ~**) candela ▸ *vt* (*hole*) tappare; (*inf*: *advertise*) spingere ▹ **plug in** *vt* (*Elec*) attaccare a una presa; **plughole** *n* (*BRIT*) scarico
plum [plʌm] *n* (*fruit*) susina
plumber ['plʌmə^r] *n* idraulico
plumbing ['plʌmɪŋ] *n* (*trade*) lavoro di idraulico; (*piping*) tubature *fpl*
plummet ['plʌmɪt] *vi* **to ~ (down)** cadere a piombo
plump [plʌmp] *adj* grassoccio(-a) ▸ *vi* **to ~ for** (*inf*: *choose*) decidersi per
plunge [plʌndʒ] *n* tuffo; (*fig*) caduta ▸ *vt* immergere ▸ *vi* (*fall*) cadere, precipitare; (*dive*) tuffarsi; **to take the ~** saltare il fosso
plural ['pluərl] *adj* plurale ▸ *n* plurale *m*
plus [plʌs] *n* (*also*: **~ sign**) segno più ▸ *prep* più; **ten ~** più di dieci
ply [plaɪ] *vt* (*a trade*) esercitare ▸ *vi* (*ship*) fare il servizio ▸ *n* (*of wool, rope*) capo; **to ~ sb with drink** dare di bere continuamente a qn; **plywood** *n* legno compensato
P.M. *n abbr* = **prime minister**
p.m. *adv abbr* (= *post meridiem*) del pomeriggio
PMS *n abbr* (= *premenstrual syndrome*) sindrome *f* premestruale
PMT *n abbr* (= *premenstrual tension*) sindrome *f* premestruale
pneumatic drill [nju:'mætɪk-] *n* martello pneumatico
pneumonia [nju:'məunɪə] *n* polmonite *f*
poach [pəutʃ] *vt* (*cook*: *egg*) affogare; (*: fish*) cuocere in bianco; (*steal*) cacciare (*or* pescare) di frodo ▸ *vi* fare il bracconiere; **poached** *adj* (*egg*) affogato(-a)
P.O. Box *n abbr* = **Post Office Box**
pocket ['pɔkɪt] *n* tasca ▸ *vt* intascare; **to be out of ~** (*BRIT*) rimetterci; **pocketbook** (*US*) *n* (*wallet*) portafoglio; **pocket money** *n* paghetta, settimana
pod [pɔd] *n* guscio
podcast ['pɔdkɑ:st] *n* podcast *m*
podiatrist [pɔ'di:ətrɪst] (*US*) *n* callista *m/f*, pedicure *m/f*
podium ['pəudɪəm] *n* podio
poem ['pəuɪm] *n* poesia
poet ['pəuɪt] *n* poeta/essa; **poetic** [-'ɛtɪk] *adj* poetico(-a); **poetry** *n* poesia
poignant ['pɔɪnjənt] *adj* struggente
point [pɔɪnt] *n* (*gen*) punto; (*tip*: *of needle etc*) punta; (*in time*) punto, momento; (*Scol*) voto; (*main idea, important part*) nocciolo; (*Elec*) presa (di corrente); (*also*: **decimal ~**): **2 ~ 3 (2.3)** 2 virgola 3 (2,3) ▸ *vt* (*show*) indicare; (*gun etc*): **to ~ sth at** puntare qc contro ▸ *vi* **to ~ at** mostrare a dito; **~s** *npl* (*Aut*) puntine *fpl*; (*Rail*) scambio; **to be on the ~ of doing sth** essere sul punto di *or* stare per fare qc; **to make a ~** fare un'osservazione; **to get/miss the ~** capire/non capire; **to come to the ~** venire al fatto; **there's no ~ in doing** è inutile (fare) ▹ **point out** *vt* far notare; **point-blank** *adv* (*also*: **at point-blank range**) a bruciapelo; (*fig*) categoricamente; **pointed** *adj* (*shape*) aguzzo(-a), appuntito(-a); (*remark*) specifico(-a); **pointer** *n* (*needle*) lancetta; (*fig*) indicazione *f*, consiglio; **pointless** *adj* inutile, vano(-a); **point of view** *n* punto di vista
poison ['pɔɪzn] *n* veleno ▸ *vt* avvelenare; **poisonous** *adj* velenoso(-a)

poke [pəuk] *vt* (*fire*) attizzare; (*jab with finger, stick etc*) punzecchiare; (*put*): **to ~ sth in(to)** spingere qc dentro ▷ **poke about** *or* **around** *vi* frugare ▷ **poke out** *vi* (*stick out*) sporger fuori

poker ['pəukəʳ] *n* attizzatoio; (*Cards*) poker *m*

Poland ['pəulənd] *n* Polonia

polar ['pəuləʳ] *adj* polare; **polar bear** *n* orso bianco

Pole [pəul] *n* polacco(-a)

pole [pəul] *n* (*of wood*) palo; (*Elec, Geo*) polo; **pole bean** (*US*) *n* (*runner bean*) fagiolino; **pole vault** *n* salto con l'asta

police [pə'li:s] *n* polizia ▸ *vt* mantenere l'ordine in; **police car** *n* macchina della polizia; **police constable** (*BRIT*) *n* agente *m* di polizia; **police force** *n* corpo di polizia, polizia; **policeman** (*irreg*) *n* poliziotto, agente *m* di polizia; **police officer** *n* = **police constable**; **police station** *n* posto di polizia; **policewoman** (*irreg*) *n* donna *f* poliziotto *inv*

policy ['pɔlɪsɪ] *n* politica; (*also*: **insurance ~**) polizza (d'assicurazione)

polio ['pəulɪəu] *n* polio *f*

Polish ['pəulɪʃ] *adj* polacco(-a) ▸ *n* (*Ling*) polacco

polish ['pɔlɪʃ] *n* (*for shoes*) lucido; (*for floor*) cera; (*for nails*) smalto; (*shine*) lucentezza, lustro; (*fig: refinement*) raffinatezza ▸ *vt* lucidare; (*fig: improve*) raffinare ▷ **polish off** *vt* (*food*) mangiarsi; **polished** *adj* (*fig*) raffinato(-a)

polite [pə'laɪt] *adj* cortese; **politeness** *n* cortesia

political [pə'lɪtɪkl] *adj* politico(-a); **politically** *adv* politicamente; **politically correct** politicamente corretto(-a)

politician [pɔlɪ'tɪʃən] *n* politico

politics ['pɔlɪtɪks] *n* politica ▸ *npl* (*views, policies*) idee *fpl* politiche

poll [pəul] *n* scrutinio; (*votes cast*) voti *mpl*; (*also*: **opinion ~**) sondaggio (d'opinioni) ▸ *vt* ottenere

pollen ['pɔlən] *n* polline *m*

polling station ['pəulɪŋ-] (*BRIT*) *n* sezione *f* elettorale

pollute [pə'lu:t] *vt* inquinare

pollution [pə'lu:ʃən] *n* inquinamento

polo ['pəuləu] *n* polo; **polo-neck** *n* collo alto; (*also*: **polo-neck sweater**) dolcevita ▸ *adj* a collo alto; **polo shirt** *n* polo *f inv*

polyester [pɔlɪ'ɛstəʳ] *n* poliestere *m*

polystyrene [pɔlɪ'staɪri:n] *n* polistirolo

polythene ['pɔlɪθi:n] *n* politene *m*; **polythene bag** *n* sacco di plastica

pomegranate ['pɔmɪgrænɪt] *n* melagrana

pompous ['pɔmpəs] *adj* pomposo(-a)

pond [pɔnd] *n* pozza; stagno

ponder ['pɔndəʳ] *vt* ponderare, riflettere su

pony ['pəunɪ] *n* pony *m inv*; **ponytail** *n* coda di cavallo; **pony trekking** [-trɛkɪŋ] (*BRIT*) *n* escursione *f* a cavallo

poodle ['pu:dl] *n* barboncino, barbone *m*

pool [pu:l] *n* (*puddle*) pozza; (*pond*) stagno; (*also*: **swimming ~**) piscina; (*fig: of light*) cerchio; (*billiards*) *specie di biliardo a buca* ▸ *vt* mettere in comune; **~s** *npl* (*football pools*) ≈ totocalcio; **typing ~** servizio comune di dattilografia

poor [puəʳ] *adj* povero(-a); (*mediocre*) mediocre, cattivo(-a) ▸ *npl* **the ~** i poveri; **~ in** povero(-a) di; **poorly** *adv* poveramente; male ▸ *adj* indisposto(-a), malato(-a)

pop [pɔp] *n* (*noise*) schiocco; (*Mus*) musica pop; (*drink*) bibita gasata; (*US: inf: father*) babbo ▸ *vt* (*put*) mettere (in fretta) ▸ *vi* scoppiare; (*cork*) schioccare ▷ **pop in** *vi* passare ▷ **pop**

out *vi* fare un salto fuori; **popcorn** *n* pop-corn *m*
poplar ['pɔplə^r] *n* pioppo
popper ['pɔpə^r] *n* bottone *m* a pressione
poppy ['pɔpɪ] *n* papavero
Popsicle® ['pɔpsɪkl] (*US*) *n* (*ice lolly*) ghiacciolo
pop star *n* pop star *f inv*
popular ['pɔpjulə^r] *adj* popolare; (*fashionable*) in voga; **popularity** [-'lærɪtɪ] *n* popolarità
population [pɔpju'leɪʃən] *n* popolazione *f*
porcelain ['pɔːslɪn] *n* porcellana
porch [pɔːtʃ] *n* veranda
pore [pɔː^r] *n* poro ▸ *vi* **to ~ over** essere immerso(-a) in
pork [pɔːk] *n* carne *f* di maiale; **pork chop** *n* braciola *or* costoletta di maiale; **pork pie** *n* (*BRIT*: *Culin*) pasticcio di maiale in crosta
porn [pɔːn] (*inf*) *n* pornografia ▸ *adj* porno *inv*; **pornographic** [pɔːnə'græfɪk] *adj* pornografico(-a); **pornography** [pɔː'nɔgrəfɪ] *n* pornografia
porridge ['pɔrɪdʒ] *n* porridge *m*
port [pɔːt] *n* (*gen*, *wine*) porto; (*Naut*: *left side*) babordo
portable ['pɔːtəbl] *adj* portatile
porter ['pɔːtə^r] *n* (*for luggage*) facchino, portabagagli *m inv*; (*doorkeeper*) portiere *m*, portinaio
portfolio [pɔːt'fəulɪəu] *n* (*case*) cartella; (*Pol*, *Finance*) portafoglio; (*of artist*) raccolta dei propri lavori
portion ['pɔːʃən] *n* porzione *f*
port of call *n* (porto di) scalo
portrait ['pɔːtreɪt] *n* ritratto
portray [pɔː'treɪ] *vt* fare il ritratto di; (*character on stage*) rappresentare; (*in writing*) ritrarre
Portugal ['pɔːtjugl] *n* Portogallo
Portuguese [pɔːtju'giːz] *adj* portoghese ▸ *n inv* portoghese *m/f*; (*Ling*) portoghese *m*
pose [pəuz] *n* posa ▸ *vi* posare; (*pretend*): **to ~ as** atteggiarsi a, posare a ▸ *vt* porre
posh [pɔʃ] (*inf*) *adj* elegante; (*family*) per bene
position [pə'zɪʃən] *n* posizione *f*; (*job*) posto ▸ *vt* sistemare
positive ['pɔzɪtɪv] *adj* positivo(-a); (*certain*) sicuro(-a), certo(-a); (*definite*) preciso(-a), definitivo(-a); **positively** *adv* (*affirmatively*, *enthusiastically*) positivamente; (*decisively*) decisamente; (*really*) assolutamente
possess [pə'zɛs] *vt* possedere; **possession** [pə'zɛʃən] *n* possesso; **possessions** *npl* (*belongings*) beni *mpl*; **possessive** *adj* possessivo(-a)
possibility [pɔsɪ'bɪlɪtɪ] *n* possibilità *f inv*
possible ['pɔsɪbl] *adj* possibile; **as big as ~** il più grande possibile; **possibly** ['pɔsɪblɪ] *adv* (*perhaps*) forse; **if you possibly can** se le è possibile; **I cannot possibly come** proprio non posso venire
post [pəust] *n* (*BRIT*) posta; (: *collection*) levata; (*job*, *situation*) posto; (*Mil*) postazione *f*; (*pole*) palo ▸ *vt* (*BRIT*: *send by post*) imbucare; (: *appoint*): **to ~ to** assegnare a; **where can I ~ these cards?** dove posso imbucare queste cartoline?; **postage** *n* affrancatura; **postal** *adj* postale; **postal order** *n* vaglia *m inv* postale; **postbox** (*BRIT*) *n* cassetta postale; **postcard** *n* cartolina; **postcode** *n* (*BRIT*) codice *m* (di avviamento) postale
poster ['pəustə^r] *n* manifesto, affisso
postgraduate ['pəust'grædjuət] *n* *laureato/a che continua gli studi*
postman ['pəustmən] (*irreg*) *n* postino
postmark ['pəustmɑːk] *n* bollo *or* timbro postale

post-mortem [-'mɔːtəm] *n* autopsia

post office *n* (*building*) ufficio postale; (*organization*): **the Post Office** ≈ le Poste e Telecomunicazioni

postpone [pəs'pəun] *vt* rinviare

posture ['pɔstʃəʳ] *n* portamento; (*pose*) posa, atteggiamento

postwoman ['pəustwumən] (*BRIT*: *irreg*) *n* postina

pot [pɔt] *n* (*for cooking*) pentola; casseruola; (*teapot*) teiera; (*coffeepot*) caffettiera; (*for plants, jam*) vaso; (*inf*: *marijuana*) erba ▸ *vt* (*plant*) piantare in vaso; **a ~ of tea for two** tè per due; **to go to ~** (*inf*: *work, performance*) andare in malora

potato [pə'teɪtəu] (*pl* **potatoes**) *n* patata; **potato peeler** *n* sbucciapatate *m inv*

potent ['pəutnt] *adj* potente, forte

potential [pə'tɛnʃl] *adj* potenziale ▸ *n* possibilità *fpl*

pothole ['pɔthəul] *n* (*in road*) buca; (*BRIT*: *underground*) caverna

pot plant *n* pianta in vaso

potter ['pɔtəʳ] *n* vasaio ▸ *vi* **to ~ around, ~ about** (*BRIT*) lavoracchiare; **pottery** *n* ceramiche *fpl*; (*factory*) fabbrica di ceramiche

potty ['pɔtɪ] *adj* (*inf*: *mad*) tocco(-a) ▸ *n* (*child's*) vasino

pouch [pautʃ] *n* borsa; (*Zool*) marsupio

poultry ['pəultrɪ] *n* pollame *m*

pounce [pauns] *vi* **to ~ (on)** piombare (su)

pound [paund] *n* (*weight*) libbra; (*money*) (lira) sterlina ▸ *vt* (*beat*) battere; (*crush*) pestare, polverizzare ▸ *vi* (*beat*) battere, martellare; **pound sterling** *n* sterlina (inglese)

pour [pɔːʳ] *vt* versare ▸ *vi* riversarsi; (*rain*) piovere a dirotto ▹ **pour in** *vi* affluire in gran quantità ▹ **pour out** *vi* (*people*) uscire a fiumi ▸ *vt* vuotare; versare; (*fig*) sfogare; **pouring** *adj* **pouring rain** pioggia torrenziale

pout [paut] *vi* sporgere le labbra; fare il broncio

poverty ['pɔvətɪ] *n* povertà, miseria

powder ['paudəʳ] *n* polvere *f* ▸ *vt* **to ~ one's face** incipriarsi il viso; **powdered milk** *n* latte *m* in polvere

power ['pauəʳ] *n* (*strength*) potenza, forza; (*ability, Pol*: *of party, leader*) potere *m*; (*Elec*) corrente *f*; **to be in ~** (*Pol etc*) essere al potere; **power cut** (*BRIT*) *n* interruzione *f or* mancanza di corrente; **power failure** *n* interruzione *f* della corrente elettrica; **powerful** *adj* potente, forte; **powerless** *adj* impotente; **powerless to do** impossibilitato(-a) a fare; **power point** (*BRIT*) *n* presa di corrente; **power station** *n* centrale *f* elettrica

p.p. *abbr* = **per procurationem**; **p.p. J. Smith** per J. Smith; (= *pages*) p.p.

PR *abbr* = **public relations**

practical ['præktɪkl] *adj* pratico(-a); **practical joke** *n* beffa; **practically** *adv* praticamente

practice ['præktɪs] *n* pratica; (*of profession*) esercizio; (*at football etc*) allenamento; (*business*) gabinetto; clientela ▸ *vt, vi* (*US*) = **practise**; **in ~** (*in reality*) in pratica; **out of ~** fuori esercizio

practise ['præktɪs] (*US* **practice**) *vt* (*work at*: *piano, one's backhand etc*) esercitarsi a; (*train for*: *skiing, running etc*) allenarsi a; (*a sport, religion*) praticare; (*method*) usare; (*profession*) esercitare ▸ *vi* esercitarsi; (*train*) allenarsi; (*lawyer, doctor*) esercitare; **practising** *adj* (*Christian etc*) praticante; (*lawyer*) che esercita la professione

practitioner [præk'tɪʃənəʳ] *n* professionista *m/f*

P

pragmatic [præg'mætɪk] *adj* pragmatico(-a)
prairie ['prɛərɪ] *n* prateria
praise [preɪz] *n* elogio, lode *f* ▸ *vt* elogiare, lodare
pram [præm] (*BRIT*) *n* carrozzina
prank [præŋk] *n* burla
prawn [prɔːn] *n* gamberetto; **prawn cocktail** *n* cocktail *m inv* di gamberetti
pray [preɪ] *vi* pregare; **prayer** [prɛə[r]] *n* preghiera
preach [priːtʃ] *vt, vi* predicare; **preacher** *n* predicatore(-trice); (*US: minister*) pastore *m*
precarious [prɪ'kɛərɪəs] *adj* precario(-a)
precaution [prɪ'kɔːʃən] *n* precauzione *f*
precede [prɪ'siːd] *vt* precedere; **precedent** ['prɛsɪdənt] *n* precedente *m*; **preceding** [prɪ'siːdɪŋ] *adj* precedente
precinct ['priːsɪŋkt] (*US*) *n* circoscrizione *f*
precious ['prɛʃəs] *adj* prezioso(-a)
precise [prɪ'saɪs] *adj* preciso(-a); **precisely** *adv* precisamente
precision [prɪ'sɪʒən] *n* precisione *f*
predator ['prɛdətə[r]] *n* predatore *m*
predecessor ['priːdɪsɛsə[r]] *n* predecessore(-a)
predicament [prɪ'dɪkəmənt] *n* situazione *f* difficile
predict [prɪ'dɪkt] *vt* predire; **predictable** *adj* prevedibile; **prediction** [prɪ'dɪkʃən] *n* predizione *f*
predominantly [prɪ'dɔmɪnəntlɪ] *adv* in maggior parte; soprattutto
preface ['prɛfəs] *n* prefazione *f*
prefect ['priːfɛkt] *n* (*BRIT: in school*) studente(-essa) con funzioni disciplinari; (*French etc, Admin*) prefetto
prefer [prɪ'fəː[r]] *vt* preferire; **to ~ doing** *or* **to do** preferire fare; **preferable** ['prɛfrəbl] *adj* preferibile; **preferably** ['prɛfrəblɪ] *adv* preferibilmente; **preference** ['prɛfrəns] *n* preferenza
prefix ['priːfɪks] *n* prefisso
pregnancy ['prɛgnənsɪ] *n* gravidanza
pregnant ['prɛgnənt] *adj* incinta *ag*
prehistoric ['priːhɪs'tɔrɪk] *adj* preistorico(-a)
prejudice ['prɛdʒudɪs] *n* pregiudizio; (*harm*) torto, danno; **prejudiced** *adj* **prejudiced (against)** prevenuto(-a) (contro); **prejudiced (in favour of)** ben disposto(-a) (verso)
preliminary [prɪ'lɪmɪnərɪ] *adj* preliminare
prelude ['prɛljuːd] *n* preludio
premature ['prɛmətʃuə[r]] *adj* prematuro(-a)
premier ['prɛmɪə[r]] *adj* primo(-a) ▸ *n* (*Pol*) primo ministro
première ['prɛmɪɛə[r]] *n* prima
Premier League *n* ≈ serie A
premises ['prɛmɪsɪz] *npl* locale *m*; **on the ~** sul posto; **business ~** locali commerciali
premium ['priːmɪəm] *n* premio; **to be at a ~** essere ricercatissimo
premonition [prɛmə'nɪʃən] *n* premonizione *f*
preoccupied [priː'ɔkjupaɪd] *adj* preoccupato(-a)
prepaid [priː'peɪd] *adj* pagato(-a) in anticipo
preparation [prɛpə'reɪʃən] *n* preparazione *f*; **~s** *npl* (*for trip, war*) preparativi *mpl*
preparatory school [prɪ'pærətərɪ-] *n* scuola elementare privata
prepare [prɪ'pɛə[r]] *vt* preparare ▸ *vi* **to ~ for** prepararsi a; **~d to** pronto(-a) a
preposition [prɛpə'zɪʃən] *n* preposizione *f*
prep school *n* = **preparatory school**
prerequisite [priː'rɛkwɪzɪt] *n* requisito indispensabile

preschool ['pri:'sku:l] *adj* (*age*) prescolastico(-a); (*child*) in età prescolastica

prescribe [prɪ'skraɪb] *vt* (*Med*) prescrivere

prescription [prɪ'skrɪpʃən] *n* prescrizione *f*; (*Med*) ricetta; **could you write me a ~?** mi può fare una ricetta medica?

presence ['prɛzns] *n* presenza; **~ of mind** presenza di spirito

present [*adj*, *n* 'prɛznt, *vb* prɪ'zɛnt] *adj* presente; (*wife, residence, job*) attuale ▶ *n* (*actuality*): **the ~** il presente; (*gift*) regalo ▶ *vt* presentare; (*give*): **to ~ sb with sth** offrire qc a qn; **to give sb a ~** fare un regalo a qn; **at ~** al momento; **presentable** [prɪ'zɛntəbl] *adj* presentabile; **presentation** [-'teɪʃən] *n* presentazione *f*; (*ceremony*) consegna ufficiale; **present-day** *adj* attuale, d'oggigiorno; **presenter** *n* (*Radio, TV*) presentatore(-trice); **presently** *adv* (*soon*) fra poco, presto; (*at present*) al momento; **present participle** *n* participio presente

preservation [prɛzə'veɪʃən] *n* preservazione *f*, conservazione *f*

preservative [prɪ'zə:vətɪv] *n* conservante *m*

preserve [prɪ'zə:v] *vt* (*keep safe*) preservare, proteggere; (*maintain*) conservare; (*food*) mettere in conserva ▶ *n* (*often pl*: *jam*) marmellata; (: *fruit*) frutta sciroppata

preside [prɪ'zaɪd] *vi* **to ~ (over)** presiedere (a)

president ['prɛzɪdənt] *n* presidente *m*; **presidential** [-'dɛnʃl] *adj* presidenziale

press [prɛs] *n* (*newspapers etc*): **the P~** la stampa; (*tool, machine*) pressa; (*for wine*) torchio ▶ *vt* (*push*) premere, pigiare; (*squeeze*) spremere; (: *hand*) stringere; (*clothes*: *iron*) stirare; (*pursue*) incalzare; (*insist*): **to ~ sth on sb** far accettare qc da qn ▶ *vi* premere; accalcare; **we are ~ed for time** ci manca il tempo; **to ~ for sth** insistere per avere qc; **press conference** *n* conferenza *f* stampa *inv*; **pressing** *adj* urgente; **press stud** (*BRIT*) *n* bottone *m* a pressione; **press-up** (*BRIT*) *n* flessione *f* sulle braccia

pressure ['prɛʃə^r] *n* pressione *f*; **to put ~ on sb (to do)** mettere qn sotto pressione (affinché faccia); **pressure cooker** *n* pentola a pressione; **pressure group** *n* gruppo di pressione

prestige [prɛs'ti:ʒ] *n* prestigio

prestigious [prɛs'tɪdʒəs] *adj* prestigioso(-a)

presumably [prɪ'zju:məblɪ] *adv* presumibilmente

presume [prɪ'zju:m] *vt* supporre

pretence [prɪ'tɛns] (*US* **pretense**) *n* (*claim*) pretesa; **to make a ~ of doing** far finta di fare; **under false ~s** con l'inganno

pretend [prɪ'tɛnd] *vt* (*feign*) fingere ▶ *vi* far finta; **to ~ to do** far finta di fare

pretense [prɪ'tɛns] (*US*) *n* = **pretence**

pretentious [prɪ'tɛnʃəs] *adj* pretenzioso(-a)

pretext ['pri:tɛkst] *n* pretesto

pretty ['prɪtɪ] *adj* grazioso(-a), carino(-a) ▶ *adv* abbastanza, assai

prevail [prɪ'veɪl] *vi* (*win, be usual*) prevalere; (*persuade*): **to ~ (up)on sb to do** persuadere qn a fare; **prevailing** *adj* dominante

prevalent ['prɛvələnt] *adj* (*belief*) predominante; (*customs*) diffuso(-a); (*fashion*) corrente; (*disease*) comune

prevent [prɪ'vɛnt] *vt* **to ~ sb from doing** impedire a qn di fare; **to ~ sth from happening** impedire che qc succeda; **prevention** [-'vɛnʃən] *n* prevenzione *f*; **preventive** *adj* preventivo(-a)

preview ['pri:vju:] *n* (*of film*) anteprima
previous ['pri:vɪəs] *adj* precedente; anteriore; **previously** *adv* prima
prey [preɪ] *n* preda ▸ *vi* **to ~ on** far preda di; **it was ~ing on his mind** lo stava ossessionando
price [praɪs] *n* prezzo ▸ *vt* (*goods*) fissare il prezzo di; valutare; **priceless** *adj* inapprezzabile; **price list** *n* listino (dei) prezzi
prick [prɪk] *n* puntura ▸ *vt* pungere; **to ~ up one's ears** drizzare gli orecchi
prickly ['prɪklɪ] *adj* spinoso(-a)
pride [praɪd] *n* orgoglio; superbia ▸ *vt* **to ~ o.s. on** essere orgoglioso(-a) di, vantarsi di
priest [pri:st] *n* prete *m*, sacerdote *m*
primarily ['praɪmərɪlɪ] *adv* principalmente, essenzialmente
primary ['praɪmərɪ] *adj* primario(-a); (*first in importance*) primo(-a) ▸ *n* (*US: election*) primarie *fpl*; **primary school** (*BRIT*) *n* scuola elementare
prime [praɪm] *adj* primario(-a), fondamentale; (*excellent*) di prima qualità ▸ *vt* (*wood*) preparare; (*fig*) mettere al corrente ▸ *n* **in the ~ of life** nel fiore della vita; **Prime Minister** *n* primo ministro
primitive ['prɪmɪtɪv] *adj* primitivo(-a)
primrose ['prɪmrəuz] *n* primavera
prince [prɪns] *n* principe *m*
princess [prɪn'sɛs] *n* principessa
principal ['prɪnsɪpl] *adj* principale ▸ *n* (*headmaster*) preside *m*; **principally** *adv* principalmente
principle ['prɪnsɪpl] *n* principio; **in ~** in linea di principio; **on ~** per principio
print [prɪnt] *n* (*mark*) impronta; (*letters*) caratteri *mpl*; (*fabric*) tessuto stampato; (*Art, Phot*) stampa ▸ *vt* imprimere; (*publish*) stampare, pubblicare; (*write in capitals*) scrivere in stampatello; **out of ~** esaurito(-a)
▷ **print out** *vt* (*Comput*) stampare; **printer** *n* tipografo; (*machine*) stampante *f*; **printout** *n* tabulato
prior ['praɪə^r] *adj* precedente; (*claim etc*) più importante; **~ to doing** prima di fare
priority [praɪ'ɔrɪtɪ] *n* priorità *f inv*; precedenza
prison ['prɪzn] *n* prigione *f* ▸ *cpd* (*system*) carcerario(-a); (*conditions, food*) nelle *or* delle prigioni; **prisoner** *n* prigioniero(-a); **prisoner-of-war** *n* prigioniero(-a) di guerra
pristine ['prɪsti:n] *adj* immacolato(-a)
privacy ['prɪvəsɪ] *n* solitudine *f*, intimità
private ['praɪvɪt] *adj* privato(-a); personale ▸ *n* soldato semplice; **"~"** (*on envelope*) "riservata"; (*on door*) "privato"; **in ~** in privato; **privately** *adv* in privato; (*within oneself*) dentro di sé; **private property** *n* proprietà privata; **private school** *n* scuola privata
privatize ['praɪvɪtaɪz] *vt* privatizzare
privilege ['prɪvɪlɪdʒ] *n* privilegio
prize [praɪz] *n* premio ▸ *adj* (*example, idiot*) perfetto(-a); (*bull, novel*) premiato(-a) ▸ *vt* apprezzare, pregiare; **prize-giving** *n* premiazione *f*; **prizewinner** *n* premiato(-a)
pro [prəu] *n* (*Sport*) professionista *m/f* ▸ *prep* pro; **the ~s and cons** il pro e il contro
probability [prɔbə'bɪlɪtɪ] *n* probabilità *f inv*; **in all ~** con tutta probabilità
probable ['prɔbəbl] *adj* probabile
probably ['prɔbəblɪ] *adv* probabilmente
probation [prə'beɪʃən] *n* **on ~** (*employee*) in prova; (*Law*) in libertà vigilata
probe [prəub] *n* (*Med, Space*) sonda; (*enquiry*) indagine *f*, investigazione *f*

▸ *vt* sondare, esplorare; indagare
problem ['prɔbləm] *n* problema *m*
procedure [prə'si:dʒə^r] *n* (*Admin, Law*) procedura; (*method*) metodo, procedimento
proceed [prə'si:d] *vi* (*go forward*) avanzare, andare avanti; (*go about it*) procedere; (*continue*): **to ~ (with)** continuare; **to ~ to** andare a; passare a; **to ~ to do** mettersi a fare; **proceedings** *npl* misure *fpl*; (*Law*) procedimento; (*meeting*) riunione *f*; (*records*) rendiconti *mpl*; atti *mpl*; **proceeds** ['prəusi:dz] *npl* profitto, incasso
process ['prəusɛs] *n* processo; (*method*) metodo, sistema *m* ▸ *vt* trattare; (*information*) elaborare
procession [prə'sɛʃən] *n* processione *f*, corteo; **funeral ~** corteo funebre
proclaim [prə'kleɪm] *vt* proclamare, dichiarare
prod [prɔd] *vt* dare un colpetto a; pungolare ▸ *n* colpetto
produce [*n* 'prɔdju:s, *vb* prə'dju:s] *n* (*Agr*) prodotto, prodotti *mpl* ▸ *vt* produrre; (*show*) esibire, mostrare; (*cause*) cagionare, causare; **producer** *n* (*Theatre*) regista *m/f*; (*Agr, Cinema*) produttore *m*
product ['prɔdʌkt] *n* prodotto; **production** [prə'dʌkʃən] *n* produzione *f*; **productive** [prə'dʌktɪv] *adj* produttivo(-a); **productivity** [prɔdʌk'tɪvɪtɪ] *n* produttività
Prof. *abbr* (= *professor*) Prof.
profession [prə'fɛʃən] *n* professione *f*; **professional** *n* professionista *m/f* ▸ *adj* professionale; (*work*) da professionista
professor [prə'fɛsə^r] *n* professore *m* (*titolare di una cattedra*); (*US*) professore(-essa)
profile ['prəufaɪl] *n* profilo
profit ['prɔfɪt] *n* profitto; beneficio ▸ *vi* **to ~ (by** *or* **from)** approfittare (di);
profitable *adj* redditizio(-a)
profound [prə'faund] *adj* profondo(-a)
programme ['prəugræm] (*US* **program**) *n* programma *m* ▸ *vt* programmare; **programmer** (*US* **programer**) *n* programmatore(-trice); **programming** (*US* **programing**) *n* programmazione *f*
progress [*n* 'prəugrɛs, *vb* prə'grɛs] *n* progresso ▸ *vi* avanzare, procedere; **in ~** in corso; **to make ~** far progressi; **progressive** [-'grɛsɪv] *adj* progressivo(-a); (*person*) progressista
prohibit [prə'hɪbɪt] *vt* proibire, vietare
project [*n* 'prɔdʒɛkt, *vb* prə'dʒɛkt] *n* (*plan*) piano; (*venture*) progetto; (*Scol*) studio ▸ *vt* proiettare ▸ *vi* (*stick out*) sporgere; **projection** [prə'dʒɛkʃən] *n* proiezione *f*; sporgenza; **projector** [prə'dʒɛktə^r] *n* proiettore *m*
prolific [prə'lɪfɪk] *adj* (*artist etc*) fecondo(-a)
prolong [prə'lɔŋ] *vt* prolungare
prom [prɔm] *n abbr* = **promenade**; (*US: ball*) ballo studentesco

Prom
In Gran Bretagna i **Proms**, o "promenade concerts", sono concerti di musica classica, i più noti dei quali sono eseguiti nella prestigiosa **Royal Albert Hall** a Londra. Si chiamano così perché un tempo il pubblico seguiva i concerti in piedi, passeggiando (in inglese "promenade" voleva dire, appunto, passeggiata). Negli Stati Uniti, invece, con **prom**, si intende l'annuale ballo studentesco di un'università o di una scuola secondaria.

promenade [prɔmə'nɑ:d] *n* (*by sea*) lungomare *m*

P

prominent ['prɔmɪnənt] *adj* (*standing out*) prominente; (*important*) importante
promiscuous [prə'mɪskjuəs] *adj* (*sexually*) di facili costumi
promise ['prɔmɪs] *n* promessa ▸ *vt, vi* promettere; **to ~ sb sth, ~ sth to sb** promettere qc a qn; **to ~ (sb) that/to do sth** promettere (a qn) che/di fare qc; **promising** *adj* promettente
promote [prə'məut] *vt* promuovere; (*venture, event*) organizzare; **promotion** [-'məuʃən] *n* promozione *f*
prompt [prɔmpt] *adj* rapido(-a), svelto(-a); puntuale; (*reply*) sollecito(-a) ▸ *adv* (*punctually*) in punto ▸ *n* (*Comput*) prompt *m* ▸ *vt* incitare; provocare; (*Theatre*) suggerire a; **to ~ sb to do** incitare qn a fare; **promptly** *adv* prontamente; puntualmente
prone [prəun] *adj* (*lying*) prono(-a); **~ to** propenso(-a) a, incline a
prong [prɔŋ] *n* rebbio, punta
pronoun ['prəunaun] *n* pronome *m*
pronounce [prə'nauns] *vt* pronunciare; **how do you ~ it?** come si pronuncia?
pronunciation [prənʌnsɪ'eɪʃən] *n* pronuncia
proof [pru:f] *n* prova; (*of book*) bozza; (*Phot*) provino ▸ *adj* **~ against** a prova di
prop [prɔp] *n* sostegno, appoggio ▸ *vt* (*also:* **~ up**) sostenere, appoggiare; (*lean*): **to ~ sth against** appoggiare qc contro *or* a; **~s** oggetti *m inv* di scena ▹ **prop up** *vt* sostenere, appoggiare
propaganda [prɔpə'gændə] *n* propaganda
propeller [prə'pɛlə^r] *n* elica
proper ['prɔpə^r] *adj* (*suited, right*) adatto(-a), appropriato(-a); (*seemly*) decente; (*authentic*) vero(-a); (*inf: real*: *noun*) + vero(-a) e proprio(-a); **properly** ['prɔpəlɪ] *adv* (*eat, study*) bene; (*behave*) come si deve; **proper noun** *n* nome *m* proprio
property ['prɔpətɪ] *n* (*things owned*) beni *mpl*; (*land, building*) proprietà *f inv*; (*Chem etc: quality*) proprietà
prophecy ['prɔfɪsɪ] *n* profezia
prophet ['prɔfɪt] *n* profeta *m*
proportion [prə'pɔ:ʃən] *n* proporzione *f*; (*share*) parte *f*; **~s** *npl* (*size*) proporzioni *fpl*; **proportional** *adj* proporzionale
proposal [prə'pəuzl] *n* proposta; (*plan*) progetto; (*of marriage*) proposta di matrimonio
propose [prə'pəuz] *vt* proporre, suggerire ▸ *vi* fare una proposta di matrimonio; **to ~ to do** proporsi di fare, aver l'intenzione di fare
proposition [prɔpə'zɪʃən] *n* proposizione *f*; (*offer*) proposta
proprietor [prə'praɪətə^r] *n* proprietario(-a)
prose [prəuz] *n* prosa
prosecute ['prɔsɪkju:t] *vt* processare; **prosecution** [-'kju:ʃən] *n* processo; (*accusing side*) accusa; **prosecutor** *n* (*also:* **public prosecutor**) ≈ procuratore *m* della Repubblica
prospect [*n* 'prɔspɛkt, *vb* prə'spɛkt] *n* prospettiva; (*hope*) speranza ▸ *vi* **to ~ for** cercare; **~s** *npl* (*for work etc*) prospettive *fpl*; **prospective** [-'spɛktɪv] *adj* possibile; futuro(-a)
prospectus [prə'spɛktəs] *n* prospetto, programma *m*
prosper ['prɔspə^r] *vi* prosperare; **prosperity** [prɔ'spɛrɪtɪ] *n* prosperità; **prosperous** *adj* prospero(-a)
prostitute ['prɔstɪtju:t] *n* prostituta; **male ~** uomo che si prostituisce
protect [prə'tɛkt] *vt* proteggere, salvaguardare; **protection** *n* protezione *f*; **protective** *adj* protettivo(-a)

protein ['prəuti:n] *n* proteina
protest [*n* 'prəutɛst, *vb* prə'tɛst] *n* protesta ▸ *vt, vi* protestare
Protestant ['prɔtɪstənt] *adj, n* protestante *m/f*
protester [prə'tɛstə'] *n* dimostrante *m/f*
protractor [prə'træktə'] *n* (*Geom*) goniometro
proud [praud] *adj* fiero(-a), orgoglioso(-a); (*pej*) superbo(-a)
prove [pru:v] *vt* provare, dimostrare ▸ *vi* **to ~ (to be) correct** *etc* risultare vero(-a) *etc*; **to ~ o.s.** mostrare le proprie capacità
proverb ['prɔvə:b] *n* proverbio
provide [prə'vaɪd] *vt* fornire, provvedere; **to ~ sb with sth** fornire *or* provvedere qn di qc ▹ **provide for** *vt fus* provvedere a; (*future event*) prevedere; **provided** *conj* **provided (that)** purché *+sub*, a condizione che *+sub*; **providing** [prə'vaɪdɪŋ] *conj* purché *+sub*, a condizione che *+sub*
province ['prɔvɪns] *n* provincia; **provincial** [prə'vɪnʃəl] *adj* provinciale
provision [prə'vɪʒən] *n* (*supply*) riserva; (*supplying*) provvista; rifornimento; (*stipulation*) condizione *f*; **~s** *npl* (*food*) provviste *fpl*; **provisional** *adj* provvisorio(-a)
provocative [prə'vɔkətɪv] *adj* (*aggressive*) provocatorio(-a); (*thought-provoking*) stimolante; (*seductive*) provocante
provoke [prə'vəuk] *vt* provocare; incitare
prowl [praul] *vi* (*also:* **~ about, ~ around**) aggirarsi ▸ *n* **to be on the ~** aggirarsi
proximity [prɔk'sɪmɪtɪ] *n* prossimità
proxy ['prɔksɪ] *n* **by ~** per procura
prudent ['pru:dnt] *adj* prudente
prune [pru:n] *n* prugna secca ▸ *vt* potare
pry [praɪ] *vi* **to ~ into** ficcare il naso in
PS *abbr* (= *postscript*) P.S.
pseudonym ['sju:dənɪm] *n* pseudonimo
psychiatric [saɪkɪ'ætrɪk] *adj* psichiatrico(-a)
psychiatrist [saɪ'kaɪətrɪst] *n* psichiatra *m/f*
psychic ['saɪkɪk] *adj* (*also:* **~al**) psichico(-a); (*person*) dotato(-a) di qualità telepatiche
psychoanalysis [saɪkəuə'nælɪsɪs, -si:z] (*pl* **-ses**) *n* psicanalisi *f inv*
psychological [saɪkə'lɔdʒɪkl] *adj* psicologico(-a)
psychologist [saɪ'kɔlədʒɪst] *n* psicologo(-a)
psychology [saɪ'kɔlədʒɪ] *n* psicologia
psychotherapy [saɪkəu'θɛrəpɪ] *n* psicoterapia
pt *abbr* (= *pint; point*) pt.
PTO *abbr* (= *please turn over*) v.r.
pub [pʌb] *n abbr* (= *public house*) pub *m inv*
puberty ['pju:bətɪ] *n* pubertà
public ['pʌblɪk] *adj* pubblico(-a) ▸ *n* pubblico; **in ~** in pubblico
publication [pʌblɪ'keɪʃən] *n* pubblicazione *f*
public: **public company** *n* società *f inv* per azioni (*costituita tramite pubblica sottoscrizione*); **public convenience** (*BRIT*) *n* gabinetti *mpl*; **public holiday** *n* giorno festivo, festa nazionale; **public house** (*BRIT*) *n* pub *m inv*
publicity [pʌb'lɪsɪtɪ] *n* pubblicità
publicize ['pʌblisaɪz] *vt* rendere pubblico(-a)
public: **public limited company** *n* ≈ società per azioni a responsabilità limitata (*quotata in Borsa*); **publicly** ['pʌblɪklɪ] *adv* pubblicamente; **public opinion** *n* opinione *f* pubblica; **public relations** *n* pubbliche relazioni *fpl*; **public school** *n* (*BRIT*) scuola privata;

(*US*) scuola statale; **public transport** *n* mezzi *mpl* pubblici
publish ['pʌblɪʃ] *vt* pubblicare; **publisher** *n* editore *m*; **publishing** *n* (*industry*) editoria; (*of a book*) pubblicazione *f*
pub lunch *n pranzo semplice ed economico servito nei pub*
pudding ['pudɪŋ] *n* budino; (*BRIT*: *dessert*) dolce *m*; **black ~**, (*US*) **blood ~** sanguinaccio
puddle ['pʌdl] *n* pozza, pozzanghera
Puerto Rico ['pwə:təu'ri:kəu] *n* Portorico
puff [pʌf] *n* sbuffo ▸ *vt* **to ~ one's pipe** tirare sboccate di fumo ▸ *vi* (*pant*) ansare; **puff pastry** *n* pasta sfoglia
pull [pul] *n* (*tug*): **to give sth a ~** tirare su qc ▸ *vt* tirare; (*muscle*) strappare; (*trigger*) premere ▸ *vi* tirare; **to ~ to pieces** fare a pezzi; **to ~ one's punches** (*Boxing*) risparmiare l'avversario; **to ~ one's weight** dare il proprio contributo; **to ~ o.s. together** ricomporsi, riprendersi; **to ~ sb's leg** prendere in giro qn ▹ **pull apart** *vt* (*break*) fare a pezzi ▹ **pull away** *vi* (*move off*: *vehicle*) muoversi, partire; (*boat*) staccarsi dal molo, salpare; (*draw back*: *person*) indietreggiare ▹ **pull back** *vt* (*lever etc*) tirare indietro; (*curtains*) aprire ▸ *vi* (*from confrontation etc*) tirarsi indietro; (*Mil*: *withdraw*) ritirarsi ▹ **pull down** *vt* (*house*) demolire; (*tree*) abbattere ▹ **pull in** *vi* (*Aut*: *at the kerb*) accostarsi; (*Rail*) entrare in stazione ▹ **pull off** *vt* (*clothes*) togliere; (*deal etc*) portare a compimento ▹ **pull out** *vi* partire; (*Aut*: *come out of line*) spostarsi sulla mezzeria ▸ *vt* staccare; far uscire; (*withdraw*) ritirare ▹ **pull over** *vi* (*Aut*) accostare ▹ **pull up** *vi* (*stop*) fermarsi ▸ *vt* (*raise*) sollevare; (*uproot*) sradicare
pulley ['pulɪ] *n* puleggia, carrucola
pullover ['puləuvə^r] *n* pullover *m inv*
pulp [pʌlp] *n* (*of fruit*) polpa
pulpit ['pulpɪt] *n* pulpito
pulse [pʌls] *n* polso; (*Bot*) legume *m*; **~s** *npl* (*Culin*) legumi *mpl*
puma ['pju:mə] *n* puma *m inv*
pump [pʌmp] *n* pompa; (*shoe*) scarpetta ▸ *vt* pompare ▹ **pump up** *vt* gonfiare
pumpkin ['pʌmpkɪn] *n* zucca
pun [pʌn] *n* gioco di parole
punch [pʌntʃ] *n* (*blow*) pugno; (*tool*) punzone *m*; (*drink*) ponce *m* ▸ *vt* (*hit*): **to ~ sb/sth** dare un pugno a qn/qc; **punch-up** (*BRIT*: *inf*) *n* rissa
punctual ['pʌŋktjuəl] *adj* puntuale
punctuation [pʌŋktju'eɪʃən] *n* interpunzione *f*, punteggiatura
puncture ['pʌŋktʃə^r] *n* foratura ▸ *vt* forare

> Be careful not to translate **puncture** by the Italian word ***puntura***.

punish ['pʌnɪʃ] *vt* punire; **punishment** *n* punizione *f*
punk [pʌŋk] *n* (*also*: **~ rocker**) punk *m/f inv*; (*also*: **~ rock**) musica punk, punk rock *m*; (*US*: *inf*: *hoodlum*) teppista *m*
pup [pʌp] *n* cucciolo(-a)
pupil ['pju:pl] *n* allievo(-a); (*Anat*) pupilla
puppet ['pʌpɪt] *n* burattino
puppy ['pʌpɪ] *n* cucciolo(-a), cagnolino(-a)
purchase ['pə:tʃɪs] *n* acquisto, compera ▸ *vt* comprare
pure [pjuə^r] *adj* puro(-a); **purely** ['pjuəlɪ] *adv* puramente
purify ['pjuərɪfaɪ] *vt* purificare
purity ['pjuərɪtɪ] *n* purezza
purple ['pə:pl] *adj* di porpora; viola *inv*
purpose ['pə:pəs] *n* intenzione *f*, scopo; **on ~** apposta
purr [pə:^r] *vi* fare le fusa
purse [pə:s] *n* (*BRIT*) borsellino; (*US*)

borsetta ▸ *vt* contrarre

pursue [pə'sjuː] *vt* inseguire; (*fig*: *activity etc*) continuare con; (: *aim etc*) perseguire

pursuit [pə'sjuːt] *n* inseguimento; (*fig*) ricerca; (*pastime*) passatempo

pus [pʌs] *n* pus *m*

push [puʃ] *n* spinta; (*effort*) grande sforzo; (*drive*) energia ▸ *vt* spingere; (*button*) premere; (*thrust*): **to ~ sth (into)** ficcare qc (in); (*fig*) fare pubblicità a ▸ *vi* spingere; premere; **to ~ for** (*fig*) insistere per ▹ **push in** *vi* introdursi a forza ▹ **push off** (*inf*) *vi* filare ▹ **push on** *vi* (*continue*) continuare ▹ **push over** *vt* far cadere ▹ **push through** *vi* farsi largo spingendo ▸ *vt* (*measure*) far approvare; **pushchair** (*BRIT*) *n* passeggino; **pusher** *n* (*drug pusher*) spacciatore(-trice); **push-up** (*US*) *n* (*press-up*) flessione *f* sulle braccia

pussy(-cat) ['pusɪ(-)] (*inf*) *n* micio

put [put] (*pt*, *pp* **put**) *vt* mettere, porre; (*say*) dire, esprimere; (*a question*) fare; (*estimate*) stimare ▹ **put away** *vt* (*return*) mettere a posto ▹ **put back** *vt* (*replace*) rimettere (a posto); (*postpone*) rinviare; (*delay*) ritardare ▹ **put by** *vt* (*money*) mettere da parte ▹ **put down** *vt* (*parcel etc*) posare, mettere giù; (*pay*) versare, (*in writing*) mettere per iscritto; (*revolt*, *animal*) sopprimere; (*attribute*) attribuire ▹ **put forward** *vt* (*ideas*) avanzare, proporre ▹ **put in** *vt* (*application*, *complaint*) presentare; (*time*, *effort*) mettere ▹ **put off** *vt* (*postpone*) rimandare, rinviare; (*discourage*) dissuadere ▹ **put on** *vt* (*clothes*, *lipstick etc*) mettere; (*light etc*) accendere; (*play etc*) mettere in scena; (*food*, *meal*) mettere su; (*brake*) mettere; **to ~ on weight** ingrassare; **to ~ on airs** darsi delle arie ▹ **put out** *vt* mettere fuori; (*one's hand*) porgere; (*light etc*) spegnere; (*person*: *inconvenience*) scomodare ▹ **put through** *vt* (*Tel*: *call*) passare; (: *person*) mettere in comunicazione; (*plan*) far approvare ▹ **put up** *vt* (*raise*) sollevare, alzare; (: *umbrella*) aprire; (: *tent*) montare; (*pin up*) affiggere; (*hang*) appendere; (*build*) costruire, erigere; (*increase*) aumentare; (*accommodate*) alloggiare ▹ **put aside** *vt* (*lay down*: *book etc*) mettere da una parte, posare; (*save*) mettere da parte; (*in shop*) tenere da parte ▹ **put together** *vt* mettere insieme, riunire; (*assemble*: *furniture*) montare; (: *meal*) improvvisare ▹ **put up with** *vt fus* sopportare

putt [pʌt] *n* colpo leggero; **putting green** *n* green *m inv*; campo da putting

puzzle ['pʌzl] *n* enigma *m*, mistero; (*jigsaw*) puzzle *m*; (*also*: **crossword ~**) parole *fpl* incrociate, cruciverba *m inv* ▸ *vt* confondere, rendere perplesso(-a) ▸ *vi* scervellarsi; **puzzled** *adj* perplesso(-a); **puzzling** *adj* (*question*) poco chiaro(-a); (*attitude*, *set of instructions*) incomprensibile

pyjamas [pɪ'dʒɑːməz] (*BRIT*) *npl* pigiama *m*

pylon ['paɪlən] *n* pilone *m*

pyramid ['pɪrəmɪd] *n* piramide *f*

Pyrenees [pɪrɪ'niːz] *npl* **the ~** i Pirenei

q

quack [kwæk] *n* (*of duck*) qua qua *m inv*; (*pej*: *doctor*) dottoruccio(-a)
quadruple [kwɔ'drupl] *vt* quadruplicare ▸ *vi* quadruplicarsi
quail [kweɪl] *n* (*Zool*) quaglia ▸ *vi* (*person*): **to ~ at** *or* **before** perdersi d'animo davanti a
quaint [kweɪnt] *adj* bizzarro(-a); (*old-fashioned*) antiquato(-a); grazioso(-a), pittoresco(-a)
quake [kweɪk] *vi* tremare ▸ *n abbr* = **earthquake**
qualification [kwɔlɪfɪ'keɪʃən] *n* (*degree etc*) qualifica, titolo; (*ability*) competenza, qualificazione *f*; (*limitation*) riserva, restrizione *f*
qualified ['kwɔlɪfaɪd] *adj* qualificato(-a); (*able*): **~ to** competente in, qualificato(-a) a; (*limited*) condizionato(-a)
qualify ['kwɔlɪfaɪ] *vt* abilitare; (*limit*: *statement*) modificare, precisare ▸ *vi* **to ~ (as)** qualificarsi (come); **to ~ (for)** acquistare i requisiti necessari (per); (*Sport*) qualificarsi (per *or* a)
quality ['kwɔlɪtɪ] *n* qualità *f inv*
qualm [kwɑ:m] *n* dubbio; scrupolo
quantify ['kwɔntɪfaɪ] *vt* quantificare
quantity ['kwɔntɪtɪ] *n* quantità *f inv*
quarantine ['kwɔrnti:n] *n* quarantena
quarrel ['kwɔrl] *n* lite *f*, disputa ▸ *vi* litigare
quarry ['kwɔrɪ] *n* (*for stone*) cava; (*animal*) preda
quart [kwɔ:t] *n* ≈ litro
quarter ['kwɔ:tər] *n* quarto; (*US*: *coin*) quarto di dollaro; (*of year*) trimestre *m*; (*district*) quartiere *m* ▸ *vt* dividere in quattro; (*Mil*) alloggiare; **~s** *npl* (*living quarters*) alloggio; (*Mil*) alloggi *mpl*, quadrato; **a ~ of an hour** un quarto d'ora; **quarter final** *n* quarto di finale; **quarterly** *adj* trimestrale ▸ *adv* trimestralmente
quartet(te) [kwɔ:'tɛt] *n* quartetto
quartz [kwɔ:ts] *n* quarzo
quay [ki:] *n* (*also*: **~side**) banchina
queasy ['kwi:zɪ] *adj* (*stomach*) delicato(-a); **to feel ~** aver la nausea
queen [kwi:n] *n* (*gen*) regina; (*Cards etc*) regina, donna
queer [kwɪər] *adj* strano(-a), curioso(-a) ▸ *n* (*inf*) finocchio
quench [kwɛntʃ] *vt* **to ~ one's thirst** dissetarsi
query ['kwɪərɪ] *n* domanda, questione *f* ▸ *vt* mettere in questione
quest [kwɛst] *n* cerca, ricerca
question ['kwɛstʃən] *n* domanda, questione *f* ▸ *vt* (*person*) interrogare; (*plan, idea*) mettere in questione *or* in dubbio; **it's a ~ of doing** si tratta di fare; **beyond ~** fuori di dubbio; **out of the ~** fuori discussione, impossibile; **questionable** *adj* discutibile; **question mark** *n* punto interrogativo; **questionnaire** [kwɛstʃə'nɛər] *n* questionario
queue [kju:] (*BRIT*) *n* coda, fila ▸ *vi* fare la coda
quiche [ki:ʃ] *n torta salata a base di uova, formaggio, prosciutto o altro*
quick [kwɪk] *adj* rapido(-a), veloce; (*reply*) pronto(-a); (*mind*) pronto(-a), acuto(-a) ▸ *n* **cut to the ~** (*fig*) toccato(-a) sul vivo; **be ~!** fa presto!; **quickly** *adv* rapidamente, velocemente

quid [kwɪd] (*BRIT: inf*) *n inv* sterlina
quiet ['kwaɪət] *adj* tranquillo(-a), quieto(-a); (*ceremony*) semplice ▶ *n* tranquillità, calma ▶ *vt, vi* (*US*) = **quieten**; **keep ~!** sta zitto!; **quieten** (*also:* **quieten down**) *vi* calmarsi, chetarsi ▶ *vt* calmare, chetare; **quietly** *adv* tranquillamente, calmamente; sommessamente
quilt [kwɪlt] *n* trapunta; (*continental quilt*) piumino
quirky ['kwəːkɪ] *adj* stravagante
quit [kwɪt] (*pt, pp* **quit** *or* **quitted**) *vt* mollare; (*premises*) lasciare, partire da ▶ *vi* (*give up*) mollare; (*resign*) dimettersi
quite [kwaɪt] *adv* (*rather*) assai; (*entirely*) completamente, del tutto; **I ~ understand** capisco perfettamente; **that's not ~ big enough** non è proprio sufficiente; **~ a few of them** non pochi di loro; **~ (so)!** esatto!
quits [kwɪts] *adj* **~ (with)** pari (con); **let's call it ~** adesso siamo pari
quiver ['kwɪvə^r] *vi* tremare, fremere
quiz [kwɪz] *n* (*game*) quiz *m inv*; indovinello ▶ *vt* interrogare
quota ['kwəutə] *n* quota
quotation [kwəu'teɪʃən] *n* citazione *f*; (*of shares etc*) quotazione *f*; (*estimate*) preventivo; **quotation marks** *npl* virgolette *fpl*
quote [kwəut] *n* citazione *f* ▶ *vt* (*sentence*) citare; (*price*) dare, fissare; (*shares*) quotare ▶ *vi* **to ~ from** citare; **~s** *npl* = **quotation marks**

rabbi ['ræbaɪ] *n* rabbino
rabbit ['ræbɪt] *n* coniglio
rabies ['reɪbiːz] *n* rabbia
RAC (*BRIT*) *n abbr* = **Royal Automobile Club**
rac(c)oon [rə'kuːn] *n* procione *m*
race [reɪs] *n* razza; (*competition, rush*) corsa ▶ *vt* (*horse*) far correre ▶ *vi* correre; (*engine*) imballarsi; **race car** (*US*) *n* = **racing car**; **racecourse** *n* campo di corse, ippodromo; **racehorse** *n* cavallo da corsa; **racetrack** *n* pista
racial ['reɪʃl] *adj* razziale
racing ['reɪsɪŋ] *n* corsa; **racing car** (*BRIT*) *n* macchina da corsa; **racing driver** (*BRIT*) *n* corridore *m* automobilista
racism ['reɪsɪzəm] *n* razzismo; **racist** *adj, n* razzista *m/f*
rack [ræk] *n* rastrelliera; (*also:* **luggage ~**) rete *f*, portabagagli *m inv*; (*also:* **roof ~**) portabagagli; (*dish rack*) scolapiatti *m inv* ▶ *vt* **~ed by** torturato(-a) da; **to ~ one's brains** scervellarsi
racket ['rækɪt] *n* (*for tennis*) racchetta; (*noise*) fracasso; baccano; (*swindle*) imbroglio, truffa; (*organized crime*) racket *m inv*
racquet ['rækɪt] *n* racchetta
radar ['reɪdɑː^r] *n* radar *m*
radiation [reɪdɪ'eɪʃən] *n* irradiamento; (*radioactive*) radiazione *f*

r

radiator ['reɪdɪeɪtə^r] *n* radiatore *m*
radical ['rædɪkl] *adj* radicale
radio ['reɪdɪəu] *n* radio *f inv*; **on the ~** alla radio; **radioactive** [reɪdɪəu'æktɪv] *adj* radioattivo(-a); **radio station** *n* stazione *f* radio *inv*
radish ['rædɪʃ] *n* ravanello
RAF *n abbr* = **Royal Air Force**
raffle ['ræfl] *n* lotteria
raft [rɑːft] *n* zattera; (*also*: **life ~**) zattera di salvataggio
rag [ræg] *n* straccio, cencio; (*pej*: *newspaper*) giornalaccio, bandiera; (*for charity*) *iniziativa studentesca a scopo benefico*; **~s** *npl* (*torn clothes*) stracci *mpl*, brandelli *mpl*
rage [reɪdʒ] *n* (*fury*) collera, furia ▸ *vi* (*person*) andare su tutte le furie; (*storm*) infuriare; **it's all the ~** fa furore
ragged ['rægɪd] *adj* (*edge*) irregolare; (*clothes*) logoro(-a); (*appearance*) pezzente
raid [reɪd] *n* (*Mil*) incursione *f*; (*criminal*) rapina; (*by police*) irruzione *f* ▸ *vt* fare un'incursione in; rapinare; fare irruzione in
rail [reɪl] *n* (*on stair*) ringhiera; (*on bridge, balcony*) parapetto; (*of ship*) battagliola; **railcard** *n* (*BRIT*) tessera di riduzione ferroviaria; **railing(s)** *n(pl)* ringhiere *fpl*; **railroad** (*US*) *n* = **railway**; **railway** (*BRIT*: *irreg*) *n* ferrovia; **railway line** (*BRIT*) *n* linea ferroviaria; **railway station** (*BRIT*) *n* stazione *f* ferroviaria
rain [reɪn] *n* pioggia ▸ *vi* piovere; **in the ~** sotto la pioggia; **it's ~ing** piove; **rainbow** *n* arcobaleno; **raincoat** *n* impermeabile *m*; **raindrop** *n* goccia di pioggia; **rainfall** *n* pioggia; (*measurement*) piovosità; **rainforest** *n* foresta pluviale; **rainy** *adj* piovoso(-a)
raise [reɪz] *n* aumento ▸ *vt* (*lift*) alzare; sollevare; (*increase*) aumentare; (*a protest, doubt, question*) sollevare; (*cattle, family*) allevare; (*crop*) coltivare; (*army, funds*) raccogliere; (*loan*) ottenere; **to ~ one's voice** alzare la voce
raisin ['reɪzn] *n* uva secca
rake [reɪk] *n* (*tool*) rastrello ▸ *vt* (*garden*) rastrellare
rally ['rælɪ] *n* (*Pol etc*) riunione *f*; (*Aut*) rally *m inv*; (*Tennis*) scambio ▸ *vt* riunire, radunare ▸ *vi* (*sick person, Stock Exchange*) riprendersi
RAM [ræm] *n abbr* (= *random access memory*) memoria ad accesso casuale
ram [ræm] *n* montone *m*, ariete *m* ▸ *vt* conficcare; (*crash into*) cozzare, sbattere contro; percuotere; speronare
Ramadan [ræmə'dæn] *n* Ramadan *m inv*
ramble ['ræmbl] *n* escursione *f* ▸ *vi* (*pej*: *also*: **~ on**) divagare; **rambler** *n* escursionista *m/f*; (*Bot*) rosa rampicante; **rambling** *adj* (*speech*) sconnesso(-a); (*house*) tutto(-a) a nicchie e corridoi; (*Bot*) rampicante
ramp [ræmp] *n* rampa; **on/off ~** (*US Aut*) raccordo di entrata/uscita
rampage [ræm'peɪdʒ] *n* **to go on the ~** scatenarsi in modo violento
ran [ræn] *pt of* **run**
ranch [rɑːntʃ] *n* ranch *m inv*
random ['rændəm] *adj* fatto(-a) *or* detto(-a) per caso; (*Comput, Math*) casuale ▸ *n* **at ~** a casaccio
rang [ræŋ] *pt of* **ring**
range [reɪndʒ] *n* (*of mountains*) catena; (*of missile, voice*) portata; (*of proposals, products*) gamma; (*Mil*: *also*: **shooting ~**) campo di tiro; (*also*: **kitchen ~**) fornello, cucina economica ▸ *vt* disporre ▸ *vi* **to ~ over** coprire; **to ~ from ... to** andare da ... a
ranger ['reɪndʒə^r] *n* guardia forestale
rank [ræŋk] *n* fila; (*status, Mil*) grado; (*BRIT*: *also*: **taxi ~**) posteggio di

taxi ▸ *vi* **to ~ among** essere tra ▸ *adj* puzzolente; vero(-a) e proprio(-a); **the ~ and file** (*fig*) la gran massa
ransom ['rænsəm] *n* riscatto; **to hold sb to ~** (*fig*) esercitare pressione su qn
rant [rænt] *vi* vociare
rap [ræp] *vt* bussare a; picchiare su ▸ *n* (*music*) rap *m inv*
rape [reɪp] *n* violenza carnale, stupro; (*Bot*) ravizzone *m* ▸ *vt* violentare
rapid ['ræpɪd] *adj* rapido(-a); **rapidly** *adv* rapidamente; **rapids** *npl* (*Geo*) rapida
rapist ['reɪpɪst] *n* violentatore *m*
rapport [ræ'pɔːʳ] *n* rapporto
rare [rɛəʳ] *adj* raro(-a); (*Culin*: *steak*) al sangue; **rarely** ['rɛəlɪ] *adv* raramente
rash [ræʃ] *adj* imprudente, sconsiderato(-a) ▸ *n* (*Med*) eruzione *f*; (*of events etc*) scoppio
rasher ['ræʃəʳ] *n* fetta sottile (di lardo *or* prosciutto)
raspberry ['rɑːzbərɪ] *n* lampone *m*
rat [ræt] *n* ratto
rate [reɪt] *n* (*proportion*) tasso, percentuale *f*; (*speed*) velocità *f inv*; (*price*) tariffa ▸ *vt* giudicare; stimare; **~s** *npl* (*BRIT*: *property tax*) imposte *fpl* comunali; (*fees*) tariffe *fpl*; **to ~ sb/sth as** valutare qn/qc come
rather ['rɑːðəʳ] *adv* piuttosto; **it's ~ expensive** è piuttosto caro; (*too*) è un po' caro; **there's ~ a lot** ce n'è parecchio; **I would** *or* **I'd ~ go** preferirei andare
rating ['reɪtɪŋ] *n* (*assessment*) valutazione *f*; (*score*) punteggio di merito; **~s** *npl* (*Radio, TV*) indice *m* di ascolto
ratio ['reɪʃɪəu] *n* proporzione *f*, rapporto
ration ['ræʃən] *n* (*gen pl*) razioni *fpl* ▸ *vt* razionare; **~s** *npl* razioni *fpl*
rational ['ræʃənl] *adj* razionale, ragionevole; (*solution, reasoning*) logico(-a)
rattle ['rætl] *n* tintinnio; (*louder*) strepito; (*for baby*) sonaglino ▸ *vi* risuonare, tintinnare; fare un rumore di ferraglia ▸ *vt* scuotere (con strepito)
rave [reɪv] *vi* (*in anger*) infuriarsi; (*with enthusiasm*) andare in estasi; (*Med*) delirare ▸ *n* (*BRIT*: *inf*: *party*) rave *m inv*
raven ['reɪvən] *n* corvo
ravine [rə'viːn] *n* burrone *m*
raw [rɔː] *adj* (*uncooked*) crudo(-a); (*not processed*) greggio(-a); (*sore*) vivo(-a); (*inexperienced*) inesperto(-a); (*weather, day*) gelido(-a)
ray [reɪ] *n* raggio; **a ~ of hope** un barlume di speranza
razor ['reɪzəʳ] *n* rasoio; **razor blade** *n* lama di rasoio
Rd *abbr* = **road**
re [riː] *prep* con riferimento a
RE *n abbr* (*BRIT Mil*: = *Royal Engineers*) ≈ G.M. (*Genio Militare*); (*BRIT*) = **religious education**
reach [riːtʃ] *n* portata; (*of river etc*) tratto ▸ *vt* raggiungere; arrivare a ▸ *vi* stendersi; **out of/within ~** fuori/a portata di mano; **within ~ of the shops/station** vicino ai negozi/alla stazione ▷ **reach out** *vt* (*hand*) allungare ▸ *vi* **to ~ out for** stendere la mano per prendere
react [riː'ækt] *vi* reagire; **reaction** [-'ækʃən] *n* reazione *f*; **reactor** [riː'æktəʳ] *n* reattore *m*
read [riːd, *pt, pp* rɛd] (*pt, pp* **read**) *vi* leggere ▸ *vt* leggere; (*understand*) intendere, interpretare; (*study*) studiare ▷ **read out** *vt* leggere ad alta voce; **reader** *n* lettore(-trice); (*BRIT*: *at university*) *professore con funzioni preminenti di ricerca*
readily ['rɛdɪlɪ] *adv* volentieri; (*easily*) facilmente; (*quickly*) prontamente
reading ['riːdɪŋ] *n* lettura;

(*understanding*) interpretazione *f*; (*on instrument*) indicazione *f*

ready ['rɛdɪ] *adj* pronto(-a); (*willing*) pronto(-a), disposto(-a); (*available*) disponibile ▸ *n* **at the ~** (*Mil*) pronto a sparare; **when will my photos be ~?** quando saranno pronte le mie foto?; **to get ~** *vi* prepararsi ▸ *vt* preparare; **ready-made** *adj* prefabbricato(-a); (*clothes*) confezionato(-a)

real [rɪəl] *adj* reale; vero(-a); **in ~ terms** in realtà; **real ale** *n birra ad effervescenza naturale*; **real estate** *n* beni *mpl* immobili; **realistic** [-'lɪstɪk] *adj* realistico(-a); **reality** [ri:'ælɪtɪ] *n* realtà *f inv*; **reality TV** *n* reality TV *f*

realization [rɪəlaɪ'zeɪʃən] *n* presa di coscienza; realizzazione *f*

realize ['rɪəlaɪz] *vt* (*understand*) rendersi conto di

really ['rɪəlɪ] *adv* veramente, davvero; **~!** (*indicating annoyance*) oh, insomma!

realm [rɛlm] *n* reame *m*, regno

Realtor® ['rɪəltɔ:ʳ] (*US*) *n* agente *m* immobiliare

reappear [ri:ə'pɪəʳ] *vi* ricomparire, riapparire

rear [rɪəʳ] *adj* di dietro; (*Aut*: *wheel etc*) posteriore ▸ *n* didietro, parte *f* posteriore ▸ *vt* (*cattle, family*) allevare ▸ *vi* (*also*: **~ up**: *animal*) impennarsi

rearrange [ri:ə'reɪndʒ] *vt* riordinare

rear: **rear-view mirror** ['rɪəvju:-] *n* (*Aut*) specchio retrovisore; **rear-wheel drive** *n* trazione *fpl* posteriore

reason ['ri:zn] *n* ragione *f*; (*cause, motive*) ragione, motivo ▸ *vi* **to ~ with sb** far ragionare qn; **it stands to ~ that** è ovvio che; **reasonable** *adj* ragionevole; (*not bad*) accettabile; **reasonably** *adv* ragionevolmente; **reasoning** *n* ragionamento

reassurance [ri:ə'ʃuərəns] *n* rassicurazione *f*

reassure [ri:ə'ʃuəʳ] *vt* rassicurare; **to ~ sb of** rassicurare qn di *or* su

rebate ['ri:beɪt] *n* (*on tax etc*) sgravio

rebel [*n* 'rɛbl, *vb* rɪ'bɛl] *n* ribelle *m/f* ▸ *vi* ribellarsi; **rebellion** *n* ribellione *f*; **rebellious** *adj* ribelle

rebuild [ri:'bɪld] *vt irreg* ricostruire

recall [rɪ'kɔ:l] *vt* richiamare; (*remember*) ricordare, richiamare alla mente ▸ *n* richiamo

rec'd *abbr* = **received**

receipt [rɪ'si:t] *n* (*document*) ricevuta; (*act of receiving*) ricevimento; **~s** *npl* (*Comm*) introiti *mpl*; **can I have a ~, please?** posso avere una ricevuta, per favore?

receive [rɪ'si:v] *vt* ricevere; (*guest*) ricevere, accogliere; **receiver** [rɪ'si:vəʳ] *n* (*Tel*) ricevitore *m*; (*Radio, TV*) apparecchio ricevente; (*of stolen goods*) ricettatore(-trice); (*Comm*) curatore *m* fallimentare

recent ['ri:snt] *adj* recente; **recently** *adv* recentemente

reception [rɪ'sɛpʃən] *n* ricevimento; (*welcome*) accoglienza; (*TV etc*) ricezione *f*; **reception desk** *n* (*in hotel*) reception *f inv*; (*in hospital, at doctor's*) accettazione *f*; (*in offices etc*) portineria; **receptionist** *n* receptionist *m/f inv*

recession [rɪ'sɛʃən] *n* recessione *f*

recharge [ri:'tʃɑ:dʒ] *vt* (*battery*) ricaricare

recipe ['rɛsɪpɪ] *n* ricetta

recipient [rɪ'sɪpɪənt] *n* beneficiario(-a); (*of letter*) destinatario(-a)

recital [rɪ'saɪtl] *n* recital *m inv*

recite [rɪ'saɪt] *vt* (*poem*) recitare

reckless ['rɛkləs] *adj* (*driver etc*) spericolato(-a); (*spending*) folle

reckon ['rɛkən] *vt* (*count*) calcolare; (*think*): **I ~ that ...** penso che ...

reclaim [rɪ'kleɪm] *vt* (*demand back*) richiedere, reclamare; (*land*)

bonificare; (*materials*) recuperare
recline [rɪ'klaɪn] *vi* stare sdraiato(-a)
recognition [rɛkəg'nɪʃən] *n* riconoscimento; **transformed beyond ~** irriconoscibile
recognize ['rɛkəgnaɪz] *vt* **to ~ (by/as)** riconoscere (a *or* da/come)
recollection [rɛkə'lɛkʃən] *n* ricordo
recommend [rɛkə'mɛnd] *vt* raccomandare; (*advise*) consigliare; **can you ~ a good restaurant?** mi può consigliare un buon ristorante?; **recommendation** [rɛkəmɛn'deɪʃən] *n* raccomandazione *f*; consiglio
reconcile ['rɛkənsaɪl] *vt* (*two people*) riconciliare; (*two facts*) conciliare, quadrare; **to ~ o.s. to** rassegnarsi a
reconsider [ri:kən'sɪdə^r] *vt* riconsiderare
reconstruct [ri:kən'strʌkt] *vt* ricostruire
record [*n* 'rɛkɔ:d, *vb* rɪ'kɔ:d] *n* ricordo, documento; (*of meeting etc*) nota, verbale *m*; (*register*) registro; (*file*) pratica, dossier *m inv*; (*Comput*) record *m inv*; (*also*: **criminal ~**) fedina penale sporca; (*Mus*: *disc*) disco; (*Sport*) record *m inv*, primato ▸ *vt* (*set down*) prendere nota di, registrare; (*Mus*: *song etc*) registrare; **in ~ time** a tempo di record; **off the ~** *adj* ufficioso(-a) ▸ *adv* ufficiosamente; **recorded delivery** (*BRIT*) *n* (*Post*): **recorded delivery letter** *etc* lettera *etc* raccomandata; **recorder** *n* (*Mus*) flauto diritto; **recording** *n* (*Mus*) registrazione *f*; **record player** *n* giradischi *m inv*
recount [rɪ'kaunt] *vt* raccontare, narrare
recover [rɪ'kʌvə^r] *vt* ricuperare ▸ *vi* **to ~ (from)** riprendersi (da); **recovery** [rɪ'kʌvərɪ] *n* ricupero; ristabilimento; ripresa

Be careful not to translate **recover** by the Italian word ***ricoverare***.

recreate [ri:krɪ'eɪt] *vt* ricreare
recreation [rɛkrɪ'eɪʃən] *n* ricreazione *f*; svago; **recreational drug** [rɛkrɪ'eɪʃənl-] *n sostanza stupefacente usata a scopo ricreativo*; **recreational vehicle** (*US*) *n* camper *m inv*
recruit [rɪ'kru:t] *n* recluta; (*in company*) nuovo(-a) assunto(-a) ▸ *vt* reclutare; **recruitment** *n* reclutamento
rectangle ['rɛktæŋgl] *n* rettangolo; **rectangular** [-'tæŋgjulə^r] *adj* rettangolare
rectify ['rɛktɪfaɪ] *vt* (*error*) rettificare; (*omission*) riparare
rector ['rɛktə^r] *n* (*Rel*) parroco (*anglicano*)
recur [rɪ'kə:^r] *vi* riaccadere; (*symptoms*) ripresentarsi; **recurring** *adj* (*Math*) periodico(-a)
recyclable [ri:'saɪkləbl] *adj* riciclabile
recycle [ri:'saɪkl] *vt* riciclare
recycling [ri:'saɪklɪŋ] *n* riciclaggio
red [rɛd] *n* rosso; (*Pol*: *pej*) rosso(-a) ▸ *adj* rosso(-a); **in the ~** (*account*) scoperto; (*business*) in deficit; **Red Cross** *n* Croce *f* Rossa; **redcurrant** *n* ribes *m inv*
redeem [rɪ'di:m] *vt* (*debt*) riscattare; (*sth in pawn*) ritirare; (*fig*, *also Rel*) redimere
red: **red-haired** [-'hɛəd] *adj* dai capelli rossi; **redhead** ['rɛdhɛd] *n* rosso(-a); **red-hot** *adj* arroventato(-a); **red light** *n* **to go through a red light** (*Aut*) passare col rosso; **red-light district** ['rɛdlaɪt-] *n* quartiere *m* a luci rosse; **red meat** *n* carne *f* rossa
reduce [rɪ'dju:s] *vt* ridurre; (*lower*) ridurre, abbassare; **"~ speed now"** (*Aut*) "rallentare"; **at a ~d price** scontato(-a); **reduced** *adj* (*decreased*) ridotto(-a); **at a reduced price** a prezzo ribassato *or* ridotto; **"greatly reduced prices"** "grandi ribassi"; **reduction** [rɪ'dʌkʃən] *n* riduzione *f*;

(*of price*) ribasso; (*discount*) sconto; **is there a reduction for children/ students?** ci sono riduzioni per i bambini/gli studenti?

redundancy [rɪ'dʌndənsɪ] *n* licenziamento

redundant [rɪ'dʌndnt] *adj* (*worker*) licenziato(-a); (*detail, object*) superfluo(-a); **to be made ~** essere licenziato (per eccesso di personale)

reed [ri:d] *n* (*Bot*) canna; (*Mus: of clarinet etc*) ancia

reef [ri:f] *n* (*at sea*) scogliera

reel [ri:l] *n* bobina, rocchetto; (*Fishing*) mulinello; (*Cinema*) rotolo; (*dance*) *danza veloce scozzese* ▸ *vi* (*sway*) barcollare

ref [rɛf] (*inf*) *n abbr* (= *referee*) arbitro

refectory [rɪ'fɛktərɪ] *n* refettorio

refer [rɪ'fə:ʳ] *vt* **to ~ sth to** (*dispute, decision*) deferire qc a; **to ~ sb to** (*inquirer, Med: patient*) indirizzare qn a; (*reader: to text*) rimandare qn a ▸ *vi* **~ to** (*allude to*) accennare a; (*consult*) rivolgersi a

referee [rɛfə'ri:] *n* arbitro; (*BRIT: for job application*) referenza ▸ *vt* arbitrare

reference ['rɛfrəns] *n* riferimento; (*mention*) menzione *f*, allusione *f*; (*for job application*) referenza; **with ~ to** (*Comm: in letter*) in *or* con riferimento a; **reference number** *n* numero di riferimento

refill [*vb* ri:'fɪl, *n* 'ri:fɪl] *vt* riempire di nuovo; (*pen, lighter etc*) ricaricare ▸ *n* (*for pen etc*) ricambio

refine [rɪ'faɪn] *vt* raffinare; **refined** *adj* (*person, taste*) raffinato(-a); **refinery** *n* raffineria

reflect [rɪ'flɛkt] *vt* (*light, image*) riflettere; (*fig*) rispecchiare ▸ *vi* (*think*) riflettere, considerare; **it ~s badly/ well on him** si ripercuote su di lui in senso negativo/positivo; **reflection** [-'flɛkʃən] *n* riflessione *f*; (*image*) riflesso; (*criticism*): **reflection on** giudizio su; attacco a; **on reflection** pensandoci sopra

reflex ['ri:flɛks] *adj* riflesso(-a) ▸ *n* riflesso

reform [rɪ'fɔ:m] *n* (*of sinner etc*) correzione *f*; (*of law etc*) riforma ▸ *vt* correggere; riformare

refrain [rɪ'freɪn] *vi* **to ~ from doing** trattenersi dal fare ▸ *n* ritornello

refresh [rɪ'frɛʃ] *vt* rinfrescare; (*food, sleep*) ristorare; **refreshing** *adj* (*drink*) rinfrescante; (*sleep*) riposante, ristoratore(-trice); **refreshments** *npl* rinfreschi *mpl*

refrigerator [rɪ'frɪdʒəreɪtəʳ] *n* frigorifero

refuel [ri:'fjuəl] *vi* far rifornimento (di carburante)

refuge ['rɛfju:dʒ] *n* rifugio; **to take ~ in** rifugiarsi in; **refugee** [rɛfju'dʒi:] *n* rifugiato(-a), profugo(-a)

refund [*n* 'ri:fʌnd, *vb* rɪ'fʌnd] *n* rimborso ▸ *vt* rimborsare

refurbish [ri:'fə:bɪʃ] *vt* rimettere a nuovo

refusal [rɪ'fju:zəl] *n* rifiuto; **to have first ~ on** avere il diritto d'opzione su

refuse [*n* 'rɛfju:s, *vb* rɪ'fju:z] *n* rifiuti *mpl* ▸ *vt, vi* rifiutare; **to ~ to do** rifiutare di fare

regain [rɪ'geɪn] *vt* riguadagnare; riacquistare, ricuperare

regard [rɪ'gɑ:d] *n* riguardo, stima ▸ *vt* considerare, stimare; **to give one's ~s to** porgere i suoi saluti a; **"with kindest ~s"** "cordiali saluti"; **regarding** *prep* riguardo a, per quanto riguarda; **regardless** *adv* lo stesso; **regardless of** a dispetto di, nonostante

regenerate [rɪ'dʒɛnəreɪt] *vt* rigenerare

reggae ['rɛgeɪ] *n* reggae *m*

regiment ['rɛdʒɪmənt] *n* reggimento

region ['ri:dʒən] *n* regione *f*; **in the ~ of** (*fig*) all'incirca di; **regional** *adj* regionale
register ['rɛdʒɪstəʳ] *n* registro; (*also:* **electoral ~**) lista elettorale ▸ *vt* registrare; (*vehicle*) immatricolare; (*letter*) assicurare; (*instrument*) segnare ▸ *vi* iscriversi; (*at hotel*) firmare il registro; (*make impression*) entrare in testa; **registered** (*BRIT*) *adj* (*letter*) assicurato(-a)
registrar ['rɛdʒɪstrɑːʳ] *n* ufficiale *m* di stato civile; segretario
registration [rɛdʒɪs'treɪʃən] *n* (*act*) registrazione *f*; iscrizione *f*; (*Aut: also:* **~ number**) numero di targa
registry office (*BRIT*) *n* anagrafe *f*; **to get married in a ~** ≈ sposarsi in municipio
regret [rɪ'grɛt] *n* rimpianto, rincrescimento ▸ *vt* rimpiangere; **regrettable** *adj* deplorevole
regular ['rɛgjuləʳ] *adj* regolare; (*usual*) abituale, normale; (*soldier*) dell'esercito regolare ▸ *n* (*client etc*) cliente *m/f* abituale; **regularly** *adv* regolarmente
regulate ['rɛgjuleɪt] *vt* regolare; **regulation** [-'leɪʃən] *n* regolazione *f*; (*rule*) regola, regolamento
rehabilitation ['ri:həbɪlɪ'teɪʃən] *n* (*of offender*) riabilitazione *f*; (*of disabled*) riadattamento
rehearsal [rɪ'hə:səl] *n* prova
rehearse [rɪ'hə:s] *vt* provare
reign [reɪn] *n* regno ▸ *vi* regnare
reimburse [ri:ɪm'bə:s] *vt* rimborsare
rein [reɪn] *n* (*for horse*) briglia
reincarnation [ri:ɪnkɑ:'neɪʃən] *n* reincarnazione *f*
reindeer ['reɪndɪəʳ] *n inv* renna
reinforce [ri:ɪn'fɔ:s] *vt* rinforzare; **reinforcements** *npl* (*Mil*) rinforzi *mpl*
reinstate [ri:ɪn'steɪt] *vt* reintegrare
reject [*n* 'ri:dʒɛkt, *vb* rɪ'dʒɛkt] *n* (*Comm*) scarto ▸ *vt* rifiutare, respingere; (*Comm: goods*) scartare; **rejection** [rɪ'dʒɛkʃən] *n* rifiuto
rejoice [rɪ'dʒɔɪs] *vi* **to ~ (at** *or* **over)** provare diletto in
relate [rɪ'leɪt] *vt* (*tell*) raccontare; (*connect*) collegare ▸ *vi* **to ~ to** (*connect*) riferirsi a; (*get on with*) stabilire un rapporto con; **relating to** che riguarda, rispetto a; **related** *adj* **related (to)** imparentato(-a) (con); collegato(-a) *or* connesso(-a) (a)
relation [rɪ'leɪʃən] *n* (*person*) parente *m/f*; (*link*) rapporto, relazione *f*; **~s** *npl* (*relatives*) parenti *mpl*; **relationship** *n* rapporto; (*personal ties*) rapporti *mpl*, relazioni *fpl*; (*also:* **family relationship**) legami *mpl* di parentela
relative ['rɛlətɪv] *n* parente *m/f* ▸ *adj* relativo(-a); (*respective*) rispettivo(-a); **relatively** *adv* relativamente; (*fairly, rather*) abbastanza
relax [rɪ'læks] *vi* rilasciarsi; (*person: unwind*) rilassarsi ▸ *vt* rilasciare; (*mind, person*) rilassare; **relaxation** [ri:læk'seɪʃən] *n* rilasciamento; rilassamento; (*entertainment*) ricreazione *f*, svago; **relaxed** *adj* rilassato(-a); **relaxing** *adj* rilassante
relay ['ri:leɪ] *n* (*Sport*) corsa a staffetta ▸ *vt* (*message*) trasmettere
release [rɪ'li:s] *n* (*from prison*) rilascio; (*from obligation*) liberazione *f*; (*of gas etc*) emissione *f*; (*of film etc*) distribuzione *f*; (*record*) disco; (*device*) disinnesto ▸ *vt* (*prisoner*) rilasciare; (*from obligation, wreckage etc*) liberare; (*book, film*) fare uscire; (*news*) rendere pubblico(-a); (*gas etc*) emettere; (*Tech: catch, spring etc*) disinnestare
relegate ['rɛləgeɪt] *vt* relegare; (*BRIT Sport*): **to be ~d** essere retrocesso(-a)
relent [rɪ'lɛnt] *vi* cedere; **relentless** *adj* implacabile
relevant ['rɛləvənt] *adj* pertinente;

r

(*chapter*) in questione; **~ to** pertinente a

Be careful not to translate **relevant** by the Italian word ***rilevante***.

reliable [rɪ'laɪəbl] *adj* (*person, firm*) fidato(-a), che dà affidamento; (*method*) sicuro(-a); (*machine*) affidabile

relic ['rɛlɪk] *n* (*Rel*) reliquia; (*of the past*) resto

relief [rɪ'li:f] *n* (*from pain, anxiety*) sollievo; (*help, supplies*) soccorsi *mpl*; (*Art, Geo*) rilievo

relieve [rɪ'li:v] *vt* (*pain, patient*) sollevare; (*bring help*) soccorrere; (*take over from: gen*) sostituire; (*: guard*) rilevare; **to ~ sb of sth** (*load*) alleggerire qn di qc; **to ~ o.s.** fare i propri bisogni; **relieved** *adj* sollevato(-a); **to be relieved that ...** essere sollevato(-a) (dal fatto) che ...; **I'm relieved to hear it** mi hai tolto un peso con questa notizia

religion [rɪ'lɪdʒən] *n* religione *f*

religious [rɪ'lɪdʒəs] *adj* religioso(-a); **religious education** *n* religione *f*

relish ['rɛlɪʃ] *n* (*Culin*) condimento; (*enjoyment*) gran piacere *m* ▶ *vt* (*food etc*) godere; **to ~ doing** adorare fare

relocate ['ri:ləu'keɪt] *vt* trasferire ▶ *vi* trasferirsi

reluctance [rɪ'lʌktəns] *n* riluttanza

reluctant [rɪ'lʌktənt] *adj* riluttante, mal disposto(-a); **reluctantly** *adv* di mala voglia, a malincuore

rely [rɪ'laɪ]: **to ~ on** *vt fus* contare su; (*be dependent*) dipendere da

remain [rɪ'meɪn] *vi* restare, rimanere; **remainder** *n* resto; (*Comm*) rimanenza; **remaining** *adj* che rimane; **remains** *npl* resti *mpl*

remand [rɪ'ma:nd] *n* **on ~** in detenzione preventiva ▶ *vt* **to ~ in custody** rinviare in carcere; trattenere a disposizione della legge

remark [rɪ'ma:k] *n* osservazione *f* ▶ *vt* osservare, dire; **remarkable** *adj* notevole; eccezionale

remarry [ri:'mærɪ] *vi* risposarsi

remedy ['rɛmədɪ] *n* **~ (for)** rimedio (per) ▶ *vt* rimediare a

remember [rɪ'mɛmbə[r]] *vt* ricordare, ricordarsi di; **~ me to him** salutalo da parte mia; **Remembrance Day** [rɪ'mɛmbrəns-] *n* *11 novembre, giorno della commemorazione dei caduti in guerra*

Remembrance Day
In Gran Bretagna, il **Remembrance Day** è un giorno di commemorazione dei caduti in guerra. Si celebra ogni anno la domenica più vicina all'11 novembre, anniversario della firma dell'armistizio con la Germania nel 1918.

remind [rɪ'maɪnd] *vt* **to ~ sb of sth** ricordare qc a qn; **to ~ sb to do** ricordare a qn di fare; **reminder** *n* richiamo; (*note etc*) promemoria *m inv*

reminiscent [rɛmɪ'nɪsnt] *adj* **~ of** che fa pensare a, che richiama

remnant ['rɛmnənt] *n* resto, avanzo

remorse [rɪ'mɔ:s] *n* rimorso

remote [rɪ'məut] *adj* remoto(-a), lontano(-a); (*person*) distaccato(-a); **remote control** *n* telecomando; **remotely** *adv* remotamente; (*slightly*) vagamente

removal [rɪ'mu:vəl] *n* (*taking away*) rimozione *f*; soppressione *f*; (*BRIT: from house*) trasloco; (*from office: dismissal*) destituzione *f*; (*Med*) ablazione *f*; **removal man** (*irreg*) *n* (*BRIT*) addetto ai traslochi; **removal van** (*BRIT*) *n* furgone *m* per traslochi

remove [rɪ'mu:v] *vt* togliere, rimuovere; (*employee*) destituire; (*stain*) far sparire; (*doubt, abuse*) sopprimere, eliminare

Renaissance [rɪ'neɪsɑ̃:ns] *n* **the ~** il Rinascimento
rename [ri:'neɪm] *vt* ribattezzare
render ['rɛndəʳ] *vt* rendere
rendezvous ['rɔndɪvu:] *n* appuntamento; (*place*) luogo d'incontro; (*meeting*) incontro
renew [rɪ'nju:] *vt* rinnovare; (*negotiations*) riprendere; **renewable** *adj* (*contract, energy*) rinnovabile
renovate ['rɛnəveɪt] *vt* rinnovare
renowned [rɪ'naund] *adj* rinomato(-a)
rent [rɛnt] *n* affitto ▸ *vt* (*take for rent*) prendere in affitto; (*also:* **~ out**) dare in affitto; **rental** *n* (*for car etc*) fitto
reorganize [ri:'ɔ:gənaɪz] *vt* riorganizzare
rep [rɛp] *n abbr* (*Comm:* = *representative*) rappresentante *m/f*; (*Theatre:* = *repertory*) teatro di repertorio
repair [rɪ'pɛəʳ] *n* riparazione *f* ▸ *vt* riparare; **in good/bad ~** in buone/ cattive condizioni; **where can I get this ~ed?** dove lo posso far riparare?; **repair kit** *n* corredo per riparazioni
repay [ri:'peɪ] (*irreg*) *vt* (*money, creditor*) rimborsare, ripagare; (*sb's efforts*) ricompensare; (*favour*) ricambiare; **repayment** *n* pagamento; rimborso
repeat [rɪ'pi:t] *n* (*Radio, TV*) replica ▸ *vt* ripetere; (*pattern*) riprodurre; (*promise, attack, also Comm: order*) rinnovare ▸ *vi* ripetere; **can you ~ that, please?** può ripetere, per favore?; **repeatedly** *adv* ripetutamente, spesso; **repeat prescription** *n* (*BRIT*) ricetta ripetibile
repellent [rɪ'pɛlənt] *adj* repellente ▸ *n* **insect ~** prodotto *m* anti-insetti *inv*
repercussions [ri:pə'kʌʃənz] *npl* ripercussioni *fpl*
repetition [rɛpɪ'tɪʃən] *n* ripetizione *f*
repetitive [rɪ'pɛtɪtɪv] *adj* (*movement*) che si ripete; (*work*) monotono(-a); (*speech*) pieno(-a) di ripetizioni
replace [rɪ'pleɪs] *vt* (*put back*) rimettere a posto; (*take the place of*) sostituire; **replacement** *n* rimessa; sostituzione *f*; (*person*) sostituto(-a)
replay ['ri:pleɪ] *n* (*of match*) partita ripetuta; (*of tape, film*) replay *m inv*
replica ['rɛplɪkə] *n* replica, copia
reply [rɪ'plaɪ] *n* risposta ▸ *vi* rispondere
report [rɪ'pɔ:t] *n* rapporto; (*Press etc*) cronaca; (*BRIT: also:* **school ~**) pagella; (*of gun*) sparo ▸ *vt* riportare; (*Press etc*) fare una cronaca su; (*bring to notice: occurrence*) segnalare; (*: person*) denunciare ▸ *vi* (*make a report*) fare un rapporto (*or* una cronaca); (*present o.s.*): **to ~ (to sb)** presentarsi (a qn); **I'd like to ~ a theft** vorrei denunciare un furto; **report card** (*US, SCOTTISH*) *n* pagella; **reportedly** *adv* stando a quanto si dice; **he reportedly told them to ...** avrebbe detto loro di ...; **reporter** *n* reporter *m inv*
represent [rɛprɪ'zɛnt] *vt* rappresentare; **representation** [-'teɪʃən] *n* rappresentazione *f*; (*petition*) rappresentanza; **representative** *n* rappresentante *m/f*; (*US Pol*) deputato(-a) ▸ *adj* rappresentativo(-a)
repress [rɪ'prɛs] *vt* reprimere; **repression** [-'prɛʃən] *n* repressione *f*
reprimand ['rɛprɪma:nd] *n* rimprovero ▸ *vt* rimproverare
reproduce [ri:prə'dju:s] *vt* riprodurre ▸ *vi* riprodursi; **reproduction** [-'dʌkʃən] *n* riproduzione *f*
reptile ['rɛptaɪl] *n* rettile *m*
republic [rɪ'pʌblɪk] *n* repubblica; **republican** *adj, n* repubblicano(-a)
reputable ['rɛpjutəbl] *adj* di buona reputazione; (*occupation*) rispettabile
reputation [rɛpju'teɪʃən] *n* reputazione *f*

request [rɪ'kwɛst] *n* domanda; (*formal*) richiesta ▸ *vt* **to ~ (of** *or* **from sb)** chiedere (a qn); **request stop** (*BRIT*) *n* (*for bus*) fermata facoltativa *or* a richiesta

require [rɪ'kwaɪəʳ] *vt* (*need: person*) aver bisogno di; (*: thing, situation*) richiedere; (*want*) volere; esigere; (*order*): **to ~ sb to do sth** ordinare a qn di fare qc; **requirement** *n* esigenza; bisogno; requisito

resat [ri:'sæt] *pt, pp of* **resit**

rescue ['rɛskju:] *n* salvataggio; (*help*) soccorso ▸ *vt* salvare

research [rɪ'sə:tʃ] *n* ricerca, ricerche *fpl* ▸ *vt* fare ricerche su

resemblance [rɪ'zɛmbləns] *n* somiglianza

resemble [rɪ'zɛmbl] *vt* assomigliare a

resent [rɪ'zɛnt] *vt* risentirsi di; **resentful** *adj* pieno(-a) di risentimento; **resentment** *n* risentimento

reservation [rɛzə'veɪʃən] *n* (*booking*) prenotazione *f*; (*doubt*) dubbio; (*protected area*) riserva; (*BRIT: on road: also:* **central ~**) spartitraffico *m inv*; **reservation desk** (*US*) *n* (*in hotel*) reception *f inv*

reserve [rɪ'zə:v] *n* riserva ▸ *vt* (*seats etc*) prenotare; **reserved** *adj* (*shy*) riservato(-a)

reservoir ['rɛzəvwɑ:ʳ] *n* serbatoio

residence ['rɛzɪdəns] *n* residenza; **residence permit** (*BRIT*) *n* permesso di soggiorno

resident ['rɛzɪdənt] *n* residente *m/f*; (*in hotel*) cliente *m/f* fisso(-a) ▸ *adj* residente; (*doctor*) fisso(-a); (*course, college*) a tempo pieno con pernottamento; **residential** [-'dɛnʃəl] *adj* di residenza; (*area*) residenziale

residue ['rɛzɪdju:] *n* resto; (*Chem, Physics*) residuo

resign [rɪ'zaɪn] *vt* (*one's post*) dimettersi da ▸ *vi* dimettersi; **to ~ o.s. to** rassegnarsi a; **resignation** [rɛzɪg'neɪʃən] *n* dimissioni *fpl*; rassegnazione *f*

resin ['rɛzɪn] *n* resina

resist [rɪ'zɪst] *vt* resistere a; **resistance** *n* resistenza

resit ['ri:sɪt] (*BRIT*) (*pt, pp* **resat**) *vt* (*exam*) ripresentarsi a; (*subject*) ridare l'esame di ▸ *n* **he's got his French ~ on Friday** deve ridare l'esame di francese venerdì

resolution [rɛzə'lu:ʃən] *n* risoluzione *f*

resolve [rɪ'zɔlv] *n* risoluzione *f* ▸ *vi* (*decide*): **to ~ to do** decidere di fare ▸ *vt* (*problem*) risolvere

resort [rɪ'zɔ:t] *n* (*town*) stazione *f*; (*recourse*) ricorso ▸ *vi* **to ~ to** aver ricorso a; **in the last ~** come ultima risorsa

resource [rɪ'sɔ:s] *n* risorsa; **resourceful** *adj* pieno(-a) di risorse, intraprendente

respect [rɪs'pɛkt] *n* rispetto ▸ *vt* rispettare; **respectable** *adj* rispettabile; **respectful** *adj* rispettoso(-a); **respective** [rɪs'pɛktɪv] *adj* rispettivo(-a); **respectively** *adv* rispettivamente

respite ['rɛspaɪt] *n* respiro, tregua

respond [rɪs'pɔnd] *vi* rispondere; **response** [rɪs'pɔns] *n* risposta

responsibility [rɪspɔnsɪ'bɪlɪtɪ] *n* responsabilità *f inv*

responsible [rɪs'pɔnsɪbl] *adj* (*trustworthy*) fidato(-a); (*job*) di (grande) responsabilità; **~ (for)** responsabile (di); **responsibly** *adv* responsabilmente

responsive [rɪs'pɔnsɪv] *adj* che reagisce

rest [rɛst] *n* riposo; (*stop*) sosta, pausa; (*Mus*) pausa; (*object: to support sth*) appoggio, sostegno; (*remainder*) resto, avanzi *mpl* ▸ *vi* riposarsi;

(*remain*) rimanere, restare; (*be supported*): **to ~ on** appoggiarsi su ▸ *vt* (far) riposare; (*lean*): **to ~ sth on/against** appoggiare qc su/contro; **the ~ of them** gli altri; **it ~s with him to decide** sta a lui decidere

restaurant ['rɛstərɔŋ] *n* ristorante *m*; **restaurant car** (*BRIT*) *n* vagone *m* ristorante

restless ['rɛstlɪs] *adj* agitato(-a), irrequieto(-a)

restoration [rɛstə'reɪʃən] *n* restauro; restituzione *f*

restore [rɪ'stɔːʳ] *vt* (*building, to power*) restaurare; (*sth stolen*) restituire; (*peace, health*) ristorare

restrain [rɪs'treɪn] *vt* (*feeling, growth*) contenere, frenare; (*person*): **to ~ (from doing)** trattenere (dal fare); **restraint** *n* (*restriction*) limitazione *f*; (*moderation*) ritegno; (*of style*) contenutezza

restrict [rɪs'trɪkt] *vt* restringere, limitare; **restriction** [-kʃən] *n* **restriction (on)** restrizione *f* (di), limitazione *f*

rest room (*US*) *n* toletta

restructure [riː'strʌktʃəʳ] *vt* ristrutturare

result [rɪ'zʌlt] *n* risultato ▸ *vi* **to ~ in** avere per risultato; **as a ~ of** in *or* di conseguenza a, in seguito a

resume [rɪ'zjuːm] *vt, vi* (*work, journey*) riprendere

résumé ['reɪzjumeɪ] *n* riassunto; (*US*) curriculum *m inv* vitae

resuscitate [rɪ'sʌsɪteɪt] *vt* (*Med*) risuscitare

retail ['riːteɪl] *adj, adv* al minuto ▸ *vt* vendere al minuto; **retailer** *n* commerciante *m/f* al minuto, dettagliante *m/f*

retain [rɪ'teɪn] *vt* (*keep*) tenere, serbare

retaliation [rɪtælɪ'eɪʃən] *n* rappresaglie *fpl*

retarded [rɪ'tɑːdɪd] *adj* ritardato(-a)

retire [rɪ'taɪəʳ] *vi* (*give up work*) andare in pensione; (*withdraw*) ritirarsi, andarsene; (*go to bed*) andare a letto, ritirarsi; **retired** *adj* (*person*) pensionato(-a); **retirement** *n* pensione *f*; (*act*) pensionamento

retort [rɪ'tɔːt] *vi* rimbeccare

retreat [rɪ'triːt] *n* ritirata; (*place*) rifugio ▸ *vi* battere in ritirata

retrieve [rɪ'triːv] *vt* (*sth lost*) ricuperare, ritrovare; (*situation, honour*) salvare; (*error, loss*) rimediare a

retrospect ['rɛtrəspɛkt] *n* **in ~** guardando indietro; **retrospective** [-'spɛktɪv] *adj* retrospettivo(-a); (*law*) retroattivo(-a)

return [rɪ'təːn] *n* (*going or coming back*) ritorno; (*of sth stolen etc*) restituzione *f*; (*Finance: from land, shares*) profitto, reddito ▸ *cpd* (*journey, match*) di ritorno; (*BRIT: ticket*) di andata e ritorno ▸ *vi* tornare, ritornare ▸ *vt* rendere, restituire; (*bring back*) riportare; (*send back*) mandare indietro; (*put back*) rimettere; (*Pol: candidate*) eleggere; **~s** *npl* (*Comm*) incassi *mpl*; profitti *mpl*; **in ~ (for)** in cambio (di); **by ~ of post** a stretto giro di posta; **many happy ~s (of the day)!** cento di questi giorni!; **return ticket** *n* (*esp BRIT*) biglietto di andata e ritorno

reunion [riː'juːnɪən] *n* riunione *f*

reunite [riːjuː'naɪt] *vt* riunire

revamp ['riː'væmp] *vt* (*firm*) riorganizzare

reveal [rɪ'viːl] *vt* (*make known*) rivelare, svelare; (*display*) rivelare, mostrare; **revealing** *adj* rivelatore(-trice); (*dress*) scollato(-a)

revel ['rɛvl] *vi* **to ~ in sth/in doing** dilettarsi di qc/a fare

revelation [rɛvə'leɪʃən] *n* rivelazione *f*

revenge [rɪ'vɛndʒ] *n* vendetta ▸ *vt*

vendicare; **to take ~ on** vendicarsi di
revenue ['rɛvənju:] *n* reddito
Reverend ['rɛvərənd] *adj (in titles)* reverendo(-a)
reversal [rɪ'və:sl] *n* capovolgimento
reverse [rɪ'və:s] *n* contrario, opposto; *(back, defeat)* rovescio; *(Aut: also:* **~ gear**) marcia indietro ▸ *adj (order, direction)* contrario(-a), opposto(-a) ▸ *vt (turn)* invertire, rivoltare; *(change)* capovolgere, rovesciare; *(Law: judgment)* cassare; *(car)* fare marcia indietro con ▸ *vi (BRIT Aut, person etc)* fare marcia indietro; **reverse-charge call** [rɪ'və:stʃɑ:dʒ-] *(BRIT) n (Tel)* telefonata con addebito al ricevente; **reversing lights** *(BRIT) npl (Aut)* luci *fpl* per la retromarcia
revert [rɪ'və:t] *vi* **to ~ to** tornare a
review [rɪ'vju:] *n* rivista; *(of book, film)* recensione *f*; *(of situation)* esame *m* ▸ *vt* passare in rivista; fare la recensione di; fare il punto di
revise [rɪ'vaɪz] *vt (manuscript)* rivedere, correggere; *(opinion)* modificare; *(study: subject)* ripassare; **revision** [rɪ'vɪʒən] *n* revisione *f*; ripasso
revival [rɪ'vaɪvəl] *n* ripresa; ristabilimento; *(of faith)* risveglio
revive [rɪ'vaɪv] *vt (person)* rianimare; *(custom)* far rivivere; *(hope, courage, economy)* ravvivare; *(play, fashion)* riesumare ▸ *vi (person)* rianimarsi; *(hope)* ravvivarsi; *(activity)* riprendersi
revolt [rɪ'vəult] *n* rivolta, ribellione *f* ▸ *vi* rivoltarsi, ribellarsi ▸ *vt (far)* rivoltare; **revolting** *adj* ripugnante
revolution [rɛvə'lu:ʃən] *n* rivoluzione *f*; *(of wheel etc)* rivoluzione, giro; **revolutionary** *adj, n* rivoluzionario(-a)
revolve [rɪ'vɔlv] *vi* girare
revolver [rɪ'vɔlvə^r] *n* rivoltella
reward [rɪ'wɔ:d] *n* ricompensa, premio ▸ *vt* **to ~ (for)** ricompensare (per); **rewarding** *adj (fig)* gratificante
rewind [ri:'waɪnd] *(irreg) vt (watch)* ricaricare; *(ribbon etc)* riavvolgere
rewritable [ri:'raɪtəbl] *adj (CD, DVD)* riscrivibile
rewrite [ri:'raɪt] *vt irreg* riscrivere
rheumatism ['ru:mətɪzəm] *n* reumatismo
rhinoceros [raɪ'nɔsərəs] *n* rinoceronte *m*
rhubarb ['ru:bɑ:b] *n* rabarbaro
rhyme [raɪm] *n* rima; *(verse)* poesia
rhythm ['rɪðm] *n* ritmo
rib [rɪb] *n (Anat)* costola
ribbon ['rɪbən] *n* nastro; **in ~s** *(torn)* a brandelli
rice [raɪs] *n* riso; **rice pudding** *n* budino di riso
rich [rɪtʃ] *adj* ricco(-a); *(clothes)* sontuoso(-a); *(abundant)*: **~ in** ricco(-a) di
rid [rɪd] *(pt, pp* **rid**) *vt* **to ~ sb of** sbarazzare *or* liberare qn di; **to get ~ of** sbarazzarsi di
riddle ['rɪdl] *n (puzzle)* indovinello ▸ *vt* **to be ~d with** *(holes)* essere crivellato(-a) di; *(doubts)* essere pieno(-a) di
ride [raɪd] *(pt* **rode**, *pp* **ridden**) *n (on horse)* cavalcata; *(outing)* passeggiata; *(distance covered)* cavalcata; corsa ▸ *vi (as sport)* cavalcare; *(go somewhere: on horse, bicycle)* andare (a cavallo *or* in bicicletta *etc*); *(journey: on bicycle, motorcycle, bus)* andare, viaggiare ▸ *vt (a horse)* montare, cavalcare; **to take sb for a ~** *(fig)* prendere in giro qn; fregare qn; **to ~ a horse/ bicycle/camel** montare a cavallo/in bicicletta/in groppa a un cammello; **rider** *n* cavalcatore(-trice); *(in race)* fantino; *(on bicycle)* ciclista *m/f*; *(on motorcycle)* motociclista *m/f*
ridge [rɪdʒ] *n (of hill)* cresta; *(of roof)* colmo; *(on object)* riga (in rilievo)

ridicule ['rɪdɪkju:l] *n* ridicolo; scherno ▸ *vt* mettere in ridicolo; **ridiculous** [rɪ'dɪkjuləs] *adj* ridicolo(-a)

riding ['raɪdɪŋ] *n* equitazione *f*; **riding school** *n* scuola d'equitazione

rife [raɪf] *adj* diffuso(-a); **to be ~ with** abbondare di

rifle ['raɪfl] *n* carabina ▸ *vt* vuotare

rift [rɪft] *n* fessura, crepatura; (*fig: disagreement*) incrinatura, disaccordo

rig [rɪg] *n* (*also:* **oil ~**: *on land*) derrick *m inv*; (: *at sea*) piattaforma di trivellazione ▸ *vt* (*election etc*) truccare

right [raɪt] *adj* giusto(-a); (*suitable*) appropriato(-a); (*not left*) destro(-a) ▸ *n* giusto; (*title, claim*) diritto; (*not left*) destra ▸ *adv* (*answer*) correttamente; (*not on the left*) a destra ▸ *vt* raddrizzare; (*fig*) riparare ▸ *excl* bene!; **to be ~** (*person*) aver ragione; (*answer*) essere giusto(-a) *or* corretto(-a); **by ~s** di diritto; **on the ~** a destra; **to be in the ~** aver ragione, essere nel giusto; **~ now** proprio adesso; subito; **~ away** subito; **right angle** *n* angolo retto; **rightful** *adj* (*heir*) legittimo(-a); **right-hand** *adj* **right-hand drive** guida a destra; **the right-hand side** il lato destro; **right-handed** *adj* (*person*) che adopera la mano destra; **rightly** *adv* bene, correttamente; (*with reason*) a ragione; **right of way** *n* diritto di passaggio; (*Aut*) precedenza; **right-wing** *adj* (*Pol*) di destra

rigid ['rɪdʒɪd] *adj* rigido(-a); (*principle*) rigoroso(-a)

rigorous ['rɪgərəs] *adj* rigoroso(-a)

rim [rɪm] *n* orlo; (*of spectacles*) montatura; (*of wheel*) cerchione *m*

rind [raɪnd] *n* (*of bacon*) cotenna; (*of lemon etc*) scorza

ring [rɪŋ] (*pt* **rang**, *pp* **rung**) *n* anello; (*of people, objects*) cerchio; (*of spies*) giro; (*of smoke etc*) spirale *m*; (*arena*) pista, arena; (*for boxing*) ring *m inv*; (*sound of bell*) scampanio ▸ *vi* (*person, bell, telephone*) suonare; (*also:* **~ out**: *voice, words*) risuonare; (*Tel*) telefonare; (*ears*) fischiare ▸ *vt* (*BRIT Tel*) telefonare a; (: *bell, doorbell*) suonare; **to give sb a ~** (*BRIT Tel*) dare un colpo di telefono a qn ▹ **ring back** *vt, vi* (*Tel*) richiamare ▹ **ring off** (*BRIT*) *vi* (*Tel*) mettere giù, riattaccare ▹ **ring up** (*BRIT*) *vt* (*Tel*) telefonare a; **ringing tone** (*BRIT*) *n* (*Tel*) segnale *m* di libero; **ringleader** *n* (*of gang*) capobanda *m*; **ring road** (*BRIT*) *n* raccordo anulare

ringtone *n* suoneria

rink [rɪŋk] *n* (*also:* **ice ~**) pista di pattinaggio

rinse [rɪns] *n* risciacquatura; (*hair tint*) cachet *m inv* ▸ *vt* sciacquare

riot ['raɪət] *n* sommossa, tumulto; (*of colours*) orgia ▸ *vi* tumultuare; **to run ~** creare disordine

rip [rɪp] *n* strappo ▸ *vt* strappare ▸ *vi* strapparsi ▹ **rip off** *vt* (*inf: cheat*) fregare ▹ **rip up** *vt* stracciare

ripe [raɪp] *adj* (*fruit, grain*) maturo(-a); (*cheese*) stagionato(-a)

rip-off ['rɪpɔf] *n* (*inf*): **it's a ~!** è un furto!

ripple ['rɪpl] *n* increspamento, ondulazione *f*; mormorio ▸ *vi* incresparsi

rise [raɪz] (*pt* **rose**, *pp* **risen**) *n* (*slope*) salita, pendio; (*hill*) altura; (*increase: in wages*: BRIT) aumento; (: *in prices, temperature*) rialzo, aumento; (*fig: to power etc*) ascesa ▸ *vi* alzarsi, levarsi; (*prices*) aumentare; (*waters, river*) crescere; (*sun, wind, person: from chair, bed*) levarsi; (*also:* **~ up**: *building*) ergersi; (: *rebel*) insorgere; ribellarsi; (*in rank*) salire; **to give ~ to** provocare, dare origine a; **to ~ to the occasion** essere all'altezza; **risen** ['rɪzn] *pp of* **rise**; **rising** *adj* (*increasing: number*) sempre crescente; (: *prices*) in

r

aumento; (*tide*) montante; (*sun, moon*) nascente, che sorge

risk [rɪsk] *n* rischio; pericolo ▶ *vt* rischiare; **to take** *or* **run the ~ of doing** correre il rischio di fare; **at ~** in pericolo; **at one's own ~** a proprio rischio e pericolo; **risky** *adj* rischioso(-a)

rite [raɪt] *n* rito; **last ~s** l'estrema unzione

ritual ['rɪtjuəl] *adj* rituale ▶ *n* rituale *m*

rival ['raɪvl] *n* rivale *m/f*; (*in business*) concorrente *m/f* ▶ *adj* rivale; che fa concorrenza ▶ *vt* essere in concorrenza con; **to ~ sb/sth in** competere con qn/qc in; **rivalry** *n* rivalità; concorrenza

river ['rɪvəʳ] *n* fiume *m* ▶ *cpd* (*port, traffic*) fluviale; **up/down ~** a monte/valle; **riverbank** *n* argine *m*

rivet ['rɪvɪt] *n* ribattino, rivetto ▶ *vt* (*fig*) concentrare, fissare

Riviera [rɪvɪ'ɛərə] *n* **the (French) ~** la Costa Azzurra; **the Italian ~** la Riviera

road [rəud] *n* strada; (*small*) cammino; (*in town*) via ▶ *cpd* stradale; **major/minor ~** strada con/senza diritto di precedenza; **which ~ do I take for ...?** che strada devo prendere per andare a...?; **roadblock** *n* blocco stradale; **road map** *n* carta stradale; **road rage** *n comportamento aggressivo al volante*; **road safety** *n* sicurezza sulle strade; **roadside** *n* margine *m* della strada; **roadsign** *n* cartello stradale; **road tax** *n* (*BRIT*) tassa di circolazione; **roadworks** *npl* lavori *mpl* stradali

roam [rəum] *vi* errare, vagabondare

roar [rɔːʳ] *n* ruggito; (*of crowd*) tumulto; (*of thunder, storm*) muggito; (*of laughter*) scoppio ▶ *vi* ruggire; tumultuare; muggire; **to ~ with laughter** scoppiare dalle risa; **to do a ~ing trade** fare affari d'oro

roast [rəust] *n* arrosto ▶ *vt* arrostire; (*coffee*) tostare, torrefare; **roast beef** *n* arrosto di manzo

rob [rɔb] *vt* (*person*) rubare; (*bank*) svaligiare; **to ~ sb of sth** derubare qn di qc; (*fig: deprive*) privare qn di qc; **robber** *n* ladro; (*armed*) rapinatore *m*; **robbery** *n* furto; rapina

robe [rəub] *n* (*for ceremony etc*) abito; (*also:* **bath ~**) accappatoio; (*US: also:* **lap ~**) coperta

robin ['rɔbɪn] *n* pettirosso

robot ['rəubɔt] *n* robot *m inv*

robust [rəu'bʌst] *adj* robusto(-a); (*economy*) solido(-a)

rock [rɔk] *n* (*substance*) roccia; (*boulder*) masso; roccia; (*in sea*) scoglio; (*US: pebble*) ciottolo; (*BRIT: sweet*) zucchero candito ▶ *vt* (*swing gently: cradle*) dondolare; (*: child*) cullare; (*shake*) scrollare, far tremare ▶ *vi* dondolarsi; scrollarsi, tremare; **on the ~s** (*drink*) col ghiaccio; (*marriage etc*) in crisi; **rock and roll** *n* rock and roll *m*; **rock climbing** *n* roccia

rocket ['rɔkɪt] *n* razzo

rocking chair *n* sedia a dondolo

rocky ['rɔkɪ] *adj* (*hill*) roccioso(-a); (*path*) sassoso(-a); (*marriage etc*) instabile

rod [rɔd] *n* (*metallic, Tech*) asta; (*wooden*) bacchetta; (*also:* **fishing ~**) canna da pesca

rode [rəud] *pt of* **ride**

rodent ['rəudnt] *n* roditore *m*

rogue [rəug] *n* mascalzone *m*

role [rəul] *n* ruolo; **role-model** *n* modello (di comportamento)

roll [rəul] *n* rotolo; (*of banknotes*) mazzo; (*also:* **bread ~**) panino; (*register*) lista; (*sound: of drums etc*) rullo ▶ *vt* rotolare; (*also:* **~ up**: *string*) aggomitolare; (*: sleeves*) rimboccare; (*cigarettes*) arrotolare; (*eyes*) roteare; (*also:* **~ out**: *pastry*) stendere; (*lawn, road etc*) spianare ▶ *vi* rotolare; (*wheel*) girare; (*drum*) rullare; (*vehicle*: *also*: ~ **along**) avanzare; (*ship*) rollare ▷ **roll over** *vi* rivoltarsi ▷ **roll up** (*inf*) *vi* (*arrive*) arrivare ▶ *vt* (*carpet*) arrotolare; **roller** *n* rullo; (*wheel*) rotella; (*for hair*) bigodino; **Rollerblades®** *npl* pattini *mpl* in linea; **roller coaster** [-'kəustə^r] *n* montagne *fpl* russe; **roller skates** *npl* pattini *mpl* a rotelle; **roller-skating** *n* pattinaggio a rotelle; **to go roller-skating** andare a pattinare (*con i pattini a rotelle*); **rolling pin** *n* matterello

ROM [rɔm] *n abbr* (= *read only memory*) memoria di sola lettura

Roman ['rəumən] *adj*, *n* romano(-a); **Roman Catholic** *adj*, *n* cattolico(-a)

romance [rə'mæns] *n* storia (*or* avventura *or* film *m inv*) romantico(-a); (*charm*) poesia; (*love affair*) idillio

Romania [rəu'meɪnɪə] *n* Romania

Romanian [rəu'meɪnɪən] *adj* romeno(-a) ▶ *n* romeno; (*Ling*) romeno

Roman numeral *n* numero romano

romantic [rə'mæntɪk] *adj* romantico(-a); sentimentale

Rome [rəum] *n* Roma

roof [ru:f] *n* tetto; (*of tunnel, cave*) volta ▶ *vt* coprire (con un tetto); **~ of the mouth** palato; **roof rack** *n* (*Aut*) portabagagli *m inv*

rook [ruk] *n* (*bird*) corvo nero; (*Chess*) torre *f*

room [ru:m] *n* (*in house*) stanza; (*bedroom, in hotel*) camera; (*in school etc*) sala; (*space*) posto, spazio; **roommate** *n* compagno(-a) di stanza; **room service** *n* servizio da camera; **roomy** *adj* spazioso(-a); (*garment*) ampio(-a)

rooster ['ru:stə^r] *n* gallo

root [ru:t] *n* radice *f* ▶ *vi* (*plant, belief*) attecchire

rope [rəup] *n* corda, fune *f*; (*Naut*) cavo ▶ *vt* (*box*) legare; (*climbers*) legare in cordata; (*area*: *also*: **~ off**) isolare cingendo con cordoni; **to know the ~s** (*fig*) conoscere i trucchi del mestiere

rose [rəuz] *pt of* **rise** ▶ *n* rosa; (*also*: **~ bush**) rosaio; (*on watering can*) rosetta

rosé ['rəuzeɪ] *n* vino rosato

rosemary ['rəuzmərɪ] *n* rosmarino

rosy ['rəuzɪ] *adj* roseo(-a)

rot [rɔt] *n* (*decay*) putrefazione *f*; (*inf*: *nonsense*) stupidaggini *fpl* ▶ *vt*, *vi* imputridire, marcire

rota ['rəutə] *n* tabella dei turni

rotate [rəu'teɪt] *vt* (*revolve*) far girare; (*change round*: *jobs*) fare a turno ▶ *vi* (*revolve*) girare

rotten ['rɔtn] *adj* (*decayed*) putrido(-a), marcio(-a); (*dishonest*) corrotto(-a); (*inf*: *bad*) brutto(-a); (: *action*) vigliacco(-a); **to feel ~** (*ill*) sentirsi da cani

rough [rʌf] *adj* (*skin, surface*) ruvido(-a); (*terrain, road*) accidentato(-a); (*voice*) rauco(-a); (*person, manner*: *coarse*) rozzo(-a), aspro(-a); (: *violent*) brutale; (*district*) malfamato(-a); (*weather*) cattivo(-a); (*sea*) mosso(-a); (*plan*) abbozzato(-a); (*guess*) approssimativo(-a) ▶ *n* (*Golf*) macchia; **to ~ it** far vita dura; **to sleep ~** (*BRIT*) dormire all'addiaccio; **roughly** *adv* (*handle*) rudemente, brutalmente; (*make*) grossolanamente; (*speak*) bruscamente; (*approximately*) approssimativamente

roulette [ru:'lɛt] *n* roulette *f*

round [raund] *adj* rotondo(-a); (*figures*) tondo(-a) ▶ *n* (*BRIT*: *of toast*) fetta; (*duty*: *of policeman, milkman etc*) giro; (: *of doctor*) visite *fpl*; (*game*: *of cards, golf, in competition*) partita; (*of ammunition*) cartuccia; (*Boxing*) round *m inv*; (*of talks*) serie *f inv* ▶ *vt* (*corner*) girare; (*bend*) prendere ▶ *prep* intorno a ▶ *adv* **all ~** tutt'attorno; **to go the long way ~** fare il giro più lungo; **all the year ~** tutto l'anno; **it's just ~ the corner** (*also fig*) è dietro l'angolo; **~ the clock** ininterrottamente; **to go ~ to sb's house** andare da qn; **go ~ the back** passi dietro; **enough to go ~** abbastanza per tutti; **~ of applause** applausi *mpl*; **~ of drinks** giro di bibite; **~ of sandwiches** sandwich *m inv* ▷ **round off** *vt* (*speech etc*) finire ▷ **round up** *vt* radunare; (*criminals*) fare una retata di; (*prices*) arrotondare; **roundabout** *n* (*BRIT Aut*) rotatoria; (: *at fair*) giostra ▶ *adj* (*route, means*) indiretto(-a); **round trip** *n* (viaggio di) andata e ritorno; **roundup** *n* raduno; (*of criminals*) retata

rouse [rauz] *vt* (*wake up*) svegliare; (*stir up*) destare; provocare; risvegliare

route [ru:t] *n* itinerario; (*of bus*) percorso

routine [ru:'ti:n] *adj* (*work*) corrente, abituale; (*procedure*) solito(-a) ▶ *n* (*pej*) routine *f*, tran tran *m*; (*Theatre*) numero

row¹ [rəu] *n* (*line*) riga, fila; (*Knitting*) ferro; (*behind one another*: *of cars, people*) fila; (*in boat*) remata ▶ *vi* (*in boat*) remare; (*as sport*) vogare ▶ *vt* (*boat*) manovrare a remi; **in a ~** (*fig*) di fila

row² [rau] *n* (*racket*) baccano, chiasso; (*dispute*) lite *f*; (*scolding*) sgridata ▶ *vi* (*argue*) litigare

rowboat ['rəubəut] (*US*) *n* barca a remi

rowing ['rəuɪŋ] *n* canottaggio; **rowing boat** (*BRIT*) *n* barca a remi

royal ['rɔɪəl] *adj* reale; **royalty** ['rɔɪəltɪ] *n* (*royal persons*) (membri *mpl* della) famiglia reale; (*payment*: *to author*) diritti *mpl* d'autore

rpm *abbr* (= *revolutions per minute*) giri/min.

R.S.V.P. *abbr* (= *répondez s'il vous plaît*) R.S.V.P.

Rt. Hon. (*BRIT*) *abbr* (= *Right Honourable*) ≈ Onorevole

rub [rʌb] *n* **to give sth a ~** strofinare qc; (*sore place*) massaggiare qc ▶ *vt* strofinare; massaggiare; (*hands*: *also*: **~ together**) sfregarsi; **to ~ sb up** (*BRIT*) *or* **~ sb the wrong way** (*US*) lisciare qn contro pelo ▷ **rub in** *vt* (*ointment*) far penetrare (massaggiando *or* frizionando) ▷ **rub off** *vi* andare via ▷ **rub out** *vt* cancellare

rubber ['rʌbə^r] *n* gomma; **rubber band** *n* elastico; **rubber gloves** *npl* guanti *mpl* di gomma

rubbish ['rʌbɪʃ] *n* (*from household*) immondizie *fpl*, rifiuti *mpl*; (*fig, pej*) cose *fpl* senza valore; robaccia; sciocchezze *fpl*; **rubbish bin** (*BRIT*) *n* pattumiera; **rubbish dump** *n* (*in town*) immondezzaio

rubble ['rʌbl] *n* macerie *fpl*; (*smaller*) pietrisco

ruby ['ru:bɪ] *n* rubino

rucksack ['rʌksæk] *n* zaino

rudder ['rʌdə^r] *n* timone *m*

rude [ru:d] *adj* (*impolite*: *person*) scortese, rozzo(-a); (: *word, manners*) grossolano(-a), rozzo(-a); (*shocking*) indecente

ruffle ['rʌfl] *vt* (*hair*) scompigliare; (*clothes, water*) increspare; (*fig*: *person*) turbare

rug [rʌg] *n* tappeto; (*BRIT*: *for knees*) coperta

rugby ['rʌgbɪ] *n* (*also*: **~ football**) rugby *m*

rugged ['rʌgɪd] *adj* (*landscape*) aspro(-a); (*features, determination*) duro(-a); (*character*) brusco(-a)

ruin ['ru:ɪn] *n* rovina ▶ *vt* rovinare; **~s** *npl* (*of building, castle etc*) rovine *fpl*,

ruderi *mpl*
rule [ruːl] *n* regola; (*regulation*) regolamento, regola; (*government*) governo; (*ruler*) riga ▸ *vt* (*country*) governare; (*person*) dominare ▸ *vi* regnare; decidere; (*Law*) dichiarare; **as a ~** normalmente ▹ **rule out** *vt* escludere; **ruler** *n* (*sovereign*) sovrano(-a); (*for measuring*) regolo, riga; **ruling** *adj* (*party*) al potere; (*class*) dirigente ▸ *n* (*Law*) decisione *f*
rum [rʌm] *n* rum *m*
Rumania *etc* [ruːˈmeɪnɪə] *n* = **Romania** *etc*
rumble [ˈrʌmbl] *n* rimbombo; brontolio ▸ *vi* rimbombare; (*stomach, pipe*) brontolare
rumour [ˈruːmə[r]] (*US* **rumor**) *n* voce *f* ▸ *vt* **it is ~ed that** corre voce che

Be careful not to translate **rumour** by the Italian word *rumore*.

rump steak [rʌmp-] *n* bistecca di girello
run [rʌn] (*pt* **ran**, *pp* **run**) *n* corsa; (*outing*) gita (in macchina); (*distance travelled*) percorso, tragitto; (*Ski*) pista; (*Cricket, Baseball*) meta; (*series*) serie *f*; (*Theatre*) periodo di rappresentazione; (*in tights, stockings*) smagliatura ▸ *vt* (*distance*) correre; (*operate: business*) gestire, dirigere; (*: competition, course*) organizzare; (*: hotel*) gestire; (*: house*) governare; (*Comput*) eseguire; (*water, bath*) far scorrere; (*force through: rope, pipe*): **to ~ sth through** far passare qc attraverso; (*pass: hand, finger*): **to ~ sth over** passare qc su; (*Press: feature*) presentare ▸ *vi* correre; (*flee*) scappare; (*pass: road etc*) passare; (*work: machine, factory*) funzionare, andare; (*bus, train: operate*) far servizio; (*: travel*) circolare; (*continue: play, contract*) durare; (*slide: drawer; flow: river, bath*) scorrere; (*colours, washing*) stemperarsi; (*in election*) presentarsi candidato; (*nose*) colare; **there was a ~ on ...** c'era una corsa a ...; **in the long ~** a lungo andare; **on the ~** in fuga; **to ~ a race** partecipare ad una gara; **I'll ~ you to the station** la porto alla stazione; **to ~ a risk** correre un rischio ▹ **run after** *vt fus* (*to catch up*) rincorrere; (*chase*) correre dietro a ▹ **run away** *vi* fuggire ▹ **run down** *vt* (*production*) ridurre gradualmente; (*factory*) rallentare l'attività di; (*Aut*) investire; (*criticize*) criticare; **to be ~ down** (*person: tired*) essere esausto(-a) ▹ **run into** *vt fus* (*meet: person*) incontrare per caso; (*: trouble*) incontrare, trovare; (*collide with*) andare a sbattere contro ▹ **run off** *vi* fuggire ▸ *vt* (*water*) far scolare; (*copies*) fare ▹ **run out** *vi* (*person*) uscire di corsa; (*liquid*) colare; (*lease*) scadere; (*money*) esaurirsi ▹ **run out of** *vt fus* rimanere a corto di ▹ **run over** *vt* (*Aut*) investire, mettere sotto ▸ *vt fus* (*revise*) rivedere ▹ **run through** *vt fus* (*instructions*) dare una scorsa a; (*rehearse: play*) riprovare, ripetere ▹ **run up** *vt* (*debt*) lasciar accumulare; **to ~ up against** (*difficulties*) incontrare; **runaway** *adj* (*person*) fuggiasco(-a); (*horse*) in libertà; (*truck*) fuori controllo
rung [rʌŋ] *pp of* **ring** ▸ *n* (*of ladder*) piolo
runner [ˈrʌnə[r]] *n* (*in race*) corridore *m*; (*: horse*) partente *m/f*; (*on sledge*) pattino; (*for drawer etc*) guida; **runner bean** (*BRIT*) *n* fagiolo rampicante; **runner-up** *n* secondo(-a) arrivato(-a)
running [ˈrʌnɪŋ] *n* corsa; direzione *f*; organizzazione *f*; funzionamento ▸ *adj* (*water*) corrente; (*commentary*) simultaneo(-a); **to be in/out of the ~ for sth** essere/non essere più in lizza per qc; **6 days ~** 6 giorni di seguito
runny [ˈrʌnɪ] *adj* che cola
run-up [ˈrʌnʌp] *n* **~ to** (*election etc*)

periodo che precede
runway ['rʌnweɪ] *n (Aviat)* pista (di decollo)
rupture ['rʌptʃəʳ] *n (Med)* ernia
rural ['ruərl] *adj* rurale
rush [rʌʃ] *n* corsa precipitosa; *(hurry)* furia, fretta; *(sudden demand)*: **~ for** corsa a; *(current)* flusso; *(of emotion)* impeto; *(Bot)* giunco ▸ *vt* mandare *or* spedire velocemente; *(attack: town etc)* prendere d'assalto ▸ *vi* precipitarsi; **rush hour** *n* ora di punta
Russia ['rʌʃə] *n* Russia; **Russian** *adj* russo(-a) ▸ *n* russo(-a); *(Ling)* russo
rust [rʌst] *n* ruggine *f* ▸ *vi* arrugginirsi
rusty ['rʌstɪ] *adj* arrugginito(-a)
ruthless ['ru:θlɪs] *adj* spietato(-a)
RV *abbr (= revised version) versione riveduta della Bibbia* ▸ *n abbr (US) see* **recreational vehicle**
rye [raɪ] *n* segale *f*

S

Sabbath ['sæbəθ] *n (Jewish)* sabato; *(Christian)* domenica
sabotage ['sæbətɑ:ʒ] *n* sabotaggio ▸ *vt* sabotare
saccharin(e) ['sækərɪn] *n* saccarina
sachet ['sæʃeɪ] *n* bustina
sack [sæk] *n (bag)* sacco ▸ *vt (dismiss)* licenziare, mandare a spasso; *(plunder)* saccheggiare; **to get the ~** essere mandato a spasso
sacred ['seɪkrɪd] *adj* sacro(-a)
sacrifice ['sækrɪfaɪs] *n* sacrificio ▸ *vt* sacrificare
sad [sæd] *adj* triste
saddle ['sædl] *n* sella ▸ *vt (horse)* sellare; **to be ~d with sth** *(inf)* avere qc sulle spalle
sadistic [sə'dɪstɪk] *adj* sadico(-a)
sadly ['sædlɪ] *adv* tristemente; *(regrettably)* sfortunatamente; **~ lacking in** penosamente privo di
sadness ['sædnɪs] *n* tristezza
s.a.e. *n abbr (= stamped addressed envelope) busta affrancata e con indirizzo*
safari [sə'fɑ:rɪ] *n* safari *m inv*
safe [seɪf] *adj* sicuro(-a); *(out of danger)* salvo(-a), al sicuro; *(cautious)* prudente ▸ *n* cassaforte *f*; **~ from** al sicuro da; **~ and sound** sano(-a) e salvo(-a); **(just) to be on the ~ side** per non correre rischi; **could you put this in the ~, please?** lo potrebbe mettere nella cassaforte, per favore?; **safely** *adv* sicuramente; sano(-a) e salvo(-a); prudentemente; **safe sex** *n* sesso sicuro
safety ['seɪftɪ] *n* sicurezza; **safety belt** *n* cintura di sicurezza; **safety pin** *n* spilla di sicurezza
saffron ['sæfrən] *n* zafferano
sag [sæg] *vi* incurvarsi; afflosciarsi
sage [seɪdʒ] *n (herb)* salvia; *(man)* saggio
Sagittarius [sædʒɪ'tɛərɪəs] *n* Sagittario
Sahara [sə'hɑ:rə] *n* **the ~ (Desert)** il (deserto del) Sahara
said [sɛd] *pt, pp of* **say**
sail [seɪl] *n (on boat)* vela; *(trip)*: **to go for a ~** fare un giro in barca a vela ▸ *vt (boat)* condurre, governare ▸ *vi (travel: ship)* navigare; *(: passenger)* viaggiare per mare; *(set off)* salpare; *(sport)* fare della vela; **they ~ed into Genoa**

entraron nel porto di Genova; **sailboat** (*US*) *n* barca a vela; **sailing** *n* (*sport*) vela; **to go sailing** fare della vela; **sailing boat** *n* barca a vela; **sailor** *n* marinaio

saint [seɪnt] *n* santo(-a)

sake [seɪk] *n* **for the ~ of** per, per amore di

salad ['sæləd] *n* insalata; **salad cream** (*BRIT*) *n* (tipo di) maionese *f*; **salad dressing** *n* condimento per insalata

salami [sə'lɑːmɪ] *n* salame *m*

salary ['sælərɪ] *n* stipendio

sale [seɪl] *n* vendita; (*at reduced prices*) svendita, liquidazione *f*; (*auction*) vendita all'asta; **"for ~"** "in vendita"; **on ~** in vendita; **on ~ or return** da vendere o rimandare; **~s** *npl* (*total amount sold*) vendite *fpl*; **sales assistant** (*US* **sales clerk**) *n* commesso(-a); **salesman/woman** (*irreg*) *n* commesso(-a); (*representative*) rappresentante *m/f*; **salesperson** (*irreg*) *n* (*in shop*) commesso; (*representative*) rappresentante *m/f* di commercio; **sales rep** *n* rappresentante *m/f* di commercio

saline ['seɪlaɪn] *adj* salino(-a)

saliva [sə'laɪvə] *n* saliva

salmon ['sæmən] *n inv* salmone *m*

salon ['sælɔn] *n* (*hairdressing salon*) parrucchiere(-a); (*beauty salon*) salone *m* di bellezza

saloon [sə'luːn] *n* (*US*) saloon *m inv*, bar *m inv*; (*BRIT: Aut*) berlina; (*ship's lounge*) salone *m*

salt [sɔlt] *n* sale *m* ▸ *vt* salare; **saltwater** *adj* di mare; **salty** *adj* salato(-a)

salute [sə'luːt] *n* saluto ▸ *vt* salutare

salvage ['sælvɪdʒ] *n* (*saving*) salvataggio; (*things saved*) beni *mpl* salvati *or* recuperati ▸ *vt* salvare, mettere in salvo

Salvation Army [sæl'veɪʃən-] *n* Esercito della Salvezza

same [seɪm] *adj* stesso(-a), medesimo(-a) ▸ *pron* **the ~** lo (la) stesso(-a), gli (le) stessi(-e); **the ~ book as** lo stesso libro di (*o* che); **at the ~ time** allo stesso tempo; **all** *or* **just the ~** tuttavia; **to do the ~ as sb** fare come qn; **the ~ to you!** altrettanto a te!

sample ['sɑːmpl] *n* campione *m* ▸ *vt* (*food*) assaggiare; (*wine*) degustare

sanction ['sæŋkʃən] *n* sanzione *f* ▸ *vt* sancire, sanzionare; **~s** *npl* (*Pol*) sanzioni *fpl*

sanctuary ['sæŋktjuərɪ] *n* (*holy place*) santuario; (*refuge*) rifugio; (*for wildlife*) riserva

sand [sænd] *n* sabbia ▸ *vt* (*also:* **~ down**) cartavetrare

sandal ['sændl] *n* sandalo

sand: **sandbox** ['sændbɔks] (*US*) *n* = **sandpit**; **sandcastle** ['sændkɑːsl] *n* castello di sabbia; **sand dune** *n* duna di sabbia; **sandpaper** ['sændpeɪpə[r]] *n* carta vetrata; **sandpit** ['sændpɪt] *n* (*for children*) buca di sabbia; **sands** *npl* spiaggia; **sandstone** ['sændstəun] *n* arenaria

sandwich ['sændwɪtʃ] *n* tramezzino, panino, sandwich *m inv* ▸ *vt* **~ed between** incastrato(-a) fra; **cheese/ ham ~** sandwich al formaggio/ prosciutto

sandy ['sændɪ] *adj* sabbioso(-a); (*colour*) color sabbia *inv*, biondo(-a) rossiccio(-a)

sane [seɪn] *adj* (*person*) sano(-a) di mente; (*outlook*) sensato(-a)

sang [sæŋ] *pt of* **sing**

sanitary towel ['sænɪtərɪ-] (*US* **sanitary napkin**) *n* assorbente *m* (igienico)

sanity ['sænɪtɪ] *n* sanità mentale; (*common sense*) buon senso

sank [sæŋk] *pt of* **sink**

Santa Claus [sæntə'klɔ:z] *n* Babbo Natale

sap [sæp] *n* (*of plants*) linfa ▸ *vt* (*strength*) fiaccare

sapphire ['sæfaɪə^r] *n* zaffiro

sarcasm ['sɑ:kæzm] *n* sarcasmo

sarcastic [sɑ:'kæstɪk] *adj* sarcastico(-a); **to be ~** fare del sarcasmo

sardine [sɑ:'di:n] *n* sardina

Sardinia [sɑ:'dɪnɪə] *n* Sardegna

SASE (*US*) *n abbr* (= *self-addressed stamped envelope*) *busta affrancata e con indirizzo*

sat [sæt] *pt, pp of* **sit**

Sat. *abbr* (= *Saturday*) sab.

satchel ['sætʃl] *n* cartella

satellite ['sætəlaɪt] *adj* satellite ▸ *n* satellite *m*; **satellite dish** *n* antenna parabolica; **satellite television** *n* televisione *f* via satellite

satin ['sætɪn] *n* raso ▸ *adj* di raso

satire ['sætaɪə^r] *n* satira

satisfaction [sætɪs'fækʃən] *n* soddisfazione *f*

satisfactory [sætɪs'fæktərɪ] *adj* soddisfacente

satisfied ['sætɪsfaɪd] *adj* (*customer*) soddisfatto(-a); **to be ~ (with sth)** essere soddisfatto(-a) (di qc)

satisfy ['sætɪsfaɪ] *vt* soddisfare; (*convince*) convincere

Saturday ['sætədɪ] *n* sabato

sauce [sɔ:s] *n* salsa; (*containing meat, fish*) sugo; **saucepan** *n* casseruola

saucer ['sɔ:sə^r] *n* sottocoppa *m*, piattino

Saudi Arabia ['saudɪ-] *n* Arabia Saudita

sauna ['sɔ:nə] *n* sauna

sausage ['sɔsɪdʒ] *n* salsiccia; **sausage roll** *n rotolo di pasta sfoglia ripieno di salsiccia*

sautéed ['səuteɪd] *adj* saltato(-a)

savage ['sævɪdʒ] *adj* (*cruel, fierce*) selvaggio(-a), feroce; (*primitive*) primitivo(-a) ▸ *n* selvaggio(-a) ▸ *vt* attaccare selvaggiamente

save [seɪv] *vt* (*person, belongings, Comput*) salvare; (*money*) risparmiare, mettere da parte; (*time*) risparmiare; (*food*) conservare; (*avoid: trouble*) evitare; (*Sport*) parare ▸ *vi* (*also:* **~ up**) economizzare ▸ *n* (*Sport*) parata ▸ *prep* salvo, a eccezione di

savings ['seɪvɪŋz] *npl* (*money*) risparmi *mpl*; **savings account** *n* libretto di risparmio; **savings and loan association** (*US*) *n* ≈ società di credito immobiliare

savoury ['seɪvərɪ] (*US* **savory**) *adj* (*dish: not sweet*) salato(-a)

saw [sɔ:] (*pt* **sawed**, *pp* **sawed** *or* **sawn**) *pt of* **see** ▸ *n* (*tool*) sega ▸ *vt* segare; **sawdust** *n* segatura

sawn [sɔ:n] *pp of* **saw**

saxophone ['sæksəfəun] *n* sassofono

say [seɪ] (*pt, pp* **said**) *n* **to have one's ~** fare sentire il proprio parere; **to have a** *or* **some ~** avere voce in capitolo ▸ *vt* dire; **could you ~ that again?** potrebbe ripeterlo?; **that goes without ~ing** va da sé; **saying** *n* proverbio, detto

scab [skæb] *n* crosta; (*pej*) crumiro(-a)

scaffolding ['skæfəldɪŋ] *n* impalcatura

scald [skɔ:ld] *n* scottatura ▸ *vt* scottare

scale [skeɪl] *n* scala; (*of fish*) squama ▸ *vt* (*mountain*) scalare; **~s** *npl* (*for weighing*) bilancia; **on a large ~** su vasta scala; **~ of charges** tariffa

scallion ['skæljən] *n* cipolla; (*US: shallot*) scalogna; (*: leek*) porro

scallop ['skɔləp] *n* (*Zool*) pettine *m*; (*Sewing*) smerlo

scalp [skælp] *n* cuoio capelluto ▸ *vt* scotennare

scalpel ['skælpl] *n* bisturi *m inv*

scam[skæm] *n (inf)* truffa
scampi['skæmpɪ] *npl* scampi *mpl*
scan[skæn] *vt* scrutare; *(glance at quickly)* scorrere, dare un'occhiata a; *(TV)* analizzare; *(Radar)* esplorare ▸ *n (Med)* ecografia
scandal['skændl] *n* scandalo; *(gossip)* pettegolezzi *mpl*
Scandinavia[skændɪ'neɪvɪə] *n* Scandinavia; **Scandinavian***adj, n* scandinavo(-a)
scanner['skænəʳ] *n (Radar, Med)* scanner *m inv*
scapegoat['skeɪpgəut] *n* capro espiatorio
scar[skɑ:] *n* cicatrice *f* ▸ *vt* sfregiare
scarce[skɛəs] *adj* scarso(-a); *(copy, edition)* raro(-a); **to make o.s.** ~ *(inf)* squagliarsela; **scarcely***adv* appena
scare[skɛəʳ] *n* spavento; panico ▸ *vt* spaventare, atterrire; **there was a bomb ~ at the bank** hanno evacuato la banca per paura di un attentato dinamitardo; **to ~ sb stiff** spaventare a morte qn; **scarecrow***n* spaventapasseri *m inv*; **scared***adj* **to be scared** aver paura
scarf[skɑ:f] *(pl* **scarves** *or* **scarfs**) *n (long)* sciarpa; *(square)* fazzoletto da testa, foulard *m inv*
scarlet['skɑ:lɪt] *adj* scarlatto(-a)
scarves[skɑ:vz] *npl of* **scarf**
scary['skɛərɪ] *adj* che spaventa
scatter['skætəʳ] *vt* spargere; *(crowd)* disperdere ▸ *vi* disperdersi
scenario[sɪ'nɑ:rɪəu] *n (Theatre, Cinema)* copione *m*; *(fig)* situazione *f*
scene[si:n] *n (Theatre, fig etc)* scena; *(of crime, accident)* scena, luogo; *(sight, view)* vista, veduta; **scenery** *n (Theatre)* scenario; *(landscape)* panorama *m*; **scenic***adj* scenico(-a); panoramico(-a)
scent[sɛnt] *n* profumo; *(sense of smell)* olfatto, odorato; *(fig: track)* pista
sceptical['skɛptɪkəl] *(US* **skeptical***) adj* scettico(-a)
schedule['ʃɛdju:l, *(US)* 'skɛdju:l] *n* programma *m*, piano; *(of trains)* orario; *(of prices etc)* lista, tabella ▸ *vt* fissare; **on ~** in orario; **to be ahead of/behind ~** essere in anticipo/ ritardo sul previsto; **scheduled flight** *n* volo di linea
scheme[ski:m] *n* piano, progetto; *(method)* sistema *m*; *(dishonest plan, plot)* intrigo, trama; *(arrangement)* disposizione *f*, sistemazione *f*; *(pension scheme etc)* programma *m* ▸ *vi* fare progetti; *(intrigue)* complottare
schizophrenic[skɪtsə'frɛnɪk] *adj, n* schizofrenico(-a)
scholar['skɔləʳ] *n (expert)* studioso(-a); **scholarship***n* erudizione *f*; *(grant)* borsa di studio
school[sku:l] *n (primary, secondary)* scuola; *(university: US)* università *f inv* ▸ *cpd* scolare, scolastico(-a) ▸ *vt (animal)* addestrare; **schoolbook** *n* libro scolastico; **schoolboy***n* scolaro; **school children***npl* scolari *mpl*; **schoolgirl***n* scolara; **schooling** *n* istruzione *f*; **schoolteacher** *n* insegnante *m/f*, docente *m/f*; *(primary)* maestro(-a)
science['saɪəns] *n* scienza; **science fiction***n* fantascienza; **scientific** [-'tɪfɪk] *adj* scientifico(-a); **scientist***n* scienziato(-a)
sci-fi['saɪfaɪ] *n abbr (inf)* = **science fiction**
scissors['sɪzəz] *npl* forbici *fpl*
scold[skəuld] *vt* rimproverare
scone[skɔn] *n* focaccina da tè
scoop[sku:p] *n* mestolo; *(for ice cream)* cucchiaio dosatore; *(Press)* colpo giornalistico, notizia (in) esclusiva
scooter['sku:təʳ] *n (motor cycle)* motoretta, scooter *m inv*; *(toy)* monopattino

scope [skəup] *n* (*capacity: of plan, undertaking*) portata; (: *of person*) capacità *fpl*; (*opportunity*) possibilità *fpl*
scorching ['skɔːtʃɪŋ] *adj* cocente, scottante
score [skɔː^r] *n* punti *mpl*, punteggio; (*Mus*) partitura, spartito; (*twenty*) venti ▸ *vt* (*goal, point*) segnare, fare; (*success*) ottenere ▸ *vi* segnare; (*Football*) fare un goal; (*keep score*) segnare i punti; **~s of** (*very many*) un sacco di; **on that ~** a questo riguardo; **to ~ 6 out of 10** prendere 6 su 10 ▹**score out** *vt* cancellare con un segno; **scoreboard** *n* tabellone *m* segnapunti; **scorer** *n* marcatore(-trice); (*keeping score*) segnapunti *m inv*
scorn [skɔːn] *n* disprezzo ▸ *vt* disprezzare
Scorpio ['skɔːpɪəu] *n* Scorpione *m*
scorpion ['skɔːpɪən] *n* scorpione *m*
Scot [skɔt] *n* scozzese *m/f*
Scotch tape® *n* scotch® *m*
Scotland ['skɔtlənd] *n* Scozia
Scots [skɔts] *adj* scozzese; **Scotsman** (*irreg*) *n* scozzese *m*; **Scotswoman** (*irreg*) *n* scozzese *f*; **Scottish** ['skɔtɪʃ] *adj* scozzese; **Scottish Parliament** *n* Parlamento scozzese
scout [skaut] *n* (*Mil*) esploratore *m*; (*also*: **boy ~**) giovane esploratore, scout *m inv*
scowl [skaul] *vi* accigliarsi, aggrottare le sopracciglia; **to ~ at** guardare torvo
scramble ['skræmbl] *n* arrampicata ▸ *vi* inerpicarsi; **to ~ out** *etc* uscire *etc* in fretta; **to ~ for** azzuffarsi per; **scrambled eggs** *npl* uova *fpl* strapazzate
scrap [skræp] *n* pezzo, pezzetto; (*fight*) zuffa; (*also*: **~ iron**) rottami *mpl* di ferro, ferraglia ▸ *vt* demolire; (*fig*) scartare ▸ *vi* **to ~ (with sb)** fare a botte (con qn); **~s** *npl* (*waste*) scarti *mpl*; **scrapbook** *n* album *m inv* di ritagli
scrape [skreɪp] *vt, vi* raschiare, grattare ▸ *n* **to get into a ~** cacciarsi in un guaio
scrap paper *n* cartaccia
scratch [skrætʃ] *n* graffio ▸ *cpd* **~ team** squadra raccogliticcia ▸ *vt* graffiare, rigare ▸ *vi* grattare; (*paint, car*) graffiare; **to start from ~** cominciare *or* partire da zero; **to be up to ~** essere all'altezza; **scratch card** *n* (*BRIT*) cartolina *f* gratta e vinci
scream [skriːm] *n* grido, urlo ▸ *vi* urlare, gridare
screen [skriːn] *n* schermo; (*fig*) muro, cortina, velo ▸ *vt* schermare, fare schermo a; (*from the wind etc*) riparare; (*film*) proiettare; (*book*) adattare per lo schermo; (*candidates etc*) selezionare; **screening** *n* (*Med*) dépistage *m inv*; **screenplay** *n* sceneggiatura; **screen saver** *n* (*Comput*) screen saver *m inv*
screw [skruː] *n* vite *f* ▸ *vt* avvitare ▹**screw up** *vt* (*paper etc*) spiegazzare; (*inf: ruin*) rovinare; **to ~ up one's eyes** strizzare gli occhi; **screwdriver** *n* cacciavite *m*
scribble ['skrɪbl] *n* scarabocchio ▸ *vt* scribacchiare in fretta ▸ *vi* scarabocchiare
script [skrɪpt] *n* (*Cinema etc*) copione *m*; (*in exam*) elaborato *or* compito d'esame
scroll [skrəul] *n* rotolo di carta
scrub [skrʌb] *n* (*land*) boscaglia ▸ *vt* pulire strofinando; (*reject*) annullare
scruffy ['skrʌfɪ] *adj* sciatto(-a)
scrum(mage) ['skrʌm(ɪdʒ)] *n* mischia
scrutiny ['skruːtɪnɪ] *n* esame *m* accurato
scuba diving ['skuːbə-] *n* immersioni *fpl* subacquee
sculptor ['skʌlptə^r] *n* scultore *m*

sculpture ['skʌlptʃəʳ] *n* scultura
scum [skʌm] *n* schiuma; (*pej: people*) feccia
scurry ['skʌrɪ] *vi* sgambare, affrettarsi
sea [si:] *n* mare *m* ▸ *cpd* marino(-a), del mare; (*bird, fish*) di mare; (*route, transport*) marittimo(-a); **by ~** (*travel*) per mare; **on the ~** (*boat*) in mare; (*town*) di mare; **to be all at ~** (*fig*) non sapere che pesci pigliare; **out to ~** al largo; **(out) at ~** in mare; **seafood** *n* frutti *mpl* di mare; **sea front** *n* lungomare *m*; **seagull** *n* gabbiano
seal [si:l] *n* (*animal*) foca; (*stamp*) sigillo; (*impression*) impronta del sigillo ▸ *vt* sigillare ▹ **seal off** *vt* (*close*) sigillare; (*forbid entry to*) bloccare l'accesso a
sea level *n* livello del mare
seam [si:m] *n* cucitura; (*of coal*) filone *m*
search [sə:tʃ] *n* ricerca; (*Law: at sb's home*) perquisizione *f* ▸ *vt* frugare ▸ *vi* **to ~ for** ricercare; **in ~ of** alla ricerca di; **search engine** *n* (*Comput*) motore *m* di ricerca; **search party** *n* squadra di soccorso
sea: **seashore** ['si:ʃɔ:ʳ] *n* spiaggia; **seasick** ['si:sɪk] *adj* che soffre il mal di mare; **seaside** ['si:saɪd] *n* spiaggia; **seaside resort** *n* stazione *f* balneare
season ['si:zn] *n* stagione *f* ▸ *vt* condire, insaporire; **seasonal** *adj* stagionale; **seasoning** *n* condimento; **season ticket** *n* abbonamento
seat [si:t] *n* sedile *m*; (*in bus, train: place*) posto; (*Parliament*) seggio; (*buttocks*) didietro; (*of trousers*) fondo ▸ *vt* far sedere; (*have room for*) avere *or* essere fornito(-a) di posti a sedere per; **I'd like to book two ~s** vorrei prenotare due posti; **to be ~ed** essere seduto(-a); **seat belt** *n* cintura di sicurezza; **seating** *n* posti *mpl* a sedere
sea: **sea water** *n* acqua di mare; **seaweed** ['si:wi:d] *n* alghe *fpl*
sec. *abbr* = **second(s)**
secluded [sɪ'klu:dɪd] *adj* isolato(-a), appartato(-a)
second ['sɛkənd] *num* secondo(-a) ▸ *adv* (*in race etc*) al secondo posto ▸ *n* (*unit of time*) secondo; (*Aut: also:* **~ gear**) seconda; (*Comm: imperfect*) scarto; (*BRIT: Scol: degree*) laurea con punteggio discreto ▸ *vt* (*motion*) appoggiare; **secondary** *adj* secondario(-a); **secondary school** *n* scuola secondaria; **second-class** *adj* di seconda classe ▸ *adv* in seconda classe; **secondhand** *adj* di seconda mano, usato(-a); **secondly** *adv* in secondo luogo; **second-rate** *adj* scadente; **second thoughts** *npl* ripensamenti *mpl*; **on second thoughts** (*BRIT*) *or* **thought** (*US*) ripensandoci bene
secrecy ['si:krəsɪ] *n* segretezza
secret ['si:krɪt] *adj* segreto(-a) ▸ *n* segreto; **in ~** in segreto
secretary ['sɛkrətrɪ] *n* segretario(-a); **S~ of State (for)** (*BRIT: Pol*) ministro (di)
secretive ['si:krətɪv] *adj* riservato(-a)
secret service *n* servizi *mpl* segreti
sect [sɛkt] *n* setta
section ['sɛkʃən] *n* sezione *f*
sector ['sɛktəʳ] *n* settore *m*
secular ['sɛkjuləʳ] *adj* secolare
secure [sɪ'kjuəʳ] *adj* sicuro(-a); (*firmly fixed*) assicurato(-a), ben fermato(-a); (*in safe place*) al sicuro ▸ *vt* (*fix*) fissare, assicurare; (*get*) ottenere, assicurarsi; **securities** *npl* (*Stock Exchange*) titoli *mpl*
security [sɪ'kjuərɪtɪ] *n* sicurezza; (*for loan*) garanzia; **security guard** *n* guardia giurata
sedan [sə'dæn] (*US*) *n* (*Aut*) berlina

sedate [sɪ'deɪt] *adj* posato(-a), calmo(-a) ▶ *vt* calmare
sedative ['sɛdɪtɪv] *n* sedativo, calmante *m*
seduce [sɪ'dju:s] *vt* sedurre; **seductive** [-'dʌktɪv] *adj* seducente
see [si:] (*pt* **saw**, *pp* **seen**) *vt* vedere; (*accompany*): **to ~ sb to the door** accompagnare qn alla porta ▶ *vi* vedere; (*understand*) capire ▶ *n* sede *f* vescovile; **to ~ that** (*ensure*) badare che + *sub*, fare in modo che + *sub*; **~ you soon!** a presto! ▷ **see off** *vt* salutare alla partenza ▷ **see out** *vt* (*take to the door*) accompagnare alla porta ▷ **see through** *vt* portare a termine ▶ *vt fus* non lasciarsi ingannare da ▷ **see to** *vt fus* occuparsi di
seed [si:d] *n* seme *m*; (*fig*) germe *m*; (*Tennis etc*) testa di serie; **to go to ~** fare seme; (*fig*) scadere
seeing ['si:ɪŋ] *conj* **~ (that)** visto che
seek [si:k] (*pt, pp* **sought**) *vt* cercare
seem [si:m] *vi* sembrare, parere; **there ~s to be ...** sembra che ci sia ...; **seemingly** *adv* apparentemente
seen [si:n] *pp of* **see**
seesaw ['si:sɔ:] *n* altalena a bilico
segment ['sɛgmənt] *n* segmento
segregate ['sɛgrɪgeɪt] *vt* segregare, isolare
seize [si:z] *vt* (*grasp*) afferrare; (*take possession of*) impadronirsi di; (*Law*) sequestrare
seizure ['si:ʒə^r] *n* (*Med*) attacco; (*Law*) confisca, sequestro
seldom ['sɛldəm] *adv* raramente
select [sɪ'lɛkt] *adj* scelto(-a) ▶ *vt* scegliere, selezionare; **selection** [-'lɛkʃən] *n* selezione *f*, scelta; **selective** *adj* selettivo(-a)
self [sɛlf] *n* **the ~** l'io *m* ▶ *prefix* auto...; **self-assured** *adj* sicuro(-a) di sé; **self-catering** (*BRIT*) *adj* in cui ci si cucina da sé; **self-centred** (*US* **self-centered**) *adj* egocentrico(-a); **self-confidence** *n* sicurezza di sé; **self-confident** *adj* sicuro(-a) di sé; **self-conscious** *adj* timido(-a); **self-contained** (*BRIT*) *adj* (*flat*) indipendente; **self-control** *n* autocontrollo; **self-defence** (*US* **self-defense**) *n* autodifesa; (*Law*) legittima difesa; **self-drive** *adj* (*BRIT*: *rented car*) senza autista; **self-employed** *adj* che lavora in proprio; **self-esteem** *n* amor proprio *m*; **self-indulgent** *adj* indulgente verso se stesso(-a); **self-interest** *n* interesse *m* personale; **selfish** *adj* egoista; **self-pity** *n* autocommiserazione *f*; **self-raising** (*US* **self-rising**) *adj* **self-raising flour** miscela di farina e lievito; **self-respect** *n* rispetto di sé, amor proprio; **self-service** *n* autoservizio, self-service *m*
sell [sɛl] (*pt, pp* **sold**) *vt* vendere ▶ *vi* vendersi; **to ~ at** *or* **for 1000 euros** essere in vendita a 1000 euro ▷ **sell off** *vt* svendere, liquidare ▷ **sell out** *vi* **to ~ out (of sth)** esaurire (qc); **the tickets are all sold out** i biglietti sono esauriti; **sell-by date** ['sɛlbaɪ-] *n* data di scadenza; **seller** *n* venditore(-trice)
Sellotape® ['sɛləuteɪp] (*BRIT*) *n* nastro adesivo, scotch® *m*
selves [sɛlvz] *npl of* **self**
semester [sɪ'mɛstə^r] (*US*) *n* semestre *m*
semi... ['sɛmɪ] *prefix* semi...; **semicircle** *n* semicerchio; **semidetached (house)** [sɛmɪdɪ'tætʃt-] (*BRIT*) *n* casa gemella; **semi-final** *n* semifinale *f*
seminar ['sɛmɪnɑ:^r] *n* seminario
semi-skimmed ['sɛmɪ'skɪmd] *adj* (*milk*) parzialmente scremato(-a)
senate ['sɛnɪt] *n* senato; **senator** *n* senatore(-trice)
send [sɛnd] (*pt, pp* **sent**) *vt* mandare

▷ **send back** *vt* rimandare ▷ **send for** *vt fus* mandare a chiamare, far venire ▷ **send in** *vt* (*report, application, resignation*) presentare ▷ **send off** *vt* (*goods*) spedire; (*BRIT: Sport: player*) espellere ▷ **send on** *vt* (*BRIT: letter*) inoltrare; (*luggage etc: in advance*) spedire in anticipo ▷ **send out** *vt* (*invitation*) diramare ▷ **send up** *vt* (*person, price*) far salire; (*BRIT: parody*) mettere in ridicolo; **sender** *n* mittente *m/f*; **send-off** *n* **to give sb a good send-off** festeggiare la partenza di qn

senile ['si:naɪl] *adj* senile

senior ['si:nɪəʳ] *adj* (*older*) più vecchio(-a); (*of higher rank*) di grado più elevato; **senior citizen** *n* persona anziana; **senior high school** (*US*) *n* ≈ liceo

sensation [sɛn'seɪʃən] *n* sensazione *f*; **sensational** *adj* sensazionale; (*marvellous*) eccezionale

sense [sɛns] *n* senso; (*feeling*) sensazione *f*, senso; (*meaning*) senso, significato; (*wisdom*) buonsenso ▸ *vt* sentire, percepire; **it makes ~** ha senso; **senseless** *adj* sciocco(-a); (*unconscious*) privo(-a) di sensi; **sense of humour** (*BRIT*) *n* senso dell'umorismo

sensible ['sɛnsɪbl] *adj* sensato(-a), ragionevole

Be careful not to translate **sensible** by the Italian word ***sensibile***.

sensitive ['sɛnsɪtɪv] *adj* sensibile; (*skin, question*) delicato(-a)

sensual ['sɛnsjuəl] *adj* sensuale

sensuous ['sɛnsjuəs] *adj* sensuale

sent [sɛnt] *pt, pp of* **send**

sentence ['sɛntns] *n* (*Ling*) frase *f*; (*Law: judgment*) sentenza; (*: punishment*) condanna ▸ *vt* **to ~ sb to death/to 5 years** condannare qn a morte/a 5 anni

sentiment ['sɛntɪmənt] *n* sentimento; (*opinion*) opinione *f*; **sentimental** [-'mɛntl] *adj* sentimentale

Sep. *abbr* (= *September*) Sett.

separate [*adj* 'sɛprɪt, *vb* 'sɛpəreɪt] *adj* separato(-a) ▸ *vt* separare ▸ *vi* separarsi; **separately** *adv* separatamente; **separates** *npl* (*clothes*) coordinati *mpl*; **separation** [-'reɪʃən] *n* separazione *f*

September [sɛp'tɛmbəʳ] *n* settembre *m*

septic ['sɛptɪk] *adj* settico(-a); (*wound*) infettato(-a); **septic tank** *n* fossa settica

sequel ['si:kwl] *n* conseguenza; (*of story*) seguito; (*of film*) sequenza

sequence ['si:kwəns] *n* (*series*) serie *f*; (*order*) ordine *m*

sequin ['si:kwɪn] *n* lustrino, paillette *f inv*

Serb [sə:b] *adj, n* = **Serbian**

Serbia ['sə:bɪə] *n* Serbia

Serbian ['sə:bɪən] *adj* serbo(-a) ▸ *n* serbo(-a); (*Ling*) serbo

sergeant ['sɑ:dʒənt] *n* sergente *m*; (*Police*) brigadiere *m*

serial ['sɪərɪəl] *n* (*Press*) romanzo a puntate; (*Radio, TV*) trasmissione *f* a puntate, serial *m inv*; **serial killer** *n* serial-killer *m/f inv*; **serial number** *n* numero di serie

series ['sɪəri:z] *n inv* serie *f inv*; (*Publishing*) collana

serious ['sɪərɪəs] *adj* serio(-a), grave; **seriously** *adv* seriamente

sermon ['sə:mən] *n* sermone *m*

servant ['sə:vənt] *n* domestico(-a)

serve [sə:v] *vt* (*employer etc*) servire, essere a servizio di; (*purpose*) servire a; (*customer, food, meal*) servire; (*apprenticeship*) fare; (*prison term*) scontare ▸ *vi* (*also Tennis*) servire; (*be useful*): **to ~ as/for/to do** servire da/

S

per/per fare ▶ *n* (*Tennis*) servizio; **it ~s him right** ben gli sta, se l'è meritata; **server** *n* (*Comput*) server *m inv*

service ['sə:vɪs] *n* servizio; (*Aut: maintenance*) assistenza, revisione *f* ▶ *vt* (*car, washing machine*) revisionare; **to be of ~ to sb** essere d'aiuto a qn; **~ included/not included** servizio compreso/escluso; **~s** (*BRIT: on motorway*) stazione *f* di servizio; (*Mil*): **the S~s** le Forze Armate; **service area** *n* (*on motorway*) area di servizio; **service charge** (*BRIT*) *n* servizio; **serviceman** (*irreg*) *n* militare *m*; **service station** *n* stazione *f* di servizio

serviette [sə:vɪ'ɛt] (*BRIT*) *n* tovagliolo

session ['sɛʃən] *n* (*sitting*) seduta, sessione *f*; (*Scol*) anno scolastico (*or* accademico)

set [sɛt] (*pt, pp* **set**) *n* serie *f inv*; (*of cutlery etc*) servizio; (*Radio, TV*) apparecchio; (*Tennis*) set *m inv*; (*group of people*) mondo, ambiente *m*; (*Cinema*) scenario; (*Theatre: stage*) scene *fpl*; (: *scenery*) scenario; (*Math*) insieme *m*; (*Hairdressing*) messa in piega ▶ *adj* (*fixed*) stabilito(-a), determinato(-a); (*ready*) pronto(-a) ▶ *vt* (*place*) posare, mettere; (*arrange*) sistemare; (*fix*) fissare; (*adjust*) regolare; (*decide: rules etc*) stabilire, fissare ▶ *vi* (*sun*) tramontare; (*jam, jelly*) rapprendersi; (*concrete*) fare presa; **to be ~ on doing** essere deciso a fare; **to ~ to music** mettere in musica; **to ~ on fire** dare fuoco a; **to ~ free** liberare; **to ~ sth going** mettere in moto qc; **to ~ sail** prendere il mare ▷ **set aside** *vt* mettere da parte ▷ **set down** *vt* (*bus, train*) lasciare ▷ **set in** *vi* (*infection*) svilupparsi; (*complications*) intervenire; **the rain has ~ in for the day** ormai pioverà tutto il giorno ▷ **set off** *vi* partire ▶ *vt* (*bomb*) far scoppiare; (*cause to start*) mettere in moto; (*show up well*) dare risalto a ▷ **set out** *vi* partire ▶ *vt* (*arrange*) disporre; (*state*) esporre, presentare; **to ~ out to do** proporsi di fare ▷ **set up** *vt* (*organization*) fondare, costituire; **setback** *n* (*hitch*) contrattempo, inconveniente *m*; **set menu** *n* menù *m inv* fisso

settee [sɛ'ti:] *n* divano, sofà *m inv*

setting ['sɛtɪŋ] *n* (*background*) ambiente *m*; (*of controls*) posizione *f*; (*of sun*) tramonto; (*of jewel*) montatura

settle ['sɛtl] *vt* (*argument, matter*) appianare; (*accounts*) regolare; (*Med: calm*) calmare ▶ *vi* (*bird, dust etc*) posarsi; (*sediment*) depositarsi; **to ~ for sth** accontentarsi di qc; **to ~ on sth** decidersi per qc ▷ **settle down** *vi* (*get comfortable*) sistemarsi; (*calm down*) calmarsi; (*get back to normal: situation*) tornare alla normalità ▷ **settle in** *vi* sistemarsi ▷ **settle up** *vi* **to ~ up with sb** regolare i conti con qn; **settlement** *n* (*payment*) pagamento, saldo; (*agreement*) accordo; (*colony*) colonia; (*village etc*) villaggio, comunità *f inv*

setup ['sɛtʌp] *n* (*arrangement*) sistemazione *f*; (*situation*) situazione *f*

seven ['sɛvn] *num* sette; **seventeen** *num* diciassette; **seventeenth** [sevn'ti:nθ] *num* diciassettesimo(-a); **seventh** *num* settimo(-a); **seventieth** ['sevntɪɪθ] *num* settantesimo(-a); **seventy** *num* settanta

sever ['sɛvəʳ] *vt* recidere, tagliare; (*relations*) troncare

several ['sɛvərl] *adj, pron* alcuni(-e), diversi(-e); **~ of us** alcuni di noi

severe [sɪ'vɪəʳ] *adj* severo(-a); (*serious*) serio(-a), grave; (*hard*) duro(-a); (*plain*) semplice, sobrio(-a)

sew [səu] (*pt* **sewed**, *pp* **sewn**) *vt, vi* cucire
sewage ['su:ɪdʒ] *n* acque *fpl* di scolo
sewer ['su:əʳ] *n* fogna
sewing ['səuɪŋ] *n* cucitura; cucito; **sewing machine** *n* macchina da cucire
sewn [səun] *pp of* **sew**
sex [sɛks] *n* sesso; **to have ~ with** avere rapporti sessuali con; **sexism** ['sɛksɪzəm] *n* sessismo; **sexist** *adj, n* sessista *m/f*; **sexual** ['sɛksjuəl] *adj* sessuale; **sexual intercourse** *n* rapporti *mpl* sessuali; **sexuality** [seksju'ælɪtɪ] *n* sessualità; **sexy** ['sɛksɪ] *adj* provocante, sexy *inv*
shabby ['ʃæbɪ] *adj* malandato(-a); (*behaviour*) vergognoso(-a)
shack [ʃæk] *n* baracca, capanna
shade [ʃeɪd] *n* ombra; (*for lamp*) paralume *m*; (*of colour*) tonalità *f inv*; (*small quantity*): **a ~ (more/too large)** un po' (di più/troppo grande) ▸ *vt* ombreggiare, fare ombra a; **in the ~** all'ombra; **~s** (*US*) *npl* (*sunglasses*) occhiali *mpl* da sole
shadow ['ʃædəu] *n* ombra ▸ *vt* (*follow*) pedinare; **shadow cabinet** (*BRIT*) *n* (*Pol*) governo *m* ombra *inv*
shady ['ʃeɪdɪ] *adj* ombroso(-a); (*fig*: *dishonest*) losco(-a), equivoco(-a)
shaft [ʃɑ:ft] *n* (*of arrow, spear*) asta; (*Aut, Tech*) albero; (*of mine*) pozzo; (*of lift*) tromba; (*of light*) raggio
shake [ʃeɪk] (*pt* **shook**, *pp* **shaken**) *vt* scuotere; (*bottle, cocktail*) agitare ▸ *vi* tremare; **to ~ one's head** (*in refusal, dismay*) scuotere la testa; **to ~ hands with sb** stringere *or* dare la mano a qn ▹ **shake off** *vt* scrollare (via); (*fig*) sbarazzarsi di ▹ **shake up** *vt* scuotere; **shaky** *adj* (*hand, voice*) tremante; (*building*) traballante
shall [ʃæl] *aux vb* **I ~ go** andrò; **~ I open the door?** apro io la porta?; **I'll get some, ~ I?** ne prendo un po', va bene?
shallow ['ʃæləu] *adj* poco profondo(-a); (*fig*) superficiale
sham [ʃæm] *n* finzione *f*, messinscena; (*jewellery, furniture*) imitazione *f*
shambles ['ʃæmblz] *n* confusione *f*, baraonda, scompiglio
shame [ʃeɪm] *n* vergogna ▸ *vt* far vergognare; **it is a ~ (that/to do)** è un peccato (che + *sub*/fare); **what a ~!** che peccato!; **shameful** *adj* vergognoso(-a); **shameless** *adj* sfrontato(-a); (*immodest*) spudorato(-a)
shampoo [ʃæm'pu:] *n* shampoo *m inv* ▸ *vt* fare lo shampoo a
shandy ['ʃændɪ] *n* birra con gassosa
shan't [ʃɑ:nt] = **shall not**
shape [ʃeɪp] *n* forma ▸ *vt* formare; (*statement*) formulare; (*sb's ideas*) condizionare; **to take ~** prendere forma
share [ʃɛəʳ] *n* (*thing received, contribution*) parte *f*; (*Comm*) azione *f* ▸ *vt* dividere; (*have in common*) condividere, avere in comune; **shareholder** *n* azionista *m/f*
shark [ʃɑ:k] *n* squalo, pescecane *m*
sharp [ʃɑ:p] *adj* (*razor, knife*) affilato(-a); (*point*) acuto(-a), acuminato(-a); (*nose, chin*) aguzzo(-a); (*outline, contrast*) netto(-a); (*cold, pain*) pungente; (*voice*) stridulo(-a); (*person*: *quick-witted*) sveglio(-a); (: *unscrupulous*) disonesto(-a); (*Mus*): **C ~** do diesis ▸ *n* (*Mus*) diesis *m inv* ▸ *adv* **at 2 o'clock ~** alle due in punto; **sharpen** *vt* affilare; (*pencil*) fare la punta a; (*fig*) acuire; **sharpener** *n* (*also*: **pencil sharpener**) temperamatite *m inv*; **sharply** *adv* (*turn, stop*) bruscamente; (*stand out, contrast*) nettamente; (*criticize, retort*) duramente, aspramente
shatter ['ʃætəʳ] *vt* mandare in

frantumi, frantumare; (*fig: upset*) distruggere; (: *ruin*) rovinare ▶ *vi* frantumarsi, andare in pezzi; **shattered** *adj* (*grief-stricken*) sconvolto(-a); (*exhausted*) a pezzi, distrutto(-a)

shave [ʃeɪv] *vt* radere, rasare ▶ *vi* radersi, farsi la barba ▶ *n* **to have a ~** farsi la barba; **shaver** *n* (*also:* **electric shaver**) rasoio elettrico

shaving cream *n* crema da barba

shaving foam *n* = **shaving cream**

shavings ['ʃeɪvɪŋz] *npl* (*of wood etc*) trucioli *mpl*

shawl [ʃɔ:l] *n* scialle *m*

she [ʃi:] *pron* ella, lei; **~-cat** gatta; **~-elephant** elefantessa

sheath [ʃi:θ] *n* fodero, guaina; (*contraceptive*) preservativo

shed [ʃɛd] (*pt, pp* **shed**) *n* capannone *m* ▶ *vt* (*leaves, fur etc*) perdere; (*tears, blood*) versare; (*workers*) liberarsi di

she'd [ʃi:d] = **she had**; **she would**

sheep [ʃi:p] *n inv* pecora; **sheepdog** *n* cane *m* da pastore; **sheepskin** *n* pelle *f* di pecora

sheer [ʃɪəʳ] *adj* (*utter*) vero(-a) (e proprio(-a)); (*steep*) a picco, perpendicolare; (*almost transparent*) sottile ▶ *adv* a picco

sheet [ʃi:t] *n* (*on bed*) lenzuolo; (*of paper*) foglio; (*of glass, ice*) lastra; (*of metal*) foglio, lamina

sheik(h) [ʃeɪk] *n* sceicco

shelf [ʃɛlf] (*pl* **shelves**) *n* scaffale *m*, mensola

shell [ʃɛl] *n* (*on beach*) conchiglia; (*of egg, nut etc*) guscio; (*explosive*) granata; (*of building*) scheletro ▶ *vt* (*peas*) sgranare; (*Mil*) bombardare

she'll [ʃi:l] = **she will**; **she shall**

shellfish ['ʃɛlfɪʃ] *n inv* (*crab etc*) crostaceo; (*scallop etc*) mollusco; (*as food*) crostacei; molluschi

shelter ['ʃɛltəʳ] *n* riparo, rifugio ▶ *vt* riparare, proteggere; (*give lodging to*) dare rifugio *or* asilo a ▶ *vi* ripararsi, mettersi al riparo; **sheltered** *adj* riparato(-a)

shelves ['ʃɛlvz] *npl of* **shelf**

shelving ['ʃɛlvɪŋ] *n* scaffalature *fpl*

shepherd ['ʃɛpəd] *n* pastore *m* ▶ *vt* (*guide*) guidare; **shepherd's pie** (*BRIT*) *n timballo di carne macinata e purè di patate*

sheriff ['ʃɛrɪf] (*US*) *n* sceriffo

sherry ['ʃɛrɪ] *n* sherry *m inv*

she's [ʃi:z] = **she is**; **she has**

Shetland ['ʃɛtlənd] *n* (*also:* **the ~s, the ~ Isles**) le isole Shetland, le Shetland

shield [ʃi:ld] *n* scudo; (*trophy*) scudetto; (*protection*) schermo ▶ *vt* **to ~ (from)** riparare (da), proteggere (da *or* contro)

shift [ʃɪft] *n* (*change*) cambiamento; (*of workers*) turno ▶ *vt* spostare, muovere; (*remove*) rimuovere ▶ *vi* spostarsi, muoversi

shin [ʃɪn] *n* tibia

shine [ʃaɪn] (*pt, pp* **shone**) *n* splendore *m*, lucentezza ▶ *vi* (ri)splendere, brillare ▶ *vt* far brillare, far risplendere; (*torch*): **to ~ sth on** puntare qc verso

shingles ['ʃɪŋglz] *n* (*Med*) herpes zoster *m*

shiny ['ʃaɪnɪ] *adj* lucente, lucido(-a)

ship [ʃɪp] *n* nave *f* ▶ *vt* trasportare (via mare); (*send*) spedire (via mare); **shipment** *n* carico; **shipping** *n* (*ships*) naviglio; (*traffic*) navigazione *f*; **shipwreck** *n* relitto; (*event*) naufragio ▶ *vt* **to be shipwrecked** naufragare, fare naufragio; **shipyard** *n* cantiere *m* navale

shirt [ʃə:t] *n* camicia; **in ~ sleeves** in maniche di camicia

shit [ʃɪt] (*inf!*) *excl* merda (!)

shiver ['ʃɪvəʳ] *n* brivido ▶ *vi* rabbrividire, tremare

shock [ʃɔk] *n* (*impact*) urto, colpo; (*Elec*) scossa; (*emotional*) colpo, shock *m inv*; (*Med*) shock ▸ *vt* colpire, scioccare; scandalizzare; **shocking** *adj* scioccante, traumatizzante; scandaloso(-a)

shoe [ʃu:] (*pt, pp* **shod**) *n* scarpa; (*also:* **horse~**) ferro di cavallo ▸ *vt* (*horse*) ferrare; **shoelace** *n* stringa; **shoe polish** *n* lucido per scarpe; **shoeshop** *n* calzoleria

shone [ʃɔn] *pt, pp of* **shine**

shook [ʃuk] *pt of* **shake**

shoot [ʃu:t] (*pt, pp* **shot**) *n* (*on branch, seedling*) germoglio ▸ *vt* (*game*) cacciare, andare a caccia di; (*person*) sparare a; (*execute*) fucilare; (*film*) girare ▸ *vi* (*with gun*): **to ~ (at)** sparare (a), fare fuoco (su); (*with bow*): **to ~ (at)** tirare (su); (*Football*) sparare, tirare (forte) ▹ **shoot down** *vt* (*plane*) abbattere ▹ **shoot up** *vi* (*fig*) salire alle stelle; **shooting** *n* (*shots*) sparatoria; (*Hunting*) caccia

shop [ʃɔp] *n* negozio; (*workshop*) officina ▸ *vi* (*also:* **go ~ping**) fare spese; **shop assistant** (*BRIT*) *n* commesso(-a); **shopkeeper** *n* negoziante *m/f*, bottegaio(-a); **shoplifting** *n* taccheggio; **shopping** *n* (*goods*) spesa, acquisti *mpl*; **shopping bag** *n* borsa per la spesa; **shopping centre** (*US* **shopping center**) *n* centro commerciale; **shopping mall** *n* centro commerciale; **shopping trolley** *n* (*BRIT*) carrello del supermercato; **shop window** *n* vetrina

shore [ʃɔ:ʳ] *n* (*of sea*) riva, spiaggia; (*of lake*) riva ▸ *vt* **to ~ (up)** puntellare; **on ~** a riva

short [ʃɔ:t] *adj* (*not long*) corto(-a); (*soon finished*) breve; (*person*) basso(-a); (*curt*) brusco(-a), secco(-a); (*insufficient*) insufficiente ▸ *n* (*also:* **~ film**) cortometraggio; **to be ~ of sth** essere a corto di *or* mancare di qc; **in ~** in breve; **~ of doing** a meno che non si faccia; **everything ~ of** tutto fuorché; **it is ~ for** è l'abbreviazione *or* il diminutivo di; **to cut ~** (*speech, visit*) accorciare, abbreviare; **to fall ~ of** venir meno a; non soddisfare; **to run ~ of** rimanere senza; **to stop ~** fermarsi di colpo; **to stop ~ of** non arrivare fino a; **shortage** *n* scarsezza, carenza; **shortbread** *n* biscotto di pasta frolla; **shortcoming** *n* difetto; **short(crust) pastry** (*BRIT*) *n* pasta frolla; **shortcut** *n* scorciatoia; **shorten** *vt* accorciare, ridurre; **shortfall** *n* deficit *m*; **shorthand** (*BRIT*) *n* stenografia; **short-lived** *adj* di breve durata; **shortly** *adv* fra poco; **shorts** *npl* (*also:* **a pair of shorts**) i calzoncini; **short-sighted** (*BRIT*) *adj* miope; **short-sleeved** ['ʃɔ:tsli:vd] *adj* a maniche corte; **short story** *n* racconto, novella; **short-tempered** *adj* irascibile; **short-term** *adj* (*effect*) di *or* a breve durata; (*borrowing*) a breve scadenza

shot [ʃɔt] *pt, pp of* **shoot** ▸ *n* sparo, colpo; (*try*) prova; (*Football*) tiro; (*injection*) iniezione *f*; (*Phot*) foto *f inv*; **like a ~** come un razzo; (*very readily*) immediatamente; **shotgun** *n* fucile *m* da caccia

should [ʃud] *aux vb* **I ~ go now** dovrei andare ora; **he ~ be there now** dovrebbe essere arrivato ora; **I ~ go if I were you** se fossi in te andrei; **I ~ like to** mi piacerebbe

shoulder ['ʃəuldəʳ] *n* spalla; (*BRIT: of road*): **hard ~** banchina ▸ *vt* (*fig*) addossarsi, prendere sulle proprie spalle; **shoulder blade** *n* scapola

shouldn't ['ʃudnt] = **should not**

shout [ʃaut] *n* urlo, grido ▸ *vt* gridare ▸ *vi* (*also:* **~ out**) urlare, gridare

shove [ʃʌv] *vt* spingere; (*inf: put*): **to ~ sth in** ficcare qc in
shovel ['ʃʌvl] *n* pala ▸ *vt* spalare
show [ʃəu] (*pt* **showed**, *pp* **shown**) *n* (*of emotion*) dimostrazione *f*, manifestazione *f*; (*semblance*) apparenza; (*exhibition*) mostra, esposizione *f*; (*Theatre, Cinema*) spettacolo ▸ *vt* far vedere, mostrare; (*courage etc*) dimostrare, dar prova di; (*exhibit*) esporre ▸ *vi* vedersi, essere visibile; **for ~** per fare scena; **on ~** (*exhibits etc*) esposto(-a); **can you ~ me where it is, please?** può mostrarmi dov'è, per favore? ▹**show in** *vt* (*person*) far entrare ▹**show off** *vi* (*pej*) esibirsi, mettersi in mostra ▸ *vt* (*display*) mettere in risalto; (*pej*) mettere in mostra ▹**show out** *vt* (*person*) accompagnare alla porta ▹**show up** *vi* (*stand out*) essere ben visibile; (*inf: turn up*) farsi vedere ▸ *vt* mettere in risalto; **show business** *n* industria dello spettacolo
shower ['ʃauə^r] *n* (*rain*) acquazzone *m*; (*of stones etc*) pioggia; (*also:* **~bath**) doccia ▸ *vi* fare la doccia ▸ *vt* **to ~ sb with** (*gifts, abuse etc*) coprire qn di; (*missiles*) lanciare contro qn una pioggia di; **to have a ~** fare la doccia; **shower cap** *n* cuffia da doccia; **shower gel** *n* gel *m* doccia *inv*
showing ['ʃəuɪŋ] *n* (*of film*) proiezione *f*
show jumping *n* concorso ippico (di salto ad ostacoli)
shown [ʃəun] *pp of* **show**
show: **show-off** (*inf*) *n* (*person*) esibizionista *m/f*; **showroom** *n* sala d'esposizione
shrank [ʃræŋk] *pt of* **shrink**
shred [ʃrɛd] *n* (*gen pl*) brandello ▸ *vt* fare a brandelli; (*Culin*) sminuzzare, tagliuzzare
shrewd [ʃru:d] *adj* astuto(-a), scaltro(-a)
shriek [ʃri:k] *n* strillo ▸ *vi* strillare
shrimp [ʃrɪmp] *n* gamberetto
shrine [ʃraɪn] *n* reliquario; (*place*) santuario
shrink [ʃrɪŋk] (*pt* **shrank**, *pp* **shrunk**) *vi* restringersi; (*fig*) ridursi; (*also:* **~ away**) ritrarsi ▸ *vt* (*wool*) far restringere ▸ *n* (*inf: pej*) psicanalista *m/f*; **to ~ from doing sth** rifuggire dal fare qc
shrivel ['ʃrɪvl] (*also:* **~ up**) *vt* raggrinzare, avvizzire ▸ *vi* raggrinzirsi, avvizzire
shroud [ʃraud] *n* lenzuolo funebre ▸ *vt* **~ed in mystery** avvolto(-a) nel mistero
Shrove Tuesday ['ʃrəuv-] *n* martedì *m* grasso
shrub [ʃrʌb] *n* arbusto
shrug [ʃrʌg] *n* scrollata di spalle ▸ *vt, vi* **to ~ (one's shoulders)** alzare le spalle, fare spallucce ▹**shrug off** *vt* passare sopra a
shrunk [ʃrʌŋk] *pp of* **shrink**
shudder ['ʃʌdə^r] *n* brivido ▸ *vi* rabbrividire
shuffle ['ʃʌfl] *vt* (*cards*) mescolare; **to ~ (one's feet)** strascicare i piedi
shun [ʃʌn] *vt* sfuggire, evitare
shut [ʃʌt] (*pt, pp* **shut**) *vt* chiudere ▸ *vi* chiudersi, chiudere ▹**shut down** *vt, vi* chiudere definitivamente ▹**shut up** *vi* (*inf: keep quiet*) stare zitto(-a), fare silenzio ▸ *vt* (*close*) chiudere; (*silence*) far tacere; **shutter** *n* imposta; (*Phot*) otturatore *m*
shuttle ['ʃʌtl] *n* spola, navetta; (*space shuttle*) navetta (spaziale); (*also:* **~ service**) servizio *m* navetta *inv*; **shuttlecock** ['ʃʌtlkɔk] *n* volano
shy [ʃaɪ] *adj* timido(-a)
sibling ['sɪblɪŋ] *n* (*formal*) fratello/sorella
Sicily ['sɪsɪlɪ] *n* Sicilia
sick [sɪk] *adj* (*ill*) malato(-a);

(*vomiting*): **to be ~** vomitare; (*humour*) macabro(-a); **to feel ~** avere la nausea; **to be ~ of** (*fig*) averne abbastanza di; **sickening** *adj* (*fig*) disgustoso(-a), rivoltante; **sick leave** *n* congedo per malattia; **sickly** *adj* malaticcio(-a); (*causing nausea*) nauseante; **sickness** *n* malattia; (*vomiting*) vomito

side [saɪd] *n* lato; (*of lake*) riva; (*team*) squadra ▸ *cpd* (*door, entrance*) laterale ▸ *vi* **to ~ with sb** parteggiare per qn, prendere le parti di qn; **by the ~ of** a fianco di; (*road*) sul ciglio di; **~ by ~** fianco a fianco; **from ~ to ~** da una parte all'altra; **to take ~s (with)** schierarsi (con); **sideboard** *n* credenza; **sideburns** ['saɪdbə:nz] *npl* basette *fpl*; **sidelight** *n* (*Aut*) luce *f* di posizione; **sideline** *n* (*Sport*) linea laterale; (*fig*) attività secondaria; **side order** *n* contorno (*pietanza*); **side road** *n* strada secondaria; **side street** *n* traversa; **sidetrack** *vt* (*fig*) distrarre; **sidewalk** (*US*) *n* marciapiede *m*; **sideways** *adv* (*move*) di lato, di fianco

siege [si:dʒ] *n* assedio

sieve [sɪv] *n* setaccio ▸ *vt* setacciare

sift [sɪft] *vt* passare al crivello; (*fig*) vagliare

sigh [saɪ] *n* sospiro ▸ *vi* sospirare

sight [saɪt] *n* (*faculty*) vista; (*spectacle*) spettacolo; (*on gun*) mira ▸ *vt* avvistare; **in ~** in vista; **on ~** a vista; **out of ~** non visibile; **sightseeing** *n* giro turistico; **to go sightseeing** visitare una località

sign [saɪn] *n* segno; (*with hand etc*) segno, gesto; (*notice*) insegna, cartello ▸ *vt* firmare; (*player*) ingaggiare; **where do I ~?** dove devo firmare? ▹ **sign for** *vt fus* (*item*) firmare per l'accettazione di ▹ **sign in** *vi* firmare il registro (all'arrivo) ▹ **sign on** *vi* (*Mil*) arruolarsi; (*as unemployed*) iscriversi sulla lista (dell'ufficio di collocamento) ▸ *vt* (*Mil*) arruolare; (*employee*) assumere ▹ **sign up** *vi* (*Mil*) arruolarsi; (*for course*) iscriversi ▸ *vt* (*player*) ingaggiare; (*recruits*) reclutare

signal ['sɪgnl] *n* segnale *m* ▸ *vi* (*Aut*) segnalare, mettere la freccia ▸ *vt* (*person*) fare segno a; (*message*) comunicare per mezzo di segnali

signature ['sɪgnətʃə^r] *n* firma

significance [sɪg'nɪfɪkəns] *n* significato; importanza

significant [sɪg'nɪfɪkənt] *adj* significativo(-a)

signify ['sɪgnɪfaɪ] *vt* significare

sign language *n* linguaggio dei muti

signpost ['saɪnpəust] *n* cartello indicatore

Sikh [si:k] *adj, n* sikh (*m/f*) *inv*

silence ['saɪlns] *n* silenzio ▸ *vt* far tacere, ridurre al silenzio

silent ['saɪlnt] *adj* silenzioso(-a); (*film*) muto(-a); **to remain ~** tacere, stare zitto

silhouette [sɪlu:'ɛt] *n* silhouette *f inv*

silicon chip ['sɪlɪkən-] *n* piastrina di silicio

silk [sɪlk] *n* seta ▸ *adj* di seta

silly ['sɪlɪ] *adj* stupido(-a), sciocco(-a)

silver ['sɪlvə^r] *n* argento; (*money*) *monete da 5, 10, 20 or 50 pence*; (*also:* **~ware**) argenteria ▸ *adj* d'argento; **silver-plated** *adj* argentato(-a)

SIM card ['sɪm-] *n* (*Tel*) SIM card *f inv*

similar ['sɪmɪlə^r] *adj* **~ (to)** simile (a); **similarity** [sɪmɪ'lærɪtɪ] *n* somiglianza, rassomiglianza; **similarly** *adv* allo stesso modo; così pure

simmer ['sɪmə^r] *vi* cuocere a fuoco lento

simple ['sɪmpl] *adj* semplice; **simplicity** [-'plɪsɪtɪ] *n* semplicità; **simplify** *vt* semplificare; **simply** *adv* semplicemente

simulate ['sɪmjuleɪt] *vt* fingere,

simulare
simultaneous [sɪməl'teɪnɪəs] *adj* simultaneo(-a); **simultaneously** *adv* simultaneamente, contemporaneamente
sin [sɪn] *n* peccato ▶ *vi* peccare
since [sɪns] *adv* da allora ▶ *prep* da ▶ *conj (time)* da quando; *(because)* poiché, dato che; **~ then, ever ~** da allora
sincere [sɪn'sɪə^r] *adj* sincero(-a); **sincerely** *adv* **yours sincerely** *(in letters)* distinti saluti
sing [sɪŋ] *(pt* **sang**, *pp* **sung**) *vt, vi* cantare
Singapore [sɪŋgə'pɔː^r] *n* Singapore *f*
singer ['sɪŋə^r] *n* cantante *m/f*
singing ['sɪŋɪŋ] *n* canto
single ['sɪŋgl] *adj* solo(-a), unico(-a); *(unmarried: man)* celibe; *(: woman)* nubile; *(not double)* semplice ▶ *n (BRIT: also:* **~ ticket**) biglietto di (sola) andata; *(record)* 45 giri *m*; **~s** *n (Tennis)* singolo ▷ **single out** *vt* scegliere; *(distinguish)* distinguere; **single bed** *n* letto singolo; **single file** *n* **in single file** in fila indiana; **single-handed** *adv* senza aiuto, da solo(-a); **single-minded** *adj* tenace, risoluto(-a); **single parent** *n (mother)* ragazza *f* madre *inv*; *(father)* ragazzo *m* padre *inv*; **single-parent family** famiglia monoparentale; **single room** *n* camera singola
singular ['sɪŋgjulə^r] *adj (exceptional, Ling)* singolare ▶ *n (Ling)* singolare *m*
sinister ['sɪnɪstə^r] *adj* sinistro(-a)
sink [sɪŋk] *(pt* **sank**, *pp* **sunk**) *n* lavandino, acquaio ▶ *vt (ship)* (fare) affondare, colare a picco; *(foundations)* scavare; *(piles etc)*: **to ~ sth into** conficcare qc in ▶ *vi* affondare, andare a fondo; *(ground etc)* cedere, avvallarsi; **my heart sank** mi sentii venir meno ▷ **sink in** *vi* penetrare
sinus ['saɪnəs] *n (Anat)* seno
sip [sɪp] *n* sorso ▶ *vt* sorseggiare
sir [sə^r] *n* signore *m*; **S~ John Smith** Sir John Smith; **yes ~** sì, signore
siren ['saɪərn] *n* sirena
sirloin ['səːlɔɪn] *n* controfiletto
sister ['sɪstə^r] *n* sorella; *(nun)* suora; *(BRIT: nurse)* infermiera *f* caposala *inv*; **sister-in-law** *n* cognata
sit [sɪt] *(pt, pp* **sat**) *vi* sedere, sedersi; *(assembly)* essere in seduta; *(for painter)* posare ▶ *vt (exam)* sostenere, dare ▷ **sit back** *vi (in seat)* appoggiarsi allo schienale ▷ **sit down** *vi* sedersi ▷ **sit on** *vt fus (jury, committee)* far parte di ▷ **sit up** *vi* tirarsi su a sedere; *(not go to bed)* stare alzato(-a) fino a tardi
sitcom ['sɪtkɔm] *n abbr (= situation comedy)* commedia di situazione; *(TV)* telefilm *m inv* comico d'interni
site [saɪt] *n* posto; *(also:* **building ~**) cantiere *m* ▶ *vt* situare
sitting ['sɪtɪŋ] *n (of assembly etc)* seduta; *(in canteen)* turno; **sitting room** *n* soggiorno
situated ['sɪtjueɪtɪd] *adj* situato(-a)
situation [sɪtju'eɪʃən] *n* situazione *f*; *(job)* lavoro; *(location)* posizione *f*; **"~s vacant"** *(BRIT)* "offerte *fpl* di impiego"
six [sɪks] *num* sei; **sixteen** *num* sedici; **sixteenth** [sɪks'tiːnθ] *num* sedicesimo(-a); **sixth** *num* sesto(-a); **sixth form** *n (BRIT) ultimo biennio delle scuole superiori*; **sixth-form college** *n istituto che offre corsi di preparazione all'esame di maturità per ragazzi dai 16 ai 18 anni*; **sixtieth** ['sɪkstɪɪθ] *num* sessantesimo(-a) ▶ *pron (in series)* sessantesimo(-a); *(fraction)* sessantesimo; **sixty** *num* sessanta
size [saɪz] *n* dimensioni *fpl*; *(of clothing)* taglia, misura; *(of shoes)* numero; *(glue)* colla; **sizeable** *adj* considerevole

sizzle ['sɪzl] *vi* sfrigolare
skate [skeɪt] *n* pattino; (*fish*: *pl inv*) razza ▸ *vi* pattinare; **skateboard** *n* skateboard *m inv*; **skateboarding** *n* skateboard *m inv*; **skater** *n* pattinatore(-trice); **skating** *n* pattinaggio; **skating rink** *n* pista di pattinaggio
skeleton ['skɛlɪtn] *n* scheletro
skeptical ['skɛptɪkl] (*US*) *adj* = **sceptical**
sketch [skɛtʃ] *n* (*drawing*) schizzo, abbozzo; (*Theatre*) scenetta comica, sketch *m inv* ▸ *vt* abbozzare, schizzare
skewer ['skju:əʳ] *n* spiedo
ski [ski:] *n* sci *m inv* ▸ *vi* sciare; **ski boot** *n* scarpone *m* da sci
skid [skɪd] *n* slittamento ▸ *vi* slittare
ski: **skier** ['ski:əʳ] *n* sciatore(-trice); **skiing** ['ski:ɪŋ] *n* sci *m*
skilful ['skɪlful] (*US* **skillful**) *adj* abile
ski lift *n* sciovia
skill [skɪl] *n* abilità *f inv*, capacità *f inv*; **skilled** *adj* esperto(-a); (*worker*) qualificato(-a), specializzato(-a)
skim [skɪm] *vt* (*milk*) scremare; (*glide over*) sfiorare ▸ *vi* **to ~ through** (*fig*) scorrere, dare una scorsa a; **skimmed milk** (*US* **skim milk**) *n* latte *m* scremato
skin [skɪn] *n* pelle *f* ▸ *vt* (*fruit etc*) sbucciare; (*animal*) scuoiare, spellare; **skinhead** *n* skinhead *m/f inv*; **skinny** *adj* molto magro(-a), pelle e ossa *inv*
skip [skɪp] *n* saltello, balzo; (*BRIT*: *container*) benna ▸ *vi* saltare; (*with rope*) saltare la corda ▸ *vt* saltare
ski: **ski pass** *n* ski pass *m*; **ski pole** *n* racchetta (da sci)
skipper ['skɪpəʳ] *n* (*Naut*, *Sport*) capitano
skipping rope ['skɪpɪŋ-] (*US* **skip rope**) *n* corda per saltare
skirt [skə:t] *n* gonna, sottana ▸ *vt* fiancheggiare, costeggiare
skirting board (*BRIT*) *n* zoccolo
ski slope *n* pista da sci
ski suit *n* tuta da sci
skull [skʌl] *n* cranio, teschio
skunk [skʌŋk] *n* moffetta
sky [skaɪ] *n* cielo; **skyscraper** *n* grattacielo
slab [slæb] *n* lastra; (*of cake*, *cheese*) fetta
slack [slæk] *adj* (*loose*) allentato(-a); (*slow*) lento(-a); (*careless*) negligente; **slacks** *npl* (*trousers*) pantaloni *mpl*
slain [sleɪn] *pp of* **slay**
slam [slæm] *vt* (*door*) sbattere; (*throw*) scaraventare; (*criticize*) stroncare ▸ *vi* sbattere
slander ['slɑ:ndəʳ] *n* calunnia; diffamazione *f*
slang [slæŋ] *n* gergo, slang *m*
slant [slɑ:nt] *n* pendenza, inclinazione *f*; (*fig*) angolazione *f*, punto di vista
slap [slæp] *n* manata, pacca; (*on face*) schiaffo ▸ *vt* dare una manata a; schiaffeggiare ▸ *adv* (*directly*) in pieno; **~ a coat of paint on it** dagli una mano di vernice
slash [slæʃ] *vt* tagliare; (*face*) sfregiare; (*fig*: *prices*) ridurre drasticamente, tagliare
slate [sleɪt] *n* ardesia; (*piece*) lastra di ardesia ▸ *vt* (*fig*: *criticize*) stroncare, distruggere
slaughter ['slɔ:təʳ] *n* strage *f*, massacro ▸ *vt* (*animal*) macellare; (*people*) trucidare, massacrare; **slaughterhouse** *n* macello, mattatoio
Slav [slɑ:v] *adj*, *n* slavo(-a)
slave [sleɪv] *n* schiavo(-a) ▸ *vi* (*also*: **~ away**) lavorare come uno schiavo; **slavery** *n* schiavitù *f*
slay [sleɪ] (*pt* **slew**, *pp* **slain**) *vt* (*formal*) uccidere
sleazy ['sli:zɪ] *adj* trasandato(-a)

sled [slɛd] (*US*) = **sledge**
sledge [slɛdʒ] *n* slitta
sleek [sli:k] *adj* (*hair, fur*) lucido(-a), lucente; (*car, boat*) slanciato(-a), affusolato(-a)
sleep [sli:p] (*pt, pp* **slept**) *n* sonno ▶ *vi* dormire; **to go to ~** addormentarsi ▷ **sleep in** *vi* (*oversleep*) dormire fino a tardi ▷ **sleep together** *vi* (*have sex*) andare a letto insieme; **sleeper** (*BRIT*) *n* (*Rail: on track*) traversina; (*: train*) treno di vagoni letto; **sleeping bag** *n* sacco a pelo; **sleeping car** *n* vagone *m* letto *inv*, carrozza *f* letto *inv*; **sleeping pill** *n* sonnifero; **sleepover** *n* notte *f* che un ragazzino passa da amici; **sleepwalk** *vi* camminare nel sonno; (*as a habit*) essere sonnambulo(-a); **sleepy** *adj* assonnato(-a), sonnolento(-a); (*fig*) addormentato(-a)
sleet [sli:t] *n* nevischio
sleeve [sli:v] *n* manica; (*of record*) copertina; **sleeveless** *adj* (*garment*) senza maniche
sleigh [sleɪ] *n* slitta
slender ['slɛndə^r] *adj* snello(-a), sottile; (*not enough*) scarso(-a), esiguo(-a)
slept [slɛpt] *pt, pp of* **sleep**
slew [slu:] *pt of* **slay** ▶ *vi* (*BRIT*) girare
slice [slaɪs] *n* fetta ▶ *vt* affettare, tagliare a fette
slick [slɪk] *adj* (*skilful*) brillante; (*clever*) furbo(-a) ▶ *n* (*also: **oil ~***) chiazza di petrolio
slide [slaɪd] (*pt, pp* **slid**) *n* scivolone *m*; (*in playground*) scivolo; (*Phot*) diapositiva; (*BRIT: also: **hair ~***) fermaglio (per capelli) ▶ *vt* far scivolare ▶ *vi* scivolare; **sliding** *adj* (*door*) scorrevole
slight [slaɪt] *adj* (*slim*) snello(-a), sottile; (*frail*) delicato(-a), fragile; (*trivial*) insignificante; (*small*) piccolo(-a) ▶ *n* offesa, affronto; **not in the ~est** affatto, neppure per sogno; **slightly** *adv* lievemente, un po'
slim [slɪm] *adj* magro(-a), snello(-a) ▶ *vi* dimagrire; fare (*or* seguire) una dieta dimagrante; **slimming** ['slɪmɪŋ] *adj* (*diet*) dimagrante; (*food*) ipocalorico(-a)
slimy ['slaɪmɪ] *adj* (*also fig: person*) viscido(-a); (*covered with mud*) melmoso(-a)
sling [slɪŋ] (*pt, pp* **slung**) *n* (*Med*) fascia al collo; (*for baby*) marsupio ▶ *vt* lanciare, tirare
slip [slɪp] *n* scivolata, scivolone *m*; (*mistake*) errore *m*, sbaglio; (*underskirt*) sottoveste *f*; (*of paper*) striscia di carta; tagliando, scontrino ▶ *vt* (*slide*) far scivolare ▶ *vi* (*slide*) scivolare; (*move smoothly*): **to ~ into/out of** scivolare in/fuori da; (*decline*) declinare; **to ~ sth on/off** infilarsi/togliersi qc; **to give sb the ~** sfuggire qn; **a ~ of the tongue** un lapsus linguae ▷ **slip up** *vi* sbagliarsi
slipper ['slɪpə^r] *n* pantofola
slippery ['slɪpərɪ] *adj* scivoloso(-a)
slip road (*BRIT*) *n* (*to motorway*) rampa di accesso
slit [slɪt] (*pt, pp* **slit**) *n* fessura, fenditura; (*cut*) taglio ▶ *vt* fendere; tagliare
slog [slɔg] (*BRIT*) *n* faticata ▶ *vi* lavorare con accanimento, sgobbare
slogan ['sləugən] *n* motto, slogan *m inv*
slope [sləup] *n* pendio; (*side of mountain*) versante *m*; (*ski slope*) pista; (*of roof*) pendenza; (*of floor*) inclinazione *f* ▶ *vi* **to ~ down** declinare; **to ~ up** essere in salita; **sloping** *adj* inclinato(-a)
sloppy ['slɔpɪ] *adj* (*work*) tirato(-a) via; (*appearance*) sciatto(-a)
slot [slɔt] *n* fessura ▶ *vt* **to ~ sth**

into infilare qc in; **slot machine** *n* (*BRIT*: *vending machine*) distributore *m* automatico; (*for gambling*) slot-machine *f inv*

Slovakia [sləu'vækɪə] *n* Slovacchia

Slovene ['sləuvi:n] *adj* sloveno(-a) ▸ *n* sloveno(-a); (*Ling*) sloveno

Slovenia [sləu'vi:nɪə] *n* Slovenia; **Slovenian** *adj*, *n* = **Slovene**

slow [sləu] *adj* lento(-a); (*watch*): **to be ~** essere indietro ▸ *adv* lentamente ▸ *vt*, *vi* (*also*: **~ down, ~ up**) rallentare; **"~"** (*road sign*) "rallentare" ▹ **slow down** *vi* rallentare; **slowly** *adv* lentamente; **slow motion** *n* **in slow motion** al rallentatore

slug [slʌg] *n* lumaca; (*bullet*) pallottola; **sluggish** *adj* lento(-a); (*trading*) stagnante

slum [slʌm] *n* catapecchia

slump [slʌmp] *n* crollo, caduta; (*economic*) depressione *f*, crisi *f inv* ▸ *vi* crollare

slung [slʌŋ] *pt*, *pp of* **sling**

slur [slə:ʳ] *n* (*fig*): **~ (on)** calunnia (su) ▸ *vt* pronunciare in modo indistinto

sly [slaɪ] *adj* (*smile*, *remark*) sornione(-a); (*person*) furbo(-a)

smack [smæk] *n* (*slap*) pacca; (*on face*) schiaffo ▸ *vt* schiaffeggiare; (*child*) picchiare ▸ *vi* **to ~ of** puzzare di

small [smɔ:l] *adj* piccolo(-a); **small ads** (*BRIT*) *npl* piccola pubblicità; **small change** *n* moneta, spiccioli *mpl*

smart [smɑ:t] *adj* elegante; (*fashionable*) alla moda; (*clever*) intelligente; (*quick*) sveglio(-a) ▸ *vi* bruciare; **smartcard** ['smɑ:tkɑ:d] *n* smartcard *f inv*, carta intelligente

smash [smæʃ] *n* (*also*: **~-up**) scontro, collisione *f*; (*smash hit*) successone *m* ▸ *vt* frantumare, fracassare; (*Sport*: *record*) battere ▸ *vi* frantumarsi, andare in pezzi; **smashing** (*inf*) *adj* favoloso(-a), formidabile

smear [smɪəʳ] *n* macchia; (*Med*) striscio ▸ *vt* spalmare; (*make dirty*) sporcare; **smear test** *n* (*BRIT Med*) Pap-test *m inv*

smell [smɛl] (*pt* **smelt** *or* **smelled**) *n* odore *m*; (*sense*) olfatto, odorato ▸ *vt* sentire (l')odore di ▸ *vi* (*food etc*): **to ~ (of)** avere odore (di); (*pej*) puzzare, avere un cattivo odore; **smelly** *adj* puzzolente

smelt [smɛlt] *pt*, *pp of* **smell** ▸ *vt* (*ore*) fondere

smile [smaɪl] *n* sorriso ▸ *vi* sorridere

smirk [smə:k] *n* sorriso furbo; sorriso compiaciuto

smog [smɔg] *n* smog *m*

smoke [sməuk] *n* fumo ▸ *vt*, *vi* fumare; **do you mind if I ~?** le dà fastidio se fumo?; **smoke alarm** *n* rivelatore *f* di fumo; **smoked** *adj* (*bacon*, *glass*) affumicato(-a); **smoker** *n* (*person*) fumatore(-trice); (*Rail*) carrozza per fumatori; **smoking** *n* fumo; **"no smoking"** (*sign*) "vietato fumare"; **smoky** *adj* fumoso(-a); (*taste*) affumicato(-a)

smooth [smu:ð] *adj* liscio(-a); (*sauce*) omogeneo(-a); (*flavour*, *whisky*) amabile; (*movement*) regolare; (*person*) mellifluo(-a) ▸ *vt* (*also*: **~ out**) lisciare, spianare; (: *difficulties*) appianare

smother ['smʌðəʳ] *vt* soffocare

SMS *abbr* (= *short message service*) SMS; **SMS message** *n* SMS *m inv*, messaggino

smudge [smʌdʒ] *n* macchia; sbavatura ▸ *vt* imbrattare, sporcare

smug [smʌg] *adj* soddisfatto(-a), compiaciuto(-a)

smuggle ['smʌgl] *vt* contrabbandare; **smuggling** *n* contrabbando

snack [snæk] *n* spuntino; **snack bar** *n* tavola calda, snack bar *m inv*

snag [snæg] *n* intoppo, ostacolo imprevisto

snail [sneɪl] *n* chiocciola
snake [sneɪk] *n* serpente *m*
snap [snæp] *n* (*sound*) schianto, colpo secco; (*photograph*) istantanea ▶ *adj* improvviso(-a) ▶ *vt* (far) schioccare; (*break*) spezzare di netto ▶ *vi* spezzarsi con un rumore secco; (*fig: person*) parlare con tono secco; **to ~ shut** chiudersi di scatto ▷ **snap at** *vt fus* (*dog*) cercare di mordere ▷ **snap up** *vt* afferrare; **snapshot** *n* istantanea
snarl [snɑ:l] *vi* ringhiare
snatch [snætʃ] *n* (*small amount*) frammento ▶ *vt* strappare (con violenza); (*fig*) rubare
sneak [sni:k] (*pt* (*US*) **snuck**) *vi* **to ~ in/out** entrare/uscire di nascosto ▶ *n* spione(-a); **to ~ up on sb** avvicinarsi quatto quatto a qn; **sneakers** *npl* scarpe *fpl* da ginnastica
sneer [snɪəʳ] *vi* sogghignare; **to ~ at** farsi beffe di
sneeze [sni:z] *n* starnuto ▶ *vi* starnutire
sniff [snɪf] *n* fiutata, annusata ▶ *vi* tirare su col naso ▶ *vt* fiutare, annusare
snigger ['snɪgəʳ] *vi* ridacchiare, ridere sotto i baffi
snip [snɪp] *n* pezzetto; (*bargain*) (buon) affare *m*, occasione *f* ▶ *vt* tagliare
sniper ['snaɪpəʳ] *n* (*marksman*) franco tiratore *m*, cecchino
snob [snɔb] *n* snob *m/f inv*
snooker ['snu:kəʳ] *n tipo di gioco del biliardo*
snoop ['snu:p] *vi* **to ~ about** curiosare
snooze [snu:z] *n* sonnellino, pisolino ▶ *vi* fare un sonnellino
snore [snɔ:ʳ] *vi* russare
snorkel ['snɔ:kl] *n* (*of swimmer*) respiratore *m* a tubo
snort [snɔ:t] *n* sbuffo ▶ *vi* sbuffare
snow [snəu] *n* neve *f* ▶ *vi* nevicare; **snowball** *n* palla di neve ▶ *vi* (*fig*) crescere a vista d'occhio; **snowstorm** *n* tormenta
snub [snʌb] *vt* snobbare ▶ *n* offesa, affronto
snug [snʌg] *adj* comodo(-a); (*room, house*) accogliente, comodo(-a)

so
[səu] *adv*
1 (*thus, likewise*) così; **if so** se è così, quand'è così; **I didn't do it — you did so!** non l'ho fatto io — sì che l'hai fatto!; **so do I, so am I** *etc* anch'io; **it's 5 o'clock — so it is!** sono le 5 — davvero!; **I hope so** lo spero; **I think so** penso di sì; **so far** finora, fin qui; (*in past*) fino ad allora
2 (*in comparisons etc: to such a degree*) così; **so big (that)** così grande (che); **she's not so clever as her brother** lei non è (così) intelligente come suo fratello
3: **so much** *adj* tanto(-a) ▶*adv* tanto; **I've got so much work/money** ho tanto lavoro/tanti soldi; **I love you so much** ti amo tanto; **so many** tanti(-e)
4 (*phrases*): **10 or so** circa 10; **so long!** (*inf: goodbye*) ciao!, ci vediamo!
▶*conj*
1 (*expressing purpose*): **so as to do** in modo *or* così da fare; **we hurried so as not to be late** ci affrettammo per non fare tardi; **so (that)** affinché *+ sub*, perché *+ sub*
2 (*expressing result*): **he didn't arrive so I left** non è venuto così me ne sono andata; **so you see, I could have gone** vedi, sarei potuto andare

soak [səuk] *vt* inzuppare; (*clothes*) mettere a mollo ▶ *vi* (*clothes etc*) essere a mollo ▷ **soak up** *vt* assorbire; **soaking** *adj* (*also*: **soaking wet**) fradicio(-a)
so-and-so ['səuənsəu] *n* (*somebody*) un tale; **Mr/Mrs ~** signor/signora tal dei tali

soap [səup] *n* sapone *m*; **soap opera** *n* soap opera *f inv*; **soap powder** *n* detersivo

soar [sɔːʳ] *vi* volare in alto; (*price etc*) salire alle stelle; (*building*) ergersi

sob [sɔb] *n* singhiozzo ▸ *vi* singhiozzare

sober ['səubəʳ] *adj* sobrio(-a); (*not drunk*) non ubriaco(-a); (*moderate*) moderato(-a) ▹ **sober up** *vt* far passare la sbornia a ▸ *vi* farsi passare la sbornia

so-called ['səu'kɔːld] *adj* cosiddetto(-a)

soccer ['sɔkəʳ] *n* calcio

sociable ['səuʃəbl] *adj* socievole

social ['səuʃl] *adj* sociale ▸ *n* festa, serata; **socialism** *n* socialismo; **socialist** *adj*, *n* socialista *m/f*; **socialize** *vi* **to socialize (with)** socializzare (con); **social life** *n* vita sociale; **socially** *adv* socialmente, in società; **social networking** *n* il comunicare tramite una rete sociale; **social security** (*BRIT*) *n* previdenza sociale; **social services** *npl* servizi *mpl* sociali; **social work** *n* servizio sociale; **social worker** *n* assistente *m/f* sociale

society [sə'saɪətɪ] *n* società *f inv*; (*club*) società, associazione *f*; (*also*: **high ~**) alta società

sociology [səusɪ'ɔlədʒɪ] *n* sociologia

sock [sɔk] *n* calzino

socket ['sɔkɪt] *n* cavità *f inv*; (*of eye*) orbita; (*BRIT*: *Elec*: *also*: **wall ~**) presa di corrente

soda ['səudə] *n* (*Chem*) soda; (*also*: **~ water**) acqua di seltz; (*US*: *also*: **~ pop**) gassosa

sodium ['səudɪəm] *n* sodio

sofa ['səufə] *n* sofà *m inv*; **sofa bed** *n* divano *m* letto *inv*

soft [sɔft] *adj* (*not rough*) morbido(-a); (*not hard*) soffice; (*not loud*) sommesso(-a); (*not bright*) tenue; (*kind*) gentile; **soft drink** *n* analcolico; **soft drugs** *npl* droghe *fpl* leggere; **soften** ['sɔfn] *vt* ammorbidire; addolcire; attenuare ▸ *vi* ammorbidirsi; addolcirsi; attenuarsi; **softly** *adv* dolcemente; morbidamente; **software** ['sɔftwɛəʳ] *n* (*Comput*) software *m*

soggy ['sɔgɪ] *adj* inzuppato(-a)

soil [sɔɪl] *n* terreno ▸ *vt* sporcare

solar ['səuləʳ] *adj* solare; **solar power** *n* energie solare; **solar system** *n* sistema *m* solare

sold [səuld] *pt, pp of* **sell**

soldier ['səuldʒəʳ] *n* soldato, militare *m*

sold out *adj* (*Comm*) esaurito(-a)

sole [səul] *n* (*of foot*) pianta (del piede); (*of shoe*) suola; (*fish*: *pl inv*) sogliola ▸ *adj* solo(-a), unico(-a); **solely** *adv* solamente, unicamente

solemn ['sɔləm] *adj* solenne

solicitor [sə'lɪsɪtəʳ] (*BRIT*) *n* (*for wills etc*) ≈ notaio; (*in court*) ≈ avvocato

solid ['sɔlɪd] *adj* solido(-a); (*not hollow*) pieno(-a); (*meal*) sostanzioso(-a) ▸ *n* solido

solitary ['sɔlɪtərɪ] *adj* solitario(-a)

solitude ['sɔlɪtjuːd] *n* solitudine *f*

solo ['səuləu] *n* assolo; **soloist** *n* solista *m/f*

soluble ['sɔljubl] *adj* solubile

solution [sə'luːʃən] *n* soluzione *f*

solve [sɔlv] *vt* risolvere

solvent ['sɔlvənt] *adj* (*Comm*) solvibile ▸ *n* (*Chem*) solvente *m*

sombre ['sɔmbəʳ] (*US* **somber**) *adj* scuro(-a); (*mood, person*) triste

some
[sʌm] *adj*

1 (*a certain amount or number of*): **some tea/water/cream** del tè/dell'acqua/della panna; **some children/apples** dei bambini/delle mele

2 (*certain: in contrasts*) certo(-a); **some people say that ...** alcuni dicono che ..., certa gente dice che ...
3 (*unspecified*) un(a) certo(-a), qualche; **some woman was asking for you** una tale chiedeva di lei; **some day** un giorno; **some day next week** un giorno della prossima settimana
▶*pron*
1 (*a certain number*) alcuni(-e), certi(-e); **I've got some** (*books etc*) ne ho alcuni; **some (of them) have been sold** alcuni sono stati venduti
2 (*a certain amount*) un po'; **I've got some** (*money, milk*) ne ho un po'; **I've read some of the book** ho letto parte del libro
▶*adv* **some 10 people** circa 10 persone

some: **somebody** ['sʌmbədɪ] *pron* = **someone**; **somehow** ['sʌmhau] *adv* in un modo o nell'altro, in qualche modo; (*for some reason*) per qualche ragione; **someone** ['sʌmwʌn] *pron* qualcuno; **someplace** ['sʌmpleɪs] (*US*) *adv* = **somewhere**; **something** ['sʌmθɪŋ] *pron* qualcosa, qualche cosa; **something nice** qualcosa di bello; **something to do** qualcosa da fare; **sometime** ['sʌmtaɪm] *adv* (*in future*) una volta o l'altra; (*in past*): **sometime last month** durante il mese scorso; **sometimes** ['sʌmtaɪmz] *adv* qualche volta; **somewhat** ['sʌmwɔt] *adv* piuttosto; **somewhere** ['sʌmwɛə[r]] *adv* in *or* da qualche parte

son [sʌn] *n* figlio

song [sɔŋ] *n* canzone *f*

son-in-law ['sʌnɪnlɔ:] *n* genero

soon [su:n] *adv* presto, fra poco; (*early, a short time after*) presto; **~ afterwards** poco dopo; *see also* **as**; **sooner** *adv* (*time*) prima; (*preference*): **I would sooner do** preferirei fare; **sooner or later** prima o poi

soothe [su:ð] *vt* calmare

sophisticated [sə'fɪstɪkeɪtɪd] *adj* sofisticato(-a); raffinato(-a); complesso(-a)

sophomore ['sɔfəmɔ:[r]] (*US*) *n* studente(-essa) del secondo anno

soprano [sə'prɑ:nəu] *n* (*voice*) soprano *m*; (*singer*) soprano *m/f*

sorbet ['sɔ:beɪ] *n* sorbetto

sordid ['sɔ:dɪd] *adj* sordido(-a)

sore [sɔ:[r]] *adj* (*painful*) dolorante ▶ *n* piaga

sorrow ['sɔrəu] *n* dolore *m*

sorry ['sɔrɪ] *adj* spiacente; (*condition, excuse*) misero(-a); **~!** scusa! (*or* scusi! *or* scusate!); **to feel ~ for sb** rincrescersi per qn

sort [sɔ:t] *n* specie *f*, genere *m* ▷ **sort out** *vt* (*papers*) classificare; ordinare; (: *letters etc*) smistare; (: *problems*) risolvere; (*Comput*) ordinare

SOS *n abbr* (= *save our souls*) S.O.S. *m inv*

so-so ['səusəu] *adv* così così

sought [sɔ:t] *pt, pp of* **seek**

soul [səul] *n* anima

sound [saund] *adj* (*healthy*) sano(-a); (*safe, not damaged*) solido(-a), in buono stato; (*reliable, not superficial*) solido(-a); (*sensible*) giudizioso(-a), di buon senso ▶ *adv* **~ asleep** profondamente addormentato ▶ *n* suono; (*noise*) rumore *m*; (*Geo*) stretto ▶ *vt* (*alarm*) suonare ▶ *vi* suonare; (*fig: seem*) sembrare; **to ~ like** rassomigliare a; **soundtrack** *n* (*of film*) colonna sonora

soup [su:p] *n* minestra; brodo; zuppa

sour ['sauə[r]] *adj* aspro(-a); (*fruit*) acerbo(-a); (*milk*) acido(-a); (*fig*) arcigno(-a); acido(-a); **it's ~ grapes** è soltanto invidia

source [sɔ:s] *n* fonte *f*, sorgente *f*; (*fig*) fonte

south [sauθ] *n* sud *m*, meridione *m*, mezzogiorno ▶ *adj* del sud, sud *inv*, meridionale ▸ *adv* verso sud; **South Africa** *n* Sudafrica *m*; **South African** *adj*, *n* sudafricano(-a); **South America** *n* Sudamerica *m*, America del sud; **South American** *adj*, *n* sudamericano(-a); **southbound** ['sauθbaund] *adj* (*gen*) diretto(-a) a sud; (*carriageway*) sud *inv*; **southeastern** [sauθ'i:stən] *adj* sudorientale; **southern** ['sʌðən] *adj* del sud, meridionale; esposto(-a) a sud; **South Korea** *n* Corea *f* del Sud; **South Pole** *n* Polo Sud; **southward(s)** *adv* verso sud; **south-west** *n* sud-ovest *m*; **southwestern** [sauθ'westən] *adj* sudoccidentale

souvenir [su:və'nɪəʳ] *n* ricordo, souvenir *m inv*

sovereign ['sɔvrɪn] *adj*, *n* sovrano(-a)

sow[1] [səu] (*pt* **sowed**, *pp* **sown**) *vt* seminare

sow[2] [sau] *n* scrofa

soya ['sɔɪə] (*US* **soy**) *n* **~ bean** *n* seme *m* di soia; **soya sauce** *n* salsa di soia

spa [spɑ:] *n* (*resort*) stazione *f* termale; (*US: also:* **health ~**) centro di cure estetiche

space [speɪs] *n* spazio; (*room*) posto; spazio; (*length of time*) intervallo ▸ *cpd* spaziale ▸ *vt* (*also:* **~ out**) distanziare; **spacecraft** *n inv* veicolo spaziale; **spaceship** *n* = **spacecraft**

spacious ['speɪʃəs] *adj* spazioso(-a), ampio(-a)

spade [speɪd] *n* (*tool*) vanga; pala; (*child's*) paletta; **~s** *npl* (*Cards*) picche *fpl*

spaghetti [spə'gɛtɪ] *n* spaghetti *mpl*

Spain [speɪn] *n* Spagna

spam [spæm] (*Comput*) *n* spamming ▸ *vt* **to ~ sb** inviare a qn messaggi pubblicitari non richiesti via email

span [spæn] *n* (*of bird, plane*) apertura alare; (*of arch*) campata; (*in time*) periodo; durata ▸ *vt* attraversare; (*fig*) abbracciare

Spaniard ['spænjəd] *n* spagnolo(-a)

Spanish ['spænɪʃ] *adj* spagnolo(-a) ▸ *n* (*Ling*) spagnolo; **the ~** *npl* gli Spagnoli

spank [spæŋk] *vt* sculacciare

spanner ['spænəʳ] (*BRIT*) *n* chiave *f* inglese

spare [spɛəʳ] *adj* di riserva, di scorta; (*surplus*) in più, d'avanzo ▸ *n* (*part*) pezzo di ricambio ▸ *vt* (*do without*) fare a meno di; (*afford to give*) concedere; (*refrain from hurting, using*) risparmiare; **to ~** (*surplus*) d'avanzo; **spare part** *n* pezzo di ricambio; **spare room** *n* stanza degli ospiti; **spare time** *n* tempo libero; **spare tyre** (*US* **spare tire**) *n* (*Aut*) gomma di scorta; **spare wheel** *n* (*Aut*) ruota di scorta

spark [spɑ:k] *n* scintilla; **spark(ing) plug** *n* candela

sparkle ['spɑ:kl] *n* scintillio, sfavillio ▸ *vi* scintillare, sfavillare

sparrow ['spærəu] *n* passero

sparse [spɑ:s] *adj* sparso(-a), rado(-a)

spasm ['spæzəm] *n* (*Med*) spasmo; (*fig*) accesso, attacco

spat [spæt] *pt, pp of* **spit**

spate [speɪt] *n* (*fig*): **~ of** diluvio *or* fiume *m* di

spatula ['spætjulə] *n* spatola

speak [spi:k] (*pt* **spoke**, *pp* **spoken**) *vt* (*language*) parlare; (*truth*) dire ▸ *vi* parlare; **I don't ~ Italian** non parlo italiano; **do you ~ English?** parla inglese?; **to ~ to sb/of** *or* **about sth** parlare a qn/di qc; **can I ~ to ...?** posso parlare con...?; **~ up!** parla più forte!; **speaker** *n* (*in public*) oratore(-trice); (*also:* **loudspeaker**) altoparlante *m*; (*Pol*): **the Speaker** *il presidente della Camera dei Comuni* (*BRIT*) *or* dei Rappresentanti (*US*)

spear [spɪəʳ] *n* lancia ▸ *vt* infilzare

special ['spɛʃl] *adj* speciale; **special**

delivery *n* (*Post*): **by special delivery** per espresso; **special effects** *npl* (*Cine*) effetti *mpl* speciali; **specialist** *n* specialista *m/f*; **speciality** [spɛʃɪ'ælɪtɪ] *n* specialità *f inv*; **I'd like to try a local speciality** vorrei assaggiare una specialità del posto; **specialize** *vi* **to specialize (in)** specializzarsi (in); **specially** *adv* specialmente, particolarmente; **special needs** *adj* **special needs children** bambini *mpl* con difficoltà di apprendimento; **special offer** *n* (*Comm*) offerta speciale; **special school** *n* (*BRIT*) scuola speciale (*per portatori di handicap*); **specialty** (*US*) *n* = **speciality**

species ['spi:ʃi:z] *n inv* specie *f inv*

specific [spə'sɪfɪk] *adj* specifico(-a); preciso(-a); **specifically** *adv* esplicitamente; (*especially*) appositamente

specify ['spɛsɪfaɪ] *vt* specificare, precisare; **unless otherwise specified** salvo indicazioni contrarie

specimen ['spɛsɪmən] *n* esemplare *m*, modello; (*Med*) campione *m*

speck [spɛk] *n* puntino, macchiolina; (*particle*) granello

spectacle ['spɛktəkl] *n* spettacolo; **~s** *npl* (*glasses*) occhiali *mpl*; **spectacular** [-'tækjulə^r] *adj* spettacolare

spectator [spɛk'teɪtə^r] *n* spettatore *m*

spectrum ['spɛktrəm] (*pl* **spectra**) *n* spettro

speculate ['spɛkjuleɪt] *vi* speculare; (*try to guess*): **to ~ about** fare ipotesi su

sped [spɛd] *pt, pp of* **speed**

speech [spi:tʃ] *n* (*faculty*) parola; (*talk, Theatre*) discorso; (*manner of speaking*) parlata; **speechless** *adj* ammutolito(-a), muto(-a)

speed [spi:d] *n* velocità *f inv*; (*promptness*) prontezza; **at full** *or* **top ~** a tutta velocità ▷ **speed up** *vi, vt* accelerare; **speedboat** *n* motoscafo; **speeding** *n* (*Aut*) eccesso di velocità; **speed limit** *n* limite *m* di velocità; **speedometer** [spɪ'dɔmɪtə^r] *n* tachimetro; **speedy** *adj* veloce, rapido(-a); pronto(-a)

spell [spɛl] (*pt, pp* **spelt** (*BRIT*) *or* **spelled**) *n* (*also*: **magic ~**) incantesimo; (*period of time*) (breve) periodo ▶ *vt* (*in writing*) scrivere (lettera per lettera); (*aloud*) dire lettera per lettera; (*fig*) significare; **to cast a ~ on sb** fare un incantesimo a qn; **he can't ~** fa errori di ortografia ▷ **spell out** *vt* (*letter by letter*) dettare lettera per lettera; (*explain*): **to ~ sth out for sb** spiegare qc a qn per filo e per segno; **spellchecker** ['speltʃekə^r] *n* correttore *m* ortografico; **spelling** *n* ortografia

spelt [spɛlt] (*BRIT*) *pt, pp of* **spell**

spend [spɛnd] (*pt, pp* **spent**) *vt* (*money*) spendere; (*time, life*) passare; **spending** *n* **government spending** spesa pubblica

spent [spɛnt] *pt, pp of* **spend**

sperm [spə:m] *n* sperma *m*

sphere [sfɪə^r] *n* sfera

spice [spaɪs] *n* spezia ▶ *vt* aromatizzare

spicy ['spaɪsɪ] *adj* piccante

spider ['spaɪdə^r] *n* ragno

spike [spaɪk] *n* punta

spill [spɪl] (*pt, pp* **spilt** *or* **spilled**) *vt* versare, rovesciare ▶ *vi* versarsi, rovesciarsi

spin [spɪn] (*pt, pp* **spun**) *n* (*revolution of wheel*) rotazione *f*; (*Aviat*) avvitamento; (*trip in car*) giretto ▶ *vt* (*wool etc*) filare; (*wheel*) far girare ▶ *vi* girare

spinach ['spɪnɪtʃ] *n* spinacio; (*as food*) spinaci *mpl*

spinal ['spaɪnl] *adj* spinale

spin doctor (*inf*) *n* esperto di

comunicazioni responsabile dell'immagine di un partito politico

spin-dryer [spɪn'draɪəʳ] (*BRIT*) *n* centrifuga

spine [spaɪn] *n* spina dorsale; (*thorn*) spina

spiral ['spaɪərl] *n* spirale *f* ▶ *vi* (*fig*) salire a spirale

spire ['spaɪəʳ] *n* guglia

spirit ['spɪrɪt] *n* spirito; (*ghost*) spirito, fantasma *m*; (*mood*) stato d'animo, umore *m*; (*courage*) coraggio; **~s** *npl* (*drink*) alcolici *mpl*; **in good ~s** di buon umore

spiritual ['spɪrɪtjuəl] *adj* spirituale

spit [spɪt] (*pt, pp* **spat**) *n* (*for roasting*) spiedo; (*saliva*) sputo; saliva ▶ *vi* sputare; (*fire, fat*) scoppiettare

spite [spaɪt] *n* dispetto ▶ *vt* contrariare, far dispetto a; **in ~ of** nonostante, malgrado; **spiteful** *adj* dispettoso(-a)

splash [splæʃ] *n* spruzzo; (*sound*) splash *m inv*; (*of colour*) schizzo ▶ *vt* spruzzare ▶ *vi* (*also:* **~ about**) sguazzare ▷ **splash out** (*inf*) *vi* (*BRIT*) fare spese folli

splendid ['splɛndɪd] *adj* splendido(-a), magnifico(-a)

splinter ['splɪntəʳ] *n* scheggia ▶ *vi* scheggiarsi

split [splɪt] (*pt, pp* **split**) *n* spaccatura; (*fig: division, quarrel*) scissione *f* ▶ *vt* spaccare; (*party*) dividere; (*work, profits*) spartire, ripartire ▶ *vi* (*divide*) dividersi ▷ **split up** *vi* (*couple*) separarsi, rompere; (*meeting*) sciogliersi

spoil [spɔɪl] (*pt, pp* **spoilt** *or* **spoiled**) *vt* (*damage*) rovinare, guastare; (*mar*) sciupare; (*child*) viziare

spoilt [spɔɪlt] *pt, pp of* **spoil**

spoke [spəuk] *pt of* **speak** ▶ *n* raggio

spoken ['spəukn] *pp of* **speak**

spokesman ['spəuksmən] (*irreg*) *n* portavoce *m inv*

spokesperson ['spəukspə:sn] *n* portavoce *m/f*

spokeswoman ['spəukswumən] (*irreg*) *n* portavoce *f inv*

sponge [spʌndʒ] *n* spugna; (*also:* **~ cake**) pan *m* di spagna ▶ *vt* spugnare, pulire con una spugna ▶ *vi* **to ~ off** *or* **on** scroccare a; **sponge bag** (*BRIT*) *n* nécessaire *m inv*

sponsor ['spɔnsəʳ] *n* (*Radio, TV, Sport etc*) sponsor *m inv*; (*Pol: of bill*) promotore(-trice) ▶ *vt* sponsorizzare; (*bill*) presentare; **sponsorship** *n* sponsorizzazione *f*

spontaneous [spɔn'teɪnɪəs] *adj* spontaneo(-a)

spooky ['spu:kɪ] (*inf*) *adj* che fa accapponare la pelle

spoon [spu:n] *n* cucchiaio; **spoonful** *n* cucchiaiata

sport [spɔ:t] *n* sport *m inv*; (*person*) persona di spirito ▶ *vt* sfoggiare; **sport jacket** (*US*) *n* = **sports jacket**; **sports car** *n* automobile *f* sportiva; **sports centre** (*BRIT*) *n* centro sportivo; **sports jacket** (*BRIT*) *n* giacca sportiva; **sportsman** (*irreg*) *n* sportivo; **sportswear** *n* abiti *mpl* sportivi; **sportswoman** (*irreg*) *n* sportiva; **sporty** *adj* sportivo(-a)

spot [spɔt] *n* punto; (*mark*) macchia; (*dot: on pattern*) pallino; (*pimple*) foruncolo; (*place*) posto; (*Radio, TV*) spot *m inv*; (*small amount*): **a ~ of** un po' di ▶ *vt* (*notice*) individuare, distinguere; **on the ~** sul posto; (*immediately*) su due piedi; (*in difficulty*) nei guai; **spotless** *adj* immacolato(-a); **spotlight** *n* proiettore *m*; (*Aut*) faro ausiliario

spouse [spauz] *n* sposo(-a)

sprain [spreɪn] *n* storta, distorsione *f* ▶ *vt* **to ~ one's ankle** storcersi una caviglia

sprang [spræŋ] *pt of* **spring**
sprawl [sprɔːl] *vi* sdraiarsi (in modo scomposto); (*place*) estendersi (disordinatamente)
spray [spreɪ] *n* spruzzo; (*container*) nebulizzatore *m*, spray *m inv*; (*of flowers*) mazzetto ▸ *vt* spruzzare; (*crops*) irrorare
spread [sprɛd] (*pt, pp* **spread**) *n* diffusione *f*; (*distribution*) distribuzione *f*; (*Culin*) pasta (da spalmare); (*inf: food*) banchetto ▸ *vt* (*cloth*) stendere, distendere; (*butter etc*) spalmare; (*disease, knowledge*) propagare, diffondere ▸ *vi* stendersi, distendersi; spalmarsi; propagarsi, diffondersi ▹ **spread out** *vi* (*move apart*) separarsi; **spreadsheet** *n* foglio elettronico ad espansione
spree [spriː] *n* **to go on a ~** fare baldoria
spring [sprɪŋ] (*pt* **sprang**, *pp* **sprung**) *n* (*leap*) salto, balzo; (*coiled metal*) molla; (*season*) primavera; (*of water*) sorgente *f* ▸ *vi* saltare, balzare ▹ **spring up** *vi* (*problem*) presentarsi; **spring onion** *n* (*BRIT*) cipollina
sprinkle ['sprɪŋkl] *vt* spruzzare; spargere; **to ~ water** *etc* **on, ~ with water** *etc* spruzzare dell'acqua *etc* su
sprint [sprɪnt] *n* scatto ▸ *vi* scattare
sprung [sprʌŋ] *pp of* **spring**
spun [spʌn] *pt, pp of* **spin**
spur [spəːʳ] *n* sperone *m*; (*fig*) sprone *m*, incentivo ▸ *vt* (*also:* **~ on**) spronare; **on the ~ of the moment** lì per lì
spurt [spəːt] *n* (*of water*) getto; (*of energy*) scatto ▸ *vi* sgorgare
spy [spaɪ] *n* spia ▸ *vi* **to ~ on** spiare ▸ *vt* (*see*) scorgere
sq. *abbr* = **square**
squabble ['skwɔbl] *vi* bisticciarsi
squad [skwɔd] *n* (*Mil*) plotone *m*; (*Police*) squadra
squadron ['skwɔdrn] *n* (*Mil*) squadrone *m*; (*Aviat, Naut*) squadriglia
squander ['skwɔndəʳ] *vt* dissipare
square [skwɛəʳ] *n* quadrato; (*in town*) piazza ▸ *adj* quadrato(-a); (*inf: ideas, person*) di vecchio stampo ▸ *vt* (*arrange*) regolare; (*Math*) elevare al quadrato; (*reconcile*) conciliare; **all ~** pari; **a ~ meal** un pasto abbondante; **2 metres ~** di 2 metri per 2; **1 ~ metre** 1 metro quadrato; **square root** *n* radice *f* quadrata
squash [skwɔʃ] *n* (*Sport*) squash *m*; (*BRIT: drink*): **lemon/orange ~** sciroppo di limone/arancia; (*US*) zucca; (*Sport*) squash *m* ▸ *vt* schiacciare
squat [skwɔt] *adj* tarchiato(-a), tozzo(-a) ▸ *vi* (*also:* **~ down**) accovacciarsi; **squatter** *n* occupante *m/f* abusivo(-a)
squeak [skwiːk] *vi* squittire
squeal [skwiːl] *vi* strillare
squeeze [skwiːz] *n* pressione *f*; (*also Econ*) stretta ▸ *vt* premere; (*hand, arm*) stringere
squid [skwɪd] *n* calamaro
squint [skwɪnt] *vi* essere strabico(-a) ▸ *n* **he has a ~** è strabico
squirm [skwəːm] *vi* contorcersi
squirrel ['skwɪrəl] *n* scoiattolo
squirt [skwəːt] *vi* schizzare; zampillare ▸ *vt* spruzzare
Sr *abbr* = **senior**
Sri Lanka [srɪ'læŋkə] *n* Sri Lanka *m*
St *abbr* = **saint**; **street**
stab [stæb] *n* (*with knife etc*) pugnalata; (*of pain*) fitta; (*inf: try*): **to have a ~ at (doing) sth** provare (a fare) qc ▸ *vt* pugnalare
stability [stə'bɪlɪtɪ] *n* stabilità
stable ['steɪbl] *n* (*for horses*) scuderia; (*for cattle*) stalla ▸ *adj* stabile
stack [stæk] *n* catasta, pila ▸ *vt* accatastare, ammucchiare
stadium ['steɪdɪəm] *n* stadio

staff [stɑːf] *n* (*work force: gen*) personale *m*; (: *BRIT: Scol*) personale insegnante ▸ *vt* fornire di personale

stag [stæg] *n* cervo

stage [steɪdʒ] *n* palcoscenico; (*profession*): **the ~** il teatro, la scena; (*point*) punto; (*platform*) palco ▸ *vt* (*play*) allestire, mettere in scena; (*demonstration*) organizzare; **in ~s** per gradi; a tappe

stagger [ˈstægəʳ] *vi* barcollare ▸ *vt* (*person*) sbalordire; (*hours, holidays*) scaglionare; **staggering** *adj* (*amazing*) sbalorditivo(-a)

stagnant [ˈstægnənt] *adj* stagnante

stag night, stag party *n* festa di addio al celibato

stain [steɪn] *n* macchia; (*colouring*) colorante *m* ▸ *vt* macchiare; (*wood*) tingere; **stained glass** [ˌsteɪndˈglɑːs] *n* vetro colorato; **stainless steel** *n* acciaio inossidabile

staircase [ˈstɛəkeɪs] *n* scale *fpl*, scala

stairs [stɛəz] *npl* (*flight of stairs*) scale *fpl*, scala

stairway [ˈstɛəweɪ] *n* = **staircase**

stake [steɪk] *n* palo, piolo; (*Comm*) interesse *m*; (*Betting*) puntata, scommessa ▸ *vt* (*bet*) scommettere; (*risk*) rischiare; **to be at ~** essere in gioco

stale [steɪl] *adj* (*bread*) raffermo(-a); (*food*) stantio(-a); (*air*) viziato(-a); (*beer*) svaporato(-a); (*smell*) di chiuso

stalk [stɔːk] *n* gambo, stelo ▸ *vt* inseguire

stall [stɔːl] *n* bancarella; (*in stable*) box *m inv* di stalla ▸ *vt* (*Aut*) far spegnere; (*fig*) bloccare ▸ *vi* (*Aut*) spegnersi, fermarsi; (*fig*) temporeggiare

stamina [ˈstæmɪnə] *n* vigore *m*, resistenza

stammer [ˈstæməʳ] *n* balbuzie *f* ▸ *vi* balbettare

stamp [stæmp] *n* (*postage stamp*) francobollo; (*implement*) timbro; (*mark, also fig*) marchio, impronta; (*on document*) bollo; timbro ▸ *vi* (*also*: **~ one's foot**) battere il piede ▸ *vt* battere; (*letter*) affrancare; (*mark with a stamp*) timbrare ▹ **stamp out** *vt* (*fire*) estinguere; (*crime*) eliminare; (*opposition*) soffocare; **stamped addressed envelope** *n* (*BRIT*) busta affrancata e indirizzata

Be careful not to translate **stamp** the Italian word by ***stampa***.

stampede [stæmˈpiːd] *n* fuggi fuggi *m inv*

stance [stæns] *n* posizione *f*

stand [stænd] (*pt, pp* **stood**) *n* (*position*) posizione *f*; (*for taxis*) posteggio; (*structure*) supporto, sostegno; (*at exhibition*) stand *m inv*; (*in shop*) banco; (*at market*) bancarella; (*booth*) chiosco; (*Sport*) tribuna ▸ *vi* stare in piedi; (*rise*) alzarsi in piedi; (*be placed*) trovarsi ▸ *vt* (*place*) mettere, porre; (*tolerate, withstand*) resistere, sopportare; (*treat*) offrire; **to make a ~** prendere posizione; **to ~ for parliament** (*BRIT*) presentarsi come candidato (per il parlamento) ▹ **stand back** *vi* prendere le distanze ▹ **stand by** *vi* (*be ready*) tenersi pronto(-a) ▸ *vt fus* (*opinion*) sostenere ▹ **stand down** *vi* (*withdraw*) ritirarsi ▹ **stand for** *vt fus* (*signify*) rappresentare, significare; (*tolerate*) sopportare, tollerare ▹ **stand in for** *vt fus* sostituire ▹ **stand out** *vi* (*be prominent*) spiccare ▹ **stand up** *vi* (*rise*) alzarsi in piedi ▹ **stand up for** *vt fus* difendere ▹ **stand up to** *vt fus* tener testa a, resistere a

standard [ˈstændəd] *n* modello, standard *m inv*; (*level*) livello; (*flag*) stendardo ▸ *adj* (*size etc*) normale, standard *inv*; **~s** *npl* (*morals*) principi *mpl*, valori *mpl*; **standard of living** *n* livello di vita

stand-by ['stændbaɪ] *n* riserva, sostituto; **to be on ~** (*gen*) tenersi pronto(-a); (*doctor*) essere di guardia; **stand-by ticket** *n* (*Aviat*) biglietto senza garanzia

standing ['stændɪŋ] *adj* diritto(-a), in piedi; (*permanent*) permanente ▸ *n* rango, condizione *f*, posizione *f*; **of many years' ~** che esiste da molti anni; **standing order** (*BRIT*) *n* (*at bank*) ordine *m* di pagamento (permanente)

stand: **standpoint** ['stændpɔɪnt] *n* punto di vista; **standstill** ['stændstɪl] *n* **at a standstill** fermo(-a); (*fig*) a un punto morto; **to come to a standstill** fermarsi; giungere a un punto morto

stank [stæŋk] *pt of* **stink**

staple ['steɪpl] *n* (*for papers*) graffetta ▸ *adj* (*food etc*) di base ▸ *vt* cucire

star [stɑːʳ] *n* stella; (*celebrity*) divo(-a) ▸ *vi* **to ~ (in)** essere il (*or* la) protagonista (di) ▸ *vt* (*Cinema*) essere interpretato(-a) da; **the ~s** *npl* (*Astrology*) le stelle

starboard ['stɑːbəd] *n* dritta

starch [stɑːtʃ] *n* amido

stardom ['stɑːdəm] *n* celebrità

stare [stɛəʳ] *n* sguardo fisso ▸ *vi* **to ~ at** fissare

stark [stɑːk] *adj* (*bleak*) desolato(-a) ▸ *adv* **~ naked** completamente nudo(-a)

start [stɑːt] *n* inizio; (*of race*) partenza; (*sudden movement*) sobbalzo; (*advantage*) vantaggio ▸ *vt* cominciare, iniziare; (*car*) mettere in moto ▸ *vi* cominciare; (*on journey*) partire, mettersi in viaggio; (*jump*) sobbalzare; **when does the film ~?** a che ora comincia il film?; **to ~ doing** *or* **to do sth** (in)cominciare a fare qc ▹ **start off** *vi* cominciare; (*leave*) partire ▹ **start out** *vi* (*begin*) cominciare; (*set out*) partire ▹ **start up** *vi* cominciare; (*car*) avviarsi ▸ *vt* iniziare; (*car*) avviare; **starter** *n* (*Aut*) motorino d'avviamento; (*Sport: official*) starter *m inv*; (*BRIT: Culin*) primo piatto; **starting point** *n* punto di partenza

startle ['stɑːtl] *vt* far trasalire; **startling** *adj* sorprendente

starvation [stɑː'veɪʃən] *n* fame *f*, inedia

starve [stɑːv] *vi* morire di fame; soffrire la fame ▸ *vt* far morire di fame, affamare

state [steɪt] *n* stato ▸ *vt* dichiarare, affermare; annunciare; **the S~s** (*USA*) gli Stati Uniti; **to be in a ~** essere agitato(-a); **statement** *n* dichiarazione *f*; **state school** *n* scuola statale; **statesman** (*irreg*) *n* statista *m*

static ['stætɪk] *n* (*Radio*) scariche *fpl* ▸ *adj* statico(-a)

station ['steɪʃən] *n* stazione *f* ▸ *vt* collocare, disporre

stationary ['steɪʃənərɪ] *adj* fermo(-a), immobile

stationer's (shop) *n* cartoleria

stationery ['steɪʃnərɪ] *n* articoli *mpl* di cancelleria

station wagon (*US*) *n* giardinetta

statistic [stə'tɪstɪk] *n* statistica; **statistics** *n* (*science*) statistica

statue ['stætjuː] *n* statua

stature ['stætʃəʳ] *n* statura

status ['steɪtəs] *n* posizione *f*, condizione *f* sociale; prestigio; stato; **status quo** [-'kwəu] *n* **the status quo** lo statu quo

statutory ['stætjutrɪ] *adj* stabilito(-a) dalla legge, statutario(-a)

staunch [stɔːntʃ] *adj* fidato(-a), leale

stay [steɪ] *n* (*period of time*) soggiorno, permanenza ▸ *vi* rimanere; (*reside*) alloggiare, stare; (*spend some time*) trattenersi, soggiornare; **to ~ put** non muoversi; **to ~ the night** fermarsi per la notte ▷ **stay away** *vi (from person, building)* stare lontano *(from event)* non andare ▷ **stay behind** *vi* restare indietro ▷ **stay in** *vi (at home)* stare in casa ▷ **stay on** *vi* restare, rimanere ▷ **stay out** *vi (of house)* rimanere fuori (di casa) ▷ **stay up** *vi (at night)* rimanere alzato(-a)

steadily ['stɛdılı] *adv (firmly)* saldamente; *(constantly)* continuamente; *(fixedly)* fisso; *(walk)* con passo sicuro

steady ['stɛdı] *adj (not wobbling)* fermo(-a); *(regular)* costante; *(person, character)* serio(-a); *(: calm)* calmo(-a), tranquillo(-a) ▸ *vt* stabilizzare; calmare

steak [steık] *n (meat)* bistecca; *(fish)* trancia

steal [sti:l] *(pt* **stole**, *pp* **stolen**) *vt* rubare ▸ *vi* rubare; *(move)* muoversi furtivamente; **my wallet has been stolen** mi hanno rubato il portafoglio

steam [sti:m] *n* vapore *m* ▸ *vt (Culin)* cuocere a vapore ▸ *vi* fumare ▷ **steam up** *vi (window)* appannarsi; **to get ~ed up about sth** *(fig)* andare in bestia per qc; **steamy** *adj (room)* pieno(-a) di vapore; *(window)* appannato(-a)

steel [sti:l] *n* acciaio ▸ *adj* di acciaio

steep [sti:p] *adj* ripido(-a), scosceso(-a); *(price)* eccessivo(-a) ▸ *vt* inzuppare; *(washing)* mettere a mollo

steeple ['sti:pl] *n* campanile *m*

steer [stıəʳ] *vt* guidare ▸ *vi (Naut: person)* governare; *(car)* guidarsi; **steering** *n (Aut)* sterzo; **steering wheel** *n* volante *m*

stem [stɛm] *n (of flower, plant)* stelo; *(of tree)* fusto; *(of glass)* gambo; *(of fruit, leaf)* picciolo ▸ *vt* contenere, arginare

step [stɛp] *n* passo; *(stair)* gradino, scalino; *(action)* mossa, azione *f* ▸ *vi* **to ~ forward/back** fare un passo avanti/indietro; **~s** *npl (BRIT)* = **stepladder**; **to be in/out of ~ (with)** stare/non stare al passo (con) ▷ **step down** *vi (fig)* ritirarsi ▷ **step in** *vi* fare il proprio ingresso ▷ **step up** *vt* aumentare; intensificare; **stepbrother** *n* fratellastro; **stepchild** *n* figliastro(-a); **stepdaughter** *n* figliastra; **stepfather** *n* patrigno; **stepladder** *n* scala a libretto; **stepmother** *n* matrigna; **stepsister** *n* sorellastra; **stepson** *n* figliastro

stereo ['stɛrıəu] *n (system)* sistema *m* stereofonico; *(record player)* stereo *m inv* ▸ *adj (also:* **~phonic**) stereofonico(-a)

stereotype ['stıərıətaıp] *n* stereotipo

sterile ['stɛraıl] *adj* sterile; **sterilize** ['stɛrılaız] *vt* sterilizzare

sterling ['stə:lıŋ] *adj (gold, silver)* di buona lega ▸ *n (Econ)* (lira) sterlina; **a pound ~** una lira sterlina

stern [stə:n] *adj* severo(-a) ▸ *n (Naut)* poppa

steroid ['stɛrɔıd] *n* steroide *m*

stew [stju:] *n* stufato ▸ *vt* cuocere in umido

steward ['stju:əd] *n (Aviat, Naut, Rail)* steward *m inv*; *(in club etc)* dispensiere *m*; **stewardess** *n* assistente *f* di volo, hostess *f inv*

stick [stık] *(pt, pp* **stuck**) *n* bastone *m*; *(of rhubarb, celery)* gambo; *(of dynamite)* candelotto ▸ *vt (glue)* attaccare; *(thrust)*: **to ~ sth into** conficcare *or* piantare *or* infiggere qc in; *(inf: put)* ficcare; *(inf: tolerate)* sopportare ▸ *vi* attaccarsi; *(remain)* restare, rimanere ▷ **stick out** *vi* sporgere, spuntare ▷ **stick up** *vi* sporgere, spuntare ▷ **stick up for** *vt fus* difendere; **sticker** *n* cartellino adesivo; **sticking plaster** *n* cerotto adesivo; **stick shift** *(US) n (Aut)* cambio manuale

sticky ['stıkı] *adj* attaccaticcio(-a),

S

vischioso(-a); (*label*) adesivo(-a); (*fig*: *situation*) difficile

stiff [stɪf] *adj* rigido(-a), duro(-a); (*muscle*) legato(-a), indolenzito(-a); (*difficult*) difficile, arduo(-a); (*cold*) freddo(-a), formale; (*strong*) forte; (*high*: *price*) molto alto(-a) ▸ *adv* **bored ~** annoiato(-a) a morte

stifling ['staɪflɪŋ] *adj* (*heat*) soffocante

stigma ['stɪgmə] *n* (*fig*) stigma *m*

stiletto [stɪ'lɛtəu] (*BRIT*) *n* (*also*: **~ heel**) tacco a spillo

still [stɪl] *adj* fermo(-a); silenzioso(-a) ▸ *adv* (*up to this time, even*) ancora; (*nonetheless*) tuttavia, ciò nonostante

stimulate ['stɪmjuleɪt] *vt* stimolare

stimulus ['stɪmjuləs] (*pl* **stimuli**) *n* stimolo

sting [stɪŋ] (*pt, pp* **stung**) *n* puntura; (*organ*) pungiglione *m* ▸ *vt* pungere

stink [stɪŋk] (*pt* **stank**, *pp* **stunk**) *n* fetore *m*, puzzo ▸ *vi* puzzare

stir [stəːʳ] *n* agitazione *f*, clamore *m* ▸ *vt* mescolare; (*fig*) risvegliare ▸ *vi* muoversi ▹ **stir up** *vt* provocare, suscitare; **stir-fry** *vt* saltare in padella ▸ *n* pietanza al salto

stitch [stɪtʃ] *n* (*Sewing*) punto; (*Knitting*) maglia; (*Med*) punto (di sutura); (*pain*) fitta ▸ *vt* cucire, attaccare; suturare

stock [stɔk] *n* riserva, provvista; (*Comm*) giacenza, stock *m inv*; (*Agr*) bestiame *m*; (*Culin*) brodo; (*descent*) stirpe *f*; (*Finance*) titoli *mpl*; azioni *fpl* ▸ *adj* (*fig*: *reply etc*) consueto(-a); classico(-a) ▸ *vt* (*have in stock*) avere, vendere; **~s and shares** valori *mpl* di borsa; **in ~** in magazzino; **out of ~** esaurito(-a); **stockbroker** ['stɔkbrəukəʳ] *n* agente *m* di cambio; **stock cube** (*BRIT*) *n* dado; **stock exchange** *n* Borsa (valori); **stockholder** ['stɔkhəuldəʳ] *n* (*Finance*) azionista *m/f*

stocking ['stɔkɪŋ] *n* calza

stock market *n* Borsa, mercato finanziario

stole [stəul] *pt of* **steal** ▸ *n* stola

stolen ['stəuln] *pp of* **steal**

stomach ['stʌmək] *n* stomaco; (*belly*) pancia ▸ *vt* sopportare, digerire; **stomachache** *n* mal *m* di stomaco

stone [stəun] *n* pietra; (*pebble*) sasso, ciottolo; (*in fruit*) nocciolo; (*Med*) calcolo; (*BRIT*: *weight*) = 6.348 *kg*; 14 *libbre* ▸ *adj* di pietra ▸ *vt* lapidare; (*fruit*) togliere il nocciolo a

stood [stud] *pt, pp of* **stand**

stool [stuːl] *n* sgabello

stoop [stuːp] *vi* (*also*: **have a ~**) avere una curvatura; (*also*: **~ down**) chinarsi, curvarsi

stop [stɔp] *n* arresto; (*stopping place*) fermata; (*in punctuation*) punto ▸ *vt* arrestare, fermare; (*break off*) interrompere; (*also*: **put a ~ to**) porre fine a ▸ *vi* fermarsi; (*rain, noise etc*) cessare, finire; **to ~ doing sth** cessare *or* finire di fare qc; **could you ~ here/at the corner?** può fermarsi qui/all'angolo?; **to ~ dead** fermarsi di colpo ▹ **stop by** *vi* passare, fare un salto ▹ **stop off** *vi* sostare brevemente; **stopover** *n* breve sosta; (*Aviat*) scalo; **stoppage** ['stɔpɪdʒ] *n* arresto, fermata; (*of pay*) trattenuta; (*strike*) interruzione *f* del lavoro

storage ['stɔːrɪdʒ] *n* immagazzinamento

store [stɔːʳ] *n* provvista, riserva; (*depot*) deposito; (*BRIT*: *department store*) grande magazzino; (*US*: *shop*) negozio ▸ *vt* immagazzinare; **~s** *npl* (*provisions*) rifornimenti *mpl*, scorte *fpl*; **in ~** di riserva; in serbo; **storekeeper** (*US*) *n* negoziante *m/f*

storey ['stɔːrɪ] (*US* **story**) *n* piano

storm [stɔːm] *n* tempesta, temporale *m*, burrasca; uragano ▸ *vi* (*fig*) infuriarsi ▸ *vt* prendere d'assalto; **stormy** *adj* tempestoso(-a), burrascoso(-a)

story ['stɔːrɪ] *n* storia; favola; racconto; (*US*) = **storey**

stout [staut] *adj* solido(-a), robusto(-a); (*friend, supporter*) tenace; (*fat*), grasso(-a) ▸ *n* birra scura

stove [stəuv] *n* (*for cooking*) fornello; (*: small*) fornelletto; (*for heating*) stufa

straight [streɪt] *adj* dritto(-a); (*frank*) onesto(-a), franco(-a); (*simple*) semplice ▸ *adv* diritto; (*drink*) liscio; **to put** *or* **get ~** mettere in ordine, mettere ordine in; **~ away, ~ off** (*at once*) immediatamente; **straighten** *vt* (*also:* **straighten out**) raddrizzare; **straightforward** *adj* semplice; onesto(-a), franco(-a)

strain [streɪn] *n* (*Tech*) sollecitazione *f*; (*physical*) sforzo; (*mental*) tensione *f*; (*Med*) strappo; distorsione *f*; (*streak, trace*) tendenza; elemento ▸ *vt* tendere; (*muscle*) sforzare; (*ankle*) storcere; (*resources*) pesare su; (*food*) colare; passare; **strained** *adj* (*muscle*) stirato(-a); (*laugh etc*) forzato(-a); (*relations*) teso(-a); **strainer** *n* passino, colino

strait [streɪt] *n* (*Geo*) stretto; **~s** *npl* **to be in dire ~s** (*fig*) essere nei guai

strand [strænd] *n* (*of thread*) filo; **stranded** *adj* nei guai; senza mezzi di trasporto

strange [streɪndʒ] *adj* (*not known*) sconosciuto(-a); (*odd*) strano(-a), bizzarro(-a); **strangely** *adv* stranamente; **stranger** *n* sconosciuto(-a); estraneo(-a)

strangle ['stræŋgl] *vt* strangolare

strap [stræp] *n* cinghia; (*of slip, dress*) spallina, bretella

strategic [strə'tiːdʒɪk] *adj* strategico(-a)

strategy ['strætɪdʒɪ] *n* strategia

straw [strɔː] *n* paglia; (*drinking straw*) cannuccia; **that's the last ~!** è la goccia che fa traboccare il vaso!

strawberry ['strɔːbərɪ] *n* fragola

stray [streɪ] *adj* (*animal*) randagio(-a); (*bullet*) vagante; (*scattered*) sparso(-a) ▸ *vi* perdersi

streak [striːk] *n* striscia; (*of hair*) mèche *f inv* ▸ *vt* striare, screziare ▸ *vi* **to ~ past** passare come un fulmine

stream [striːm] *n* ruscello; corrente *f*; (*of people, smoke etc*) fiume *m* ▸ *vt* (*Scol*) dividere in livelli di rendimento ▸ *vi* scorrere; **to ~ in/out** entrare/uscire a fiotti

street [striːt] *n* strada, via; **streetcar** (*US*) *n* tram *m inv*; **street light** *n* lampione *m*; **street map** *n* pianta (di una città); **street plan** *n* pianta (di una città)

strength [strɛŋθ] *n* forza; **strengthen** *vt* rinforzare; fortificare; consolidare

strenuous ['strɛnjuəs] *adj* vigoroso(-a), energico(-a); (*tiring*) duro(-a), pesante

stress [strɛs] *n* (*force, pressure*) pressione *f*; (*mental strain*) tensione *f*; (*accent*) accento ▸ *vt* insistere su, sottolineare; accentare; **stressed** *adj* (*tense: person*) stressato(-a); (*Ling, Poetry: syllable*) accentato(-a); **stressful** *adj* (*job*) difficile, stressante

stretch [strɛtʃ] *n* (*of sand etc*) distesa ▸ *vi* stirarsi; (*extend*): **to ~ to** *or* **as far as** estendersi fino a ▸ *vt* tendere, allungare; (*spread*) distendere; (*fig*) spingere (al massimo) ▹ **stretch out** *vi* allungarsi, estendersi ▸ *vt* (*arm etc*) allungare, tendere; (*to spread*) distendere

stretcher ['strɛtʃə^r] *n* barella, lettiga

strict [strɪkt] *adj* (*severe*) rigido(-a), severo(-a); (*precise*) preciso(-a), stretto(-a); **strictly** *adv* severamente;

S

rigorosamente; strettamente

stride [straɪd] (*pt* **strode**, *pp* **stridden**) *n* passo lungo ▸ *vi* camminare a grandi passi

strike [straɪk] (*pt, pp* **struck**) *n* sciopero; (*of oil etc*) scoperta; (*attack*) attacco ▸ *vt* colpire; (*oil etc*) scoprire, trovare; (*bargain*) fare; (*fig*): **the thought** *or* **it ~s me that ...** mi viene in mente che ... ▸ *vi* scioperare; (*attack*) attaccare; (*clock*) suonare; **on ~** (*workers*) in sciopero; **to ~ a match** accendere un fiammifero; **striker** *n* scioperante *m/f*; (*Sport*) attaccante *m*; **striking** *adj* che colpisce

string [strɪŋ] (*pt, pp* **strung**) *n* spago; (*row*) fila; sequenza; catena; (*Mus*) corda ▸ *vt* **to ~ out** disporre di fianco; **to ~ together** (*words, ideas*) mettere insieme; **the ~s** *npl* (*Mus*) gli archi; **to pull ~s for sb** (*fig*) raccomandare qn

strip [strɪp] *n* striscia ▸ *vt* spogliare; (*paint*) togliere; (*also*: **~ down**: *machine*) smontare ▸ *vi* spogliarsi ▹**strip off** *vt* (*paint etc*) staccare ▸ *vi* (*person*) spogliarsi

stripe [straɪp] *n* striscia, riga; (*Mil, Police*) gallone *m*; **striped** *adj* a strisce *or* righe

stripper ['strɪpəʳ] *n* spogliarellista *m/f*

strip-search ['strɪpsəːtʃ] *vt* **to ~ sb** perquisire qn facendolo(-a) spogliare ▸ *n* perquisizione (*facendo spogliare il perquisito*)

strive [straɪv] (*pt* **strove**, *pp* **striven**) *vi* **to ~ to do** sforzarsi di fare

strode [strəud] *pt of* **stride**

stroke [strəuk] *n* colpo; (*Swimming*) bracciata; (: *style*) stile *m*; (*Med*) colpo apoplettico ▸ *vt* accarezzare; **at a ~** in un attimo

stroll [strəul] *n* giretto, passeggiatina ▸ *vi* andare a spasso; **stroller** (*US*) *n* passeggino

strong [strɔŋ] *adj* (*gen*) forte; (*sturdy*: *table, fabric etc*) robusto(-a); **they are 50 ~** sono in 50; **stronghold** *n* (*also fig*) roccaforte *f*; **strongly** *adv* fortemente, con forza; energicamente; vivamente

strove [strəuv] *pt of* **strive**

struck [strʌk] *pt, pp of* **strike**

structure ['strʌktʃəʳ] *n* struttura; (*building*) costruzione *f*, fabbricato

struggle ['strʌgl] *n* lotta ▸ *vi* lottare

strung [strʌŋ] *pt, pp of* **string**

stub [stʌb] *n* mozzicone *m*; (*of ticket etc*) matrice *f*, talloncino ▸ *vt* **to ~ one's toe** urtare *or* sbattere il dito del piede ▹**stub out** *vt* schiacciare

stubble ['stʌbl] *n* stoppia; (*on chin*) barba ispida

stubborn ['stʌbən] *adj* testardo(-a), ostinato(-a)

stuck [stʌk] *pt, pp of* **stick** ▸ *adj* (*jammed*) bloccato(-a)

stud [stʌd] *n* bottoncino; borchia; (*also*: **~ earring**) orecchino a pressione; (*also*: **~ farm**) scuderia, allevamento di cavalli; (*also*: **~ horse**) stallone *m* ▸ *vt* (*fig*): **~ded with** tempestato(-a) di

student ['stjuːdənt] *n* studente(-essa) ▸ *cpd* studentesco(-a); universitario(-a); degli studenti; **student driver** (*US*) *n* conducente *m/f* principiante; **students' union** *n* (*BRIT*: *association*) circolo universitario; (: *building*) sede *f* del circolo universitario

studio ['stjuːdɪəu] *n* studio; **studio flat** (*US* **studio apartment**) *n* monolocale *m*

study ['stʌdɪ] *n* studio ▸ *vt* studiare; esaminare ▸ *vi* studiare

stuff [stʌf] *n* roba; (*substance*) sostanza, materiale *m* ▸ *vt* imbottire; (*Culin*) farcire; (*dead animal*) impagliare; (*inf*: *push*) ficcare; **stuffing** *n* imbottitura;

(*Culin*) ripieno; **stuffy** *adj* (*room*) mal ventilato(-a), senz'aria; (*ideas*) antiquato(-a)

stumble ['stʌmbl] *vi* inciampare; **to ~ across** (*fig*) imbattersi in

stump [stʌmp] *n* ceppo; (*of limb*) moncone *m* ▸ *vt* **to be ~ed** essere sconcertato(-a)

stun [stʌn] *vt* stordire; (*amaze*) sbalordire

stung [stʌŋ] *pt, pp of* **sting**

stunk [stʌŋk] *pp of* **stink**

stunned [stʌnd] *adj* (*from blow*) stordito(-a); (*amazed, shocked*) sbalordito(-a)

stunning ['stʌnɪŋ] *adj* sbalorditivo(-a); (*girl etc*) fantastico(-a)

stunt [stʌnt] *n* bravata; trucco pubblicitario

stupid ['stju:pɪd] *adj* stupido(-a); **stupidity** [-'pɪdɪtɪ] *n* stupidità *f inv*, stupidaggine *f*

sturdy ['stə:dɪ] *adj* robusto(-a), vigoroso(-a); solido(-a)

stutter ['stʌtə'] *n* balbuzie *f* ▸ *vi* balbettare

style [staɪl] *n* stile *m*; (*distinction*) eleganza, classe *f*; **stylish** *adj* elegante; **stylist** *n* **hair stylist** parrucchiere(-a)

sub... [sʌb] *prefix* sub..., sotto...;

subconscious *adj* subcosciente ▸ *n* subcosciente *m*

subdued [səb'dju:d] *adj* pacato(-a); (*light*) attenuato(-a)

subject [*n* 'sʌbdʒɪkt, *vb* səb'dʒɛkt] *n* soggetto; (*citizen etc*) cittadino(-a); (*Scol*) materia ▸ *vt* **to ~ to** sottomettere a; esporre a; **to be ~ to** (*law*) essere sottomesso(-a) a; (*disease*) essere soggetto(-a) a; **subjective** [-'dʒɛktɪv] *adj* soggettivo(-a); **subject matter** *n* argomento; contenuto

subjunctive [səb'dʒʌŋktɪv] *adj* congiuntivo(-a) ▸ *n* congiuntivo

submarine [sʌbmə'ri:n] *n* sommergibile *m*

submission [səb'mɪʃən] *n* sottomissione *f*; (*claim*) richiesta

submit [səb'mɪt] *vt* sottomettere ▸ *vi* sottomettersi

subordinate [sə'bɔ:dɪnət] *adj, n* subordinato(-a)

subscribe [səb'skraɪb] *vi* contribuire; **to ~ to** (*opinion*) approvare, condividere; (*fund*) sottoscrivere a; (*newspaper*) abbonarsi a; essere abbonato(-a) a

subscription [səb'skrɪpʃən] *n* sottoscrizione *f*; abbonamento

subsequent ['sʌbsɪkwənt] *adj* successivo(-a), seguente; conseguente; **subsequently** *adv* in seguito, successivamente

subside [səb'saɪd] *vi* cedere, abbassarsi; (*flood*) decrescere; (*wind*) calmarsi

subsidiary [səb'sɪdɪərɪ] *adj* sussidiario(-a); accessorio(-a) ▸ *n* filiale *f*

subsidize ['sʌbsɪdaɪz] *vt* sovvenzionare

subsidy ['sʌbsɪdɪ] *n* sovvenzione *f*

substance ['sʌbstəns] *n* sostanza

substantial [səb'stænʃl] *adj* solido(-a); (*amount, progress etc*) notevole; (*meal*) sostanzioso(-a)

substitute ['sʌbstɪtju:t] *n* (*person*) sostituto(-a); (*thing*) succedaneo, surrogato ▸ *vt* **to ~ sth/sb for** sostituire qc/qn a; **substitution** [sʌbstɪ'tju:ʃən] *n* sostituzione *f*

subtle ['sʌtl] *adj* sottile

subtract [səb'trækt] *vt* sottrarre

suburb ['sʌbə:b] *n* sobborgo; **the ~s** la periferia; **suburban** [sə'bə:bən] *adj* suburbano(-a)

subway ['sʌbweɪ] *n* (*US: underground*) metropolitana; (*BRIT: underpass*) sottopassaggio

S

succeed [sək'si:d] *vi* riuscire; avere successo ▸ *vt* succedere a; **to ~ in doing** riuscire a fare
success [sək'sɛs] *n* successo; **successful** *adj* (*venture*) coronato(-a) da successo, riuscito(-a); **to be successful (in doing)** riuscire (a fare); **successfully** *adv* con successo
succession [sək'sɛʃən] *n* successione *f*
successive [sək'sɛsɪv] *adj* successivo(-a); consecutivo(-a)
successor [sək'sɛsə^r] *n* successore *m*
succumb [sə'kʌm] *vi* soccombere
such [sʌtʃ] *adj* tale; (*of that kind*): **~ a book** un tale libro, un libro del genere; (*so much*): **~ courage** tanto coraggio ▸ *adv* talmente, così; **~ a long trip** un viaggio così lungo; **~ a lot of** talmente *or* così tanto(-a); **~ as** (*like*) come; **as ~** come *or* in quanto tale; **such-and-such** *adj* tale (*after noun*)
suck [sʌk] *vt* succhiare; (*breast, bottle*) poppare
Sudan [su:'da:n] *n* Sudan *m*
sudden ['sʌdn] *adj* improvviso(-a); **all of a ~** improvvisamente, all'improvviso; **suddenly** *adv* bruscamente, improvvisamente, di colpo
sudoku [su'dəuku:] *n* sudoku *m inv*
sue [su:] *vt* citare in giudizio
suede [sweɪd] *n* pelle *f* scamosciata
suffer ['sʌfə^r] *vt* soffrire, patire; (*bear*) sopportare, tollerare ▸ *vi* soffrire; **to ~ from** soffrire di; **suffering** *n* sofferenza
suffice [sə'faɪs] *vi* essere sufficiente, bastare
sufficient [sə'fɪʃənt] *adj* sufficiente; **~ money** abbastanza soldi
suffocate ['sʌfəkeɪt] *vi* (*have difficulty breathing*) soffocare; (*die through lack of air*) asfissiare
sugar ['ʃugə^r] *n* zucchero ▸ *vt* zuccherare
suggest [sə'dʒɛst] *vt* proporre, suggerire; indicare; **suggestion** [-'dʒɛstʃən] *n* suggerimento, proposta; indicazione *f*
suicide ['suɪsaɪd] *n* (*person*) suicida *m/f*; (*act*) suicidio; *see also* **commit**; **suicide bombing** *n* attentato suicida
suit [su:t] *n* (*man's*) vestito; (*woman's*) completo, tailleur *m inv*; (*Law*) causa; (*Cards*) seme *m*, colore *m* ▸ *vt* andar bene a *or* per; essere adatto(-a) a *or* per; (*adapt*): **to ~ sth to** adattare qc a; **well ~ed** ben assortito(-a); **suitable** *adj* adatto(-a); appropriato(-a); **suitcase** ['su:tkeɪs] *n* valigia
suite [swi:t] *n* (*of rooms*) appartamento; (*Mus*) suite *f inv*; (*furniture*): **bedroom/dining room ~** arredo *or* mobilia per la camera da letto/sala da pranzo
sulfur ['sʌlfə^r] (*US*) *n* = **sulphur**
sulk [sʌlk] *vi* fare il broncio
sulphur ['sʌlfə^r] (*US* **sulfur**) *n* zolfo
sultana [sʌl'ta:nə] *n* (*fruit*) uva (secca) sultanina
sum [sʌm] *n* somma; (*Scol etc*) addizione *f* ▹ **sum up** *vt, vi* riassumere
summarize ['sʌməraɪz] *vt* riassumere, riepilogare
summary ['sʌmərɪ] *n* riassunto
summer ['sʌmə^r] *n* estate *f* ▸ *cpd* d'estate, estivo(-a); **summer holidays** *npl* vacanze *fpl* estive; **summertime** *n* (*season*) estate *f*
summit ['sʌmɪt] *n* cima, sommità; (*Pol*) vertice *m*
summon ['sʌmən] *vt* chiamare, convocare
Sun. *abbr* (= *Sunday*) dom.
sun [sʌn] *n* sole *m*; **sunbathe** *vi* prendere un bagno di sole; **sunbed** *n* lettino solare; **sunblock** *n* protezione *f* solare totale; **sunburn** *n* (*painful*) scottatura; **sunburned, sunburnt** *adj* abbronzato(-a); (*painfully*)

scottato(-a)
Sunday ['sʌndɪ] *n* domenica
Sunday paper *n* giornale *m* della domenica

Sunday paper
I **Sunday papers** sono i giornali che escono di domenica. Sono generalmente corredati da supplementi e riviste di argomento culturale, sportivo e di attualità.

sunflower ['sʌnflauə^r] *n* girasole *m*
sung [sʌŋ] *pp of* **sing**
sunglasses ['sʌnglɑ:sɪz] *npl* occhiali *mpl* da sole
sunk [sʌŋk] *pp of* **sink**
sun: **sunlight** *n* (luce *f* del) sole *m*; **sun lounger** *n* sedia a sdraio; **sunny** *adj* assolato(-a), soleggiato(-a); (*fig*) allegro(-a), felice; **sunrise** *n* levata del sole, alba; **sun roof** *n* (*Aut*) tetto apribile; **sunscreen** *n* (*cream*) crema solare protettiva; **sunset** *n* tramonto; **sunshade** *n* parasole *m*; **sunshine** *n* luce *f* (del) sole *m*; **sunstroke** *n* insolazione *f*, colpo di sole; **suntan** *n* abbronzatura; **suntan lotion** *n* lozione *f* solare; **suntan oil** *n* olio solare
super ['su:pə^r] (*inf*) *adj* fantastico(-a)
superb [su:'pə:b] *adj* magnifico(-a)
superficial [su:pə'fɪʃəl] *adj* superficiale
superintendent [su:pərɪn'tɛndənt] *n* direttore(-trice); (*Police*) ≈ commissario (capo)
superior [su'pɪərɪə^r] *adj, n* superiore *m/f*
superlative [su'pə:lətɪv] *adj* superlativo(-a), supremo(-a) ▶ *n* (*Ling*) superlativo
supermarket ['su:pəmɑ:kɪt] *n* supermercato
supernatural [su:pə'nætʃərəl] *adj* soprannaturale ▶ *n* soprannaturale *m*
superpower ['su:pəpauə^r] *n* (*Pol*) superpotenza
superstition [su:pə'stɪʃən] *n* superstizione *f*
superstitious [su:pə'stɪʃəs] *adj* superstizioso(-a)
superstore ['su:pəstɔ:^r] *n* (*BRIT*) grande supermercato
supervise ['su:pəvaɪz] *vt* (*person etc*) sorvegliare; (*organization*) soprintendere a; **supervision** [-'vɪʒən] *n* sorveglianza; supervisione *f*; **supervisor** *n* sorvegliante *m/f*; soprintendente *m/f*; (*in shop*) capocommesso(-a)
supper ['sʌpə^r] *n* cena
supple ['sʌpl] *adj* flessibile; agile
supplement [*n* 'sʌplɪmənt, *vb* sʌplɪ'mɛnt] *n* supplemento ▶ *vt* completare, integrare
supplier [sə'plaɪə^r] *n* fornitore *m*
supply [sə'plaɪ] *vt* (*provide*) fornire; (*equip*): **to ~ (with)** approvvigionare (di), attrezzare (con) ▶ *n* riserva, provvista; (*supplying*) approvvigionamento; (*Tech*) alimentazione *f*; **supplies** *npl* (*food*) viveri *mpl*; (*Mil*) sussistenza
support [sə'pɔ:t] *n* (*moral, financial etc*) sostegno, appoggio; (*Tech*) supporto ▶ *vt* sostenere; (*financially*) mantenere; (*uphold*) sostenere, difendere; **supporter** *n* (*Pol etc*) sostenitore(-trice), fautore(-trice); (*Sport*) tifoso(-a)

Be careful not to translate **support** by the Italian word ***sopportare***.

suppose [sə'pəuz] *vt* supporre; immaginare; **to be ~d to do** essere tenuto(-a) a fare; **supposedly** [sə'pəuzɪdlɪ] *adv* presumibilmente; **supposing** *conj* se, ammesso che + *sub*
suppress [sə'prɛs] *vt* reprimere; sopprimere; occultare
supreme [su'pri:m] *adj* supremo(-a)
surcharge ['sə:tʃɑ:dʒ] *n* supplemento

S

sure [ʃuəʳ] *adj* sicuro(-a); (*definite, convinced*) sicuro(-a), certo(-a); **~!** (*of course*) senz'altro!, certo!; **~ enough** infatti; **to make ~ of sth/that** assicurarsi di qc/che; **surely** *adv* sicuramente; certamente

surf [səːf] *n* (*waves*) cavalloni *mpl*; (*foam*) spuma

surface ['səːfɪs] *n* superficie *f* ▶ *vt* (*road*) asfaltare ▶ *vi* risalire alla superficie; (*fig: news, feeling*) venire a galla

surfboard ['səːfbɔːd] *n* tavola per surfing

surfing ['səːfɪŋ] *n* surfing *m*

surge [səːdʒ] *n* (*strong movement*) ondata; (*of feeling*) impeto ▶ *vi* gonfiarsi; (*people*) riversarsi

surgeon ['səːdʒən] *n* chirurgo

surgery ['səːdʒərɪ] *n* chirurgia; (*BRIT: room*) studio *or* gabinetto medico, ambulatorio; (: *also:* **~ hours**) orario delle visite *or* di consultazione; **to undergo ~** subire un intervento chirurgico

surname ['səːneɪm] *n* cognome *m*

surpass [səː'pɑːs] *vt* superare

surplus ['səːpləs] *n* eccedenza; (*Econ*) surplus *m inv* ▶ *adj* eccedente

surprise [sə'praɪz] *n* sorpresa; (*astonishment*) stupore *m* ▶ *vt* sorprendere; stupire; **surprised** [sə'praɪzd] *adj* (*look, smile*) sorpreso(-a); **to be surprised** essere sorpreso, sorprendersi; **surprising** *adj* sorprendente, stupefacente; **surprisingly** *adv* (*easy, helpful*) sorprendentemente

surrender [sə'rɛndəʳ] *n* resa, capitolazione *f* ▶ *vi* arrendersi

surround [sə'raund] *vt* circondare; (*Mil etc*) accerchiare; **surrounding** *adj* circostante; **surroundings** *npl* dintorni *mpl*; (*fig*) ambiente *m*

surveillance [səː'veɪləns] *n* sorveglianza, controllo

survey [*n* 'səːveɪ, *vb* səː'veɪ] *n* quadro generale; (*study*) esame *m*; (*in housebuying etc*) perizia; (*of land*) rilevamento, rilievo topografico ▶ *vt* osservare; esaminare; valutare; rilevare; **surveyor** *n* perito; geometra *m*; (*of land*) agrimensore *m*

survival [sə'vaɪvl] *n* sopravvivenza

survive [sə'vaɪv] *vi* sopravvivere ▶ *vt* sopravvivere a; **survivor** *n* superstite *m/f*, sopravvissuto(-a)

suspect [*adj, n* 'sʌspɛkt, *vb* səs'pɛkt] *adj* sospetto(-a) ▶ *n* persona sospetta ▶ *vt* sospettare; (*think likely*) supporre; (*doubt*) dubitare

suspend [səs'pɛnd] *vt* sospendere; **suspended sentence** *n* condanna con la condizionale; **suspenders** *npl* (*BRIT*) giarrettiere *fpl*; (*US*) bretelle *fpl*

suspense [səs'pɛns] *n* apprensione *f*; (*in film etc*) suspense *m*; **to keep sb in ~** tenere qn in sospeso

suspension [səs'pɛnʃən] *n* (*gen Aut*) sospensione *f*; (*of driving licence*) ritiro temporaneo; **suspension bridge** *n* ponte *m* sospeso

suspicion [səs'pɪʃən] *n* sospetto; **suspicious** [səs'pɪʃəs] *adj* (*suspecting*) sospettoso(-a); (*causing suspicion*) sospetto(-a)

sustain [səs'teɪn] *vt* sostenere; sopportare; (*Law: charge*) confermare; (*suffer*) subire

SUV *n abbr* (= *sport utility vehicle*) SUV *m inv*

swallow ['swɔləu] *n* (*bird*) rondine *f* ▶ *vt* inghiottire; (*fig: story*) bere

swam [swæm] *pt of* **swim**

swamp [swɔmp] *n* palude *f* ▶ *vt* sommergere

swan [swɔn] *n* cigno

swap [swɔp] *vt* **to ~ (for)** scambiare (con)

swarm [swɔːm] *n* sciame *m* ▶ *vi* (*bees*)

sciamare; (*people*) brulicare; (*place*): **to be ~ing with** brulicare di

sway [sweɪ] *vi* (*tree*) ondeggiare; (*person*) barcollare ▶ *vt* (*influence*) influenzare, dominare

swear [swɛəʳ] (*pt* **swore**, *pp* **sworn**) *vi* (*curse*) bestemmiare, imprecare ▶ *vt* (*promise*) giurare ▷ **swear in** *vt* prestare giuramento a; **swearword** *n* parolaccia

sweat [swɛt] *n* sudore *m*, traspirazione *f* ▶ *vi* sudare

sweater ['swɛtəʳ] *n* maglione *m*

sweatshirt ['swɛtʃəːt] *n* felpa

sweaty ['swɛtɪ] *adj* sudato(-a), bagnato(-a) di sudore

Swede [swiːd] *n* svedese *m/f*

swede [swiːd] (*BRIT*) *n* rapa svedese

Sweden ['swiːdn] *n* Svezia; **Swedish** ['swiːdɪʃ] *adj* svedese ▶ *n* (*Ling*) svedese *m*

sweep [swiːp] (*pt*, *pp* **swept**) *n* spazzata; (*also*: **chimney ~**) spazzacamino ▶ *vt* spazzare, scopare; (*current*) spazzare ▶ *vi* (*hand*) muoversi con gesto ampio; (*wind*) infuriare

sweet [swiːt] *n* (*BRIT*: *pudding*) dolce *m*; (*candy*) caramella ▶ *adj* dolce; (*fresh*) fresco(-a); (*fig*) piacevole; delicato(-a), grazioso(-a); gentile; **sweetcorn** *n* granturco dolce; **sweetener** ['swiːtnəʳ] *n* (*Culin*) dolcificante *m*; **sweetheart** *n* innamorato(-a); **sweetshop** *n* (*BRIT*) ≈ pasticceria

swell [swɛl] (*pt* **swelled**, *pp* **swollen, swelled**) *n* (*of sea*) mare *m* lungo ▶ *adj* (*US*: *inf*: *excellent*) favoloso(-a) ▶ *vt* gonfiare, ingrossare; aumentare ▶ *vi* gonfiarsi, ingrossarsi; (*sound*) crescere; (*also*: **~ up**) gonfiarsi; **swelling** *n* (*Med*) tumefazione *f*, gonfiore *m*

swept [swɛpt] *pt*, *pp of* **sweep**

swerve [swəːv] *vi* deviare; (*driver*) sterzare; (*boxer*) scartare

swift [swɪft] *n* (*bird*) rondone *m* ▶ *adj* rapido(-a), veloce

swim [swɪm] (*pt* **swam**, *pp* **swum**) *n* **to go for a ~** andare a fare una nuotata ▶ *vi* nuotare; (*Sport*) fare del nuoto; (*head*, *room*) girare ▶ *vt* (*river*, *channel*) attraversare *or* percorrere a nuoto; (*length*) nuotare; **swimmer** *n* nuotatore(-trice); **swimming** *n* nuoto; **swimming costume** (*BRIT*) *n* costume *m* da bagno; **swimming pool** *n* piscina; **swimming trunks** *npl* costume *m* da bagno (da uomo); **swimsuit** *n* costume *m* da bagno

swing [swɪŋ] (*pt*, *pp* **swung**) *n* altalena; (*movement*) oscillazione *f*; (*Mus*) ritmo; swing *m* ▶ *vt* dondolare, far oscillare; (*also*: **~ round**) far girare ▶ *vi* oscillare, dondolare; (*also*: **~ round**: *object*) roteare; (: *person*) girarsi, voltarsi; **to be in full ~** (*activity*) essere in piena attività; (*party etc*) essere nel pieno

swipe card *n* tessera magnetica

swirl [swəːl] *vi* turbinare, far mulinello

Swiss [swɪs] *adj*, *n inv* svizzero(-a)

switch [swɪtʃ] *n* (*for light*, *radio etc*) interruttore *m*; (*change*) cambiamento ▶ *vt* (*change*) cambiare; scambiare ▷ **switch off** *vt* spegnere; **could you ~ off the light?** puoi spegnere la luce? ▷ **switch on** *vt* accendere; (*engine*, *machine*) mettere in moto, avviare; **switchboard** *n* (*Tel*) centralino

Switzerland ['swɪtsələnd] *n* Svizzera

swivel ['swɪvl] *vi* (*also*: **~ round**) girare

swollen ['swəulən] *pp of* **swell**

swoop [swuːp] *n* incursione *f* ▶ *vi* (*also*: **~ down**) scendere in picchiata, piombare

swop [swɔp] *n*, *vt* = **swap**

sword [sɔːd] *n* spada; **swordfish** *n* pesce *m* spada *inv*

swore [swɔːʳ] *pt of* **swear**

sworn [swɔːn] *pp of* **swear** ▸ *adj* giurato(-a)
swum [swʌm] *pp of* **swim**
swung [swʌŋ] *pt, pp of* **swing**
syllable ['sɪləbl] *n* sillaba
syllabus ['sɪləbəs] *n* programma *m*
symbol ['sɪmbl] *n* simbolo; **symbolic(al)** [sɪm'bɔlɪk(l)] *adj* simbolico(-a); **to be symbolic(al) of sth** simboleggiare qc
symmetrical [sɪ'mɛtrɪkl] *adj* simmetrico(-a)
symmetry ['sɪmɪtrɪ] *n* simmetria
sympathetic [sɪmpə'θɛtɪk] *adj* (*showing pity*) compassionevole; (*kind*) comprensivo(-a); **~ towards** ben disposto(-a) verso

Be careful not to translate **sympathetic** by the Italian word ***simpatico***.

sympathize ['sɪmpəθaɪz] *vi* **to ~ with** (*person*) compatire; partecipare al dolore di; (*cause*) simpatizzare per
sympathy ['sɪmpəθɪ] *n* compassione *f*
symphony ['sɪmfənɪ] *n* sinfonia
symptom ['sɪmptəm] *n* sintomo; indizio
synagogue ['sɪnəgɔg] *n* sinagoga
syndicate ['sɪndɪkɪt] *n* sindacato
syndrome ['sɪndrəum] *n* sindrome *f*
synonym ['sɪnənɪm] *n* sinonimo
synthetic [sɪn'θɛtɪk] *adj* sintetico(-a)
Syria ['sɪrɪə] *n* Siria
syringe [sɪ'rɪndʒ] *n* siringa
syrup ['sɪrəp] *n* sciroppo; (*also:* **golden ~**) melassa raffinata
system ['sɪstəm] *n* sistema *m*; (*order*) metodo; (*Anat*) organismo; **systematic** [-'mætɪk] *adj* sistematico(-a); metodico(-a); **systems analyst** *n* analista *m* di sistemi

t

ta [tɑː] (*BRIT: inf*) *excl* grazie!
tab [tæb] *n* (*loop on coat etc*) laccetto; (*label*) etichetta; **to keep ~s on** (*fig*) tenere d'occhio
table ['teɪbl] *n* tavolo, tavola; (*Math, Chem etc*) tavola ▸ *vt* (*BRIT: motion etc*) presentare; **a ~ for 4, please** un tavolo per 4, per favore; **to lay** *or* **set the ~** apparecchiare *or* preparare la tavola; **tablecloth** *n* tovaglia; **table d'hôte** [tɑːbl'dəut] *adj* (*meal*) a prezzo fisso; **table lamp** *n* lampada da tavolo; **tablemat** *n* sottopiatto; **tablespoon** *n* cucchiaio da tavola; (*also:* **tablespoonful**: *as measurement*) cucchiaiata
tablet ['tæblɪt] *n* (*Med*) compressa; (*of stone*) targa
table tennis *n* tennis *m* da tavolo, ping-pong® *m*
tabloid ['tæblɔɪd] *n* (*newspaper*) tabloid *m inv* (*giornale illustrato di formato ridotto*); **the ~s, the ~ press** i giornali popolari
taboo [tə'buː] *adj, n* tabù *m inv*
tack [tæk] *n* (*nail*) bulletta; (*fig*) approccio ▸ *vt* imbullettare; imbastire ▸ *vi* bordeggiare
tackle ['tækl] *n* attrezzatura, equipaggiamento; (*for lifting*) paranco; (*Football*) contrasto; (*Rugby*) placcaggio ▸ *vt* (*difficulty*) affrontare; (*Football*) contrastare; (*Rugby*) placcare

tacky ['tækɪ] *adj* appiccicaticcio(-a); (*pej*) scadente
tact [tækt] *n* tatto: **tactful** *adj* delicato(-a), discreto(-a)
tactics ['tæktɪks] *n, npl* tattica
tactless ['tæktlɪs] *adj* che manca di tatto
tadpole ['tædpəul] *n* girino
taffy ['tæfɪ] (*US*) *n* caramella *f* mou *inv*
tag [tæg] *n* etichetta
tail [teɪl] *n* coda; (*of shirt*) falda ▸ *vt* (*follow*) seguire, pedinare; **~s** *npl* (*formal suit*) frac *m inv*
tailor ['teɪləʳ] *n* sarto
Taiwan [taɪ'wa:n] *n* Taiwan *m*; **Taiwanese** [taɪwə'ni:z] *adj, n* taiwanese
take [teɪk] (*pt* **took**, *pp* **taken**) *vt* prendere; (*gain: prize*) ottenere, vincere; (*require: effort, courage*) occorrere, volerci; (*tolerate*) accettare, sopportare; (*hold: passengers etc*) contenere; (*accompany*) accompagnare; (*bring, carry*) portare; (*exam*) sostenere, presentarsi a; **to ~ a photo/a shower** fare una fotografia/una doccia; **I ~ it that** suppongo che ▹ **take after** *vt fus* assomigliare a ▹ **take apart** *vt* smontare ▹ **take away** *vt* portare via; togliere ▹ **take back** *vt* (*return*) restituire; riportare; (*one's words*) ritirare ▹ **take down** *vt* (*building*) demolire; (*letter etc*) scrivere ▹ **take in** *vt* (*deceive*) imbrogliare, abbindolare; (*understand*) capire; (*include*) comprendere, includere; (*lodger*) prendere, ospitare ▹ **take off** *vi* (*Aviat*) decollare; (*go away*) andarsene ▸ *vt* (*remove*) togliere ▹ **take on** *vt* (*work*) accettare, intraprendere; (*employee*) assumere; (*opponent*) sfidare, affrontare ▹ **take out** *vt* portare fuori; (*remove*) togliere; (*licence*) prendere, ottenere; **to ~ sth out of sth** (*drawer, pocket etc*) tirare qc fuori da qc; estrarre qc da qc ▹ **take over** *vt* (*business*) rilevare ▸ *vi* **to ~ over from sb** prendere le consegne *or* il controllo da qn ▹ **take up** *vt* (*dress*) accorciare; (*occupy: time, space*) occupare; (*engage in: hobby etc*) mettersi a; **to ~ sb up on sth** accettare qc da qn; **takeaway** (*BRIT*) *n* (*shop etc*) ≈ rosticceria; (*food*) pasto per asporto; **taken** *pp of* **take**; **takeoff** *n* (*Aviat*) decollo; **takeout** (*US*) *n* = **takeaway**; **takeover** *n* (*Comm*) assorbimento; **takings** ['teɪkɪŋz] *npl* (*Comm*) incasso
talc [tælk] *n* (*also:* **~um powder**) talco
tale [teɪl] *n* racconto, storia; **to tell ~s** (*fig: to teacher, parent etc*) fare la spia
talent ['tælnt] *n* talento; **talented** *adj* di talento
talk [tɔ:k] *n* discorso; (*gossip*) chiacchiere *fpl*; (*conversation*) conversazione *f*; (*interview*) discussione *f* ▸ *vi* parlare; **~s** *npl* (*Pol etc*) colloqui *mpl*; **to ~ about** parlare di; **to ~ sb out of/into doing** dissuadere qn da/convincere qn a fare; **to ~ shop** parlare di lavoro *or* di affari ▹ **talk over** *vt* discutere; **talk show** *n* conversazione *f* televisiva, talk show *m inv*
tall [tɔ:l] *adj* alto(-a); **to be 6 feet ~** ≈ essere alto 1 metro e 80
tambourine [tæmbə'ri:n] *n* tamburello
tame [teɪm] *adj* addomesticato(-a); (*fig: story, style*) insipido(-a), scialbo(-a)
tamper ['tæmpəʳ] *vi* **to ~ with** manomettere
tampon ['tæmpɔn] *n* tampone *m*
tan [tæn] *n* (*also:* **sun~**) abbronzatura ▸ *vi* abbronzarsi ▸ *adj* (*colour*) marrone rossiccio *inv*
tandem ['tændəm] *n* tandem *m inv*
tangerine [tændʒə'ri:n] *n* mandarino

tangle ['tæŋgl] *n* groviglio; **to get into a ~** aggrovigliarsi; (*fig*) combinare un pasticcio

tank [tæŋk] *n* serbatoio; (*for fish*) acquario; (*Mil*) carro armato

tanker ['tæŋkə^r] *n* (*ship*) nave *f* cisterna *inv*; (*truck*) autobotte *f*, autocisterna

tanned [tænd] *adj* abbronzato(-a)

tantrum ['tæntrəm] *n* accesso di collera

Tanzania [tænzə'nɪə] *n* Tanzania

tap [tæp] *n* (*on sink etc*) rubinetto; (*gentle blow*) colpetto ▸ *vt* dare un colpetto a; (*resources*) sfruttare, utilizzare; (*telephone*) mettere sotto controllo; **on ~** (*fig*: *resources*) a disposizione; **tap dancing** *n* tip tap *m*

tape [teɪp] *n* nastro; (*also*: **magnetic ~**) nastro (magnetico); (*sticky tape*) nastro adesivo ▸ *vt* (*record*) registrare (su nastro); (*stick*) attaccare con nastro adesivo; **tape measure** *n* metro a nastro; **tape recorder** *n* registratore *m* (a nastro)

tapestry ['tæpɪstrɪ] *n* arazzo; tappezzeria

tar [tɑː^r] *n* catrame *m*

target ['tɑːgɪt] *n* bersaglio; (*fig*: *objective*) obiettivo

tariff ['tærɪf] *n* tariffa

tarmac ['tɑːmæk] *n* (*BRIT*: *on road*) macadam *m* al catrame; (*Aviat*) pista di decollo

tarpaulin [tɑː'pɔːlɪn] *n* tela incatramata

tarragon ['tærəgən] *n* dragoncello

tart [tɑːt] *n* (*Culin*) crostata; (*BRIT*: *inf*: *pej*: *woman*) sgualdrina ▸ *adj* (*flavour*) aspro(-a), agro(-a)

tartan ['tɑːtn] *n* tartan *m inv*

tartar(e) sauce *n* salsa tartara

task [tɑːsk] *n* compito; **to take to ~** rimproverare

taste [teɪst] *n* gusto; (*flavour*) sapore *m*, gusto; (*sample*) assaggio; (*fig*: *glimpse, idea*) idea ▸ *vt* gustare; (*sample*) assaggiare ▸ *vi* **to ~ of** *or* **like** (*fish etc*) sapere *or* avere sapore di; **in good/bad ~** di buon/cattivo gusto; **can I have a ~?** posso assaggiarlo?; **you can ~ the garlic (in it)** (ci) si sente il sapore dell'aglio; **tasteful** *adj* di buon gusto; **tasteless** *adj* (*food*) insipido(-a); (*remark*) di cattivo gusto; **tasty** *adj* saporito(-a), gustoso(-a)

tatters ['tætəz] *npl* **in ~** a brandelli

tattoo [tə'tuː] *n* tatuaggio; (*spectacle*) parata militare ▸ *vt* tatuare

taught [tɔːt] *pt, pp of* **teach**

taunt [tɔːnt] *n* scherno ▸ *vt* schernire

Taurus ['tɔːrəs] *n* Toro

taut [tɔːt] *adj* teso(-a)

tax [tæks] *n* (*on goods*) imposta; (*on services*) tassa; (*on income*) imposte *fpl*, tasse *fpl* ▸ *vt* tassare; (*fig*: *strain*: *patience etc*) mettere alla prova; **tax-free** *adj* esente da imposte

taxi ['tæksɪ] *n* taxi *m inv* ▸ *vi* (*Aviat*) rullare; **can you call me a ~, please?** può chiamarmi un taxi, per favore?; **taxi driver** *n* tassista *m/f*; **taxi rank** (*BRIT*) *n* = **taxi stand**; **taxi stand** *n* posteggio dei taxi

tax payer *n* contribuente *m/f*

TB *n abbr* = **tuberculosis**

tea [tiː] *n* tè *m inv*; (*BRIT*: *snack*: *for children*) merenda; **high ~** (*BRIT*) cena leggera (*presa nel tardo pomeriggio*); **tea bag** *n* bustina di tè; **tea break** (*BRIT*) *n* intervallo per il tè

teach [tiːtʃ] (*pt, pp* **taught**) *vt* **to ~ sb sth, ~ sth to sb** insegnare qc a qn ▸ *vi* insegnare; **teacher** *n* insegnante *m/f*; (*in secondary school*) professore(-essa); (*in primary school*) maestro(-a); **teaching** *n* insegnamento

tea: **tea cloth** *n* (*for dishes*) strofinaccio; (*BRIT*: *for trolley*) tovaglietta da tè; **teacup** ['tiːkʌp] *n* tazza da tè

tea leaves *npl* foglie *fpl* di tè
team [ti:m] *n* squadra; (*of animals*) tiro ▷**team up** *vi* **to ~ up (with)** mettersi insieme (a)
teapot ['ti:pɔt] *n* teiera
tear[1] [tɛəʳ] (*pt* **tore**, *pp* **torn**) *n* strappo ▶*vt* strappare ▶*vi* strapparsi ▷**tear apart** *vt* (*also fig*) distruggere ▷**tear down** *vt* +*adv* (*building, statue*) demolire; (*poster, flag*) tirare giù ▷**tear off** *vt* (*sheet of paper etc*) strappare; (*one's clothes*) togliersi di dosso ▷**tear up** *vt* (*sheet of paper etc*) strappare
tear[2] [tɪəʳ] *n* lacrima; **in ~s** in lacrime; **tearful** ['tɪəful] *adj* piangente, lacrimoso(-a); **tear gas** *n* gas *m* lacrimogeno
tearoom ['ti:ru:m] *n* sala da tè
tease [ti:z] *vt* canzonare; (*unkindly*) tormentare
tea: **teaspoon** *n* cucchiaino da tè; (*also*: **teaspoonful**: *as measurement*) cucchiaino; **teatime** *n* ora del tè; **tea towel** (*BRIT*) *n* strofinaccio (per i piatti)
technical ['tɛknɪkl] *adj* tecnico(-a)
technician [tɛk'nɪʃən] *n* tecnico(-a)
technique [tɛk'ni:k] *n* tecnica
technology [tɛk'nɔlədʒɪ] *n* tecnologia
teddy (bear) ['tɛdɪ-] *n* orsacchiotto
tedious ['ti:dɪəs] *adj* noioso(-a), tedioso(-a)
tee [ti:] *n* (*Golf*) tee *m inv*
teen [ti:n] *adj* = **teenage** ▶*n* (*US*) = **teenager**
teenage ['ti:neɪdʒ] *adj* (*fashions etc*) per giovani, per adolescenti; **teenager** *n* adolescente *m/f*
teens [ti:nz] *npl* **to be in one's ~** essere adolescente
teeth [ti:θ] *npl of* **tooth**
teetotal ['ti:'təutl] *adj* astemio(-a)
telecommunications ['tɛlɪkəmju:nɪ'keɪʃənz] *n* telecomunicazioni *fpl*
telegram ['tɛlɪgræm] *n* telegramma *m*
telegraph pole *n* palo del telegrafo
telephone ['tɛlɪfəun] *n* telefono ▶*vt* (*person*) telefonare a; (*message*) comunicare per telefono; **telephone book** *n* elenco telefonico; **telephone booth** (*BRIT*), **telephone box** *n* cabina telefonica; **telephone call** *n* telefonata; **telephone directory** *n* elenco telefonico; **telephone number** *n* numero di telefono
telesales ['tɛlɪseɪlz] *n* vendita per telefono
telescope ['tɛlɪskəup] *n* telescopio
televise ['tɛlɪvaɪz] *vt* teletrasmettere
television ['tɛlɪvɪʒən] *n* televisione *f*; **on ~** alla televisione; **television programme** *n* programma *m* televisivo
tell [tɛl] (*pt, pp* **told**) *vt* dire; (*relate*: *story*) raccontare; (*distinguish*): **to ~ sth from** distinguere qc da ▶*vi* (*talk*): **to ~ (of)** parlare (di); (*have effect*) farsi sentire, avere effetto; **to ~ sb to do** dire a qn di fare ▷**tell off** *vt* rimproverare, sgridare; **teller** *n* (*in bank*) cassiere(-a)
telly ['tɛlɪ] (*BRIT*: *inf*) *n abbr* (= *television*) tivù *f inv*
temp [tɛmp] *n abbr* (= *temporary*) segretaria temporanea
temper ['tɛmpəʳ] *n* (*nature*) carattere *m*; (*mood*) umore *m*; (*fit of anger*) collera ▶*vt* (*moderate*) moderare; **to be in a ~** essere in collera; **to lose one's ~** andare in collera
temperament ['tɛmprəmənt] *n* (*nature*) temperamento; **temperamental** [-'mɛntl] *adj* capriccioso(-a)
temperature ['tɛmprətʃəʳ] *n* temperatura; **to have** *or* **run a ~** avere la febbre

t

temple ['tɛmpl] *n* (*building*) tempio; (*Anat*) tempia
temporary ['tɛmpərərɪ] *adj* temporaneo(-a); (*job, worker*) avventizio(-a), temporaneo(-a)
tempt [tɛmpt] *vt* tentare; **to ~ sb into doing** indurre qn a fare; **temptation** [-'teɪʃən] *n* tentazione *f*; **tempting** *adj* allettante
ten [tɛn] *num* dieci
tenant ['tɛnənt] *n* inquilino(-a)
tend [tɛnd] *vt* badare a, occuparsi di ▸ *vi* **to ~ to do** tendere a fare; **tendency** ['tɛndənsɪ] *n* tendenza
tender ['tɛndə[r]] *adj* tenero(-a); (*sore*) dolorante ▸ *n* (*Comm: offer*) offerta; (*money*): **legal ~** moneta in corso legale ▸ *vt* offrire
tendon ['tɛndən] *n* tendine *m*
tenner ['tɛnə[r]] *n* (*BRIT inf*) (banconota da) dieci sterline *fpl*
tennis ['tɛnɪs] *n* tennis *m*; **tennis ball** *n* palla da tennis; **tennis court** *n* campo da tennis; **tennis match** *n* partita di tennis; **tennis player** *n* tennista *m/f*; **tennis racket** *n* racchetta da tennis
tenor ['tɛnə[r]] *n* (*Mus*) tenore *m*
tenpin bowling ['tɛnpɪn-] *n* bowling *m*
tense [tɛns] *adj* teso(-a) ▸ *n* (*Ling*) tempo
tension ['tɛnʃən] *n* tensione *f*
tent [tɛnt] *n* tenda
tentative ['tɛntətɪv] *adj* esitante, incerto(-a); (*conclusion*) provvisorio(-a)
tenth [tɛnθ] *num* decimo(-a)
tent: **tent peg** *n* picchetto da tenda; **tent pole** *n* palo da tenda, montante *m*
tepid ['tɛpɪd] *adj* tiepido(-a)
term [təːm] *n* termine *m*; (*Scol*) trimestre *m*; (*Law*) sessione *f* ▸ *vt* chiamare, definire; **~s** *npl* (*conditions*) condizioni *fpl*; (*Comm*) prezzi *mpl*, tariffe *fpl*; **in the short/long ~** a breve/lunga scadenza; **to be on good ~s with sb** essere in buoni rapporti con qn; **to come to ~s with** (*problem*) affrontare
terminal ['təːmɪnl] *adj* finale, terminale; (*disease*) terminale ▸ *n* (*Elec*) morsetto; (*Comput*) terminale *m*; (*Aviat, for oil, ore etc*) terminal *m inv*; (*BRIT: also*: **coach ~**) capolinea *m*
terminate ['təːmɪneɪt] *vt* mettere fine a
termini ['təːmɪnaɪ] *npl of* **terminus**
terminology [təːmɪ'nɔlədʒɪ] *n* terminologia
terminus ['təːmɪnəs] (*pl* **termini**) *n* (*for buses*) capolinea *m*; (*for trains*) stazione *f* terminale
terrace ['tɛrəs] *n* terrazza; (*BRIT: row of houses*) fila di case a schiera; **terraced** *adj* (*garden*) a terrazze
terrain [tɛ'reɪn] *n* terreno
terrestrial [tɪ'restrɪəl] *adj* (*life*) terrestre; (*BRIT: channel*) terrestre
terrible ['tɛrɪbl] *adj* terribile; **terribly** *adv* terribilmente; (*very badly*) malissimo
terrier ['tɛrɪə[r]] *n* terrier *m inv*
terrific [tə'rɪfɪk] *adj* incredibile, fantastico(-a); (*wonderful*) formidabile, eccezionale
terrified ['tɛrɪfaɪd] *adj* atterrito(-a)
terrify ['tɛrɪfaɪ] *vt* terrorizzare; **terrifying** *adj* terrificante
territorial [tɛrɪ'tɔːrɪəl] *adj* territoriale
territory ['tɛrɪtərɪ] *n* territorio
terror ['tɛrə[r]] *n* terrore *m*; **terrorism** *n* terrorismo; **terrorist** *n* terrorista *m/f*
test [tɛst] *n* (*trial, check: of courage etc*) prova; (*Med*) esame *m*; (*Chem*) analisi *f inv*; (*exam: of intelligence etc*) test *m inv*; (*: in school*) compito in classe; (*also*: **driving ~**) esame *m* di guida ▸ *vt* provare; esaminare; analizzare;

sottoporre ad esame; **to ~ sb in history** esaminare qn in storia
testicle ['tɛstɪkl] *n* testicolo
testify ['tɛstɪfaɪ] *vi* (*Law*) testimoniare, deporre; **to ~ to sth** (*Law*) testimoniare qc; (*gen*) comprovare *or* dimostrare qc
testimony ['tɛstɪmənɪ] *n* (*Law*) testimonianza, deposizione *f*
test: **test match** *n* (*Cricket, Rugby*) partita internazionale; **test tube** *n* provetta
tetanus ['tɛtənəs] *n* tetano
text [tɛkst] *n* testo; (*on mobile phone*) SMS *m inv*, messaggino ▶ *vt* **to ~ sb** (*inf*) mandare un SMS a qn ▶ *vi* messaggiarsi; **textbook** *n* libro di testo
textile ['tɛkstaɪl] *n* tessile *m*
text message *n* (*Tel*) SMS *m inv*, messaggino
text messaging [-'mɛsɪdʒɪŋ] *n* il mandarsi SMS
texture ['tɛkstʃə^r] *n* tessitura; (*of skin, paper etc*) struttura
Thai [taɪ] *adj* tailandese ▶ *n* tailandese *m/f*; (*Ling*) tailandese *m*
Thailand ['taɪlænd] *n* Tailandia
Thames [tɛmz] *n* **the ~** il Tamigi
than [ðæn, ðən] *conj* (*in comparisons*) che; (*with numerals, pronouns, proper names*) di; **more ~ 10/once** più di 10/una volta; **I have more/less ~ you** ne ho più/meno di te; **I have more pens ~ pencils** ho più penne che matite; **she is older ~ you think** è più vecchia di quanto tu (non) pensi
thank [θæŋk] *vt* ringraziare; **~ you (very much)** grazie (tante); **~s** *npl* ringraziamenti *mpl*, grazie *fpl excl* grazie!; **~s to** grazie a; **thankfully** *adv* con riconoscenza; con sollievo; **thankfully there were few victims** grazie al cielo ci sono state poche vittime; **Thanksgiving (Day)** *n* giorno del ringraziamento

Thanksgiving (Day)
Negli Stati Uniti il quarto giovedì di novembre ricorre il **Thanksgiving (Day)**, festa che rievoca la celebrazione con cui i Padri Pellegrini, fondatori della colonia di Plymouth in Massachusetts, ringraziarono Dio del buon raccolto del 1621.

that [ðæt] (*pl* **those**) *adj* (*demonstrative*) quel (quell', quello) *m*; quella (quell') *f*; **that man/woman/book** quell'uomo/quella donna/quel libro; (*not "this"*) quell'uomo/quella donna/quel libro là; **that one** quello(-a) là
▶ *pron*
1 (*demonstrative*) ciò; (*not "this one"*) quello(-a); **who's that?** chi è?; **what's that?** cos'è quello?; **is that you?** sei tu?; **I prefer this to that** preferisco questo a quello; **that's what he said** questo è ciò che ha detto; **what happened after that?** che è successo dopo?; **that is (to say)** cioè
2 (*relative: direct*) che; (*: indirect*) cui; **the book (that) I read** il libro che ho letto; **the box (that) I put it in** la scatola in cui l'ho messo; **the people (that) I spoke to** le persone con cui *or* con le quali ho parlato
3 (*relative: of time*) in cui; **the day (that) he came** il giorno in cui è venuto
▶ *conj* che; **he thought that I was ill** pensava che io fossi malato
▶ *adv* (*demonstrative*) così; **I can't work that much** non posso lavorare (così) tanto; **that high** così alto; **the wall's about that high and that thick** il muro è alto circa così e spesso circa così
thatched [θætʃt] *adj* (*roof*) di paglia
thaw [θɔː] *n* disgelo ▶ *vi* (*ice*)

sciogliersi; (*food*) scongelarsi ▸ *vt* (*food*: *also*: **~ out**) (fare) scongelare

the [ðiː, ðə] *def art*

1 (*gen*) il (lo, l') *m*; la (l') *f*; i (gli) *mpl*; le *fpl*; **the boy/girl/ink** il ragazzo/la ragazza/l'inchiostro; **the books/pencils** i libri/le matite; **the history of the world** la storia del mondo; **give it to the postman** dallo al postino; **I haven't the time/money** non ho tempo/soldi; **the rich and the poor** i ricchi e i poveri

2 (*in titles*): **Elizabeth the First** Elisabetta prima; **Peter the Great** Pietro il grande

3 (*in comparisons*): **the more he works, the more he earns** più lavora più guadagna

theatre ['θɪətəʳ] (*US* **theater**) *n* teatro; (*also*: **lecture ~**) aula magna; (*also*: **operating ~**) sala operatoria

theft [θɛft] *n* furto

their [ðɛəʳ] *adj* il (la) loro; (*pl*) i (le) loro; **theirs** *pron* il (la) loro; (*pl*) i (le) loro; *see also* **my**; **mine**

them [ðɛm, ðəm] *pron* (*direct*) li (le); (*indirect*) gli (loro (*after vb*)); (*stressed, after prep*: *people*) loro; (: *people, things*) essi(-e); *see also* **me**

theme [θiːm] *n* tema *m*; **theme park** *n* parco di divertimenti (*intorno a un tema centrale*)

themselves [ðəm'sɛlvz] *pl pron* (*reflexive*) si; (*emphatic*) loro stessi(-e); (*after prep*) se stessi(-e)

then [ðɛn] *adv* (*at that time*) allora; (*next*) poi, dopo; (*and also*) e poi ▸ *conj* (*therefore*) perciò, dunque, quindi ▸ *adj* **the ~ president** il presidente di allora; **by ~** allora; **from ~ on** da allora in poi

theology [θɪ'ɔlədʒɪ] *n* teologia

theory ['θɪərɪ] *n* teoria

therapist ['θɛrəpɪst] *n* terapista *m/f*

therapy ['θɛrəpɪ] *n* terapia

there [ðɛəʳ] *adv*

1: **there is, there are** c'è, ci sono; **there are 3 of them** (*people*) sono in 3; (*things*) ce ne sono 3; **there is no-one here** non c'è nessuno qui; **there has been an accident** c'è stato un incidente

2 (*referring to place*) là, lì; **up/in/down there** lassù/là dentro/laggiù; **he went there on Friday** ci è andato venerdì; **I want that book there** voglio quel libro là *or* lì; **there he is!** eccolo!

3: **there, there** (*esp to child*) su, su

there: **thereabouts** [ðɛərə'bauts] *adv* (*place*) nei pressi, da quelle parti; (*amount*) giù di lì, all'incirca; **thereafter** [ðɛər'ɑːftəʳ] *adv* da allora in poi; **thereby** [ðɛə'baɪ] *adv* con ciò; **therefore** ['ðɛəfɔːʳ] *adv* perciò, quindi; **there's** [ðɛəz] = **there is**; **there has**

thermal ['θəːml] *adj* termico(-a)

thermometer [θə'mɔmɪtəʳ] *n* termometro

thermostat ['θəːməstæt] *n* termostato

these [ðiːz] *pl pron, adj* questi(-e)

thesis ['θiːsɪs] (*pl* **theses**) *n* tesi *f inv*

they [ðeɪ] *pl pron* essi (esse); (*people only*) loro; **~ say that ...** (*it is said that*) si dice che ...; **they'd** = **they had**; **they would**; **they'll** = **they shall**; **they will**; **they're** = **they are**; **they've** = **they have**

thick [θɪk] *adj* spesso(-a); (*crowd*) compatto(-a); (*stupid*) ottuso(-a), lento(-a) ▸ *n* **in the ~ of** nel folto di; **it's 20 cm ~** ha uno spessore di 20 cm; **thicken** *vi* ispessire ▸ *vt* (*sauce etc*) ispessire, rendere più denso(-a); **thickness** *n* spessore *m*

thief [θiːf] (*pl* **thieves**) *n* ladro(-a)

thigh [θaɪ] *n* coscia

thin [θɪn] *adj* sottile; (*person*) magro(-a); (*soup*) poco denso(-a) ▸ *vt* **to ~ (down)** (*sauce, paint*) diluire

thing [θɪŋ] *n* cosa; (*object*) oggetto; (*mania*): **to have a ~ about** essere fissato(-a) con; **~s** *npl* (*belongings*) cose *fpl*; **poor ~** poverino(-a); **the best ~ would be to** la cosa migliore sarebbe di; **how are ~s?** come va?

think [θɪŋk] (*pt, pp* **thought**) *vi* pensare, riflettere ▸ *vt* pensare, credere; (*imagine*) immaginare; **to ~ of** pensare a; **what did you ~ of them?** cosa ne ha pensato?; **to ~ about sth/sb** pensare a qc/qn; **I'll ~ about it** ci penserò; **to ~ of doing** pensare di fare; **I ~ so/not** penso di sì/no; **to ~ well of** avere una buona opinione di ▹**think over** *vt* riflettere su ▹**think up** *vt* ideare

third [θə:d] *num* terzo(-a) ▸ *n* terzo(-a); (*fraction*) terzo, terza parte *f*; (*Aut*) terza; (*BRIT*: *Scol*: *degree*) *laurea col minimo dei voti*; **thirdly** *adv* in terzo luogo; **third party insurance** (*BRIT*) *n* assicurazione *f* contro terzi; **Third World** *n* **the Third World** il Terzo Mondo

thirst [θə:st] *n* sete *f*; **thirsty** *adj* (*person*) assetato(-a), che ha sete

thirteen [θə:'ti:n] *num* tredici; **thirteenth** [-'ti:nθ] *num* tredicesmo(-a)

thirtieth ['θə:tɪɪθ] *num* trentesimo(-a)

thirty ['θə:tɪ] *num* trenta

this [ðɪs] (*pl* **these**) *adj* (*demonstrative*) questo(-a); **this man/woman/book** quest'uomo/questa donna/questo libro; (*not "that"*) quest'uomo/questa donna/questo libro qui; **this one** questo(-a) qui ▸*pron* (*demonstrative*) questo(-a); (*not "that one"*) questo(-a) qui; **who/what is this?** chi è/che cos'è questo?; **I prefer this to that** preferisco questo a quello; **this is where I live** io abito qui; **this is what he said** questo è ciò che ha detto; **this is Mr Brown** (*in introductions, photo*) questo è il signor Brown; (*on telephone*) sono il signor Brown ▸*adv* (*demonstrative*): **this high/long** *etc* alto/lungo *etc* così; **I didn't know things were this bad** non sapevo andasse così male

thistle ['θɪsl] *n* cardo

thorn [θɔ:n] *n* spina

thorough ['θʌrə] *adj* (*search*) minuzioso(-a); (*knowledge, research*) approfondito(-a), profondo(-a); (*person*) coscienzioso(-a); (*cleaning*) a fondo; **thoroughly** *adv* (*search*) minuziosamente; (*wash, study*) a fondo; (*very*) assolutamente

those [ðəuz] *pl pron* quelli(-e) ▸ *pl adj* quei (quegli) *mpl*; quelle *fpl*

though [ðəu] *conj* benché, sebbene ▸ *adv* comunque

thought [θɔ:t] *pt, pp of* **think** ▸ *n* pensiero; (*opinion*) opinione *f*; **thoughtful** *adj* pensieroso(-a), pensoso(-a); (*considerate*) premuroso(-a); **thoughtless** *adj* sconsiderato(-a); (*behaviour*) scortese

thousand ['θauzənd] *num* mille; **one ~** mille; **~s of** migliaia di; **thousandth** *num* millesimo(-a)

thrash [θræʃ] *vt* picchiare; bastonare; (*defeat*) battere

thread [θrɛd] *n* filo; (*of screw*) filetto ▸ *vt* (*needle*) infilare

threat [θrɛt] *n* minaccia; **threaten** *vi* (*storm*) minacciare ▸ *vt* **to threaten sb with/to do** minacciare qn con/di fare; **threatening** *adj* minaccioso(-a)

three [θri:] *num* tre; **three-dimensional** *adj* tridimensionale; (*film*) stereoscopico(-a); **three-piece suite** ['θri:pi:s-] *n* salotto comprendente un divano e due poltrone; **three-quarters** *npl* tre quarti *mpl*; **three-quarters full** pieno per tre quarti

threshold ['θrɛʃhəuld] *n* soglia
threw [θru:] *pt of* **throw**
thrill [θrɪl] *n* brivido ▸ *vt* (*audience*) elettrizzare; **to be ~ed** (*with gift etc*) essere elettrizzato(-a); **thrilled** *adj* **I was thrilled to get your letter** la tua lettera mi ha fatto veramente piacere; **thriller** *n* thriller *m inv*; **thrilling** *adj* (*book*) pieno(-a) di suspense; (*news, discovery*) elettrizzante
thriving ['θraɪvɪŋ] *adj* fiorente
throat [θrəut] *n* gola; **to have a sore ~** avere (un *or* il) mal di gola
throb [θrɔb] *vi* palpitare; pulsare; vibrare
throne [θrəun] *n* trono
through [θru:] *prep* attraverso; (*time*) per, durante; (*by means of*) per mezzo di; (*owing to*) a causa di ▸ *adj* (*ticket, train, passage*) diretto(-a) ▸ *adv* attraverso; **to put sb ~ to sb** (*Tel*) passare qn a qn; **to be ~** (*Tel*) ottenere la comunicazione; (*have finished*) essere finito(-a); **"no ~ road"** (*BRIT*) "strada senza sbocco"; **throughout** *prep* (*place*) dappertutto in; (*time*) per *or* durante tutto(-a) ▸ *adv* dappertutto; sempre
throw [θrəu] (*pt* **threw**, *pp* **thrown**) *n* (*Sport*) lancio, tiro ▸ *vt* tirare, gettare; (*Sport*) lanciare, tirare; (*rider*) disarcionare; (*fig*) confondere; **to ~ a party** dare una festa ▹ **throw away** *vt* gettare *or* buttare via ▹ **throw in** *vt* (*Sport: ball*) rimettere in gioco; (*include*) aggiungere ▹ **throw off** *vt* sbarazzarsi di ▹ **throw out** *vt* buttare fuori; (*reject*) respingere ▹ **throw up** *vi* vomitare
thru [θru:] (*US*) *prep, adj, adv* = **through**
thrush [θrʌʃ] *n* tordo
thrust [θrʌst] (*pt, pp* **thrust**) *vt* spingere con forza; (*push in*) conficcare
thud [θʌd] *n* tonfo
thug [θʌg] *n* delinquente *m*
thumb [θʌm] *n* (*Anat*) pollice *m*; **to ~ a lift** fare l'autostop; **thumbtack** (*US*) *n* puntina da disegno
thump [θʌmp] *n* colpo forte; (*sound*) tonfo ▸ *vt* (*person*) picchiare; (*object*) battere su ▸ *vi* picchiare; battere
thunder ['θʌndə^r] *n* tuono ▸ *vi* tuonare; (*train etc*): **to ~ past** passare con un rombo; **thunderstorm** *n* temporale *m*
Thur(s). *abbr* (= *Thursday*) gio.
Thursday ['θə:zdɪ] *n* giovedì *m inv*
thus [ðʌs] *adv* così
thwart [θwɔ:t] *vt* contrastare
thyme [taɪm] *n* timo
Tiber ['taɪbə^r] *n* **the ~** il Tevere
Tibet [tɪ'bɛt] *n* Tibet *m*
tick [tɪk] *n* (*sound: of clock*) tic tac *m inv*; (*mark*) segno; spunta; (*Zool*) zecca; (*BRIT: inf*): **in a ~** in un attimo ▸ *vi* fare tic tac ▸ *vt* spuntare ▹ **tick off** *vt* spuntare; (*person*) sgridare
ticket ['tɪkɪt] *n* biglietto; (*in shop: on goods*) etichetta; (*parking ticket*) multa; (*for library*) scheda; **a single/return ~ to ...** un biglietto di sola andata/di andata e ritorno per...; **ticket barrier** *n* (*BRIT: Rail*) *cancelletto d'ingresso*; **ticket collector** *n* bigliettaio; **ticket inspector** *n* controllore *m*; **ticket machine** *n* distributore *m* di biglietti; **ticket office** *n* biglietteria
tickle ['tɪkl] *vt* fare il solletico a; (*fig*) solleticare ▸ *vi* **it ~s** mi (*or* gli *etc*) fa il solletico; **ticklish** [-lɪʃ] *adj* che soffre il solletico; (*problem*) delicato(-a)
tide [taɪd] *n* marea; (*fig: of events*) corso; **high/low ~** alta/bassa marea
tidy ['taɪdɪ] *adj* (*room*) ordinato(-a), lindo(-a); (*dress, work*) curato(-a), in ordine; (*person*) ordinato(-a) ▸ *vt* (*also: ~ up*) riordinare, mettere in ordine
tie [taɪ] *n* (*string etc*) legaccio; (*BRIT:*

also: **neck~**) cravatta; (*fig: link*) legame *m*; (*Sport: draw*) pareggio ▸ *vt* (*parcel*) legare; (*ribbon*) annodare ▸ *vi* (*Sport*) pareggiare; **to ~ sth in a bow** annodare qc; **to ~ a knot in sth** fare un nodo a qc ▹ **tie down** *vt* legare; (*to price etc*) costringere ad accettare ▹ **tie up** *vt* (*parcel, dog*) legare; (*boat*) ormeggiare; (*arrangements*) concludere; **to be ~d up** (*busy*) essere occupato(-a) *or* preso(-a)

tier [tɪəʳ] *n* fila; (*of cake*) piano, strato

tiger ['taɪgəʳ] *n* tigre *f*

tight [taɪt] *adj* (*rope*) teso(-a), tirato(-a); (*money*) poco(-a); (*clothes, budget, bend etc*) stretto(-a); (*control*) severo(-a), fermo(-a); (*inf: drunk*) sbronzo(-a) ▸ *adv* (*squeeze*) fortemente; (*shut*) ermeticamente; **tighten** *vt* (*rope*) tendere; (*screw*) stringere; (*control*) rinforzare ▸ *vi* tendersi; stringersi; **tightly** *adv* (*grasp*) bene, saldamente; **tights** (*BRIT*) *npl* collant *m inv*

tile [taɪl] *n* (*on roof*) tegola; (*on wall or floor*) piastrella, mattonella

till [tɪl] *n* registratore *m* di cassa ▸ *vt* (*land*) coltivare ▸ *prep, conj* = **until**

tilt [tɪlt] *vt* inclinare, far pendere ▸ *vi* inclinarsi; pendere

timber [tɪmbəʳ] *n* (*material*) legname *m*

time [taɪm] *n* tempo; (*epoch: often pl*) epoca, tempo; (*by clock*) ora; (*moment*) momento; (*occasion*) volta; (*Mus*) tempo ▸ *vt* (*race*) cronometrare; (*programme*) calcolare la durata di; (*fix moment for*) programmare; (*remark etc*) dire (*or* fare) al momento giusto; **a long ~** molto tempo; **what ~ does the museum/shop open?** a che ora apre il museo/negozio?; **for the ~ being** per il momento; **4 at a ~** 4 per *or* alla volta; **from ~ to ~** ogni tanto; **at ~s** a volte; **in ~** (*soon enough*) in tempo; (*after some time*) col tempo; (*Mus*) a tempo; **in a week's ~** fra una settimana; **in no ~** in un attimo; **any ~** in qualsiasi momento; **on ~** puntualmente; **5 ~s 5** 5 volte 5, 5 per 5; **what ~ is it?** che ora è?, che ore sono?; **to have a good ~** divertirsi; **time limit** *n* limite *m* di tempo; **timely** *adj* opportuno(-a); **timer** *n* (*time switch*) temporizzatore *m*; (*in kitchen*) contaminuti *m inv*; **time-share** *adj* **time-share apartment/villa** appartamento/villa in multiproprietà; **timetable** *n* orario; **time zone** *n* fuso orario

timid ['tɪmɪd] *adj* timido(-a); (*easily scared*) pauroso(-a)

timing ['taɪmɪŋ] *n* (*Sport*) cronometraggio; (*fig*) scelta del momento opportuno

tin [tɪn] *n* stagno; (*also:* **~ plate**) latta; (*container*) scatola; (*BRIT: can*) barattolo (di latta), lattina; **tinfoil** *n* stagnola

tingle ['tɪŋgl] *vi* pizzicare

tinker ['tɪŋkəʳ]: **~ with** *vt fus* armeggiare intorno a; cercare di riparare

tinned [tɪnd] (*BRIT*) *adj* (*food*) in scatola

tin opener ['-əupnəʳ] (*BRIT*) *n* apriscatole *m inv*

tint [tɪnt] *n* tinta; **tinted** *adj* (*hair*) tinto(-a); (*spectacles, glass*) colorato(-a)

tiny ['taɪnɪ] *adj* minuscolo(-a)

tip [tɪp] *n* (*end*) punta; (*gratuity*) mancia; (*BRIT: for rubbish*) immondezzaio; (*advice*) suggerimento ▸ *vt* (*waiter*) dare la mancia a; (*tilt*) inclinare; (*overturn: also:* **~ over**) capovolgere; (*empty: also:* **~ out**) scaricare; **how much should I ~?** quanto devo lasciare di mancia? ▹ **tip off** *vt* fare una soffiata a

tiptoe ['tɪptəu] *n* **on ~** in punta di piedi

tire ['taɪəʳ] *n (US)* = **tyre** ▸ *vt* stancare ▸ *vi* stancarsi; **tired** *adj* stanco(-a); **to be tired of** essere stanco *or* stufo di; **tire pressure** *(US) n* = **tyre pressure**; **tiring** *adj* faticoso(-a)

tissue ['tɪʃuː] *n* tessuto; *(paper handkerchief)* fazzoletto di carta; **tissue paper** *n* carta velina

tit [tɪt] *n (bird)* cinciallegra; **to give ~ for tat** rendere pan per focaccia

title ['taɪtl] *n* titolo

T-junction ['tiː'dʒʌŋkʃən] *n* incrocio a T

TM *abbr* = **trademark**

to [tuː, tə] *prep*

1 *(direction)* a; **to go to France/London/school** andare in Francia/a Londra/a scuola; **to go to Paul's/the doctor's** andare da Paul/dal dottore; **the road to Edinburgh** la strada per Edimburgo; **to the left/right** a sinistra/destra

2 *(as far as)* (fino) a; **from here to London** da qui a Londra; **to count to 10** contare fino a 10; **from 40 to 50 people** da 40 a 50 persone

3 *(with expressions of time)*: **a quarter to 5** le 5 meno un quarto; **it's twenty to 3** sono le 3 meno venti

4 *(for, of)*: **the key to the front door** la chiave della porta d'ingresso; **a letter to his wife** una lettera per la moglie

5 *(expressing indirect object)* a; **to give sth to sb** dare qc a qn; **to talk to sb** parlare a qn; **to be a danger to sb/sth** rappresentare un pericolo per qn/qc

6 *(in relation to)* a; **3 goals to 2** 3 goal a 2; **30 miles to the gallon** ≈ 11 chilometri con un litro

7 *(purpose, result)*: **to come to sb's aid** venire in aiuto a qn; **to sentence sb to death** condannare a morte qn; **to my surprise** con mia sorpresa

▸ *with vb*

1 *(simple infinitive)*: **to go/eat** *etc* andare/mangiare *etc*

2 *(following another vb)*: **to want/try/start to do** volere/cercare di/cominciare a fare

3 *(with vb omitted)*: **I don't want to** non voglio (farlo); **you ought to** devi (farlo)

4 *(purpose, result)* per; **I did it to help you** l'ho fatto per aiutarti

5 *(equivalent to relative clause)*: **I have things to do** ho da fare; **the main thing is to try** la cosa più importante è provare

6 *(after adjective etc)*: **ready to go** pronto a partire; **too old/young to ...** troppo vecchio/giovane per ...

▸ *adv* **to push the door to** accostare la porta

toad [təud] *n* rospo; **toadstool** *n* fungo (velenoso)

toast [təust] *n (Culin)* pane *m* tostato; *(drink, speech)* brindisi *m inv* ▸ *vt (Culin)* tostare; *(drink to)* brindare a; **a piece** *or* **slice of ~** una fetta di pane tostato; **toaster** *n* tostapane *m inv*

tobacco [tə'bækəu] *n* tabacco

toboggan [tə'bɔgən] *n* toboga *m inv*

today [tə'deɪ] *adv* oggi ▸ *n (also fig)* oggi *m*

toddler ['tɔdləʳ] *n* bambino(-a) che impara a camminare

toe [təu] *n* dito del piede; *(of shoe)* punta; **to ~ the line** *(fig)* stare in riga, conformarsi; **toenail** *n* unghia del piede

toffee ['tɔfɪ] *n* caramella

together [tə'gɛðəʳ] *adv* insieme; *(at same time)* allo stesso tempo; **~ with** insieme a

toilet ['tɔɪlət] *n (BRIT: lavatory)* gabinetto ▸ *cpd (bag, soap etc)* da toletta; **where's the ~?** dov'è il bagno?; **toilet bag** *n (BRIT)* nécessaire *m inv* da toilette; **toilet paper** *n* carta igienica; **toiletries** *npl* articoli *mpl*

da toletta; **toilet roll** *n* rotolo di carta igienica
token ['təukən] *n* (*sign*) segno; (*substitute coin*) gettone *m*; **book/ record/gift ~** (*BRIT*) buono-libro/ disco/regalo
Tokyo ['təukjəu] *n* Tokyo *f*
told [təuld] *pt, pp of* **tell**
tolerant ['tɔlərnt] *adj* **~ (of)** tollerante (nei confronti di)
tolerate ['tɔləreɪt] *vt* sopportare; (*Med, Tech*) tollerare
toll [təul] *n* (*tax, charge*) pedaggio ▸ *vi* (*bell*) suonare; **the accident ~ on the roads** il numero delle vittime della strada; **toll call** (*US*) *n* (*Tel*) (telefonata) interurbana; **toll-free** (*US*) *adj* senza addebito, gratuito(-a) ▸ *adv* gratuitamente; **toll-free number** ≈ numero verde
tomato [tə'mɑːtəu] (*pl* **tomatoes**) *n* pomodoro; **tomato sauce** *n* salsa di pomodoro
tomb [tuːm] *n* tomba; **tombstone** ['tuːmstəun] *n* pietra tombale
tomorrow [tə'mɔrəu] *adv* domani ▸ *n* (*also fig*) domani *m inv*; **the day after ~** dopodomani; **~ morning** domani mattina
ton [tʌn] *n* tonnellata; (*BRIT*: 1016 *kg*: *US*: 907 *kg*: *metric* 1000 *kg*): **~s of** (*inf*) un mucchio *or* sacco di
tone [təun] *n* tono ▸ *vi* (*also*: **~ in**) intonarsi ▹ **tone down** *vt* (*colour, criticism, sound*) attenuare
tongs [tɔŋz] *npl* tenaglie *fpl*; (*for coal*) molle *fpl*; (*for hair*) arricciacapelli *m inv*
tongue [tʌŋ] *n* lingua; **~ in cheek** (*say, speak*) ironicamente
tonic ['tɔnɪk] *n* (*Med*) tonico; (*also*: **~ water**) acqua tonica
tonight [tə'naɪt] *adv* stanotte; (*this evening*) stasera ▸ *n* questa notte; questa sera
tonne [tʌn] *n* (*BRIT*: *metric ton*) tonnellata
tonsil ['tɔnsl] *n* tonsilla; **tonsillitis** [-'laɪtɪs] *n* tonsillite *f*
too [tuː] *adv* (*excessively*) troppo; (*also*) anche; (*also*: **~ much**) ▸ *adv* troppo ▸ *adj* troppo(-a); **~ many** troppi(-e)
took [tuk] *pt of* **take**
tool [tuːl] *n* utensile *m*, attrezzo; **tool box** *n* cassetta *f* portautensili; **tool kit** *n* cassetta di attrezzi
tooth [tuːθ] (*pl* **teeth**) *n* (*Anat, Tech*) dente *m*; **toothache** *n* mal *m* di denti; **toothbrush** *n* spazzolino da denti; **toothpaste** *n* dentifricio; **toothpick** *n* stuzzicadenti *m inv*
top [tɔp] *n* (*of mountain, page, ladder*) cima; (*of box, cupboard, table*) sopra *m inv*, parte *f* superiore; (*lid: of box, jar*) coperchio; (: *of bottle*) tappo; (*blouse etc*) sopra *m inv*; (*toy*) trottola ▸ *adj* più alto(-a); (*in rank*) primo(-a); (*best*) migliore ▸ *vt* (*exceed*) superare; (*be first in*) essere in testa a; **on ~ of** sopra, in cima a; (*in addition to*) oltre a; **from ~ to bottom** da cima a fondo ▹ **top up** (*US* **top off**) *vt* riempire; (*salary*) integrare; **top floor** *n* ultimo piano; **top hat** *n* cilindro
topic ['tɔpɪk] *n* argomento; **topical** *adj* d'attualità
topless ['tɔplɪs] *adj* (*bather etc*) col seno scoperto
topping ['tɔpɪŋ] *n* (*Culin*) guarnizione *f*
topple ['tɔpl] *vt* rovesciare, far cadere ▸ *vi* cadere; traballare
torch [tɔːtʃ] *n* torcia; (*BRIT*: *electric*) lampadina tascabile
tore [tɔː'] *pt of* **tear**'
torment [*n* 'tɔːmɛnt, *vb* tɔː'mɛnt] *n* tormento ▸ *vt* tormentare
torn [tɔːn] *pp of* **tear**'
tornado [tɔː'neɪdəu] (*pl* **tornadoes**) *n* tornado
torpedo [tɔː'piːdəu] (*pl* **torpedoes**) *n* siluro

torrent ['tɔrnt] *n* torrente *m*;
torrential [tɔ'rɛnʃl] *adj* torrenziale
tortoise ['tɔːtəs] *n* tartaruga
torture ['tɔːtʃəʳ] *n* tortura ▸ *vt* torturare
Tory ['tɔːrɪ] (*BRIT*: *Pol*) *adj* dei tories, conservatore(-trice) ▸ *n* tory *m/f inv*, conservatore(-trice)
toss [tɔs] *vt* gettare, lanciare; (*one's head*) scuotere; **to ~ a coin** fare a testa o croce; **to ~ up for sth** fare a testa o croce per qc; **to ~ and turn** (*in bed*) girarsi e rigirarsi
total ['təutl] *adj* totale ▸ *n* totale *m* ▸ *vt* (*add up*) sommare; (*amount to*) ammontare a
totalitarian [təutælɪ'tɛərɪən] *adj* totalitario(-a)
totally ['təutəlɪ] *adv* completamente
touch [tʌtʃ] *n* tocco; (*sense*) tatto; (*contact*) contatto ▸ *vt* toccare; **a ~ of** (*fig*) un tocco di; un pizzico di; **to get in ~ with** mettersi in contatto con; **to lose ~** (*friends*) perdersi di vista ▹ **touch down** *vi* (*on land*) atterrare; **touchdown** *n* atterraggio; (*on sea*) ammaraggio; (*US*: *Football*) meta; **touched** *adj* commosso(-a); **touching** *adj* commovente; **touchline** *n* (*Sport*) linea laterale; **touch-sensitive** *adj* sensibile al tatto
tough [tʌf] *adj* duro(-a); (*resistant*) resistente
tour ['tuəʳ] *n* viaggio; (*also*: **package ~**) viaggio organizzato *or* tutto compreso; (*of town, museum*) visita; (*by artist*) tournée *f inv* ▸ *vt* visitare; **tour guide** *n* guida turistica
tourism ['tuərɪzəm] *n* turismo
tourist ['tuərɪst] *n* turista *m/f* ▸ *adv* (*travel*) in classe turistica ▸ *cpd* turistico(-a); **tourist office** *n* pro loco *f inv*
tournament ['tuənəmənt] *n* torneo
tour operator *n* (*BRIT*) operatore *m* turistico
tow [təu] *vt* rimorchiare; **"on ~"** (*BRIT*), **"in ~"** (*US*) "veicolo rimorchiato" ▹ **tow away** *vt* rimorchiare
toward(s) [tə'wɔːd(z)] *prep* verso; (*of attitude*) nei confronti di; (*of purpose*) per
towel ['tauəl] *n* asciugamano; (*also*: **tea ~**) strofinaccio; **towelling** *n* (*fabric*) spugna
tower ['tauəʳ] *n* torre *f*; **tower block** (*BRIT*) *n* palazzone *m*
town [taun] *n* città *f inv*; **to go to ~** andare in città; (*fig*) mettercela tutta; **town centre** *n* centro (città); **town hall** *n* ≈ municipio
tow truck (*US*) *n* carro *m*, attrezzi *inv*
toxic ['tɔksɪk] *adj* tossico(-a)
toy [tɔɪ] *n* giocattolo ▹ **toy with** *vt fus* giocare con; (*idea*) accarezzare, trastullarsi con; **toyshop** *n* negozio di giocattoli
trace [treɪs] *n* traccia ▸ *vt* (*draw*) tracciare; (*follow*) seguire; (*locate*) rintracciare
track [træk] *n* (*of person, animal*) traccia; (*on tape, Sport, path*: *gen*) pista; (: *of bullet etc*) traiettoria; (: *of suspect, animal*) pista, tracce *fpl*; (*Rail*) binario, rotaie *fpl* ▸ *vt* seguire le tracce di; **to keep ~ of** seguire ▹ **track down** *vt* (*prey*) scovare; snidare; (*sth lost*) rintracciare; **tracksuit** *n* tuta sportiva
tractor ['træktəʳ] *n* trattore *m*
trade [treɪd] *n* commercio; (*skill, job*) mestiere *m* ▸ *vi* commerciare ▸ *vt* **to ~ sth (for sth)** barattare qc (con qc); **to ~ with/in** commerciare con/in ▹ **trade in** *vt* (*old car etc*) dare come pagamento parziale; **trademark** *n* marchio di fabbrica; **trader** *n* commerciante *m/f*; **tradesman** (*irreg*) *n* fornitore *m*; (*shopkeeper*) negoziante *m*; **trade union** *n* sindacato

trading ['treɪdɪŋ] *n* commercio

tradition [trə'dɪʃən] *n* tradizione *f*; **traditional** *adj* tradizionale

traffic ['træfɪk] *n* traffico ▸ *vi* **to ~ in** (*pej*: *liquor, drugs*) trafficare in; **traffic circle** (*US*) *n* isola rotatoria; **traffic island** *n* salvagente *m*, isola *f*, spartitraffico *inv*; **traffic jam** *n* ingorgo (del traffico); **traffic lights** *npl* semaforo; **traffic warden** *n* addetto(-a) al controllo del traffico e del parcheggio

tragedy ['trædʒədɪ] *n* tragedia

tragic ['trædʒɪk] *adj* tragico(-a)

trail [treɪl] *n* (*tracks*) tracce *fpl*, pista; (*path*) sentiero; (*of smoke etc*) scia ▸ *vt* trascinare, strascicare; (*follow*) seguire ▸ *vi* essere al traino; (*dress etc*) strusciare; (*plant*) arrampicarsi; strisciare; (*in game*) essere in svantaggio; **trailer** *n* (*Aut*) rimorchio; (*US*) roulotte *f inv*; (*Cinema*) prossimamente *m inv*

train [treɪn] *n* treno; (*of dress*) coda, strascico ▸ *vt* (*apprentice, doctor etc*) formare; (*sportsman*) allenare; (*dog*) addestrare; (*memory*) esercitare; (*point: gun etc*): **to ~ sth on** puntare qc contro ▸ *vi* formarsi; allenarsi; **what time does the ~ from Rome get in?** a che ora arriva il treno da Roma?; **is this the ~ for ...?** è questo il treno per...?; **one's ~ of thought** il filo dei propri pensieri; **trainee** [treɪ'ni:] *n* (*in trade*) apprendista *m/f*; **trainer** *n* (*Sport*) allenatore(-trice); (: *shoe*) scarpa da ginnastica; (*of dogs etc*) addestratore(-trice); **trainers** *npl* (*shoes*) scarpe *fpl* da ginnastica; **training** *n* formazione *f*; allenamento; addestramento; **in training** (*Sport*) in allenamento; **training course** *n* corso di formazione professionale; **training shoes** *npl* scarpe *fpl* da ginnastica

trait [treɪt] *n* tratto

traitor ['treɪtə^r] *n* traditore *m*

tram [træm] (*BRIT*) *n* (*also*: **~car**) tram *m inv*

tramp [træmp] *n* (*person*) vagabondo(-a); (*inf*: *pej*: *woman*) sgualdrina

trample ['træmpl] *vt* **to ~ (underfoot)** calpestare

trampoline ['træmpəli:n] *n* trampolino

tranquil ['træŋkwɪl] *adj* tranquillo(-a); **tranquillizer** (*US* **tranquilizer**) *n* (*Med*) tranquillante *m*

transaction [træn'zækʃən] *n* transazione *f*

transatlantic ['trænzət'læntɪk] *adj* transatlantico(-a)

transcript ['trænskrɪpt] *n* trascrizione *f*

transfer [*n* 'trænsfə^r, *vb* træns'fə^r] *n* (*gen*: *also Sport*) trasferimento; (*Pol*: *of power*) passaggio; (*picture, design*) decalcomania; (: *stick-on*) autoadesivo ▸ *vt* trasferire; passare; **to ~ the charges** (*BRIT*: *Tel*) fare una chiamata a carico del destinatario

transform [træns'fɔ:m] *vt* trasformare; **transformation** *n* trasformazione *f*

transfusion [træns'fju:ʒən] *n* trasfusione *f*

transit ['trænzɪt] *n* **in ~** in transito

transition [træn'zɪʃən] *n* passaggio, transizione *f*

transitive ['trænzɪtɪv] *adj* (*Ling*) transitivo(-a)

translate [trænz'leɪt] *vt* tradurre; **can you ~ this for me?** me lo può tradurre?; **translation** [-'leɪʃən] *n* traduzione *f*; **translator** *n* traduttore(-trice)

transmission [trænz'mɪʃən] *n* trasmissione *f*

transmit [trænz'mɪt] *vt* trasmettere;

t

transmitter *n* trasmettitore *m*
transparent [træns'pærnt] *adj* trasparente
transplant [*vb* træns'plɑːnt, *n* 'trænsplɑːnt] *vt* trapiantare ▸ *n* (*Med*) trapianto
transport [*n* 'trænspɔːt, *vb* træns'pɔːt] *n* trasporto ▸ *vt* trasportare; **transportation** [-'teɪʃən] *n* (mezzo di) trasporto
transvestite [trænz'vɛstaɪt] *n* travestito(-a)
trap [træp] *n* (*snare, trick*) trappola; (*carriage*) calesse *m* ▸ *vt* prendere in trappola, intrappolare
trash [træʃ] (*pej*) *n* (*goods*) ciarpame *m*; (*nonsense*) sciocchezze *fpl*; **trash can** (*US*) *n* secchio della spazzatura
trauma ['trɔːmə] *n* trauma *m*; **traumatic** [-'mætɪk] *adj* traumatico(-a)
travel ['trævl] *n* viaggio; viaggi *mpl* ▸ *vi* viaggiare ▸ *vt* (*distance*) percorrere; **travel agency** *n* agenzia (di) viaggi; **travel agent** *n* agente *m* di viaggio; **travel insurance** *n* assicurazione *f* di viaggio; **traveller** (*US* **traveler**) *n* viaggiatore(-trice); **traveller's cheque** (*US* **traveler's check**) *n* assegno turistico; **travelling** (*US* **traveling**) *n* viaggi *mpl*; **travel-sick** *adj* **to get travel-sick** (*in vehicle*) soffrire di mal d'auto; (*in aeroplane*) soffrire di mal d'aria; (*in boat*) soffrire di mal di mare; **travel sickness** *n* mal *m* d'auto (*or* di mare *or* d'aria)
tray [treɪ] *n* (*for carrying*) vassoio; (*on desk*) vaschetta
treacherous ['trɛtʃərəs] *adj* infido(-a)
treacle ['triːkl] *n* melassa
tread [trɛd] (*pt* **trod**, *pp* **trodden**) *n* passo; (*sound*) rumore *m* di passi; (*of stairs*) pedata; (*of tyre*) battistrada *m inv* ▸ *vi* camminare ▹ **tread on** *vt fus* calpestare
treasure ['trɛʒə^r] *n* tesoro ▸ *vt* (*value*) tenere in gran conto, apprezzare molto; (*store*) custodire gelosamente; **treasurer** ['trɛʒərə^r] *n* tesoriere(-a)
treasury ['trɛʒərɪ] *n* **the T~** (*BRIT*), **the T~ Department** (*US*) il ministero del Tesoro
treat [triːt] *n* regalo ▸ *vt* trattare; (*Med*) curare; **to ~ sb to sth** offrire qc a qn; **treatment** ['triːtmənt] *n* trattamento
treaty ['triːtɪ] *n* patto, trattato
treble ['trɛbl] *adj* triplo(-a), triplice ▸ *vt* triplicare ▸ *vi* triplicarsi
tree [triː] *n* albero
trek [trɛk] *n* escursione *f* a piedi; escursione *f* in macchina; (*tiring walk*) camminata sfiancante ▸ *vi* (*as holiday*) fare dell'escursionismo
tremble ['trɛmbl] *vi* tremare
tremendous [trɪ'mɛndəs] *adj* (*enormous*) enorme; (*excellent*) fantastico(-a), strepitoso(-a)
Be careful not to translate **tremendous** by the Italian word ***tremendo***.
trench [trɛntʃ] *n* trincea
trend [trɛnd] *n* (*tendency*) tendenza; (*of events*) corso; (*fashion*) moda; **trendy** *adj* (*idea*) di moda; (*clothes*) all'ultima moda
trespass ['trɛspəs] *vi* **to ~ on** entrare abusivamente in; **"no ~ing"** "proprietà privata", "vietato l'accesso"
trial ['traɪəl] *n* (*Law*) processo; (*test: of machine etc*) collaudo; **on ~** (*Law*) sotto processo; **trial period** *n* periodo di prova
triangle ['traɪæŋgl] *n* (*Math, Mus*) triangolo
triangular [traɪ'æŋgjulə^r] *adj* triangolare
tribe [traɪb] *n* tribù *f inv*
tribunal [traɪ'bjuːnl] *n* tribunale *m*
tribute ['trɪbjuːt] *n* tributo, omaggio;

to pay ~ to rendere omaggio a
trick [trɪk] *n* trucco; (*joke*) tiro; (*Cards*) presa ▸ *vt* imbrogliare, ingannare; **to play a ~ on sb** giocare un tiro a qn; **that should do the ~** vedrai che funziona
trickle ['trɪkl] *n* (*of water etc*) rivolo; gocciolio ▸ *vi* gocciolare
tricky ['trɪkɪ] *adj* difficile, delicato(-a)
tricycle ['traɪsɪkl] *n* triciclo
trifle ['traɪfl] *n* sciocchezza; (*BRIT*: *Culin*) ≈ zuppa inglese ▸ *adv* **a ~ long** un po' lungo
trigger ['trɪgəʳ] *n* (*of gun*) grilletto
trim [trɪm] *adj* (*house, garden*) ben tenuto(-a); (*figure*) snello(-a) ▸ *n* (*haircut etc*) spuntata, regolata; (*embellishment*) finiture *fpl*; (*on car*) guarnizioni *fpl* ▸ *vt* spuntare; (*decorate*): **to ~ (with)** decorare (con); (*Naut*: *a sail*) orientare
trio ['tri:əu] *n* trio
trip [trɪp] *n* viaggio; (*excursion*) gita, escursione *f*; (*stumble*) passo falso ▸ *vi* inciampare; (*go lightly*) camminare con passo leggero; **on a ~** in viaggio ▹**trip up** *vi* inciampare ▸ *vt* fare lo sgambetto a
triple ['trɪpl] *adj* triplo(-a)
triplets ['trɪplɪts] *npl* bambini(-e) trigemini(-e)
tripod ['traɪpɔd] *n* treppiede *m*
triumph ['traɪʌmf] *n* trionfo ▸ *vi* **to ~ (over)** trionfare (su); **triumphant** [traɪ'ʌmfənt] *adj* trionfante
trivial ['trɪvɪəl] *adj* insignificante; (*commonplace*) banale

Be careful not to translate **trivial** by the Italian word ***triviale***.

trod [trɔd] *pt of* **tread**
trodden [trɔdn] *pp of* **tread**
trolley ['trɔlɪ] *n* carrello
trombone [trɔm'bəun] *n* trombone *m*
troop [tru:p] *n* gruppo; (*Mil*) squadrone *m*; **~s** *npl* (*Mil*) truppe *fpl*
trophy ['trəufɪ] *n* trofeo
tropical ['trɔpɪkl] *adj* tropicale
trot [trɔt] *n* trotto ▸ *vi* trottare; **on the ~** (*BRIT*: *fig*) di fila, uno(-a) dopo l'altro(-a)
trouble ['trʌbl] *n* difficoltà *f inv*, problema *m*; difficoltà *fpl*, problemi; (*worry*) preoccupazione *f*; (*bother, effort*) sforzo; (*Pol*) conflitti *mpl*, disordine *m*; (*Med*): **stomach** *etc* **~** disturbi *mpl* gastrici *etc* ▸ *vt* disturbare; (*worry*) preoccupare ▸ *vi* **to ~ to do** disturbarsi a fare; **~s** *npl* (*Pol etc*) disordini *mpl*; **to be in ~** avere dei problemi; **it's no ~!** di niente!; **what's the ~?** cosa c'è che non va?; **I'm sorry to ~ you** scusi il disturbo; **troubled** *adj* (*person*) preoccupato(-a), inquieto(-a); (*epoch, life*) agitato(-a), difficile; **troublemaker** *n* elemento disturbatore, agitatore(-trice); (*child*) disloco(-a); **troublesome** *adj* fastidioso(-a), seccante
trough [trɔf] *n* (*drinking trough*) abbeveratoio; (*also*: **feeding ~**) trogolo, mangiatoia; (*channel*) canale *m*
trousers ['trauzəz] *npl* pantaloni *mpl*, calzoni *mpl*; **short ~** calzoncini *mpl*
trout [traut] *n inv* trota
trowel ['trauəl] *n* cazzuola
truant ['truənt] (*BRIT*) *n* **to play ~** marinare la scuola
truce [tru:s] *n* tregua
truck [trʌk] *n* autocarro, camion *m inv*; (*Rail*) carro merci aperto; (*for luggage*) carrello *m* portabagagli *inv*; **truck driver** *n* camionista *m/f*
true [tru:] *adj* vero(-a); (*accurate*) accurato(-a), esatto(-a); (*genuine*) reale; (*faithful*) fedele; **to come ~** avverarsi
truly ['tru:lɪ] *adv* veramente; (*truthfully*) sinceramente; (*faithfully*): **yours ~** (*in letter*) distinti saluti

trumpet ['trʌmpɪt] *n* tromba
trunk [trʌŋk] *n* (*of tree, person*) tronco; (*of elephant*) proboscide *f*; (*case*) baule *m*; (*US: Aut*) bagagliaio; **~s** (*also:* **swimming ~s**) calzoncini *mpl* da bagno
trust [trʌst] *n* fiducia; (*Law*) amministrazione *f* fiduciaria; (*Comm*) trust *m inv* ▸ *vt* (*rely on*) contare su; (*hope*) sperare; (*entrust*): **to ~ sth to sb** affidare qc a qn; **trusted** *adj* fidato(-a); **trustworthy** *adj* fidato(-a), degno(-a) di fiducia
truth [tru:θ, *pl* tru:ðz] *n* verità *f inv*; **truthful** *adj* (*person*) sincero(-a); (*description*) veritiero(-a), esatto(-a)
try [traɪ] *n* prova, tentativo; (*Rugby*) meta ▸ *vt* (*Law*) giudicare; (*test: also:* **~ out**) provare; (*strain*) mettere alla prova ▸ *vi* provare; **to have a ~** fare un tentativo; **to ~ to do** (*seek*) cercare di fare ▹ **try on** *vt* (*clothes*) provare; **trying** *adj* (*day, experience*) logorante, pesante; (*child*) difficile, insopportabile
T-shirt ['ti:ʃə:t] *n* maglietta
tub [tʌb] *n* tinozza; mastello; (*bath*) bagno
tube [tju:b] *n* tubo; (*BRIT: underground*) metropolitana, metrò *m inv*; (*for tyre*) camera d'aria
tuberculosis [tjubə:kju'ləusɪs] *n* tubercolosi *f inv*
tube station (*BRIT*) *n* stazione *f* della metropolitana
tuck [tʌk] *vt* (*put*) mettere ▹ **tuck away** *vt* riporre; (*building*): **to be ~ed away** essere in un luogo isolato ▹ **tuck in** *vt* mettere dentro; (*child*) rimboccare ▸ *vi* (*eat*) mangiare di buon appetito; abbuffarsi; **tuck shop** *n* negozio di pasticceria (*in una scuola*)
Tue(s). *abbr* (= *Tuesday*) mar.
Tuesday ['tju:zdɪ] *n* martedì *m inv*
tug [tʌg] *n* (*ship*) rimorchiatore *m* ▸ *vt* tirare con forza
tuition [tju:'ɪʃən] *n* (*BRIT*) lezioni *fpl*; (*: private tuition*) lezioni *fpl* private; (*US: school fees*) tasse *fpl* scolastiche
tulip ['tju:lɪp] *n* tulipano
tumble ['tʌmbl] *n* (*fall*) capitombolo ▸ *vi* capitombolare, ruzzolare; **to ~ to sth** (*inf*) realizzare qc; **tumble dryer** (*BRIT*) *n* asciugatrice *f*
tumbler ['tʌmblə^r] *n* bicchiere *m* (senza stelo)
tummy ['tʌmɪ] (*inf*) *n* pancia
tumour ['tju:mə^r] (*US* **tumor**) *n* tumore *m*
tuna ['tju:nə] *n inv* (*also:* **~ fish**) tonno
tune [tju:n] *n* (*melody*) melodia, aria ▸ *vt* (*Mus*) accordare; (*Radio, TV, Aut*) regolare, mettere a punto; **to be in/out of ~** (*instrument*) essere accordato(-a)/scordato(-a); (*singer*) essere intonato(-a)/stonato(-a) ▹ **tune in** *vi* **to ~ in (to)** (*Radio, TV*) sintonizzarsi (su) ▹ **tune up** *vi* (*musician*) accordare lo strumento
tunic ['tju:nɪk] *n* tunica
Tunisia [tju:'nɪzɪə] *n* Tunisia
tunnel ['tʌnl] *n* galleria ▸ *vi* scavare una galleria
turbulence ['tə:bjuləns] *n* (*Aviat*) turbolenza
turf [tə:f] *n* terreno erboso; (*clod*) zolla ▸ *vt* coprire di zolle erbose
Turin [tjuə'rɪn] *n* Torino *f*
Turk [tə:k] *n* turco(-a)
Turkey ['tə:kɪ] *n* Turchia
turkey ['tə:kɪ] *n* tacchino
Turkish ['tə:kɪʃ] *adj* turco(-a) ▸ *n* (*Ling*) turco
turmoil ['tə:mɔɪl] *n* confusione *f*, tumulto
turn [tə:n] *n* giro; (*change*) cambiamento; (*in road*) curva; (*tendency: of mind, events*) tendenza; (*performance*) numero; (*chance*) turno; (*Med*) crisi *f inv*, attacco ▸ *vt*

girare, voltare; (*change*): **to ~ sth into** trasformare qc in ▶ *vi* girare; (*person: look back*) girarsi, voltarsi; (*reverse direction*) girare; (*change*) cambiare; (*milk*) andare a male; (*become*) diventare; **a good ~** un buon servizio; **it gave me quite a ~** mi ha fatto prendere un bello spavento; **"no left ~"** (*Aut*) "divieto di svolta a sinistra"; **it's your ~** tocca a lei; **in ~** a sua volta; a turno; **to take ~s (at sth)** fare (qc) a turno; **~ left/right at the next junction** al prossimo incrocio, giri a sinistra/destra ▷**turn around** *vi* (*person*) girarsi; (*rotate*) girare ▶ *vt* (*object*) girare ▷**turn away** *vi* girarsi (dall'altra parte) ▶ *vt* mandare via ▷**turn back** *vi* ritornare, tornare indietro ▶ *vt* far tornare indietro; (*clock*) spostare indietro ▷**turn down** *vt* (*refuse*) rifiutare; (*reduce*) abbassare; (*fold*) ripiegare ▷**turn in** *vi* (*inf: go to bed*) andare a letto ▶ *vt* (*fold*) voltare in dentro ▷**turn off** *vi* (*from road*) girare, voltare ▶ *vt* (*light, radio, engine etc*) spegnere; **I can't ~ the heating off** non riesco a spegnere il riscaldamento ▷**turn on** *vt* (*light, radio etc*) accendere; **I can't ~ the heating on** non riesco ad accendere il riscaldamento ▷**turn out** *vt* (*light, gas*) chiudere; spegnere ▶ *vi* (*voters*) presentarsi; **to ~ out to be ...** rivelarsi ..., risultare ... ▷**turn over** *vi* (*person*) girarsi ▶ *vt* girare ▷**turn round** *vi* girare; (*person*) girarsi ▷**turn to** *vt fus* **to ~ to sb** girarsi verso qn; **to ~ to sb for help** rivolgersi a qn per aiuto ▷**turn up** *vi* (*person*) arrivare, presentarsi; (*lost object*) saltar fuori ▶ *vt* (*collar, sound*) alzare; **turning** *n* (*in road*) curva; **turning point** *n* (*fig*) svolta decisiva

turnip ['tə:nɪp] *n* rapa

turn: **turnout** ['tə:naut] *n* presenza, affluenza; **turnover** ['tə:nəuvə^r] *n* (*Comm*) turnover *m inv*; (*Culin*): **apple** *etc* **turnover** sfogliatella alle mele *ecc*; **turnstile** ['tə:nstaɪl] *n* tornella; **turn-up** (*BRIT*) *n* (*on trousers*) risvolto

turquoise ['tə:kwɔɪz] *n* turchese *m* ▶ *adj* turchese

turtle ['tə:tl] *n* testuggine *f*; **turtleneck (sweater)** ['tə:tlnɛk-] *n* maglione *m* con il collo alto

Tuscany ['tʌskənɪ] *n* Toscana

tusk [tʌsk] *n* zanna

tutor ['tju:tə^r] *n* (*in college*) docente *m/f* (*responsabile di un gruppo di studenti*); (*private teacher*) precettore *m*; **tutorial** [-'tɔ:rɪəl] *n* (*Scol*) lezione *f* con discussione (*a un gruppo limitato*)

tuxedo [tʌk'si:dəu] (*US*) *n* smoking *m inv*

TV [ti:'vi:] *n abbr* (= *television*) tivù *f inv*

tweed [twi:d] *n* tweed *m inv*

tweezers ['twi:zəz] *npl* pinzette *fpl*

twelfth [twɛlfθ] *num* dodicesimo(-a)

twelve [twɛlv] *num* dodici; **at ~ o'clock** alle dodici, a mezzogiorno; (*midnight*) a mezzanotte

twentieth ['twɛntɪɪθ] *num* ventesimo(-a)

twenty ['twɛntɪ] *num* venti

twice [twaɪs] *adv* due volte; **~ as much** due volte tanto; **~ a week** due volte alla settimana

twig [twɪg] *n* ramoscello ▶ *vt, vi* (*inf*) capire

twilight ['twaɪlaɪt] *n* crepuscolo

twin [twɪn] *adj, n* gemello(-a) ▶ *vt* **to ~ one town with another** fare il gemellaggio di una città con un'altra; **twin(-bedded) room** *n* stanza con letti gemelli; **twin beds** *npl* letti *mpl* gemelli

twinkle ['twɪŋkl] *vi* scintillare; (*eyes*) brillare

twist [twɪst] *n* torsione *f*; (*in wire, flex*) piega; (*in road*) curva; (*in story*) colpo

di scena ▸ *vt* attorcigliare; (*ankle*) slogare; (*weave*) intrecciare; (*roll around*) arrotolare; (*fig*) distorcere ▸ *vi* (*road*) serpeggiare
twit [twɪt] (*inf*) *n* cretino(-a)
twitch [twɪtʃ] *n* tiratina; (*nervous*) tic *m inv* ▸ *vi* contrarsi
two [tuː] *num* due; **to put ~ and ~ together** (*fig*) fare uno più uno
type [taɪp] *n* (*category*) genere *m*; (*model*) modello; (*example*) tipo; (*Typ*) tipo, carattere *m* ▸ *vt* (*letter etc*) battere (a macchina), dattilografare; **typewriter** *n* macchina da scrivere
typhoid ['taɪfɔɪd] *n* tifoidea
typhoon [taɪ'fuːn] *n* tifone *m*
typical ['tɪpɪkl] *adj* tipico(-a); **typically** *adv* tipicamente; **typically, he arrived late** come al solito è arrivato tardi
typing ['taɪpɪŋ] *n* dattilografia
typist ['taɪpɪst] *n* dattilografo(-a)
tyre ['taɪə[r]] (*US* **tire**) *n* pneumatico, gomma; **I've got a flat ~** ho una gomma a terra; **tyre pressure** *n* pressione *f* (delle gomme)

U

UFO ['juːfəu] *n abbr* (= *unidentified flying object*) UFO *m inv*
Uganda [juː'gændə] *n* Uganda
ugly ['ʌglɪ] *adj* brutto(-a)
UHT *abbr* (= *ultra heat treated*) UHT *inv*, a lunga conservazione
UK *n abbr* = **United Kingdom**
ulcer ['ʌlsə[r]] *n* ulcera; (*also*: **mouth ~**) afta
ultimate ['ʌltɪmət] *adj* ultimo(-a), finale; (*authority*) massimo(-a), supremo(-a); **ultimately** *adv* alla fine; in definitiva, in fin dei conti
ultimatum [ʌltɪ'meɪtəm, -tə] (*pl* **ultimatums** *or* **ultimata**) *n* ultimatum *m inv*
ultrasound [ʌltrə'saund] *n* (*Med*) ultrasuono
ultraviolet ['ʌltrə'vaɪəlɪt] *adj* ultravioletto(-a)
umbrella [ʌm'brɛlə] *n* ombrello
umpire ['ʌmpaɪə[r]] *n* arbitro
UN *n abbr* (= *United Nations*) ONU *f*
unable [ʌn'eɪbl] *adj* **to be ~ to** non potere, essere nell'impossibilità di; essere incapace di
unacceptable [ʌnək'sɛptəbl] *adj* (*proposal, behaviour*) inaccettabile; (*price*) impossibile
unanimous [juː'nænɪməs] *adj* unanime
unarmed [ʌn'ɑːmd] *adj* (*without a weapon*) disarmato(-a); (*combat*) senz'armi
unattended [ʌnə'tɛndɪd] *adj* (*car, child, luggage*) incustodito(-a)
unattractive [ʌnə'træktɪv] *adj* poco attraente
unavailable [ʌnə'veɪləbl] *adj* (*article, room, book*) non disponibile; (*person*) impegnato(-a)
unavoidable [ʌnə'vɔɪdəbl] *adj* inevitabile
unaware [ʌnə'wɛə[r]] *adj* **to be ~ of** non sapere, ignorare; **unawares** *adv* di sorpresa, alla sprovvista
unbearable [ʌn'bɛərəbl] *adj* insopportabile
unbeatable [ʌn'biːtəbl] *adj* imbattibile

unbelievable [ʌnbɪ'li:vəbl] *adj* incredibile

unborn [ʌn'bɔ:n] *adj* non ancora nato(-a)

unbutton [ʌn'bʌtn] *vt* sbottonare

uncalled-for [ʌn'kɔ:ldfɔ:ʳ] *adj* (*remark*) fuori luogo *inv*; (*action*) ingiustificato(-a)

uncanny [ʌn'kænɪ] *adj* misterioso(-a), strano(-a)

uncertain [ʌn'sə:tn] *adj* incerto(-a); dubbio(-a); **uncertainty** *n* incertezza

unchanged [ʌn'tʃeɪndʒd] *adj* invariato(-a)

uncle ['ʌŋkl] *n* zio

unclear [ʌn'klɪəʳ] *adj* non chiaro(-a); **I'm still ~ about what I'm supposed to do** non ho ancora ben capito cosa dovrei fare

uncomfortable [ʌn'kʌmfətəbl] *adj* scomodo(-a); (*uneasy*) a disagio, agitato(-a); (*unpleasant*) fastidioso(-a)

uncommon [ʌn'kɔmən] *adj* raro(-a), insolito(-a), non comune

unconditional [ʌnkən'dɪʃənl] *adj* incondizionato(-a), senza condizioni

unconscious [ʌn'kɔnʃəs] *adj* privo(-a) di sensi, svenuto(-a); (*unaware*) inconsapevole, inconscio(-a) ▶ *n* **the ~** l'inconscio

uncontrollable [ʌnkən'trəuləbl] *adj* incontrollabile; indisciplinato(-a)

unconventional [ʌnkən'vɛnʃənl] *adj* poco convenzionale

uncover [ʌn'kʌvəʳ] *vt* scoprire

undecided [ʌndɪ'saɪdɪd] *adj* indeciso(-a)

undeniable [ʌndɪ'naɪəbl] *adj* innegabile, indiscutibile

under ['ʌndəʳ] *prep* sotto; (*less than*) meno di; al disotto di; (*according to*) secondo, in conformità a ▶ *adv* (al) disotto; **~ there** là sotto; **~ repair** in riparazione; **undercover** *adj* segreto(-a), clandestino(-a);

underdone *adj* (*Culin*) al sangue; (*pej*) poco cotto(-a); **underestimate** *vt* sottovalutare; **undergo** *vt* (*irreg*) subire; (*treatment*) sottoporsi a; **undergraduate** *n* studente(-essa) universitario(-a); **underground** *n* (*BRIT*: *railway*) metropolitana; (*Pol*) movimento clandestino ▶ *adj* sotterraneo(-a); (*fig*) clandestino(-a) ▶ *adv* sottoterra; **to go underground** (*fig*) darsi alla macchia; **undergrowth** *n* sottobosco; **underline** *vt* sottolineare; **undermine** *vt* minare; **underneath** [ʌndə'ni:θ] *adv* sotto, disotto ▶ *prep* sotto, al di sotto di; **underpants** *npl* mutande *fpl*, slip *m inv*; **underpass** (*BRIT*) *n* sottopassaggio; **underprivileged** *adj* non abbiente; meno favorito(-a); **underscore** *vt* sottolineare; **undershirt** (*US*) *n* maglietta; **underskirt** (*BRIT*) *n* sottoveste *f*

understand [ʌndə'stænd] (*irreg*: *like* **stand**) *vt*, *vi* capire, comprendere; **I don't ~** non capisco; **I ~ that ...** sento che ...; credo di capire che ...; **understandable** *adj* comprensibile; **understanding** *adj* comprensivo(-a) ▶ *n* comprensione *f*; (*agreement*) accordo

understatement [ʌndə'steɪtmənt] *n* **that's an ~!** a dire poco!

understood [ʌndə'stud] *pt*, *pp of* **understand** ▶ *adj* inteso(-a); (*implied*) sottinteso(-a)

undertake [ʌndə'teɪk] (*irreg*: *like* **take**) *vt* intraprendere; **to ~ to do sth** impegnarsi a fare qc

undertaker ['ʌndəteɪkəʳ] *n* impresario di pompe funebri

undertaking [ʌndə'teɪkɪŋ] *n* impresa; (*promise*) promessa

under: **underwater** [ʌndə'wɔ:təʳ] *adv* sott'acqua ▶ *adj* subacqueo(-a);

underway [ˌʌndəˈweɪ] *adj* **to be underway** essere in corso; **underwear** [ˈʌndəwɛəʳ] *n* biancheria (intima); **underwent** [ʌndəˈwɛnt] *vb see* **undergo**; **underworld** [ˈʌndəwəːld] *n* (*of crime*) malavita

undesirable [ʌndɪˈzaɪərəbl] *adj* sgradevole

undisputed [ʌndɪsˈpjuːtɪd] *adj* indiscusso(-a)

undo [ʌnˈduː] *vt* (*irreg*) disfare

undone [ʌnˈdʌn] *pp of* **undo**; **to come ~** slacciarsi

undoubtedly [ʌnˈdautɪdlɪ] *adv* senza alcun dubbio

undress [ʌnˈdrɛs] *vi* spogliarsi

unearth [ʌnˈəːθ] *vt* dissotterrare; (*fig*) scoprire

uneasy [ʌnˈiːzɪ] *adj* a disagio; (*worried*) preoccupato(-a); (*peace*) precario(-a)

unemployed [ʌnɪmˈplɔɪd] *adj* disoccupato(-a) ▶ *npl* **the ~** i disoccupati

unemployment [ʌnɪmˈplɔɪmənt] *n* disoccupazione *f*; **unemployment benefit** (*US* **unemployment compensation**) *n* sussidio di disoccupazione

unequal [ʌnˈiːkwəl] *adj* (*length, objects*) disuguale; (*amounts*) diverso(-a); (*division of labour*) ineguale

uneven [ʌnˈiːvn] *adj* ineguale; irregolare

unexpected [ʌnɪkˈspɛktɪd] *adj* inatteso(-a), imprevisto(-a); **unexpectedly** *adv* inaspettatamente

unfair [ʌnˈfɛəʳ] *adj* **~ (to)** ingiusto(-a) (nei confronti di)

unfaithful [ʌnˈfeɪθful] *adj* infedele

unfamiliar [ʌnfəˈmɪlɪəʳ] *adj* sconosciuto(-a), strano(-a); **to be ~ with** non avere familiarità con

unfashionable [ʌnˈfæʃnəbl] *adj* (*clothes*) fuori moda; (*district*) non alla moda

unfasten [ʌnˈfɑːsn] *vt* slacciare; sciogliere

unfavourable [ʌnˈfeɪvərəbl] (*US* **unfavorable**) *adj* sfavorevole

unfinished [ʌnˈfɪnɪʃt] *adj* incompleto(-a)

unfit [ʌnˈfɪt] *adj* (*ill*) malato(-a), in cattiva salute; (*incompetent*): **~ (for)** incompetente (in); (: *work, Mil*) inabile (a)

unfold [ʌnˈfəuld] *vt* spiegare ▶ *vi* (*story, plot*) svelarsi

unforgettable [ʌnfəˈgɛtəbl] *adj* indimenticabile

unfortunate [ʌnˈfɔːtʃnət] *adj* sfortunato(-a); (*event, remark*) infelice; **unfortunately** *adv* sfortunatamente, purtroppo

unfriendly [ʌnˈfrɛndlɪ] *adj* poco amichevole, freddo(-a)

unfurnished [ʌnˈfəːnɪʃt] *adj* non ammobiliato(-a)

unhappiness [ʌnˈhæpɪnɪs] *n* infelicità

unhappy [ʌnˈhæpɪ] *adj* infelice; **~ about/with** (*arrangements etc*) insoddisfatto(-a) di

unhealthy [ʌnˈhɛlθɪ] *adj* (*gen*) malsano(-a); (*person*) malaticcio(-a)

unheard-of [ʌnˈhəːdɔv] *adj* inaudito(-a), senza precedenti

unhelpful [ʌnˈhɛlpful] *adj* poco disponibile

unhurt [ʌnˈhəːt] *adj* illeso(-a)

unidentified [ʌnaɪˈdɛntɪfaɪd] *adj* non identificato(-a)

uniform [ˈjuːnɪfɔːm] *n* uniforme *f*, divisa ▶ *adj* uniforme

unify [ˈjuːnɪfaɪ] *vt* unificare

unimportant [ʌnɪmˈpɔːtənt] *adj* senza importanza, di scarsa importanza

uninhabited [ʌnɪnˈhæbɪtɪd] *adj* disabitato(-a)

unintentional [ʌnɪnˈtɛnʃənəl] *adj*

involontario(-a)
union ['ju:njən] *n* unione *f*; (*also*: **trade ~**) sindacato ▸ *cpd* sindacale, dei sindacati; **Union Jack** *n bandiera nazionale britannica*
unique [ju:'ni:k] *adj* unico(-a)
unisex ['ju:nɪsɛks] *adj* unisex *inv*
unit ['ju:nɪt] *n* unità *f inv*; (*section*: *of furniture etc*) elemento; (*team, squad*) reparto, squadra
unite [ju:'naɪt] *vt* unire ▸ *vi* unirsi; **united** *adj* unito(-a); unificato(-a); (*efforts*) congiunto(-a); **United Kingdom** *n* Regno Unito; **United Nations (Organization)** *n* (Organizzazione *f* delle) Nazioni Unite; **United States (of America)** *n* Stati *mpl* Uniti (d'America)
unity ['ju:nɪtɪ] *n* unità
universal [ju:nɪ'və:sl] *adj* universale
universe ['ju:nɪvə:s] *n* universo
university [ju:nɪ'və:sɪtɪ] *n* università *f inv*
unjust [ʌn'dʒʌst] *adj* ingiusto(-a)
unkind [ʌn'kaɪnd] *adj* scortese; crudele
unknown [ʌn'nəun] *adj* sconosciuto(-a)
unlawful [ʌn'lɔ:ful] *adj* illecito(-a), illegale
unleaded [ʌn'lɛdɪd] *adj* (*petrol, fuel*) verde, senza piombo
unleash [ʌn'li:ʃ] *vt* (*fig*) scatenare
unless [ʌn'lɛs] *conj* a meno che (non) *+sub*
unlike [ʌn'laɪk] *adj* diverso(-a) ▸ *prep* a differenza di, contrariamente a
unlikely [ʌn'laɪklɪ] *adj* improbabile
unlimited [ʌn'lɪmɪtɪd] *adj* illimitato(-a)
unlisted [ʌn'lɪstɪd] (*US*) *adj* (*Tel*): **to be ~** non essere sull'elenco
unload [ʌn'ləud] *vt* scaricare
unlock [ʌn'lɔk] *vt* aprire
unlucky [ʌn'lʌkɪ] *adj* sfortunato(-a); (*object, number*) che porta sfortuna
unmarried [ʌn'mærɪd] *adj* non sposato(-a); (*man only*) scapolo, celibe; (*woman only*) nubile
unmistak(e)able [ʌnmɪs'teɪkəbl] *adj* inconfondibile
unnatural [ʌn'nætʃrəl] *adj* innaturale; contro natura
unnecessary [ʌn'nɛsəsərɪ] *adj* inutile, superfluo(-a)
UNO ['ju:nəu] *n abbr* (= *United Nations Organization*) ONU *f*
unofficial [ʌnə'fɪʃl] *adj* non ufficiale; (*strike*) non dichiarato(-a) dal sindacato
unpack [ʌn'pæk] *vi* disfare la valigia (*or* le valigie) ▸ *vt* disfare
unpaid [ʌn'peɪd] *adj* (*holiday*) non pagato(-a); (*work*) non retribuito(-a); (*bill, debt*) da pagare
unpleasant [ʌn'plɛznt] *adj* spiacevole
unplug [ʌn'plʌg] *vt* staccare
unpopular [ʌn'pɔpjulə^r] *adj* impopolare
unprecedented [ʌn'prɛsɪdəntɪd] *adj* senza precedenti
unpredictable [ʌnprɪ'dɪktəbl] *adj* imprevedibile
unprotected ['ʌnprə'tɛktɪd] *adj* (*sex*) non protetto(-a)
unqualified [ʌn'kwɔlɪfaɪd] *adj* (*teacher*) non abilitato(-a); (*success*) assoluto(-a), senza riserve
unravel [ʌn'rævl] *vt* dipanare, districare
unreal [ʌn'rɪəl] *adj* irreale
unrealistic [ʌnrɪə'lɪstɪk] *adj* non realistico(-a)
unreasonable [ʌn'ri:znəbl] *adj* irragionevole
unrelated [ʌnrɪ'leɪtɪd] *adj* **~ (to)** senza rapporto (con); non imparentato(-a) (con)
unreliable [ʌnrɪ'laɪəbl] *adj* (*person, machine*) che non dà affidamento;

U

(*news, source of information*) inattendibile

unrest [ʌn'rɛst] *n* agitazione *f*

unroll [ʌn'rəul] *vt* srotolare

unruly [ʌn'ru:lɪ] *adj* indisciplinato(-a)

unsafe [ʌn'seɪf] *adj* pericoloso(-a), rischioso(-a)

unsatisfactory ['ʌnsætɪs'fæktərɪ] *adj* che lascia a desiderare, insufficiente

unscrew [ʌn'skru:] *vt* svitare

unsettled [ʌn'sɛtld] *adj* (*person*) turbato(-a); indeciso(-a); (*weather*) instabile

unsettling [ʌn'sɛtlɪŋ] *adj* inquietante

unsightly [ʌn'saɪtlɪ] *adj* brutto(-a), sgradevole a vedersi

unskilled [ʌn'skɪld] *adj* non specializzato(-a)

unspoiled ['ʌn'spɔɪld], **unspoilt** ['ʌn'spɔɪlt] *adj* (*place*) non deturpato(-a)

unstable [ʌn'steɪbl] *adj* (*gen*) instabile; (*mentally*) squilibrato(-a)

unsteady [ʌn'stɛdɪ] *adj* instabile, malsicuro(-a)

unsuccessful [ʌnsək'sɛsful] *adj* (*writer, proposal*) che non ha successo; (*marriage, attempt*) mal riuscito(-a), fallito(-a); **to be ~** (*in attempting sth*) non avere successo

unsuitable [ʌn'su:təbl] *adj* inadatto(-a); inopportuno(-a); sconveniente

unsure [ʌn'ʃuə] *adj* incerto(-a); **to be ~ of o.s** essere insicuro(-a)

untidy [ʌn'taɪdɪ] *adj* (*room*) in disordine; (*appearance*) trascurato(-a); (*person*) disordinato(-a)

untie [ʌn'taɪ] *vt* (*knot, parcel*) disfare; (*prisoner, dog*) slegare

until [ʌn'tɪl] *prep* fino a; (*after negative*) prima di ▸ *conj* finché, fino a quando; (*in past, after negative*) prima che + *sub*, prima di + *infinitive*; **~ he comes** finché *or* fino a quando non arriva; **~ now** finora; **~ then** fino ad allora

untrue [ʌn'tru:] *adj* (*statement*) falso(-a), non vero(-a)

unused [ʌn'ju:zd] *adj* nuovo(-a)

unusual [ʌn'ju:ʒuəl] *adj* insolito(-a), eccezionale, raro(-a); **unusually** *adv* insolitamente

unveil [ʌn'veɪl] *vt* scoprire; svelare

unwanted [ʌn'wɔntɪd] *adj* (*clothing*) smesso(-a); (*child*) non desiderato(-a)

unwell [ʌn'wɛl] *adj* indisposto(-a); **to feel ~** non sentirsi bene

unwilling [ʌn'wɪlɪŋ] *adj* **to be ~ to do** non voler fare

unwind [ʌn'waɪnd] (*irreg: like* **wind**[1]) *vt* svolgere, srotolare ▸ *vi* (*relax*) rilassarsi

unwise [ʌn'waɪz] *adj* poco saggio(-a)

unwittingly [ʌn'wɪtɪŋlɪ] *adv* senza volerlo

unwrap [ʌn'ræp] *vt* disfare; aprire

unzip [ʌn'zɪp] *vt* aprire (la chiusura lampo di); (*Comput*) dezippare

up [ʌp] *prep* **he went up the stairs/the hill** è salito su per le scale/sulla collina; **the cat was up a tree** il gatto era su un albero; **they live further up the street** vivono un po' più su nella stessa strada

▸ *adv*

1 (*upwards, higher*) su, in alto; **up in the sky/the mountains** su nel cielo/in montagna; **up there** lassù; **up above** su in alto

2: **to be up** (*out of bed*) essere alzato(-a); (*prices, level*) essere salito(-a)

3: **up to** (*as far as*) fino a; **up to now** finora

4: **to be up to** (*depending on*): **it's up to you** sta a lei, dipende da lei; (*equal to*): **he's not up to it** (*job, task etc*) non ne è all'altezza; (*inf: be doing*): **what is he up to?** cosa sta combinando?

▸ *n* **ups and downs** alti e bassi *mpl*

up-and-coming ['ʌpənd'kʌmɪŋ] *adj* pieno(-a) di promesse, promettente
upbringing ['ʌpbrɪŋɪŋ] *n* educazione *f*
update [ʌp'deɪt] *vt* aggiornare
upfront [ʌp'frʌnt] *adj (inf)* franco(-a), aperto(-a) ▸ *adv (pay)* subito
upgrade [ʌp'greɪd] *vt (house, job)* migliorare; *(employee)* avanzare di grado
upheaval [ʌp'hi:vl] *n* sconvolgimento; tumulto
uphill [ʌp'hɪl] *adj* in salita; *(fig: task)* difficile ▸ *adv* **to go ~** andare in salita, salire
upholstery [ʌp'həulstərɪ] *n* tappezzeria
upmarket [ʌp'mɑ:kɪt] *adj (product)* che si rivolge ad una fascia di mercato superiore
upon [ə'pɔn] *prep* su
upper ['ʌpə^r] *adj* superiore ▸ *n (of shoe)* tomaia; **upper-class** *adj* dell'alta borghesia
upright ['ʌpraɪt] *adj* diritto(-a); verticale; *(fig)* diritto(-a), onesto(-a)
uprising ['ʌpraɪzɪŋ] *n* insurrezione *f*
uproar ['ʌprɔ:^r] *n* tumulto, clamore *m*
upset [*n* 'ʌpsɛt, *vb, adj* ʌp'sɛt] *(irreg: like* **set**) *n (to plan etc)* contrattempo; *(stomach upset)* disturbo ▸ *vt (glass etc)* rovesciare; *(plan, stomach)* scombussolare; *(person: offend)* contrariare; *(: grieve)* addolorare; sconvolgere ▸ *adj* contrariato(-a), addolorato(-a); *(stomach)* scombussolato(-a)
upside-down [ʌpsaɪd'daun] *adv* sottosopra
upstairs [ʌp'stɛəz] *adv, adj* di sopra, al piano superiore ▸ *n* piano di sopra
up-to-date ['ʌptə'deɪt] *adj* moderno(-a); aggiornato(-a)
uptown ['ʌptaun] *(US) adv* verso i quartieri residenziali ▸ *adj* dei quartieri residenziali
upward ['ʌpwəd] *adj* ascendente; verso l'alto; **upward(s)** *adv* in su, verso l'alto
uranium [juə'reɪnɪəm] *n* uranio
Uranus [juə'reɪnəs] *n (planet)* Urano
urban ['ə:bən] *adj* urbano(-a)
urge [ə:dʒ] *n* impulso; stimolo; forte desiderio ▸ *vt* **to ~ sb to do** esortare qn a fare, spingere qn a fare; raccomandare a qn di fare
urgency ['ə:dʒənsɪ] *n* urgenza; *(of tone)* insistenza
urgent ['ə:dʒənt] *adj* urgente; *(voice)* insistente
urinal ['juərɪnl] *n (BRIT: building)* vespasiano; *(: vessel)* orinale *m*
urinate ['juərɪneɪt] *vi* orinare
urine ['juərɪn] *n* orina
URL *n abbr (= uniform resource locator)* URL *m inv*
us [ʌs] *pron* ci; *(stressed, after prep)* noi; *see also* **me**
US(A) *n abbr (= United States (of America))* USA *mpl*
use [*n* ju:s, *vb* ju:z] *n* uso; impiego, utilizzazione *f* ▸ *vt* usare, utilizzare, servirsi di; **in ~** in uso; **out of ~** fuori uso; **to be of ~** essere utile, servire; **it's no ~** non serve, è inutile; **she ~d to do it** lo faceva (una volta), era solita farlo; **to be ~d to** avere l'abitudine di ▷ **use up** *vt* consumare; esaurire; **used** *adj (object, car)* usato(-a); **useful** *adj* utile; **useless** *adj* inutile; *(person)* inetto(-a); **user** *n* utente *m/f*; **user-friendly** *adj (computer)* di facile uso
usual ['ju:ʒuəl] *adj* solito(-a); **as ~** come al solito, come d'abitudine; **usually** *adv* di solito
utensil [ju:'tɛnsl] *n* utensile *m*; **kitchen ~s** utensili da cucina
utility [ju:'tɪlɪtɪ] *n* utilità; *(also:* **public ~**) servizio pubblico
utilize ['ju:tɪlaɪz] *vt* utilizzare; sfruttare

U

utmost ['ʌtməust] *adj* estremo(-a) ▸ *n* **to do one's ~** fare il possibile *or* di tutto

utter ['ʌtəʳ] *adj* assoluto(-a), totale ▸ *vt* pronunciare, proferire; emettere; **utterly** *adv* completamente, del tutto

U-turn ['juː'təːn] *n* inversione *f* a U

V

v. *abbr* = **verse**; **versus**; **volt**; (= *vide*) vedi, vedere

vacancy ['veɪkənsɪ] *n* (*BRIT*: *job*) posto libero; (*room*) stanza libera; **"no vacancies"** "completo"

Be careful not to translate **vacancy** by the Italian word ***vacanza***.

vacant ['veɪkənt] *adj* (*job*, *seat etc*) libero(-a); (*expression*) assente

vacate [və'keɪt] *vt* lasciare libero(-a)

vacation [və'keɪʃən] (*esp US*) *n* vacanze *fpl*; **vacationer** (*US* **vacationist**) *n* vacanziere(-a)

vaccination [væksɪ'neɪʃən] *n* vaccinazione *f*

vaccine ['væksiːn] *n* vaccino

vacuum ['vækjum] *n* vuoto; **vacuum cleaner** *n* aspirapolvere *m inv*

vagina [və'dʒaɪnə] *n* vagina

vague [veɪg] *adj* vago(-a); (*blurred*: *photo*, *memory*) sfocato(-a)

vain [veɪn] *adj* (*useless*) inutile, vano(-a); (*conceited*) vanitoso(-a); **in ~** inutilmente, invano

Valentine's Day ['væləntaɪnzdeɪ] *n* San Valentino *m*

valid ['vælɪd] *adj* valido(-a), valevole; (*excuse*) valido(-a)

valley ['vælɪ] *n* valle *f*

valuable ['væljuəbl] *adj* (*jewel*) di (grande) valore; (*time*, *help*) prezioso(-a); **valuables** *npl* oggetti *mpl* di valore

value ['væljuː] *n* valore *m* ▸ *vt* (*fix price*) valutare, dare un prezzo a; (*cherish*) apprezzare, tenere a; **~s** *npl* (*principles*) valori *mpl*

valve [vælv] *n* valvola

vampire ['væmpaɪəʳ] *n* vampiro

van [væn] *n* (*Aut*) furgone *m*; (*BRIT*: *Rail*) vagone *m*

vandal ['vændl] *n* vandalo(-a); **vandalism** *n* vandalismo; **vandalize** *vt* vandalizzare

vanilla [və'nɪlə] *n* vaniglia ▸ *cpd* (*ice cream*) alla vaniglia

vanish ['vænɪʃ] *vi* svanire, scomparire

vanity ['vænɪtɪ] *n* vanità

vapour ['veɪpəʳ] (*US* **vapor**) *n* vapore *m*

variable ['vɛərɪəbl] *adj* variabile; (*mood*) mutevole

variant ['vɛərɪənt] *n* variante *f*

variation [vɛərɪ'eɪʃən] *n* variazione *f*; (*in opinion*) cambiamento

varied ['vɛərɪd] *adj* vario(-a), diverso(-a)

variety [və'raɪətɪ] *n* varietà *f inv*; (*quantity*) quantità, numero

various ['vɛərɪəs] *adj* vario(-a), diverso(-a); (*several*) parecchi(-e), molti(-e)

varnish ['vɑːnɪʃ] *n* vernice *f*; (*nail varnish*) smalto ▸ *vt* verniciare; mettere lo smalto su

vary ['vɛərɪ] *vt*, *vi* variare, mutare

vase [vɑːz] *n* vaso

Vaseline® ['væsɪliːn] *n* vaselina

vast [vɑːst] *adj* vasto(-a); (*amount*,

success) enorme
VAT [væt] *n abbr* (= *value added tax*) I.V.A. *f*
Vatican ['vætɪkən] *n* **the ~** il Vaticano
vault [vɔːlt] *n* (*of roof*) volta; (*tomb*) tomba; (*in bank*) camera blindata ▸ *vt* (*also:* **~ over**) saltare (d'un balzo)
VCR *n abbr* = **video cassette recorder**
VDU *n abbr* = **visual display unit**
veal [viːl] *n* vitello
veer [vɪəʳ] *vi* girare; virare
vegan ['viːgən] *n* vegetaliano(-a)
vegetable ['vɛdʒtəbl] *n* verdura, ortaggio ▸ *adj* vegetale
vegetarian [vɛdʒɪ'tɛərɪən] *adj, n* vegetariano(-a); **do you have any ~ dishes?** avete piatti vegetariani?
vegetation [vɛdʒɪ'teɪʃən] *n* vegetazione *f*
vehicle ['viːɪkl] *n* veicolo
veil [veɪl] *n* velo
vein [veɪn] *n* vena; (*on leaf*) nervatura
Velcro® ['vɛlkrəu] *n* velcro® *m inv*
velvet ['vɛlvɪt] *n* velluto ▸ *adj* di velluto
vending machine ['vɛndɪŋ-] *n* distributore *m* automatico
vendor ['vɛndəʳ] *n* venditore(-trice)
vengeance ['vɛndʒəns] *n* vendetta; **with a ~** (*fig*) davvero; furiosamente
Venice ['vɛnɪs] *n* Venezia
venison ['vɛnɪsn] *n* carne *f* di cervo
venom ['vɛnəm] *n* veleno
vent [vɛnt] *n* foro, apertura; (*in dress, jacket*) spacco ▸ *vt* (*fig: one's feelings*) sfogare, dare sfogo a
ventilation [vɛntɪ'leɪʃən] *n* ventilazione *f*
venture ['vɛntʃəʳ] *n* impresa (rischiosa) ▸ *vt* rischiare, azzardare ▸ *vi* avventurarsi; **business ~** iniziativa commerciale
venue ['vɛnjuː] *n* luogo (designato) per l'incontro
Venus ['viːnəs] *n* (*planet*) Venere *m*
verb [vəːb] *n* verbo; **verbal** *adj* verbale; (*translation*) orale
verdict ['vəːdɪkt] *n* verdetto
verge [vəːdʒ] (*BRIT*) *n* bordo, orlo; **"soft ~s"** (*BRIT: Aut*) banchine *fpl* cedevoli; **on the ~ of doing** sul punto di fare
verify ['vɛrɪfaɪ] *vt* verificare; (*prove the truth of*) confermare
versatile ['vəːsətaɪl] *adj* (*person*) versatile; (*machine, tool etc*) (che si presta) a molti usi
verse [vəːs] *n* versi *mpl*; (*stanza*) stanza, strofa; (*in bible*) versetto
version ['vəːʃən] *n* versione *f*
versus ['vəːsəs] *prep* contro
vertical ['vəːtɪkl] *adj* verticale ▸ *n* verticale *m*
very ['vɛrɪ] *adv* molto ▸ *adj* **the ~ book which** proprio il libro che; **the ~ last** proprio l'ultimo; **at the ~ least** almeno; **~ much** moltissimo
vessel ['vɛsl] *n* (*Anat*) vaso; (*Naut*) nave *f*; (*container*) recipiente *m*
vest [vɛst] *n* (*BRIT*) maglia; (*: sleeveless*) canottiera; (*US: waistcoat*) gilè *m inv*
vet [vɛt] *n abbr* (*BRIT: = veterinary surgeon*) veterinario ▸ *vt* esaminare minuziosamente
veteran ['vɛtərn] *n* (*also:* **war ~**) veterano
veterinary surgeon ['vɛtrɪnərɪ-] (*US* **veterinarian**) *n* veterinario
veto ['viːtəu] (*pl* **vetoes**) *n* veto ▸ *vt* opporre il veto a
via ['vaɪə] *prep* (*by way of*) via; (*by means of*) tramite
viable ['vaɪəbl] *adj* attuabile; vitale
vibrate [vaɪ'breɪt] *vi* **to ~ (with)** vibrare (di); (*resound*) risonare (di)
vibration [vaɪ'breɪʃən] *n* vibrazione *f*
vicar ['vɪkəʳ] *n* pastore *m*
vice [vaɪs] *n* (*evil*) vizio; (*Tech*) morsa; **vice-chairman** (*irreg*) *n* vicepresidente *m*
vice versa ['vaɪsɪ'vəːsə] *adv* viceversa
vicinity [vɪ'sɪnɪtɪ] *n* vicinanze *fpl*

vicious ['vɪʃəs] *adj* (*remark, dog*) cattivo(-a); (*blow*) violento(-a)
victim ['vɪktɪm] *n* vittima
victor ['vɪktəʳ] *n* vincitore *m*
Victorian [vɪk'tɔːrɪən] *adj* vittoriano(-a)
victorious [vɪk'tɔːrɪəs] *adj* vittorioso(-a)
victory ['vɪktərɪ] *n* vittoria
video ['vɪdɪəu] *cpd* video... ▸ *n* (*video film*) video *m inv*; (*also:* **~ cassette**) videocassetta; (*also:* **~ cassette recorder**) videoregistratore *m*; **video camera** *n* videocamera; **video (cassette) recorder** *n* videoregistratore *m*; **video game** *n* videogioco; **videophone** *n* videotelefono; **video shop** *n* videonoleggio; **video tape** *n* videotape *m inv*; **video wall** *n* schermo *m* multivideo *inv*
vie [vaɪ] *vi* **to ~ with** competere con, rivaleggiare con
Vienna [vɪ'ɛnə] *n* Vienna
Vietnam [vjɛt'næm] *n* Vietnam *m*; **Vietnamese** *adj, n inv* vietnamita *m/f*
view [vjuː] *n* vista, veduta; (*opinion*) opinione *f* ▸ *vt* (*look at: also fig*) considerare; (*house*) visitare; **on ~** (*in museum etc*) esposto(-a); **in full ~ of** sotto gli occhi di; **in ~ of the weather/the fact that** considerato il tempo/che; **in my ~** a mio parere; **viewer** *n* spettatore(-trice); **viewpoint** *n* punto di vista; (*place*) posizione *f*
vigilant ['vɪdʒɪlənt] *adj* vigile
vigorous ['vɪgərəs] *adj* vigoroso(-a)
vile [vaɪl] *adj* (*action*) vile; (*smell*) disgustoso(-a), nauseante; (*temper*) pessimo(-a)
villa ['vɪlə] *n* villa
village ['vɪlɪdʒ] *n* villaggio; **villager** *n* abitante *m/f* di villaggio
villain ['vɪlən] *n* (*scoundrel*) canaglia; (*BRIT: criminal*) criminale *m*; (*in novel etc*) cattivo
vinaigrette [vɪneɪ'grɛt] *n* vinaigrette *f inv*
vine [vaɪn] *n* vite *f*
vinegar ['vɪnɪgəʳ] *n* aceto
vineyard ['vɪnjɑːd] *n* vigna, vigneto
vintage ['vɪntɪdʒ] *n* (*year*) annata, produzione *f* ▸ *cpd* d'annata
vinyl ['vaɪnl] *n* vinile *m*
viola [vɪ'əulə] *n* viola
violate ['vaɪəleɪt] *vt* violare
violation [vaɪə'leɪʃən] *n* violazione *f*; **in ~ of sth** violando qc
violence ['vaɪələns] *n* violenza
violent ['vaɪələnt] *adj* violento(-a)
violet ['vaɪələt] *adj* (*colour*) viola *inv*, violetto(-a) ▸ *n* (*plant*) violetta; (*colour*) violetto
violin [vaɪə'lɪn] *n* violino
VIP *n abbr* (= *very important person*) V.I.P. *m/f inv*
virgin ['vəːdʒɪn] *n* vergine *f* ▸ *adj* vergine *inv*
Virgo ['vəːgəu] *n* (*sign*) Vergine *f*
virtual ['vəːtjuəl] *adj* effettivo(-a), vero(-a); (*Comput, Physics*) virtuale; (*in effect*): **it's a ~ impossibility** è praticamente impossibile; **the ~ leader** il capo all'atto pratico; **virtually** ['vəːtjuəlɪ] *adv* (*almost*) praticamente; **virtual reality** *n* (*Comput*) realtà virtuale
virtue ['vəːtjuː] *n* virtù *f inv*; (*advantage*) pregio, vantaggio; **by ~ of** grazie a
virus ['vaɪərəs] *n* (*also Comput*) virus *m inv*
visa ['vɪːzə] *n* visto
vise [vaɪs] (*US*) *n* (*Tech*) = **vice**
visibility [vɪzɪ'bɪlɪtɪ] *n* visibilità
visible ['vɪzəbl] *adj* visibile
vision ['vɪʒən] *n* (*sight*) vista; (*foresight, in dream*) visione *f*
visit ['vɪzɪt] *n* visita; (*stay*) soggiorno ▸ *vt* (*person: US: also:* **~ with**) andare a trovare; (*place*) visitare; **visiting**

hours *npl (in hospital etc)* orario delle visite; **visitor** *n* visitatore(-trice); *(guest)* ospite *m/f*; **visitor centre** (*US* **visitor center**) *n centro informazioni per visitatori di museo, zoo, parco ecc*

visual ['vɪzjuəl] *adj* visivo(-a); visuale; ottico(-a); **visualize** ['vɪzjuəlaɪz] *vt* immaginare, figurarsi; *(foresee)* prevedere

vital ['vaɪtl] *adj* vitale

vitality [vaɪ'tælɪtɪ] *n* vitalità

vitamin ['vɪtəmɪn] *n* vitamina

vivid ['vɪvɪd] *adj* vivido(-a)

V-neck ['vi:nɛk] *n* maglione *m* con lo scollo a V

vocabulary [vəu'kæbjulərɪ] *n* vocabolario

vocal ['vəukl] *adj (Mus)* vocale; *(communication)* verbale

vocational [vəu'keɪʃənl] *adj* professionale

vodka ['vɔdkə] *n* vodka *f inv*

vogue [vəug] *n* moda; *(popularity)* popolarità, voga

voice [vɔɪs] *n* voce *f* ▸ *vt (opinion)* esprimere; **voice mail** *n* servizio di segretaria telefonica

void [vɔɪd] *n* vuoto ▸ *adj (invalid)* nullo(-a); *(empty)*: **~ of** privo(-a) di

volatile ['vɔlətaɪl] *adj* volatile; *(fig)* volubile

volcano [vɔl'keɪnəu] (*pl* **volcanoes**) *n* vulcano

volleyball ['vɔlɪbɔ:l] *n* pallavolo *f*

volt [vəult] *n* volt *m inv*; **voltage** *n* tensione *f*, voltaggio

volume ['vɔlju:m] *n* volume *m*

voluntarily ['vɔləntrɪlɪ] *adv* volontariamente; gratuitamente

voluntary ['vɔləntərɪ] *adj* volontario(-a); *(unpaid)* gratuito(-a), non retribuito(-a)

volunteer [vɔlən'tɪə^r] *n* volontario(-a) ▸ *vt* offrire volontariamente ▸ *vi (Mil)* arruolarsi volontario; **to ~ to do** offrire (volontariamente) di fare

vomit ['vɔmɪt] *n* vomito ▸ *vt, vi* vomitare

vote [vəut] *n* voto, suffragio; *(cast)* voto; *(franchise)* diritto di voto ▸ *vt* **to be ~d chairman** *etc* venir eletto presidente *etc*; *(propose)*: **to ~ that** approvare la proposta che ▸ *vi* votare; **~ of thanks** discorso di ringraziamento; **voter** *n* elettore(-trice); **voting** *n* scrutinio

voucher ['vautʃə^r] *n (for meal, petrol etc)* buono

vow [vau] *n* voto, promessa solenne ▸ *vt* **to ~ to do/that** giurare di fare/che

vowel ['vauəl] *n* vocale *f*

voyage ['vɔɪɪdʒ] *n* viaggio per mare, traversata

vulgar ['vʌlgə^r] *adj* volgare

vulnerable ['vʌlnərəbl] *adj* vulnerabile

vulture ['vʌltʃə^r] *n* avvoltoio

W

waddle ['wɔdl] *vi* camminare come una papera

wade [weɪd] *vi* **to ~ through** camminare a stento in; *(fig: book)* leggere con fatica

wafer ['weɪfə^r] *n (Culin)* cialda

waffle ['wɔfl] *n (Culin)* cialda; *(inf)*

ciance *fpl* ▸ *vi* cianciare

wag [wæg] *vt* agitare, muovere ▸ *vi* agitarsi

wage [weɪdʒ] *n* (*also:* **~s**) salario, paga ▸ *vt* **to ~ war** fare la guerra

wag(g)on ['wægən] *n* (*horse-drawn*) carro; (*BRIT: Rail*) vagone *m* (merci)

wail [weɪl] *n* gemito; (*of siren*) urlo ▸ *vi* gemere; urlare

waist [weɪst] *n* vita, cintola; **waistcoat** (*BRIT*) *n* panciotto, gilè *m inv*

wait [weɪt] *n* attesa ▸ *vi* aspettare, attendere; **to lie in ~ for** stare in agguato a; **to ~ for** aspettare; **~ for me, please** aspettami, per favore; **I can't ~ to** (*fig*) non vedo l'ora di ▹ **wait on** *vt fus* servire; **waiter** *n* cameriere *m*; **waiting list** *n* lista di attesa; **waiting room** *n* sala d'aspetto *or* d'attesa; **waitress** *n* cameriera

waive [weɪv] *vt* rinunciare a, abbandonare

wake [weɪk] (*pt* **woke, waked**, *pp* **woken, waked**) *vt* (*also:* **~ up**) svegliare ▸ *vi* (*also:* **~ up**) svegliarsi ▸ *n* (*for dead person*) veglia funebre; (*Naut*) scia

Wales [weɪlz] *n* Galles *m*

walk [wɔːk] *n* passeggiata; (*short*) giretto; (*gait*) passo, andatura; (*path*) sentiero; (*in park etc*) sentiero, vialetto ▸ *vi* camminare; (*for pleasure, exercise*) passeggiare ▸ *vt* (*distance*) fare *or* percorrere a piedi; (*dog*) accompagnare, portare a passeggiare; **10 minutes' ~ from** 10 minuti di cammino *or* a piedi da; **from all ~s of life** di tutte le condizioni sociali ▹ **walk out** *vi* (*audience*) andarsene; (*workers*) scendere in sciopero; **walker** *n* (*person*) camminatore(-trice); **walkie-talkie** ['wɔːkɪ'tɔːkɪ] *n* walkie-talkie *m inv*; **walking** *n* camminare *m*; **walking shoes** *npl* pedule *fpl*; **walking stick** *n* bastone *m* da passeggio; **Walkman®** ['wɔːkmən] *n* Walkman® *m inv*; **walkway** *n* passaggio pedonale

wall [wɔːl] *n* muro; (*internal, of tunnel, cave*) parete *f*

wallet ['wɔlɪt] *n* portafoglio; **I can't find my ~** non trovo il portafoglio

wallpaper ['wɔːlpeɪpə^r] *n* carta da parati ▸ *vt* (*room*) mettere la carta da parati in

walnut ['wɔːlnʌt] *n* noce *f*; (*tree, wood*) noce *m*

walrus ['wɔːlrəs] (*pl* **walrus** *or* **walruses**) *n* tricheco

waltz [wɔːlts] *n* valzer *m inv* ▸ *vi* ballare il valzer

wand [wɔnd] *n* (*also:* **magic ~**) bacchetta (magica)

wander ['wɔndə[r]] *vi* (*person*) girare senza meta, girovagare; (*thoughts*) vagare ▸ *vt* girovagare per

want [wɔnt] *vt* volere; (*need*) aver bisogno di ▸ *n* **for ~ of** per mancanza di; **wanted** *adj* (*criminal*) ricercato(-a); **"wanted"** (*in adverts*) "cercasi"

war [wɔː[r]] *n* guerra; **to make ~ (on)** far guerra (a)

ward [wɔːd] *n* (*in hospital: room*) corsia; (*: section*) reparto; (*Pol*) circoscrizione *f*; (*Law: child: also:* **~ of court**) pupillo(-a)

warden ['wɔːdn] *n* (*of park, game reserve, youth hostel*) guardiano(-a); (*BRIT: of institution*) direttore(-trice); (*BRIT: also:* **traffic ~**) addetto(-a) al controllo del traffico e del parcheggio

wardrobe ['wɔːdrəub] *n* (*cupboard*) guardaroba *m inv*, armadio; (*clothes*) guardaroba; (*Cinema, Theatre*) costumi *mpl*

warehouse ['wɛəhaus] *n* magazzino

warfare ['wɔːfɛə[r]] *n* guerra

warhead ['wɔːhɛd] *n* (*Mil*) testata

warm [wɔːm] *adj* caldo(-a); (*thanks, welcome, applause*) caloroso(-a); (*person*) cordiale; **it's ~** fa caldo; **I'm ~** ho caldo ▷ **warm up** *vi* scaldarsi, riscaldarsi ▶ *vt* scaldare, riscaldare; (*engine*) far scaldare; **warmly** *adv* (*applaud, welcome*) calorosamente; (*dress*) con abiti pesanti; **warmth** *n* calore *m*

warn [wɔːn] *vt* **to ~ sb that/(not) to do/of** avvertire *or* avvisare qn che/di (non) fare/di; **warning** *n* avvertimento; (*notice*) avviso; (*signal*) segnalazione *f*; **warning light** *n* spia luminosa

warrant ['wɔrnt] *n* (*voucher*) buono; (*Law: to arrest*) mandato di cattura; (*: to search*) mandato di perquisizione

warranty ['wɔrəntɪ] *n* garanzia

warrior ['wɔrɪəʳ] *n* guerriero(-a)

Warsaw ['wɔːsɔː] *n* Varsavia

warship ['wɔːʃɪp] *n* nave *f* da guerra

wart [wɔːt] *n* verruca

wartime ['wɔːtaɪm] *n* **in ~** in tempo di guerra

wary ['wɛərɪ] *adj* prudente

was [wɔz] *pt of* **be**

wash [wɔʃ] *vt* lavare ▶ *vi* lavarsi; (*sea*): **to ~ over/against sth** infrangersi su/contro qc ▶ *n* lavaggio; (*of ship*) scia; **to give sth a ~** lavare qc, dare una lavata a qc; **to have a ~** lavarsi ▷ **wash up** *vi* (*BRIT*) lavare i piatti; (*US*) darsi una lavata; **washbasin** (*US* **washbowl**) *n* lavabo; **wash cloth** (*US*) *n* pezzuola (per lavarsi); **washer** *n* (*Tech*) rondella; **washing** *n* (*linen etc*) bucato; **washing line** *n* (*BRIT*) corda del bucato; **washing machine** *n* lavatrice *f*; **washing powder** (*BRIT*) *n* detersivo (in polvere)

Washington ['wɔʃɪŋtən] *n* Washington *f*

wash: **washing-up** *n* rigovernatura, lavatura dei piatti; **washing-up liquid** *n* detersivo liquido (per stoviglie); **washroom** *n* gabinetto

wasn't ['wɔznt] = **was not**

wasp [wɔsp] *n* vespa

waste [weɪst] *n* spreco; (*of time*) perdita; (*rubbish*) rifiuti *mpl*; (*also:* **household ~**) immondizie *fpl* ▶ *adj* (*material*) di scarto; (*food*) avanzato(-a); (*land*) incolto(-a) ▶ *vt* sprecare; **waste ground** (*BRIT*) *n* terreno incolto *or* abbandonato; **wastepaper basket** ['weɪstpeɪpə-] *n* cestino per la carta straccia

watch [wɔtʃ] *n* (*also:* **wrist ~**) orologio (da polso); (*act of watching, vigilance*) sorveglianza; (*guard: Mil, Naut*) guardia; (*Naut: spell of duty*) quarto ▶ *vt* (*look at*) osservare; (*: match, programme*) guardare; (*spy on, guard*) sorvegliare, tenere d'occhio; (*be careful of*) fare attenzione a ▶ *vi* osservare, guardare; (*keep guard*) fare *or* montare la guardia ▷ **watch out** *vi* fare attenzione; **watchdog** *n* (*also fig*) cane *m* da guardia; **watch strap** *n* cinturino da orologio

water ['wɔːtəʳ] *n* acqua ▶ *vt* (*plant*) annaffiare ▶ *vi* (*eyes*) lacrimare; (*mouth*): **to make sb's mouth ~** far venire l'acquolina in bocca a qn; **in British ~s** nelle acque territoriali britanniche ▷ **water down** *vt* (*milk*) diluire; (*fig: story*) edulcorare; **watercolour** (*US* **watercolor**) *n* acquerello; **watercress** *n* crescione *m*; **waterfall** *n* cascata; **watering can** *n* annaffiatoio; **watermelon** *n* anguria, cocomero; **waterproof** *adj* impermeabile; **water-skiing** *n* sci *m* acquatico

W

watt [wɔt] *n* watt *m inv*

wave [weɪv] *n* onda; (*of hand*) gesto, segno; (*in hair*) ondulazione *f*; (*fig: surge*) ondata ▶ *vi* fare un cenno con la mano; (*branches, grass*) ondeggiare;

(*flag*) sventolare ▸ *vt* (*hand*) fare un gesto con; (*handkerchief*) sventolare; (*stick*) brandire; **wavelength** *n* lunghezza d'onda

waver ['weɪvəʳ] *vi* esitare; (*voice*) tremolare

wavy ['weɪvɪ] *adj* ondulato(-a); ondeggiante

wax [wæks] *n* cera ▸ *vt* dare la cera a; (*car*) lucidare ▸ *vi* (*moon*) crescere

way [weɪ] *n* via, strada; (*path, access*) passaggio; (*distance*) distanza; (*direction*) parte *f*, direzione *f*; (*manner*) modo, stile *m*; (*habit*) abitudine *f*; **which ~? — this ~** da che parte *or* in quale direzione? — da questa parte *or* per di qua; **on the ~** (*en route*) per strada; **to be on one's ~** essere in cammino *or* sulla strada; **to be in the ~** bloccare il passaggio; (*fig*) essere tra i piedi *or* d'impiccio; **to go out of one's ~ to do** (*fig*) mettercela tutta *or* fare di tutto per fare; **under ~** (*project*) in corso; **to lose one's ~** perdere la strada; **in a ~** in un certo senso; **in some ~s** sotto certi aspetti; **no ~!** (*inf*) neanche per idea!; **by the ~ ...** a proposito ...; **"~ in"** (*BRIT*) "entrata", "ingresso"; **"~ out"** (*BRIT*) "uscita"; **the ~ back** la strada del ritorno; **"give ~"** (*BRIT*: *Aut*) "dare la precedenza"

W.C. ['dʌblju'si:] (*BRIT*) *n* W.C. *m inv*, gabinetto

we [wi:] *pl pron* noi

weak [wi:k] *adj* debole; (*health*) precario(-a); (*beam etc*) fragile; (*tea*) leggero(-a); **weaken** *vi* indebolirsi ▸ *vt* indebolire; **weakness** *n* debolezza; (*fault*) punto debole, difetto; **to have a weakness for** avere un debole per

wealth [wɛlθ] *n* (*money, resources*) ricchezza, ricchezze *fpl*; (*of details*) abbondanza, profusione *f*; **wealthy** *adj* ricco(-a)

weapon ['wɛpən] *n* arma; **~s of mass destruction** armi *mpl* di distruzione di massa

wear [wɛəʳ] (*pt* **wore**, *pp* **worn**) *n* (*use*) uso; (*damage through use*) logorio, usura; (*clothing*): **sports/baby ~** abbigliamento sportivo/per neonati ▸ *vt* (*clothes*) portare; (*put on*) mettersi; (*damage*: *through use*) consumare ▸ *vi* (*last*) durare; (*rub etc through*) consumarsi; **evening ~** abiti *mpl or* tenuta da sera ▹ **wear off** *vi* sparire lentamente ▹ **wear out** *vt* consumare; (*person, strength*) esaurire

weary ['wɪərɪ] *adj* stanco(-a) ▸ *vi* **to ~ of** stancarsi di

weasel ['wi:zl] *n* (*Zool*) donnola

weather ['wɛðəʳ] *n* tempo ▸ *vt* (*storm, crisis*) superare; **What's the ~ like?** che tempo fa?; **under the ~** (*fig*: *ill*) poco bene; **weather forecast** *n* previsioni *fpl* del tempo

weave [wi:v] (*pt* **wove**, *pp* **woven**) *vt* (*cloth*) tessere; (*basket*) intrecciare

web [wɛb] *n* (*of spider*) ragnatela; (*on foot*) palma; (*fabric, also fig*) tessuto; **the (World Wide) W~** la Rete; **webcam** *n* webcam *f inv*; **web page** *n* (*Comput*) pagina *f* web *inv*; **website** *n* (*Comput*) sito (Internet)

wed [wɛd] (*pt, pp* **wedded**) *vt* sposare ▸ *vi* sposarsi

we'd [wi:d] = **we had**; **we would**

Wed. *abbr* (= *Wednesday*) mer.

wedding ['wɛdɪŋ] *n* matrimonio; **wedding anniversary** *n* anniversario di matrimonio; **wedding day** *n* giorno delle nozze *or* del matrimonio; **wedding dress** *n* abito nuziale; **wedding ring** *n* fede *f*

wedge [wɛdʒ] *n* (*of wood etc*) zeppa; (*of cake*) fetta ▸ *vt* (*fix*) fissare con zeppe; (*pack tightly*) incastrare

Wednesday ['wɛdnzdɪ] *n* mercoledì *m inv*

wee [wi:] (*SCOTTISH*) *adj* piccolo(-a)

weed [wi:d] *n* erbaccia ▶ *vt* diserbare; **weedkiller** *n* diserbante *m*
week [wi:k] *n* settimana; **a ~ today/on Friday** oggi/venerdì a otto; **weekday** *n* giorno feriale; (*Comm*) giornata lavorativa; **weekend** *n* fine settimana *m or f inv*, weekend *m inv*; **weekly** *adv* ogni settimana, settimanalmente ▶ *adj* settimanale ▶ *n* settimanale *m*
weep [wi:p] (*pt, pp* **wept**) *vi* (*person*) piangere
weigh [weɪ] *vt, vi* pesare; **to ~ anchor** salpare l'ancora ▷ **weigh up** *vt* valutare
weight [weɪt] *n* peso; **to lose/put on ~** dimagrire/ingrassare; **weightlifting** *n* sollevamento pesi
weir [wɪə^r] *n* diga
weird [wɪəd] *adj* strano(-a), bizzarro(-a); (*eerie*) soprannaturale
welcome ['wɛlkəm] *adj* benvenuto(-a) ▶ *n* accoglienza, benvenuto ▶ *vt* dare il benvenuto a; (*be glad of*) rallegrarsi di; **thank you — you're ~!** grazie — prego!
weld [wɛld] *n* saldatura ▶ *vt* saldare
welfare ['wɛlfɛə^r] *n* benessere *m*; **welfare state** *n* stato assistenziale
well [wɛl] *n* pozzo ▶ *adv* bene ▶ *adj* **to be ~** (*person*) stare bene ▶ *excl* allora!; ma!; ebbene!; **as ~** anche; **as ~ as** così come; oltre a; **~ done!** bravo(-a)!; **get ~ soon!** guarisci presto!, **to do ~** andare bene
we'll [wi:l] = **we will**; **we shall**
well: **well-behaved** *adj* ubbidiente; **well-built** *adj* (*person*) ben fatto(-a); **well-dressed** *adj* ben vestito(-a), vestito(-a) bene
wellies ['welɪz] (*inf*) *npl* (*BRIT*) stivali *mpl* di gomma
well: **well-known** *adj* noto(-a), famoso(-a); **well-off** *adj* benestante, danaroso(-a); **well-paid** [wel'peɪd] *adj* ben pagato(-a)
Welsh [wɛlʃ] *adj* gallese ▶ *n* (*Ling*) gallese *m*; **Welshman** (*irreg*) *n* gallese *m*; **Welshwoman** (*irreg*) *n* gallese *f*
went [wɛnt] *pt of* **go**
wept [wɛpt] *pt, pp of* **weep**
were [wə:^r] *pt of* **be**
we're [wɪə^r] = **we are**
weren't [wə:nt] = **were not**
west [wɛst] *n* ovest *m*, occidente *m*, ponente *m* ▶ *adj* (a) ovest *inv*, occidentale ▶ *adv* verso ovest; **the W~** l'Occidente *m*; **westbound** ['wɛstbaund] *adj* (*traffic*) diretto(-a) a ovest; (*carriageway*) ovest *inv*; **western** *adj* occidentale, dell'ovest ▶ *n* (*Cinema*) western *m inv*; **West Indian** *adj* delle Indie Occidentali ▶ *n* abitante *m/f* delle Indie Occidentali; **West Indies** [-'ɪndɪz] *npl* Indie *fpl* Occidentali
wet [wɛt] *adj* umido(-a), bagnato(-a); (*soaked*) fradicio(-a); (*rainy*) piovoso(-a) ▶ *n* (*BRIT*: *Pol*) politico moderato; **to get ~** bagnarsi; **"~ paint"** "vernice fresca"; **wetsuit** *n* tuta da sub
we've [wi:v] = **we have**
whack [wæk] *vt* picchiare, battere
whale [weɪl] *n* (*Zool*) balena
wharf [wɔ:f] (*pl* **wharves**) *n* banchina
what [wɔt] *adj*
1 (*in direct/indirect questions*) che; quale; **what size is it?** che taglia è?; **what colour is it?** di che colore è?; **what books do you want?** quali *or* che libri vuole?
2 (*in exclamations*) che; **what a mess!** che disordine!
▶ *pron*
1 (*interrogative*) che cosa, cosa, che; **what are you doing?** che *or* (che) cosa fai?; **what are you talking about?** di che cosa parli?; **what is it called?** come si chiama?; **what about me?**

W

e io?; **what about doing ...?** e se facessimo ...?
2 (*relative*) ciò che, quello che; **I saw what you did/was on the table** ho visto quello che hai fatto/quello che era sul tavolo
3 (*indirect use*) (che) cosa; **he asked me what she had said** mi ha chiesto che cosa avesse detto; **tell me what you're thinking about** dimmi a cosa stai pensando
▸*excl* (*disbelieving*) cosa!, come!

whatever [wɔt'ɛvə] *adj* **~ book** qualunque *or* qualsiasi libro + *sub*
▸ *pron* **do ~ is necessary/you want** faccia qualunque *or* qualsiasi cosa sia necessaria/lei voglia; **~ happens** qualunque cosa accada; **no reason ~** *or* **whatsoever** nessuna ragione affatto *or* al mondo; **nothing ~** proprio niente

whatsoever [wɔtsəu'ɛvə] *adj* = **whatever**

wheat [wi:t] *n* grano, frumento

wheel [wi:l] *n* ruota; (*Aut*: *also*: **steering ~**) volante *m*; (*Naut*) (ruota del) timone *m* ▸ *vt* spingere ▸ *vi* (*birds*) roteare; (*also*: **~ round**) girare; **wheelbarrow** *n* carriola; **wheelchair** *n* sedia a rotelle; **wheel clamp** *n* (*Aut*) *morsa che blocca la ruota di una vettura in sosta vietata*

wheeze [wi:z] *vi* ansimare

when [wɛn] *adv* quando; **when did it happen?** quando è successo?
▸*conj*
1 (*at, during, after the time that*) quando; **she was reading when I came in** quando sono entrato lei leggeva; **that was when I needed you** era allora che avevo bisogno di te
2 (*on, at which*): **on the day when I met him** il giorno in cui l'ho incontrato; **one day when it was raining** un giorno che pioveva
3 (*whereas*) quando, mentre; **you said I was wrong when in fact I was right** mi hai detto che avevo torto, quando in realtà avevo ragione

whenever [wɛn'ɛvə] *adv* quando mai
▸ *conj* quando; (*every time that*) ogni volta che

where [wɛəʳ] *adv, conj* dove; **this is ~** è qui che; **whereabouts** *adv* dove ▸ *n* **sb's whereabouts** luogo dove qn si trova; **whereas** *conj* mentre; **whereby** *pron* per cui; **wherever** [-'ɛvəʳ] *conj* dovunque + *sub*; (*interrogative*) dove mai

whether ['wɛðəʳ] *conj* se; **I don't know ~ to accept or not** non so se accettare o no; **it's doubtful ~** è poco probabile che; **~ you go or not** che lei vada o no

which [wɪtʃ] *adj*
1 (*interrogative*: *direct, indirect*) quale; **which picture do you want?** quale quadro vuole?; **which one?** quale?; **which one of you did it?** chi di voi lo ha fatto?
2: **in which case** nel qual caso
▸*pron*
1 (*interrogative*) quale; **which (of these) are yours?** quali di questi sono suoi?; **which of you are coming?** chi di voi viene?
2 (*relative*) che; (: *indirect*) cui, il (la) quale; **the apple which you ate/which is on the table** la mela che hai mangiato/che è sul tavolo; **the chair on which you are sitting** la sedia sulla quale *or* su cui sei seduto; **he said he knew, which is true** ha detto che lo sapeva, il che è vero; **after which** dopo di che

whichever [wɪtʃ'ɛvə] *adj* **take ~ book you prefer** prenda qualsiasi libro che preferisce; **~ book you take** qualsiasi libro prenda

while [waɪl] *n* momento ▸ *conj* mentre; (*as long as*) finché; (*although*) sebbene + *sub*; per quanto + *sub*; **for a ~** per un po'
whilst [waɪlst] *conj* = **while**
whim [wɪm] *n* capriccio
whine [waɪn] *n* gemito ▸ *vi* gemere; uggiolare; piagnucolare
whip [wɪp] *n* frusta; (*for riding*) frustino; (*Pol: person*) capogruppo (*che sovrintende alla disciplina dei colleghi di partito*) ▸ *vt* frustare; (*cream, eggs*) sbattere; **whipped cream** *n* panna montata
whirl [wəːl] *vt* (far) girare rapidamente, (far) turbinare ▸ *vi* (*dancers*) volteggiare; (*leaves, water*) sollevarsi in vortice
whisk [wɪsk] *n* (*Culin*) frusta; frullino ▸ *vt* sbattere, frullare; **to ~ sb away** *or* **off** portar via qn a tutta velocità
whiskers ['wɪskəz] *npl* (*of animal*) baffi *mpl*; (*of man*) favoriti *mpl*
whisky ['wɪskɪ] (*US, Ireland* **whiskey**) *n* whisky *m inv*
whisper ['wɪspə^r] *n* sussurro ▸ *vt, vi* sussurrare
whistle ['wɪsl] *n* (*sound*) fischio; (*object*) fischietto ▸ *vi* fischiare
white [waɪt] *adj* bianco(-a); (*with fear*) pallido(-a) ▸ *n* bianco; (*person*) bianco(-a); **White House** *n* Casa Bianca; **whitewash** *n* (*paint*) bianco di calce ▸ *vt* imbiancare; (*fig*) coprire
whiting ['waɪtɪŋ] *n inv* (*fish*) merlango
Whitsun ['wɪtsn] *n* Pentecoste *f*
whittle ['wɪtl] *vt* **to ~ away, ~ down** ridurre, tagliare
whizz [wɪz] *vi* **to ~ past** *or* **by** passare sfrecciando

who
[huː] *pron*

1 (*interrogative*) chi; **who is it?, who's there?** chi è?
2 (*relative*) che; **the man who spoke to me** l'uomo che ha parlato con me; **those who can swim** quelli che sanno nuotare

whoever [huː'ɛvə] *pron* **~ finds it** chiunque lo trovi; **ask ~ you like** lo chieda a chiunque vuole; **~ she marries** chiunque sposerà, non importa chi sposerà; **~ told you that?** chi mai gliel'ha detto?
whole [həul] *adj* (*complete*) tutto(-a), completo(-a); (*not broken*) intero(-a), intatto(-a) ▸ *n* (*all*): **the ~ of** tutto(-a) il (la); (*entire unit*) tutto; (*not broken*) tutto; **the ~ of the town** tutta la città, la città intera; **on the ~, as a ~** nel complesso, nell'insieme; **wholefood(s)** *n(pl)* cibo integrale; **wholeheartedly** [həul'hɑːtɪdlɪ] *adv* sentitamente, di tutto cuore; **wholemeal** *adj* (*bread, flour*) integrale; **wholesale** *n* commercio *or* vendita all'ingrosso ▸ *adj* all'ingrosso; (*destruction*) totale; **wholewheat** *adj* = **wholemeal**; **wholly** *adv* completamente, del tutto

whom
[huːm] *pron*

1 (*interrogative*) chi; **whom did you see?** chi hai visto?; **to whom did you give it?** a chi lo hai dato?
2 (*relative*) che, *prep* + il (la) quale (*check syntax of Italian verb used*); **the man whom I saw/to whom I spoke** l'uomo che ho visto/al quale ho parlato

whore [hɔː] (*inf: pej*) *n* puttana

whose
[huːz] *adj*

1 (*possessive: interrogative*) di chi; **whose book is this?, whose is this book?** di chi è questo libro?; **whose daughter are you?** di chi sei figlia?
2 (*possessive: relative*): **the man whose son you rescued** l'uomo il cui figlio hai salvato; **the girl whose sister you were speaking to** la ragazza alla cui

W

sorella stavi parlando
▶*pron* di chi; **whose is this?** di chi è questo?; **I know whose it is** so di chi è

why
[waɪ] *adv* perché; **why not?** perché no?; **why not do it now?** perché non farlo adesso?
▶*conj* **I wonder why he said that** mi chiedo perché l'abbia detto; **that's not why I'm here** non è questo il motivo per cui sono qui; **the reason why** il motivo per cui
▶*excl* (*surprise*) ma guarda un po'!; (*remonstrating*) ma (via)!; (*explaining*) ebbene!

wicked ['wɪkɪd] *adj* cattivo(-a), malvagio(-a); maligno(-a); perfido(-a)

wicket ['wɪkɪt] *n* (*Cricket*) porta

wide [waɪd] *adj* largo(-a); (*area, knowledge*) vasto(-a); (*choice*) ampio(-a) ▶ *adv* **to open ~** spalancare; **to shoot ~** tirare a vuoto *or* fuori bersaglio; **widely** *adv* (*differing*) molto, completamente; (*travelled, spaced*) molto; (*believed*) generalmente; **widen** *vt* allargare, ampliare; **wide open** *adj* spalancato(-a); **widescreen TV** *n* TV a schermo panoramico; **widespread** *adj* (*belief etc*) molto *or* assai diffuso(-a)

widow ['wɪdəu] *n* vedova; **widower** *n* vedovo

width [wɪdθ] *n* larghezza

wield [wiːld] *vt* (*sword*) maneggiare; (*power*) esercitare

wife [waɪf] (*pl* **wives**) *n* moglie *f*

Wi-Fi ['waɪfaɪ] *n* Wi-Fi *m*

wig [wɪg] *n* parrucca

wild [waɪld] *adj* selvatico(-a); selvaggio(-a); (*sea, weather*) tempestoso(-a); (*idea, life*) folle; stravagante; (*applause*) frenetico(-a); **wilderness** ['wɪldənɪs] *n* deserto; **wildlife** *n* natura; **wildly** *adv* selvaggiamente; (*applaud*) freneticamente; (*hit, guess*) a casaccio; (*happy*) follemente

will
[wɪl] (*pt, pp* **willed**) *aux vb*
1 (*forming future tense*): **I will finish it tomorrow** lo finirò domani; **I will have finished it by tomorrow** lo finirò entro domani; **will you do it? — yes I will/no I won't** lo farai? — sì (lo farò)/no (non lo farò)
2 (*in conjectures, predictions*): **he will** *or* **he'll be there by now** dovrebbe essere arrivato ora; **that will be the postman** sarà il postino
3 (*in commands, requests, offers*): **will you be quiet!** vuoi stare zitto?; **will you help me?** mi aiuti?, mi puoi aiutare?; **will you have a cup of tea?** vorrebbe una tazza di tè?; **I won't put up with it!** non lo accetterò!
▶*vt* **to will sb to do** volere che qn faccia; **he willed himself to go on** continuò grazie a un grande sforzo di volontà
▶*n* volontà; testamento

willing ['wɪlɪŋ] *adj* volonteroso(-a); **~ to do** disposto(-a) a fare; **willingly** *adv* volentieri

willow ['wɪləu] *n* salice *m*

willpower ['wɪlpauəʳ] *n* forza di volontà

wilt [wɪlt] *vi* appassire

win [wɪn] (*pt, pp* **won**) *n* (*in sports etc*) vittoria ▶ *vt* (*battle, prize, money*) vincere; (*popularity*) conquistare ▶ *vi* vincere ▷ **win over** *vt* convincere

wince [wɪns] *vi* trasalire

wind¹ [waɪnd] (*pt, pp* **wound**) *vt* attorcigliare; (*wrap*) avvolgere; (*clock, toy*) caricare ▶ *vi* (*road, river*) serpeggiare ▷ **wind down** *vt* (*car window*) abbassare; (*fig: production, business*) diminuire ▷ **wind up** *vt* (*clock*) caricare; (*debate*) concludere

wind² [wɪnd] *n* vento; (*Med*) flatulenza; (*breath*) respiro, fiato ▶ *vt*

(*take breath away*) far restare senza fiato; **~ power** energia eolica
windfall ['wɪndfɔːl] *n* (*money*) guadagno insperato
wind farm *n* centrale *f* eolica
winding ['waɪndɪŋ] *adj* (*road*) serpeggiante; (*staircase*) a chiocciola
windmill ['wɪndmɪl] *n* mulino a vento
window ['wɪndəu] *n* finestra; (*in car, train, plane*) finestrino; (*in shop etc*) vetrina; (*also:* **~ pane**) vetro; **I'd like a ~ seat** vorrei un posto vicino al finestrino; **window box** *n* cassetta da fiori; **window cleaner** *n* (*person*) pulitore *m* di finestre; **window pane** *n* vetro; **window seat** *n* posto finestrino; **windowsill** *n* davanzale *m*
windscreen ['wɪndskriːn] (*US* **windshield**) *n* parabrezza *m inv*; **windscreen wiper** (*US* **windshield wiper**) *n* tergicristallo
windsurfing ['wɪndsəːfɪŋ] *n* windsurf *m inv*
windy ['wɪndɪ] *adj* ventoso(-a); **it's ~** c'è vento
wine [waɪn] *n* vino; **wine bar** *n* enoteca; **wine glass** *n* bicchiere *m* da vino; **wine list** *n* lista dei vini; **wine tasting** *n* degustazione *f* dei vini
wing [wɪŋ] *n* ala; (*Aut*) fiancata; **wing mirror** *n* (*BRIT*) specchietto retrovisore esterno
wink [wɪŋk] *n* ammiccamento ▸ *vi* ammiccare, fare l'occhiolino; (*light*) baluginare
winner ['wɪnəʳ] *n* vincitore(-trice)
winning ['wɪnɪŋ] *adj* (*team, goal*) vincente; (*smile*) affascinante
winter ['wɪntəʳ] *n* inverno; **winter sports** *npl* sport *mpl* invernali; **wintertime** *n* inverno, stagione *f* invernale
wipe [waɪp] *n* pulita, passata ▸ *vt* pulire (strofinando); (*erase: tape*) cancellare ▹ **wipe out** *vt* (*debt*) pagare, liquidare; (*memory*) cancellare; (*destroy*) annientare ▹ **wipe up** *vt* asciugare
wire ['waɪəʳ] *n* filo; (*Elec*) filo elettrico; (*Tel*) telegramma *m* ▸ *vt* (*house*) fare l'impianto elettrico di; (*also:* **~ up**) collegare, allacciare; (*person*) telegrafare a
wiring ['waɪərɪŋ] *n* impianto elettrico
wisdom ['wɪzdəm] *n* saggezza; (*of action*) prudenza; **wisdom tooth** *n* dente *m* del giudizio
wise [waɪz] *adj* saggio(-a); prudente; giudizioso(-a)
wish [wɪʃ] *n* (*desire*) desiderio; (*specific desire*) richiesta ▸ *vt* desiderare, volere; **best ~es** (*on birthday etc*) i migliori auguri; **with best ~es** (*in letter*) cordiali saluti, con i migliori saluti; **to ~ sb goodbye** dire arrivederci a qn; **he ~ed me well** mi augurò di riuscire; **to ~ to do/sb to do** desiderare *or* volere fare/che qn faccia; **to ~ for** desiderare
wistful ['wɪstful] *adj* malinconico(-a)
wit [wɪt] *n* (*also:* **~s**) intelligenza; presenza di spirito; (*wittiness*) spirito, arguzia; (*person*) bello spirito
witch [wɪtʃ] *n* strega

with

[wɪð, wɪθ] *prep*

1 (*in the company of*) con; **I was with him** ero con lui; **we stayed with friends** siamo stati da amici; **I'll be with you in a minute** vengo subito

2 (*descriptive*) con; **a room with a view** una stanza con vista sul mare (*or* sulle montagne *etc*); **the man with the grey hat/blue eyes** l'uomo con il cappello grigio/gli occhi blu

3 (*indicating manner, means, cause*): **with tears in her eyes** con le lacrime agli occhi; **red with anger** rosso dalla rabbia; **to shake with fear** tremare di paura

4: **I'm with you** (*I understand*) la seguo; **to be with it** (*inf: up-to-date*) essere alla moda; (*: alert*) essere sveglio(-a)
withdraw [wɪθ'drɔː] (*irreg: like* **draw**) *vt* ritirare; (*money from bank*) ritirare; prelevare ▸ *vi* ritirarsi; **withdrawal** *n* ritiro; prelievo; (*of army*) ritirata; **withdrawal symptoms** *n* (*Med*) crisi *f* di astinenza; **withdrawn** *adj* (*person*) distaccato(-a)
withdrew [wɪθ'druː] *pt of* **withdraw**
wither ['wɪðə^r] *vi* appassire
withhold [wɪθ'həuld] (*irreg: like* **hold**) *vt* (*money*) trattenere; (*permission*): **to ~ (from)** rifiutare (a); (*information*): **to ~ (from)** nascondere (a)
within [wɪð'ɪn] *prep* all'interno; (*in time, distances*) entro ▸ *adv* all'interno, dentro; **~ reach (of)** alla portata (di); **~ sight (of)** in vista (di); **~ a mile of** entro un miglio da; **~ the week** prima della fine della settimana
without [wɪð'aut] *prep* senza; **to go ~ sth** fare a meno di qc
withstand [wɪθ'stænd] (*irreg: like* **stand**) *vt* resistere a
witness ['wɪtnɪs] *n* (*person, also Law*) testimone *m/f* ▸ *vt* (*event*) essere testimone di; (*document*) attestare l'autenticità di
witty ['wɪtɪ] *adj* spiritoso(-a)
wives [waɪvz] *npl of* **wife**
wizard ['wɪzəd] *n* mago
wk *abbr* = **week**
wobble ['wɔbl] *vi* tremare; (*chair*) traballare
woe [wəu] *n* dolore *m*; disgrazia
woke [wəuk] *pt of* **wake**
woken ['wəukn] *pp of* **wake**
wolf [wulf] (*pl* **wolves**) *n* lupo
woman ['wumən] (*pl* **women**) *n* donna
womb [wuːm] *n* (*Anat*) utero
women ['wɪmɪn] *npl of* **woman**
won [wʌn] *pt, pp of* **win**
wonder ['wʌndə^r] *n* meraviglia ▸ *vi* **to ~ whether/why** domandarsi se/perché; **to ~ at** essere sorpreso(-a) di; meravigliarsi di; **to ~ about** domandarsi di; pensare a; **it's no ~ that** c'è poco *or* non c'è da meravigliarsi che + *sub*; **wonderful** *adj* meraviglioso(-a)
won't [wəunt] = **will not**
wood [wud] *n* legno; (*timber*) legname *m*; (*forest*) bosco; **wooden** *adj* di legno; (*fig*) rigido(-a); inespressivo(-a); **woodwind** *npl* (*Mus*): **the woodwind** i legni; **woodwork** *n* (*craft, subject*) falegnameria
wool [wul] *n* lana; **to pull the ~ over sb's eyes** (*fig*) imbrogliare qn; **woollen** (*US* **woolen**) *adj* di lana; (*industry*) laniero(-a); **woolly** (*US* **wooly**) *adj* di lana; (*fig: ideas*) confuso(-a)
word [wəːd] *n* parola; (*news*) notizie *fpl* ▸ *vt* esprimere, formulare; **in other ~s** in altre parole; **to break/keep one's ~** non mantenere/mantenere la propria parola; **to have ~s with sb** avere un diverbio con qn; **wording** *n* formulazione *f*; **word processing** *n* elaborazione *f* di testi, word processing *m*; **word processor** *n* word processor *m inv*
wore [wɔː^r] *pt of* **wear**
work [wəːk] *n* lavoro; (*Art, Literature*) opera ▸ *vi* lavorare; (*mechanism, plan etc*) funzionare; (*medicine*) essere efficace ▸ *vt* (*clay, wood etc*) lavorare; (*mine etc*) sfruttare; (*machine*) far funzionare; (*cause: effect, miracle*) fare; **to be out of ~** essere disoccupato(-a); **~s** *n* (*BRIT: factory*) fabbrica *npl* (*of clock, machine*) meccanismo; **how does this ~?** come funziona?; **the TV isn't ~ing** la TV non funziona; **to ~ loose** allentarsi ▹ **work out** *vi* (*plans etc*) riuscire, andare bene ▸ *vt*

(*problem*) risolvere; (*plan*) elaborare; **it ~s out at £100** fa 100 sterline; **worker** *n* lavoratore(-trice), operaio(-a); **work experience** *n* (*previous jobs*) esperienze *fpl* lavorative; (*student training placement*) tirocinio; **workforce** *n* forza lavoro; **working class** *n* classe *f* operaia; **working week** *n* settimana lavorativa; **workman** (*irreg*) *n* operaio; **work of art** *n* opera d'arte; **workout** *n* (*Sport*) allenamento; **work permit** *n* permesso di lavoro; **workplace** *n* posto di lavoro; **workshop** *n* officina; (*practical session*) gruppo di lavoro; **work station** *n* stazione *f* di lavoro; **work surface** *n* piano di lavoro; **worktop** *n* piano di lavoro

world [wə:ld] *n* mondo ▸ *cpd* (*champion*) del mondo; (*power, war*) mondiale; **to think the ~ of sb** (*fig*) pensare un gran bene di qn; **World Cup** *n* (*Football*) Coppa del Mondo; **world-wide** *adj* universale; **World-Wide Web** *n* World Wide Web *m*

worm [wə:m] *n* (*also:* **earth~**) verme *m*

worn [wɔ:n] *pp of* **wear** ▸ *adj* usato(-a); **worn-out** *adj* (*object*) consumato(-a), logoro(-a); (*person*) sfinito(-a)

worried ['wʌrɪd] *adj* preoccupato(-a)

worry ['wʌrɪ] *n* preoccupazione *f* ▸ *vt* preoccupare ▸ *vi* preoccuparsi; **worrying** *adj* preoccupante

worse [wə:s] *adj* peggiore ▸ *adv, n* peggio; **a change for the ~** un peggioramento; **worsen** *vt, vi* peggiorare; **worse off** *adj* in condizioni (economiche) peggiori

worship ['wə:ʃɪp] *n* culto ▸ *vt* (*God*) adorare, venerare; (*person*) adorare; **Your W~** (*BRIT: to mayor*) signor sindaco; (*: to judge*) signor giudice

worst [wə:st] *adj* il (la) peggiore ▸ *adv, n* peggio; **at ~** al peggio, per male che vada

worth [wə:θ] *n* valore *m* ▸ *adj* **to be ~** valere; **it's ~ it** ne vale la pena; **it is ~ one's while (to do)** vale la pena (fare); **worthless** *adj* di nessun valore; **worthwhile** *adj* (*activity*) utile; (*cause*) lodevole

worthy ['wə:ðɪ] *adj* (*person*) degno(-a); (*motive*) lodevole; **~ of** degno di

would [wud] *aux vb*

1 (*conditional tense*): **if you asked him he would do it** se glielo chiedesse lo farebbe; **if you had asked him he would have done it** se glielo avesse chiesto lo avrebbe fatto

2 (*in offers, invitations, requests*): **would you like a biscuit?** vorrebbe *or* vuole un biscotto?; **would you ask him to come in?** lo faccia entrare, per cortesia; **would you open the window please?** apra la finestra, per favore

3 (*in indirect speech*): **I said I would do it** ho detto che l'avrei fatto

4 (*emphatic*): **it WOULD have to snow today!** doveva proprio nevicare oggi!

5 (*insistence*): **she wouldn't do it** non ha voluto farlo

6 (*conjecture*): **it would have been midnight** sarà stato mezzanotte; **it would seem so** sembrerebbe proprio di sì

7 (*indicating habit*): **he would go there on Mondays** andava lì ogni lunedì

wouldn't ['wudnt] = **would not**

wound[1] [waund] *pt, pp of* **wind**[1]

wound[2] [wu:nd] *n* ferita ▸ *vt* ferire

wove [wəuv] *pt of* **weave**

woven ['wəuvn] *pp of* **weave**

wrap [ræp] *vt* avvolgere; (*pack: also:* **~ up**) incartare; **wrapper** *n* (*on chocolate*) carta; (*BRIT: of book*) copertina; **wrapping** ['ræpɪŋ] *n* carta; **wrapping paper** *n* carta da pacchi; (*for gift*) carta da regali

wreath [ri:θ, *pl* ri:ðz] *n* corona

wreck [rɛk] *n* (*sea disaster*) naufragio; (*ship*) relitto; (*pej*: *person*) rottame *m* ▸ *vt* demolire; (*ship*) far naufragare; (*fig*) rovinare; **wreckage** *n* rottami *mpl*; (*of building*) macerie *fpl*; (*of ship*) relitti *mpl*
wren [rɛn] *n* (*Zool*) scricciolo
wrench [rɛntʃ] *n* (*Tech*) chiave *f*; (*tug*) torsione *f* brusca; (*fig*) strazio ▸ *vt* strappare; storcere; **to ~ sth from** strappare qc a *or* da
wrestle ['rɛsl] *vi* **to ~ (with sb)** lottare (con qn); **wrestler** *n* lottatore(-trice); **wrestling** *n* lotta
wretched ['rɛtʃɪd] *adj* disgraziato(-a); (*inf*: *weather, holiday*) orrendo(-a), orribile; (: *child, dog*) pestifero(-a)
wriggle ['rɪgl] *vi* (*also*: **~ about**) dimenarsi; (: *snake, worm*) serpeggiare, muoversi serpeggiando
wring [rɪŋ] (*pt, pp* **wrung**) *vt* torcere; (*wet clothes*) strizzare; (*fig*): **to ~ sth out of** strappare qc a
wrinkle ['rɪŋkl] *n* (*on skin*) ruga; (*on paper etc*) grinza ▸ *vt* (*nose*) torcere; (*forehead*) corrugare ▸ *vi* (*skin, paint*) raggrinzirsi
wrist [rɪst] *n* polso
write [raɪt] (*pt* **wrote**, *pp* **written**) *vt*, *vi* scrivere ▹ **write down** *vt* annotare; (*put in writing*) mettere per iscritto ▹ **write off** *vt* (*debt, plan*) cancellare ▹ **write out** *vt* mettere per iscritto; (*cheque, receipt*) scrivere; **write-off** *n* perdita completa; **writer** *n* autore(-trice), scrittore(-trice)
writing ['raɪtɪŋ] *n* scrittura; (*of author*) scritto, opera; **in ~** per iscritto; **writing paper** *n* carta da lettere
written ['rɪtn] *pp of* **write**
wrong [rɔŋ] *adj* sbagliato(-a); (*not suitable*) inadatto(-a); (*wicked*) cattivo(-a); (*unfair*) ingiusto(-a) ▸ *adv* in modo sbagliato, erroneamente ▸ *n* (*injustice*) torto ▸ *vt* fare torto a; **I took a ~ turning** ho sbagliato strada; **you are ~ to do it** ha torto a farlo; **you are ~ about that, you've got it ~** si sbaglia; **to be in the ~** avere torto; **what's ~?** cosa c'è che non va?; **to go ~** (*person*) sbagliarsi; (*plan*) fallire, non riuscire; (*machine*) guastarsi; **wrongly** *adv* (*incorrectly, by mistake*) in modo sbagliato; **wrong number** *n* (*Tel*): **you've got the wrong number** ha sbagliato numero
wrote [rəut] *pt of* **write**
wrung [rʌŋ] *pt, pp of* **wring**
WWW *n abbr* = **World Wide Web**; **the ~** la Rete

XL *abbr* = **extra large**
Xmas ['ɛksməs] *n abbr* = **Christmas**
X-ray ['ɛksreɪ] *n* raggio X; (*photograph*) radiografia ▸ *vt* radiografare
xylophone ['zaɪləfəun] *n* xilofono

Y

yacht [jɔt] *n* panfilo, yacht *m inv*; **yachting** *n* yachting *m*, sport *m* della vela

yard [jɑ:d] *n* (*of house etc*) cortile *m*; (*measure*) iarda (= 914 mm; 3 feet); **yard sale** (*US*) *n vendita di oggetti usati nel cortile di una casa privata*

yarn [jɑ:n] *n* filato; (*tale*) lunga storia

yawn [jɔ:n] *n* sbadiglio ▶ *vi* sbadigliare

yd. *abbr* = **yard(s)**

yeah [jɛə] (*inf*) *adv* sì

year [jɪəʳ] *n* anno; (*referring to harvest, wine etc*) annata; **he is 8 ~s old** ha 8 anni; **an eight-~-old child** un(a) bambino(-a) di otto anni; **yearly** *adj* annuale ▶ *adv* annualmente

yearn [jə:n] *vi* **to ~ for sth/to do** desiderare ardentemente qc/di fare

yeast [ji:st] *n* lievito

yell [jɛl] *n* urlo ▶ *vi* urlare

yellow ['jɛləu] *adj* giallo(-a); **Yellow Pages®** *npl* pagine *fpl* gialle

yes [jɛs] *adv* sì ▶ *n* sì *m inv*; **to say/answer ~** dire/rispondere di sì

yesterday ['jɛstədɪ] *adv* ieri ▶ *n* ieri *m inv*; **~ morning/evening** ieri mattina/sera; **all day ~** ieri per tutta la giornata

yet [jɛt] *adv* ancora; già ▶ *conj* ma, tuttavia; **it is not finished ~** non è ancora finito; **the best ~** finora il migliore; **as ~** finora

yew [ju:] *n* tasso (*albero*)

Yiddish ['jɪdɪʃ] *n* yiddish *m*

yield [ji:ld] *n* produzione *f*, resa; reddito ▶ *vt* produrre, rendere; (*surrender*) cedere ▶ *vi* cedere; (*US: Aut*) dare la precedenza

yob(bo) ['jɔb(əu)] *n* (*BRIT inf*) bullo

yoga ['jəugə] *n* yoga *m*

yog(h)urt ['jəugət] *n* iogurt *m inv*

yolk [jəuk] *n* tuorlo, rosso d'uovo

you [ju:] *pron*

1 (*subject*) tu; (: *polite form*) lei; (: *pl*) voi; (: *very formal*) loro; **you Italians enjoy your food** a voi Italiani piace mangiare bene; **you and I will go** tu ed io *or* lei ed io andiamo

2 (*object: direct*) ti; la; vi; loro (*after vb*); (: *indirect*) ti; le; vi; loro (*after vb*); **I know you** ti *or* la *or* vi conosco; **I gave it to you** te l'ho dato; gliel'ho dato; ve l'ho dato; l'ho dato loro

3 (*stressed, after prep, in comparisons*) te; lei; voi; loro; **I told you to do it** ho detto a TE (*or* a LEI *etc*) di farlo; **she's younger than you** è più giovane di te (*or* lei *etc*)

4 (*impers: one*) si; **fresh air does you good** l'aria fresca fa bene; **you never know** non si sa mai

you'd [ju:d] = **you had**; **you would**

you'll [ju:l] = **you will**; **you shall**

young [jʌŋ] *adj* giovane ▶ *npl* (*of animal*) piccoli *mpl*; (*people*): **the ~** i giovani, la gioventù; **youngster** *n* giovanotto, ragazzo, (*child*) bambino(-a)

your [jɔ:ʳ] *adj* il (la) tuo(-a) *pl*, i (le) tuoi (tue); il (la) suo(-a); (*pl*) i (le) suoi (sue); il (la) vostro(-a); (*pl*) i (le) vostri(-e); il (la) loro; (*pl*) i (le) loro; *see also* **my**

you're [juəʳ] = **you are**

yours [jɔ:z] *pron* il (la) tuo(-a); (*pl*) i (le) tuoi (tue); (*polite form*) il (la) suo(-a); (*pl*) i (le) suoi (sue); (*pl*) il (la) vostro(-a); (*pl*) i (le) vostri(-e); (: *very formal*) il (la) loro; (*pl*) i (le) loro; *see also* mine; **faithfully**; **sincerely**

yourself [jɔːˈsɛlf] *pron* (*reflexive*) ti; si; (*after prep*) te; sé; (*emphatic*) tu stesso(-a); lei stesso(-a); **yourselves** *pl pron* (*reflexive*) vi; si; (*after prep*) voi; loro; (*emphatic*) voi stessi(-e); loro stessi(-e); *see also* **oneself**

youth [juːθ, *pl* juːðz] *n* gioventù *f*; (*young man*) giovane *m*, ragazzo; **youth club** *n* centro giovanile; **youthful** *adj* giovane; da giovane; giovanile; **youth hostel** *n* ostello della gioventù

you've [juːv] = **you have**

Yugoslavia [ˈjuːgəuˈslaːvɪə] *n* (*Hist*) Jugoslavia

Z

zeal [ziːl] *n* zelo; entusiasmo

zebra [ˈziːbrə] *n* zebra; **zebra crossing** (*BRIT*) *n* (passaggio pedonale a) strisce *fpl*, zebre *fpl*

zero [ˈzɪərəu] *n* zero

zest [zɛst] *n* gusto; (*Culin*) buccia

zigzag [ˈzɪgzæg] *n* zigzag *m inv* ▶ *vi* zigzagare

Zimbabwe [zɪmˈbaːbwɪ] *n* Zimbabwe *m*

zinc [zɪŋk] *n* zinco

zip [zɪp] *n* (*also:* **~ fastener**) chiusura *f or* cerniera *f* lampo *inv* ▶ *vt* (*also:* **~ up**) chiudere con una cerniera lampo; **zip code** (*US*) *n* codice *m* di avviamento postale; **zipper** (*US*) *n* cerniera *f* lampo *inv*

zit [zɪt] *n* brufolo

zodiac [ˈzəudɪæk] *n* zodiaco

zone [zəun] *n* (*also Mil*) zona

zoo [zuː] *n* zoo *m inv*

zoology [zuːˈɔlədʒɪ] *n* zoologia

zoom [zuːm] *vi* **to ~ past** sfrecciare; **zoom lens** *n* zoom *m inv*, obiettivo a focale variabile

zucchini [zuːˈkiːnɪ] (*US*) *npl* (*courgettes*) zucchine *fpl*